Röll · Sauren
Handbuch für Wohnungseigentümer und Verwalter

Handbuch für Wohnungseigentümer und Verwalter

Begründet von

Notar Dr. Ludwig Röll †

Fortgeführt und
neu bearbeitet von

Dr. Marcel M. Sauren
Rechtsanwalt, Steuerberater
und vereidigter Buchprüfer
Aachen

9. Auflage

2008

Verlag
Dr. Otto Schmidt
Köln

Bibliografische Information der Deutschen Nationalbibliothek
Die Deutsche Nationalbibliothek verzeichnet diese Publikation in der Deutschen Nationalbibliografie; detaillierte bibliografische Daten sind im Internet über <http://dnb.d-nb.de> abrufbar.

Verlag Dr. Otto Schmidt KG
Gustav-Heinemann-Ufer 58, 50968 Köln
Tel.: 02 21/9 37 38-01, Fax: 02 21/9 37 38-9 43
e-mail: info@otto-schmidt.de
www.otto-schmidt.de

ISBN 978-3-504-45708-2

© 2008 by Verlag Dr. Otto Schmidt KG

Das Werk einschließlich aller seiner Teile ist urheberrechtlich geschützt. Jede Verwertung, die nicht ausdrücklich vom Urheberrechtsgesetz zugelassen ist, bedarf der vorherigen Zustimmung des Verlages. Das gilt insbesondere für Vervielfältigungen, Bearbeitungen, Übersetzungen, Mikroverfilmungen und die Einspeicherung und Verarbeitung in elektronischen Systemen.

Das verwendete Papier ist aus chlorfrei gebleichten Rohstoffen hergestellt, holz- und säurefrei, alterungsbeständig und umweltfreundlich.

Umschlaggestaltung: Jan P. Lichtenford, Mettmann
Satz: WMTP Wendt-Media Text-Processing GmbH, Birkenau
Druck und Verarbeitung: Bercker, Kevelaer
Printed in Germany

Vorwort zur 9. Auflage

Mit Bestürzung musste der Verfasser wie auch viele andere zur Kenntnis nehmen, dass der Erschaffer dieses Standardwerkes, das seit 1977 in 8 Auflagen erschienen ist, Ende letzten Jahres nach schwerer Krankheit verstorben ist. Wir werden ihn insbesondere durch die Weiterführung dieses Standardwerks ehren und sein Andenken erhalten.

Die Neuauflage ist durch die WEG-Novelle geprägt worden. Eine über 50 Seiten starke Übersicht zeigt in Teil A die Unterschiede zwischen der alten Rechtslage und der Situation nach der WEG-Novelle auf und bietet einen Einstieg in die neu entstandenen Problemkreise.

Teil B des Buches beschäftigt sich mit den Fragen rund um die Verwaltung des Wohnungseigentums. Hier werden das Rechtsverhältnis der Eigentümergemeinschaft (1.), die gemeinschaftlichen Kosten (2.), die Verwaltung (3.), Einzelprobleme, die immer wieder auftreten (4.), und das gerichtliche Verfahren (5.) erklärt und besprochen. Besonderen Wert habe ich darauf gelegt, wichtige Einzelprobleme nicht nur abstrakt, sondern konkret an Beispielen belegt zu erläutern. So finden sich Beispiele in ABC-Form für die Unterscheidung Sonder- und Gemeinschaftseigentum (Teil B Rz. 21), Abänderung der Gemeinschaftsordnung (Teil B Rz. 54a), die ordnungsgemäße Verwaltung (Teil B Rz. 244), Instandhaltung, modernisierende Instandhaltung, Modernisierung auf den Stand der Technik und bauliche Veränderungen (Teil B Rz. 284) und die Haftung des Verwalters (Teil B Rz. 472).

Unter 4. wird insbesondere die Problematik, die sich aus der Haftung des einzelnen Eigentümers für die Verbindlichkeiten des Verbandes, gerade im Lichte der Rechtsfähigkeit der Gemeinschaft, ergeben, beleuchtet (Teil B Rz. 868 ff.). Weiterhin finden sich Erläuterungen zu Fragen des Gewährleistungsrechtes (Teil B Rz. 762 ff.), der einzuhaltenden Heiztemperaturen (Teil B Rz. 624), sowie der Zwangsverwaltung und -versteigerung (Teil B Rz. 685 ff.). Hervorzuheben sind auch die Themenkreise Versorgungssperre (Teil B Rz. 856 ff.) und durch die Entscheidung des Bundesministeriums der Finanzen auch der haushaltsnahen Dienstleistungen (Teil B Rz. 895a).

Nicht immer lassen sich Probleme der Verwaltung ohne gerichtliche Hilfe lösen. Für den Verwalter und die Eigentümer ist es daher wichtig, die gerichtlichen Verfahren zu kennen. Teil B ab Rz. 399 widmet sich diesen Fragen rund um die gerichtliche Abwehr und Durchsetzung von Ansprüchen. Dabei wird neben dem auch weiter gültigen (Alt-)Verfahren nach dem FGG insbesondere dem neuen Recht jetzt Augenmerk geschenkt. Hervorzuheben seien die Problematiken, die sich aus der Geltung des ZPO-Verfahrens ergeben (Teil B Rz. 897 ff.), die Änderungen rund um die Anfechtungsklage

(Teil B Rz. 985 f.) sowie die geänderten Zuständigkeiten und Rechtsmittelverfahren (Teil B Rz. 995).

Teil C des Werkes widmet sich der Vermietung des Wohnungseigentums. Eigentümer, die ihre Wohnung als Kapitalanlage nutzen und sie deshalb vermieten, finden Erläuterungen und Hilfestellungen zu Fragen der Zulässigkeit der Versorgungssperre gegenüber Mietern (Teil C Rz. 248), Abrechnung der Betriebskosten (Teil C Rz. 42) und Übertragung der Schönheitsreparaturen (Teil C Rz. 203). Da der Verwalter häufig auch Mietverwalter bzw. Sondermietverwalter ist, ist das Kapitel für ihn ebenfalls von großer Bedeutung.

In Teil D werden alle Fragen, die sich aus der Besteuerung von Eigentumswohnungen ergeben, seien sie eigengenutzt oder vermietet, behandelt.

Schließlich finden sich in den Teilen E und F Textmuster sowie Gesetzestexte. Hervorzuheben sind die Anträge auf Erlass von Einstweiligen Verfügungen und Arresten, die es bisher für WEG-Verfahren nicht gab, die Muster für Wohngeldklagen und Berufungen, sowie die Muster für die Führung der Beschlusssammlung. Insbesondere Letzteres ist von herausragender Bedeutung für den Verwalter.

Zu danken habe ich meinen Mitarbeitern Herrn Rechtsanwalt Ulrich Welcker sowie Frau Susanne Schulze und Emel Kuleci, ohne deren Einsatz diese Auflage nicht möglich gewesen wäre. Weitergehende Informationen können unter http://www.dr-sauren.de abgerufen werden.

Aachen, im August 2007   Marcel M. Sauren

Vorwort zur 8. Auflage

Seit dem Erscheinen der Vorauflage hat sich das Wohnungseigentumsrecht weiterentwickelt. Viele Hunderte von Gerichtsentscheidungen sind ergangen, Aufsätze in großer Zahl in Fachzeitschriften veröffentlicht worden, neue, bisher nicht gekannte Probleme beschäftigen die Praxis. Zu beachten war hier vor allem die Entscheidung des BGH vom 20.9.2000, die „Zitterbeschlüsse" zur Abänderung der Gemeinschaftsordnung nicht mehr zulässt und neue Fragen aufwirft. Auch die Änderungen im Bereich des BGB, insbesondere im Hinblick auf die Verjährung und das Mietrecht, sind berücksichtigt.

Als Mitautor ist hinzugekommen Herr Dr. Marcel M. Sauren, Rechtsanwalt und Steuerberater in Aachen. Er hat übernommen die Fragen der baulichen Veränderungen an Eigentumswohnanlagen, der Beitreibung von Rückständen, die Gewährleistung bei Baumängeln, das gerichtliche Verfahren, die Probleme des Mietrechts und der Besteuerung.

Günzburg/Aachen, im Juli 2002   Dr. Ludwig Röll
                                                                           Dr. Marcel M. Sauren

Vorwort zur 1. Auflage

Dieses Buch hat alle rechtlichen und wirtschaftlichen Probleme zum Gegenstand, die die Eigentümergemeinschaft sowie die Benutzung und Verwaltung der Eigentumswohnanlage betreffen. Dementsprechend wird nicht nur nach Art eines Kommentars die Zulässigkeit oder Unzulässigkeit von Maßnahmen und Rechtsverhältnissen erörtert, sondern es wird auch dem Juristen und dem Laien gezeigt, wie diese Fragen in der Praxis behandelt werden. Hierbei sind nicht nur die Normalprobleme angesprochen, die sich aus dem Gesetzeswortlaut ergeben, sondern auch bisher wenig behandelte Spezialfragen wie teilweise erstellte Wohnanlagen, Haftung des Erwerbers für rückständige Kosten, Konkurs, Zwangsversteigerung, Kostentragung für leer stehende Wohnungen, Erschließungskosten, Stimmrecht des Bauträgers usw. Trotz dieser Behandlung von Einzelproblemen ist die Schrift bewusst knapp und übersichtlich gehalten, so dass sich der Leser nicht nur in kurzer Zeit einen Überblick verschaffen, sondern auch das Buch als Nachschlagewerk verwenden kann. Für Nichtjuristen sind Fachausdrücke erläutert. Die Definitionen können über das alphabetische Sachregister aufgefunden werden. Das Buch wird durch einen Anhang ergänzt, der Literaturhinweise für Nichtjuristen und Informationen über Lehrgänge und Vereine enthält.

Den Abschluss bilden Textmuster, welche die Vorbereitung und die Durchführung der Wohnungseigentümerversammlung betreffen, sowie Verwaltervertrag, Verwaltervollmacht, Hausmeistervertrag, Hausordnung, Benützungsordnung für Schwimmbad und Sauna, Wirtschaftsplan, Jahresabrechnung des Verwalters und Buchführungsbeispiele.

Nicht behandelt sind Probleme der Aufteilung zu Wohnungseigentum. Hierzu wird auf die Schrift „Teilungserklärung und Entstehung des Wohnungseigentums" des gleichen Verfassers im gleichen Verlag hingewiesen.

Günzburg, im Juni 1977   Dr. Ludwig Röll

Inhaltsübersicht

	Seite
Vorwort	V
Inhaltsverzeichnis	XIII
Abkürzungsverzeichnis	XXXVII
Literaturübersicht	XLI

Teil A
Die WEG-Novelle im Überblick

	Rz.	Seite
1. Einführung	1	1
2. Welche Änderungen bringt die Novelle?	2	1
3. Zusammenfassung	64	49

Teil B
Verwaltung der Wohnungseigentumsanlage

	Rz.	Seite
1. Rechtsverhältnis der Eigentümergemeinschaft	1	52
2. Gemeinschaftliche Kosten und Lasten	90	109
3. Verwaltung	228a	158
4. Einzelprobleme	624	318
5. Gerichtliches Verfahren in Wohnungseigentumssachen	896	399

Teil C
Vermietung von Eigentumswohnungen

	Rz.	Seite
1. Einführung	1	431
2. Arten von Mietverträgen	3	431
3. Form und Inhalt des Mietvertrags	13	433
4. Fragen während der Mietzeit	145	466
5 Beendigung des Mietverhältnisses	265	502
6. Verjährung	287	509
7. Geschäftsraummiete	290	510
8. Allgemeine Geschäftsbedingungen	291	510
9. Probleme zwischen Miet- und WEG-Recht	292	510

Teil D
Besteuerung von Eigentumswohnungen

1. Einkommensteuer	1	517
2. Grundsteuer	17	521
3. Grunderwerbsteuer	18	521
4. Umsatzsteuer (= Mehrwertsteuer)	22	522
5. Zinsabschlagsteuer	26	523

Teil E
Textmuster

	Rz.	Seite
1. Verwalter und Hausmeister	1	526
2. Wohnungseigentümerversammlung und Verwaltungsbeirat	6	535
3. Gemeinschaftsordnung	14	543
4. Hausordnung und Benutzungsordnungen	17	545
5. Wirtschaftsplan und Abrechnung, Buchführung	20	549
6. Vermietung von Eigentumswohnungen	24	555
7. Zusatzvereinbarung zum Wohnraummietvertrag bei vermieteter Eigentumswohnung	26	574
8. Sofortige Beschwerde gegen einen Beschluss des Amtsgerichts (Anhängigkeit vor 1.7.2007)	27	575
9. Muster für außergerichtliche Streitschlichtung (§ 15a EGZPO)	28	577
10. Wohngeldsachen	29	578
11. Berufung gegen Urteil des Amtsgerichts (bei Verfahrenseinleitung ab 2.7.2007 und später)	31	582
12. Klage auf Ungültigkeitserklärung eines Wohnungseigentümerbeschlusses	32	584
13. Klage auf Bestellung eines Verwalters	33	586
14. Verfahren bezüglich Beschlusssammlung	34	588
15. Muster Beschlusssammlung für die WEG Bahnhofstr. 16 in Neustadt	36	593
Anhang Gesetz über das Wohnungseigentum und das Dauerwohnrecht (Wohnungseigentumsgesetz)		607
Stichwortverzeichnis		627

Inhaltsverzeichnis

	Seite
Vorwort	V
Inhaltsübersicht	IX
Abkürzungsverzeichnis	XXXVII
Literaturübersicht	XLI

Teil A
Die WEG-Novelle im Überblick

	Rz.	Seite
1. Einführung	1	1
2. Welche Änderungen bringt die Novelle?	2	1
2.1. Zustimmung von Inhabern dinglicher Rechte bei Vereinbarungsänderung	3	1
2.2. Aufteilungsplan und Abgeschlossenheitsbescheinigung	4	3
2.3. Anspruch auf Abänderung von Vereinbarungen	5	4
2.4. Eintragung von Beschlüssen ins Grundbuch	6	5
2.5. Rechtsfähigkeit der Wohnungseigentümergemeinschaft	7	6
2.6. Verwaltungsvermögen	8	7
2.7. Haftung der Wohnungseigentümer	9	8
2.8. Insolvenzfähigkeit der Wohnungseigentümergemeinschaft	15	10
2.9. Veräußerungsbeschränkung	16	10
2.10. Erweiterte Beschlusskompetenz für eine Änderung des gesetzlichen oder vereinbarten Kostenverteilungsschlüssels	17	11
2.11. Urteil auf Veräußerung des Wohnungseigentums	22	14
2.12. Erweiterte Beschlusskompetenz für Verwaltungsregelungen in Geldangelegenheiten	23	15
2.13. Gerichtliche Anordnung von Maßnahmen	24	16

	Rz.	Seite
2.14. Modernisierungen und bauliche Veränderungen	25	17
2.15. Ungültigkeit von Beschlüssen	26	19
2.16. Einberufung der WE-Versammlung	27	20
2.17. Führung einer Beschlusssammlung	28	20
2.18. Notverwalter	35	26
2.19. Aufgaben und Befugnisse des Verwalters	36	27
2.20. Informationspflicht	41	35
2.21. Sachliche und örtliche Zuständigkeit der Gerichte	42	36
2.22. Allgemeine Verfahrensgrundsätze (alt) = Bezeichnung der Wohnungseigentümer in der Klageschrift (neu)	43	37
2.23. Rechtsmittel, Rechtskraft (alt) = Zusteller (neu)	44	38
2.24. Verhältnis zu Rechtsstreitigkeiten (alt) = Anfechtungsklage (neu)	45	39
2.25. Kostenentscheidung (alt) = Prozessverbindung (neu)	46	39
2.26. Kosten des Verfahrens (alt) = Beiladung, Wirkung des Urteils (neu)	47	40
2.27. Rechtsanwaltsgebühren (alt) = Kostenentscheidung (neu)	48	41
2.28. Kosten des Verfahrens vor dem Prozessgericht (alt) = Kostenerstatter (neu)	49	41
2.29. Übergangsvorschrift	58	45
2.30. Privilegierung von WEG-Forderungen	59	45
2.31. Glaubhaftmachung und Anmeldung der Ansprüche	60	47
2.32. Zahlung der Hausgelder durch Zwangsverwalter	61	47
2.33. Berufungsgericht	62	48
2.34. Streitwertfestsetzung	63	48
3. **Zusammenfassung**	64	49
3.1. Änderungen für den Verwalter	64	49
3.1.1. Beschlussbuch	65	49
3.1.2. Kostenverteilungsschlüssel	66	49
3.1.3. ZPO-Verfahren	67	50
3.1.4. Geld- und Sanktionsangelegenheiten	68	50

	Rz.	Seite
3.1.5. Zwangsversteigerung	69	50
3.1.6. Arbeitsumfang	70	50
3.2. Änderungen für den Wohnungseigentümer	71	51
3.2.1. Konflikte Selbstnutzer – Kapitalanleger	71	51
3.2.2. Sanktionsmöglichkeiten erheblich erhöht	72	51

Teil B
Verwaltung der Wohnungseigentumsanlage

	Rz.	Seite
1. Rechtsverhältnis der Eigentümergemeinschaft	1	52
1.1. Maßgebliche Normen	1	52
1.1.1. Rechtverhältnis innerhalb der Gemeinschaft	2	53
1.1.2. Parteibezeichnung, Klageverfahren und Namensfähigkeit	3	54
1.1.3. Konten	4	54
1.1.4. Grundbuchfähigkeit der Gemeinschaft	5	55
1.1.5. Forderungen der Gemeinschaft im Außenverhältnis	6	57
1.1.5.1. Altforderungen von Wohnungseigentümern bei Eigentümerwechsel	6	57
1.1.5.2. Altschulden, z.B. Darlehen der Gemeinschaft	7	57
1.1.5.3. Dauerschulden der Gemeinschaft	9	58
1.1.5.4. Zusammenfassung	10	58
1.1.5.5. Erbfähigkeit, Mitglied in Verbänden, Scheck- und Wechselfähigkeit	11	58
1.1.5.6. Die Rechtsfähigkeit im Einzelnen im Gesetz (§ 10 Abs. 6)	12	59
1.1.6. Teilungserklärung	13	62
1.1.7. Gemeinschaftsordnung	13a	63
1.1.8. Beschlüsse der Wohnungseigentümerversammlung	15	64
1.1.9. Gerichtliche Entscheidungen	16	64
1.2. Eigentumsverhältnisse	17	65
1.2.1. Grundsätzliches	17	65
1.2.2. Gemeinschaftliches Eigentum	18	65

	Rz.	Seite
1.2.3. Sondereigentum	19	66
1.2.4. Sonderprobleme	22	71
1.2.4.1. Garagen	22	71
1.2.4.2. Verwaltungsvermögen als Verbandsvermögen	24	72
1.2.4.3. Umfang des Verbandsvermögens	25	73
1.2.5. Wohnungs- und Teileigentum	27	75
1.3. Änderung der Teilungserklärung	28	75
1.3.1. Grundsätzliches	28	75
1.3.2. Aufteilung von Eigentumswohnungen	29	76
1.3.3. Vereinigung von Eigentumswohnungen	31	77
1.3.4. Veräußerung von Sondereigentumsrechten	32	78
1.3.5. Neue Garagen, Anbauten	33	78
1.4. Änderung der Gemeinschaftsordnung	34	79
1.4.1. Grundsätzliches	34	79
1.4.2. Gläubigerzustimmung	41	82
1.4.2.1. Grundsätzliches	41	82
1.4.2.2. Zustimmungsbedürftigkeit bei einzelnen Belastungen	45	85
1.4.3. Sondernutzungsrechte, insbesondere an Pkw-Stellplätzen	48	86
1.5. Benutzungsprobleme	55	93
1.5.1. Benutzung des Sondereigentums im Allgemeinen	55	93
1.5.1.1. Berufliche oder gewerbliche Nutzung	60	95
1.5.1.2. Vermietung	73	102
1.5.1.3. Tierhaltung	75	103
1.5.1.4. Musizieren	78	104
1.5.1.5. Geräuschbelästigung	79	105
1.5.2. Benutzung des gemeinschaftlichen Eigentums	80	105
1.5.3. Hausordnung und Benutzungsordnungen	84	107
1.5.4. Kinderspielplätze	86	108
1.5.5. Vermietungsmonopole	87	108
1.5.6. Ausschaltung von Konkurrenz	88	108
1.6. Einnahmen aus dem gemeinschaftlichen Eigentum	89	109

		Rz.	Seite
2. Gemeinschaftliche Kosten und Lasten		90	109
2.1. Verteilungsschlüssel		90	109
2.1.1. Änderung des Verteilungsschlüssels		91	110
2.1.1.2.	Voraussetzung der Änderung des Kostenverteilungsschlüssels (§ 16 Abs. 3 WEG)	94	111
2.1.1.3.	Betriebskosten oder Kosten der Verwaltung	95	111
2.1.1.4.	Keine Abrechnung gegenüber Dritten	96	112
2.1.1.5.	Kostenart, die nach Verbrauch oder Verursachung erfassbar ist	97	112
2.1.1.6.	Ordnungsgemäße Verwaltung	98	113
2.1.1.6.1.	Formelle Hinsicht	98	113
2.1.1.6.2.	Materielle Hinsicht	99	113
2.1.1.6.3.	Allgemeine Gründe	102	114
2.1.2. Voraussetzung der Änderung der Kostenverteilung bei Instandhaltung und baulichen Veränderungen (§ 16 Abs. 4 WEG)		103	115
2.1.2.1.	Entscheidung „Im Einzelfall"	104	115
2.1.2.2.	Instandhaltung oder bauliche Veränderung	105	115
2.1.2.3.	Gebrauch oder Möglichkeit des Gebrauchs	106	116
2.1.2.4.	Ordnungsgemäße Verwaltung	107	116
2.1.2.5.	Quorum	108	117
2.1.2.6	Stufenbeschlussfassung	110	117
2.1.3. Unabdingbarkeit		111	117
2.2. Sonderprobleme		112	118
2.2.1. Mehrhausanlagen		112	118
2.2.2. Veräußerung einer Eigentumswohnung und Lastenübergang		113	119
2.2.2.1.	Vorrang der vertraglichen Regelung	113	119
2.2.2.2.	Die gesetzliche Regelung	114	119
2.2.2.3.	Keine generelle Haftung des Erwerbers für Rückstände des Veräußerers	116	120
2.2.2.4.	Haftung des eingetragenen Eigentümers	117	121
2.2.2.5.	Haftung auf Grund Gemeinschaftsordnung	118	121
2.2.2.6.	Maßgeblicher Stichtag	119	121

		Rz.	Seite
2.2.3.	Insolvenzverfahren (früher: Konkurs)	123	124
2.2.4.	Leer stehende Wohnungen und Lastentragungspflicht des Bauträgers	129	126
2.2.5.	Teilweise fertig gestellte Eigentumswohnanlage	131	127
2.2.6.	Persönliche Dienstleistungen	133	128
2.3.	Aufbringung der Kosten	134	129
2.3.1.	Monatliche Zahlungen (Hausgeld, Wohngeld) und „Startgeld"	134	129
2.3.2.	Instandhaltungsrückstellung	139	130
2.3.2.1.	Zweck	139	130
2.3.2.2.	Höhe	140	131
2.3.2.3.	Verwendung	145	133
2.3.2.4.	Anlage der Gelder	146	133
2.3.2.5.	Einkommensteuer	149	134
2.3.3.	Andere Rücklagen	151	135
2.3.4.	Umlage auf Mieter	152	135
2.4.	Die Kosten im Einzelnen	153	135
2.4.1.	Instandhaltungskosten, Reparaturen, bauliche Aufwendungen	153	135
2.4.2.	Verwalterkosten	157	136
2.4.3.	Hausmeisterkosten	158	137
2.4.4.	Heizkosten	160	137
2.4.5.	Wasserkosten	173	142
2.4.5.1.	Warmwasserkosten	173	142
2.4.5.2.	Kaltwasserkosten	174	142
2.4.6.	Weitere Nebenkosten	181	144
2.4.7.	Erschließungskosten	189	145
2.4.8.	Grundsteuer	190	146
2.4.9.	Gerichtskosten	191	146
2.5.	Gemeinschaftliche Haftung und ihre Folgen	192	147
2.5.1.	Strategien zur Begrenzung vom Wohngeldausfällen	192	147
2.5.1.1.	Vorbereitende Maßnahmen	193	147
2.5.1.1.1.	Anforderung und Mahnung	193	147
2.5.1.1.2.	Mahnwesen	193	147
2.5.1.1.3.	Verzugszinsen	194	148
2.5.1.1.4.	Sanktion	195	148

	Rz.	Seite
2.5.2. Vollstreckungstitel, Mahnbescheid	196	148
2.5.3. Arten der Zwangsvollstreckung	197	149
2.5.3.1. Vollstreckung in das bewegliche Vermögen	197	149
2.5.3.2. Vollstreckung in das unbewegliche Vermögen	198	149
2.5.3.3. Zwangshypothek	200	149
2.5.3.4. Entziehung des Wohnungseigentums	201	150
2.5.4. Verjährung	202	150
2.6. Aufgaben des Verwalters im Zusammenhang mit Wohngeldeintreibungen	205	151
2.6.1. Allgemeines	205	151
2.6.2. Verwalterhaftung	206	151
2.6.3. Rechtsprechung	207	152
2.6.3.1. Eigentümerinsolvenz	207	152
2.6.3.2. Mieteinzug der Gemeinschaft	208	152
2.6.3.3. Was hat der Verwalter bei verschuldetem Wohngeldausfall der Gemeinschaft zu ersetzen (sog. Schaden)?	213	153
2.6.4. Kontoüberziehung und Ausgleich mit der Instandhaltungsrücklage	217	155
2.6.4.1. Nicht genehmigte Kontoüberziehung	218	155
2.6.4.2. Verbrauch der Instandhaltungsrücklage	219	155
2.6.5. Hinweise zur Vermeidungsstrategie des Verwalters	220	156
2.6.5.1. Vorbereitete Maßnahmen	220	156
2.6.5.1.1. Fälligkeitsregelung	220	156
2.6.5.1.2. So genannter Vorfälligkeitsbeschluss	221	156
2.6.5.1.3. Unangefochtener Rechtsnachfolgerhaftungsbeschluss	228	158
3. Verwaltung	228a	158
3.1. Verwaltungsrechte des Eigentümers	228a	158
3.1.1. Verwaltung ohne Verwalter und Wohnungseigentümerversammlung	228a	158

	Rz.	Seite
3.1.2. Notrechte des einzelnen Wohnungseigentümers	232	159
3.1.3. Kontrollrechte des einzelnen Wohnungseigentümers	233	159
3.2. Zuständigkeit der Wohnungseigentümerversammlung	236	161
3.2.1. Grundsätzliches	236	161
3.2.2. Benutzung des Gemeinschaftseigentums durch Wohnungseigentümer oder Dritte	244a	165
3.2.2.1. Benutzung durch Wohnungseigentümer	244a	165
3.2.2.2. Benutzung durch Dritte	251	167
3.2.2.3. Hausordnung (§ 21 Abs. 5 Nr. 1 WEG)	252	167
3.2.2.3.1. Erstellung und Abänderung der Hausordnung	253	167
3.2.2.3.2. Durchführung, Überwachung und Ahndung von Verstößen gegen die Hausordnung	257	168
3.2.2.4. Vermietung von Gemeinschaftseigentum	258	169
3.2.2.5. Verbote	259	169
3.2.3. Bauliche Maßnahmen	260	169
3.2.3.1. Modernisierungen	272	173
3.2.3.2. ABC der baulichen Veränderungen	284	177
3.2.4. Mehrhausanlagen, Doppelhäuser, Reihenhäuser	285	198
3.2.5. Rechtsfolgen bei fehlender Zustimmung	286	199
3.2.6. Ausschluss der vorgenannten Ansprüche	293	200
3.2.7. Beschluss der Wohnungseigentümer	295	201
3.2.8. Rechtsfolgen von baulichen Veränderungen	297	202
3.2.8. Aufwendungen für das gemeinschaftliche Eigentum (§ 22 Abs. 1 S. 1, Fall 2)	298	202
3.3. Formales zur Wohnungseigentümerversammlung	299	202
3.3.1. Zweck und Abgrenzung zur Vereinbarung	299	202
3.3.2. Einberufung der Versammlung	302	203
3.3.3. Durchführung der Versammlung	313	209
3.3.3.1. Nicht-Öffentlichkeit	313	209
3.3.3.1.1. Hintergrund der Nicht-Öffentlichkeit	313	209

			Rz.	Seite
	3.3.3.1.2.	Umsetzung des Nicht-Öffentlichkeits-Gebots in der Versammlung	314	210
	3.3.3.2.	Einberufung der Versammlung	340	216
	3.3.3.3.	Sonstige Vorbereitungsmaßnahmen, Verwaltungsbeirat	341	217
	3.3.3.4.	Beschlussfähigkeit	342	217
3.3.5.	Stimmrecht und Mehrheitsberechnung		344	218
3.3.6.	Einzelfragen zum Stimmrecht		345	219
3.3.7.	Einschränkungen des Stimmrechts		356	222
3.3.8.	Ablauf der Versammlung und Geschäftsordnungsfragen		363	224
	3.3.8.1.	Vorsitz	363	224
	3.3.8.2.	Eröffnung der Versammlung	364	225
	3.3.8.3.	Geschäftsordnungsfragen	365	225
	3.3.8.4.	Form der Abstimmung	371	226
	3.3.8.5.	Stimmrechtsvollmacht und Vertretung Minderjähriger	376	228
	3.3.8.6.	Anwesenheit von Beratern	381	229
	3.3.8.7.	Teilnehmerverzeichnis	382	229
	3.3.8.8.	Vollversammlung	383	230
	3.3.8.9.	Schriftlicher Beschluss	384	230
	3.3.8.9.1.	Allgemeines und Ablauf	384	230
	3.3.8.9.2.	Praktische Hinweise	387	231
	3.3.8.10.	Aufhebung oder Änderung eines Beschlusses	388	232
3.3.9.	Nichtigkeit und Anfechtbarkeit von Beschlüssen		390	232
	3.3.9.1.	Die Anfechtbarkeit von Beschlüssen	390	232
	3.3.9.2.	Anfechtungsgründe	391	233
	3.3.9.3.	Beschlüsse mit Vereinbarungsinhalt (Pseudovereinbarungen)	393	234
	3.3.9.4.	Nichtbeschlüsse und Negativbeschlüsse	399	236
	3.3.9.5.	Bestätigung durch gültigen Beschluss	401	237
	3.3.9.6.	Nichtigkeit von Beschlüssen	402	237
3.3.10.	Niederschrift (Protokoll)		403	238
	3.3.10.1.	Inhalt der Niederschrift	403	238
	3.3.10.2.	Notarielle Beglaubigung	413	240
	3.3.10.3.	Unterschrift des Vorsitzenden	416	241

			Rz.	Seite
	3.3.10.4.	Unterschrift des Verwaltungsbeirats	419	241
	3.3.10.5.	Unterschrift eines weiteren Eigentümers	421	242
	3.3.10.6.	Schriftliche Beschlüsse	422	242
	3.3.10.7.	Frist für Errichtung der Niederschrift	423	243
	3.3.10.8.	Einsichtnahme in die Niederschrift, Protokollberichtigungsanspruch	425	243
	3.3.10.9.	Aufbewahrung der Niederschriften	426	244
3.4. Der Verwalter			427	244
3.4.1. Stellung des Verwalters			427	244
	3.4.1.1.	Unabdingbare Rechte und Pflichten	429	244
	3.4.1.2.	Vertretungsmacht, Aufgaben und Pflichten	431	246
	3.4.1.3.	Zusätzliche Aufgaben und Pflichten des Verwalters durch die WEG-Novelle	437	251
	3.4.1.3.1.	Informationspflicht	439	251
	3.4.1.3.2.	Führung von Aktivprozessen, Streitwertvereinbarung	441	252
	3.4.1.3.3.	Führung von Passivprozessen, Streitwertvereinbarung; Kontoführung	444	253
	3.4.1.3.4.	Keine Beschränkung der Verwalterbefugnisse	445	254
	3.4.1.3.5.	Trennung von Eigenvermögen	446	254
	3.4.1.3.6.	Beschlusssammlung (§ 24 Abs. 7 WEG)	447	254
	3.4.1.3.6.1.	Sinn und Zweck	449	255
	3.4.1.3.6.2.	Einsichtnahmerecht	451	255
	3.4.1.3.6.3.	Form	453	255
	3.4.1.3.6.4.	Aufbau	454	256
	3.4.1.3.6.5.	Führung der Beschlusssammlung	458	256
	3.4.1.3.6.6.	Inhalt	460	257
	3.4.1.3.6.7.	Aufbauvorschlag Beschlusssammlung	467	259
	3.4.1.3.6.8.	Zeitpunkt der Eintragung	468	260
	3.4.1.3.6.9.	Löschen von Einträgen	468	260

			Rz.	Seite
	3.4.1.3.6.10.	Mangelhafte Beschlusssammlung und Verwalterabberufung	470	261
	3.4.1.4.	Haftung des Verwalters	471	262
3.4.2.	Bestellung des Verwalters		473	263
	3.4.2.1.	Ernennungsakt	473	263
	3.4.2.2.	Annahme durch den Verwalter	475	264
	3.4.2.3.	Bestellung des Verwalters durch das Gericht	478	265
3.4.3.	Beginn der Drei- bzw. Fünfjahresfrist		479	266
3.4.4.	Beendigung des Verwalteramts		484	268
3.4.5.	Verwaltervertrag		494	274
	3.4.5.1.	Einbettung des Verwaltervertrages in die Organisation der Wohnungseigentümergemeinschaft	497	275
	3.4.5.2.	Ausreichende Bevollmächtigung seitens der Gemeinschaft	501	276
	3.4.5.3.	Ist die Vollmacht der Gemeinschaft nicht überschritten?	504	277
	3.4.5.4.	Entsprechen alle Klauseln des Verwaltervertrages auch ordnungsgemäßer Verwaltung?	507	278
	3.4.5.4.1.	Instandhaltungsvorgaben für den Verwalter	507	278
	3.4.5.4.2.	Vollmacht des Verwalters Hilfskräfte einzustellen	509a	279
	3.4.5.4.3.	Anlage der Rücklage auf einem Sparbuch	509b	279
	3.4.5.4.4.	Anfechtbarkeit	509c	280
	3.4.5.5.	Liegt ein Verstoß gegen zwingende Normen des WEG vor?	510	280
	3.4.5.6.	Ist eine Bestimmung unklar?	511	280
	3.4.5.7.	Schranken der Gestaltung durch die Rechtsprechung	512	280
	3.4.5.7.1.	Allgemeine Geschäftsbedingungen (§§ 305 ff. BGB)	512	280
	3.4.5.7.2.	Umfang der durch die Grundgebühr geschuldeten Gegenleistung	523	283
	3.4.5.8.	Hinweise zur Ausgestaltung des Verwaltervertrags/-vergütung	525	284

			Rz.	Seite
	3.4.5.8.1.	Grundsatz	525	284
	3.4.5.8.2.	Sondervergütung	530	286
	3.4.5.8.3.	Denkbare weitere Sondervergütungen	553	292
	3.4.5.8.4.	Sonderleistung ohne vertragliche Grundlage	559	292
	3.4.5.8.5.	Fälligkeitsregelung hinsichtlich Sondervergütung nicht vergessen, Umsatzsteuer ebenfalls nicht	560	293
3.4.6.	Person des Verwalters		561	293
3.4.7.	Einzelfragen		565	294
	3.4.7.1.	Legitimation des Verwalters	565	294
	3.4.7.2.	Unterlagenbeschaffung und Prüfungspunkte bei Amtsantritt	567	295
	3.4.7.3.	Auskunftspflicht des Verwalters, Datenschutzgesetz	568	296

3.5. Verwaltungsbeirat 581   300
3.6. Vermögensverwaltung 593   305
   3.6.1. Bankkonten und Bargeld 593   305
   3.6.2. Buchführung 596   306
   3.6.3. Belege 598   307
   3.6.4. Wirtschaftsplan und Sonderumlagen 599   307
   3.6.5. Jahresabrechnung und Rechnungslegung 607   310
   3.6.6. Rücklagenbildung 621   317
   3.6.7. Darlehensaufnahme 622   317

4. **Einzelprobleme** 624   318

4.1. Raumtemperatur und Heizperiode 624   318
   4.1.1. Heizperiode 624   318
   4.1.2. Raumtemperatur 628   319
      4.1.2.1. Mindestwerte 628   319
      4.1.2.2. Maximalwerte 630   320
   4.1.3. Handhabung der Heizungstemperaturen 632   320
4.2. Versicherungen 640   322
   4.2.1. Obligatorische Versicherungen 640   322
   4.2.2. Fakultative Versicherungen 646   324
   4.2.3. Abschluss und Kündigung des Versicherungsvertrages 648   324

	Rz.	Seite
4.2.4. Sonderprobleme bei Versicherungen	650	325
4.2.4.1. Abwicklung von Versicherungsschäden	650	325
4.2.4.2. Selbstbeteiligungen	656	326
4.2.4.3. Vergütung des Verwalters	664	328
4.2.4.3.1. Gemeinschaftseigentum	665	328
4.2.4.3.2. Schäden im Sondereigentum	667	329
4.2.4.3.3. Abwicklung von Schäden, die sowohl im Gemeinschaftseigentum als auch im Sondereigentum liegen	669	329
4.3. Zustimmung zur Veräußerung (§ 12 WEG)	670	329
4.3.1. Grundsätzliches und praktische Bedeutung	670	329
4.3.2. Anwendungsbereich	677	331
4.3.3. Zustimmungsberechtigte	679	332
4.3.4. Versagung aus wichtigem Grund	680	332
4.4. Zwangsverwaltung	685	333
4.4.1. Allgemeines	685	333
4.4.2. Besondere Voraussetzungen der Zwangsverwaltung	689	334
4.4.3. Pflicht des Verwalters zur Beantragung der Zwangsverwaltung	690	334
4.4.4. Rechtsfolgen der Zwangsverwaltung	691	335
4.4.5. Rechtsstellung des Zwangsverwalters	695	335
4.4.5.1. Allgemein	695	335
4.4.5.2. Pflicht zur Zahlung des Wohngeldes und anderer Kosten	700	336
4.4.5.3. Nutzungen	706	338
4.4.5.4. Wohngeld	709	339
4.4.5.5. Haftung	711	339
4.4.5.6. Mehrere Wohnungseigentumseinheiten in der Zwangsverwaltung	712	339
4.4.5.7. Haftung des Zwangsverwalters	713	340
4.4.5.8. Wohnrecht des Schuldners	714	340
4.4.5.9. Rechte des Zwangsverwalters/ Rechte des Schuldners	717	340
4.4.5.9.1. Teilnahme- und Rederecht in Versammlungen	722	341
4.4.5.9.2. Stimmrecht	723	342
4.4.5.10. Anfechtungsrecht	728	343
4.4.5.11. Niederschrifteneinsicht	729	343

		Rz.	Seite
4.4.5.12.	Eingriffe in Gemeinschaftsordnung, Vereinbarung durch den Zwangsverwalter	730	343
4.4.5.13.	Prozessführungen des Zwangsverwalters	731	344
4.4.5.14.	Insolvenzeröffnungen	733	344
4.4.5.15.	Rücknahme des Antrags auf Zwangsverwaltung	734	344
4.4.5.16.	Abrechnungen	736	345
4.4.6.	Ablauf des Zwangsverwaltungsverfahrens	737	345
4.4.6.1.	Verband als Gläubiger	737	345
4.4.6.2.	Antragstellung durch Dritten	744	346
4.5.	Zwangsversteigerung	748	347
4.6.	Gewährleistungsansprüche bei Baumängeln	762	350
4.6.1.	Systematik der Gewährleistungsregeln	763	350
4.6.2.	Gewährleistung beim Kauf einer Eigentumswohnung	766	351
4.6.2.1.	Der Mangelbegriff	766	351
4.6.2.2.	Die Gewährleistungsrechte	773	352
4.6.2.3.	Ausschluss der Gewährleistung	778	354
4.6.2.4.	Verjährung der Gewährleistungsrechte	781	354
4.6.3.	Werkvertragsrecht	790	357
4.6.3.1.	Gewährleistung beim Werkvertrag	791	357
4.6.3.1.1.	Der Mangelbegriff	791	357
4.6.3.1.2.	Ausschluss der Gewährleistung	796	358
4.6.3.1.3.	Verjährung der Gewährleistungsrechte	799	359
4.6.3.1.4.	Besonderheiten bei Vereinbarung der VOB/B	803	360
4.6.3.2.	Sonstige Neuerungen des Werkvertragsrechts	807	360
4.6.4.	Besonderheiten bei Eigentümergemeinschaften	809	361
4.6.4.1.	Mängel am Sondereigentum	810	361
4.6.4.2.	Mängel am Gemeinschaftseigentum	811	361
4.6.4.3.	Durchsetzung der Ansprüche	820	365
4.7.	Das Problem des „stecken gebliebenen Baus"	823	365
4.7.1.	Grundsätzliches	823	365

			Rz.	Seite
	4.7.2.	Fertigstellung durch die Wohnungseigentümer	827	366
	4.7.3.	Unterbleiben der Fertigstellung	830	368
	4.7.4.	Mehrhausanlagen	831	368
	4.7.5.	Rücktrittsrecht des einzelnen Käufers	832	368
4.8.	Beendigung der Gemeinschaft		833	368
4.9.	Entziehung des Wohnungseigentums		841	370
	4.9.1.	Grundsätzliches	841	370
	4.9.2.	Voraussetzungen	843	371
	4.9.3.	Verfahren	846	372
	4.9.4.	Versteigerung ab dem 1.7.2007	850	373
4.10.	Versorgungs- und Entsorgungssperre		856	374
	4.10.1.	Möglichkeiten	857	374
	4.10.2.	Technische Voraussetzungen	858	374
	4.10.3.	Rechtliche Voraussetzungen	861	375
	4.10.4.	Dauer der Versorgungssperre	866	376
4.11.	Das Haftungssystem der Gemeinschaft nach der WEG-Novelle		868	377
	4.11.1.	Haftung nach der Teilrechtsfähigkeit	868	377
	4.11.2.	Besondere Haftungsprobleme der Gemeinschaft für Dritte	887	387
4.12.	Haushaltsnahe Dienstleistungen für Wohnungseigentümer		896	389
	4.12.1.	Steuerliche Anerkennung	895a	389
	4.12.2.	Steuerliche Abzugsmöglichkeiten	895b	390
		4.12.2.1. Abzugsmöglichkeiten für normale Eigentümer	895b	390
		4.12.2.2. Abzug auch für Wohnungseigentümer	895c	390
	4.12.3.	Aufgaben des WEG-Verwalters	895f	391
		4.12.3.1. Beratungs- und Informationspflichten	895f	391
		4.12.3.2. Schaffung der steuerlichen Abzugsmöglichkeit	895i	392
		4.12.3.2.1. Erfassung der Kosten	895j	392
		4.12.3.2.2. Darstellung in Jahresabrechnung	895u	396
		4.12.3.2.3. Zurückliegende Jahre ab 2003	895x	397

	Rz.	Seite
4.12.4. Nachweis der Wohnungseigentümer	895y	398
4.12.5. Sondervergütung	895z	398
5. Gerichtliches Verfahren in Wohnungseigentumssachen	**896**	**399**
5.1. Verfahren vor dem 1.7.2007	896	399
5.1.1. Grundzüge	897	399
5.1.2. Zuständigkeit	901	400
5.1.3. Antragsberechtigung und Antragstellung	916	404
5.1.4. Beteiligte	927	406
5.1.5. Gang des Verfahrens	934	407
5.1.6. Rechtsmittel	939	408
5.1.7. Rechtskraft	946	410
5.1.8. Kosten	952	411
5.1.9. Mahnverfahren	954	412
5.2. Verfahren ab dem 2.7.2007	957	413
5.2.1. Grundzüge	957	413
5.2.2. Zuständigkeit	959	413
5.2.3. Klageberechtigung und Klageeinreichung	965	414
5.2.4. Prozessbeteiligte	977	417
5.2.5. Gang des Verfahrens	990	421
5.2.6. Rechtsmittel	995	422
5.2.7. Rechtskraft	1002	424
5.2.8. Kostenerstattung	1006	425
5.2.8.1. Kostenverteilung	1006	425
5.2.8.2. Streitwertbegrenzung	1021	429
5.2.9. Mahnverfahren	1025	429

Teil C
Vermietung von Eigentumswohnungen

1. Einführung	1	431
2. Arten von Mietverträgen	3	431
2.1. Wohnungsmietverträge	4	431
2.2. Mietverträge über sonstige Sachen (insb. Gewerbe)	5	432

	Rz.	Seite
2.3. Preisgebundener Wohnraum	9	432
2.4. Preisfreier Wohnraum	10	432
2.5. Befristete Mietverhältnisse	11	433
2.6. Unbefristete Mietverhältnisse	12	433
3. Form und Inhalt des Mietvertrags	13	433
3.1. Schriftform	13	433
3.2. Formularmietverträge, AGB	14	433
3.3. Laufzeit	15	434
3.3.1. Wohnraumverträge	15	434
3.3.2. Gewerberaum	25	436
3.4. Vermieter	26	436
3.5. Mieter	29	437
3.6. Mietzins	31	437
3.6.1. Kaltmiete	32	437
3.6.2. Sonderformen	33	437
3.6.2.1. Grenzen	38	438
3.6.3. Betriebskosten	42	439
3.6.3.1. Vereinbarung von Betriebskosten	42	439
3.6.3.1.1. Allgemeines	42	439
3.6.3.1.2. Pauschale	50	440
3.6.3.1.3. Vorauszahlung	60	442
3.6.3.1.4. Zu niedrige Angabe der Vorauszahlung bei Mietbeginn	63	443
3.6.3.2. Die Abrechnung der Betriebskosten	68	445
3.6.3.2.1. Vorlage einer formell ordnungsgemäßen Abrechnung	68	445
3.6.3.2.2. Berücksichtigung sog. haushaltsnaher Dienstleistungen in der Nebenkostenabrechnung	91	450
3.6.3.2.3. Folgen unterlassener Betriebskostenabrechnung	120	458
3.6.3.3. Einsicht in Belegexemplare	124	459
3.6.3.3.1. Preisgebundene Wohnraumverträge	124	459
3.6.3.3.2. Preisfreie Wohnraumverträge	125	460
3.6.3.4. Wärmecontracting	131	462

	Rz.	Seite
3.6.3.4.1. Zulässigkeit	131	462
3.6.3.4.2. Konsequenzen	133	463
3.7. Kaution	135	464
3.8. Vertragsgemäßer Gebrauch	139	465
3.9. Besonderheiten bei Eigentumswohnungen	143	466
4. Fragen während der Mietzeit	**145**	**466**
4.1. Mieterhöhung	145	466
4.1.1. Mieterhöhungen ohne Anlass	146	467
4.1.1.1. Mieterhöhungen bis zur ortsüblichen Vergleichsmiete	146	467
4.1.1.2. Mieterhöhung bei Indexmiete	159	470
4.1.1.3. Staffelmiete	160	471
4.1.2. Mieterhöhung aus bestimmtem Anlass	172	474
4.1.2.1. Mieterhöhung bei Modernisierung	172	474
4.1.3. Übergangsregelung	175	475
4.1.4. Sonderkündigungsrecht	176	475
4.1.5. Sozialwohnungen, preisgebundener Wohnraum	177	476
4.2. Verkauf der Mietsache	178	476
4.3. Umwandlung in Wohnungseigentum	179	476
4.4. Tod des Mieters	181	477
4.4.1. Eintrittsrecht (§ 563 BGB)	182	477
4.4.1.1. Eintrittsberechtigte	182	477
4.4.1.2. Ablehnungsrecht	187	478
4.4.1.3. Sonderkündigungsrecht des Vermieters	191	479
4.4.2. Fortsetzung des Mietverhältnisses (§ 563a BGB)	194	480
4.5. Barrierefreie (behindertengerechte) Wohnung	201	481
4.6. Erhaltung der Mietsache	203	482
4.6.1. Gesetzliche Regelung, Übertragung auf Mieter, Umfang, Art und Weise	203	482
4.6.1.1. Gesetzliche Regelung	203	482
4.6.1.2. Definition	204	482
4.6.1.3. Übertragung der Schönheitsreparatur auf Mieter	205	482

	Rz.	Seite
4.6.1.4. Umfang der Schönheitsreparaturen	210	483
4.6.1.5. Art und Weise der Schönheitsreparatur	218	485
4.6.2. Zeitpunkt der Durchführung der Schönheitsreparatur	220	485
4.6.2.1. Singuläre Durchführung der Schönheitsreparatur	220	485
4.6.2.1.1. Schönheitsreparatur zu Beginn des Mietverhältnisses	220	485
4.6.2.1.2. Laufende Schönheitsreparaturen	225	487
4.6.2.1.3. Schönheitsreparaturen am Ende des Mietverhältnisses	230	488
4.6.2.2. Kombination verschiedener Zeitpunkte	232	489
4.6.2.2.1. Kombination Schönheitsreparaturen zu Beginn des Mietverhältnisses/laufende Schönheitsreparatur/Schönheitsreparatur am Ende des Mietverhältnisses	232	489
4.6.2.2.2. Kombination Schönheitsreparatur zu Beginn des Mietverhältnisses/laufende Schönheitsreparatur	233	489
4.6.2.2.3. Kombination laufende Schönheitsreparatur/Schönheitsreparatur am Ende des Mietverhältnisses	234	489
4.6.3. Besondere Problemfelder	236	491
4.6.3.1. Klauseln mit starren Fristen	236	491
4.6.3.2. Starre Fristenpläne mit Quotenregelung	239	492
4.6.3.3. Klauseln bezüglich Tapeten	240	492
4.6.4. Konsequenzen und Reaktionsmöglichkeiten des Vermieters	241	492
4.6.4.1. Konsequenzen der unwirksamen Klausel	241	492
4.6.4.2. Reaktionmöglichkeiten des Vermieters	242	493
4.6.4.2.1. Anpassungen des Vertrages wegen Wegfalls der Geschäftsgrundlage	242	493

			Rz.	Seite
	4.6.4.2.2.	Einvernehmliche Vereinbarung einer wirksamen Klausel	245	494
	4.6.4.2.3.	Mieterhöhungen	246	494
	4.6.4.2.4.	Nichtstun	247	495
4.7.	Versorgungssperre		248	495
4.8.	Urkundenklage (§§ 592 ff. ZPO)		251	496
4.9.	Gewährleistungsrechte		255	498
	4.9.1. Mangel		255	498

5 Beendigung des Mietverhältnisses 265   502

   5.1. Abmahnung 265   502

   5.2. Ordentliche Kündigung 267   503

      5.2.1. Kündigungsgründe 267   503

      5.2.2. Sozialklausel 271   504

      5.2.3. Erleichterte Kündigung 274   504

      5.2.4. Fristen 275   505

          5.2.4.1. Gesetzliche Regelung 275   505

          5.2.4.2. Abweichende Regelungen 276   505

          5.2.4.2.1. Kündigungsverzicht 276   505

      5.2.5. Übergangsregelungen 279   507

          5.2.5.1. Zeit zwischen 1.9.2001 und 31.5.2005 279   507

          5.2.5.2. Zeiten ab 1.6.2005 280   507

   5.3. Außerordentliche fristlose Kündigung 281   507

   5.4. Stillschweigende Verlängerung 286   509

6. Verjährung 287   509

7. Geschäftsraummiete 290   510

8. Allgemeine Geschäftsbedingungen 291   510

9. Probleme zwischen Miet- und WEG-Recht 292   510

   9.1. Kollision Miet-WEG-Recht 292   510

   9.2. Vermietungsbeschränkungen 301   514

   9.3. Nebenkostenabrechnung 303   514

Teil D
Besteuerung von Eigentumswohnungen

	Rz.	Seite
1. Einkommensteuer	1	517
1.1. Vermietete Eigentumswohnungen	1	517
1.2. Eigennutzung für Wohnzwecke – Eigenheimzulage	4	518
1.2.1. Sonderprobleme	5	518
1.2.1.1. Häusliches Arbeitszimmer	5	518
1.2.1.2. Zwei- und Drei-Konten-Modell	8	519
1.3. Eigennutzung für betriebliche Zwecke	9	519
1.4. Abschreibungen	10	519
1.5. Veräußerung einer Eigentumswohnung	15	520
2. Grundsteuer	17	521
3. Grunderwerbsteuer	18	521
4. Umsatzsteuer (= Mehrwertsteuer)	22	522
4.1. Umsatzsteueroption des Eigentümers	23	522
4.2. Umsatzsteueroption der Gemeinschaft	23	522
4.3. Vermietung von Abstellplätzen	24	523
5. Zinsabschlagsteuer	26	523
5.1. Freistellungsauftrag	27	523
5.2. Einheitliche und gesonderte Feststellung	28	524
5.3. Umlagemaßstab	29	524
5.4. Darstellung in der Abrechnung	30	524

Teil E
Textmuster

	Rz.	Seite
1. Verwalter und Hausmeister	1	526
1.1. Anstellungsvertrag für einen Verwalter	1	526
1.2. Hausmeistervertrag	2	530
1.3. Verwaltervollmacht	3	532

	Rz.	Seite
1.4. Abberufung und Neuwahl eines Verwalters	4	532
1.5. Nachweis über die Verwalterbestellung	5	534
2. Wohnungseigentümerversammlung und Verwaltungsbeirat	6	535
2.1. Einladung zu einer Wohnungseigentümerversammlung	6	535
2.2. Niederschrift über eine Wohnungseigentümerversammlung	7	536
2.3. Geschäftsordnung für Wohnungseigentümerversammlungen	8	538
2.4. Stimmrechtsvollmacht für eine Wohnungseigentümerversammlung	9	540
2.5. Stimmrechtsvollmacht für mehrere Wohnungseigentümerversammlungen	10	540
2.6. Schriftlicher Beschluss der Wohnungseigentümer	11	541
2.7. Teilnehmerliste	12	541
2.8. Protokoll über eine Sitzung des Verwaltungsbeirats	13	542
3. Gemeinschaftsordnung	14	543
3.1. Änderung der Gemeinschaftsordnung	14	543
3.2. Änderung der Gemeinschaftsordnung wegen Instandsetzung	15	543
3.3. Veräußerung eines Pkw-Stellplatzes	16	543
4. Hausordnung und Benutzungsordnungen	17	545
4.1. Hausordnung	17	545
4.2. Benutzungsordnung für das Schwimmbad	18	548
4.3. Benutzungsordnung für die Sauna	19	548
5. Wirtschaftsplan und Abrechnung, Buchführung	20	549
5.1. Wirtschaftsplan	20	549
5.2. Jahresabrechnung des Verwalters	21	550
5.3. Buchführungsbeispiele	22	552
5.3.1. Journalseite	22	552
5.3.2. Kontoblatt eines Wohnungseigentümers	23	554

	Rz.	Seite
6. Vermietung von Eigentumswohnungen	24	555
6.1. Wohnraummietvertrag	24	555
6.2. Spezielle Mietvertragsklauseln	25	571
7. Zusatzvereinbarung zum Wohnraummietvertrag bei vermieteter Eigentumswohnung	26	574
8. Sofortige Beschwerde gegen einen Beschluss des Amtsgerichts (Anhängigkeit vor 1.7.2007)	27	575
9. Muster für außergerichtliche Streitschlichtung (§ 15a EGZPO)	28	577
10. Wohngeldsachen	29	578
10.1. Klage auf Zahlung von Wohngeld (ab 2.7.2007)	29	578
10.2. Antrag auf Anordnung des dinglichen Arrests	30	580
11. Berufung gegen Urteil des Amtsgerichts (bei Verfahrenseinleitung ab 2.7.2007 und später)	31	582
12. Klage auf Ungültigkeitserklärung eines Wohnungseigentümerbeschlusses	32	584
13. Klage auf Bestellung eines Verwalters	33	586
14. Verfahren bezüglich Beschlusssammlung	34	588
14.1. Klagemuster für Einsichtnahme Beschlusssammlung	34	588
14.2. Klagemuster für einstweilige Verfügung Herausgabe Beschlusssammlung	35	590
15. Muster Beschlusssammlung für die WEG Bahnhofstr. 16 in Neustadt	36	593
15.1. Einfacher Beschluss	36	593
15.2. Schriftlicher Beschluss	37	595
15.3. Beschlussanfechtung	38	596
15.4. Gerichtliche Entscheidung	39	597
15.5. Gerichtliche Entscheidung – Rechtskraft	40	599

Inhaltsverzeichnis

	Rz.	Seite
15.6. Gerichtliche Entscheidung – Berufungseinlegung ...	41	600
15.7. Löschung eines Beschlusses bei Führung der Beschlusssammlung in Papierform	42	601
15.8. Löschung eines Beschlusses bei Führung der Beschlusssammlung in elektronischer Version	43	604

Anhang   Gesetz über das Wohnungseigentum und das Dauerwohnrecht (Wohnungseigentumsgesetz) 607

Stichwortverzeichnis................................. 627

Abkürzungsverzeichnis

a.A.	anderer Ansicht
a.a.O.	am angegebenen Ort
a.F.	Alte Fassung
AG	Amtsgericht
AGBG	Gesetz über die Allgemeinen Geschäftsbedingungen
AO	Abgabenordnung
BAnz.	Bundesanzeiger
BauGB	Baugesetzbuch
BayObLG	Bayerisches Oberstes Landesgericht
BayObLGZ	Entscheidungen des Bayerischen Obersten Landesgerichts in Zivilsachen
BB	Der Betriebs-Berater
BDSG	Bundesdatenschutzgesetz
BeurkG	Beurkundungsgesetz
BewG	Bewertungsgesetz
BVerwG	Bundesverwaltungsgericht
BFH	Bundesfinanzhof
BGB	Bürgerliches Gesetzbuch
BGBl.	Bundesgesetzblatt
BGH	Bundesgerichtshof
BlGBW	Blätter für Grundstücks-, Bau- und Wohnungsrecht
BNotO	Bundesnotarordnung
BWNotZ	Zeitschrift für das Notariat in Baden-Württemberg
DNotZ	Deutsche Notar-Zeitschrift
DV	Durchführungsverordnung
DWE	Zeitschrift „Der Wohnungseigentümer"
EigZulG	Eigenheimzulagengesetz
EStDV	Einkommensteuer-Durchführungsverordnung
EStG	Einkommensteuergesetz
FGG	Gesetz über die Angelegenheiten der freiwilligen Gerichtsbarkeit
FGPrax	Praxis der freiwilligen Gerichtsbarkeit
GBO	Grundbuchordnung
GmbHG	Gesetz betreffend die Gesellschaften mit beschränkter Haftung
GrEStG	Grunderwerbsteuergesetz
GVBl.	Gesetz- und Verordnungsblatt
HeizkostenV	Heizkosten-Verordnung
h.M.	herrschende Meinung

InsO	Insolvenzverordnung
JR	Juristische Rundschau
Justiz	Die Justiz
JZ	Juristen-Zeitschrift
KG	Kammergericht (Oberlandesgericht für Berlin)
Komm.	Kommentar
LG	Landgericht
MaBV	Makler- und Bauträgerverordnung
MDR	Monatsschrift für Deutsches Recht
MHRG	Gesetz zur Regelung der Miethöhe
MietRB	Der Mietrechts-Berater
MittBayNot	Mitteilungen des Bayer. Notarvereins, der Notarkasse und der Landesnotarkammer Bayern
MittRhNotK	Mitteilungen der Rheinischen Notarkammer
MünchKomm	Münchener Kommentar zum BGB
n.F.	Neue Fassung (nach Gesetzesänderung)
NJW	Neue Juristische Wochenschrift
NJW-RR	NJW-Rechtsprechungs-Report
NotBZ	Zeitschrift für die notarielle Beratungs- und Beurkundungspraxis
NZM	Neue Zeitschrift für Mietrecht
OLG	Oberlandesgericht
OLGZ	Entscheidungen der Oberlandesgerichte in Zivilsachen
PiG	Partner im Gespräch – Schriftenreihe des Evangelischen Siedlungswerkes in Deutschland e.V.
PuR	Zeitschrift „Praxis und Recht"
RG	Reichsgericht
Rpfleger	Der Deutsche Rechtspfleger
Rz.	Randziffer
UStG	Umsatzsteuergesetz
VerwG	Verwaltungsgericht
VGH	Verwaltungsgerichtshof
VOB	Verdingungsordnung für Bauleistungen
WE	Zeitschrift „Wohnungseigentum"
WEG	Wohnungseigentumsgesetz
WEM	Zeitschrift „Wohnungseigentümer-Magazin"
WiStG	Wirtschaftsgesetz
WKSchG	Wohnraumkündigungsschutzgesetz
WuH	Zeitschrift „Wohnung und Haus"
WuM	Wohnungswirtschaft und Mietrecht

ZMR	Zeitschrift für Miet- und Raumrecht
ZPO	Zivilprozessordnung
ZRP	Zeitschrift für Rechtspolitik
ZVG	Gesetz über die Zwangsversteigerung und Zwangsverwaltung
ZWE	Zeitschrift für Wohnungseigentum

Literaturübersicht

Bärmann/Pick, Wohnungseigentumsgesetz, 17. Aufl., München 2006 (zit.: Bärmann)

Bärmann/Pick/Merle, Kommentar zum WEG, 9. Aufl., München 2003 (zit.: *Bärmann/Pick/Merle*)

Bärmann/Seuß, Praxis des Wohnungseigentums mit Mustern und Formularen, 4. Aufl., München 1997

Belz, Handbuch des Wohnungseigentums, 3. Aufl., Stuttgart 1997

Becker/Kümmel/Ott, Wohnungseigentum – Grundlagen – Systematik – Praxis, Köln 2003

Bub, Das Finanz- und Rechnungswesen der Wohnungseigentümergemeinschaft, 2. Aufl., München 1996

Deckert, Die Eigentumswohnung, München 1983, Loseblattsammlung

Diester, Kommentar zum WEG, Köln 1952 (zit.: *Diester*, Komm.)

Diester, Die Rechtsprechung zum Wohnungseigentumsgesetz, München 1967 (zit.: *Diester*, Rspr.)

Diester, Wichtige Rechtsfragen des Wohnungseigentums, München 1974 (zit.: *Diester*, Rfragen)

Greiner, Wohnungseigentumsrecht, Heidelberg 2007

Hügel/Elzer, Das neue WEG-Recht, München 2007

Jennißen, Wohnungseigentumsgesetz, Kommentar, Köln 2007 (zit.: *Jennißen*, WEG)

Jennißen, Die Verwalterabrechnung nach dem WEG, 5. Aufl. München 2004 (zit.: *Jennißen*, Verwalterabrechnung)

Jennißen, Der WEG-Verwalter, München 2007 (zit.: *Jennißen*, WEG-Verwalter)

Köhler, Das neue WEG, Köln 2007 (zit.: *Köhler*, WEG)

Köhler, Anwalts-Handbuch Wohnungseigentumsrecht, Köln 2004 (zit.: *Köhler*, Handbuch)

Lützenkirchen, Anwalts-Handbuch Mietrecht, 3. Aufl., Köln 2007

Merle, Bestellung und Abberufung des Verwalters nach § 26 des Wohnungseigentumsgesetzes, Berlin (zit.: *Merle*)

Müller, Praktische Fragen des Wohnungseigentums, 4. Aufl., München 2004

Niedenführ/Schulze, Handbuch und Kommentar zum WEG, 7. Aufl. Heidelberg 2004

Palandt, BGB, 66. Aufl., München 2006 (zit.: *Palandt/Bassenge*)

Reithmann/Albrecht, Handbuch der notariellen Vertragsgestaltung, 8. Aufl., Köln 2001 (zit.: *Reithmann/Albrecht*)

Röll, Teilungserklärung und Entstehung des Wohnungseigentums, Köln 1975 (zit.: *Röll*, Teilungserklärung)

Riecke/Schmidt, Wohnungseigentumsgesetz, Kompaktkommentar, Köln 2005 (zit.: KK-WEG)

Sauren, Wohnungseigentumsgesetz, Textausgabe mit Erläuterungen, 4. Aufl., München 2002

Sauren, Verwaltervertrag und Verwaltervollmacht im Wohnungseigentum, 3. Aufl., München 2002

Sauren, Das Praxislexikon Wohnungseigentum, 1. Aufl., Freiburg i. Br. 2000

Seuß, Die Eigentumswohnung, 11. Aufl. 2000 (dtv-Taschenbuch)

Sternel, Mietrecht, 3. Aufl., Köln 1988

Weitnauer, Wohnungseigentumsgesetz, Kommentar, 9. Aufl., München 2004 (zit.: *Weitnauer, Weitnauer/Lüke* und *Weitnauer/Hauger*)

Zöller, Zivilprozessordnung, 26. Aufl., Köln 2007

Teil A
Die WEG-Novelle im Überblick

1. Einführung

Durch die WEG-Novelle soll u.a. das Staatsdefizit im Bereich Justiz verringert werden. Durch Änderung der Verfahrensordnung von freiwilliger Gerichtsbarkeit (FGG) zur Zivilprozessordnung (ZPO) werden die Einnahmen erhöht und die Kosten gesenkt. Durch die Zivilprozessordnung gilt das Gerichtskostengesetz (GKG) mit einer bis zu vierfach höheren Kostenbelastung des Verfahrens als bisher. Durch das Zivilprozess(ZPO)-Verfahren wird die Arbeit des Richters (angeblich) erleichtert und sein jährliches Arbeitspensum wird von bisher ca. 300 WEG-Fällen auf ca. 500 WEG-Fälle erhöht. Die Instanz der sofortigen Beschwerde beim Oberlandesgericht fällt gänzlich weg. Damit werden die Kosten bei beträchtlicher Einnahmensteigerung durch weniger Richterarbeit erheblich gesenkt.

Der Gesetzgeber hat sich über die vielen kritischen Stimmen der Praxis und Wissenschaft hinweggesetzt[1] und selbst notwendige Verbesserungsvorschläge[2] nicht aufgegriffen, obwohl teilweise konkrete Mängel aufgezeigt und sogar konkret geänderte Gesetzesfassungen vorgeschlagen worden sind.

2. Welche Änderungen bringt die Novelle?

Im Folgenden werden die wesentlichen Neuregelungen vorgestellt, den alten Regelungen gegenüber gestellt, sowie Bemerkungen angefügt.

2.1. Zustimmung von Inhabern dinglicher Rechte bei Vereinbarungsänderung

Neuregelung nunmehr in § 5 Abs. 4 S. 2 und 3 WEG:

ALT	NEU
Keine Regelung	(4) Ist das Wohnungseigentum mit der Hypothek, Grund- oder Rentenschuld oder der Reallast eines Dritten belastet, so ist dessen nach anderen Rechtsvorschriften notwendige Zustimmung zu

---
1 Z.B. *Bub* NZM 2006, 841; *Merle* ZWE 2006, 365; *Müller* NZM 2006, 767.
2 Z.B. *Demharter* NZM 2006, 490.

Teil A Die WEG-Novelle im Überblick

ALT	NEU
	der Vereinbarung nur erforderlich, wenn ein Sondernutzungsrecht begründet oder ein mit dem Wohnungseigentum verbundenes Sondernutzungsrecht aufgehoben, geändert oder übertragen wird. Bei der Begründung eines Sondernutzungsrechts ist die Zustimmung des Dritten nicht erforderlich, wenn durch die Vereinbarung gleichzeitig das zu seinen Gunsten belastete Wohnungseigentum mit einem Sondernutzungsrecht verbunden wird.

Bisher:
Rechtslage:

Zustimmung der **rechtlich** nachteilig betroffenen dinglichen Berechtigungen (§§ 876, 877 BGB) erforderlich.

Es bedurfte bisher, wenn eine Vereinbarung getroffen, aufgehoben oder abgeändert werden sollte, der Zustimmung der rechtlich nachteilig betroffenen dinglichen Berechtigten (§§ 876, 877 BGB), da die Vereinbarung gegenüber dem Rechtsnachfolger wirkte. Darin lag eine erhebliche Erschwerung der Möglichkeiten einer Abänderung der Gemeinschaftsordnung. Um die Abänderung zu erleichtern, schränkt die Novelle das Zustimmungserfordernis der Grundpfandsrechts- und Reallastgläubiger[1] dahingehend ein, dass ihre Zustimmung nur erforderlich ist, wenn ein Sondernutzungsrecht begründet, geändert, aufgehoben oder übertragen werden soll. Eine Zustimmung dieser Berechtigten soll bei Begründung eines Sondernutzungsrechts aber nicht notwendig sein, wenn mit dem belasteten Wohnungseigentum ebenfalls und gleichzeitig ein Sondernutzungsrecht verbunden wird.

Was das Erfordernis einer Zustimmung anderer dinglicher Berechtigter, z.B. der Berechtigten von Dienstbarkeiten (z.B. Geh-/Fahrrecht) angeht, ergibt sich nach der Novelle gegenüber dem derzeitigen Rechtszustand keine Änderung, dies bedeutet also, dass deren Zustimmung notwendig ist.

Beurteilung: Die Regelung ist zu begrüßen, da es zahlenmäßig häufig dingliche Berechtigte gibt, die regelmäßig kein Interesse an der Änderung der Gemeinschaftsordnung haben, da sie wirtschaftlich nicht betroffen sind. Zu beachten ist jedoch, dass das WEG kein gesetzlich definiertes Sondernutzungsrecht kennt, da dieser Begriff erst durch die Rechtspraxis und

---

1 Diese sollen nach *Brambing* DNotZ 1979, 155, 165, mehr als 90 % aller Rechte am Wohnungseigentum ausmachen.

Rechtsprechung erarbeitet wurde. Nach der Rechtsprechungsdefinition handelt es sich um ein Nutzungsrecht am Gemeinschaftseigentum unter Ausschluss der übrigen Wohnungseigentümer vom Mitgebrauch. Damit ist eine Abgrenzung zu bloßen Gebrauchsregelungen, die durch Mehrheitsbeschluss gem. § 15 Abs. 2 WEG getroffen werden können, häufig schwierig[1]. Hier sei nur auf die Abgrenzung zwischen Sondernutzungsrecht und Vermietung hingewiesen[2]. Der Ausschluss des Zustimmungserfordernisses in Satz 3 ist nur dann gerechtfertigt, wenn es sich um ein gleichartiges und nicht um irgendein Sondernutzungsrecht handelt[3]. Dies ist dem Gesetz aber nicht zu entnehmen[4].

2.2. Aufteilungsplan und Abgeschlossenheitsbescheinigung

Neuregelung nunmehr in § 7 Abs. 4 S. 3 bis 5 WEG: 4

ALT	NEU
Keine Regelung	(4) Die Landesregierungen können durch Rechtsverordnung bestimmen, dass und in welchen Fällen der Aufteilungsplan (Satz 1 Nr. 1) und die Abgeschlossenheitsbescheinigung (Satz 2 Nr. 2) von einem öffentlich bestellten oder anerkannten Sachverständigen für das Bauwesen statt von der Baubehörde ausgefertigt und bescheinigt werden. Werden diese Aufgaben von dem Sachverständigen wahrgenommen, so gelten die Bestimmungen der Allgemeinen Verwaltungsvorschrift für die Ausstellung von Bescheinigungen gemäß § 7 Abs. 4 Nr. 2 und § 32 Abs. 2 Nr. 2 des Wohnungseigentumsgesetz vom 19. März 1974 (BAnz. Nr. 58 vom 23. März 1974) entsprechend. In diesem Fall bedürfen die Anlagen nicht der Form des § 29 der Grundbuchordnung. Die Landesregierungen können die Ermächtigung durch Rechtsverordnung auf die Landesbauverwaltungen übertragen.

---

1 A.A. *Niedenführ* Anhörung, S. 2, mit der Begründung, den Unterschied mache der dauerhafte Ausschluss vom Gebrauch aus.
2 *Sauren* WEG, 4. Aufl., § 10 Rz. 56.
3 Allg. Meinung, z.B. *Demharter* NZM 2006, 490; *Niederführ* Anhörung, S. 2.
4 Siehe dazu weiter Teil B Rz. 41 ff.

Teil A   Die WEG-Novelle im Überblick

Bisher: Derzeit ist es so, dass der Aufteilungsplan und die Abgeschlossenheitsbescheinigung bei Begründung von Wohnungseigentum der Eintragungsbewilligung als Anlagen beizufügen sind (§ 7 Abs. 4 WEG). Hierfür sind derzeit die Baubehörden zuständig.

Rechtslage: Die Novelle sieht eine Öffnungsklausel vor, die es den Ländern ermöglicht, die Zuständigkeit auf einen öffentlichbestellten oder anerkannten Sachverständigen für das Bauwesen zu übertragen. Dies ist zu begrüßen, da damit in Zukunft ein schnelleres Erhalten der Bescheinigungen[1] ermöglicht wird.

2.3. Anspruch auf Abänderung von Vereinbarungen

5   Neuregelung nunmehr in § 10 Abs. 2 S. 3 WEG:

ALT	NEU
Keine Regelung	(2) Jeder Wohnungseigentümer kann eine vom Gesetz abweichende Vereinbarung oder die Anpassung einer Vereinbarung verlangen, soweit ein Festhalten an der geltenden Regelung aus schwerwiegenden Gründen unter Berücksichtigung aller Umstände des Einzelfalles, insbesondere der Rechte und Interessen der anderen Wohnungseigentümer, unbillig erscheint.

Bisher: Keine gesetzliche Regelung. Nach der Rechtsprechung gibt es bisher einen Anspruch auf Abänderung nur unter strengeren Voraussetzungen, wenn „außergewöhnliche Umstände ein Festhalten an der geltenden Regelung als grob unbillig" erscheinen lassen[2].

Rechtslage: Die Regelung soll die Schwelle herabsetzen, ab welcher eine Änderung verlangt werden kann. Nunmehr soll „schwerwiegend" statt „außergewöhnlich" und „unbillig" statt „grob unbillig" ausreichend sein. Dies geschieht ohne Grund und vor dem Hintergrund, dass bereits eine Reihe von Möglichkeiten zur Durchbrechungen des Allstimmigkeitsgrundsatzes im Gesetz verankert werden (§§ 12 Abs. 4, 16 Abs. 3,

---

[1] Weitergehend *Brauer* Anhörung, S. 4 f., gänzliche Öffnung wegen Einheitlichkeit im Bundesgebiet.
[2] BGH NJW 2004, 3413, 3414.

etc.). Das zu Recht bestehende Vertrauensverhältnis des einzelnen Käufers zu bestehenden Verträgen wird unnötig verletzt. Dies betrifft insbesondere diejenigen Wohnungseigentümer, die sich beim Erwerb des Wohnungseigentums in der Vergangenheit darauf nicht einstellen konnten[1]. Zudem wird übersehen, dass die Rechtsprechung für Teile keine Änderung von Vereinbarungen zuließ[2]. Diese werden nunmehr erfasst, was wohl nicht beabsichtigt ist. Zudem werden neue Rechtsstreitigkeiten provoziert, denn alle Wohnungseigentümer, die bisher mit einem Änderungsverlangen gescheitert sind, werden nunmehr aufgrund der neuen günstigeren Rechtslage erneut versuchen, eine Änderung zu verlangen[3].

2.4. Eintragung von Beschlüssen ins Grundbuch

Neuregelung nunmehr in § 10 Abs. 4 S. 2 WEG: 6

ALT	NEU
Keine Regelung	(4) Dies *(die nicht erforderliche Eintragung in das Grundbuch)* gilt auch für die gemäß § 23 Abs. 1 aufgrund einer Vereinbarung gefassten Beschlüsse, die vom Gesetz abweichen oder eine Vereinbarung ändern.
Bisher:	Keine gesetzliche Änderung. Aufgrund der Rechtsprechung war eine Eintragung von vereinbarungsändernden Beschlüssen aufgrund Öffnungsklausel nicht notwendig.
Rechtslage:	Die mehr und mehr in Zweifel gezogene Rechtsprechung[4], dass Beschlüsse aufgrund von Öffnungsklauseln nicht eingetragen werden müssen, um gegenüber dem Rechtsnachfolger zu wirken, wird nunmehr gesetzlich festgeschrieben[5]. Da damit eine Eintragung ausgeschlossen wird, kommt dem Grundbuch keine umfassende und verbindliche Aussagekraft hinsichtlich aller bestehenden Vereinbarungen mehr zu. Aufgrund einer sog. Öffnungsklausel muss deshalb nunmehr jeder Erwerber diese als Warnfunktion ansehen und sich erkundigen. Dies ist in Zukunft jedoch nur bedingt möglich durch die Beschlusssammlung. Es besteht damit ein Nebeneinander von Grundbuch und Beschlusssammlung[6].

---

1 *Demharter* NZM 2006, 490.
2 Z.B. bei Stimmrecht, siehe OLG Karlsruhe NJW-RR 1987, 975.
3 Siehe weiter Teil B Rz. 34 ff.
4 BGH NJW 1986, 1744.
5 *Wenzel* ZWE 2004, 130.
6 Siehe weiter Teil B Rz. 447 ff.

2.5. Rechtsfähigkeit der Wohnungseigentümergemeinschaft

7   Neuregelung nunmehr in § 10 Abs. 1 und 6 WEG:

ALT	NEU
Keine Regelung	(1) Inhaber der Rechte und Pflichten nach den Vorschriften dieses Gesetzes, insbesondere des Sondereigentums und des gemeinschaftlichen Eigentums, sind die Wohnungseigentümer, soweit nicht etwas anderes ausdrücklich bestimmt wird.
Keine Regelung	(6) Die Gemeinschaft der Wohnungseigentümer kann im Rahmen der gesamten Verwaltung des gemeinschaftlichen Eigentums gegenüber Dritten und Wohnungseigentümern selbst Rechte erwerben und Pflichten eingehen. Sie ist Inhaberin der als Gemeinschaft gesetzlich begründeten und rechtsgeschäftlich erworbenen Rechte und Pflichten. Sie übt die gemeinschaftsbezogenen Rechte der Wohnungseigentümer aus und nimmt die gemeinschaftsbezogenen Pflichten der Wohnungseigentümer wahr, ebenso sonstige Rechte und Pflichten der Wohnungseigentümer, soweit diese gemeinschaftlich geltend gemacht werden können oder zu erfüllen sind. Die Gemeinschaft muss die Bezeichnung „Wohnungseigentümergemeinschaft" gefolgt von der bestimmten Angabe des gemeinschaftlichen Grundstücks führen. Sie kann vor Gericht klagen und verklagt werden.

Bisher: Die Wohnungseigentümergemeinschaft war bisher nicht rechtsfähig.

Rechtslage: Aufgrund des Beschlusses vom 2.6.2005[1] hat der BGH erklärt, dass die Wohnungseigentümergemeinschaft rechtsfähig ist. Das Gesetz greift nunmehr die Rechtsfähigkeit auf und verankert sie im Gesetz. Das Gesetz übernimmt auch die Unterscheidung des BGH. Grundsätzlich sind damit Inhaber der Rechte und Pflichten die einzelnen Wohnungs-

---

[1] BGH NJW 2005, 2061.

eigentümer, insbesondere bezüglich des Sonder- und des Gemeinschaftseigentums. Neben den Teilhabern der Bruchteilsgemeinschaft tritt die Gemeinschaft der Wohnungseigentümer. Das Gesetz weitet die Rechtsfähigkeit auf die „gesamte Verwaltung" aus und geht damit wahrscheinlich über die BGH-Rechtsprechung hinaus. Der Gesetzesbegründung ist zu entnehmen, dass diese meint, das Wohnungseigentum damit praktikabler zu gestalten.

2.6. Verwaltungsvermögen

Neuregelung nunmehr in § 10 Abs. 7 WEG: 8

ALT	NEU
Keine Regelung	(7) Das Verwaltungsvermögen gehört der Gemeinschaft der Wohnungseigentümer. Es besteht aus den im Rahmen der gesamten Verwaltung des gemeinschaftlichen Eigentums gesetzlich begründeten und rechtsgeschäftlich erworbenen Sachen und Rechten sowie den entstandenen Verbindlichkeiten. Zu dem Verwaltungsvermögen gehören insbesondere die Ansprüche und Befugnisse aus Rechtsverhältnissen mit Dritten und mit Wohnungseigentümern sowie die eingenommenen Gelder. Vereinigen sich sämtliche Wohnungseigentumsrechte in einer Person, geht das Verwaltungsvermögen auf den Eigentümer des Grundstücks über.

Bisher: Zum Verwaltungsvermögen der Gemeinschaft gehörte z.B.:
- Zubehör des gemeinschaftlichen Eigentums[1]: Waschmaschine, Rasenmäher, Schneeschippe, Handwerkszeug des Hausmeisters;
- Früchte des Grundstücks (z.B. Obstbaum);
- Bargeld, Gemeinschaftskasse, Rückstellung, Instandhaltungsrücklagen, Forderungen (z.B. aus der Vermietung von Gemeinschaftsräumen);
- Verwaltungsunterlagen etc.

---

1 BayObLG NJW 1975, 2296.

Umstritten war, ob die einzelnen Vermögensgegenstände zum Gemeinschaftseigentum gehören oder an jedem Gegenstand eine Gemeinschaft (gem. §§ 741 ff. BGB) gebildet wird[1].

Rechtslage: Das Gesetz sieht nunmehr anders als in dem ersten Entwurf, als man noch aus bestimmten Gründen[2] auf die Zuordnung verzichten wollte, eine Zuordnung des Verwaltungsvermögens zum gemeinschaftlichen Vermögen vor. Die Problematik und Notwendigkeit einer Übertragung des Anteils bei der Veräußerung eines Wohnungseigentums ist damit überholt. Überholt ist damit auch das Problem, was bei einer Zwangsversteigerung mit dem Anteil an der Instandhaltungsrücklage passieren würde[3].

2.7. Haftung der Wohnungseigentümer

9 Neuregelung nunmehr in § 10 Abs. 8 WEG:

ALT	NEU
Keine Regelung	(8) Jeder Wohnungseigentümer haftet einem Gläubiger nach dem Verhältnis seines Miteigentumsanteils (§ 16 Abs. 1 Satz 2) für Verbindlichkeiten der Gemeinschaft der Wohnungseigentümer, die während seiner Zugehörigkeit zur Gemeinschaft entstanden oder während dieses Zeitraums fällig geworden sind; für die Haftung nach Veräußerung des Wohnungseigentums ist § 160 des Handelsgesetzbuches entsprechend anzuwenden. Er kann gegenüber einem Gläubiger neben den in seiner Person begründeten auch die der Gemeinschaft zustehenden Einwendungen und Einreden geltend machen, nicht aber seine Einwendungen und Einreden gegenüber der Gemeinschaft. Für die Einrede der Anfechtbarkeit ist § 770 des Bürgerlichen Gesetzbuches entsprechend anzuwenden. Die Haftung eines Wohnungseigen-

---

1 BayObLGZ 1984, 198, 205 ff.; *Sauren* RPfleger 1985, 263; a.A. KG ZMR 1988, 272; *Röll* FS Merle, 253: GE; *Roth* ZWE 2001, 238: gesamthänderisch gebunden untrennbar mit WE.
2 Vgl. NZM 2004, 930.
3 Siehe weiter Teil B Rz. 24.

ALT	NEU
	tümers gegenüber der Gemeinschaft wegen nicht ordnungsmäßiger Verwaltung bestimmt sich nach Satz 1.

Bisher: Unbeschränkte Haftung der Wohnungseigentümer.

Rechtslage: In der BGH-Entscheidung zur Rechtsfähigkeit[1] hatte sich der BGH dazu durchgerungen, eine persönliche Haftung der Wohnungseigentümer grundsätzlich abzulehnen. Das Gesetz greift die uneingeschränkte Kritik an der BGH-Entscheidung auf und regelt jetzt, dass jeder Wohnungseigentümer dem Gläubiger gegenüber nach dem Verhältnis seiner Miteigentumsanteile für die während seiner Zugehörigkeit zur Gemeinschaft entstandenen oder fällig gewordenen Verbindlichkeiten haftet.

Damit wird einem Gläubiger der Gemeinschaft die Möglichkeit eröffnet, sich unmittelbar an die einzelnen Wohnungseigentümer zu halten, ohne vorher gegen die Gemeinschaft vorgehen zu müssen. Die Gläubiger werden gegenüber der vom BGH aufgestellten Regelung besser gestellt, gegenüber der bisherigen Regelung vor dem BGH-Beschluss aber schlechter.

Insgesamt kann festgehalten werden, dass die neue gesetzliche Regelung einen angemessenen Interessenausgleich zwischen Gläubiger und Wohnungseigentümer darstellt. Nach wie vor ist der notwendige Druck vorhanden, ausreichendes Verwaltungsvermögen aufzubauen[2]. Eine Überforderung einzelner Wohnungseigentümer mit der Abwehr unberechtigter Gläubiger kann bei einer anteilsmäßigen Haftung nicht erkannt werden[3].

Zu berücksichtigen ist nun, dass bei größeren Gemeinschaften der Gläubiger sich mit einer enormen Vielzahl von Schuldnern auseinandersetzen muss[4]. Hierbei ist jedoch auch zu berücksichtigen, dass gerade bei größeren Gemeinschaften regelmäßig ein Profi-Verwalter vorhanden ist und die Wahrscheinlichkeit einer Auseinandersetzung ohne Grund eher gering ist.

Damit ist das Problem, welches der BGH-Beschluss aufgeworfen hat, dass eine Bauhandwerkersicherungshypothek (§ 648a BGB) wegen dem Auseinanderfallen von Rechtsträger

---
1 BGH NJW 2005, 2061.
2 *Armbrüster* ZMR 2005, 369, 380.
3 *Niedenführ* Anhörung, S. 6; a.A. *Abramenko* ZMR 2006, 496.
4 Vgl. *Demharter* NZM 2006, 491.

und Schuldner der Forderung nicht mehr möglich war, nicht beseitigt. Der Gläubiger kann dieses Sicherungsmittel nicht in Anspruch nehmen, auch nicht in Höhe der jeweiligen anteiligen Haftung. Zu berücksichtigen ist, dass aufgrund eines Titels gegen die Gemeinschaft eine Vollstreckung gegen einen einzelnen Wohnungseigentümer nicht möglich ist, da jetzt die Wohnungseigentümergemeinschaft rechtsfähig ist.

13 Es werden durch das Gesetz jedoch unnötige Prozesse produziert, da innerhalb kurzer Zeit 3 verschiedene Rechtslagen gelten.

14 Das Gesetz begrenzt die Außenhaftung nach Veräußerung auf 5 Jahre (§ 10 Abs. 1 S. 1 2 HS; § 160 HGB). Der Berechnungszeitraum beginnt mit Umschreibung, weil bis zu diesem Zeitpunkt der Wohnungseigentümer Mitglied der Gemeinschaft ist. Die im Gesetzestext genannte Veräußerung ist insoweit nur Anlass bezogen, kann aber nicht den Zeitpunkt bestimmen[1].

2.8. Insolvenzfähigkeit der Wohnungseigentümergemeinschaft

15 Neuregelung nunmehr in § 11 Abs. 3 WEG:

ALT	NEU
Keine Regelung	(3) Ein Insolvenzverfahren über das Verwaltungsvermögen der Gemeinschaft findet nicht statt.

Bisher: Keine Insolvenzfähigkeit[2].

Rechtslage: Weiterhin ist keine Insolvenzfähigkeit vorgesehen. Dies ist sehr zu begrüßen.

2.9. Veräußerungsbeschränkung

16 Neuregelung nunmehr in § 12 Abs. 4 WEG:

ALT	NEU
Keine Regelung	(4) Die Wohnungseigentümer können durch Stimmenmehrheit beschließen, dass eine Veräußerungsbeschränkung

---

1 Siehe weiter Teil B Rz. 875.
2 LG Dresden NZM 2006, 513.

Welche Änderungen bringt die Novelle? **Teil A**

ALT	NEU
	gemäß Absatz 1 aufgehoben wird. Diese Befugnis kann durch Vereinbarung der Wohnungseigentümer nicht eingeschränkt oder ausgeschlossen werden. Ist ein Beschluss gemäß Satz 1 gefasst, kann die Veräußerungsbeschränkung im Grundbuch gelöscht werden. Der Bewilligung gem. § 19 der Grundbuchordnung bedarf es nicht, wenn der Beschluss gemäß Satz 1 nachgewiesen wird. Für diesen Nachweis ist § 26 Abs. 3 entsprechend anzuwenden.

Bisher: Keine gesetzliche Regelung. Aufhebung nur durch Vereinbarung.

Rechtslage: § 12 WEG soll künftig per Mehrheitsbeschluss aufgehoben werden können. Der Grundsatz, dass eine Vereinbarung nur durch Vereinbarung aufgehoben werden kann (§ 10 Abs. 2 WEG), wird ohne zwingenden Grund durchbrochen. Da eine Regelung fehlt, was passieren soll, wenn der Beschluss durch Beschluss wieder aufgehoben werden soll, ist davon auszugehen, dass dann eine Vereinbarung notwendig ist. Dies bedeutet, dass für die Aufhebung eines Beschlusses eine Vereinbarung notwendig ist. Damit wird Gleiches ungleich behandelt und Ungleiches gleich und es liegt ein Verstoß gegen Artikel 3 GG vor[1].

2.10. Erweiterte Beschlusskompetenz für eine Änderung des gesetzlichen oder vereinbarten Kostenverteilungsschlüssels

Neuregelung nunmehr in § 16 Abs. 3 bis 5 WEG: 17

ALT	NEU
Keine Regelung	(3) Die Wohnungseigentümer können abweichend von Absatz 2 durch Stimmenmehrheit beschließen, dass die Betriebskosten des gemeinschaftlichen Eigentums oder des Sondereigentums im Sinne des § 556 Abs. 1 des Bürgerlichen Gesetzbuches, die nicht unmittelbar gegenüber Dritte abgerechnet werden, und die Kosten der Verwaltung nach Verbrauch oder Ver-

---
1 Siehe weiter Teil B Rz. 670 ff.

Teil A Die WEG-Novelle im Überblick

ALT	NEU
	ursachung erfasst und nach diesem oder nach einem anderen Maßstab verteilt werden, soweit dies ordnungsgemäßer Verwaltung entspricht.
Keine Regelung	(4) Die Wohnungseigentümer können im Einzelfall zur Instandhaltung oder Instandsetzung im Sinne des § 21 Abs. 5 Nr. 2 oder zu baulichen Veränderungen oder Aufwendungen nach § 22 Abs. 1 und 2 durch Beschluss die Kostenverteilung abweichend von Absatz 2 regeln, wenn der abweichende Maßstab dem Gebrauch oder der Möglichkeit des Gebrauchs durch die Wohnungseigentümer Rechnung trägt. Der Beschluss zur Regelung der Kostenverteilung nach Satz 1 bedarf einer Mehrheit von drei Viertel aller stimmberechtigten Wohnungseigentümer im Sinne des § 25 Abs. 2 und mehr als der Hälfte aller Miteigentumsanteile.
Keine Regelung	(5) Die Befugnisse im Sinne der Absätze 3 und 4 können durch Vereinbarung der Wohnungseigentümer nicht eingeschränkt oder ausgeschlossen werden.

Bisher: Keine gesetzliche Regelung. Damit regelmäßig ohne sog. Öffnungsklausel nicht möglich.

Rechtslage: Die hier gegebenen Änderungen haben eine hohe Bedeutung in der täglichen Praxis. Sie werden deshalb das Wohnungseigentum stark tangieren.

Da die Betriebskosten laufend steigen, wird dem Verteilungsschlüssel, nach dem diese auf die einzelnen Eigentümer verteilt werden, in der Praxis besondere Bedeutung geschenkt. Günstige Kostenverteilungsschlüssel können bei einer Kaufentscheidung ein wichtiges Argument sein. Dies galt insbesondere bisher, da der Erwerber grundsätzlich davon ausgehen konnte, dass dieser Verteilungsschlüssel zu seinem Nachteil nicht geändert werden konnte. Dies ändert sich nunmehr gravierend. Das Gesetz lässt eine Änderung des bestehenden Kostenverteilungsschlüssels, soweit er für die Betriebskosten oder die Kosten der Verwaltung maßgeblich ist, durch einfachen Mehrheitsbeschluss zu, der als Voraussetzung nur einen sachlichen Grund als gegeben ansehen muss, um der ordnungsgemäßen Verwaltung zu entsprechen. Hierbei gibt es keinen Vereinbarungsvorbehalt, also Änderungsmöglichkeiten sind auch dann gegeben, wenn die Gemeinschaftsordnung bereits einen Kostenverteilungsschlüssel insoweit festlegt.

Der Grundsatz, dass Vereinbarungen mehrheitsfest sein, wird ohne Not zum wiederholten Male durchbrochen. Es ist sicher, dass von diesen neuen Möglichkeiten in erheblichem Umfang Gebrauch gemacht werden wird. So werden z.B. die Eigentümer von Erdgeschosswohnungen darauf drängen, nicht mit den Kosten für den Aufzug belastet zu werden[1] und die Eigentümer, denen nur eine Wohnung gehört und kein Stellplatz, sich nicht an den Kosten für die Tiefgarage beteiligen zu müssen. Dies wird viele Streitfälle im Gefolge haben[2]. Auch hier werden wieder viele alte Fälle unnötig neu zu Gericht getragen.

Abs. 4 ermöglicht es, im Rahmen von Beschlüssen über die Instandhaltung oder Instandsetzung gemeinschaftlichen Eigentums oder über bauliche Veränderungen einschl. Modernisierungen oder Anpassung an den Stand der Technik im Einzelfall eine Abweichung von der Kostenverteilungsregelung zu treffen. Bisher war umstritten, ob für derartige Beschlüsse eine Beschlusskompetenz gegeben ist, wenn z.B. eine fehlerhafte Beurteilung des Instandhaltungsbedarfs gegeben war[3]. Durch das Gesetz wird eine Beschlusskompetenz eröffnet. Damit ist auch die missliche Lage gegeben, dass, wenn z.B. das sog. Doppel-Quorum (nämlich ¾ der Stimmberechtigten und mehr als die Hälfte der Eigentümer) nicht erreicht ist, der Beschluss lediglich anfechtbar ist. Bei diesen Konstellationen kehren wir wieder, vom Gesetzgeber offensichtlich gewollt, in die alte Rechtslage vor der Jahrhundertentscheidung zum sog. Zitterbeschluss[4] zurück. Wenn das doppelte Quorum erreicht wird und es keine andere Beschlussmängel gibt, ist nur der Gebrauch oder die Gebrauchstauglichkeit als Maßstab nach dem Gesetz vorgegeben, was als Schwelle zu niedrig ist.

19

Nach dem BGH[5] waren Mehrheitsbeschlüsse bezüglich der Erfassung und Verteilung von Wasser-, Abwasserkosten sowie den Einbau von Wasseruhren im Sondereigentum möglich. Instandhaltungs- und Instandsetzungsmaßnahmen sind mehrheitlich beschließbar.

20

---

1 BGH NJW 1985, 2832, 2940.
2 So auch *Abramenko* ZMR 2005, 22, 24; *Demharter* NZM 2006, 492.
3 *Häublein* NJW 2005, 1466, 1470.
4 BGH NJW 2000, 3500.
5 BGH NJW 2003, 3476.

Eine Beschlusskompetenz für eine Änderung wird nunmehr auch für Kosten des Gemeinschaftseigentums normiert. Eine Notwendigkeit dafür ist nicht ersichtlich, vielmehr wird die Konzeption erheblich erweitert, weil nach dem BGH die Möglichkeit einer Abänderung einer Vereinbarung nicht gegeben war. Dies wird nunmehr schon durch einfachen Beschluss ermöglicht. Damit wird einem dauernden Wechsel Tür und Tor geöffnet. Bezüglich der Instandhaltung entspricht der Gesetzestext der Rechtsprechung[1] und ist deshalb überflüssig. Eine Abstimmung mit dem Mietrecht erfolgt nicht, so dass viele Vermieter auf ihren Kosten bei Umänderung durch Mehrheitsbeschluss sitzen bleiben werden. Es ist zu hoffen, dass dies die Richter als ausreichenden Grund zur Anfechtung sehen werden.

21 Es ist eindeutig, dass die Schwelle für einen Abänderungsbeschluss bei den Betriebs- und Verwaltungskosten mit der einfachen Mehrheit viel zu niedrig ist[2]. Wenn man schon eine Abänderung vornimmt, müsste zumindest eine qualifizierte Mehrheit gegeben sein[3]. Interessant ist, dass selbst die Begründung zum Gesetzesentwurf hierfür kein ausreichendes Argument bringt. Denn sie argumentiert, dass „Kostenregelungen für Wohnungseigentum besonders wichtig sind" und gewährleistet sein müsste, dass „ein Beschluss über eine Änderung der Kostenverteilung nur gefasst werden kann, wenn dies dem Willen der ganz überwiegenden Mehrheit entspricht". Dies muss dann aber auch für die Verteilung der Betriebs- und Verwaltungskosten gelten[4].

2.11. Urteil auf Veräußerung des Wohnungseigentums

22 Neuregelung nunmehr in § 19 Abs. 1 S. 1 WEG:

ALT	NEU
Das Urteil, durch das ein Wohnungseigentümer zur Veräußerung seines Wohnungseigentums verurteilt wird, ersetzt die für die freiwillige Versteigerung des Wohnungseigentums auf den Ersteher erforderlichen Erklärungen. Aus dem Urteil findet zugunsten des	(1) (...), berechtigt jeden Miteigentümer zur Zwangsvollstreckung entsprechend den Vorschriften des Ersten Abschnittes des Gesetzes über die Zwangsversteigerung und die Zwangsverwaltung. Die Ausübung dieses Rechts steht der Gemeinschaft der

---
1 BayObLG NJW-RR 2004, 228.
2 Allgemeine Meinung, vgl. *Armbrüster* ZWE 2005, 141; *Becker* ZWE 2005, 138; *Abramenko* ZMR 2005, 2224; *Demharter* NZM 2006, 492.
3 A.A. *Hinz* ZMR 2005, 271, 275.
4 Siehe weiter Teil B Rz. 91 ff.

ALT	NEU
Erstehers die Zwangsvollstreckung auf Räumung und Herausgabe statt. Die Vorschriften des § 93 Abs. 1 Satz 2 und 3 des Gesetzes über die Zwangsversteigerung und Zwangsverwaltung gelten entsprechend.	Wohnungseigentümer zu, soweit es sich nicht um eine Gemeinschaft handelt, die nur aus zwei Wohnungseigentümern besteht.

Bisher: Es war eine freiwillige Versteigerung durch den Notar mit zwingender Übernahme der Vorbelastungen gegeben. Dadurch war keine Versteigerungsmöglichkeit mehr gegeben, wenn Schornsteinhypotheken, ggf. auch während des Gerichtsverfahrens, eingetragen waren.

Rechtslage: Die Neuerung ist zu begrüßen, da das aufwändige Verfahren nunmehr Sinn macht. Dadurch wird der Druck auf die Wohnungseigentümer erheblich erhöht, sich regelkonform zu verhalten. Es besteht nunmehr auch die Möglichkeit Anfechtungsklagen (§ 43 Nr. 4 WEG) und Entziehungsklagen (§ 43 Nr. 1 WEG) jeweils zu verbinden[1].[2]

2.12. Erweiterte Beschlusskompetenz für Verwaltungsregelungen in Geldangelegenheiten

Neuregelung nunmehr in § 21 Abs. 7 WEG:

ALT	NEU
Keine Regelung	(7) Die Wohnungseigentümer können die Regelung der Art und Weise von Zahlungen, der Fälligkeit und der Folgen des Verzugs sowie der Kosten für eine besondere Nutzung des gemeinschaftlichen Eigentums oder für einen besonderen Verwaltungsaufwand mit Stimmenmehrheit beschließen.

Bisher: Beschluss oder Vereinbarung notwendig, je nach dem Inhalt der Regelung.

Rechtslage: Gemäß Abs. 7 wird die Kompetenz zur Regelung bestimmter Geldangelegenheiten nunmehr per Beschluss gefasst.
Beispiel:
Einführung des Lastschriftverfahrens, Festlegung der Fälligkeit von Beitragsvorschüssen, Verpflichtung zur Zahlung über gesetzliche

---
1 *Niedenführ*, Anhörung, S. 10.
2 Siehe auch weiter Teil B Rz. 841 ff.

Verzugszinsen, Vertragsstrafe, z.B. bei Verstoß gegen Vermietungsbeschränkungen, Umzugspauschalen.

Dies war zum Teil bereits bisher möglich[1]. Warum eine Erweiterung auf Sanktionen erfolgt, ist nicht verständlich. Es ist nicht klar, was unter „besonderer Verwaltungsaufwand" zu verstehen ist.

Folge: Kein Vereinbarungsvorbehalt, Mehrheitsbeschluss also auch dann möglich, wenn die Gemeinschaftsordnung bereits Regelungen zu diesen Themen trifft. Wiederum wird es durch Beschluss möglich, ohne ausreichenden Grund eine Vereinbarung zu brechen.

2.13. Gerichtliche Anordnung von Maßnahmen

24 Neuregelung nunmehr in § 21 Abs. 8 WEG:

ALT	NEU
Bisher § 43 Abs. 2 WEG. Der Richter entscheidet, soweit sich die Regelung nicht aus dem Gesetz, einer Vereinbarung oder einem Beschluss der Wohnungseigentümer ergibt, nach billigem Ermessen.	(8) Treffen die Wohnungseigentümer eine nach dem Gesetz erforderliche Maßnahme nicht, so kann an ihrer Stelle das Gericht in einem Rechtsstreit gemäß § 43 nach billigem Ermessen entscheiden, soweit sich die Maßnahme nicht aus dem Gesetz, einer Vereinbarung oder einem Beschluss der Wohnungseigentümer ergibt.

Regelung: Mit Abs. 8 ist nunmehr eine Sondervorschrift in das Gesetz eingebaut worden, die notwendig ist, um negative Änderungen durch den Wechsel vom Amtsermittlungsgrundsatz des FGG zum Beibringungsgrundsatz der ZPO zu beseitigen. Da es keine Amtsermittlung mehr geben soll, kann auch der Richter ohne die vorliegende Vorschrift nicht selbst eine Ermessensentscheidung treffen, obwohl das WEG (§ 21 Abs. 4) jedem Wohnungseigentümer einen solchen Anspruch gibt. Ohne die Möglichkeit einer Ermessensentscheidung des Gerichts wird aber zukünftig der einzelne Wohnungseigentümer, der einen Anspruch auf ordnungsgemäße Verwaltung verfolgt, aufgrund der ZPO (§ 253 Abs. 2 Nr. 2) darauf angewiesen sein, dem Gericht mit dem Klageantrag eine bestimmte Verwaltungsmaßnahme, und zwar eine exakt formulierte, z.B. den exakt formulierten Wirtschaftsplan oder die exakt formulierte Jahresabrechung, zu unterbreiten.

---

1 BGH NZM 2003, 946, 949.

Hielte das Gericht selbst aus geringen Gründen den beantragten Wirtschaftsplan oder die Jahresabrechnung für nicht ordnungsgemäß, so müsste die Klage abgewiesen werden. Im besten Fall würde das Gericht noch den Kläger darauf hinweisen und ihm Auflagen geben.

Im Zweifelsfall müsste der Kläger dann den Wirtschaftplan oder die Jahresabrechnung komplett neu aufstellen. Dazu wäre er aber regelmäßig nicht in der Lage. Um dies zu verhindern, ist Abs. 8 eingefügt worden. Die bisherige Regelung (§ 43 Abs. 2) war im Gerichtsverfahren enthalten. Da sie aber auf Änderung des materiellen Rechts zielte[1], wurde sie nunmehr im materiellen Recht untergebracht. Es zeigt sich auch damit, dass die Überführung in das ZPO-Verfahren ein Fehler ist.

2.14. Modernisierungen und bauliche Veränderungen

Neuregelung nunmehr in § 22 Abs. 1 bis 3 WEG: 25

ALT	NEU
Bauliche Veränderungen und Aufwendungen, die über die ordnungsmäßige Instandhaltung oder Instandsetzung des gemeinschaftlichen Eigentums hinausgehen, können nicht gemäß § 21 Abs. 3 beschlossen oder gemäß § 21 Abs. 4 verlangt werden. Die Zustimmungen eines Wohnungseigentümers zu solchen Maßnahmen ist insoweit nicht erforderlich, als durch die Veränderung dessen Rechte nicht über das in § 14 bestimmte Maß hinaus beeinträchtigt werden.	(1) (...) können beschlossen oder verlangt werden, wenn jeder Wohnungseigentümer zustimmt, dessen Rechte durch die Maßnahme über das in § 14 Nr. 1 bestimmte Maß hinaus beeinträchtigt werden. Die Zustimmung ist nicht erforderlich, soweit die Rechte eines Wohnungseigentümers nicht in der Satz 1 bezeichneten Weise beeinträchtigt werden.
Keine Regelung	(2) Maßnahmen gemäß Absatz 1 Satz 1, die der Modernisierung entsprechend § 559 Abs. 1 des Bürgerlichen Gesetzbuches oder der Anpassung des gemeinschaftlichen Eigentums an den Stand der Technik dienen, die Eigenart der Wohnanlage nicht ändern und keinen Wohnungseigentümer gegenüber anderen unbillig beeinträchtigen, können abweichend von Absatz 1 durch eine Mehrheit von drei Viertel aller stimmberechtigten Woh-

---

1 *Gaier* NZM 2004, 527 ff.

Teil A Die WEG-Novelle im Überblick

ALT	NEU
Keine Regelung	nungseigentümer im Sinne des § 25 Abs. 2 und mehr als der Hälfte aller Miteigentumsanteile beschlossen werden. Die Befugnis im Sinne des Satzes 1 kann durch Vereinbarung der Wohnungseigentümer nicht eingeschränkt oder ausgeschlossen werden. (3) Für Maßnahmen der modernisierenden Instandsetzung im Sinne des § 21 Abs. 5 Nr. 2 verbleibt es bei den Vorschriften des § 21 Abs. 3 und 4.

Bisher: Zustimmung aller Eigentümer notwendig, soweit nicht eine modernisierende Instandsetzung gegeben war.

Rechtslage: **Abs. 1** schafft eine Beschlusskompetenz, die bereits durch den BGH[1] gegeben war. Durch Neuformulierung dieses Satzes wird die Beschlussfassung in Zukunft die Regel. Sie ist deshalb unnötig, da sie bereits der herrschenden Meinung entspricht.

Gemäß **Abs. 2** soll eine Erweiterung der Kompetenz für die Mehrheit erfolgen. Der bisherige Schutz der Minderheit wird untergraben, aber abgemildert. Die Rechtsprechung hat im begrenzten Rahmen eine Modernisierung zugelassen, nämlich eine modernisierende Instandhaltung[2]. Das Gesetz geht nunmehr weit darüber hinaus, nämlich auch ohne Instandhaltungsnotwendigkeit. Dies wird zum Teil begrüßt und zum Teil abgelehnt[3]. Die Eigentümer können eine Maßnahme zur Modernisierung und Anpassung des gemeinschaftlichen Eigentums an den Stand der Technik mit einer doppelt qualifizierten Mehrheit beschließen. Es darf lediglich zum Ersten nicht die Eigenart der Wohnanlage verändert werden. Damit soll wohl eine optisch nachteilige Veränderung der Anlage ausgeschlossen werden. Außerdem darf kein Wohnungseigentum „unbillig gegenüber anderen" beeinträchtigt werden, dann ist auch seine Zustimmung zwingend erforderlich. Eine unbillige Beeinträchtigung gegenüber anderen wird wohl dann vorliegen, wenn der Wohnungseigentümer durch die Kosten der Maßnahme einschl. der Folgekosten in einem unvertretbaren Maß beeinträchtigt wird[4]. Ob diese unbillige

---

1 BGH NJW 2000, 3500 m.w.N. auch zu abweichender Meinung.
2 Z.B. BayObLG NZM 2002, 75.
3 Dafür: *Frohne* ZMR 2005, 512, 514; *Abramenko* ZMR 2005, 22, 24; *Hinz* ZMR 2005, 271, 276; dagegen: *Bub* DIV 2004, 377, 378; *Deckert* DIV 2005, 69, 71.
4 Vgl. *Demharter* NZM 2006, 493; a.A. *Niedenführ* Anhörung, S. 11, weil nur vernünftige wirtschaftlich sinnvolle Neuerungen vorgenommen werden dürften.

Beeinträchtigung den einzelnen Wohnungseigentümer ausreichend schützt, ist mehr als fraglich. Auf jeden Fall kann diese nicht nur dann vorliegen, wenn der Wohnungseigentümer gezwungen wird, sein Wohnungseigentum zu veräußern, sondern bereits erheblich vorher. Eine solche Schwelle ist zu niedrig[1]. Die Gesetzesbegründung will die finanzielle Überforderung dadurch ausschließen, dass eine angemessene Rücklage vorgenommen wird. In der Praxis geschieht dies nicht. Die Begründung ist insoweit unrichtig. Die Kostenbelastung des einzelnen Wohnungseigentümers wird nicht niedriger, sondern nur auf mehrere Jahre verteilt. Zusammenfassend ist festzuhalten, dass zwar durch die vorgeschlagene Regelung es ermöglicht wird, den Wert einer Wohnanlage und damit die einzelne Wohnung auf Dauer zu erhalten, indem eine Anpassung an die fortschreitende technische Entwicklung erleichtert wird. Dies wird aber erkauft durch einen viel zu niedrigen Schutz des einzelnen Wohnungseigentümers vor einer Überforderung, sei es in baulicher oder in finanzieller Hinsicht[2].

2.15. Ungültigkeit von Beschlüssen

Neuregelung nunmehr in § 23 Abs. 4 WEG: 26

ALT	NEU
Ein Beschluss ist nur ungültig, wenn er gem. § 43 Abs. 1 Nr. 4 für ungültig erklärt ist. Der Antrag auf eine solche Entscheidung kann nur binnen eines Monats seit der Beschlussfassung gestellt werden, es sei denn, dass der Beschluss gegen eine Rechtsvorschrift verstößt, auf deren Einhaltung rechtswirksam nicht verzichtet werden kann.	(4) Ein Beschluss, der gegen eine Rechtsvorschrift verstößt, auf deren Einhaltung rechtswirksam nicht verzichtet werden kann, ist nichtig. Im Übrigen ist ein Beschluss gültig, solange er nicht durch rechtskräftiges Urteil für ungültig erklärt ist.

Bisher: Keine Regelung, ob nichtige Beschlüsse einer Ungültigkeitserklärung bedurften. Bisheriger § 23 Abs. 4 S. 2 nunmehr in § 46 WEG.

Rechtslage: Aufgrund der BGH Rechtsprechung[3] ist hier eine Regelung unnötig[4].

---

1 So auch *Demharter* NZM 2006, 493.
2 Siehe weiter Teil B Rz. 260 ff.
3 BGH NJW 1989, 2059.
4 Siehe weiter Teil B Rz. 338.

Teil A Die WEG-Novelle im Überblick

2.16. Einberufung der WE-Versammlung

27 Neuregelung nunmehr in § 24 Abs. 4 S. 2 WEG:

ALT	NEU
Die Einberufung erfolgt in Textform. Die Frist der Einberufung soll, sofern nicht ein Fall besonderer Dringlichkeit vorliegt, mindestens eine Woche betragen.	(4) Die Einberufung erfolgt in Textform. Die Frist der Einberufung soll, sofern nicht ein Fall besonderer Dringlichkeit vorliegt, mindestens zwei Wochen betragen.

Bisher: Einberufungsfrist 1 Woche.

Rechtslage: Es ist nicht ersichtlich, welche Bedeutung dies haben kann. Bisher wurden auch schon regelmäßig längere Fristen als eine Woche gewählt. Zudem ist die Schnelligkeit der Information durch die neuen Kommunikationsmöglichkeiten gerade verbessert worden[1].

2.17. Führung einer Beschlusssammlung

28 Neuregelung nunmehr in § 24 Abs. 7 und 8

ALT	NEU
Keine Regelung	(7) Es ist eine Beschluss-Sammlung zu führen. Die Beschluss-Sammlung enthält nur den Wortlaut 1. der in der Versammlung der Wohnungseigentümer verkündeten Beschlüsse mit Angabe von Ort und Datum der Versammlung, 2. der schriftlichen Beschlüsse mit Angabe von Ort und Datum der Verkündung und 3. der Urteilsformeln der gerichtlichen Entscheidungen in einem Rechtsstreit gemäß § 43 mit Angabe ihres Datums, des Gerichts und der Parteien, soweit diese Beschlüsse und gerichtlichen Entscheidungen nach dem 1.7.2007 ergangen sind. Die Beschlüsse und gerichtliche Entscheidungen

---

1 Siehe weiter Teil B Rz. 299 ff.

Welche Änderungen bringt die Novelle? **Teil A**

ALT	NEU
	sind fortlaufend einzutragen und zu nummerieren. Sind sie angefochten oder aufgehoben worden, so ist dies anzumerken. Im Falle einer Aufhebung kann von einer Anmerkung abgesehen und die Eintragung gelöscht werden. Eine Eintragung kann auch gelöscht werden, wenn sie aus einem anderen Grund für die Wohnungseigentümer keine Bedeutung mehr hat. Die Eintragungen, Vermerke und Löschungen gemäß den Sätzen 3 bis 6 sind unverzüglich zu erledigen und mit Datum zu versehen. Einem Wohnungseigentümer oder einem Dritten, den ein Wohnungseigentümer ermächtigt hat, ist auf sein Verlangen Einsicht in die Beschluss-Sammlung zu geben.
Keine Regelung	(8) Die Beschluss-Sammlung ist von dem Verwalter zu führen. Fehlt ein Verwalter, so ist der Vorsitzende der Wohnungseigentümerversammlung verpflichtet, die Beschluss-Sammlung zu führen, sofern die Wohnungseigentümer durch Stimmenmehrheit keinen anderen für diese Aufgabe bestellt haben.

und § 26 Abs. 1 S. 5 WEG:

ALT	NEU
Über die Bestellung und Abberufung des Verwalters beschließen die Wohnungseigentümer mit Stimmenmehrheit. Die Bestellung darf auf höchstens fünf Jahre vorgenommen werden. Die Abberufung des Verwalters kann auf das Vorliegen eines wichtigen Grundes beschränkt werden. Andere Beschränkungen der Bestellung oder Abberufung des Verwalters sind nicht zulässig.	Über die Bestellung und Abberufung des Verwalters beschließen die Wohnungseigentümer mit Stimmenmehrheit. Die Bestellung darf auf höchstens fünf Jahre vorgenommen werden, **im Falle der ersten Bestellung nach der Begründung von Wohnungseigentum aber auf höchstens 3 Jahre.** Die Abberufung des Verwalters kann auf das Vorliegen eines wichtigen Grundes beschränkt werden. Ein wichtiger Grund liegt regelmäßig vor, wenn der Verwalter die Beschluss-Sammlung nicht ordnungsgemäß führt. Andere Beschränkungen der Bestellung oder Abberufung des Verwalters sind nicht zulässig.

Zweck:	Zweck der Beschluss-Sammlung soll es sein, dass einem Erwerber die Möglichkeit gegeben wird, sich über Beschlüsse zu unterrichten, welche die Gemeinschaft vor seinem Beitritt gefasst hat, jedoch aus dem Grundbuch nicht ersichtlich, ihm gegenüber aber trotzdem wirksam sind (§ 10 Abs. 4 WEG n.F.). Gleiches gilt für Entscheidungen des Gerichts. Damit ist Zweck der Beschlusssammlung, dass der Erwerber auch in Erfahrung bringen kann, was auf ihn zukommt. Gleichzeitig ermöglicht die Sammlung es auch allen Wohnungseigentümern Einsichtnahme zu nehmen, um sich fehlende Beschlüsse zu besorgen oder sich über die Beschlüsse und Gerichtsentscheidungen zu unterrichten. Letztlich ist die Beschluss-Sammlung auch für den Verwalter selbst unentbehrlich, weil er Kenntnis von den Beschlüssen haben muss.
Hintergrund:	Schon heute ist vielfach eine Beschlusssammlung üblich, aber nicht in allen Gemeinschaften vorhanden. Dies will die Novelle ändern und entspricht damit auch dem Interesse des Verwalters[1].

29 Im Einzelnen:

Satz 1:	Hier ist die Führung des Beschluss-Sammlungsbuches vorgesehen. Sie umfasst alle Maßnahmen, die erforderlich sind, um die Sammlung anzulegen, die stets auf dem aktuellen Stand zu halten ist. Dies bedeutet neben dem Einfügen von neuen Beschlüssen oder richterlichen Entscheidungen auch die Entfernung der Eintragungen, wenn sie gegenüber dem Wohnungseigentümern keine Wirkung mehr haben.
	Grundsätzlich ist dies eine Aufgabe des Verwalters. Ist ein solcher nicht bestellt, müssten die übrigen Wohnungseigentümer dies vornehmen.
	Führt der Verwalter oder führen die Wohnungseigentümer eine Sammlung nicht, so bedeutet dies, dass die vereinbarungs- oder gesetzesändernden Beschlüsse nicht gegenüber einem Sondernachfolger gelten.

30 Satz 2 ff.: Hier werden die Form und der Inhalt der Beschluss-Sammlung geregelt. Aus dem Wortlaut ergibt sich, dass alle angesprochenen Entschließungen aufzunehmen sind. Es wird also eine vollständige Sammlung erwartet. Darüber hinaus wird auch erwartet, dass die Entschließungen nach ihrem Datum abzuheften und fortlaufend zu nummerieren sind. Es wird also Vollständigkeit erwartet. Das Gesetz schreibt keine be-

---

1 *Frohne* ZMR 2005, 512, 514.

stimmte Art eines Beschlussbuches vor. Es bleibt dem Verwalter überlassen, ob er nach Datum oder nach Sachgebieten ordnet. Dies soll auch davon abhängen, wie groß der Umfang der Sammlung und wie groß die Wohnanlage ist.

Die Gesetzesbegründung sieht vor, dass nach dem Gebot der Ordnungsmäßigkeit der Verwaltung die Sammlung zweckmäßig anzulegen ist und nennt als Beispiel den Stehordner, der aber übersichtlich angelegt sein muss. Je nach Umfang wäre es auch angezeigt, ein Inhaltsverzeichnis einzufügen.

Die Gesetzesbegründung sagt, dass alle gefassten Beschlüsse, also die Niederschriften, (gem. § 24 Abs. 6 WEG) aufzunehmen sind. Aus ihnen ergäben sich Inhalt, Feststellung und Verkündung der gefassten Beschlüsse, das Abstimmungsergebnis sowie Ort und Zeitpunkt der Versammlung, mit anderen Worten all die Umstände, die für einen Erwerber von Bedeutung sind. Hierzu gehören auch schriftliche Beschlüsse. Die Gesetzesbegründung sagt wiederum, dass von den Gerichtsentscheidungen, im Hinblick auf den angestrebten Zweck, alle die aufzunehmen sind, die für die aktuelle Beschlusslage von Bedeutung sind. Mit anderen Worten geht die Gesetzesbegründung davon aus, dass der Verwalter die Beschluss-Sammlung laufend pflegt und auf die Erforderlichkeit überprüft.

Laut Gesetzestext sind die Entscheidungen aufzunehmen, die gegenüber den Wohnungseigentümern wirksam sind. Mithin sind alle unwirksamen Entscheidungen nicht aufzunehmen.

Dies sind etwa Beschlüsse, die durch anderweitige Regelung überholt sind. Die Gesetzesbegründung nennt deshalb folgendes Beispiel: Wenn nach Prüfung des Verwalters nur noch einzelne Beschlüsse einer Niederschrift von Bedeutung sind, reicht es wegen der Einschränkung auf „wirksame Beschlüsse" aus, einen Auszug in die Sammlung aufzunehmen. Dies ist dem Verwalter aber nicht zu raten, da es rechtliche Probleme bei der Auslegung geben kann.

Satz 8: Hier ist die Pflicht des Verwalters bzw. der Gemeinschaft geregelt, Einsicht in die Sammlung zu geben. Da das Gesetz bereits die Einsicht in einzelne Niederschriften (§ 24 Abs. 6 S. 3 WEG) regelt, ist diese Regelung deshalb aufgenommen worden, weil ansonsten geschlussfolgert werden könnte, dass eine Einsicht nicht gestattet würde. Nach der Gesetzesbegründung schließt die Einsicht auch die Anfertigung von Kopien ein. Hierzu kann die Gemeinschaft auch eine Kostenerstattung beschließen.

31

Teil A   Die WEG-Novelle im Überblick

32 Inhalt: Die Beschluss-Sammlung ist unabhängig von der Gesetzeslage in der Gemeinschaft anzulegen, d.h. es kommt nicht darauf an, ob in der Anlage eine Öffnungsklausel besteht und deshalb vereinbarungs- oder gesetzesändernde Beschlüsse auch ohne Eintragung wirksam werden[1].

Es wird vertreten, dass nur die Beschlüsse, die einen vereinbarungsersetzenden Charakter haben, aufzunehmen seien und deshalb alle Beschlüsse über Jahresabrechnungen und Wirtschaftsplan, Verwalterentlastung und Bestellung des Verwalters, Instandhaltungs- und Instandsetzungsmaßnahmen nicht aufzunehmen wären. Dies ist offensichtlich unrichtig. Alle Beschlüsse, die noch relevant sind, müssen aufgenommen werden, z.B. der Wirtschaftsplan, Verwalterbestellung und Instandhaltungs- und Instandsetzungsmaßnahmen, soweit sie noch für die laufende Periode von Relevanz sind[39]. Als Beispiel für eine notwendige Aufnahme in das Beschlussbuch sind Beschlüsse zu nennen, welche die Kostentragung bei Fertigstellung, Instandsetzung und Erneuerung regeln. Eindeutig ist auch, dass das Beschlussbuch ab dem 1.7.2007 angefertigt werden muss.

Von besonderer Bedeutung ist, dass unter Beschlüsse auch sog. Negativ-Beschlüsse (Ablehnung eines Beschlussantrages) gehören. Dies bedeutet, dass der Verwalter diese auch mit aufnehmen muss. Im Gesetzestext sind Vergleiche vergessen worden. Meines Erachtens ist es aber selbstverständlich, dass auch Vergleiche mit aufgenommen werden müssen.

Der Verwalter sollte es sich auf der anderen Seite auch nicht einfach machen und sämtliche Protokolle von der Versammlung aufnehmen, sondern zunächst nur ausschließlich die verkündeten Beschlüsse, um eine schnelle Orientierung zu ermöglichen[2]. Ist ein Beschluss gerichtlich angefochten worden und das Verfahren noch nicht beendet, so ist dies bei dem Beschluss zu vermerken. Querverweise sollten aufgenommen werden.

Da der Gesetzestext die Sammlung schlichtweg voraussetzt, aber nicht klar regelt was sie beinhalten soll, wird die für die Praxis wünschenswerte Einheitlichkeit des Beschlussbuches gerade nicht herbeigeführt[3].

---

1 A.A. *Schlüter* WE 2005, 80.
2 Vgl. *Armbrüster* Anwaltsblatt 2005, 18.
3 Vgl. *Drabek* ZWE 2005, 146.

Vergütung: Da das Beschlussbuch eine zusätzliche Tätigkeit des Verwalters ist, stellt sich die Frage, ob eine besondere Vergütung hierfür verlangt werden kann. Da nach dem Gesetzeswortlaut dies nicht der Fall ist, ist wohl regelmäßig die Führung in der Vergütung enthalten. Von Verwalterseite wird behauptet, dass sich der Aufwand in vertretbaren Grenzen halten würde[1]. 33

Kritik: Zunächst ist überhaupt die Konzeption fraglich. Der Kaufinteressent hat nach derzeitigem Recht kein eigenes Recht auf Einsicht. Es besteht für ihn keine Möglichkeit, in die Beschlussfassung Einsicht zu nehmen. Dies wäre nur möglich, wenn er bevollmächtigt würde. In der Zwangsvollstreckung wird aber regelmäßig niemand bevollmächtigt. Dieses Problem könnte insoweit gelöst werden, als der Verwalter das Beschlussbuch kopiert und dem Zwangsversteigerungsgericht übersendet oder dem Sachverständigen dies zum Anhang an sein Gutachten überreicht, obwohl nach dem Gesetz eine Bevollmächtigung fehlt. 34

Nach der nunmehrigen Fassung sind alle nach in Kraft treten des Gesetzes verkündeten Eigentümerbeschlüsse und gerichtliche Entscheidungen zu vermerken ohne irgendwelche Beschränkungen, also nicht beschränkt auf gesetz- oder vereinbarungsändernde Beschlüsse. Für die Wirkung gegenüber einem Sonderrechtsnachfolger ist aber nicht entscheidend, ob die Beschlüsse eingetragen wurden oder nicht. Andererseits kann kein Wohnungseigentümer sicher sein, dass ein in die Beschluss-Sammlung aufgenommener Beschluss auch wirksam ist.

Streitig ist, ob eine unzulängliche Führung der Beschluss-Sammlung durch den Verwalter einen Schadensersatzanspruch eines Kaufinteressenten begründet[2]. Für den Verwalter ist wichtig, dass dies ein Abberufungsgrund aus wichtigem Grund sein kann.

Besondere Bedeutung kommt dem Wort „regelmäßig" zu. Damit will der Gesetzgeber wohl einen Anscheinsbeweis vorgeben, der im Einzelfall wiederlegt werden kann[3]. Es bleibt natürlich dabei, dass kein geringer Anlass ausreicht, sondern nur eine gebotene umfassende Abwägung einen wichtigen Grund rechtfertigt.

---

1 *Schlüter* DIV 2005, 90.
2 Dafür *Armbrüster* Anwaltsblatt 2005, 1618; dagegen *Demharter* NZM 2006, 493.
3 *Niedenführ* Anhörung, S. 12.

Der Informationsgehalt der vorgesehenen Beschluss-Sammlung ist damit als gering anzusehen.

Regelmäßig lässt sich nämlich der Sinn der Beschlüsse häufig aus dem lediglich aufzunehmenden Wortlaut nicht erschließen. Besonders gravierend ist dies bei Entscheidungen. Hier ist regelmäßig nur der Tenor aufzunehmen.

Bei einer klageabweisenden Entscheidung erschließt sich aber nichts für den Erwerber. Er weiß häufig überhaupt nicht worum es geht. Insbesondere wenn bei dem Beschlussantrag auf andere schriftliche Unterlagen Bezug genommen wird, wird ohne diese Unterlagen sich nichts erschließen lassen. Damit ist die Beschluss-Sammlung keine große Hilfestellung. Die Regelung bei kleinen Gemeinschaften (Abs. 8 S. 2) ist völlig unzureichend. In der Praxis wird kein „Vorsitzender" wissen, wer das Beschlussbuch (soweit es überhaupt vorhanden ist) hat und wie es zu führen ist. Dies zeigt, dass die komplette Regelung zumindest insoweit nicht praxisgerecht ist[1].

2.18. Notverwalter

35 Neuregelung nunmehr in § 26 Abs. 3 WEG:

ALT	NEU
Fehlt ein Verwalter, so ist ein solcher in dringenden Fällen bis zur Behebung des Mangels auf Antrag eines Wohnungseigentümers oder eines Dritten, der ein berechtigtes Interesse an der Bestellung eines Verwalters hat, durch den Richter zu bestellen.	(3) aufgehoben

Bisher: Es gab schon die Möglichkeit, neben § 26 Abs. 3, die Bestellung eines Verwalters auf Antrag eines Eigentümers (§ 43 Abs. 1 Nr. 1 WEG) vorzunehmen.

Nunmehr werden Dritte nicht mehr die Möglichkeiten haben einen Notverwalter zu bestellen[2]. Angesichts der Tatsache, dass die gesamtschuldnerische Haftung einzelner Wohnungseigentümer aufgehoben ist, besteht aber nunmehr ein Praxisbedürfnis dafür. Ohne Verwalter ist der Verband

---

1 Siehe weiter Teil B Rz. 447 ff.
2 *Hogenschurz* ZMR 2005, 764, bisher keine praktische Bedeutung; *Niedenführ*, Anhörung, S. 13.

schlichtweg handlungsunfähig. Eine entsprechende Anwendung der Regelung des BGB (§ 29) wird ausscheiden, da der Gesetzgeber sich gerade für die Aufhebung entschieden hat[1]. Ein zusätzliches Problem wird in Zukunft sein, dass der einzelne Wohnungseigentümer im strengen ZPO-Verfahren hilflos sein kann[2].

Rechtslage: Die Antragsbefugnis Dritter spielte bisher in der Praxis keine Rolle[3].

2.19. Aufgaben und Befugnisse des Verwalters

Neuregelung nunmehr in § 27 Abs. 1 bis 6 WEG: 36

ALT	NEU
„(1) Der Verwalter ist berechtigt und verpflichtet, 1. Beschlüsse der Wohnungseigentümer durchzuführen und für die Durchführung der Hausordnung zu sorgen; 2. die für die ordnungsgemäße Instandhaltung und Instandsetzung des gemeinschaftlichen Eigentums erforderlichen Maßnahmen zu treffen; 3. in dringenden Fällen sonstige zur Erhaltung des gemeinschaftlichen Eigentums erforderliche Maßnahme zu treffen; 4. gemeinschaftliche Gelder zu verwalten.	„(1) Der Verwalter ist gegenüber den Wohnungseigentümern und gegenüber der Gemeinschaft der Wohnungseigentümer berechtigt und verpflichtet, 1. Beschlüsse der Wohnungseigentümer durchzuführen und für die Durchführung der Hausordnung zu sorgen; 2. die für die ordnungsgemäße Instandhaltung und Instandsetzung des gemeinschaftlichen Eigentums erforderlichen Maßnahmen zu treffen; 3. in dringenden Fällen sonstige zur Erhaltung des gemeinschaftlichen Eigentums erforderliche Maßnahme zu treffen; 4. Lasten- und Kostenbeiträge, Tilgungsbeträge und Hypothekenzinsen anzufordern, in Empfang zu nehmen und abzuführen, soweit es sich um gemeinschaftliche Angelegenheiten der Wohnungseigentümer handelt; 5. alle Zahlungen und Leistungen zu bewirken und entgegenzunehmen, die mit der laufenden Verwaltung des gemeinschaftlichen Eigentums zusammenhängen;

---

1 *Drasdo* NJW-Spezial 2005, 385.
2 *Hinz* ZMR 2005, 271, 276.
3 Siehe weiter Teil B Rz. 478.

Teil A Die WEG-Novelle im Überblick

ALT	NEU
	6. eingenommene Gelder zu verwalten;
	7. die Wohnungseigentümer unverzüglich darüber zu unterrichten, dass ein Rechtsstreit gem. § 43 anhängig ist;
	8. die Erklärungen abzugeben, die zur Vornahme der in § 21 Abs. 5 Nr. 6 bezeichneten Maßnahmen erforderlich sind.
(2) Der Verwalter ist berechtigt, im Namen aller Wohnungseigentümer und mit Wirkung für und gegen sie 1. Lasten und Kostenbeiträge, Tilgungsbeträge und Hypothekenzinsen anzufordern, in Empfang zu nehmen und abzuführen, soweit es sich um gemeinschaftliche Angelegenheiten der Wohnungseigentümer handelt; 2. alle Zahlungen und Leistungen zu bewirken und entgegenzunehmen, die mit der laufenden Verwaltung des gemeinschaftlichen Eigentums zusammenhängen; 3. Willenserklärungen und Zustellungen entgegenzunehmen, soweit sie an alle Wohnungseigentümer in dieser Eigenschaft gerichtet sind; 4. Maßnahmen zu treffen, die zur Wahrung einer Frist oder zur Abwendung eines sonstigen Rechtsnachteils erforderlich sind; 5. Ansprüche gerichtlich und außergerichtlich geltend zu machen, sofern er hierzu durch Vereinbarung oder Beschluss mit Stimmenmehrheit der Wohnungseigentümer ermächtigt ist; 6. die Erklärungen abzugeben, die zur Vornahme der in § 21 Abs. 5 Nr. 6 bezeichneten Maßnahmen erforderlich sind. Keine Regelung	(2) Der Verwalter ist berechtigt, im Namen aller Wohnungseigentümer und mit Wirkung für und gegen sie 1. Willenserklärungen und Zustellungen entgegenzunehmen, soweit sie an alle Wohnungseigentümer in dieser Eigenschaft gerichtet sind; 2. Maßnahmen zu treffen, die zur Wahrung einer Frist oder zur Abwendung eines sonstigen Rechtsnachteils erforderlich sind, insbesondere einen gegen die Wohnungseigentümer gerichteten Rechtsstreit gemäß § 43 Nr. 1, Nr. 4 oder Nr. 5 im Erkenntnis- und Vollstreckungsverfahren zu führen; 3. Ansprüche gerichtlich und außergerichtlich geltend zu machen, sofern er hierzu durch Vereinbarung oder Beschluss mit Stimmenmehrheit der Wohnungseigentümer ermächtigt ist; 4. mit einem Rechtsanwalt wegen eines Rechtsstreits gemäß § 43 Nr. 1, Nr. 4 oder Nr. 5 zu vereinbaren, dass sich die Gebühren nach einem höheren als dem gesetzlichen Streitwert, höchstens nach einem gemäß § 49a Abs. 1 Satz 1 des Gerichtskostengesetz bestimmten Streitwert bemessen. (3) Der Verwalter berechtigt ist, im Namen der Gemeinschaft der Wohnungseigentümer und mit Wirkung für und gegen sie 1. Willenserklärungen und Zustellungen entgegenzunehmen;

ALT	NEU
	2. Maßnahmen zu treffen, die zur Wahrung einer Frist oder zur Abwendung eines sonstigen Rechtsnachteils erforderlich sind, insbesondere einen gegen die Gemeinschaft gerichteten Rechtsstreit gemäß § 43 Nr. 2 oder Nr. 5 im Erkenntnis- und Vollstreckungsverfahren zu führen;
	3. die laufenden Maßnahmen der erforderlichen ordnungsgemäßen Instandhaltung und Instandsetzung gemäß Absatz 1 Nr. 2 zu treffen;
	4. die Maßnahmen gemäß Absatz 1 Nr. 3 bis Nr. 5 und Nr. 8 zu treffen;
	5. im Rahmen der Verwaltung der eingenommenen Gelder gemäß Absatz 1 Nr. 6 Konten zu führen;
	6. mit einem Rechtsanwalt wegen eines Rechtsstreits gemäß § 43 Nr. 2 oder Nr. 5 eine Vergütung gemäß Absatz 2 Nr. 4 zu vereinbaren;
	7. sonstige Rechtsgeschäfte und Rechtshandlungen vorzunehmen, soweit er hierzu durch Vereinbarung oder Beschluss der Wohnungseigentümer mit Stimmenmehrheit ermächtigt ist.
	Fehlt ein Verwalter oder ist er zur Vertretung nicht berechtigt, so vertreten alle Wohnungseigentümer die Gemeinschaft. Die Wohnungseigentümer können durch Beschluss mit Stimmenmehrheit einen oder mehrere Wohnungseigentümer zur Vertretung ermächtigen.
(3) Die dem Verwalter nach den Absätzen 1, 2 zustehenden Aufgaben und Befugnisse können durch Vereinbarung der Wohnungseigentümer nicht eingeschränkt werden.	(4) Die dem Verwalter nach den Absätzen 1 bis 3 zustehenden Aufgaben und Befugnisse können durch Vereinbarung der Wohnungseigentümer nicht eingeschränkt oder ausgeschlossen werden.
(4) Der Verwalter ist verpflichtet, Gelder der Wohnungseigentümer von seinem Vermögen gesondert zu halten. Die Verfügung über solche Gelder kann von der Zustimmung eines Wohnungseigentümers oder eines Dritten abhängig gemacht werden.	(5) Der Verwalter ist verpflichtet, eingenommene Gelder von seinem Vermögen gesondert zu halten. Die Verfügung über solche Gelder kann durch Vereinbarung oder Beschluss der Wohnungseigentümer mit Stimmenmehrheit von der Zustimmung eines

Teil A Die WEG-Novelle im Überblick

ALT	NEU
	Wohnungseigentümers oder eines Dritten abhängig gemacht werden.
(5) Der Verwalter kann von den Wohnungseigentümern die Ausstellung einer Vollmachtsurkunde verlangen, aus der der Umfang seiner Vertretungsmacht ersichtlicht ist.	(6) Der Verwalter kann von den Wohnungseigentümern die Ausstellung einer Vollmachts- und Ermächtigungsurkunde verlangen, aus der der Umfang seiner Vertretungsmacht ersichtlicht ist.

Rechtslage: Durch die Rechtsfähigkeit sind nunmehr zwei Gebilde geschaffen worden. Der Verwalter vertritt zukünftig sowohl die Mitberechtigten am gemeinschaftlichen Grundstück, als auch die Wohnungseigentümergemeinschaft. Insoweit kommt ihm eine Zwitterstellung zu[1]. Der Gesetzgeber hält es deshalb für erforderlich, die Vertretungsmacht des Verwalters in seinen unterschiedlichen Formen zu normieren. Deshalb wird § 27 WEG neu gefasst. Zugleich soll die Struktur der Vorschrift besser als bisher zum Ausdruck kommen. Es soll sich aus dem Gesetz eindeutig ergeben, welche Pflichten und Rechte den Verwalter im Innenverhältnis treffen und in welchem Umfang er zur Vertretung ermächtigt ist.

In Abs. 1 wird dazu das Innenverhältnis sowohl gegenüber den Eigentümern als auch gegenüber der Gemeinschaft geregelt.

Aus dem geänderten Abs. 2 soll sich die Vertretungsmacht für die Wohnungseigentümer ergeben.

Der neue Abs. 3 regelt sodann die Vertretungsmacht für die Gemeinschaft der Wohnungseigentümer. Die bisherigen Absätze 3 und 4 werden nunmehr 4 und 5.

Diese Doppeltätigkeit des Verwalters, Vertreter des Verbandes und der Mitberechtigten am Grundstück, ist auch ursächlich für die Frage, ob es 2 Vertragsverhältnisse gibt. Dies wird zu Recht abgelehnt, da auch die Praxis dies nicht lebt[2]. Der Vertrag wird deshalb mit dem Verband abgeschlossen. Nach der neueren BGH-Rechtsprechung[3] ist es deshalb dem Verband gestattet, durch Beschluss die jeweilige Angelegenheit der Mitberechtigten an den Verband zu ziehen.

---

1 Vgl. *Hügel* DNotZ 2005, 764; *Sauren* ZWE 2006, 258.
2 *Sauren* ZWE 2006, 260.
3 BGH WuM 2007, 155.

Im Einzelnen:

Absatz 1: Abs. 1 erhält einen anderen Einleitungssatz. Außerdem treten in der Aufzählung nunmehr weitere Nummern hinzu. In der bisherigen Fassung des Abs. 1 war durch den Einleitungssatz („Der Verwalter ist berechtigt und verpflichtet") die Frage der Vertretungsmacht nach außen und im Innenverhältnis aufgekommen. Dies war überwiegend verneint worden, aber nach wie vor noch streitig[1]. Dies will die nunmehrige Neufassung verhindern und unterscheidet deutlich zwischen Innen- und Außenverhältnis (Vertretungsmacht).

Die nunmehrige Ergänzung des Einleitungssatzes, wonach der Verwalter aus Abs. 1 ausdrücklich nur gegenüber den Wohnungseigentümern und gegenüber der Gemeinschaft der Wohnungseigentümer berechtigt und verpflichtet wird, stellt klar, dass sich aus dem neuen Abs. 1 keine Vertretungsmacht, sondern lediglich Rechte und Pflichten im Innenverhältnis ergeben. Die bisherige herrschende Meinung wird damit zementiert. Soweit man bislang zu der Auffassung gelangte, dass sich aus Abs. 1 eine Vertretungsmacht ergeben müsse, um die Handlungsfähigkeit der Gemeinschaft nicht über Gebühr zu beeinträchtigten, sind nunmehr die entsprechenden Fallgruppen in Abs. 3 ausdrücklich als Fälle einer gesetzlichen Vertretungsmacht ausgeführt worden.

Die bisherigen Nr. 1 bis 4 des Abs. 1 sind nunmehr die Nr. 1 bis 3 und 6. Die bisherige Nr. 4 erfährt in Form der neuen Nr. 6 lediglich eine sprachliche Änderung. Es heißt nunmehr „eingenommene" statt „gemeinschaftliche" Gelder, da nunmehr die Gelder der Gemeinschaft der Wohnungseigentümer gem. § 10 Abs. 7 S. 3 WEG (neu) zustehen.

Die neuen Nr. 4 und 5 entsprechen dem bisherigen Nr. 1 und 2 in § 27 Abs. 2 WEG. Es wird nunmehr klar gestellt, dass der Verwalter nicht nur ermächtigt, sondern im Innenverhältnis auch verpflichtet ist, die in Nr. 4 und 5 neu vorgesehenen Zahlungen und Leistungen einzufordern und zu bewirken. Deshalb sind die bisherigen Nr. 1 und 2 in § 27 Abs. 2 WEG zu streichen[2]. Die Vertretungsmacht des Verwalters ergibt sich künftig aus § 27 Abs. 3 S. 1 Nr. 4 WEG (neu). In der neuen Nr. 7 wird nunmehr der Verwalter expressis verbis verpflichtet, die Wohnungseigentümer über alle Rechtsstreitigkeiten (gem. § 43 WEG) zu unterrichten. Dies kann insbesondere bereits bei mittleren und größeren Ge-

---

1 *Bärmann/Pick/Merle* § 27 Rz. 12 f.
2 *Abramenko* ZMR 2005, 585, 588.

meinschaften zu erheblichen Problemen führen. Dem Verwalter wird es bei mittleren und größeren Anlagen nicht möglich sein, alle Schriftsätze den Wohnungseigentümern zur Kenntnis zu bringen. Er ist dann jedes Mal verpflichtet, eine kurze Zusammenfassung vorzunehmen, was bei mittleren und größeren Gemeinschaften wohl überzogen sein kann. Hier reicht wohl regelmäßige bzw. ggf. halbjährliche Unterrichtung über alle Prozesse.

38 Absatz 2: Dieser enthält die Befugnisse des Verwalters als Vertreter der Wohnungseigentümer. Die neuen Nr. 1 bis 4 sind weitgehend mit den bisherigen Nr. 3 bis 6 identisch. In der neuen Nr. 2 (bisher Nr. 4) wird ausdrücklich die Ermächtigung des Verwalters in einem Passivprozess gem. § 43 Nr. 1, 4 oder 5 WEG (neu) festgeschrieben. Die Gesetzesbegründung will dadurch auch die Möglichkeit der Eidesstattlichen Versicherung (gem. den §§ 807, 899 ZPO) erkennen. Dies ist abzulehnen[1]. In Nr. 3 (bisher Nr. 5) wird etwas Selbstverständliches geregelt, dass dem Verwalter die Vertretungsmacht auch durch eine Vereinbarung eingerichtet werden kann und dass für einen entsprechenden Beschluss die Stimmenmehrheit genügt[2]. Warum dies nunmehr gesetzlich geregelt wird, ist nicht nachvollziehbar.

Die Regelungsinhalte der bisherigen Nr. 1 und 2 finden sich nun in § 27 Abs. 1 Nr. 4 und 5 und Abs. 3 S. 1 Nr. 4 WEG (neu) wieder. Dies geschieht deshalb, weil die bezeichneten Leistungen und Zahlungen fortan im Namen und mit Wirkung für die rechtsfähige Gemeinschaft erfolgen.

39 Es gibt eine neue Nr. 4. Hier ist eine gesetzliche Ermächtigung des Verwalters zur Vergütungsvereinbarung mit dem Rechtsanwalt gegeben. Hintergrund dafür ist, dass die Streitwerte für Anwälte drastisch gesenkt wurden. Bisher war immer Gegenstandswert der Auseinandersetzung das gemeinschaftliche Interesse (§ 48 Abs. 3 WEG a.F.). Nach dem neuen § 49a GKG beträgt der Streitwert grundsätzlich 50 % des Interesses der Parteien, mindestens jedoch den Wert des Interesses des Klägers und der auf seiner Seite Beigetretenen.

Gemäß den Sätzen 2 und 3 des neuen § 49a GKG ist der Streitwert jedoch der Höhe nach generell begrenzt werden. Er darf danach grundsätzlich den 5-fachen Wert des Interesses des Klägers und der auf seiner Seite Beigetretenen sowie den Verkehrswert des Wohnungseigentums nicht übersteigen.

---

1 *Sauren* ZWE 2006, 258.
2 So bisher die ganz überwiegende Meinung, z.B. *Bärmann/Pick/Merle* § 27 Rz. 140.

Beispiel:
Der Beschluss der Wohnungseigentümer aus einer Gemeinschaft mit 100 Eigentümern, der als Inhalt eine Sanierungsmaßnahme mit Kosten in Höhe von 100 000 Euro hat, wird von einem Miteigentümer angefochten, auf dem durch die Sanierung Kosten in Höhe von 1000 Euro zukämen. Der Streitwert beträgt hier nach der neuen Regelung 5000 Euro, und zwar das 5-fache seines Interesses von 1000 Euro.

Dies mag für den Antragsteller und einzelnen Wohnungseigentümer einsehbar sein. Für den Rechtsanwalt, der nunmehr 99 Wohnungseigentümer zu vertreten hat, soll nunmehr ein Geschäftswert von 5000 Euro gelten, obwohl deren Interesse an der gerichtlichen Entscheidung 100 000 Euro entspricht.

Die (im Gesetzgebungsverfahren einkalkulierte) Folge wird sein, dass die Gemeinschaft keinen Anwalt finden wird, der bereits ist, für dieses niedrige Honorar den Prozess mit 99 Eigentümern zu führen. Allein das gesteigerte Haftungsrisiko abzudecken, wird mehr als die Rechtsanwaltsgebühren aus 5000 Euro kosten. Deshalb erfolgt hier eine Ermächtigung des Verwalters, eine Vergütung mit dem Rechtsanwalt für die übrigen Wohnungseigentümer zu vereinbaren. Die Höhe der vereinbarten Vergütung soll auf das begrenzt sein, was der Rechtsanwalt nach dem regelmäßig festzusetzenden Streitwert in Höhe von 50 % des Wertes des Interesses aller Beteiligten erhalten würde. An der genannten Beispielszahl könnte der Verwalter eine Vergütung auf der Basis eines Streitwertes von bis zu 50 000 Euro mit dem Rechtsanwalt vereinbaren. Dass diese Regelung abzulehnen ist, ist wohl leicht ersichtlich.

Dies dürfte die einzige Konstellation sein, in der derselbe Rechtsstreit zu unterschiedlichen Streitwerten geführt werden soll. Im Übrigen sehe ich hier ein erhebliches Haftungsrisiko auf den Verwalter zukommen. Da der Verwalter nunmehr bis zu 50 000 Euro Streitwert vereinbaren kann, ist die Frage, was er dann vereinbaren muss. Kann er, ohne irgendein Haftungsrisiko einzugehen, regelmäßig diese 50 % einsetzen? Wahrscheinlich wird hier die Rechtsprechung differenzieren. Diese Differenzierung wird wieder so schwierig werden, dass kein Verwalter bereit ist, dies auf sich zu nehmen.

Man fragt sich wirklich, warum der Gesetzgeber eine Regelung, die immerhin vom Bundesverfassungsgericht geregelt worden ist (s. § 48 Abs. 3 WEG a.F.), nunmehr neu regeln und diese dann wieder so verkomplizieren muss, dass neue erhebliche Haftungsrisiken auf den Verwalter zukommen.

40 Absatz 3: Dieser wird neu in das Gesetz aufgenommen und bestimmt, inwieweit der Verwalter Vertretungsmacht besitzt, im Namen der Gemeinschaft Willenserklärungen abzugeben und Rechtshandlungen vorzunehmen.

Hintergrund ist die Entscheidung des BGH zur Rechtsfähigkeit der Gemeinschaft. Hierdurch kam wiederum die Frage auf, welchen Umfang die Vertretungsmacht des Verwalters hat. Das Gesetz ändert nichts an der bisherigen Rechtsauffassung. Es lässt die Entscheidungsmacht wie bisher grundsätzlich bei den Wohnungseigentümern. Der Verwalter ist auch wie bisher nur in bestimmten Angelegenheiten zur Vertretung ermächtigt[1]. Insoweit erfolgt eine Weiterung, als der Verwalter nunmehr ohne weiteres in der Lage ist, die laufende Verwaltung und wie bisher auch dringende Geschäfte für die Gemeinschaft zu erledigen.

Neu ist auch, dass aufgenommen wird, dass im Falle des Fehlens des Verwalters oder bei fehlender Ermächtigung des Verwalters zur Vertretung subsidiär die Vertretungsmacht aller Wohnungseigentümer gilt. Dies galt im Übrigen auch schon bisher.

Im neuen Abs. 3 wird dem Verwalter bezüglich einzelner näher bezeichneten Maßnahmen eine Vertretungsmacht eingeräumt, ohne auf eventuell vorhandene konkrete Vereinbarungen und Beschlüsse in der Gemeinschaft Rücksicht zu nehmen. Wie in dem neuen Abs. 2 wird eine umfassende Empfangsvertretung des Verwalters normiert und der Verwalter dazu ermächtigt, im Namen der Gemeinschaft Maßnahmen zu treffen, die zur Wahrung einer Frist oder zur Abwendung eines sonstigen Rechtsnachteils erforderlich sind (neue Nr. 1 und 2).

Damit besitzt der Verwalter diese Vollmacht nicht nur gegenüber den Wohnungseigentümern, sondern auch gegenüber der Gemeinschaft[2]. In der neuen Nr. 2 ist ebenfalls geregelt, dass der Verwalter in einem Passivprozess zur Vertretung der Gemeinschaft ermächtigt ist. Hiermit sollen die aufgekommenen Zweifel[3] an der Prozessfähigkeit der Gemeinschaft im Passivprozess für beide Verfahren ausgeräumt werden. In den neuen Nr. 3 bis 5 wird auf die Aufgaben des Verwalters in Abs. 1 Bezug genommen. Es wird eindeutig ge-

---

1 Vgl. *Bärmann/Pick/Merle* § 27 Rz. 4.
2 Vgl. *Abramenko* ZMR 2005, 585, 588.
3 *Bork* ZIP 2005, 1205.

klärt, inwieweit der Verwalter zur Erfüllung dieser Aufgaben eine Vertretungsmacht besitzt.

Der Verwalter war bisher ermächtigt, die in § 27 Abs. 2 Nr. 1 und 2 vorgesehenen Zahlungen und Leistungen einzufordern und zu bewirken (§ 27 Abs. 3 Nr. 4 i.V.m. § 27 Abs. 1 Nr. 4 u. 5 WEG neu). Ermächtigt ist der Verwalter des Weiteren zur Vornahme der (sonstigen) laufenden dringenden Maßnahmen (§ 27 Abs. 3 Nr. 3 i.V.m. § 27 Abs. 1 Nr. 2 WEG, § 27 Abs. 4 Nr. 4 i.V.m. § 27 Abs. 1 Nr. 3 WEG, jeweils neu). In Abs. 3 Nr. 5 ist schließlich klar gestellt, dass der Verwalter zur Verwaltung der eingenommnen Gelder im Namen der Gemeinschaft Konten führen kann. Unter Führen versteht das Gesetz wohl auch das Eröffnen und das Schließen eines Kontos. Die in der neuen Nr. 6 vorgesehene gesetzliche Ermächtigung des Verwalters zur Vereinbarung einer Vergütung entspricht wiederum der neuen Regelung des Abs. 2 Nr. 4. In Nr. 7 des Satzes 1 wird die Beschlusskompetenz begründet, dem Verwalter durch Stimmenmehrheit eine weitergehende Vertretungsmacht einzuräumen. Hier ist die Vertretungsmacht weiter als im Rahmen des Abs. 2, weil sich dort die Kompetenz nur auf die Geltendmachung von Forderungen bezieht.

Nach dem neuen Abs. 3 Nr. 7 kann dagegen auch eine umfassende Vertretungsmacht erteilt werden. Das Gesetz bestimmt, dass für eine solche Beschlussfassung stets die Stimmenmehrheit genügt. Nicht nachvollziehbar ist, was das Gesetz in Nr. 7 mit der Ausführung zur Stimmenmehrheit sagen will. Denn Voraussetzung eines Beschlusses der Wohnungseigentümer ist immer die Stimmenmehrheit[1].

2.20. Informationspflicht

Neuregelung nunmehr in § 27 Abs. 1 Nr. 7 WEG: 41

ALT	NEU
Keine Regelung	(1) Die Wohnungseigentümer unverzüglich darüber zu unterrichten, dass ein Rechtsstreit gem. § 43 anhängig ist.

Bisher: Keine gesetzliche Regelung

---

1 Siehe weiter Teil B Rz. 431 ff.

Teil A Die WEG-Novelle im Überblick

Rechtslage: Die Wohnungseigentümer sollen unverzüglich informiert werden. Dies war auch bisher schon Rechtsprechung. Es wird etwas Selbstverständliches normiert[1].[2]

2.21. Sachliche und örtliche Zuständigkeit der Gerichte

42 Neuregelung nunmehr in § 43 WEG:

ALT	NEU
(1) Das Amtsgericht, in dessen Bereich das Grundstück liegt, entscheidet im Verfahren der freiwilligen Gerichtsbarkeit: 1. auf Antrag eines Wohnungseigentümers über die sich aus der Gemeinschaft der Wohnungseigentümer und aus der Verwaltung des gemeinschaftlichen Eigentums ergebenen Rechte und Pflichten der Wohnungseigentümer untereinander mit Ausnahme der Ansprüche im Falle der Aufhebung der Gemeinschaft (§ 17) und auf Entziehung des Wohnungseigentums (§§ 18, 19); 2. auf Antrag eines Wohnungseigentümers oder des Verwalters über die Rechte und Pflichten des Verwalters bei der Verwaltung des gemeinschaftlichen Eigentums; 3. auf Antrag eines Wohnungseigentümers oder Dritten über die Bestellung eines Verwalters im Falle des § 26 Abs. 3; 4. auf Antrag eines Wohnungseigentümers oder des Verwalters über die Gültigkeit von Beschlüssen der Wohnungseigentümer. (2) Der Richter entscheidet, soweit sich die Regelung nicht aus dem Gesetz, einer Vereinbarung oder einem	(1) Das Gericht, in dessen Bezirk das Grundstück liegt, ist ausschließlich zuständig für 1. Streitigkeiten über die sich aus der Gemeinschaft der Wohnungseigentümer und aus der Verwaltung des gemeinschaftlichen Eigentums ergebenden Rechte und Pflichten der Wohnungseigentümer untereinander; 2. Streitigkeiten über die Rechte und Pflichten zwischen der Gemeinschaft der Wohnungseigentümer und Wohnungseigentümern; 3. Streitigkeiten über die Rechte und Pflichten des Verwalters bei der Verwaltung des gemeinschaftlichen Eigentums; 4. Streitigkeiten über die Gültigkeit von Beschlüssen der Wohnungseigentümer; 5. Klagen Dritter, die sich gegen die Gemeinschaft der Wohnungseigentümer oder gegen Wohnungseigentümer richten und sich auf das gemeinschaftliche Eigentum, seine Verwaltung oder das Sondereigentum beziehen; 6. Mahnverfahren, wenn die Gemeinschaft der Wohnungseigentümer Antragstellerin ist. Insoweit ist § 689 Abs. 2 der Zivilprozessordnung nicht anzuwenden.

---

1 Vgl. *Abramenko* ZMR 2005, 26.
2 Siehe weiter Teil B Rz. 437 ff.

ALT	NEU
Beschluss der Wohnungseigentümer ergibt, nach billigem Ermessen. (3) Für das Verfahren gelten die besonderen Vorschriften der §§ 44 bis 50. (4) An dem Verfahren Beteiligte sind: 1. in den Fällen des Absatzes 1 Nr. 1 sämtliche Wohnungseigentümer; 2. in den Fällen des Absatzes 1 Nr. 2 und 4 die Wohnungseigentümer und der Verwalter; 3. im Falle des Absatzes 1 Nr. 3 die Wohnungseigentümer und der Dritte.	

2.22. Allgemeine Verfahrensgrundsätze (alt) = Bezeichnung der Wohnungseigentümer in der Klageschrift (neu)

ALT	NEU
(1) Der Richter soll mit den Beteiligten in der Regel mündlich verhandeln und hierbei darauf hinwirken, dass sie sich gütlich einigen.	(1) Wird die Klage durch oder gegen alle Wohnungseigentümer mit Ausnahme des Gegners erhoben, so genügt für ihre nähere Bezeichnung in der Klageschrift die bestimmte Angabe des gemeinschaftlichen Grundstücks, wenn die Wohnungseigentümer Beklagte sind, sind in der Klageschrift außerdem der Verwalter und der gemäß § 45 Abs. 2 Satz 1 bestellten Ersatzzustellungsvertreter zu bezeichnen. Die namentliche Bezeichnung der Wohnungseigentümer hat spätestens bis zum Schluss der mündlichen Verhandlung zu erfolgen.
(2) Kommt eine Einigung zustande, so ist hierüber eine Niederschrift aufzunehmen, und zwar nach den Vorschriften, die für die Niederschrift über einen Vergleich im bürgerlichen Rechtsstreit gelten.	(2) Sind an dem Rechtsstreit nicht alle Wohnungseigentümer als Partei beteiligt, so sind die übrigen Wohnungseigentümer entsprechend Absatz 1 von dem Kläger zu bezeichnen. Der namentlichen Bezeichnung der übrigen Wohnungseigentümer bedarf es nicht, wenn das Gericht von ihrer Beiladung gemäß § 48 Abs. 1 Satz 1 absieht.
(3) Der Richter kann für die Dauer des Verfahrens einstweilige Anordnungen treffen. Diese können selbständig nicht angefochten werden.	

43

Teil A Die WEG-Novelle im Überblick

ALT	NEU
(4) In der Entscheidung soll der Richter die Anordnungen treffen, die zu ihrer Durchführung erforderlich sind. Die Entscheidung ist zu begründen.	

2.23. Rechtsmittel, Rechtskraft (alt) = Zusteller (neu)

44 Neuregelung nunmehr in § 45 WEG:

ALT	NEU
(1) Gegen die Entscheidung des Amtsgericht ist die sofortige Beschwerde, gegen die Entscheidung des Beschwerdegerichts die sofortige weitere Beschwerde zulässig, wenn der Wert des Gegenstandes der Beschwerde oder der weiteren Beschwerde 750 Euro übersteigt.	(1) Der Verwalter ist Zustellungsvertreter der Wohnungseigentümer, wenn diese Beklagte oder gemäß § 48 Abs. 1 Satz 1 beizuladen sind, es sei denn, dass er als Gegner der Wohnungseigentümer an dem Verfahren beteiligt ist oder aufgrund des Streitgegenstandes die Gefahr besteht, der Verwalter werde die Wohnungseigentümer nicht sachgerecht unterrichten.
(2) Die Entscheidung wird mit der Rechtskraft wirksam. Sie ist für alle Beteiligten bindend.	(2) Die Wohnungseigentümer haben für den Fall, dass der Verwalter als Zustellungsvertreter ausgeschlossen ist, durch Beschluss mit Stimmenmehrheit einen Ersatzzustellungsvertreter sowie dessen Vertreter zu bestellen, auch wenn ein Rechtsstreit noch nicht anhängig ist. Der Ersatzzustellungsvertreter tritt in die dem Verwalter als Zustellungsvertreter der Wohnungseigentümer zustehenden Aufgaben und Befugnisse ein, sofern das Gericht die Zustellung an ihn anordnet; Absatz 1 gilt entsprechend.
(3) Aus rechtskräftigen Entscheidungen, gerichtlichen Vergleichen und einstweiligen Anordnungen findet die Zwangsvollstreckung nach den Vorschriften der Zivilprozessordnung statt.	(3) Haben die Wohnungseigentümer entgegen Absatz 2 Satz 1 keinen Ersatzzustellungsvertreter bestellt oder ist die Zustellung nach den Absätzen 1 und 2 aus sonstigen Gründen nicht ausführbar, kann das Gericht einen Ersatzzustellungsvertreter bestellen.
(4) Haben sich die tatsächlichen Verhältnisse wesentlich geändert, so kann der Richter auf Antrag eines Beteiligten seine Entscheidung oder einen gerichtlichen Vergleich ändern, soweit	

Welche Änderungen bringt die Novelle? **Teil A**

ALT	NEU
dies zur Vermeidung einer unbilligen Härte notwendig ist.	

2.24. Verhältnis zu Rechtsstreitigkeiten (alt) = Anfechtungsklage (neu)

Neuregelung nunmehr in § 46 WEG: 45

ALT	NEU
(1) Werden in einem Rechtsstreit Angelegenheiten anhängig gemacht, über die nach § 43 Abs. 1 im Verfahren der freiwilligen Gerichtsbarkeit zu entscheiden ist, so hat das Prozessgericht die Sache insoweit an das nach § 43 Abs. 1 zuständige Amtsgericht zur Erledigung im Verfahren der freiwilligen Gerichtsbarkeit abzugeben. Der Abgabebeschluss kann nach Anhörung der Parteien ohne mündliche Verhandlung ergehen. Er ist für das in ihm bezeichnete Gericht bindend.	(1) Die Klage eines oder mehrer Wohnungseigentümer auf Erklärung der Ungültigkeit eines Beschlusses der Wohnungseigentümer ist gegen die übrigen Wohnungseigentümer und die Klage des Verwalters ist gegen die Wohnungseigentümer zu richten. Sie muss innerhalb eines Monats nach der Beschlussfassung erhoben und innerhalb zweier Monate nach der Beschlussfassung begründet werden. Die §§ 233 bis 238 der Zivilprozessordnung gelten entsprechend.
(2) Hängt die Entscheidung eines Rechtsstreits vom Ausgang eines in § 43 Abs. 1 bezeichneten Verfahrens ab, so kann das Prozessgericht anordnen, dass die Verhandlung bis zur Erledigung dieses Verfahrens ausgesetzt wird.	(2) Hat der Kläger erkennbar eine Tatsache übersehen, aus der sich ergibt, dass der Beschluss nichtig ist, so hat das Gericht darauf hinzuweisen.

2.25. Kostenentscheidung (alt) = Prozessverbindung (neu)

Neuregelung nunmehr in § 47 WEG: 46

ALT	NEU
Welche Beteiligten die Gerichtskosten zu tragen haben, bestimmt der Richter nach billigem Ermessen, Er kann dabei auch bestimmen, dass die außergerichtlichen Kosten ganz oder teilweise zu erstatten sind.	Mehrere Prozesse, in denen Klagen auf Erklärung oder Feststellung der Ungültigkeit desselben Beschlusses der Wohnungseigentümer erhoben werden, sind zur gleichzeitigen Verhandlung und Entscheidung zu verbinden. Die Verbindung bewirkt, dass die Kläger der vorher selbständigen Prozesse als Streitgenossen anzusehen sind.

2.26. Kosten des Verfahrens (alt) = Beiladung, Wirkung des Urteils (neu)

47 Neuregelung nunmehr in § 48 WEG:

ALT	NEU
(1) Für das gerichtliche Verfahren wird die volle Gebühr erhoben. Kommt es zur gerichtlichen Entscheidung, so erhöht sich die Gebühr auf das Dreifache der vollen Gebühr. Wird der Antrag zurückgenommen, bevor es zu einer Entscheidung oder einer vom Gericht vermittelten Einigung gekommen ist, so ermäßigt sich die Gebühr auf die Hälfte der vollen Gebühr. Ist ein Mahnverfahren vorausgegangen (§46a), wird die nach dem Gerichtskostengesetz zu erhebende Gebühr für das Verfahren über den Antrag auf Erlass eines Mahnbescheides auf die Gebühr für das gerichtliche Verfahren angerechnet; die Anmerkung zu Nummer 1210 des Kostenverzeichnisses zum Gerichtskostengesetz gilt entsprechend. § 12 Abs. 3 Satz 3 des Gerichtskostengesetzes ist nicht anzuwenden.	(1) Richtet sich die Klage eines Wohnungseigentümers, der in einem Rechtsstreit gemäß § 43 Nr. 1 oder Nr. 3 einen ihm allein zustehenden Anspruch geltend macht, nur gegen einen oder einzelnen Wohnungseigentümern oder nur gegen den Verwalter, so sind die übrigen Wohnungseigentümer beizuladen, es sei denn, dass ihre rechtlichen Interessen erkennbar nicht betroffen sind. Soweit in einem Rechtsstreit gemäß § 43 Nr. 3 oder Nr. 4 der Verwalter nicht Partei ist, ist er ebenfalls beizuladen.
(2) Sind für Teile des Gegenstandes verschiedene Gebührensätze anzuwenden, so sind die Gebühren für die Teile gesondert zu berechnen; die aus dem Gesamtbetrag der Wertteile nach dem höchsten Gebührensatz berechnete Gebühr darf jedoch nicht überschritten werden.	(2) Die Beiladung erfolgt durch Zustellung der Klageschrift, der die Verfügungen des Vorsitzenden beizufügen sind. Die Beigeladenen können der einen oder anderen Partei zu deren Unterstützung beitreten. Veräußert ein beigeladener Wohnungseigentümer während des Prozesses sein Wohnungseigentum, ist § 265 Abs. 2 der Zivilprozessordnung entsprechend anzuwenden.
(3) Der Richter setzt den Geschäftswert nach dem Interesse der Beteiligten an der Entscheidung von Amts wegen fest. Der Geschäftswert ist niedriger festzusetzen, wenn die nach Satz 1 berechneten Kosten des Verfahrens zu dem Interesse eines Beteiligten nicht in einem angemessenen Verhältnis stehen.	(3) Über die in § 325 der Zivilprozessordnung angeordneten Wirkungen hinaus wirkt das rechtskräftige Urteil auch für und gegen alle beigeladenen Wohnungseigentümer und ihre Rechtsnachfolger sowie den beigeladenen Verwalter.
(4) Im Verfahren über die Beschwerde gegen eine den Rechtszug beendende	(4) Wird durch das Urteil eine Anfechtungsklage als unbegründet abgewie-

Welche Änderungen bringt die Novelle? **Teil A**

ALT	NEU
Entscheidung werden die gleichen Gebühren wie im ersten Rechtszug erhoben.	sen, so kann auch nicht mehr geltend gemacht werden, der Beschluss sei nichtig.

2.27. Rechtsanwaltsgebühren (alt) = Kostenentscheidung (neu)

Neuregelung nunmehr in § 49 WEG: 48

ALT	NEU
Aufgehoben	(1) Wird gemäß § 21 Abs. 8 nach billigem Ermessen entschieden, so können auch die Prozesskosten nach billigem Ermessen verteilt werden. (2) Dem Verwalter können Prozesskosten auferlegt werden, soweit die Tätigkeit des Gerichts durch ihn veranlasst wurde und ihn ein grobes Verschulden trifft, auch wenn er nicht Partei des Rechtsstreits ist.

2.28. Kosten des Verfahrens vor dem Prozessgericht (alt) = Kostenerstatter (neu)

Neuregelung nunmehr in § 50 WEG: 49

ALT	NEU
Gibt das Prozessgericht die Sache nach § 46 an das Amtsgericht ab, so ist das bisherige Verfahren vor dem Prozessgericht für die Erhebung der Gerichtskosten als Teil des Verfahrens vor dem übernehmenden Gericht zu behandeln.	Den Wohnungseigentümern sind als zur zweckentsprechenden Rechtsverfolgung oder Rechtsverteidigung notwendige Kosten nur die Kosten eines bevollmächtigten Rechtsanwalts zu erstatten, wenn nicht aus Gründen, die mit dem Gegenstand des Rechtsstreits zusammenhängen, eine Vertretung durch mehrere bevollmächtigte Rechtsanwälte geboten war.

Bisher: Die Rechtsstreitigen wurden bislang im FGG-Verfahren, im sog. Verfahren der freiwilligen Gerichtsbarkeit, entschieden.

Rechtslage: Nunmehr ZPO-Verfahren mit Beibringungsnotwendigkeit.

Der Unterschied besteht darin, dass beim FGG-Verfahren der sog. Amtsermittlungsgrundsatz herrscht und beim ZPO-Verfahren eben nur das Vorbringen der Parteien gilt. Dies hat auch zu Folge, dass der Richter als Unparteiischer keine Hinweise oder nur wenige Hinweise geben darf, um sich nicht der Gefahr der Parteilichkeit und damit der Befangenheit auszusetzen. Da dies nach der Rechtsprechung schon sehr schnell der Fall sein kann, ist es in der Praxis so, dass im ZPO-Verfahren künftig keine oder nur sehr geringe Hinweise gegeben werden.

50 Dies bedeutet insbesondere für anwaltlich nicht vertretene Beteiligte eine sehr hohe Gefahr, dass sie falsche Schritte tun und alleine dadurch den Prozess verlieren. Damit tritt automatisch eine große Starrheit ein. Hier ist allein das Beispiel anzuführen, dass nach der Zivilprozessordnung die Parteien bei Erhebung der Anfechtungsklage klar bezeichnet werden müssen. Da es sich im vorliegenden Fall um fristgebundene Anträge handelt, müsste innerhalb der Monatsfrist auch die beklagte Partei, d.h. in Anfechtungsverfahren regelmäßig die Wohnungseigentümer, benannt werden, und zwar mit Namen und Anschrift. Diese kennt aber regelmäßig der einzelne Wohnungseigentümer nicht, sondern nur der Verwalter. Erhebt nunmehr der Wohnungseigentümer Klage ohne die Eigentümerliste vorzulegen, so erleichtert § 44 Abs. 1 dies dadurch, dass zunächst der Name der Gemeinschaft reicht, erst bis zum Schluss der letzten mündlichen Verhandlung brauchen die Namen angegeben zu werden.

51 Um dies zu verhindern, müsste der Verwalter ggf., wenn er die Liste nicht vorher bereits freiwillig ausgehändigt hat, in einem einstweiligen Verfügungsverfahren dazu verklagt werden, die Liste herauszugeben. Ansonsten ist die Anfechtung bereits unzulässig.

52 Das identische Problem besteht bei den Anträgen. Da die Anträge nunmehr im Zivilverfahren gestellt werden, sind diese regelmäßig starrer und können vom Gericht so nicht ausgelegt werden. Werden dann die falschen Anträgen gestellt und der Richter weist nicht darauf hin, weil er sich nicht der Gefahr der Befangenheit aussetzen will, so sind die Anträge schnell unrichtig und damit der Prozess bereits allein deshalb verloren.

Insbesondere ist zu berücksichtigen, dass die Parteien sich gerade nicht wie z.B. Vermieter und Mieter gegenüberstehen. Sie stehen sich gerade nicht wie fremde Dritte im ZPO-Verfahren gegenüber, sondern sie leben gemeinsam unter einem Dach, und zwar dauerhaft. Wird hier nach den Regeln der ZPO entschieden, werden häufig mehr Streitigkeiten provoziert, als erledigt[1]. Besondere Probleme wird es geben, weil

---

1 Ähnlich *Lüke* ZWE 2005, 155.

das Zivilverfahren nach der ZPO typischerweise ein Zwei-Parteien-Prinzip darstellt und es damit Probleme bei der notwendigen Beteiligung aller Wohnungseigentümer geben kann. Deshalb muss nach den Regeln der Beiladung dies im ZPO-Verfahren erfolgen (vgl. § 48 Abs. 2). Damit müssen aber gerade wieder alle Wohnungseigentümer beteiligt werden. Damit fehlt es aber sowohl an der in der Begründung genannten angeblichen Harmonie, als auch an dem angeblichen nach der Begründung einfachen Weg des ZPO-Verfahrens[1]. Was soll passieren, wenn ein Wohnungseigentümer mangels Adresse nicht erreichbar ist?

Damit zeigt sich die Ungeeignetheit der Anwendung der ZPO auf WEG-Streitigkeiten am deutlichsten bei Beschlussanfechtungen. Dies zeigt sich auch daran, dass alle Wohnungseigentümer Beklagte sind, also auch die, die gegen den Beschluss gestimmt haben oder jedenfalls inhaltlich die Position des Klägers vertreten. Das Problem will das Gericht dadurch lösen, dass der Wohnungseigentümer wählen kann, auf welcher Seite er beitritt. Wenn einzelne Wohnungseigentümer **anerkennen**, nützt ihnen dies nichts, weil alle anerkennen müssen. Hier zeigt sich, dass das FGG-Verfahren viel flexibler ist.

Schwierig wird ein Verfahren in der ZPO, wenn der Verwalter als Zustellungsvertreter ausscheidet, weil er z.B. in eigener Sache betroffen ist (vgl. § 45 Abs. 1 WEG). Dann können gerade alle Beklagten nicht benannt werden. Das Grundbuch gibt nämlich keine Auskunft über die Anschrift der Wohnungseigentümer. Dies will das Gesetz durch die Bestellung eines Ersatzzustellungsbevollmächtigten lösen (vgl. § 45 Abs. 2). 53

Der Antrag muss innerhalb von zwei Monaten nach der Beschlussfassung begründet werden. Bisher war es möglich, ohne Begründung einen Anfechtungsantrag einzureichen und die Begründung nachzureichen. Dies wird es in Zukunft nicht mehr geben, weil die Klage innerhalb der zweimonatigen Frist begründet werden muss. Häufig hat auch der einzelne Wohnungseigentümer das Protokoll noch nicht einmal und weiß daher nicht, welche Beschlüsse überhaupt gefasst worden sind. Wie soll er dann eine vernünftige Begründung vornehmen? Hier muss ggf. erst ein einstweiliges Verfügungsverfahren durchgeführt werden, um das Protokoll zu 54

---

1 *Lüke* ZWE 2005, 156.

erlangen. Ob die pauschale Auflistung aller Beschlüsse dem strengen ZPO-Verfahren genügt, ist zu hoffen.

55 Dadurch, dass das ZPO-Verfahren in Zukunft gelten soll, werden nunmehr auch Möglichkeiten gegeben sein, die es bisher nicht gab. So kann z.B. ohne weiteres ein Versäumnisurteil oder ein Anerkenntnisurteil erfolgen. Werden die Beklagten nicht ordnungsgemäß vertreten, weil der Verwalter die Klageschrift verlegt oder den Termin nicht notiert oder die Wohnungseigentümer nicht informiert hat, so wird wegen Nichterscheinen die Klage verloren. Dies zeigt auch gleichzeitig die Haftungsrisiken sehr deutlich auf. Der Verwalter ist Parteivertreter und wird nunmehr gezwungen, eine Organisation wie ein Anwaltsbüro aufzubauen, um keine Schadensersatzansprüche zu befürchten. So wird klar eine Vermehrung der Verfahren eintreten, weil bisher das einstweilige Anordnungsverfahren innerhalb des WEG-Verfahrens geregelt wurde. Nunmehr sind nach der ZPO einstweilige Verfügungen gesonderte Verfahren (§§ 935 ff. ZPO). Zudem sind auch die strengen Beweisführungs- und Beweislastregeln des ZPO-Verfahren zu berücksichtigen.

56 Wird nicht ausreichend vorgetragen, liegt damit auch kein ordnungsgemäßer Vortrag vor. Es muss nämlich schlüssig vorgetragen werden, d.h. der Richter muss dies nachvollziehen können. Kann er dies nicht, ist der Vortrag bereits unschlüssig. Darüber hinaus müssen ordnungsgemäße Beweisanträge gestellt werden. Erfolgt dies nicht, wird der Richter auch keinen Beweis erheben. Das heißt, obwohl die Tatsache richtig ist, reicht allein das einfache Bestreiten des Gegners aus, damit die Tatsache als nicht richtig vom Richter unterstellt werden muss.

57 Auch die Änderung des Instanzenzugs von statt AG → LG → OLG in AG → LG → BGH hat besondere Nachteile. Bisher konnte sowohl beim AG, wie auch beim LG der Prozess ohne Rechtsanwalt geführt werden. Dies ist nun nicht mehr möglich. Beim LG besteht Anwaltszwang, so dass nur noch die Ausgangsinstanz ohne Anwalt geführt werden kann. Beim BGH kann man sich nur durch einen der beim BGH zugelassenen Anwälte vertreten lassen. Auch dies wird größere Probleme mit sich bringen. Darüber hinaus sind die Kosten eines Anwalts beim LG und BGH wesentlich höher als beim LG und beim OLG als Alternative.

Dass damit erhebliche Reisetätigkeiten verbunden sind, und zwar weil die speziellen LG am Ort des OLG nicht direkt an der Anlage liegen, ist ebenfalls vorprogrammiert. Aber gerade bei Ortsbesichtigungen, die (auch) in der zweiten Instanz häufig notwendig sind, ist die Zuständigkeit des LG nicht zu begrüßen, sondern abzulehnen[1].

2.29. Übergangsvorschrift

Neuregelung nunmehr in § 62 WEG: 58

ALT	NEU
aufgehoben	(1) Für die am 1.7.2007 bei Gericht anhängigen Verfahren in Wohnungseigentums- oder in Zwangsversteigerungssachen oder für bei einem Notar beantragten freiwilligen Versteigerung sind die durch Artikel 1 und 2 des Gesetzes vom 26. März 2007 (BGBl. I. S. 370) geänderten Vorschriften des III. Teils dieses Gesetzes sowie die des Gesetzes über die Zwangsversteigerung und die Zwangsverwaltung in ihrer bis dahin geltenden Fassung weiter anzuwenden.
	(2) In Wohnungseigentumssachen nach § 43 Abs. 1 bis Nr. 4 finden die Bestimmungen über die Nichtzulassungsbeschwerde (§ 543 Abs. 1 Nr. 2, § 544 der Zivilprozessordnung) keine Anwendung, soweit die anzufechtende Entscheidung vor dem 1.7.2012 verkündet worden ist.

2.30. Privilegierung von WEG-Forderungen

Neuregelung nunmehr in § 10 Abs. 1 Nr. 2 ZVG: 59

ALT	NEU
(1) 2. bei einem land- oder forstwirtschaftlichen Grundstück die Ansprüche der zur Bewirtschaftung des Grundstücks oder zum Betrieb eines mit dem Grundstücks verbundenen land- oder forstwirtschaftlichen Nebengewerbes angenommenen, in einem Dienst- oder Arbeitsverhältnis	(1) 2. bei Vollstreckung in ein Wohnungseigentum die daraus fälligen Ansprüche auf Zahlung der Beiträge zu den Lasten und Kosten des gemeinschaftlichen Eigentums oder des Sondereigentums, die nach den §§ 16 Abs. 2, § 28 Abs. 2 und 5 des Wohnungseigentumsgesetzes geschuldet

---

1 Siehe weiter Teil B Rz. 957 ff.

Teil A Die WEG-Novelle im Überblick

ALT	NEU
stehenden Personen, insbesondere des Gesindes, der Wirtschafts- und Forstbeamten, auf Lohn, Kostgeld und andere Bezüge wegen der laufenden und der aus dem letzten Jahren rückständigen Beträge;	werden, einschließlich der Vorschüsse und Rückstellungen sowie der Rückgriffsansprüche einzelner Wohnungseigentümer. Das Vorrecht erfasst die laufenden und die rückständigen Beträge aus dem Jahr der Beschlagnahme und den letzten zwei Jahren. Das Vorrecht einschließlich aller Nebenleistungen ist begrenzt auf Beträge in Höhe vor nicht mehr als fünf vom Hundert des nach § 74a Abs. 5 festgesetzten Wertes. Die Anmeldung erfolgt durch die Gemeinschaft der Wohnungseigentümer. Rückgriffsansprüche einzelner Wohnungseigentümer werden von diesen angemeldet;

und § 10 Abs. 3:

ALT	NEU
Keine Regelung	(3) Zur Vollstreckung mit dem Range nach Absatz 1 Nr. 2 müssen die dort genannten Beträge die Höhe des Verzugsbetrages nach § 18 Abs. 2 Nr. 2 des Wohnungseigentumsgesetzes übersteigen. Für die Vollstreckung genügt ein Titel, aus dem die Verpflichtung des Schuldners zur Zahlung, die Art und der Bezugszeitraum des Anspruchs sowie seine Fälligkeit zu erkennen sind. Soweit die Art und der Bezugszeitraum des Anspruchs sowie seine Fälligkeit nicht aus dem Titel zu erkennen sind, sind sie in sonst geeigneter Weise glaubhaft zu machen.

Diese Neuregelung ist zu begrüßen. Ihr Manko besteht darin, dass es einen Ersteigerer geben muss. Besser wäre deshalb gewesen, den Wohngeldtitel bei selbstnutzenden Wohnungseigentümern auch als Räumungstitel auszugestalten[1].

---

1 Siehe weiter Teil B Rz. 702 ff.

2.31. Glaubhaftmachung und Anmeldung der Ansprüche

Neuregelung nunmehr in § 45 Abs. 3 ZVG: 60

ALT	NEU
Keine Regelung	(3) Ansprüche der Wohnungseigentümer nach § 10 Abs. 1 Nr. 2 sind bei der Anmeldung durch einen entsprechenden Titel oder durch die Niederschrift der Beschlüsse der Wohnungseigentümer einschließlich ihrer Anlagen oder in sonst geeigneter Weise glaubhaft zu machen. Aus dem Vorbringen müssen sich die Zahlungspflicht, die Art und der Bezugszeitraum des Anspruchs sowie seine Fälligkeit ergeben.

Die Anmeldungen sind durch den Verwalter durchzuführen. Hierzu kann er sich eines Anwalts bedienen[1].

2.32. Zahlung der Hausgelder durch Zwangsverwalter

Neuregelung nunmehr in § 156 Abs. 1 ZVG: 61

ALT	NEU
(1) Die laufenden Beträge der öffentlichen Lasten sind von dem Verwalter ohne weiteres Verfahren zu berichtigen.	(1) Die laufenden Beträge der öffentlichen Lasten sind von dem Verwalter ohne weiteres Verfahren zu berichtigen. Dies gilt auch bei der Vollstreckung in ein Wohnungseigentum für die laufenden Beträge der daraus fälligen Ansprüche auf Zahlung der Beiträge zu den Lasten und Kosten des gemeinschaftlichen Eigentums oder des Sondereigentums, die nach den §§ 16 Abs. 2, 28 Abs. 2 und 5 des Wohnungseigentumsgesetzes geschuldet werden, einschließlich der Vorschüsse und Rückstellungen sowie der Rückgriffsansprüche einzelner Wohnungseigentümer. Die Vorschrift des § 10 Abs. 1 Nr. 2 Satz 3 findet keine Anwendung.

---

1 Siehe weiter Teil B Rz. 702 ff.

Teil A Die WEG-Novelle im Überblick

Die Vorschrift ist notwendig, die ansonsten die laufenden Hausgelder erst nach Erstellung eines Teilungsplanes ausgeglichen werden könnten.[1]

2.33. Berufungsgericht

62 Neuregelung nunmehr in § 72 Abs. 2 GVG:

ALT	NEU
Keine Regelung	(2) „In Streitigkeiten nach § 43 Abs. 1 Nr. 1–4 und 6 des Wohnungseigentumsgesetzes ist das für den Sitz des Oberlandesgerichtes zuständige Landgericht gemeinsames Berufungs- und Beschwerdegericht für den Bezirk des Oberlandesgerichtes, in dem das Amtsgericht seinen Sitz hat. Die Landesregierungen werden ermächtigt, durch Rechtsverordnung anstelle dieses Gerichts ein anderes Landgericht im Bereich des Oberlandesgerichts zu bestimmen.

2.34. Streitwertfestsetzung

63 Neuregelung nunmehr in § 49a GKG:

ALT	NEU
Bisher nicht vorhanden	(1) Der Streitwert ist auf 50 Prozent des Interesses der Parteien und aller Beigeladenen an der Entscheidung festzusetzen. Er darf das Interesse des Klägers und der auf seiner Seite Beigetretenen an der Entscheidung nicht unterschreiten und das Fünffache des Wertes ihres Interesse nicht überschreiten. Der Wert darf in keinem Fall den Verkehrswert des Wohnungseigentums des Klägers und der auf seiner Seite Beigetretenen übersteigen. (2) Richtet sich eine Klage gegen einzelne Wohnungseigentümer, darf der Streitwert das Fünffache des Wertes ihres Interesses sowie des Interesses

---

[1] Siehe weiter Teil B Rz. 702 ff.

ALT	NEU
	der auf ihrer Seite Beigetretenen nicht übersteigen. Absatz 1 Satz 3 gilt entsprechend.

3. Zusammenfassung

3.1. Änderungen für den Verwalter

Die Neuregelung bringt für den Verwalter nicht unbeträchtliche zusätzliche Aufgaben, die er wahrscheinlich nicht zusätzlich vergütet erhält. 64

3.1.1. Beschlussbuch[1]

Er hat das Beschlussbuch sorgfältig zu führen. Hier fangen die Fragen für den Verwalter schon an, z.B. in welcher Form er das Buch führen soll, d.h. besser als Datei oder als Ordner; soll er die Eintragungen datumsmäßig oder besser sortiert nach Feldern (wenn ja, welche) vornehmen.

Der Verwalter sollte auch daran denken, dass es einen Verwalterwechsel 65 geben kann, so dass sich ein fremder Verwalter schnell einlesen und dieses fortführen kann. In der Praxis wird wahrscheinlich der Wohnungseigentümer, der den Verwalter austauschen will, sich regelmäßig das Beschlussbuch ansehen und daraus Mängel herleiten wollen. Es ist deshalb eine umfangreiche Kasuistik insoweit zu erwarten. Insbesondere das Merkmal „unverzüglich" bezüglich der Aufnahme von Beschlüssen wird die Rechtsprechung beschäftigen. Hier sollte kein allzu strenger Maßstab angelegt und berücksichtigt werden, dass das Protokoll innerhalb von 3 Wochen anzufertigen ist. Hier Übernachtaktionen zu fordern, abends beschlossen – morgens im Beschlussbuch eingetragen, ist nicht zu folgen. Vielmehr muss spätestens nach 3 Wochen mit dem Protokoll die Eintragung erfolgen.

3.1.2. Kostenverteilungsschlüssel

Die nunmehr zum Teil erheblichen einfachen Möglichkeiten, Kostenverteilungsschlüssel und nicht notwendige Instandhaltungsmaßnahmen beschließen zu können, werfen für den Verwalter die Frage auf, ob er Beschlüsse ohne weiteres verkünden darf[2]. Hierin wird eine wesentliche Aufgabe für den Verwalter liegen. Rückwirkend wird eine Änderung nicht möglich sein[3], sondern nur für zukünftige Jahre, d.h. zum 1.1. des Jahres muss der Beschluss spätestens gefasst sein, damit sich jeder Wohnungs- 66

---

1 Beispiele für Führung einer Beschlusssammlung siehe weiter Teil B Rz. 702 ff.; Teil E Rz. 36.
2 Vgl. die Anforderungen in diesem Zusammenhang *Sauren* DWE 2005, 97 m.w.N.
3 OLG Hamm WuM 2007, 222.

eigentümer darauf einstellen kann. Das Haftungsrisiko des Verwalters wird aber auch in der rechtsicheren Formulierung liegen.

3.1.3. ZPO-Verfahren

67 Aufgrund der Überführung in das ZPO-Verfahren wird dem Verwalter zu raten sein, unmittelbar einen Anwalt zu beauftragen, damit er keine Formfehler macht und die Einhaltung der Frist auf den Anwalt delegieren kann. Üblich sind hier seitens des Gerichts 14-Tagesfristen. So ist es dann Aufgabe des Verwalters, die Fristen einzuhalten. Damit kommt auf den Verwalter auch die Aufgabe hinzu, die Vergütungsfrage (§ 49a GKG) zu regeln. Hier ist dem Verwalter eine großzügige Handhabe zu gewähren. Insbesondere ist er nicht verpflichtet, 3 Konkurrenzangebote von Anwälten einzuholen und dem preisgünstigsten das Mandat zu erteilen. Vielmehr kann er dem Vertrauensanwalt der Gemeinschaft das Mandat zu den Höchstsätzen erteilen. Hier ist die Rechtsprechung bezüglich Auftragsvergabe zu berücksichtigen, wonach die Gemeinschaft nicht verpflichtet ist, dem Billigsten den Auftrag zu erteilen[1].

3.1.4. Geld- und Sanktionsangelegenheiten

68 Erleichterungen sind für den Verwalter durch die zusätzliche Beschlusskompetenz (§ 21 Abs. 7) in Geldangelegenheiten gegeben. Nunmehr kann mit Sanktionen gearbeitet werden, z.B. bei Lastschrifteinzug oder Umzug. Dies führt zu ordnungsgemäßerem Handeln der Wohnungseigentümer.

3.1.5. Zwangsversteigerung

69 Haftungsrisiken sind wieder bei den weiteren zusätzlichen Pflichten bezüglich der Zwangsversteigerung zu erwarten. Hier muss der Verwalter die Anmeldung rechtzeitig und richtig vollbringen, wenn er den Vorgang nicht auf einen Anwalt delegieren will, was ratsam wäre.

3.1.6. Arbeitsumfang

70 Insgesamt wird der Arbeitsaufwand für den Verwalter erhöht, womit zusätzliche Haftungsrisiken geschaffen werden. Dies ist aber für alle Profi-Verwalter eine weitere Möglichkeit sich zu profilieren. Für sog. Bettkantenverwalter wird die Luft dünner.

---

1 KG ZMR 1993, 383, 385.

3.2. Änderungen für den Wohnungseigentümer

3.2.1. Konflikte Selbstnutzer – Kapitalanleger

Die Konflikte zwischen den Wohnungseigentümern werden größer werden, insbesondere zwischen Selbstnutzenden und Kapitalanlegern. Die Kapitalanleger haben nämlich regelmäßig keine Individualabrede in den Mietvertrag aufgenommen, um die Änderungen der Nebenkostenstruktur auf den Mieter umlegen zu können. Diese fehlende Möglichkeit wird ein Grund zur Aufhebung des ändernden Beschluss sein, denn er verstößt dann gegen eine ordnungsgemäße Verwaltung, wenn die vermieteten Wohnungseigentümer die Kosten nicht an die Mieter weitergeben können. Die Kapitalanleger können auf eine Fortführung der Nebenkostenstruktur vertrauen. Eine gänzliche Freistellung, z.B. den Erdgeschoss-Mieter von der Aufzugskostenlast, verstößt ebenfalls gegen die ordnungsgemäße Verwaltung[1].

71

3.2.2. Sanktionsmöglichkeiten erheblich erhöht

Der Druck auf die Wohnungseigentümer ordnungsgemäß zu handeln wird größer werden. Insbesondere Wohnungseigentümer, die ihre Geldleistungen nicht erbringen, werden nunmehr zu Recht mit schärferen Sanktionen rechnen müssen. Dies fängt an bei der Beschlusskompetenz in Geldangelegenheiten wie auch bei der Zwangsverwaltung, dass das komplette Wohngeld eingetrieben wird, bis hin zur Entziehung. Die Entziehungsklagen werden nunmehr zu Recht nach dem Zwangsversteigerungsgesetz beurteilt. Tatsächlich ist hier auch noch der Vorrang in der Zwangsversteigerung für das Wohngeld innerhalb von 2 Jahren in Höhe von 5 % zu nennen.

72

---

1 BGH NJW 1985, 2832.

Teil B
Verwaltung der Wohnungseigentumsanlage

1. Rechtsverhältnis der Eigentümergemeinschaft

1.1. Maßgebliche Normen

1 Der neue Text des WEG ist abgedruckt im Anhang zu diesem Buch[1]. Die HeizkostenV[2] lässt zwar den Wortlaut des WEG unberührt, bedeutet jedoch praktisch eine **Änderung** des § 16 Abs. 2 WEG[3].

Wesentliche Änderungen hat die **WEG-Novelle** gebracht. Die Novelle wird unterschiedlich **bewertet**. Von vielen Rechtexperten wird sie **abgelehnt**[4], von den Verbänden wird sie **ausnahmslos begrüßt**. Eine Gesamtbetrachtung fällt **differenziert** aus. Es gibt selbstverständlich einen großen Teil, der ausnahmslos zu begrüßen ist. Hierzu zählen die vielen Maßnahmen, die der Gemeinschaft die Möglichkeit geben besser und einfacher vollständig an das Wohngeld zu gelangen (Änderungen des ZVG)[5] und die Eigentümer effizienter zu einem regelkonformen Verhalten zwingen (§ 21 Abs. 7 WEG, Entziehungsklage folgt dem ZVG, etc.). Ein sehr großer Teil der Normen ist aber unvollständig (z.B. § 10 Abs. 4, § 24 Abs. 5)[6] oder so sprachlich missglückt, das man oft ohne die Gesetzesbegründung den Sinn schlichtweg nicht verstehen kann (§ 16 Abs. 5 WEG[7] und § 10 Abs. 8 WEG[8]). Obwohl sogar konkrete verbesserte Normwortlaute seitens der Experten geliefert wurden, wurden sie nicht berücksichtigt[9]. Diese Umstände werden dafür sorgen, dass die Novelle die Gerichte noch Jahre, wenn nicht Jahrzehnte beschäftigen wird. Dabei werden diese Umstände auf dem Rücken der Mitglieder der Verbände ausgetragen, denn in vielerlei Hinsicht ist schlichtweg eine sichere Beratung nicht möglich, dies übersehen die Verbände wohl. Damit ist die Gesetzesänderung teuer erkauft und wird noch so manchen seine Verwalterstellung kosten.

---

1 Siehe Anhang S. 607 ff.
2 Neufassung abgedruckt in BGBl. I 1989, 115.
3 Siehe hierzu auch Rz. 160.
4 *Bub* NZM 2006, 841 ff. (klassischer Schnellschuss); *Merle* ZWE 2006, 365 ff. (Schnelligkeit vor Qualität).
5 Obwohl man dies noch besser hätte ausgestalten können, vgl. *Drasdo* ZWE 2005, 131.
6 § 10 Abs. 4, vgl. *Demharter* NZM 2006, 490; zu § 24 Abs. 6, vgl. *Sauren* MietRB 2005, 139.
7 Siehe unten Rz. 111.
8 *Bub* NZM 2006, 848 f.
9 *Niedenführ* Anhörung, S. 12.

Die Verfassungswidrigkeit wird von einzelnen Teilen behauptet[1]. Die eigentliche Dramatik wird nicht erkannt. Das Bundesverfassungsgericht unterwirft das Wohnungseigentum, so wie es entstanden ist, also incl. der Gemeinschaftsordnung **der Eigentumsgarantie**[2]. Damit wären alle Eingriffe in die GO, wie sie z.B. in § 16 Abs. 5 oder § 22 Abs. 2 S. 3 WEG vorgesehen sind, verfassungswidrig zumindest hinsichtlich der bis zum 1.7.2007 eingetragenen Gemeinschaftsordnungen, denn durch die Novelle werden sie von heute auf morgen nichtig. Hinzu kommt die unzulässige **echte Rückwirkung**, denn ab 1.7.2007 gilt das neue Recht ohne Übergangsregelung, bis auf das Verfahrensrecht. In jedem anhängigen Rechtsstreit muss der Richter nun das neue Recht anwenden. War z.B. bisher der unangefochtene Zitterbeschluss bzgl. der Kostenänderung nichtig, wird er jetzt egal in welcher Instanz der Prozess anhängig ist, wieder wirksam.

1.1.1. Rechtverhältnis innerhalb der Gemeinschaft

Das Verhältnis der **Wohnungseigentümer untereinander** bestimmt sich, soweit das WEG keine besondere Regelung trifft, nach den Vorschriften des Bürgerlichen Gesetzbuches über die Gemeinschaft (§ 10 Abs. 1 S. 1 WEG; §§ 741 ff., 1008 ff. BGB); diese Bestimmung hat jedoch einen engen Anwendungsbereich. Insbesondere durch die Bestimmungen über das Innenverhältnis (§ 20 ff. WEG) weist das Verhältnis der Wohnungseigentümer untereinander eine körperschaftliche Struktur auf, weshalb der BGH[3] und der Gesetzgeber **der Gemeinschaft Rechtsfähigkeit verliehen haben** (§§ 10 Abs. 1, 6 WEG). Es besteht eine Ähnlichkeit mit den Vorschriften des BGB über die Mitgliederversammlung des Vereins und des GmbHG über die Gesellschafterversammlung der GmbH. Wegen der ganz speziellen Probleme des Wohnungseigentums sollte das WEG aber aus sich selbst und ohne besondere Notwendigkeiten nicht durch Analogie zu anderen Gesetzen ausgelegt werden. Immer bleibt aber das BGB ergänzend anwendbar. Dies gilt vor allem für die Ansprüche aus dem Eigentum und den Besitzschutz.

2

Das WEG sieht nunmehr vor (§ 10 Abs. 1), dass die **Eigentümer die Inhaber der Rechte und Pflichten bezüglich des Sondereigentums und des gemeinschaftlichen Eigentums sind**. Damit wird vom Gesetzgeber die vorrangige Stellung des Eigentümers gegenüber dem rechtsfähigen Verband verdeutlicht. Gleichzeitig ist aber auch das Sonder- und Gemeinschaftseigentum dem Verband entzogen.

2a

---

1 § 10 Abs. 1 Nr. 1 ZVG i.V.m. dem Wohnungserbbaurecht: *Schneider* ZMR 2006, 660; § 10 Abs. 8 WEG: *Pick* Anhörung, S. 1; § 22 Abs. 2 i.V.m. S. 2 WEG: *Bub* NZM 2006, 848; *Müller* NZM 2006, 767 zur Überführung des FGG-Verfahrens in die ZPO.
2 BVerfG NZM 2005, 182.
3 BGH NJW 2005, 2061.

Eine **Zuerkennung der Rechtsfähigkeit** des Verbandes erfolgt ebenfalls im Gesetz (§ 10 Abs. 6).

Die Rechtsfähigkeit der Gemeinschaft bedeutet die Bildung eines rechtsfähigen Verbandes, soweit die Eigentümer im Rahmen der gemeinschaftlichen Verwaltung ihre Rechte verfolgen. Die Eigentümer selbst bilden eine nicht rechtsfähige Bruchteilsgemeinschaft[1]. Dies bedeutet:

1.1.2. Parteibezeichnung, Klageverfahren und Namensfähigkeit

3 Bereits früh hat der Bundesgerichtshof[2] eine Klage gegen die Wohnungseigentümergemeinschaft, vertreten durch den Verwalter, den zivilprozessualen Anforderungen (§ 253 Abs. 2 Nr. 1 ZPO) genügen lassen.

Obwohl das Gesetz Name, Stand oder Gewerbe und Adresse fordert, hat der BGH festgestellt, dass „im Geschäftsverkehr häufig von Verhandlung, Vertrag, Verbindlichkeit und Haftung der Wohnungseigentümergemeinschaft gesprochen wird", es seien aus der Sicht des objektiven Betrachters erkennbar die Wohnungseigentümer gemeint[3]. Der BGH stellt deshalb schon im Geschäftsverkehr eine entsprechende Bezeichnung fest und bildet aus dem tatsächlichen Leben eine Annäherung an die Rechtsfähigkeit. Hinsichtlich der **Namensfähigkeit** wurde diese immer schon in der Praxis angetroffen. Denn allenthalben wird gerade von der Wohnungseigentümergemeinschaft gesprochen[4]. Die Individualisierung erfolgt durch den Zusatz von Straßen und Nummern. In der Praxis hatte sich deshalb auch eingebürgert, dass Verträge, z.B. Verwalterverträge[5] mit der „Wohnungseigentümergemeinschaft" geschlossen werden.

Die Leistungspflicht der Wohnungseigentümer oder andere Verpflichtungen bestehen nicht mehr gegenüber den einzelnen Wohnungseigentümern, sondern gegenüber der Gemeinschaft als eigene Rechtspersönlichkeit[6].

1.1.3. Konten

4 Handelt es sich um ein Konto der Gemeinschaft, so hatten auch die doch so vorsichtigen Banken bereits die Bezeichnung **„Wohnungseigentümergemeinschaft" als Inhaber der Konten** zugelassen. Hinsichtlich des möglichen Kontos der Wohnungseigentümergemeinschaft gab es zwei Kontenarten, nämlich Treuhandkonten (auf dem Namen des Verwalters) oder

---

1 Siehe Rz. 25.
2 BGH NJW 1977, 1686.
3 BGH NJW 1977, 1686.
4 *Bärmann* Die Wohnungseigentümergemeinschaft, Partner im Gespräch, Band 22, 1986, 51 ff.
5 *Sauren* Verwaltervertrag/Verwaltervollmacht, 3. Aufl. 2000, S. 3, 10; w.N. bei *Maroldt*, S. 25 Fn. 134.
6 OLG München NJW 2005, 3006.

offene Fremdkonten (auf den Namen der Wohnungseigentümer)[1]. Beim offenen Fremdkonto sind Kontoinhaber die Wohnungseigentümer. Deshalb müssten streng genommen bei der Bezeichnung alle Wohnungseigentümer angegeben werden[2]. Regelmäßig ist dies aus Platzgründen nicht möglich. Deshalb hat die Praxis bereits die Bezeichnung „Wohnungseigentümergemeinschaft" gestattet[3]. Auch hier war schon die Teilrechtsfähigkeit vorweggenommen.

Mit der Teilrechtsfähigkeit ist das Treuhandkonto nicht mehr erforderlich, da der Mangel des Fremdkontos behoben ist, nämlich der dauernde Mitgliederwechsel und der sich daraus ergebende laufende Anpassungsbedarf. Für den Verwalter ergibt sich daraus die Verpflichtung – soweit noch nicht erfolgt – alle Konten hierauf umzustellen. Daneben trifft ihn die Pflicht auf den Verband umzustellen[4]. Dies ergibt sich auch aus dem WEG (§ 27 Abs. 5). Er hat eingenommene Gelder von seinem Vermögen gesondert zu halten. Sollte den Eigentümern Schaden entstehen ist der Verwalter schadensersatzpflichtig.

1.1.4. Grundbuchfähigkeit der Gemeinschaft

Unter Grundbuchfähigkeit ist die Fähigkeit des rechtsfähigen Gebildes zu verstehen, Träger dinglicher Rechte zu sein. Dies setzt voraus, dass der **rechtsfähige Verband als solcher Berechtigter** im Grundbuch eingetragen werden kann, weil ohne Grundbucheintragung grundsätzlich ein dingliches Recht nicht erworben werden kann (vgl. § 873 BGB). Der BGH hat in seiner Entscheidung vom 2.6.2005 die Grundbuchfähigkeit der Wohnungseigentümergemeinschaft bejaht und unter III. Nr. 7 ausgeführt: 5

Mit der Anerkennung der Teilrechtsfähigkeit können die Gemeinschaften als Gläubiger einer Zwangshypothek in das Grundbuch eingetragen werden. Vorher hat es geheißen, dass dies nur durch den Gesetzgeber möglich sei[5]. Für das dingliche Recht, dessen Träger die teilrechtsfähige Gemeinschaft sein könne, kommt zunächst eine Zwangshypothek in Betracht[6].

Entgegen anders lautender Meinungen kommen aber auch andere Rechte in Betracht, z.B. kann die Gemeinschaft Eigentümer einzelner Wohnungseigentumseinheiten werden oder die Streifen des Nachbargrundstücks erwerben[7]. Der BGH hatte 2001[8] entschieden, dass auch der Verwalter als Inhaber einer Forderung der **Gemeinschaft** eine **Zwangssicherungshypothek in das Grundbach eintragen** lassen kann. In der Praxis waren aber trotzdem 5a

---

1 *Sauren* § 27 Rz. 47.
2 *Sauren* § 27 Rz. 48.
3 *Sühr* WPM 1978, 806, 810.
4 *Schmidt* NotBZ 2005, 311; a.A. *Köhler* Rz. 508.
5 *Derleder* ZWE 2002, 253.
6 *Demharter* NZM 2005, 602.
7 *Schwörer* NZM 2002, 423.
8 BGH NJW 2001, 3627.

die Probleme nicht gelöst[1]. Dies ist nunmehr obsolet, denn durch die Rechtsfähigkeit wird die Gemeinschaft in die Lage versetzt, ohne die bisherigen Probleme, insbesondere bei größeren Anlagen, in das Grundbuch zu gelangen. Damit ist die Entscheidung aus 2001 überholt. Im Grundbuch ist der Verband einzutragen und der Vertreter des Verbandes erteilt die löschungsfähige Quittung. Dies stellt eine „echte Verbesserung" dar[2].

5b Durch die **Grundbuchfähigkeit** kann die Gemeinschaft nunmehr Inhaber aller möglichen Rechte, z.B. auch der Abteilung III des Grundbuchs, werden. Damit kann auch eine Grundschuld für die Gemeinschaft eingetragen werden. Deshalb ist nach wie vor zu empfehlen, bei Gründung der Gemeinschaft für Wohngelder eine Grundschuld erstrangig im Grundbuch eintragen zu lassen[3].

Dadurch können auch alle Arten von **Grundstücken erworben** werden. Rechtsgrundlage für fremde Grundstücke kann nur eine Vereinbarung sein, weil dadurch der sachenrechtliche Gegenstand der Gemeinschaft verändert würde.

5c Bei **Wohnungseigentum in der eigenen Anlage** kann dies erworben werden[4]. Teilweise wird dies mit dem Hinweis abgelehnt, dass Gegenstand des Verwaltungsvermögens des Verbandes kein Sondereigentum sein könne[5]. Der Gesetzestext ist insoweit einschränkend auszulegen, als nur ein fremdes Sondereigentum nicht Gegenstand des Verwaltungsvermögens sein kann, da dies bereits einem anderen Rechtsträger zugeordnet ist. Für die hier vertreten Auffassung spricht auch, dass eine jederzeitige Überführung ins Gemeinschaftseigentum möglich ist[6].

5d Zum **Erwerb kann ein Beschluss** der Gemeinschaft ausreichend sein, wenn ein solcher Vorgang den Rahmen der Verwaltung dieser Gemeinschaft nicht sprengen würde (keine Beschränkung in § 10 Abs. 6 WEG bzgl. des Gegenstandes von Rechte und Pflichten) und die Finanzierung gesichert ist. Es gilt die Rechtsprechung zum Erwerb von Gegenständen[7]. Deshalb wird ein solcher Erwerb nur in Ausnahmefällen ordnungsgemäßer Verwaltung entsprechen[8]. Die Wirkungen beim Erwerb ist, dass sich die **Rechte**

---

1 *Zeiser* RPfleger 2003, 550; *Sauren* RPfleger 2002, 194.
2 So auch *Schmidt* NotBZ 2005, 312.
3 Siehe *Sauren*, WEG, 3. Aufl., § 10 Rz. 15; *Rapp* Beck'sches Notarhandbuch 2005, Rz. 149.
4 *Abramenko* ZWE 2006, 409, 411; *Wenzel* ZWE 2006, 2, 6; *Häublein* FS Seuß 2007, 125 ff.; *Sauren* ZWE 2006, 258, 263 m.w.N.
5 LG Nürnberg ZMR 2006, 812 m. abl. Anm. *Schneider*; *Demharter* NZM 2005, 602 lehnt grundsätzlich den Erwerb ab.
6 *Wenzel* ZWE 2006, 2, 6 will dies nur gestatten, wenn eine reale Grundstücksteilung zulässig ist.
7 Siehe *Sauren*, WEG 4. Aufl., § 22 Rz. 43, Stichwort Anschaffung.
8 Zum ähnlichen Problem bei der Zwangsversteigerung und möglichen Ablösung eines Gläubigers durch die Gemeinschaft (§ 268 BGB), siehe *Sauren*, WEG, 4. Aufl., § 16 Rz. 54 f.

und **Pflichten in einer Hand vereinigen** (sog. Konfusion), denn Hausgeldschuldner und -gläubiger ist nun der Verband[1]. Es kann sich jedoch anbieten die Einheit buchhalterisch weiterzuführen, damit bei einer Vermietung die Nebenkosten ermittelt werden können. Ein Beschluss der Gemeinschaft über das Wohngeld umfasst diese Abrechnung nicht, vielmehr müssen die Mieteinnahmen erfasst werden und die Kosten auf die restlichen Miteigentumsanteile umgelegt werden, wenn keine sachenrechtliche Bereinigung erfolgt ist, was ab mittleren Anlagen bereits regelmäßig der Fall ist. Alle für das Wohnungseigentum bestehenden Rechte ruhen, z.B. Stimmrecht und Anfechtungsrecht. Insbesondere ist der Verwalter nicht Vertreter der Einheit in der Versammlung mit deren Rechten.

1.1.5. Forderungen der Gemeinschaft im Außenverhältnis

1.1.5.1. Altforderungen von Wohnungseigentümern bei Eigentümerwechsel

In der Vergangenheit waren immer wieder Probleme hinsichtlich der gemeinschaftlichen Gelder aufgetreten, weil der Mitgliederbestand der Gemeinschaft sich über die Jahre veränderte. Deshalb waren Forderungen aufgekommen, Komplexe nicht oder nur teilweise in die Jahresabrechnung aufzunehmen oder neben der Jahresabrechnung abzurechnen. Als Beispielsfall kann der **Alt-Wohnungseigentümer** angesehen werden[2], der seine Sonderumlage aus Anlass einer Insolvenz eines anderen Wohnungseigentümers leistete. Nachdem der Insolvenzverwalter die Quote der Gemeinschaft nach Jahren überwiesen hatte, wollte der inzwischen ausgeschiedene Wohnungseigentümer seinen „Anteil" von der Gemeinschaft wieder haben. Die Lösung mit der Rechtsfähigkeit ist diejenige, dass die Gemeinschaft die Gelder erhält und sie bei dieser auch endgültig verbleiben und nicht getrennt abgerechnet werden müssen. Einen Anspruch eines **Alt-Eigentümers** gegen die Gemeinschaft kann es nicht geben.

6

1.1.5.2. Altschulden, z.B. Darlehen der Gemeinschaft

Die bisherige Rechtsprechung war äußerst restriktiv gegenüber **Darlehensaufnahmen der Gemeinschaft**. Hier wurden regelmäßig Vereinbarungen verlangt[3]. Die Hoffnung von Brych[4], dass sich dies nunmehr ändern könne, vermag nicht zu überzeugen. Der BGH ist zunehmend restriktiv gegenüber der Beschlusskompetenz. Auf jeden Fall liegt ein Verstoß gegen die ordnungsgemäße Verwaltung vor, wie das BayObLG nunmehr nach der Verbandsentscheidung des BGH entschieden hat[5].

7

---

1 *Häublein* FS Seuß 2007, 125, 135.
2 ZMR 1998, 370.
3 *Sauren*, WEG, 4. Aufl., vor § 10 Rz. 15, Stichwort Darlehen.
4 WE 2005, 246.
5 BayObLG NZM 2006, 62.

8 Werden Darlehen von den Wohnungseigentümern aufgenommen, so stellt sich hier die Frage, wer die **Darlehensrückzahlung** zu begleichen hat. Nach der Rechtsprechung musste bisher der ursprüngliche Vertragspartner die Schuld zurückzahlen[1]. Die bisherige Lösung führte denknotwendiger Weise zu einer Nebenabrechnung, wenn dem Verwalter die Abwicklung des Darlehens auferlegt worden ist. Da dies einer der Gründe der BGH-Entscheidung vom 2.6.2005 ist, zeigt sich, dass das Darlehen dem neuen Verband zuzurechnen ist. Die Rückzahlung hat deshalb aus dem Vermögen der Gemeinschaft zu erfolgen. Sind Wohnungseigentümer zwischenzeitlich ausgeschieden, befreit sie dies von der **Rückzahlungsverpflichtung**[2].

1.1.5.3. Dauerschulden der Gemeinschaft

9 In Abgrenzung hierzu ging die bisherige h.M. aber bei **Dauerschulden**, wie zum Beispiel der Verwaltergebühr, hin und ließ einen Übergang auf den neuen Eigentümer zu[3]. Das Argument, dass dies den neuen Eigentümern auch zugute kommen würde, kann rechtlich nicht überzeugen, da es allein wirtschaftlich ausgerichtet ist. Deshalb hat der BGH vom 2.6.2005 keine Unterschiede mehr vorgenommen. Schulden des Verbandes sind nunmehr einheitlich zu beurteilen.

1.1.5.4. Zusammenfassung

10 Durch die Rechtsfähigkeit werden unterschiedliche **Zuständigkeiten** begründet. Der **Verband** ist jetzt grundsätzlich **Ansprechpartner** für alle **Forderungen und Verbindlichkeiten aus der Verwaltung**. Sie werden mit ihm abgewickelt. Das bedeutet: Schuldrechtliche Verträge, wie z.B. Kauf-, Werk-, Dienst-, Arbeits- und ähnliche Verträge, verpflichten alleine den Verband[4]. Soweit Forderungen aus Verträgen bestehen, ist ebenso Ansprechpartner der Verband.

1.1.5.5. Erbfähigkeit, Mitglied in Verbänden, Scheck- und Wechselfähigkeit

11 Die Gemeinschaft ist **erbfähig**[5] und kann **Mitglied anderer Verbände** werden[6].

---

1 OLG Oldenburg Wohnungseigentum 1994, 218.
2 Zur Nachhaftung Teil B Rz. 885.
3 Z.B. OLG Hamm ZWE 2000, 478, 480.
4 *Maroldt* S. 29 ff.
5 *Armbrüster* ZWE 2005, 382; *Elzer* Wohnungseigentum 2005, 197; *Schwörer* NZM 2002, 424, kaum praktisches Bedürfnis; a.A. *Derleder* ZWE 2002, 253.
6 *Elzer* Wohnungseigentum 2005, 197; *Schwörer* NZM 2002, 423; *Maroldt* S. 34; a.A. *Raiser* ZWE 2001, 178, im Einzelfall zu prüfen, ob mit dem Zweck der Gemeinschaft vereinbar.

Es ist eine Folge der Rechtsfähigkeit, dass die **Scheck- und Wechselfähigkeit** analog zur BGB-Gesellschaft anerkannt wird[1].

1.1.5.6. Die Rechtsfähigkeit im Einzelnen im Gesetz (§ 10 Abs. 6)

Im Gesetz (§ 10 Abs. 6) ist versucht worden die Zuordnungen und Abgrenzungen der Rechte und Pflichten zwischen dem Verband und den Eigentümern vorzunehmen. Zunächst normiert der Gesetzgeber die Rechtsfähigkeit der Gemeinschaft (**§ 10 Abs. 6 S. 1**), mit den oben beschriebenen Konsequenzen. Sprachlich nennt er sie aber nicht Verband, rechtsfähige Gemeinschaft oder Ähnliches, sondern „Gemeinschaft der Wohnungseigentümer". Später in S. 4 konkretisiert er dies und bestimmt, dass der Verband die Bezeichnung „Wohnungseigentümergemeinschaft" gefolgt von der bestimmten Angabe des gemeinschaftlichen Grundstücks führen muss. Dies ist zukünftig der Name des Verbandes zur Identifizierung im Rechtsverkehr. Damit soll **aber nicht ein weiteres Organ geschaffen** werden, sondern die im Gesetz vorgesehenen werden bzgl. der Verwaltung der Eigentümer nur konkretisiert. Ein Zerfall in 2 Handlungsorgane findet nicht statt[2].

12

Der Gesetzgeber stellt weiter klar, dass sich die Rechte und Pflichten des Verbandes auf die **gesamte Verwaltung** des gemeinschaftlichen Eigentums nebst dazu erforderlichen Rechtsgeschäften oder/und Rechtshandlungen erstreckt, also auf die komplette Geschäftsführung hierzu[3]. Der Gesetzgeber will damit nicht nur die Verwaltung im engeren Sinne (§§ 20 ff.) einbeziehen, sondern auch die Fragen des gemeinschaftlichen Gebrauchs (§ 15 WEG)[4] oder Verwaltungsmaßnahmen bzgl. der Entziehung des Eigentums (§§ 18 ff. WEG). Für alle diese Ansprüche ist der Verband auch zuständig, z.B. Unterlassungsansprüche wegen Störungen daraus bei Musizieren oder Hundehaltung. Die Zuständigkeit für Ansprüche besteht sowohl gegenüber Dritten als auch Eigentümern, also im Innen- wie auch Außenverhältnis.

12a

Das Gesetz gestaltet den **Bereich der Rechtsfähigkeit sehr weit**, um eine Überschneidung zwischen Eigentümern und Verband möglichst zu verhindern. Es stellt fest (**S. 2**), dass die Rechtsfähigkeit die für die Gemeinschaft gesetzlich begründeten und rechtsgeschäftlich erworbenen Rechte und Pflichten erfasst[5].

12b

---

1 *Armbrüster* ZWE 2005, 382; *Abramenko* ZMR 2005, 589; a.A. *Raiser* ZWE 2001, 178: nur wenn üblich.
2 *Armbrüster* und *Wenzel* Vortrag Fischen v. 25.10.2006, noch nicht veröffentlicht.
3 *Gottschalg* NZM 2007, 196.
4 *Gottschalg* NZM 2007, 197.
5 *Gottschalg* NZM 2007, 197.

Folgende Angelegenheiten unterfallen durch die Rechtsfähigkeit dem Verband:

Zunächst die von der Gemeinschaft gesetzlich begründeten und von ihr rechtsgeschäftlich erworben oder eingegangene Rechte und Pflichten. Der Verband ist also Inhaber von Rechten und Pflichten:

Gegenüber außenstehenden Dritten:
- aus abgeschlossenen Verträgen (§ 27 Abs. 3 WEG), wie Versorgungsverträgen, Lieferverträgen, Wartungsverträgen, Dienstleistungs-, oder Kaufverträgen; ebenso Miete.
- aus sonstigen Geschäften, die der Verwalter im Rahmen seiner Aufgaben und Befugnisse ausübt (§ 27 WEG), wie Kostenvoranschlägen.

Gegenüber den Eigentümern:
- auf Mitgebrauch am gemeinschaftlichen Eigentum (§ 15 Abs. 3 WEG),
- auf Verpflichtung zur ordnungsgemäßen Verwaltung (§ 21 Abs. 4 WEG).

12c Die **gemeinschaftsbezogenen Rechte und Pflichten der Eigentümer** unterstellt das Gesetz (S. 3) nunmehr zur Wahrnehmung dem Verband (sog. Ausübungsbefugnis). Dadurch ändert sich wirtschaftlich nichts gegenüber dem bisherigen Zustand. Die bisherige Rechtsprechung zur Gemeinschaftsbezogenheit der Ansprüche will die Novelle nicht verändern[1]. Das Gesetz versteht unter gemeinschaftsbezogenen Rechten der Eigentümer die, die mit Rücksicht auf das Interesse der Gesamtheit nur von dieser, aber nicht durch die Eigentümer einzeln geltend gemacht werden können. Der Anspruch steht **allen nur gemeinsam** zu. Hierzu zählen beispielsweise folgende Rechte und Pflichten:

Gegenüber außenstehenden Dritten:
- Schadensersatzansprüche gegen Handwerker,
- Schadensersatzansprüche gegen Verwalter[2],
- Mängelansprüche der Eigentümer aus den Kaufverträgen mit dem Bauträger, soweit die Geltendmachung dem Verband zusteht, wie Befugnis, die Rechte auf kleinen Schadensersatz oder Minderung geltend zu machen.

Gegenüber den Eigentümern:
- Aus Wohngeldforderungen aller Art (§ 28 WEG), auch Sonderumlage etc. Hierunter fällt auch die Überzahlung aus einer Jahresabrechnung mit gesetzwidrigem Verteilungsschlüssel[3],
- Schadensersatzansprüche wegen Beschädigung des Gemeinschaftseigentums,

---

1 BGH NJW 1989, 1091; NJW 1993, 727.
2 Vgl. *Wenzel* ZWE 2006, 2, 7.
3 OLG München ZMR 2006, 553.

- Schadensersatzansprüche von Eigentümern, z.B. aus Verletzung der Verkehrssicherungspflicht[1],
- Schadensersatzpflicht der Eigentümer wegen Verzögerung der Instandsetzung des gemeinschaftlichen Eigentums durch Feuchtigkeitsschäden in der Wohnung[2],

Schadensersatzansprüche von Eigentümern wegen zur Verfügung Stellung des Sondereigentums (§ 14 Nr. 4 WEG)[3].

Daneben hat die Gemeinschaft nach S. 3 eine sog. Ausübungskompetenz ("ausgeübt"). Hierunter fällt die Geltendmachung von gemeinschaftsbezogenen Ansprüchen. Man kann diese in geborene und gekorene unterscheiden. Die obigen allein von der Gemeinschaft geltend zu machenden Ansprüche nennt man geborene, die **jedem Eigentümer zustehenden Ansprüche, die aber auch durch die Gemeinschaft geltend gemacht werden können**, gekorene. Hier bestehen Individualrechte und Gemeinschaftsrechte nebeneinander. Die Geltendmachung durch einzelne Eigentümer selbst in einem Prozess hindert die Gemeinschaft nicht darüber zu befinden. Zieht sie den Anspruch durch bestandskräftigen Beschluss an sich, begründet dies ihre alleinige Zuständigkeit[4]. Dies schließt ein selbständiges Vorgehen des Erwerbers aus. Die aus dem Gesetz abgeleitete Befugnis des Verbandes überlagert von vorneherein die individuelle Kompetenz. Andererseits soll nach dem OLG München der Einzelne vorgehen können, wenn bei einer baulichen Veränderung bestandskräftig beschlossen wurde, sie frei widerruflich zu dulden; er kann folglich trotzdem Beseitigung verlangen[5].

12d

Diese gekorenen Ansprüche sind u.a. folgende:
- Beseitigungsansprüche wegen baulicher Veränderung[6].
- Unterlassungsansprüche, z.B. wegen Störungen[7] aufgrund von Tieren.
- primäre Gewährleistungsansprüche gegen den Bauträger auf ordnungsgemäße Herstellung des Gemeinschaftseigentums[8].

Hiervon sind dann noch **die Individualrechte der Eigentümer** zu unterscheiden. Diese sind Angelegenheit des Eigentümers und werden durch die Kompetenz des Verbandes nicht beschnitten[9]. Der Einzelne kann aber den Verband ermächtigen seine Individualrechte geltend zu machen, wenn sie

12e

---

1 OLG München NJW 2006, 1293.
2 OLG München ZMR 2006, 716.
3 OLG Düsseldorf ZMR 2006, 459; OLG Frankfurt ZMR 2006, 625; bei beiden Urteilen ist das Problem nicht erörtert.
4 BGH NJW 2007, 1952; *Wenzel* ZMR 2006, 245; ZWE 2006, 109, 111.
5 OLG München ZMR 2006, 800.
6 OLG München ZMR 2006, 304; ZWE 2006, 439; a.A. OLG München ZMR 2006, 157 m. abl. Anm. *Demharter*: ist Angelegenheit des Verbandes, hierzu *Sauren* ZWE, 2006, 258 ff.
7 OLG München NJW 2005, 3006.
8 BGH NJW 2007, 1952.
9 *Gottschalg* NZM 2007, 197.

in einem engen rechtlichen und wirtschaftlichen Zusammenhang mit der Verwaltung stehen und er ein schutzwürdiges Interesse hat, z.B. bei Verfolgung von Mängeln am Sondereigentum[1]. Diese strengen Voraussetzungen müssen nicht immer erfüllt sein. Es genügt bereits jeder auch lose Zusammenhang mit der Verwaltung. Auch kann ein gemeinsames Vorgehen ausreichend sein.

Hierunter fallen z.B.

- Herausgabeansprüche (§ 985 BGB),
- alle Anfechtungsrechte (§ 46 WEG),
- Schadenersatzansprüche aller Art, gegen Miteigentümer oder den Verwalter wegen Beschädigung des Sondereigentums, Nichtzustimmung oder falscher individueller Auskunft[2],
- Unterlassungsansprüche, wenn die Beeinträchtigung des gemeinschaftlichen Eigentums nur einen Eigentümer betrifft (§ 1004 BGB).

12f Wie oben gezeigt folgt aus der Rechtsfähigkeit, dass der Verband klagen kann und **verklagt werden kann** (so § 10 Abs. 6 S. 5 WEG). Außenstehende Dritte haben dies deshalb zu beachten. Dies wird wahrscheinlich häufig übersehen werden, selbst von Gerichten[3].

Hierunter fallen z.B.

- Herausgabe von Verwaltungsunterlagen gegen ausgeschiedenen Verwalter[4],
- Verletzung der Verkehrssicherungspflicht gegenüber Dritten[5].

1.1.6. Teilungserklärung

13 Neben den gesetzlichen Bestimmungen gibt es auch Normen, die sich die Wohnungseigentümer selbst setzen. Hierzu gehören vor allem die **Teilungserklärung und die Gemeinschaftsordnung**. Unter der „**Teilungserklärung im engeren Sinne**" versteht man die eigentumsmäßige, „dingliche" Aufteilung des Grundstücks. Sie bestimmt, welche Räume und Gebäudebestandteile Sondereigentum sind (§ 3 WEG)[6]. Die eigentumsmäßige Aufteilung ist das statische Element der Teilungserklärung. Begründet wird sie in der Regel durch den Bauträger als Alleineigentümer (s. § 8 WEG). Sobald aber auch nur eine Eigentumswohnung verkauft und das Eigentum auf den Käufer übergegangen ist (durch Auflassung und Eintragung in das Grund-

---

1 BGH NJW 2007, 1952 zit. nach Juris.
2 BGH NJW 1992, 182.
3 Z.B. OLG Hamm Entscheidung v. 22.2.2007 – 15 W 181/06 bzgl. Herausgabe von Verwaltungsunterlagen.
4 OLG München ZMR 2006, 552.
5 OLG München NJW 2006, 1293.
6 Wegen der Frage, was zum Sondereigentum und was zum Gemeinschaftseigentum gehört siehe Rz. 18 ff.

buch, § 925 BGB), kann die eigentumsmäßige Aufteilung nur durch notariell beurkundete Erklärung abgeändert werden, an der alle Wohnungseigentümer mitgewirkt haben; weitere Wirksamkeitsvoraussetzung für die Änderung ist ihre Eintragung in das Grundbuch (§ 4 WEG)[1].

1.1.7. Gemeinschaftsordnung[2]

Die **Gemeinschaftsordnung** wird mit Recht als die **Verfassung der Eigentümergemeinschaft** bezeichnet. Sie regelt die Verhältnisse der Wohnungseigentümer untereinander (§§ 10, 5 Abs. 4, 8 WEG). Durch die **Gemeinschaftsordnung** werden die Rechtsverhältnisse der Wohnungseigentümergemeinschaft an die besonderen Gegebenheiten der Eigentumswohnanlage angepasst. Auch die Gemeinschaftsordnung wird in der Regel durch den Bauträger als Alleineigentümer begründet (s. §§ 8, 5 Abs. 4 WEG) und ist fast immer in der gleichen Urkunde wie die Teilungserklärung enthalten. Sie kann aber auch durch Vereinbarung der Miteigentümer ergänzt oder geändert und – wo bisher keine Gemeinschaftsordnung bestand – von den Eigentümern errichtet werden. Diese Vereinbarung bedarf keiner Form. Zu Beweiszwecken ist aber Schriftform als Mindestform anzuraten. Zur Wirkung gegen Sondernachfolger, also insbesondere Käufer von Eigentumswohnungen, bedarf sie der Eintragung in die Wohnungsgrundbücher (§ 10 Abs. 2 WEG). Diese Eintragung ist nur möglich, wenn die Unterschriften aller Wohnungseigentümer notariell beglaubigt sind (§ 29 GBO). Zugunsten eines Sondernachfolgers wirkt die Vereinbarung aber auch ohne Grundbucheintragung[3]. 13a

Als **Inhalt** kommen für die Gemeinschaftsordnung in Frage Benutzungsregelungen, Lasten- und Kostentragung, Stimmrecht, Verwaltung, Sondernutzungsrechte, z.B. an PKW-Stellplätzen. Fast alle Fragen, die zu dem Gemeinschaftsverhältnis einen Bezug haben, können in der Gemeinschaftsordnung geregelt werden. Ausgeschlossen sind nur Regelungen, welche unabdingbaren Vorschriften des WEG oder anderen zwingenden Vorschriften widersprechen; hierunter fällt z.B. die Bestimmung, dass die Bestellung eines Verwalters nicht ausgeschlossen werden kann (§ 20 Abs. 2 WEG), die unabdingbaren Befugnisse und Aufgaben des Verwalters (§ 27 Abs. 4 WEG) und die Begrenzung der Verwalterbestellung auf 3 bzw. 5 Jahre. 14

---

1 Wegen der Abänderung der Teilungserklärung und wegen der Ausnahmefälle, bei denen nicht alle Wohnungseigentümer mitwirken müssen vgl. Rz. 34 ff.
2 Hierzu allgemein: *Deckert* WE 1991, 91; *Deckert* WE 1992, 272; *Bub* WE 1993, 185, 189, 212; *Munzig* Die Gemeinschaftsordnung im Wohnungseigentum, München 1999.
3 BayObLG NZM 2003, 321; OLG Hamm FGPrax 1998, 175 = WE 1999, 70; siehe auch Rz. 36.

Grundsätzlich ist für die **Begründung oder Änderung** der Gemeinschaftsordnung durch die Wohnungseigentümer Einstimmigkeit erforderlich[1].

1.1.8. Beschlüsse der Wohnungseigentümerversammlung

15 Nicht alle gemeinschaftlichen Angelegenheiten müssen von den Wohnungseigentümern durch **einstimmige Vereinbarung** geregelt werden. Was den **ordnungsgemäßen Gebrauch** betrifft (§ 15 Abs. 2 WEG) und zu einer **ordnungsgemäßen Verwaltung** gehört, wird von der Wohnungseigentümerversammlung durch **Mehrheitsbeschlüsse** entschieden (§ 21 Abs. 3 WEG). Hierher gehören insbesondere die Angelegenheiten der **laufenden Verwaltung** wie die Wahl des Verwalters und des Verwaltungsbeirats, die Aufstellung der Hausordnung, Benutzungsordnungen, z.B. für Schwimmbad und Sauna, die Aufstellung des Wirtschaftsplans, die Ansammlung einer Instandhaltungsrückstellung, die Genehmigung der Jahresabrechnung, die Entlastung des Verwalters (vgl. §§ 21 Abs. 5, 27 Abs. 1, 28, 29 Abs. 1 WEG)[2]. Bei Beschlüssen der Wohnungseigentümer muss ein bestimmtes Verfahren eingehalten werden[3]. Formlose Beschlüsse sind nichtig[4]. Beschlüsse können nicht in das Grundbuch eingetragen werden (§ 10 Abs. 4 WEG), selbst wenn sie zulässigerweise die Gemeinschaftsordnung ändern (§ 10 Abs. 4 S. 2 WEG, sog. Öffnungsklausel). Sie müssen aber in der sog. Beschlusssammlung eingetragen werden (§ 24 Abs. 7 WEG).

1.1.9. Gerichtliche Entscheidungen

16 **Gerichtliche Entscheidungen** (nach § 43 WEG) sind für alle Wohnungseigentümer verbindlich. Sie können nicht in das Grundbuch eingetragen werden (§ 10 Abs. 3 WEG).

Es fallen hierunter:

– Streitigkeiten über die sich aus der Gemeinschaft der Wohnungseigentümer und aus der Verwaltung des gemeinschaftlichen Eigentums ergebenden Rechte und Pflichten der Wohnungseigentümer untereinander;
– Streitigkeiten über Rechte und Pflichten zwischen der Gemeinschaft der Wohnungseigentümer und Wohnungseigentümern;
– Streitigkeiten über die Rechte und Pflichten des Verwalters bei der Verwaltung des gemeinschaftlichen Eigentums;
– Streitigkeiten über die Gültigkeit von Beschlüssen der Wohnungseigentümer[5].

---

1 Wegen weiterer Einzelheiten siehe Rz. 34 ff. und 39.
2 Wegen weiterer Einzelheiten siehe Rz. 236.
3 Siehe Rz. 299.
4 Wegen der schriftlichen Beschlüsse, die das WEG im engen Rahmen (des § 23 Abs. 3 WEG) zulässt, vgl. Rz. 384.
5 Einzelheiten vgl. Rz. 896.

1.2. Eigentumsverhältnisse

1.2.1. Grundsätzliches

Wohnungseigentum ist das **Sondereigentum** an einer Wohnung in Verbindung mit dem **Miteigentumsanteil** an dem gemeinschaftlichen Eigentum, zu dem es gehört (§ 1 Abs. 2 WEG). Immer besteht also eine Verbindung des Alleineigentums, z.B. an einer Wohnung, mit einem Miteigentumsanteil am gemeinschaftlichen Eigentum. Beide sind untrennbar verbunden, das Sondereigentum kann vom **gemeinschaftlichen Eigentum** nicht gelöst werden (§ 6 WEG). Die Unterscheidung zwischen Sondereigentum und gemeinschaftlichem Eigentum ist von ganz erheblicher Bedeutung; denn jeder Wohnungseigentümer trägt die Kosten und Lasten seines Sondereigentums selbst, während die Ausgaben für das gemeinschaftliche Eigentum von allen Wohnungseigentümern zu tragen sind (§ 16 Abs. 2 WEG), soweit nicht die Gemeinschaftsordnung eine andere Regelung trifft. Erweist sich eine Zuweisung zum Sondereigentum wegen zwingender gesetzlicher Vorschriften als nicht möglich, so kann trotzdem die Gemeinschaftsordnung die Lastentragung den einzelnen Wohnungseigentümern zuweisen. Dies gilt insbesondere wegen Instandhaltungsmaßnahmen. U.U. kann eine nichtige Begründung von Sondereigentum dann in eine wirksame Bestimmung über Lastentragung umgedeutet werden, wenn dies dem Willen der Beteiligten entspricht[1].

17

Beispiel:
Fenster werden in der Gemeinschaftsordnung dem Sondereigentum zugeordnet. Diese Zuordnung ist nach der Rechtsprechung unwirksam, weil Fenster zwingend Gemeinschaftseigentum sind (§ 5 Abs. 2 WEG). Da die Schäden hinsichtlich der Verglasung jedoch häufig von Wohnungseigentümern verursacht werden, ist die Rechtsprechung dazu übergegangen, darin eine wirksame Bestimmung über Lastentragung zu sehen[2].

1.2.2. Gemeinschaftliches Eigentum

Zum **gemeinschaftlichen Eigentum** gehören das Grundstück sowie die Teile, Anlagen und Einrichtungen des Gebäudes, die nicht im **Sondereigentum** oder im Eigentum eines Dritten stehen (§ 1 Abs. 5 WEG). Teile des Gebäudes, die für dessen Bestand oder Sicherheit erforderlich sind, sowie Anlagen und Einrichtungen, die dem gemeinschaftlichen Gebrauch der Wohnungseigentümer dienen, sind nicht Gegenstand des Sondereigentums, selbst wenn sie sich im Bereich der im Sondereigentum stehenden Räume befinden (§ 5 Abs. 2 WEG). Dies gilt auch für Gebäudeteile, die für das ästhetische Aussehen der Wohnanlage wichtig sind. Zum gemeinschaftlichen Eigentum gehören insbesondere: Der Grund und Boden, PKW-Abstellplätze

18

---
1 OLG München NZM 2005, 825 (828); OLG Karlsruhe NZM 2002, 220; OLG Hamm WE 1997 152 = DWE 1997, 37; BayObLG ZWE 2000, 177.
2 OLG Hamm WE 1997, 152; BayObLG NZM 2004, 106.

im Freien[1], Gärten, Fundamente, tragendes Mauerwerk, Treppenhaus, Aufzug, Dach[2].

Zum gemeinschaftlichen Eigentum gehören auch das **Geld- und Vorratsvermögen** der Gemeinschaft, also Bankkonten, die Instandhaltungsrückstellung und das Heizöl.

1.2.3. Sondereigentum

19 Gegenstand des **Sondereigentums** sind die in der Teilungserklärung hierzu bestimmten Räume, sowie die zu diesen Räumen gehörenden Bestandteile des Gebäudes, die verändert, beseitigt oder eingefügt werden können, ohne dass dadurch das gemeinschaftliche Eigentum oder ein auf dem Sondereigentum beruhendes Recht eines anderen Wohnungseigentümers über das unvermeidliche zusätzliche Maß hinaus beeinträchtigt oder die äußere Gestaltung des Gebäudes verändert wird (§§ 5 Abs. 1, 14 WEG). Die Alleinherrschaft über den Raum macht den Wesenskern des Sondereigentums aus, nicht das Sondereigentum an Gebäudebestandteilen, wie z.B. nichttragenden Wänden. Sehr anschaulich beschreibt *Bärmann* den Gegenstand des Sondereigentums als den „Luftraum innerhalb der Ummauerung"[3]. Bei allen Sondereigentumsfragen sollte man genau unterscheiden, ob es sich um das Sondereigentum an Räumen handelt oder an Gebäudebestandteilen und Einrichtungsgegenständen. Viele Irrtümer können dadurch verhindert werden.

20 Sondereigentum können grundsätzlich nur **abgeschlossene Räume** sein (§ 3 Abs. 2 WEG), also insbesondere Wohnungen, Büros, Läden, Praxisräume. Aber auch an sich unselbstständige, aber in sich abgeschlossene Räume können in Verbindung mit einer Eigentumswohnung Sondereigentum bilden, z.B. Keller, Dachbodenanteile.

21 **Einzelfälle**

Die Abgrenzung zwischen Sondereigentum und Gemeinschaftseigentum kann im Einzelfall schwierig sein. Im Folgenden sind Einzelfälle in **ABC-Form** aufgeführt. Hierzu ist zu bemerken: Nach dem Gesetz zwingende Gemeinschaftseigentumsteile können durch die Teilungserklärung nicht dem Sondereigentum zugeordnet werden (§ 5 Abs. 2 WEG).

Absperrventile sind Gemeinschaftseigentum, soweit sie mehrere Wohnungen betreffen[4].

---

1 BayObLG NJW-RR 1986, 761 = BayObLGZ 1986, 29; OLG Karlsruhe MDR 1972, 516 = DNotZ 1973, 235; OLG Hamm DNotZ 1975, 108 = NJW 1975, 60 = OLGZ 1975, 103.
2 Einzelheiten siehe Rz. 21.
3 *Bärmann/Pick/Merle* § 5 Rz. 17.
4 *Sauren* § 1 Rz. 8.

Abwasserhebeanlage: Sondereigentum, wenn sie nur einer Wohnung dient[1].

Antennen: sind Gemeinschaftseigentum, soweit sie der Gemeinschaft der Wohnungseigentümer dienen, jedoch Sondereigentum, sofern sie von einem oder mehreren Eigentümern errichtet wurden und nur für den Fernseh- oder Rundfunkempfang dieser Eigentümer bestimmt sind.

Abstellplätze: siehe bei Rz. 48 ff.

Balkone: Der von ihnen umschlossene Raum kann zu Sondereigentum erklärt werden[2]. Sie sind Bestandteil der Wohnung und nur über diese zugänglich. Eine Benutzung durch andere Eigentümer ist ausgeschlossen. Dagegen sind die Gebäudebestandteile, die den Balkon bilden, in der Regel Gemeinschaftseigentum[3]. Dies gilt immer dann, wenn sie Fassadenbestandteile sind, vor allem auch für die Außenwände bzw. die Balkongitter[4], sowie für die Bodenplatten und die Isolierschicht darüber[5], sowie für alles, was der Gebäudestabilität, insbesondere dem Feuchtigkeitsschutz dient, je nach Ausgestaltung auch der Estrich[6]. Dagegen gehört der Bodenbelag, z.B. Platten einschl. der darauf angebrachten Isolierschicht[7] und der Fliesenbelag, der nur der Zierde dient, zum Sondereigentum[8].

Dachterrassen: Das vorstehend für Balkone Gesagte gilt auch für Dachterrassen, die vom Gemeinschaftseigentum abgeschlossen und nur über eine Wohnung erreichbar sind[9]. Wegen ebenerdiger Terrassen siehe unten bei Terrassen.

Decken: Geschossdecken sind als konstruktive Gebäudeteile Gemeinschaftseigentum. Dagegen gehört eine Deckenverschalung zum Sondereigentum[10].

Entlüftungsrohre: für die Küche einer Gaststätte sind gemeinschaftliches Eigentum[11].

Elektrische Leitungen: siehe bei Leitungen.

---

1 OLG Düsseldorf FGPrax 2001, 216.
2 BGH NJW 1985, 1551 = DNotZ 1985, 622; OLG Düsseldorf FGPrax 1999, 51 = DWE 1999, 35.
3 Hierzu ausführlich mit Planskizze bei *Sauren* § 1 Rz. 8.
4 BGH NJW 1985, 1551 = DNotZ 1985, 622; BayObLG WE 1997, 156; BayObLG NJW-RR 1990, 784 = WE 1991, 227.
5 BayObLG NJW-RR 1991, 976 = WE 1992, 139.
6 *Sauren* Rpfleger 1985, 437; *Sauren* § 1 Rz. 8.
7 BGH NZM 2001, 435.
8 OLG Frankfurt DWE 1990, 107 = OLGZ 1989, 422; OLG Hamm DWE 1995, 127.
9 OLG Frankfurt Rpfleger 1975, 178; BayObLG NJW-RR 1991, 976 = WE 1992, 139.
10 *Sauren* § 1 Rz. 8.
11 OLG Hamburg ZMR 2003, 527.

Fenster[1]: Soweit es sich um Außenfenster handelt, gehören sie als Fassadenbestandteile zwingend zum gemeinschaftlichen Eigentum[2]. Bei Isolierglasfenstern kann kein Unterschied zwischen Innen- und Außenscheibe gemacht werden, beide sind gemeinschaftliches Eigentum[3]. Etwas anderes gilt nur bei Fenstern älterer Bauart, bei denen die inneren Scheiben samt Rahmen als „Winterfenster" herausgenommen werden können[4]. Sie sind aber heute sehr selten. Soweit Fenster Gemeinschaftseigentum sind, obliegt ihre Instandsetzung und Instandhaltung der Wohnungseigentümergemeinschaft (§ 21 Abs. 5 Nr. 2 WEG). Dies gilt vor allem für den Außenanstrich. Dagegen ist der Innenanstrich, der nicht zum Schutz des Fensters gegen Feuchtigkeit und der Erhaltung der Einheitlichkeit des Gebäudes dient, Sache des Wohnungseigentümers[5]. Die Gemeinschaftsordnung kann nicht bestimmen, dass Außenfenster Sondereigentum sein sollen (§ 5 Abs. 2 WEG). Möglich ist aber eine Abwälzung der Instandhaltungspflicht auf die Sondereigentümer durch eine entsprechende Bestimmung in der Gemeinschaftsordnung. Dies ist zu empfehlen bei dem Ersatz zerbrochener Scheiben, kann jedoch wegen des Außenanstrichs unzweckmäßig sein, wenn den Wohnungseigentümern die Ausführung überlassen bleibt. Eine Bestimmung der Teilungserklärung, wonach Fenster Sondereigentum sein sollen, kann dahin umgedeutet werden, dass die Kosten der Instandsetzung und Instandhaltung den jeweiligen Wohnungseigentümern obliegen[6].

Fußböden: gehören, soweit sie konstruktive Gebäudeteile sind[7] oder der Wärme- und Schalldämpfung[8] dienen, zum Gemeinschaftseigentum. Dies wird in der Regel auf den Estrich zutreffen[9]. Dagegen ist der Fußbodenbelag Sondereigentum[10].

Garagen: siehe bei Rz. 22 ff.

Gasleitungen: siehe bei Leitungen.

Geld- und Verwaltungsvermögen: siehe bei Rz. 24 ff.

---

1 Allgemein zur Fensterfrage siehe *Deckert* WE 1986, 132 und WE 1992, 90.
2 OLG Hamm NJW-RR 1992, 148 = WE 1992, 82 = OLGZ 1992, 174; OLG Oldenburg WE 1988, 175 = DWE 1988, 64; OLG Bremen WE 1987, 162 = DWE 1987, 59; *Deckert* WE 1986, 132 und WE 1992, 90.
3 BayObLG NJW-RR 1996, 140; LG Lübeck Rpfleger 1985, 490 = NJW 1986, 2514; *Deckert* WE 1986, 132.
4 BayObLG ZWE 2000, 177; *Deckert* WE 1986, 132 und WE 1992, 90.
5 BayObLG ZWE 2000, 177.
6 OLG München NZM 2005, 825 (828); OLG Hamm NJW-RR 1992, 148 = WE 1992, 82 = OLGZ 1992, 174; BayObLG ZWE 2000, 177; OLG Hamm WE 1977, 152; a.A. *Deckert* WE 1992, 90 (92).
7 KG WE 1993, 220 = OLGZ 1993, 427.
8 OLG Düsseldorf FGPrax 1999, 216.
9 BayObLG NJW-RR 1994, 598 = DWE 1994, 152.
10 BayObLG ebd.

Haussprechanlagen und Türöffner für die Haustür sind Gemeinschaftseigentum[1].

Heizung: Die gemeinschaftliche Heizungsanlage[2], insbesondere Brenner und Kessel sowie der Öltank sind zwingend Gemeinschaftseigentum. Nur wenn eine Heizanlage mehrere Grundstücke versorgt, kann sie im Sondereigentum stehen[3]. Von der Rechtsprechung wird auch der Heizraum als Gemeinschaftseigentum betrachtet[4], in der Regel auch Zugangsflächen hierzu[5]. Heizkörper in den Wohnungen sind Sondereigentum. Heizkostenverteiler, das sind Messgeräte, die der Verteilung der Kosten unter den Eigentümern, also einem gemeinschaftlichen Zweck dienen, gehören zum Gemeinschaftseigentum, auch wenn sie sich in einer Wohnung befinden (§ 5 Abs. 2 WEG)[6]. Wegen der Eigentumsverhältnisse bei Heizungsrohren siehe bei Leitungen. Heizanlagen, die nur einer Wohnung dienen, sind Sondereigentum.

Jalousien: siehe bei Rollläden.

Kanalisation: siehe bei Leitungen.

Leitungen, sowohl Rohrleitungen als auch elektrische Leitungen, sind Gemeinschaftseigentum, soweit sie der Versorgung oder Entsorgung mehrerer Wohnungen dienen[7]. Dagegen sind Leitungen, die nur eine Wohnung betreffen, Sondereigentum, wenn sie nicht durch Gemeinschaftseigentum[8] oder fremdes Sondereigentum verlaufen[9].

Mauern: siehe bei Wände.

Messgeräte: sind Gemeinschaftseigentum, soweit sie der Kostenverteilung unter den Eigentümern dienen[10]. Räume werden nicht schon deswegen Gemeinschaftseigentum, weil sich in ihnen solche Messgeräte befinden[11].

Putz:. Der Innenputz innerhalb der Wohnungen ist Sondereigentum, dagegen ist der Außenputz Gemeinschaftseigentum.

Rollläden: Können im Sondereigentum stehen[12], dies gilt auch für Rollädenkästen, soweit sie nicht Fassadenbestandteil sind.

---

1 AG Böblingen NJW-RR 1996, 1297.
2 BGH NJW 1979, 2391 = Rpfleger 1979, 255.
3 BGH NJW 1975, 688.
4 BGH NJW 1979, 2391 = Rpfleger 1979, 255; kritisch hierzu *Röll* Rpfleger 1992, 94.
5 BGH NJW 1975, 688; kritisch hierzu *Röll* Rpfleger 1992, 94.
6 OLG Hamburg ZMR 2004, 291; *Sauren* § 1 Rz. 8; a.A. OLG Köln DWE 1990, 108.
7 BayObLG WE 1989, 147.
8 BayObLG DWE 1993, 123 = WE 1994, 21.
9 KG WE 1989, 97; a.A. BayObLG WE 1989, 147.
10 *Sauren* § 1 Rz. 8; a.A. *Augustin* § 16 Rz. 29.
11 OLG Saarbrücken MittRhNotK 1998, 361 = DWE 1999, 76; *Röll* Rpfleger 1992, 92, 94.
12 LG Memmingen Rpfleger 1978, 101.

Schloss und Schlüssel sind Sondereigentum, soweit sie den Zugang zu Sondereigentumsräumen eröffnen, z.B. bei Wohnungstüren, aber Gemeinschaftseigentum, soweit sie den Zutritt zu gemeinschaftlichen Räumen gewähren, z.B. Haustürschlüssel. Eine Schließanlage mit Schlüssel für das Haus ist deshalb auch gemeinschaftliches Eigentum[1].

Sprechanlage: Liegt die Sprechstelle im Sondereigentum, so ist sie Sondereigentum[2], ansonsten Gemeinschaftseigentum.

Stellplätze: siehe bei Rz. 22, 48 ff.

Terrassen: Ebenerdige Terrassen sind Gemeinschaftseigentum[3], wegen Dachterrassen siehe unter diesem Stichwort.

Türen: Innerhalb einer Wohnung Sondereigentum, dagegen gehören zum Gemeinschaftseigentum Türen, die den Zutritt zu Gemeinschaftseigentum gewähren, z.B. Haustüren und Wohnungseingangstüren. Balkontüren sind Fassadenbestandteile und daher dem Gemeinschaftseigentum zuzuordnen. Soweit sich die Innenseite einer Tür sich in einem Sondereigentumsraum befindet, muss für den Innenanstrich der Wohnungseigentümer aufkommen[4].

Verwaltungsvermögen: siehe bei Rz. 24 ff.

Wände: Alle tragenden Mauern und Wände stehen im Gemeinschaftseigentum[5]. Nicht tragende Wände innerhalb einer Wohnung sind Sondereigentum. Dagegen sind Wände in gemeinschaftlichen Räumen Gemeinschaftseigentum, desgleichen Wände, die das Gemeinschaftseigentum vom Sondereigentum abgrenzen. Nicht tragende Trennwände zwischen zwei Wohnungen stehen im Mitsondereigentum beider Wohnungseigentümer[6]. Der Innenputz und der Wandbelag innerhalb von Sondereigentumsräumen gehört zum Sondereigentum. Dies gilt insbesondere für Tapeten.

Wasserleitung: siehe bei Leitungen.

Wasseruhren: siehe bei Messgeräte.

Zwischendecke: Ein Folie in der Zwischendecke, die der Feuchtigkeitsisolierung dient, ist gemeinschaftliches Eigentum[7].

---

1 OLG Hamm NJW-RR 2004, 1310.
2 OLG Köln ZMR 2003, 378.
3 BayVGH WE 1998, 348.
4 *Sauren* § 1 Rz. 8.
5 BayObLG NJW-RR 1995, 64 = DNotZ 1995, 620.
6 BGH NZM 2001, 198.
7 OLG Köln ZMR 2002, 377.

1.2.4. Sonderprobleme

1.2.4.1. Garagen

Für **Garagen** gilt: Einzelgaragen können selbständiges Teileigentum bilden, sie können aber auch als Nebenräume Sondereigentum in Verbindung mit einer Eigentumswohnung darstellen und mit dem dortigen Eigentumsanteil verbunden sein. Auch **Stellplätze in Sammelgaragen** können Sondereigentum sein, soweit sie durch dauerhafte Markierungen voneinander abgegrenzt sind (§ 3 Abs. 2 Satz 2 WEG). Nach der Allgemeinen Verwaltungsvorschrift (vom 19.3.1974)[1] gelten als dauerhafte Markierungen Wände aus Stein oder Metall, fest verankerte Geländer oder Begrenzungseinrichtungen aus Stein und Metall, in den Fußboden eingelassene Markierungssteine oder andere Maßnahmen, die den vorgenannten Einrichtungen mindestens gleichzusetzen sind. Als gleichwertige Maßnahmen kommen in Betracht: in den Fußboden eingelassene Zeichen aus Metall oder Kunststoff; Maschendraht- oder Holzzäune. Nicht ausreichend sind Farbstriche auf dem Fußboden; denn sie können durch häufiges Überfahren abgerieben werden. Es macht nach allerdings bestrittener Ansicht keinen Unterschied, ob die Garagenstellplätze sich in einer Tiefgarage, einem überdachten Raum oder ohne Überdachung auf dem Oberdeck eines Gebäudes befinden[2], dabei kommt es nicht darauf an, dass sie unter freiem Himmel liegen, sondern darauf, dass sie nur durch das Gebäude erreichbar sind. Dagegen sind ebenerdige Stellplätze über einer Tiefgarage nur dann sondereigentumsfähig, wenn sie in das Gebäude integriert sind, im Übrigen sind sie wie Stellplätze im Freien zu behandeln[3]. 22

Sowohl **Sammel- als auch Einzelgaragen** können im gemeinschaftlichen Eigentum stehen. Dann ist die Einräumung von Sondernutzungsrechten an ihnen möglich[4]. **Doppelstockgaragen**, also Garagenräume, in denen unter Verwendung einer Hebevorrichtung zwei Fahrzeuge übereinander aufgestellt werden können, sind sondereigentumsfähig. Nach der h.M. gilt dies für die ganze Doppelstockgarage[5]. Ob aber auch an dem einzelnen Stellplatz innerhalb der Doppelstockgarage Sondereigentum begründet werden kann, ist bestritten[6]. Lehnt man das ab, so kann an der Doppel- 23

---

1 Abgedruckt bei *Bärmann/Pick/Merle* Anh. II Nr. 2 und *Weitnauer* Anh. III 1.
2 OLG Frankfurt Rpfleger 1977, 312; *Merle* Rpfleger 1977, 196; OLG Köln Rpfleger 1984, 464 = DNotZ 1984, 700; OLG Hamm DNotZ 1999, 216 = WE 1998, 489; *Höckelmann/Sauren* Rpfleger 1999, 14; *Röll* DNotZ 1992, 221.
3 OLG Frankfurt OLGZ 1984, 32 = Rpfleger 1983, 482; *Röll* DNotZ 1992, 221; a.A. *Sauren* Rpfleger 1984, 185: Gebäudeunterbau reicht, Integration ist zu unbestimmt.
4 Siehe Rz. 48 ff.
5 BayObLG NJW-RR 1975, 740; OLG Düsseldorf MittRhNotK 1978, 85; OLG Hamm Rpfleger 1983, 19 = OLGZ 1983, 1; *Noack* Rpfleger 1976, 5.
6 Dafür *Hügel* ZWE 2001, 42; *Linderhaus* MittRhNotK 1978, 86; *Sauren* MittRhNotK 1982, 213; *Gleichmann* Rpfleger 1988, 10; a.A. OLG Jena Rpfleger 2005, 309; BayObLG NJW-RR 1975, 740; OLG Düsseldorf MittRhNotK 1978, 85. Dage-

stockgarage Miteigentum je zur Hälfte in Verbindung mit einer Benutzungsregelung (nach § 1010 BGB) gebildet werden, die jedem Miteigentümer die alleinige Nutzung eines Stellplatzes zuweist. Möglich ist aber nach Teilen der Rechtsprechung auch eine Benutzungsregelung (§ 15 Abs. 2 WEG)[1]. Dies hat den Vorteil, dass die Nutzungsregelung keinen Rang besitzt und daher in der Zwangsversteigerung nicht ausfallen kann. Nach der Rechtsprechung gehört die Hebebühne zwingend zum Gemeinschaftseigentum[2]. Eine weitere technische Entwicklung stellen die **automatischen Garagensysteme**[3] dar, bei denen ein Computer anhand einer Chipkarte die Berechtigung überprüft, jeweils einen freien Stellplatz vergibt, für den Transport des Fahrzeugs dorthin sowie den Rücktransport an den Ausgang sorgt. Dies führt zu einer Platzeinsparung durch engere Aufstellung und weniger Zufahrtsflächen. Steht die Anlage im Gemeinschaftseigentum, so ist eine Gebrauchsregelung (nach § 15 Abs. 2 WEG) in dem oben angegebenen Sinne und eine Kostentragungsregelung in der Gemeinschaftsordnung erforderlich. Möglich ist auch – wenn die Abgeschlossenheit gegeben ist – Sondereigentum an der Garagenanlage, dann ist wie bei Doppelstockgaragen eine Regelung des Gemeinschaftsverhältnisses (nach § 1010 BGB oder nach § 15 Abs. 2 WEG) notwendig[4]. Sog. **Carports**, die aus 4 Pfeilern und einem Dach bestehen, sind nicht sondereigentumsfähig, weil sie kein Gebäude darstellen[5]. An **Stellplätzen im Freien** ist kein Sondereigentum möglich[6]. An solchen Abstellplätzen können aber Sondernutzungsrechte eingeräumt werden[7].

1.2.4.2. Verwaltungsvermögen als Verbandsvermögen

24 Aufgrund der Rechtsfähigkeit der Wohnungseigentümergemeinschaft (§ 10 Abs. 1 u. 6 WEG)[8] steht das **Verwaltungsvermögen** der Wohnungseigentümergemeinschaft zu. Der Träger des gemeinschaftlichen Vermögens ist der teilrechtsfähige Verband. Es handelt sich folglich um **Verbandsvermögen**[9]. Dies bestätigt das Gesetz nunmehr (§ 10 Abs. 7 WEG). Die Mitgliedschaft

---

gen lässt das OLG Hamm Rpfleger 1983, 19 = OLGZ 1983, 1 diese Frage dahingestellt.
1 BayObLG DNotZ 1995, 70 = Rpfleger 1995, 67 = WE 1995, 127; Thüringer OLG FGPrax 2000, 5; OLG Hamm NJW-RR 2000, 1403; OLG Frankfurt Rpfleger 2000, 212 = MittBayNot 2000, 440; v. *Oefele* MittBayNot 2000, 441 (mit Formulierungsvorschlag); *Hügel* ZWE 2001, 42; a.A. *Basty* Rpfleger 2001, 169; *Palandt/Bassenge*, § 15 Rz. 1 m.w.N.
2 OLG Düsseldorf MittBayNot 2000, 110; hierzu *Häublein* MittBayNot 2000, 112; ebenso OLG Celle NJW-RR 2005, 1682.
3 *Röll* Rpfleger 1996, 322.
4 OLG Frankfurt Rpfleger 2000, 212.
5 BayObLG BayObLGZ 1986, 29 = Rpfleger 1986, 217.
6 OLG Karlsruhe MDR 1972, 516; OLG Hamm DNotZ 1975, 108 = MDR 1975, 319 = Rpfleger 1975, 27; BayObLG NJW-RR 1986, 761 = BayObLGZ 1986, 29.
7 Siehe Rz. 48 ff.
8 Siehe Rz. 211.
9 BGH NJW 2005, 2061, 2064.

in dem Verband erfolgt zwingend aufgrund des Erwerbs bzw. des Verlusts des Wohnungs- oder Teileigentums. Damit sind isolierte Verfügungen über das Verwaltungsvermögen, z.B. Teilverkäufe oder Zwangsvollstreckungsakte, in die Anteile eines einzelnen Eigentümers am Verbandsvermögen nicht möglich. Zur Vollstreckung bedarf es eines Titels gegen den Verband[1]. Dann gilt die Vorschriften des WEG's über die Unauflöslichkeit der Gemeinschaft (§ 11 WEG) nicht, denn die Miteigentümergemeinschaft bleibt durch die Vollstreckung gegen den Verband unberührt[2]. Gläubiger eines Wohnungseigentümers können also dessen Anteil an der Rücklage nicht pfänden, ein Insolvenzverwalter kann den Anteil nicht zur Insolvenzmasse ziehen. Auch kann ein Wohnungseigentümer, der seine Wohnung verkauft hat, nicht Auszahlung seines Anteils verlangen, vielmehr ist dieses Bestandteil des Verwaltungsvermögen und geht auf die Käufer als seine Rechtsnachfolger in der Gemeinschaft über (§§ 311c, 926 BGB).

Der **Wortlaut** der gesetzlichen Regelung ist bereits heftiger **Kritik ausgesetzt** gewesen[3]. Auch hier hat der Gesetzgeber nicht reagiert, so dass die Ursprungsfassung in ihrer Unvollkommenheit nunmehr Gesetz ist. Dieses muss nach dem Wortlaut ausgelegt werden. Es wird deshalb in Zukunft die Frage sein, ob unter „alle gesetzlich begründeten Sachen und Rechte" auch alle durch Verbindung mit dem Gründstück in dieses Eigentum übergegangene, z.B. Baum oder Gartenhaus, in das Verbandsvermögen gehören (abzulehnen aus dem Sinn und Zweck). Es trifft also nicht zu, dass sämtliche erworbenen Gegenstände dem Verwaltungsvermögen zugerechnet werden sollen. Vielmehr gilt die gesetzliche Folge: Der gekaufte Baum oder das Gartenhaus bzw. dessen Materialien oder der Dachziegel oder das Fenster bleiben nicht Verbandsvermögen, sondern gehen ins Miteigentum durch Einfügen über[4]. Sie verlassen damit das Verbandsvermögen **entgegen dem Wortlaut** der Vorschrift. 24a

Tiere hat im Übrigen die Definition vergessen, so dass ein Wachhund durch den Verband nicht besessen werden kann[5].

Auch der letzte Satz des Absatzes 7 ist überflüssig, da das Verwaltungsvermögen kraft Gesetzes auf den Einen übergeht, wenn sich die Anteile in einer Hand vereinigen[6].

1.2.4.3. Umfang des Verbandsvermögens

Es handelt sich um die Rechte und Pflichten, die aus der **gemeinschaftlichen Verwaltung** entspringen, also alle Aktiva oder Passiva, die weder Ge- 25

---

1 *Gottschalg* NZM 2007, 197.
2 Zum alten Recht schon: *Weitnauer* § 1 Rz. 19 ff.; AG Wiesbaden MDR 1967, 126.
3 *Bub* NZM 2006, 848 f.; ZWE 2007, 15.
4 *Bub* ZWE 2007, 19.
5 *Bub* NZM 2006, 849.
6 *Becher* ZWE 2007, 121.

genstand des Sondereigentums eines Eigentümers noch Gegenstand des Gemeinschaftlichen Eigentums sind. Es handelt sich folglich um die Unterscheidung zweier Vermögenssphären: einerseits das Sondereigentum der Verbandsangehörigen an den Wohnungen sowie das Miteigentum am Grundstück und andererseits das Verwaltungsvermögen des Verbandes[1]. Zum Miteigentum gehört alles was wesentlicher Bestandteil des Grundstückes ist (§ 94 BGB).

26 Das **Verbandsvermögen** wird insbesondere durch das **Geldvermögen**, regelmäßig bei Banken, bestehend aus der Instandhaltungsrücklage, das Geld auf dem Konto inkl. Zinsen, das Bargeld in der Gemeinschaftskasse, z.B. Münzenerlös für Sauna oder Waschmaschine, und den anderen **beweglichen Sachen**, nämlich zunächst die Verwaltungsunterlagen[2]; sowie Heizöl oder Rasenmäher, bestimmt. Bewegliche Sachen können **Zubehör** des Grundstücks (§ 97 BGB) sein. Hier kommen in Betracht z.B. Gartengeräte, wie Rasenmäher, Waschmaschinen oder Spielplatzgeräte, aber auch Einrichtungsgegenstände im Gemeinschaftseigentum. Die Zubehöreigenschaft ist hier eindeutig und unbestritten. Das Zubehör gehört als Verwaltungsvermögen (§ 10 Abs. 7 WEG) zum gemeinschaftlichen Eigentum[3]. Dies kann auch ein Wohnungs- oder Teileigentum, wie eine im Sondereigentum stehende Garage oder gar eine Hausmeisterwohnung sein[4]. Auch alle schuldrechtlichen Verbindungen der Gemeinschaft gehören dazu. Hier können alle Verträge, wie Verwaltervertrag, Mietvertrag über das gemeinschaftliche Eigentum oder andere Dienst- oder Werkverträge genannt werden[5]. Zu diesen Ansprüchen gegen Dritte gehören auch Ansprüche gegen die Wohnungseigentümer, z.B. aus Wohngeld, Wirtschaftsplan oder Jahresabrechnung, aus Schadensersatz (z.B. § 14 Nr. 4 WEG) oder aus Mietvertrag[6] oder aus unzureichender Finanzausstattung[7]. Auch Dienstbarkeiten, die der Gemeinschaftsverwaltung dienen, z.B. eine Parkplatzdienstbarkeit auf dem Nachbargrundstück[8] gehören dazu. Nach dem Bundesgerichtshof[9] wird das **gemeinschaftliche Eigentum und das Sondereigentum jedes Eigentümers** nicht vom **Verbandsvermögen** umfasst.

---

[1] Ähnlich *Bub* ZWE 2007, 18.
[2] BayObLG ZMR 1983, 383.
[3] *Wenzel* ZWE 2006, 2, 5; a.A. *Bub* ZWE 2006, 253 (257); wie hier aber ZWE 2007, 18.
[4] *Hügel* DNotZ 2005, 753, 771; *Sauren* ZWE 2006, 283; a.A. LG Nürnberg ZMR 2006, 812; siehe auch Rz. 5c.
[5] BGH NJW 2005, 2061.
[6] BGH NJW 2005, 2061, 2067.
[7] BGH ebd.
[8] Ohne Differenzierung: *Hügel* DNotZ 2005, 753, 769; *Rapp* MittMayNot 2005, 449, 458; richtig differenzierend: *Wenzel* ZWE 2006, 1, 7, ob Inhalt verwaltungsbezogen ist oder Miteigentumsbezogen, z.B. Sicherung des Grenzabstandes.
[9] BGH NJW 2005, 2061, 2068.

1.2.5. Wohnungs- und Teileigentum

Der Gesetzgeber unterscheidet zwischen **Wohnungseigentum und Teileigentum** (§ 1 WEG). Wohnungseigentum ist das **Sondereigentum** an einer Wohnung in Verbindung mit dem Miteigentumsanteil, zu dem es gehört (§ 1 Abs. 2 WEG); im Gegensatz dazu bezieht sich das **Teileigentum** auf Räume, die nicht Wohnzwecken dienen (§ 1 Abs. 3 WEG), also z.B. auf Läden, Büroräume oder Garagen. Diese Unterscheidung hat nur sprachliche Gründe. Sie ist darauf zurückzuführen, dass der Gesetzgeber auf die populäre Bezeichnung „Wohnungseigentum" nicht verzichten wollte, diese aber nicht für alle Sondereigentumseinheiten zutrifft. So wurde für Raumeinheiten, die nicht Wohnzwecken dienen, die Bezeichnung „Teileigentum" gewählt. Logisch konsequent wäre es gewesen, einen Oberbegriff in das Gesetz einzuführen, der sowohl Wohnungseigentum, als auch Teileigentum umfasst hätte. Das unterblieb aber deswegen, weil dann „Wohnungseigentum" nicht mehr der Zentralbegriff des WEG gewesen wäre. Dies bedeutet, dass Wohnungseigentum und Teileigentum wesensgleich sind. Nirgends im WEG ist eine andere Regelung für Teileigentum vorgesehen. Im Gegenteil, das WEG schreibt eine Gleichbehandlung vor (§ 1 Abs. 6 WEG). Die Bezeichnung als „Wohnungseigentum" im Grundbuch schließt nicht unbedingt aus, dass die Raumeinheit für andere als Wohnzwecke verwendet wird[1]. Der Terminologie des Gesetzgebers folgend, ist auch in diesem Buch „Wohnungseigentum" als Oberbegriff sowohl für Wohnungs- als auch für Teileigentum verwendet.

27

1.3. Änderung der Teilungserklärung[2]

1.3.1. Grundsätzliches

Die Änderung der **Teilungserklärung im engeren Sinne**, also der Aufteilung des Gebäudes in Sonder- und Gemeinschaftseigentum, bedarf eines notariell beurkundeten Vertrages unter Mitwirkung aller beteiligten Wohnungseigentümer (§ 4 Abs. 1 und 2 WEG). Im Zweifel müssen alle Wohnungseigentümer mitwirken, sind nur einzelne betroffen, z.B. beim Kellertausch, nur diese. Soweit das Grundstück im Alleineigentum steht, kann der Alleineigentümer die Aufteilung nach § 8 WEG vornehmen. Er braucht aber gegebenenfalls die Zustimmung der eingetragenen Gläubiger, auch der Vormerkungsberechtigten[3].

28

---

1 A.A. OLG Celle ZWE 2001, 33; zu diesen Benutzungsproblemen siehe Rz. 55 ff.
2 Hierzu *Röll* Rpfleger 1976, 283; DNotZ 1993, 158.
3 Hierzu *Röll* Rpfleger 1976, 283; BayObLG NJW-RR 1993, 1362 = BayObLGZ 1993, 259.

1.3.2. Aufteilung von Eigentumswohnungen

29 Die **Aufteilung einer großen Eigentumswohnung** in mehrere kleinere nimmt der Eigentümer durch notariell beurkundete oder beglaubigte Erklärung (§ 8 WEG, § 29 GBO) und Eintragung in das Grundbuch vor. Andere Wohnungseigentümer brauchen grundsätzlich nicht mitzuwirken; dies ist auch durch die Rechtsprechung des BGH[1] anerkannt. Soweit im Zuge der **Aufteilung** tragende Mauern durchbrochen werden müssen, kann dies einen Eingriff in das Gemeinschaftseigentum darstellen, welcher der Zustimmung aller Eigentümer, bei einer Mehrhausanlage der Zustimmung der Eigentümer des betroffenen Gebäudes bedarf. Es bedarf keiner **Zustimmung**, wenn eine **Benachteiligung** (§ 22 Abs. 1 Satz 2 WEG) nicht gegeben ist[2]. Wenn Eigentumswohnungen in zwei selbständige Einheiten aufgeteilt werden, entstehen oft Eingangsflure, die bisher Teil der größeren Wohnung waren, jetzt aber als **Vorraum** für beide Wohnungen dienen. Ob ein Mitsondereigentum beider Wohnungseigentümer möglich ist, ist bestritten[3]. Die h.M. nimmt Nichtigkeit der Aufteilung an, wenn die Eigentumsverhältnisse nicht geregelt wurden[4], nach der Rechtsprechung des BayObLG ist auch ein **gutgläubiger Erwerb** nicht möglich[5]. Die einzig sichere Lösung ist daher, den Vorraum zum **gemeinschaftlichen Eigentum** aller Wohnungseigentümer zu erklären. Eine **einseitige Schenkung** ist aber nach herrschender Meinung nicht möglich, da niemand etwas aufgedrängt werden darf[6]. Nach der Rechtsprechung des BayObLG stellt eine Erhöhung der Unterhaltslast, die sich aus der Vergrößerung des Gemeinschaftseigentums ergeben kann, keine Benachteiligung der Grundpfandrechtsgläubiger dar[7].

Sind bei der aufzuteilenden Wohnung **Nebenräume** vorhanden, z.B. Kelleranteile oder Garagen, so sind auch diese zu verteilen, andernfalls droht die Nichtigkeit der ganzen Unterteilung[8]. Nach der hier vertretenen, bestrittenen Auffassung ist jedoch gutgläubiger Erwerb an den Teilwohnungen möglich[9]. Auch Sondernutzungsrechte sind zu verteilen.

---

1 BGH NZM 2004, 876; NJW 1979, 870 = BGHZ 73, 150; NJW 1968, 499 = BGHZ 49, 250.
2 Siehe Rz. 284.
3 Verneinend BayObLG DNotZ 1988, 316 = WE 1988, 102; OLG Hamm NJW-RR 1986, 1275 = OLGZ 1986, 415 = Rpfleger 1986, 374; OLG Oldenburg Rpfleger 1989, 365 = DNotZ 1990, 48; *Sauren* DNotZ 1988, 667; *Röll* Rpfleger 1976, 283 (285); a.A. LG Kempten MittBayNot 1975, 166.
4 BHG NJW 1998, 3711 = WE 1999, 177 = DNotZ 1999, 661; BayObLG BayObLGZ 1987, 390 = DNotZ 1988, 316 = WE 1988, 102.
5 BayObLG wie Fn. 3; a.A. *Röll* DNotZ 1993, 158; MittBayNot 1991, 240, 245 = WE 91, 340.
6 A.A. mit beachtlichen Gründen *Geier* FS Wenzel 2005, 145, 147 ff.
7 BayObLG WE 1998, 392 = DNotZ 1999, 665.
8 BayObLG DNotZ 1988, 316 = BayObLGZ 1987, 390 = WE 1988, 102.
9 *Röll* MittBayNot 1991, 240 = WE 1991, 340; *Röll* DNotZ 1993, 158; a.A. BayObLG DNotZ 1988, 316 = BayObLGZ 1987, 390 = WE 1988, 102.

Bei **Kopf-Stimmrecht nach Aufteilung** steht jedem Eigentümer nach Aufteilung in zwei Wohnungen eine halbe Stimme zu[1] und nicht wie das KG meint, eine weitere Stimme je zusätzlicher Wohnung[2]. Die Streitfrage ist ohne Bedeutung, wo nach Miteigentumsanteilen abgestimmt wird. 30

Manchmal erfolgt die Teilung nur tatsächlich, ohne Eintragung in die Wohnungsgrundbücher. Dann bilden die beiden neuen Wohnungen nach wie vor eine Wohnung i.S. des WEG. Andere Wohnungseigentümer oder das Grundbuchamt können die rechtliche Aufteilung nicht verlangen.

1.3.3. Vereinigung von Eigentumswohnungen

Wenn ein Wohnungseigentümer zwei benachbarte Wohnungen besitzt, kann ein Bedürfnis dafür bestehen, sie zu einer Eigentumswohnung zu **vereinigen**. Hierfür ist erforderlich die **Zusammenlegung der Sondereigentumsrechte** zu einem einheitlichen Sondereigentum und die Vereinigung der Miteigentumsanteile (entsprechend § 890 Abs. 1 BGB) oder die Bestandteilszuschreibung (nach § 890 Abs. 2 BGB)[3]. Erforderlich ist wie bei der Aufteilung die notariell beglaubigte Erklärung des Alleineigentümers gegenüber dem Grundbuchamt und die Eintragung in das Grundbuch (§ 8 WEG), aber kein neuer Aufteilungsplan und keine neue Abgeschlossenbescheinigung[4]. Beide Eigentumswohnungen müssen aber einheitlich belastet sein, andernfalls wäre eine Verwirrung des Grundbuchs zu besorgen (§ 5 GBO). Dies erfordert eventuell die Lastenunterstellung und die Vereinheitlichung der Rangverhältnisse[5]. Die **Zustimmung** anderer Wohnungseigentümer und ihrer Gläubiger ist nicht erforderlich, da ihre Rechte nicht betroffen werden[6]. Häufig unterbleibt aber die grundbuchmäßige **Zusammenlegung** zu einer Wohnung. Die Wohnungen werden nur tatsächlich zu einer Wohnung vereinigt und bleiben formal selbständige Wohnungen. Zwar ist das **Abgeschlossenheitserfordernis** (§ 3 Abs. 2 WEG) nicht mehr gewahrt, falls ein **Mauerdurchbruch** stattgefunden hat. Das spielt aber nach bestrittener Ansicht keine Rolle, da es sich um eine Sollvorschrift handelt[7]. Weder die Eigentümergemeinschaft, noch das Grundbuchamt haben eine Handhabe gegen eine solche Zusammenlegung. 31

---

1 OLG Stuttgart NZM 2005, 312; OLG Düsseldorf NJW-RR 1990, 521 = OLGZ 1990, 129; *Röll* Rpfleger 1976, 284; KG DWE 2000, 31 (unter Geltung des Objektstimmrechts); diese Ansicht ist vorzuziehen, weil sie jedem Wohnungseigentümer ein selbständiges Stimmrecht gewährt.
2 KG FGPrax 2000, 9 = ZWE 2000, 313.
3 *Röll* WE 1997, 412.
4 OLG Hamburg ZMR 2004, 529.
5 *Röll* DNotZ 1968, 528 ff.
6 BayObLG DNotZ 1999, 674; OLG Hamm ZWE 2000, 44; wegen der Frage des Mauerdurchbruchs siehe Rz. 29 und 284.
7 BGH NJW 2001, 1212 = ZWE 2001, 314; BayObLG ZWE 2000, 575 = BayOLGZ 2000, 252 (Vorlagebeschluss); *Röll* Rpfleger 1983, 380, 382.

1.3.4. Veräußerung von Sondereigentumsrechten

32 Hierher gehören z.B. der Kellertausch, die Veräußerung von Sondereigentumsrechten an **Garagen**, die kein selbständiges Teileigentum bilden. Hierzu ist ein notariell beurkundeter Vertrag der betroffenen Eigentümer und die Grundbucheintragung notwendig (§§ 3, 4 WEG). Da kein Sondereigentum ohne Gemeinschaftseigentumsanteil bestehen soll (§ 6 WEG), werden die bei der Veräußerung abgetrennten Sondereigentumsrechte sofort wieder mit einem anderen Wohnungseigentum verbunden. Hierbei müssen die Miteigentumsanteile der beteiligten Wohnungseigentümer nicht geändert werden. Das WEG schreibt nicht vor, dass die Miteigentumsanteile dem Wert der Sondereigentumsrechte entsprechen müssen. Die Veräußerung berührt das gemeinschaftliche Eigentum nicht und auch nicht die Sondereigentumsrechte der von der Veräußerung nicht betroffenen Wohnungseigentümer. Ihre Zustimmung und die Zustimmung ihrer Gläubiger ist daher nicht erforderlich[1], ebenso wenig eine Zustimmung des Verwalters (nach § 12 WEG). Falls dies gewünscht wird, kann auch anlässlich der **Veräußerung von einem Miteigentumsanteil** ein Teil weggenommen und einer anderen Wohnung zugeschrieben werden (Vereinigung nach § 890 Abs. 1 BGB oder Bestandteilszuschreibung nach § 890 Abs. 2 BGB).

1.3.5. Neue Garagen, Anbauten

33 Werden **Garagen** errichtet, die in der **Teilungserklärung** nicht vorgesehen waren, so fallen sie in das gemeinschaftliche Eigentum. Die Begründung von Sondereigentumsrechten an solchen Garagen bedarf der Zustimmung aller Wohnungseigentümer und aller im Grundbuch eingetragenen Gläubiger, auch der Vormerkungsberechtigten. Erforderlich ist ein notariell beurkundeter Vertrag und Grundbucheintragung (§§ 3, 4 WEG). Das Sondereigentum an den Garagen kann mit bereits bestehenden Wohnungen verbunden werden[2]. Sollen selbständige Teileigentumsrechte wegen der Garagen begründet werden, so muss für jede Garage ein kleiner Miteigentumsanteil von einer Eigentumswohnung weggenommen und mit dem Sondereigentum an der Garage verbunden werden[3]. Das für Garagen Gesagte gilt auch für nachträgliche, in der Teilungserklärung nicht vorgesehene Anbauten[4].

---

1 OLG Celle NJW 1974, 1909.
2 BayObLG NJW 1974, 152; *Röll* Rpfleger 1976, 283, 285.
3 BayObLG Rpfleger 1976, 403; BayObLG BayObLGZ 1994, 233 = DNotZ 1995, 607.
4 Wegen der besonderen Probleme beim Doppelhaus siehe Rz. 285.

1.4. Änderung der Gemeinschaftsordnung

1.4.1. Grundsätzliches

Die **Gemeinschaftsordnung**[1] können die Wohnungseigentümer durch **Vereinbarung** (nach § 10 Abs. 1 Satz 2 WEG) **ändern**. Diese Vereinbarung hat vertraglichen Charakter. Für sie gibt es keine Formvorschriften[2]. Sie könnte sogar mündlich oder durch **konkludentes Verhalten** getroffen werden[3]. Selbst wenn es sich um eine in das Grundbuch eingetragene Regelung handelt, ist eine Form für die Änderung nicht vorgeschrieben. Schriftliche Festlegung ist jedoch sehr zweckmäßig. Durch ein jahrelanges Hinwegsetzen über die Gemeinschaftsordnung wird diese nicht geändert[4]. 34

Nur in Ausnahmefällen kann auf Grund von Treu und Glauben, sowie der gegenseitigen Treuepflichten aus der Eigentümergemeinschaft eine **Mitwirkung aller Eigentümer** verlangt werden[5]. Dies könnte z.B. bei völliger Änderung der tatsächlichen Verhältnisse zutreffen, auf Grund deren die **Geschäftsgrundlage** für die bisherige Vereinbarung weggefallen ist[6]. Der Gesetzgeber hat mit der WEG-Novelle ausdrücklich einen Abänderungsanspruch festgehalten, wenn im Einzelfall aus schwerwiegenden Gründen ein Festhalten an der bisherigen Regelung unbillig erscheinen würde (§ 10 Abs. 2 Satz 3 WEG). 35

Betrifft eine Änderung der Gemeinschaftsordnung nur einzelne Wohnungseigentümer, so ist nur ihre, nicht die Zustimmung anderer Eigentümer erforderlich. Dies kann vor allem dann von Bedeutung werden, wenn die Wohnanlage aus mehreren Wohnblöcken besteht[7]. Hier entscheiden dann die Eigentümer eines Wohnblocks in Angelegenheiten, die nur sie betreffen und die Gemeinschaft nicht mit Kosten belasten, ohne Mitwirkung der anderen Wohnungseigentümer.

---

1 Siehe Rz. 13 ff.
2 *Bärmann/Pick/Merle* § 10 Rz. 24; *Weitnauer/Lüke* § 10 Rz. 29; *Tasche* DNotZ 1973, 454.
3 OLG Köln WE 1997, 197 = MittRhNotK 1997, 132.
4 BayObLG NJW-RR 1994, 338 = WE 1994, 302; OLG Schleswig FGPrax 1996, 97.
5 BGH MittBayNot 1995, 455 = WE 1995, 375; OLG Hamburg FGPrax 1995, 31; BayObLG BayObLGZ 1984, 50; OLG Düsseldorf NJW 1985, 2837; OLG Karlsruhe NJW-RR 1987, 975; BayObLG NJW-RR 1987, 714 = WE 1988, 20; OLG Celle FGPrax 1998, 130 = DWE 1998, 180; *Grebe* DNotZ 1988, 275; *Bärmann/Pick/Merle* § 10 Rz. 42; *Tasche* DNotZ 1973, 464.
6 Wegen der Änderung durch Mehrheitsbeschluss in solchen Fällen vgl. Rz. 91.
7 Dies steht fest für den Parallelfall des Mehrheitsbeschlusses der Wohnungseigentümerversammlung, für die Vereinbarung gelten die gleichen Grundsätze; BayObLG NJW 1962, 492 = Rpfleger 1962, 62; LG Wuppertal Rpfleger 1972, 451; *Bärmann/Pick/Merle* § 23 Rz. 7; *Weitnauer/Lüke* § 23 Rz. 10. Direkt zur Vereinbarung (Stellplatzproblem): OLG Hamburg NJW 1976, 1457 = DNotZ 1976, 547; LG Mannheim Rpfleger 1976, 317; *Weitnauer* Rpfleger 1976, 341; a.A. *Noack* Rpfleger 1976, 193.

36 Allerdings ist eine **Grundbucheintragung** dann erforderlich, wenn die Vereinbarung Wirkung *zu Lasten* der Sonderrechtsnachfolger[1] haben soll (§ 10 Abs. 2 WEG)[2], selbst wenn die Nachfolger Kenntnis[3] derselben besitzen. Dagegen wirkt eine Vereinbarung *zugunsten* eines Sonderrechtsnachfolgers ohne Grundbucheintragung (z.B. eines Sondernutzungsberechtigten)[4]. Möglich ist der Beitritt bei Kenntnis und Beitrittswillen[5]. Die Unterschriften der betroffenen Miteigentümer müssen dann notariell beglaubigt werden (§ 29 GBO). An Stelle der Beglaubigung kann selbstverständlich die notarielle Beurkundung treten. Es ist zweckmäßig, eine Grundbucheintragung herbeizuführen, da andernfalls Erwerber von Eigentumswohnungen an die Vereinbarung nur gebunden wären, wenn sie ihr ausdrücklich beigetreten wären (§ 10 Abs. 2 WEG). Grundsätzlich müssen alle Wohnungseigentümer an der Vereinbarung mitwirken. Von diesem Grundsatz gibt es aber eine wichtige Ausnahme: Sind nur einzelne Wohnungseigentümer in ihren Rechten betroffen, so ist die Zustimmung der anderen Wohnungseigentümer nicht erforderlich. Dies kann z.B. zutreffen beim Austausch von Sondernutzungsrechten an PKW-Stellplätzen[6] oder bei einer Vereinbarung der Eigentümer nur eines Wohnblocks in einer Eigentumswohnanlage, die aus mehreren Blocks besteht, wenn nur die Eigentümer dieses Blocks betroffen sind.

37 Die Gemeinschaftsordnung kann ihre Änderung durch Mehrheitsbeschluss vorsehen (sog. **Öffnungsklausel**); so getroffene Beschlüsse dürfen aber nicht unbillig sein, anderenfalls sind sie anfechtbar[7]. Diese Beschlüsse müssen nicht eingetragen werden (§ 10 Abs. 4 S. 2 WEG). Der Erwerber ist durch die im Grundbuch eingetragene Öffnungsklausel gewarnt[8]. Außerdem kann er Einblick in die Beschlusssammlung nehmen.

38 Auch der **Bauträger** kann, solange er noch Alleineigentümer ist, allein eine solche Vereinbarung (Gemeinschaftsordnung) treffen und sie in das Grundbuch eintragen lassen. Er ist insoweit „alleiniger Normgeber"[9]. Sind allerdings schon für Käufer Auflassungsvormerkungen eingetragen, so ist die

---

1 Unter „Sonderrechtsnachfolge" versteht man den Erwerb eines Vermögensgegenstandes durch ein Rechtsgeschäft, das sich auf diesen Einzelfall bezieht, also z.B. durch Kauf; der Gegensatz zu Sonderrechtsnachfolge ist die Gesamtrechtsnachfolge, die nicht einen oder mehrere einzelne Vermögensgegenstände betrifft, sondern eine Vermögensmasse, also z.B. die Erbfolge.
2 OLG Hamm WE 1997, 32 = FGPrax 1997, 15; OLG Düsseldorf WE 1997, 191 = DWE 1998, 84.
3 OLG München NZM 2005, 825.
4 OLG Hamm FGPrax 1998, 175 = WE 1999, 70.
5 OLG Zweibrücken NZM 2005, 343; vgl. *Hügel* FS Wenzel 2005, 219; *Häublein* DNotZ 2005, 741.
6 Vgl. Rz. 48 ff.
7 BGH NJW 1985, 2832 = MittBayNot 1985, 260; OLG Schleswig FGPrax 1997, 14; wegen der Änderung des Lastenverteilungsschlüssels siehe Rz. 90 ff.
8 *Becker* ZWE 2002, 341; *Rau* ZMR 2001, 241, 247.
9 BayObLG Rpfleger 1974, 314; OLG Hamm Rpfleger 1975, 401 = DNotZ 1976, 165; *Bärmann/Pick/Merle* § 10 Rz. 38; *Röll* WE 1996, 370 = MittBayNot 1996, 358.

Zustimmung der Käufer zur Eintragung oder Änderung erforderlich[1]. Meist wird der Bauträger jedoch hierzu im Kaufvertrag bevollmächtigt.

Grundsätzlich kann eine Vereinbarung (nach § 10 Abs. 2 und 3 WEG) alle Angelegenheiten betreffen, die sich auf das Verhältnis der Miteigentümer beziehen, soweit eine Vereinbarung hierüber zulässig ist.

39

Es ist zweckmäßig, zunächst einmal die Fälle aufzuführen, in denen eine **Vereinbarung** der Miteigentümer **nicht möglich** ist. Dies sind die **unabdingbaren Vorschriften** des WEG, u.a.[2]:

- Bestimmungen, welche die eigentumsmäßige Aufteilung betreffen, also die Einräumung, Änderung oder Aufhebung des Sondereigentums (hierfür gelten die Sondervorschriften der §§ 3, 4, 8, 9 WEG),
- der Mindestinhalt des gemeinschaftlichen Eigentums (§ 5 Abs. 2 WEG),
- die Unselbständigkeit des Sondereigentums (§ 6 WEG),
- die Unauflöslichkeit der Gemeinschaft (§ 11 WEG),
- die Bestimmungen wonach die Zustimmung zur Veräußerung des Sondereigentums nur aus einem wichtigen Grund versagt werden darf (§ 12 Abs. 2 WEG),
- die Bestimmung wonach die Wohnungseigentümer mehrheitlich über die Kostenverteilungsschlüssel oder über den Verteilungsschlüssel für Instandhaltungskosten entscheiden können (§ 16 Abs. 5 WEG),
- die Bestimmungen hinsichtlich des Anspruchs auf Entziehung des Wohnungseigentums (§ 18 Abs. 4 WEG, auch das Recht auf Beschlussfassung hierüber nach § 18 Abs. 3 WEG kann nicht einseitig beschränkt werden),
- die Vereinbarung von Vorkaufsrechten[3] in der Gemeinschaftsordnung,
- die Bestimmungen wonach die Bestellung eines Verwalters nicht ausgeschlossen werden darf (§ 20 Abs. 2 WEG),
- die Bestimmung, dass über Modernisierungen nur mit doppelt qualifizierter Mehrheit abgestimmt werden darf (§ 22 Abs. 2 S. 2 WEG),
- die Bestimmung wonach schriftliche Beschlüsse nur als einstimmige Beschlüsse möglich sind (§ 23 Abs. 3 WEG)[4],

---

1 Vgl. Rz. 41.
2 *Röll* Teilungserklärung S. 24 und 25; *Bärmann/Pick/Merle* vor § 10 Rz. 13 und 14; § 10 Rz. 52.
3 Sie sind zwar möglich, aber nicht als Bestandteil der Gemeinschaftsordnung. Sie müssen als Belastungen bei den einzelnen Eigentumswohnungen gem. § 1094 BGB als Belastung bei den einzelnen Eigentumswohnungen in Abteilung II des Grundbuchs eingetragen werden. Vgl. hier *Röll* Teilungserklärung S. 64, *Bärmann/Pick/Merle* vor § 10 Rz. 13; *Weitnauer/Lüke* § 10 Rz. 38; OLG Celle DNotZ 1955, 320.
4 Vgl. auch Rz. 384 ff.

- das Minderheitsrecht auf Einberufung der Wohnungseigentümerversammlung (§ 24 Abs. 2 WEG),
- die Bestimmungen, wonach bestimmte Aufgaben und Befugnisse des Verwalters nicht eingeschränkt werden dürfen (§ 27 Abs. 4 WEG),
- die Bestimmung, wonach die Bestellung und Abberufung des Verwalters über das gesetzlich vorgesehene Maß hinaus nicht eingeschränkt werden darf (§ 26 Abs. 1 Satz 4 WEG),
- die Bestimmung, wonach die Eigentümerversammlung über Jahresabrechnung entscheidet (Verbot der Abrechnungsfiktion; § 28 Abs. 5 WEG)[1],
- die Bestimmungen über das gerichtliche Verfahren (§§ 43 ff. WEG).

40 Als **Gegenstand einer Vereinbarung** nach § 10 WEG (Gemeinschaftsordnung, Miteigentümerordnung) **kommen in Betracht:**
- Veräußerungsbeschränkungen,
- Nutzungsbeschränkungen,
- Vermietungsbeschränkungen,
- Tierhaltung,
- Lastentragung (insbesondere Verteilungsschlüssel),
- Versicherungen,
- Instandhaltungsrücklage,
- die Ernennung des ersten Verwalters,
- Sondernutzungsrechte,
- Vereinbarung über die Errichtung und Finanzierung des Gebäudes,
- Schiedsvereinbarungen,
- Vertretung der Gemeinschaft gegenüber Dritten,
- Änderungsvorbehalte (Bestimmungen über Änderung der Gemeinschaftsordnung durch Mehrheitsbeschluss)[2].

Diese Aufzählung ist und kann nicht vollständig sein.

1.4.2. Gläubigerzustimmung

1.4.2.1. Grundsätzliches

41 Die Konzeption des WEG sieht vor, dass **Änderungen von Vereinbarungen, die über die Regelungen des WEG hinausgehen oder diese ändern, der Zustimmung aller Eigentümer** und Eintragung in das Grundbuch zur Wirkung gegenüber seinen Rechtsnachfolgern benötigen (§ 10 Abs. 2 WEG). Zusätzlich hierzu ist noch die **Zustimmung der sog. Grundpfandrechts-**

---

1 Vgl. Rz. 616.
2 BGH NJW 1985, 2832 = DNotZ 1986, 83.

gläubiger erforderlich, wenn diese von der Änderung betroffen sind (§ 877, 876 BGB). Die **Betroffenheit** wird von der Rechtsprechung weit ausgelegt, in dem nicht nur ein bloßes wirtschaftliches, sondern bereits jedes rechtliche Interesse ausreicht[1]. Dies führt selbst bei günstigen Gestaltungen und Werterhöhungen, wie z.B. die Einräumung von Stellplätzen für jeden Eigentümer zur Zustimmungspflicht. Begründet wird dies mit der rechtlich nachteiligen Erhöhung des Mitgebrauchsrechts an dem Stellplatz des anderen. Dieser Schutz ist aber nicht gerechtfertigt und verursacht in der Praxis nur erheblichen Mehraufwand an Arbeit und Kosten. Zusätzlich durchbricht die **WEG-Novelle** die ursprüngliche Konzeption des WEG, dass Vereinbarungen nur durch Vereinbarungen abgeändert werden können. Nunmehr wird häufig durch das Gesetz die Möglichkeit eröffnet, durch Beschluss Vereinbarungen aufzuheben oder zu ändern (z.B. § 12 Abs. 4, § 16 Abs. 3, § 21 Abs. 7, § 22 Abs. 2 WEG, etc.). Hierzu bedurfte es nach bisheriger Rechtsprechung der **Zustimmung der Grundpfandsrechtsgläubiger**. Um zu verhindern, dass die Ziele der Reform auf diesem Wege verhindert oder blockiert werden, schränkt der Gesetzgeber nunmehr das Zustimmungserfordernis der Grundpfandrechts- und Reallastgläubiger dahingehend ein, dass ihre Zustimmung nur erforderlich ist, wenn ein Sondernutzungsrecht begründet, geändert, aufgegeben oder übertragen werden soll (§ 5 Abs. 4 S. 2 u. 3 WEG). Eine Zustimmung der Berechtigten soll bei Begründung eines Sondernutzungsrechts aber nicht notwendig sein, wenn mit dem belasteten Wohnungseigentum ebenfalls ein Sondernutzungsrecht verbunden ist. Diese Ausnahme ist darin begründet, dass durch die gleichzeitige Begründung eines Sondernutzungsrechts für das belastete Wohnungseigentum eine Erhöhung des Werts des belasteten Wohnungseigentums eintritt. Dieser Ausschluss (S. 3) ist sprachlich nicht geglückt, da nach dem Wortlaut auch ein irgendwie geartetes Sondernutzungsrecht ausreicht und nicht, wie vom Gesetzgeber gewollt, ein gleichartiges[2].

Beispiel:
Alle übrigen Wohnungseigentümer erhalten ein Sondernutzungsrecht an einem Stellplatz, nur ein Wohnungseigentümer anstatt an einem Stellplatz an einem Kellerraum. Da alle Wohnungseigentümer ein Sondernutzungsrecht erhalten, ist nach dem Gesetzeswortlaut der Ausschluss gegeben, obwohl der Gesetzgeber dies nur dann wollte, wenn alle ein Sondernutzungsrecht an einem Stellplatz erhalten.

Aufgrund des klaren Gesetzeswortlautes und durch Veröffentlichungen ist eine Auslegung gegen den klaren Wortlaut nicht möglich.

Bei **Aufhebung, Änderung oder Übertragung eines Sondernutzungsrechts** 42 erfolgt regelmäßig eine Verminderung des Werts des Wohnungseigentums und daher ist die Zustimmung erforderlich. Andere Vereinbarungen, die ab dem 1.7.2007 verändert, ergänzt oder aufgehoben werden, bedürfen ebenfalls keiner Zustimmung der obigen Gläubiger.

---

1 BGHZ 91, 143.
2 *Demharter* NZM 2006, 490; *Niedenführ* Anhörung, 12.

Beispiele:
- Veräußerungsbeschränkung (§ 12 WEG),
- Änderung der Zweckbestimmung (§ 13 WEG),
- Gebrauchsregelung (§ 15 WEG),
- Kostentragung und Verteilungsregel (§ 16 WEG),
- Sanktionsbestimmungen hinsichtlich Verstöße gegen die Gemeinschaftsordnung (§ 21 Abs. 7 WEG),
- Modernisierungen (§ 22 Abs. 2 WEG).

Bei dem Erfordernis der **Zustimmung anderer dinglicher Berechtigter**, z.B. der Berechtigte von Dienstbarkeiten (z.B. Geh- und Fahrrecht), gibt es keine Änderung: Deren Zustimmung ist weiterhin notwendig[1].

43 Die Regelung ist grundsätzlich zu begrüßen, da es zahlenmäßig häufig dingliche Berechtigte gibt, die regelmäßig kein Interesse an der Änderung der Gemeinschaftsordnung haben, da sie wirtschaftlich nicht betroffen sind. Zu beachten ist jedoch, dass das WEG kein gesetzlich definiertes Sondernutzungsrecht kennt, da dieser Begriff erst durch die Rechtspraxis und Rechtsprechung erarbeitet wurde. Nach der Rechtsprechungsdefinition handelt es sich um ein Nutzungsrecht am Gemeinschaftseigentum unter Ausschluss der übrigen Wohnungseigentümer vom Mitgebrauch. Damit ist eine Abgrenzung zu bloßen Gebrauchsregelungen, die durch Mehrheitsbeschluss (gem. § 15 Abs. 2 WEG) getroffen werden können, häufig schwierig. Hier sei nur auf die Abgrenzung zwischen Sondernutzungsrecht und Vermietung hingewiesen[2].

44 Festzuhalten ist damit, dass eine **Änderung der Gemeinschaftsordnung**, die nicht in das Grundbuch eingetragen wird, keiner Zustimmung der im Grundbuch eingetragenen Gläubiger bedarf. Sie können ihre Rechte trotzdem durchsetzen. Da ein **Erwerber** im Zwangsversteigerungsverfahren an die im Grundbuch nicht eingetragene Änderung nicht gebunden ist (§ 10 Abs. 2 WEG), werden die Gläubiger in ihrem Verwertungsinteresse nicht berührt. Nach einer allerdings isoliert gebliebenen Meinung soll hier eine **Gläubigerzustimmung** niemals erforderlich sein[3]. Nach der h.M. kann im Einzelfall eine Gläubigerzustimmung notwendig werden. Ausgangspunkt sind die §§ 877, 876 BGB, die allerdings innerhalb des BGB nur einen eng begrenzten Anwendungsbereich haben, da sie sich dort nur auf Rechte an Grundstücken, nicht auf das Grundstückseigentum selbst beziehen. Ihre analoge Anwendung auf das WEG steht außer Frage[4]. Dagegen ist für die

---

1 Siehe Rz. 41.
2 Vgl. *Sauren* WEG 4. Aufl., § 10 Rz. 56.
3 *Ertl* DNotZ 1979, 267, 283.
4 Eine Gläubigerzustimmung halten für erforderlich: BayObLG DNotZ 1975, 31 (34); BayObLG Rpfleger 1980, 111; OLG Frankfurt Rpfleger 1975, 309; *Staudenmaier* BWNotZ 1975, 171; *Weitnauer/Lüke* § 10 Rz. 50; *Bärmann/Pick/Merle* § 10 Rz. 56; generell abgelehnt wird das Zustimmungserfordernis von *Ertl* DNotZ 1979, 283; ausführlich zu diesen Fragen *Röll* Rpfleger 1980, 92; *Röll* WE 1992, 244, 246; vgl. auch *Schmack* ZWE 2001, 89.

weite Auslegung der Vorschriften über die Aufhebung und Änderung von Rechten bei Grundstücken (§§ 876, 877 BGB) wie sie die herrschende Meinung im ursprünglichen Anwendungsbereich dieser Bestimmungen vertritt[1], im WEG-Bereich kein Platz. Würde man diese Vorschriften wörtlich nehmen, so wäre z.b. für die Änderung des Lastenverteilungsschlüssels oder eine Neuordnung des Stimmrechts die Zustimmung eines Dienstbarkeitsberechtigten notwendig, dem ein Starkstromleitungsrecht zusteht. Ausgangspunkt für die Auslegung kann hier nur der Gesetzeszweck sein, dass die Vorschriften über die Aufhebung und Änderung von Rechten bei Grundstücken (§§ 876, 877 BGB) die Gläubiger schützen wollen. Dies bedeutet, dass eine Zustimmung notwendig ist, wenn nicht ausgeschlossen werden kann, dass eine Vereinbarung die Gläubiger beeinträchtigen könnte. Wird aber eine solche Beeinträchtigung verneint, so sollte die Vereinbarung zustimmungsfrei bleiben[2]. Eine Überspannung des Zustimmungserfordernisses kann bewirken, dass die Wohnanlage in einem veralteten Zustand bleibt oder als „Streit- und Händelhaus" alten Stils unverwaltbar wird. Das wäre auch für die Gläubiger nicht vorteilhaft. Die Frage der Zustimmungsbedürftigkeit ist nicht für alle Belastungen gleich zu beantworten. Besteht nach Treu und Glauben ein Anspruch auf Änderung der Gemeinschaftsordnung, so bedarf es keiner Gläubigerzustimmung[3].

1.4.2.2. Zustimmungsbedürftigkeit bei einzelnen Belastungen

Grundpfandrechte haben das Recht zum Gegenstand, wegen einer Geldforderung Befriedigung aus dem Grundstück im Wege der Zwangsvollstreckung zu suchen (§§ 1113 Abs. 1, 1191 Abs. 1 BGB). Eine Vereinbarung (nach § 10 Abs. 1, 2 WEG) ist daher im Hinblick auf Grundpfandrechte nicht mehr zustimmungspflichtig, es sei denn, ein Sondernutzungsrecht ist betroffen (wie vor). Das für Grundpfandrechte Gesagte gilt auch für **Reallasten**.

45

Dagegen ist eine Zustimmung der Inhaber von **Dienstbarkeiten** zu Änderungen der Gemeinschaftsordnung in keinem Fall erforderlich. Ganz eindeutig ist dies, wenn die Dienstbarkeit am ganzen Grundstück eingetragen ist. Eine Vereinbarung der Wohnungseigentümer kann das Recht überhaupt nicht berühren, da es gegen jeden Wohnungseigentümer durchsetzbar ist. Aber auch wenn die Dienstbarkeit nur eine einzelne Wohnung betrifft, z.B. ein Wohnungsrecht (s. § 1093 BGB) gilt das Gleiche. Zwar kann die Änderung der Gemeinschaftsordnung Rechtsverhältnisse betreffen, die auch Gegenstand der Dienstbarkeit sind, z.B. Benutzungsfragen. Solche nachträglichen Änderungen können das dingliche Recht nicht berühren. Der Dienstbarkeitsberechtigte ist so zu stellen, als sei die Änderung nicht eingetreten. Die Dienstbarkeit erfasst das Wohnungseigentum in seiner

46

---

1 *Palandt/Bassenge* § 877 Rz. 2.
2 BayObLG DNotZ 1975, 31, 34.
3 OLG Hamburg FGPrax 1995, 31 = WE 1995, 218.

bisherigen Struktur. Mit Wirkung gegen den Dienstbarkeitsberechtigten ist eine Änderung nur mit seiner Zustimmung möglich. Dagegen sollte es den Wohnungseigentümern nicht verwehrt sein, ihre Gemeinschaftsordnung – unbeschadet der Rechte des Dienstbarkeitsberechtigten – zu ändern.

47 Für **Nießbrauchsrechte** gilt grundsätzlich das Gleiche wie bei Dienstbarkeiten. Hier geht es allerdings nicht nur um die Benutzung, sondern auch um die Lastenverteilung. Eine Zustimmung des Nießbrauchers kann daher notwendig sein. Die Rechtsprechung verlangt eine Zustimmung zur Änderung des Kostenverteilungsschlüssels[1]. Damit wird bei Bestehen von Nießbrauchsrechten der Berechtigte der vorgesehenen gesetzlichen Änderung auch durch Mehrheitsbeschluss (z.B. § 12 Abs. 4, § 16 Abs. 3, § 21 Abs. 7, § 22 Abs. 2 WEG) zusätzlich zustimmen müssen. Damit werden in Zukunft Verwalter, bevor sie einen solchen Beschluss verkünden dürfen, prüfen müssen, ob ein Nießbrauchsrecht besteht. Im Gerichtsverfahren ist eine Anfechtung aufgrund der fehlenden Zustimmung des Nießbrauchers erfolgreich, sogar spätere Anfechtungen, da außenstehende Dritte betroffen sind. Die Zustimmung von Berechtigten aus **Auflassungsvormerkungen** ist immer dann notwendig, wenn der spätere Eigentümer bei der Vereinbarung beteiligt wäre[2]. **Bei Vorkaufsrechten** ist die Zustimmung des Berechtigten zur Vereinbarung nicht erforderlich. Auf Grund allgemeiner Grundsätze hat er ein Recht auf Erwerb nur in dem Zustand und zu den Bedingungen, die sich aus dem späteren Verkauf ergeben.

1.4.3. Sondernutzungsrechte, insbesondere an Pkw-Stellplätzen[3]

48 **Sondernutzungsrechte** sind gesetzlich nicht kodifizierte Nutzungsrechte. Fast immer beziehen sie sich auf das gemeinschaftliche Eigentum, auf eine Grundstücksfläche, einen Gebäudebestandteil oder einen Raum. Sie können aber auch an einem fremden Grundstück entstehen, wenn die Gemeinschaft hieran ein Recht hält. An im Grundbuch eingetragenen Sondernutzungsrechten ist ein **gutgläubiger Erwerb** nach § 892 BGB möglich[4].

Beispiel:
Grunddienstbarkeit der Gemeinschaft an Stellplatz auf Nachbargrundstück[5].

---

1 BGHZ 127, 99 (105); BayObLG NZM 2003, 853; A.A. *Staudinger/Bub* § 21 Rz. 266 m.w.N.
2 BayObLG Rpfleger 1974, 314, 315 = DNotZ 1975, 31, 33.
3 Hierzu ausführlich *Häublein*, Sondernutzungsrechte und ihre Begründung im Wohnungseigentumsrecht 2003; *Ott*, Das Sondernutzungsrecht im Wohnungseigentum 2000; *Bornemann*, Der Erwerb von Sondernutzungsrechten im Wohnungseigentum 2000.
4 BayObLG Rpfleger 1989, 503 = WE 1990, 176; *Röll* Festschrift f. Seuß 1987, 233 (238); *Ertl* Festschrift f. Seuß 1987, 151.
5 OLG Köln NJW-RR 1982, 853.

Sie begründen kein Sondereigentum, wirken aber durch Grundbucheintragung gegen alle Eigentümer (§§ 5 Abs. 4, 10 Abs. 2 WEG), stehen also, wenn auch nicht rechtlich, so doch praktisch dem Sondereigentum nahe. Sie haben zwei Komponenten, eine negative, welche die anderen Eigentümer von der Benutzung und dem Mitgebrauch ausschließt, und eine positive, die einem oder mehreren Eigentümern die Alleinbenutzung und den Alleingebrauch erlaubt. Nach der Rechtsprechung des BGH[1] stellt das Sondernutzungsrecht eine Änderung des Mitgebrauchs (i.S.d. § 13 Abs. 2 WEG) dar und keine Gebrauchsregelung des Wohnungseigentümers (i.S.v. § 15 WEG). Nach der Rechtsprechung ist die Abgrenzung dahingehend vorzunehmen, dass bei Zuweisung einer bestimmten Fläche an jeden Wohnungseigentümer mit Turnusnutzung und der Vermietung an einen oder einige Wohnungseigentümer eine Gebrauchsregelung (i.S.v. § 15 Abs. 2 WEG) vorliegt[2].

Sondernutzungsrechte können nur einem Wohnungseigentümer, nicht einem Außenstehenden zustehen[3]. Sie müssen nicht über das gemeinschaftliche Eigentum zugänglich sein, ein Zugang über das Sondereigentum genügt[4]. Es kann jedoch vereinbart werden, dass die von ihnen genutzten Flächen von anderen Eigentümern zu bestimmten Zwecken betreten werden dürfen, z.B. als Zugangsweg[5].

Wegen Änderung des Gesetzes (§ 13 Abs. 2 WEG) bedarf die **Begründung eines Sondernutzungsrechts** einer Vereinbarung oder eines durch Öffnungsklausel zugelassenen Beschlusses[6]. In der Regel werden Sondernutzungsrechte schon vom Bauträger in der mit der Teilungserklärung verbundenen Gemeinschaftsordnung (§ 8 WEG) begründet. Hierbei gibt es zwei Verfahren: Die „**konventionelle Methode**", die von vornherein die Sondernutzungsrechte mit dem Sondereigentum an bestimmten Wohnungen verbindet, und die „**neue Methode**", bei der in der Teilungserklärung zunächst nur die **negative Komponente** festgelegt wird, also vor allem die betroffene Fläche[7], ihre Einteilung und die Art der Nutzung[8]. Wem die **positive Befugnis** der Alleinnutzung zufallen soll, bestimmt der Bauträger dann beim Verkauf der einzelnen Wohnungen. Nach der hier vertretenen Ansicht bedarf diese Zuordnung zu ihrer endgültigen Wirksamkeit der Eintragung in das Grundbuch, aber nur im Grundbuchblatt der begünstigten Eigentumswoh-

49

---

1 BGH NJW 2000, 3500.
2 BGH NJW 2000, 3211.
3 BGH NJW 1979, 548 = BGHZ 73, 145; *Weitnauer* DNotZ 1990, 385, 388.
4 OLG Frankfurt NJW-RR 1987, 1163.
5 KG NJW-RR 1990, 333 = WE 1990, 90.
6 BGH NJW 2000, 3500.
7 OLG Hamm FGPrax 1998, 49 = WE 1999, 111.
8 LG Bielefeld Rpfleger 1993, 241.

nung[1]. Diese Art der Zuweisung bedarf keiner Zustimmung anderer Wohnungseigentümer oder ihrer Grundpfandrechtsgläubiger, da durch die bereits vorhandene negative Komponente die anderen Eigentümer von der Nutzung von vornherein ausgeschlossen sind, ein Rechtsverlust also nicht eintritt[2]. Wurden die Sondernutzungsrechte nach der konventionellen Methode begründet und will der Bauträger die Zuordnung der Rechte zu den einzelnen Wohnungen ändern, so bedarf er hierzu keiner Zustimmung anderer Wohnungseigentümer oder ihrer Gläubiger. Dieser Vorgang ist analog der Veräußerung von Sondernutzungsrechten zu behandeln (s. unten).

In Ausnahmefällen können auch Sondernutzungsrechte am **Sondereigentum** eines Wohnungseigentümers begründet werden[3]. Sie dürfen jedoch nicht dem Wesen des Wohnungseigentums widersprechen, insbesondere dürfen sie nicht zu einer Aushebelung der Vorschriften über das Abgeschlossenheitserfordernis (§ 3 Abs. 2 WEG) führen.

50 Die **nachträgliche Begründung** neuer Sondernutzungsrechte bedarf grundsätzlich der Zustimmung aller Wohnungseigentümer und ihrer Grundpfandrechtsgläubiger, da das gemeinschaftliche Eigentum[4] betroffen ist[5]. Hierbei können die landesrechtlichen Vorschriften über das Unschädlichkeitszeugnis analog angewendet werden[6]. Das Unschädlichkeitszeugnis des Gerichts ersetzt dann die Gläubigerzustimmung. Die **Abtretung** eines Sondernutzungsrechts kann nur innerhalb der Eigentümergemeinschaft erfolgen und bedarf keiner Zustimmung der anderen Eigentümer oder ihrer Gläubiger[7]. Das Gleiche gilt für die Verschiebung[8] der Grenzen zweier Sondernutzungsrechte[9].

51 Die **Aufhebung** eines Sondernutzungsrechts bedarf grundsätzlich eines Vertrages nach § 10 Abs. 1 und 2 WEG. Nach dem LG Augsburg[10] genügt

---

1 BayObLG DNotZ 1986, 479 = BayObLGZ 1985, 378; BayObLG Rpfleger 1990, 63 = WE 1991, 52; OLG Hamm DNotZ 2000, 210 = ZWE 2000, 80; LG Stuttgart BWNotZ 1990, 43 hält eine Grundbucheintragung nicht für erforderlich.
2 BayObLG DNotZ 1986, 479 = BayObLGZ 1985, 378; OLG Düsseldorf NJW-RR 1987, 1491 = DNotZ 1988, 35 = WE 1988, 58; OLG Düsseldorf Rpfleger 1993, 193; OLG Frankfurt Rpfleger 1998, 20 = WE 1998, 68; *Ludwig* BWNotZ 1987, 164; *Ertl* DNotZ 1988, 4.
3 OLG Zweibrücken Rpfleger 1990, 19 = WE 1990, 56; OLGZ 1990, 51; *Ertl* DNotZ 1988, 4, 11.
4 BGH NJW 1984, 2409 = BGHZ 91, 343; BayObLG DNotZ 1975, 31 = BayObLGZ 1974, 217; OLG Frankfurt OLGZ 1986, 38; BayObLG ZWE 2000, 261.
5 Siehe Rz. 41 ff.
6 BayObLG NZM 2003, 853; NJW-RR 1988, 592 = WE 1988, 142 = BayObLGZ 1988, 1.
7 BGH NJW 1979, 548 = DNotZ 1979, 168 = BGHZ 73, 145.
8 BayObLG DNotZ 1999, 672.
9 Vertragsmuster für Verkauf des Sondernutzungsrechts an PKW-Stellplatz siehe Teil E Rz. 16.
10 LG Augsburg MittBayNot 1990, 175; a.A. OLG Düsseldorf Rpfleger 1996, 65 = WE 1995, 373; OLG Hamm WE 1997, 26 = MittRhNotK 1997, 135; *Weitnauer/Lüke* § 15 Rz. 37.

der einseitige Verzicht des Berechtigten, da die positive Komponente ihm allein zusteht und der Verzicht auf die negative Komponente für die anderen Eigentümer nur vorteilhaft ist. Grundsätzlich bedarf es aber der Zustimmung der Grundpfandrechtsgläubiger der betroffenen Wohnung[1]. Die Löschung des Sondernutzungsrechts im Grundbuch bedarf jedoch nur der Bewilligung des Berechtigten (§ 19 GBO)[2], nicht der Zustimmung anderer Eigentümer.

Sondernutzungsrechte werden in der Regel nur zu bestimmten **Nutzungsarten** ermächtigen, z.B. zum Abstellen eines Pkw, oder aber die Benutzung in jeder Beziehung erlauben[3]. Letzteres kommt nach dem Beschluss des BayObLG vom 4.2.1982[4] vor allem bei **Doppelhäusern** in Betracht, wo nach dem Inhalt der Gemeinschaftsordnung beide Wohnungseigentümer in ihrem Bereich wie Alleineigentümer stehen wollen. Nach der eben erwähnten Entscheidung des BayObLG kann hier jeder Eigentümer z.B. bauliche Maßnahmen vornehmen und ist nur an die Beschränkungen des öffentlichen Baurechts gebunden, die Vorschriften des Nachbarrechts (§§ 905 ff. BGB, Art. 124 EGBGB) sind dann zwischen beiden Sondernutzungsbereichen anwendbar, dies gilt vor allem für die Bepflanzung der Sondernutzungsfläche und wegen des Grenzzauns[5].

52

Ist dagegen das Sondernutzungsrecht auf eine bestimmte Nutzungsart beschränkt, so darf der Berechtigte eine andere Nutzung nur vornehmen, soweit es die anderen Wohnungseigentümer nicht mehr beeinträchtigt, als die vorgesehene Nutzungsart.

Eine **Bebauung** ist dem Berechtigten grundsätzlich untersagt[6], nach dem BayObLG selbst dann, wenn er nach der Vereinbarung „wie mit Sondereigentum" verfahren darf[7]. Bei einem Pkw-Abstellplatz darf der Berechtigte keinen Carport errichten[8] und Absperrpfähle[9] nur anbringen, soweit dies die anderen Eigentümer nicht beeinträchtigt, sowie nur unter der gleichen Voraussetzung seinen Stellplatz einzäunen oder darauf ein Wohnmobil dauernd abstellen[10]. Das Nutzungsrecht an einem Garten berechtigt zur Er-

53

---

1 Siehe Rz. 41 ff.
2 BGH NJW 2000, 3643 = ZWE 2001, 63.
3 BayObLG Rpfleger 1981, 299 = BayObLGZ 1981, 56; BayObLG Rpfleger 1982, 219 = BayObLGZ 1982, 69; BayObLG DNotZ 1999, 672; LG Wuppertal Mitt-RhNotK 1989, 17; KG Rpfleger 1983, 20 = OLGZ 1982, 436 (mit Ausnahme der Bebauung).
4 BayObLG Rpfleger 1982, 219 = BayObLGZ 1982, 69; ebenso im Hinblick auf die Gartengestaltung Schmid DWE 1987, 74, 78.
5 OLG Hamburg DWE 1984, 91.
6 OLG Frankfurt ZWE 2006, 243; BayObLG DNotZ 1990, 381 = WE 1990, 176; KG OLGZ 1982, 436.
7 BayObLG NJW-RR 1988, 591.
8 BayObLG NJW-RR 2000, 226.
9 BayObLG Rpfleger 1982, 15.
10 BayObLG WE 1992, 348.

richtung eines Gartenhauses[1] nur, soweit es die anderen Eigentümer nicht beeinträchtigt, die Bepflanzung mit Bäumen oder Sträuchern ist nur unter der gleichen Voraussetzung zulässig[2], ebenso die Errichtung eines Zaunes. Das Fällen eines Baumes kann der Zustimmung aller Eigentümer bedürfen[3]. Die nachbarrechtlichen Vorschriften hierzu können in der Regel wegen der Enge des Raumes nicht sinnvoll sein und sind daher nicht analog anzuwenden[4]. Die Aufstellung eines Schaukelgerüsts ist aber wohl zulässig[5], ebenso das Anlegen eines Steingartens[6]. Der Sondernutzungsberechtigte an einer Terrasse darf in der Regel dort keinen Oldtimer-Pkw dauernd aufstellen[7] oder eine Verglasung vornehmen[8]. Die Ausübung des Sondernutzungsrechts kann auch einem Dritten überlassen werden[9], z.B. einem Mieter, Kunden oder Besuchern. Bei Stellplätzen, die einem Teileigentum an einem Laden zugeordnet sind, wird eine solche Nutzung die Regel sein. Die Überlassung der Benutzung darf nicht durch Mehrheitsbeschluss (Hausordnung) beschränkt werden[10], und auch nicht durch Absperrmaßnahmen unmöglich gemacht werden[11].

54 Grundsätzlich obliegt der Wohnungseigentümergemeinschaft die **Instandhaltung und Instandsetzung** des Gegenstandes des Sondernutzungsrechts, soweit dieser zum gemeinschaftlichen Eigentum gehört (§ 16 Abs. 2 WEG)[12]. Die Gemeinschaftsordnung kann jedoch diese Pflichten dem Inhaber des Sondernutzungsrechts auferlegen. Aus der Natur der Sache kann sich auch ergeben, dass dieser auch ohne eine solche Bestimmung unterhaltspflichtig ist, z.B. hinsichtlich der gärtnerischen Instandhaltung und Instandsetzung wegen eines Gartens, an dem einem Wohnungseigentümer das alleinige Nutzungsrecht zusteht[13]. Gleiches kann wegen der Verkehrssicherungspflicht gelten[14]. Dies gilt aber nicht für die große Instandhaltung[15].

54a Nachfolgend wird in **ABC-Form** eine Übersicht für Fälle gegeben, bei denen eine Abänderung der Teilungserklärung bzw. der Gemeinschaftsord-

---

1 BayObLG NJW-RR 1992, 975; ZWE 2000, 356.
2 KG NJW-RR 1987, 1360 = WE 1987, 197 = OLGZ 1987, 410; BayObLG WE 1988, 70.
3 BayObLG ZWE 2001, 22; ZMR 2001, 565.
4 Teilweise a.A. BayObLG NJW-RR 1987, 846 = WE 1988, 23; OLG Hamm NJW-RR 2003, 230.
5 OLG Düsseldorf NJW-RR 1989, 1167 = WE 1990, 24.
6 BayObLG ZWE 2001, 109.
7 BayObLG Rpfleger 1982, 15.
8 BayObLG DWE 1992, 123 = WE 1993, 279.
9 KG FGPrax 1996, 55 = WE 1996, 82.
10 A.A. KG NJW-RR 1996, 586 = WE 1996, 233.
11 KG FGPrax 1996, 55.
12 BayObLG NZM 1998, 818; *Bielefeld* WE 1997, 168.
13 BayObLG DWE 1985, 95; LG Frankfurt DWE 1993, 32; AG Duisburg DWE 1996, 43.
14 AG Duisburg DWE 1996, 43.
15 BayObLG DWE 1996, 77; LG Frankfurt DWE 1993, 32.

nung bejaht bzw. verneint worden ist (Ja = Abänderung möglich, Nein = Abänderung nicht möglich):

- Belästigung durch **Falschparker** für Beseitigung eines **Absperrpfostens**[1] **(nein)**;
- Das **Älterwerden** eines Wohnungseigentümers für die Freistellung von Schneeräumarbeiten **(nein)**[2];
- Die Anschaffung einer **Abwasserhebeanlage**[3] **(nein)**;
- Der **Ausbau** von **Dachräumen**[4], selbst wenn 22 % mehr zu zahlen sind oder wenn Teileigentum nicht als Schwimmbad genutzt wird[5], ebenso bei mehr als 7 % Kosten[6] **(nein)**;
- Die Beteiligung an Aufzugskosten, auch von Miteigentümern in Häusern ohne **Aufzug**[7] **(nein)**;
- Eine von Teilungserklärung bzw. dem Aufteilungsplan abweichende **Baugestaltung**[8] **(nein)**;
- Bei Ehescheidung für Schließung eines **Durchbruchs** von 2 Einheiten[9] **(ja)**;
- Dass die Kosten sich erhöht haben für den Betrieb eines **Fitness-Centers** in einem in der Teilungserklärung bezeichneten Schwimmbad[10] oder allein die Nichtbetreibung des **Schwimmbades**[11] **(nein)**;
- Bei **Grillplatz**, dass er sich vor dem Schlafzimmer befindet und verrottet ist **(ja)**[12];
- Dass zu einem **Kellerabteil** Miteigentumsanteile gehören, zu einem anderen aber nicht **(nein)**[13];
- Eine um 50 % höhere **Kosten**belastung gegenüber einem anderen Wohnungseigentümer **(nein)**[14]; Mehrbelastung von 30 %[15] **(nein)**; eine unrichtige Miteigentums-Quote wegen Erstellung einer Doppelgarage[16] **(ja)**; 15[17] bzw. 12 %[18] mehr **Kosten** bei sachgerechter Aufteilung **(nein)**; We-

---

1 BayObLG NZM 1999, 29.
2 BayObLG ZMR 1986, 319, 320.
3 BayObLG WE 1987, 14.
4 BayObLGZ 1984, 50; OLG Düsseldorf NJW-RR 1998, 1547.
5 OLG Düsseldorf DWE 1998, 137.
6 OLG Zweibrücken NJW-RR 1999, 886.
7 OLG Frankfurt DWE 1983, 61; offengelassen von OLG Köln Entscheidung v. 6.12.1989 – 16 Wx 130/89.
8 KG ZMR 1999, 64.
9 BayObLG WE 1997, 438.
10 BayObLG ZMR 1988, 346.
11 OLG Düsseldorf NZM 1999, 82.
12 BayObLG ZMR 2001, 909.
13 BayObLG WuM 1997, 289.
14 BayObLG NZM 2001, 290.
15 OLG Köln ZMR 2002, 153.
16 OLG Frankfurt Rpfleger 1978, 380.
17 OLG Düsseldorf ZMR 2001, 378.
18 BayObLG NZM 2000, 301.

Teil B Verwaltung der Wohnungseigentumsanlage

gen Unterteilung nun statt einem zwei Anteile von drei für Aufzugskosten[1] (nein); **Kosten**mehrbelastung von 59 bzw. 31 %[2] (nein); Mehrbelastung von 25 %[3] (ja). Nach der Vorstellung des Gesetzgebers soll diese 25 %-Grenze verbindlich sein. Bei der Gesetzesauslegung ist aber in erster Linie vom Wortlaut auszugehen, der aber hierfür nichts hergibt. Daher kann eine 25 %-Grenze auch zukünftig nicht angenommen werden, da diese auch zu niedrig wäre.

- Bei Anbringung eines **Kaltwasserzählers**, wenn sich die Verhältnisse nachhaltig geändert haben[4] (ja);
- Die Einhaltung der Ladenschlusszeiten und „gehobenes Niveau" für den Betrieb eines **Spielsalons** in einem **Laden**[5] (nein);
- Die Nichtberücksichtigung **des Leerstehens von Wohnungen** bei der Kostenverteilung[6], insbesondere das vorübergehende Leerstehen[7] (nein);
- Die abstrakte Gefahr der **Majorisierung** oder des **Ungleichgewichts**[8] (nein);
- Bei niedrigeren Kosten im 10-Jahresvergleich bei Installationen von **Messeinrichtungen** soll Anspruch auf Abänderung der Abrechnung der Warmwasserkosten bestehen[9] (ja);
- Erheblicher Anstieg der **Müllgebühren**[10] (nein);
- Bei Parabolantenne, wenn der Mieter Informationsbedürfnis hat[11] (ja);
- Größerer **Raumbedarf** wegen Pflegebedürftigkeit für Umwandlung von Teileigentum in Wohnungseigentum[12] (nein);
- Der Wegfall **eines Sondernutzungsrechtes**, wenn die Änderung keine Verbesserung bringt[13] (nein); Einräumung eines **Sondernutzungsrechtes**, wenn Rechtsvorgänger dies mit der Gemeinschaft so gehandhabt hat[14] (nein);
- Nachträgliche, von allen Beteiligten als sinnvoll empfundene Nichtbeheizung der **Tiefgarage**[15] (ja);

---

1 BayObLG ZMR 2001, 821.
2 OLG Frankfurt/Main NZM 2001, 140.
3 KG DWE 2004, 98.
4 OLG Düsseldorf NJW 1985, 2837.
5 OLG Zweibrücken NJW-RR 1988, 141.
6 BayObLG MDR 1978, 673; OLG Hamm OLGZ 1982, 10, 29 ff.
7 OLG Schleswig WuM 1996, 785.
8 KG WE 1994, 370.
9 OLG Köln WuM 1996, 621, bedenklich.
10 BayObLG WE 1994, 282.
11 OLG Hamm ZMR 2002, 538, abzulehnen.
12 OLG Hamm DWE 2000, 85.
13 OLG Karlsruhe WuM 1999, 178.
14 OLG Hamm NZM 2000, 662.
15 OLG Hamburg WEZ 1987, 217.

- Wenn ein 48/1000 Miteigentumsanteil von 78/1000 für eine geplante **Tiefgarage** vorratsweise verbunden worden war mit einem Wohnungseigentum und die Tiefgarage nicht gebaut wird[1] **(ja)**;
- Übernahme von Miteigentumsanteilen, wenn **Tiefgarage** nicht gebaut wird ohne Ausgleichszahlung[2] **(ja)**;
- Bei mehr als 14 jähriger Duldung der **Umwandlung** von Teil- in Wohnungseigentum[3] **(nein)**;
- Erheblicher Anstieg der **Wassergebühren**[4] **(nein)**;
- Eine erhebliche Abweichung des Kostenverteilungsschlüssels (nicht aber **des Stimmrechts**)[5] vom Verhältnis der Nutzfläche[6] **(ja)**. Z.B. müssen nach der Gemeinschaftsordnung von den Eigentümern 94,9 % der Kosten getragen werden, die Schäden aber das Teileigentum betreffen[7]. Das BayObLG hat folglich bei einem Abweichen von nahezu des Dreifachen einer ansonsten sachgerechten Kostenverteilung einen Anspruch bejaht, aber bei etwa 22 % verneint[8] oder bei 62,77 % Kosten und 42,2 % Kosten vorher ebenfalls verneint[9], aber bei einer Nutzfläche von 40 % und Kosten von 75 % bejaht[10];
- Wenn **Zähler** schon vorhanden sind und 9 Jahre lang schon so abgerechnet wird[11] **(ja)**.

1.5. Benutzungsprobleme[12]

1.5.1. Benutzung des Sondereigentums im Allgemeinen

Jeder Wohnungseigentümer kann, soweit nicht das Gesetz oder **Rechte Dritter** entgegenstehen, mit den in seinem Sondereigentum stehenden Gebäudeteilen nach Belieben verfahren, insbesondere diese bewohnen, vermieten, verpachten oder in sonstiger Weise nutzen und andere von Einwirkungen ausschließen (§ 13 Abs. 1 WEG). Hieraus ergibt sich, dass das **Sondereigentum echtes Eigentum** im Sinne des BGB darstellt. Das WEG (§ 13) ist insoweit nur eine besondere Ausgestaltung des Grundsatzes des BGB's (§ 903). Die dortigen Grundsätze sind daher auch auf das Wohnungseigentum anwendbar, soweit das WEG nicht eine Sonderregelung trifft.

55

---

1 BayObLG NJW-RR 1987, 714, 715.
2 BayObLG ZMR 2002, 291.
3 LG Wuppertal NJW-RR 1986, 1074.
4 BayObLG WE 1994, 282.
5 OLG Karlsruhe NJW-RR 1987, 975; siehe hierzu *Sauren* FS B/W, S. 531.
6 BayObLG NJW-RR 1992, 342.
7 KG NJW-RR 1991, 1169.
8 BayObLG WuM 1995, 217.
9 BayObLG NZM 1999, 31.
10 BayObLG WE 1995, 378.
11 OLG Köln NZM 1998, 484.
12 Vgl. hierzu *Kunz* DWE 1994, 46.

Teil B Verwaltung der Wohnungseigentumsanlage

56 In welcher Weise das Sondereigentum **genutzt** werden darf, ergibt sich aus dem Gesetz und der Gemeinschaftordnung. Soweit nicht unabdingbare gesetzliche Vorschriften betroffen sind, geht die Gemeinschaftsordnung vor. Häufig enthalten sowohl die Gemeinschaftsordnung, als auch der Aufteilungsplan Hinweise auf die Art der Benutzung. So kann es z.B. in der Gemeinschaftsordnung heißen: „Das Teileigentum Nr. 1 ist zur gewerblichen Benutzung bestimmt", während im Aufteilungsplan die Räume mit „Blumenladen" bezeichnet sind. Dann ist grundsätzlich jede gewerbliche Nutzung gestattet, die Bezeichnung als Blumenladen kommt nur zufällig von der ersten geplanten Nutzung.

57 Besteht so ein Widerspruch, so geht die **Gemeinschaftsordnung** vor; denn sie soll die grundsätzliche Regelung enthalten[1]. Man spricht hier von dem „Vorrang der Gemeinschaftsordnung", also der Teilungserklärung vor der Erklärung im Aufteilungsplan[2]. Manchmal kann allerdings die Bezeichnung im Aufteilungsplan ein Auslegungsbehelf sein, insbesondere dann, wenn die Gemeinschaftsordnung keine Bestimmung über die Nutzung enthält. Sie ist damit eine Gebrauchsregelung mit Verbindlichkeit und nicht nur ein Vorschlag[3]. Demgegenüber wird bei Verwendung eines sog. **Eingabeplans** regelmäßig kein Verbindlichkeitscharakter angenommen[4]. Die Bezeichnung einzelner Räume, z.B. Arbeitszimmer, Büro oder Küche, in einem bereits bestimmten Sondereigentum, wie Wohnung oder Laden, ist kein bindender Nutzungsvorschlag[3]. Eine Gebrauchsregelung in der Gemeinschaftsordnung geht einer Bezeichnung im Aufteilungsplan, selbst wenn sie nach dem vorher gesagten einen Verbindlichkeitscharakter hat, vor[5]. Werden auf derselben Regelungsebene mehrere sich nicht widersprechende Zwecke genannt, so ist der umfassendere maßgeblich, bei Widerspruch ist die Gebrauchsregelung unwirksam und es gilt die weitest mögliche Nutzung im Zweifel im Rahmen der öffentlich-rechtlichen zulässigen Bestimmungen[6].

58 In manchen Gemeinschaftsordnungen ist bestimmt, dass eine andere Nutzung als die in der Gemeinschaftsordnung vorgeschriebene nur mit **Zustimmung des Verwalters** zulässig ist. Man spricht hier von der „Letztentscheidung des Verwalters". Derartige Regelungen werden nach der Rechtsprechung nicht anerkannt[7]. Nach seiner Ansicht bedarf es neben der Zustimmung des Verwalters noch der Zustimmung aller Wohnungseigentümer, wenn die Nutzung nach dem Gesetz nur im Einverständnis aller er-

---

1 OLG Stuttgart WE 1990, 107 = DWE 1990, 144; OLG Frankfurt DWE 1993, 77 = OLGZ 1993, 299; BayObLG WE 1997, 158.
2 BayObLG GuT 2004, 27 = WuM 2004, 117 = MietRB 2003, 41.
3 OLG Schleswig NZM 1999, 79.
4 BayObLG WuM 2004, 357.
5 OLG Düsseldorf ZMR 2004, 448.
6 KG NZM 2000, 387.
7 BGH NJW 1996, 1216; BayObLG WE 1997, 319; OLG Zweibrücken NJW 1992, 2899; a.A. OLG Köln DWE 1997, 33.

folgen darf. Diese Ansicht ist abzulehnen. Was für einen Sinn sollte denn eine Verwalterzustimmung haben, wenn es trotzdem der Zustimmung aller Eigentümer bedarf? Der Wille des Aufteilenden und die Eintragung im Grundbuch sind hier eindeutig: Die Zustimmung des Verwalters soll an Stelle der Zustimmung aller Eigentümer treten, die bei großen Wohnanlagen kaum zu erhalten wäre. Andernfalls müsste der Eigentümer, der die andere Benutzungsart wählen will, gegen die nicht Zustimmenden erst einen Prozess führen. Die Letztentscheidung des Verwalters dient so der Rechtssicherheit und dem Rechtsfrieden.

Wurde eine an sich unzulässige Benutzungsart lange Zeit unwidersprochen praktiziert, dann kann der Unterlassungsanspruch durch den Zeitablauf **verjährt** sein[1]. Dies gilt auch für und gegen Sondernachfolger. Die Regelverjährung beträgt drei Jahre (§ 195 BGB). Die Frist beginnt mit der Kenntnis des Berechtigten oder seiner grob fahrlässigen Unkenntnis von seinem Anspruch, ohne Rücksicht darauf spätestens 10 Jahre nach Entstehung der Forderung (§ 199 Abs. 1 Nr. 2, Abs. 4 BGB). Eine Nutzung ist immer zulässig, wenn alle Eigentümer ihre **Zustimmung** gegeben haben. Eine solche Zustimmung bindet auch die Rechtsnachfolger[2].

59

1.5.1.1. Berufliche oder gewerbliche Nutzung

Für die Art der **erlaubten Nutzung** ist die Grundbuchbezeichnung als „Wohnungseigentum" oder als „Teileigentum" Ausgangspunkt, da damit die Rechtsnatur angelegt wird[3]: Wohnungseigentum ist das Sondereigentum an einer Wohnung in Verbindung mit einem Miteigentumsanteil an dem gemeinschaftlichen Grundstück, zu dem es gehört (§ 1 Abs. 2 WEG), Teileigentum dagegen ist das Sondereigentum an nicht zu Wohnzwecken dienenden Räumen eines Gebäudes in Verbindung mit dem Miteigentumsanteil an dem Grundstück (§ 1 Abs. 3 WEG). Für das Teileigentum kommen in Frage insbesondere gewerbliche Räume wie Läden, Lagerräume, Werkstätten, Praxisräume für freiberuflich Tätige wie Ärzte, Zahnärzte, Anwälte, aber auch Einzel- oder Sammelgaragen, Schwimmhallen, sogar U-Bahn-Stationen[4]. Ist in der Gemeinschaftsordnung oder durch Vereinbarungen eine Zweckbestimmung erfolgt, so gilt ein umfassender Zweck. Dieser kann aber auch aus den Umständen beschränkt sein, z.B. aus dem Charakter der Wohnanlage.

60

Beispiel:
Einziger Laden in reiner Wohnanlage[5]
oder aus der Lage der Räume im Haus

---

1 BayObLG NJW-RR 1993, 1165.
2 BayObLG NJW-RR 1993, 1165; OLG Hamm FGPrax 1996, 92 = WE 1996, 351.
3 A.A. OLG Celle ZWE 2001, 33.
4 LG Frankfurt NJW 1971, 759.
5 BayObLG NJW-RR 1995, 467.

Bei einem **Speicher** im Dachgeschoss darf dieser z.B. nicht zu **Wohnraum** umgebaut werden, selbst wenn es sich um einen Nebenraum zu einer Wohnung handelt[1]. Ansonsten gestattet die Bezeichnung „Gewerbliche Nutzung" oder „Geschäftsraum" alle gesetzlich zulässigen gewerblichen[2] oder sonst vergleichbaren Nutzungen[3]. Bei „Wohnen" bzw. „Für Wohnzwecke" sind alle Nutzungen, welche die anderen Wohnungseigentümer nicht benachteiligen (§ 14 Nr. 1 WEG) erlaubt.

61 Das **Wohnungseigentum** ist gegenüber dem Teilcigentum nicht wesensverschieden[4]. Beide Rechtsformen unterscheiden sich auch nicht durch die Art ihrer tatsächlichen Nutzung. Eine Eigentumswohnung bleibt Wohnungseigentum, auch wenn sie als Büro benutzt wird. Entscheidend ist die Ausgestaltung der Räume[5]. Sind sie als Wohnräume konzipiert, handelt es sich um Wohnungseigentum, andernfalls um Teileigentum. Es ist nicht ausgeschlossen, dass ein Wohnungseigentum oder ein Raum mit der Bezeichnung „Wohnen" oder zu „Wohnzwecken" beruflich oder gewerblich[6] genutzt wird. So ist z.B. nichts dagegen einzuwenden, wenn eine Eigentumswohnung als Atelier für einen Kunstmaler benutzt wird. Dagegen wird z.B. ein lärmerzeugender Betrieb wie eine Druckerei[7] oder gar eine Diskothek nicht zu dulden sein. Das Gleiche gilt für Bordelle[8], da die Verwendung einer Eigentumswohnung für Zwecke der Prostitution sowohl den Verkaufs-, als auch den Mietwert der anderen Wohnungen herabsetzt. Eine Verwendung für freiberufliche Zwecke sollte in der Regel gestattet sein[9], wenn eine unzumutbare Belastung der Bewohner durch Parteiverkehr, Kopiergeräte usw. nicht zu befürchten ist. Eine Verwendung als Architekturpraxis[10], Ingenieurbüro[11] oder Steuerbüro[12] wird wegen des geringen Parteiverkehrs in der Regel zu dulden sein. Der beruflichen Nutzung ist eher zuzustimmen, wenn sich die betreffenden Räume in einem abgetrennten Gebäudeteil mit einem separaten Eingang befinden. Ob die Ein-

---

1 OLG München ZMR 2006, 301.
2 OLG Düsseldorf ZMR 2006, 149.
3 OLG Hamm NZM 2005, 870.
4 *Diester* NJW 1971, 1158; *Röll* Teilungserklärung, S. 5. Hierzu siehe auch Rz. 17.
5 BayObLG DNotZ 1973, 692 = Rpfleger 1973, 139; *Röll* Teilungserklärung, S. 5; *Weitnauer* § 1 Rz. 6a; *Bärmann/Pick/Merle* § 1 Rz. 23.
6 *Bärmann/Pick/Merle* § 13 Rz. 46 will die gewerbliche Benutzung von der Zustimmung der Eigentümerversammlung abhängig machen, dagegen die Benutzung für freiberufliche Zwecke gestatten. Dem ist entgegenzuhalten, dass es hier auf den Umfang der Benutzung und die Belästigung der anderen Wohnungseigentümer ankommt. Nicht jede gewerbliche Nutzung ist aber mit viel Lärm und großem Parteiverkehr verbunden.
7 *Bärmann/Pick/Merle* § 13 Rz. 59.
8 BayObLG Rpfleger 1981, 13; KG NJW-RR 1986, 1072 = OLGZ 1986, 422; OLG Frankfurt OLGZ 1990, 419 = DWE 1990, 107; *Bärmann/Pick/Merle* § 13 Rz. 58.
9 KG WE 1995, 19 = NJW-RR 1995, 333; *Bärmann/Pick/Merle* § 13 Rz. 46.
10 KG WE 1995, 19 = NJW-RR 1995, 333.
11 OLG Zweibrücken WE 1997, 473.
12 KG WE 1995, 19 = NJW-RR 1995, 333.

richtung einer Arztpraxis[1] in einer Eigentumswohnung immer erlaubt sein soll, hängt von den Umständen ab[2]. Das Gleiche gilt für die Zahnarztpraxis. Besondere Umstände nach der Rechtsprechung können sein die erhöhte Kundenfrequenz, wie z.B. beim Kinderarzt durch zusätzliche Begleitpersonen[3], Einsehbarkeit von anderen Wohnungen aufgrund der baulichen Gegebenheiten, z.B. als Laubengang[4] oder der Lage im 1. Obergeschoss[5]. Bei der Entscheidung all dieser Fragen kommt es, soweit die Gemeinschaftsordnung keine ausdrückliche Bestimmung trifft, in erster Linie auf den Charakter der Eigentumswohnanlage an. Für eine reine Wohnanlage in schöner, ruhiger Umgebung gelten andere Grundsätze als für ein Haus im Stadtzentrum, das von Anfang an auf gemischtwirtschaftliche Benutzung konzipiert ist.

Selbstverständlich sind Beschränkungen der beruflichen Nutzung dort einzuhalten, wo sie durch die **Gemeinschaftsordnung**, also durch Vereinbarung der Miteigentümer vorgeschrieben sind. Ein Mehrheitsbeschluss der Miteigentümerversammlung reicht hierfür nicht aus. Durch Mehrheitsbeschluss kann die Zweckbestimmung und der Charakter der Wohnanlage nicht verändert werden[6]. Bleibt die Gestattung nach der Gemeinschaftsordnung einem Dritten z.B. dem Verwalter überlassen, so muss er die Entscheidung nach pflichtgemäßem Ermessen ausüben; er darf nicht willkürlich verfahren. Gegen eine pflichtwidrige Verweigerung der Gestattung kann die Entscheidung des Gerichts herbeigeführt werden (nach § 43 Nr. 2 WEG).

62

Bei **Nebenräumen**, die zum Wohnungseigentum gehören, also kein selbständiges Teileigentum sind, ist der Gebrauch als Wohnraum unzulässig[7], wenn nach der Bezeichnung als Keller, Speicher, Spitzboden, Abstell-/Hobbyraum und/oder Ausgestaltung und Lage (z.B. Keller) diese nicht zum dauernden Aufenthalt bestimmt sind. Zugelassen hat deshalb das KG die Umwandlung einer „Kammer" im ausgebauten Dachgeschoss zur vollen Wohnnutzung[8]. Eine großzügige Handhabung ist in Fremdenverkehrsgebieten mit wechselnder Belegung mit Feriengästen möglich[9]. Abgelehnt wird vom BayObLG die Umwandlung von drei Kellerräumen in Sauna, Dusche und WC[10], die Umwandlung von Flur und Speicher im Dachgeschoss in

63

---

1 Nach *Bärmann/Pick/Merle* § 13 Rz. 62 soll eine „normale Arztpraxis" grundsätzlich zulässig sein, so auch AG Hamburg MDR 1957, 43; ablehnend BayObLG ZWE 2000, 189 = FGPrax 2000, 189. Wegen zahnärztlicher Praxis im Erdgeschoss BayObLG Rpfleger 1973, 139 = DNotZ 1973, 691 (Leitsatz).
2 OLG München ZMR 2005, 727.
3 OLG Düsseldorf ZMR 1996, 39.
4 BayObLG ZMR 1980, 125.
5 BayObLG NZM 2001, 137.
6 *Bärmann/Pick/Merle* § 13 Rz. 34 und 58.
7 BGH NJW 2004, 364.
8 KG NJW-RR 1991, 1359.
9 BayObLG ZWE 2001, 27.
10 BayObLG NJW-RR 1992, 272 = WE 1992, 228.

Wohnräume[1]. Das OLG Düsseldorf[2] lässt die Umwandlung von Kellerräumen in Wohnräume nicht zu, gestattet aber nach Lage des Falles die Nutzung als Hobbyraum, ähnlich das gleiche Gericht bei Umwandlung von Dachräumen in eine Wohnung[3]. Abgelehnt wird die Umwandlung eines Hobbyraums in einen Wohnraum[4]. Sollte dies nicht entgegenstehen, ist, wenn es keine sonstige Benachteiligung gibt, z.B. bei Nutzung als Musikzimmer[5] ein Gebrauch nur zum vorübergehenden Aufenthalt möglich[6]. Als sonstiger Nachteil wird auch der ständige Gebrauch als Ferienwohnung, z.B. bei Bodenraum, angesehen[7]. Auf einer Dachterrasse darf kein Dachgarten angelegt werden[8]. Die Benutzung einer Wohnung als Gewerberaum bedarf nicht der Umwandlung der Grundbucheintragung von Wohnungseigentum auf Teileigentum[9]. Das ist nirgendwo im WEG vorgesehen. Soll aber eine solche Eintragung stattfinden, so bedarf sie nach BayObLG der Zustimmung aller Wohnungseigentümer[10]. Das Gleiche gilt auch bei der Umwandlung von Teileigentum in Wohnungseigentum.

64 Aber auch das **Teileigentum** darf nicht für beliebige gewerbliche Zwecke verwendet werden. Zu dieser Frage vertreten die Oberlandesgerichte einen recht formalen Standpunkt. Sie gehen vom Wortlaut der Teilungserklärung aus und lehnen – soweit nicht die Zustimmung aller Eigentümer vorliegt – die Verwendung für andere Zwecke ab. Nicht zugelassen wird, dass eine im Teileigentumsgrundbuch als „Laden" bezeichnete Raumeinheit zu anderen als Verkaufszwecken benutzt wird.

Beispiele:
- Umwandlung eines Ladens in ein Tanzcafé[11], eine Bierbar[12], eine Teestube oder einen Spielsalon[13]
- Umwandlung eines Blumenladens in eine Pilsstube[14]
- Umwandlung eines Café- oder Ziergartens in einen Bierpavillon[15]

Allen diesen Gerichtsentscheidungen ist gemeinsam, dass sie im Ergebnis sicher richtig sind. Die **Umwandlung** eines Ladens in einen gastrono-

---

1 BayObLG DNotZ 1995, 624 = WE 1996, 116.
2 OLG Düsseldorf NJW-RR 1997, 907 = WE 1997, 346.
3 OLG Düsseldorf WE 1997 468 = DWE 1998, 48.
4 BayObLG DWE 1999, 31.
5 BayObLG ZMR 1998, 173.
6 OLG Düsseldorf NJW-RR 1997, 907.
7 OLG Schleswig MDR 2004, 1178.
8 OLG Köln OLGR 2004, 1; ZMR 2000, 59.
9 A.A. OLG Celle ZWE 2001, 33.
10 BayObLG NJW-RR 1989, 652 = Rpfleger 1989, 325 = DNotZ 1990, 42; BayObLG Rpfleger 1991, 500 = WE 1992, 196; a.A. *Hermann* DNotZ 1992, 716.
11 BayObLG Rpfleger 1978, 414 = BayObLGZ 1978, 218.
12 BayObLG Rpfleger 1980, 348.
13 BayObLG Rpfleger 1984, 269; OLG Zweibrücken NJW-RR 1987, 464 = WE 1987, 87; OLG Hamm Rpfleger 1990, 17 = WE 1990, 95.
14 BayObLG Rpfleger 1980, 349.
15 AG Passau Rpfleger 1984, 269.

mischen Betrieb kann für die Wohnungseigentümer eine ganz erhebliche Mehrbelastung darstellen. Für Gaststätten gelten nicht die Ladenschlusszeiten. Lärmbelästigung ist zu befürchten durch Musik-Box, Betrunkene, Autoverkehr bis spät in die Nacht. Das OLG Stuttgart will den Betrieb einer Arztpraxis in einem „Büro" nicht zulassen[1], das OLG Frankfurt nicht einen Ladenraum in einem Waschsalon mit Getränkeausschank[2] zulassen und das BayObLG[3] nicht die Umwandlung eines Schwimmbads in ein Fitness-Center[4].

Bedenklich an den Entscheidungen ist, dass sie auf die **sprachliche Formulierung in der Teilungserklärung** abstellen[5] und eine Nutzung nur zulassen, wenn sie dieser Formulierung entspricht. So will das BayObLG die Nutzung eines „Ladens" nur für Verkaufszwecke gestatten. Wie jede rein sprachliche Auslegung führt dies zu vom Gesetzgeber nicht gewollten und mit den Bedürfnissen des Lebens nicht vereinbaren Ergebnissen. Nehmen wir an, im Grundbuch sei als Zweckbestimmung eines Teileigentums „Tanzcafé" eingetragen. Soll es jetzt dem Teileigentümer verboten sein, ohne Zustimmung aller anderen Eigentümer sein Tanzcafé in ein ruhiges Speiselokal umzuwandeln? Das wäre doch für die anderen Eigentümer nur angenehm. Oder aber der Teileigentümer will den „Laden" an eine Bausparkasse vermieten, die dort eine Agentur betreiben und die Schaufenster für Werbezwecke benutzen will. Auch das wäre für die Eigentümergemeinschaft keinesfalls nachteilig. Soll es verboten sein, dass der Teileigentümer den „Blumenladen" in eine Buchhandlung umwandelt? Aus diesen Beispielen ergibt sich, dass eine Auslegung nur nach dem Wortsinn sich in manchen Fällen zum Schaden des Teileigentümers, in anderen Fällen aber auch zu Lasten der anderen Eigentümer auswirkt. Diese Art der Auslegung liefert kein sicheres Ergebnis und ist daher untauglich. Einer Zweckbestimmung im Teilungsplan ist eine geringere Bedeutung beizumessen, als in der Gemeinschaftsordnung[6]. 65

Die Lösung des Problems bringt das BGB, wonach bei der **Auslegung von Willenserklärungen** der wirkliche Wille zu erforschen und nicht am buchstäblichen Sinne des Ausdrucks zu haften ist (§ 133). Die Teilungserklärung wird in der Regel vom Bauträger schon vor Baubeginn errichtet. Es ist davon auszugehen, dass der Aufteilende die in der Teilungserklärung bzw. Gemeinschaftsordnung erwähnte Nutzungsart gestatten will, also z.B. bei einem Laden die Benutzung für Verkaufszwecke. Diese positive Bestimmung entspricht dem Willen des Aufteilenden. Dagegen kann aus ihr nicht 66

---

1 OLG Stuttgart NJW 1987, 385 = WE 1987, 24.
2 OLG Frankfurt OLGZ 1987, 48 = WE 1987, 161.
3 BayObLG WE 1989, 109.
4 Wegen Umwandlung in eine Wohnung siehe bei Rz. 70.
5 Zustimmend *Gerauer* Rpfleger 1980, 330 und Rpfleger 1981, 51; ablehnend *Röll* Rpfleger 1981, 50 und DNotZ 1982, 341; *Meier-Kraut* MittBayNot 1979, 169.
6 KG FGPrax 2000, 58 = DWE 2000, 73.

die negative Konsequenz abgeleitet werden, dass alle anderen Nutzungsarten unzulässig sein sollen. Ein Gebäude hat heute eine Standdauer von etwa 100 Jahren. Während dieser Zeit wird sich vieles ändern. Branchen, die heute gut florieren, wird es nach einigen Jahrzehnten nicht mehr geben, und andere, an die wir heute noch gar nicht denken, werden an ihre Stelle treten. Das alles haben wir schon erlebt, und es wird auch in Zukunft nicht anders sein. Der Bauträger als der Aufteilende will aber, dass das Gebäude auf seine Standdauer optimal genutzt werden kann, etwas anderes kann man ihm nicht unterstellen.

67 Es ist nicht anzunehmen, dass eine **Auslegung**, die sich nur auf **sprachliche Elemente** begründet, auf die Dauer Bestand haben wird. Auch das BayObLG schränkt seine Ansicht derart ein, dass u.U. ein als „Laden" bezeichnetes Teileigentum auch für Zwecke genutzt werden dürfe, welche die anderen Eigentümer weniger beeinträchtigen[1]. Nur eine wertende Betrachtung, die nicht nur vom Wortlaut der Teilungserklärung ausgeht, entspricht dem Zweck des Gesetzes und den Bedürfnissen des Lebens. Hierbei kann nicht eine Formel gefunden werden, aus der sich für alle Fälle eine sachgerechte Lösung finden lässt. Es hängt daher vom Einzelfall ab, ob eine neue Nutzungsart zulässig ist oder nicht. Hierbei kommt es auf die äußeren Umstände an. In einer ruhigen Wohngegend gelten andere Grundsätze als in einer Hauptgeschäftsstraße. Aber auch die innere Ausgestaltung des Gebäudes kann von Bedeutung sein.

68 Maßstab aller **Auslegung** muss die Frage des **Nachteils** (§ 14 Nr. 1 WEG) sein. Demnach ist jeder Wohnungseigentümer verpflichtet, von dem Sondereigentum und dem gemeinschaftlichen Eigentum nur in solcher Weise Gebrauch zu machen, dass dadurch keinem anderen Wohnungseigentümer über das bei einem geordneten Zusammenleben unvermeidliche Maß hinaus ein Nachteil erwächst.

69 Auch wenn die **Teilungserklärung** eine bestimmte **Nutzungsart** erwähnt, ist dadurch eine **andere Nutzungsart** nicht grundsätzlich ausgeschlossen. Wie erwähnt, kann der Laden als Bausparkassenagentur verwendet werden, die Umwandlung eines Ladens in einen gastronomischen Betrieb wird aber in vielen Fällen unzulässig sein. Das Gleiche gilt bei lärmerzeugenden Gewerbebetrieben wie bei Druckereien, deren Maschinen Tag und Nacht durch das Gebäude dröhnen, sowie für eine Diskothek. In Ausnahmefällen kann aber auch die in der Teilungserklärung enthaltene Nutzungsart für bestimmte Zwecke nicht zulässig sein. So kann es u.U. unzulässig sein, den „Laden" für ein stinkendes Fischgeschäft[2] zu verwenden, für einen

---

1 BayObLG MittBayNot 1982, 73 = BayObLGZ 1982, 1; ähnlich KG NJW-RR 1994, 206 = WE 1994, 55 wegen Benutzung einer freiberuflichen Praxis für Versicherungsvertretung oder Wahrsagerei.
2 *Weitnauer* § 14 Rz. 3.

Spielsalon[1] oder für einen Sexshop[2]. Unzulässig ist auch die Umwandlung eines Cafés in ein Bistro[3]. In aller Regel unbedenklich dürfte sein die Verwendung von Büroräumen für eine Arzt- oder Anwaltspraxis oder umgekehrt die Umwandlung von Praxisräumen in ein Büro[4]. Immer wird es dabei auf den Charakter der Wohnanlage ankommen, in einer ruhigen Wohnlage gelten andere Grundsätze als im Stadtzentrum. Die Benutzung einer Wohnung als Wohnheim für einen wechselnden Personenkreis, insbesondere für Aussiedler[5] oder Asylanten[6], ist zulässig. Unzulässig ist aber eine **Überbelegung**[7]. Garagen können ohne Zustimmung der übrigen Wohnungseigentümer zu anderen Zwecken als zum Abstellen von Fahrzeugen verwendet werden. Es wäre kein Grund ersichtlich, warum eine Garage nicht als Winterlager für ein Segelboot verwendet werden könnte. Etwas anderes gilt für die Benutzung der Garage als Lagerung feuer- oder explosionsgefährdeter Stoffe.

Ob das **Teileigentum als Wohnung** genutzt werden darf, hängt von den Umständen des Einzelfalls ab. 70

Ist das Teileigentum konkret bezeichnet, z.B. mit Hobbyraum, ist daran die Würdigung anzuschließen, dass die Wohnungsnutzung dem entgegensteht. Nach dem BayObLG ist die Umwandlung zweier Hobbyräume zu einer Wohnung[8] oder die Umwandlung eines Hobbyraumes zu einer Wohnung[9] sowie eines Speichers zu einer Wohnung[10] unzulässig. Beide Entscheidungen dürfen aber nicht verallgemeinert werden. Das BayObLG lehnt auch den Umbau einer Garage in eine Diele ab[11].

---

1 OLG Hamm WE 1990, 95 = OLGZ 1990, 34.
2 LG Passau Rpfleger 1983, 147 lehnt eine solche Nutzungsänderung mit der Begründung ab, die Besucher eines Hauses möchten nicht mit den Kunden eines Sexshops verwechselt werden; das KG ZWE 2000, 228 will einen Sexshop nur zulassen, wenn Ähnliches bereits vorhanden ist.
3 OLG Zweibrücken FGPrax 1997, 180.
4 A.A. OLG Stuttgart NJW 1987, 385 = WE 1987, 24.
5 KG NJW 1992, 3045 = WE 1992, 343 = OLGZ 1992, 181; OLG Hamm NJW-RR 1993, 786; OLG Hamm NJW 1992, 184 = WE 1992, 135 = OLGZ 1992, 300: nicht aber als Wohnheim; mit Einschränkungen ähnlicher Ansicht: OLG Stuttgart NJW 1992, 3046 = WE 1993, 25 = OLGZ 1993, 184.
6 BayObLG Rpfleger 1992, 104 = WE 1992, 235 = BayObLGZ 1991, 409.
7 Zu dieser Frage vgl. *Kunz* DWE 1994, 46, 49; nach BayObLG NJW 1994, 1662 dürfen nicht mehr als zwei Bewohner pro Zimmer aufgenommen werden und pro über sechs Jahre alten Bewohner darf ein Durchschnitt von 10 qm Wohnraum nicht unterschritten werden; nach OLG Frankfurt DWE 1994, 116 = OLGZ 1994, 532 darf bei einer 50 qm großen Wohnung ein Richtwert von zwei nicht familienverbundenen Personen oder einer Familie bis zu 5 Personen nicht überschritten werden.
8 BayObLGZ 2004, 925.
9 BayObLG WE 1991, 298.
10 BayObLG DNotZ 1984, 104 = BayObLGZ 1983, 79; BayObLG NJW-RR 1991, 140 = WE 1992, 19.
11 BayObLG Rpfleger 1984, 409.

Werden dagegen die Teileigentumseinheiten nicht konkret benannt, so ist zu prüfen, ob eine Beeinträchtigung der anderen Wohnungseigentümer gegeben ist (§ 14 Nr. 1 WEG). Aufgrund der weitgehenden Freiheit der Ladenöffnungszeit ist hier regelmäßig eine generalisierende Beeinträchtigung nicht festzustellen. Sie muss deshalb im konkreten Einzelfall vorliegen.

71 Besteht die Wohnanlage aus **mehreren Gebäuden**, so kann eine liberalere Betrachtungsweise angebracht sein. Dies gilt vor allem für das **„Doppelhaus"**, dessen beide Hälften je auf einem anderen Grundstücksteil aufstehen[1] und bei denen es oft nur deswegen zur Begründung von Wohnungseigentum gekommen ist, weil die Grundstücks-Teilungsgenehmigung (nach § 19 BauGB) nicht zu erhalten war. In solchen Anlagen werden in der Regel die innerhalb des Herrschaftsbereichs eines Wohnungseigentümers gelegenen Grundstücks- und Gebäudeteile, soweit sie nicht im Sondereigentum stehen, dem jeweiligen Wohnungseigentümer im Wege des Sondernutzungsrechts zugewiesen, jedem Eigentümer werden, soweit irgend möglich, die Kosten und Lasten für seinen Bereich auferlegt. Als echte gemeinschaftliche Aufgaben bleiben dann die Erhaltung des Zauns an der Grenze beider Herrschaftsbereiche, die Verkehrssicherungspflichten (Gehsteigreinigung, Schneeräumen und Maßnahmen gegen Glatteis), sowie die Haftpflichtversicherung hierfür. Hier wollen und sollen die „Wohnungseigentümer", soweit irgend möglich, wie Alleineigentümer stehen. Grundsätzlich muss es jedem von ihnen überlassen bleiben, wie er sein Haus nützt, für ein Mitspracherecht des anderen Eigentümers besteht kein Anlass.

72 Das für Doppelhäuser Gesagte gilt auch für **Reihenhäuser**, die im Wohnungseigentum stehen, die Rechts- und Sachlage ist die gleiche. Ebenso ist bei Einfamilienhäusern, Doppelhäusern oder Reihenhäusern innerhalb einer größeren Anlage zu entscheiden. Soweit nicht die Teilungserklärung eine andere Regelung trifft, kommen hier **Mehrheitsbeschlüsse** der Wohnungseigentümerversammlung nicht in Betracht. Entweder hat der Eigentümer das Recht, seine Räume einem anderen Zweck zuzuführen, dann braucht er keinen Mehrheitsbeschluss und ein solcher Beschluss kann ihm sein Recht nicht nehmen, oder aber er hat kein Recht auf die Änderung, dann darf er sie nur ausführen, wenn alle anderen Wohnungseigentümer zustimmen.

1.5.1.2. Vermietung

73 Das Recht des Wohnungseigentümers umfasst auch das Recht der **Vermietung** (s. § 13 I WEG), inkl. dem Mitgebrauch am Gemeinschaftseigentum[2]. Die Mieter müssen aber in der Benutzung der Räume die gleichen Beschränkungen einhalten wie der Wohnungseigentümer, wenn dieser seine

---

1 Hierzu eingehend *Röll* MittBayNot 1979, 51.
2 BayObLG ZMR 1998, 182; OLG Düsseldorf NJW-RR 2005, 163.

Wohnung selbst benutzen würde; hierfür ist er verantwortlich (§ 14 Nr. 3 WEG). Das Recht auf Vermietung kann nicht vollkommen ausgeschlossen werden[1]. Dies würde dem Wesen des Wohnungseigentümers und dem Eigentumsgedanken widersprechen. Es gibt keinen Milieuschutz („gutes Wohnhaus") mit Beschränkung auf einen bestimmten sozialen Personenkreis[2]. Die Vermietung kann aber auch in der Gemeinschaftsordnung von der **Zustimmung des Verwalters** abhängig gemacht werden[3]. Hier dürfte wohl die Bestimmung über die Veräußerungsbeschränkung (§ 12 Abs. 2 WEG) analog anzuwenden sein. Wenn schon die Zustimmung zur Veräußerung nur aus wichtigem Grund versagt werden darf, muss dies erst recht für die Zustimmung zur Vermietung gelten[4]. Die Zustimmung des Verwalters muss endgültig sein. Nur so wird Streit und Rechtsunsicherheit vermieden. Eine Bestimmung in der Gemeinschaftsordnung, die dem Verwalter das Entscheidungsrecht zuspricht, ist ihrem Wortlaut nach auszulegen und widerspricht nicht dem Gesetz. Das Fehlen der vereinbarten Zustimmung lässt aber die Wirksamkeit des Mietvertrages unberührt[5], so dass nur Schadenersatzansprüche gegeben sein können. Hat der Wohnungseigentümer jedoch mehr Rechte in dem Mietvertrag übertragen als er selbst hat, z.B. eine Gaststätte in einem Teil des in der Gemeinschaftsordnung genannten Ladens, so kann die Gemeinschaft auch gegen den Mieter vorgehen und Unterlassung verlangen[6].

Zumindest in **Fremdenverkehrsorten** ist eine wechselnde kurzfristige Vermietung einer Eigentumswohnung an Feriengäste zulässig[7].

1.5.1.3. Tierhaltung[8]

Grundsätzlich ist die **Tierhaltung** in Eigentumswohnungen erlaubt, soweit sie nicht eine unzumutbare Belastung der Bewohner darstellt, wie z.B. das Halten von Schlangen[9] oder Ratten[10] oder von mehr als vier Katzen[11].

Dagegen kann durch Vereinbarung sämtlicher Miteigentümer ein Verbot der Tierhaltung in die **Gemeinschaftsordnung** aufgenommen oder die Haltung von Haustieren von der Genehmigung des Verwalters abhängig ge-

---

1 *Bärmann/Pick/Merle* § 13 Rz. 67.
2 *Kunz* DWE 1994, 46, 50.
3 BGH DNotZ 1963, 180 = Rpfleger 1962, 373 = NJW 1962, 1613 = MDR 1962, 810; OLG Frankfurt/Main ZM 2005, 910.
4 OLG Zweibrücken WE 1991, 333 (für den Fall der Berufs- oder Gewerbeausübung); *Bärmann/Pick/Merle* § 12 Rz. 64; *Furtner* NJW 1966, 182.
5 BayObLGZ 1983, 85.
6 OLG München NJW-RR 1992, 1492; LG Wuppertal ZMR 2002, 231; a.A. OLG München ZMR 2003, 702.
7 BayObLG Rpfleger 1978, 444.
8 Hierzu ausführlich *Diester* Rechtsfragen, S. 111 ff.
9 OLG Frankfurt NJW-RR 1990, 1430 = DWE 1990, 108 = OLGZ 1990, 414; LG Bochum NJW-RR 1990, 1430.
10 OLG Frankfurt ebd.
11 KG NJW-RR 1991, 1116 = WE 1991, 328.

macht werden. Ein gänzliches Verbot der Haustierhaltung durch Beschluss ist nicht möglich[1]. So stören z.B. Zierfische in Aquarien die anderen Hausbewohner überhaupt nicht. Praktisch kommen nur Störungen durch Hunde oder Katzen in Frage. Auch hier ginge ein generelles Verbot zu weit[2]. Soll die Tierhaltung beschränkt werden[3], so ist es besser, sie von der Zustimmung des Verwalters abhängig zu machen, die nur aus einem wichtigen Grund versagt werden kann.

76 Zu bemerken ist noch, dass die **Hausordnung** keine beliebigen Verbote aussprechen kann. Schwer wiegende Eingriffe, wie z.B. ein gänzliches Verbot der Tierhaltung, können nicht Gegenstand einer vom Verwalter erlassenen oder von der Eigentümerversammlung beschlossenen Hausordnung sein. Soll ein solches Verbot bestimmt werden, so muss es in die Gemeinschaftsordnung aufgenommen werden[4]. Nach dem OLG Frankfurt soll aber die Beschränkung der Zahl der Tiere durch Mehrheitsbeschluss möglich sein, z.B. nur ein Hund und eine Katze pro Wohnung[5].

77 Nach dem OLG Frankfurt[6] kann die Eigentümerversammlung mit Mehrheit darüber entscheiden, ob die Haltung von **Kampfhunden** zulässig ist. Richtigerweise kommt es auf den Einzelfall an: Entweder bedeutet der Kampfhund eine Belästigung, dann ist seine Haltung auch ohne Beschluss unzulässig, andernfalls nicht. Die Wohnungseigentümerversammlung kann aber das freie Herumlaufen von Hunden in der Wohnanlage verbieten[7].

1.5.1.4. Musizieren

78 Jeder Wohnungseigentümer ist verpflichtet (nach § 14 Nr. 1 WEG), von dem Sondereigentum nur in solcher Weise Gebrauch zu machen, dass dadurch keinem anderen Wohnungseigentümer über das bei einem geordneten Zusammenleben unvermeidliche Maß hinaus ein Nachteil erwächst. Dies gilt z.B. für das **Musizieren**, das zur Unzeit eine Belästigung der anderen Wohnungseigentümer darstellen kann. Bestimmungen über das Verbot des Musizierens zu bestimmten Tageszeiten sind in der Haus-

---

1 OLG Saarbrücken NJW 2007, 779.
2 A.A. OLG Hamm ZMR 2005, 897.
3 Nach Zahl = KG NZM 1998, 671/oder Auslaufbeschränkung = BayObLG NZM 1998, 961.
4 BayObLG DNotZ 1972, 677 = Rpfleger 1972, 175 = MDR 1972, 516 = NJW 1972, 880; OLG Stuttgart OLGZ 1982, 301 = Rpfleger 1982, 220; OLG Karlsruhe WE 1988, 96 = DWE 1988, 68; *Röll* Teilungserklärung, S. 29; *Diester* Rechtsfragen, S. 107, 112 ff.; *Bärmann/Pick/Merle* § 15 Rz. 8.
5 OLG Frankfurt Rpfleger 1978, 414; ähnlich KG WE 1998, 347 = NJW-RR 1998, 1385: 1 Hund und 3 Katzen.
6 OLG Frankfurt NJW-RR 1993, 981.
7 BayObLG NJW-RR 1994, 658 = WE 1995, 60.

ordnung zulässig[1], jedoch darf das Musizieren nicht vollständig ausgeschlossen oder über die allgemeinen Ruhezeiten hinaus verboten werden[2], ansonsten besteht ein weites Ermessen hinsichtlich der Musizierregelung der Gemeinschaft[3]. Berufsmusiker haben hierbei keine Sonderrechte[4]. Nach der Rechtsprechung des BGH ist eine Regelung unwirksam, die das Singen und Musizieren ohne sachlichen Grund stärker einschränkt, als die Tonübertragung durch Fernseh-, Rundfunkgeräte oder Kassetten- bzw. Plattenspieler[5].

1.5.1.5. Geräuschbelästigung

Bei der Frage, inwieweit **Geräuschbelästigung** z.B. durch Bad- und Toilettenbenutzung zulässig ist, ist grundsätzlich nach den **DIN-Normen** zu entscheiden[6].

79

1.5.2. Benutzung des gemeinschaftlichen Eigentums

Jeder Wohnungseigentümer ist zum Mitgebrauch des gemeinschaftlichen Eigentums berechtigt (§ 13 Abs. 2 WEG, wobei aber die Gesetz und Gebrauchsregelungen vorgegebenen Grenzen nicht überschritten werden dürfen (s. §§ 14, 15 WEG). An den sonstigen **Nutzungen** des gemeinschaftlichen Eigentums gebührt jedem Wohnungseigentümer ein Anteil nach Maßgabe des vorgesehenen Verteilungsschlüssels (§ 16 WEG), also grundsätzlich entsprechend dem Miteigentumsanteil. Nicht erlaubt ist das dauerhafte Abstellen von Gegenständen im **Treppenhaus**[7], bei Kinderwagen darf der Fluchtweg nicht versperrt werden.

80

Die Benutzung eines zur Eigentumswohnanlage gehörenden **Gartens**[8], an dem keine Sondernutzungsrechte eingeräumt sind, steht allen Wohnungseigentümern gleichermaßen zu[9]. Wohnungseigentümer mit einer größeren Miteigentumsquote haben daher kein Vorrecht gegenüber Eigentümern

81

---

1 *Bärmann/Pick/Merle* § 15 Rz. 9; allgemein zu dieser Frage *Korff* Wohnungseigentum 1976, 53; das OLG Frankfurt NJW 1984, 2138 will zu enghierzig eine Beschränkung auf 2 Klavierspielstunden zulassen, in einem anderen Fall, OLG Frankfurt NJW 1984, 2138 = OLGZ 1984, 407 nur auf anderthalb Stunden täglich; a.A. OLG Hamm NJW-RR 1986, 500 = OLGZ 1986, 167; BGH NJW 1998, 3713 = WE 1999, 93 hält Ruhezeiten von 20–8 Uhr und von 12–14 Uhr für zulässig; das OLG Zweibrücken WE 1990, 213 = OLGZ 1991, 39 hält eine Beschränkung auf 10–12 Uhr und 15–18 Uhr für unzulässig, zulässig aber ein Verbot für die Zeit von 13–15 Uhr und 22–8 Uhr; OLG Braunschweig NJW-RR 1987, 845; *Gramlich* NJW 1985, 2131.
2 OLG Hamm NJW 1981, 465.
3 BayObLG WuM 2005, 475; OLG Frankfurt NZM 2004, 31.
4 BayObLG NJW 1985, 2138 = BayObLGZ 1985, 104.
5 BGH FGPrax 1999, 7 = WE 1999, 93 = NJW 1998, 3713; BayObLG NJW 2001, 3635.
6 BayObLG FGPrax 2000, 15 = ZWE 2000, 15.
7 BayObLG NJW-RR 1998, 875 = WE 1999, 146; OLG Hamburg ZMR 1993, 126.
8 Vgl. hierzu *Röll* Teilungserklärung, S. 17; *Weimar* MDR 1976, 115.
9 BayObLG DNotZ 1972, 613.

mit kleineren Miteigentumsanteilen. Dies scheint der gesetzlichen Vorschrift, dass die Beteiligung an den sonstigen Nutzungen nach dem allgemeinen Verteilungsschlüssel erfolgen soll (§§ 13 Abs. 2 Satz 2, 16 WEG) zu widersprechen. Diese Bestimmung bezieht sich aber nur auf Nutzungen, nicht auf den Vorteil, den die Benutzung gewährt. Dieser gebührt allen Eigentümern gleichermaßen (§ 13 Abs. 2 Satz 1 WEG). Das Aufstellen von **Gartenzwergen** im gemeinschaftlichen Garten bedarf der Zustimmung aller Eigentümer[1].

82 Soll die Gartennutzung flächenmäßig aufgeteilt werden, so dass jedem Wohnungseigentümer an einem bestimmten Gartenstück das alleinige Nutzungsrecht zusteht (= Sondernutzungsrecht), so bedarf dies einer Vereinbarung (§ 10 Abs. 1, 2 WEG) aller Wohnungseigentümer[2]. Eine solche Aufteilung kann nicht durch Mehrheitsbeschluss der Wohnungseigentümer bestimmt werden, da sie in das Eigentumsrecht eingreift. Für die **Benutzung des Hofs** gilt das vorstehend für die Gartennutzung Gesagte entsprechend. Bei knappen Pkw-Stellplätzen kann eine jährliche Neuverteilung im Losverfahren[3] sinnvoll sein[4].

83 In gemischt genutzten Anlagen, in denen sich sowohl Wohnungen als auch Geschäfts-, Büro- oder Praxisräume befinden, bildet die Frage des **Verschließens der Haustür** einen Streitpunkt. Während die Wohnungseigentümer daran interessiert sind, dass die Tür ständig geschlossen bleibt und nur mit dem Hausschlüssel oder durch die elektrische Türschließanlage geöffnet werden kann, wollen die Teileigentümer während der Praxiszeit die Tür für ihre Kunden mittels eines Lederpolsters offen halten. Mehrheitsbeschlüsse der Wohnungseigentümerversammlung zu dieser Frage können nur anerkannt werden, wenn sie ordnungsgemäße Gebrauchsregelungen (§ 15 Abs. 2 WEG) sind; auch schutzwürdige Interessen von Minderheiten müssen respektiert werden[5]. Es kommt also auf den Charakter der Anlage an. Handelt es sich um eine reine Wohnanlage, kann das Geschlossenhalten eher gerechtfertigt werden, während in einer gewerblichen Anlage gewichtige Gründe für die Offenhaltung sprechen können. Dabei kann sowohl die Öffnungszeit[6] als auch die Art der Sicherung der Tür[7] beschlossen werden.

---

1 OLG Hamburg NJW-RR 1988, 2052 = OLGZ 1988, 308 = WE 1988, 174; a.A. AG Recklinghausen DWE 1996, 40 = NJW-RR 1996, 657.
2 Siehe Rz. 42 f.; a.A. für Gebrauchsregelung von Gruppen OLG Hamm ZMR 2005, 400.
3 KG NJW-RR 1990, 1495 = WE 1990, 208 = OLGZ 1990, 416.
4 Sondernutzungsrechte (insbesondere an Pkw-Stellplätzen) siehe Rz. 48 ff.
5 LG Wuppertal Rpfleger 1972, 451; BayObLG Rpfleger 1982, 218.
6 BayObLG WE 1991, 201.
7 KG ZMR 1985, 345.

1.5.3. Hausordnung und Benutzungsordnungen

Hausordnungen[1] können von den Wohnungseigentümern aufgestellt werden. Sie enthalten eine Zusammenfassung von Verwaltungs- (§ 21 Abs. 5 Nr. 1 WEG) und Gebrauchsregelungen (§ 15 WEG). Aufgestellt werden können sie durch eine Vereinbarung oder einen Mehrheitsbeschluss. Einem Mehrheitsbeschluss sind aber nur solche Regelungen zugänglich, für die eine sog. Beschlusskompetenz der Gemeinschaft besteht, d.h. also regelmäßig für Gebrauchs-, Verwaltungs- und bauliche Veränderungsregelungen. Auch wenn die Regelungen, welche der Beschlusskompetenz unterliegen, durch Vereinbarung oder in der Teilungserklärung aufgestellt worden sind, haben sie nur die Rechtsnatur eines Mehrheitsbeschlusses und können deshalb wiederum durch Mehrheitsbeschluss abgeändert werden[2]. Häufig wird durch eine Vereinbarung[3] oder einen Mehrheitsbeschluss[4] der Verwalter oder der Beirat zulässigerweise zur Aufstellung der Hausordnung ermächtigt. Diese einmal von einem Dritten aufgestellte Hausordnung kann jederzeit von den Wohnungseigentümern geändert oder ergänzt werden[5] oder erstmalig aufgestellt werden[6]. Die Ermächtigung des Dritten deckt nicht die Ermächtigung ab, die durch die Gemeinschaft getroffene Regelung abzuändern. Wird eine Änderung vorgenommen, so muss sie sich ebenfalls im Rahmen der Beschlusskompetenz und der ordnungsgemäßen Verwaltung handeln[7]. Es besteht auch die Möglichkeit, eine Hausordnung durch ein Gericht zu erlassen. Dieses darf aber nur solche Punkte festlegen, die auch durch Mehrheitsbeschluss regelbar und durch Mehrheitsbeschluss änderbar wären[8]. Die Möglichkeit durch das Gericht die Hausordnung zu erlassen, ist durch die WEG-Novelle nicht geändert worden (§ 21 Abs. 8 WEG).

84

Die Gemeinschaft kann auch Benutzungsregelungen erlassen, hierzu gelten die **turnusmäßige Benutzung**[9] und die Benutzungsordnungen, z.B. für ein Schwimmbad oder eine Sauna[10]. Solche Bestimmungen dürfen jedoch Eigentümer und Mieter nicht ungleich behandeln[11]. Eine Saunaöffnung von 2 Tagen in der Woche ist von der Rechtsprechung als ordnungsgemäße Verwaltung anerkannt worden[12].

85

---

1 Hierzu *Seuß* WE 1986, 54; *Bielefeld* DWE 1994, 7, 133; DWE 1995, 6.
2 BayObLG Rpfleger 1975, 367; ZMR 1998, 356.
3 BayObLG NJW-RR 1992, 343; KG DWE 1992, 93.
4 OLG Stuttgart DWE 1987, 99.
5 BayObLG NJW-RR 1992, 343.
6 KG DWE 1992, 33.
7 BayObLG NJW 2001, 3635.
8 OLG Hamm OLGZ 1990, 414.
9 BayObLG WE 1991, 365.
10 Textmuster siehe Teil E Rz. 17 und 18.
11 BayObLG WEM 1984, 18.
12 OLG Düsseldorf NZM 2003, 978.

1.5.4. Kinderspielplätze

86 Die Eigentümer können die Verwendung einer Rasenfläche als **Kinderspielplatz** mit Mehrheit beschließen[1]. Sie kann ebenso durch Mehrheitsbeschluss festlegen, dass ein Garagenvorplatz nicht als Kinderspielplatz genutzt werden darf[2].

1.5.5. Vermietungsmonopole

87 Bei **Hotel- oder Ferienparkanlagen** ist ein durch die Gemeinschaftsordnung begründetes **Vermietungs- bzw. Verpachtungsmonopol** einer Betriebsgesellschaft nicht grundsätzlich ausgeschlossen[3], wobei Einzelheiten, z.B. die Auswahl der Betriebsgesellschaft, durch Mehrheitsbeschluss geregelt werden können[4]. Die beiderseitigen Rechte und Pflichten müssen hierbei jedoch festgelegt sein und eine Übervorteilung der Eigentümer ausschließen[5]. Eine solche Regelung in der Gemeinschaftsordnung kann auch die Instandhaltung und Instandsetzung des Sondereigentums durch die Gemeinschaft zum Gegenstand haben[6]. Es kann auch vereinbart werden, dass jeder Sondereigentümer verpflichtet ist, sein Sondereigentum dem jeweiligen Betreiber, z.B. einem Hotel, zur Nutzung zu überlassen[7].

1.5.6. Ausschaltung von Konkurrenz

88 Die Vereinbarungen von Zweckbestimmungen für das Sonder- und Gemeinschaftseigentums in der Teilungserklärung enthalten als solche keine **Konkurrenzverbote**[8]. Im Einzelfall kann sich aber aus dem nebeneinander verschiedener Zweckverbindungen ein Konkurrenzverbot ergeben[9]. Dem Anspruch auf Unterlassung einer zweckbestimmungswidrigen Nutzung eines Wohnungseigentums kann der Einwand unzulässiger Rechtsausübung entgegenstehen, wenn der Anspruch geltend gemacht wird, um einen geschäftlichen Konkurrenten auszuschalten; das Gleiche gilt, wenn der Anspruch zwar nicht von einem Konkurrenten, aber doch allein in dessen Interesse geltend gemacht wird[10].

---

1 OLG Saarbrücken NJW-RR 1990, 24; OLG Frankfurt NJW-RR 1991, 1360 = DWE 1991, 119 = WE 1992, 82 = OLGZ 1992, 53; A.A. OLG Düsseldorf MDR 1986, 852.
2 BayObLG WuM 2005, 475.
3 BayObLG NJW-RR 1988, 1163 = WE 1988, 202; BayObLG WE 1991, 83; BayObLG WE 1992, 208.
4 BayObLG NJW-RR 1988, 1163 = WE 1988, 202; BayObLG WE 1992, 208; BayObLG BayObLGZ 1999, 40 = NJW-RR 1999, 739.
5 OLG Karlsruhe Rpfleger 1987, 412 = NJW-RR 1987, 651.
6 BayObLG WE 1992, 198.
7 BayObLG ZMR 1999, 418.
8 BayObLG NJWE/MietR 1996, 183.
9 BayObLG NZM 1999, 866.
10 BayObLG FGPrax 1997, 220 = WE 1998, 195.

1.6. Einnahmen aus dem gemeinschaftlichen Eigentum

Der Wohnungseigentümergemeinschaft können aus dem gemeinschaftlichen Eigentum **Einnahmen** erwachsen. Zu denken wäre z.B. an Zinseinnahmen aus Bankkonten und Einnahmen aus einer Werbeanlage auf dem Dach oder an den Außenwänden der Eigentumswohnanlage. Alle Einnahmen, z.B. die Zinserträge aus laufenden Girokonten, aus Verzug von Wohnungseigentümern oder der Rücklage sind zwingend in die Jahresabrechnung aufzunehmen (§ 16 Abs. 1 WEG)[1]. Diese stehen den Eigentümern im Verhältnis ihrer Miteigentumsanteile zu. Soweit sie nicht nach Beschluss der Wohnungseigentümerversammlung für Instandhaltungsrückstellung usw. zu verwenden sind, sind sie an die Wohnungseigentümer auszuschütten bzw. für laufende Ausgaben zu verwenden.

2. Gemeinschaftliche Kosten und Lasten

2.1. Verteilungsschlüssel

Jeder Wohnungseigentümer ist nach dem Gesetz (§ 16 Abs. 2 WEG) den anderen Eigentümern gegenüber verpflichtet, die Lasten des gemeinschaftlichen Eigentums, sowie die Kosten der Instandhaltung, Instandsetzung, der sonstigen Verwaltung und eines gemeinschaftlichen Gebrauchs des gemeinschaftlichen Eigentums nach dem Verhältnis seines Miteigentumsanteils zu tragen. Grundsätzlich regelt sich die Verteilung der Kosten nach den im Grundbuch eingetragenen Miteigentumsanteilen. Selbstverständlich kann die **Gemeinschaftsordnung** eine andere Aufteilung vorsehen. Hiervon wird häufig Gebrauch gemacht, insbesondere werden Kosten, die sich nach dem tatsächlichen Verbrauch errechnen lassen, nach den bei der einzelnen Eigentumswohnung angefallenen Kosten abgerechnet. Hier können sich Schwierigkeiten ergeben, wenn die Messeinrichtungen nicht einwandfrei arbeiten. Bleibt die Summe des von den Messgeräten angezeigten Verbrauchs hinter dem tatsächlichen Verbrauch zurück, so ist der Fehlbetrag – falls sich keine sachlichen Berechnungsgrundlagen finden lassen – nach Miteigentumsanteilen umzulegen (§ 16 Abs. 2 WEG). Die gesetzliche Regelung der Lastenverteilung bzw. die Bestimmungen der Gemeinschaftsordnung sind einzuhalten, auch wenn sie im Einzelfall nicht zu einem unbedingt sachgerechten Ergebnis führen. So müssen sich z.B. die Wohnungseigentümer im Erdgeschoss im Rahmen ihrer Miteigentumsquote an den Aufzugskosten beteiligen, auch wenn sie selbst den Aufzug nur wenig benutzen. Nach der Rechtsprechung des BGH gilt dies selbst für den Fall, dass in einer Mehrhausanlage ein Haus einen Aufzug besitzt, das andere aber nicht[2]. Es würde zu unerträglichen Schwierigkeiten führen, wenn je-

---

1 *Sauren* WEG, 4. Aufl., § 28 Rz. 20.
2 BGH NJW 1984, 2576 = BGHZ 92, 18.

der Wohnungseigentümer seine Zahlungsbereitschaft von einer absoluten Gerechtigkeit der Regelung im Einzelfall abhängig machen könnte. Dies wäre das Ende einer ordnungsgemäßen Verwaltung. Im Übrigen muss davon ausgegangen werden, dass sich solche Unterschiede ausgleichen, dass der eine Wohnungseigentümer diese, der andere Wohnungseigentümer jene gemeinschaftliche Anlage mehr benutzt. Auch bei der Aufstellung der Gemeinschaftsordnung wird häufig auf solche Belange Rücksicht genommen.

2.1.1. Änderung des Verteilungsschlüssels

91 Wollten die Eigentümer die gesetzlich oder die durch die Gemeinschaftsordnung festgelegte **Kostenverteilungsregelung durch Beschluss ändern**, so war dies ohne Allstimmigkeit nicht möglich, es sei denn in der Gemeinschaftsordnung war dies vorgesehen (sog. Öffnungsklausel), was aber die Ausnahme war. Damit galt eine sehr strenge Regelung.

92 Der BGH hatte von dieser strengen Auffassung bereits **Ausnahmen** vorgenommen, indem er die Kosten des im Sondereigentum angefallenen und erfassten Verbrauchs (von Wasser etc.) von der Anwendung des gesetzlichen Kostenverteilungsschlüssels ausgenommen hat. Die Gemeinschaft konnte hier also einen Beschluss fassen, soweit keine Vereinbarung bestand und dieser Beschluss ordnungsgemäßer Verwaltung entsprach. Dies gilt für die Kosten für **Wasser und die Entwässerung**[1] des Sondereigentums, die Müllabfuhr des Sondereigentums[2] und die Breitbandkabelnutzung[3].

93 Diese Regelung hat der Gesetzgeber nunmehr zum einen auch auf alle anderen gemeinschaftliche (Betriebs-) Kosten und die Verwaltungskosten ausgedehnt (§ 16 Abs. 3 WEG) und eine **Beschlusskompetenz** begründet. Zum anderen hat er für die Kosten des Sondereigentums auch die Abänderung einer Vereinbarung durch einfachen Mehrheitsbeschluss erlaubt. Des Weiteren hat er für **Instandhaltung, Instandsetzung und bauliche Veränderungen** ebenfalls eine neue **Beschlusskompetenz** begründet (§ 16 Abs. 4 WEG): Der bestehende **Kostenverteilungsschlüssel** kann nunmehr weitgehend durch **Beschluss geändert** werden. Dadurch wird unnötig das Vertrauen der Wohnungseigentümer in bestehende Regelungen zerstört und damit auch das Vertrauen in das Institut Wohnungseigentum. Je nachdem, wie viele und welche Wohnungseigentümer an der Versammlung teilnehmen, ist auch ein dauernder Wechsel möglich. Es wird sich damit zukünftig die Frage stellen, ob es z.B. möglich ist, jährlich die Verteilungsschlüssel zu ändern. Nach dem Wortlaut des Gesetzes ist dies zu bejahen.

---

1 BGH NJW 2003, 3476.
2 OLG Köln NJW-RR 2006, 1023; ZMR 2005, 814.
3 OLG Hamm ZMR 2004, 774; KG NJW-RR 2005, 813.

2.1.1.2. Voraussetzung der Änderung des Kostenverteilungsschlüssels (§ 16 Abs. 3 WEG)

Die **drei Voraussetzungen für die Abänderung** eines Verteilungsschlüssels, sei es der gesetzliche oder der in einer Vereinbarung festgehaltene, sind folgende: 94

2.1.1.3. Betriebskosten oder Kosten der Verwaltung

Es handelt sich um **Betriebskosten** des gemeinschaftlichen Eigentums oder des Sondereigentums (i.S.v. § 556 Abs. 1 BGB) oder Verwaltungskosten desselben. Betriebskosten sind die Kosten, die dem Eigentümer durch das Eigentum am Grundstück oder durch den bestimmungsgemäßen Gebrauch des Gebäudes, der Nebengebäude, Anlagen und Einrichtungen und des Grundstücks laufend entstehen (§ 556 Abs. 1 S. 2 BGB). Für den Umfang der Betriebskosten gilt die sog. Betriebskostenverordnung (v. 25.11.2003)[1]. In der Betriebskostenverordnung ist § 2 einschlägig. Dies bedeutet, es sind insbesondere folgende Kostenarten umfasst: 95

- laufende öffentliche Lasten des Grundstücks;
- Kosten für Wasserversorgung und Entwässerung;
- Betrieb der zentralen Heizungsanlage, Betrieb der zentralen Brennstoffversorgungsanlage oder eigenständige gewerbliche Wärmelieferungen;
- Reinigung und Wartung von Etagenheizungen, Gaseinzelfeuerstätten;
- Betrieb der zentralen Warmwasserversorgungsanlage oder eigenständige gewerbliche Warmwasserversorgung;
- Reinigung und Wartung von Warmwassergeräten, verbundenen Heiz- und Warmwasserversorgungsanlagen;
- Betrieb eines Personen- oder Lastenaufzugs;
- Straßenreinigung, Müllbeseitigung;
- Gebäudereinigung und Ungezieferbekämpfung;
- Gartenpflege;
- Beleuchtung;
- Schornsteinreinigung;
- Sach- und Haftpflichtversicherung;
- Hauswart;
- Betrieb der gemeinschaftlichen Antennenanlage, der mit einem Breitbandkabelanschluss verbundenen Kosten;
- Betrieb der Einrichtung für Wäschepflege sowie
- sonstige Betriebskosten, z.B. Dachrinnenreinigung (i.S.v. § 2 Betriebskostenverordnung Nr. 17).

---

1 BGBl. I S. 2346, 2347.

Auch der Verteilungsschlüssel der **Kosten der Verwaltung** kann verändert werden. Bei den Kosten der Verwaltung handelt es sich um die sonstigen Nicht-Betriebskosten, insbesondere fallen hierunter die Instandhaltungs- und Instandsetzungskosten und die Kosten des Hausverwalters. Daneben sind aber auch die allgemeinen Kosten, wie Bankgebühren, Zinsen (z.B. für kurzfristige Überziehung) oder für den Beirat und die Versammlung gemeint. Auch die Kosten eines Entziehungsverfahrens (§ 18 WEG) und die Mehrkosten eines Rechtsstreites (§ 16 Abs. 8 WEG) fallen hierunter.

2.1.1.4. Keine Abrechnung gegenüber Dritten

96 Diese Kosten dürfen **nicht unmittelbar gegenüber (laut Gesetzesbegründung gemeint „von") Dritten (laut Gesetzesbegründung gemeint „gegenüber den Eigentümern") abgerechnet** werden. Es böte sich aus dem Gesetzeswortlaut folgende Auslegung an: Es darf sich nur um Betriebskosten handeln, die nicht gegenüber Dritten abgerechnet werden. Hierbei ist an den Fall gedacht, dass z.B. die gemeinschaftliche Heizungsanlage auch andere Häuser oder Gemeinschaften mit Wärme beliefert und Teile dieser Kosten von den anderen Gemeinschaften bezahlt werden. Sie wären dann insoweit nicht umzulegen.

Tatsächlich meint der Gesetzgeber aber, wie sich aus der Begründung ergibt, dass die **Kosten, die unmittelbar von Dritten gegenüber den Eigentümern abgerechnet** werden, gemeint sind. D.h. er meint die Kosten, die der Eigentümer mit den Dritten abrechnet. Dies ist selbstverständlich, sollte aber klargestellt werden. Nach dem Gesetzeswortlaut kann hiervon aber keine Rede sein[1]. Dies zeigt wieder einmal, wie eine sog. Klarstellung nur neue Unklarheit bewirkt, weil der Gesetzestext nicht sorgfältig abgestimmt worden ist.

2.1.1.5. Kostenart, die nach Verbrauch oder Verursachung erfassbar ist

97 **Zusätzliche Voraussetzung** ist, dass es sich um **Kosten** handelt, die überhaupt **nach Verbrauch oder Verursachung** erfassbar sind. Dies könnte zwar anders gesehen werden, ist jedoch angesichts des Wortlautes eindeutig. Das weitere „und" vor dem Wort „nach" ist ansonsten im Gesetzestext nicht verständlich. Damit ist aber sprachlich eine Kumulation und keine Alternative verbunden und damit eine zusätzliche Voraussetzung gegeben. Dies schränkt aber die Kostenarten nicht sehr ein, denn regelmäßig sind Kostenarten nach Verursachung zu erfassen und nicht nur Wasser oder Heizung.

---

1 *Köhler* Rz. 203 Fn. 2.

2.1.1.6. Ordnungsgemäße Verwaltung

2.1.1.6.1. Formelle Hinsicht

Des Weiteren muss es sich bei der **Änderung des Verteilungsschlüssels** um eine Maßnahme handeln, die der **ordnungsgemäßen Verwaltung** entspricht. Hierbei handelt es sich um einen unbestimmten Rechtsbegriff (§ 21 Abs. 3 WEG). Dieser muss ausgelegt werden und unterliegt der vollen gerichtlichen Kontrolle und zwar auch noch **durch das Rechtsbeschwerdegericht**[1]. 98

Nach der Rechtsprechung muss die Maßnahme aus der Sicht eines vernünftigen und **wirtschaftlich** Denkenden beurteilt werden und dem Interesse aller Wohnungseigentümer, und nicht nur dem Interesse von einzelnen Eigentümern dienen, wobei die Wohnungseigentümer einen **Ermessensspielraum** haben[2].

Der Beschluss muss **in formeller** und **materieller Hinsicht** ordnungsgemäßer Verwaltung entsprechen. Insbesondere wird eine **rückwirkende** Änderung der Kostenverteilungsschlüssel nicht ordnungsgemäßer Verwaltung entsprechen[3]. Wird im Frühjahr die Eigentümerversammlung abgehalten, kann weder für das vergangene, noch für das laufende Jahr der Kostenverteilungsschlüssel geändert werden. Eine Änderung kann erst für das nächste Jahr erfolgen. Zum 1.1. des jeweiligen Jahres muss der Kostenverteilungsschlüssel in der Anlage feststehen. Aufgrund des Vertrauensgrundsatzes muss jeder Wohnungseigentümer am Anfang des Jahres wissen, welche Kostenverteilung in der Anlage gilt.

2.1.1.6.2. Materielle Hinsicht

In materieller Hinsicht muss das „**Ob**", wie auch das „**Wie**" der Änderung des Kostenverteilerschlüssels ordnungsgemäßer Verwaltung entsprechen. 99

Das **Ob** der Änderung betrifft die Frage: Ist die Gemeinschaft überhaupt berechtigt, die Änderung vorzunehmen. 100

Soll der Beschluss eine **Vereinbarung oder einen bestandskräftigen Beschluss** ändern, was regelmäßig der Fall sein wird, kommt nach dem BGH eine Änderung nur dann in Betracht, wenn sie sachlich begründet und **ohne unbillige Nachteile** für einen Widersprechenden ist[4]. Selbst wenn ein neuer Mehrheitsbeschluss einen Mehrheitsbeschluss abändern soll, so ist

---

1 OLG Hamburg ZMR 2003, 449.
2 Z.B. BayObLG NJW-RR 2004, 1455.
3 OLG Hamm ZMR 2007, 293; *Lüke* ZWE 2000, 98, 101 f., 104.
4 BGHZ 95, 137.

die Beachtung der schützenswerten Bestandsinteressen geboten[1]. Einer Kostenverteilung ist dann zu widersprechen, wenn der einzelne Wohnungseigentümer die Wohnung nicht selbst nutzt, also vermietet hat und Mehrbelastungen auf ihn zukommen, die er an seine Mieter nicht weitergeben kann. Dies wird bei vermieteten Wohnungen regelmäßig der Fall sein. Insoweit haben die Vermieter einen Vertrauensschutz vergleichbar mit einer Öffnungsklausel[2]. Ob dies vorliegt ist bei jeder Kostenart gesondert zu ermitteln.

101 Das **Wie** betrifft die Frage, auf welche Art und Weise die Eigentümer den Verteilerschlüssel ändern können, d.h. nach welchem Verteilerschlüssel die Kosten zukünftig umgelegt werden können.

Sind die obigen Voraussetzungen erfüllt, können die Wohnungseigentümer hinsichtlich **des Wie** den Aufteilungsmaßstab wählen, die Kosten zukünftig entweder nach **Verbrauch bzw. Verursachung** oder nach einem beliebigen anderen Maßstab umlegen. Dies bedeutet, dass alle irgendwie erdenklichen Maßstäbe in Frage kommen. Aber auch hier gilt die Rechtssprechung zum Ob, d.h. die Eigentümer müssen einen Verteilungsschlüssel wählen, der den Interessen der Eigentümer entspricht und keinen Eigentümer unbillig benachteiligt. Die Berechtigung zur Änderung des Kostenverteilungsschlüssels beinhaltet auch die Berechtigung zur Installation der entsprechenden Erfassungsgeräte, wie z.B. Verbrauchszähler. Dies ist dann keine bauliche Veränderung, sondern gehört als Annexkompetenz zur Verwaltung[3].

2.1.1.6.3. Allgemeine Gründe

102 Aber auch aus **allgemeinen Gründen** kann die Änderung des Kostenverteilungsschlüssels der ordnungsgemäßen Verwaltung widersprechen, z.B. wegen Unverhältnismäßigkeit. Eine Unverhältnismäßigkeit der Kosten des Einbaus der Erfassungsgeräte ist bei den Heizkosten nach dem BayObLG[4] gegeben, wenn in einem Zehnjahresvergleich die Kosten für die Installation der Messgeräte, sowie deren Wartung und Ablesung höher sind als die voraussichtlich einzusparenden Kosten. Dabei können für die Kostenersparnis 15 % der Gesamtkosten angesetzt werden. Eine zu erwartende Erhöhung der Energiepreise kann berücksichtigt werden. Des Weiteren kann für die Frage der Unverhältnismäßigkeit auf die Heizkostenverordnung zurückgegriffen werden (§ 11 HKV).

---

1 BGHZ 113, 197; BayObLG NJWE-MietR 1996, 2202.
2 BGH NJW 1993, 2950.
3 BGH NJW 2003, 3476; OLG Hamburg ZMR 2004, 291.
4 BayObLG ZMR 2005, 135.

2.1.2. Voraussetzung der Änderung der Kostenverteilung bei Instandhaltung und baulichen Veränderungen (§ 16 Abs. 4 WEG)

Auch **Instandhaltungen oder Instandsetzungen** (§ 21 Abs. 5 Nr. 2 WEG) oder gar **bauliche Veränderungen** oder **Aufwendungen** (§ 22 Abs. 1 und 2 WEG) können nunmehr durch Beschluss hinsichtlich der **Kostenverteilung abweichend** von den allgemeinen gesetzlichen (des § 16 Abs. 2 WEG) oder den vereinbarten Regelungen (§ 16 Abs. 3) beschlossen werden. Damit ist es der Mehrheit möglich, einzelne Eigentümer, welche der Maßnahme nicht zustimmen, entgegen der gesetzlichen Regelung (§ 16 Abs. 6 Satz 1 WEG), trotzdem zur Kostentragung zu verpflichten (§ 16 Abs. 6 Satz 2 WEG).

Grund dafür war nach den Gesetzesmaterialien, dass in der Praxis häufig der Beschluss über die bauliche Maßnahme mit einer abweichenden Kostenverteilung verbunden wurde. Teilweise wurde dazu vertreten, dass dieser Beschluss dadurch nichtig sei[1]. Zur **Erleichterung der Willensbildung** sei eine ausdrückliche Beschlusskompetenz angezeigt. Tatsächlich wird auch hier wiederum der Mehrheit das Instrumentarium an die Hand gegeben, einzelne Eigentümer, die sich im Recht befinden, in den Prozess oder zur Zahlung zu zwingen.

2.1.2.1. Entscheidung „Im Einzelfall"

Der Gesetzgeber[2] wollte, dass **keine generellen Regelungen** getroffen werden können. Diese bedürfen nach wie vor einer Vereinbarung. Die Kostenregelung muss zudem im Zusammenhang mit einer Maßnahme der Instandhaltung oder Instandsetzung (§ 21 Abs. 5 Nr. 2 WEG) oder der baulichen Veränderung oder Aufwendung (§ 22 Abs. 1 und 2 WEG) stehen. Damit muss der Einzelfall sowohl mit der Maßnahme als auch mit der Kostenverteilung in Zusammenhang stehen.

2.1.2.2. Instandhaltung oder bauliche Veränderung

Es muss sich um eine **Instandhaltung oder Instandsetzung** oder eine **bauliche Veränderung** oder **Aufwendung** handeln.

Der Gesetzgeber hat dabei die Abgrenzung zur **modernisierenden Instandhaltung**, die bisher durch Mehrheitsbeschluss möglich war[3], nicht ausreichend beachtet, obwohl er sie bestehen lassen will (§ 22 Abs. 3 WEG). Bisher galt die Regelungsreihenfolge, dass Reparaturen mit Mehrheitsbeschluss, modernisierende Instandhaltung mit Mehrheitsbeschluss und alle darüber hinaus gehenden Maßnahmen mit Zustimmung der Benachteiligten möglich waren, wenn keine Öffnungsklausel vorlag.

---

1 *Wenzel* ZWE 2001, 226 (236); *Bärmann/Pick/Merle* § 22 Rz. 250.
2 Nachweis bei *Köhler* Rz. 216.
3 BayObLG NZM 2000, 75.

Der Gesetzgeber will nunmehr wohl diese Regelungsreihenfolge beibehalten, aber für die **Kostenverteilung** eine neue Möglichkeit vorgeben. Danach können Kostenverteilungsregelungen für Instandhaltung und Instandsetzung (§ 21 Abs. 5 Nr. 2 WEG), oder bauliche Veränderung und Modernisierungen (§ 22 Abs. 1 und 2 WEG) geändert werden. Die modernisierende Instandhaltung fehlt hier, obwohl der Gesetzgeber sie nunmehr ausdrücklich geregelt hat (§ 22 Abs. 3 WEG), also gilt die Regelung nicht für sie.

2.1.2.3. Gebrauch oder Möglichkeit des Gebrauchs

106 Der Gesetzgeber ging davon aus, dass die Eigentümer von der Möglichkeit der Nutzung oder der tatsächlichen Nutzung ausgingen. Das Wort „Nutzungen" würde nach dem Gesetzgeber aber zu Verwechselungen mit dem Nutzungsbegriff der Einnahmen (§ 16 Abs. 1 WEG) führen, deshalb wurde „Gebrauch" gewählt. Dieser steht synonym für Benutzung. Voraussetzung dafür ist, dass der **abweichende Maßstab** dem Gebrauch oder der Möglichkeit des Gebrauchs durch die Wohnungseigentümer Rechnung trägt. Ausgehend davon ist die Frage, wem der Gebrauch der neuen Maßnahme möglich oder die Möglichkeit des Gebrauchs gegeben ist. Die Problematik ist, dass nur auf den tatsächlichen Gebrauch oder die Möglichkeit abgestellt wird.

Ob der einzelne Wohnungseigentümer dies will oder nicht, ist nicht berücksichtigt. Die wohl vorgelagerte Frage ist, ob die Maßnahme rechtlich möglich und wirksam beschlossen ist. Danach wird nur noch der **Maßstab des Gebrauchs oder möglichen Gebrauchs** geprüft. Hier ist objektiv zu fragen, inwieweit der einzelne Wohnungseigentümer die Maßnahme gebraucht. Wird z.B. ein Fahrstuhl nur mit Anbindung an 2 Etagen gebaut, so sind nur diese zur Kostentragung verpflichtet, haben aber alle Etagen eine Anbindung, sind auch die Erdgeschossbewohner, selbst wenn sie den Aufzug nicht brauchen, um ihre Einheit zu erreichen, an den Kosten zu beteiligen.

2.1.2.4. Ordnungsgemäße Verwaltung

107 Das „**Ob**" und das „**Wie**" der Änderung müssen wiederum der ordnungsgemäßen Verwaltung entsprechen. Damit muss die Maßnahme sachgerecht sein und darf keinen Eigentümer unbillig benachteiligen[1], wie bei der Anwendung einer Öffnungsklausel.

---

1 So ausdrücklich die Gesetzesbegründung, siehe *Köhler* Rz. 218.

2.1.2.5. Quorum

Für den Abänderungsbeschluss ist eine **doppeltes Quorum** notwendig: 108

Einerseits müssen ¾ **der stimmberechtigten Wohnungseigentümer** dafür stimmen. Hierbei handelt es sich um ¾ aller in der Anlage vorhandenen stimmberechtigten Wohnungseigentümer. Dies wurde nach dem Kopfstimmrecht (§ 25 Abs. 2 WEG) geregelt, auch wenn in der Gemeinschaftsordnung das Stimmrecht anders geregelt ist.

Weiterhin müssen **mehr** als **die Hälfte aller Miteigentumsanteile zustimmen**. Dies ist deshalb notwendig, damit eine sog. Majorisierung, d.h. Dominierung durch einen Einzeleigentümer oder durch eine bestimmte Gruppe, nicht erfolgen kann. Daher ist bei beiden Alternativen von unterschiedlichen Stimmberechtigten ausgegangen worden. 109

2.1.2.6 Stufenbeschlussfassung

In der Praxis findet man häufig eine gestufte Beschlussfassung vor. Zunächst wird der Beschluss über die Maßnahme selber gefasst, und danach folgt der Beschluss über die Finanzierung der Maßnahme. Hier macht sich dann gravierend die weitere Benachteiligung des im Recht seienden Eigentümers aus: Zwar ist er grundsätzlich nicht verpflichtet Kosten einer solchen Maßnahme zu tragen (§ 16 Abs. 6 S. 1 WEG), aber fällt die Regelung des Grundsatzbeschlusses unter die neue Bestimmung (des Abs. 4), was die Regel sein wird[1], muss er sich auch dann, wenn er der Maßnahme nicht zugestimmt hat, an den Kosten beteiligen (§ 16 Abs. 6 S. 2 WEG). Damit reicht es nicht aus, wenn der Eigentümer nicht zustimmt, sondern er muss nunmehr im Zweifel direkt bei dem ersten Beschluss zu Gericht gehen, wenn er seine Kostenbeteiligung verhindern will, obwohl darüber noch nicht befunden worden ist. Darüber werden nicht nur Eigentümer, sondern auch Anwälte stolpern. 110

2.1.3. Unabdingbarkeit

Die **vorgenannten Möglichkeiten** der Änderung der Kostenverteilung werden auch noch dahingehend festgeschrieben, dass sie **weder eingeschränkt noch ausgeschlossen** werden können (**§ 16 Abs. 5 WEG**). 111

Sie können erweitert werden, z.B. kann die erforderliche Mehrheit von ¾ auf ⅘ gesenkt werden. Eine Erhöhung der erforderlichen Mehrheit z.B. von ¾ auf ⅔ ist aber nicht möglich. Die Vereinbarung einer Öffnungsklausel ist möglich, weil diese die Mehrheit nicht einengt. Nach der Begründung[2] wollte der Gesetzgeber, dass nicht zu Ungunsten der vorgesehenen Mehrheiten die Regelungen verändert werden. Der Gesetzgeber will also die

---

1 So *Köhler* Rz. 254.
2 *Köhler* Rz. 230.

Mehrheiten schützen. Hierbei übersieht er, dass es diese als feste Größe nicht gibt und sie einem dauernden Wandel unterworfen ist. Häufig sind sie punktuell zufällig und nicht verlässlich greifbar.

Damit ist es möglich, die ab dem Beschluss des BGH[1] vom 20.9.2000 geltende Nichtänderbarkeit von Vereinbarungen zu umgehen und Vereinbarungen durch Mehrheitsbeschlüsse zu umgehen.

Selbst wenn die obigen Voraussetzungen nicht eingehalten sind, sind die Beschlüsse nicht nichtig, sondern müssen angefochten werden. Damit hat die Mehrheit wieder die Rechtsmacht, die Minderheit in einen Prozess zu drängen, obwohl diese das Recht auf ihrer Seite hat. Genau das war ein Grund dafür, warum der BGH die alte Rechtslage geändert und den **Zitterbeschluss** abgeschafft hat[2]: Wurde vor der BGH-Entscheidung ein Beschluss gefasst, der unangefochten blieb und zwischenzeitlich nicht rechtskräftig aufgehoben wurde, wird er nun nicht mehr angreifbar. Besonders bitter ist das für alle laufenden Verfahren, da der Gesetzgeber **keine Übergangsregelung** getroffen hat.

Die Regelung ist abzulehnen, da es für die Eigentümer, die bereits per Vereinbarung andere Regeln aufgestellt haben, keinen vernünftigen Grund gibt, eine **Abänderung** per Beschluss zu fassen. Mit der Regelung werden Millionen von Teilungserklärungspassagen von heute auf morgen nichtig, da es keine **Übergangsregelung** gibt.

In **laufenden Gerichtsverfahren** ändert sich das Recht, es gibt nicht mal einen Vertrauensschutz, obwohl regelmäßig bei Beginn des Prozesses nicht voraussehbar war, dass es eine Gesetzesänderung gibt und wie sie aussehen wird. Es ist kein Interesse des Gesetzgebers erkennbar, dass er dies selbst bei baulichen Veränderungen und Modernisierungen zur Pflicht machen kann. Wenn er der Auffassung ist, kann er dies durch andere Gesetze, wie die Energieeinsparverordnung vornehmen. Die Regelungsfreiheit der Wohnungseigentümer, einen Kernsatz des WEG zu verletzen, ist jedoch nicht erforderlich. Insbesondere gibt es keinen Interessenwiderstreit wie im Mietrecht. Bei bestehenden Anlagen ist dies **verfassungswidrig**[3].

2.2. Sonderprobleme

2.2.1. Mehrhausanlagen

112 Die gesetzliche Verteilung der Lasten und Kosten nach Miteigentumsanteilen (gemäß § 16 Abs. 2 WEG) nach dem in der Gemeinschaftsordnung festgelegten Verteilungsschlüssel gilt auch für **Mehrhausanlagen**, welche aus mehreren selbstständigen Gebäuden bestehen. Es müssen also z.B. nicht

---

1 BGH NJW 2000, 3500.
2 Mit Verweis auf *Sauren* NJW 1995, 178.
3 *Bub* NZM 2006, 861.

die Reparaturkosten im Block 1 von den Wohnungseigentümern dieses Blocks allein getragen werden. Grundsätzlich ist die Eigentümergemeinschaft zur Tragung aller Kosten verpflichtet[1]. Die Nichtbenutzung oder nicht Benutzbarkeit des Sondereigentums oder von ausscheidbaren Teilen des Gemeinschaftseigentums (z.B. Fahrstuhl in Mehrhausanlage) befreit damit von der Kostenbeteiligung nur dann, wenn dies eine Vereinbarung oder ein Mehrheitsbeschluss aufgrund Öffnungsklausel vorsieht[2].

2.2.2. Veräußerung einer Eigentumswohnung und Lastenübergang[3]

2.2.2.1. Vorrang der vertraglichen Regelung

Nicht selten besteht zwischen Veräußerer und Erwerber einer Eigentumswohnung, aber auch zwischen der Eigentümergemeinschaft und den Vertragsparteien Streit darüber, wer welche **Lasten und Kosten** des gemeinschaftlichen Eigentums zu tragen hat. 113

Fast immer enthält der Veräußerungsvertrag Bestimmungen über den **Lastenübergang**. Zwischen den Vertragsparteien allein ist diese Regelung maßgeblich. Erfüllen beide Parteien ihre Verpflichtungen aus dem Veräußerungsvertrag, so ergeben sich keine Schwierigkeiten. Die Eigentümergemeinschaft erhält was ihr zusteht. Von wem die Zahlung erfolgt, muss ihr gleichgültig sein (§ 267 Abs. 1 BGB).

Anders ist es dann, wenn eine Partei ihre Verpflichtungen nicht erfüllt. Der Verwalter wird versuchen, die ausstehenden Zahlungen bei der anderen Partei beizutreiben. Hierbei wird er in vielen Fällen Erfolg haben. Für die Eigentümergemeinschaft sind aber nicht die Bestimmungen des **Veräußerungsvertrags** verbindlich, sondern allein die gesetzlichen Regelungen maßgeblich[4]. Hierzu wurden von der Rechtsprechung folgende Regelungen entwickelt:

2.2.2.2. Die gesetzliche Regelung

Nach der Rechtsprechung des Bundesgerichtshofs[5] ist im **Veräußerungsfalle** derjenige Kostenschuldner, der im Zeitpunkt der Fälligkeit der Kosten und Lasten als Eigentümer im Grundbuch eingetragen ist[6]. Fälligkeitstermin ist nach dem BGH der Zeitpunkt des betreffenden Beschlusses der Wohnungseigentümerversammlung oder ein dort aufgeführter späterer Fälligkeitstermin. So hat der Käufer das im Wirtschaftsplan festgelegte Hausgeld von dem Fälligkeitstag an zu bezahlen, welcher der Grundbuch- 114

---

1 BGH NJW 1984, 2576 = BGHZ 92, 18; BayObLG WE 1992, 345.
2 OLG Schleswig ZMR 2006, 889.
3 Hierzu allgemein *Buß* WE 1998, 176.
4 OLG Hamm FGPrax 2000, 13.
5 BGH NJW 1989, 2697 = WE 1989, 196 = BGHZ 107, 285; OLG Karlsruhe ZMR 2005, 310.
6 Siehe auch Teil B Rz. 117.

umschreibung folgt. Gesetzlicher Schuldner einer in der Jahresabrechnung festgelegten Nachzahlung ist der Verkäufer, wenn er im Zeitpunkt der Beschlussfassung noch im Grundbuch eingetragen ist, andernfalls aber der Käufer, auch wenn die Nachzahlung einen Zeitraum betrifft, in dem er die Wohnung noch nicht bezogen hatte[1]. Das gilt allerdings nur für die gesetzliche Zahlungspflicht gegenüber dem Verband. Unter den Vertragsparteien geht die im Kaufvertrag enthaltene Regelung vor[2].

115 Die Rechtsprechung des BGH ist vielfach auf Ablehnung gestoßen, da sie nicht zu einer **verbrauchsabhängigen Kostenverteilung** zwischen Veräußerer und Erwerber führt und der Zeitpunkt der **Eigentumsumschreibung** von vielen zufälligen Faktoren abhängig sein kann. Der Verwalter ist aber daran gebunden, er kann sich wegen eines gesetzlichen Anspruchs des Verbandes nur an den im Grundbuch Eingetragenen halten. Wie schon erwähnt, bezieht sich die Rechtsprechung des BGH auf Fälle der Veräußerung von Eigentumswohnungen in bereits bestehenden Gemeinschaften.

Daneben steht aber der sog. **Bauträgerfall**, also die Situation, dass alle Wohnungen noch im Eigentum des Bauträgers stehen, z.B. weil die Kaufpreise wegen Gewährleistungsansprüchen noch nicht ganz bezahlt sind und der Bauträger deswegen die Auflassungen zurückhält, die Wohnungen aber von den Käufern schon bezogen sind und eine Absicherung der Käufer durch Auflassungsvormerkungen stattgefunden hat. Für diesen Fall geht die Rechtsprechung von einer sog. faktischen Gemeinschaft aus, mit der Folge, dass diesen Käufern eine eigentümerähnliche Stellung zukommt, sie sich also wie echte Eigentümer an der Kostentragung beteiligen müssen[3]. Dies hat auch Bedeutung für die Stimmrechte in der Wohnungseigentümerversammlung[4]. Die Rechtsstellung als faktischer Eigentümer bleibt erhalten, auch wenn die erste Eigentumsumschreibung auf einen Käufer stattgefunden hat und so die Eigentümergemeinschaft entstanden ist. Danach kann nach der Rechtsprechung eine Stellung als faktischer Eigentümer nicht mehr erworben werden. Diese Einschränkung ist darauf zurückzuführen, dass die Gerichte nicht von der Rechtsprechung des BGH abweichen wollten.

2.2.2.3. Keine generelle Haftung des Erwerbers für Rückstände des Veräußerers

116 Der Erwerber haftet grundsätzlich nicht für **Schulden des Veräußerers**[5]. Der Erwerber haftet auch dann nicht, wenn ihm durch eine in der Jahres-

---

1 BGH NJW 1989, 3018 = WE 1989, 197; OLG Stuttgart NJW-RR 1989, 654 = WE 1989, 195; OLG Karlsruhe WE 1990, 105.
2 Siehe auch Rz. 113.
3 OLG Zweibrücken FGPrax 1999, 50; OLG Köln NJW-RR 1998, 518; OLG Karlsruhe WE 1998, 500; OLG München ZMR 2006, 310; OLG Hamm ZWE 2000, 86 = DNotZ 2000, 215; a.A. OLG Saarbrücken NZM 2002, 610.
4 Siehe Rz. 345 ff.
5 BGH NJW 1985, 2717 = Rpfleger 1985, 409.

abrechnung enthaltene Einzelabrechnung eine Zahlungspflicht auferlegt wurde und eine fristgerechte Beschlussanfechtung (nach § 23 Abs. 4 WEG) nicht stattgefunden hat[1].

2.2.2.4. Haftung des eingetragenen Eigentümers

Nach der Rechtsprechung des BGH haftet der Eigentümer gegenüber der Gemeinschaft immer für die während der Zeit seines Eigentums **angefallenen Kosten**[2]. Eigentümer ist, wer zum maßgeblichen Zeitpunkt materiellrechtlicher Inhaber des Wohnungseigentums ist. Dabei gilt die Vermutung des BGB (§ 891), dass derjenige, der im Grundbuch eingetragen ist, auch Wohnungseigentümer ist[3]. Ist der Kaufvertrag unwirksam (z.B. wegen Sittenwidrigkeit oder arglistiger Täuschung), so ist der Veräußerer und nicht der schon eingetragene Käufer Eigentümer und damit der Gemeinschaft verpflichtet[4]. Sind mehrere Inhaber des Wohnungseigentums (z.B. BGB-Gesellschaft oder Bruchteilseigentümer), so haftet jeder auf die volle Summe der Gemeinschaft (sog. Gesamtschuld)[5].

117

2.2.2.5. Haftung auf Grund Gemeinschaftsordnung

Manche Gemeinschaftsordnungen enthalten eine Bestimmung, wonach der Erwerber einer Eigentumswohnung immer für die **Rückstände des Veräußerers** haftet. Dies ist zulässig[6]. Erwerber in diesem Sinne ist nur der rechtsgeschäftliche Erwerber (z.B. Käufer)[7], nicht aber der Ersteigerer im Rahmen einer Zwangsversteigerung[8]. Liegt ein Erwerber vor, gilt die Klausel auch für den Ersterwerb vom Bauträger[9]. Durch Beschluss ist eine solche Regelung möglich, wenn eine sog. Öffnungsklausel vorliegt und er unangefochten bleibt[10].

118

2.2.2.6. Maßgeblicher Stichtag

Nach der Rechtsprechung des Bundesgerichtshofs gilt gegenüber der Eigentümergemeinschaft derjenige als Schuldner der **Lasten und Kosten**, der im Zeitpunkt der Fälligkeit Grundstückseigentümer gewesen ist. Bei einer Veräußerung durch Rechtsgeschäft geht das Eigentum mit Umschreibung im Grundbuch über (§ 873 Abs. 1 BGB), im Falle der Zwangsversteigerung schon vor Grundbuchumschreibung durch den Zuschlagsbeschluss (§ 90

119

---

1 BGH NJW 1999, 3713 = DNotZ 2000, 198 = ZWE 2000, 29.
2 BGH NJW 1983, 1615 (mit Anm. *Röll*) = BGHZ 87, 138.
3 OLG Hamm NJW-RR 1989, 655; AG Hamburg-Barmbek ZMR 2004, 781.
4 BGH NJW 1994, 3352.
5 OLG Stuttgart OLGZ 1990, 232.
6 BGH NJW 1994, 2950.
7 BGH NJW 1987, 1638 = WE 1987, 118 = BGHZ 99, 358; BGH WE 1994, 207 = NJW 1994, 2950 = DNotZ 1995, 42; BayObLG WE 1989, 222.
8 BGH NJW 1987, 1638 = WE 1987, 118 = BGHZ 99, 358.
9 OLG Düsseldorf FGPrax 1997, 97 = WE 1997, 229.
10 *Wenzel* ZWE 2001, 235.

Abs. 1 ZVG). Zwischen den Vertragsparteien gilt natürlich der im Kaufvertrag vereinbarte Lastenübergang, aber darauf kann sich der Verwalter nicht berufen. Für ihn gilt allein die gesetzliche Regelung. Wann tritt aber die Fälligkeit im Sinne der Rechtsprechung des Bundesgerichtshofs ein? Maßgeblich sind hier nicht etwa die Lieferung, die Ausführung von Arbeiten, die Rechnungsstellung oder die Zahlung durch den Verwalter (sog. **Außenschuld**), sondern der **Beschluss der Wohnungseigentümerversammlung** (sog. **Innenschuld**)[1] bzw. ein darin enthaltenes späteres Fälligkeitsdatum.

Beispiele:
Die Wohnungseigentümerversammlung beschließt am 10.2. den Wirtschaftsplan, wonach jeweils am Monatsersten die Hausgeldzahlungen zu leisten sind. Damit werden die Hausgeldzahlungen für Januar und Februar mit Beschlussfassung zur Zahlung fällig, die übrigen jeweils mit dem Monatsersten. Wird eine Wohnung im Frühjahr verkauft und das Eigentum am 30.6. umgeschrieben, so haftet für die Hausgeldzahlungen gegenüber der Gemeinschaft bis Juni der Verkäufer[2] und ab Juli der Käufer.

Die Beschlussfassung über den Jahresabschluss ändert nichts an der bereits bestehenden **Haftung des Verkäufers für Hausgeldzahlungen**. Der **Wirtschaftsplan und die Jahresabrechnung** betreffen die gleiche Forderung[3] und durch die Beschlussfassung über die Jahresabrechnung entsteht nicht etwa eine neue Forderung. Die bereits eingetretene **Fälligkeit der Hausgeldzahlungen** bleibt erhalten.

120 Waren die Ausgaben des Vorjahres **höher** als vorgesehen, und beschließt daher die Eigentümerversammlung in der Jahresabrechnung einen höheren Betrag und hat ein Eigentumswechsel vor der Beschlussfassung stattgefunden, so haftet für den Erhöhungsbetrag, die so genannte „**Abrechnungsspitze**", gegenüber der Gemeinschaft allein der Erwerber, da die Fälligkeit zu einem Zeitpunkt eintrat, in dem er bereits Eigentümer gewesen ist[4]. Genauso ist die Rechtslage, wenn die Jahresabrechnung zu einer **geringeren Ausgabensumme** führt als der Wirtschaftsplan, und es daher zu einer Rückzahlung oder Gutschrift kommt.

Beispiel:
Eine Eigentumswohnung ist im Herbst verkauft worden und die Umschreibung des Eigentums erfolgte im Januar des Folgejahres. Der Verkäufer hat alle Hausgeldzahlungen des Vorjahres bezahlt. Die im April beschlossene Jahresabrechnung führt bei der verkauften Wohnung zu einer Überzahlung. Der Käufer hat jetzt in Höhe des Überzahlungsbetrages einen Anspruch gegen die Gemeinschaft. Dies folgt zwingend aus der logischen Folge der Fälligkeitstheorie[5].

---

1 BGH NJW 1989, 2697 = WE 1989, 196 = BGHZ 107, 285; BGH NJW 1988, 1910 = DNotZ 1989, 148 = BGHZ 104, 197 = WE 1988, 162.
2 BGH NJW 1996, 725 = WE 1996, 144.
3 BGH NJW 1994, 1866.
4 BGH NJW 1989, 3018 = WE 1989, 197 = BGHZ 108, 44; BGH NJW 1989, 2697 = WE 1989, 196 = BGHZ 107, 285; BGH NJW 1988, 1910 = DNotZ 1989, 148 = BGHZ 104, 197 = WE 1988, 162; KG FGPrax 1999, 91 = DWE 1999, 86; a.A. *Jennißen* ZWE 2000, 494.
5 *Merle* ZWE 2004, 195; *Schnauder* WE 1991, 31 (37); a.A. *Röll* DWE 1993, 42.

Wird in die **Einzelabrechnung** des Erwerbers eine Schuld des Veräußerers eingestellt, so ist nach der Rechtsprechung zunächst zu klären, und zwar durch Auslegung, ob es sich nur um eine sog. Kontostandsmitteilung handelt oder ob eine neue Schuld des Erwerbers begründet werden soll[1]. Ergibt die Auslegung, dass es sich um eine neue Schuld handeln soll, ist die nächste Frage, ob die Gemeinschaft ausdrücklich diese Schuld hat festsetzen lassen wollen oder nicht. Hat sie diese nicht ausdrücklich festsetzen lassen, so ist die Abrechnung nach dem BGH nichtig[2]. Hat die Gemeinschaft ausdrücklich die Festsetzung erklärt, ist die Abrechnung anfechtbar und dann insoweit für ungültig zu erklären[3].

Folgt man der Ansicht des BGH, so können nach Ausscheiden eines Eigentümers aus der Wohnungseigentümergemeinschaft diesem keine Zahlungspflichten mehr auferlegt werden[4]. **Verzögert** dagegen eine Eigentümergemeinschaft die Beschlussfassung, um den Erwerber als neuen Schuldner zu gewinnen, so ist dieser Beschluss anfechtbar[5]. 121

Umstritten ist die Frage, ob dies alles auch für nicht mehr realisierbare **Altverbindlichkeiten des Veräußerers** aus Jahren vor dem Abrechnungszeitraum gilt, wenn die Verbindlichkeiten zu einer Zeit entstanden sind, als der Veräußerer noch Eigentümer war. Hier besteht eine Liquiditätslücke, die geschlossen werden muss. Es haften die im Zeitpunkt der Beschlussfassung durch die Wohnungseigentümerversammlung vorhandenen Eigentümer. Ist aber einer von ihnen zahlungsunfähig, so müssen die anderen Eigentümer für seine Leistungen aufkommen. Wenn die Wohnungseigentümerversammlung später die Umlegung des Ausfalles auf die übrigen Eigentümer beschließt (durch sog. Sonderumlage), so kann dies nur diejenigen Wohnungseigentümer treffen, die im Augenblick der erneuten Beschlussfassung Eigentümer gewesen sind[6]. Folgt man der hier vertretenen Meinung, so haftet dann der Erwerber für die Rückstände des Veräußerers mit, aber nicht allein, sondern nur mit der sich aus dem Lastenverteilungsschlüssel für ihn ergebenden Quote. Gleiches muss auch gelten für Altschulden der Gemeinschaft aus früheren Abrechnungszeiträumen, wenn die Schulden aus irgendwelchen Gründen für das Jahr ihrer Begründung nicht in die Jahresabrechnung eingestellt worden sind. 122

---

1 BGH NJW 1999, 3713; BayObLG NZM 2000, 52.
2 BGH NJW 1999, 3713.
3 BayObLG NZM 2000, 52.
4 OLG Köln NJW-RR 1992, 460 = WE 1992, 344; KG NJW-RR 1992, 84.
5 BayObLG Rpfleger 1995, 123; NJW-RR 1992, 14 = WE 1992, 180.
6 Wie hier BGH NJW 1988, 1910 = WE 1988 162 = BGHZ 104, 197; BGH NJW 1994, 1866 = WE 1994, 210; OLG Köln NJW-RR 1992, 460 = WE 1992, 344; KG NJW-RR 1992, 84.

2.2.3. Insolvenzverfahren (früher: Konkurs)

123 Das WEG (§ 11 Abs. 2) bestimmt, dass auch im Insolvenzverfahren über das Vermögen eines Wohnungseigentümers vom Insolvenzverwalter die Aufhebung der Gemeinschaft nicht verlangt werden kann. Im Übrigen enthält das WEG aber keine Bestimmung über die Rechtslage im Insolvenzfall.

124 **Vor Eröffnung des Insolvenzverfahrens** gilt: fällige Wohngelder sind normale Insolvenzforderungen (i.S.v. § 28 InsO)[1]. Werden diese Rückstände in spätere Jahresabrechnungen eingestellt, so ändert dies nichts daran, dass sie normale Insolvenzforderungen sind und nur mit der Quote befriedigt werden[2]. Ein bestehender Wohngeldprozess wird durch die Eröffnung der Insolvenz unterbrochen (§ 240 ZPO)[3].

125 Eine **nach Eröffnung des Insolvenzverfahren** fällig gewordene Beitragsschuld ist sog. Masseverbindlichkeit (§§ 53, 55 Abs. 1 Nr. 1 InsO), d.h. sie ist vor anderen Verbindlichkeiten durch den Insolvenzverwalter vorweg zu befriedigen[4]. Ausgenommen davon sind alle Rechte und Pflichten eines nach Eröffnung eines Insolvenzverfahrens erworbenen Wohnungseigentums[5]. Hinsichtlich der Jahresabrechnung hat der Insolvenzverwalter die sog. Abrechnungsspitze[6] zu begleichen. Für die vor der Insolvenzeröffnung fälligen Beitragsschulden haftet er nicht. Werden sie in die Abrechnung eingestellt, ist die Abrechnung insoweit nichtig[7].

Während eines Wohngeldverfahrens oder bereits vorher hat der Insolvenzverwalter die Möglichkeit eine sog. **Masseunzulänglichkeitsanzeige** gegenüber dem Insolvenzgericht zu erklären. Diese hat erhebliche Auswirkungen auf einen laufenden Prozess für die Gemeinschaft. Die Wohngeldschulden, die **vor** der Masseunzulänglichkeitsanzeige des Insolvenzverwalters begründet worden sind, können nunmehr nicht mehr mit der normalen Leistungsklage verfolgt werden. Hinsichtlich dieser Verbindlichkeiten gilt das sog. Vollstreckungsverbot (§ 210 InsO)[8], mit der Folge, dass die betreffende Forderung nur noch mit einer Feststellungsklage verfolgt werden kann. Der Gemeinschaft steht gegen die Insolvenzmasse nur noch eine sog. Altmassenforderung zu[9]. Nach der Masseunzulänglichkeitsanzeige fällig gewordene Wohngelder, sog. Neumasseforderung, können grund-

---

1 BGH NJW 1994, 1866; KG NJW-RR 1994, 85 = WE 1994, 53; BayObLG DWE 1999, 33 = WE 1999, 115.
2 BGH NJW 1994, 1866; BayObLG NZM 1999, 715.
3 AG Magdeburg ZMR 2006, 324.
4 BGH NJW 2002, 3709.
5 BayObLG ZMR 1998, 646.
6 Siehe Rz. 122.
7 BGH NJW 1994, 1866.
8 BGH NJW 2003, 2454; Rpfleger 2006, 35.
9 OLG Düsseldorf NZM 2007, 47.

sätzlich weiterhin im Wege der normalen Leistungsklage geltend gemacht werden.

Der Insolvenzverwalter hat im Verfahren dann die Möglichkeit **erneut die Unzulänglichkeit der Masse** anzuzeigen. Die erstmalige Masseunzulänglichkeitsanzeige (gem. § 208 InsO) ist für das Prozessgericht verbindlich und kann nicht hinterfragt werden. Dies gilt nicht für den erneuten Einwand der Unzulänglichkeit der Masse im Prozess. Der Insolvenzverwalter muss vielmehr ausreichend vortragen und den Nachweis über die erneute Masseunzulänglichkeit führen, und das Gericht hat darüber zu entscheiden, ob die Masse erneut unzulänglich ist[1].

126

Erhält die Gemeinschaft aufgrund der Umstände keine Wohngelder, hat sie nur die Möglichkeit den **Insolvenzverwalter persönlich** wegen Schadenersatz in Anspruch zu nehmen (§ 61 InsO). Hier müssten dem Insolvenzverwalter Pflichtverletzungen nachgewiesen werden, wie z.B. dass er sich weder um die Vermietung der Wohnung gekümmert, noch diese freigegeben hat[2].

Ist die Wohnung trotz entsprechender Bemühungen nicht vermietbar (etwa weil sie in einem total vermüllten Zustand ist) und produziert sie nur Kosten für die Masse, muss der Insolvenzverwalter die **Wohnung freigeben**[3]. Hierdurch erlischt die **Insolvenzbeschlagnahme** des Wohnungseigentums[4]. Der Wohnungseigentümer wird damit wieder für die Wohnung allein verfügungsberechtigt und muss alleine das rückständige und künftige Wohngeld für das Eigentum aus seinem freien Vermögen zahlen. Forderungen, die aber schon Masseschulden sind, werden nicht aus der Masse befreit[5].

127

Häufig kommt es vor, dass die Gemeinschaft durch die Insolvenz Beitragsausfälle in immenser Höhe erleidet. Dann ist die Gemeinschaft gehalten, **Sonderumlagen** zu beschließen. Fraglich ist, ob durch diese Beschlüsse aus nicht bevorrechtigten sog. Insolvenzforderungen Masseschulden und damit zu durch den Insolvenzverwalter zu begleichende Schulden gemacht werden können. Dies ist zu bejahen und es entspricht ordnungsgemäßer Verwaltung, weil es auch im Interesse des Insolvenzverwalters ist, dass die Anlage ordnungsgemäß bewirtschaftet wird[6].

128

---

1 OLG Düsseldorf ebd.
2 OLG Düsseldorf ebd.
3 Umfassend dazu *Lüke*, Festschrift für Wenzel, S. 235.
4 BGH NJW 2006, 1286.
5 AG Mannheim NZM 2004, 800; AG Magdeburg ZMR 2006, 324; a.A. *Staudinger/Bub* § 28 Rz. 211, *Palandt/Bassenge* § 16 WEG Rz. 16a.
6 BGH NJW 1989, 3018; *Staudinger/Bub* § 28 Rz. 216; offengelassen von BGH ZIP 2002, 1043.

2.2.4. Leer stehende Wohnungen und Lastentragungspflicht des Bauträgers

129 Besondere Probleme werfen leer stehende Wohnungen auf, insbesondere Wohnungen, welche der Bauträger noch **nicht verkaufen** konnte. Auch der Bauträger ist Mitglied der Wohnungseigentümergemeinschaft und muss sich als solcher an den Lasten und Kosten beteiligen[1]. Im Gesetz gibt es nirgends einen Anhaltspunkt dafür, dass Eigentümer von leer stehenden Wohnungen ganz oder teilweise von den Lasten und Kosten befreit wären. Soweit in der im Grundbuch eingetragenen Gemeinschaftsordnung kein besonderer Lastenverteilungsschlüssel vorgesehen ist, verteilen sich die Lasten und Kosten des gemeinschaftlichen Eigentums im Verhältnis der Miteigentumsanteile auf die Wohnungseigentümer (§ 16 Abs. 2 WEG). Hier trifft das Gesetz ganz bewusst aus Vereinfachungsgründen eine pauschale Regelung. Es ist selbstverständlich, dass die „Faust- und Hilfsregel" (des § 16 Abs. 2 WEG) niemals eine den konkreten Verhältnissen des Einzelfalls angepasste, den Grundsätzen der Billigkeit jederzeit entsprechende Regelung treffen kann. Dies war auch vom Gesetzgeber nicht bezweckt. Hat der Bauträger in das Grundbuch einen anderen Lastenverteilungsschlüssel eintragen lassen, so ist er selbstverständlich an diese Regelung gebunden. Im Ergebnis ist daher festzuhalten, dass der Bauträger auch für leer stehende Wohnungen die Lasten und Kosten tragen muss, welche nach dem im Grundbuch eingetragenen Lastenverteilungsschlüssel bzw. in Ermangelung eines solchen nach der gesetzlichen Regelung (§ 16 Abs. 2 WEG) auf ihn entfallen[2].

130 Sind Kosten nach dem im Grundbuch eingetragenen Verteilungsschlüssel nach Verbrauch abzurechnen, so kommt dies selbstverständlich dem Bauträger zugute, wenn seine **Wohnungen leer** stehen. Hat der Bauträger jedoch aus Vereinfachungsgründen von einer solchen Regelung abgesehen und werden die Kosten nach einem starren Maßstab umgelegt, so kann er nicht etwas anderes verlangen. Er hat selbst diese Regelung eingeführt. Es ist auch nicht einzusehen, warum die Verwaltungs- und Hausmeisterkosten für die leer stehenden Wohnungen reduziert werden sollten. Die Routinearbeit des Verwalters und des Hausmeisters bleibt die Gleiche, ob es sich um eine verkaufte oder um eine unverkaufte Wohnung handelt. Bei einer leer stehenden Wohnung ist wegen der Streitigkeiten über die Kostenbeteiligung eher an einen erhöhten Arbeitsaufwand des Verwalters zu denken.

Schließlich könnte nicht nur der Bauträger eine Reduzierung der Kosten verlangen, wenn eine Wohnung leer steht, sondern auch jeder andere Wohnungseigentümer. Würde immer dann, wenn eine Wohnung leer steht, von der gesetzlichen Regelung bzw. von dem im Grundbuch eingetragenen Lastenverteilungsschlüssel abgewichen werden müssen, so wäre eine **ord-**

---

1 *Röll* NJW 1976, 1475; BayObLG Rpfleger 1978, 444.
2 OLG Düsseldorf NJW-RR 1998, 1547; OLG Düsseldorf FGPrax 1998, 212 = WE 1999, 188.

nungsgemäße Verwaltung überhaupt in Frage gestellt, da sich bei großen Anlagen, in denen häufig Wohnungen leer stehen, ständig ein neuer Lastenverteilungsschlüssel ergeben würde. Festzuhalten ist, dass das Gesetz bewusst von einer pauschalen Regelung ausgegangen ist. Jeder Wohnungseigentümer trägt das Risiko selbst, wenn er seine Wohnung nicht wirtschaftlich verwerten kann.

Etwas anderes gilt nur für **Mehrhausanlagen**. Besteht eine Eigentumswohnanlage aus zwei Wohnblöcken und ist nur der erste gebaut, so tragen die Eigentümer des ersten Blocks die in ihrem Block anfallenden Kosten allein[1].

2.2.5. Teilweise fertig gestellte Eigentumswohnanlage[2]

Schwierigkeiten ergeben sich dann, wenn bei einzelnen Miteigentumsanteilen bestimmte Kosten nicht angefallen sind, von den anderen Miteigentümern aber trotzdem eine Beteiligung verlangt wird. Es handelt sich vor allem um den Fall des sog. „**atypischen Wohnungseigentums**", wenn also ein Teil dieser Wohnungen noch gar nicht vorhanden ist, weil in Bauabschnitten gebaut wurde.

Beispiel:
Eine Eigentumswohnanlage ist mit 100 Wohnungen geplant. Hierauf ist auch die im Grundbuch eingetragene Teilungserklärung mit Gemeinschaftsordnung abgestimmt. Die Anlage wird aber in zwei Bauabschnitten (Wohnblocks) mit je 50 Wohnungen gebaut. Nach Fertigstellung des 1. Bauabschnitts erkennt der Bauträger, dass die Wohnungen im 2. Block nicht mehr abgesetzt werden können. Er baut daher den 2. Block nicht mehr. Im 1. Block ist alles normal verlaufen. Alle Wohnungen sind verkauft und bewohnt. Das Sondereigentum ist hier nach der fast allgemeinen Meinung, der „Theorie der schrittweisen Entstehung", für die Wohnungen des 1. Blocks entstanden[3], während bei dem Eigentumsanteil des 2. Bauabschnitts nur Anwartschaftsrechte auf Einräumung des Sondereigentums bestehen. Die Gegenmeinung, die „Fertigstellungstheorie"[4], führt zu unerträglichen Konsequenzen; sie bürdet den Käufern das Fertigstellungsrisiko auf, nimmt ihnen den Schutz der Bestimmungen des WEG und würde die heute übliche Einzelfinanzierung von Eigentumswohnungen vor Fertigstellung der ganzen Anlage unmöglich machen. Die Rechtslage, wenn bei nur teilweiser Errichtung einer Eigentumswohnanlage wegen der bereits errichteten Gebäudeteile Sondereigentum besteht, wird hier als „atypisches Sondereigentum" bezeichnet.

---

1 Siehe Rz. 112.
2 *Röll* NJW 1976, 1473; *Röll* DNotZ 1977, 69; *Sauren* WEG, 4. Aufl., § 16 (bei „Leerstand").
3 Ausführliche Begründung zu h.M. siehe bei *Röll* Teilungserklärung, S. 44 und *Röll* DNotZ 1977, 69; diese Ansicht wird ferner vertreten von BGH NJW 1986, 2759 = WE 1987, 13; OLG Karlsruhe DNotZ 1973, 235; OLG Stuttgart BWNotZ 1979, 17 = OLGZ 1979, 21; *Bärmann/Pick/Merle* § 3 Rz. 26; *Weitnauer* § 3 Rz. 67; *Palandt/Bassenge* § 2 WEG Rz. 10; *Riedel* MDR 1951, 468; *Kapellmann* MDR 1969, 620; *Müller* MittBayNot 1974, 248; *Schmidt* BWNotZ 1975, 12.
4 Die Fertigstellungstheorie wird vertreten vom OLG Düsseldorf Rpfleger 1986, 131.

132 Ist in der Gemeinschaftsordnung ein bestimmter **Kostenverteilungsschlüssel** vereinbart worden, kommt es grundsätzlich nicht darauf an, wo die Kosten angefallen sind und ob die Kostenverteilung im Einzelfall einzelne Wohnungseigentümer bevorzugt oder benachteiligt. Im Interesse der Klarheit und Einfachheit der Verwaltung müssen solche Nachteile in Kauf genommen werden. Wer eine Eigentumswohnung erwirbt, hat sich der Gemeinschaftsordnung zu unterwerfen, auch wenn sie nicht in jedem Fall eine absolut gerechte Lösung bildet. Es gibt jedoch Situationen, in denen dieser Grundsatz nicht durchgehalten werden kann. Ist z.B. von einer Eigentumswohnanlage von 100 Wohnungen nur der 1. Bauabschnitt mit 50 Wohnungen fertig gestellt, so können die Eigentümer des 1. Bauabschnitts nicht von dem Bauträger als Eigentümer der Miteigentumsanteile des 2. Bauabschnitts Zahlung der Hälfte der Wasserkosten verlangen. Ein solches Ansinnen auf Kostenverteilung würde Treu und Glauben widersprechen (§ 242 BGB). Ähnlich wie bei den Wasserkosten kann die Rechtslage bei den Hausreinigungskosten sein. Im Allgemeinen ist festzuhalten, dass der Bauträger als Inhaber von sondereigentumslosen Miteigentumsanteilen die Beweislast hat, wenn er behauptet, sich an gewissen Kosten nicht beteiligen zu müssen. Alle Zweifel gehen zu seinen Lasten, denn er hat den bestehenden Zustand selbst herbeigeführt.

2.2.6. Persönliche Dienstleistungen[1]

133 Durch Beschluss der Wohnungseigentümerversammlung können die Wohnungseigentümer nicht zu **aktiven Arbeitsleistungen**, z.B. zur turnusmäßigen Reinigung des Treppenhauses, verpflichtet werden. Etwas Derartiges sieht das Wohnungseigentumsgesetz nicht vor. Das WEG (§ 16 Abs. 2) regelt nur die Kostentragung. Ein solcher Mehrheitsbeschluss würde einen Eingriff in die Freiheitssphäre der einzelnen Wohnungseigentümer darstellen, er würde z.B. in die Urlaubsplanung eingreifen. Auswärts wohnende und gebrechliche Eigentümer würden in Schwierigkeiten kommen. Im Krankheitsfalle wäre die turnusgemäße Aufteilung in Frage gestellt. Auch das widerspricht dem Grundsatz einer ordnungsgemäßen Verwaltung. Vom OLG Düsseldorf wird ein entsprechender Beschluss wegen fehlender Beschlusskompetenz als nichtig angesehen[2].

---

1 Zu dieser Frage sehr eingehend AG München WE 1993, 198 = DWE 1993, 44, das solche Mehrheitsbeschlüsse für gesetzwidrig erachtet und daher die Anfechtbarkeit bejaht; ebenso KG NJW-RR 1994, 207 (Gartenpflege); KG OLGZ 1978, 146; OLG Hamm OLGZ 1980, 261; *Bader* WE 1994, 288. Diese Meinung wird durch die neuere Rechtsprechung in Frage gestellt, die Mehrheitsbeschlüsse anerkennt, soweit sie einer ordnungsgemäßen Verwaltung entsprechen: OLG Stuttgart DWE 1987, 99 (Schneeräumen und Streupflicht), mit ablehnender Anmerkung von *Bielefeld*; BayObLG NJW-RR 1992, 343 = WE 1992, 291 = BayObLGZ 1991, 421 (Treppenhausreinigung); OLG Hamm DWE 1987, 63 (Treppen- und Kellerreinigung).
2 NZM 2004, 157 und 554; w.N. bei *Staudinger/Bub* § 16 Rz. 42.

2.3. Aufbringung der Kosten

2.3.1. Monatliche Zahlungen (Hausgeld, Wohngeld) und „Startgeld"

Die für das gemeinschaftliche Eigentum anfallenden **Kosten** sind von den Wohnungseigentümern sofort nach Maßgabe des Verteilungsschlüssels zu bezahlen. Der **Verwalter** ist berechtigt, die Beiträge der einzelnen Wohnungseigentümer im Namen des rechtsfähigen Verbandes mit Wirkung für und gegen sie einzufordern (§ 27 Abs. 1 Nr. 4 WEG). Dabei kann Zahlung an den Verwalter verlangt werden[1]. 134

Im Rahmen einer ordnungsgemäßen Verwaltung werden diese Kosten in der Regel durch monatliche Zahlungen („**Hausgeld**", „**Wohngeld**") aufgebracht. Hierzu und zur Leistung von sonstigen notwendigen Vorschüssen sind die Wohnungseigentümer verpflichtet (gemäß § 28 WEG). Die **Höhe des Wohngeldes** wird durch Mehrheitsbeschluss der Wohnungseigner festgelegt (§ 28 Abs. 5 WEG), und zwar in der Regel im Wirtschaftsplan (§ 28 Abs. 1 WEG); hierbei handelt es sich um eine Maßnahme der ordnungsgemäßen Verwaltung (21 Abs. 5 Nr. 5 WEG). Im Rahmen einer ordnungsgemäßen Verwaltung sind auch Rücklagen zu bilden, insbesondere die Instandhaltungsrückstellung[2]. Grundsätzlich kann der Verwalter Zahlungen nur auf Grund eines Beschlusses der Wohnungseigentümerversammlung anfordern[3]. 135

Gegen Wohngeldansprüche gibt es grundsätzlich kein Zurückbehaltungsrecht und auch kein **Aufrechnungsrecht**[4]. Ausnahmen sind nur gegeben bei rechtskräftig festgestellten, anerkannten oder aus Maßnahmen der Notgeschäftsführung herrührenden Forderungen. Das gleiche gilt für Forderungen eines Wohnungseigentümers auf Schadenersatz (z.B. aus § 14 Nr. 4 WEG)[65] oder aus Gegenforderungen, die er nicht als Wohnungseigentümer erworben hat, z.B. als Nachbar wegen Beschädigung des Nachbarhauses[5]. Das Verbot der Aufrechnung ist darin begründet, dass eine ordnungsgemäße Verwaltung nur dann gewährleistet ist, wenn alle Wohnungseigentümer ihren Zahlungsverpflichtungen nachkommen. Nur dann ist die Zahlungsfähigkeit der Gemeinschaft gesichert. Diese darf nicht durch eine Auseinandersetzung über Gegenansprüche gefährdet werden. Rechtsgrundlage sind die zwischen den Wohnungseigentümern bestehenden Schutz- und **Treuepflichten**. 136

Bei der Einziehung des Wohngelds und anderer Zahlungsverpflichtungen der Wohnungseigentümer ist ein **Lastschrifteinzugsverfahren** auf Grund der Gemeinschaftsordnung, einer Vereinbarung der Eigentümer oder eines 137

---
1 BayObLG WuM 2002, 41.
2 Siehe Rz. 139.
3 KG NJW-RR 1989, 1162; BayObLG WE 1989, 107; KG NJW-RR 1990, 397; BayObLG NJW-RR 1987, 1356 = WE 1988, 37.
4 OLG München WuM 2007, 213.
5 OLG Düsseldorf Entscheidung WuM 2007, 289.

Beschlusses der Wohneigentümerversammlung möglich[1]. Dies erleichtert die Arbeit des Verwalters und dient so einer ordnungsgemäßen Verwaltung. Gegen Missbräuche sind die Eigentümer durch ihr Rückrufrecht geschützt. Die Verpflichtung der Wohnungseigentümer, am Lastschriftverfahren teilzunehmen, kann auch im Verwaltervertrag enthalten sein[2]. Das Lastschrifteinzugsverfahren kann für solche Beträge eingeführt werden, bei denen zum Zeitpunkt der Erteilung der Einzugsermächtigung sowohl die Höhe als auch der Zeitpunkt der Fälligkeit absehbar ist. Dies bedeutet: Für die Nachforderungen aus Jahresabrechnung und für Sonderumlagen ist eine Einzugsermächtigung nur durch bestandskräftigen Beschluss möglich, ansonsten anfechtbar[3]. Eine Mehraufwandsgebühr für den Wohnungseigentümer, der an dem Verfahren nicht teilnimmt, ist nunmehr möglich (§ 21 Abs. 7 WEG). Die Mehraufwandsgebühr muss sich auch im Rahmen des Üblichen halten, d.h. 5 bis 10 Euro. Im Verwaltervertrag kann des Weiteren eine zusätzliche Verwaltergebühr für die Überweisung oder Barzahlung des Hausgeldes anstelle einer erteilten Einzugsermächtigung an den Verwalter festgelegt werden[4].

138 Zur Deckung des bei Bezugsfertigkeit der Wohnung einmalig auftretenden besonderen Geldbedarfs, insbesondere für die erste Füllung des Heizöltanks, kann ein **„Startgeld"** notwendig sein. Dieses wird häufig bereits in der Gemeinschaftsordnung festgelegt.

2.3.2. Instandhaltungsrückstellung[5]

2.3.2.1. Zweck

139 Nach dem WEG (§ 21 Abs. 5 Nr. 4) gehört die Ansammlung einer angemessenen **Instandhaltungsrückstellung** zu den Angelegenheiten einer ordnungsgemäßen, dem Interesse der Gesamtheit der Wohnungseigentümer entsprechenden Verwaltung.

Für die Ansammlung einer **Instandhaltungsrückstellung** bestehen zwei Gründe: Ein **Reparaturbedarf** kann plötzlich auftreten. Nur wenn eine entsprechende Rücklage vorhanden ist, stehen dem Verwalter ausreichende Mittel zur Verfügung. So wird erreicht, dass sich alle Wohnungseigentümer an den Instandhaltungskosten gleichmäßig beteiligen; es müssten nicht bei einem plötzlich auftretenden Bedarf für weniger zahlungskräftige oder weniger zahlungswillige Eigentümer andere Wohnungseigentümer einspringen. Die Instandhaltungsrückstellung bewirkt auch, dass die Mittel für die großen Reparaturen in kleinen monatlichen Beträgen aufgebracht

---

1 BayObLG NJW-RR 2002, 1665; OLG Hamm NZM 2000, 505.
2 *Becker/Kümmel* ZWE 2001, 128, 134.
3 OLG Stuttgart WuM 1996, 791.
4 OLG München ZMR 2006, 960.
5 Wegen der Eigentumsverhältnisse an der Instandhaltungsrückstellung insbesondere bei Veräußerung einer Wohnung siehe bei Rz. 24.

werden und dies den Wohnungseigentümern nicht so schwer fällt, wie die Aufbringung größerer Mittel. Daneben wird durch die Ansammlung einer Instandhaltungsrückstellung erreicht, dass die Aufbringung der oft großen Reparatur- und Ersatzbeschaffungskosten auf die Jahre der Nutzung verteilt wird. Wird eine Eigentumswohnung verkauft, so muss nicht der Käufer für eine Abnutzung aufkommen, die auch während der Zeit aufgetreten ist, in der noch der Verkäufer Eigentümer war.

Bei Mehrhausanlagen dürfen getrennte Rücklagen nur gebildet werden, wenn dies die Gemeinschaftsordnung vorschreibt[1], d.h. gelten für einzelne Gebäude einer Mehrhausanlage unterschiedliche Kostenverteilungen, so sind getrennte Rücklagen zu bilden[2]. Ebenso gilt dies, wenn die einzelnen Gebäude selbständige Wirtschaftseinheiten bilden[3].

2.3.2.2. Höhe

Allgemeine Angaben darüber, welcher Betrag pro qm und Jahr angesammelt werden soll, sind nicht möglich. Dies kann nur auf Grund aller Umstände des Einzelfalls entschieden werden. Ein altes Haus, für das noch keine ausreichende Rücklage besteht, wird die Ansammlung einer größeren Summe erfordern. Auch macht es z.B. einen Unterschied, ob ein Aufzug vorhanden ist, ob eine Ölheizung oder eine Elektrospeicherheizung besteht. Man sollte hierbei überschlägig unter Berücksichtigung künftiger Preissteigerung schätzen, welche größere Reparatur oder Ersatzbeschaffung notwendig wird und in welchem Zeitraum. Hierbei ist vor allem zu denken an Fassadenschäden, Reparaturen an Heizungsanlagen, Aufzug, Tüncherarbeiten im Treppenhaus. Einen Anhaltspunkt können die steuerlichen Abschreibungsfristen bieten, sie betragen z.B. bei Heizungsanlagen 15 Jahre. Als Anhaltspunkt für die Höhe der Rücklage kann auch die „**Peters'sche Formel**"[4] dienen. Sie gibt den pro qm Wohnfläche und Jahr erforderlichen Betrag wie folgt an:

$$\frac{\text{Baukosten} \times 1,5 \times 65 \text{ bis } 70}{80 \times \text{Wohnfläche} \times 100}$$

Die Formel geht von einer 80-jährigen **Standdauer des Gebäudes**, von dem Erfahrungssatz, dass während dieser Zeit der eineinhalbfache Betrag der Baukosten an **Instandhaltungskosten** anfallen wird, und von der Tatsache aus, dass von diesen Kosten 65 bis 70 % das Gemeinschaftseigentum betreffen. Die Formel berücksichtigt bereits eine inflationsbedingte Steigerung der Baukosten. Hierzu ein Berechnungsbeispiel:

---

1 OLG Düsseldorf WE 1998, 487.
2 BayObLG ZMR 2003, 213.
3 OLG München ZMR 2006, 552.
4 *Peters* WE 1980, 5.

Die Baukosten des Hauses (selbstverständlich ohne Grundstücksanteil) betragen 450 000 Euro, die Wohnfläche beläuft sich auf 600 qm. Dies ergibt:

$$\frac{450\,000 \times 1,5 \times 65}{80 \times 600 \times 100} = 9,14 \text{ Euro pro qm und Jahr.}$$

142 Die so errechneten Beträge übersteigen die üblichen Sätze oft ganz erheblich. Trotzdem ist die Formel im Prinzip richtig. Sie führt in der Anfangszeit deswegen zu hohen Summen, weil dann die laufend zu entrichtenden Beträge die Inflationsraten der kommenden Jahrzehnte enthalten. Geht man davon aus, dass zunächst wenig Mittel gebraucht werden und dass daher durch Zins und Zinseszins ein Zuwachs eintritt, der die Steigerung der Baukosten mindestens teilweise ausgleicht, so kann man anfangs zu niedrigeren Aufwendungen kommen. Je länger das Gebäude steht, desto unabweislicher wird aber die Anwendung der **Peters'schen Formel**. Bei der Berechnung des Anteils des gemeinschaftlichen Eigentums (65 bis 70 %) kann z.B. das Vorhandensein eines Aufzugs oder eines Schwimmbades zu höheren, das Vorhandensein einer Elektrospeicherheizung an Stelle einer Ölzentralheizung zu niedrigeren Sätzen führen.

143 Dabei haben die Wohnungseigentümer einen **weiteren Ermessensspielraum**, nur wesentlich überhöhte oder zu niedrige Ansätze können gegen die Grundsätze ordnungsgemäßer Verwaltung verstoßen[1]. Dafür (§ 28 Abs. 2) ist die Verordnung über wohnungswirtschaftliche Berechnung (2. Berechnungsverordnung – II. BV) in der Fassung vom 12.10.1990 (BGBl. I. S. 2178) erste Richtschnur. Von der Rechtsprechung wird sie auch als Untergrenze angesehen[2]. Hiernach dürfen pro Quadratmeterwohnfläche und Jahr bei zurückliegender Bezugsfertigkeit von weniger als 22 Jahre höchstens 7,10 Euro, bei mindestens 22 Jahren höchsten 9 Euro und bei mindestens 32 Jahren höchstens 11,50 Euro als Instandhaltungskosten angesetzt werden. Bei vorhanden sein eines Aufzugs erhöhen sich die Werte um 1 Euro pro Quadratmeter. Solche Vorgaben können allenfalls eine Orientierung für die Ermessensausübung der Gemeinschaft darstellen, bedeuten jedoch keineswegs eine Bindung der Versammlung, den so beschriebenen Ermessensspielraum auch bis zu einer bestimmten Obergrenze oder Untergrenze ausschöpfen zu müssen.

144 Die **Beiträge** der Eigentümer zur **Instandhaltungsrücklage** müssen im **Wirtschaftsplan** enthalten sein, der vom Verwalter aufgestellt und von der Wohnungseigentümergemeinschaft beschlossen wird (§ 28 Abs. 1 Nr. 3 WEG).

---

1 OLG Düsseldorf ZWE 2002, 535.
2 OLG Düsseldorf ZMR 2006, 879.

2.3.2.3. Verwendung

Die **Instandhaltungsrückstellung** wird für die **Instandhaltung und Instandsetzung des gemeinschaftlichen Gebäudes und der sonstigen gemeinschaftlichen Anlagen** angesammelt. Die Wohnungseigentümer können auch bei Reparaturen eine Kostenumlage statt der Entnahme im Rahmen der ordnungsgemäßen Verwaltung bei ausreichender Höhe nach dem Bayerischen Obersten beschließen[1]. Entnahmen zu anderen Zwecken, wie z.B. zur Gartenpflege[2] oder zur Anlage in einem Bausparvertrag[3] oder zur Deckung von Beitragsrückständen[4], sind grundsätzlich unzulässig. Behält die Rücklage nach der Entnahme eine ausreichende Höhe, ist die Entnahme aber folgenlos[5].

145

2.3.2.4. Anlage der Gelder

Da der größte Teil der **Instandhaltungsrückstellung** für große Aufwendungen bestimmt ist, die in längeren Zeitabständen auftreten, wäre es unwirtschaftlich, die angesammelten Beträge auf einem laufenden Konto zu belassen, das fast keine Zinsen bringt. Es kommt daher zumindest für einen Teil der Rückstellung die Anlage auf einem **Festgeldkonto** oder auf einem **Sparkonto** in Frage. Hierbei ist zu bedenken, dass die Verzinsung umso höher ist, je länger die Anleger gebunden sind. Eine lange Festlegung könnte aber schädlich sein, wenn ein Bedarf plötzlich auftritt. Sollte die Instandhaltungsrückstellung auch zur Zahlung kleinerer Beträge dienen, so kann es zweckmäßig sein, einen Teil davon kurzfristig, einen anderen Teil längerfristig anzulegen. Als Mittelweg könnten Konten dienen, bei denen die Gelder täglich verfügbar sind.

146

Wegen großer Summen empfiehlt sich eine Anlage auf **Festgeldkonto** mit ein- bzw. dreimonatiger Kündigungsfrist. Möglich ist auch eine Anlage in **Geldmarktfonds**. Wie angelegt werden soll, entscheidet (gemäß § 21 Abs. 3 WEG) die Wohnungseigentümerversammlung mit Mehrheit. Hat sie keine Bestimmung getroffen, so obliegt die Auswahl dem Verwalter. Er hat hierbei einen Ermessensspielraum und muss nicht immer die zinsgünstigste Anlage wählen.

147

Hierbei sollte er aber keinesfalls Beträge, die erst nach Jahren gebraucht werden, auf einem laufenden Konto stehen lassen. Hat er eine Anlage auf einem **Festgeldkonto oder einem Sparkonto** durchgeführt, so kann ihn deswegen kein Vorwurf treffen, weil eine noch längerfristigere Bindung oder eine Anlage bei einem anderen Kreditinstitut mehr Zinsen erbracht hätte.

---

1 BayObLG ZMR 2003, 694; NJW-RR 2004, 1456; a.A. OLG Hamm OLGZ 1981, 97, 104.
2 BayObLG NZM 2002, 531.
3 OLG Düsseldorf WuM 1996, 112.
4 OLG Hamm NJW-RR 1991, 212.
5 OLG Saarbrücken NZM 2000, 198.

Will der Verwalter sich vor derartigen Vorwürfen sichern, dann sollte er einen Beschluss der Wohnungseigentümerversammlung hierüber herbeiführen.

148 Eine **spekulative Anlage** widerspricht der **ordnungsgemäßen Verwaltung**[1], ebenso die Anlage eines Betrages von mehr als 1000 Euro auf einem Sparbuch, weil hier eine 3-monatige Kündigungsfrist gilt[2], so dass die Rücklage nicht kurzfristig zur Verfügung steht.

2.3.2.5. Einkommensteuer

149 Nach der Rechtsprechung des Bundesfinanzhofs[3] sollen die Beiträge zur Instandhaltungsrückstellung nicht sofort als **Werbungskosten** geltend gemacht werden können, da die Beträge nicht endgültig aus dem Vermögen des Wohnungseigentümers abgeflossen seien. Sobald die Rückstellung aber ihrem Zweck entsprechend verwendet wird, können die anteiligen Beträge selbstverständlich steuerlich geltend gemacht werden. Diese Meinung verkennt die wirkliche Lage. Hier ist die Situation anders als bei den sonstigen Umlagen (Hausgeld, Wohngeld). Diese stellen nur Vorschüsse dar, die zurückgezahlt werden müssen, falls sie nicht gebraucht werden (§ 28 Abs. 2 WEG). Die Rückgewähr von Beiträgen zur Instandhaltungsrückstellung kommt jedoch praktisch niemals in Frage. Kein Wohnungseigentümer kann die Auszahlung seiner Beträge verlangen. Die Meinung des BFH führt vor allem auch beim Verkauf von Eigentumswohnungen zu unbefriedigenden Ergebnissen; denn dann profitiert der Käufer von einer durch den Verkäufer angesammelten Rückstellung, kann sogar die aus ihr aufgewendeten Mittel anteilig als Werbungskosten geltend machen, obwohl er zu ihrer Ansammlung nichts beigetragen hat.

150 **Zinsen** aus der Instandhaltungsrückstellung sind beim einzelnen Eigentümer einkommensteuerpflichtig. Die Zinserträge unterliegen der Zinsabschlagsteuer nach dem Zinsabschlagsteuergesetz[4].

Hierbei ist Folgendes zu beachten[5]: In der Regel sehen die Finanzämter von einer einheitlichen und gesonderten Feststellung der von der Wohnungseigentümergemeinschaft erzielten Zinserträge ab. Wird so verfahren, dann erteilt der Verwalter den einzelnen Wohnungseigentümern eine Bescheinigung über die Aufteilung der Zinseinnahmen, sowie über den Zinsabschlag und übersendet ihnen eine Fotokopie der Steuerbescheinigung des Kreditinstituts.

---

1 OLG Celle ZMR 2004, 845.
2 OLG Düsseldorf ZMR 2001, 305.
3 BFH NJW 1988, 2824; BFH/NV 2006, 291; ablehnend hierzu *Spiegelberger* WE 1989, 83; ausführlich *Sauren* DStR 2006, 2161; zustimmend *Schmidt/Drenseck* EStG, 27. Aufl., § 21 Rz. 100.
4 Siehe Teil D Rz. 26.
5 Schreiben des Bundesfinanzministeriums v. 26.10.1992 – IV B – S 200–252, 92 –, abgedruckt in WE 1993, 39 und MittBayNot 1993, 57.

Die **Zinsabschlagsbeträge** kann der Wohnungseigentümer dann bei seiner **Einkommensteuererklärung** geltend machen. Einen **Freibetrag** gibt es für die Wohnungseigentümergemeinschaft nicht. Erreicht aber der Eigentümer den für ihn geltenden Freibetrag nicht, so erhält er den Zinsabschlag vom Finanzamt zurück, andernfalls erfolgt eine Anrechnung auf die Einkommensteuerschuld.

2.3.3. Andere Rücklagen

Auch sonst ist es für die Eigentümergemeinschaft wichtig, eine **Geldreserve** für unerwartet auftretenden Bedarf zu haben, z.B. Erhöhung der Heizölpreise. Für solche Rücklagen gilt das vorstehend für die Instandhaltungsrücklage Gesagte entsprechend[1].

151

2.3.4. Umlage auf Mieter[2]

Oft werden Kosten, z.B. Heizkosten, Müllabfuhr usw., im Rahmen des Mietvertrages auf den **Mieter umgelegt**. Hierbei sollte die Zahlung der Kosten trotzdem durch den Wohnungseigentümer erfolgen. Andernfalls müsste der Verwalter die Mahnungen durchführen, wenn der Mieter nicht zahlt. Dies liegt außerhalb seines Zuständigkeitsbereichs. Die pünktliche Zahlung der Kosten sollte nicht vom Mieter abhängen.

152

2.4. Die Kosten im Einzelnen

2.4.1. Instandhaltungskosten, Reparaturen, bauliche Aufwendungen

Zu den wichtigsten Lasten des gemeinschaftlichen Eigentums gehören die **Kosten der Gebäudeinstandhaltung**. Hierbei sei bemerkt, dass für **Kosten des Sondereigentums** jeder Wohnungseigentümer allein aufkommen muss[3]. Jeder Wohnungseigentümer ist aber verpflichtet, die in seinem Sondereigentum stehenden Gebäudeteile instand zu setzen (§ 14 Nr. 1 WEG), z.B. wenn nur durch eine solche Reparatur das Übergreifen von Feuchtigkeit auf das gemeinschaftliche Eigentum verhindert werden kann. Dagegen ist die **Instandhaltung des gemeinschaftlichen Eigentums** Sache der Eigentümergemeinschaft. Es ist hier zu unterscheiden zwischen der **ordnungsgemäßen Instandhaltung** und **unnötigen Aufwendungen** (Luxusaufwendungen). Zu den ordnungsgemäßen Aufwendungen gehören notwendige Reparaturen, z.B. Beseitigung eines Schadens am Dach. Aber nicht nur die Wiederherstellung des früheren Zustands fällt hierunter, sondern auch Veränderungen, die auf Grund verändertem Baurechts, neuerer Erfahrungen,

153

---
1 Siehe hierzu auch Rz. 24 ff.
2 *Korff* DWE 1976, 4.
3 Wegen der Abgrenzung zwischen Sonder- und Gemeinschaftseigentum siehe Teil B Rz. 17 ff.

technischer Entwicklungen oder Änderung der Lebensverhältnisse angeraten sind[1]. Zu den gemeinschaftlichen Kosten gehören auch Folgekosten am Sondereigentum durch Arbeiten am Gemeinschaftseigentum (§ 14 Nr. 4 WEG)[2].

154 Auch **anfängliche Mängel** des Gebäudes fallen unter die **Instandhaltungspflicht**[3]. Bei größeren Aufwendungen muss der Verwalter **3 Konkurrenzangebote** einholen[4], wobei keine Verpflichtung seitens der Gemeinschaft besteht das billigste Angebot zu wählen[5]. Es widerspricht auch nicht generell den Grundsätzen einer ordnungsgemäßen Verwaltung, wenn der Verwalter einzelnen Eigentümern die **Ausführung von Instandsetzungsmaßnahmen** gegen ortsübliches Entgelt überlässt[6].

155 Bei der **Instandhaltung** handelt es sich um die Erhaltung des ordnungsgemäßen Zustand durch Vorsorge, Pflege oder sonstige Erhaltungsmaßnahmen[7], z.B. beim Garten durch zurückschneiden oder sonstige pflegerische Maßnahmen, wie das Auslichten[8]. Auch die Wahrung der Verkehrssicherungspflicht gegenüber den einzelnen Eigentümern oder Dritten gehört hier runter[9]. Die Wohnungseigentümer haben die Möglichkeit, diese Verkehrssicherungspflicht auf den Verwalter zu delegieren[10]. Dann ist die Gemeinschaft aber zur laufenden Überwachung verpflichtet, welche durch einzelne Wohnungseigentümer[11] oder auch durch Dritte erfolgen kann.

156 Unter der **Instandsetzung** ist die Wiederherstellung oder Ersetzung von verbrauchten Geräten, Gebäudeteilen, Pflanzen zu verstehen[12]. Hierunter fällt auch die Erstherstellung eines ordnungsgemäßen Zustandes einschl. der hierfür notwendigen Vorbereitungsmaßnahmen, wie z.B. Ermittlung der anstehenden Maßnahme und der notwendigen Kosten.

2.4.2. Verwalterkosten

157 Der Verwalter ist in der Regel nicht ehrenamtlich tätig. Er bezieht auf Grund des Verwaltervertrages eine Vergütung[13]. Auch die **Verwaltervergütung** ist grundsätzlich von den Wohnungseigentümern im Verhältnis ih-

---

1 Wegen dieser Modernisierungen im Einzelnen siehe Rz. 272 ff.
2 KG FGPrax 1997, 21 = ZWE 1997, 66.
3 BayObLG NJW-RR 1989, 1293.
4 BayObLG ebd.
5 BayObLG NZM 2002, 564.
6 KG WE 1991, 325 = OLGZ 1991, 425.
7 KG ZMR 1999, 207.
8 BayObLG ZMR 2005, 377.
9 BGH NJW-RR 1989, 394.
10 OLG Frankfurt NJW-RR 2004, 312.
11 BGH NJW 1985, 484.
12 BayObLG ZMR 2004, 765.
13 Im Einzelnen hierzu, insbesondere wegen der Höhe der Vergütung, siehe Rz. 494 ff. (insbesondere Rz. 518 f.).

rer Miteigentumsanteile zu tragen (§ 16 Abs. 2 WEG). Die im Außenverhältnis zum Verwalter vorgenommene Berechnung der Verwaltervergütung nach Wohneinheiten im Verwaltervertrag ändert nichts an der in der Gemeinschaftsordnung festgehaltenen Verteilung, in der Regel nach Miteigentumsanteilen[1].

In vielen Fällen ist es sachgerechter, wenn die Verwaltervergütung von allen Wohnungseigentümern zu gleichen Anteilen getragen wird; denn eine große Wohnung macht dem Verwalter nicht mehr Arbeit als eine kleine. Bei einer Neuordnung des Lastenverteilungsschlüssels ist auch diese Frage zu überdenken.

2.4.3. Hausmeisterkosten

Auch die **Vergütung des Hausmeisters** ist eine Gemeinschaftsausgabe[2], arbeitsrechtliche Fragen sind zu beachten[3]. Oft wohnt er in einer Wohnung, die zum gemeinschaftlichen Eigentum gehört[4]. Die Miete ist dann auf die Vergütung zu verrechnen. Hierbei ist auf die Vorschriften des Steuer- und Sozialversicherungsrechts Rücksicht zu nehmen. Ein zu niedriger Anrechnungsbetrag bei der Miete kann als Lohnsteuerhinterziehung betrachtet werden und zu Nachforderungen des Finanzamts führen. Dies kann insbesondere dann zu Unannehmlichkeiten führen, wenn in der Zwischenzeit Eigentumswohnungen verkauft worden sind und die Käufer sich nicht an den Nachzahlungen beteiligen wollen. Die Tätigkeit des Hausmeisters kann der gesetzlichen Unfallversicherung unterliegen[5]. 158

Soweit die Gemeinschaftsordnung keine andere Bestimmung trifft, sind sowohl **Verwalter- als auch Hausmeisterkosten** im Verhältnis der Miteigentumsanteile auf die Wohnungseigentümer umzulegen (§ 16 Abs. 2 WEG). Eine Regelung, wonach auf jede Eigentumswohnung eine gleiche Quote der Hausmeisterkosten entfällt, wäre oft gerechter[6]. 159

2.4.4. Heizkosten

Soweit die Teilungserklärung und die Gemeinschaftsordnung keine Regelung **vorsehen** und die HeizkostenV nicht eingreift, verteilen sich die **Heizkosten** im Verhältnis der Miteigentumsanteile[7]. Die **HeizkostenV** vom 5.4.1984 (BGBl. I S. 593, Neufassung in BGBl. I 1989 S. 851), abgedruckt im 160

---

1 BayObLG NZM 2004, 623.
2 BayObLG WE 1986, 62.
3 Hierzu vgl. *Köhler* WE 1997, 213.
4 Hierzu vgl. *Köhler* WE 1999, 55.
5 Zuständige Berufsgenossenschaft: Verwaltungs-Berufsgenossenschaft, 22281 Hamburg.
6 Wegen der Frage der turnusmäßigen Reinigung durch die Eigentümer siehe Rz. 133.
7 Wegen der Raumtemperatur und der Heizperiode siehe Rz. 624 ff.

Anhang II zu diesem Buch[1] bedeutet einen Eingriff in das WEG (§ 16 Abs. 2). Sie gilt grundsätzlich für alle Eigentumswohnanlagen. Diese Verordnung wurde auf Grund des Energieeinsparungsgesetzes erlassen. Dementsprechend ist ihr Zweck allein die Einsparung von Wärmeenergie, nicht dagegen eine möglichst gerechte Verteilung der Kosten unter die Nutzer. Immerhin ist aber der Gerechtigkeit dadurch Rechnung getragen, dass ein Teil der Kosten regelmäßig nach einem festen Maßstab umgelegt wird, z.B. nach Wohnfläche (Berücksichtigung von Leitungsverlusten, Mitheizeffekt u. Ä.). Die HeizkostenV gilt nicht nur für Eigentumswohnanlagen, sondern für alle Gebäude, in denen die Kosten für eine Zentralheizung und eine zentrale Warmwasserversorgungsanlage auf die Benutzer umgelegt werden müssen. Es handelt sich daher nicht um ein Reformgesetz zum WEG.

161   Der **Anwendungsbereich** der Verordnung umfasst alle zentralen Heizungs- und Warmwasserversorgungsanlagen (§ 1 Abs. 1 HeizkostenV), die Versorgung mit Fernwärme[2] und Fernwarmwasser jedoch auch dann, wenn die Kosten dem Nutzer unter Zugrundelegung eines Gesamtbetrages vom Versorgungsunternehmen direkt in Rechnung gestellt werden (§ 1 Abs. 1 Nr. 2, Abs. 3 Nr. 3 der Neufassung der HeizkostenV). Vom Anwendungsbereich der HeizkostenV sind (gemäß deren § 11) ausgenommen gewisse Warmmietverträge, ältere Anlagen, bei denen der Verbrauch vom Benutzer nicht beeinflusst werden kann, und Gebäude, in denen die Wärme auf Grund bestimmter moderner Techniken erzeugt oder geliefert wird.

162   Für den **Verteilungsschlüssel** gilt: Besteht keine Vereinbarung, sind die Kosten des Betriebs einer zentralen Heiz- und Warmwasserversorgungsanlage mit mindestens 50 % und höchsten 70 % nach dem erfassten Verbrauch auf die Nutzer zu verteilen (§ 7 bis 9 HeizkostenV). Die übrigen Kosten sind nach der Wohn- oder Nutzfläche oder bei den Heizkosten auch nach dem umbauten Raum umzulegen (§§ 7, 8 HeizkostenV). Es liegt im freien Ermessen der Wohnungseigentümer, welchen Verteilungsschlüssel sie wählen. Bei Räumen mit sehr guter Isolierung ist eine Abrechnung nach Verbrauchskosten mit 70 % angebracht; ist dies nicht der Fall oder besteht bei einzelnen Wohnungen wegen ihrer exponierten Lage ein besonders hoher Verbrauch, so kann ein Verbrauchsanteil von 50 % angemessen sein[3]. Die HeizkostenV (§ 10) gestattet aber auch entsprechend dem Zweck der Verordnung einstimmige Vereinbarungen, die einen höheren Verbrauchsanteil als 70 % vorsehen. Ist eine sog. Öffnungsklausel gegeben, so ist dies auch durch Mehrheitsbeschluss möglich. In einem Mehrfamilienhause ist jedoch nach dem OLG Hamm keine 100 %ige verbrauchsabhängige Verteilung zulässig, da diese nicht sachgerecht ist wegen dem sog.

---

[1] Hierzu *Ropertz-Wüstefeld* NJW 1989, 2365.
[2] Vgl. hierzu § 1 Abs. 1 Nr. 2, Abs. 3 Nr. 3 der Neufassung; zum Begriff der Fernwärme BGH NJW 1990, 1181.
[3] A.A. *Zimmermann* DNotZ 1981, 532 (543), der vorschlägt, immer einen Anteil von 50 % zu wählen.

Mitheizeffekt[1]. Diese Vereinbarung ist also vor allem dort angebracht, wo es keinen Mitheizeffekt gibt, z.B. bei einem Reihenhaus oder Einzelanlagen.

Jeder Wohnungseigentümer kann die Festlegung des Verteilungsmaßstabes als Verwaltungsmaßnahme (i.S.d. § 21 Abs. 4 WEG) verlangen und notfalls gerichtlich durchsetzen.

Besteht noch keine **Vereinbarung** in einem von der HeizkostenV (§ 7 bis 10) gedeckten Maßstab, so ist eine Änderung durch Beschluss im Rahmen der HeizkostenV, d.h. 50 % zu 70 %, zulässig[2], jedoch dann nicht mehr, wenn bereits dieser Maßstab zuvor von den Wohnungseigentümern bestimmt wurde[3].

Zu den **Kosten des Betriebs** der zentralen Heizungsanlage gehören die Kosten der verbrauchten Brennstoffe und ihrer Lieferung, die Kosten des Betriebsstromes, die Kosten der Bedienung, Überwachung und Pflege der Anlage, der regelmäßigen Überprüfung ihrer Betriebsbereitschaft und Betriebssicherheit einschließlich der Einstellung durch einen Fachmann, der Reinigung der Anlage und des Betriebsraums, die Kosten der Messungen nach dem Bundes-Immissionsschutzgesetz und die Kosten der Verwendung einer Ausstattung zur Verbrauchserfassung einschließlich der Kosten der Berechnung und Verteilung (§ 7 Abs. 2 HeizkostenV).

163

Nicht dazu gehören jedoch Tankwegekosten für eine eventuelle Tankhaftpflichtversicherung und Reparaturkosten[4].

Der **Abrechnungszeitraum** und der tatsächliche **Ablesezeitraum** müssen nicht übereinstimmen. Das wäre in vielen Fällen auch unmöglich[5].

Die HeizkostenV ist grundsätzlich **zwingendes Recht**. Gemäß § 2 der Verordnung gehen ihre Vorschriften rechtsgeschäftlichen Bestimmungen vor. Dies bedeutet zunächst, dass bereits bestehende Regelungen außer Kraft treten, soweit sie der Verordnung entgegenstehen und diese eingreift. Darüber hinaus können aber die Eigentümer keine Bestimmungen treffen, welche der Verordnung widersprechen. Dagegen ist keine Sanktion für den Fall vorgesehen, dass die Eigentümer die Verordnung ignorieren; ist jedoch eine Wohnung vermietet, so kann der Mieter die Anwendung der Verordnung verlangen bzw., wenn Messeinrichtungen nicht vorhanden sind (§ 12 Abs. 1 HeizkostenV), den auf ihn entfallenden Kostenanteil um 15 % kürzen. Auch Mietverträge, die mit der Verordnung im Widerspruch stehen, treten insoweit außer Kraft bzw. können nicht neu abgeschlossen werden[6].

164

---

1 OLG Hamm ZWE 2006, 228.
2 OLG Hamm NJW-RR 2004, 1604.
3 BayObLG WuM 1989, 344.
4 BayObLG NJW-RR 1997, 715.
5 OLG Schleswig NJW-RR 1991, 78.
6 *Peruzzo* NJW 1981, 801.

Teil B Verwaltung der Wohnungseigentumsanlage

Die HeizkostenV gilt (§ 1 Abs. 3 HeizKV) auch für Mietverhältnisse über preisgebundenen Wohnungsraum. Jeder Wohnungseigentümer kann die Anwendung der Verordnung verlangen (§ 3 Satz 2 HeizkostenV, § 21 Abs. 4 WEG) und dieses Recht auch (gem. § 21 Abs. 8 WEG) gerichtlich durchsetzen; in diesem Falle muss der Richter die Ermessensentscheidungen – wie die Festsetzung des Verteilungsschlüssels – treffen, falls hierüber keine Entscheidung zu Stande kommt.

165 Es stellt eine Frage der **ordnungsgemäßen Verwaltung** dar und es ist daher durch Mehrheitsbeschluss der Wohnungseigentümerversammlung zu entscheiden, welcher **Verteilungsschlüssel** gewählt werden soll, falls Bestimmungen hierüber nicht vorhanden sind, und welche Messeinrichtungen in einem solchen Fall einzubauen sind[1] (§ 3 Satz 2 HeizkostenV). Ein Verteilungsschlüssel, der einen verbrauchsabhängigen Anteil von mehr als 70 % enthält (§ 10 HeizkostenV), kann nur durch „rechtsgeschäftliche Bestimmung", d.h. durch Vereinbarung aller Wohnungseigentümer eingeführt werden.

166 Die Bestimmungen über den **Verteilungsschlüssel** können in der gleichen Weise **geändert** werden, in der sie begründet wurden[2]. Wurden sie durch Mehrheitsbeschluss eingeführt, so sind sie auch durch Mehrheitsbeschluss änderbar. Entspricht die Bestimmung in der Gemeinschaftsordnung der HeizkostenV, so kann sie nur durch Vereinbarung geändert werden.

167 Für die **Verbrauchsmessung** gibt es drei technische Verfahren:

Heizkostenverteiler nach dem Verdunstungsprinzip: In den hierfür verwendeten Geräten befinden sich Glasröhrchen, die mit einer Flüssigkeit gefüllt sind. Diese Flüssigkeit verdunstet je nach abgegebener Heizkörperwärme mehr oder weniger. Hiermit lässt sich aber nicht der absolute Betrag der verbrauchten Wärme feststellen, sondern es wird nur der relative, anteilige Verbrauch im Verhältnis zur insgesamt in der Eigentumswohnanlage abgegebenen Wärmemenge aus den Messzahlen errechnet. Dieses Verfahren ist das billigste.

168 **Elektronische Heizkostenverteiler:** Diese Geräte zeigen ebenfalls nur die relative Wärmeabgabe an. Sie müssen dort eingesetzt werden, wo Geräte nach dem Verdunstungsprinzip nicht arbeiten können (z.B. bei Niedertemperaturheizungen).

169 **Wärmezähler:** Diese Geräte messen aus der Menge des durchlaufenden Heizwassers und aus der Temperaturdifferenz zwischen Heizvorlauf und Rücklauf die abgegebene Wärme. Sie setzen allerdings voraus, dass jede Wohnung einen abgeschlossenen Heizkreislauf hat. Diese Geräte unterliegen auch der Prüfungspflicht nach dem **Eichgesetz**[3]. Ein Eigentümer-

---

1 *Zimmermann* DNotZ 1981, 532, 544.
2 BayObLG WE 1990, 112; BayObLG NJW-RR 1990, 1102 = WE 1991, 259.
3 BayObLG MDR 1982, 956.

beschluss, der die Weiterbenutzung von Messgeräten nach Ablauf der Eichfrist vorsieht, widerspricht ordnungsgemäßer Verwaltung[1]. Erfordern Wärmezähler einen übermäßigen Aufwand, so entspricht ihre Anbringung nicht dem Grundsatz ordentlicher Verwaltung[2].

Soweit Heizkostenverteiler verwendet werden, erstellt in der Regel die mit der Ablesung beauftragte Firma die Abrechnung. Die Kostenaufteilung bei **Nutzerwechsel innerhalb des Abrechnungszeitraums** wird durch Zwischenablesung vorgenommen (§ 9b HeizkostenV). Bei Geräteausfall bzw. unterlassender Ablesung oder Nichtermöglichung der Ablesung erfolgt eine Verteilung nach sog. Gradzahltagen (§ 9a HeizkostenV)[3]. Die Verwendung ungeeigneter Messgeräte führt nach dem BayObLG nicht zur Ungültigkeitserklärung der Jahresabrechnung[4]. 170

Ausnahmen von der HeizkostenV sind in der HeizkostenV selber vorgesehen (§ 11). Hiernach ist bei **Unverhältnismäßigkeit** davon Abstand zu nehmen. Nach der Rechtsprechung ist Unverhältnismäßigkeit dann anzunehmen, wenn bezogen auf 10 Jahre die Kosten für Anbringung/Wartung von Messgeräten und für die Abrechnung/Messung höher sind als die zu erwartenden Einsparungen, die mit 15 % der unter Berücksichtigung der zu erwartenden Preisentwicklung, ohne verbrauchsabhängige Abrechnung voraussichtlich entstehenden Heizkosten anzusetzen sind[5]. 171

Es ist unzweckmäßig, in **Mietverträge** Bestimmungen über Raumtemperatur, Nachtabsenkung oder Heizperiode aufzunehmen. Die Verhältnisse können sich ändern, die Wohnungseigentümer können einen anderen Verteilungsschlüssel bestimmen. Der Vermieter läuft dann Gefahr, dass der Mieter Minderung verlangt, wenn die vertraglich festgelegte Temperatur oder die Heizperiode nicht eingehalten wird, oder dass er die Zahlung der Mehrkosten ablehnt, wenn auf Grund der geänderten Regelung höhere Kosten entstehen. Aus dem gleichen Grund sollte auch ein Verteilungsschlüssel vertraglich nicht festgelegt werden. Es sollte vielmehr auf die jeweiligen Vereinbarungen und Beschlüsse der Wohnungseigentümer Bezug genommen werden[6]. 172

---

1 BayObLGZ 1998, 97 = WE 1999, 26.
2 BayObLG WE 1990, 136; KG NJW-RR 1993, 468 = WE 1993, 138 = OLGZ 1993, 308; BayObLG NJW-RR 1993, 663 = BayObLGZ 1993, 34 = WE 1994, 116.
3 OLG Hamburg ZMR 2004, 769; BayObLG NZM 2001, 754; ZWE 2001, 375.
4 BayObLG NJW-RR 2003, 1666.
5 BayObLG NZM 2005, 106.
6 Siehe für ein Muster Teil E Rz. 26; zu Fragen der Raumtemperatur und Heizperiode siehe Rz. 624 ff.

2.4.5. Wasserkosten

2.4.5.1. Warmwasserkosten

173 Nach der HeizkostenV (§ 8) gelten für die **Warmwasserkosten** die gleichen Regeln wie für die **Heizkosten**. Mindestens 50 % und höchstens 70 % der Kosten der Wassererwärmung sind nach dem erfassten Warmwasserverbrauch, die übrigen Kosten nach der Wohn- oder Nutzfläche zu verteilen. Zu den Kosten des Betriebs der zentralen Warmwasserversorgungsanlage gehören die Kosten der Wasserversorgung, soweit sie nicht gesondert abgerechnet werden, und die Kosten der Wassererwärmung (nach § 7 Abs. 2 der HeizkostenV). Zu den Kosten der Wasserversorgung gehören die Kosten des Wasserverbrauchs, die Grundgebühren und die Zählermiete, die Kosten der Verwendung von Zwischenzählern, die Kosten des Betriebs einer hauseigenen Wasserversorgungsanlage und einer Wasseraufbereitungsanlage einschließlich der Aufbereitungsstoffe.

Sind Heizungs- und Warmwasserversorgung verbunden, so sind die Kosten aufzuteilen (§ 9 HeizkostenV).

2.4.5.2. Kaltwasserkosten

174 Maßgeblich für die Umlegung der **Kaltwasserkosten** ist der Verteilungsschlüssel, wie er in der Teilungserklärung und Gemeinschaftsordnung enthalten ist. Findet sich dort keine Bestimmung, so sind die Kaltwasserkosten (§ 16 Abs. 2 WEG) nach dem Verhältnis der Miteigentumsanteile umzulegen. Auf die Warmwasserkosten ist die HeizkostenV anwendbar[1].

175 Oft wird gewünscht, die **Kaltwasserkosten nach Verbrauch** umzulegen. Die Bauordnungen fast aller Bundesländer schreiben für die Neubauten die Installation von **Kaltwasserzählern** vor. Hamburg z.B. verlangte den Einbau solcher Einrichtungen grundsätzlich auch für Altbauten bis spätestens 1.9.2004. Sind Kaltwasserzähler auf Grund gesetzlichen Zwangs vorhanden, enthält aber die Gemeinschaftsordnung keine Bestimmung über die Kostentragung nach Verbrauch, so gilt, dass die Kosten nach Miteigentumsanteilen zu verteilen sind (§ 16 Abs. 2 WEG). Dieser Verteilungsschlüssel kann durch Beschluss abgeändert werden[2].

Schwieriger ist es, wenn ohne rechtlichen Zwang Kaltwasserzähler nachträglich eingebaut werden sollen. Auf Grund Vereinbarung aller Wohnungseigentümer ist dies möglich (§ 10 Abs. 1 Satz 2 WEG), wegen der Wirkung gegen Sonderrechtsnachfolger sollte eine Grundbucheintragung stattfinden (§ 10 Abs. 2 WEG).

Falls eine Regelung durch Beschluss der Wohnungseigentümerversammlung stattfinden soll, gilt: Der Einbau stellt keine bauliche Maßnahme dar,

---

1 Siehe Rz. 173.
2 Siehe Rz. 91.

da eine Annexkompetenz gegeben ist. Nach dem BGH handelt es sich um Kosten des Sondereigentums, die einer einstimmigen Vereinbarung nicht bedürfen, das Gleiche gilt für den Einbau von Wasserzählern[1].

Eine Entscheidung über die Installierung von **Kaltwasserzählern und die Abrechnung der Kaltwasserkosten** nach Verbrauch sollte auf jeden Fall auch eine Bestimmung darüber enthalten, wie die daraus erwachsenen Ausgaben zu finanzieren sind[2]. Ferner sollte die Frage des Wasserverbrauchs für Gemeinschaftszwecke geregelt werden[3]. Meist zeigt auch der Hauptzähler für das ganze Haus einen höheren Verbrauch an als die Summe der Messzahlen der Zähler in den Wohnungen. Das ist darauf zurückzuführen, dass die Zähler einen sehr geringen Verbrauch nicht registrieren. Auch die Kostenverteilung wegen dieses Defizits ist zu regeln.

Eine andere Möglichkeit ist die Umlegung der Wasserkosten nach Quadratmeterzahl der **Wohnfläche** oder nach Eigentumsbruchteilen, was oft zum gleichen Ergebnis führt, weil die Miteigentumsanteile nach Quadratmeterzahl berechnet werden. Dies führt jedoch nicht stets zu einem gerechten Ergebnis, da der Wasserverbrauch weniger von der Wohnfläche als von der Zahl der Bewohner abhängt.

Es werden daher oft die Wasserkosten nach der **Zahl der Bewohner** umgelegt[4]. An sich wäre dies von allen starren Maßstäben der beste. Dieses System kann jedoch nur in kleinen Gemeinschaften funktionieren, wo die Zahl der Bewohner selten wechselt und der Verwalter jede Familie kennt. Bei großen Anlagen ist die Zahl der Bewohner für jede einzelne Wohnung für den Verwalter oft schwer festzustellen, und bei jedem Wechsel in der Zahl der Bewohner muss nach einem neuen Abrechnungsmodus umgelegt werden. Wird nach der Zahl der Bewohner abgerechnet, so muss allerdings auch hier differenziert werden. Sind im gleichen Gebäude Wohnungen und Büros untergebracht, so wäre es nicht gerechtfertigt, den Wasserverbrauch in den Büros nach der Zahl der dort Beschäftigten zu berechnen; denn Büros werden nur montags bis freitags und nur während 8 oder 9 Stunden täglich benutzt. Auch fehlen dort die Einrichtungen, welche einen besonders großen Wasserverbrauch auslösen, z.B. Bäder, Waschmaschinen, Geschirrspülmaschinen. Für Büros, Läden usw. sollte daher in der Regel die halbe Zahl der Bewohner angesetzt werden. Erfahrungswerte zeigen auch, dass ein Bewohner in einem Einpersonenhaushalt mehr Wasser verbraucht als eine Person in einer von mehreren Menschen bewohnten Wohnung. Das ist darauf zurückzuführen, dass im Einpersonenhaushalt die Waschmaschine und die Geschirrspülmaschine oft nur halb voll ist, aber der Wasserverbrauch trotzdem der gleiche bleibt wie bei einer vollen Maschine. Es kann daher zweckmäßig sein, für einen Einpersonenhaushalt bei der Berechnung

---
1 *Bub* ZWE 2001, 457; BGH NJW 2003, 3746.
2 *Drasdo* WE 1999, 85, 86.
3 *Drasdo* WE 1999, 85, 87.
4 Vgl. hierzu *Roth* WE 1992, 335.

des Verteilungsmaßstabs 1,5 Personen anzunehmen. Manchmal wird auch die Lösung des Problems über ein Punktsystem gesucht, etwa derart, dass für jeden Haushalt ein Punkt berechnet wird, für jeden Bewohner ein weiterer Punkt und ferner ein zusätzlicher Punkt, wenn eine Waschmaschine vorhanden ist. Die Wasserkosten werden dann nach der Gesamtzahl der Punkte verteilt.

179 Bei den Wasserkosten ergibt es sich nicht selten, dass der Verteilungsschlüssel völlig unbrauchbar ist, z.B. wenn bei einer großen Eigentumswohnanlage eine Verteilung nach der Zahl der Bewohner nicht durchgeführt werden kann[1]. Nach Treu und Glauben besteht dann ein Anspruch auf **Änderung des Verteilungsschlüssels**. Da in solchen Fällen stets mehrere Lösungen möglich sind[2]., obliegt die Entscheidung hierüber der Wohnungseigentümerversammlung durch Mehrheitsbeschluss[3].

180 Es empfiehlt sich nicht, in **Mietverträgen** einen bestimmten Verteilungsschlüssel aufzunehmen. Es könnte sein, dass dann der Mieter auf diesem Umlegungsverfahren besteht, auch wenn der Verteilungsschlüssel sich als unzulänglich erwiesen und die Eigentümergemeinschaft eine Änderung durchgeführt hat[4].

2.4.6. Weitere Nebenkosten

181 **Strom:** Der Stromverbrauch wird fast immer vom Elektrizitätswerk für jede Wohnung getrennt abgelesen und in Rechnung gestellt. Insoweit handelt es sich nicht um Gemeinschaftskosten. Aber auch für das gemeinschaftliche Eigentum fallen Stromkosten an, z.B. Treppenhausbeleuchtung, Stromkosten für die Heizanlage usw. Diese sind Gemeinschaftskosten, die wie andere Gemeinschaftskosten abzurechnen sind.

182 **Müllabfuhr:** Soweit Müllabfuhrgebühren von der Gemeinde nicht jedem Wohnungseigentümer getrennt in Rechnung gestellt werden, handelt es sich um Kosten des Sondereigentums, die nach dem Verteilungsschlüssel abzurechnen sind[5].

183 **Reinigungskosten:** Auch die Kosten der Reinigung für Räume und Anlagen des gemeinschaftlichen Eigentums, insbesondere des Treppenhauses, sind Gemeinschaftskosten.

184 **Aufzugskosten:** Auch die Aufzugskosten stellen Gemeinschaftskosten dar. Sie sind nach dem Verteilungsschlüssel abzurechnen. Soweit die Gemeinschaftsordnung bei der Kostenaufteilung wegen der Aufzugskosten keine Ausnahme macht, kann eine Minderbeteiligung wegen geringerer Mitnut-

---

1 *Tasche* DNotZ 1973, 460.
2 *Röll* DNotZ 1982, 334.
3 Wegen der Änderung des Verteilungsschlüssels in anderen Fällen siehe Rz. 91 ff.
4 Wegen Mietverträgen vgl. auch Teil C Rz. 1 ff.
5 BGH NJW 2003, 3746.

zung (z.B. für Erdgeschosswohnungen) nicht geltend gemacht werden[1], dies gilt auch für Mehrhausanlagen[2].

Versicherungen: Die Feuerversicherung des gemeinschaftlichen Eigentums zum Neuwert sowie die angemessene Versicherung der Wohnungseigentümer gegen Haus- und Grundbesitzerhaftpflicht gehören zu einer ordnungsgemäßen, dem Interesse der Gesamtheit der Wohnungseigentümer entsprechenden Verwaltung (§ 21 Abs. 5 Nr. 3 WEG). Es handelt sich um eine Gemeinschaftsaufgabe. Jeder Wohnungseigentümer kann den Abschluss solcher Versicherungen verlangen (§ 21 Abs. 4 WEG). Hierzu gehört als Haftpflichtversicherung auch eine Gewässerschutzversicherung, wenn ein Öltank vorhanden ist. 185

Aber auch andere **Versicherungen** können in den Rahmen einer ordnungsgemäßen Verwaltung fallen und daher von der Wohnungseigentümerversammlung mit Wirkung gegen alle Wohnungseigentümer mit Mehrheit beschlossen werden (§ 10 Abs. 5 WEG). Hierzu gehören z.B. Glasversicherung und Versicherungen gegen Sturm- und Wasserleitungsschäden[3]. 186

Umzugskostenpauschale: In der Gemeinschaftsordnung kann eine Umzugskostenpauschale derart festgelegt werden, dass bei jedem Umzug von dem betreffenden Wohnungseigentümer ein bestimmter Betrag als Pauschale für verstärkte Benutzung des Aufzugs usw. zu entrichten ist. Nachträglich kann aber eine solche Verpflichtung auch durch Mehrheitsbeschluss der Wohnungseigentümerversammlung eingeführt werden (§ 21 Abs. 7 WEG). 187

Turnusmäßige Reinigung: Die Frage der aktiven Arbeitsleistung der Wohnungseigentümer zur turnusgemäßen Hausreinigung gehört nicht zu den Regelungen des Gebrauchs (§ 15 Abs. 2 WEG), sondern zur ordnungsgemäßen Instandhaltung des gemeinschaftlichen Eigentums. Eine solche Regelung kann nach bestrittener Ansicht nicht durch Mehrheitsbeschluss getroffen werden. Dies würde dem vereinbarten Kostenverteilungsschlüssel widersprechen und auch die persönliche Freiheit der Eigentümer, z.B. ihre Urlaubsplanung, einschränken[4]. 188

2.4.7. Erschließungskosten

Die Gemeinden erheben zu Deckung ihres anderweitig nicht gedeckten Aufwands **Erschließungsbeiträge** hinsichtlich folgender Anlagen (§ 127 BauGB): 189

---

1 BGH NJW 1984, 2576 = BGHZ 92, 18; BayObLG WE 1992, 345.
2 Siehe hierzu Rz. 112.
3 Wegen Versicherungen im Allgemeinen siehe Rz. 640 ff.
4 Siehe hierzu Rz. 133.

1. die öffentlichen zum Anbau bestimmten Straßen, Wege und Plätze;
2. die öffentlichen mit Kraftfahrzeugen nicht befahrbaren Verkehrsanlagen innerhalb der Baugebiete;
3. Sammelstraßen innerhalb der Baugebiete;
4. Parkflächen und Grünanlagen mit Ausnahme von Kinderspielplätzen;
5. Anlagen zum Schutz von Baugebieten gegen schädliche Umwelteinwirkungen.

Der Erschließungsaufwand umfasst auch die Kosten (§ 128 Abs. 1 BauGB) für:
1. den Erwerb und die Freilegung der Flächen für die Erschließungsanlagen;
2. ihre erstmalige Herstellung einschließlich der Einrichtungen für ihre Entwässerung und ihre Beleuchtung;
3. die Übernahme von Anlagen als gemeindliche Erschließungsanlagen.

Beitragspflichtig sind die beteiligten Grundstückseigentümer (§ 133 Abs. 1 BauGB). Die Beitragspflicht der Wohnungs- und Teileigentümer tritt nur im Verhältnis ihres Miteigentums auf (§ 134 Abs. 1 Satz 3 BauGB). Der Erschließungsbeitrag ruht als öffentliche Last auf den Eigentumswohnungen und Teileigentumsrechten (§ 134 Abs. 2 BauGB). Der Käufer kann also immer für nicht bezahlte Erschließungsbeiträge seines Rechtsvorgängers in Anspruch genommen werden. Auch nach landesrechtlichen Vorschriften können Erschließungskosten gefordert werden.

Die Erschließungskosten sind keine gemeinschaftlichen Kosten, da, wie oben gesehen, sie nur im Verhältnis ihres Miteigentums bei Wohnungs- und Teileigentümer entstehen. Es handelt sich folglich nach herrschender Auffassung nicht um eine gemeinschaftliche Maßnahme und damit auch um **keine Gemeinschaftslast**.

2.4.8. Grundsteuer

190 Die **Grundsteuer** wird für jede Eigentumswohnung getrennt erhoben. Es handelt sich also um keine Gemeinschaftslast.

2.4.9. Gerichtskosten

191 Kosten eines Rechtsstreites können grundsätzlich nicht mehr auf die Eigentümer umgelegt werden (§ 16 Abs. 8 WEG). Nur solche Kosten, die durch eine Streitwertvereinbarung des Verwalters entstehen, können umgelegt werden. Die „normalen" gesetzlichen Kosten werden alleine von den im Urteil bezeichneten Parteien getragen.

Beispiel:
1) A ficht 3 Beschlüsse an. Das Gericht bestimmt einen Streitwert nach dem 5fachen Interesse des A auf 5000 Euro. Die Gemeinschaft unterliegt. Die Kosten nach 5000 Euro sind alleine von den Eigentümern ohne A zu tragen.
2) Wie bei 1), nur schließt der Verwalter für die Gemeinschaft eine Streitwertvereinbarung auf 50 000 Euro. Die Anwaltskosten bei 5000 Euro liegen bei 919,28 Euro, bei 50 000 Euro hingegen bei 3135,65 Euro. Die Differenz von 2216,37 Euro kann auf alle Eigentümer umgelegt werden.

Dies führt dazu, dass A, obgleich er gewonnen hat, an den Kosten beteiligt wird.

2.5. Gemeinschaftliche Haftung und ihre Folgen

2.5.1. Strategien zur Begrenzung vom Wohngeldausfällen

Die Möglichkeiten sind durch die **WEG-Novelle** erheblich erweitert worden. Es bleibt abzuwarten, ob diese in der Praxis ausreichend sind, um die Gemeinschaft vor **Wohngeldausfall** zu schützen.

192

2.5.1.1. Vorbereitende Maßnahmen
2.5.1.1.1. Anforderung und Mahnung

Der Verwalter ist berechtigt und verpflichtet (§ 27 Abs. 1 Nr. 1 WEG), die Beschlüsse der Wohnungseigentümer durchzuführen. Er ist berechtigt, im Namen aller Wohnungseigentümer und mit Wirkung für und gegen sie Lasten- und Kostenbeiträge in Empfang zu nehmen und abzuführen, soweit es sich um gemeinschaftliche Angelegenheiten der Wohnungseigentümer handelt (§ 27 Abs. 2 Nr. 4 WEG). Dies umfasst die Verpflichtung, nicht geleistete **Zahlungen anzumahnen**. Der Verwalter kann aber eine Forderung erst geltend machen, wenn sie durch Beschluss der Wohnungseigentümerversammlung festgestellt ist (z.B. durch Wirtschaftsplan oder Jahresabrechnung)[1].

2.5.1.1.2. Mahnwesen

Zunächst hat die Gemeinschaft bzw. der Beirat (soweit vorhanden) mit dem Verwalter ein ordnungsgemäßes und rasch wirkendes **Mahnwesen** festzulegen: Dies bedeutet eine klare und eindeutige Fristenregelung hinsichtlich der Zahlungsverpflichtung. Ist beispielsweise eine Zahlungsverpflichtung zu jedem 1. des Monats begründet, so können alle Eingänge bis zum 10. berücksichtig werden und die erste Mahnung muss dann spätestens zum 15. des Monats versandt werden. Die zweite Mahnung könnte dann am 30. des Monats erfolgen. Sie sollte verbunden sein mit der Andro-

193

---

1 BayObLG NJW-RR 1987, 1356 = WE 1988, 37; BayObLG WE 1989, 107; KG NJW-RR 1989, 1162; KG NJW-RR 1990, 397.

hung der Weiterleitung an einen Anwalt bzw. der eigenen gerichtlichen Geltendmachung durch den Verwalter. Eine Weiterleitung an den Anwalt bzw. die eigene gerichtliche Geltendmachung sollte erfolgen, wenn nicht spätestens am 15. des Folgemonats eine Nachricht bzw. eine Zahlung eingegangen ist[1]. Nach Deckert[2] ist spätestens im 3. oder 4. Monat der Säumnis ein gerichtliches Vorgehen notwendig. Dies wird zunehmend enger gesehen und Anlehnung beim Mietrecht genommen. Bedenkt man, dass schon 2 fehlende Monatsbeiträge zur fristlosen Kündigung berechtigen, darf man im Wohnungseigentumsrecht wohl davon ausgehen, dass eine Titulierung nach 2 oder allenfalls 3 rückständigen Wohngeldraten in Gang gesetzt werden muss[3].

2.5.1.1.3. Verzugszinsen[4]

194 Durch Beschluss können nunmehr auch rückständige Wohngelder ohne Öffnungsklausel in der Gemeinschaftsordnung über den **gesetzlichen Zinssatz** verzinslich gestellt werden, z.B. mit 10 % (§ 21 Abs. 7). Ohne einen solchen Sanktionsbeschluss werden die Wohngelder mit 5 Prozentpunkten über dem sog. Basiszinssatz der Europäischen Zentralbank[5] (§ 288 Abs. 1 BGB) verzinst.

2.5.1.1.4. Sanktion

195 Der Gesetzgeber hat nunmehr die Möglichkeit durch Beschluss eingeführt, **Sanktionen** seitens der Gemeinschaft verhängen zu können. Hierunter können z.B. Sanktionen wegen eines **Verstoßes gegen die Hausordnung** gesehen werden, aber auch genauso Sanktionen für wohngeldsäumige Eigentümer.

2.5.2. Vollstreckungstitel, Mahnbescheid

196 Die **Zwangsvollstreckung** setzt einen **Vollstreckungstitel** voraus, in der Regel also eine gerichtliche Entscheidung. Zu denken ist an einen **Mahn- und Vollstreckungsbescheid** (§§ 688 ff. ZPO). Hier kann der Schuldner durch bloßes Nichtstun die gerichtliche Entscheidung nicht verhindern[6]. Ist damit zu rechnen, dass der Schuldner Widerspruch einlegt, wäre sofort das **normale Hausgeldverfahren** vor dem Amtsgericht einzuleiten[7].

---

1 Siehe ergänzend *Hauger* PiG 30, 91.
2 *Deckert* WE 1991, 206.
3 *Slomian* „Info M" 2004, 17.
4 *F. Schmidt* ZWE 2000, 448.
5 EZB, sog. Basiszinssatz, BayObLG ZWE 2000, 470.
6 Siehe Rz. 954.
7 Siehe Rz. 957 ff.

2.5.3. Arten der Zwangsvollstreckung

2.5.3.1. Vollstreckung in das bewegliche Vermögen

In erster Linie ist zu denken an die **Zwangsvollstreckung in das bewegliche Vermögen**, die durch Pfändung von dem Gerichtsvollzieher durchgeführt wird (§§ 803 ff., 808 ff. ZPO), oder an die Lohn- und Gehaltspfändung (§§ 832 ff. ZPO), für die das Vollstreckungsgericht (Amtsgericht) zuständig ist. Beide Vollstreckungsarten setzen aber voraus, dass der Schuldner pfändbare Habe besitzt (wegen unpfändbarer Sachen s. § 811 ZPO) bzw. dass sein Lohn oder Gehalt die Pfändungsfreigrenzen übersteigt (§§ 850 ff. ZPO). Ist die Wohnung vermietet, wird man zunächst an die Pfändung der Mietansprüche zu denken haben. Ist eine Bankverbindung bekannt, kann auch das Konto des Schuldners gepfändet werden.

197

2.5.3.2. Vollstreckung in das unbewegliche Vermögen

Daneben besteht die Möglichkeit der **Zwangsvollstreckung in das unbewegliche Vermögen**, insbesondere in die Eigentumswohnung selbst vorzunehmen. In Betracht kommen die **Zwangsversteigerung und die Zwangsverwaltung**. Beide sind im Zwangsversteigerungsgesetz (ZVG) geregelt. Bei der Zwangsverwaltung wird dem Eigentümer die Verwaltung seines Eigentums entzogen und einem Verwalter übertragen. Dieser sorgt für eine bestmögliche Nutzung. Bei einer Vermietung werden die laufenden Hausgelder aus der Miete vorab bezahlt[1].

198

Demgegenüber zielt **die Zwangsversteigerung** auf eine Verwertung des Eigentums selbst ab. Dabei wird der in der Versteigerung erzielte Erlös nach einem festgelegten Rangverhältnis verteilt[2].

199

2.5.3.3. Zwangshypothek

Denkbar ist es auch, im Wege der Zwangsvollstreckung eine **Zwangshypothek** auf die Eigentumswohnung des Schuldners eintragen zu lassen (§ 867 ZPO). Dies ist aber nur dann sinnvoll, wenn das Eigentum entweder lastenfrei ist, d.h. keine Hypotheken oder Grundschulden darauf lasten oder nur solche Belastungen vorliegen, bei denen bei einer Versteigerung damit gerechnet werden kann, dass die Belastungen aus dem Erlös vollständig abgelöst werden können und die Hypothek der Gemeinschaft ebenfalls bedient wird. Für die Zwangsversteigerung stellt sich die Frage, ob die Gemeinschaft vorher eine Eintragung durch Zwangshypothek erreichen soll. Erforderlich ist dies nicht, da auch ohne Grundbucheintragung eine Zwangsversteigerung betrieben werden kann. Die Aufgabe der Zwangshypothek ist die Sicherung des Ranges, d.h., nachfolgende Gläubiger kön-

200

---

1 Wegen der weiteren Einzelheiten siehe Rz. 685.
2 Wegen der weiteren Einzelheiten siehe Rz. 748.

nen durch eine Eintragung nicht bevorrechtigt werden. Deshalb wird i.d.R. eine Eintragung geboten sein.

Die Gemeinschaft muss einige Punkte bei Antragstellung beachten, beispielhaft seien aufgezählt:

- **750-Euro-Grenze**

    Eine Zwangshypothek wird nur eingetragen, wenn die Forderung einschließlich der Kosten, aber ohne Zinsen[1] 750 Euro übersteigt[2]. Ansonsten wird der Antrag zurückgewiesen.

- **genaue Bezeichnung**

    Der Antrag muss genau bezeichnet sein. Es genügt nicht, ein Urteil beizufügen und um Eintragung zu bitten. Vielmehr ist der Betrag genau zu bezeichnen, der auf dem Wohnungseigentum z.B. als Zwangshypothek verlangt wird einzutragen. Auch das Wohnungseigentum muss genau bezeichnet werden, z.B. nach Wohnungsgrundbuch, Band und Blattnummer etc.

2.5.3.4. Entziehung des Wohnungseigentums

201 Als Ausgleich für die grundsätzlich angeordnete Unauflöslichkeit der Wohnungseigentümergemeinschaft (§ 11 WEG) gibt es die Möglichkeit, störende Wohnungseigentümer oder solche, die ihren Verpflichtungen nicht nachkommen, **auszuschließen (§ 18 WEG)**. Die Bedeutung dieses „letzten Mittels"[3] ist aus zwei Gründen verschwindend gering geblieben: Einmal ist das Verfahren zu kompliziert (zunächst Beschluss des Ausschlusses, dann Klage und schließlich erst Versteigerung), zum Zweiten musste der Erwerber alle Belastungen des Wohnungseigentums übernehmen (§§ 53 ff. WEG a.F.) Durch die Änderung des WEG zum 1.7.2007 und die Überleitung des Versteigerungsverfahrens in die Vorschriften des ZVG gilt letzteres nicht mehr; der Erwerber erhält unbelastetes Wohnungseigentum. Bestehende Belastungen werden entweder aus dem Erlös befriedigt oder fallen weg[4].

2.5.4. Verjährung

202 Auch die Geldansprüche der Wohnungseigentümergemeinschaft gegen die einzelnen Wohnungseigentümer unterliegen **der Verjährung**[5]. Im Zivilrecht bedeutet die Verjährung nicht das Erlöschen des Anspruchs, sondern

---

1 *Zöller* ZVG § 1 Anm. 82.
2 Vgl. § 21 WEG sowie § 866 Abs. 3 Satz 1 ZPO.
3 So LG Aachen ZMR 1993, 233; dies bedeutet jedoch nicht, dass weitere Sanktionen unmöglich sind; BayObLG NJW-RR 1992, 787.
4 Wegen der Einzelheiten siehe Rz. 841.
5 BGH NJW 2005, 3146; a.A. *Jennißen* XIII 18 mit guten Gründen.

nach Ablauf der Verjährungsfrist kann der Schuldner die Leistung verweigern (§ 214 BGB). Der Schuldner muss sich aber ausdrücklich auf die Einrede der Verjährung berufen, tut er dies nicht, darf das Gericht, auch wenn es die Verjährung erkennt, die Klage nicht abweisen.

Die **Verjährungsfrist** beginnt regelmäßig mit dem Schluss des Jahres, in dem 1. der Anspruch entstanden ist und 2. der Gläubiger von den den Anspruch begründenden Umständen und der Person des Schuldners Kenntnis erlangt oder ohne grobe Fahrlässigkeit erlangen musste (§ 199 BGB). Die regelmäßige Verjährungsfrist beträgt 3 Jahre (§ 195 BGB). Sowohl Ansprüche aus dem Wirtschaftsplan, der Jahresabrechnung als auch aus Sonderumlagen fallen darunter. 203

Die Verjährung beginnt erneut, wenn der Verpflichtete den Berechtigten gegenüber den Anspruch durch Abschlagszahlung, Zinszahlung, Sicherheitsleistung oder in anderer Weise **anerkennt** (§ 212 Abs. 1 Nr. 1 BGB), oder die Berechtigten eine gerichtliche oder behördliche **Vollstreckungshandlung vornehmen oder beantragen** (§ 212 Abs. 1 Nr. 2 BGB). Ein rechtsgültig festgestellter Anspruch verjährt immer erst nach 30 Jahren (§ 197 Abs. 1 Nr. 3 BGB), soweit dies aber künftig fällig werdende regelmäßig wiederkehrende Leistungen zum Inhalt hat, tritt an die Stelle der Verjährungsfrist von 30 Jahren die regelmäßige Verjährungsfrist von 3 Jahren (§ 197 Abs. 2 BGB). 204

2.6. Aufgaben des Verwalters im Zusammenhang mit Wohngeldeintreibungen

2.6.1. Allgemeines

Die Zahlen der Unternehmens- und Privatinsolvenzen steigen dramatisch. Jedes Jahr werden neue Höchststände gemeldet. Jeder finanzieller Zusammenbruch kann auch ein Mitglied einer Wohnungseigentümergemeinschaft tangieren. Damit ist die Wahrscheinlichkeit eines **zahlungsunwilligen oder -unfähigen Wohnungseigentümers** inzwischen sehr groß. 205

2.6.2. Verwalterhaftung

Man könnte aus Verwaltersicht meinen, dass es ein Problem der jeweiligen Wohnungseigentümergemeinschaft ist. Es ist zwar im Endeffekt auch ein Problem der Wohnungseigentümergemeinschaft, aber auf jeden Fall auch ein Problem des Verwalters. Ohne dass die Verwalterbranche dies offensichtlich zur Kenntnis genommen hat, hat die Rechtsprechung in den letzten Jahren die Anforderungen an den Verwalter im Zusammenhang mit Wohngeldausfall kontinuierlich gesteigert, so dass dieses Thema heute auf jeden Fall auch ein brennendes **Thema des Verwalters** ist. Man kann es als 206

Merksatz so formulieren: **Jeder endgültige Wohngeldausfall birgt in sich ein Haftungsrisiko des betroffenen Verwalters.**

2.6.3. Rechtsprechung

2.6.3.1. Eigentümerinsolvenz

207 Schon frühzeitig hat die Rechtsprechung festgestellt, dass durch die Unterlassung der Anforderung von Wohngeld, wenn der Wohnungseigentümer später in Insolvenz fällt, eine **Haftung des Verwalters** gegeben ist[1]. Deshalb ist es anerkannte Pflicht des Verwalters, gegen säumige Wohnungseigentümer vorzugehen[2].

2.6.3.2. Mieteinzug der Gemeinschaft

208 Dann ist die Rechtsprechung dazu übergegangen, bei Unterlassen von **Mietzinseinzug** dem Verwalter dies ebenfalls vorzuwerfen[3]. Unterlässt es der Verwalter also Mieteinnahmen, z.B. für die Nutzung des Gemeinschaftseigentums als Werbefläche anzufordern, sich also um sie zu kümmern, so ist seine Haftung bei Ausfall ebenfalls begründet.

209 Nach der Rechtsprechung reicht es aber nicht aus, Mahnungen ggf. mehrere oder/und Saldomitteilungen zu verschicken. Vielmehr muss sich der Verwalter um die **komplette Eintreibung** kümmern, z.B. die Beauftragung eines Anwalts und/oder die **gerichtliche Geltendmachung**[4]: In einer 1995 fertig gestellten Wohnanlage war der Bauträger mit Wohngeld in Verzug. Ab Januar 1996 verschickte der Verwalter mehrere Mahnungen und Saldomitteilungen, beauftragte aber erst im Mai 1997 einen Anwalt. Die Vollstreckung gegen den Eigentümer (Bauträger) ging ins Leere. Bei einer Vollstreckung im Jahre 1997 wären Vollstreckungen noch erfolgreich gewesen. Das Gericht bejaht eine Haftung des Verwalters[5]. Dies zeigt, wie zeitnah die Ereignisse sein können und damit die für die Verwalter verbundene Pflichten.

210 Als weiterer Fall kann eine Entscheidung des OLG Hamburg[6] angeführt werden, in dem der Verwalter es versäumte, rechtzeitig **Zwangsvollstreckungsmaßnahmen** in Auftrag zu geben, offensichtlich weil er diese nicht kannte, im konkreten Fall nämlich die **Zwangsverwaltung**. Dadurch kam

---

1 BGH NJW 1989, 1091.
2 BayObLG WE 1998, 273, 274.
3 OLG Köln DWE 1989, 106.
4 AG Idstein NZM 2003, 983; *Gottschalg*, Die Haftung von Verwalter und Beirat in der Wohnungseigentümergemeinschaft, 2. Aufl., Rz. 178.
5 AG Idstein NZM 2003, 983.
6 OLG Hamburg WE 1993, 1966.

es zum Wohngeldausfall. Hier ist auch eine Haftung des Verwalters vom Gericht bejaht worden.

Aber nicht nur Anfordern und Einziehen ist Pflicht des Verwalters, sondern auch der Umgang mit den **Beitragsforderungen**. Es ist allgemein anerkannt, dass gegenüber dem Anspruch auf Wohngeld nur mit anerkannten oder rechtskräftig festgestellten Gegenforderungen oder einer Forderung aus Not-Geschäftsführung für die Gemeinschaft aufgerechnet werden kann[1]. Interessant ist deshalb ein Fall des OLG Düsseldorf[2]. Hier hatte der Verwalter eine **Aufrechnung des Wohnungseigentümers** gegenüber dem Wohngeldanspruch der Gemeinschaft fehlerhaft anerkannt, obwohl die Voraussetzungen einer Aufrechnung nach der obigen Rechtsprechung nicht vorlagen. Die GmbH als Wohnungseigentümer war später wegen Vermögenslosigkeit gelöscht worden, so dass ein nachträglicher Wohngeldeinzug ausschied. Der Verwalter haftete hier, weil er entgegen der Rechtsprechung eine Aufrechnung zugelassen hatte.

Diese Fälle zeigen, wie häufig und konsequent die Rechtsprechung mit dem Thema befasst wird. Aufgrund der sich immer weiter erhöhenden Zahl der **Privatinsolvenzen** ist damit zu rechnen, dass die Fälle zunehmen. Die Fälle werden aber auch deshalb zunehmen, weil die **Verjährung**, die ursprünglich 30 Jahre betrug, nunmehr auf 3 Jahre (gem. § 199 BGB) herabgesetzt worden ist. Häufig wird über Monate bis hin zu 1 oder 2 Jahren versäumt Wohngeld anzufordern. Dann erst kommt der Auftrag zur Geltendmachung. Bei Zeiträumen von mehr als 6 Monaten ist die Gefahr der **Haftung** groß.

2.6.3.3. Was hat der Verwalter bei verschuldetem Wohngeldausfall der Gemeinschaft zu ersetzen (sog. Schaden)?

Auch hier ist die Rechtsprechung sehr gemeinschaftsfreundlich. Zunächst ist natürlich **das Wohngeld** selbst und alle Kosten, die für die vermeintliche Durchsetzung aufgewendet wurden zu ersetzen.

Beispiel:
Wird der Beitragseinzug vom Verwalter verzögert, so ist auch derjenige Schaden zu erstatten, der wegen einer notwendigen Überziehung des Gemeinschaftskontos oder wegen einer anderweitigen Kreditaufnahme entsteht, wenn die Gemeinschaft bei pünktlichem Einzug der Wohngelder damit nicht belastet worden wäre[3]. Hierzu gehören auch die Rechtsanwaltskosten[4].

---

1 Vgl. *Weitnauer/Hauger* WEG § 16 Rz. 28.
2 OLG Düsseldorf Entscheidung v. 8.6.1995 – 3 WX 482/93 zit. n. *Gottschalg* a.a.O. Rz. 178.
3 OLG Düsseldorf Beschluss v. 5.1.2001 – 3 WX 423/99 zit. n. *Gottschalg* Rz. 171.
4 BayObLG WE 1998, 273, 274.

Ergebnis:

Kurzum, der Gemeinschaft sind alle Aufwendungen zu ersetzen, die bei der gegebenen Sachlage zur Schadensabwendung oder Schadensbeseitigung vernünftig und zweckmäßig erschienen[1].

214 Vielen Verwaltern ist nicht klar, dass regelmäßig mit dem Nicht- bzw. nicht ausreichenden Kümmern um das Wohngeld, die Gefahr besteht, dass geordnete finanziellen Verhältnisse der Eigentümergemeinschaft nicht mehr gegeben sein können. Sind aber die Verhältnisse der Eigentümergemeinschaft nicht geordnet, so ist regelmäßig damit ein **wichtiger Grund zur Abwahl des Verwalters und zur Kündigung des Verwaltervertrages aus wichtigem Grund gegeben**[2].

215 Beispiele für nicht **geordnete Verhältnisse**:
- Ständige Unterdeckung des Gemeinschaftskontos;
- Die Wohngeldhöhe steht nicht in angemessener Relevanz zum Bedarf;
- Das Wohngeld wird nicht mit dem erforderlichen Nachdruck geltend gemacht;
- Der Verwalter gewährt Darlehen ohne Kenntnis der Gemeinschaft wegen Unterdeckung;
- Der Verwalter erhebt Umlagen ohne Beschlüsse.

Dies ist folglich der zweite Grund, sich um den **Einzug der Wohngeldzahlungen** zu kümmern.

216 Es gibt aber noch einen weiteren, noch schwerwiegenderen Grund. Bei der vorsätzlichen Unterlassung des Beitragseinzug durch einen Verwalter kann es nämlich auch zu **strafrechtlicher Verfolgung** kommen. Das Landgericht Krefeld hat in einem Fall[3] eine **Untreue** (§ 266 StGB) angenommen. Hier hatte der Verwalter es vorsätzlich unterlassen Wohngelder einzufordern, die auf seine eigene Wohnung und auf eine GmbH entfielen, an der seine Lebensgefährtin mehrheitlich beteiligt war. Besonders verwerflich war, dass er durch Buchungen versuchte, den Beirat zu täuschen.

Fazit: Es liegt im ureigensten Interesse des Verwalters, und zwar aus dreierlei Grund sich mit dem Thema Wohngeld und zahlungsunwillige Wohnungseigentümer zu befassen: Zum einen um die eigene Haftung zu vermeiden, zum Zweiten um seine Abwahl zu verhindern und zum Dritten, um eine strafrechtliche Verfolgung zu vermeiden.

---

1 OLG Düsseldorf Beschluss v. 5.1.2001 – 3 WX 423/99 zit. n. *Gottschalg* Rz. 171.
2 OLG Karlsruhe NZM 1998, 768.
3 LG Krefeld NZM 2000, 200.

2.6.4. Kontoüberziehung und Ausgleich mit der Instandhaltungsrücklage

Es ist auf zwei Fallgestaltungen hinzuweisen, die unbedingt zu **vermeiden** sind, welche aber in der Praxis oft auftauchen: 217

2.6.4.1. Nicht genehmigte Kontoüberziehung

Häufig ist es so, dass der Verwalter die Dinge einfach laufen lässt und dadurch das Konto „ins Soll rutscht". Demgemäß wird dann **die Überziehung** immer größer. Dies ist aber nach der Rechtsprechung ohne Beschluss nicht zulässig, denn der Verwalter ist nicht berechtigt, ohne Beschluss der Eigentümergemeinschaft **Darlehen** aufzunehmen. Ein solcher Beschluss könnte nur ein Darlehen bis zu einer Höhe von 3 Raten der jeweils erwarteten Hausgelder zulassen[1]. 218

Beispiel:
Werden im laufenden Jahr von den Eigentümern insgesamt 2000 Euro Hausgelder monatlich erwartet, kann nur ein Darlehen bis zu 6000 Euro genehmigt werden. Bei monatlichen Hausgeldern von 5000 Euro könnte das Darlehen maximal 15 000 Euro betragen.

Darüber hinaus müssen im Falle eines **verschuldeten Nichtanforderns** die Zinsen vom Verwalter bezahlt werden bzw. können nicht erstattet werden. Zudem können die **geordneten wirtschaftlichen Verhältnisse** der Gemeinschaft fehlen und damit ein Grund zur **Abberufung** gegeben sein.

2.6.4.2. Verbrauch der Instandhaltungsrücklage

Manche Verwalter wollen die Unterdeckung verhindern und nehmen deshalb das vorhandene Geld der Gemeinschaft, nämlich die **Rücklage**, in Beschlag. Hierbei vergessen sie aber, dass die **Rücklage zweckgebunden** ist und deshalb nicht angetastet werden darf. Die Rücklage ist streng zweckgebunden und steht nur für Reparatur- sowie Instandhaltungs- und Instandsetzungsmaßnahmen zur Verfügung. Ein Verstoß hiergegen kann ein wichtiger Grund zur Abberufung des Verwalters sein[2]. Hierzu bedurfte es im Übrigen eines Beschlusses der Gemeinschaft, der dann regelmäßig nicht vorliegen wird, denn dann würden die Eigentümer den Kontozustand erfahren. Im Übrigen wäre dieser Beschluss auch rechtswidrig, wenn nach der Entnahme keine ausreichende Rücklage mehr vorhanden ist. 219

---

1 OLG Hamm WE 1992, 136.
2 AG Rüsselsheim Entscheidung v. 21.3.2007 – 3 II 11/06 (31), n. rk.

2.6.5. Hinweise zur Vermeidungsstrategie des Verwalters

2.6.5.1. Vorbereitete Maßnahmen[1]

2.6.5.1.1. Fälligkeitsregelung

220 Häufig gibt es keine **Fälligkeitsregelung**, insbesondere nicht in der Gemeinschaftsordnung. Ist eine Zahlungsfrist im Beschluss nicht bestimmt, tritt die Fälligkeit des Wohngeldes erst mit Abruf durch den Verwalter ein (§ 28 Abs. 2 WEG). Unklar ist dann, ob der Verwalter die Zahlungstermine des Wohngeldes bereits in seiner Aufforderung bestimmen kann, oder jeden Monat erneut eine Zahlungsaufstellung versenden muss[2], so dass dem Verwalter zur jeweils monatliche erneuten Aufforderung geraten werden muss.

Setzt der Verwalter in seiner Aufforderung keinen konkreten Zahlungstermin („bis zum 20. diesen Monats"), kommt der Eigentümer nicht in **Verzug**. Eine mögliche **Fälligkeitsregelung** könnte lauten:

„Die sich aus den Einzelwirtschaftsplänen des beschlossenen Wirtschaftsplanes für das Jahr 2004 ergebenden Vorschüsse sind in Höhe von $^1\!/_{12}$ fällig jeweils am 3. Werktag eines jeden Kalandermonats"[3].

Ab dem 4. Werktag wäre der jeweilige Wohnungseigentümer dann in Verzug (§ 286 Abs. 2 Nr. 1 BGB).

2.6.5.1.2. So genannter Vorfälligkeitsbeschluss

221 Daneben ist noch die Frage der **sog. Vorfälligkeit** von Wohngeldern bzw. des **Vorfälligkeitsbeschlusses** zu berücksichtigen[4]. Um nicht monatlich kleinen Teilbeträgen hinterherlaufen zu müssen, hat es sich in der Praxis eingebürgert, dass die Zahlungen aus dem Wirtschaftsplan bei säumigen Wohnungseigentümern für das ganze Jahr oder für einen bestimmten Zeitraum fällig gestellt werden. In der Praxis kommen zwei Modelle der Vorfälligkeitsklausel vor:

222 **Positive Klausel:** Im Wirtschaftsplan sind monatliche Zahlungen vorgesehen. Die restlichen Raten für das laufende Jahr werden fällig, wenn der Wohnungseigentümer mit zwei Raten in Verzug ist (Vorfälligkeitsregelung).

223 **Negative Klausel:** Es wird eine Jahresleistung festgelegt und den Eigentümern die Zahlung gestundet, soweit sie monatlich jeweils $^1\!/_{12}$ der Jahresleistung erbringen. Diese Stundung steht unter der Bedingung der Zahlung (Verfallklausel).

---

1 Zum Mahnwesen siehe Rz. 193.
2 *Schmidt* ZWE 2000, 451.
3 *Schmidt* ZWE 2000, 448, 451.
4 BGH NJW 2003, 3550.

Gemeinschaftliche Kosten und Lasten **Teil B**

Beide Klauseln sind nunmehr möglich, da der Gesetzgeber ausdrücklich eine **Beschlusskompetenz** vorgesehen hat (§ 21 Abs. 7 WEG). 224

Die damit möglichen Klauseln bergen aber die folgenden beiden Nachteile: 225

Im Falle nachfolgender **Insolvenz** des Wohnungseigentümers oder der Zwangsverwaltung der Wohnung ist die Wohngeldforderung nicht mehr bevorrechtigt, da es sich um eine Forderung handelt, die vor der Eröffnung des jeweiligen Verfahrens bereits bestanden hat. Im Fall der **Sonderrechtsnachfolge** auf Seiten des Wohnungseigentümers schuldet der Erwerber ebenfalls kein Wohngeld, da der Erwerber nur für Forderungen aufkommen muss, die im Zeitpunkt seiner Eigentümerstellung fällig werden.

Es ist deshalb zu raten, die Klausel insoweit zu modifizieren, als der Verwalter berechtigt ist, im Einzelfall die Forderung fällig zu stellen. Ansonsten könnte eine Klausel gegen die **Grundsätze ordnungsgemäßer Verwaltung** verstoßen, wenn auf Seiten eines einzelnen Eigentümers eine Eigentumsübertragung – aus welchem Grund auch immer – zu erwarten ist oder die Eröffnung eines Insolvenz- oder Zwangsverwaltungsverfahren droht.

Deshalb wird auch geraten, die Klausel als **Kann-Vorschrift** und nicht als Automatik zu beschließen. Ein Beispiel einer solchen Klausel lautet: 226

„Der Wirtschaftsplan ist jährlich in einer Summe im Voraus bis zum 5. Januar zahlbar. Es wird den Eigentümern jedoch nachgelassen, den Jahresbetrag in zwölf gleichen Monatsteilbeträgen jeweils bis zum 3. Werktag eines Monats im Voraus zu Händen der Verwaltung zu entrichten. Bei Rückstand von mindestens zwei Teilbeträgen wird ('kann') der gesamte Jahresbetrag ('vom Verwalter') fällig ('gestellt werden').
Der Wirtschaftsplan ist ab 1.5.2008 fällig und künftig ab 5.1. des Wirtschaftsjahres und gilt fort, bis ein neuer Wirtschaftsplan beschlossen wird."

Alternativ zum Vorfälligkeitsbeschluss kann auch bei längerer Nichtzahlung eine **Klage auf Zahlung der zukünftigen Hausgelder** erhoben werden (§§ 258, 259 ZPO). Ein Antrag könnte wie folgt aussehen: 227

„Der Beklagte wird verurteilt, monatlich bis zum 3. des Monats 195 Euro Hausgeld zu zahlen, solange er Eigentümer des Sondereigentums Nr. 10 in der Eigentumsanlage Mustersteinstr. 7 in Unterstadt ist und kein anderer Wirtschaftsplan als der vom 10.5.2008 beschlossen ist."

Einige Gerichte verlangen darüber hinaus noch ein festes **Enddatum**. In diesem Fall sollte der Antrag wie folgt ergänzt werden: „... längstens aber bis zum 1.9.2009." Als Enddatum sollte ein Datum gewählt werden, an welchem der **neue Wirtschaftsplan** voraussichtlich vorliegt.

2.6.5.1.3. Unangefochtener Rechtsnachfolgerhaftungsbeschluss

228 Durch (unangefochtenen) **Beschluss** kann die Haftung des rechtsgeschäftlichen Nachfolgers für Rückstände eingeführt werden. Bei einem Nachfolger in der Zwangsvollstreckung ist dies nicht möglich[1].

3. Verwaltung

3.1. Verwaltungsrechte des Eigentümers

3.1.1. Verwaltung ohne Verwalter und Wohnungseigentümerversammlung

228a Soweit nicht in der Gemeinschaftsordnung oder durch Vereinbarung der Wohnungseigentümer etwas anderes bestimmt ist, steht die Verwaltung des gemeinschaftlichen Eigentums den Wohnungseigentümern gemeinschaftlich zu (§ 21 Abs. 1 WEG). Die Wohnungseigentümer können also, wenn sie dies wünschen, die **Verwaltung** auch **ohne** die im Wohnungseigentumsgesetz vorgesehenen **Organe**, nämlich Verwalter und Wohnungseigentümerversammlung, durchführen. Hierzu ist aber **Allstimmigkeit** erforderlich.

229 Die **Bestellung eines Verwalters** kann nicht ausgeschlossen werden (§ 20 Abs. 2 WEG). Wenn auch nur ein Wohnungseigentümer dies verlangt und eine Notwendigkeit dafür besteht, dann muss ein Verwalter bestellt werden, erforderlichenfalls durch das Gericht (§ 43 Abs. 1 Nr. 1 WEG).

230 Aber auch die Einberufung der Wohnungseigentümerversammlung kann erzwungen werden. Eine Minderheit von mehr als einem Viertel der Wohnungseigentümer – gerechnet nach Kopfteilen – kann die Einberufung der Wohnungseigentümerversammlung schriftlich und unter Angabe der Gründe verlangen (§ 24 Abs. 2 WEG). Dies kann nicht ausgeschlossen werden, auch nicht durch Vereinbarung. Weigern sich Verwalter und Vorsitzender des Verwaltungsbeirats die Einberufung vorzunehmen oder ist ein Beirat nicht vorhanden, so kann ein Wohnungseigentümer vom Gericht zur Einberufung ermächtigt werden[2].

231 **Bei kleinen Gemeinschaften**, insbesondere solchen, die nur aus zwei Wohnungen bestehen, wird aber häufig auf die Bestellung eines Verwalters und auf formale Wohnungseigentümerversammlungen verzichtet. Die Verwaltung erfolgt dann durch alle Wohnungseigentümer gemeinschaftlich. Grundsätzlich ist aber dann zu allen Maßnahmen Einigkeit erforderlich. Ist keine Einigkeit zu erzielen, so entscheidet der Richter (nach § 43 WEG).

---

1 BGH NJW 1987, 650.
2 Näheres siehe Rz. 303.

3.1.2. Notrechte des einzelnen Wohnungseigentümers

Jeder Wohnungseigentümer kann eine Verwaltung verlangen (§ 21 Abs. 4 WEG), die den Vereinbarungen und Beschlüssen und, soweit solche nicht bestehen, dem Interesse der Gesamtheit der Wohnungseigentümer nach billigem Ermessen entspricht. Er muss sich hierbei an die Verfahrensvorschriften des WEG halten, nur im Notfall kann er gerichtliche Hilfe in Anspruch nehmen. Grundsätzlich muss er erfolglos versucht haben, die Entscheidung der Eigentümerversammlung herbeizuführen[1]. Die Zuständigkeit des Verwalters kann nicht ausgeschlossen werden (§ 27 Abs. 4 WEG). Sie gilt nur **für den äußersten Fall**. Jeder Wohnungseigentümer ist berechtigt (§ 21 Abs. 2 WEG), ohne Zustimmung der anderen Wohnungseigentümer diejenigen Maßnahmen zu treffen, die zur Abwendung eines **drohenden Schadens** notwendig sind. Die Vorschrift ist schon ihrem Wortlaut nach auf Ausnahmefälle beschränkt. Sie kann z.B. bei einer dringenden Dachreparatur zutreffen. Insbesondere kann die Vorschrift anwendbar sein, wenn kein Verwalter bestellt ist. Der einzelne Eigentümer hat jedoch zu beachten, dass hinsichtlich der Vergabe von Arbeiten ein Auswahlermessen der Gemeinschaft sowohl hinsichtlich der Vertragsparteien wie auch der Ausführung besteht[2]. Er kann daher nicht sofort die Durchführung einer bestimmten Maßnahme verlangen.

232

3.1.3. Kontrollrechte des einzelnen Wohnungseigentümers

Neben der Verpflichtung zur jährlichen **Abrechnung** (§ 28 Abs. 3 WEG)[3] ist der Verwalter jederzeit zur **Rechnungslegung** verpflichtet, wenn die Wohnungseigentümerversammlung dies durch Mehrheitsbeschluss verlangt (§ 28 Abs. 4 WEG). Dies schließt jedoch ein **Auskunftsrecht** des einzelnen Wohnungseigentümers über Angelegenheiten der Eigentümergemeinschaft hinsichtlich von Einzelfragen nicht aus. Diese Verpflichtung, jedem Eigentümer Rechenschaft zu legen, ergibt sich schon auf Grund des Dienstverhältnisses und auf Grund Auftrags (§§ 666, 675 BGB)[4]. Die Vorschriften des WEG schließen diese Bestimmungen nicht aus. Insbesondere kann der Verwalter nicht einwenden, dass er vom Verwaltungsbeirat überwacht werde. Auch ein Verwaltungsbeirat kann seine Verpflichtungen nachlässig aus-

233

---

1 OLG Hamburg OLGZ 1994, 146 = WE 1994, 100.
2 OLG Köln ZMR 2000, 862.
3 Ein Wohnungseigentümer hat jedoch keinen Anspruch gegenüber den übrigen Wohnungseigentümern, dass diese sachlich richtige Jahresabrechnungen vorlegen. Solange die vom Verwalter vorgelegte, den formellen Anforderungen im Wesentlichen genügende Jahresabrechnung von den Wohnungseigentümern nicht abgelehnt oder ein die Abrechnung bestätigender Eigentümerbeschluss nicht rechtskräftig für ungültig erklärt ist, kann kein Wohnungseigentümer vom Verwalter eine neue Abrechnung beanspruchen, siehe auch OLG München ZWE 2007, 147.
4 OLG Karlsruhe NJW 1969, 1968; LG Frankfurt NJW 1972, 1376; vgl. auch BayObLG NJW 1972, 1377; OLG Karlsruhe MDR 1976, 758; KG NJW-RR 1993, 470; zu diesen Fragen vgl. auch *Sauren* WE 1989, 4.

üben. In der Wohnungseigentümerversammlung kann Trägheit vorherrschen. Wenn dann auch der Verwalter nachlässig arbeitet, ist nur durch die Aktivität einzelner Wohnungseigentümer eine Änderung zu erreichen. Diese Möglichkeit sollte aus rechtlichen Gründen nicht ausgeschlossen werden. Dem steht auch das Datenschutzgesetz nicht entgegen[1]. Einem missbräuchlichen und schikanösen Verlangen einzelner Wohnungseigentümer kann im Hinblick auf die Grundsätze von Treu und Glauben widersprochen werden (§ 242 BGB).

234 Nach der in der Rechtsprechung vertretenen Ansicht kann das **Auskunftsrecht nur** in der **Wohnungseigentümerversammlung** geltend gemacht werden[2]. Dies würde die Versammlung jedoch überlasten und eine Auskunft nur einmal im Jahr möglich machen. Eine Ausnahme wird nur hinsichtlich der Eigentümerliste gemacht[3].

235 Von der Auskunft ist die **Einsichtnahme** abzugrenzen (§ 24 Abs. 6 S. 3 WEG). Dieses Recht hat jeder Wohnungseigentümer. Die Einsichtnahme hat grundsätzlich am Ort der Verwahrung, also im Büro des Verwalters zu erfolgen[4]. Ein Recht auf Einsicht besteht auch noch nach Beschlussfassung über die Abrechnung[5]. Der Verwalter ist aber zur Aushändigung von Protokollen nicht verpflichtet[6]. Dieses Recht verliert der Wohnungseigentümer auch nicht wenn ein Beschluss, z.B. über die Jahresabrechnung gefasst wird[7] oder nach Entlastung[8] oder wenn er ausgeschieden ist[9]. Er bedarf auch nicht der Gestattung durch Beschluss, weil jeder Wohnungseigentümer Miteigentümer der Unterlagen ist. Der Wohnungseigentümer kann hier auch Dritte bevollmächtigen. Jeder Wohnungseigentümer hat darüber hinaus ein eigenes Recht zur Anfertigung von Abschriften und gegen den Verwalter auch einen Anspruch auf Fertigung von Fotokopien gegen Kostenerstattung[10]. Der Anspruch beschränkt sich auf die vorhandenen Unterlagen. Der Verwalter soll nach dem OLG Hamm[11] keine Pflicht haben, alte nicht vom Vorverwalter erhaltenen Unterlagen zu beschaffen, nicht einmal herauszuverlangen, was abzulehnen ist. Es besteht jedoch kein Einsichtrecht in vorbereitende Notizen des Verwalters[12].

---

1 Näheres siehe Rz. 568.
2 BayObLG NJW-RR 1994, 1236 (1237); KG NJW-RR 1987, 462 = WE 1987, 81; a.A. *Sauren* WE 1989, 4 (7).
3 AG Saarbrücken ZMR 2005, 828.
4 OLG Karlsruhe MDR 1976, 758; OLG Hamm NZM 1998, 722; dies gilt aber nicht, wenn die Verwaltergesellschaft nicht am Ort der Wohnanlage ihren Sitz hat, OLG Köln ZMR 2001, 851.
5 BayObLG Rpfleger 1979, 266.
6 BayObLG DWE 2004, 91, 93.
7 BayObLG WuM 1989, 145.
8 BayObLG WuM 1996, 661.
9 KG NZM 2000, 828.
10 OLG Hamm ZMR 1989, 586.
11 OLG Hamm Entscheidung v. 26.3.1998 – 15 W 343/97.
12 KG NJW 1989, 532.

3.2. Zuständigkeit der Wohnungseigentümerversammlung

3.2.1. Grundsätzliches

Die Wohnungseigentümer können eine der **Beschaffenheit des gemeinschaftlichen Eigentums** entsprechende **ordnungsgemäße Verwaltung** durch Stimmenmehrheit beschließen, soweit die Angelegenheit nicht in einer Vereinbarung der Wohnungseigentümer geregelt ist (§ 21 Abs. 3 WEG). Fast alle wichtigen Fragen der Verwaltung einer Eigentumswohnanlage werden auf diese Art entschieden. Die Mehrheitsentscheidung muss sich im Rahmen einer „ordnungsgemäßen Verwaltung" bewegen. Zur Abgrenzung verwendet der Gesetzgeber eine Generalklausel (§ 21 Abs. 3 WEG) und die Enumerationsmethode (§ 21 Abs. 5 WEG). Hinsichtlich der ordnungsgemäßen Verwaltung handelt es sich um einen sog. unbestimmten Rechtsbegriff, der gerichtlich voll nachprüfbar ist. Nach der Rechtsprechung muss die Maßnahme aus Sicht eines vernünftigen und wirtschaftlich denkenden Beurteilers dem Interesse aller Wohnungseigentümer und nicht nur den Interessen von einzelnen Eigentümern dienen. Bei der Durchführung der Einzelmaßnahmen haben die Wohnungseigentümer einen Ermessensspielraum[1].

236

Beispiele:
- Bei einer zu erwartender **Wohngeldlücke** ist eine sog. Sonderumlage notwendig[2];
- Wird eine Maßnahme beschlossen, die Kosten verursacht, muss **eine Kostenregelung** hierzu vorgenommen werden[3];
- Bei Kfz-Stellplätzen entspricht das **Markieren** dieser Stellplätze ordnungsgemäßer Verwaltung[4];
- Ist eine Zentralheizung vorhanden, ist die **Regelung der Beheizung** eine Maßnahme der ordnungsgemäßen Verwaltung[5];
- Ist die Gemeinschaft von **größerem Umfang**, ist **die Fremdverwaltung** eine Maßnahme ordnungsgemäßer Verwaltung[6];
- Ist ein **kurzfristiger Finanzbedarf** vorhanden, ist die Darlehensaufnahme eine Maßnahme ordnungsgemäßer Verwaltung[7], wenn sich der Kreditbetrag im Verhältnis zur Summe der Hausgeldzahlungen aller Eigentümer in einem bestimmten Rahmen hält und der Kredit zur Überbrückung eines kurzfristigen Engpasses dient. Dies gilt nicht für Instandsetzungen[8];
- Die **Geltendmachung eines nicht offensichtlich unbegründeten Anspruchs** durch einen Rechtsanwalt entspricht ebenfalls ordnungsgemäßer Verwaltung[9];

---

1 BayObLG NJW-RR 2004, 1455.
2 BayObLG NJW 2003, 2323.
3 BayObLG NZM 1999, 767.
4 OLG Köln OLGZ 1987, 287.
5 BayObLG WuM 1993, 291.
6 OLG Hamburg OLGZ 1988, 299.
7 BayObLG NJW-RR 2004, 1602.
8 BayObLG NZM 2006, 62.
9 OLG Oldenburg ZMR 2006, 72.

– Der Abschluss einer **Vermögenshaftpflichtversicherung für den Beirat** entspricht ordnungsgemäßer Verwaltung[1].

237 **Nicht ordnungsgemäßer Verwaltung hingegen entsprechen folgende Maßnahmen:**
– Eine Sondervergütung für normale Verwaltertätigkeiten[2];
– Der Verzicht auf einen schlüssigen Schadenersatzanspruch[3];
– Die Geltendmachung eines offensichtlich unbegründeten Anspruchs[4].

238 Neben diesen Generalklauseln sind **zwei Problemkreise** zu unterscheiden, die **Benutzungsregelung** und die **Verwaltungsfrage**. Hinsichtlich des gemeinschaftlichen Eigentums kann durch Mehrheitsbeschluss die Benutzung geregelt werden, z.B. für Aufzug und Schwimmbad, auch eine turnusgemäße Benutzung vorgeschrieben werden, z.B. für die Sauna oder die Waschmaschine. Es kann durch Mehrheitsbeschluss weder die Benutzung des gemeinschaftlichen Eigentums einem oder mehreren Eigentümern unter Ausschluss der anderen Wohnungseigentümer zugewiesen werden, noch können einzelne Eigentümer von der Benutzung ausgeschlossen werden. Deshalb bedarf z.B. auch die Begründung von Sondernutzungsrechten an Pkw-Abstellplätzen[5] der Zustimmung aller Wohnungseigentümer, die Vermietung von Gemeinschaftseigentum aber nicht[6].

239 Man kann als **ordnungsgemäße Instandhaltung bzw. -setzung** zunächst einmal nur die Erhaltung des bestehenden bzw. die Wiederherstellung eines einmal vorhanden gewesenen ordnungsgemäßen Zustandes sehen[7], und bei von Anfang an vorhandenen Mängeln auch die erstmalige Herstellung eines ordnungsgemäßen Zustandes[8]. Dabei können unter diesen Begriff auch Maßnahmen fallen, welche die Erneuerung von Bauteilen betreffen, bevor konkrete Schäden daran erkennbar geworden sind, wenn nur Anhaltspunkte für eine Schadensfälligkeit vorliegen (z.B. Errichtung eines Unterbaus unter einer Terrasse[9]). Auch kann eine Pflege zur Erhaltung des Gemeinschaftseigentums notwendig sein, so dass ein Hausmeister dafür und zur Reinigung des Gemeinschaftseigentums einzustellen ist[10].

240 Zur **Instandhaltung des Gemeinschaftseigentums** gehören damit auch pflegende, erhaltende und vorsorgende Maßnahmen, welche der Aufrechterhaltung des ursprünglichen Zustandes dienen[11]. Entspricht die Bauausführung den zum Zeitpunkt der Errichtung des Gebäudes maßgeblichen Standards,

---

1 KG NZM 2004 743.
2 BayObLG WuM 2004, 736.
3 OLG Düsseldorf NZM 2000, 347.
4 OLG München ZMR 2005, 907.
5 BGH NJW 2000, 3500.
6 BGH NZM 2000, 1010.
7 Z.B. Erneuerung der Schiebetür, OLG Düsseldorf WuM 1996, 443.
8 OLG Celle NJW-RR 1986, 1271, 1272.
9 BayObLG NJW-RR 1991, 976.
10 KG ZMR 1993, 478.
11 OLG Hamm DWE 1987, 54.

besteht kein Anspruch eines einzelnen Wohnungseigentümers auf weitere Verbesserung[1], ggf. anders bei Verstoß gegen DIN-Vorschriften[2].

Umfang: Liegt eine **Maßnahme** der ordnungsgemäßen Instandhaltung bzw. -setzung **vor**, so gehören dazu auch Vorbereitungsmaßnahmen, z.B. die Einholung eines Sachverständigen-[3] oder Rechts-[4] oder auch Gerichtsgutachtens. Die Wohnungseigentümer dürfen sich auch auf Ratschläge von Fachunternehmen verlassen, z.B. bei Feuchtigkeitsschäden zur Eingrenzung der Schadensursache schrittweise vorzugehen[5]. Die dann zu ergreifende technische Lösung muss eine dauerhafte Beseitigung von Mängeln und Schäden versprechen, aber auch wirtschaftlich sein, so dass ein überteuerter Auftrag nicht erteilt werden darf[6]. Zur Beseitigung von Feuchtigkeitsschäden einer Außenwand kann ein Wohnungseigentümer deshalb keine aufwendige Außendämmung verlangen, sondern nur eine kostengünstige Innendämmung[7], und auch nicht Privatgutachten einholen und entsprechende Maßnahmen verlangen, da das Auswahlermessen bei der Gemeinschaft liegt[8]. Auch die teilweise Instandsetzung kann ordnungsgemäße Verwaltung sein[9]. Andererseits müssen sich die Wohnungseigentümer nicht mit einer Mindestsanierung begnügen, wenn eine weitergehende Sanierung vertretbar ist[10] 241

Bei **mehreren** in Betracht kommenden **Lösungsmöglichkeiten** ist deshalb der Gesichtspunkt der Wirtschaftlichkeit unbedingt zu beachten[11]. Vor der Auftragsvergabe[12] sind grundsätzlich der Schadensumfang, und die Sanierungsbedürftigkeit festzustellen sowie mehrere Kostenangebote einzuholen[13]. Dabei besteht jedoch keine Verpflichtung, die billigste Lösung zu nehmen[14]. Dies ist nochmals vom BayObLG[15] bestätigt worden. Es kann sich dabei anbieten, einen sog. Preisspiegel aufzustellen[16]. Nach einer abzulehnenden OLG-Köln-Entscheidung[17] soll es keine Pflicht zur Einholung von Konkurrenzangeboten geben, dem Verwalter stünde aber insoweit ein nur eingeschränkt der gerichtlichen Kontrolle unterliegender Gestaltungsspielraum zu. Dies widerspricht aber der Pflicht des Beirats Kostenvor- 242

---

1 OLG Hamburg WE 1999, 109.
2 OLG Schleswig WuM 1999, 180, unzutreffend.
3 OLG Hamm DWE 1993, 28.
4 OLG Köln DWE 1997, 31.
5 BayObLG WuM 1995, 57.
6 BayObLG NJW-RR 1989, 1494.
7 LG Bremen WuM 1994, 37.
8 OLG Köln ZMR 2000, 862.
9 BayObLG NJW-RR 1999, 886.
10 OLG Düsseldorf WuM 1999, 352.
11 BayObLG WE 1991, 23.
12 KG ZMR 1993, 383, 385.
13 BayObLG NZM 1999, 280 m.w.N.; *Kümmel* WE 1999, 120.
14 BayObLG NZM 2002, 564.
15 NZM 2000, 512.
16 BayObLG WuM 1996, 651.
17 ZMR 1998, 109.

anschläge zu prüfen (§ 29 Abs. 3 WEG). Kann aber der Verwalter entscheiden, ob es überhaupt Kostenanschläge geben soll, ist eine Prüfung überflüssig. In einem Fall, in dem es mehrere Möglichkeiten gibt, ist es Sache der Wohnungseigentümer, im Rahmen ihres Beurteilungsspielraums zu entscheiden, welche Möglichkeit gewählt werden soll[1]. Es ist nicht erforderlich, dass die beschlossene Maßnahme die einzige sinnvolle Entscheidung sein muss[2]. Bei zwingend notwendigen Maßnahmen ist die Leistungsfähigkeit der Wohnungseigentümer nicht erheblich[3].

243 Wegen der **Verwaltungsmaßnahmen**, die dem Mehrheitsentscheid der Wohnungseigentümer unterliegen, enthält das WEG einen wenn auch nicht abschließenden Katalog (Enumerationsmethode, § 21 Abs. 5 WEG):

1. Aufstellung einer Hausordnung;
2. die ordnungsgemäße Instandhaltung und Instandsetzung des gemeinschaftlichen Eigentums;
3. die Feuerversicherung des gemeinschaftlichen Eigentums zum Neuwert sowie die angemessene Versicherung der Wohnungseigentümer gegen Haus- und Grundbesitzerhaftpflicht;
4. die Ansammlung einer angemessenen Instandhaltungsrückstellung;
5. die Aufstellung eines Wirtschaftsplans (§ 28 WEG);
6. die Duldung aller Maßnahmen, die zur Herstellung einer Fernsprechteilnehmereinrichtung, einer Rundfunkempfangsanlage oder eines Energieversorgungsanschlusses zugunsten eines Wohnungseigentümers erforderlich sind (hierzu gehören auch entsprechende Maßnahmen im Hinblick auf das Fernsehen, das es bei In-Kraft-Treten des WEG in Deutschland noch nicht gab, ebenso wegen eines Breitbandkabelanschlusses für das Fernsehen).

Diese Aufzählung ist nicht abschließend. Nach der Generalklausel des § 21 Abs. 3 WEG können auch noch andere Maßnahmen durch Mehrheitsentscheidung beschlossen werden, soweit es sich um Angelegenheiten der ordnungsgemäßen Verwaltung handelt.

244 Für **Anschlüsse** besteht eine erhöhte Duldungspflicht des einzelnen Wohnungseigentümers, soweit es sich um die Herstellung eines Fernsprech-, Rundfunk- oder Energieversorgungsanschlusses handelt, also Erst- oder Zweitanschluss[4] (§ 21 Abs. 5 Nr. 6 WEG). Entsprechend ist dies auf Fernsehanschlüsse[5] oder Telefax bzw. Telex zu übertragen. Um diese vorzunehmen, bedarf es folglich weder eines Beschlusses noch der Zustimmung einzelner Wohnungseigentümer. Dies ist aber keine Anspruchsgrundlage zur

---

1 OLG Hamm ZMR 1996, 218, 221.
2 OLG Saarbrücken ZMR 1998, 52, bedenklich.
3 BayObLG NZM 2002, 531.
4 *Staudinger/Bub* § 21 Rz. 217; offengelassen von BayObLG ZMR 2002, 211.
5 AG Starnberg MDR 1970, 679.

Installation eines Anschlusses, z.B. Gemeinschaftsparabolantenne[1], an außerhalb des Hauses verlaufenden Leitungen[2] oder eines Telefonanschlusses zwischen 2 Einheiten[3]. Der Umfang der Duldung umfasst auch das fremde Sondereigentum[4], weil ansonsten die Pflicht keinen Sinn ergeben würde, wenn die Anschlussleitungen notwendig durch fremdes Sondereigentum verlaufen[5]. Deshalb sieht das WEG (§ 21 Abs. 6) auch den Ersatz des dadurch dem einzelnen Wohnungseigentümer und der Wohnungseigentümergemeinschaft entstehenden Schadens vor. Der Anspruch umfasst sowohl Sach- wie auch Verzugsschäden und ist unabhängig vom Verschulden des verursachenden Wohnungseigentümers gegeben.

3.2.2. Benutzung des Gemeinschaftseigentums durch Wohnungseigentümer oder Dritte

3.2.2.1. Benutzung durch Wohnungseigentümer

Regelungen: Für bestimmte Teile des Gemeinschaftseigentums empfiehlt 244a es sich, eine Nutzungsordnung aufzustellen, z.B. für Schwimmbad, Sauna[6], Garagen[7], Aufzug, Tennisplatz etc.

Abstellen von Gegenständen im Gemeinschaftseigentum: Grundsätzlich 245 ist der Gebrauch für alle Wohnungseigentümer gleichmäßig zu gestatten und nur bei physischer oder psychischer Behinderung gilt etwas anderes[8]. Das Abstellen von Gegenständen kann als Gebrauchsregelung geregelt werden und es kann z.B. beschlossen werden, dass keine Gegenstände, außer Kinderwagen, die evtl. die Sicherheit gefährden, wie z.B. Blumenkübel[9], in dem Treppenhaus abgestellt werden dürfen.

Nicht ausgeschlossen werden kann jedoch das zeitweise Abstellen von 246 Schuhen auf der Fußmatte vor der Wohnungstüre im Flur[10]. Laut BayObLG[11] soll in kleiner Anlage das Aufstellen von Schirmständern in Gemeinschaftseigentum (z.B. Diele) ordnungsgemäßem Gebrauch entsprechen, nicht aber das Aufstellen von weiteren Garderoben und Einrichtungsgegenständen[12].

---

1 OLG Frankfurt NJW 1993, 2817.
2 BayObLG WE 1994, 21.
3 AG Köln – 202 II 73/1998.
4 AG Offenbach DWW 1985, 184; a.A. *Bärmann/Pick/Merle* BPM § 21 Rz. 175, nur GE.
5 *Staudinger/Bub* § 21 Rz. 215.
6 Z.B. Rollstuhl eines Behinderten, OLG Düsseldorf ZMR 1984, 161.
7 OLG Hamm ZMR 1988, 270.
8 OLG Hamm ZMR 1988, 270.
9 NJW-RR 1993, 11.
10 KG WE 1993, 50.
11 KG NJW-RR 1987, 205.
12 BayObLG DWE 1982, 98.

247 **Gebrauch:** Soweit der Gebrauch von Gemeinschaftseigentum für die Wohnungseigentümer von Bedeutung ist, muss dieser dauernd gewährleistet sein. Dies bedeutet, dass z.B. die Wartung der Heizung durch anerkannte Fachfirmen durchzuführen ist und in Störungsfällen unverzüglich repariert wird. Die Wohnungseigentümergemeinschaft kann auch nicht jemandem durch Beschluss gestatten (unfachmännische) Experimente an der Heizung auszuführen[1].

248 Durch Beschluss kann die Nutzung von Treppenhäusern, Fluren, Eingangshallen und sonstigen Gemeinschaftseinrichtungen, als Spiel- und Aufenthaltsräume für Kinder verboten werden[2], soweit nicht ausdrücklich die Nutzung, wie bei einem Tischtennisraum, ausgewiesen ist.

249 **Die Bepflanzung der Balkone:** Dies ist zulässig, soweit im Einzelfall Gefahren nicht entstehen können, den öffentlichen Vorschriften (z.B. baupolizeilicher Art) entsprochen wird und Störungen nicht zu erwarten sind. Das naturbedingte Herabfallen von Blüten und Blättern ist, soweit es sich im normalen Rahmen hält, nicht als Störung aufzufassen. Deshalb kann nicht generell das Anbringen von außen hängenden Blumenkästen[3] oder die Bepflanzung mit Bohnen und Rankgewächsen an Schnüren[4] durch Beschluss untersagt werden[5]. Vielmehr ist dies durch Beschluss nur regelbar, soweit Nachteile für einzelne Wohnungseigentümer oder das Gemeinschaftseigentum zu befürchten sind[6]. Die Höhe der Bepflanzung ist auch durch Beschluss regelbar, z.B. Verbot der Sichtbehinderung bei Seeblick[7].

250 **Grillen:** Nach dem OLG Zweibrücken kann durch Beschluss das Grillen auf Terrassen, Balkonen und Rasenflächen untersagt werden[8]. Das Gartengrillen auf Balkonen kann nach LG Düsseldorf[9] nicht allgemein durch Beschluss ohne Beschränkung in zeitlicher Hinsicht gestattet werden. Bei elektrischen Tischgrillgeräten kann die Benutzung nicht generell durch Mehrheitsbeschluss untersagt werden. Ob Grillen innerhalb der im Gemeinschaftseigentum stehenden Gärten zulässig ist, hängt vom Einzelfall ab, so hat das LG Stuttgart[10] das gelegentliche Grillen (6 Stunden pro Jahr)

---

1 OLG Düsseldorf ZMR 2004, 528 (2 Tage in der Woche offen).
2 Siehe als Beispiel BayObLG WE 1992, 54.
3 Offengelassen von OLG Hamm OLGR 2006, 591.
4 BayObLG Entscheidung v. 19.1.1984 – 2 Z 17/83, ZMR 85, 65.
5 LG Hamburg DWE 1984, 93.
6 BayObLG WE 1992, 197.
7 BayObLG WuM 1992, 206.
8 OLG Zweibrücken DWE 1994, 44.
9 LG Düsseldorf ZMR 1991, 234.
10 LG Stuttgart NJWE 1997, 37.

auf dem Balkon gestattet[1]. Das BayObLG[2] gestattet nur 5-mal im Jahr und 25 m vom Haus entfernt im Garten zu grillen.

3.2.2.2. Benutzung durch Dritte

Das Gemeinschaftseigentum steht den Wohnungseigentümern zu. Deshalb ist es nicht möglich, per Beschluss Dritten, z.B. Nachbarn, eine unentgeltliche Gebrauchserlaubnis zu erteilen[3]. Der Verwalter[4] hat nach dem OLG Frankfurt[5] den Mietvertrag mit Dritten über einen zum Gemeinschaftseigentum gehörenden Fahrradabstellraum zu kündigen, wenn sich Wohnungseigentümer nachträglich Fahrräder anschaffen und der Raum bestimmungsgemäß genutzt werden soll.

251

3.2.2.3. Hausordnung (§ 21 Abs. 5 Nr. 1 WEG)

Bei der sog. Hausordnung handelt es sich um eine Zusammenfassung der Gebrauchs- (§ 15 WEG) und Verwaltungsregelungen (§ 21 WEG) der Gemeinschaft. Sie hat die im WEG (§ 13 Abs. 2, 14 WEG) getroffenen Rücksichtsnahmeregelungen[6], die öffentlich-rechtlichen Bestimmungen[7] und die Erfordernisse der Verkehrssicherungspflicht[8] zu beachten[9].

252

3.2.2.3.1. Erstellung und Abänderung der Hausordnung

Dies ist auf 3 Wegen möglich: Die Wohnungseigentümer können zunächst durch Vereinbarung/Teilungserklärung oder Beschluss (dann können nur solche Regelungen getroffen werden, für die eine Beschlusskompetenz der Gemeinschaft gegeben ist), eine Hausordnung aufstellen oder den Verwalter bzw. den Beirat bevollmächtigen, diese aufzustellen[10]. Dadurch ist die Zuständigkeit der Gemeinschaft aber nicht ausgeschlossen[11]. Soweit sie vom Beirat oder vom Verwalter aufgestellt wird, können die Regelungen der Hausordnung nicht durch Anfechtung gerichtlich überprüft werden. Ihre Verbindlichkeit kann vielmehr vom Wohnungseigentümer erst im Verfahren über ihre Durchsetzung überprüft werden oder vorher vom Verwalter[12].

253

---

1 A.A. AG Wuppertal Rpfleger 1977, 454.
2 BayObLG NZM 1999, 576.
3 BayObLG Rpfleger 1979, 265.
4 Wohl erst nach entsprechendem Beschluss der Wohnungseigentümer, vgl. § 27 WEG.
5 OLG Frankfurt/Main OLGZ 1987, 50.
6 KG ZMR 1985, 345.
7 BayObLG WE 1988, 200.
8 OLG Hamm ZMR 1988, 200.
9 OLG Hamburg WuM 1993, 78.
10 OLG Hamm OLGZ 1970, 399.
11 KG DWE 1992, 33.
12 KG NJW 1956, 1679.

254 Die Hausordnung ist grundsätzlich durch Beschluss abänderbar, auch wenn diese durch Vereinbarung bzw. Teilungserklärung aufgestellt wurde, es sei denn, der Inhalt der Regelung (z.B. Verbot der Musikausübung) macht eine Vereinbarung erforderlich[1]. Ist der Verwalter bzw. der Beirat durch einen Beschluss zur Aufstellung bevollmächtigt, so kann die Hausordnung auch nur Regelungen enthalten, die einem Beschluss zugänglich sind[2]. Wird die Hausordnung durch Vereinbarung bzw. Teilungserklärung aufgestellt, so ist hierbei auch eine Ermächtigung durch Beschluss zu einer Regelung möglich, die an sich eine Vereinbarung erforderte. Dies ist dann auch nur durch Vereinbarung änderbar.

Beispiel:
Ermächtigung zur Erstellung von Garagen an Dritte und Begebung von Sondernutzungsrechten[3].

255 Als dritte Möglichkeit kann jeder Wohnungseigentümer durch Antrag bei Gericht die Aufstellung einer Hausordnung verlangen, wenn eine solche fehlt und durch Beschluss nicht zustande kommt[4]. Diese kann nur Regelungen enthalten, die einem Beschluss zugänglich sind, und ist jederzeit durch Beschluss wiederum abänderbar.

256 **Inhalt:** Die Hausordnung beinhaltet die Gebrauchsregeln, die für ein geordnetes Zusammenleben in der Wohnungseigentümergemeinschaft erforderlich sind. Dazu gehören zunächst die allgemeinen Punkte, die sinnvollerweise in jeder Wohnanlage geregelt werden, wie z.B. Sorgfalts- und Sicherheitspflichten, Benutzungsregeln, Ruhezeitenregelung, Reinigungspflichten, Tierhaltung. Darüber hinaus sind Punkte zu regeln, die speziell für die Besonderheiten der Wohnanlage zutreffen. Anregungen für beide Punkte geben die übrigen Stichworte dieses ABCs.

3.2.2.3.2. Durchführung, Überwachung und Ahndung von Verstößen gegen die Hausordnung

257 Die Durchführung und Überwachung obliegt dem Verwalter (siehe § 27 Abs. 1 Nr. 1 WEG). Die Gemeinschaft kann Sanktionen für Verstöße gegen die Hausordnung beschließen (§ 27 Abs. 7 WEG).

Beispiel:
Geldbuße von 50 Euro.

Heizung: siehe Rz. 624 ff.

Musizieren: siehe Rz. 78

Tierhaltung: siehe Rz. 75

---

1 OLG Stuttgart DWE 1987, 99.
2 OLG Stuttgart DWE 1987, 99.
3 BayObLG Rpfleger 1974, 400.
4 OLG Hamm OLGZ 1990, 414, nunmehr § 21 Abs. 8 WEG.

3.2.2.4. Vermietung von Gemeinschaftseigentum

Die Vermietung von Gemeinschaftseigentum ist als eine Maßnahme des Gebrauchs des Gemeinschaftseigentums (§ 15 Abs. 2 WEG) anzusehen. Sie ist damit durch Beschluss möglich, da der Mitgebrauch am Gemeinschaftseigentum nur zeitweise eingetauscht wird gegen den Mietzins[1]. Die Möglichkeit des (Eigen-) Gebrauchs wird durch die des (Fremd-)Gebrauchs ersetzt und an die Stelle des unmittelbaren Gebrauchs tritt der Anteil an den Mietzinseinnahmen. Deshalb ist im konkreten Fall nur zu prüfen, ob eine Beeinträchtigung (§ 14 WEG) vorliegt und damit ein Verstoß gegen den ordnungsgemäßen Gebrauch[2]. Die Tatsache der Vermietung allein kann dies nicht begründen; vielmehr müssen besondere Umstände vorliegen, um die Vermietung als nachteilig erscheinen zu lassen.

258

Beispiel:
Beschaffenheit oder Zweckbestimmung des Wohneigentums sprechen gegen Vermietung oder Gebot der Rücksichtnahme ist verletzt.

3.2.2.5. Verbote

Die Gemeinschaft kann Verbote beschließen, z.B. vonAblufttrocknern[3], sichtbehindernde Bepflanzung[4], oder sichtbehindernde Wäscheaufhängung auf Balkonen[5], das Parken von LKW[6] oder Wohnmobilen[7] auf den Wohnhausstellplätzen.

259

3.2.3. Bauliche Maßnahmen

Die WEG-Novelle hat ein komplett neues Konzept betreffend die Fragen der Instandhaltung und der baulichen Veränderungen aufgestellt. War bisher die Zustimmung aller Eigentümer notwendig, soweit es sich nicht um eine modernisierende Instandsetzung handelte, so unterscheidet das Gesetz nunmehr folgende Reihenfolge:

260

– Instandsetzung oder Instandhaltung ist mit Mehrheitsbeschluss möglich.
– Modernisierende Instandsetzung, d.h. eine Instandsetzung, die über die Instandhaltung hinausgeht und modernisierenden, d.h. neuen Charakter hat, ist mit Mehrheitsbeschluss möglich.
– Modernisierung (gem. § 559 Abs. 1 BGB) oder die Anpassung des gemeinschaftlichen Eigentums an den Stand der Technik ist durch Beschluss mit einer Mehrheit von ¾ aller Stimmberechtigten und mehr als

---

1 BGH NZM 2000, 1010.
2 BGH NZM 2000, 1010.
3 OLG Düsseldorf OLGZ 1985, 437.
4 BayObLG WuM 1992, 206.
5 OLG Oldenburg ZMR 1998, 245; a.A. OLG Düsseldorf NJW-RR 2004, 376.
6 OLG Hamburg OLGZ 92, 179.
7 BayObLG DWE 1985, 58.

der Hälfte aller Miteigentumsanteile, also durch qualifizierten Beschluss möglich.

– Bauliche Veränderungen, die keine Modernisierung sind, bedürfen der Zustimmung aller benachteiligten Wohnungseigentümer, ein unangefochtener Beschluss reicht aber auch aus.

261 Die WEG-Novelle hat neben diesen neuen Möglichkeiten und Reihenfolgen auch eine sprachliche Änderung gebracht (s. § 22 Abs. 1 WEG). Die bereits durch die Rechtsprechung[1] bestätigte Beschlusskompetenz der Gemeinschaft für bauliche Veränderungen wird nunmehr auch sprachlich klarer gefasst. Die Beschlusskompetenz ist auch dann gegeben, wenn die baulichen Veränderungen und Aufwendungen über die ordnungsgemäße Instandhaltung und Instandsetzung hinausgehen. Das Erfordernis der Zustimmung aller Beeinträchtigungen ist, wie bisher, gerade nicht Beschlusskompetenz begründend. Ein Beschluss, dem nicht alle beeinträchtigten Wohnungseigentümer zugestimmt haben, ist nicht nichtig, sondern nur anfechtbar.

Zum bisherigen Recht hatte das Bundesverfassungsgericht[2] entschieden, dass als Nachteil jede nicht ganz unerhebliche Beeinträchtigung zu verstehen wäre. Bei der Erstellung eines Wintergartens wäre die Feststellung, dass dieser nicht als störend, sondern sich seiner Konstruktion nach gut in die vorhandene Bebauung einfügend anzusehen ist, ein Verstoß gegen das Eigentumsrechts eines Wohnungseigentümers, der die Beseitigung verlangen würde.

262 **Keine baulichen Veränderungen sind insbesondere:**

– Die **Errichtung der Wohnanlage** durch den aufteilenden Eigentümer, z.B. Bauträger, von vornherein **in Abweichung vom Aufteilungsplan**[3] (z.B. Einbau einer Wendeltreppe) vor Entstehung der Wohnungseigentümergemeinschaft[4], selbst auf Betreiben späterer Wohnungseigentümer[5]. Dieser ist nur zur Duldung der Herstellung unter Kostenbeteiligung, nicht aber zur Herstellung auf eigene Kosten verpflichtet[6]. Das gilt nur für Maßnahmen, die vor Entstehung der Gemeinschaft fertig gestellt wurden[7]. Enthalten Pläne und Baubeschreibung zur Bauausführung im Einzelnen keine Angaben, so ist diejenige Ausführung zu wählen, die bestehenden Vorschriften entspricht und im Übrigen sachgerecht ist[8].

---

1 BGH NJW 2000, 3500.
2 ZMR 2005, 634.
3 BayObLG NJW-RR 1986, 954.
4 BayObLG NJW-RR 1994, 276.
5 BayObLG NZM 1999, 286.
6 BayObLG WuM 2004, 494.
7 BayObLG WE 1992, 194.
8 BayObLG ZMR 1995, 87.

– Diejenigen **Maßnahmen**, die der **ordnungsgemäßen Instandhaltung** dienen, d.h. Erhaltung und Wiederherstellung des ursprünglichen Zustandes des Gemeinschaftseigentums. Hierzu gehören u.a.: 263
– **Erstmalige Herstellung eines einwandfreien oder nach Aufteilungsplan vorgesehenen Zustandes**
Beispiele:
Nachträglicher Einbau einer im Aufteilungsplan vorgesehenen, tatsächlich aber nicht angebrachten Wohnungsabschlusstüre[1], Fortführung der Entlüftungsrohre über das gemeinschaftliche Dach[2], erstmalige Anlegung der im Aufteilungsplan als Gartenanlage vorgesehenen Fläche[3], Anbringung eines Regenfallrohrs[4], Erstbepflanzung[5], Parkplatzabsperrung[6], Kfz-Stellplatz[7].

Grundlage dafür sind die beim Grundbuchamt (GBA) hinterlegten Unterlagen, z.B. die Teilungserklärung[8], jedoch können neben dem Aufteilungsplan auch die Baupläne zu Rate gezogen werden, hierzu gehört auch ein Entwässerungsplan[9]. 264

Der Anspruch gegen die übrigen Wohnungseigentümer kann jedoch ausgeschlossen sein, wenn er unverhältnismäßig ist, z.B. Versetzung des kompletten Gebäudes[10], dann kann dem benachteiligten Wohnungseigentümer jedoch ein Ausgleichsanspruch zustehen[11]. 265

– **Beseitigung anfänglicher Mängel** (z.B. Sanierung eines mangelhaften Flachdaches[12]) 266

Mängel können auch vorliegen, wenn bei der Errichtung die DIN-Vorschriften beachtet worden sind[13] oder zwar den anerkannten Regeln der Technik entsprochen wurde, diese sich aber nachträglich als untauglich erweisen[14].
Beispiel:
Das Absacken eines Treppenpodestes.

Mängel sind auch durch gesundheitsgefährdendes Gemeinschaftseigentum gegeben, z.B. Asbesthaltigkeit von Pflanzentrögen[15]. Hierzu kann auch die 267

---

1 BayObLG Entscheidung v. 10.11.1983 – 2 Z 117/82.
2 BayObLG ZMR 1985, 62.
3 BayObLG Rpfleger 1975, 367.
4 BayObLG WE 1996, 480; ZWE 2000, 472.
5 BayObLG NJW-RR 1991, 1362.
6 BayObLG NZM 1999, 29.
7 BayObLG NZM 2002, 875.
8 OLG Köln ZMR 2000, 861.
9 BayObLG ZWE 2000, 472.
10 BayObLG NJW-RR 1990, 332; ZWE 2000, 472; ZWE 2002, 407.
11 BayObLG NJW-RR 1990, 332.
12 OLG Hamm DWE 1987, 54.
13 BayObLG WE 1991, 23.
14 BayObLG WE 1992, 20, 21.
15 BayObLG WuM 1993, 207.

Neuherstellung, z.B. von Fahrradständern[1], gehören. Des Weiteren gehören ebenfalls Verbrauchszähler zur Trennung von Kosten am Gemeinschafts- und Sondereigentum[2] hierher. Auch bei fehlendem Wärmeschutz fallen entsprechende Maßnahmen darunter[3]. Ob die Maßnahme Nutzen bringt ist unerheblich[4].

268 – **Anpassung an veränderte Erfordernisse**
 – des **öffentlichen Rechts**

Beispiel:
Einbau von selbstschließenden Sicherheitstüren im Fahrstuhl[5], Errichtung eines baurechtlich vorgeschriebenen Spielplatzes[6] oder Errichtung bzw. Beseitigung eines Sicherheitsaustrittes[7]. Behebung von Brandschutzmängeln[8]. Behebung von Bodenverunreinigungen[9].

 – des **Nachbarrechts**

Beispiel:
Einfriedung nach Landesnachbarrecht.

 – **energiesparender Maßnahmen** nach der Energieeinsparverordnung

269 – **Ersatzbeschaffung** von gemeinschaftlichen Einrichtungen und Ausstattungen.

Beispiel:
Austausch einer alten defekten Waschmaschine durch eine neue[10] oder eines Austausches der Fenster[11].

270 Schon die bisherige Rechtsprechung hat die **modernisierende Instandhaltung** auch einem Mehrheitsbeschluss zugänglich werden lassen. Die WEG-Novelle will daran nichts ändern und hat deshalb ausdrücklich diese Maßnahmen der ordnungsgemäßen Verwaltung unterstellt (§ 22 Abs. 3 WEG n.F.). Hierunter fallen regelmäßig vernünftige Werterhaltungs-, Versorgungssicherungs- und Umfeldverträglichkeitsgesichtspunkte[12] oder die Verwendung moderner Geräte[13] oder technische Verbesserungen, z.B. des Dachs[14]. Es muss sich immer um ein vernünftiges Kosten-/Nutzenverhältnis bei notwendiger oder alsbald zu erwartender Reparatur handeln, wobei

---

1 OLG Köln NJWE-MietR 1996, 275.
2 BGH NJW 2003, 3476.
3 AG/LG Aachen WuM 2003, 474, m. Anm. *Vervoort/Sauren*.
4 OLG München ZMR 2006, 311.
5 LG München DB 1977, 2231.
6 BayObLG ZMR 1980, 381; LG Freiburg ZMR 1979, 382.
7 OLG Hamm WE 1993, 318.
8 BGH NJW 2002, 3629, 3632.
9 OLG München ZMR 2006, 311.
10 BayObLG NJW 1975, 2296.
11 BayObLG WuM 1993, 562.
12 BayObLG DWE 2004, 89.
13 OLG Düsseldorf NZM 2002, 705.
14 BayObLG NZM 1998, 338.

der Reparaturkostenaufwand wesentlich sein muss, und nicht lediglich ein Bagatellbetrag sein darf[1].

Das **Zustimmungserfordernis** bezieht sich nur **auf die betroffenen Miteigentümer**. Wurde aber die bauliche Veränderung durch Mehrheitsbeschluss der Wohnungseigentümerversammlung beschlossen und hat eine Anfechtung innerhalb der Monatsfrist (§ 46 Abs. 1 Satz 2 WEG) nicht stattgefunden, so ist dieser Beschluss der Wohnungseigentümerversammlung endgültig wirksam geworden und kann nicht mehr in Frage gestellt werden[2].

271

3.2.3.1. Modernisierungen

Die WEG-Novelle bringt als Neuerung, dass Maßnahmen, die der **Modernisierung** (§ 559 Abs. 1 BGB) entsprechen oder der Anpassung des gemeinschaftlichen Eigentums an den Stand der Technik, auch beschlossen werden können, wenn die Eigenart der Wohnanlage nicht geändert und kein Wohnungseigentümer gegenüber anderen unbillig beeinträchtigt wird. Dies bedeutet, dass zunächst Modernisierungen vorliegen müssen. Diese werden in Anlehnung an das bürgerliche Recht verstanden. Deshalb kann auf die Rechtsprechung insoweit zurückgegriffen werden. Nach dem dortigen Verständnis handelt es sich um **bauliche Maßnahmen**, die den **Gebrauchswert der Mietsache** nachhaltig erhöhen, die **allgemeinen Wohnverhältnisse auf Dauer verbessern** oder nachhaltige Einsparungen von Energie oder Wasser bewirken. Im Einzelnen:

272

Gebrauchswerterhöhung der Anlage: Im Gegensatz zu den in Bezug genommenen BGB-Vorschriften bezieht sich die Regelung im WEG (§ 22 Abs. 2, Abs. 3) nicht nur auf eventuell im Gemeinschaftseigentum stehende Wohnräume, sondern auf das komplette Gemeinschaftseigentum, d.h. Modernisierungen können auch vorliegen, wenn z.B. das gemeinschaftliche Schwimmbad mit einer modernen Badeinrichtung versehen wird. Voraussetzung für eine Modernisierung ist, dass sie auf Dauer vorhanden sein muss, also nachhaltig wirkt. In Frage kommen typischer Weise Zentralheizung, Lüftung oder Isolierverglasung. Für Modernisierung ist nicht zwingend Voraussetzung, dass die vorhandene Bausubstanz verändert wird, vielmehr kann dies auch durch zusätzliche Installationen oder Änderungen geschehen, wie z.B. eine Sammelantenne, falls bis dahin keine Einzelantenne benutzt wird oder Fernwärme statt Einzelheizungen[3]. Unter Modernisierungen fallen keine reinen Bauerhaltungsmaßnahmen, d.h. der Austausch der Fassade kann keine Modernisierung darstellen. Auch die Auswechslung von Geräten, wie z.B. der Heizung oder des Bodenbelags, fällt nicht darunter.

273

---

1 Z.B. Reparatur von 210 Euro reicht nicht für die Anbringung einer neuen Gemeinschaftsantenne, OLG Oldenburg WuM 1989, 346.
2 Einzelheiten siehe Rz. 393.
3 LG Chemnitz NJW-RR 2004, 373.

274 **Verbesserung der allgemeinen Wohnverhältnisse auf Dauer:** Hierunter fallen ebenfalls auf Dauer wirkende Maßnahmen, wie z.B. Gestaltung des Spielplatzes, Stellplatzes, Aufzuges oder der Treppe.

275 **Energieeinsparung:** Diese bezieht sich auf alle Arten von Energie, nicht nur auf die Heizenergie. Wenn sie dauerhaft ist, muss eine bestimmte Mindesteinsparung nicht gegeben sein[1]. Hierunter fällt auch die Wärmedämmung einer Fassade[2]. Wärmedämmung und Wärmerückgewinnung oder alle nachträglich eingebauten Verteileinrichtungen nach der Energieeinsparverordnung (§ 12).

276 **Wassereinsparung:** Genau wie bei der Energieeinsparung gilt hier jede Maßnahme, welche den Wasserverbrauch dauerhaft mindert, z.B. der nachträgliche Einbau von Verteilungseinrichtungen gem. der Energieeinsparverordnung (§ 12).

– **nur diese Maßnahmen sind möglich:** Die ebenfalls im BGB (§ 559 Abs. 1) genannten anderen baulichen Änderungen, wie z.B. Maßnahmen zum Denkmalschutz können nicht darunter fallen, weil es sich nach dem Bürgerlichen Gesetzbuch dabei nicht um Modernisierung handelt.

277 **Weitere Voraussetzungen des WEG:** Notwendig ist die **Anpassung** des gemeinschaftlichen Eigentums an **den Stand der Technik**. Man unterscheidet insbesondere in der Bauwirtschaft zwischen den Begriffen „anerkannte Regeln der Technik", „Stand der Technik" und „Stand von Wissenschaft und Technik"[3]. Bei dem Stand der Technik ist das gemeint, was technisch zu machen ist und Standard ist. Dies erschließt sich daraus, dass der Gesetzgeber diese zusammen mit den Modernisierungen erwähnt. Hierunter ist der Standard zu verstehen, den man aufgrund der technischen Normen bei Bauten vornimmt. Da dieser Entwicklungen ausgesetzt ist, ändert er sich laufend. Gerade bei älteren Häusern findet man deshalb häufig, dass z.B. bei Balkonen diese nicht mehr dem Stand der Technik entsprechen[4], etwa weil heute nach den DIN-Normen zwischen der Balkontürschwelle und dem Fliesenbelag ein Höhenunterschied von 15 cm gefordert wird. Wenn ein Haus in den 60iger Jahren gebaut worden ist, entsprechen die Balkone heute nicht mehr diesem Stand der Technik[5]. Oder bei Parabolantennen, bei denen zwischenzeitlich der Verweis auf Kabelanschluss eine erhebliche Beeinträchtigung bei dem Informationsinteresse von Rundfunkprogrammen bedeuten würde. Der Stand der Technik ist heute insoweit so, dass mittels der Parabolantenne über mehrere Hundert Hörfunkprogramme empfangen werden können. Dies entspricht dem Stand der Technik, jedoch nicht dem von 1995[6]. Mit dem Stand der Technik hat der Gesetzgeber nicht gemeint,

---

1 BGH NJW 2002, 2036.
2 Zum Mietrecht LG Berlin ZMR 1998, 166.
3 *Ingenstau/Korbion*, VOB, 13. Aufl., B § 4 Rz. 144.
4 Siehe z.B. OLG München WuM 2007, 159.
5 OLG Schleswig MDR 2007, 266 = NZM 2007, 46.
6 OLG Zweibrücken NZM 2006, 937 = OLGR 2006, 1058.

dass etwas technisch notwendig sei[1]. Vielmehr hat er damit zum Ausdruck bringen wollen, dass die Wohnungseigentümer die Möglichkeit haben, das Haus laufend an die technischen Möglichkeiten anzupassen und nicht nur an die technischen Notwendigkeiten. Da sie sich in **der Praxis bewährt** haben müssen, müssen sie auch dort erprobt sein, nicht unbedingt langjährig.

Bei der Umsetzung sind dann die **wirtschaftlichen Gesichtspunkte** zu berücksichtigen, wobei auf die Rechtsprechung zur modernisierenden Instandhaltung zurückgegriffen werden kann.

Vorliegen der Voraussetzungen: Liegen diese Voraussetzungen vor, was bei vielen baulichen Maßnahmen der Fall sein kann, so hat der Gesetzgeber folgende **Einschränkungen** vorgenommen:

Die Maßnahme darf die **Eigenart der Wohnanlage** nicht ändern:

Der Gesetzgeber führt hiermit quasi eine Zweckbestimmung mit Vereinbarungscharakter ein, so dass solche Maßnahmen, selbst wenn die vorherigen Voraussetzungen erfüllt sind, einer Allstimmigkeit bedürfen. Zunächst ist aus dem Wort Wohnanlage nicht zu folgern, dass der Gesetzgeber meint, dass man keine bestehende Wohnanlage ändern dürfte. Vielmehr hat der Gesetzgeber gemeint, dass der Charakter der Anlage nicht geändert werden darf. Dies bedeutet, wenn in einem Haus bisher ausschließlich gewerbliche Mietverträge vorlagen, es nunmehr nicht durch die Baumaßnahmen komplett zur Wohnraumnutzung umgewandelt werden darf. Genauso auch anders herum, d.h. die Wohnanlage darf nicht so umgebaut werden, dass eine Umwandlung in eine rein gewerbliche Vermietung eintritt. Zur Überprüfung dieses Tatbestandsmerkmals ist deshalb zweistufig vorzugehen. Zunächst ist anhand der Gemeinschaftsordnung und tatsächlichen Verhältnissen zu klären, wie die Eigenart der Wohnanlage tatsächlich aussieht. Danach ist dann zu fragen, ob durch die Modernisierung oder die Anpassung des gemeinschaftlichen Eigentums an den Stand der Technik sich daran etwas ändert. Es ändert sich daran dann etwas, wenn eine Beeinträchtigung eines einzelnen Wohnungseigentümers vorliegt (§ 14 Nr. 1 WEG).

Beispiel:
Die Wohnungseigentümer wollen die Anlage in Zukunft aufgrund eines Angebots der Stadt an asylberechtigte Familien vermieten. Die Stadt stellt ganz bestimmte bauliche Anforderungen im Gemeinschaftseigentum. Die Wohnungseigentümer beschließen die entsprechenden Baumaßnahmen.

Hier ist zunächst festzustellen, dass die Vermietung an asylberechtigte Familien nach der Rechtsprechung[2] keine abstrakte Gefährdung darstellt, wenn keine übermäßige Belegung erfolgt[3]. Wenn folglich keine typisierenden Nachteile vorliegen, ist darauf abzustellen, ob im Einzelfall Beein-

---
1 OLG Hamm ZMR 2007, 131.
2 BayObLG NJW 1992, 917.
3 OLG Stuttgart NJW 1992, 3046.

trächtigungen vorliegen würden und aufgrund bestimmter Tatsachen für die Zukunft zu befürchten sind, die mehr stören als bei einer normalen Vermietung oder die mit dem Charakter eines Hauses als Wohnhaus nicht vereinbar erscheinen[1]. Dies wird im konkreten Fall zu bejahen sein, denn der komplette Umbau eines Wohnhauses in ein Asylantenheim stellt eine Änderung der Eigenart der Wohnanlage dar[2].

280 Die Maßnahme darf keine **unbillige Beeinträchtigung für den Wohnungseigentümer** darstellen:

Damit ist der Maßstab ein anderer als derzeit. Derzeit muss ein Nachteil vorliegen (§ 14 Abs. 1 WEG). Es muss sich also nunmehr nicht mehr um einen bloßen Nachteil, sondern um eine Benachteiligung handeln[3].

Instruktiv lässt sich dies an folgenden **Beispielen** erläutern:

Die Wohnungseigentümer wollen hofseitig 4 Balkone errichten. Fraglich ist, ob ein Wohnungseigentümer beeinträchtigt wird. Allein der Umstand, dass die Balkone in den Luftraum ragen reicht für eine Beeinträchtigung nicht aus. Vielmehr reicht dies allein für den im Erdgeschoss vorgesehenen Balkon aus, da hierdurch die tatsächliche Nutzung der einem Wohnungseigentümer allein zugewiesenen Hof- oder Grünfläche, soweit ein Sondernutzungsrecht für einen Wohnungseigentümer besteht, beeinträchtigt wird. Bei Errichtung von Balkonen und der damit verbundenen zusätzlichen Geräuschsbelästigungen kommt es darauf an, ob die Balkone in eine Ruhezone hinein gebaut werden oder in einen Bereich mit Spielplätzen, einen Aufbewahrungsort für die Mülltonnen oder in die Parkflächen für PKW hinein, die als Ruhezonen wegen der baulichen Gegebenheiten gar nicht geeignet sind. Darüber hinaus kann auch eine erhebliche Beeinträchtigung dadurch vorliegen, dass in die Sondernutzungsfläche eines einzelnen Wohnungseigentümers eingegriffen wird. Auch hier ist dann zu fragen, ob bei der vorhandenen Geräuschskulisse die weitere Geräuschkulisse der neuen Balkone nicht mehr ins Gewicht fällt.

Darüber hinaus ist auch deshalb ggf. eine Beeinträchtigung gegeben, weil durch die Balkone eine wesentliche Beeinträchtigung des optischen Gesamteindrucks des Hauses bzw. einer Fassade gegeben sein kann. Genauso ist dann prüfungsmäßig vorzugehen bei Aufzügen oder Kinderspielplätzen oder anderen Modernisierungen.

281 Soweit der Gesetzestext eine **Beeinträchtigung eines Wohnungseigentümers** verlangt, ist diese Prüfung natürlich nicht abstrakt vorzunehmen, d.h., die Beeinträchtigung ist nicht gegeben, wenn der Wohnungseigentümer, der beeinträchtigt wird, wie z.B. hier der Eigentümer mit dem Sondernutzungsrecht, zugestimmt hat. Wie die Gesetzesbegründung richtig ausführt ist folglich eine Umgestaltung der Wohnanlage nicht erfasst, die deren bisherigen Eigenart ändert, z.B. durch einen Anbau, einer Aufstockung oder einen Abriss von Gebäudeteilen

– durch vergleichbare Veränderungen des inneren oder äußeren Bestandes, etwa dann, wenn ein Wohnhaus einfacher Wohnqualität gleichsam luxussaniert,

---

1 BayObLG NJW 1992, 917.
2 Insoweit großzügiger das öffentliche Recht, VGH Kassel, NJW 1990, 1131.
3 OLG Hamburg ZMR 2006, 702.

- wenn ein bisher nur zu Wohnzwecken genutzter Speicher zur Wohnung ausgebaut,
- wenn eine größere Wohnfläche zum Abstellen von Autos asphaltiert werden muss[1].

Formelle Voraussetzung: 282

Formelle Voraussetzung ist, dass ¾ aller stimmberechtigten Wohnungseigentümer (i.S.d. § 25 Abs. 2 WEG) und mehr als die Hälfte aller Miteigentumsanteile für den Beschluss stimmen müssen, d.h. eine doppelte Qualifikation. Bei der Ermittlung der ¾-Mehrheit kommt es auf alle stimmberechtigten Wohnungseigentümer an, nicht nur auf die in der Versammlung anwesenden oder vertretenen. Diese Anzahl ist nach Kopfzahl zu ermitteln, wie das gesetzliche Stimmrecht ausgestaltet ist (§ 25 Abs. 2 WEG). Daran ändert sich auch nichts, wenn die Stimmrechte nach der Gemeinschaftsordnung nach Miteigentumsanteilen ausgestaltet sind. Stimmrechtsausschlüsse sind zu beachten (§ 25 Abs. 5 WEG). Dies liegt daran, dass (gem. § 22 Abs. 2 S. 2 WEG) diese Befugnis durch Vereinbarung der Wohnungseigentümer nicht eingeschränkt oder ausgeschlossen werden kann. Neben dieser Kopfzahl müssen auch noch kumulativ mehr als 50 % aller Miteigentumsanteile für die Maßnahme sein.

Die vorgenannten Befugnisse dürfen nicht durch Vereinbarung der Wohnungseigentümer **eingeschränkt oder ausgeschlossen werden** (§ 22 Abs. 2 S. 2 WEG n.F.). Eine Erweiterung ist damit möglich. Dies bedeutet das Vereinbarungen wirksam bleiben, wenn in ihnen eine geringere Anforderung an die Änderung der Kostenverteilung gestellt wird. 283

Diese unabdingbare gesetzliche Bestimmung ist abzulehnen. Insbesondere der Eingriff in bestehende Vereinbarungen ist **verfassungswidrig**. Nach dem Bundesverfassungsgericht erfasst die Eigentumsgarantie dass jeweils ausgestaltete Wohnungseigentum in der Form der Teilungserklärung inkl. Gemeinschaftsordnung. Die gesetzliche Bestimmung bedeutet auch eine unzulässige Rückwirkung, soweit der Sachverhalt zum Zeitpunkt der Novelle bereits verwirklicht war. Die unabdingbare Vorschrift ist auch unnötig, zerstört sie doch das Vertrauen in die bisherigen Ausgestaltungen[2].

3.2.3.2. ABC der baulichen Veränderungen

Aufgrund dieses Vierklangs Instandhaltung, modernisierende Instandhaltung, Modernisierung auf den Stand der Technik und bauliche Veränderungen ist nachfolgend in alphabetischer Reihenfolge ein **ABC-Überblick** zu geben: 284

---

1 Siehe Entwurf eines Gesetzes zur Änderung des Wohnungseigentumsgesetzes und anderer Gesetze NZM 2006, 401, 418.
2 *Bub* NZM 2006, 841.

Teil B Verwaltung der Wohnungseigentumsanlage

Abwasserleitungen: Die Erneuerung von Abwasserleitungen ist regelmäßig mehrheitlich zu beschließen, bei Instandsetzungsarbeiten nur insoweit sie mit zusätzlichen Leistungen, wie Modernisierung des Schwimmbads, zusammengehören, handelt es sich um eine Gebrauchswerterhöhung. Nach der Rechtsprechung liegt aber nur dann eine Gebrauchswerterhöhung vor, wenn die neuen Leitungen eine höhere Kapazität haben als die zuvor vorhandenen Leitungen[1].

Alarmanlagen sind Maßnahmen zur Einbruchssicherung und stellen damit eine Gebrauchswerterhöhung in Sachen Modernisierung dar, weil eine Verbesserung der Sicherheit vor Diebstahl und Gewalt gegeben ist[2].

Antenne: Hinsichtlich der Neuherstellung von Antennenanlagen lässt sich zwischen solchen Maßnahmen, die lediglich Arbeiten an der Antenne selbst erfordern, also modernisierende Instandhaltung (i.d.R. kein Fall des § 22 Abs. 1 WEG), und solchen, die eine Modernisierung darstellen und zwischen baulichen Veränderungen unterscheiden. Die Installation einer Gemeinschaftsantenne stellt eine Wohnwertverbesserung dar[3], ebenso der beabsichtigte Anschluss an das rückkanalfähige Breitbandkabelnetz[4].

Amateurfunk und CB-Funk: Die häufigste Einwendung gegen Amateurfunkantennen ist das „**Störproblem**". Amateurfunksendungen können den Rundfunk- und Fernsehempfang stören. Der Funkamateur ist verpflichtet, seine Sendungen so einzurichten, dass Störungen nicht auftreten[5]. Hierbei müssen aber die gestörten Geräte den gesetzlich festgelegten Mindestnormen für Störfestigkeit entsprechen. Ein weiterer Einwand gegen Amateurfunksendungen sind befürchtete Gesundheitsschäden („Elektrosmog"). Auch hiergegen gibt es gesetzliche Regelungen und DIN-Vorschriften. Der Funkamateur ist verpflichtet, vor Inbetriebnahme seiner Anlage die Berechnungsunterlagen und die ergänzenden Messprotokolle für die ungünstige Antennenkonfiguration seiner Amateurfunkstelle der zuständigen Außenstelle der Regulierungsbehörde für Telekommunikation und Post in Mainz vorzulegen[6]. Dies sichert eine Kontrolle und ermöglicht eine Überprüfung im Streitfall. Zu beachten ist hierbei, dass eine Antenne umso weniger Störungen erzeugen kann, je höher sie über das Gebäude aufragt und je mehr sie als Dachantenne Richtstrahlcharakter aufweist. Es wäre also falsch, einem Hausbewohner die Dachantenne verbieten zu wollen mit der Folge, dass er dann eine nicht ortsfeste, viel störungsträchtigere Balkonantenne mit Rundstrahlcharakter betreibt. Nach der Rechtsprechung handelt

---

1 VG Berlin GE 1985, 791.
2 *Schmidt-Futterer/Börstinghaus* § 559 Rz. 104.
3 LG München WuM 1989, 27.
4 BGH NJW 2005, 2995.
5 § 20 Abs. 2 der Amateurfunkverordnung v. 23.12.1997, BGBl. I 1998, S. 42, hierzu weiter die laut § 21 der vorgenannten Verordnung nicht aufgehobenen Bestimmungen des § 16 der Amateurfunkverordnung v. 13.3.1967 BGBl. I, S. 284.
6 Siehe § 7 Abs. 3 Amateurfunkgesetz.

es sich jedoch bei der Errichtung einer Funkantenne zum Zwecke des Amateurfunks um eine bauliche Veränderung[1].

Aufzug: Der Anbau eines Personenaufzuges ist nach der WEG-Rechtsprechung eine bauliche Veränderung[2]. Es kann sich jedoch um eine Modernisierung handeln. Der erstmalige Einbau eines Aufzugs stellt eine Wertverbesserung dar[3], ebenso die Wiederinbetriebnahme eines alten Fahrstuhls. Auch Maßnahmen an einem vorhandenen Fahrstuhl, wie z.B. die Verbesserung der Steuerung, eine bessere Schallisolierung oder der Einbau von Sicherheitstüren sind Modernisierungsmaßnahmen, nach der Rechtsprechung aber nicht der Einbau eines Fahrtenzählers[4]. Auch der Erdgeschosseigentümer ist mit der Modernisierung zu belasten.

Außenfassade: Soweit es sich nur um eine Renovierung handelt, ist diese durch Mehrheitsbeschluss zu fassen, soweit es sich um eine modernisierende Instandhaltung handelt ebenfalls. Wird jedoch z.B. eine zusätzliche Wärmedämmung an der Außenfassade ohne Renovierungsbedarf angebracht, so handelt es sich um eine Modernisierung.

Balkon: Ein Balkonanbau[5] stellt regelmäßig eine bauliche Veränderung dar. Aufgrund seiner Gebrauchswerterhöhung handelt es sich um eine Modernisierung[6]. Das Gleiche gilt für die erstmalige Errichtung von Dachgärten, Loggien oder Freisitzen. Lediglich die Umwandlung einer vorhandenen Dachterrasse in eine Loggia oder eine Loggia in einen Balkon stellt keine Gebrauchswerterhöhung dar[7]. Auch bei einer Zwei-Zimmer-Wohnung stellt der zusätzliche Anbau eines zweiten Balkons neben einen Balkon keine Modernisierung dar[8]. Im Einzelfall kann jedoch keine Gebrauchswerterhöhung vorliegen, wenn z.B. der Balkon nur über den Abstellraum erreichbar ist und weder Lichtverhältnisse noch die Verbindung zu dem bereits bestehenden Wohnungsbalkon hat[9].

Bauliche Maßnahmen für behindertengerechte Nutzung: Hier sollte in besonderem Maße Rücksichtnahme Platz greifen. Ist es z.B. für einen Rollstuhlfahrer notwendig, auf einem Teil der Eingangstreppe eine Abschrägung einzubauen, so sollte dies geduldet werden, auch wenn der optische Eindruck des Eingangs dadurch geringfügig beeinträchtigt und der Stufenteil der Treppe schmaler wird[10]. Die Ausgestaltung des gemeinschaftlichen Eigentums für behinderten- oder altersgerechtes Wohnen stellt eine Ge-

---

1 BayObLG WuM 2004, 366.
2 BayObLG WE 1993, 285.
3 LG Hamburg ZMR 2002, 918.
4 VG Berlin GE 1983, 441.
5 OLG Köln ZWE 2000, 486.
6 LG München WuM 1989, 27.
7 AG Konstanz WuM 1997, 553, 554.
8 LG Berlin GE 2006, 190.
9 AG Hannover WuM 1996, 282.
10 OLG Düsseldorf ZMR 1994, 161.

brauchswertverbesserung dar. Hier ist auf die DIN-Norm (18025) abzustellen. Soweit durch die bauliche Maßnahme die Anforderungen dieser Norm erreicht werden, liegt eine Gebrauchswertverbesserung vor[1]. Hierzu zählen: Schaffung eines ebenerdigen Hauseingangs oder eine Auffahrt für Rollstühle, Verbreiterung der Türen auf Rollstuhlbreite, rutschsicherer Bodenbelag, beiderseitige Handläufe für Treppen oder Einbau eine Treppenliftes.

Bleirohre: Das Auswechseln von Bleirohren gegen verzinkte Rohre für die Trinkwasserversorgung ist regelmäßig eine Modernisierung[2].

Breitbandkabelanschluss: siehe Antenne

Dachgeschossausbau: (1) Bauliche Veränderung ist hier Folgendes: Der Ausbau eines Dachbodens, beispielsweise zu einem Gästezimmer[3], oder zur Erweiterung von Wohnräumen[4], die Umwandlung eines Speichers in eine Wohnung[5], die Erweiterung eines Dachraumes z.B. um ein WC[6] oder der Einbau eines Bades mit Küchenzeile in einem Speicher[7] führen nach der Rechtsprechung grundsätzlich zu einem Eingriff in das Gemeinschaftseigentum und damit zum Vorliegen einer baulichen Veränderung. Nach dem OLG Braunschweig[8] auch dann, wenn zwar in den Kaufverträgen mit allen Wohnungseigentümern eine Genehmigung zum Ausbau inkl. Gaube erteilt wurde, aber zusätzlich eine Dachterrasse gebaut werden soll[9]. Die Verletzung der Abgeschlossenheit stellt nach dem BGH[10] kein Hindernis dar.

Auch der Beschluss, die im Sondereigentum der Wohnungseigentümer stehenden Abstellräume auf dem Dachboden zu einer Eigentumswohnung auszubauen, beinhaltet die Entscheidung über eine bauliche Veränderung, weil die anderen Wohnungseigentümer nicht zur Aufgabe vom Gemeinschaftseigentum gezwungen werden können[11]. Ein unangefochtener Beschluss reicht aber für einen Ausbau aus[12]. Dagegen hält der BGH[13] einen Dachdurchbruch, der erforderlich wird, weil ein Velux-Fenster eingebaut werden soll, für möglich, so weit durch den Ausbau nur die Dachlatten und nicht die für die Stabilität und Sicherheit wichtigen Dachsparren verändert werden. Ist der Anbau genehmigt, kann die Beseitigung des Fensters

---

1 *Schmidt-Futterer/Börstinghaus* § 559 Rz. 97.
2 LG Berlin ZMR 1992, 546, 547; a.A. AG Halle DWW 1993, 45.
3 LG Hamburg DWE 1982, 25.
4 BayObLG WE 1992, 19.
5 BayObLG WE 1994, 251, 277.
6 BayObLG WE 1986, 76 m. krit. Anm. *Seuß*.
7 BayObLG WE 1992, 19.
8 OLG Braunschweig WuM 1991, 367.
9 M.E. zu eng; a.A. *Armbrüster* ZMR 1997, 395, 397.
10 BGH NJW 2001, 1212.
11 KG OLGZ 1976, 56.
12 OLG Stuttgart DWE 1981, 124.
13 BGH NJW 1992, 978.

nicht verlangt werden mit dem Argument der intensiveren Nutzung[1] oder der Vermietung oder dem Anbau zu einer selbständigen Einheit mit Balkon, Küche und Bad[2].

(2) Modernisierung sind folgende Maßnahmen: Zunächst ist vorab zu sagen, dass nicht dadurch, dass einzelne Maßnahme Modernisierungen sind, ein kompletter Dachgeschossausbau möglich wird. Insbesondere die normalen Arbeiten, wie Dachdeckerarbeiten ohne vorhandenen Instandsetzungsbedarf sind eindeutig bauliche Veränderungen. Werden mit dem Dachausbau jedoch Energieeinsparmaßnahmen vorgenommen, wie z.B. Dachisolierung oder Dämmung des Dachbodens[3], handelt es sich eindeutig um Modernisierungsmaßnahmen. Die Frage ist, ob ein kompletter Dachausbau, den die Gemeinschaft vornimmt, als Modernisierung anzusehen ist. Zwar handelt es sich grundsätzlich um eine Modernisierung (i.S.d. § 554 BGB), da im vorliegenden Fall aber das WEG nur auf die Modernisierung (gem. § 559 BGB) die mieterhöhend wirken verweist, ist hierin ein kompletter Dachgeschossausbau nicht enthalten. Der Gesetzgeber wollte wohl mit der WEG-Novelle ausdrücklich durch die Bezugnahme auf den Begriff der Modernisierung (§ 559 BBGB) nur solche Maßnahmen der qualifizierten Mehrheit unterwerfen, denen auch ein Mieter ausgesetzt sein könnte, wenn er dafür auch gleichzeitig Mieterhöhungen in Kauf nehmen muss. Dies ist durch einen Dachausbau in Gänze eben nicht gegeben. Folglich unterfällt er nicht der Modernisierung.

Durchbruch: Ob der Durchbruch einer Trennmauer eine bauliche Veränderung darstellt oder nicht, bestimmt sich, neben der Tatsache, ob die Mauer im Gemeinschaftseigentum oder im Sondereigentum der Wohnungseigentümer steht, danach, ob ein Nachteil vorliegt[4]. Der BGH hat einen Mauerdurchbruch einer tragenden Wand als zulässig angesehen, soweit die Statik des Gebäudes nicht beeinträchtigt wurde[5]. Das OLG Köln[6] hat den Durchbruch einer tragenden Wand für zulässig erklärt, weil ein Gutachten die Stabilität als nicht berührt ansah, ebenfalls eine Außenmauer vom OLG Hamburg[7] oder ein Wohnungsdurchbruch[8].

Liegt demgegenüber **Sondereigentum** an einer nicht tragenden Wand vor, und will der Sondereigentümer durch Veränderung dieser Wand z.B. eine Garage in eine Diele umwandeln, so bedarf er für die Durchführung dieser Baumaßnahme nicht der Zustimmung aller Wohnungseigentümer, da er

---

1 BayObLG NJWE 1997, 32.
2 BayObLG NJWE 1997, 13.
3 VG Berlin GE 1985, 785.
4 BGH NZM 2001, 197.
5 Z.B. durch Einhaltung des Baugenehmigungsverfahrens, BGH NZM 2001, 198.
6 OLG Köln DWE 1988, 25.
7 OLG Hamburg WuM 1992, 87; OLG Düsseldorf ZMR 1993, 581 f.
8 OLG München Entscheidung v. 30.3.2007 – 34 Wx 132/06, zit. nach Juris.

damit nicht in das Gemeinschaftseigentum eingreift[1]. Für das Grundbuchamt ist ein Durchbruch kein Eintragungshindernis[2].

Einbruchsicherung: s. Alarmanlage. Die Anbringung ist eine bauliche Veränderung[3].

Eingangstüre: Soweit eine neue Haustüre eingebaut wird und diese einen höheren Standard hinsichtlich der Einbruchsicherung hat, ist eine Modernisierung gegeben[4], ansonsten nicht. Insbesondere liegt keine Modernisierung vor, wenn eine luxuriöse Ausstattung mit gleicher Funktion gewählt wird[5].

Elektroinstallation: Die eigenmächtige Anbringung im gemeinschaftlichen Eigentum ist nach der Rechtsprechung eine bauliche Veränderung[6].

Wird der Anschluss an die Elektroversorgung verbessert oder werden einzelne Räume erstmalig angeschlossen, handelt es sich in der Regel um eine Modernisierungsmaßnahme. Beim Austausch der Steigleitung ist umstritten, ob es sich um eine Modernisierung handelt. Wird diese wegen Brandgefahr[7] oder wegen eines Dachgeschossausbaus[8] durchgeführt, handelt es sich nicht um eine Modernisierungsmaßnahme, während nach anderer Auffassung sie auch dann eine Modernisierung darstellt, wenn eine Verstärkung der Verkabelung innerhalb der Wohnung nicht vorgesehen ist[9]. Umstritten ist, ob die stärkere Belastbarkeit des erneuerten elektrischen Leistungsnetzes eine Modernisierungsmaßnahme begründet. Dies ist wohl zu bejahen[10].

Wird der Wohnwert im Haus durch eine bessere Qualität der Elektroinstallation erhöht, z.B. durch Erhöhung der Anzahl der Steckdosen im Gemeinschaftseigentum, Anbringung von Leuchten und Schaltern, z.B. durch Zeitschalter, kann eine Modernisierung vorliegen. Das Erreichen einer höheren Ausstattungsstufe (i.S. der DIN 18015) ist eine widerlegbare Vermutung für eine Gebrauchswerterhöhung.

Energieeinsparverordnung: Die Energieeinsparverordnung[11] ist für die Eingruppierung in bauliche Veränderung oder Modernisierung nicht entscheidend. Denn dies hängt damit zusammen, dass die Maßnahme die durchgeführt wird, zu beurteilen ist. Die Energieeinsparverordnung unter-

---

1 BGH NZM 2001, 197; BayObLG Rpfleger 1984, 409 m. Anm. *Sauren*.
2 LG Augsburg Rpfleger 1999, 72.
3 KG WuM 2000, 562.
4 AG Magdeburg WuM 1996, 229.
5 AG Wuppertal WuM 1979, 128.
6 BayObLG WE 1998, 149, 151.
7 AG Darmstadt WuM 1977, 213.
8 LG Berlin GE 1999, 46.
9 LG Berlin GE 2003, 123.
10 AG Berlin-Mitte GE 1998, 621; a.A. AG Gera WuM 1995, 399.
11 S. NZM 2002, 327.

scheidet zwischen einer unbedingten Nachrüstungsverpflichtung (§ 9 ENEV) und den sog. bedingten Anforderungen (§ 8 ENEV), die dann veranlasst sind, wenn aus anderen Gründen Instandhaltungsarbeiten durchgeführt werden.

Erschließungskosten: Diese sind regelmäßig keine Modernisierungskosten, da sie nur als Kostenerstattung gegenüber der Gemeinde dienen[1].

Fahrradständer: Soweit eine Beeinträchtigung besteht, liegt eine bauliche Veränderung vor[2]. Ist kein Fahrradständer vorhanden und stehen Räder einzelnen im Hof, so ist nach dem OLG Köln[3] ein Beschluss möglich. Das erstmalige Aufstellen stellt eine Verbesserung der allgemeinen Wohnverhältnisse dar und ist deshalb Modernisierung.

Fahrstuhl: siehe Aufzug.

Fenster: Der **Ersatz von Fensterscheiben** fällt nicht unter § 22 Abs. 1 WEG. Jedoch kann eine dabei vorgenommene Veränderung, z.B. durch Einsatz getönter Fenster oder Auswechselung eines Fensters durch 2 mit einem Steg getrennte Fenster, unter Abs. 1 fallen. Immer ist zu prüfen, ob dies optisch ins Gewicht fällt[4].

Der Einbau von Fenstern kann im Zusammenhang mit dem **Neu- oder Ausbau von Räumen (1), im Rahmen von Modernisierungsmaßnahmen (2) oder durch zusätzliche Verglasung (3) erfolgen.**

(1) Der Einbau **eines Dachfensters** oder Dachflächenfensters[5] muss keine bauliche Veränderung sein, wenn keine nachträgliche Veränderung gegeben ist[6], jedoch bei sieben großen von außen deutlich sichtbaren Dachflächenfenstern[7] ist dies der Fall. Die Vergrößerung und Umgestaltung von Giebelfenstern zum Ausbau von Dachgeschossräumen zu Wohnzwecken ist als bauliche Veränderung anzusehen, unabhängig davon, ob für einen solchen Einbau eine baubehördliche Genehmigung bestand oder nicht, da mit ihm ein Eingriff in die Substanz des Gemeinschaftseigentums verbunden ist[8]. Dasselbe gilt für die Verglasung eines Balkons[9]. Der Ersatz eines zur Gartenseite gelegenen Fensters durch eine Türe im Zusammenhang mit der Neuerrichtung einer Terrasse, der mit einer nicht unerheblichen optischen Veränderung des Gesamteindrucks des Gebäudes verbunden ist,

---

1 OLG Hamm NJW 1983, 2331.
2 BayObLG WE 1992, 195.
3 OLG Köln ZMR 1997, 44.
4 Verneint von BayObLG DWE 1983, 30 bei Unterteilung einer Scheibe in der Eingangshalle.
5 OLG Frankfurt NZM 1998, 962.
6 LG Bremen WuM 1998, 116.
7 OLG Köln NZM 2000, 765.
8 A.A. OLG Karlsruhe ZMR 1985, 209; siehe Dachgeschossausbau Rz. 284.
9 BayObLG WuM 1993, 750.

stellt eine **bauliche Veränderung** dar[1]. Dasselbe gilt für das Zumauern eines Fensters bzw. das Ersetzen des Fensters durch ein Schiebeelement[2], die Ersetzung einer Dachluke durch ein Flächenfenster[3] sowie den Umbau eines Fensters zu einer Türe[4], anders bei Terrassentür[5] oder zweier Einzelfenster zu einer Fenstertürkombination[6] bzw. der Vergrößerung eines Kellerfensters[7]. Ob eine Veränderung des optischen Gesamteindrucks vorliegt, liegt i.d.R. auf tatrichterlichem Gebiet[8].

(2) Erfolgt eine Beeinträchtigung des Gemeinschaftseigentums durch das Auswechseln von Fenstern, weil z.b. einfach verglaste Außenfenster durch solche mit Thermopane-Verglasung ersetzt werden, die in der Gestaltung ihrer Rahmen, der Art des Materials, der Farbgebung[9] von der bisherigen Gestaltung sichtbar abweichen, so liegt eine **bauliche Veränderung** vor[10]. Ebenso kann die Beseitigung einer Loggia oder Balkonverglasung mit farbigem Rahmen und farbigem Glas verlangt werden, wenn aufgrund eines unangefochtenen Beschlusses festgelegt worden war, dass eine Verglasung nur einheitlich vorgenommen werden sollte und auch einheitlich verglast worden ist, so dass die andersartige Verglasung durch einen Wohnungseigentümer den optischen Gesamteindruck der Wohnanlage stört[11]. Die Auswechselung der Fenster und der Einbau einer Sprossenverglasung erfordern die Zustimmung aller Wohnungseigentümer, da sie insbesondere bei der Einschaltung der Innenbeleuchtung auffällt und damit eine nicht unerhebliche Veränderung des optischen Gesamteindrucks mit sich bringt[12], oder der Einbau von Dreh-Kipp- anstatt Kippfenstern[13].

Demgegenüber liegt **keine bauliche Veränderung** vor, wenn eine 40 Jahre alte Einfachverglasung durch Isolierverglasung ohne sichtbare Fassadenveränderung ersetzt wird[14] oder wenn lediglich Unterschiede zwischen den für die Rahmen verwendeten Materialien oder ganz geringfügige Abweichungen in der Farbgebung bestehen[15]. So etwa dann, wenn die bisherigen Fenster mit mittelbraunem Holzrahmen und Einfachverglasung gegen solche mit dunkelbrauner Farbe, ansonsten gleicher Gestaltung aus Kunststoff und mit Thermopaneverglasung ausgetauscht werden, weil eine derartig

---

1 BayObLG DWE 1984, 27.
2 OLG Düsseldorf DWE 1989, 177.
3 BGH NJW 1992, 978.
4 BayObLG WE 1994, 245.
5 OLG Düsseldorf ZMR 1999, 196.
6 OLG Frankfurt ZMR 1994, 381; BayObLG WE 1995, 64.
7 OLG Düsseldorf ZMR 1993, 581.
8 BayObLG WuM 1995, 59.
9 OLG Köln NJW 1981, 585.
10 Sog. optischer Gesamteindruck BayObLG WuM 1994, 565.
11 OLG Frankfurt OLGZ 1985, 48.
12 OLG Frankfurt DWE 1983, 60.
13 OLG Köln NZM 1999, 263.
14 OLG Köln ZMR 1998, 49.
15 OLG Oldenburg WE 1988, 175.

geringfügige optische Beeinträchtigung der Fassade von den Wohnungseigentümern hingenommen werden muss, wobei auch das öffentliche und private Interesse an der Einsparung von Heizkosten zu berücksichtigen ist[1], oder wenn in der schadhaften Giebelwand ein Fenster eingesetzt wird[2], oder wenn eine praktisch nicht einsehbare Permanententlüftung in das Fenster eingebaut wird[3].

Der Einbau eines Klimagerätes in das Außenfenster eines Schlafzimmers stellt eine bauliche Veränderung dar[4], soweit hiermit eine nicht unerhebliche optische Beeinträchtigung verbunden ist, nach OLG Köln[5] reicht schon die Lärmbelästigung.

(3) Bei einer zusätzlich angebrachten Verglasung, z.B. der Anbringung von Fensterflügeln an den seitlich vorhandenen Trennwänden zu den Nachbarbalkonen[6], oder bei einer Terrassen-[7], Loggia-[8] oder Balkonvollverglasung[9] ist i.d.R. eine bauliche Veränderung gegeben, selbst wenn die Loggiaveränderung nicht störend ist oder gar architektonisch oder/und ästhetisch geglückt ist[10], ebenso bei der Anbringung einer Glasfensterkonstruktion an einer Loggia[11]. Wird jedoch lediglich die übliche Trennwand auf dem Balkon zum Nachbarn wieder angebracht, liegt keine bauliche Veränderung vor.

(4) Der Einbau von neuen Fenstern ist die **klassische Modernisierung**. Dies bedeutet, wenn nach dem vorher Gesagten kein Fensteraustausch möglich war, ist dies nunmehr über die Modernisierung möglich[12]. Es liegt auch keine Luxusmodernisierung vor, wenn Fensterrahmen statt aus Kiefernholz aus Mahagoniholz verwendet werden[13].

Fernsehen, -antenne: siehe Antenne.

Feuerwehrzufahrt: Eine neugeschaffene Feuerwehrzufahrt ist eine Modernisierung und erhöht die Sicherung der Bewohner, nicht nur bei Bränden, sondern auch bei anderen Rettungseinsätzen, wie z.B. bei Krankheit[14].

Fußböden: Hier handelt es sich meistens um Instandsetzungsarbeiten. Wird jedoch eine Gebrauchswerterhöhung verfolgt in dem eine Steigerung

---

1 OLG Köln NJW 1981, 585; BayObLG DWE 1991, 33.
2 BayObLG WE 1988, 142.
3 AG Hamburg DWE 1988, 98.
4 OLG Frankfurt WE 1986, 104.
5 OLG Köln WuM 1999, 296.
6 BayObLG WEM 1980, 31.
7 OLG Köln WE 1990, 172.
8 BayObLG NZM 1998, 980; OLG Hamm WuM 1995, 220.
9 OLG Frankfurt OLGZ 1985, 48.
10 OLG Zweibrücken NJW-RR 1987, 1358.
11 BayObLG WE 1988, 65.
12 LG Halle ZMR 2003, 35, 36.
13 LG Hamburg WuM 1986, 344.
14 AG Hamburg-Altona WuM 2005, 778.

des Wohnkomforts eintritt, z.B. durch höherwertige Materialien wie Parkett oder besseren Schallschutz oder weil das Material hygienischer oder pflegeleichter ist, liegt Modernisierung vor.

Gartengestaltung[1]: Die erstmalige Herstellung kann im ortsüblichen Umfang und entsprechend dem Charakter der Anlage erfolgen, z.B. durch Blumen, Sträucher, Bäume und Plattierung etc. Danach stellt nur noch die Instandhaltung und Instandsetzung einen ordnungsgemäßen Gebrauch dar, z.B. Zurückschneiden der Hecke[2], Rückschnitt eines Weinlaubes[3], Schneiden eines Durchganges[4], Austausch von Blumen oder das Auslichten von Bäumen, verbunden mit dem Entfernen einzelner, weniger wertvoller Bäume[5], Ersetzung eines ursprünglich heckenartig bis zur Höhe von 2 m angepflanzten Zuckerahorngehölzes wegen Sanierungsbedürftigkeit durch gemischtes Gehölz bis zu einer Höhe von 2,80 m[6], **Hecke** entlang eines Zaunes[7], nicht jedoch die Entfernung des **Baumbestandes**[8], z.B. einer 18 Jahre alten 6–7 m hohen Bepflanzung[9]. Bei einer Verschönerung oder zusätzlichen Anschaffung (z.B. von Fichten für den Vorgarten) ist es jedoch möglich, dass ein Beschluss gefasst wird und die Wohnungseigentümer, die dagegen gestimmt haben, nicht an den Kosten beteiligt werden[10]. Die eigenmächtige Anpflanzung einer **Hecke** ist keine bauliche Veränderung[11], aber ein Eingriff in das Gemeinschaftseigentum und damit eine Beeinträchtigung der übrigen Wohnungseigentümer.

Die erstmalige Anlage eines Gartens stellt eine Verbesserung der Wohnverhältnisse und damit eine Modernisierung dar. Er muss aber eine gewisse Größe haben, damit ihm ein Erholungswert zukommt[12]. Baumfällarbeiten sind keine Wertverbesserungen, eine völlige Umgestaltung eines vorhandenen Gartens kann auch eine Modernisierung darstellen[13].

Gartenhaus: Die Errichtung eines Gartenhauses stellt wegen der hiermit verbundenen optischen Veränderung eine bauliche Veränderung dar[14], unabhängig davon, ob das neue Bauwerk mit oder ohne Fundament errichtet worden ist[15]. Bei der Aufstellung eines Gartenhauses kann es sich aber um

---

1 Bielefeld DWE 1995, 50, 94; DWE 1996, 10, 69.
2 BayObLG MDR 1985, 767.
3 OLG Saarbrücken ZMR 1998, 50.
4 BayObLG ZMR 1989, 192.
5 AG Hamburg-Blankenese DWE 1985, 95.
6 OLG Hamm WE 1996, 310.
7 BayObLG NZM 1999, 261.
8 OLG Düsseldorf DWE 1989, 80.
9 OLG Düsseldorf ZMR 1994, 376.
10 BayObLG Rpfleger 1975, 367.
11 BayObLG WE 1992, 179.
12 *Schmidt-Futterer/Börstinghaus* § 559 Rz. 117.
13 AG Hamburg-Altona WuM 2005, 778.
14 BayObLG ZMR 1986, 452; WuM 1995, 227; ZWE 2000, 355; OLG Zweibrücken NZM 2000, 293.
15 OLG Frankfurt DWE 1986, 30.

eine Modernisierung handeln, wenn hierin die Unterbringung von dringend notwendigen Gartengeräten angezeigt ist.

Gegensprechanlage: Diese erhöht regelmäßig den Wohnwert[1].

Gemeinschaftsordnung: Zu Regelungen in der Gemeinschaftsordnung über bauliche Veränderungen und deren Auslegung gilt Folgendes: Aufgrund der gesetzlichen Strenge empfiehlt sich eine Vereinbarung des Inhalts, dass bereits durch eine qualifizierte (z.B. 75 % oder ⅔) Mehrheit der anwesenden[2] oder aller Wohnungseigentümer eine bauliche Veränderung möglich ist[3] oder zumindest bestimmte bauliche Veränderungen[4] vorgenommen werden dürfen. Liegt eine solche Abbedingung der gesetzlichen Vorschrift vor, dann dürfen im Rahmen des öffentlich-rechtlich Zulässigen bauliche Veränderungen durchgeführt werden. Eine Privatperson kann die Einhaltung nur so weit verlangen, wie öffentlich-rechtliche Normen die sog. drittschützende Wirkung haben.

Ebenfalls ist eine Vorausgestattung[5] oder die Übertragung der Zustimmung auf den Verwalter möglich[6]. In diesem Fall ist bei der Versagung oder Erteilung der Zustimmung für den einzelnen Wohnungseigentümer nur die Möglichkeit der gerichtlichen Überprüfung gegeben[7]. Überprüft wird nur, ob Ermessensfehler vorliegen (z.B. sachfremde Kriterien) oder gar ein Rechtsmissbrauch oder eine sonstige unzulässige Rechtsausübung.

Die oft in der Teilungserklärung anzutreffende Formulierung, dass „bauliche Veränderungen der schriftlichen Zustimmung bzw. Einwilligung des Verwalters bedürfen", ist nach Meinung der Obergerichte[8] keine Erleichterung, sondern eine Erschwerung für bauliche Veränderungen. Diese sollen zusätzlich zu den gesetzlichen Voraussetzungen von der Zustimmung des Verwalters abhängig gemacht werden[9]. Heißt es weiter in der Klausel, die Verweigerung des Verwalters könne durch einen „Beschluss der Gemeinschaft" ersetzt werden, so kann nur die Zustimmung ersetzt werden, dadurch wird aber die gesetzliche Regelung nicht erleichtert[10]. Das KG hat dies auch angenommen für den Fall, in dem „bei Verweigerung der Zustim-

---

1 LG München WuM 1989, 27.
2 Z.B. einstimmiger Beschluss, BayObLG WE 1997, 478.
3 BayObLG NJW-RR 1990, 209.
4 Z.B. Mauer- und Deckendurchbruch BayObLG NJW-RR 1986, 761 oder Balkonerweiterungen OLG Düsseldorf MittRhNotK 1986, 169 oder Fenster BayObLG WE 1994, 184.
5 OLG Düsseldorf MittRhNotK 1986, 169.
6 OLG Frankfurt OLGZ 1984, 60.
7 OLG Frankfurt OLGZ 1984, 60.
8 OLG Zweibrücken NJW 1992, 2899; KG NJW-RR 1991, 1300; BayObLG WE 1992, 195; OLG Düsseldorf NJW-RR 1997, 1109, zu Recht Bedenken bei OLG Köln DWE 1997, 33.
9 Für den Widderruf gelten die Grundsätze des § 183 BGB, BayObLG WuM 2000, 684.
10 OLG Zweibrücken NJW 1992, 2899; BayObLG WE 1992, 195.

mung des Verwalters ein Beschluss der Wohnungseigentümer" herbeigeführt werden kann[1].

Hingegen ist die Regelung, dass bauliche Veränderungen eines Mehrheitsbeschlusses bedürfen, nach dem BayObLG[2] so auszulegen, dass ein solcher ausreicht und nicht die Mitwirkung aller berechtigten Wohnungseigentümer erforderlich ist. Der Mehrheitsbeschluss ist für ungültig zu erklären, wenn für die bauliche Veränderung keine sachlichen Gründe vorliegen oder andere Wohnungseigentümer durch sie unbillig benachteiligt werden[3]. Wenn die Teilungserklärung „Änderungen der äußeren Gestalt" durch Beschluss erlaubt, so kann dies nach dem OLG Düsseldorf[4] für Änderungen im Inneren erst recht beschlossen werden. Bei Unklarheiten verbleibt es regelmäßig bei der Notwendigkeit einer Allstimmigkeit[5].

Handlauf: Werden erstmals im Treppenhaus Handläufe angelegt, so stellt dies eine Verbesserung der allgemeinen Wohnverhältnisse dar[6], aber auch ein zusätzlicher zweiter Handlauf wegen behinderten oder altersgerechtem Wohnen.

Hausnummerbeleuchtung: Wird hier aufgrund öffentlich-rechtlicher Vorschriften die Gemeinschaft verpflichtet, handelt es sich um eine Anpassung an den öffentlichen Bedarf und ist keine bauliche Veränderung. Gleichzeitig handelt es sich aber auch um eine Verbesserung der Wohnverhältnisse.

Heizung:

(1) Einbau: Der Einbau einer automatischen Regelanlage (z.B. Einbau eines sog. Außenreglers) in die vorhandene Zentralheizung, um die Zentralheizung auf den derzeitigen energierechtlichen und technischen Standard zu bringen, stellt keine bauliche Veränderung dar, wenn diese Maßnahme zu einer wesentlichen Verminderung der Energieverluste von 10 bis 15 % beiträgt[7] oder der Aufwand für eine solche Maßnahme in einem vernünftigen Verhältnis zum Erfolg steht[8].

(2) Heizkörper: Der zusätzliche Anschluss eines Heizkörpers ist dann eine bauliche Veränderung, wenn dadurch die Heizleistung vermindert wird[9], oder eines Kamins, wenn dadurch keine anderen Öfen mehr angeschlossen

---

1 A.A. zu Recht *Bassenge*, WEG, 3. Aufl., S. 74.
2 BayObLG NZM 2000, 290.
3 BayObLG NZM 2000, 290.
4 OLG Düsseldorf ZMR 1999, 192.
5 Des § 22 WEG, siehe OLG Oldenburg ZMR 1998, 95.
6 VG Berlin, GE 1985, 683.
7 LG Bochum Rpfleger 1982, 99.
8 OLG Hamm OLGZ 1982, 260.
9 BayObLG DWE 1984, 92.

werden können[1] oder dadurch ein Flachdach durchbrochen werden muss[2] oder der Anschluss an einen Leerschornstein, wenn die anderen Wohnungseigentümer dadurch von der Nutzung ausgeschlossen werden, dass der Leerschornstein aus technischen Gründen nur von einem Wohnungseigentümer benutzt werden kann[3], auch bei Verlegung von Leitungen in Leerschornsteinen[4].

(3) Heizungsumstellung: Die Umstellung einer Etagenheizung auf Gas stellt – soweit keine Beeinträchtigung anderer Wohnungseigentümer gegeben ist – nach dem OLG Frankfurt[5] keine bauliche Veränderung dar. Die Rechtsprechung bejaht zunehmend bei **einer notwendigen Erneuerung** der Zentralheizungsanlage Modernisierungen, die vertretbare Mehrkosten verursachen, z.B. wahlweisen Betrieb mit Öl oder Gas[6] oder Umstellung von Öl auf Gas bei absehbarem Ausfall[7], auch wenn die Heizung derzeit noch funktionstüchtig ist[8]; weiter bei einer umfassenden Erneuerung einschließlich eventueller Schornsteinquerschnittsverkleinerung sowie Schallschutzmaßnahmen bei 30 Jahre alter Heizung[9] oder die Ersetzung einer reparaturanfälligen Wärmepumpenanlage durch eine kostengünstige Gas-Heizungsanlage[10]. Hingegen **ohne Notwendigkeit der Erneuerung** ist nach dem OLG Frankfurt[11] der Beschluss, die bisherige Wärmeversorgung durch Fernwärme aufzugeben oder Nachtspeicher auf Gas umzustellen[12] oder andersherum von Öl auf Fernwärme, wenn Ausfall nicht abzusehen ist[13], eine bauliche Veränderung.

(4) Modernisierung: Wird eine Zentralheizung neu in das Mietobjekt eingebaut, so handelt es sich um eine Wertverbesserung[14]. Ebenso die Umstellung einer Heizung von Einzelöfen auf Fernwärme[15]. Die Umstellung einer Gasetagenheizung auf eine ölbefeuerte Zentralheizung oder auf Fernwärme soll keine Wohnwertverbesserung sein[16].

---

1 BayObLG ZMR 1985, 239.
2 OLG Hamburg DWE 1987, 98.
3 OLG Frankfurt OLGZ 1986, 43.
4 KG WuM 1994, 38.
5 WuM 1992, 561.
6 BayObLGZ 1988, 271.
7 OLG Celle WE 1993, 224.
8 BayObLG ZMR 1994, 279.
9 KG NJW-RR 1994, 278.
10 KG WE 1995, 58.
11 DWE 1987, 51; a.A. OLG Hamburg, ZMR 2005, 813.
12 OLG Hamm DWE 1995, 159.
13 OLG Düsseldorf ZMR 1998, 185.
14 LG München WuM 1989, 27.
15 LG Berlin GE 1998, 616.
16 OVG Berlin ZMR 1990, 75; LG Hamburg, WuM 2002, 375.

Kabelfernsehen: Hier sind folgende Fallgruppen zu unterscheiden:

(1) Ein Einbau des Kabelanschlusses **bis zum Übergabepunkt** kann mit Beschluss[1] bei der Telekom beantragt werden. Etwaige Staub- und Lärmentwicklungen stellen keinen beachtlichen Nachteil dar[2].

(2) Der Anschluss kann als **Erstinstallation** in einem Neubau ohne Einschränkungen oder als erstmalige Herstellung eines ordnungsgemäßen Zustandes beschlossen werden, wenn bisher kein normaler Empfang möglich war[3].

(3) Ist eine **Gemeinschaftsantenne vorhanden und** ist sie **erneuerungsbedürftig**[4], so gilt Folgendes:

Beschließt unter dieser Prämisse die Wohnungseigentümergemeinschaft den Anschluss, so wird dies i.d.R. ordnungsgemäßer Verwaltung entsprechen und somit nicht angreifbar sein. Dies resultiert daraus, dass eine Maßnahme, die über die reine Ersatzbeschaffung hinausgeht, möglich ist, soweit sie auf vernünftigen wirtschaftlichen Erwägungen beruht und künftige Kosteneinsparungen erwarten lässt. Somit ist es im Einzelfall notwendig, eine genaue Kostengegenüberstellung vorzunehmen[5]. Nach dem OLG Celle[6] ist jedoch bei einem Verhältnis 4000 Euro (Reparaturkosten) zu 11 000 Euro (Kabelfernsehen) der Rahmen überschritten und eine bauliche Veränderung gegeben.

(4) Eine **Gemeinschaftsantenne ist vorhanden** und **nicht erneuerungsbedürftig**. Bei dieser Fallgestaltung ist davon auszugehen, dass i.d.R. eine bauliche Veränderung vorliegt[7]. Dies gilt nach dem OLG Celle[8] jedenfalls dann, wenn die Kosten für die Umstellung auf alle Wohnungseigentümer verteilt werden. Aufgrund des Umfangs der inzwischen vorhandenen Kabelfernsehanschlüsse[9] wird teilweise vertreten[10], dass ein Anspruch auf Errichtung besteht aus dem Gesichtspunkt des allgemein üblichen Wohnkomforts.

(5) Aus diesem Dilemma heraus versucht man nunmehr eine **Lösung** zu finden[11]. Eine Möglichkeit wäre, den Kabelanschluss lediglich für die an-

---

1 M.E. sogar allein durch den Verwalter und den Beirat.
2 AG Hamburg 102 B II Wo 89/84 zit. n. *Deckert* Gruppe 5/74h.
3 LG Hamburg DWE 1990, 31.
4 Nach dem OLG Oldenburg WuM 1989, 346 reicht dafür nicht das Vorhandensein von Mängeln, die einen Kostenaufwand von 210 Euro erfordern; nach dem OLG Hamm ZMR 1998, 188 aber, dass von zwei Privatsendern einer nur stark verschwommen empfangen werden kann.
5 BayObLG NJW-RR 1990, 330.
6 OLG Celle DWE 1988, 66.
7 BayObLG ZMR 1999, 55; OLG Karlsruhe NJW-RR 1989, 1041.
8 OLG Celle NJW-RR 1986, 1271.
9 OLG Celle DWW 1996, 169.
10 OLG Köln DWE 1995, 155; a.A. aber BayObLG ZMR 1999, 55.
11 Siehe auch *Florian* ZMR 1989, 128.

schlusswilligen Wohnungseigentümer herzustellen, wenn gleichzeitig sichergestellt wird, dass für die übrigen Wohnungseigentümer eine Verschlechterung des derzeitigen Zustands nicht eintritt[1]. Daher müssen die Wohnungseigentümer, die sich für den **Kabelanschluss** entscheiden, sich trotzdem weiterhin an **den Kosten für die Gemeinschaftsantenne** beteiligen. Die Kosten für den **Anschluss des Kabelfernsehens** müssen allein diejenigen aufbringen, die einen Anschluss wollen. Insbesondere dürfen diejenigen Wohnungseigentümer, die keinen Anschluss wollen, nicht in die Haftung genommen werden. Folglich können nur diejenigen Vertragspartner sein, die den Kabelanschluss wollen. Diese Voraussetzung ist möglich, da die Bundespost durch Verfügung vom 28.8.1987[2] auch den Anschluss einer Teilnehmergemeinschaft zugelassen hat. Für diese kann z.B. der Verwalter als Vertreter auftreten. Für **die Nichtanschlusswilligen** muss nach wie vor der gleiche Fernsehempfang gewährleistet sein[3]. Es ist fraglich, ob der vorgenannte Weg überhaupt ohne Abbau der Gemeinschaftsantenne und ohne Einbau von wohnungsbezogenen Filtern möglich ist. Sollte dies nicht der Fall sein, könnte dieser ein Nachteil sein, der so erheblich ist, dass eine Zustimmung aller Wohnungseigentümer von den Gerichten gefordert wird.

(6) Kein Problem macht ein Kabelanschluss dann, wenn ein Einzelanschluss **pro Wohnung** technisch und gebührenrechtlich möglich ist ohne Beeinträchtigung der anderen Wohnungseigentümer. Soweit der Einzeleigentümer die Kosten übernimmt und sich weiterhin an der Gemeinschaftsantenne beteiligt, bestehen rechtlich keine Bedenken.

(7) Ein **Anspruch eines Wohnungseigentümers** gegen den Verwalter, unverzüglich geeignete Maßnahmen zu ergreifen, um einen kostengünstigen Kabelanschluss zu verwirklichen, besteht nicht. Der Verwalter ist auch nicht verpflichtet, eine außerordentliche Versammlung mit diesem TOP einzuberufen. Die Initiative muss vielmehr von den Wohnungseigentümern selbst ausgehen.

(8) Modernisierung: Der erstmalige Anschluss des Gebäudes an den Kabelanschluss bedeutet bei der Ermöglichung von weiteren Kanälen oder Verbesserung der Empfangsqualität eine Modernisierung[4].

Lift: s. Aufzug.

Loggia: siehe Balkonverglasung.

Maschendrahtzaun: Hier ist zu unterscheiden:

(1) Soweit die Umzäunung eines Grundstücks bereits in der Teilungserklärung festgelegt wurde, kommt eine Anwendung der gesetzlichen Vorschrift

---

1 AG München WE 1989, 105.
2 Zit. n. *Deckert* ETW 2, 626.
3 Siehe AG Hamburg-Altona DWE 1988, 30.
4 BGH NJW 2005, 2995.

(§ 22 WEG n.F.) nicht in Betracht[1]. Die Überarbeitung des vorhandenen Zauns entspricht ordnungsgemäßer Verwaltung[2]. Eine Verlegung kann verlangt werden, wenn sie an dem im Aufteilungsplan eingerichteten Standort erfolgt[3].

(2) Umstritten ist, ob die nachträgliche Errichtung eines Zaunes zu dulden ist (§ 22 Abs. 1 Satz 2 WEG). Der Regelfall ist, dass eine Einzäunung nicht geduldet werden muss, vielmehr nur in Ausnahmefällen[4].

(3) Eine Duldungverpflichtung wurde bejaht:
- Bei der Errichtung eines Maschendrahtzaunes zwischen Gartensondernutzungsflächen bei einem Doppelhaus, da zwar der großzügige Charakter der Anlage verloren ging, dafür der Zaun aber z.B. Tiere davon abhielt, das Grundstück zu beeinträchtigen[5];
- Bei der Errichtung von Maschendrahtzäunen von 1,10 m Höhe im Zuge der Aufteilung des Gartengrundstücks in weitere Sondernutzungsbereiche, da dies den natürlichen Wohnbedürfnissen entspreche, die gerade bei einem kleinen Grundstück auf die volle Nutzung gerichtet seien[6];
- Bei unangefochtenem Beschluss[7];
- Bei Ersetzung eines schadhaften Holzzauns durch eine Hecke[8];
- Beim Ersatz von Holzzaunpfosten durch Stahlpfosten[9] oder
- Errichtung eines kindersicheren Zaunes, soweit es um die Abgrenzung eines Grundstücks zu einem Bach geht[10].

(4) Eine Duldungspflicht wurde verneint:
- Generell ein Sondernutzungsrecht einzuzäunen[11] und damit abzutrennen[12], auch wenn andere Zäune schon vorhanden sind[13], z.B. durch einen Jägerzaun[14] oder die Errichtung eines Holzflechtzaunes hinter einem Jägerzaun[15], jedenfalls in städtischen Bereichen[16]. Bei einem Sondernutzungsrecht, wenn dadurch der parkähnliche Charakter der Wohnanlage

---

1 KG OLGZ 1982, 131.
2 OLG Düsseldorf MDR 1986, 677.
3 BayObLG WuM 1994, 640.
4 OLG Stuttgart ZMR 1995, 81.
5 BayObLG Rpfleger 1982, 219; NZM 1999, 261.
6 OLG Hamburg DWE 1984, 91.
7 OLG Düsseldorf DWE 1986, 119.
8 BayObLG MDR 1982, 852.
9 OLG Düsseldorf MDR 1986, 677.
10 BayObLG NZM 2000, 513.
11 BayObLG NJW-RR 1991, 1362.
12 OLG Köln NZM 1998, 864.
13 OLG Köln NZM 1999, 138.
14 OLG Düsseldorf WuM 1997, 187.
15 KG NJW-RR 1997, 713.
16 KG ZMR 1985, 27.

optisch nicht nur geringfügig beeinträchtigt wurde und eine Einzäunung nicht aus anderen Gründen im Einzelfall geboten ist[1];
- Ohne Beschluss[2];
- Bei einem zwei Meter hohen massiven Holzlattenzaun als Windfang, der sich von den sonst vorhandenen Zäunen durch Höhe, Massigkeit und Abgeschlossenheit unterscheidet, da hiermit eine Veränderung des gesamten äußeren Bildes der Anlage verbunden ist[3];
- Bei einem Maschendrahtzaun zwischen den beiden Stellflächen einer Doppelgarage[4];
- Ersetzung des Zauns durch Holztrennwand[5].

(5) Eine Erhöhung eines vorhandenen Zaunes ist zulässig, soweit kein Nachteil entsteht bzw. die Erhöhung wegen der Sicherheit des Grundstücks notwendig ist.

(6) Die Errichtung eines Zauns kann eine Modernisierung sein, wenn dadurch eine Erhöhung der Sicherheit, insbesondere Einbruchsicherheit der Anlage verbunden ist.

Markise: Die Anbringung stellt häufig eine bauliche Veränderung dar[6], ebenso eine sog. Ladenmarkise[7] oder Balkonmarkise[8]. Im Einzelfall ist jedoch zu prüfen, ob ein Nachteil (i.S.v. § 14 WEG) vorliegt, was bei Einbau zum Wärmeschutz nicht der Fall ist[9].

Handelt es sich um eine Verbesserung des Gebrauchs der Anlage, wie z.B. zum Schutz vor Wärme, kann es sich um eine Modernisierung handeln.

Parabolantenne/Satellitenanlage: Da eine Parabolantenne sowohl **mobil**, als auch durch **Anbringung am Gemeinschaftseigentum**[10] angebracht werden kann, ist zu unterscheiden zwischen Einzelparabolantenne (1), Gemeinschaftsparabolantenne (2) und Decoderempfang (3).

(1) Einzelparabolantenne: Bei der **mobilen Antenne** ist regelmäßig keine Benachteiligung der anderen Wohnungseigentümer gegeben[11]; nur wenn der optische Gesamteindruck beeinträchtigt wird, was konkret dargelegt werden müsste, wäre eine Benachteiligung gegeben. Damit ist die Aufstel-

---

1 BayObLG ZMR 1987, 29.
2 AG München UR II 525/83 WEG zit. n. *Deckert* ETW 5/153.
3 LG Hannover DWE 1985, 24, 25.
4 BayObLG NJW-RR 1991, 722.
5 OLG München ZMR 2006, 641.
6 KG ZMR 1994, 426; BayObLG NJW-RR 1986, 178.
7 KG WE 1995, 122.
8 BayObLG NJW-RR 1996, 266.
9 LG Aachen, WuM 2003, 474, m. Anm. *Sauren/Vervoort*.
10 Dann regelmäßig mit Eingriff in das Gemeinschaftseigentum verbunden und damit eine bauliche Veränderung, OLG Zweibrücken NJW 1992, 2899.
11 BGH NJW 2004, 937.

lung einer mobilen Parabolantenne versteckt hinter der Balkonbrüstung ohne Eingriff in das Gemeinschaftseigentum uneingeschränkt zulässig.

Am Gemeinschaftseigentum angebrachte Parabolantenne: Ein Verbot der Anbringung kann nach BGH wirksam vereinbart werden, bei Eintragung auch mit Wirkung gegenüber dem Rechtsnachfolger. Hiergegen sind Bedenken anzumelden. Eine Inhaltskontrolle (gem. § 242 BGB) zeigt, dass diese Vereinbarung im Falle der Vermietung an einen Ausländer oder eine Partnerschaft mit einem Ausländer/in, der nicht zureichend mit Medien versorgt ist, nicht standhält. Ob diese Gestaltung nur zur Reduktion oder zur Nichtigkeit führt muss abgewartet werden. Wenzel[1] will eine Einzelfallprüfung anhand von Treu und Glauben vornehmen, z.B. Verstoß dann, wenn die Anlage unauffällig in das optische Gesamtbild integriert wird. Durch Beschluss ist generell keine abweichende Möglichkeit mangels Beschlusskompetenz gegeben. Durch Beschluss kann **kein** generelles Verbot der Anbringung erfolgen[2], wegen Eingriff in den Kernbereich, es sei denn der oder die betroffenen Wohnungseigentümer stimmen zu. Tut er dies nicht, wird der bis dahin schwebend unwirksame Beschluss endgültig unwirksam.

Vorhandensein von Kabelfernsehen: Der einzelne Wohnungseigentümer kann nur dann darauf verwiesen werden, solange damit für ihn kein Informationsdefizit verbunden ist. Dies gilt auch für einen Deutschen[3]. Die bisherige umfangreiche Rechtsprechung bezüglich Ausländern beruht auf der Rechtsprechung des BVerfG und ist damit überholt. Die Frage, die sich stellt, ob das im Kabelnetz verfügbare Medienangebot das jeweilige Informationsbedürfnis noch abdeckt, wird regelmäßig zu verneinen sein. Die Gerichte werden in Zukunft Fallgruppen zu bilden haben.

Der Wohnungseigentümer muss aber dafür Sorge tragen, dass die Antenne fachgerecht installiert wird, dass eine Beschädigung oder erhöhte Reparaturanfälligkeit des Gemeinschaftseigentums ausgeschlossen werden kann und dass sie nur in einem zum Empfang geeigneten Ort installiert wird, an dem sie den optischen Gesamteindruck des Gebäudes möglichst wenig stört.

Die **Gemeinschaft** muss einen Kabelbetreiber suchen, der in der Lage ist, die gewünschten Programme zu liefern, denn dann kann die Gemeinschaft die Wohnungseigentümer darauf verweisen, diesen ausschließlich zu nutzen. Ansonsten muss sie vorsorglich hilfsweise das **Mitbestimmungsrecht** bei der Auswahl eines geeigneten **Aufstellungsorts** ausüben, will sie nicht unter Verweis auf diese Nichtausübung eigenmächtigem Vorgehen ausgeliefert sein[4].

---

1 ZWE 2005, 21.
2 BGH NJW 2004, 937; BayObLG WuM 2004, 359.
3 *Wenzel* ZWE 2005, 21.
4 *Hogenschurz* MietRB 2004, 164.

Beseitigungsanspruch: Ist der Wohnungseigentümer, der eine Parabolantenne installiert hat, durch unangefochtenen Beschluss zur **Beseitigung** verpflichtet worden, so kann er sich im gerichtlichen Beseitigungsverfahren nicht auf Art. 5 GG berufen[1]. Ist dem Wohnungseigentümer die Anbringung gestattet worden, so bedarf es eines Beschluss über die Versetzung der Antenne unter Berücksichtigung der Belange des Wohnungseigentümers[2]. Die Rechtsprechung des BVerfG lässt es jedoch zu, dass die Wohnungseigentümer gegen den installierenden ausländischen Mieter direkt vorgehen können. Dieser ist dann zur Beseitigung verpflichtet[3].

(2) Gemeinschaftsparabolantenne: Hier gelten die Ausführungen zum Kabelfernsehen entsprechend[4], d.h. grundsätzlich liegt eine bauliche Veränderung[5] vor. Ist z.B. das Breitbandkabel nicht reparaturbedürftig, so stellt die Parabolantenne eine bauliche Veränderung dar. Regelmäßig fehlt aber ein Nachteil, deshalb kann nach dem BayObLG[6] ein Beschluss gefasst werden. Die Gemeinschaft kann dann sowohl Kauf als auch Anmietung beschließen, selbst wenn letztere teurer ist[7].

(3) Decoderempfang[8]**:** Das Fremdsprachenpaket der Telekom bietet türkische, polnische, portugiesische, griechische, englische, chinesische und russische Programme an. Der Empfang ist nur mit einem Decoder möglich, der gekauft oder gemietet werden kann[9]. Darauf kann nun der Nutzer verwiesen werden[10], aber ein Programm reicht nach OLG Düsseldorf[11] nicht.

(4) Modernisierung: Ist bereits eine Gemeinschaftsantenne vorhanden, stellt eine Gemeinschaftsparabolantenne eine Modernisierung dar, wenn mit ihr zusätzlich Programme empfangen werden können. Gleichzeitig ist dies auch der Fall, wenn aufgrund der Gemeinschaftsparabolantenne, welche die Hausfront verunziert, einzelne weitere Antennen beseitigt werden können[12].

Parkabsperrbügel: Die Anbringung kann eine bauliche Veränderung sein[13], sie kann auch eine Modernisierung sein, wenn dadurch die Sicherheit für

---

1 OLG Bremen WuM 1995, 58.
2 KG WuM 2000, 500.
3 NJW 1996, 2858.
4 LG Essen NJW-RR 1995, 208.
5 *Gottschalg* NZM 2001, 733.
6 NZM 2000, 679.
7 OLG Köln NZM 1999, 970.
8 D-Box, Set-Top-Box.
9 *Maaß/Hitpaß* NZM 2000, 952.
10 LG Heidelberg DWE 2000, 69; LG Ellwangen DWE 2000, 146; LG Lübeck NZM 1999, 1044 für Mieter; a.A. AG Königswinter WuM 1999, 33.
11 ZMR 2001, 648.
12 *Schmidt-Futterer/Börstinghaus* § 559 Rz. 132.
13 OLG Frankfurt NJW-RR 1993, 86; LG Hamburg ZMR 2001, 394.

die Parkplatzbesucher und dem gemeinschaftlichem Parkplatz erhöht wird.

Pflanzentrog: Das Aufstellen von nicht fest im Boden verankerten Pflanzentrögen auf einer Terrasse ist keine bauliche Veränderung[1], jedoch die Entfernung, es sei denn, sie sind z.B. durch Asbestgehalt gesundheitsgefährdend[2]. Werden sie auf Gemeinschaftseigentum aufgestellt, kann Entfernung verlangt werden[3].

Rauchmelder[4]**:** Der erstmalige Einbau eines Rauchmelders stellt eine bauliche Veränderung dar[5]. Es handelt sich bei dem erstmaligen Einbau um eine Modernisierungsmaßnahme, da eine Gebrauchswertverbesserung eintritt. Dies ist damit begründet, dass nach Schätzungen ca. 50 % der jährlichen Brandtoten bei Vorhandensein solcher Geräte hätten gerettet werden können[6].

Rollladen: Hier ist wie folgt abzugrenzen: Grundsätzlich ist die Anbringung eines Rollladens eine bauliche Veränderung, da sie einen Eingriff in das Gemeinschaftseigentum darstellt[7]. Jedoch ist dieser Eingriff zu dulden, soweit keine Beeinträchtigung vorliegt[8], die z.B. bei außen liegenden Rollladenkästen zu bejahen ist[9] oder bei farblich abweichender Blende[10] oder ein 15 cm vorstehendem Kasten[11]. In diesem Fall müssen auch die Energiesparinteressen zurücktreten. Gegebenenfalls ist aber noch zu erörtern, ob nicht das Sicherheitsbedürfnis einzelner Wohnungseigentümer vorrangig ist. Der erstmalige Einbau stellt aber eine Wertverbesserung dar, weil Schutz vor Sonnenstrahlen, Energieeinsparung und Einbruchsicherung erhöht werden.

Schallschutz: Werden Maßnahmen des Schallschutzes ergriffen, diese können vielfältiger Natur sein, z.B. Errichtung einer Schallschutzwand an einer stark befahrenen Straße, so ist damit eine Wertverbesserung verbunden und eine Modernisierung gegeben.

Schornstein: Die Anbringung oder Veränderung stellt eine bauliche Veränderung dar[12]. Der Einbau von Edelstahlrohren in vorhandene Schornsteine stellt regelmäßig eine Modernisierung dar[13].

---

1 BayObLG NJW 1997, 279, 280.
2 BayObLG WE 1994, 26.
3 BayObLG WE 1998, 149, 151; OLG München MDR 2005, 1159.
4 S. *Ruff* DWW 2006, 98; *Schumacher* NZM 2005, 641.
5 OLG Hamm OLGR 2004, 14.
6 *Schmidt-Futterer/Börstinghaus*, § 559 Rz. 113.
7 BayObLG WE 1992, 232; OLG Hamm ZMR 2003, 447 (hier bestandskräftiger Beseitigungsbeschluss); OLG Zweibrücken ZWE 2003, 274.
8 LG Bad Kreuznach DWE 1984, 127.
9 AG Nürnberg – 1 UR II 127/85 zit. n. *Bielefeld* WEG, S. 409.
10 BayObLG WEM 1982, 109.
11 OLG Düsseldorf NJW-RR 1995, 418.
12 OLG Celle WuM 1995, 338, 339.
13 AG Berlin-Spandau GE 1990, 1089.

Solarzelle, -anlage: Die Anbringung ist eine bauliche Veränderung[1], allerdings ist die Zustimmung nur der Wohnungseigentümer erforderlich, die diese sehen können oder wenn sie von der Straße aus einsehbar ist.

Eine Modernisierung ist nur damit verbunden, wenn dadurch weniger Heizenergie genutzt wird. Der allgemeine Gedanke, dass „gesünderer Strom" produziert wird, ist keine Wertverbesserung[2].

Spielplatz: Die erstmalige Errichtung stellt, soweit sie behördlich nicht konkret angeordnet ist, eine bauliche Veränderung dar[3], anders wenn Verpflichtungen aus der Landesbauordnung resultieren.

Es handelt sich bei der erstmaligen Anlegung um eine Wertverbesserung, und zwar der allgemeinen Wohnverhältnisse. Ausnahmsweise kann auch eine völlige Umgestaltung des Spielplatzes, selbst unter Entfernen von Spielgeräten, eine Modernisierung darstellen[4].

Stromzähler: Der Einbau eines zusätzlichen Stromzählers stellt eine bauliche Veränderung dar und ist auch keine modernisierende Maßnahme[5].

Tor: Der Einbau ist eine bauliche Veränderung[6], kann aber bei Erhöhung der Sicherheit (Fluchttor) eine Wohnwertverbesserung sein.

Trennwand: Die Errichtung einer Trennwand im Treppenhaus, die mit einer Beschränkung der Nutzungsmöglichkeit des gemeinschaftlichen Treppenhauses verbunden ist[7], oder einer Trennwand zu einem Nachbarbalkon[8], oder einer Trennwand zur Abtrennung des Stellplatzes in einer Sammelgarage[9] stellt eine bauliche Veränderung dar. Auch die Abänderung der Trennwände im Keller z.B. von Maschendraht in Holztrennwände stellt eine bauliche Veränderung dar[10], z.B. durch Erhöhung des Brandrisikos[11], jedoch nicht die Anbringung eines Sichtschutzes in Form einer Stoffbespannung[12].

Treppenhaus: Der Anbau eines Treppenhauses ist bauliche Veränderung. Es kann sich jedoch um eine Wohnwertverbesserung handeln, wenn dadurch einzelnen Wohnungseigentümer ein ungehinderter Zugang zu ihrem Bereich geschafft wird[13].

---

1 BayObLG NJW-RR 1993, 206; OLG München ZMR 2006, 68.
2 *Schmidt-Futterer/Börstinghaus* § 559 Rz. 139.
3 A.A. LG Wuppertal ZMR 2006, 725.
4 AG Hamburg-Altona WuM 2005, 778.
5 LG Berlin MM 1994, 102.
6 OLG München MDR 2005, 1400.
7 BayObLG 2 Z 34/78 zit. n. *Deckert* ETW 5/149.
8 BayObLG WuM 1985, 31.
9 OLG Zweibrücken WE 1991, 140.
10 BayObLG DWE 1983, 61.
11 OLG München, OLGR 2006, 492.
12 LG Nürnberg-Fürth v. 30.8.1978 – 13 T 8584/77, n.v.
13 AG Schöneberg GE 1991, 195.

Wanddurchbruch: siehe Durchbruch.

Warmwasser: Hatten die Wohnungen bisher keine Warmwasserversorgung, so liegt in der Neuinstallation auf jeden Fall eine Modernisierung.

Wasserzähler: Der Einbau stellt eine bauliche Veränderung dar[1]. Es handelt sich jedoch um eine Modernisierungsmaßnahme, da es sich um eine Maßnahme der Energieeinsparverordnung handelt. Dies gilt selbst dann, wenn die Zähler geleast sind[2].

Wärmedämmung: Zunächst ist zu fragen, ob es sich hier um eine modernisierende Instandhaltung handelt. Es handelt sich aber auf jeden Fall um eine Modernisierung, egal ob am Dach der Außenfassade oder der Kellerdecke[3], ebenso bei den Türen und Fenstern. Jedes mal ist Voraussetzung, dass die Einsparung von Energie nachhaltig ist und der Aufwand nicht unwirtschaftlich ist[378].

Wohnfläche: Die Erweiterung ist eine bauliche Veränderung. Sie stellt auch keine Modernisierungsmaßnahme dar, da es sich um eine Veränderung des gemeinschaftlichen Eigentums handelt[4].

Wohnumfeld: Die Umgestaltung des allgemeinen Wohnumfeldes kann eine Modernisierungsmaßnahme sein. Hierzu zählt beispielsweise die Neugestaltung einer Hof- und Rasenfläche[5].

Zaun: siehe Maschendrahtzaun.

Zentralheizung: s. Heizung.

3.2.4. Mehrhausanlagen, Doppelhäuser, Reihenhäuser

285 Besondere Probleme werfen Mehrhausanlagen auf, also mehrere selbständige Gebäude innerhalb einer Eigentumswohnanlage[6]. Der Schulfall ist das Doppelhaus, dessen beide „Hälften" je auf einem anderen Grundstücksteil aufstehen. Eine solche Gestaltung wird oft nur deshalb durchgeführt, weil die Teilungsgenehmigung (nach § 19 BauGB) versagt, die Baugenehmigung aber für ein Gebäude im Rahmen des WEG erteilt wird. In der Teilungserklärung wird dann meist niedergelegt, dass jeder Wohnungseigentümer (gemäß § 15 Abs. 1 WEG) ein Sondernutzungsrecht an allen zu seinem Herrschaftsbereich gehörenden, dem gemeinschaftlichen Eigentum zuzurechnenden Gebäudebestandteilen und Grundstücksflächen hat, sowie dass jeder von ihnen soweit als möglich wie ein Einzeleigentümer behandelt werden soll. In diesen Fällen ist jeder Eigentümer auch zu baulichen

---

1 OLG Düsseldorf NJW 1985, 2837.
2 AG Berlin-Mitte GE 2006, 1411.
3 LG Halle ZMR 2003, 35, 37.
4 LG Frankfurt WuM 1986, 138.
5 AG Köln WuM 1987, 31.
6 Zu diesem Fragenkomplex vgl. *Röll* MittBayNot 1979, 51.

Veränderungen befugt, solange nicht das Gebäude des anderen Wohnungseigentümers benachteiligt wird[1]. Auch Aufstockungen können in diesem Rahmen zulässig sein[2]. Das Gleiche gilt für neue Gebäude, die den anderen Wohnungseigentümer nicht beeinträchtigen, z.B. der Bau einer Garage im Garten. Regelmäßig wird das im Rahmen des öffentlich-rechtlichen mögliche dann zulässig sein.

3.2.5. Rechtsfolgen bei fehlender Zustimmung

Diese Ansprüche gehören nicht originär zum Vermögen[3] des Verbandes[4]. 286
Der Verband kann nach der Rechtsprechung aber den Anspruch durch Beschluss an sich ziehen, der Anspruch geht auf Leistung an alle Eigentümer[5]. So lange die Gemeinschaft von ihrem Recht keinen Gebrauch gemacht hat, steht der Anspruch jedem Wohnungseigentümer zu und er kann über diesen Anspruch entscheiden. Hat die Gemeinschaft keinen Gebrauch von ihrer Möglichkeit gemacht oder macht sie von ihren Rechten keinen Gebrauch,

Beispiel:
Der Beseitigungsanspruch wird in der Versammlung abgelehnt.

so kann jeder Wohnungseigentümer den Anspruch ohne Ermächtigung durch die Gemeinschaft geltend machen[6].

Es besteht ein **Auskunftsanspruch** gegen denjenigen Wohnungseigentümer, 287
der verändert hat[7], auch wenn inzwischen veräußert wurde.

Jeder Wohnungseigentümer[8] kann die **Beseitigung** der baulichen Veränderung beantragen[9], soweit diese von einem Wohnungseigentümer oder dessen Nutzer[10] vorgenommen worden ist. Ist die Veränderung vom Verwalter vorgenommen worden, soll dies, nach dem OLG Schleswig[11] nur nach vorherigem Beschluss[12] möglich sein. Ein Wohnungseigentümer kann auch zur Beseitigung verpflichtet werden, wenn dessen Mieter Änderungen vorgenommen haben[13]. Soweit ein Beschluss zur Beseitigung gefasst wird, muss dieser bestimmt sein[14]. 288

---

1 BayObLG Rpfleger 1989, 503 = DNotZ 1990, 381; BayObLG WE 1994, 17.
2 *Bärmann/Pick/Merle* § 22 Rz. 68.
3 Siehe Teil B Rz. 24 ff.
4 *Palandt* § 1 Rz. 16.
5 BGH NJW 2006, 2187; WuM 2007, 177.
6 OLG München ZMR 2006, 800.
7 OLG Düsseldorf WE 1997, 149.
8 BGH NJW 1992, 978.
9 § 1004 BGB, KG NJW-RR 1993, 909.
10 KG NJW-RR 1997, 713.
11 OLG Schleswig WuM 1998, 309, bedenklich.
12 *Sauren* § 43 Rz. 14.
13 OLG Köln NZM 2000, 1018.
14 OLG Düsseldorf WE 1997, 309.

Beispiel:
Es wird beschlossen, den Bauzustand der Anlage von 1984 wieder herbeizuführen. Da nicht geklärt ist, ob zwischenzeitlich vorgenommene bauliche Veränderungen genehmigt sind oder nicht, ist der Beschluss anfechtbar[1].

289 Der Rechtsnachfolger muss die Beseitigung nur dulden, sie aber selbst nicht vornehmen[2], die Kosten trägt dann die Wohnungseigentümergemeinschaft[3], möglich ist auch das Vorgehen, z.B. auf Duldung der Beseitigung, gegen den Nutzer, der selbst die Veränderung nicht vorgenommen hat[4].

290 Möglich ist auch, alternativ oder kumulativ einen **Schadensersatzanspruch** auf Wiederherstellung des ursprünglichen Zustandes geltend zu machen[5], z.B. auf Ersatzbepflanzung[6].

291 Es kann auch ein **Schadensersatzanspruch** geltend gemacht werden, wenn im Zuge der Maßnahme das Eigentum eines Eigentümers beschädigt worden ist. Hierbei haftet der Wohnungseigentümer dann grundsätzlich bei **Verschulden** aus positiver Vertragsverletzung (§ 280 Abs. 1 BGB). Etwas anderes gilt nach dem Kammergericht[7], wenn der Wohnungseigentümer nach Entstehung einer Wohnungseigentümergemeinschaft einen Ausbau auf „eigene Kosten und Gefahren" vornimmt. Hierdurch habe er im Verhältnis der Wohnungseigentümer untereinander festgelegt, dass jegliche Zufallsschäden im Zuge der Maßnahme zu seinen Lasten gehen (z.B. Wasserschäden im Zuge des Dachgeschossausbaus[8]).

292 In Ausnahmefällen kommt statt einer Beseitigung oder Wiederherstellung auch eine **Anordnung anderer geeigneter Maßnahmen** in Betracht[9].

3.2.6. Ausschluss der vorgenannten Ansprüche

293 Die Ansprüche können nach den allgemeinen Regelungen des bürgerlichen Gesetzbuchs (z.B. Rechtsmissbrauch oder Treu und Glauben) ausgeschlossen sein. Dies kann auch der Fall sein, wenn die **Beseitigungskosten außer Verhältnis** zum Beseitigungsinteresse stehen[10], was aber die Ausnahme sein wird. Ein Zurückbehaltungsrecht wegen Mängel am Gemeinschaftseigentum besteht regelmäßig nicht[11]. Die Wohnungseigentümer können

---

1 OLG Düsseldorf a.a.O.
2 OLG Hamburg ZMR 2006, 377.
3 OLG Schleswig NZM 2000, 674.
4 KG NJW-RR 2006, 1239; a.A. OLG München NZM 2003, 445.
5 Wegen Verletzung der Pflichten aus §§ 14 Nr. 1, 15, BayObLG NJW-RR 1991, 1234.
6 BayObLG NZM 1998, 1012.
7 KG WE 1993, 138.
8 KG NJW-RR 2006, 1239.
9 BayObLG WEM 1982, 3/109, z.B. Anbringung einer Markise anstatt Auswechslung einer Tür.
10 BayObLG WuM 2003, 291.
11 BayObLG NJW-RR 1991, 1234.

sich insbesondere nicht darauf berufen, dass andere Eigentümer ähnliche oder dieselben Veränderungen vorgenommen haben, da keine Gleichheit im Unrecht besteht (sog. Rechtsmissbrauch)[1].

Das bisher so wichtige Instrument der Verwirkung durch längere Duldung und Hinzutreten eines weiteren Vertrauenstatbestandes durch Verhalten des Berechtigten, aufgrund dessen der Verpflichtet sich auf die Nicht-Geltendmachung einrichten durfte[2], ist nunmehr kaum mehr denkbar, weil die **Verjährungsfrist** nunmehr kürzer ist, als die bisher von der Rechtsprechung angenommene Verwirkungszeiten (3 Jahre). Die Verwirkungszeit war regelmäßig frühestens ab 6 bis 10 Jahren gegeben[3]. Der Rechtsnachfolger muss die bereits eingetretene Verjährung oder Verwirkung gegen sich gelten lassen[4], da er in die Stellung einrückt. Die Beseitigung ist ausgeschlossen, wenn der Anspruch verjährt ist, was nach 3 Jahren der Fall ist.

294

3.2.7. Beschluss der Wohnungseigentümer

Häufig ist es so, dass die Wohnungseigentümergemeinschaft zulässigerweise, da es sich um einen Anspruch handelt, der allen Wohnungseigentümern zusteht, die Angelegenheit an sich zieht und darüber **Beschluss** fast. Hat bereits ein Eigentümer die Sache rechtshängig gemacht, so ist die Gemeinschaft aufgrund des Treueverhältnisses zwischen den Wohnungseigentümern gehalten, dieses zu respektieren, insbesondere keine Beschlüsse zu fassen, die den Wohnungseigentümer beeinträchtigen würden.

295

Der Beschluss über die Geltendmachung des Beseitigungsanspruches durch die Wohnungseigentümer ist anfechtbar. Im Verfahren sind die materiellrechtlichen Bestimmungen zu prüfen. Wird der Beschluss bestandskräftig, ist er ein eigenständiger **Beseitigungsanspruch**[5]. Er ist auch dann verbindlich, wenn die Maßnahme tatsächlich zustimmungsfrei gewesen wäre[6]. Nach dem OLG Hamm ist zu prüfen, ob der Beschluss nur die Durchsetzung eines bestehenden gesetzlichen Anspruches vorbereiten soll, oder ob unabhängig von gesetzlichen Ansprüchen der oder die Eigentümer zur Beseitigung verpflichtet werden sollen[7]. Wird ein Beseitigungsantrag in der Versammlung abgelehnt, ohne dass er angefochten wurde, steht dies nach dem BayObLG[8] einem neuen Beseitigungsantrag entgegen. Dies ist unrich-

296

---

1 OLG Köln NZM 2005, 790.
2 Z.B. BayObLG NZM 2002, 128.
3 OLG Düsseldorf ZMR 2004, 610.
4 BayObLG NZM 2004, 747.
5 OLG Köln ZMR 2004, 940; a.A. KG NJW-RR 1997, 1033.
6 BayObLG NJWE-MietR 1997, 11.
7 OLG Hamm ZWE 2006, 228, 231.
8 BayObLG FGPrax 2004, 60.

tig, da es sich um einen sog. Negativbeschluss handelt, der keine Bindungswirkung entfaltet.

3.2.8. Rechtsfolgen von baulichen Veränderungen

297 Sind bauliche Veränderungen durchgeführt worden, sei es, dass sie nicht der Zustimmung bedurften, sei es, dass ihnen zugestimmt wurde, sei es, dass sie genehmigt wurden, sei es, dass sie durch bestandskräftigen Beschluss akzeptiert worden sind, so bedeutet dies, dass die **Gegenstände in das gemeinschaftliche Eigentum** übergehen, z.B. die angebrachte Markise. Hierbei haben die anderen Wohnungseigentümer als Rechtsfolge den Anspruch gegen den oder die veränderten anderen Wohnungseigentümer auf mangelfreie Herstellung dieses Zustandes, d.h. das Gemeinschaftseigentum darf nicht beeinträchtigt werden[1]. Soweit die Gemeinschaft nicht zulässigerweise (gem. § 16 Abs. 4 WEG) etwas anderes beschlossen hat, nehmen alle Eigentümer an den Nutzen und Kosten alle teil.

3.2.8. Aufwendungen für das gemeinschaftliche Eigentum (§ 22 Abs. 1 S. 1, Fall 2)

298 Hierunter sind alle Aufwendungen für das gemeinschaftliche Eigentum zu verstehen, z.B. Erwerb von **gemeinschaftlichen Verbandsvermögen**, wie z.B. Rasenmäher, Einstellung eines Gärtners. Die Kriterien sind hier diejenigen der ordnungsgemäßen Verwaltung. Dabei sind entscheidend die Größe und die Notwendigkeit, z.B. von Geräten[2]. Ebenso bei Anstellung von Personal[3].

3.3. Formales zur Wohnungseigentümerversammlung

3.3.1. Zweck und Abgrenzung zur Vereinbarung

299 Nach dem WEG (§ 23 Abs. 1) werden Angelegenheiten, über die nach diesem Gesetz (§ 21 Abs. 3 und 5 WEG) oder nach der Gemeinschaftsordnung die Wohnungseigentümer durch Beschluss entscheiden können, durch Beschlussfassung in einer **Versammlung der Wohnungseigentümer** geordnet. Zweck dieser Wohnungseigentümerversammlung ist aber nicht nur die Beschlussfassung, sondern auch die Diskussion. Jeder Wohnungseigentümer hat nicht nur das Recht, in der Wohnungseigentümerversammlung seine Stimme abzugeben, sondern auch die Befugnis, durch Teilnahme an der Diskussion auf die Willensbildung der Wohnungseigentümer Einfluss zu nehmen. Deswegen sind formlose Beschlüsse, die nicht in einer Wohnungseigentümerversammlung (nach §§ 23 bis 25 WEG) ergangen sind,

---

1 KG FGPrax 2000, 136.
2 BayObLG WE 1998, 196.
3 BayObLG WuM 1991, 310.

nichtig[1]. Das Gleiche gilt für in einer spontan zusammengetretenen Versammlung einzelner Eigentümer gefasste Beschlüsse[2], wenn der Beschlussgegenstand gemeinschaftliches Eigentum ist und der Einladende ein sog. Nicht-Berechtigter ist. Die einzige Ausnahme von diesem Grundsatz ist der schriftliche Beschluss (nach § 23 Abs. 3 WEG), der aber allstimmig stattfinden muss[3].

Zweifelhaft kann auch die **Abgrenzung** zwischen einem **allstimmigen Beschluss** und einer **Vereinbarung** (§ 10 Abs. 1 WEG) sein. Die Unterscheidung ist deshalb wesentlich, weil für die Geltung gegen den Rechtsnachfolger bei einer Vereinbarung die Eintragung von Nöten ist (§ 10 Abs. 3 WEG). Im Übrigen ist für die Fassung einer Vereinbarung Allstimmigkeit notwendig und ebenfalls für deren Abänderung. 300

In formeller Hinsicht ist für einen Beschluss die Durchführung einer Eigentümerversammlung notwendige Voraussetzung, für eine Vereinbarung reicht die Zustimmung, die auch mündlich, konkludent oder nach der Rechtsprechung sogar durch schweigen möglich ist[4].

Die Rechtsprechung unterscheidet nicht aufgrund der formalen Bezeichnung, sondern aufgrund des materiellen Inhalts. Deshalb geht die Rechtsprechung richtigerweise davon aus, dass im Zweifel ein Beschluss vorliegt, wenn ein Regelungsgegenstand eine Beschlussangelegenheit (z.B. i.S. des §§ 15, 21 u. 22 WEG) war und eine Vereinbarung, **wenn der Regelungsgegenstand eine solche erfordert**[5]. 301

3.3.2. Einberufung der Versammlung

Eine Wohnungseigentümerversammlung kann grundsätzlich nur stattfinden, wenn eine ordnungsgemäße Einberufung (§ 24 Abs. 1 WEG) vorangegangen ist (§ 23 Abs. 2 WEG). Wenn trotzdem Beschlüsse gefasst werden, sind sie anfechtbar (§ 23 Abs. 4 Satz 2 WEG). Nur wenn alle Wohnungseigentümer erschienen sind und sich an der Abstimmung beteiligen, sind die in der Vollversammlung ergangenen Beschlüsse in formaler Hinsicht unanfechtbar[6]. 302

Der zur Einberufung Berechtigte: Im Wohnungseigentumsgesetz kann nicht Jedermann eine Versammlung einberufen, sondern hier sieht das Gesetz strenge Regelungen vor: Die Einberufung (§ 24 Abs. 1 WEG) hat grundsätzlich **durch den Verwalter** zu erfolgen. Der Verwalter kann hierzu einen 303

---

1 OLG Hamm OLGZ 1978, 292; BayObLG BayObLGZ 1980, 331; OLG Köln WEM 1977, 52.
2 OLG Hamm WE 1993, 24.
3 Siehe Teil B Rz. 384.
4 Vgl. *Sauren*, WEG, 4. Aufl., § 10 Rz. 4.
5 BayObLG NJW-RR 2003, 9; OLG Düsseldorf ZWE 2001, 530; kritisch *Wenzel* NZM 2003, 217; *Röll* WE 1991, 212.
6 Siehe Teil B Rz. 383; wegen eines Textmusters siehe Teil E Rz. 6 ff.

seiner Angestellten ermächtigen[1]. Fehlt ein Verwalter oder weigert er sich pflichtwidrig, die Versammlung der Wohnungseigentümer einzuberufen, so kann die Versammlung, falls ein Verwaltungsrat bestellt ist, von dessen **Vorsitzenden oder dessen Stellvertreter** einberufen werden (§ 24 Abs. 3 WEG). Ist kein Vorsitzender bzw. Stellvertreter vorhanden, so können alle Beiratsmitglieder gemeinsam einberufen[2]. Weigert sich der Verwalter pflichtwidrig, die Einberufung vorzunehmen, so kann jeder Wohnungseigentümer von ihm die Einberufung verlangen. Das Gericht kann in analoger Anwendung des BGB (§ 37 Abs. 2) einen Wohnungseigentümer zur Einberufung der Versammlung ermächtigen[3], wenn auch der Vorsitzende des Verwaltungsrats nicht einberuft. Dieses Antragsrecht hat jeder Wohnungseigentümer als Maßnahme der ordnungsgemäßen Verwaltung[4], unabhängig davon, ob das Gesetz als Verpflichtung gegenüber dem Verwalter besondere Voraussetzung aufstellt[5] (§ 24 Abs. 2 WEG)[6]. Diese gerichtliche Ermächtigung tritt mit Rechtskraft der Gerichtsentscheidung ein und endet mit Ablauf der ggf. gesetzten Frist[7]. Da nach der WEG-Novelle eine Notverwalterbestellung (§ 26 Abs. 3 WEG) nicht mehr vorgesehen ist, handelt es sich hierbei um ein unabdingbares Recht jedes Wohnungseigentümers. Möglich ist auch eine Einberufung durch alle Eigentümer[8].

304 Um den Wohnungseigentümern die Vorbereitung auf die Versammlung zu ermöglichen und um sie vor Überraschungen zu schützen, schreibt das WEG (§ 23 Abs. 2 WEG) vor, dass der Gegenstand der Beschlussfassung bei der Einberufung in der **Tagesordnung** bezeichnet sein muss. Ist dies nicht der Fall und wurde trotzdem ein Beschluss gefasst, so kann dieser vom Gericht für ungültig erklärt werden[9]. Der Gegenstand der Beschlussfassung ist derart anzugeben, dass die Beteiligten weitestgehend vor Überraschungen geschützt sind und ihnen die Möglichkeit der Vorbereitung und Überlegung gewährt wird, ob ihre Teilnahme veranlasst ist[10]. Eine zu allgemeine Ausdrucksweise genügt nicht, z.B. reicht die Bezeichnung „Wohngelderhöhung" nicht aus, wenn sie nur einzelne Eigentümer betreffen soll, erst recht nicht „Verwaltungsangelegenheiten" oder „Verschiedenes"[11]. Unter dem Tagesordnungspunkt „Sonstiges" oder „Verschiedenes" können Beschlüsse nur gefasst werden[12], wenn sie als Unterpunkte fest-

---

1 LG Flensburg NJW-RR 1999, 596; OLG Celle MDR 2000, 1428.
2 OLG Köln ZWE 2000, 488.
3 BayObLG ZWE 2001, 590.
4 OLG Hamm OLGZ 1973, 423.
5 *Gottschalg* NZM 2005, 406.
6 Siehe hierzu Teil B Rz. 340.
7 BayObLGZ 1971, 84.
8 OLG Celle MDR 2000, 1428; OLG Köln NZM 2003, 810.
9 Siehe Teil B Rz. 391.
10 BayObLG Rpfleger 1978, 445; BayObLG NJW 1973, 1086.
11 Nach BayObLG NJW-RR 1990, 784; OLG Düsseldorf WE 1997, 145 = DWE 1997, 40 genügt die Ankündigung „Verschiedenes" für untergeordnete Tagungspunkte.
12 OLG München NZM 2005, 825.

gelegt sind, ansonsten reicht die schlagwortartige Bezeichnung[1], insbesondere wenn der Beschlussgegenstand schon den Wohnungseigentümern aus gerichtlichen Verfahren[2] oder aus früheren Versammlungen[3] bekannt ist. Hier ist jedoch Vorsicht walten zu lassen, denn einem Rechtsnachfolger ist dies regelmäßig nicht bekannt.

Beispiele:
- Anfragen und Anregungen lassen keine Beschlüsse zu[4];
- „Erklärungen zum Verwaltervertrag (Haftung)" genügt für Beschlussfassung zur zeitlichen und/oder betragsmäßigen Einschränkung der Verwalterhaftung[5];
- „Festsetzung des Haus-/Wohngeldes gem. beiliegendem Wirtschaftsplan" umfasst nicht einen Beschluss, mit welchem von der gesetzlichen Verzugsregelung abgewichen wird[6];
- „Freifläche" ist hinreichend bestimmt um diese zu gestalten[7];
- „Sanierung der Balkone" ist ausreichend, auch wenn der Anstrich der Balkoninnenwände betroffen ist[8];
- „Vorgehen wegen Feuchtigkeitsschäden im Haus" deckt Beauftragung eines Sachverständigen[9];
- „Wahl des Verwalters" ist ausreichend, sowohl für die Bestellung eines Verwalters als auch für die Bedingung des Verwaltervertrages[10];
- „Wirtschaftsplan" deckt grundsätzlich auch die Beschlussfassung über eine Erhöhung der jährlichen Zuführung der Rücklage[11].

Wird gegen die Bezeichnung des Tagesordnungspunktes oder gegen die formellen Anforderungen an eine Versammlung verstoßen, so sind die Beschlüsse nicht nichtig, sondern nur **anfechtbar**[12]. Eine Ungültigkeitserklärung erfolgt, wenn die **Ursächlichkeit dieses Formfehlers** für die konkrete Beschlussfassung **nicht ausgeschlossen** werden kann[13]. Bei der Frage, ob Ursächlichkeit vorliegt, spricht zunächst eine tatsächliche Vermutung dafür, an deren Widerlegung sind hohe Anforderungen zu stellen. Hierfür reicht insbesondere nicht, dass Beschlüsse von einer bestimmten Mehrheit der Wohnungseigentümer getragen worden sind[14]. Sind, was regelmäßig der Fall ist, nicht alle Eigentümer anwesend, kann davon ausgegangen werden, dass es bei einer Erörterung zu einer anderen Meinungsbildung gekommen wäre. Dies gilt auch dann, wenn die tatsächlich anwesenden Ei-

305

---
1 BayObLG NZM 2000, 499.
2 OLG Zweibrücken ZMR 2004, 63.
3 BayObLG NJW-RR 2004, 1092.
4 A.A. BayObLG ZMR 2002, 527, nur von untergeordneter Bedeutung.
5 BayObLG ZMR 2003, 282.
6 OLG Köln NZM 2002, 169.
7 BayObLGR 2004, 388.
8 OLG Celle v. 7.2.2003 – 4 W 208/02 zitiert nach Juris.
9 OLG Köln NZM 2003, 121.
10 OLG Celle ZWE 2002, 474.
11 BayObLG ZMR 2000, 54.
12 KG ZMR 2004, 858.
13 OLG München NZM 2005, 825.
14 OLG Hamm WE 1996, 33.

gentümer die Beschlüsse einstimmig gefasst haben[1]. Lediglich wenn im Einzelfall aufgrund der Sachlage praktisch ausgeschlossen ist, dass ein anderes Verhalten bei der Abstimmung hätte bewirkt werden können, weil etwa die Mehrheit eindeutig entschlossen war einen Verwalter abzuwählen, ist die Kausalität zu verneinen[2].

Ein solcher Mangel kann nicht auftreten, wenn bei einer sog. Vollversammlung[3] alle Wohnungseigentümer anwesend sind[4].

306 Ein **Ankündigungsrecht für Beschlussgegenstände** hat allein der Verwalter. Einzelnen Wohnungseigentümern oder einem Quorum steht dies nicht zu. Die Wohnungseigentümer haben lediglich die Möglichkeit, vom Verwalter die Aufnahme zu verlangen, ggf. gerichtlich. Hierfür ist jedoch kein irgendwie geartetes Quorum notwendig, sondern es handelt sich um eine Maßnahme der ordnungsgemäßen Verwaltung[5]. Dieses Recht kann auch im Wege der einstweiligen Verfügung geltend gemacht werden. Hierbei ist jedoch zu berücksichtigen, dass diese einstweilige Verfügung jedem Wohnungseigentümer noch zugänglich gemacht werden muss. Regelmäßig muss dies zumindest einige Tage vor der Versammlung, nicht notwendigerweise in der Einladungsfrist geschehen (§ 24 Abs. 4 Satz 2 WEG).

307 Einzuberufen sind **alle Wohnungseigentümer**, auch die im Einzelfall vom Stimmrecht ausgeschlossenen, denn auch sie sind berechtigt, sich an der Diskussion zu beteiligen. Nach der Rechtsprechung des BGH folgt das Stimmrecht dem Eigentum, das durch Grundbucheintragung (§ 925 BGB) übergeht[6]. Es gilt die Vermutung, dass derjenige, der im Grundbuch eingetragen ist, der Eigentümer ist (§ 893 BGB), so dass dessen Einladung ausreichend ist. Lediglich in dem Fall, dass dem Verwalter bekannt ist, dass das Grundbuch unrichtig ist, hat er den wirklichen Wohnungseigentümer zu laden, was die Ausnahme sein wird. Hat der Verwalter im Veräußerungsfall Zweifel, wem von mehreren Personen das Stimmrecht zustehen könnte, so wird er alle möglicherweise Stimmberechtigten einladen, um so eine Anfechtbarkeit der gefassten Beschlüsse zu verhindern. Ein Eigentumswechsel nach Ladung ist ohne Bedeutung, zu laden sind die Eigentümer im Zeitpunkt der Absendung der Ladung[7]. Lediglich die Wohnungseigentümer sind nicht zu laden, die von allen Beschlusspunkten der Versammlung aufgrund fehlender Berührungspunkte, z.B. Kostentragung, nicht betroffen sind[8], z.B. bei Untergemeinschaft. Ebenso nicht zu laden ist der abberufene Verwalter[9]. Ein Beiratsmitglied, das ausnahmsweise nicht auch Eigentü-

---

1 OLG Düsseldorf ZMR 1998, 244.
2 BayObLG WuM 1992, 283.
3 OLG Celle OLGR 2004, 600.
4 Siehe Teil B Rz. 383.
5 OLG Frankfurt ZMR 2004, 288; OLG Saarbrücken ZMR 2004, 533.
6 Siehe Teil B Rz. 345.
7 KG WE 1997, 227 = FGPrax 1997, 92.
8 BayObLGZ 1999, 40.
9 OLG Hamm NZM 1999, 229.

mer ist, braucht nach der Rechtsprechung nicht geladen zu werden[1]. Bei Mehrheiten von Eigentümern, z.B. Miteigentümer oder Gesamtheitseigentümer, sind alle gesondert zu laden[2]. Es ist jedoch zulässig, das Einladungsschreiben an diese gemeinsam zu richten, z.B. an die Eheleute Müller. Eine Regelung in der Gemeinschaftsordnung, dass die Ladung unter der letzten bekannten Anschrift genügt, ist ausreichend[3]. Diese Regelung kann aber nicht durch Beschluss gefasst werden, dies wäre nichtig[4]. Kein Wohnungseigentümer hat eine Pflicht sich vorweg über sein Verhalten zu äußern[5]. Einzuladen sind ansonsten alle sonstigen Stimmberechtigten[6].

Nichtladung: Werden einzelne Wohnungseigentümer nicht geladen, so ist der Beschluss nicht nichtig[7], es sei denn, durch die bewusste Nichtladung einzelner Wohnungseigentümer **wird deren Anwesenheit verhindert.** Dann ist der Beschluss nichtig[8]. 308

Die **Einberufung** hat in Textform zu erfolgen (§ 24 Abs. 4 WEG, § 126b BGB)[9]. Damit muss die Erklärung in einer Urkunde oder auf andere zur dauerhaften Wiedergabe in Schriftzeichen geeigneten Weise abgegeben werden, hierbei muss die Person des Erklärenden genannt und der Abschluss der Erklärung durch Nachbildung der Namensunterschrift oder anders erkennbar gemacht werden. Es genügt also die Übersendung einer Fotokopie des von dem Einberufenden unterschriebenen Einberufungsschreibens, aber auch eine Übermittlung durch Fax, E-Mail[10], Telegramm, Faksimile, Teletext ist ausreichend, nicht aber durch SMS, z.B. über Handy oder Festnetz, da diesen die Dauerhaftigkeit fehlt[11]. Nicht ausreichend ist eine Ladung durch Umlaufzettel oder Aushang in der Anlage[12]. 309

Möglich ist auch die Einladung durch die neue elektrische Form (§ 126 Abs. 3 BGB). Hier wird die eigenhändige Unterschrift durch eine elektronische Signatur des Dokuments ersetzt (§ 126a Abs. 1 BGB). 310

Ein Verstoß hiergegen führt dazu, dass die Einberufung formnichtig ist (§ 125 S. 1 BGB) und damit eventuelle gefasste Beschlüsse anfechtbar

---

1 Nach BayObLG NJW-RR 1988, 270 soll dies keinen Einberufungsmangel darstellen, dies ist abzulehnen.
2 OLG Köln WE 1989, 30.
3 Für die Gültigkeit einer solchen Fiktion: LG Magdeburg Rpfleger 1997, 306 = WE 1997, 400; *Röll* Rpfleger 1997, 108; *Basty* MittBayNot 1996, 420; a.A. LG Magdeburg Rpfleger 1997, 108 = NJW-RR 1997, 969.
4 *Palandt* § 24 Rz. 5.
5 OLG München NJW 2005, 2932.
6 Siehe Rz. 461.
7 BayObLG NJW 1999, 3713.
8 BayObLG NZM 2005, 630.
9 Hierzu *Bielefeld* DWE 2001, 95; *Hähnchen* NJW 2001, 2831.
10 A.A. *Lammel* ZMR 2002, 333.
11 A.A. *Bärmann/Pick/Merle* § 24 Rz. 30; KK-*Riecke* § 24 Rz. 29.
12 KK-*Riecke* § 24 Rz. 30.

sind[1]. Ein Fehlen der Textform macht die in der Versammlung gefassten Beschlüsse anfechtbar[2].

311 Die **Frist der Einberufung** soll, sofern nicht ein Fall besonderer Dringlichkeit vorliegt, mindestens zwei Wochen betragen (§ 24 Abs. 4 Satz 2 WEG). Die Berechnung dieser Vorlaufzeit erfolgt nach den Bestimmungen des BGB (§ 186 ff. ohne § 193). Sie beginnt mit dem Zugang des Schreibens (§ 130 BGB). Eine Verletzung dieser Vorschrift macht die gefassten Beschlüsse nicht nichtig, da es sich um eine Sollvorschrift handelt[3]. Abweichend von den sonstigen formellen Voraussetzungen ist nur dann eine Ungültigkeitserklärung vorzunehmen, wenn die Ursächlichkeit für Beschlussfassung festgestellt wird[4]. Soweit in einer Gemeinschaftsordnung die Ladungsfrist als Muss-Schrift zulässig geändert wird, ist ein Verstoß indiziert und die Ungültigkeitserklärung ist regelmäßig zu erklären, es sei denn die Ursächlichkeit ist ausgeschlossen[5].

312 Im WEG ist nicht vorgeschrieben, an welchem **Ort** und zu welcher **Zeit** die Versammlung stattfinden muss. Der **Ort** muss verkehrsüblich und zumutbar sein, um allen Wohnungseigentümern die Teilnahme zu ermöglichen und nicht zu erschweren[6]. Verkehrsüblichkeit schließt Verkehrsangebundenheit, insbesondere die Erreichbarkeit mit öffentlichen Nahverkehrsmitteln mit ein[7]. Sie sollte in der Regel an dem Ort durchgeführt werden, an dem sich die Wohnanlage befindet[8]. Es können sich aber auch Gründe ergeben, die Versammlung anderswo durchzuführen[9], z.B. dann, wenn in der betreffenden Gemeinde bei einer sehr großen Eigentümergemeinschaft ein entsprechender Saal nicht vorhanden ist. Ausnahmsweise kann eine Wohnungseigentümerversammlung auch an dem Ort stattfinden, an dem die Wohnungseigentümer wohnen; dies kann bei Ferienhäusern von Bedeutung sein. Tag und Stunde sollten nicht zur Unzeit festgesetzt werden[10]. Die Jahresversammlung sollte möglichst früh in der ersten Jahreshälfte durchgeführt werden. Dies ist wichtig wegen der Abrechnung mit den Mietern. Im Allgemeinen ist die Urlaubszeit für Wohnungseigentümerver-

---

1 BayObLG ZWE 2001, 492; *Bärmann/Pick/Merle* § 24 Rz. 30; a.A. KK-*Riecke* § 24 Rz. 33, nicht anfechtbar ohne Begründung.
2 *Weitnauer/Lüke* § 24 Rz. 6.
3 Es sei denn, ein Wohnungseigentümer wurde konkret an der Stimmabgabe gehindert, BayObLG DWE 1984, 93.
4 BGH WuM 2002, 277, 281; BayObLG ZMR 2004, 766; a.A. AG Hamburg ZMR 2006, 704.
5 BayObLG WE 1991, 261.
6 OLG Hamm NJW-RR 2001, 516.
7 KK-*Riecke* § 24 Rz. 16.
8 AG Berlin-Charlottenburg NJW-RR 1987, 1162; LG Bonn ZMR 2004, 218.
9 OLG Frankfurt OLGZ 1984, 333.
10 OLG Schleswig NJW-RR 1987, 1362 lässt Karfreitag Nachmittag zu; nach BayObLG NJW-RR 1987, 1362 = WE 1988, 32 ist auf Wunsch einzelner Eigentümer der Sonntag Vormittag bis 11 Uhr freizuhalten; beide Entscheidungen bezogen sich auf Ferienhäuser.

sammlungen ungeeignet, ausgenommen Wohnanlagen in Ferienwohnungen, da dann gerade zur Urlaubszeit die Wohnungseigentümer anwesend sind. Die Versammlung sollte möglichst am Abend stattfinden, um allen Wohnungseigentümern die Teilnahme zu ermöglichen. Die Zeit zwischen Weihnachten und Neujahr kann unzulässig sein.

3.3.3. Durchführung der Versammlung

3.3.3.1. Nicht-Öffentlichkeit

Die Versammlung darf nur nicht-öffentlich stattfinden.

3.3.3.1.1. Hintergrund der Nicht-Öffentlichkeit.

Nach der Rechtsprechung[1], die auch kritisiert wird[2], besteht der **Grundsatz der sog. Nicht-Öffentlichkeit** der Versammlung Dieser Grundsatz der Nicht-Öffentlichkeit der Eigentümerversammlung hat seinen Hintergrund darin, dass das Interesse des einzelnen Wohnungseigentümers an einem ungestörten und unbefangenen Ablauf der Versammlung geschützt werden muss. Zudem soll kein Wohnungseigentümer befürchten müssen, dass seine oder die Meinung eines anderen Wohnungseigentümers in der Öffentlichkeit ohne sein Wissen verbreitet wird und deshalb ungeschützt ist. Kein Wohnungseigentümer muss Störungen etwa durch Dritte dulden. Letztlich soll auch verhindert werden, dass durch die Einflussnahme eines oder mehrerer fremder Dritter der Versammlungsablauf gestört wird. Die Gemeinschaft soll sich eine unvorbelastete Meinung bilden können. Die Meinungsbildung innerhalb der Versammlung soll nur durch den Einfluss der Berechtigten und nicht durch außerhalb der Gemeinschaft stehende Dritter erfolgen. Die Wohnungseigentümer müssen nur die Meinungsäußerungen der anderen Eigentümer der Anlage respektieren. Andere Meinungen, seien sie abstrakt oder konkret, müssen die Wohnungseigentümer weder hören, noch berücksichtigen. Im Extremfall könnte bei Nichtbeachtung der Nicht-Öffentlichkeit der Versammlung die Beschlussfassung und damit die Willensbildung von außen vorgenommen werden, und damit mit dem tatsächlichen Willen der Wohnungseigentümer nichts zu tun haben. Um diesen Extremfall und all die anderen möglichen Willensstörungen der Wohnungseigentümer zu verhindern, besteht das Gebot der Nicht-Öffentlichkeit der Versammlung Dies gilt aber nicht für Nichteigentümer als Beiratsmitglied[3] oder für zeitweise Hinzuziehung eines Beraters[4].

313

Als Konsequenz der BGH-Rechtsprechung sind Regelungen in der Teilungserklärung, welche Teilnahmeverbote aussprechen oder Beschränkun-

---

1 BGH NJW 1993, 1329.
2 Vgl. z.B. *Deckert* WE 1993, 100; *Lüke* WE 1993, 260, 262; *Becker* WE 1996, 50.
3 OLG Hamm ZMR 2007, 133.
4 OLG München ZMR 2006, 960: zeitweise, AG Schöneberg GE 2006, 727: komplett.

gen der Vertretungsberechtigung vornahmen, bisher von der Rechtsprechung regelmäßig akzeptiert worden[1].

3.3.3.1.2. Umsetzung des Nicht-Öffentlichkeits-Gebots in der Versammlung

314 Der Vorsitzende/Verwalter hat als Inhaber des Hausrechts den formalen Ablauf der Versammlung zu organisieren[2]. Damit hat er die rechtliche Befugnis, einen Vertreter oder Besucher von der Eigentümerversammlung auszuschließen oder zuzulassen[3]. Der abweichenden Auffassung[4], welche die alleinige Entscheidungsbefugnis bei den Wohnungseigentümern und damit der Versammlung sieht, ist zuzustimmen, wenn ein Eigentümer oder gar der betroffene Besucher oder Vertreter verlangt, darüber abstimmen zu lassen. Der Verwalter/Vorsitzende ist dann verpflichtet, über diese Frage abstimmen zu lassen. Als Treuhänder[5] ist der Verwalter verpflichtet, einer Weisung seiner Treugeber (d.h. einer Beschlussfassung) zu folgen, wenn dies verlangt wird.

315 Hinsichtlich des Vorgehens des Vorsitzenden/Verwalters ist jedoch zu unterscheiden, welche Fallkonstellation vorliegt:

Vereinbarung: Liegt eine Vereinbarung der Wohnungseigentümer vor, dann hat der Verwalter diese zu beachten. Sind wie häufig Vertretungsregeln in der Gemeinschaftsordnung vorhanden, hat der Verwalter auf deren Einhaltung bei der Überprüfung der Teilnehmerliste und der Feststellung der Beschlussfähigkeit zu achten. Dies ist deshalb für den Verwalter wichtig, weil nach der Rechtsprechung[6] die Nichtbeachtung von Vereinbarungen durch den Verwalter einen wichtigen Grund zur Abberufung des Verwalters darstellen kann. Zwar ist die Entscheidung zur Beachtung einer Vereinbarung zur Aufstellung der Jahresabrechnung ergangen, kann auf den hier vorliegenden Fall aber problemlos übertragen werden. Wenn auch nicht in jedem Fall der Nichtbeachtung einer Vereinbarung direkt ein wichtiger Grund zur Abberufung des Verwalters gegeben ist, bedeutet dies jedoch, dass grundsätzlich eine Pflicht des Verwalters besteht, diese Vereinbarung bei der Versammlung zu beachten und zu überprüfen[7].

316 Ist die Vereinbarung von den Wohnungseigentümern bzw. vom Verwalter **über Jahre nicht beachtet worden**, so kann der Verwalter aus Vertrauensschutzgründen nicht von heute auf morgen die Regelung zur Geltung brin-

---

1 OLG Karlsruhe ZMR 2006, 795 m.w.N.
2 Vgl. *Sauren* DWE 2005, 122.
3 *Staudinger/Bub* § 24 Rz. 96.
4 *Bärmann/Pick/Merle* § 24 Rz. 91; *Becker*, Die Teilnahme an der Versammlung der Wohnungseigentümer, 1996, S. 235.
5 *Sauren*, WEG, 4. Aufl., § 27 Rz. 2; a.A. *Bub* PiG 54, 91.
6 OLG Köln WE 1999, 90.
7 BayObLG NZM 2001, 757.

gen und den oder die Vertreter ausschließen[1]. Ihm bleiben zwei Möglichkeiten. Entweder muss er die jahrelange Übung beachten, d.h. den oder die Vertreter zulassen. Ein berechtigtes Interesse der Vertreter muss dann nicht vorliegen. Oder er muss rechtzeitig vor einer anstehenden Eigentümerversammlung darauf hinweisen, dass nunmehr die Vereinbarung zu berücksichtigen ist.

Hat der Verwalter dies nicht getan, so bleiben ihm bei der Abhaltung der Eigentümerversammlung folgende Möglichkeiten: Entweder keinen Beschluss zu fassen. Dann kann er den Vertreter zurückweisen. Oder er lässt den Vertreter zu und lässt die vorgesehenen Beschlüsse fassen[2]. Der Verwalter sollte aber eine neue Versammlung anberaumen, die keine Wiederholungsversammlung ist[3]. Hierdurch vermeidet er das Anfechtungsverfahren und ermöglicht es, die Vereinbarung in Zukunft wieder einhalten zu können. Der Vertrauensschutz des Eigentümers wird zerstört. 317

Lässt der Verwalter demgegenüber in dieser Situation einen **Eigentümerbeschluss über die Zulassung** des Vertreters zu, so ist dies der falsche Weg. In diesem Fall hat der Verwalter darauf hinzuweisen, dass es sich um einen vereinbarungswidrigen Beschluss handelt, der auf jeden Fall rechtswidrig ist, wenn eine Zulassung durch den Beschluss erfolgt. Erfolgt eine Ablehnung, so hat der Verwalter auf die Treuegesichtspunkte hinzuweisen, d.h. in der Versammlung keine Beschlüsse fassen zu lassen. 318

Keine Vereinbarung: Anders liegt die Situation, wenn in der Gemeinschaftsordnung keine Vereinbarung über Vertretungen oder Anwesenheiten in der Versammlung existieren. Hier gibt es keine Verpflichtung für den Verwalter, Überprüfungen vorzunehmen. Bei dieser Fallkonstellation sind zwar nur die Wohnungseigentümer persönlich oder deren bevollmächtigte Vertreter zur Teilnahme befugt, es kann aber ein berechtigtes Interesse zur Vertretung/Begleitung vorliegen. 319

Ohne einen Hinweis eines Eigentümers oder sonstigen Dritten ist der Verwalter in dieser Konstellation nicht verpflichtet, die Berechtigung der Anwesenden auf solche Fallgestaltungen hin **zu überprüfen**. Dies folgt auch daraus, dass der Verwalter nicht alle Wohnungseigentümer, insbesondere die neu hinzugekommen, kennen kann oder kennen muss. Der Verwalter wäre bereits bei Anlagen mittlerer Größenordnung überfordert, wollte er jeden Wohnungseigentümer persönlich kennen. Erfolgt kein Hinweis, kann deshalb der Verwalter diesen Punkt unberücksichtigt lassen und davon ausgehen, dass alle Anwesenden stimmberechtigt sind und der Grundsatz der Nicht-Öffentlichkeit nicht verletzt ist. 320

---

1 OLG Hamm NJW-RR 1997, 846.
2 So AG Kerpen ZMR 2005, 824.
3 Ebenso AG Kerpen ZMR 2005, 826.

321 Liegt keine Vereinbarung vor, ist es deshalb **Aufgabe des einzelnen Wohnungseigentümers Bedenken** gegen die Einhaltung der Nichtöffentlichkeit vorzubringen. Hier stellt sich zunächst die Frage, ob der Wohnungseigentümer bereits vor der Versammlung den Verwalter auf seine Auffassung hinweisen muss, damit dieser ausreichend Zeit hat, sich die Rechtslage nochmals zu vergegenwärtigen. Dies ist jedoch abzulehnen, da der einzelne Wohnungseigentümer nicht wissen kann, wer in welcher Funktion erscheint. Die Grundfragen der Nicht-Öffentlichkeit können außerdem zum allgemeinen Repertoire eines Verwalters gezählt werden. Der einzelne Wohnungseigentümer hat deshalb am Anfang der Versammlung auf den Umstand der Nichtöffentlichkeit hinzuweisen und den Verwalter damit aufzufordern, die Bedenken zu prüfen[1].

322 Dieser Hinweis seitens des Wohnungseigentümers reicht aus. Insbesondere muss der Wohnungseigentümer sich nicht darum kümmern, dass die **Rüge der Nichtöffentlichkeit auch tatsächlich im Protokoll aufgenommen** wird. Anders sieht dies das OLG Frankfurt[2]. Es schlussfolgert aus dem Fehlen der Rüge der Nichtöffentlichkeit in dem Versammlungsprotokoll einen stillschweigenden Verzicht der anderen Eigentümer. Dies ist abzulehnen. Da das Protokoll vom Verwalter aufgestellt wird, hätte dieser es in der Hand, durch die Nichtaufnahme der Rüge den Verzicht der anderen Wohnungseigentümer herbeizuführen. Es wäre dann immer Aufgabe des Wohnungseigentümers, auch die Rüge in das Versammlungsprotokoll aufnehmen zu lassen. Dazu hat er natürlich keine Möglichkeit, weil der Verwalter das Protokoll anfertigt. Es müsste zunächst ein Verfahren wegen Protokollberichtigung geführt werden, um dann die Einhaltung der Nicht-Öffentlichkeit als Grund zur Anfechtung nehmen zu können.

323 Auch ist es nicht Aufgabe des einzelnen Wohnungseigentümers, eine Beschlussfassung zur Geschäftsordnung hinsichtlich der Anwesenheit einzelner Personen herbeizuführen. Denn dies steht nicht in seiner Rechtsmacht, sondern allein in der Rechtsmacht des Vorsitzenden/Verwalters[3].

324 Die **Pflichten des Verwalters** bei Rüge sind in diesem Fall dieselben, wie bei den Fragen zur baulichen Veränderung und zur Verwalterzustimmung (§ 12 WEG)[4]. Aufgrund seiner regelmäßig größeren Sachkenntnis hat der Verwalter die Rechtslage zu prüfen und selbst zu entscheiden. Ausnahmen sind hier in zweierlei Hinsicht gegeben:

– Stellt sich die Rechtslage als schwierig heraus, hat er die Versammlung zu informieren und zu befragen;

---

1 Dadurch, dass die Wohnungseigentümer keine Rüge vornehmen, wird nach der Rechtsprechung ein stillschweigender Verzicht auf die Anwesenheit Fremder in der Versammlung ausgesprochen; z.B. OLG München, ZMR 2005, 728, 729.
2 OLG Frankfurt OLGR 2005, 736.
3 A.A. OLG Frankfurt OLGR 2005, 736, das darin offensichtlich einen Verzicht des Antragstellers sehen will!
4 Vgl. z.B. BGH NJW 1996, 925.

– Zeigt sich, dass die Versammlung darüber abstimmen lassen will, ist dies zu berücksichtigen.

Die entscheidende materielle Frage ist dann, ob **ein berechtigtes Interesse** für den Anwesenden vorliegt. Dies ist nach der Rechtsprechung nach Treu und Glauben unter Abwägung der dann vorgetragenen Gesichtspunkte vorzunehmen. Folgende Fallgruppen sind zu unterscheiden: 325

(1) Anwesenheit von Mitarbeitern des Verwalters: Nach der Rechtsprechung[1] sei das berechtigte Interesse der Wohnungseigentümer in diesem Fall nicht berührt, da Mitarbeiter der Verwaltung aufgrund ihrer vertraglichen Beziehung zu dem Verwalter ohnehin zur Verschwiegenheit gegenüber Dritten verpflichtet seien, so dass die vertrauliche Behandlung der internen Angelegenheit gesichert sei. Dies ist nicht nachvollziehbar. Es gibt keine Regelung, wonach die Mitarbeiter des Verwalters zur Verschwiegenheit gegenüber Dritten verpflichtet sind. Von daher kann diese Argumentation nicht überzeugen. 326

Dasselbe soll nach Auffassung des Kammergerichts bei Bestehen einer Vereinbarung, nach der Besucher keinen Zutritt haben, gelten. Auch hier hat das Kammergericht[1] geschlussfolgert, dass die **Mitarbeiter** zur Verschwiegenheit verpflichtet und sie deshalb nicht als Besucher anzusehen seien. 327

Gegen die Auffassung der Rechtsprechung spricht, dass zum einen keine gesetzliche Verschwiegenheitspflicht für Mitarbeiter besteht und zum anderen würde dieselbe Argumentation bei bestimmten Berufsangehörigen, wie z.B. Rechtsanwälten und Steuerberatern, auch vorliegen. Dies kann deshalb kein ausschlaggebendes Argument sein. Im Ergebnis ist jedoch dem Kammergericht zuzustimmen. Eine Verwaltung, insbesondere bei größeren Verwaltungsbüros, ist ohne Mitarbeiter schlechterdings nicht möglich. Schließen in diesem Fall die Wohnungseigentümer mit einer entsprechenden großen Verwalterfirma einen Vertrag ab, willigen sie konkludent darin ein, dass ihre Daten und Fakten innerhalb des Verwaltungsbüros und damit auch in der Versammlung von anderen, weiteren Mitarbeitern erfahren, beurteilt und ausgeführt werden. Hierzu gehört auch die Anwesenheit in der Versammlung. 328

(2) Teilnahme eines den Verwalter beratenden Dritten an der Versammlung: Auch hier macht die Rechtsprechung eine Ausnahme und lässt Rechtsanwälte entweder zu einzelnen Fragen oder zur ganzen Versammlung zu. Die Rechtsprechung ist damit **großzügiger**[2]. Trotz Bestehens einer Vereinbarung kann hiernach der Verwalter zur Versammlung eine sach- oder rechtskundige Person als Berater hinzuziehen. Dies gilt jedenfalls dann, wenn aufgrund der Tagesordnung damit zu rechnen ist, dass gericht- 329

---

1 KG ZMR 2001, 223.
2 KG ZMR 2001, 223; OLG Düsseldorf Entscheidung v. 11.11.1996 – 3 Wx 249/96, zit. n. Juris.

liche Fragen an den Verwalter gestellt werden, zu deren Beantwortung er in sachlicher oder rechtlicher Hinsicht der Beratung bedarf. Diese Rechtsprechung ist schwer nachvollziehbar, wenn man die nachfolgende Rechtsprechung zur Vertretung/Begleitung einzelner Wohnungseigentümer sieht.

330 Auf jeden Fall muss aufgrund der Waffengleichheit der Verwalter vorher ankündigen[1], wenn er sich eines beratenden Dritten in der Versammlung bedienen will, damit sich jeder Wohnungseigentümer darauf einstellen kann und auch einen Berater zu der Versammlung mitbringen kann. Dieser ist dann auf jeden Fall auch zuzulassen.

331 **(3) Vertreter/Begleiter einzelner Wohnungseigentümer:**

Hier ist die Rechtsprechung wesentlich **restriktiver** und lässt regelmäßig auch ohne Vereinbarung keine Begleitung zu, selbst wenn diese zur Verschwiegenheit verpflichtet sind. Für die Zulassung müssen Gründe vorliegen, die gewichtiger sind als das Interesse der übrigen Wohnungseigentümer die Versammlung auf den Eigenkreis zu beschränken. Denn aus der Nicht-Öffentlichkeit der Versammlung folge, dass die Anwesenheit Dritter grundsätzlich nicht geduldet werden müsse[2].

332 Es sei deshalb eine Abwägung der gegensätzlichen Belange im Einzelfall vorzunehmen[3]. Gesichtspunkte bilden z.B. in der Person des betroffenen Eigentümers liegende Umstände, wie z.B. hohes Alter oder geistliche Gebrechlichkeit, aber auch Umstände, die in der Schwierigkeit der anstehenden Beratungsgegenstände begründet sind. Andererseits kann insbesondere in kleineren Gemeinschaften das Interesse der übrigen Wohnungseigentümer, von äußeren Einflüssen ungestört beraten und abstimmen zu können, höher zu veranschlagen sein. Die bloße Zerstrittenheit der Eigentümer untereinander reicht, auch wenn sie im Zusammenhang mit der Beratungsgegenstände steht, nach der Rechtsprechung als Vertretungsgrund nicht aus[4].

333 Unter Berücksichtigung dieser Fallgestaltung sind unter anderem folgende **Entscheidungen** getroffen worden:
- Rechtsanwalt als Berater regelmäßig **abgelehnt**, selbst bei älteren Wohnungseigentümern[5].
- Gestattet wurde bei einem hochbetagten Wohnungseigentümer, der sich in der Versammlung durch einen erblindeten Ehegatten vertreten ließ, die Begleitung eines Rechtsanwalts[6].

---

1 A.A. ständige Rechtsprechung OLG Düsseldorf, z.B. Beschluss v. 11.11.1996 – 3 Wx 249/96, zit. n. Juris.
2 BGH NJW 1993, 1329; BayObLG ZMR 2002, 844.
3 BGH NJW 1993, 1329; BayObLG ZMR 2002, 844.
4 BayObLG ZMR 2002, 844; WuM 1997, 568, 570.
5 BayObLG ZMR 2002, 844; ZMR 2002, 844.
6 LG Hamburg Beschluss v. 13.10.1999 – 318 T 20/99, zit. n. Juris.

- Bei rüstigen aber älteren Wohnungseigentümern **abgelehnt**[1].
- **Gestattet** wurde einem Ausländer einen Dolmetscher mitzubringen[2].
- **Abgelehnt** die Übertragung des Stimmrechts auf einen Rechtsanwalt bei eigener Anwesenheit[3].
- Ausnahmen hat die Rechtsprechung nur unter Berufung auf den Grundsatz von Treu und Glauben zugelassen, z.B. wenn dies schon jahrzehntelang in der Anlage gehandhabt wurde und Beschränkungen in tatsächlicher Hinsicht bestehen, z.B. wenn ein Mieter einen Eigentümer vertritt, der in den USA wohnt.

Wird hiergegen verstoßen, gestattet der Verwalter ausdrücklich oder konkludent die Teilnahme und ist der Vertreter/Begleiter nicht teilnahmeberechtigt, so liegt darin ein Anfechtungsgrund. Natürlich ist dann nach ständiger Rechtsprechung notwendig, dass die Anwesenheit sich kausal auf das Abstimmungsergebnis ausgewirkt hat. 334

Wenn der Verwalter den Vertreter/Besucher von der Versammlung **verweist ohne Beschluss** der Wohnungseigentümergemeinschaft, gilt Folgendes: 335

Das Nicht-Öffentlichkeitsgebot ist ein Recht der Wohnungseigentümer. Es ist folglich völlig unerheblich, ob der Verwalter meint jemanden/eine Person aus eigener persönlicher Meinung ausschließen zu müssen. Er handelt ausschließlich als Treuhänder und damit im Interesse der Eigentümergemeinschaft. Wenn der Verwalter den Vertreter/Berater noch so sehr aus persönlichen Gründen ablehnt, hat er aus rein sachlichen Gründen zu entscheiden. Anders ist dies natürlich bei den Wohnungseigentümern. Diese können aus freien Stücken über die Frage der Anwesenheit ihrer Meinung nach entscheiden.

Die Kernfrage ist die Frage, ob das **Nichtöffentlichkeitsrecht ein Minderheiten- oder Mehrheitsrecht** ist. Die einen sehen das Nicht-Öffentlichkeitsgebot als Mehrheitsrecht der Gemeinschaft an mit der Folge, dass mit einem Beschluss darüber abgestimmt werden kann und sich die Minderheit beugen muss[4]. Die anderen sehen es als Minderheitenrecht an mit der Folge, dass bereits der Widerspruch eines Einzelnen ausreicht[5] und die Tatsache, dass die Wohnungseigentümergemeinschaft mehrheitlich beschließt, dass der Vertretene bzw. Berater anwesend sein darf, kein Einfluss darauf hat. 336

Handelt es sich tatsächlich um ein Minderheitenrecht, wäre bereits ein Abstimmungsvorgang seitens des Vorsitzenden/Verwalters unberechtigt. 337

---

1 BayObLG WuM 1997, 568.
2 AG Hamburg ZMR 2005, 823.
3 AG Neuss DWE 1996, 38.
4 BayObLG in ständiger Rechtsprechung, z.B. v. 4.9.2003, a.a.O.; OLG Düsseldorf Entscheidung v. 11.11.1996 – 3 Wx 249/96, zit. n. Juris; OLG Hamm NJW-RR 1997, 846.
5 KG OLGZ 1984, 51; AG Neuss DWE 1996, 38.

Es wäre vielmehr nur zu fragen, ob ein Wohnungseigentümer Widerspruch erhebt. Dies reicht aus.

338 In der **Rechtsprechung** wird diese Frage **unterschiedlich** beantwortet. Hierzu werden erstaunlicherweise keine Ausführungen gemacht. Argumente findet man regelmäßig nicht. In der Literatur sucht man selbst in den Großkommentaren vergeblich nach Beantwortung, geschweige denn nach Argumenten. Merle[1] geht wie selbstverständlich von einer mehrheitlichen Beschlussfassung aus. Er verweist auf den BGH[2], der dies jedoch nicht ausdrücklich festhält. Bub[3] geht auch wie selbstverständlich von einem Mehrheitsrecht aus.

339 Die **besseren Argumente sprechen für ein Minderheitenrecht**: Das Nicht-Öffentlichkeitsrecht ist ein persönliches Recht eines jeden Einzelnen Eigentümers. Jeder Eigentümer kann persönlich Gründe und Argumente dafür finden, sich gerade nicht vor bestimmten Personen äußern zu wollen/zu können. Er kann nicht verpflichtet werden sich vor fremden Personen zu äußern oder sich mit diesen oder dessen Vorstellungen auseinandersetzen zu müssen. Die Mehrheit kann auch dieses Recht nicht haben. All dies tangiert das im Grundgesetz verankerte Gebot der persönlichen freien Entfaltung der Persönlichkeit. Von daher handelt es sich um ein Minderheitenrecht. Zu Recht verweist das AG Neuss[4] darauf, dass jeder Wohnungseigentümer auf die Einhaltung dieser „Nicht-Öffentlichkeit" gegen die anderen einen Anspruch nach § 21 Abs. 4 WEG habe. Ein solcher Anspruch kann aber nicht durch einen sog. Geschäftsordnungsbeschluss wirksam umgangen werden.

3.3.3.2. Einberufung der Versammlung

340 Der Verwalter hat die Versammlung **mindestens einmal im Jahr einzuberufen** (§ 24 Abs. 1 WEG). Er ist aber auch in anderen Fällen zur Einberufung verpflichtet, wenn ein Beschluss der Wohnungseigentümerversammlung herbeigeführt werden muss. Die Versammlung muss von dem Verwalter in den durch Vereinbarung der Wohnungseigentümer bestimmten Fällen, im Übrigen dann einberufen werden, wenn dies schriftlich unter Angabe des Zwecks und der Gründe von mehr als einem Viertel der Wohnungseigentümer verlangt wird (§ 24 Abs. 2 WEG), sog. **„Minderheitsverlangen"**. Dieses Minderheitsrecht kann durch Vereinbarung der Wohnungseigentümer nicht eingeschränkt werden[5]. Die Minderheit von einem Viertel ist nach der Kopfzahl der Wohnungseigentümer zu berechnen; jeder Wohnungseigentümer hat eine Stimme, auch wenn er mehrere Wohnungen besitzt. Verweigert der Verwalter die Einberufung pflichtwidrig, so kann die Ver-

---

1 *Bärmann/Pick/Merle* § 24 Rz. 91.
2 BGH NJW 1993, 1329.
3 In Staudinger § 24 Rz. 96.
4 AG Neuss DWE 1996, 38.
5 BayObLG NJW 1973, 151.

sammlung, falls ein Verwaltungsbeirat bestellt ist, von dessen Vorsitzendem oder seinem Stellvertreter einberufen werden (§ 24 Abs. 3 WEG[1]).

3.3.3.3. Sonstige Vorbereitungsmaßnahmen, Verwaltungsbeirat

Vor der Einberufung der Versammlung sollte der Verwalter mit dem **Verwaltungsbeirat Rücksprache** nehmen. Vom Gesetz ist (§ 29 Abs. 3 WEG) vorgeschrieben, dass der Wirtschaftsplan, die Abrechnung über den Wirtschaftsplan, Rechnungslegungen und Kostenanschläge, bevor über sie die Wohnungseigentümerversammlung beschließt, vom Verwaltungsbeirat geprüft und mit dessen Stellungnahme versehen werden sollen. Aber auch in sonstigen Fällen ist es zweckmäßig, wenn der Verwalter vor der Einberufung die in der Versammlung zu beschließenden Angelegenheiten mit dem Verwaltungsbeirat bespricht. Auch kann es ratsam sein, der Einberufung über die bloßen Tagesordnungspunkte hinaus weitere Erklärungen beizufügen.

341

3.3.3.4. Beschlussfähigkeit

Die Wohnungseigentümerversammlung ist nur **beschlussfähig** (§ 25 Abs. 3 WEG), wenn die erschienenen stimmberechtigten[2] Wohnungseigentümer mehr als die Hälfte der Miteigentumsanteile, berechnet nach der im Grundbuch eingetragenen Größe dieser Anteile, vertreten. Hier gilt also, anders als bei der Abstimmung, nicht das Kopfteil-, sondern das Wertprinzip. Die Beschlussfähigkeit muss nicht nur bei Beginn der Versammlung gegeben sein, sondern auch bei jedem Beschluss[3]. Sie ist aber nicht stets erneut festzustellen[4]. Es müssen die Hälfte der Wohnungseigentümer erschienen oder vertreten sein, die vom Stimmrecht im Einzelfall ausgeschlossenen Eigentümer werden in den Hälftebetrag nach allerdings bestrittener Ansicht einberechnet[5]; ist jedoch mehr als die Hälfte der Eigentümer ausgeschlossen, dann ist die Beschlussfähigkeit immer gegeben[6]. Findet bei Mehrhausanlagen zulässigerweise eine getrennte Abstimmung statt, so genügt es, wenn für das betroffene Haus eine Beschlussfähigkeit vorliegt[7]. Wird trotzdem ein Beschluss gefasst, so ist dieser anfechtbar[8].

342

---

1 Siehe Rz. 303.
2 Umstritten bei gemeinschaftswidrigem Ausschluss, OLG Düsseldorf NZM 1999, 279.
3 OLG Köln ZMR 2003, 607.
4 BayObLG WE 1990, 140; BayObLG WE 1993, 169.
5 KG NJW-RR 1989, 17 = WE 1988, 193 = OLGZ 1989, 38; a.A. OLG Frankfurt OLGZ 1989, 429 und BayObLG WE 1989, 64; OLG Düsseldorf WE 1992, 81 = DWE 1991, 159.
6 BayObLG NJW-RR 1993, 206 = BayObLGZ 1992, 288; KG NJW-RR 1994, 659 = WE 1994, 82; OLG Düsseldorf WE 1999, 69.
7 BayObLG ZWE 2000, 268.
8 OLG Karlsruhe WE 1996, 416.

343 Liegt eine Beschlussfähigkeit **nicht** vor, so beruft der Verwalter eine neue Versammlung mit dem gleichen Gegenstand ein. Diese Versammlung ist dann ohne Rücksicht auf die Höhe der vertretenen Anteile beschlussfähig. Hierauf ist bei der Ankündigung (§ 25 Abs. 4 WEG) hinzuweisen. Manchmal wird mit der Einberufung der Wohnungseigentümerversammlung eine **Eventualeinberufung** einer zweiten Versammlung verbunden, für den Fall, dass in der ersten Versammlung Beschlussfähigkeit nicht erreicht werden sollte. Die zweite Versammlung wird dann etwa eine Stunde später als die Erste anberaumt. Dieses Verfahren ist rechtsmissbräuchlich. Die Einberufung der zweiten Versammlung darf erst stattfinden, wenn feststeht, dass die Erste gescheitert ist[1]. Andernfalls wäre § 25 Abs. 3 eine leere Farce. In Wirklichkeit liegt ja nur eine einzige Einberufung vor. Würde man eine solche Eventualeinberufung zulassen, so würde es allein im Ermessen des Verwalters stehen, eine nicht beschlussfähige Versammlung nach einer halben Stunde oder einer Stunde beschlussfähig werden zu lassen. Das ist mit dem Gesetz unvereinbar. Es kann nicht bestritten werden, dass es wegen der Frage der Beschlussfähigkeit zu Schwierigkeiten gekommen ist. Manchmal ist auch eine Abstimmung nur dadurch verhindert worden, dass eine Gruppe von Wohnungseigentümern den Saal verließ und dadurch die Beschlussunfähigkeit herbeigeführt hat. Auch hierfür kann es aber anerkennenswerte Gründe geben. Dies gilt vor allem dann, wenn der Bauträger zwar nicht über die Mehrheit der Stimmen verfügt, aber mit seiner Minderbeteiligung die schwach besuchte Versammlung majorisiert. Dagegen kann die Gemeinschaftsordnung bestimmen, dass eine Beschlussfähigkeit (§ 25 Abs. 3 WEG) nicht gegeben sein muss[2]. Wurde die **Versammlung geschlossen** und haben sich einzelne Eigentümer bereits entfernt, so dürfen keine neuen Beschlüsse gefasst werden[3]. Die Bestimmungen über die Beschlussfähigkeit (§ 25 Abs. 3 WEG) sind **abdingbar**[4].

3.3.5. Stimmrecht und Mehrheitsberechnung

344 Ist in der Gemeinschaftsordnung nichts anderes bestimmt, so hat jeder Wohnungseigentümer eine Stimme (**Kopfprinzip**[5], § 25 Abs. 2 Satz 1 WEG). Hierbei kommt es nicht darauf an, ob ein Wohnungseigentümer eine oder mehrere Eigentumswohnungen besitzt und wie groß sein Miteigentumsanteil ist. Dieses Kopfteilprinzip wird damit gerechtfertigt, dass es die Beherrschung der Wohnungseigentümerversammlung durch wenige Eigentü-

---

1 BayObLG WEM 1981, 30; OLG Bremen Rpfleger 1980, 295; OLG Köln NJW-RR 1990, 26; BayObLG WE 1991, 49.
2 OLG Frankfurt Rpfleger 1983, 22 = OLGZ 1983, 29; BayObLG WEM 1981, 36 = Rpfleger 1982, 15; OLG Hamburg WE 1989, 140 = OLGZ 1989, 318; KG NJW-RR 1994, 659 = WE 1994, 82.
3 KG OLGZ 1989, 51 = WE 1989, 26.
4 KG NJW-RR 1994, 659 = WE 1994, 82.
5 OLG München ZMR 2007, 221; BayObLG Rpfleger 1965, 334; LG Hamburg NJW 1974, 1911.

mer verhindert. Es schließt auch ein Übergewicht des Bauträgers aus, der nur wenige Wohnungen verkauft hat. Dem Wesen immanent ist aber eine Möglichkeit der Änderung der Stimmen, da durch Veräußerung von Einheiten neue Stimmrechte entstehen können[1] und wieder entfallen.

Häufig wird das Kopfprinzip in der Gemeinschaftsordnung wegen des Objektprinzips nach Unterteilung[2] **abbedungen**, und zwar entweder in der Art, dass jede Wohnung eine Stimme gewährt (**Objektprinzip**), oder, dass die Abstimmung nach Eigentumsbruchteilen (**Wertprinzip**) erfolgt. Allerdings kann das Objektprinzip oder das Wertprinzip auch eine Stimmrechtshäufung in der Hand einzelner Wohnungseigentümer bedeuten. Dies darf jedoch nicht dazu führen, dass dann, wenn die Interessen eines Wohnungseigentümers berührt werden, die vermehrte Stimmbefugnis im Einzelfall als nicht bestehend betrachtet oder nur ein einfaches Stimmrecht fingiert wird[3]. Die Mehrheit der Stimmen wird immer aus der Zahl der in der Versammlung erschienenen bzw. vertretenen Stimmen berechnet, nicht nach den Stimmen aller Wohnungseigentümer. Einzige Ausnahme von diesem Grundsatz ist die Stimmberechnung wegen der Beschlussfähigkeit (§ 25 Abs. 3 WEG).

3.3.6. Einzelfragen zum Stimmrecht

Stimmrecht nach Veräußerung einer Wohnung: Das Stimmrecht steht grundsätzlich dem Eigentümer zu. In der Regel erklärt aber der Verkäufer die Auflassung erst nach vollständiger Zahlung des Kaufpreises. Die Erfahrung lehrt, dass zwischen Besitzübergabe und Eigentumsumschreibung im Grundbuch Monate, nicht selten auch Jahre verstreichen. Auch wenn die Käufer noch nicht Eigentümer sind, tragen sie auf Grund der Kaufverträge die Kosten und Lasten der Eigentumswohnung. Sie wollen ihre Angelegenheiten selbst regeln und sich nicht vom Verkäufer bevormunden lassen. Letzterer ist daran auch gar nicht interessiert. Nach dem Bundesgerichtshof hängt aber das Stimmrecht von der Eigentümerstellung ab[4]. Wer nicht Eigentümer ist, darf grundsätzlich auch nicht abstimmen. Der Eigentumsübergang findet aber erst mit der Eigentumsumschreibung im Grundbuch statt (§ 925 BGB). 345

Die Rechtsprechung des BGH zwingt dazu, auf pragmatische Art Auswegslösungen zu finden[5]. Als Erstes empfiehlt sich die Erteilung einer **Vollmacht** vom Verkäufer für den Käufer und „Noch-nicht-Eigentümer", für 346

---

1 OLGR München 2006, 730.
2 Siehe Rz. 349.
3 Siehe Rz. 355.
4 BGH NJW 1989, 1087 = BGHZ 106, 113 = WE 1989, 48; hierzu *Röll* NJW 1989, 1070.
5 Hierzu *Röll* NJW 1989, 1070; *Röll* MittBayNot 1989, 70.

den Verkäufer und „Noch-Eigentümer" die Ladung entgegenzunehmen und in der Versammlung für ihn zu stimmen. Hierzu wird der Verkäufer bereit sein. Mit dem Verkauf hat er das Interesse verloren.

Die Rechtsprechung arbeitet mit einer Ermächtigung. Von einer solchen Ermächtigung durch den Erwerbertrag ist aufgrund der bestehenden Interessenlage zwischen den Kaufvertragsparteien für die Zeit auszugehen, für die dem werdenden Wohnungseigentümer nach dem Erwerbvertrag die Nutzen und Lasten zustehen[1].

347 Steht das Stimmrecht mehreren **gemeinschaftlich** zu, z.B. in Erbengemeinschaft, so können sie es nur gemeinschaftlich ausüben (§ 25 Abs. 2 Satz 2 WEG). Geben mehrere solcher Stimmberechtigten ihre Stimme verschieden ab, so ist die Stimmabgabe ungültig. Die Willensbildung erfolgt intern nach den jeweiligen gesetzlichen Regelungen[2]. Erscheint nur ein Mitberechtigter und stimmt dieser ab, so ist von seiner Berechtigung auszugehen. Alleine kann er nur bei gesetzlicher[3] oder rechtsgeschäftlicher Vertretungsmacht stimmen[4]. Wird unterschiedlich abgestimmt, so wird dies teilweise als Enthaltung gewertet[5]. Nach richtiger Meinung ist dies aber als ungültige Stimme[6] zu bewerten.

348 Beim **Kopfstimmrecht** stellt sich die Frage, wie bei verschiedenen Mitberechtigten in einer Personengesellschaft **die Stimmrechte** gezählt werden müssen. Wenn mehrere Wohnungseigentümer immer in derselben Beteiligungsquote Eigentümer der Einheiten sind, so eine Stimme[7], z.B. bei Miteigentümer oder GbR oder wenn nicht alle Wohnungen unter Zwangsverwaltung stehen[8]. Mehrer Stimmen liegen dann vor, wenn unterschiedliche Beteiligungen oder Einzeleigentümer oder GbR[9] **gegeben sind.**

Beispiel:

A, B und C halten jeweils eine Einheit und zusammen eine weitere. Danach sind dann insgesamt 4 Stimmen vorhanden. Nach einer weiteren Meinung soll dies jedoch dann nicht gelten, wenn ein Mitberechtigter mehrere solcher Gemeinschaften dominiert[10], also jeweils mehr als 50 % hat.

349 Wird eine größere Wohnung in zwei kleinere **aufgeteilt**, so steht jedem der beiden Eigentümer eine halbe Stimme zu, wenn für die Stimmberechnung

---

1 KG NJW-RR 1995, 147; BayObLG ZWE 2001, 590, 593; *F. Schmidt* DNotZ 2002, 147, 148 f.
2 Z.B. Gemeinschaft, BayObLG WuM 1990, 322.
3 Gilt z.B. bei Miteigentum (§ 1011 BGB) gem. BayObLG NJW-RR 1994, 1236.
4 OLG Düsseldorf ZMR 2004, 53.
5 OLG Köln NJW-RR 1996, 698.
6 OLG Düsseldorf ZMR 2004, 53, 54.
7 AG Hamburg ZMR 2006, 81.
8 KG NJW-RR 1989, 1162.
9 OLG Frankfurt ZMR 1997, 156; OLG Dresden ZMR 2005, 854; OLG Düsseldorf NJW-RR 2004, 589.
10 *Happ* WE 2005, 174.

das Objektprinzip oder Kopfstimmrecht maßgeblich ist[1]. In diesem Falle darf eine Vermehrung der Stimmen nicht eintreten[2].

Bei **Stimmenthaltung** einzelner Wohnungseigentümer werden die Enthaltungen bei der Berechnung der Gesamtzahl, aus der die Mehrheit berechnet wird, nicht mitgezählt[3], die Enthaltungen werden also nicht wie Nein-Stimmen behandelt. Dies entspricht dem Willen derjenigen, die sich der Stimme enthalten haben; denn sie wollten weder mit Ja noch mit Nein stimmen. 350

Ergibt sich **Stimmengleichheit**, so gilt der Antrag als abgelehnt. Wird durch ständige Stimmengleichheit die Wohnungseigentümerversammlung lahm gelegt, so kann eine Anrufung des Gerichts (§ 43 Abs. 1 Nr. 1 WEG) erforderlich sein. Dies gilt insbesondere für Wohnungseigentümergemeinschaften, die nur aus zwei Eigentümern bestehen. Die Berechtigung hierzu ergibt sich aus dem WEG (§ 21 Abs. 4 WEG), wonach jeder Wohnungseigentümer eine Verwaltung verlangen kann, die den Vereinbarungen und Beschlüssen und, soweit solche nicht bestehen, dem Interesse der Gesamtheit der Wohnungseigentümer nach billigem Ermessen entspricht. 351

Ist bei einer Eigentumswohnung ein **Wohnungsrecht** (§ 1093 BGB) eingetragen, so erhebt sich die Frage, ob der Eigentümer oder der Wohnungsberechtigte stimmberechtigt ist. Nach der Rechtsprechung des Bundesgerichtshofs soll das Stimmrecht in Benutzungsfragen dem Wohnungsberechtigten zustehen[4]. Diese Rechtsprechung ist mit der sog. **Nießbrauchs-Entscheidung** des BGH[5] überholt, wonach der Eigentümer wegen aller Fragen stimmberechtigt ist. Ihm allein steht auch das Recht der Beschlussanfechtung zu. Dieser Meinung ist zu folgen. Sie entspricht dem Gesetzeswortlaut und vermeidet schwierige Abgrenzungsprobleme. Für den Verwalter ist es ratsam, zu Wohnungseigentümerversammlungen sowohl den Eigentümer als auch den Nießbraucher zu laden. Zweckmäßigerweise erteilen sich die Eigentümer und Nießbraucher gegenseitig Vollmacht für den Fall, dass einer von ihnen nicht an der Versammlung teilnehmen kann. Bei Stimmrechtsbeschränkungen in der Gemeinschaftsordnung gelten diese entgegen der h.M. nicht. 352

Während des Insolvenzverfahrens steht das Stimmrecht dem **Insolvenzverwalter**, während des Zwangsverwaltungsverfahrens dem **Zwangsverwalter** zu (§ 148 Abs. 2 ZVG), soweit die Beschlussgegenstände die Zwangsverwal- 353

---
1 OLG Stuttgart NZM 2005, 312.
2 A.A. KG NZM 2000, 734.
3 BGH NJW 1989, 1090 = BGHZ 106, 179 = WE 1989, 50; OLG Celle Rpfleger 1983, 271; KG Rpfleger 1985, 10.
4 BGH DNotZ 1978, 157.
5 BGH NJW 2002, 1617 = ZWE 2002, 260; BayObLG WE 1999, 73 = NJW-RR 1999, 1535 = DNotZ 1999, 585; zustimmend *Röll* WE 1999, 101 = MittBayNot 1999, 68; *Schmidt* WE 1998, 2, 46 = MittBayNot 1997, 65; *Armbrüster* DNotZ 1999, 585; a.A. *Lüke* WE 1999, 122.

tung berühren[1]. Ist für einen Nachlass ein **Testamentsvollstrecker** bestellt, so übt er das Stimmrecht aus, sofern sich die Testamentsvollstreckung auf die Wohnung erstreckt[2].

354 Bei **Mehrhaus-Wohnanlagen**, also solchen, die aus mehreren selbständigen Gebäuden (insbesondere Wohnblöcken) bestehen, sind bei Fragen, die nur die Sondereigentümer eines Hauses berühren, lediglich die Bewohner dieses Hauses stimmberechtigt; insoweit sind auch nur sie zu laden[3]. Dies gilt insbesondere bei Benutzungsfragen und für die Hausordnung für einen Wohnblock. Dieser Grundsatz ist aber nicht anzuwenden bei der Abstimmung über Kosten, die zwar nur in einem Wohnblock anfallen, aber von der gesamten Eigentümergemeinschaft zu tragen sind, weil die Gemeinschaftsordnung keine getrennte Lastentragung vorsieht (§ 16 Abs. 2 WEG)[4].

355 Ist eine größere Anzahl von Wohnungen noch nicht verkauft, so kann sich in der Hand des Bauträgers eine **Stimmrechtshäufung** ergeben, wenn nach der Gemeinschaftsordnung die Stimmenmehrheit sich nicht nach Kopfteilen (§ 25 Abs. 2 WEG) berechnet. Dies ist grundsätzlich von den Wohnungseigentümern hinzunehmen. Sie sind durch die Bestimmungen über den Stimmrechtsausschluss bei Interessenkollision (§ 25 Abs. 5 WEG) geschützt. Ein Rechtsmissbrauch (sog. Majorisierung) ist nicht schon gegeben, wenn eine Stimmrechtshäufung vorhanden ist, sondern dann, wenn der betreffende Wohnungseigentümer sein Stimmrecht missbräuchlich ausübt[5], z.B. wenn eine ungeeignete Person zum Verwalter gewählt wird oder ihr unangemessene Vorteile versprochen werden.

3.3.7. Einschränkungen des Stimmrechts

356 Ein Wohnungseigentümer ist wegen **Interessenkollision** nicht stimmberechtigt (§ 25 Abs. 5 WEG), wenn die Beschlussfassung die Vornahme eines auf die Verwaltung des gemeinschaftlichen Eigentums bezüglichen Rechtsgeschäfts mit ihm, die Einleitung oder die Erledigung eines Rechtsstreits der anderen Wohnungseigentümer gegen ihn betrifft oder wenn nach § 18 WEG er zur Entziehung des Wohnungseigentums rechtskräftig verurteilt ist. Nach der Rechtsprechung des BayObLG ist er auch als Bevollmächtigter ausgeschlossen[6], jedoch kann der ausgeschlossene Hauptbevollmächtigte Untervollmacht erteilen, soweit diese keine Weisungen

---

1 KG WE 1990, 206 = DWE 1990, 68; *Sauren* WEG, § 25 Rz. 10; *Häublein*, ZfIR 2005, 337; KK-*Riecke*, § 25 Rz. 9; BayObLG NJW-RR 1991, 723, 724; A.A. h.M., z.B. *Bärmann/Pick/Merle* Rz. 22 f., LG Berlin ZMR 2006, 393; umfassendes Stimmrecht.
2 AG Essen NJW-RR 1996, 79.
3 BayObLG NJW-RR 2004, 1092; BayObLG MittBayNot 2001, 72.
4 OLG Hamm WE 1990, 99 = DWE 1990, 110 = OLGZ 1990, 168; OLG Köln WE 1998, 190.
5 BGH ZMR 2002, 930; BayObLG ZMR 2002, 525; OLG Düsseldorf ZMR 2002, 614.
6 BayObLG Rpfleger 1983, 15; ebenso OLG Düsseldorf FGPrax 1999, 10.

enthält[1]. Ein Wohnungseigentümer darf also z.B. nicht mitstimmen, wenn er als Bauträger, Lieferant, Darlehensgeber oder Bauhandwerker beteiligt ist.

Das Gesetz sieht drei Alternativen vor: Rechtsgeschäft, hier ist der Abschluss Änderung/Kündung eines Vertrages, mit ihm gemeint[2]; Entlastung als Verwalter/Beirat[3]; Schuldanerkenntnis der Gemeinschaft gegenüber[4]; Einleitung/Erledigung von Rechtstreiten, z.b. Anspruch gegen ihn[5]. 357

Der Ausschluss erstreckt sich auch auf unmittelbar im Zusammenhang stehende Beschlüsse, wie z.B. Prozesskosten[6]. Rechtskräftige Verurteilung zur Entziehung, oder ein bestandskräftiger Beschluss reicht nicht aus. 358

In mitgliedschaftlichen Angelegenheiten gilt dieser Ausschluss nicht, daher besteht ein Stimmrecht für einem Beschluss über eine Gebrauchregelung, von welcher der Eigentümer vorteilhaft betroffen ist[7], über seine Bestellung und Abberufung als Verwalter[8] oder Beirat, mit Ausnahme der Abberufung aus wichtigen Grund[9]. Werden über mitgliedschaftliche Angelegenheiten und Rechtsgeschäft einheitlich abgestimmt (z.B. Verwaltervertrag und Bestellung) gilt Ausschluss nicht, wenn Schwerpunkt bei mitgliedschaftlicher Angelegenheit liegt, was regelmäßig nach BGH der Fall ist[10].

Wirkung: Der Betroffene hat kein Stimmrecht und zählt für Beschlussfähigkeit nicht mit. Dasselbe gilt für den Insolvenzverwalter/Zwangsverwalter, aber das subsidiäre Stimmrecht des Eigentümers soll dann nicht aufleben[11]. **Soweit einer von mehreren Eigentümern ausgeschlossen ist, wirkt damit der Ausschluss gegen alle**[12]. Der Betroffene kann weder als gesetzlicher[13] Vertreter, noch als bevollmächtigter[14] Vertreter anderer Wohnungseigentümer abstimmen, ebenso nicht als Verwalter in Vollmacht von anderen Wohnungseigentümer, z.B. über seine Entlastung[15] oder Verwaltervertrag[16]. Der Verwalter kann sich auch nicht dadurch das Stimmrecht erkaufen, dass er als Bevollmächtigter weisungsfrei Untervollmacht an einen 359

---

1 BayObLG WE 1999, 28; OLG Saarbrücken FGPrax 1998, 141; OLG Zweibrücken WE 1998, 504.
2 BGH NJW 2002, 3704.
3 OLG Zweibrücken NJW-RR 2002, 735.
4 KG ZfiR 2005, 595.
5 BGHZ 106, 222.
6 BayObLG NZM 1998, 161.
7 BayObLG ZMR 2005, 561.
8 BGH NJW 2002, 3704.
9 BayObLG ZMR 2001, 996.
10 NJW 2002, 3704.
11 *Bärmann/Pick/Merle* § 25 Rz 123, bedenklich.
12 BayObLG NJW-RR 1993, 206.
13 LG Frankfurt NJW-RR 1988, 596.
14 OLG Zweibrücken NZM 2002, 345.
15 OLG Zweibrücken WE 1991, 357; a.A. BGH NJW 2002, 3704.
16 BayObLG, ZfiR 1998, 357; a.A. BGH NJW 2002, 3704.

seiner Angestellten oder Dritten erteilt[1]. Tatsächlich vertritt nämlich nicht der Unterbevollmächtigte dann den Bevollmächtigten, sondern der Unterbevollmächtigte nur durch den Verwalter. Dies infiziert aber die Bevollmächtigung.

360 Sind **Ehegatten** als Bruchteilseigentümer oder in Gütergemeinschaft Eigentümer einer Wohnung, so wirkt ein Ausschließungsgrund gegen einen von ihnen gegen beide[2].[3]

361 Eine generelle **Stimmrechtsbindung**, also ein schuldrechtlicher Vertrag, durch den sich der Wohnungseigentümer verpflichtet, nach Weisung eines anderen zu stimmen, wäre als unzulässige Aushöhlung des Eigentums unwirksam. Möglich ist aber eine vertragliche Aufteilung des Stimmrechts innerhalb eines Rechtsverhältnisses also etwa derart, dass in bestimmten Angelegenheiten der Nießbraucher, in anderen Fällen der Eigentümer die Stimme abgibt. Zulässig sind auch Stimmrechtsabsprachen unter Wohnungseigentümern, in mehreren in der gleichen Versammlung zur Abstimmung stehenden Fragen einheitlich abzustimmen. Wird gegen eine solche schuldrechtliche Vereinbarung verstoßen, so berührt dies die Gültigkeit der Stimmabgabe nicht.

362 Die Gemeinschaftsordnung kann in besonderen Fällen ein **Ruhen des Stimmrechts** vorsehen, insbesondere dann, wenn ein Wohnungseigentümer seinen finanziellen Verpflichtungen gegenüber der Gemeinschaft nicht nachgekommen ist. Eine solche Bestimmung ist aber eng auszulegen. Sie kann ein Ruhen des Stimmrechts in der Regel nur bei Verschulden bewirken[4]. Dagegen ist ein Ausschluss von der Teilnahme an der Versammlung nicht gerechtfertigt[5]. Auf jeden Fall unwirksam wäre ein totaler Ausschluss des Stimmrechts für einzelne Eigentümer, z.B. alle Teileigentümer[6].

3.3.8. Ablauf der Versammlung und Geschäftsordnungsfragen
3.3.8.1. Vorsitz

363 Die Wohnungseigentümerversammlung wählt einen Vorsitzenden, der die Versammlung leitet. Findet eine solche Wahl nicht statt, so führt der Verwalter den Vorsitz (§ 24 Abs. 5 WEG). Die Wahl eines anderen Vorsitzenden kann aber jederzeit beschlossen werden. Der Verwalter ist berechtigt die Leitung der Versammlung mit Hilfe von Mitarbeitern durchzuführen[7].

---

1 So aber OLG Zweibrücken NZM 1998, 671.
2 BayObLG NJW-RR 1993, 206 = BayObLGZ 1992, 288.
3 Wegen des Stimmrechts des Bauträgers (§§ 181, 1795 BGB) siehe bei Rz. 345 ff. und Rz. 377.
4 BayObLG NJW 1965, 821; LG München DNotZ 1978, 630.
5 LG Regensburg Rpfleger 1991, 244 = NJW-RR 1991, 1169.
6 OLG Hamm DWE 1990, 70.
7 KG ZWE 2001, 75 = FGPrax 2001, 15.

3.3.8.2. Eröffnung der Versammlung

Bei der Eröffnung der Versammlung wird der Vorsitzende, also in der Regel der Verwalter, feststellen, dass die Versammlung ordnungsgemäß einberufen ist. Daran wird sich die Prüfung der Beschlussfähigkeit anschließen. Sodann wird der Vorsitzende fragen, ob Anträge zur Geschäftsordnung vorliegen.

364

3.3.8.3. Geschäftsordnungsfragen[1]

Unter Geschäftsordnungsfragen sind diejenigen Probleme zu verstehen, die sich auf das Verfahren in der Versammlung beziehen, nicht auf den sachlichen Inhalt der Beschlüsse. Als Geschäftsordnungsfragen können Bedeutung haben: Wahl des Vorsitzenden der Versammlung, Beschränkung der Redezeit, Festsetzung des Wahlmodus (z.B. durch Handaufheben), Antrag auf Schluss der Debatte. Da die Beschlüsse sofort umgesetzt werden und mit dem Ende der Versammlung keine Wirkung mehr entfalten, können Beschlüsse zu Geschäftsordnungsfragen nicht gesondert angefochten werden. Sie können nur im Rahmen des jeweiligen Sachbeschlusses angegriffen werden[2]. Der Eigentümer muss dann zeigen, dass der Beschluss zur Geschäftsordnung rechtswidrig und ursächlich für den Sachbeschluss war.

365

Da der Beschluss in der Versammlung durchgeführt wird, können die Mängel bei Ursächlichkeit nur Unwirksamkeit beim jeweiligen Sachbeschluss bewirken.

Die **Entscheidung** über Geschäftsordnungsfragen steht grundsätzlich dem Vorsitzenden der Versammlung zu. Wird jedoch ein Antrag hierzu gestellt, so entscheidet die Wohnungseigentümerversammlung mit einfacher Mehrheit. Es kann zweckmäßig sein, dass sich die Wohnungseigentümerversammlung selbst eine Geschäftsordnung gibt, nach der dann grundsätzlich bei allen Wohnungseigentümerversammlungen zu verfahren ist[3].

366

Geschäftsordnungsanträge sind vor anderen Anträgen zu behandeln. Die Tatsache, dass ein Wohnungseigentümer zur Geschäftsordnung sprechen will, kann er dadurch zur Kenntnis geben, dass er nach einer vorher abgesprochenen Regel beide Hände bei der Meldung hebt. Bei Geschäftsordnungsfragen sind Anträge auf Feststellung der Beschlussfähigkeit immer vorweg zu behandeln.

367

Eine wichtige Frage ist auch die **Reihenfolge der Tagesordnungspunkte**. Für die Beschlussfassung kann es von erheblicher Bedeutung sein, ob ein Tagesordnungspunkt zu Beginn oder erst am Ende der Versammlung zur Abstimmung gestellt wird. Hieraus kann sich indirekt nach den tatsächlichen Verhältnissen des Falles schon die Annahme oder Ablehnung ergeben.

368

---

1 *Bub* WE 1987, 68; *Deckert* WE 1995, 196; *Seuß* WE 1995, 260.
2 OLG München NZM 2005, 825.
3 Siehe Teil E Rz. 8.

Auch hierüber steht die Entscheidung grundsätzlich dem Vorsitzenden der Versammlung zu. Auf Antrag eines Wohnungseigentümers entscheiden aber die Wohnungseigentümer mit Mehrheit[1].

369 Ein wichtiges Problem ist auch die Beschränkung der **Redezeit**. Würde jedem Wohnungseigentümer in der Diskussion eine unbeschränkte Redezeit zustehen, so könnte dies bedeuten, dass es wegen vieler langatmiger Diskussionsbeiträge überhaupt nicht zur Abstimmung kommt. Auch eine böswillige Ausnutzung dieser Situation könnte nicht ausgeschlossen werden. Es muss daher dem Vorsitzenden der Versammlung oder dem Mehrheitsbeschluss der Wohnungseigentümerversammlung das Recht vorbehalten bleiben, die Redezeit zu begrenzen. Eine solche Begrenzung darf nicht willkürlich sein, sie muss sich in einem angemessenen Rahmen bewegen und darf eine Diskussion nicht ausschließen. Das Gleiche gilt für den **Schluss der Debatte**. Zu den Befugnissen der Wohnungseigentümerversammlung gehört es auch, das Ende der Versammlung zu beschließen. Danach können keine weiteren Beschlüsse mehr gefasst werden, wenn Eigentümer sich bereits entfernt hatten[2].

370 Manchmal wird auch bei Wohnungseigentümerversammlungen ein Tonbandgerät verwendet[3]. Die heimliche **Tonbandaufnahme** während einer Versammlung ist auf jeden Fall unzulässig. Die unbefugte Aufnahme eines nicht öffentlich gesprochenen Wortes eines anderen auf Tonbandträger ist eine strafbare Handlung (§ 201 Abs. 1 des Strafgesetzbuches). Ein Mehrheitsbeschluss reicht für die Gestattung der Tonbandaufnahme nicht aus, da es sich nicht um eine Frage der Verwaltung nach § 21 Abs. 3 WEG handelt. Wenn die Gestattung durch Beschluss erfolgen soll, so muss dieser einstimmig sein. Er genügt auch, wenn die Tonbandaufnahme in der Versammlung angekündigt wird und kein Anwesender widerspricht. Dagegen kann jeder Teilnehmer an der Versammlung seine eigenen Ausführungen auf Tonband sprechen, ohne andere um Erlaubnis zu fragen.

3.3.8.4. Form der Abstimmung

371 Wie abgestimmt wird, schreibt das WEG nicht vor. Möglich sind alle **Abstimmungsarten**, die ein zuverlässiges Ergebnis liefern. Abgestimmt werden kann z.B. durch Handaufheben, Stimmzettel usw. Solange kein Eigentümerbeschluss vorliegt, bestimmt der Vorsitzende die Art der Abstimmung[4].

372 Am einfachsten ist bei kleinen Gemeinschaften eine Stimmzählung derart, dass Ja-Stimmen, Nein-Stimmen und Enthaltungen getrennt gezählt werden. Dies kann bei großen Versammlungen Schwierigkeiten bereiten. Hier

---

1 BayObLG WE 1996, 237.
2 KG NJW-RR 1988, 16 = WE 1989, 26 = OLGZ 1989, 51.
3 Hierzu vgl. *Bub* WE 1987, 68, 70; *Merle* WE 1987, 138, 144.
4 BayObLG WE 1990, 140.

ist das so genannte Subtraktionsverfahren möglich, wonach nur die Nein-Stimmen und die Stimmenthaltungen gezählt werden, die Ja-Stimmen dann durch Abziehen der Summe der Nein-Stimmen und Stimmenthaltungen von der Gesamtzahl der anwesenden und vertretenen Wohnungseigentümer laut Teilnehmerverzeichnis errechnet wird[1]. Wenn nur eine knappe Mehrheit vorliegt, setzt dieses **Subtraktionsverfahren** eine genaue Feststellung der Zahl der anwesenden Teilnehmer voraus, es muss also nicht nur kontrolliert werden, wer in das Teilnehmerverzeichnis eingetragen ist, sondern auch, wer sich vorzeitig aus dem Saal entfernt hat. Bei knappen Mehrheiten können sich bei Abstimmung nach Miteigentumsanteilen Schwierigkeiten ergeben. In diesem Falle sollten an die Wohnungseigentümer Stimmrechtskarten ausgegeben werden, welche die Tausendstelanteile des jeweiligen Wohnungseigentümers enthalten; Ja-Stimmen, Nein-Stimmen und Enthaltungen sind getrennt zu zählen, am besten mit einer Addiermaschine, die auf einem Papierstreifen die eingetippten Zahlen mitschreibt. Die **Anfechtung** einer ungültigen Stimmabgabe wegen Irrtums (§ 119 Abs. 1 BGB) mit dem Ziel, sie durch eine gültige zu ersetzen, ist bis zum Abschluss der Stimmauszählung möglich[2].

Wer die Stimmenauszählung durchführt, ist im WEG nicht vorgeschrieben. In der Regel wird die Stimmenauszählung Aufgabe des Vorsitzenden der Versammlung sein. Er darf aber auch einen anderen Wohnungseigentümer damit beauftragen. Es kann auch ein Wahlausschuss zu diesem Zweck gebildet werden. 373

Nach der Rechtsprechung des BGH kommt der **Feststellung** und **Bekanntgabe des Beschlussergebnisses** durch den Vorsitzenden der Wohnungseigentümerversammlung grundsätzlich **konstitutive Bedeutung** zu; es handelt sich im Regelfall um eine Voraussetzung für das wirksame Zustandekommen eines Eigentümerbeschlusses[3]. Hierbei geht der BGH davon aus, dass aus dem Fehlen einer Beschlussfeststellung in der Niederschrift nicht zu schließen ist, dass ein Beschluss nicht zustande gekommen sei, im Zweifel werde daher bei einem protokollierten klaren Abstimmungsergebnis von einer konkludenten Beschlussfeststellung auszugehen sein. Eine Ausnahme will der BGH bei kleinsten Gemeinschaften zulassen, bei denen es keinen Vorsitzenden der Versammlung gab und die Beteiligten sich über das Abstimmungsergebnis einig waren. Hat der Vorsitzende der Versammlung eine Feststellung des Beschlussergebnisses abgelehnt, so kann nach Ansicht des BGH diese Feststellung durch das Gericht ersetzt werden. Eine Feststellung und Bekanntgabe des Abstimmungsergebnisses sollte nie unterbleiben. 374

---

1 BGH NJW 2002, 3629.
2 BayObLG FGPrax 2000, 102 = BayObLGZ 2000, 66 = ZWE 2000, 469.
3 BGH NJW 2001, 1339 = ZWE 2001, 530, mit Anm. von *Armbrüster* ZWE 2001, 527.

375 Das Gesetz schreibt nicht vor, dass schon während der Versammlung der **Inhalt des Beschlusses** festgehalten wird. Trotzdem sollte aber der Vorsitzende der Versammlung den Inhalt des zu fassenden Beschlusses vor der Abstimmung schriftlich niederlegen und ihn in der Versammlung verlesen. So können leicht spätere Streitigkeiten und Auslegungsschwierigkeiten verhindert werden.

3.3.8.5. Stimmrechtsvollmacht[1] und Vertretung Minderjähriger

376 Das Stimmrecht kann vom Eigentum nicht gelöst werden. Möglich ist aber, dass ein Eigentümer Stimmrechtsvollmacht erteilt. Die Vollmacht ist an **keine Form** gebunden. Ein Bevollmächtigter kann zurückgewiesen werden, wenn er keine schriftliche Vollmacht vorlegt[2]. Wurde er nicht zurückgewiesen, so ist seine Abstimmung nicht deshalb ungültig, weil kein Nachweis vorlag[3]. Auch ein Prokurist muss seine Vollmacht nachweisen[4], und zwar in der Regel durch einen Handelsregisterauszug, der nicht unbedingt neuesten Datums sein muss[5]. Schriftform ist schon aus Beweisgründen dringend anzuraten. Nach OLG Frankfurt bedürfen Ehegatten keiner schriftlichen Vollmacht, wenn es sich um eine gemeinschaftliche Wohnung handelt[6].

377 Bevollmächtigter kann ein **Wohnungseigentümer** oder ein **Dritter** sein. Nach der Rechtsprechung des Bundesgerichtshofs[7] kann in die Gemeinschaftsordnung eine Bestimmung aufgenommen werden, wonach Wohnungseigentümer sich in der Eigentümerversammlung nur durch den Verwalter, ihren Ehegatten[8] oder einen anderen Wohnungseigentümer vertreten lassen können. Solche Bestimmungen stellen eine unzulässige Einengung des Stimmrechts dar. Es gibt gute Gründe, sich von einem Dritten vertreten zu lassen. Praktisch bedeuten und bezwecken solche einengenden Bestimmungen nur die Stärkung der Stellung des Bauträger-Verwalters. Dieser kann aber als Bevollmächtigter bei gewissen Angelegenheiten ausgeschlossen sein[9].

378 Nach der erwähnten Rechtsprechung des BGH kann im Einzelfall ein Berufen auf das Vertretungsverbot wegen Verstoßes gegen Treu und Glauben (§ 242 BGB) unzulässig sein. Vollmachtsbeschränkungen sind ohne Bedeu-

---

1 Zu Textmustern von Vollmachten siehe Teil E Rz. 9, 10.
2 BayObLGZ 1984, 15.
3 BayObLGZ 1984, 15; OLG Hamm WE 1990, 104 = OLGZ 1990, 191; *Kümmel* ZWE 2000, 292.
4 BayObLGZ 1984, 15.
5 BayObLG BayObLGZ ebd. S. 23.
6 OLG Frankfurt DWE 1997, 80.
7 BGH NJW 1993, 1329; BGH NJW 1987, 650 = BGHZ 99, 90 = WE 1987, 79; OLG Karlsruhe MDR 1976, 758.
8 Nach BayObLG WE 1997, 276 = BayObLGZ 1996, 297 steht hierbei der Partner in einer nichtehelichen Lebensgemeinschaft dem Ehegatten nicht gleich.
9 Siehe Rz. 303.

tung, solange sie in der Versammlung nicht beanstandet werden[1]. Hat die Wohnungseigentümerversammlung die Vertretung eines Wohnungseigentümers trotz Vollmachtsverbots jahrelang hingenommen, so darf sie diese Handhabung nur ändern, wenn sie den Vertretenen vorher rechtzeitig darauf hingewiesen hat[2]. Die Vorschrift des BGB (§ 181), wonach es einem Vertreter grundsätzlich nicht gestattet ist, im Namen eines Vertretenen mit sich im eigenen Namen oder eines Vertreters eines Dritten Rechtsgeschäfte vorzunehmen (**Verbot des Selbstkontrahierens**), ist in der Wohnungseigentümerversammlung nicht einschlägig. Es handelt sich hier um einen so genannten Gesamtakt. Wenn ein Bevollmächtigter für zwei Wohnungseigentümer abstimmt, so schließt er kein Rechtsgeschäft zwischen ihnen ab, sondern gibt parallel nebeneinander zwei Stimmen ab. Er ist also nicht auf beiden Seiten eines Rechtsgeschäfts tätig[3]. Es ist jedoch unschädlich, ja sogar zweckmäßig, in die Vollmacht eine Befreiung von den Beschränkungen des § 181 BGB aufzunehmen, um alle Einwendungen auszuschließen.

Es kann zweckmäßig sein, die Vollmacht **übertragbar** zu gestalten. Im Zweifel ist jedoch anzunehmen, dass der Vollmachtgeber die Erteilung einer Untervollmacht nicht gestattet hat[4]. 379

Der **gesetzliche Vertreter** eines Kindes kann dieses nicht vertreten (§§ 1795 Nr. 1, 1629 Abs. 2 BGB), wenn es sich um ein Rechtsgeschäft zwischen seinem Ehegatten oder einem Verwandten in gerader Linie einerseits und dem Kind andererseits handelt. Eltern können also als gesetzliche Vertreter ihrer Kinder und eigenen Namens oder als Bevollmächtigte eines Dritten abstimmen. 380

3.3.8.6. Anwesenheit von Beratern

Nach der Rechtsprechung des Bundesgerichtshofs[5] dürfen an der Wohnungseigentümerversammlung Berater von Eigentümern grundsätzlich nicht teilnehmen. Dies ergebe sich aus der Nichtöffentlichkeit der Versammlung[6]. 381

3.3.8.7. Teilnehmerverzeichnis

Sehr zweckmäßig ist es, ein **Teilnehmerverzeichnis** auszulegen, in das sich jeder Wohnungseigentümer einträgt. Dieses Verzeichnis sollte so vorbereitet sein, dass es bereits die Namen und die Größe der Miteigentumsanteile aller Wohnungseigentümer enthält. Wer als Wohnungseigentümer oder Be- 382

---

1 OLG Frankfurt DWE 1994, 162.
2 OLG Hamm NJW-RR 1997, 846 = WE 1997, 352; OLG Köln, NZM 2005, 149.
3 Weimar DWE 1979, 100.
4 OLG Zweibrücken WE 1991, 357; a.A. BayObLG FGPrax 2003, 67.
5 BGH NJW 1993, 1329 = WE 1993, 165.
6 Zum Prinzip der Nichtöffentlichkeit vgl. Rz. 313.

vollmächtigter an der Versammlung teilnimmt, unterschreibt jeweils in der für den betreffenden Wohnungseigentümer vorgesehenen Zeile[1].

3.3.8.8. Vollversammlung

383 Die Vorschriften des WEG darüber, dass eine Versammlung nur stattfinden darf, und dass Beschlüsse nur gefasst werden dürfen, wenn die Versammlung ordnungsgemäß einberufen worden ist, und die Tagesordnungspunkte dem Gesetz entsprechend angekündigt worden sind, gelten nicht, wenn bei der Wohnungseigentümerversammlung sämtliche Wohnungseigentümer anwesend oder vertreten sind (**Vollversammlung, Universalversammlung**). Sämtliche Wohnungseigentümer können also spontan zu einer Wohnungseigentümerversammlung zusammentreten und Beschlüsse fassen. Sie müssen insoweit den Verwalter nicht informieren. Sind alle Wohnungseigentümer anwesend oder vertreten, so können auch Beschlüsse gefasst werden, die in der Tagesordnung nicht angekündigt worden sind. Bei allen solchen Universalbeschlüssen ist jedoch Voraussetzung, dass sich alle Wohnungseigentümer an der Abstimmung beteiligen; hierbei kommt es nicht darauf an, ob sie für oder gegen den Beschluss gestimmt oder sich der Stimme enthalten haben. Ein Universalbeschluss muss aber unterbleiben, wenn auch nur ein Wohnungseigentümer rügt, dass die Versammlung nicht ordnungsgemäß einberufen oder der Tagesordnungspunkt nicht in gesetzmäßiger Form angekündigt wurde. Ein Universalbeschluss ist im Hinblick auf fehlende Ladung und Ankündigung unanfechtbar[2]. Nach dem BayObLG handelt es sich um keine Vollversammlung, wenn sich die Wohnungseigentümer nicht als Eigentümerversammlung verstehen[3].

3.3.8.9. Schriftlicher Beschluss[4]

3.3.8.9.1. Allgemeines und Ablauf

384 Ein Beschluss der Wohnungseigentümer ist auch ohne Versammlung gültig, wenn alle Wohnungseigentümer ihre Zustimmung zu diesem **Beschluss schriftlich** erklären (§ 23 Abs. 3 WEG). Diese Art der Beschlussfassung spielt vor allem bei kleinen Gemeinschaften eine Rolle. Anders als bei der Vollversammlung muss sich aber die Zustimmung aller Wohnungseigentümer nicht nur auf die Form der schriftlichen Abstimmung beziehen, sondern auch auf den materiellen Inhalt des vorgeschlagenen Beschlusses, es muss also ein allstimmiger Beschluss zustande gekommen sein[5]. Nach einer im Schrifttum vertretenen Ansicht („Stimmensplit-

---

1 Beispiel für ein Textmuster siehe Teil E Rz. 12.
2 OLG Hamm Rpfleger 1979, 342; BayObLG WE 1997, 268; LG Bochum DWE 1996, 84; BayObLG WE 1988, 67 setzt hierzu voraus, dass auf die Rüge von Formfehlern bewusst verzichtet wurde.
3 WuM 2000, 362.
4 Hierzu vgl. ausführlich *Röll* WE 1991, 308; *Schmidt* ZWE 2000, 155.
5 Sonst kommt kein Beschluss zustande, OLG Zweibrücken FGPrax 2003, 60.

ting")¹ soll es genügen, wenn einzelne Eigentümer nur dem schriftlichen Verfahren, nicht aber dem Beschlussgegenstand zustimmen. Diese Meinung widerspricht dem Wortlaut und auch dem Zweck des § 23 Abs. 3 WEG.

Auch die Mitwirkung der (nach § 25 Abs. 5 WEG) vom Stimmrecht ausgeschlossenen Wohnungseigentümer ist erforderlich; denn sie könnten sich in der Versammlung an der Diskussion beteiligen. Die Diskussion ist unverzichtbar, soweit es sich nicht um einen allstimmigen Beschluss handelt. Allerdings genügt bei ihnen eine Zustimmung zum schriftlichen Verfahren, dem Inhalt des Beschlusses müssen sie nicht zustimmen². Der Beschluss kann auch im Umlaufverfahren gefasst werden. Telegrafische Zustimmung ist möglich. Die Gemeinschaftsordnung kann schriftliche Mehrheitsbeschlüsse aber nicht zulassen³. 385

Die Initiative zur schriftlichen Abstimmung kann vom Verwalter oder einem Wohnungseigentümer ausgehen. Einberufungsvorschriften gelten für sie nicht. Die Zustimmung zu dem schriftlichen Beschluss kann nicht widerrufen werden. Es wird allerdings die Meinung vertreten, die Unwiderruflichkeit trete erst ein, wenn die letzte Unterschrift geleistet sei⁴. Es handelt sich aber hier nicht um ein Rechtsgeschäft, das unter Widerrufsvorbehalt steht. Aus Klarheitsgründen muss der schriftlich Zustimmende gebunden sein. Nach der Rechtsprechung des BGH⁵ kommt ein Beschluss im schriftlichen Verfahren erst mit Mitteilung des Beschlussergebnisses an alle Eigentümer zustande. 386

3.3.8.9.2. Praktische Hinweise⁶

Die schriftliche Beschlussfassung bedarf immer eines „Initiators", der die Angelegenheit in die Hand nimmt. Dies muss nicht der Verwalter sein. Eine schriftliche Abstimmung könnte sogar gegen den Willen des Verwalters durchgeführt werden. Die Abstimmung kann im Umlaufverfahren erfolgen, wobei alle Eigentümer auf einem Schriftstück nach und nach unterschreiben. Es können aber auch gleich lautende Erklärungen an alle Wohnungseigentümer zur Unterschriftsleistung versandt werden. Auch eine Kombination beider Verfahren ist möglich. Mit Eingang aller Unterschriften beim Initiator ist dann die Beschlussfassung beendet. Das Schriftstück sollte, um jeden Zweifel auszuschließen, als „Beschluss der Wohnungseigentümer im schriftlichen Verfahren gemäß § 23 Abs. 3 WEG" bezeich- 387

---

1 *Kümmel* ZWE 2000, 62.
2 *Schmidt* ZWE 2000, 155, 157; a.A. die h.M.
3 OLG Hamm Rpfleger 1978, 319; OLG Köln WEM 1977, 52; BayObLG BayObLGZ 1980, 331; *Schmidt* ZWE 2000, 155; *Schmidt* ZWE 2000, 254; a.A. *Prüfer* WE 1998, 334.
4 *Bärmann/Pick/Merle* § 23 Rz. 92; a.A. *Weitnauer/Lüke* § 23 Rz. 11.
5 BGH NJW 2001, 1339 = ZWE 2001, 530.
6 Textmuster siehe Teil E Rz. 11.

net werden. In dem Beschluss sollte ein Endtermin festgesetzt sein, bis zu dessen Eintritt alle Unterschriften beim Initiator eingegangen sein müssen. Die Unterschriften sollten bei der Abstimmung im Umlaufverfahren mit ihrem Datum versehen sein. Wenn Einzelurkunden beim Initiator eingehen, sollte der Verwalter das Eingangsdatum auf dem Schriftstück vermerken.

Zweckmäßig kann auch eine **Alternativvollmacht** sein, in der alle Unterzeichnenden dem Initiator für den Fall des Scheiterns der schriftlichen Abstimmung Vollmacht zu ihrer Vertretung in einer Wohnungseigentümerversammlung mit gleichem Gegenstand erteilen.

3.3.8.10. Aufhebung oder Änderung eines Beschlusses

388 Ein Beschluss kann durch Mehrheitsbeschluss jederzeit im Rahmen der ordnungsgemäßen Verwaltung **aufgehoben oder geändert** werden[1]. Nur soweit dabei gegen den Grundsatz des Vertrauensschutzes verstoßen würde, ist die Aufhebung auf diese Art nicht zulässig[2]; dies gilt vor allem dann, wenn aufgrund des Beschlusses eine Baumaßnahme eines Wohnungseigentümers stattgefunden hat.

389 Häufig werden Beschlüsse der Wohnungseigentümergemeinschaft aus formellen Gründen angefochten. In diesem Falle beschließen häufig die Wohnungseigentümer den Erstbeschluss nochmals. Dann handelt es sich um einen sog. **inhaltsgleichen Zweitbeschluss**. Rechtlich ist es entscheidend, ob es sich nur um einen bestätigenden[3] oder unter Aufhebung des alten um eine Neuregelung handelt[4]. Wird der Zweitbeschluss für ungültig erklärt, so ist der Erstbeschluss wieder maßgeblich[5]. Wird einer der beiden Beschlüsse bestandskräftig, muss im gerichtlichen Verfahren die Hauptsache für erledigt erklärt werden, weil durch die Rechtskraft die Verpflichtung unter den Wohnungseigentümer besteht so zu verfahren, wie in dem Beschluss rechtskräftig entschieden. Die Ungültigkeitserklärung des Erstbeschlusses entfällt damit mit der Bestandskraft des Ersetzen oder Bestätigen des Zweitbeschlusses[6].

3.3.9. Nichtigkeit und Anfechtbarkeit von Beschlüssen

3.3.9.1. Die Anfechtbarkeit von Beschlüssen

390 Ist ein Beschluss der Wohnungseigentümerversammlung unter Verstoß gegen gesetzliche Vorschriften zustande gekommen, so ist er grundsätzlich

---

1 BGHZ 113, 197.
2 OLG Köln WE 1992, 260 = DWE 1992, 121; BayObLG NJWE-MietR 1996, 202.
3 OLG Stuttgart OLGZ 88, 437.
4 BayObLG NZM 1998, 442.
5 BGHZ 127, 99.
6 BGH NJW 2002, 3704.

nur **anfechtbar**, nicht ungültig. Die Anfechtbarkeit bedeutet, dass der Beschluss zunächst als gültig betrachtet wird, aber innerhalb einer Frist von einem Monat nach Beschlussfassung durch Antrag auf gerichtliche Entscheidung (§§ 23 Abs. 4, 43 Abs. 1 Nr. 4, 46 WEG) angefochten werden kann. Stellt das Gericht die Ungültigkeit rechtskräftig fest, so wirkt dies auf den Tag der Beschlussfassung zurück. Bis zur Rechtskraft der Entscheidung ist der Beschluss als gültig zu betrachten[1].

3.3.9.2. Anfechtungsgründe

Als Anfechtungsgründe kommen in erster Linie Verstöße gegen Formalien der Versammlung in Betracht, also z.B. wenn die Ladung von einem nicht dazu Berufenen ausgeht[2], die Ladungsfrist nicht eingehalten und Wohnungseigentümer dadurch an der Stimmabgabe gehindert wurden[3], die Tagesordnung nicht dem Gesetz entsprechend bekannt gegeben worden ist[4], ein Verzicht hierauf bedarf der Zustimmung aller Wohnungseigentümer[5], ein Wohnungseigentümer nicht eingeladen wurde[6]. Bei Einberufungsmängeln kommt aber eine Anfechtung nur in Betracht, wenn sie ursächlich für den Beschluss gewesen sind[7]. Wer in Kenntnis dieses Mangels mitgestimmt hat[8], kann nicht anfechten[9], wenn die Versammlung nicht beschlussfähig war[10], der Versammlungstermin eine Unzeit darstellt[11] oder ein Ausgeschlossener (§ 25 Abs. 5 WEG) mitgestimmt und dies das Ergebnis der Abstimmung beeinflusst hat[12], ebenso wenn ein Eigentümer von der Abstimmung zu Unrecht ausgeschlossen wurde[13]. Anfechtbar ist ein Beschluss, wenn der Nichtöffentlichkeitsgrundsatz der Versammlung nicht gewahrt wurde[14]. Die Mitwirkung eines Geschäftsunfähigen ist kein

391

---

1 BayObLG WE 1988, 71; BayObLG NJW-RR 1993, 788; wegen der Durchführung solcher Beschlüsse s. *Wenzel* WE 1998, 455.
2 BayObLG NZM 2002, 346; hat aber ein Verwalter einberufen, dessen Bestellung angefochten wurde, bleibt die Ladung gültig, auch wenn später die Bestellung für ungültig erklärt wird, BayObLG WE 1992, 227; OLG Hamm WE 1992, 314 = DWE 1992, 126 = OLGZ 1992, 310; nach BayObLG WE 1993, 276 = BayObLGZ 1992, 79 fehlt das Rechtsschutzbedürfnis für die Anfechtung, wenn ein Eigentümer der Einberufung ausdrücklich zugestimmt und in der Versammlung den Mangel nicht gerügt hat.
3 BGH WuM 2002, 281.
4 OLG München NZM 2005, 825.
5 OLG Hamm NJW-RR 1993, 468 = WE 1993, 111 = DWE 1993, 28.
6 BGH Rpfleger 2000, 78 = ZWE 2000, 29; BayObLG WE 1999, 27, bei finalen sogar nichtig.
7 OLG Celle NZM 2005, 308.
8 OLG Hamm NJW-RR 1993, 468 = WE 1993, 111.
9 Wegen eventueller Wiedereinsetzung in den vorigen Stand für einen Nichterschienenen siehe Rz. 912.
10 BayObLG BayObLGZ 1981, 50; LG Bonn Rpfleger 1982, 100.
11 LG Lübeck NJW-RR 1986, 813.
12 LG Hamburg NJW 1962, 1867.
13 KG OLGZ 1989, 425 = WE 1989, 168; OLG Köln WE 1998, 311.
14 OLG Hamm DWE 1990, 72 = OLGZ 1990, 57.

Nichtigkeitsgrund[1]; der Geschäftsunfähige ist so zu behandeln, als habe er keine Stimme abgegeben. Anfechtbarkeit liegt auch vor, wenn der Vorsitzende das Stimmverhältnis nicht richtig festgestellt hat; diese Feststellung lässt sich von der Beschlussfassung nicht trennen, der Gesetzeszweck trifft hier genauso wie in den sonstigen Fällen zu (§§ 23 Abs. 4, 46 WEG)[2]. Ebenso kann durch Antrag bei Gericht die Feststellung eines tatsächlich gefassten, in der Niederschrift aber nicht enthaltenen Beschlusses verlangt werden[3]. Das Gleiche gilt für einen Beschluss mit unklarem Stimmergebnis[4].

392 Anfechtbar sind aber auch Beschlüsse, die formell ordnungsgemäß zustande gekommen sind, aber ihrem Inhalt nach gegen die Gemeinschaftsordnung[5] oder gesetzliche Vorschriften verstoßen, z.B. beim Wirtschaftsplan oder der Jahresabrechnung[6], auch bei einem Verstoß gegen die Heizkosten-VO[7]. Das Gleiche gilt für Beschlüsse, bei denen die Wohnungseigentümerversammlung nicht im Rahmen des ihr zustehenden Ermessens geblieben ist[8], also wenn z.B. das Hausgeld offensichtlich zu hoch oder zu niedrig angesetzt wurde; denn jeder Wohnungseigentümer hat einen Anspruch auf ordnungsgemäße Verwaltung (§ 21 Abs. 4 WEG). Anfechtbar sind auch Beschlüsse über eine Baumaßnahme, die nicht einer ordnungsgemäßen Verwaltung entspricht[9]. Werden solche Beschlüsse angefochten und sind die Baumaßnahmen vor der Entscheidung des Gerichts durchgeführt und nicht mehr rückgängig zu machen, so tritt Hauptsachenerledigung ein mit der Folge, dass eine Aufhebung des Beschlusses nicht mehr in Frage kommt[10]. Geschäftsordnungsbeschlüsse[11] können nicht angefochten werden[12].

Die Stimmabgabe kann auch als Willenserklärung wegen Irrtums oder Täuschung angefochten werden (§§ 119, 123 BGB)[13], die dafür geltenden Fristen sind einzuhalten.

3.3.9.3. Beschlüsse mit Vereinbarungsinhalt (Pseudovereinbarungen)

393 Eines der wichtigsten Probleme des Wohnungseigentumsrechts war immer die Frage, wie Beschlüsse zu behandeln sind, deren Gegenstand einer Ver-

---

1 OLG Stuttgart OLGZ 1985, 259.
2 OLG Hamm OLGZ 1979, 296; vgl. auch OLG Hamm OLGZ 1985, 147; OLG Hamm OLGZ 90, 180 = WE 1990, 102; KG NJW-RR 1991, 213 = WE 1990, 207 = OLGZ 1990, 421.
3 OLG Hamm OLGZ 1979, 296.
4 OLG Frankfurt OLGZ 1988, 316.
5 BGH NJW 1994, 1866 = WE 1994, 210; BayObLG Rpfleger 1979, 216.
6 BGH NJW 1994, 1866 = WE 1994, 210; BayObLG WEM 1979, 173.
7 BayObLG Rpfleger 1986, 14.
8 OLG Frankfurt Rpfleger 1982, 143.
9 BayObLG NJW-RR 1986, 762 = WE 1987, 17; BayObLG NJW-RR 1993, 85 = DWE 1992, 163; KG NJW-RR 1992, 720 = WE 1992, 283 = OLGZ 1993, 52.
10 BayObLG NJW-RR 1999, 164 = WE 1999, 33.
11 BayObLG NJW-RR 1987, 1363 = WE 1988, 33.
12 Wegen nichtiger Beschlüsse siehe bei Rz. 402.
13 BGH NJW 2002, 3629.

einbarung bedurft hätte. Sie wurden als „bestandskräftige Beschlüsse", „Pseudovereinbarungen" oder „Zitterbeschlüsse" bezeichnet, Letzteres wegen der drohenden Anfechtbarkeit.

Die Rechtsprechung des BGH[1]; stellt darauf ab, ob die Wohnungseigentümerversammlung für die Beschlussfassung zuständig war (sog. Beschlusskompetenz). Handelt es sich um **Fragen des Gesetzes oder Gemeinschaftsordnung**, also entweder um deren Änderung oder um ihre Erweiterung unter Verdrängung der bisher für die Gemeinschaft geltenden Regelung, so war die Wohnungseigentümerversammlung unzuständig und der Beschluss ist **nichtig**. Betroffen hiervon sind alle abstrakten, auch für zukünftige Fälle geltenden Regelungen. Bei Fragen des Gebrauchs, der Benutzung, der Verwaltung oder der baulichen Veränderung (§§ 15 Abs. 2, 21 Abs. 3, 22 Abs. 1 WEG) erkannte der BGH eine sich aus dem Gesetz ergebende Beschlusskompetenz. Dabei durfte jedoch nicht in den Kernbereich des Sondereigentums eingegriffen werden und es durfte kein Ausschluss der Benutzung des Gemeinschaftseigentums für einzelne Eigentümer stattfinden, wie z.B. durch Sondernutzungsrechte.

394

Vor der Novelle war die Beschlusskompetenz nur für Benutzungsregelungen (§ 15 Abs. 2 WEG), Entziehungsfragen (§ 18 Abs. 3 WEG), Fragen der ordnungsgemäßen Verwaltung (§ 21 Abs. 3 WEG), Verwalterwahl (§ 26 Abs. 1 WEG), Geltendmachung von Ansprüchen für den Verwalter (§ 27 Abs. 2 Nr. 5 WEG), Wirtschaftsplan und Jahresabrechnung (§ 28 Abs. 4 und 5 WEG), Beiratswahl (§ 29 Abs. 1 WEG) vorgesehen. Diese angeblich enge gesetzlich vorgesehene Beschlusskompetenz war Anlass für den Gesetzgeber sie weiter auszudehnen, so dass nunmehr weitere Beschlusskompetenzen noch in der Abschaffung des Zustimmungsvorbehalts (§ 12 Abs. 4 WEG), in den Änderungen von Kostenverteilungsschlüsseln (§ 16 Abs. 3 u. 4 WEG), Modernisierungsmaßnahmen (§ 22 Abs. 2 WEG), Vergütungsvereinbarungen mit Rechtsanwälten (§ 27 Abs. 3 Nr. 6 WEG) statuiert wurden. Damit wird die Beschlusskompetenz der Gemeinschaft erheblich erweitert und in das System eingegriffen.

395

Einen Sonderfall stellen **Änderungsvorbehalte in der Gemeinschaftsordnung** dar, welche die Änderung der Gemeinschaftsordnung durch Beschlüsse der Wohnungseigentümer mit einfacher oder qualifizierter Mehrheit erlauben. Sie werden auch „**Öffnungsklauseln**" genannt. Der BGH[2] lässt solche Klauseln mit folgender Einschränkung zu: Von ihnen darf nur Gebrauch gemacht werden, wenn ein sachlicher Grund vorliegt und einzelne Wohnungseigentümer gegenüber dem früheren Rechtszustand nicht unbillig benachteiligt werden.

396

---

1 BGH ZWE 2000, 518 = NJW 2000, 3500 = MDR 2000, 1367 = DNotZ 2000, 854; hierzu vgl. *Rapp* DNotZ 2000, 864; *Röll* DNotZ 2000, 898; *Bielefeld* DWE 2000, 140; *Häublein* ZWE 2000, 569; *Riecke* WE 2001, 4; *Merle* ZWE 2001, 191.
2 BGH NJW 1985, 2832 = DNotZ 1986, 83 = BGHZ 95, 137; hierzu *Sauren* NJW 1986, 2034.

397 Der Umfang der sog. **Öffnungsklausel** ist in jedem Einzelfall zu ermitteln. Zulässig ist auch eine sog. allgemeine Öffnungsklausel, d.h. eine nicht auf bestimmte Gegenstände begrenzte. Häufig werden jedoch in den Gemeinschaftsordnungen Regelungen über einen begrenzten Gegenstand vorgefunden. Der wesentliche Unterschied ist hier, dass wenn ein Beschluss gefasst wird, dieser nicht nichtig ist, sondern nur anfechtbar. Wird in der Öffnungsklausel festgehalten, dass eine Änderung nur durch einstimmigen Beschluss erlaubt ist, ist darin die Einstimmigkeit in der Versammlung und nicht von allen Wohnungseigentümern gemeint[1]. Obwohl der Beschluss eine Vereinbarung abändert, ist es nicht erforderlich, dass er im Grundbuch zur Abänderung eingetragen wird, da es sich nach wie vor um einen Beschluss handelt[2]. Der Käufer einer Eigentumswohnung ist ausreichend gewarnt (§ 10 Abs. 4 Satz 2 WEG).

398 Durch die Öffnungsklausel wird die Aufhebung oder Änderung der gesetzlichen, Vereinbarungsmäßigen oder Beschlussmäßigen Regelung durch Mehrheitsbeschluss möglich. In der Praxis wird aber häufig übersehen, dass nach der Rechtsprechung des BGH **ein sachlicher Grund** vorliegen muss und einzelne Wohnungseigentümer gegenüber dem früheren Rechtszustand nicht **unbillig benachteiligt** werden dürfen.

Die Rechtsprechung ist insoweit sehr eng und nimmt bereits sehr frühzeitig eine erfolgreiche Anfechtung an.

Es reicht bereits die Kostenbelastung bzw. die Mehrkostenbelastung eines Wohnungseigentümers[3]. In der Praxis ist deshalb auch der Ablauf der Anfechtungsfrist wichtiger.

3.3.9.4. Nichtbeschlüsse und Negativbeschlüsse

399 Ein Beschluss, der nicht die erforderliche Mehrheit gefunden hat, ist ein rechtliches Nichts, ein „**Nichtbeschluss**". Er begründet keine Rechtsfolgen für die Gemeinschaft der Eigentümer. Er unterliegt der Anfechtung (§§ 23 Abs. 4, 46 WEG). Auch dieser ablehnende Beschluss hat eine Regelungswirkung[4]. Für eine Ungültigkeitserklärung besteht aber nur dann ein Rechtsschutzinteresse, wenn ein anderer auf Vornahme der abgelehnten Maßnahme gerichteter Antrag zusätzlich gestellt wird. In der Praxis gibt es nur geringe Auswirkungen, weil auch die Bestandskraft des Beschlusses nicht dem unbefristeten Antrag auf Vornahme einer Maßnahme entgegensteht[5]. Das Bayerische Oberste Landesgericht[6] hat jedoch in einem Fall der Angelegenheit einen Regelungsgehalt gegeben. Ist nämlich ein Beseiti-

---

1 BayObLG ZMR 2003, 915.
2 BGH NJW 1994, 3230; siehe auch § 10 Abs. 4 Satz 2 WEG.
3 OLG Hamm WuM 2007, 222; ZWE 2006, 433.
4 *Wenzel* ZWE 2000, 382 ff.
5 BGH NJW 1994, 3230; *Bub* ZWE 2000, 194.
6 BayObLG ZfIR 2004, 291.

gungsantrag gegen einen Wohnungseigentümer in der Versammlung gestellt worden und dieser abschlägig entschieden worden von der Gemeinschaft, so meint das BayObLG, dass damit einem erneuten Beseitigungsantrag seitens der Gemeinschaft der alte nicht angefochtene Antrag entgegenstehen würde. Dies ist abzulehnen. Dadurch, dass die Gemeinschaft einen Beseitigungsantrag abgelehnt hat, hat sie sich nicht gebunden und will nach wie vor in der Zukunft eine Regelungsmöglichkeit haben. Sprachlich nicht ganz zutreffend werden „Nichtbeschlüsse" häufig als „Negativbeschlüsse" bezeichnet.

Ein „**Negativbeschluss**" im eigentlichen Sinne liegt dann vor, wenn er seinem Wortlaut nach eine Maßnahme ablehnt und die Wohnungseigentümerversammlung mit Mehrheit für diese Ablehnung stimmt. Solche Beschlüsse sind wie Nichtbeschlüsse zu behandeln. Sie sind daher anfechtbar[1]. Ein Nichtbeschluss liegt auch vor, wenn alle Beteiligten davon ausgegangen sind, dass eine qualifizierte Mehrheit erforderlich war, und diese nicht erreicht wurde[2]. 400

3.3.9.5. Bestätigung durch gültigen Beschluss

Ist ein Beschluss nur aus formellen Gründen anfechtbar, so kann er durch einen neuen gültigen Beschluss bestätigt werden und wird durch diese Bestätigung unanfechtbar (§ 144 Abs. 1 BGB)[3]. Sind beide Beschlüsse, der ursprüngliche und der bestätigende, aus einem formalen, nicht aus einem sachlichen Grunde angefochten, so rechtfertigt dies die Aussetzung des ersten Verfahrens bis zur Entscheidung des zweiten und nicht umgekehrt[4]. Das Verfahren erledigt sich durch einen nicht angefochtenen Beschluss gleichen Inhalts, da damit das Rechtsschutzbedürfnis entfällt[5]. Ist ein Beschluss durch das Gericht aus sachlichen Gründen für ungültig erklärt worden, so ist ein inhaltsgleicher Zweitbeschluss auf Anfechtung hin aufzuheben[6]. 401

3.3.9.6. Nichtigkeit von Beschlüssen

Nach dem WEG (§ 23 Abs. 4 Satz 1 WEG) ist ein Beschluss der Wohnungseigentümerversammlung nichtig, wenn er gegen eine Rechtsvorschrift verstößt, auf deren Einhaltung rechtswirksam nicht verzichtet werden kann. Dies sind nur wenige Bestimmungen. Dies gilt vor allem dann, wenn eine 402

---

1 A.A. *Hadding* ZWE 2001, 179.
2 BayObLG BayObLGZ 1984, 213.
3 OLG Braunschweig OLGZ 1989, 186 = WE 1989, 100; a.A. BayObLG NJW 1978, 1387 = RPfleger 1997, 446.
4 *Karsten Schmidt* NJW 1979, 409.
5 BayObLG NJW-RR 1987, 9 = WE 1987, 53; OLG Frankfurt OLGZ 1989, 434 = WE 1990, 56; OLG Köln WE 1998, 312.
6 KG NJW-RR 1994, 1358 = WE 1995, 58.

Vereinbarung gleichen Inhalts unwirksam wäre[1]. Nichtig können auch Beschlüsse sein, welche die Gemeinschaftsordnung ändern[2]. Auf die Ungültigkeit eines nichtigen Beschlusses kann sich jedermann berufen (Ausnahme: § 48 Abs. 4 WEG) eine gerichtliche Feststellung der Unwirksamkeit ist hier – im Gegensatz zu nur anfechtbaren Beschlüssen – nicht erforderlich. Die Nichtigkeit eines Eigentümerbeschlusses ist auch ohne formale gerichtliche Feststellung immer zu berücksichtigen[3]. Ist ein Beschluss zum Teil nichtig, so bestimmen sich die Folgen nach dem BGB (§ 139)[4].

3.3.10. Niederschrift (Protokoll)

3.3.10.1. Inhalt der Niederschrift

403 Die gesetzlichen Bestimmungen über die **Niederschrift (Protokoll) über eine Wohnungseigentümerversammlung** sind sehr knapp gehalten (§ 24 Abs. 6 WEG). Sie lassen manche Zweifelsfragen offen. Durch eine konsequente an den praktischen Erfordernissen orientierte Handhabung lassen sich aber solche Zweifelsfragen in der Praxis ausschließen. Die gesetzlichen Vorgaben stehen dem nicht entgegen. Sie sind abdingbar[5].

404 Zweck der Niederschrift ist es, später einen Nachweis darüber zu haben, was in der Versammlung beschlossen wurde. Insbesondere bei einer Anfechtung von Beschlüssen vor dem Gericht kann dem Protokoll eine besondere Bedeutung zukommen.

405 Die Niederschrift über die Wohnungseigentümerversammlung ist ein Ergebnisprotokoll[6], das in erster Linie die gefassten Beschlüsse enthält, nicht aber ein Ablaufprotokoll, bei dem der Protokollführer wie ein Parlamentsstenograf alles notiert, was in der Versammlung besprochen wurde. Dennoch genügt die Wiedergabe der Beschlüsse allein nicht.

406 Die Niederschrift hat zunächst zu enthalten, um **welche Wohnungseigentümergemeinschaft** es sich handelt, **wann und wo die Versammlung** stattgefunden hat. Sie sollte insbesondere die Uhrzeit des Beginns der Versammlung angeben. Dies alles ist wichtig für die Gesetzmäßigkeit der Versammlung. Die Niederschrift oder ein neben der Niederschrift geführtes **Teilnehmerverzeichnis**[7] sollten ergeben, wer an der Versammlung teilgenommen hat. Dies ist wichtig für die Beschlussfähigkeit (§ 25 Abs. 3 WEG). Bei kleinen Gemeinschaften können die Namen der Teilnehmer in die Niederschrift aufgenommen werden, bei größeren Gemeinschaften ist

---

1 Siehe Rz. 37 und Rz. 391 ff. wegen der Tatbestände, die nur die Anfechtbarkeit begründen.
2 Siehe Rz. 393.
3 BGH NJW 1989, 2059 = BGHZ 107, 268 = WE 1989, 167.
4 BGH NJW 1998, 3713 = WE 1999, 93.
5 BayObLG DWE 2004, 91.
6 BayObLG Rpfleger 1972, 411.
7 Siehe Rz. 382.

ein Teilnehmerverzeichnis zu führen. Die Niederschrift sollte auch die Angabe darüber enthalten, wer den **Vorsitz** in der Versammlung geführt hat (insbesondere wegen § 26 Abs. 4 WEG). In der Regel führt den Vorsitz der Versammlung der Verwalter (§ 24 Abs. 5 WEG). Die Versammlung kann aber auch einen anderen Vorsitzenden wählen.

Die Niederschrift sollte die **gefassten Beschlüsse** genau wiedergeben. Dies ist nur dann möglich, wenn sie vor der Beschlussfassung schriftlich fixiert worden sind. Es ist daher dringend anzuraten, dass der Vorsitzende den Text eines Beschlusses auf einen Zettel niederschreibt, den Text verliest und dann abstimmen lässt. Nur so wird genau festgehalten, über was überhaupt abgestimmt wurde. Wird das Protokoll wie üblich erst am Tag nach der Versammlung oder später fertig gestellt, so ist es oft schwierig, den genauen Wortlaut der Beschlüsse zu rekonstruieren. Manchmal kommt es auf jedes Wort an. 407

Festgehalten werden muss aber auch, dass eine **Mehrheit** für oder gegen den Beschluss gestimmt hat. Hierbei muss nicht unbedingt ein zahlenmäßiges Verhältnis der Stimmen angegeben werden. Insbesondere wenn der Beschluss mit überwältigender Mehrheit angenommen wurde, kann darauf verzichtet werden. Selbst viele Parlamente verfahren so. Ratsam ist es aber immer, das zahlenmäßige Verhältnis der Abstimmung festzuhalten. 408

Hat eine große Mehrheit für den Beschluss gestimmt, so genügt es, die Nein-Stimmen und die Stimmenthaltungen anzugeben.

Von dem Grundsatz, dass in der Niederschrift nicht namentlich festgestellt werden muss, wer für oder gegen einen Beschluss gestimmt hat, gibt es Ausnahmen, nämlich dann, wenn eine knappe Mehrheit vorliegt und es auf die einzelne Stimme ankommt. Ist dann auch eine Vollmacht angezweifelt worden, so ist es zweckmäßig festzuhalten, wie der Bevollmächtigte gestimmt hat. Das Gleiche gilt bei der Stimmabgabe durch einen Wohnungseigentümer, der eventuell wegen Selbstbeteiligung vom Stimmrecht ausgeschlossen sein kann (§ 25 Abs. 5 WEG). 409

Zweckmäßig ist es auch, die **Art der Abstimmung** festzuhalten, z.B. durch Handaufheben, Stimmkarten usw. Nach der Rechtsprechung des BGH[1] ist es notwendig, dass der Vorsitzende der Versammlung das **Ergebnis der Abstimmung verkündet** und dass diese Feststellung dann in die Niederschrift aufgenommen wird. 410

Das WEG sagt nichts darüber, wer die Niederschrift anzufertigen hat. In der Regel ist dies Aufgabe des Vorsitzenden oder eines von ihm Beauftragten. Nach dem WEG (§ 24 Abs. 6 Satz 2 WEG) ist die Niederschrift von dem Vorsitzenden der Versammlung, einem Wohnungseigentümer und, 411

---

1 BGH NJW 2001, 1339 = ZWE 2001, 530; siehe hierzu Rz. 374.

Teil B Verwaltung der Wohnungseigentumsanlage

falls ein Verwaltungsbeirat bestellt ist, auch von dessen Vorsitzenden oder seinem Stellvertreter zu **unterschreiben**.

412 Ein **Verstoß** gegen die Vorschriften über die Niederschrift führt nicht zur Anfechtbarkeit oder gar Nichtigkeit der oder des Beschlusses[1]. Ist nach einer Vereinbarung die Protokollierung oder Eintragung in ein Beschlussbuch[2] zur Gültigkeitsvoraussetzung gemacht worden, dann sind Verstöße hiergegen im Anfechtungsverfahren geltend zu machen[3].

3.3.10.2. Notarielle Beglaubigung

413 Manchmal muss das Vorhandensein eines **Beschlusses in notariell beglaubigter Form** nachgewiesen werden. Dies gilt vor allem für den Nachweis der Verwalterstellung, wenn nach einer entsprechenden Regelung in der Gemeinschaftsordnung die Veräußerung einer Eigentumswohnung der Zustimmung des Verwalters bedarf (§ 12 WEG).

414 In diesem Fall muss nicht nur die Zustimmung des Verwalters in öffentlich beglaubigter Form dem Grundbuchamt (§ 29 GBO) nachgewiesen werden, sondern auch seine Bestellung. Hierfür trifft das WEG (§ 26 Abs. 4 WEG) eine ausdrückliche Regelung. Demnach genügt die Vorlage der Niederschrift über den Bestellungsbeschluss, bei der die Unterschriften der in § 24 Abs. 6 WEG bezeichneten Personen öffentlich beglaubigt sind. Diese Vorschrift wird entsprechend angewandt für andere Fälle, in der das Vorhandensein eines Wohnungseigentümerbeschlusses in öffentlich beglaubigter Form nachzuweisen ist[4]. Bei größeren Gemeinschaften, bei denen eine Veräußerungsbeschränkung besteht (§ 12 WEG), ist es zweckmäßig, möglichst bald die Unterschriften notariell beglaubigen zu lassen, damit eine Verzögerung bei einem Verkauf einer Eigentumswohnung nicht eintritt.

415 Zweck der gesetzlichen Vorschriften ist es, den **Nachweis ohne große Formalitäten** zu ermöglichen. Die Unterschriften des Vorsitzenden der Versammlung und des Vorsitzenden des Verwaltungsbeirats oder seines Stellvertreters werden deswegen verlangt, weil diesen Personen eine Garantenstellung zukommt. Es wird angenommen, dass sie die erforderliche Sachkenntnis besitzen, der Versammlung mit der notwendigen Aufmerksamkeit gefolgt sind und das Vertrauen der Wohnungseigentümer haben. Die Unterschrift eines weiteren Wohnungseigentümers soll eine zusätzliche Sicherheit dafür bieten, dass die Niederschrift in Ordnung geht. Unter diesen Voraussetzungen hat der Gesetzgeber auf die Errichtung einer notariellen Urkunde über die Gesellschafterversammlung (§§ 36, 37 BeurkG) bzw. auf die Beglaubigung der Unterschriften aller Teilnehmer an der Versammlung verzichtet. War bei der Versammlung ein Protokollführer be-

---

1 BGH NJW 1997, 2956.
2 OLG Düsseldorf NJW-RR 2005, 565.
3 BGH NJW 1997, 2956.
4 LG Bielefeld Rpfleger 1981, 355; *Röll* Rpfleger 1981, 356.

stellt, so ist die Beglaubigung seiner Unterschrift nicht erforderlich; es wäre jedoch zweckmäßig, ihn als dritten Beteiligten unterschreiben zu lassen, soweit er Wohnungseigentümer ist.

3.3.10.3. Unterschrift des Vorsitzenden

Vorsitzender der Versammlung ist der Verwalter (§ 24 Abs. 5 WEG). Auch eine andere Person kann zum Vorsitzenden gewählt werden. Es genügt aber, wenn sie den Vorsitz übernimmt und sich hiergegen kein Widerspruch erhoben hat. Eine Wahl ist nicht nachzuweisen[1]. Vom Verwalter wird vermutet (§ 24 Abs. 5 WEG), dass er der Vorsitzende der Versammlung gewesen ist. In der Niederschrift muss nicht festgestellt werden, dass er den Vorsitz übernommen hatte.

416

Der Verwalter kann auch im Zusammenhang mit der Teilungserklärung bestellt werden. Es handelt sich um einen Beschluss des oder der Alleineigentümer. Ihre Unterschriften sind dann stets notariell beurkundet oder beglaubigt. Das genügt.

417

Es ist möglich, dass in einer Wohnungseigentümerversammlung **zwei Personen** hintereinander als Vorsitzende gehandelt haben. Dies kann insbesondere dann zutreffen, wenn der bisherige Verwalter den Vorsitz führte, die Versammlung aber einen neuen Verwalter gewählt hat und dieser dann den Vorsitz übernahm. In diesem Falle kommt beiden Vorsitzenden die Garantenstellung zu. Die Unterschrift eines von ihnen genügt[2]. Bei sehr kleinen Gemeinschaften kann es geschehen, dass eine Versammlung ohne Vorsitzenden abläuft. In solchen Fällen gibt es keinen Verwaltungsbeirat. Ein „Garant" fehlt also vollständig. Das bedeutet, dass die Unterschriften aller Wohnungseigentümer zu beglaubigen sind, die an der Versammlung teilgenommen haben.

418

3.3.10.4. Unterschrift des Verwaltungsbeirats

§ 24 Abs. 6 Satz 2 WEG schreibt vor, dass die **Niederschrift vom Vorsitzenden des Verwaltungsbeirats** oder von seinem Stellvertreter unterschrieben wird. Ist kein Verwaltungsbeirat bestellt, so genügt die Unterschrift des Vorsitzenden der Versammlung und eines weiteren Eigentümers. Dies ergibt schon der Gesetzeswortlaut[3]. Die Unterschrift des Vorsitzenden des Verwaltungsbeirats oder seines Stellvertreters ist aber auch dann nicht erforderlich, wenn ein Verwaltungsbeirat zwar vorhanden ist, bei der Versammlung aber weder der Vorsitzende noch sein Stellvertreter anwesend war. Die Anwesenheit dieser Person ist nicht Wirksamkeitsvoraussetzung

419

---

1 LG Köln MittRhNotK 1984, 121; *Röll* Rpfleger 1986, 4.
2 Fehlen einer Unterschrift führt nicht zur Ungültigkeit der Beschlüsse, vgl. OLG Hamm NZM 2002, 295, OLG Celle NZM 2005, 308.
3 LG Oldenburg Rpfleger 1983, 436; LG Wuppertal MittRhNotK 1985, 11; *Röll* Rpfleger 1986, 4.

für Beschlüsse der Wohnungseigentümerversammlung. Wenn eine Versammlung ohne ihre Beteiligung stattfinden kann, so darf ihre Unterschrift nicht verlangt werden. Das Problem kann nicht in der Weise gelöst werden, dass einer von beiden unterschreibt, obwohl er an der Versammlung gar nicht teilgenommen hat; denn in diesem Fall kommt ihm eine Garantenstellung nicht zu.

420 Haben sowohl der **Vorsitzende** als auch sein **Stellvertreter** an der Versammlung **teilgenommen**, so genügt es, wenn einer von ihnen unterschreibt. Wie sich schon aus dem Wortlaut des Gesetzes ergibt, ist nicht in erster Linie der Vorsitzende zur Unterschrift berufen. Haben beide unterschrieben, so kann die Unterschrift des einen oder des anderen notariell beglaubigt werden. Die Stellung als Vorsitzender des Verwaltungsbeirats oder seines Stellvertreters muss dem Grundbuchamt nicht nachgewiesen werden[1]. Es genügt, dass sie in der Niederschrift als Inhaber dieser Ämter bezeichnet sind. Mehr schreibt das Gesetz nicht vor. Ist der Beiratsvorsitzende zugleich Versammlungsvorsitzender, so genügt seine Unterschrift und die eines weiteren Eigentümers, es sei denn, der stellvertretende Vorsitzende des Beirats hat an der Versammlung teilgenommen[2]. Die Unterschrift eines eventuell vorhandenen Protokollsführers ist nicht erforderlich[3].

3.3.10.5. Unterschrift eines weiteren Eigentümers

421 Wie schon ausgeführt, ist die Niederschrift außer von dem Vorsitzenden der Versammlung sowie dem Vorsitzenden des Verwaltungsbeirats oder seinem Stellvertreter noch von **einem Wohnungseigentümer** zu unterzeichnen. Dieser Eigentümer muss aber an der Versammlung teilgenommen haben; denn nur dann kommt ihm eine Garantenstellung zu. Es wäre nichts dagegen einzuwenden, wenn die Beglaubigung der Unterschrift des Wohnungseigentümers unterbleibt, der zunächst unterschrieben hat, dann ein weiterer Eigentümer unterschreibt und dessen Unterschrift beglaubigt wird. Das WEG begnügt sich mit der Unterschrift eines beliebigen Eigentümers, wenn er nur an der Versammlung teilgenommen hat.

3.3.10.6. Schriftliche Beschlüsse

422 Das WEG (§ 23 Abs. 3 WEG) erlaubt auch die Fassung **schriftlicher Wohnungseigentümerbeschlüsse** ohne Versammlung, wenn diese Beschlüsse einstimmig stattfinden und alle Eigentümer mitwirken. Hier gibt es keinen „Garanten". Jeder Eigentümer bezeugt mit seiner Unterschrift nur, dass er mit der Beschlussfassung einverstanden ist. Im Übrigen kann er

---

1 LG Köln MittRhNotK 1984, 121; LG Wuppertal MittRhNotK 1985, 11; LG Aachen MittRhNotK 1985, 13; *Röll* Rpfleger 1986, 4.
2 LG Lübeck Rpfleger 1991, 309.
3 *Staudinger/Bub* § 24 Rz. 130.

aber keine Gewähr dafür geben, dass das Verfahren in Ordnung geht. Alle Unterschriften sind daher zu beglaubigen[1].

3.3.10.7. Frist für Errichtung der Niederschrift

Für die Gültigkeit von Beschlüssen der Wohnungseigentümerversammlung ist es **nicht erforderlich, dass eine Niederschrift vorliegt**. Die Frist für die Anfechtung von Beschlüssen der Wohnungseigentümerversammlung ist auch nicht dadurch gehemmt, dass eine Niederschrift nicht vorhanden ist. Trotzdem sollte die Niederschrift sobald als möglich fertig gestellt werden; denn sie bringt den Beweis dafür, was tatsächlich beschlossen worden ist. Da die Niederschrift für eine etwaige Anfechtung von Beschlüssen wichtig ist, sollte sie mindestens eine Woche vor Ablauf der Monatsfrist (§ 46 WEG) fertig gestellt sein[2].

423

Die **Niederschrift ist eine Privaturkunde** ohne gesetzliche Beweiskraft (§ 416 ZPO)[3]. Sie dient der Information der Wohnungseigentümer über die gefassten Beschlüsse und der Vorbereitung einer eventuellen Beschlussanfechtung. Hierin erschöpft sich aber ihre Funktion der Niederschrift nicht. Gegenüber den Wohnungseigentümern und ihren Rechtsnachfolgern hat sie einen maßgeblichen Beweiswert[4]. Dies ergibt sich aus § 10 Abs. 3 WEG, wonach die Beschlüsse ohne Eintragung in das Grundbuch gegen Rechtsnachfolger wirken. Die Niederschrift hat widerlegbare Vermutung der Richtigkeit für sich, solange keine anderen Beweismittel vorhanden sind. Die Bestimmungen des WEG sind nicht allein aus den Vorschriften des Zivilprozessrechts auszulegen. Beschlüsse der Wohnungseigentümerversammlung können noch nach Jahren und Jahrzehnten Bedeutung haben. Käme der Niederschrift kein Beweiswert zu, so wären solche Beschlüsse bedeutungslos, wenn niemand sich mehr an ihren Inhalt erinnern kann.

424

3.3.10.8. Einsichtnahme in die Niederschrift, Protokollberichtigungsanspruch

Nach § 24 Abs. 6 Satz 3 WG ist jeder Wohnungseigentümer berechtigt die **Niederschriften einzusehen**. Dagegen besteht keine Verpflichtung des Verwalters, jedem Wohnungseigentümer ein Exemplar der Niederschrift zu übersenden. Aus praktischen Gründen ist dies jedoch dringend anzuraten. Jeder Wohnungseigentümer kann dann nachsehen, was beschlossen worden ist, und sein Verhalten danach einrichten. Offenheit schafft Vertrauen. Ein Protokollberichtigungsanspruch besteht nur, wenn ein Eigentümer

425

---

1 BayObLG NJW-RR 1986, 565 = Rpfleger 1986, 299 = DNotZ 1986, 490.
2 BayObLG NZM 2001, 754.
3 BayObLG ZWE 2002, 469.
4 BayObLGZ 1973, 68, 75; BayObLG BayObLGZ 1982, 445, 448; *Bub* WE 1997, 402; a.A. *Bärmann/Merle* § 24 Rz. 110.

rechtswidrig beeinträchtigt wird oder eine erhebliche Erklärung falsch protokolliert wurde[1].

3.3.10.9. Aufbewahrung der Niederschriften

426 Nach § 10 Abs. 4 WEG wirken die Mehrheitsbeschlüsse auch ohne Eintragung im Grundbuch gegen alle, auch die überstimmten Wohnungseigentümer. Da hierdurch Rechte und Pflichten begründet werden, sind die Beschlüsse der Wohnungseigentümer dauernd aufzubewahren[2]. Wegen des geringen Raumbedarfs lohnt es sich nicht, Niederschriften auszuscheiden, die nur kurzfristige Bedeutung haben. Die Aufbewahrung der Niederschriften ist auch wichtig für die Beschlusssammlung (§ 24 Abs. 7 WEG).

3.4. Der Verwalter

3.4.1. Stellung des Verwalters

427 Das Vorhandensein eines tüchtigen **Verwalters** ist von **größter Wichtigkeit** für die Wohnungseigentümergemeinschaft. Große Anlagen können ohne geeigneten Verwalter überhaupt nicht verwaltet werden.

428 Die Bestellung des Verwalters kann durch Vereinbarung der Wohnungseigentümer nicht ausgeschlossen werden (§ 20 Abs. 2 WEG), selbst nicht bei Kleinstanlagen. Bei kleineren Anlagen wird manchmal auf einen Verwalter verzichtet, wenn kein Wohnungseigentümer die Bestellung verlangt[3].[4]

3.4.1.1. Unabdingbare Rechte und Pflichten

429 Der Verwalter hat eine Anzahl von unentziehbarer Rechte und Pflichten. Folgende Aufgaben und Befugnisse können durch Vereinbarung der Wohnungseigentümer nicht eingeschränkt werden (§ 27 Abs. 1–5 WEG):

(1) Der Verwalter ist gegenüber den Wohnungseigentümern und gegenüber der Gemeinschaft der Wohnungseigentümer berechtigt und verpflichtet,

1. Beschlüsse der Wohnungseigentümer durchzuführen und für die Durchführung der Hausordnung zu sorgen;
2. die für die ordnungsgemäße Instandhaltung und Instandsetzung des gemeinschaftlichen Eigentums erforderlichen Maßnahmen zu treffen;
3. in dringenden Fällen sonstige zur Erhaltung des gemeinschaftlichen Eigentums erforderliche Maßnahme zu treffen;

---

1 KG WE 1989, 139.
2 *Röll* WE 1998, 336.
3 Siehe Rz. 232 ff.
4 Zu der Frage, wer Verwalter sein kann, siehe bei Rz. 561.

Verwaltung Teil B

4. Lasten- und Kostenbeiträge, Tilgungsbeträge und Hypothekenzinsen anzufordern, in Empfang zu nehmen und abzuführen, soweit es sich um gemeinschaftliche Angelegenheiten der Wohnungseigentümer handelt;
5. alle Zahlungen und Leistungen zu bewirken und entgegenzunehmen, die mit der laufenden Verwaltung des gemeinschaftlichen Eigentums zusammenhängen;
6. eingenommene Gelder zu verwalten;
7. die Wohnungseigentümer unverzüglich darüber zu unterrichten, dass ein Rechtsstreit gem. § 43 anhängig ist;
8. die Erklärungen abzugeben, die zur Vornahme der in § 21 Abs. 5 Nr. 6 bezeichneten Maßnahmen erforderlich sind.

(2) Der Verwalter ist berechtigt, im Namen aller Wohnungseigentümer und mit Wirkung für und gegen sie

1. Willenserklärungen und Zustellungen entgegenzunehmen, soweit sie an alle Wohnungseigentümer in dieser Eigenschaft gerichtet sind;
2. Maßnahmen zu treffen, die zur Wahrung einer Frist oder zur Abwendung eines sonstigen Rechtsnachteils erforderlich sind, insbesondere einen gegen die Wohnungseigentümer gerichteten Rechtsstreit gemäß § 43 Nr. 1, Nr. 4 oder Nr. 5 im Erkenntnis- und Vollstreckungsverfahren zu führen;
3. Ansprüche gerichtlich und außergerichtlich geltend zu machen, sofern er hierzu durch Vereinbarung oder Beschluss mit Stimmenmehrheit der Wohnungseigentümer ermächtigt ist;
4. mit einem Rechtsanwalt wegen eines Rechtsstreits gemäß § 43 Nr. 1, Nr. 4 oder Nr. 5 zu vereinbaren, dass sich die Gebühren nach einem höheren als dem gesetzlichen Streitwert, höchstens nach einem gemäß § 49a Abs. 1 Satz 1 des Gerichtskostengesetz bestimmten Streitwert bemessen.

(3) Der Verwalter berechtigt ist, im Namen der Gemeinschaft der Wohnungseigentümer und mit Wirkung für und gegen sie

1. Willenserklärungen und Zustellungen entgegenzunehmen;
2. Maßnahmen zu treffen, die zur Wahrung einer Frist oder zur Abwendung eines sonstigen Rechtsnachteils erforderlich sind, insbesondere einen gegen die Gemeinschaft gerichteten Rechtsstreit gemäß § 43 Nr. 2 oder Nr. 5 im Erkenntnis- und Vollstreckungsverfahren zu führen;
3. die laufenden Maßnahmen der erforderlichen ordnungsgemäßen Instandhaltung und Instandsetzung gemäß Absatz 1 Nr. 2 zu treffen;
4. die Maßnahmen gemäß Absatz 1 Nr. 3 bis Nr. 5 und Nr. 8 zu treffen;
5. im Rahmen der Verwaltung der eingenommenen Gelder gemäß Absatz 1 Nr. 6 Konten zu führen;

6. mit einem Rechtsanwalt wegen eines Rechtsstreits gemäß § 43 Nr. 2 oder Nr. 5 eine Vergütung gemäß Absatz 2 Nr. 4 zu vereinbaren;
7. sonstige Rechtsgeschäfte und Rechtshandlungen vorzunehmen, soweit er hierzu durch Vereinbarung oder Beschluss der Wohnungseigentümer mit Stimmenmehrheit ermächtigt ist.

Fehlt ein Verwalter oder ist er zur Vertretung nicht berechtigt, so vertreten alle Wohnungseigentümer die Gemeinschaft. Die Wohnungseigentümer können durch Beschluss mit Stimmenmehrheit einen oder mehrere Wohnungseigentümer zur Vertretung ermächtigen.

(4) Die dem Verwalter nach den Absätzen 1 bis 3 zustehenden Aufgaben und Befugnisse können durch Vereinbarung der Wohnungseigentümer nicht eingeschränkt oder ausgeschlossen werden.

(5) Der Verwalter ist verpflichtet, eingenommene Gelder von seinem Vermögen gesondert zu halten. Die Verfügung über solche Gelder kann durch Vereinbarung oder Beschluss der Wohnungseigentümer mit Stimmenmehrheit von der Zustimmung eines Wohnungseigentümers oder eines Dritten abhängig gemacht werden.

430 Durch die Rechtsfähigkeit der Wohnungseigentümergemeinschaft wird vertreten, dass der **Verwalter** zukünftig sowohl als Vertreter der Eigentümer in deren Eigenschaft als Mitberechtigte am gemeinschaftlichen Grundstück auftritt, als auch als Vertreter der rechtsfähigen Gemeinschaft der Wohnungseigentümer[1]. Obwohl dies in Zweifel gezogen wurde[2], auch weil die Praxis dies nicht lebt, hat der Gesetzgeber sie festgeschrieben.

Sie führt dazu, dass der Gesetzgeber aus den bisherigen ersten beiden Absätzen **nunmehr 3 Absätze** gefertigt hat. Zukünftig soll sich aus dem Gesetz eindeutig ergeben, welche Rechte und Pflichten den Verwalter im Innenverhältnis treffen und welchen Umfang er zur Vertretung ermächtigt ist. Hierzu ist das **Innenverhältnis** allein im **Abs. 1** der Vorschrift angesprochen. Der Abs. 1 betrifft sowohl das Innenverhältnis gegenüber den Wohnungseigentümern als auch gegenüber der Gemeinschaft. Aus **dem Abs. 2** soll sich dann die **Vertretungsmacht für die Wohnungseigentümer** ergeben, aus dem neuen **Abs. 3** soll sich die **Vertretungsmacht für die Gemeinschaft** der Wohnungseigentümer ergeben.

3.4.1.2. Vertretungsmacht, Aufgaben und Pflichten

431 Eine der bisher am wenigsten geklärten Fragen des WEG betrifft das Problem der **Vertretungsmacht** des Verwalters für die Wohnungseigentümergemeinschaft. Die in § 27 Abs. 1 aufgezählten Rechte und Pflichten des Verwalters beziehen sich auf das Innenverhältnis zwischen Verwalter und Wohnungseigentümern. Dies schließt jedoch eine Vertretungsmacht des

---

1 *Hügel* DNotZ 2005, 753, 763; *Gottschalg* NZM 2007, 198; *Sauren* ZWE 2006, 258.
2 *Bub* NZM 2006, 847.

Verwalters nicht aus. Der BGH[1] hat ursprünglich entschieden, dass der Verwalter nicht ermächtigt sei, einen außergewöhnlichen nicht dringlichen Instandsetzungsauftrag größeren Umfangs ohne vorherigen Beschluss der Wohnungseigentümer in deren Namen zu vergeben. Ob in dringenden Fällen eine Vertretungsmacht des Verwalters besteht, hat der BGH offen gelassen, sie ist aber zu bejahen[2].

Diese gesetzlich festgeschriebene Doppeltätigkeit des Verwalters, Vertreter des Verbandes und der Mitberechtigten am Grundstück, ist auch ursächlich für die Frage, ob es 2 Vertragsverhältnisse gibt. Nach der Rechtsfähigkeit der Wohnungseigentümergemeinschaft (§ 10 Abs. 1, 8 WEG) ist umstritten, **zwischen wem der Verwaltervertrag zustande kommt** und welche Rechte von wem daraus resultieren. Nach der wohl herrschenden Auffassung kommt der Verwaltervertrag ausschließlich zwischen der rechtsfähigen Gemeinschaft und dem Verwalter zustande, weil die Gemeinschaft insoweit in Verwaltung des gemeinschaftlichen Eigentums am Rechtsverkehr teilnimmt. Dieser soll aber als Vertrag zu Gunsten Dritter mit Schutzwirkung für die Wohnungseigentümer zu qualifizieren sein und Pflichten des Verwalters auch gegenüber diesen begründen bzw. diesen unmittelbar Rechte gegenüber dem Verwalter einräumen[3]. Nach anderer Ansicht bedarf es zweier Verwalterverträge, da im Verwaltervertrag teilweise auch Pflichten der Wohnungseigentümer gegenüber dem Verwalter geregelt werden, wie z.B. Lastschrifteinzug, Gebühren und ggf. persönliche Haftung für die Verwaltervergütung. Da ein Vertrag zu Lasten Dritter aber unzulässig war, müsste auch ein Vertrag mit den einzelnen Wohnungseigentümern begründet werden[4]. Elegant ist deshalb die Argumentation, dass der eine Vertrag ein einheitlicher ist, der auch die gesamte Tätigkeit umfasst, auch die der Mitberechtigten[5]. Eines weiteren Vertrages bedürfte es dann nicht. Der Gesetzeswortlaut spräche auch nicht entgegen, da er nur die Vertretungsmacht des Verwalters anspreche. Der einheitliche Bestellungsbeschluss, den das Gesetz (§ 26 Abs. 1 WEG) vorsieht, spricht für die hier gewonnene Auslegung. Ansonsten müssten 2 Wahlen vorgenommen werden oder zumindest zweimal der TOP Abschluss eines Verwaltervertrages. Es müssten dann 2 schriftliche Verwalterverträge abgeschlossen werden mit unterschiedlichem Inhalt. Wenn es zwei Verträge gibt, müssten für beide auch die sog. „essentialia negotii" festgehalten werden, nämlich Vertragspartner, -gegenstand und -vergütung. Offensichtlich soll es sich um andere Vertragspartner handeln mit einem anderem Gegenstand,

432

---

1 BGH NJW 1977, 44.
2 OLG Hamm NJW-RR 1989, 331 = OLGZ 1989, 54 = DNotZ 1989, 441 = WE 1989, 102; BayObLG WE 1997, 434 für den Fall, dass die Eilbedürftigkeit eine vorherige Einberufung der Wohnungseigentümerversammlung nicht zulässt, NZM 2004, 390.
3 OLG Düsseldorf NZM 2007, 137, 137; KK-*Abramenko*, § 26 Rz. 34b; *Wenzel*, ZWE 2006, 462, 464; *Armbrüster*, ZWE 2006, 470; *Briesemeister* ZWE 2007, 96 f.
4 DAV-Stellungnahme, NZM 2006, 767, 768, *Gottschalg* NZM 2007, 198.
5 So wohl *Armbrüster* und *Wenzel* Fischen v. 25.10.2006, nicht veröffentlicht.

aber ohne (weitere) Vergütung. Je tiefer man deshalb die Angelegenheit hinterfragt, umso näher liegt es, dass es nur eine Wahl und einen Vertrag gibt. Dieser wird einheitlich von den Eigentümer und dem Verband abgeschlossen. Es gibt auch nur eine Versammlung in denen alle Angelegenheiten, auch die der Eigentümer, soweit sie sie in ihrer Gesamtverbundenheit betrifft, beschlossen werden können.

Dem entspricht es, wenn es nach der BGH-Rechtsprechung[1] gestattet ist, durch Beschluss über die jeweilige Angelegenheit der Mitberechtigten zu entscheiden und sie weiterzuverfolgen. Die Rechtsprechung hat gegenüber dem Vergütungsanspruch des Verwalters keine Aufrechnung hinsichtlich eines Schadenersatzanspruchs einzelner Wohnungseigentümer zugelassen[2].

432a Nach der **Rechtsfähigkeit der Wohnungseigentümergemeinschaft** wird vertreten, dass der **Verwalter Organ** des Verbandes in dessen Angelegenheiten sei und damit gegenüber Dritten berufender Vertreter[3]. Er sei gesetzlicher Vertreter der Wohnungseigentümer in anderen Angelegenheiten der Gemeinschaft und damit Erfüllungsgehilfe von denen[4]. Soweit ihm Aufgaben übertragen worden sind, die nicht unabdingbar sind (§ 27 Abs. 4 WEG), kann er im Einzelfall vor Ausübung Weisungen der Gemeinschaft einholen[5].

Diese Auffassung hat nunmehr der Gesetzgeber aufgegriffen und dem Verwalter Vertretungsmacht gegeben im Namen der Gemeinschaft der Wohnungseigentümer zu handeln. Damit ist der Verwalter nunmehr, im Gegensatz zur bisherigen Regelung, **mit Vertretungsmacht für die laufende Verwaltung (§ 27 Abs. 3 S. 1 Nr. 3 WEG) und dringenden Aufgaben (§ 27 Abs. 3 S. 1 Nr. 4 WEG)** ausgestattet, aber mit keiner umfassenden[6]. Damit kann der Verwalter in dringenden Fällen sonstige zur Erhaltung des Eigentums erforderliche Maßnahmen treffen, wie bisher auch[7]. **Zusätzlich** kann er nun auch ohne Beschluss **laufende Instandsetzungs- und Instandhaltungsmaßnahmen** vornehmen. Danach kann nunmehr ohne Beschluss der Verwalter geringfügige, dringende oder laufende Instandhaltungen vornehmen[8]. Hierunter fallen auch Änderungen und Kündigungen.

Nicht darunter fallen außerordentliche Maßnahmen, weil laufend als „dauernd, immer wieder" zu verstehen ist. Der Gesetzgeber wollte wohl, dass diese immer wieder auftauschende Frage, in der der Verwalter bereits

---

1 BGH WuM 2007, 155; BGH NJW 2007, 1952.
2 OLG Hamm ZMR 2006, 633, dies wäre nach der hiesigen Auffassung zu überdenken.
3 *Marold* Rechtsfähigkeit, S. 74.
4 *Wenzel* ZWE 2006, 1, 8.
5 BGH NJW 1996, 1216.
6 *Merle* ZWE 2006, 368.
7 BayObLG WE 1996, 315; *Sauren* WEG, 4. Aufl., § 27 Rz. 25.
8 Siehe *Sauren*, WEG, 4. Aufl., § 27 Rz. 30.

die Kenntnis der Meinungsbildung in der Gemeinschaft hat, dann selbst erledigen kann. Nicht darunter fallen sonstige Dienstleistung-, Kauf-, Ver- oder Entsorgungsverträge. Die Hauptanwendungsfälle werden deshalb die Wartungs- und Pflegeverträge, wie für Aufzug oder Garten, sein[1].

Zur **Erfüllung von Verbindlichkeiten** der Wohnungseigentümergemeinschaft ist der Verwalter immer vertretungsberechtigt (§ 27 Abs. 1 Nr. 1 und 2 WEG). Auch ist der Verwalter zum Vertragsabschluss wegen eines Verpflichtungsgeschäfts ermächtigt, das von der Wohnungseigentümerversammlung im Rahmen ihrer Zuständigkeit mit Mehrheit beschlossen wurde (§ 27 Abs. 1 Nr. 1 WEG). Dagegen bedarf es zur Befreiung von den Beschränkungen des § 181 BGB immer eine Ermächtigung durch Mehrheitsbeschluss der Wohnungseigentümerversammlung. 433

Der Verwalter hat den **Wirtschaftsplan** (§ 28 Abs. 1 WEG) einzuhalten (Einzelheiten siehe Rz. 349 ff.). Soweit der Wirtschaftsplan entsprechende Geldbeträge für Anschaffungen oder Reparaturen vorsieht, handelt der Verwalter bei Eingehung von Verbindlichkeiten gegenüber Händlern oder Handwerkern mit Vertretungsvollmacht für die Wohnungseigentümergemeinschaft als rechtsfähiger Verband[2]. Allerdings wird man ihm das Recht einräumen müssen, die dort enthaltenen Kostenansätze geringfügig oder auch im Falle dringender Notwendigkeit (z.B. Reparaturen) in stärkerem Ausmaß zu überschreiten. Aus diesem Grund sollte ihm entweder eine ausreichende allgemeine Rücklage zur Verfügung stehen oder er sollte die Möglichkeit haben, sich durch Kontoüberziehung in einem gewissen Rahmen Kredit zu verschaffen. Dagegen ist der Verwalter nicht befugt, Einsparungen bei einzelnen Kostengruppen ohne Beschluss der Wohnungseigentümerversammlung für andere Kosten zu verwenden. 434

Nach § 27 Abs. 1 Nr. 2 WEG ist der Verwalter berechtigt und verpflichtet, die für die ordnungsgemäße **Instandhaltung und Instandsetzung** des gemeinschaftlichen Eigentums erforderlichen Maßnahmen zu treffen. Dies gilt vor allem für Reparaturen. Grundsätzlich wird er nur auf Grund eines Beschlusses der Wohnungseigentümerversammlung tätig werden dürfen. Ausnahmen gelten für Bagatellfälle und für eilige Reparaturen, die keinen Aufschub dulden. Er kann aber auch in der Gemeinschaftsordnung ermächtigt werden. Bei Maßnahmen, bei denen es sich nicht um Bagatellbeträge handelt, sollte der Verwalter Angebote mehrerer Firmen einholen[3]. Die Entscheidungsbefugnis über Art und Umfang von Instandhaltungsmaßnahmen kann nicht im Beschlussweg auf den Verwalter übertragen werden[4]. 435

---

1 Dies war bisher nicht möglich, OLG Hamburg DWE 1993, 164.
2 OLG Hamm WE 1997, 314 = DWE 1998, 39.
3 Hierzu und allgemein zu Fragen der Instandsetzung siehe *Müller* WE 1996, 163.
4 OLG Düsseldorf NJW-RR 1998, 13 = WE 1998, 37.

436 Der Verwalter ist verpflichtet, **Gewährleistungsansprüche** für die Eigentümergemeinschaft wegen des Hausbaus geltend zu machen[1]. Es handelt sich hier um eine Aufgabe, die Sachkenntnis voraussetzt und erhebliche Haftungsgefahren begründen kann. Dies setzt auch ein besonderes Honorar voraus. Es handelt sich im Grunde genommen nicht um ein Geschäft der Verwaltung der Wohnanlage, sondern um die Geltendmachung von Ansprüchen aus Kauf- bzw. Werkverträgen der Wohnungseigentümer. Ist der erste Verwalter zugleich der Bauträger, so wird er häufig sich um die Gewährleistungsansprüche kümmern. Er handelt hier aber in erster Linie im Rahmen seiner Verpflichtungen als Verkäufer. Ohne besondere Ermächtigung ist der Verwalter zur **Anerkennung von Ansprüchen gegen die Wohnungseigentümer** nicht befugt[2].

436a Nach dem WEG (§ 27 Abs. 2 Nr. 1) ist der Verwalter berechtigt, **Willenserklärungen und Zustellungen** entgegenzunehmen, soweit sie an alle Wohnungseigentümer in dieser Eigenschaft gerichtet sind. Grundsätzlich ist er also nur passiv legitimiert. Diese Passivlegitimation fehlt, soweit der Verwalter selbst Partei eines Rechtsstreits ist oder wenn sonst ein Interessenkonflikt besteht[3]. Der Verwalter hat auch dann keine gesetzliche Empfangsvollmacht, wenn Schuldner nicht die Eigentümergemeinschaft ist, sondern die einzelnen Eigentümer[4]. Erklärungen für die Wohnungseigentümer darf der Verwalter nur abgeben, soweit er dazu auf Grund Gesetzes, der Gemeinschaftsordnung, der Beschlüsse der Wohnungseigentümerversammlung, des Anstellungsvertrages oder seiner Verwaltervollmacht ermächtigt ist.

Jedoch kann der Verwalter durch Mehrheitsbeschluss der Wohnungseigentümerversammlung sowohl zur **Führung von Aktiv- als auch Passivprozessen** ermächtigt werden[5]. Dem steht das Rechtsberatungsgesetz nicht entgegen[6].

---

1 OLG Schleswig DWE 1982 S. 65; BayObLG WE 1988, 31, NZM 2001, 388; OLG Hamm NZW-RR 1997, 143.
2 OLG Düsseldorf FGPrax 1999, 96.
3 BayObLG NJW-RR 1989, 1168 = WE 1990, 216 = BayObLGZ 1989, 342; OLG Frankfurt WE 1990, 56 = OLGZ 1989, 433, nach BayObLG WE 1998, 118 kann der Verwalter aber Zustellungsbevollmächtigter in einem Verfahren sein, in dem seine Entlastung angefochten wird.
4 OVG Schleswig NJW-RR 1992, 457 (Abfallgebühr); a.A. für Erschließungsbeiträge OVG Münster NJW-RR 1992, 458.
5 OLG Zweibrücken NJW-RR 1987, 1366 = WE 1987, 163; BayObLG NJW-RR 1997, 396 = WE 1997, 272.
6 BGH NJW 1993, 1924.

3.4.1.3. Zusätzliche Aufgaben und Pflichten des Verwalters durch die WEG-Novelle

Das Gesetz[1] unterscheidet bei dem Aufgaben- und Pflichtenbereich des Verwalters drei Konstellationen und zwar zwischen den Verpflichtungen und Berechtigungen gegenüber den Wohnungseigentümern und gegenüber dem Verband (sog. Innenverhältnis, § 27 Abs. 1 WEG), der Berechtigung mit Wirkung gegen und für die Wohnungseigentümer (sog. Außenverhältnis, § 27 Abs. 2 WEG), die Berechtigung mit Wirkung gegen und für den Verband (sog. Außenverhältnis, § 27 Abs. 3 WEG), ist zu fragen, welche **zusätzlichen Pflichten** gegenüber der bisherigen Regelung geregelt wurden. 437

Dies sind insbesondere: 438

3.4.1.3.1. Informationspflicht

Im ersten Absatz wird zusätzlich lediglich eine neue Nr. 7 aufgenommen, die **Informationspflicht** des Verwalters über anhängige Rechtsstreitigkeiten.

Diese Informationspflicht gab es bereits bisher. Sie wird gesetzlich nunmehr festgehalten.

Zusätzlich wird die Regelung „**unverzüglich**" (§ 121 BGB) aufgenommen. Dies hat seinen Grund darin, dass der Eigentümer nunmehr in einzelnen Verfahren sich als sog. Nebenintervenient beteiligen können muss. Damit der Verwalter allen Eigentümern ausreichend Zeit zum Überlegen gibt, wird er bei Klageeingang regelmäßig bei Gericht großzügig Fristverlängerung beantragen müssen, denn er muss in Kauf nehmen, dass Briefe an Eigentümer zurückkommen und ein neuer Zustellungsversuch unternommen werden muss. Zudem muss der Eigentümer noch die Möglichkeit haben, sich über seine Stellung im Prozess klar zu werden und einen Anwalt zu beauftragen.

Dies bedeutet, dass der Verwalter nunmehr vom Gesetz her verpflichtet ist, über **alle anhängigen Rechtsstreitigkeiten die Wohnungseigentümer** zu informieren, selbst wenn es nur eine geringe Wohngeldansprüche betreffenden Klage betrifft oder von Dritten kommen oder gegen Dritte geführt werden. 439

Aus der Praxis sind größere Wohnungseigentümergemeinschaften bekannt, in denen regelmäßig Klagen in der Größenordnung von hunderten anhängig sind. Hier ist zu fragen, wie der Verwalter über die anhängigen Klagen zu informieren hat. Aufgrund der Unverzüglichkeit, d.h. ohne schuldhaftes Zögern, müsste der Verwalter jedes Mal, wenn ein neuer Schriftsatz kommt, alle Wohnungseigentümer informieren. Dies ist schlichtweg unverhältnismäßig. Der Gesetzestext muss aus teleologischen Gründen des-

---
1 Siehe Teil B Rz. 429.

halb reduziert werden. Es reicht selbstverständlich aus, wenn der Verwalter grundsätzlich regelmäßig über den Stand aller Prozesse informiert. Die Mitteilungspflicht hängt von der Wichtigkeit des Schriftstückes und des Prozesses ab. Kommt bei Zustellung der Klage eine Nebenintervientschaft in Betracht, ist dies von großer Wichtigkeit. Bei großen Anlagen ist danach nunmehr der Verwalter gehalten monatliche oder quartalsmäßige Informationsbriefe über den Stand der Prozesse zu versenden. Eine andere Möglichkeit wäre ein Forum im Internet in das der Verwalter jeden Schriftsatz einstellt und die Eigentümer unterrichtet, wenn etwas Neues eingestellt wurde.

440 Es wird zu Recht vertreten[1], dass die Verletzung dieser Pflicht **ein wichtiger Grund** zur Abberufung des Verwalters darstellt, denn die Interessen der Wohnungseigentümer werden hier stark berührt. In jedem Fall müssen jedoch die Gesamtumstände gewertet werden. Die Nicht-Information über einen geringen Wohngeldprozess ist wesentlich geringer zu bewerten, als z.B. über die Anfechtung einer wichtigen Sanierungsmaßnahme.

3.4.1.3.2. Führung von Aktivprozessen, Streitwertvereinbarung

441 (1) In § 27 Abs. 2 Nr. 2 WEG sind insoweit die Rechte des Verwalters erweitert worden, als der Verwalter **nunmehr Passivprozesse** führen darf und eine Streitwertvereinbarung mit einem Rechtsanwalt treffen darf.

Dies bedeutet, dass der Verwalter auch auf der Beklagtenseite die Wohnungseigentümer vertreten darf, sowohl in Streitigkeiten über Rechte und Pflichten der Wohnungseigentümer unter einander, wie auch in Beschlussanfechtungsklagen oder Klagen Dritter (§ 43 Nr. 1, 4 und 5 WEG)[2]. Der Verwalter sollte in diesen Verfahren jedoch tunlichst darauf achten, dass er seiner **Neutralitätspflicht** genügt. Die Rechtsprechung geht zunehmend dazu über die Vertretung einzelner Wohnungseigentümer in laufenden Prozessen als Verstoß gegen die Neutralitätspflicht zu sehen[3] und damit als wichtigen Grund für die Abberufung einzustufen. Die Berechtigung des Verwalters zur Prozessführung bedeutet also nicht seine Pflicht hierzu. Regelmäßig wird er deshalb gut tun, einen **Anwalt zu beauftragen**, wozu er aber eines Beschlusses der Gemeinschaft bedarf.

442 (2) Tut er dies, tritt dann sein nächstes Recht in Kraft, nämlich die sog. **Streitvereinbarung**. Zunächst ist klar zu stellen, dass es bei der Streitwertvereinbarung nicht um eine Gebührenvereinbarung geht, sondern lediglich die Höhe des Streitwertes festgelegt werden muss. Nach dem neuen Recht (§ 49a GKG) ist der Streitwert begrenzt. Da diese Begrenzung häufig für

---

1 *Köhler* Rz. 514.
2 Zu Recht weist *Briesemeister* NZM 2007, 345 darauf hin, dass das Streitwertprivileg für Außenprozesse nicht passt und deshalb eine Gesetzesänderung notwendig sei.
3 BayObLG ZMR 2001, 722.

den beklagten Anwalt nicht sachgerecht ist, kann der Verwalter mit diesem eine Streitwertvereinbarung abschließen. Durch diese Regelung kommt der Verwalter in einen unlösbaren Konflikt. Vereinbart er einen höheren Streitwert kann man ihm dies später vorwerfen, lehnt er sie ab, geht er die Gefahr ein keinen Anwalt zu finden[1].

(3) Der Verwalter hat dann bei der Jahresabrechnung noch den § 16 Abs. 8 WEG zu beachten.

Hiernach gehören Kosten, die auf Streitwertvereinbarungen beruhen, zu den Kosten der Verwaltung, wenn es sich um **Mehrkosten** handelt, sind aber nur diese Mehrkosten auch auf die Prozessgegner nach dem Willen des Gesetzgebers umzulegen.

3.4.1.3.3. Führung von Passivprozessen, Streitwertvereinbarung; Kontoführung

Auch bezüglich § 27 Abs. 3 gibt es dieselben zusätzlichen Erweiterungen, nämlich des **Passivprozesses** und der Streitwertvereinbarung. Hier gilt das vorher gesagte entsprechend.

Zusätzlich ist in dem neuen Nr. 5 vorgesehen, dass der Verwalter **Konten für den Verband führen** kann. Damit wird er endlich auch gegenüber Banken legitimiert. Nicht geklärt ist leider der Streit, ob der Verwalter damit verpflichtet ist Konten auf den Namen der Gemeinschaft zu führen. Dies ist meines Erachtens der Fall. Er darf nicht auf Konten, die auf seinen Namen lauten, die Gelder führen. In diesem Fall sind die eingenommen Gelder nicht von seinem Vermögen gesondert[2].

In der Nr. 7 wird der Gemeinschaft die Beschlusskompetenz zur Erweiterung, nicht Einengung (nichtig gem. Abs. 4), der Verwalteraufgaben gegeben. Es ist deshalb möglich, den Verwalter nach außen vollumfänglich zu bevollmächtigen, aber Beschränkungen im Innenverhältnis.

Für den nicht seltenen Fall, dass ein **Verwalter fehlt**, sieht das Gesetz (Abs. 3 S. 2) vor, dass die Gemeinschaft nicht einen Verwalter, sondern einen Vertreter bestellt. Es ist jedoch unzulässig, hierdurch die Verwalterstellung auszuhebeln. Die Vertretung wird immer die Vertretung im Einzelfall oder auf einem beschränkten Einzelgebiet sein. Sobald eine Globalvertretung vorliegt handelt es sich um einen Verwalter. Die Abgrenzung ist deshalb wichtig, weil ansonsten die Beschränkungen bzgl. der Verwalterstellung (§ 26 Abs. 1 WEG) umgangen werden könnten.

---

1 *Gottschalg* NZM 2007, 199.
2 A.A. *Köhler* Rz. 508.

3.4.1.3.4. Keine Beschränkung der Verwalterbefugnisse

445 Die Bestimmung, dass die Aufgaben und **Befugnisse des Verwalters** in den Abs. 1 bis 3 **nicht eingeschränkt** werden können (§ 27 Abs. 4) ist erweitert worden, nämlich insoweit, dass die Aufgaben und Befugnisse auch nicht „ausgeschlossen" werden können. Was diese „Klarstellung" soll ist nicht nachvollziehbar. Sie ist schlichtweg unnötig[1].

3.4.1.3.5. Trennung von Eigenvermögen

446 Der Verwalter ist weiterhin verpflichtet worden, **eingehende Gelder von seinem Vermögen gesondert** zu halten (§ 27 Abs. 5 WEG). Dadurch ist die Gemeinschaft vor Entnahmen des Verwalters nicht geschützt. Deshalb ist wiederum eine „Klarstellung" vorgenommen worden, dass eine solche Verfügung durch Vereinbarung oder einen Beschluss geregelt werden kann (§ 27 Abs. 5 Satz 2 WEG). Auch das war bisher völlig unstreitig und ist deshalb ebenfalls überflüssig[2].

3.4.1.3.6. Beschlusssammlung (§ 24 Abs. 7 WEG)[3]

447 Das Gesetz sieht nunmehr bei den Bestimmungen über die Wohnungseigentümerversammlung eine weitere **Pflicht des Verwalters** vor, nämlich die, eine sog. **Beschlusssammlung zu führen**. Nach der Gesetzesbegründung wurde dieser Standort deshalb gewählt, weil die **Protokollierung** von Beschlüssen dort vorgesehen ist. Der Grund erscheint nicht nachvollziehbar und ist ein weiterer Beleg für die Systembrüche innerhalb der Novelle.

Bisher existierte keine gesetzliche Verpflichtung zur Führung einer Beschlusssammlung. Es war lediglich Pflicht des Verwalters, die Protokolle der Versammlung aufzubewahren[4]. Die Beschlusssammlung ist **damit nicht identisch** mit der Sammlung der Protokolle.

448 Lediglich wenn die Gemeinschaftsordnung oder Beschlüsse der Gemeinschaft vorsahen, dass solch eine Sammlung geführt werden sollte[5], oder gar zur Voraussetzung für die Wirksamkeit von Beschlüssen wurde, existierte eine entsprechende Sammlung in der Gemeinschaft. Nach dem OLG Köln[6] reichte dann eine Loseblattsammlung nicht aus, vielmehr musste die Eintragung in ein gebundenes oder broschiertes Buch erfolgen. In den Normalfällen handelt es sich folglich um eine zusätzliche Pflicht.

---

[1] So auch *Köhler* Rz. 507.
[2] So auch *Köhler* Rz. 509.
[3] Ausführlich *Deckert* NZM 2005, 927.
[4] *Bärmann/Pick/Merle* § 10 Rz. 66.
[5] OLG Köln NZM 2007, 133.
[6] OLG Köln NZM 2007, 133.

3.4.1.3.6.1. Sinn und Zweck

Durch die Existenz einer Beschlusssammlung soll es den einzelnen Wohnungseigentümern besser möglich sein, über **die bestehenden Regelungen in der Gemeinschaft Kenntnis zu erlagen**. Bei Gemeinschaften mit Öffnungsklauseln war dies dringend notwendig, weil durch Beschlüsse selbst die im Grundbuch eingetragenen Vereinbarungen geändert werden konnten. 449

Durch die vielfältig bestehenden Möglichkeiten nach der WEG-Novelle Vereinbarungen abzuändern (§ 12 Abs. 4, § 16 Abs. 3 u. 4, § 22 Abs. 2 etc. WEG) wird eine solche Beschlusssammlung dringend notwendig, damit jeder Wohnungseigentümer sich kurzfristig über die Rechtslage informieren kann. Darüber hinaus bezweckt die Beschlusssammlung auch die Information eines möglichen Käufers, der sich über die Rechtslage in der Gemeinschaft informieren will. Dies gilt selbstverständlich auch für alle anderen, wie z.B. Insolvenzverwalter oder Zwangsverwalter, die Nicht Dritte im Sinne des Gesetzes sind und deshalb keine Ermächtigung seitens des Eigentümers benötigen. 450

3.4.1.3.6.2. Einsichtnahmerecht

Nach dem WEG (§ 24 Abs. 7 S. 8) hat **jeder Eigentümer ein Recht auf Einsicht** in die Beschlusssammlung. Unter Wohnungseigentümern sind alle die zu verstehen, die auch tatsächlich ein Stimmrecht haben, d.h. also auch Insolvenzverwalter oder Zwangsverwalter. Es ist möglich in der Zwangsversteigerung, dass dort auch mögliche Interessenten bevollmächtigen werden. Nach dem Gesetzeswortlaut hat auch ein Dritter, den ein Wohnungseigentümer entsprechende ermächtigt hat, das Recht dazu. Für dieses Einsichtsrecht braucht kein besonderes Interesse vorzuliegen, sondern jeder Wohnungseigentümer hat dies aufgrund seiner Stellung. 451

Das Einsichtsrecht umfasst auch die Anfertigung von **Kopien**[1]. Die Wohnungseigentümer können hierfür auch entsprechende Kostenerstattungen beschließen (§ 21 Abs. 7 WEG). Ebenso besteht die Möglichkeit, dass dem Verwalter eine pauschale Sondervergütung für Einsichtsrechte in die Beschlusssammlung gewährt wird. Dies bedarf natürlich eines Beschlusses. 452

3.4.1.3.6.3. Form

Das Gesetz enthält keine Vorgaben hinsichtlich der **Form**. Es enthält noch nicht einmal die Voraussetzung, dass die Sammlung schriftlich oder in Textform herzustellen ist. Es lässt dem Aufsteller die Möglichkeit diese in einem Ordner oder in digitaler Form als Computerdatei zu führen, wenn durch Ausdruck jederzeit ungehindert Einsicht ermöglicht werden kann[2]. 453

---

1 Vgl. beim Einsichtsrecht OLG Zweibrücken WE 1991, 333.
2 *Deckert* NZM 2005, 928.

Die Gesetzesbegründung sieht nur eine zweckmäßige und übersichtliche Führung vor.

3.4.1.3.6.4. Aufbau

454 Inhaltsmäßig ist zu empfehlen, dass zunächst **ein Inhaltsverzeichnis**[1] vorangestellt wird, damit jeder, der das Beschlussbuch aufschlägt, über die Führung informiert ist. Es bietet sich neben dem Inhaltsverzeichnis auch eine **Vorbemerkung mit Erläuterungen** zur Führung an. Der Ersteller sollte dabei bedenken, dass ein Dritter ggf. ein rechtlich Unkundiger, der kein Profi-Verwalter ist, irgendwann diese Beschlusssammlung weiterführen muss. Hierfür ist es empfehlenswert eine kurze Anleitung voranzustellen. In dieser ist auch zu erklären, wie der Aufbau der Beschlusssammlung aussieht.

455 Für den gesetzlich nicht geregelten **Aufbau** bieten sich im Wesentlichen **zwei verschiedene Möglichkeiten** an. Entweder wird die Beschlusssammlung zeitlich aufgebaut, d.h. nach den einzelnen zeitlich festgelegten Beschlüssen, oder nach Sachgebieten.

456 Für die erste Variante, die wohl der Regelfall werden wird, spricht, dass hier keine Wertung vorgenommen werden muss und die Vollständigkeit wesentlich einfacher zu überprüfen ist. Aufgrund der Protokolle kann man jedes Mal überprüfen, ob die Beschlüsse auch aufgenommen worden sind.

457 Die zweite Alternative einer Führungsmöglichkeit, nämlich nach Sachgebieten, könnte folgendermaßen aussehen

- Vermögensverwaltung (Wirtschaftspläne, Jahresabrechnung, Sonderumlagen)
- Organisation, insbesondere Organisationsbeschlüsse
- bauliche Maßnahmen, wie Instandhaltung/Instandsetzung, Modernisierung und bauliche Veränderungen
- Kostenverteilung

Hier ist dann die Frage, ob nicht doch besser fortlaufend nummeriert wird, damit die Vollständigkeit dokumentiert werden kann. Derzeit besteht aber keine Verpflichtung insoweit, so dass ein Verzicht auf fortlaufende Nummerierung als zulässig erscheint.

3.4.1.3.6.5. Führung der Beschlusssammlung

458 Die Führung der Beschlusssammlung obliegt zunächst **dem Verwalter** (§ 24 Abs. 1 S. 1 WEG). Lediglich wenn ein Verwalter nicht bestellt ist, obliegt die Pflicht zum Führen dem Vorsitzenden. Die Wohnungseigentümer können für diese Aufgabe auch einen anderen Wohnungseigentümer, wenn dieser damit einverstanden ist, festlegen. Während die Nichtführung der

---

[1] So auch *Deckert* NZM 2005, 928.

Beschlusssammlung für den Verwalter einen wichtigen Grund für die Abberufung darstellt, ist die Nichtführung bei den Vorsitzenden oder sonstigen Eigentümern kein wichtiger Grund, insbesondere nicht im Rahmen der Eigentümerversammlung. Gleichwohl sind auch sie schadensersatzpflichtig, wenn sie die Pflicht zur Führung der Beschlusssammlung schlecht oder gar nicht erfüllen. Hinsichtlich der Verpflichtung, dass der **Vorsitzende der Versammlung** die Beschlusssammlung führen muss, ist diese Vorschrift gänzlich misslungen. Die Vorstellungen des Gesetzgebers gehen an der Wirklichkeit völlig vorbei. Bei dem Vorsitzenden handelt es sich, wenn es nicht der Verwalter ist, häufig um einen oft willkürlich Gewählten, der lediglich aus Gefälligkeit das Amt übernommen hat.

Wenn nunmehr mit dem Vorsitz die vom Gesetzgeber vorgesehene Verpflichtung zur Führung einer Beschlusssammlung übernommen wird, wird niemand mehr diese Aufgabe übernehmen[1] wollen. 459

3.4.1.3.6.6. Inhalt

Nach dem Inhalt der Vorschrift (§ 24 Abs. 7 S. 2 WEG) ist **Folgendes aufzunehmen:** 460

– alle in einer Versammlung **verkündeten Beschlüsse**
– alle **schriftlichen Beschlüsse** (§ 23 Abs. 3 WEG)
– **die Urteilsform der wohnungseigentumsrechtlichen Entscheidungen** (§ 43 WEG)

Dies gilt nur **für alle künftigen** Beschlüsse und Entscheidungen, d.h. ab dem 1.7.2007. Die Gemeinschaft kann dies natürlich per Beschluss anders regeln und z.B. mit dem Verwalter gegen ein Sonderhonorar vereinbaren, dass die kompletten „alten" Beschlüsse nunmehr in die Beschlusssammlung aufgenommen werden. Sie kann auch zur Klarheit alle anderen Beschlüsse aufnehmen.

– **Verkündete Beschlüsse**

Nach dem Gesetzeswortlaut müssen **Beschlüsse der Wohnungseigentümer**, die in einer Versammlung verkündet worden sind, aufgenommen werden. Unerheblich ist, ob dies in einer ordentlichen oder außerordentlichen Versammlung erfolgte. Es kommt auch nicht darauf an, ob sie vereinbarungsändernd waren oder nicht. Gegebenenfalls käme für diese Beschlüsse eine besondere Hervorhebung in Betracht, damit diese schneller auffindbar sind, z.B. Fett- oder Farbdruck[2]. 461

Hinsichtlich der Beschlüsse sind nur solche aufzunehmen, die **tatsächlich auch anfechtbar** sind. Werden z.B. Geschäftsordnungsbeschlüsse gefasst, so 462

---
1 Ablehnend auch *Köhler* Rz. 455.
2 *Deckert* NZM 2005, 928.

sind diese nicht aufzunehmen[1]. Hingegen sind jedoch Negativbeschlüsse aufzunehmen. Bei ihnen handelt es sich um Beschlüsse, die einen Antrag ablehnen, weil die erforderliche Mehrheit fehlt[2]. Es kommt auch nicht darauf an, ob die Beschlüsse anfechtbar oder nicht anfechtbar (z.B. wegen Beschlussfassung unter Verschiedenes) oder ggf. nichtig sind. Nach dem Gesetzeswortlaut sind nur verkündete Beschlüsse aufzunehmen, d.h., ob die Gemeinschaft sie gefasst hat oder nicht, ist nicht entscheidend, sondern ob der Vorsitzende sie verkündet hat. Diese Beschlüsse müssen mit **Ort und Datum der Versammlung** angegeben werden.

– **Beschlüsse im schriftlichen Verfahren**

463   Hier müssen alle Wohnungseigentümer zustimmen. Aufgrund dieses Tatbestandes sind die Beschlüsse erst dann aufzunehmen, **wenn auch tatsächlich alle zugestimmt haben**. Dann muss neben dem Wortlaut auch Ort und Datum der Verkündung dieses Faktums eingetragen werden. Gefasst ist ein solcher Beschluss im schriftlichen Verfahren, wenn die Zustimmung aller Eigentümer vom Verwalter verkündet wird. Dies erfolgt regelmäßig durch entsprechende Mitteilung des Verwalters an die Eigentümer in Form eines Rundschreibens oder nach dem BGH auch in Form eines Aushangs[3]. Ort der Verkündung ist derjenige, von dem aus der Verwalter die Mitteilung versendet oder wo er die Verkündung aushängt.

– **Gerichtliche Entscheidungen**

464   • **Urteilsformeln**

Der Gesetzgeber hat als dritten Punkt noch die **Urteilsformen in Rechtsstreitigkeiten aufgenommen**. Da der Gesetzgeber darauf Bezug genommen hat, sind nunmehr alle in § 43 aufgeführten Urteile aufzunehmen. Dies bedeutet **auch** alle sog. **Streitigkeiten mit außenstehenden Dritten** und nicht nur die innerhalb der Gemeinschaft geführten Verfahren. Dies ist auch sinnvoll, da durch ein mit einem außenstehenden Dritten geführten Verfahren erhebliche Wirkungen auf die Wohnungseigentümer zukommen können. Dies können auf der einen Seite erhebliche Lasten sein, weil ein außenstehender Dritter die Gemeinschaft verklagt oder auch weil man Schadensersatzansprüche, z.B. aus Gewährleistung gegen einen außenstehenden Dritten führt.

465   Aufzunehmen ist die sog. Urteilsformel (§ 313 Abs. 1 Nr. 4 ZPO). Neben der eigentlichen Sachentscheidung des Gerichts wird auch die Kostenentscheidung und über die Vollstreckbarkeit (den sog. Tenor) entschieden. Da ausdrücklich auf die Urteilsformel Bezug genommen wird, sind auch diese aufzunehmen. Häufig wird der Informationswert einiger Eintragungen

---

1 So auch *Deckert* NZM 2005, 928.
2 BGH NJW 2001, 3339.
3 BGH NJW 2001, 3339.

dann nicht gegeben sein und der Zweck damit nicht erfüllt sein. Man denke nur einen Prozess eines außenstehenden Dritten der abgewiesen wurde. Die aufzunehmende Urteilsformel lautet dann: „Die Klage wird abgewiesen. Die Kosten des Rechtsstreits trägt der Kläger. Das Urteil ist vorläufig vollstreckbar." Damit weiß niemand, der in die Beschlusssammlung hineinsieht, was damit gemeint ist. Hier wird dem Gesetzgeber dann wohl nicht zu Unrecht vorgeworfen, „auch hier nicht richtig nachgedacht" zu haben[1].

- **Vergleiche**

Wird ein **Rechtsstreit durch Vergleich beendet**, so ist ein wesentliches Informationsbedürfnis unbestreitbar für alle Wohnungseigentümer gegeben. 466

Dies hat der Gesetzgeber offensichtlich nicht beachtet, obwohl diese Lücke im Laufe des Gesetzesverfahrens moniert wurde[2]. Nach dem Sinn und Zweck kann es keine Zweifel daran geben, dass Vergleiche mit aufgenommen werden müssen. Dies gilt selbst dann wenn die Gemeinschaft ihn durch Beschluss genehmigt, obwohl der Beschluss in der Sammlung eingetragen werden muss, weil niemand weiß, ob er letztendlich auch zustandegekommen ist. Insoweit kann auf die bisherige Rechtsprechung, in der den gerichtlichen Vergleichen die Wirkung gegenüber dem Sonderrechtsnachfolger zugesprochen wurde, verwiesen werden[3].

3.4.1.3.6.7. Aufbauvorschlag Beschlusssammlung

Der Verwalter wird deshalb eine Beschlusssammlung **wie folgt aufzubauen** haben: 467

(1) Inhaltsverzeichnis

(2) Allgemeine Bemerkungen über die Führung des Buches

(3) Beschlusssammlung

Hier ist am besten eine Untergliederung vorzunehmen mit folgender Reihenfolge[4]

- laufende Nummer – führt der Verwalter dies chronologisch, ist hier eine laufende Nummer vorzunehmen;
- Beschlusswortlaut – hier ist der Wortlaut des Beschlusses aufzunehmen;
- Versammlung – Art, Ort, Datum, Tagesordnungspunkt und Datum der Verkündung;
- Gerichtsentscheidung – Urteil: Tenor, Gericht, Datum, Aktenzeichen, Partei;

---

1 *Köhler* Rz. 454.
2 Siehe z.B. *Sauren* MietRB 2005, 139.
3 OLG Zweibrücken ZMR 2001, 734.
4 Für Beispiele siehe Teil E Rz. 36.

- Vergleich: Vergleichswortlaut, Datum, Aktenzeichen, Parteien;
- Vermerke – hier ist zu vermerken, ob angenommen, abgelehnt, bestandskräftig, aufgehoben, gelöscht, bedeutungslos oder rechtskräftig;
- Eintragungsvermerk – hier muss der Verwalter seinen Namen und die Versammlungsleitung mit Datum und Unterschrift eintragen.

3.4.1.3.6.8. Zeitpunkt der Eintragung

Nach dem Gesetzeswortlaut sind die Eintragungen **unverzüglich (§ 121 BGB) vorzunehmen**, d.h. ohne schuldhaftes Zögern[1]. Die Gesetzesbegründung meint, dass die Eintragung im Anschluss an die Verkündung erfolgt und somit eine Eintragung, die mehrere Tage später vorgenommen würde in der Regel nicht mehr unverzüglich sei. Hier ist ein großzügigerer Maßstab anzulegen. Da die Versammlung regelmäßig in den Abendstunden stattfindet, kann man vom Versammlungsleiter nicht verlangen, dass er sich anschließend oder am anderen Morgen als erstes hinsetzt und die Beschlüsse in das Beschlussbuch einträgt. Insbesondere wenn es sich um den Nicht-Profi-Verwalter handelt, geht dieser regelmäßig einem Beruf nach und kann schon deswegen nicht sofort am anderen Tag die Eintragungen vornehmen. In der Praxis informieren sich auch die Wohnungseigentümer nicht am darauffolgenden Tag über die Versammlung, sondern lassen regelmäßig auch ein paar Tage vergehen. Hier erscheint ein Zeitraum von einer Woche durchaus angemessen, wenn man berücksichtigt, dass innerhalb von 3 Wochen das Protokoll anzufertigen ist. Wichtig ist auch, dass die Eintragung in die Beschlusssammlung nicht zu irgendeiner Weise die Wirksamkeit des Beschlusses tangiert. Andernfalls hätte es der Verwalter in der Hand durch Nichteintragung bestimmter Beschlüsse die Beschlussfassung in die Welt zu setzen oder nicht[2].

3.4.1.3.6.9. Löschen von Einträgen

468 Leider sieht das Gesetz die Möglichkeit vor, dass **auch Löschungen von Eintragungen** vorgenommen werden können (§ 24 Abs. 7 S. 5 u. 6 WEG). Zweck war nach dem Gesetzgeber, dass dies der Übersichtlichkeit der Beschlusssammlung dienen sollte. Dies kann mit Recht bezweifelt werden. Zwar muss auch die Löschung entsprechend vermerkt werden, jedoch handelt es sich hier um eine Ermessensvorschrift, die der Verwalter vornehmen kann. Dies kann natürlich auch dazu führen, dass er absichtlich ein weites Ermessen ausführt. Nach dem Wortlaut ist eine Löschung dann vorzunehmen, wenn die Eintragung „aufgehoben" wurde. Der Gesetzgeber er-

---

1 BT-Drucks. 16/887.
2 Vgl. OLG Düsseldorf NJW-RR 2005, 165.

klärt nicht was unter „Aufhebung" gemeint hat. Nach der Gesetzesbegründung ist jedoch davon auszugehen, dass er meint, wenn Beschlüsse aufgehoben wurden. Zusätzlich bestimmt der Gesetzgeber (§ 24 Abs. 7 S. 6 WEG), dass sie ebenfalls dann gelöscht werden können, wenn sie aus einem anderen Grund für die Wohnungseigentümer keine Bedeutung mehr haben. Der Gesetzgeber geht davon aus, dass ein Beschluss durch eine spätere Regelung überholt oder sich durch Zeitablauf erledigt. Dies ist äußerst gefährlich, man könnte vertreten, dass alle Wirtschaftspläne und Jahresabrechnungen sich mit Zeitablauf, d.h. mit Ablauf des Jahres erledigt hätten. Häufig sind sie aber noch Grundlage für die Geltendmachung von Wohngeld. Aufgrund der großen Gefahren sollte keinesfalls tatsächlich eine Löschung, d.h. eine Streichung oder im Computer tatsächlich Wegnahme der Eintragung vorgenommen werden.

In **Anlehnung an die Grundbuchordnung** (z.B § 17 Abs. 2 der Grundbuchverfügung) sollte eine Löschung nur insoweit stattfinden, als diese unterstrichen werden. Durch das Unterstreichen wüsste dann jeder Wohnungseigentümer, dass sich nach Meinung des Aufstellers diese Beschlüsse überholt haben. Werden sie tatsächlich gelöscht, könnte man nicht mehr feststellen, was tatsächlich eingetragen war und könnte noch nicht einmal dass Ermessen des Aufstellers überprüfen. Dies ist aber keinesfalls die Absicht des Gesetzgebers und deshalb ist eine komplette Streichung, d.h. nicht mehr Lesbarkeit, nicht vorzunehmen. Im Zweifel sind deshalb auch beim kompletten Führen der Sammlung die Vorschriften der Grundbuchverfügung mit ihrer Rechtsprechung entsprechend heranzuziehen.

469

3.4.1.3.6.10. Mangelhafte Beschlusssammlung und Verwalterabberufung

Der Gesetzgeber hat dann wiederum an einer anderen Stelle (§ 26 Abs. 1 S. 4 WEG) das nicht ordnungsgemäße Führen der Beschlusssammlung als **wichtigen Grund zur Abberufung des Verwalters** festgelegt. Dies solle sogar regelmäßig der Fall sein. Durch das „regelmäßig" wird ein Anscheinsbeweis für den wichtigen Grund festgelegt. Der Verwalter hat deshalb große Sorgfalt darauf zu verwenden, dass die Eintragungen unverzüglich (mit Datum versehen) und vollständig (z.B. fortlaufend zu nummerieren) erfolgen. Jedes mal ist natürlich eine Gesamtschau vorzunehmen und ein Verstoß allein kann keinen wichtigen Grund begründen. Je mehr vorwerfbare Verstöße gegeben sind in je kürzerer Zeit, umso eher ist ein wichtiger Grund gegeben. Vorwerfbar kann nur ein Verstoß sein, der auf einer einheitlichen Meinung beruht. Trägt der Verwalter z.B. keine Vergleiche ein, so kann ihn das derzeit nicht vorgeworfen werden, weil es dazu keine einheitliche Meinung gibt.

470

3.4.1.4. Haftung des Verwalters[1]

471 Die Haftung des Verwalters **gegenüber der Wohnungseigentümergemeinschaft** richtet sich nach Auftragsgrundsätzen (§§ 662 ff. BGB). Immer haftet der Verwalter für Vorsatz und Fahrlässigkeit (§ 276 BGB). Bedient er sich zur Erfüllung seiner Verpflichtungen der Mitarbeit von Hilfspersonen, insbesondere seiner Angestellten, so haftet er für deren Verschulden wie für sein eigenes (§ 278 BGB). Dagegen haftet er grundsätzlich nicht für ein Verschulden des Hausmeisters, da dieser zur Eigentümergemeinschaft, nicht zu dem Verwalter in einem Dienstverhältnis steht.

Zu beachten ist, dass der Verband Ansprechpartner der Haftung ist. Für Pflichtverletzungen aus dem Verwaltervertrag ist unmittelbar nicht der einzelne Eigentümer, sondern der Verband als solcher betroffen[2].

472 **Einzelfälle**

Aufgrund der umfangreichen Rechtsprechung ist nachfolgend ein **Rechtsprechungs-ABC** aufgeführt:

Architekten: Für ein Verschulden des beauftragten Architekten haftet der Verwalter nicht[3].

Bonität: Der Verwalter ist nicht verpflichtet, bei Vergabe von Sanierungsarbeiten die Bonität der in Betracht gezogenen Firmen zu kontrollieren[4].

Gebäudeteile: Insbesondere kann eine Haftung des Verwalters bei Ablösung von Gebäudeteilen in Frage kommen[5].

Instandhaltungsmaßnahmen: Eine Haftpflicht des Verwalters gegenüber Wohnungseigentümern kann auch dann in Frage kommen, wenn er Instandhaltungsmaßnahmen pflichtwidrig unterlassen hat[6], z.B. wenn durch Eindringen von Wasser ein Schaden entstanden ist[7] oder wenn er notwendige Sanierungsmaßnahmen verzögert hat[8].

Kapitalanlage: Der Verwalter haftet nach der Rechtsprechung mit bei Verlust der Rücklage in spekulativer Kapitalanlage aufgrund eines entsprechenden Eigentümerbeschlusses[9]. Dies ist abzulehnen, weil der Verwalter nicht befugt ist in die Entscheidung der Eigentümer einzugreifen.

---

1 Vgl. hierzu *Bub* WE 1988, 180; WE 1989, 10; *Ganten* WE 1992, 122.
2 OLG Köln OLGR 2006, 559.
3 OLG Düsseldorf WE 1999, 23; ZMR 2004, 356.
4 OLG Düsseldorf WE 1997, 424 = FGPrax 1998, 10.
5 BGH NJW 1993, 1782 = WE 1993, 193; OLG Düsseldorf NJW-RR 1992, 1244 = OLGZ 1993, 107.
6 BayObLG WE 1988, 108.
7 KG FGPrax 1996, 20; BayObLG WE 1998, 357 = NJW-RR 1999, 305; BayObLG ZWE 2000, 179.
8 OLG Köln WE 1997, 199 = DWE 1998, 34.
9 OLG Celle ZMR 2004, 845.

Notwendige Maßnahmen: Der Verwalter hat grundsätzlich das gemeinschaftliche Eigentum daraufhin zu überprüfen, ob Maßnahmen der Instandsetzung und Instandhaltung notwendig sind[1].

Verkehrssicherungspflichten: Er haftet auch für die Einhaltung von Verkehrssicherungspflichten[2]. Bei Verstoß gegen Verkehrssicherungspflichten kann eine direkte Haftung des Verwalters nicht nur gegenüber den Wohnungseigentümern, sondern auch gegenüber Dritten bestehen[3].

Wartung: Der Verwalter ist nicht verpflichtet, für eine regelmäßige Wartung von Regenwasser-Fallrohren zu sorgen[4].

Zahlungen an Werkunternehmer: Eine Schadensersatzpflicht kann auch entstehen, wenn der Verwalter Zahlungen an Werkunternehmer erbringt, obwohl die Leistung mangelhaft war[5].

Zinsen: Der Verwalter haftet für die Überziehungszinsen, wenn er die von ihm bei seinem Ausscheiden aus dem Amt geschuldete Rechnungslegung jahrelang verzögert und dadurch erhebliche Überziehungszinsen verursacht[6].

Zwangsvollstreckungsmaßnahmen: Der Verwalter kann schadensersatzpflichtig sein, wenn er wegen Forderungen der Wohnungseigentümergemeinschaft nicht die geeigneten Vollstreckungsmaßnahmen einleitet[7]. Es kann zweckmäßig sein, dass der Verwalter für sich eine Haftpflichtversicherung abschließt[8].

3.4.2. Bestellung des Verwalters[9]

3.4.2.1. Ernennungsakt

Dieser regelt lediglich intern zwischen den Wohnungseigentümern wer nach ihrer Meinung Verwalter werden soll. Für die Ernennung des Verwalters gibt es vier Möglichkeiten: Die Wahl durch die Mehrheit in der Wohnungseigentümerversammlung (§ 26 Abs. 1 Satz 1 WEG)[10], die Bestellung durch das Gericht (§§ 21 Abs. 4, 43 Nr. 1 WEG) oder als dritte Möglichkeit die Bestellung durch den teilenden Eigentümer (§ 26 Abs. 2 Zweiter Halbsatz WEG). Hat bei der Wahl durch die Wohnungseigentümerversammlung

473

---

1 OLG München ZMR 2006, 716; BayObLG DWE 1999, 119; *Sauren* WE 1998, 416.
2 OLG Frankfurt OLGZ 1993, 188 = DWE 1993, 76; BayObLG NJW-RR 1996, 657 = WE 1996, 315 (Nichtanbringung eines Treppengeländers); *Bremicker* WE 1998, 295.
3 BGH NJW 1993, 1782 = WE 1993, 193.
4 KG WE 1999, 68 = FGPrax 99, 16.
5 KG WE 1993, 197 = OLGZ 1994, 35; OLG Düsseldorf WE 1997, 345.
6 OLG Düsseldorf NZM 2004, 832.
7 OLG Hamburg WE 1993, 166 = OLGZ 1993, 431.
8 Vgl. hierzu *Jansen/Köhler* DWE 1990, 6.
9 *Müller* WE 1997, 448.
10 Textmuster siehe Teil E Rz. 5.

kein Bewerber die Mehrheit der Stimmen erhalten, so empfiehlt sich eine Stichwahl der beiden Bewerber mit den meisten Stimmen, weil andernfalls die Wahl als „Nichtbeschluss"[1]; aufgefasst werden könnte[2]. Als vierte Möglichkeit besteht nach allgemeinen Grundsätzen die Möglichkeit der Bestellung durch Vereinbarung aller Wohnungseigentümer. Eine Bestimmung in der Gemeinschaftsordnung, welche die Ernennung des Verwalters anderen Personen als den Eigentümern überlässt, wäre nichtig[3].

474 Neben die Bestellung des Verwalters tritt in der Regel der Anstellungsvertrag, der die Rechte und Pflichten des Verwalters gegenüber der Wohnungseigentümergemeinschaft enthält. Hierbei handelt es sich um einen schuldrechtlichen Vertrag, der vom Verwalter grundsätzlich mit der Wohnungseigentümergemeinschaft als rechtsfähigem Verband abgeschlossen werden muss[4].

3.4.2.2. Annahme durch den Verwalter

475 Der zum Verwalter Ernannte erlangt seine Verwalterstellung nicht schon durch einen der vorgenannten Bestellungsakte. Niemand, auch kein Wohnungseigentümer, kann dazu gezwungen werden, das Amt des Verwalters zu übernehmen. Vielmehr bedarf es hierzu einer Annahmeerklärung des Verwalters, wobei die Annahme auch in Übernahme der Verwaltertätigkeit liegen kann[5]. Er erhält das Verwalteramt erst, wenn ihn die gesetzlichen Pflichten eines Verwalters treffen. Hierzu werden zwei Ansichten vertreten. Die sog. „**Vertragstheorie**"[6] verlangt in Anlehnung an im Gesellschaftsrecht entwickelte Grundsätze zur Wirksamkeit der Bestellung außer der Ernennung noch den Abschluss eines schuldrechtlichen Vertrages zwischen dem Verwalter und den Wohnungseigentümern, da nur so der Verwalter in die gesetzlichen Pflichten eingebunden werde.

476 Die andere Ansicht ist die sog. „**Trennungstheorie**"[7]. Sie unterscheidet zwischen dem organschaftlichen Akt der Bestellung zum Verwalter und dem schuldrechtlichen Vertrag, der als Anstellungsvertrag das Verhältnis zwischen Wohnungseigentümer und Verwalter, insbesondere dessen Vergütung, regelt. Nach dieser Ansicht genügt es für den organschaftlichen Bestellungsakt, wenn der Verwalter die Ernennung annimmt. Hierzu genügt schlüssiges Verhalten, z.B. Aufnahme der Verwaltertätigkeit. Aus dem Gesetzeswortlaut und aus der Entstehungsgeschichte des WEG ergibt sich weder für die eine noch die andere Ansicht ein Anhaltspunkt. Zwingende

---

1 Siehe Teil E Rz. 399.
2 Zu dieser Frage vgl. *Müller* WE 1997, 448, 450.
3 LG Lübeck Rpfleger 1985, 232.
4 Zu der Frage, wer Verwalter sein kann, siehe bei Rz. 561.
5 BayObLG WE 1997, 396 = DWE 1997, 131.
6 *Merle* S. 19, 20; *Merle/Trautmann* NJW 1973, 119; *Striewski* ZWE 2001, 8; *Weitnauer* § 26 Rz. 10.
7 *Bärmann/Pick/Merle* § 26 Rz. 21; *Müller* WE 1997, 448; *Schmidt* WE 1998, 209.

praktische Gründe sprechen jedoch für die Trennungstheorie. Sie allein führt zu in der Praxis brauchbaren Ergebnissen. Zur Übernahme der Verwalterpflichten bedarf es keines schuldrechtlichen Vertrags. Dadurch, dass der Verwalter mit seiner Zustimmung die organschaftliche Stellung erhält, treffen ihn auch die gesetzlichen Pflichten, die insbesondere in § 27 WEG genau geregelt sind. Die Analogie zum Gesellschaftsrecht, insbesondere zum Recht der Aktiengesellschaften, ist deswegen nicht möglich, weil dort andere Verhältnisse herrschen. Nach § 84 AktG kann der Aufsichtsrat, der auch die Vorstandsmitglieder ernennt, mit ihnen den Anstellungsvertrag abschließen. Eine solche Möglichkeit besteht beim Wohnungseigentum nicht.

Aufgrund der eindeutigen Rechtsprechung reicht deshalb nach der Vertragstheorie die Duldung der Verwaltertätigkeit in der irrigen Annahme der Bestellung nicht[1] oder ihre widerspruchslose Hinnahme[2]. 477

3.4.2.3. Bestellung des Verwalters durch das Gericht[3]

Fehlt ein Verwalter, so ist ein solcher in dringenden Fällen bis zur Behebung des Mangels auf Antrag eines Wohnungseigentümers, der ein berechtigtes Interesse an der Bestellung eines Verwalters hat, durch den Richter zu bestellen (§ 43 Nr. 1 WEG). Ein solcher Antrag setzt zunächst ein dringliches Interesse voraus. Dieses wird bei großen Anlagen immer zu bejahen sein. Es kann aber bei Kleinstanlagen, insbesondere bei Zweifamilienhäusern, nicht bestehen. Trotz der Unabdingbarkeit der Verwalterbestellung (nach § 20 Abs. 2 WEG) kann daher in solchen Fällen mangels eines dringlichen Interesses die Ernennung eines Verwalters nicht verlangt werden. Die Bestellung eines Notverwalters kann nur noch nach dem WEG (§ 21 Abs. 4 WEG) von einem Wohnungseigentümer verlangt werden. Ein Notverwalter kann nicht bestellt werden, wenn die Gemeinschaft einen neuen Verwalter gewählt hat[4]. Der vom Gericht bestellte Verwalter ist immer nur ein Notverwalter, der bis zur ordnungsgemäßen Bestellung eines Verwalters durch die Wohnungseigentümerversammlung tätig wird[5]. Mit seiner Ernennung durch das Gericht erhält der Notverwalter die Rechte und Pflichten des Verwalters (§ 27 WEG)[6] und den Anspruch auf eine angemessene Vergütung[7]. Das Gericht hat mit dem Verwalter eine Vereinbarung über die Höhe seiner Vergütung zu treffen[8]. Eine Erweiterung der Befugnis- 478

---

1 BayObLGZ 1987, 54, 59.
2 KG NZM 1999, 255; a.A. OLG Hamm NJW-RR 1997, 143.
3 Hierzu BayObLG NJW-RR 1989, 461 = WE 1989, 221.
4 KG WE 1990, 211.
5 *Merle* S. 81.
6 *Merle* S. 81.
7 *Merle* S. 82.
8 *Merle* S. 83.

se des Verwalters über den Rahmen des WEG (§ 27) hinaus ist nicht möglich.

3.4.3. Beginn der Drei- bzw. Fünfjahresfrist

479 Durch die WEG-Novelle ist die Bestellungszeit des Erstverwalters weiter eingeschränkt worden. Bisher war die Bestellung auf höchstens 5 Jahre zulässig. Nunmehr ist im Falle der ersten Bestellung nach der Begründung von Wohnungseigentum dies auf höchstens 3 Jahre zulässig. Die Regelung ist vom Rechtsausschuss noch kurz vor der dritten Beratung aufgenommen worden[1]. Die Begründung dafür war, dass die Frist für die Verjährung von Gewährleistungsansprüchen bei neu errichteten Eigentumswohnungen ebenfalls 5 Jahre betrage würde. Da der Bauträger bei der Begründung von Wohnungseigentum den ersten Verwalter in der Regel auch auf der Höchstdauer von 5 Jahren bestellen würde, bringe der Gleichlauf der Bestellungsdauer mit der Verjährungsfrist die Gefahr von Interessenkollisionen. Deshalb sei die zeitliche Beschränkung bei dem ersten Verwalter auf 3 Jahre zweckmäßig. Diese Vorschrift wird erstmals für die Bestellungsdauer ab 1.7., d.h. für alle Wahlen, die ab dem 1.7. vorgenommen werden oder durch Bestellung in der Gemeinschaftsordnung erfolgen, anwendbar sein. Vor dem Inkrafttreten vorgenommene Bestellungen bleiben unberührt. Zur Klarstellung: Der Verwalter ist nicht bereits dann gewählt, wenn er in der Gemeinschaftsordnung durch den Bauträger festgelegt ist. Die Wahl findet erst mit der ersten Zustimmung des ersten Wohnungseigentümers statt, die regelmäßig im Kaufvertrag erfolgt. Erfolgt der erste Kaufvertrag nach dem 1.7. und ist eine 5-Jahresfrist bisher vorgesehen, so ist die Verwalterwahl über 3 Jahre hinaus unwirksam.

480 Die Regelung ist insoweit unzweckmäßig, als die meisten Begründungen von Wohnungseigentum in der Praxis nicht durch Bauträgerfälle erfolgen, sondern regelmäßig durch Bestandsobjekte. Man kann schätzen, dass höchstens 20 % der WE-Begründungen Bauträgerfälle sind. Damit hat der Gesetzgeber eine Regelung für alle geschaffen, die nicht nur 20 % der Fälle betrifft. Man hätte deshalb den Gesetzestext klarer fassen müssen.

481 Zu Recht wird ebenfalls angeführt, dass in der heutigen Zeit die Bauträgerobjekte nicht innerhalb kurzer Zeit komplett verkauft werden. Es kann häufig sein, dass auch noch nach 3 Jahren der Bauträger über ausreichende Mehrheiten verfügt, so dass er sich dann für 5 Jahre wählen lassen kann. Insoweit wäre dann die Regelung sogar kontraproduktiv[2]. Letztlich gilt nach dem Wortlaut die Vorschrift auch, wenn ein fremder Verwalter vom Bauträger eingesetzt wird, hier ist eine teleologische Reduktion angebracht.

---

1 BT-Drucks. 16/3843, S. 51.
2 *Köhler* Rz. 465.

Zweifel bringt in der Praxis auch die Bestimmung des WEG (§ 26 Abs. 1 Satz 2 WEG), wonach die Bestellung des Verwalters nur auf **5 Jahre bzw. 3 Jahre** bei der Erstbestellung vorgenommen werden darf. Fraglich ist hier, **wann die Frist zu laufen beginnt.** War bereits ein Verwalter vorhanden und wird entweder mit Wirkung ab Ablauf der Amtsperiode des alten Verwalters ein neuer Verwalter ernannt oder der bisherige Verwalter wieder gewählt, so beginnt in beiden Fällen die Fünfjahresfrist mit **Beginn der Amtsperiode** des neugewählten Verwalters. Dass so der Beginn der Frist erst nach dem Bestellungsakt liegt, stellt keine dem Gesetzeszweck widersprechende Manipulation dar[1]. Der Gesetzgeber wollte lediglich verhindern, dass eine Amtsperiode über drei bzw. fünf Jahre hinaus ausgedehnt werden kann. Das ist aber hier nicht der Fall. Bei der Wiederwahl ist zu beachten, dass diese (§ 26 Abs. 2 WEG) frühestens ein Jahr vor Ablauf der Bestellungszeit stattfinden kann. Diese Bestimmung ist einschränkend auszulegen. Sie schließt Verlängerungsklauseln für den Fall, dass eine Abberufung nicht stattfindet, nicht aus, solange dadurch die 5-Jahres-Frist nicht überschritten wird[2]. Auch bei Bestellung des gleichen Verwalters kann die Verlängerung schon mehr als ein Jahr vor Ablauf der Amtszeit beschlossen werden; dann darf aber die Amtszeit nicht mehr als 5 Jahre ab Beschlussfassung dauern[3]. Nach der Rechtsprechung des KG[4] verstößt ein Beschluss, durch den die 5-jährige Amtszeit des Verwalters mehr als ein Jahr vor Ablauf dieser Amtsperiode um einen Anschlusszeitraum von drei Jahren verlängert wird, gegen § 26 Abs. 2 WEG und ist damit absolut nichtig.

482

Schwieriger ist die Situation bei der **Bestellung des Verwalters in der Gemeinschaftsordnung.** Hier findet bis kurz vor Bezugsfertigkeit des Gebäudes eine Verwaltung nicht statt. Nach Ansicht des LG Bremen[5] beginnt die Fünfjahresfrist mit Anlegung der Wohnungsgrundbücher; diese Ansicht ist abzulehnen, da kein Bezug zur Verwaltungstätigkeit vorhanden ist. Nach *Müller*[6] läuft die Frist ab Inkrafttreten der faktischen Gemeinschaft[7]. *Merle*[8] nimmt daher an, dass die Fünfjahresfrist erst mit der Aufnahme der Verwaltertätigkeit beginne. Diese Ansicht ist deswegen nicht praxisgerecht, weil sich der Beginn der Tätigkeit nach 5 Jahren nicht mehr mit Sicherheit feststellen lässt. Das kann besonders misslich sein, wenn der Verwalter eine Zustimmung zur Veräußerung (§ 12 WEG) abgibt und das Grundbuchamt nicht feststellen kann, ob die Fünfjahresfrist abgelaufen ist[9]. Die Nachweisbarkeit beginnt daher in diesem Falle in der Regel mit dem Be-

483

---

1 OLG Hamm WE 1990, 104 = OLGZ 1990, 199.
2 OLG Köln DWE 1990, 69 = WE 1990, 171; OLG Frankfurt OLGZ 1984, 257.
3 BGH NJW-RR 1995, 780 = DWE 1995, 158; OLG Hamm WE 1990, 104 = OLGZ 1990, 199.
4 KG FGPrax 1997, 218 = WE 1998, 66.
5 LG Bremen Rpfleger 1987, 199.
6 *Müller* WE 1997, 448.
7 Siehe Teil E Rz. 222, 223.
8 *Merle* S. 67.
9 BayObLG NJW-RR 1991, 978 = WE 1992, 141.

stellungsakt[1]. Dagegen bestehen keine Bedenken, wenn der Bauträger im Ernennungsakt festlegt, dass die Verwalterbestellung erst zu einem bestimmten Kalendertag wirksam sein solle. Dem Klarheitserfordernis ist damit Genüge getan. Von Bauträgern wird aber nicht selten versucht, die Fünfjahresfrist dadurch hinauszuschieben, dass die Verwalterbestellung erst zum Zeitpunkt des Beginns der Verwaltertätigkeit wirksam sein soll oder mit der Bezugsfertigkeit der ersten Eigentumswohnung. Derartige Klauseln schaffen nicht nur Unklarheit, sie dienen lediglich dem Vorteil des Bauträger-Verwalters und sind für die Wohnungseigentümer nachteilig. Soll das Verwalteramt erst mit der Bezugsfertigkeit der ersten Wohnung beginnen, so ist der Verwalter gehindert, in der Zeit kurz vor Bezugsfertigkeit die notwendigen Verwaltungshandlungen vorzunehmen, z.B. Heizöl anzukaufen und das für den Beginn der Verwaltung notwendige „Startgeld" anzufordern. Auch das liegt nicht im Interesse der Wohnungseigentümer. Soweit der Verwalter eine solche Klausel anwendet, sind Bestimmungen des BGB über die Allgemeinen Geschäftsbedingungen zu beachten. Nach dem BGB (§ 307) ist eine Klausel unwirksam, wenn sie den Vertragspartner des Verwenders der Klausel entgegen den Geboten von Treu und Glauben unangemessen benachteiligt. Diese Voraussetzung ist dann gegeben, wenn allein im Interesse des Verwalters das Ende der Verwaltung im Unklaren bleibt. Die Folge ist die Nichtigkeit der Bestimmung über den Beginn mit der Konsequenz, dass die Fünfjahresfrist ab dem Bestellungsakt läuft. Eine unangemessene Benachteiligung und damit eine Nichtigkeit der Klausel tritt aber nicht ein, wenn der Endtermin von Anfang an feststeht, auch innerhalb der Fünfjahresfrist liegt und nur der Beginn im Ungewissen bleibt. Eine Bestellung auf fünf Jahre widerspricht nicht etwa dem BGB (§ 309 Nr. 9). Diese Bestimmung verbietet bei Dauerschuldverhältnissen eine längere Bindung als zwei Jahre. Hier gilt aber die den besonderen Verhältnissen des Wohnungseigentums angepasste Regelung des § 26 Abs. 1 Satz 2 WEG als das Spezialgesetz (§ 307 Abs. 3 BGB n.F., früher § 8 AGBG)[2].

3.4.4. Beendigung des Verwalteramts[3]

484 Auch die **Abberufung** des Verwalters (vor Ablauf seiner Amtszeit) erfolgt **durch Mehrheitsbeschluss der Wohnungseigentümerversammlung** (§ 26 Abs. 1 Satz 1 WEG). Die Abberufung ist grundsätzlich jederzeit möglich, soweit die Gemeinschaftsordnung nichts anderes bestimmt, unbeschadet der Ansprüche des Verwalters aus dem Verwaltervertrag[4]. Die Bestellung des Verwalters in der Teilungserklärung und Gemeinschaftsordnung bedeutet grundsätzlich nicht, dass die Bestellung den Charakter einer Vereinbarung hat, durch Mehrheitsbeschluss also nicht umgestoßen werden

---

1 *Sauren*, WEG, § 26 Rz. 9.
2 BGH NJW 2002, 3240.
3 *Drabek* WE 1998, 162, 216; *Lüke* WE 1997, 164.
4 OLG Köln WE 1989, 142 = NJW-RR 1988, 1172.

könnte[1]. Die Abberufung aus wichtigem Grund kann auch durch Vereinbarung der Eigentümer nicht ausgeschlossen werden (§ 26 Abs. 1 Satz 3 und 4 WEG). Sie ist immer möglich. Keine unzulässige Einschränkung des Abberufungsrechts liegt vor, wenn die Gemeinschaftsordnung eine andere Art der Stimmberechnung vorsieht als das WEG (§ 25 Abs. 1 Satz 2 WEG)[2]. Die Abberufung aus wichtigem Grund kann nicht von der Zustimmung eines Dritten abhängig gemacht werden[3].

Ein **wichtiger Grund** liegt vor, wenn unter Berücksichtigung aller, nicht notwendig vom Verwalter verschuldeten Umstände das Vertrauensverhältnis zerstört ist und deshalb den Wohnungseigentümern eine Zusammenarbeit mit dem Verwalter nicht mehr zugemutet werden kann[4].

485

Wichtige Gründe in diesem Sinne können u.a. sein:

Auskunftsverweigerung: Verweigerung der Einsicht in die Abrechnungsunterlagen seitens des Verwaltungsbeirats[5].

Beschlüsse: Nichtbeachtung von Beschlüssen der Wohnungseigentümerversammlung[6].

Beschlusssammlung: Nicht ordnungsgemäßes Führen der Beschlusssammlung (§ 26 Abs. Satz 4 WEG).

Einberufung: Verweigerung der Einberufung der Wohnungseigentümerversammlung auf Grund eines Minderheitsverlangens nach § 24 Abs. 2 WEG[7].

Einlagensicherung: Die Falschinformation über die sog. Einlagensicherung ist nach dem OLG München[8] kein wichtiger Grund.

Einsichtsrechte: Siehe Auskunft.

Gebäudeversicherungsschutz: Sorgt der Verwalter nicht dafür, handelt es sich um einen wichtigen Grund[9].

Gelder der Eigentümergemeinschaft. Ein Verfügen über Gelder entgegen einem Beschluss der Wohnungseigentümer kann einen Grund für die Abberufung darstellen[10].

---

1 BayObLG NJW 1974, 2134.
2 KG OLGZ 1978, 142.
3 *Merle* S. 97; *Weitnauer/Lüke* § 26 Rz. 32.
4 BGH NJW 2002, 3240; vgl. hierzu *Bärmann/Pick/Merle* § 26 Rz. 152 ff.; *Weitnauer/Hauger* § 26 Rz. 39 ff.; *Sauren* § 26 Rz. 36.
5 BayObLG WE 1991, 358 = DWE 1991, 31.
6 BayObLG WE 1986, 65.
7 OLG Düsseldorf WEG 1998, 230 = NJW-RR 1999, 163.
8 OLG München ZMR 2006, 637.
9 OLG Düsseldorf NZM 2005, 828.
10 OLG Düsseldorf DWE 1991, 25, 26.

Insolvenz oder Zahlungsunfähigkeit des Verwalters kann ein wichtiger Grund für seine Abberufung sein[1].

Jahresabrechnung: Verzögerung der Jahresabrechnung über einen nicht mehr erträglichen Zeitraum[2], wiederholte nicht rechtzeitige Aufstellung der Jahresabrechnung[3], systematisches und nachhaltiges Verschleiern von Zahlungsrückständen[4], dagegen reicht nicht jeder Abrechnungsfehler für eine Abberufung[5], die Mängel in der Abrechnung müssen schwerwiegend sein[6].

Maklergeschäfte: War ein Veräußerungsgeschäft nach § 12 WEG zustimmungspflichtig und hat der Verwalter hierbei gegen Entgelt als Makler mitgewirkt, so kann dies seine Abberufung rechtfertigen, wenn er gegen den Willen der Mehrheit der Wohnungseigentümer seine Zustimmung erteilt hat[7].

Mietvertrag: Der eigenmächtige Abschlusse eines Mietvertrages ist ein wichtiger Grund[8].

Protokoll: Ein wichtiger Grund sind falsche Angaben in der Niederschrift über die Wohnungseigentümerversammlung[9].

Rechen- und Schreibfehler sind, soweit sie nur gelegentlich vorkommen, kein wichtiger Grund für die Abberufung[10].

Straftat: Eine Verurteilung des Verwalters wegen eines Vermögensdelikts kann einen wichtigen Grund für die Abberufung darstellen[11].

Übertragung: Hat der Verwalter seine Verwalterstellung in unzulässiger Weise im Ganzen auf einen anderen übertragen, so kann dies einen wichtigen Grund für die Abberufung darstellen[12].

Versammlung: Siehe bei Einberufung.

Versicherungen: Ein Verschweigen von Versicherungsprovisionen für den Verwalter in erheblichem Umfang kann einen wichtigen Grund darstellen[13].

---

1 OLG Düsseldorf OLGZ 1977, 433.
2 Nach OLG Karlsruhe WE 1998, 189 kann eine 15-monatige Verzögerung ein Grund für die Abberufung sein, nach AG Recklinghausen DWE 1990, 36 eine Verzögerung von zwei Jahren; BayObLG DWE 2004, 90.
3 BayObLG ZWE 2000, 38 = NJW-RR 2000, 462.
4 AG Krefeld DWE 1999, 132.
5 OLG Köln NJW-RR 1998, 1622.
6 *Sauren* WE 1999, 90; OLG Düsseldorf, ZMR 2006, 144; ZMR 2006, 293.
7 BayObLG NJW 1972, 1284 = Rpfleger 1972, 229.
8 OLG München OLGR 2006, 326.
9 *Sauren* § 26 Rz. 36.
10 *Sauren* § 26 Rz. 36.
11 BayObLG FGPrax 1998, 100 = WE 1998, 406.
12 *Sauren* § 26 Rz. 36.
13 OLG Düsseldorf NJW-RR 1998, 1023 = WE 1998, 486.

Vertraulichkeitsgebot: Ein Verstoß gegen das Vertraulichkeitsgebot bezüglich interner Angelegenheiten bedeutet einen wichtiger Grund[1].

Verwaltungsbeirat: Es kann die Abberufung des Verwalters rechtfertigen, wenn auf Grund seines Verhaltens eine vertrauensvolle Zusammenarbeit mit dem Verwaltungsbeirat nicht mehr möglich ist[2].

Verwirkung: Das Recht auf Abberufung des Verwalters ist verwirkt, wenn sie nicht innerhalb einer angemessenen Frist erfolgt ist; die Vorschrift des § 626 Abs. 2 BGB, der bei Dienstverträgen eine Frist von zwei Wochen für die Kündigung vorsieht, ist jedoch hier nicht anwendbar[3].

Vielzahl von Verfehlungen: Eine Vielzahl von Verfehlungen kann einen wichtigen Grund für die Abberufung darstellen, auch wenn jede einzelne Verfehlung für sich allein dies nicht rechtfertigen würde[4].

Zahlungsrückstände. Grund für die Abberufung kann auch eine systematische und nachhaltige Verschleierung von Zahlungsrückständen sein[5].

Zahlungsunfähigkeit: Siehe bei Insolvenz.

Mit der wirksamen **Abberufung** wird regelmäßig auch der Verwaltervertrag beendet, wenn Verwalterstellung und Verwaltervertrag nach dem ausdrücklichen oder sich durch Auslegung ergebenden Parteiwillen als Einheit behandelt werden sollen[6]. Dies gilt insbesondere, wenn eine rechtliche Einheit zwischen Bestellung und Vertrag (gleiche Laufzeit) besteht[7]. 486

Im Übrigen erfolgt die Beendigung bei befristeten Verträgen mit Fristablauf (§ 620 Abs. 1 BGB) oder nach 5 Jahren bei unbefristeten oder längerfristigen Verträgen aufgrund der gesetzlich zwingenden Vorschrift[8]. Darüber hinaus wird der Vertrag beendet mit rechtskräftiger Ungültigkeitserklärung der Bestellung ohne Rückwirkung, weil diese nach der Rechtsprechung eine stillschweigende auflösende Bedingung ist[9]. Deshalb entfällt auch der Vergütungsanspruch bis zur Ungültigkeitserklärung dadurch nicht. 487

Daneben erfolgt die Beendigung des Verwaltervertrages durch Kündigung der Wohnungseigentümer oder durch Gerichtsbeschluss über Kündigungsausübung als interne Willensbildung[10] und Abgabe der Kündigungserklärung gegenüber dem Verwalter. Abberufung und Kündigung sind gesondert

---

1 AG Kassel ZMR 2006, 322.
2 OLG Frankfurt NJW-RR 1988, 1169 = WE 1989, 31; BayObLG FGPrax 1999, 20 = BayObLGZ 1998, 310; BayObLG ZWE 2000, 77.
3 BayObLG ZWE 2000, 185.
4 OLG Köln DWE 2000, 38.
5 AG Krefeld DWE 1999, 132; OLG Köln ZMR 1999, 789.
6 BGH NJW 2002, 3240; OLG Zweibrücken ZMR 2004, 63, 66.
7 OLG Köln NJW-RR 1988, 1172 = WE 1989, 142 = DWE 1989, 30.
8 BGH NJW 2002, 3240.
9 BGH NJW 1997, 2106.
10 BayObLG ZMR 2004, 923.

zu sehen[1]. Deshalb kann der Verwalter entweder neben der Anfechtung seiner Abberufung oder nach bestandskräftiger Abberufung[2] einen Feststellungsantrag bei Gericht über die Unwirksamkeit der Kündigung beantragen und gleichzeitig die Fortzahlung seiner Vergütung verlangen.

488 Daneben ist natürlich auch noch die ordnungsgemäße oder die außerordentliche Kündigung möglich. Hierzu sind die vorgenannten Gründe entscheidend. Zu beachten ist hierbei noch, dass zwar nicht die 14tägige Frist des BGB (§ 626 Abs. 2 BGB) gilt, in dessen Zeitraum die Kündigung nach bekannt werden der Gründe ausgesprochen werden muss, sondern eine angemessen kurze Frist[3]. Die Auffassung, dass für das Kennen müssen der Gründe die Kenntnis des Verwaltungsbeirats ausreicht[4], ist jedoch abzulehnen. Es kommt auf den Zeitpunkt der Kenntnis aller Wohnungseigentümer an, denn diese sind Vertragspartner.

489 **Sehr wichtig ist Folgendes:** Die Abberufung erfolgt durch Mehrheitsbeschluss der Wohnungseigentümerversammlung, soweit nicht ein schriftlicher Beschluss aller Wohnungseigentümer (§ 23 Abs. 3 WEG) stattfindet. Der Versammlung muss eine Einberufung vorausgehen, die als Tagesordnungspunkt das Abberufungsverlangen enthält (§§ 23 Abs. 2, 24 Abs. 2, 4 WEG). Die Einberufung muss durch den Verwalter oder durch den Vorsitzenden des Verwaltungsbeirats bzw. dessen Stellvertreter erfolgen (§ 24 Abs. 1, 3 WEG). Einer oder mehrere Wohnungseigentümer können also nicht einberufen. Notfalls müsste ein Wohnungseigentümer vom Gericht zur Einberufung ermächtigt werden[5]. Ist der Verwalter Wohnungseigentümer, so darf er nach der h.M. bei der Abstimmung über die Abberufung mitstimmen (§ 25 Abs. 5 WEG)[6].

490 In Ausnahmefällen kann auch ein einzelner Eigentümer die Abberufung durch das Gericht verlangen[7].[8]

Die Beendigung der Verwalterstellung kann auch **durch den Verwalter** erfolgen.

Häufig erfolgt eine sog. Amtsniederlegung des Verwalters, die konkludent die Kündigung des Verwaltervertrages beinhaltet und ihn beendet, wenn die Kündigung wirksam ist[9]. Diese muss allen Wohnungseigentümern zugehen[10]. Da niemand das Amt aufgedrängt werden kann, endet die Verwalterstellung selbst dann, wenn der notwendige **wichtige Grund** für die Nie-

---

1 BGH NJW 2002, 3240.
2 OLG Zweibrücken ZMR 2004, 63.
3 OLG Köln NJWE-MietR 1997, 63.
4 OLG Düsseldorf NZM 2002, 264.
5 Siehe Rz. 303.
6 Siehe Rz. 356.
7 BayObLG NJW-RR 1986, 445 = WE 1986, 64.
8 Textmuster einer Abberufung siehe Teil E Rz. 4.
9 BayObLGZ 1999, 280.
10 OLG München NJW-RR 2005, 1470.

derlegung nicht vorhanden ist[1] oder bei wirksamer Vertragskündigung, z.B. Zugang bei allen Wohnungseigentümern, fehlte. In diesem Fall besteht ein Schadensersatzanspruch der Gemeinschaft unter den gesetzlichen Voraussetzungen (§ 280 BGB).

Darüber hinaus ist noch **eine wirksame Kündigung des Verwaltervertrags durch Fristablauf** oder Kündigungserklärung des Verwalters möglich[2]. Sie muss allen Wohnungseigentümern zugehen[3]. Gegebenenfalls besteht hier ebenfalls ein Schadensersatzanspruch des Verwalters (§ 628 Abs. 2 BGB)[4].

Ist der seltene Fall gegeben, dass der Verwalter sein Amt unentgeltlich ausübt, so können beide Parteien jederzeit kündigen (§§ 662, 671 BGB)[5], aber nicht zur Unzeit (§ 671 Abs. 2 BGB). Nach allgemeinen Grundsätzen steht jeder Partei immer das Recht der Kündigung aus wichtigem Grund zu (§§ 626, 671 Abs. 3 BGB)[6].

Das WEG sieht eine **Abberufung** des Verwalters **durch das Gericht** nicht ausdrücklich vor. Die Abberufung kann aber eine Maßnahme darstellen, die jeder Wohnungseigentümer nach dem WEG (§ 21 Abs. 4 WEG) verlangen und im gerichtlichen Verfahren (nach § 43 Nr. 3 WEG) durchsetzen kann[7].

491

Die Stellung des Verwalters ist **eine höchst persönliche** (§ 613 BGB) und der **Tod des Verwalters** beendet deshalb sein Amt. Dies gilt ebenfalls bei **Erlöschen** einer juristischen Person[8]. Hat bisher eine natürliche Person die Verwalterstellung inne gehabt und bringt er sie nunmehr in eine juristische Person ein, so endet ebenfalls die Verwalterstellung, da die juristische Person eine andere als die natürliche ist[9]. Auch die Übertragung aller Gesellschaftsanteile der Verwalter-GmbH auf eine andere beendet die Verwalterstellung[10], bei Ausgliederung ebenfalls[11]. Dagegen ist es unerheblich, ob ein Gesellschafterwechsel bei einer juristischen Person oder Personengesellschaft gegeben ist[12].

492

Abwicklungen des Verwaltervertrages: Der Verwalter hat nach wirksam werden, d.h. nach Beschlussfassung, die gerichtlich noch nicht bestätigt sein muss, **die Originalverwaltungsunterlagen**[13], d.h. alle Verwaltungs-

493

---

1 A.A. *Reichert* ZWE 2002, 438.
2 OLG Köln NZM 1998, 920; LG Münster NZM 2002, 459.
3 OLG München NJW-RR 2005, 1470.
4 BayObLGZ 99, 280.
5 *Drabek* WE 1998, 218.
6 *Drabek* WE 1998, 218; BayObLG FGPrax 1999, 156 = ZWE 2000, 72.
7 BayObLG NJW-RR 1986, 445.
8 BayObLG MDR 1990, 1018.
9 BayObLG ZWE 2001, 492.
10 OLG Köln NZM 2006, 591.
11 BayObLG NJW-RR 2002, 732.
12 BayObLG NJW-RR 1988, 1117.
13 BayObLG WuM 1996, 661.

gegenstände, z.B. Aktenordner, Schlüssel und Gelder der Gemeinschaft an die neue Verwaltung zu übergeben[1]. Der häufige Einwand der Verwalter, dass sie Eigentum an den Unterlagen hätten, ist unerheblich, da die Unterlagen angefertigt worden sind aufgrund der Verwalterstellung. Ebenfalls ist unerheblich, ob der Verwalter noch Rechnungslegung vornehmen muss, was ggf. zeitgleich oder später beschlossen wurde (§ 28 Abs. 4 WEG)[2], da er dafür Kopien fertigen kann. Wurde teilweise die Vergütung nicht bezahlt, hat der Verwalter hier kein Zurückbehaltungsrecht[3]. Da der Anspruch aus dem Abwicklungsverhältnis dem Verband zusteht, kann der Verwalter mit Vergütungsansprüchen ausschließlich gegenüber dem Verbandes aufrechnen, nicht aber gegenüber einzelnen Wohnungseigentümern[4]. Der ausgeschiedene Bauträgerverwalter muss die Bauunterlagen ebenfalls herausgeben, die er als Bauträger im Besitz hat, soweit sie die Errichtung der Wohnanlage betreffen und für die Gewährleistung und sonstigen Ansprüche gegenüber den am Bau Beteiligten von Bedeutung sind[5].

3.4.5. Verwaltervertrag[6]

494 Durch die Bestellung des Verwalters kommt noch kein **Anstellungsvertrag** zustande. Dieser muss zwischen den Wohnungseigentümern und dem Verwalter abgeschlossen werden. Wurde der Verwalter durch Mehrheitsbeschluss bestellt, so ist die Mehrheit, die für die Bestellung gestimmt hat, befugt, den Vertrag auch namens der überstimmten Minderheit abzuschließen[7]. Dies gilt insbesondere wegen der Höhe der Verwaltervergütung[8].[9]

495 Nach der **Rechtsfähigkeit der Wohnungseigentümergemeinschaft** (§ 10 Abs. 6, 7 WEG) ist umstritten, zwischen wem der Verwaltervertrag zustande kommt und welche Rechte von wem daraus resultieren. Nach der wohl herrschenden Auffassung kommt der Verwaltervertrag ausschließlich zwischen der rechtsfähigen Gemeinschaft und dem Verwalter zustande, weil die Gemeinschaft insoweit in Verwaltung des gemeinschaftlichen Eigentums am Rechtsverkehr teilnimmt. Dieser soll aber als Vertrag zu Gunsten Dritter mit Schutzwirkung für die Wohnungseigentümer zu qualifizieren sein und Pflichten des Verwalters auch gegenüber diesen begründen bzw. diesen unmittelbar Rechte gegenüber dem Verwalter einräumen[10]. Nach

---

1 BayObLG NZM 2001, 1142.
2 BayObLG ZWE 2000, 262.
3 OLG Frankfurt OLGZ 1994, 538.
4 OLG Hamm ZMR 2006, 633.
5 BayObLG ZMR 2001, 819.
6 *Jürgen Schmidt* WE 1998, 209, 253.
7 BayObLG MittBayNot 1974, 204 = Rpfleger 1974, 401 = NJW 1974, 2136.
8 KG NJW 1975, 318 = DNotZ 1975, 102 = MDR 1975, 230 = MittBayNot 1975, 100.
9 Einzelheiten siehe Rz. 475 ff.
10 OLG Düsseldorf NZM 2007, 137, 137; KK-*Abramenko* § 26 Rz. 34b; *Wenzel* ZWE 2006, 462, 464; *Armbrüster* ZWE 2006, 470.

anderer Ansicht bedarf es zweier Verwalterverträge, da im Verwaltervertrag teilweise auf Pflichten der Wohnungseigentümer gegenüber dem Verwalter geregelt werden, wie z.B. Lastschrifteinzug, Gebühren und ggf. persönliche Haftung für die Verwaltervergütung. Da ein Vertrag zu Lasten Dritter aber unzulässig war, müsste auch ein Vertrag mit den einzelnen Wohnungseigentümern begründet werden[1]. Der erstgenannten Auffassung hat sich die Rechtsprechung angeschlossen und deshalb gegenüber dem Vergütungsanspruch des Verwalters keine Aufrechnung hinsichtlich eines Schadenersatzanspruchs von einem einzelnen Wohnungseigentümer zugelassen[2].

Mit dem **Verwaltervertrag** wird nach wie vor laut herrschender Meinung erst die Verwalterstellung begründet[3]. Der entscheidende Punkt für den Verwalter ist, dass er ohne Vertrag nur einen Aufwendungsersatzanspruch hat und keinen Vergütungsanspruch. Es ist deshalb erstaunlich, wie unsorgfältig oft die Verwalter an dieses Thema herangehen. Hierzu einige Hinweise: 496

3.4.5.1. Einbettung des Verwaltervertrages in die Organisation der Wohnungseigentümergemeinschaft

Häufig wird die Funktion des Verwaltervertrages falsch verstanden. Es wird nicht ausreichend, auch von dem Verwalter, zwischen dem Rechtsverhältnis Verband zu Wohnungseigentümer und Wohnungseigentümer zu Verwalter unterschieden. 497

Regelungsgegenstand des Verwaltervertrages ist nur die **Beziehung des Verbandes** zum Verwalter. Deshalb sollten in den Vertrag keine Regelungen über das Verhältnis der Wohnungseigentümer untereinander aufgenommen werden, wie das in vielen Verwaltervertragsentwürfen festzustellen ist. Der Beschluss über die Ermächtigung, den Vertrag abzuschließen, wäre in diesen Passagen auf Anfechtung hin für ungültig zu erklären, wenn nicht dadurch der komplette Vertrag für ungültig erklärt werden müsste, soweit nicht davon ausgegangen werden kann, dass die Vollmacht auch zum Abschluss eines Vertrages ohne diesen Punkt erteilt worden wäre[4]. 498

In einem Fall des LG Lübeck[5] sind deshalb folgende Passagen eines Verwaltervertrages für ungültig erklärt worden: 499

(1) Die Aufgabe des Verwalters die Hausordnung aufzustellen.

(2) Die Aufgabe des Verwalters über die Art und Weise der Nutzung des gemeinschaftlichen Eigentums zu entscheiden.

---

1 DAV-Stellungnahme NZM 2006, 767, 768.
2 OLG Hamm ZMR 2006, 633.
3 Vgl. Nachweise bei *Sauren*, WEG, 4. Aufl., § 26 Rz. 19.
4 OLG Hamm NJW-RR 1986, 500; ZMR 2001, 143; für komplette Aufhebung BayObLG WuM 1994, 562, 566.
5 V. 5.2.1988 – 7 T 569/86.

(3) Die Berechtigung des Verwalters schon vor Aufstellung eines Wirtschaftsplanes Vorschüsse zu verlangen.

(4) Die Einzelabrechnung gilt als anerkannt, wenn nicht innerhalb von drei Wochen schriftlicher Widerspruch erhoben worden ist.

(5) Gegen das Wohngeld oder Einzelbeträge darf nicht aufgerechnet werden oder ein Zurückbehaltungsrecht geltend gemacht werden (m. E. zu eng, da diese Rechtslage sich bereits aus dem gesetzlichen Gemeinschaftsverhältnis ergibt).

(6) Der einzelne Eigentümer kann eine Verzinsung der eingezahlten Wohngelder oder eventueller Abrechnungsguthaben nicht verlangen und Zinsen des Girokontos der Gemeinschaft sowie der festgelegten Rücklagen sollen der Gemeinschaft zufließen.

(7) Mehrere Eigentümer, denen ein Wohnungseigentum gemeinsam zusteht, haben einen Bevollmächtigten und Zustellungsbevollmächtigten zu bestellen und dem Verwalter zu benennen, anderenfalls kann eine Wahrnehmung der Eigentumsrechte innerhalb und außerhalb der Versammlung nicht erfolgen.

(8) Auch Betretungsrechte des Verwalters[1] und Regelungen über die Erhebung von Wohngeldern haben nichts im Verwaltervertrag zu suchen[2].

500 Dies schließt jedoch nicht aus, dass die Eigentümer ihr Verhältnis durch Vereinbarung oder Beschluss so gestalten, dass sich daraus *weitere* Rechte und Pflichten des Verwalters ergeben, die dann zum Gegenstand des Verwaltervertrages gemacht werden. Jedoch müssen diese Regelungen schon *vor* Beschlussfassung über den Verwaltervertrag vorhanden sein, denn die Eigentümer brauchen nur mit solchen Vertragspassagen zu rechnen, die den bereits vorhandenen Regelungsgegenständen entsprechen. Möglich ist es auch, mit der Beschlussfassung über die Beauftragung zum Abschluss des Verwaltervertrages die entsprechenden Regelungen zu treffen; nur ist dann zu beachten, dass in der Einberufung zur Versammlung – soweit nicht eine Vereinbarung notwendig ist – dies auch so bezeichnet wird.

3.4.5.2. Ausreichende Bevollmächtigung seitens der Gemeinschaft

501 Da nicht immer alle Wohnungseigentümer den Verwaltervertrag mit unterschreiben können – oft wegen Abwesenheit, meistens aber wegen der Größe der Gemeinschaft – hat sich herauskristallisiert, das Aushandeln und das Unterschreiben des Vertrages auf ein oder zwei Wohnungseigentümer **zu delegieren.**

---

1 *J. H. Schmidt* ZMR 2001, 309; a.A. OLG Düsseldorf ZMR 2001, 305, dass offensichtlich diesen Punkt übersieht.
2 OLG Hamm ZMR 2001, 142.

Die bevollmächtigten Wohnungseigentümer erhalten, als von der Gemeinschaft Delegierte, das Stimmrecht der Mehrheit übertragen[1]. Nach herrschender Meinung[2] können diese sogar unbeschränkt Vertragspassagen des Verwaltervertrages und der Verwaltervollmacht bestimmen, die Passagen müssen sich nur im Rahmen des durch einen Beschluss möglichen Rahmens halten[3]. Das OLG Düsseldorf[4] hat daran Zweifel geäußert, da eine solche Kompetenzverlagerung einer Vereinbarung bedürfte. Auch nach dem OLG ist es jedoch möglich, dass die Wohnungseigentümer über die Eckdaten, wie Laufzeit und Vergütung abstimmen, die nähere Ausgestaltung aber delegieren[5]. Sie unterzeichnen den Vertrag im Namen und in Vollmacht der Mehrheit, mit Wirkung für und gegen die gesamte Wohnungseigentümergemeinschaft (gem. § 10 Abs. 4 WEG)[6]. Eine solche Vollmachtsübertragung auf Zeit an eine bestimmte Anzahl Wohnungseigentümer ist unbedenklich und hat sich bewährt[7]. Eine kleine Gruppe Sachkundiger ist entsprechend handlungsfähiger[8] und kann die Bedingungen besser und sachgerechter aushandeln. Experten, z.B. Rechtsanwälte, können den Vertrag schneller mit dem Verwalter abschließen. Dieser Weg ist vom BayObLG[9] gebilligt worden. Dies kann auch vorher geschehen und dann direkt in der Versammlung von den Wohnungseigentümern genehmigt werden[10]. 502

Dabei muss jedoch darauf geachtet werden, dass diese Person, da sie durch Beschluss ermächtigt wird, auch nur solche Passagen in den Vertrag aufnimmt, die einem Beschluss zugänglich sind bzw. durch die Gemeinschaft vorgegeben wurden[11]. Nicht zulässig ist es deshalb die Auswahl, Bestellung und/oder Abberufung über den Verwalter selbst auf einen Dritten, z.B. den Beirat zu übertragen, sei es durch Beschluss[12] oder Vereinbarung[13]. 503

3.4.5.3. Ist die Vollmacht der Gemeinschaft nicht überschritten?

Des Weiteren haben die Bevollmächtigten **die Vorgaben der Gemeinschaft durch den Beschluss** zu beachten, der regelmäßig die wichtigsten Konditionen und Bedingungen, wie z.B. Vergütung und Laufzeit, enthält. Im Endeffekt muss deshalb Kongruenz zwischen dem Wortlaut des Bestellungs- 504

---

1 BayObLG NJW 1974, 2134.
2 *Staudinger/Bub* § 29 Rz. 122 m.w.N.
3 OLG Köln NJW 1991, 1302, 1303; *Gottschalg* ZWE 2000, 50, 53.
4 OLG Düsseldorf NZM 1998, 36.
5 OLG Köln NJW 1991, 1302, 1303; *Gottschalg* ZWE 2000, 50, 53.
6 *Gross*, Verwaltervertrag im Wohnungseigentum, 2. Aufl. 1977, S. 17.
7 *Gross*, Verwaltervertrag im Wohnungseigentum, 2. Aufl. 1977, S. 16.
8 BayObLG NJW 1974, 2134.
9 BayObLG ZMR 1985, 278.
10 OLG Hamm ZMR 2001, 141.
11 BayObLG ZMR 2005, 62.
12 LG Lübeck Rpfleger 1985, 232.
13 LG Lübeck DWE 1985, 128.

beschlusses und dem Inhalt des Verwaltervertrages herrschen. Eine nicht näher beschriebene Vollmacht ermächtigt nur zu einem Vertrag der ordnungsgemäße Verwaltung entspricht[1]. Darunter soll nach dem OLG Köln[2] eine Klausel fallen, die dem Verwalter eine Sondervergütung für die gerichtliche Geltendmachung von Wohngeld verspricht.

505 Für die Frage der Überschreitung der Vollmacht ist die Beauftragung seitens der Gemeinschaft äußerst wichtig. Der Verwalter hat äußerste Sorgfalt darauf zu verwenden. Es ist rechtlich etwas völlig anderes, ob der Beirat nur bevollmächtigt wird „den Vertrag zu unterzeichnen" oder „den Vertrag auszuhandeln und zu unterzeichnen"[3].

Hat der Beirat nur zu unterzeichnen, kann an dem Vertragswerk keine Änderung mehr vorgenommen werden[4]. Auch wenn eine Vollmacht vorliegt kann der Beirat von den in der Versammlung vorgegebenen Vorlagen ebenfalls nicht abweichen.

Beispiel:
Eine Zusatzvergütung für die Abhaltung zusätzlicher Versammlungen[5] wird nachträglich ohne Genehmigung in der Versammlung im Verwaltervertrag aufgenommen[6].

Im Übrigen hat der Beirat dann die ordnungsgemäße Verwaltung zu beachten.

506 Das Problem ist außerdem, dass die ausreichende Bevollmächtigung seitens der Gemeinschaft und die Überschreitung der Vollmacht ohne zeitliche Begrenzung auch von jedem einzelnen Wohnungseigentümer gerichtlich geltend gemacht werden können[7].

3.4.5.4. Entsprechen alle Klauseln des Verwaltervertrages auch ordnungsgemäßer Verwaltung?

3.4.5.4.1. Instandhaltungsvorgaben für den Verwalter

507 Dies ist wohl eines der größten Probleme des Verwaltervertrages. Dies soll an dem Beispiel der **Kompetenzverlagerung** dargelegt werden bei der Instandhaltung. Das OLG Düsseldorf[8] hat festgehalten, dass die Wohnungseigentümer Träger und Herren der Verwaltung sind. Diese hätte insbesondere bei der Instandhaltung vor Vergabe durch Beschluss zu entscheiden.

---

1 OLG Köln NJW 1991, 1302.
2 OLG Köln NJW 1991, 1302.
3 OLG Hamm ZMR 2001, 138.
4 OLG Hamm ZMR 2001, 138
5 OLG Hamm ZMR 2001, 141.
6 OLG Hamm ZMR 2001, 141.
7 OLG Hamm ZMR 2001, 138.
8 WE 1998, 32 mit abl. Anm. *Sauren*; ebenfalls ablehnend *Münstermann/Schlichtmann* DWE 1998, 110; ebenso nochmals OLG Düsseldorf ZMR 2001, 305.

Der Verwalter sei als Sachverwalter der Wohnungseigentümer gerade von sich aus nicht befugt, über Art und Umfang von Reparaturmaßnahmen zu entscheiden. Es hat deshalb eine Passage eines Verwaltervertrages auf Anfechtung hin aufgehoben, der vorsah, dass der Verwalter bis 2557 Euro Auftragssumme selbst einen Auftrag erteilen könnte, bis 10 226 Euro mit Zustimmung des Beirats. Der Senat weist darauf hin, dass bei der Auftragsvergabe ein Ermessensspielraum bestehe, welche die Wohnungseigentümer selbst nach dem Gesetz bestimmen sollen. Dieses Mitbestimmungsrecht könne von der Mehrheit nicht der Minderheit entzogen werden.

Selbst wenn die Mehrheit die Minderheit in der Versammlung überstimmen könne, müsse die Minderheit die Möglichkeit der gerichtlichen Überprüfung haben, was bei der Klausel ansonsten fehle. Bei einer Kompetenzverlagerung müsste deshalb das finanzielle Risiko überschaubar sein und die Grundsatzkompetenz bei den Wohnungseigentümern verbleiben. Dies sei nur bei einer geringen Auftragssumme möglich, bei 2557 Euro sei dies jedoch zu hoch. Zudem fehle es an einer Jahreshöchstgrenze. Anstatt der Möglichkeit der Summenbegrenzung sei auch eine gegenständliche Begrenzung möglich. 508

Diese Rechtsprechung hat Kritik erfahren[1], an der hier auch weiterhin festgehalten wird. Da der ehemalige Vorsitzende des OLG Düsseldorf und das OLG selbst[2] diese Meinung ausdrücklich aufrecht erhalten haben, muss man sich auf sie einstellen. Klauseln, die gegen diese Rechtsprechung verstoßen, sind anfechtbar und deshalb nicht mehr zu empfehlen. 509

3.4.5.4.2. Vollmacht des Verwalters Hilfskräfte einzustellen

Soweit ein Verwaltervertrag eine Vollmacht des Verwalters vorsieht, Hilfskräfte für Hausreinigung, Gartenpflege, Schneeräumen und allgemeine Hausmeistertätigkeiten einzustellen und zu entlassen, ist dies nach dem OLG Düsseldorf[3] unwirksam. Es muss eine zahlenmäßige oder eine funktionelle Begrenzung der einzusetzenden Hilfskräfte und/oder eine Obergrenze der Gesamthonorarbelastung der Gemeinschaft pro Jahr vorgegeben sein, damit die Klausel ordnungsgemäßer Verwaltung entspricht. 509a

3.4.5.4.3. Anlage der Rücklage auf einem Sparbuch

Nach dem OLG Düsseldorf[4] erweist sich das Sparbuch mit gesetzlicher Kündigungsfrist nicht als geeignete Anlageform für die Rücklage, eher schon die Festgeldanlage. Eine Klausel im Verwaltervertrag, die Rücklage auf einem Sparbuchkonto anzulegen, ist deshalb aufzuheben. 509b

---

1 *Bärmann/Merle* § 27 Rz. 59b; *Münstermann/Schlichtmann* DWE 1998, 110; *Sauren* WE 1998, 38 f.
2 OLG Düsseldorf ZMR 2001, 303.
3 OLG Düsseldorf ZMR 2001, 305.
4 OLG Düsseldorf ZMR 2001, 305; *Gottschalg* ZWE 2000, 50.

3.4.5.4.4. Anfechtbarkeit

509c Selbst wenn der Beschluss unangefochten bleibt, kann die Unwirksamkeit auch noch später festgestellt werden[1].

3.4.5.5. Liegt ein Verstoß gegen zwingende Normen des WEG vor?

510 Diese Frage tritt nicht so häufig auf, ist aber zu beachten. So ist z.B. der Gegenstand der Verwaltung nur das gemeinschaftliche Eigentum. Regelungen für einen Wohnungseigentümer oder das Sondereigentum haben deshalb grundsätzlich nichts im Verwaltervertrag zu suchen, selbst wenn sie für alle Wohnungseigentümer erbracht werden[2]. Eine Vereinbarung eines Stundenlohnes von 62 Euro für Sonderleistungen für einzelne Wohnungseigentümer hat deshalb im Verwaltervertrag nichts zu suchen[3]. Dies gilt allgemein für alle Regelungen über Sondereigentum[4].

3.4.5.6. Ist eine Bestimmung unklar?

511 **Unklare Bestimmungen** sind unwirksam[5]. Eigentlich eine klare Sache, wollte man meinen. Aber gerade im Verwaltervertrag kommen Unklarheiten häufig vor.

Beispiel:
Regelung über den Eintritt des Erwerbers in den Verwaltervertrag.

Eine solche Klausel ist nicht nötig, da es bereits per Gesetz erfolgt. Widerspricht sie dann in Teilbereichen dem Gesetz, ist sie unklar und deshalb unwirksam.

3.4.5.7. Schranken der Gestaltung durch die Rechtsprechung

3.4.5.7.1. Allgemeine Geschäftsbedingungen (§§ 305 ff. BGB)

512 Bei der Gestaltung des Verwaltervertrages werden durch die Inhaltskontrolle des BGB (§§ 305 ff. BGB, vormals Gesetzes über die Allgemeinen Geschäftsbedingungen) Schranken vorgegeben. Nach diesen werden vorformulierte Klauseln (sog. **Allgemeine Geschäftsbedingungen**) einer strengeren Inhaltskontrolle unterworfen, wenn die Anwendungsvoraussetzungen erfüllt sind.

513 Es sind dies insbesondere das Stellen der Vertragsbedingungen (§ 305 Abs. 2 BGB) durch den Verwender und deren Bestimmung durch mehrfache formularmäßige Verwendung (§ 305 Abs. 1 BGB). Bei gewerblichen Verwaltern, die den Wohnungseigentümern meist ihren Mustervertrag vorlegen,

---

1 OLG Hamm ZMR 2001, 141.
2 *Sauren*, WEG, 4. Aufl., § 23 Rz. 35.
3 OLG Hamm ZMR 2001, 142.
4 *Sauren*, Verwaltervertrag, 3. Aufl., S. 57.
5 OLG Düsseldorf ZMR 2001, 306; BayObLG WE 1991, 295.

sind diese Bedingungen in der Regel erfüllt. Durch die Umsetzung der EG-Richtlinien über missbräuchliche Klauseln in Verbraucherverträgen durch Gesetz vom 19.7.1996[1] wurde § 310 Abs. 3 BGB eingefügt. Er besagt, dass bei Verträgen zwischen Personen, die in Ausübung ihrer gewerblichen oder beruflichen Tätigkeit handeln (definiert als „Unternehmer") und natürlichen Personen, die privat handeln (definiert als „Verbraucher"), die Kontrolle auch für vorformulierte Verträge zur einmaligen Verwendung anzuwenden ist und immer voll und ganz, es sei denn, der Verbraucher hat sie in den Vertrag eingeführt. Da es wohl selten vorkommt, dass dem Verwalter ein von der Eigentümergemeinschaft abgefasster Verwaltervertrag vorgelegt wird, kann man es als Regel ansehen, dass der Verwaltervertrag – nach § 310 Abs. 3 BGB – den Kontrollen unterliegt. Alle anders lautenden Ausführungen in der bisherigen Literatur und Rechtsprechung sind insofern überholt. Nur voll und ganz ausgehandelte Verträge fallen als Individualverträge nicht darunter[2]. Dies gilt auch für den Verwaltervertrag[3].

Deshalb muss der Verwalter die Überlegung anstellen, ob es tatsächlich sinnvoll ist, dass er selbst einen Vertragsentwurf der Gemeinschaft zur Verfügung stellt, denn dann gilt er als Verwender (vgl. § 310 Abs. 3 BGB) und die strengen Kontrollen des BGB greifen ein. Gegebenenfalls könnte es interessanter sein, dass er sich von der Gemeinschaft einen Entwurf vorlegen lässt, damit diese als Verwender gilt. Auf jeden Fall wird jedoch empfohlen, die vorgeschlagenen Vertragsklauseln jeweils im Einzelnen auszuhandeln und dies zu dokumentieren, damit es vermieden wird, dass eine Kontrolle durchgeführt wird. 514

Ist dies in der Vergangenheit nicht vorgenommen worden, so mögen einige Beispiele und Klauseln hinsichtlich der Preisgestaltung aus der Sicht des AGB die Gefährlichkeit dieser Vorschriften vergegenwärtigen: 515

Preisanpassungsklausel/Staffelvereinbarung

Preisvereinbarungen unterliegen *nicht* der sog. Inhaltskontrolle (§ 307 Abs. 3 BGB), jedoch Preisanpassungsklauseln. Damit können sie hinsichtlich Höhe und Umfang der Verwaltervergütung im Wesentlichen frei vereinbart werden, dies gilt auch für Sonderhonorare für Leistungen des Verwalters, die über die ihm kraft Gesetz obliegenden Aufgaben hinausgehen[4]. 515a

Hinsichtlich der Anpassungsklauseln ist zu berücksichtigen, dass diese nach dem § 2 des Preisangaben-/Preisklauselgesetz vom 9.6.1998[5] zu genehmigen sind. Soweit es sich bei der Preisanpassungsklausel um eine 516

---
1 BGBl. I 1996, 1013.
2 *F. Schmidt* PiG 54, 206.
3 Vgl. z.B. BayObLG WE 1994, 147, 148.
4 Vgl. *Bärmann/Pick/Merle* § 26 Rz. 105; *Weitnauer* § 26 Rz. 11.
5 BGBl. 1998 I, 1253; i.V.m. der Preisklauselverordnung v. 23.9.1998, BGBl. 1998 I, 3043 ff.

Automatikklausel handelt, wäre diese genehmigungspflichtig. Sie ist aber im Hinblick auf die höchstens 5-jährige Vertragsdauer des Verwaltervertrages (§ 26 WEG) nicht genehmigungsfähig (gem. § 3 Abs. 3 PRKV = Preisklauselverordnung). Damit sind nun alle Preisanpassungsklauseln unwirksam (z.B. „verändert sich das Tarifgehalt der Angestellten in der Wohnungswirtschaft in der Gruppe 3 (7 Berufsjahre) um mehr als 5 % gegen den übrigen Zeitpunkt der Vertragsabschluss bzw. dem Zeitpunkt der letzten Anpassung nach dieser Bestimmung, so verändern sich 70 % der Vergütung des Verwalters im gleichen Verhältnis. Die Veränderung tritt zum gleichen Zeitpunkt in Kraft wie die Veränderung des Tarifs"[1]). Bitte vereinbaren Sie deshalb solche Klauseln nicht mehr. Auch bereits vereinbarte Klauseln fallen darunter.

517 Besser ist deshalb eine Staffelvereinbarung. Hierbei ist jedoch die zulässige Laufzeit des Verwaltervertrages und damit die zeitliche Geltung der Staffelvereinbarung problematisch[2].

518 **Gebühren für Mehrleistungen:** Hier ist zunächst zu berücksichtigen, dass es einen unabdingbaren Katalog für die Verwalterleistungen gibt (§ 27 Abs. 4 WEG). Sieht ein Vertrag deshalb Sondervergütung für die Anforderung oder Anmahnungen von Leistungen vor, die in diesem Katalog enthalten sind, so sind diese wegen Verstoßes gegen zwingendes Gesetz unwirksam (§ 27 Abs. 4 WEG). Sieht also ein Verwaltervertrag eine Sondervergütung für z.B. die Anforderung oder Anmahnung von Leistungen, die Beauftragung eines Rechtsanwalts oder die Entgegennahme von Leistungen vor, so ist diese Mehrvergütung unwirksam[3].

519 Hiervon nicht betroffen ist die gerichtliche Geltendmachung im eigenen oder fremden Namen durch den Verwalter und die dafür vereinbarte Sondervergütung. Diese ist anders gelagert, weil sie gerade die Arbeit des Rechtsanwalts ersetzen soll. Mit dieser Sondervergütung wird deshalb der Arbeits- und Materialaufwand für den Rechtsanwalt abgegolten und nicht der Aufwand für die Beauftragung[4]. Hierin ist deshalb weder ein Verstoß gegen zwingende WEG-Vorschriften, noch gegen § 305 ff. BGB zu sehen.

520 **Zusatzvergütung für weitere Versammlungen:** Besondere Probleme machen in diesem Zusammenhang die Sondervergütungen für weitere Eigentümerversammlungen. Differenziert hier eine Klausel über die Sondervergütung für weitere Eigentümerversammlungen nicht nach der Ursache, so ist sie auf jeden Fall unwirksam. Der Verwalter kann nämlich für Eigentümerversammlungen, die aufgrund seiner Pflichtverletzung zustande gekommen sind, nicht auch noch mal Geld verlangen. Zumal er dadurch auch faktisch das Kündigungsrecht einschränken oder behindern kann, da

---

1 Vgl. *Sauren*, Verwaltervertrag, 3. Aufl., S. 48 f.
2 *Gottschalg* ZWE 2002, 202.
3 So auch *Bärmann/Pick/Merle* § 26 Rz. 116.
4 *Bärmann/Pick/Merle* § 26 Rz. 117.

die Eigentümer aus Furcht vor Kosten von der Einberufung der Versammlung absehen könnten[1]. Hierbei ist zu berücksichtigen, dass der Verwalter grundsätzlich verpflichtet ist Eigentümerversammlungen einzuberufen (gem. § 24 Abs. 2 WEG), wenn dies von ¼ der Eigentümer verlangt wird. Bei dieser Vorschrift handelt es sich um eine Regelung zum Minderheitenschutz. Diese Vorschrift ist deshalb, soweit es sich um den Minderheitenschutz handelt, unabdingbar[2]. Aber auch weitere Formulierungen sind bedenklich. Insbesondere wenn die Durchführung als sondervergütungspflichtig deklariert wird „soweit diese nicht aufgrund schuldhaften Verhaltens des Verwalters erforderlich ist"[3].

Da damit die Wohnungseigentümer nachweisen müssen, dass eine schuldhafte Pflichtverletzung Ursache der Einberufung war, um die Sondervergütung abzuwenden und nicht umgekehrt der Verwalter nachweisen muss, dass er einen Anspruch auf diese hat, ist diese Klausel wegen Verstoßes gegen das BGB (§ 309 Nr. 12a bzw. § 307 Abs. 2 Nr. 1 BGB) unwirksam[4]. Dies gilt auch für Klauseln, welche die Vorbereitung, Einberufung und Durchführung als sondervergütungspflichtig deklarieren. 521

Es sollte vereinbart werden, welche Kosten für eine weitere Eigentümerversammlung anstehen, damit der Beirat auch kalkulieren kann und ihm die Kostenbelastung der Gemeinschaft für jede weitere Eigentümerversammlung klar ist. *Seuß*[5] schlägt ¹⁄₁₂ = 8,3 % der jährlichen Verwaltervergütung vor. Dies ist m.E. zu hoch. Für angemessen halte ich eher einen festen Satz zwischen 200 und 400 Euro je nach Größe der Wohnanlage. 522

3.4.5.7.2. Umfang der durch die Grundgebühr geschuldeten Gegenleistung

Die Verwaltergebühr wird üblicherweise nach der Anzahl der Einheiten berechnet. 523

Dafür müssen sämtliche Kosten der Geschäftsführung einer Verwaltung in der Verwaltergebühr enthalten sein.

Die Erhebung von besonderen Gebühren für Kontoführung, Erstellung von Abrechnungen oder Durchführung der jährlichen Versammlung ist abzulehnen. Diese Ausgaben gehören zum typischen Berufsbild eines Verwalters und können ohne Vereinbarung nicht zusätzlich zu einer Verwaltergebühr berechnet werden[6].

---

1 *Sauren*, Verwaltervertrag, S. 56.
2 *Sauren* in FS Bärmann/Weitnauer, S. 530; *Bärmann/Pick/Merle* § 24 Rz. 10; *Weitnauer* § 24 Rz. 3.
3 Vgl. Nr. 3 1H des Mustervertrages Dachverband Deutscher Immobilienverwalter.
4 *Sauren*, Verwaltervertrag, S. 56.
5 *Seuß* S. 790.
6 LG Hamburg ZMR 1988, 188.

Teil B Verwaltung der Wohnungseigentumsanlage

Beispiele aus der Rechtsprechung:
Sondervergütung für zusätzliche Versammlung[1], Baubetreuung[2] oder EDV-Kosten für die Buchführung[3]; Kosten sowohl für die Tätigkeit im Zusammenhang mit Änderung des Vertrages über die Wartung der Aufzuganlage als auch für die Begehung einer Wohnung wurden als unzulässig angesehen[4], ebenso für die Jahresabrechnung (anders jedoch, wenn der Verwalter zu der Abrechnungszeit noch nicht tätig war[5]) oder eine umfangreiche Sanierungsmaßnahme[6].

524 Zulässig soll jedoch nach dem OLG Frankfurt[7] ein Beschluss sein, wonach die Vergütung für vermietete Wohnungen 2,50 Euro je Monat mehr beträgt als für selbstgenutzte Wohnungen. Nicht abgegolten sind lediglich Tätigkeiten, die typischerweise nicht im Rahmen der Aufgaben eines Verwalters nach dem WEG liegen.

Beispiel:
Die Mietverwaltung[8].

In dem Verwaltervertrag oder per Beschluss können aber für Sondertätigkeiten dem Verwalter zusätzliche Vergütungen eingeräumt werden.

Beispiel:
Sonderhonorar für die gerichtliche Geltendmachung von Ansprüchen[9] oder für die Zustimmung zum Eigentümerwechsel[10].

3.4.5.8. Hinweise zur Ausgestaltung des Verwaltervertrags/-vergütung

3.4.5.8.1. Grundsatz

525 Die **Höhe der Vergütung** ist frei vereinbar, soweit nicht eine bestimmte Regelung der Gemeinschaft getroffen ist. Die Verwaltervergütung wird üblicherweise nach der Anzahl der Wohnungen/Einheiten bemessen. Einen Anhaltspunkt gibt hier § 41 Abs. 2 der II. Berechnungsverordnung, wonach höchstens 275 Euro pro Jahr und Wohnung angesetzt werden dürfen (ohne Umsatzsteuer), für Garagen und Einstellplätze gem. § 26 Abs. 3 der II. Berechnungsverordnung 30 Euro. Für die Vergütung ist entscheidend, ob zum Objekt viele zu verwaltende Gemeinschaftseinrichtungen (Heizung, Schwimmbad, Sauna, Sportanlagen etc.) gehören oder nicht, ob z.B. größere Instandhaltungsmaßnahmen anstehen oder nicht, ob die Anlage viele Eigentumswohnungen hat oder nicht.

---

1 LG Hamburg ZMR 1988, 188.
2 BayObLG DWE 1985, 124.
3 BayObLG NJW-RR 1987, 1368.
4 BayObLGZ 1985, 63, 69 ff.
5 KG NJW-RR 1993, 529.
6 OLG Köln Entscheidung v. 4.11.1991 – 16 Wx 104/91.
7 OLG Frankfurt/Main NJW-RR 1991, 659.
8 LG Hamburg ZMR 1988, 188; siehe ergänzend *Schmid* DWE 1990, 2 ff.
9 BGH NJW 1993, 1924.
10 KG NJW-RR 1997, 1231.

In der Praxis angetroffene Vergütungen reichen von 10 Euro bis 30 Euro pro 526
Einheit pro Monat ohne Umsatzsteuer: *Seuß*[1] nimmt einen Rahmen von
100 Euro bis 250 Euro zzgl. MwSt. jährlich pro Einheit an, *Deckert*[2] von
10 Euro bis 25 Euro monatlich, *Bub*[3] 10 Euro bis 22,50 Euro, *Bielefeld*[4]
17,50 Euro bis 25 Euro, bei kleineren bis zu 30 Euro, *Müller*[5] 10 Euro bis
30 Euro.

Sehr intelligent ist der gelungene Versuch eines Verwalters, eine Honorie- 527
rung von 50 Euro pro Stunde zu verlangen[6]. Gerade bei kleinen Gemeinschaften ist dies ein sehr ausgewogener Vorschlag.

Eine Gebühr von 0,34 Euro pro qm zzgl. MwSt. monatlich bei einer
99,81 qm-Wohnung = 33,94 Euro hat das OLG Köln[7] in einem Beschlussan-
fechtungsverfahren für unwirksam erklärt, ebenso das OLG Düsseldorf eine rückwirkende Erhöhung[8]. Gleiches gilt für eine Gebühr von 50 Euro pro
Monat und Einheit[9], was bedenklich ist, weil immer der Einzelfall betrachtet werden muss.

Des Weiteren ist vom OLG Düsseldorf[10] eine Vergütung von 7 Euro pro 528
Monat für die Verwaltung eines von einem Nicht-Wohnungseigentümer
genutzten Hobbyraumes bzw. Garage für unwirksam erklärt worden. Als
Begründung wird angegeben, dass vom Gesetz 4,58 Euro pro Monat vorgegeben würden (lt. § 26 Abs. 3 II. BVO) und 7 Euro dies um mehr also
205 % übersteigen würde. Diese Begründung erscheint fehlerhaft. Einzelne
Berechnungsgrundlagen des Verwalters genau zu betrachten und zu ana-
lysieren ist nicht Aufgabe der Rechtsprechung. Vielmehr hat sie nur zu untersuchen, ob die Gesamtvergütung angemessen ist oder nicht. Gegenstand
der Prüfung ist folglich der Gesamtaufwand der Anlage zu ihrer Vergütung[11].

Wird dies betrachtet, ist die Anwendung des Entgelts der BVO hinsichtlich 529
der Garagen unrichtig. Der Aufwand für die Verwaltung von Garagen im
Sondereigentum ist regelmäßig mit dem Aufwand der Verwaltung des Eigentums der anderen Teil- oder Wohnungseigentümer identisch. Hier eine
Unterscheidung zu machen ist nicht gerechtfertigt. Wegen des OLG-Ur-
teils ist ausdrücklich von der üblichen Kalkulation pro Einheit abzuraten.
Es sollten nur noch Endbeträge genannt werden.

---

1 *Seuß*, Die Eigentumswohnung, S. 637.
2 *Deckert* Gruppe 2, 1554 und 4/21.
3 *Bub*, Die Eigentumswohnung, S. 480.
4 *Müller*, Die Eigentumswohnung, S. 528.
5 *Müller*, Praktische Fragen des Wohnungseigentums, 4. Aufl. Rz. 444.
6 BayObLG WuM 2000, 688.
7 OLG Köln Entscheidung v. 23.8.1991 – 16 Wx 91/91.
8 OLG Düsseldorf ZMR 1998, 653.
9 BayObLG ZMR 2000, 846, 848, 851.
10 OLG Düsseldorf ZMR 2001, 303.
11 *Sauren*, WEG, § 26 Rz. 24.

3.4.5.8.2. Sondervergütung

530 **Mahngebühr:** Bei der Mahngebühr ist zunächst zu beachten, dass genau getrennt wird zwischen dem Verhältnis der Wohnungseigentümer untereinander und dem Verhältnis zwischen der Gemeinschaft und dem Verwalter. Wie oben[1] bereits ausgeführt, ist nur der letztere Regelungsgegenstand des vorliegenden Vertrages. Deshalb muss die Gemeinschaft vor oder mit Verabschiedung des Verwaltervertrages einen Beschluss fassen, der die Höhe und die Erhebung der Mahnkosten entsprechend dem Vertrag regelt. Grundsätzlich wird die sog. Mahngebühr als zulässig angesehen. Es gibt jedoch auch kritische Stimmen, die diese Aufgabe als Grundaufgabe ansehen und deshalb eine zusätzliche Vergütung als Verstoß gegen §§ 305 ff. BGB ansehen.

531 Da die Beibringung der Wohngeldbeträge Sache der Wohnungseigentümer ist (§ 16 Abs. 2 WEG), sollte dem Verwalter auch für **Mahnungen** eine entsprechende Gebühr zufließen. Eine Verwaltergebühr sollte nicht inkl. notwendiger Mahnungen kalkuliert werden, denn die Kosten, die einzelne Eigentümer verursacht haben, können nicht zu Lasten der Gemeinschaft gehen. Darüber hinaus sollte bei der Festlegung darauf geachtet werden, dass der Verwalter nur berechtigt ist, die durch die Wohnungseigentümer tatsächlich gezahlten Mahngebühren von dem Gemeinschaftskonto zu entnehmen, damit die Gemeinschaft damit nicht belastet wird und bei Ausfällen (z.B. durch Konkurs/Insolvenz oder Nichtfestsetzung des Gerichts) eine Haftung vermieden wird. Aufgrund der Kritik an den Mahngebühren stellt das OLG Düsseldorf in einem Beschluss vom 21.2.1996 hohe Anforderungen an die Bestimmtheit (3 Wx 442/92). Das OLG will deshalb auch, dass die Regelung klar erkennen lasse, ob die Gebühr je Wohnung, Garage oder Einstellplatz getrennt erhoben werden darf, wenn ein Eigentümer mehrere Wohnungen oder Garagen hält. Ansonsten ist sie auf Anfechtung hin für ungültig zu erklären.

532 M. E. sollte eine einheitliche Gebühr von 11 Euro verrechnet werden[2], damit ein Einheitssatz gegeben ist, weil entscheidend die entstandenen Kosten sind und diese immer gleich hoch sind. Das OLG Düsseldorf hat 11 Euro + Mehrwertsteuer akzeptiert[3].

533 **Kopieanforderung, Kopien für Informationsschreiben:** Auch für **Kopieanforderungen** von einzelnen Eigentümern sollte der Verwalter seine Kosten ersetzt verlangen können. Hier können die Parteien ebenfalls ihre Vorstellungen einbringen. Das OLG Köln[4] hat 0,50 Euro zzgl. MwSt. pro Kopie nicht beanstandet.

---

1 Siehe Rz. 498.
2 So auch *Deckert* Gruppe 11/30, wenn er 11 Euro vorschlägt.
3 OLG Düsseldorf Beschl. v. 21.2.1996 – 3 Wx 442/92.
4 OLG Köln DWE 1989, 36.

Das Gerichtskostengesetz (Nr. 9000 der Anlage 1 zu § 11 Abs. 1 GKG) sieht für die ersten 50 Kopien je 0,50 Euro, danach 0,15 Euro vor. Diesen Satz hat das OLG Hamm als zwingend angesehen[1] ohne auf die anderen Entscheidungen einzugehen. Es sollte ein gleichmäßiger Satz von z.B. 0,30 Euro zzgl. MwSt. genommen werden (so auch Mustervertrag des Dachverbandes: VI Nr. 3 sieht 0,40 Euro vor). Kopiekosten liegen heute unter 0,05 Euro. Es muss jedoch berücksichtigt werden, dass der Verwalter eine Arbeitskraft stellen muss und i.d.R. Porto etc. bezahlt, um die Kopien zu versenden. 534

Soweit der Verwaltervertrag für notwendige Informationsschreiben an die Eigentümer einen Ersatzanspruch des Verwalters vorsieht, ist dieser nach dem OLG Düsseldorf[2] auf 0,15 Euro plus Mehrwertsteuer zu begrenzen, 0,25 Euro ist nach dem OLG zu hoch. 535

Zustimmung zur Veräußerung bei Eigentümerwechsel: Mit dem **Eigentümerwechsel** entsteht für den Verwalter – soweit die Gemeinschaftsordnung dies vorsieht – die Notwendigkeit seine Zustimmung zum Verkauf zu geben. Der dafür notwendige Aufwand sollte dem Verwalter mit 25 Euro bis 100 Euro vergütet werden, den z.B. auch *Gross*[3] für angemessen hält, das OLG Hamm hat 90 Euro für die Entscheidung über die Erteilung und die Erhöhung auf 170 Euro für die Erteilung in grundbuchmäßiger Form (Zusatzaufwand für notarielle Beglaubigung) für angemessen angesehen[4]. 536

Das KG lehnt Gebührenregelungen, die vorsehen, dass die Zustimmungsgebühr 0,5 % des Kaufpreises betragen, zu Recht ab[5], da der Aufwand für den Verwalter regelmäßig identisch ist. Das KG[6] hat aber eine konkrete Bestimmung in einer Gemeinschaftsordnung von 350 Euro für rechtens erklärt. 537

Da das Sonderhonorar nicht in einem unangemessenen Verhältnis stehen darf[7] sollten m. E. auch Unterschiede zwischen Wohnungen und Garagen gemacht werden, weil ansonsten die Gebühren von z.B. 100 Euro bei einem Garagenpreis von 7500 Euro unangemessen sein können.

Hier ist zu beachten, dass diese Gebühr aus unterschiedlichen Gründen nicht dem Erwerber auferlegt werden kann: Das KG[8] lehnt dies ab, weil damit der gesetzliche Kostenverteilungsschlüssel abgeändert würde, das BayObLG[9], weil der Erwerber für Verbindlichkeiten aus dem Verwaltervertrag nur ab Eintritt in die Gemeinschaft haftet, die Zustimmung jedoch vorher 538

---
1 OLG Hamm ZMR 2001, 141, unter Verweis auf *Staudinger/Bub* § 26 Rz. 267.
2 OLG Düsseldorf Entscheidung v. 22.4.1991 – 3 Wx 428/90.
3 *Gross* S. 48.
4 OLG Hamm ZMR 2001, 141.
5 KG NJW-RR 1997, 1231.
6 KG NJW-RR 1989, 975.
7 KG NJW-RR 1997, 1231.
8 KG DWE 1989, 143.
9 BayObLG ZMR 1987, 60.

erteilt wurde. Aus diesen Gründen sind auch weitere Pauschalgebühren von dem Erwerber an den Verwalter nicht zulässig. So hat das AG München[1] eine einmalige Gebühr von 80 Euro zzgl. Mehrwertsteuer vom Erwerber in einem Verwaltervertrag für unwirksam erklärt. Dies zu Recht, da damit ein unzulässiger Vertrag zu Lasten Dritter vorliegt[2].

539 Bei dieser Gebühr ist auch wieder darauf zu achten, dass die Kostenverteilung zunächst Sache der Wohnungseigentümer ist[3]. Die Passage ist folglich nur im Verwaltervertrag regelbar, wenn vor oder gleichzeitig eine Vereinbarung bzw. ein unangefochten gebliebener Beschluss gefasst wird, der dieser Passage des Vertrages entspricht. Wird nur eine Gebühr erhoben, diese aber durch Beschluss oder Vereinbarung nicht dem Veräußerer auferlegt, so handelt es sich nach dem OLG Hamm um Verwaltungskosten (in Sachen von § 16 Abs. 2[4]).

Die Zustimmung des Verwalters darf jedoch nicht von dieser Kostenübernahme abhängig gemacht werden[5].

540 **WEG-Verfahren:** Zu den Aufgaben des Verwalters gehört grundsätzlich nicht die **Prozessführung**. Deshalb ist eine Prozessführung durch den Verwalter in der Vergütung nicht enthalten. Die Gemeinschaft hat deshalb die Möglichkeit, für ein Gerichtsverfahren den Verwalter isoliert zu vergüten. Dies kann sich ebenfalls für das Mahnverfahren anbieten. Der BGH[6] hat entschieden, dass es sich dabei nicht um eine unerlaubte Besorgung fremder Rechtsangelegenheiten handelt[7]. Durch Beschluss kann nach dem OLG Köln[8] eine Jahresvergütung den betroffenen Wohnungseigentümern bei Klageverfahren auferlegt werden, selbst wenn daneben ein Rechtsanwalt eingeschaltet wird und dadurch doppelte Kosten entstehen. Das OLG hat 120 Euro plus Mehrwertsteuer deshalb nicht beanstandet. Hiergegen hat das BayObLG[9] der Anfechtung eines Beschlusses aber dann stattgegeben, wenn 65 Euro unabhängig vom Aufwand des Verwalters gezahlt werden[10]. Dies widerspricht ordnungsgemäßer Verwaltung[11]. Die Gemeinschaft wird jedoch für die **Durchführung eines Prozesses besser einen Rechtsanwalt beauftragen**, da dieser täglich mit der Materie befasst ist und

---

1 AG München Entscheidung v. 29.6.1989 – UR II 799/88 WEG [1] zit. n. *Deckert* Gruppe 2/950.
2 So richtig *Deckert* Gruppe 2/952.
3 Siehe Rz. 90 ff.
4 So richtig *Deckert* Gruppe 2/952.
5 *Sauren* § 23 Rz. 18.
6 BGH NJW 1993, 1924.
7 Siehe hierzu *Merle* WE 1994, 3 und richtig *Chemnitz* AnwBl. 1994, 255 f.
8 Siehe hierzu *Merle* WE 1994, 3 und richtig *Chemnitz* AnwBl. 1994, 255 f.
9 BayObLG WE 1988, 200.
10 Hierzu die kritische Anm. von *Seuß* a.a.O.
11 Das OLG Hamm Entscheidung v. 19.8.1987 – 15 W 347/87, hat einen Beschluss, der jeder Gerichtspartei 50 Euro auferlegt, zu Recht für ungültig erklärt, da dieser gegen § 16 Abs. 5 a.F. WEG verstößt.

obligatorisch eine Haftpflichtversicherung abschließen muss, und eventuelle Ersatzansprüche bei ihm einfacher zu realisieren sind.

Die Kosten der Einschaltung des Rechtsanwalts gehen folglich zunächst zu Lasten der Gemeinschaft und können spätestens im gerichtlichen Verfahren erstattet werden. Zudem ist nach wie vor umstritten, ob der Verwalter die Gemeinschaft vor den Gerichten vertreten darf[1]. Allerdings vertritt das OLG Schleswig[2] die Auffassung, dass eine Gemeinschaft, die durch einen „Berufsverwalter" verwaltet wird, in einem „einfach gelagerten Fall" die Erstattung ihrer Rechtsanwaltskosten nicht verlangen könnte. 541

Dieser Auffassung ist zu Recht entgegengetreten worden[3]. Allein die Unsicherheit über die Frage, wer „Berufsverwalter" und was ein „einfach gelagerter Fall" ist, kann nicht zu Lasten der Gemeinschaft, sondern muss zu Lasten des säumigen Wohnungseigentümers gehen. Auf die ausführlichen ablehnenden Stellungnahmen wird verwiesen[4]. 542

Die übrigen Gerichte sind deshalb – soweit bekannt – dieser Praxis nicht gefolgt. Hierbei muss z.B. der Verwalter auch berücksichtigen, dass er sich der Gemeinschaft gegenüber regresspflichtig machen kann[5], sollte er trotz bestehender Notwendigkeit von der Zuziehung eines Rechtsanwalts schuldhaft absehen. 543

Versicherungsschäden im Sondereigentum: Dieses Thema ist heikel, da die Meinungen äußerst geteilt sind. Klar ist aber, dass der Verwalter zunächst, wenn **ein Schaden im Sondereigentum** auftritt, diesen zu untersuchen hat. Stellt er fest, dass im Sondereigentum die alleinige Ursache liegt, so ist er nach dem BayObLG[6] nicht zur Abwicklung verpflichtet. *Köhler*[7] relativiert dies zu Recht. Soweit die Teilungserklärung vorsieht, dass das Gebäude als Ganzes zu versichern ist, ist die Verwalterhoheit gegeben. Deshalb hat das OLG Hamm[8] dem einzelnen Wohnungseigentümer das Recht abgesprochen mit der Versicherung den Schaden abzuwickeln, da Vertragspartner die Wohnungseigentümergemeinschaft ist. Daher ist 544

---

1 Vgl. § 157 Abs. 1 ZPO; siehe hierzu *Merle* WE 1994, 3 und richtig *Chemnitz* AnwBl. 1994, 255 f.
2 OLG Schleswig Entscheidung v. 8.1.1985 – 2 W 112/84, Entscheidung v. 6.4.1987 – 2 W 37/87 zit. n. LG Lübeck WEZ 1988, 110; AG Wolfenbüttel Rpfleger 1987, 307.
3 *Fett* WEZ 1988, 110; *Sauren* Rpfleger 1987, 307; *Riecke* DWE 1990, 13; *Sauren* § 47 Rz. 71.
4 *Fett* WEZ 1988, 110; *Sauren* Rpfleger 1987, 307; *Riecke* DWE 1990, 13; *Sauren* § 47 Rz. 71.
5 OLG Köln v. 28.7.1986 – 16 Wx 49/86, zit. n. WEG-Rechtsprechung in Leitsätzen 1984, 1987, S. 162.
6 BayOBLG WE 1997, 39.
7 *Köhler* WE 1998, 419; *Furmans* Rz. 81.
8 OLG Hamm NJW-RR 1995, 1419.

der Verwalter dafür zuständig[1]. Aufgrund der oben wiedergegebenen Rechtsprechung dürfte eine Gebühr aber zulässig sein. Dies könnte eine Stundenvergütung sein.

545 **Gebühren für eilige und/oder unvorhersehbare Ereignisse („Weihnachtshochwasser"):** Nach der Rechtsprechung[2] ist es möglich, dem Verwalter für **unvorhersehbare Ereignisse**, die sofort wirksam bekämpft werden müssen, Sondervergütungen zuzubilligen. Im Rahmen der Abrechnung einer Sonderumlage hatte der Verwalter für sich selbst eine Vergütung von mehr als 2000 Euro in Ansatz gebracht. Eine Anfechtung des billigenden Beschlusses lehnte das OLG Düsseldorf ab. Es wäre ein unvorhersehbares Ereignis gewesen, welches sofort wirksam bekämpft hätte werden müssen und wozu kein anderer zur Überwachung zur Verfügung gestanden habe. Wenn dann der Verwalter die notwendigen Maßnahmen ergriff und dabei auch bei ihm angestellte Dritte beauftragte, so widerspräche jedenfalls die Genehmigung dieser an den Weihnachtstagen und in der Folgezeit geleisteten Arbeiten und damit auch die Zuerkennung einer entsprechenden Vergütung nicht ordnungsgemäßer Verwaltung, weil es sich insoweit um eine notwendige Eilmaßnahme handelte, die das über die vertragliche Vereinbarung hinausgehende Tätigwerden und damit auch eine besondere Vergütung rechtfertige.

546 **Sanierungsmaßnahmen im Gemeinschaftseigentum:** Bei Sanierungsmaßnahmen im Gemeinschaftseigentum ist Folgendes zu beachten: Grundsätzlich bestehen keine Bedenken gegen eine Klausel über eine Vergütung für Architekten- oder Ingenieurleistungen des Verwalters, wenn die Versammlung darüber gesondert befinden kann[3]. Ein Beschluss der Gemeinschaft, den Verwalter für Architektenleistungen bei Sanierungsarbeiten eine Sondervergütung zu gewähren, ist deshalb grundsätzlich nicht zu beanstanden[4] weil es sich um typische Architektenleistungen handelt, die ohnehin gesondert vergütet werden müssten[5].

547 Klausel und Beschlüsse müssen jedoch im Einzelfall auf ihre Angemessenheit überprüft werden:

Das OLG Düsseldorf[6] hat einen Beschluss aufgehoben, wonach der Verwalter für sämtliche Leistungen im Reparatur- und Instandhaltungsbereich, die über 2560 Euro liegen, ein Honorar in Höhe von 7,5 % zuzüglich Mehrwertsteuer gemäß Leistungsbild der HOAI ohne Genehmigungsplan berechnet von der jeweiligen Auftragssumme erhält. Zur Begründung führt

---

1 *Köhler* Fachverwalter 1, 39; *Sauren* WE 1996, 129 m.w.N.
2 OLG Düsseldorf NZM 1998, 771.
3 OLG Hamm ZMR 2001, 141.
4 OLG Köln NZM 2001, 470.
5 *Gottschalg* ZWE 2002, 205.
6 OLG Düsseldorf Entscheidung v. 22.4.1991 – 3 Wx 428/90.

der Senat aus, dass die Gebühr, ohne die konkrete Notwendigkeit in jedem Fall zu prüfen, nach dem Vertrag geschuldet sei.

In einer weiteren Entscheidung hat das OLG Düsseldorf[1] festgestellt, dass ein Beschluss, dem Verwalter für seine Tätigkeit in Zusammenhang mit Instandsetzungsarbeiten regelmäßig eine Zusatzvergütung von 5 % der Bausumme zuzubilligen, nicht ordnungsgemäßer Verwaltung entspricht, wenn es sich um relativ geringfügige Instandsetzungen, nämlich unter 2600 Euro, handelt. Hierbei war für das OLG Düsseldorf noch entscheidend, dass das Wirtschaftsplanvolumen 11 250 Euro betrug. 548

Zudem muss nach einer weiteren Entscheidung des OLG Düsseldorf[2] beachtet werden, dass solche Gebühren nur dann ordnungsgemäßer Verwaltung entsprechen, wenn kein Architekt oder Firma diese Leistungen, z.B. die Bauüberwachung, durchführt. 549

Im Gegensatz zu dieser Rechtsprechung des OLG Düsseldorf steht eine Entscheidung des OLG Hamm[3], das nunmehr festgehalten hat, dass einem Verwalter auch ohne vertragliche Grundlage für Sonderleistungen, die nicht zu den gesetzlichen Aufgaben des Verwalters gehören, ein gesondertes Honorar in Höhe der üblichen Vergütung zugebilligt werden muss (§ 612 Abs. 1 BGB). Hier hat das OLG Hamm gerade die Architekten- und Ingenieurleistungen herangezogen. Das OLG Köln hat in einer unveröffentlichten Entscheidung[4] festgehalten, dass ohne einen Beschluss keine Vergütung zugebilligt werden kann. Damit stehen das OLG Düsseldorf und das OLG Köln gegen das OLG Hamm. Mir scheint die Argumentation des OLG Hamm auch nicht schlüssig. 550

Die Wohnungseigentümer müssen wissen, auf was sie sich einlassen. Sie können insbesondere die Arbeiten des Verwalters ggf. Jahre später nicht überprüfen. Es wird dann ein heilloser Streit darüber geführt, ob tatsächlich diese Arbeiten nicht von einem „normalen" Verwalter zu erledigen waren oder ob die Arbeiten über diese Anforderungen hinausgingen. Deshalb ist der Auffassung des OLG Köln und des OLG Düsseldorf zuzustimmen. Leider hat das OLG Hamm sich in der neuen Entscheidung nicht mit den anderen zum Teil veröffentlichten Entscheidungen auseinandergesetzt.

Wohngeldeinzug: Beachtet werden muss wiederum, dass zunächst innerhalb der Gemeinschaft eine entsprechende Regelung getroffen worden ist, sei es durch Vereinbarung oder Beschluss. Die **Einzugsermächtigung** kann auch durch Beschluss (§ 21 Abs. 7 WEG) eingeführt werden. Dem einzelnen Wohnungseigentümer, der nicht an dem Einzugsverfahren teilnimmt, kann eine Zusatzvergütung auferlegt werden (§ 21 Abs. 7 WEG). 551

---

1 OLG Düsseldorf ZMR 1999, 193.
2 OLG Düsseldorf NZM 1998, 771.
3 OLG Hamm ZMR 2001, 141, 143.
4 OLG Köln Entscheidung v. 4.1.1991 – 16 Wx 104/91.

552 **Stundenlöhne:** Das BayObLG[1] hat 20 Euro für angemessen gehalten für die Beaufsichtigung von Putz- und Umbauarbeiten am Gemeinschaftseigentum. Diese Vergütungen sind auf die heutige Zeit anzupassen. Es werden Stundensätze von ca. 80 bis 100 Euro als angemessen angesehen.

3.4.5.8.3. Denkbare weitere Sondervergütungen

553 **Lohnabrechnung:** Die Erbringung von **Abrechnungen von Arbeitnehmern** der Gemeinschaft sollte unbedingt in Rechnung gestellt werden oder auf einen Sachverständigen, z.B. einen Steuerberater nach vorherigem Beschluss delegiert werden. Es bieten sich als Entlohnung die in der Praxis üblichen Pauschalen von 10 Euro bis 15 Euro plus Mehrwertsteuer pro Arbeitnehmer pro Monat an.

554 **Auswahl und Einstellung von Arbeitnehmern:** Auch diese Tätigkeit geht über das Übliche hinaus und sollte deshalb gesondert vergütet werden. Hierfür bietet sich eine Pauschale oder ein Stundensatz an.

555 **Abwicklung von WEG-Prozessen:** Hier ist eine Vergütung für die Arbeit gemeint, die dadurch entsteht, dass der Rechtsanwalt informiert werden muss, also z.B. für das Heraussuchen der Unterlagen, für die Mitteilung der Fälligkeit und der Rückstände des einzelnen Wohnungseigentümers. Zusatzvergütungen können als Pauschale oder Stundensatz verlangt werden.

556 Gegenüber solch einer Pauschale bestehen Bedenken, da die mit der Abwicklung eines Prozesses verbundenen Aufwendungen zu den Grundleistungen des Verwalters gehören könnten (§ 27 WEG).

557 **Anbringung neuer Schilder an der Anlage:** Eine solche Vergütung konnte in einem Verwaltervertrag schon entdeckt werden. Hier waren 10 Euro plus Mehrwertsteuer pro Schild vorgesehen. Ob dies nicht als kleinlich angesehen werde, konnte bisher nicht festgestellt werden.

558 **Kilometergeld:** Auch eine solche Regelung, z.B. 0,30 Euro pro gefahrene Kilometer, konnte schon in einem Verwaltervertrag entdeckt werden. Ob dies nicht schon notwendig in der Grundvergütung enthalten ist, müssen noch die Gerichte entscheiden.

3.4.5.8.4. Sonderleistung ohne vertragliche Grundlage

559 Das OLG Hamm[2] hat festgehalten, dass ein Verwalter auch ohne vertragliche Grundlage für Sondervergütungen, die nicht zu den gesetzlichen Aufgaben des Verwalters gehören, ein gesondertes Honorar in Höhe der üblichen Vergütung zugebilligt werden muss (§ 612 Abs. 1 BGB).

---

1 BayObLGZ 1985, 63, 69 ff.
2 ZMR 2001, 141, 143.

Beispiel:
Architekten- und Ingenieurleistungen[1], Veräußerungszustimmung, Bearbeitung gerichtlicher Verfahren.

Dasselbe gelte für Aufwendungen, die neben der Vergütung zu erstatten sind (§§ 675, 670 BGB). Dieser Gesichtspunkt ist bisher vereinzelt geblieben, als Beispiel für Letzteres sollen hier Kopierkosten angeführt werden.

3.4.5.8.5. Fälligkeitsregelung hinsichtlich Sondervergütung nicht vergessen, Umsatzsteuer ebenfalls nicht

Alle Sondervergütungen sollten netto ausgewiesen werden, damit bei einer Erhöhung der Mehrwertsteuer der Verwalter keine Erlösschmälerung vorzunehmen hat. Auch sollte eine Fälligkeitsregelung getroffen werden, weil sonst nach der Rechtsprechung erst mit der Jahresabrechnung, d.h. regelmäßig erst im kommenden Jahr nach Erstellung der Jahresabrechnung, die Beträge fällig werden[2].

3.4.6. Person des Verwalters

Verwalter **kann ein Wohnungseigentümer oder ein Dritter** sein. Auch eine juristische Person, z.B. eine GmbH, kann zum Verwalter bestellt werden, desgleichen eine Personenhandelsgesellschaft[3], z.B. eine offene Handelsgesellschaft oder eine Kommanditgesellschaft, insbesondere eine GmbH & Co. KG. Ein Gesellschafterwechsel bei einer solchen Gesellschaft lässt die Verwalterstellung unberührt, auch wenn es sich um einen persönlich haftenden Gesellschafter handelt[4]. Scheiden allerdings alle Gesellschafter bis auf einen aus und wächst daher das Firmenvermögen ihm allein zu, so erlischt mit der Gesellschaft auch die Verwalterstellung[5].

Dagegen ist es **nicht möglich, mehrere Personen** zum Verwalter zu benennen; denn das Gesetz geht gerade davon aus, dass eine einzige verantwortliche Person vorhanden sein muss[6]. Eine BGB-Gesellschaft kann nicht Verwalter sein[7], ebenso nicht ein Ehepaar[8].

Nicht möglich wäre eine Bestimmung in der Gemeinschaftsordnung, dass nur Verwalter sein kann, wer Wohnungseigentümer ist[9] oder einem bestimmten Personenkreis angehört, z.B. Mitglied eines Verbandes ist[10].

---

1 A.A. zu Recht OLG Köln Entscheidung v. 4.11.1991 – 16 Wx 104/91.
2 OLG Hamm NJW-RR 1993, 895.
3 *Bärmann/Pick/Merle* § 26 Rz. 10; *Weitnauer* § 26 Rz. 2.
4 BayObLG NJW-RR 1988, 1170 = WE 1988, 204.
5 OLG Düsseldorf Rpfleger 1990, 356 = NJW-RR 1990, 1299 = OLGZ 1990, 428.
6 *Weitnauer* § 26 Rz. 2.
7 BGH NJW 1989, 2059 = WE 1989, 167 = BGHZ 107, 268; BGH, NJW 2006, 2189.
8 BGH WE 1989, 84.
9 BayObLG Rpfleger 1995, 155 = WE 1995, 287.
10 OLG Bremen Rpfleger 1980, 68.

564 Der Verwalter kann Teile seiner Aufgaben von Hilfspersonen durchführen lassen[1], nicht dagegen seine Stellung als Verwalter im Ganzen an einen Dritten übertragen[2]. Es ist nichts dagegen einzuwenden, wenn der Bauträger sich selbst zum ersten Verwalter ernennt. Dies ist im Gegenteil zweckmäßig, da in der ersten Zeit die Behebung von Reklamationen gegenüber Handwerkern durch den Verwalter praktisch ist.

3.4.7. Einzelfragen

3.4.7.1. Legitimation des Verwalters

565 Manchmal, insbesondere bei der Zustimmung des Verwalters zur Veräußerung einer Eigentumswohnung (§ 12 WEG), kann es notwendig sein, die Verwalterstellung **nachzuweisen**. Hierfür trifft das WEG (§ 26 Abs. 3 WEG) eine ausdrückliche Regelung[3]. Der Nachweis wird geführt durch die Vorlage der Niederschrift über die Wohnungseigentümerversammlung, in der der Verwalter bestellt worden ist. Hierbei müssen die Unterschriften des Vorsitzenden der Versammlung, eines Wohnungseigentümers und ggf. des Vorsitzenden des Verwaltungsbeirats oder dessen Stellvertreter auf der Niederschrift notariell beglaubigt sein[4]. Die Vorlage des Anstellungsvertrages ist zum Nachweis der Verwalterstellung nicht erforderlich[5]. Der Fortbestand der Bestellung ist nur bei begründeten Zweifeln nachzuweisen[6].[7]

566 Nach dem WEG (§ 27 Abs. 6) kann der Verwalter von den Wohnungseigentümern die Ausstellung einer **Vollmacht** verlangen, aus welcher der Umfang seiner Vertretungsmacht ersichtlich ist. Dies ist dadurch gerechtfertigt, dass der andere Teil bei Verträgen und sonstigen Willenserklärungen nicht wissen kann, wie weit die Vertretungsmacht des Verwalters reicht. Soweit erforderlich kann auch eine notarielle Beglaubigung der Vollmacht verlangt werden[8]. Die Vollmacht muss sowohl die gesetzlichen Ermächtigungen nach § 27 WEG als auch eine darüber hinausgehende Bevollmächtigung enthalten[9].

Dort ist die Vertretungsmacht des Verwalters etwas weiter gehalten, als dies die gesetzliche Normalregelung vorsieht. Dafür enthält der Verwaltervertrag bei § 3 Nr. 1 im Innenverhältnis eine Einschränkung[10].

---

1 LG Flensburg NJW-RR 1999, 596.
2 OLG Hamm NJW-RR 1997, 143 = WE 1997, 24.
3 Hierzu vgl. *Röll* Rpfleger 1986, 4.
4 Siehe hierzu Rz. 413; wegen der Frage, wer unterschreiben muss, vgl. Rz. 416 ff.
5 OLG Oldenburg DNotZ 1979, 33.
6 BayObLG NJW-RR 1991, 978.
7 Zu Textmustern siehe Teil E Rz. 5.
8 *Weitnauer/Lüke*, § 27 Rz. 34.
9 Textmuster siehe Teil E Rz. 3.
10 Siehe Textmuster Teil E Rz. 1.

3.4.7.2. Unterlagenbeschaffung und Prüfungspunkte bei Amtsantritt

Die folgenden Punkte sollte der Verwalter bei Amtsantritt besonders im Auge behalten: 567

Allgemeine Unterlagen

- Liste der Wohnungseigentümer nebst Anschriften,
- Teilungserklärung mit Gemeinschaftsordnung und Ergänzungen hierzu,
- Beschlussbuch der Wohnungseigentümerversammlung (§ 24 Abs. 8 WEG),
- Vergleiche und Gerichtsentscheidungen in Bezug auf die Eigentumswohnanlage (wichtig wegen § 10 Abs. 3 WEG),
- Anschriften der Mitglieder des Verwaltungsbeirats.

Wirtschaftliche Unterlagen

- Buchführung,
- Buchführungsbelege,
- Kontoauszüge, Sparbücher,
- Daueraufträge, Abbuchungsaufträge,
- Frühere Wirtschaftspläne und Abrechnungen,
- Welche Zahlungen sind in regelmäßigen Abständen zu leisten?
- Hausmeistervertrag, hierzu Lohnsteuerkarte, Unterlagen für Sozialversicherung und gesetzliche Unfallversicherung (Berufsgenossenschaft),
- Versicherungspolicen und Versicherungsverträge der Wohnungseigentümergemeinschaft.

Technisches

- Baupläne,
- Schaltpläne,
- Wartungsverträge,
- Begehung der Eigentumswohnanlage und Besichtigung der im gemeinschaftlichen Eigentum stehenden Gebäudeteile und Einrichtungen,
- Heizölstand kontrollieren und notieren,
- Anschriften und Telefonnummern der mit der Wartung beauftragten Firmen besorgen (insbesondere wegen Heizung und Sanitärinstallation), ferner von Elektrizitäts- und Wasserwerk,
- Unterrichtung über Hauptwasserhahn und Hauptsicherungskasten,
- Schlüssel.

3.4.7.3. Auskunftspflicht des Verwalters, Datenschutzgesetz[1]

568 Das Gesetz zum Schutz vor Missbrauch personenbezogener Daten bei der Datenverarbeitung (**Bundesdatenschutzgesetz**) – im Nachfolgenden abgekürzt als „BDSG" bezeichnet – hat auch im Bereich des Wohnungseigentums Verwirrung ausgelöst. Manche Verwalter fühlen sich durch das Gesetz verunsichert, da sie nicht wissen, inwieweit sie noch Auskünfte erteilen dürfen. Es gibt aber auch Verwalter, die grundsätzlich in bestimmten Fällen an Wohnungseigentümer die Auskunft unter Berufung auf das BDSG verweigern. So machen sie es sich sehr leicht, einer gesetzlichen Verpflichtung nicht nachzukommen. Fast immer ist ein solches Verhalten nicht mit den Vorschriften des BDSG zu vereinbaren.

Auch die Speicherung von Daten durch den Verwalter nach dem BDSG und die Erteilung von Auskünften über solche Tatsachen können unter das BDSG fallen. Die Wohnungseigentümergemeinschaft ist eine „andere Personenvereinigung des privaten Rechts" i.S.d. § 1 Abs. 2, § 27 ff. BDSG. So weit dieses Gesetz zutrifft, dürfen Auskünfte grundsätzlich nicht erteilt werden (§ 5 BDSG).

569 Das BDSG betrifft nur Daten, die in einer „**Datei**" gespeichert sind (§ 1 Abs. 2, § 2 Abs. 3 Nr. 4 BDSG). Der Begriff der Datei stammt zwar aus dem Bereich der elektronischen Datenverarbeitung (EDV). Für die Anwendung des BDSG ist es aber weder erforderlich noch ausreichend, dass eine elektronische Speicherung von Daten stattgefunden hat. Es ist gleichgültig, ob die Speicherung auf Papier, Magnetband oder -platte bzw. Mikrofilm durchgeführt wurde. Auch eine handschriftliche oder mit Schreibmaschine hergestellte Sammlung von Karteikarten kann eine „Datei" sein. Eine Liste ist aber nur dann nach dem BDSG geschützt, wenn sie auf Grund einer Datei erstellt wurde (§ 3 Abs. 2 BDSG).

570 Eine Datei ist eine gleichartig aufgebaute Sammlung von Daten. Sie muss nach bestimmten Merkmalen geordnet sein und nach bestimmten Merkmalen umgeordnet oder ausgewertet werden können (§ 2 Abs. 2 BDSG). Das übliche „Karteiblatt" eines Wohnungseigentümers, das nicht nur Namen und Anschrift, sondern auch Größe des Miteigentumsanteils, Nummer der Wohnung, die zu leistenden Vorschüsse und die erbrachten Zahlungen enthält, lässt sich ohne weiteres nach mehreren Merkmalen einordnen. Es handelt sich daher um eine Datei. Dies führt zur Anwendung des BDSG. Wenn eine solche Kartei (sei es in Papierform oder durch elektronische Speicherung) nicht vorhanden ist, greift das Gesetz nicht ein. Dies wird aber nur für kleine Gemeinschaften zutreffen, die keine Kartei, sondern eine Liste führen und bei denen Rückstände auf Grund der Buchführung festgestellt werden. In der Regel wird man davon ausgehen müssen, dass das BDSG anwendbar ist.

---

1 Bundesdatenschutzgesetz v. 20.12.1990, BGBl. I, 2594; hierzu vgl. *Mohr* DWE 1988, 110; *Seuß* WE 1989, 38; *Müller* DWE 1991, 46.

Das BDSG schützt nur **personenbezogene Daten** (§ 1 Abs. 1, § 3 BDSG). 571
Personenbezogen sind hier nur die Daten im Hinblick auf die Wohnungseigentümer. Gibt z.B. der Verwalter Auskunft darüber, ob eine Reparatur durch den Handwerker ordnungsgemäß ausgeführt worden ist, so liegt keine Personenbezogenheit vor. Der Verwalter wird ja auch keine Kartei über Handwerker führen. Nach § 5 BDSG ist es dem Verwalter grundsätzlich untersagt, geschützte personenbezogene Daten unbefugt anderen bekannt zu geben. Hiervon macht aber § 28 Abs. 1 BDSG eine wichtige Ausnahme. Die Übermittlung personenbezogener Daten ist demnach zulässig im Rahmen der Zweckbestimmung eines Vertragsverhältnisses oder vertragsähnlichen Vertrauensverhältnisses mit dem Betroffenen oder soweit es zur Wahrung berechtigter Interessen erforderlich ist und schutzwürdige Belange des Betroffenen nicht beeinträchtigt werden.

Fragt ein Wohnungseigentümer beim Verwalter über eine Tatsache an, die 572
nur ihn selbst betrifft, z.B. die Höhe der von ihm zu zahlenden Vorschüsse oder der von ihm bereits geleisteten Zahlungen, so darf der Verwalter hierüber die Auskunft nicht verweigern; im Gegenteil, es besteht eine Auskunftspflicht nach § 34 BDSG. Es ist grundsätzlich zu bedenken, dass die Verwaltung einer Eigentumsanlage Angelegenheit aller Wohnungseigentümer ist, die grundsätzlichen Entscheidungen hierüber von den Wohnungseigentümern getroffen werden müssen und eine Entscheidung ohne vorherige Information nicht möglich ist.

Gesetzliche Grundlage für das **Informationsrecht der Wohnungseigentü-** 573
mer ist das BGB (§ 259 Abs. 1). Demnach hat, wer verpflichtet ist, über eine mit Einnahmen und Ausgaben verbundene Verwaltung Rechenschaft abzulegen, dem Berechtigten eine die geordnete Zusammenstellung der Einnahmen und Ausgaben enthaltende Rechnung mitzuteilen und, soweit Belege vorhanden sind, diese vorzulegen. Zum gleichen Ergebnis führen die Auftragsvorschriften (§§ 675, 666 BGB). Das Informationsrecht umfasst auch den Anspruch auf Fertigung von **Fotokopien** gegen Kostenerstattung[1]. Manche Verwalter versuchen, Auskunftsuchen von Wohnungseigentümern mit dem Hinweis darauf abzuwehren, dass die Wohnungseigentümer vom Verwalter nur auf Grund Mehrheitsbeschlusses Rechnungslegung verlangen können (§ 28 Abs. 4 WEG). Hierbei wird aber übersehen, dass die Rechnungslegung weiter geht als eine Auskunft über Einzeltatsachen, nämlich ein geordnetes Rechenwerk, ähnlich der Jahresabrechnung nach dem WEG (§ 28 Abs. 3), darstellt[2]. Beim Informationsrecht ist zu bedenken, dass nicht nur jeder Eigentümer für die gemeinschaftlichen Lasten und Kosten zusammen mit den anderen Eigentümern aufkommen muss, sondern auch Mitinhaber aller Forderungen gegen andere Wohnungseigentümer ist. Die Verwaltung der Wohnanlage ist gemeinschaftliche Angelegen-

---

1 OLG Hamm FGPrax 1998, 133 = WE 1998, 496; BayObLG ZWE 2000, 407 = NJW-RR 2000, 1466.
2 Siehe Teil B Rz. 607 ff.

heit aller Wohnungseigentümer. Demnach geht die Rechtsprechung als Grundsatz davon aus, dass die Wohnungseigentümer zur Einsicht in die Abrechnungsunterlagen und Belege berechtigt sind, so z.B. das OLG Frankfurt[1] und das OLG Karlsruhe[2].

574 Von der Einsicht sind die **Informationspflichten** des Verwalters abzugrenzen[3]. Der Verwalter ist aufgrund des Verwaltervertrages verpflichtet auf Verlangen jederzeit Auskunft über den Stand seiner Verwaltungshandlung zu erteilen. Ihn treffen mithin 3 Informationspflichten, nämlich die Auskunfts-, Benachrichtigungs- und Rechenschaftspflicht[4]. Weiter ist nach der Rechtsprechung davon auszugehen, dass der Auskunftsanspruch gegen den Verwalter – wie auch der Anspruch auf Rechnungslegung – den **Wohnungseigentümern nur gemeinsam** zusteht. Wie ausgeführt, ist Rechtsgrundlage hierfür nicht der den einzelnen Wohnungseigentümer persönlich zustehende Anspruch auf ordnungsgemäße Verwaltung (§ 21 Abs. 4 WEG), sondern der Verwaltervertrag als Geschäftsbesorgungsvertrag in Verbindung mit den gesetzlichen Regelungen (§ 21 Abs. 1 und 4 WEG). Die Auskunftserteilung ist aber grundsätzlich eine unteilbare Leistung nach der Rechtsprechung[5]. Ein individueller Anspruch eines einzelnen Wohnungseigentümers auf Auskunft kann grundsätzlich nur dann bestehen, wenn soweit die Wohnungseigentümer von ihrem Auskunftsrecht nicht durch Mehrheitsbeschluss Gebrauch gemacht haben[6]. Dementsprechend hat die Rechtsprechung Auskünfte über die Entwicklung der Rücklage[7] abgelehnt. Gleiches gilt für die Auskunft über die Aufklärung eines Fehlbetrages auf dem Hauskonto[8] oder Auskunft über den Stand eines Gerichtsverfahrens und Angabe des Aktenzeichens[9].

575 Dem Verwaltungsbeirat sind auf Verlangen alle Belege vorzulegen, sonst kann er seine Aufgaben nicht erfüllen, die ihm § 29 Abs. 3 WEG zuweist. Der Verwalter ist auskunftspflichtig gegenüber dem Beirat, da dieser ansonsten seine Aufgaben nicht wahrnehmen kann[10].

576 Diese Rechtsprechung der Wohnungseigentumsgerichte ist erheblich in **Zweifel zu ziehen** und ein **Individualanspruch** zu gewähren[11]. Diese Auffassung wird durch eine BGH-Entscheidung[12] bestätigt. In diesem Fall ging

---

1 OLG Frankfurt NJW 1972, 1376.
2 OLG Karlsruhe NJW 1969, 1968 und MDR 1976, 758.
3 OLG Frankfurt OLGR 2005, 783, 784.
4 OLG Frankfurt a.a.O. m.V. auf *Sauren*, WEG, 4. Aufl., § 28 Rz. 76.
5 OLG Frankfurt OLGR 2005, 783, 784; OLG Hamm OLGZ 1988, 37; OLG Celle OLGZ 1983, 177; KG NJW-RR 1987, 462; BayObLG WE 1995, 191.
6 OLG Frankfurt a.a.O.; OLG Celle OLGZ 1983, 177; KG NJW-RR 1987, 462; OLG Hamm OLGZ 1988, 37; BayObLG WE 1991, 253.
7 KG ZMR 1987, 100.
8 BayObLG NJW-RR 1994, 1236.
9 BayObLG WE 1991, 253.
10 A.A. AG Trier WuM 1999, 482.
11 Siehe *Sauren* WE 1989, 4.
12 BGH NJW 1996, 656.

es um den Auskunftsanspruch eines Miteigentümers einer Bruchteilsgemeinschaft zu je ⅕ gegen den Verwalter. Der BGH hat die Grundsätze, die auch die WEG-Gerichte vertreten, ebenfalls zunächst bestätigt[1], aber dann festgestellt, dass für Fälle, wie den vorliegenden, eine Ausnahme zu machen sei, wenn die einzelnen Mitglieder der Bruchteilsgemeinschaft zahlreich seien (hier 5!) und über viele Orte verstreut seien, so dass eine gemeinsame Verständigung schwierig und damit die Vollstreckung eines auf Auskunftserteilung an alle Gläubiger lautendes Urteil nahezu unmöglich sei. Hiervon sei nicht zu leugnen, dass der einzelne Miteigentümer ein berechtigtes und schutzwürdiges Individualinteresse daran habe über die Einnahmen und Ausgaben für das Hausgrundstück auf schnellem Wege und auch unabhängig von den anderen Miteigentümern Kenntnis zu erlangen. Andererseits seien schutzwürdige Belange des Hausverwalters dem Miteigentümer die Auskunft vorzuenthalten nicht erkennbar. Die dagegen vorgebrachte Befürchtung, dass der Auskunftsanspruch nicht nur mehrfach, sondern auch in unterschiedlicher Weise erfolgen würde, entbehre einer hinreichenden tatsächlichen Grundlage. Da alle diese Argumente inhaltsgleich auf einem Wohnungseigentumsverfahren zu übertragen ist, hat die Rechtsprechung dies zu berücksichtigen und die bisherigen Entscheidungen zu überdenken.

Es erhebt sich die Frage, wie sich der Verwalter zu verhalten hat, wenn ihn ein Wohnungseigentümer um Überlassung einer **Liste sämtlicher Wohnungseigentümer** bittet. Dies kann z.B. in Frage kommen, wenn ein Wohnungseigentümer alle anderen Eigentümer wegen einer Frage mündlich oder brieflich ansprechen will, die in einer Wohnungseigentümerversammlung zur Entscheidung steht, oder wenn er die Einberufung einer Wohnungseigentümerversammlung auf Grund Minderheitsverlangens (§ 24 Abs. 2 WEG) durchführen will. Letzteres ist ohne Kenntnis der Anschriften aller Wohnungseigentümer nicht möglich. Es ist hier der Fall der Wahrung berechtigter Interessen gegeben, der die Weitergabe der Daten gestattet (§ 28 Abs. 3 Nr. 1 BDSG). Der Verwalter ist also verpflichtet, die Liste herauszugeben[2]. Zu beachten ist auch, dass von dem Datenübermittlungsverbot (§ 28 Abs. 3 Nr. 3 BDSG) ausdrücklich eine Ausnahme dann gemacht wird, wenn sich die Auskunft auf die Übermittlung von listenmäßig oder sonst zusammengefassten Daten über Angehörige einer Personengruppe bezieht und sich die Auskunft auf bestimmte dort aufgeführte Tatsachen, z.B. Namen und Anschrift, beschränkt.

577

Ein wichtiges Problem stellt die Frage dar, ob der Verwalter im Anschluss an die Jahresabrechnung berechtigt ist, bei vorhandenen Rückständen an Hausgeldern usw. die **Namen** der betreffenden Wohnungseigentümer zu nennen, oder ob er aus Rücksichtnahme gegenüber denjenigen Wohnungseigentümern, die ihre Verpflichtungen der Gemeinschaft gegenüber nicht

578

---

1 BGH WM 1966, 1037, 1038.
2 BayObLG BayObLGZ 1984, 133; OLG Frankfurt OLGZ 1984, 258.

erfüllt haben, die Auskunft verweigern muss. Letzteres ist ganz eindeutig zu verneinen. Gemäß § 10 Abs. 1 WEG stehen solche Forderungen allen Wohnungseigentümern gemeinschaftlich zu. Der einzelne Wohnungseigentümer ist Mitgläubiger der Forderung. Als Gläubiger kann ihm die Auskunft nicht verweigert werden, wer ihm noch Beträge schuldet. Nach § 28 Abs. 3 Nr. 1 BDSG liegt ein berechtigtes Interesse des Wohnungseigentümers an der Auskunft vor. Auch müssen sich die Wohnungseigentümer schlüssig werden, ob sie gegen den säumigen Schuldner die Zwangsvollstreckung betreiben wollen. Hierbei handelt es sich um eine Maßnahme, die gemäß § 21 Abs. 3 WEG die Wohnungseigentümerversammlung zu entscheiden hat und die ohne Kenntnis der Person des Schuldners nicht getroffen werden kann. Das Gleiche gilt für die Entscheidung darüber, ob gemäß § 18 Abs. 1 Nr. 2 WEG die Entziehung des Wohnungseigentums durchgeführt werden soll.

579 Befinden sich in der Datei Angaben, die nur den einzelnen Wohnungseigentümer betreffen, z.B. über die Höhe der Miete einer von ihm vermieteten Eigentumswohnung, so dürfen diese Tatsachen nicht an andere Wohnungseigentümer weitergegeben werden, da ein berechtigtes Interesse insoweit fehlt.

Einsicht in Belege und Abrechnungsgrundlagen ist grundsätzlich am Ort der Verwahrung, nicht in der Eigentumswohnanlage, zu gewähren[1]. Dies gilt aber nicht, wenn die Verwaltungsgesellschaft ihren Sitz an einem anderen Ort hat[2].

580 An **Dritte**, also solche Personen, die nicht Wohnungseigentümer sind, ist grundsätzlich keine Auskunft zu erteilen. Aber auch von diesem Grundsatz gibt es Ausnahmen. So ist die Auskunft zu erteilen, wenn sie das BDSG oder eine andere Rechtsvorschrift erlaubt oder der Betroffene eingewilligt hat. Eine solche Ausnahme kann vor allem vorliegen, wenn der Verwalter als Zeuge in einem Zivil- oder Strafprozess gehört werden soll.

3.5. Verwaltungsbeirat[3]

581 Der Verwaltungsbeirat wird durch Mehrheitsbeschluss der Wohnungseigentümerversammlung bestellt (§ 29 Abs. 1 Satz 1 WEG). Hierfür ist nicht notwendig, dass seine **Bestellung** in der Gemeinschaftsordnung vorgesehen ist. Die Möglichkeit seiner Ernennung ergibt sich aus dem Gesetz. Andererseits besteht aber auch kein Zwang, einen Verwaltungsbeirat zu ernennen. Wählt die Mehrheit keinen Beirat, so unterbleibt seine Bestellung[4].

---

1 OLG Karlsruhe MDR 1976, 758; KG WEM 1984, 28; BayObLG NZM 2001, 754.
2 OLG Karlsruhe NJW 1969, 196.
3 Vgl. hierzu *Schmid* BlGBW 1976, 61; *Brych* WE 1990, 15; *Deckert* DWE 1990, 82; *Seuß* WE 1995, 294.
4 *Bärmann/Pick/Merle* § 29 Rz. 1.

581a Das WEG sieht für den Verwaltungsbeirat drei Personen vor (in § 29 Abs. 1 Satz 2 WEG). Nach der Rechtssprechung muss diese Anzahl auch eingehalten werden, ansonsten ist die Entscheidung anfechtbar[1].

Wer Vorsitzender und dessen Stellvertreter ist, bestimmt die Wohnungseigentümerversammlung. Hat sie keine Entscheidung getroffen, so wählt sich der Beirat selbst einen Vorsitzenden und dessen Stellvertreter[2].

582 In § 29 Abs. 1 Satz 2 WEG ist vorgesehen, dass der Verwaltungsbeirat aus Wohnungseigentümern besteht. Nach herrschender Meinung ist dies zwingend, **andere Personen** dürfen nicht in den Verwaltungsbeirat gewählt werden[3]. Nach der hier vertretenen Ansicht gilt dies nur für den Normalfall. Es besteht kein vernünftiger Grund, etwa die Wahl des Ehegatten eines Wohnungseigentümers auszuschließen, der vielleicht über wichtige Sachkenntnisse verfügt. Das Wort „Wohnungseigentümer" wird im Gesetz nur beispielhaft verwendet. Was gilt aber dann, wenn man der h.M. folgt und die Wohnungseigentümerversammlung einen Nichteigentümer gewählt hat? Der Beschluss der Eigentümer ist dann gemäß § 23 Abs. 4 WEG anfechtbar und muss auf Antrag hin durch das Gericht aufgehoben werden. Wurde allerdings die einmonatige Antragsfrist des § 23 Abs. 4 WEG nicht eingehalten, so ist die Wahl trotzdem gültig, weil es sich nicht um einen nichtigen, sondern nur um einen anfechtbaren Beschluss handelt[4].

583 Folgt man der h.M., so ist es konsequent, dass ein Beiratsmitglied ausscheidet, wenn es wegen Veräußerung seiner Wohnung nicht mehr Wohnungseigentümer ist[5].

Zweckmäßigerweise sind in den Verwaltungsrat sowohl Personen mit kaufmännischen und juristischen Kenntnissen (z.B. Juristen, Kaufleute, Steuerberater, Bankangestellte) als auch Techniker zu wählen (z.B. Ingenieure, Handwerker). Ratsam ist es, dass wenigstens ein Mitglied des Verwaltungsbeirats in der Wohnanlage wohnt. Der Verwalter kann nicht Beiratsmitglied sein, da gerade die Überwachung des Verwalters zu den wichtigsten Aufgaben des Beirats zählt[6].

584 Eine festbegrenzte **Amtszeit** des Verwaltungsbeirats sieht das WEG nicht vor. Sie ist frei bestimmbar[7]. Empfehlenswert ist eine Amtszeit von 2 oder 3 Jahren[8]. Hierbei sollte darauf geachtet werden, dass die Amtszeiten des Verwaltungsbeirats und des Verwalters nicht gleichzeitig ablaufen. An-

---

1 OLG Düsseldorf NJW-RR 1991, 594 = OLGZ 1991, 37 = DWE 1990, 148.
2 *Bärmann/Pick/Merle* § 29 Rz. 35.
3 KG NJW-RR 1989, 460 = WE 1989, 137; BayObLG NJW-RR 1992, 210 = DNotZ 1992, 489 = BayObLGZ 1991, 356 = WE 1992, 206 unter Aufgabe der bisherigen Rechtsprechung; a.A. *Deckert* DWE 1990, 82.
4 Siehe Rz. 258 ff.
5 BayObLG BayObLGZ 1992, 336 = WE 1994, 20.
6 OLG Zweibrücken OLGZ 1983, 438.
7 OLG Köln NZM 2000, 193.
8 *Heine* WuH 1983, 171.

dernfalls besteht Gefahr, dass die Einberufung der Wohnungseigentümerversammlung (§ 24 Abs. 3 WEG) nicht möglich ist. Ist bei der Wahl eine bestimmte Amtszeit nicht festgelegt worden, so bleibt der Verwaltungsbeirat bis zur Wahl eines neuen Beirats im Amt. Möglich ist auch eine Abwahl ohne Neuwahl. Ein ehrenamtliches Mitglied des Verwaltungsbeirats kann jederzeit ohne Angabe von Gründen abberufen werden[1]. Mangels Ersatzmitglied besteht der Beirat mit dem Rest fort[2]. Ein Antrag auf gerichtliche Abberufung der Mitglieder des Verwaltungsbeirats ist ohne vorherige Einberufung der Eigentümerversammlung zulässig, wenn fest steht, dass ein entsprechender Antrag abgelehnt werden würde[3]. Der Verwaltungsbeirat wird von dem Vorsitzenden nach Bedarf einberufen (§ 29 Abs. 4 WEG). Dass Niederschriften über die Sitzungen gefertigt werden, ist im Gesetz nicht vorgeschrieben, jedoch ratsam[4].

585 **Aufgabe des Verwaltungsbeirats** ist die Unterstützung und die Überwachung des Verwalters (§ 29 Abs. 2, 3 WEG). Dagegen hat der Verwaltungsbeirat keine Weisungsbefugnisse gegenüber dem Verwalter. Er kann keine Beschlüsse fassen, die der Verwalter auszuführen hätte. Er kann auch nicht dem Verwalter Entlastung erteilen. Dieses Recht steht allein der Wohnungseigentümerversammlung zu. Nach dem WEG (§ 29 Abs. 3 WEG) sollen der Wirtschaftsplan, die Abrechnung über den Wirtschaftsplan, Rechnungslegungen und Kostenanschläge vom Verwaltungsbeirat geprüft und mit seiner Stellungnahme versehen werden, bevor die Wohnungseigentümerversammlung über sie beschließt[5]. Der Prüfungsbericht des Beirats kann jedoch nicht gerichtlich erzwungen werden[6]. Dem Verwaltungsbeirat steht die Befugnis zu, vom Verwalter jederzeit Aufschluss und Auskunft oder Bericht zu verlangen, er kann die Bücher und Schriften des Verwalters jederzeit einsehen und prüfen oder auch durch einen Dritten prüfen lassen. Das Datenschutzgesetz steht nicht entgegen[7]. Wichtig ist auch die Zuständigkeit des Vorsitzenden des Verwaltungsbeirats oder seines Vertreters zur Einberufung der Wohnungseigentümerversammlung im Notfall (§ 24 Abs. 3 WEG).

586 Bei einem großen Verwaltungsbeirat kann es zweckmäßig sein, **Ausschüsse** zu bilden, z.B. für technische Fragen oder kaufmännische Angelegenheiten (Buchführung, Wirtschaftsplan, Jahresabrechnung)[8].

587 Im Gesetz nicht vorgesehen, aber zweckmäßig ist es, dass der Verwaltungsbeirat in jährlichen Abständen eine **Begehung der ganzen Wohnanlage**

---

1 OLG Hamm WE 1999, 232.
2 BayObLGZ 88, 212.
3 OLG München ZMR 2006, 962.
4 Textmuster siehe Teil E Rz. 13.
5 Siehe hierzu *Stein/Schröder* WE 1994, 321; *Strobel* WE 1997, 328.
6 KG FGPrax 1997, 173 = WE 1997, 421.
7 Siehe Teil Rz. 568 ff. und 576.
8 OLG Frankfurt OLGZ 1988, 188; *Sauren* ZMR 1984, 325.

durchführt und sie hierbei in technischer Hinsicht überprüft[1]. Der Vorsitzende sollte im Besitz aller Niederschriften der Wohnungseigentümerversammlung sein. Sehr wichtig ist es auch, dass er eine Liste aller Wohnungseigentümer mit Adressen in Händen hat, damit er gegebenenfalls eine Wohnungseigentümerversammlung (§ 24 Abs. 3 WEG) einberufen kann.

Soweit nichts anderes bestimmt ist, sind die Mitglieder des Verwaltungsbeirats **ehrenamtlich** tätig. In der Praxis werden heute immer häufiger **Pauschalbeträge** für jedes Mitglied in Höhe von 25 bis 100 Euro jährlich gezahlt, die angemessen sein müssen[2]. Damit sind zugleich die Auslagen der Verwaltungsbeiräte abgegolten[3]. 588

Das Vorhandensein eines Verwaltungsbeirats ermöglicht eine bessere Beteiligung der Wohnungseigentümer an der Verwaltung, als wenn sie nur einmal im Jahr an der Wohnungseigentümerversammlung teilnehmen und sonst die Durchführung aller Angelegenheiten dem Verwalter überlassen. Aber auch für den Verwalter ist das Vorhandensein eines Verwaltungsbeirats von Vorteil. Viele Streitigkeiten, die nur aus mangelnder Information der Wohnungseigentümer entstehen, können hierdurch vermieden werden. Bei Eigentumswohnanlagen ab etwa zehn Wohnungen ist die Bestellung eines Verwaltungsbeirats zweckmäßig.

Die **Haftung** der Mitglieder des Verwaltungsbeirats[4] gegenüber den Wohnungseigentümern bestimmt sich nach Auftragsgrundsätzen (§§ 662 ff. BGB). Nach einer weit verbreiteten Ansicht hat ein Mitglied des Verwaltungsbeirats nur für diejenige Sorgfalt einzustehen, die es in eigenen Angelegenheiten anwendet. Diese Ansicht findet im Gesetz keine Stütze. Trotzdem können an ein Mitglied des Verwaltungsbeirats keine strengen Anforderungen gestellt werden. Die Verwaltungsbeiräte sind in der Regel ehrenamtlich tätig und haben keine Fachkenntnisse. Es kann von ihnen nicht die Sorgfalt verlangt werden, für die ein Wirtschaftsprüfer oder Bausachverständiger einstehen müsste. Die Verwaltungsbeiräte sind weder verpflichtet, den Verwalter laufend zu überwachen[5], noch haben sie die Aufgabe von Rechnungsprüfern. Sie sind daher nicht dafür verantwortlich, dass ihnen Unregelmäßigkeiten oder Unstimmigkeiten bei der Tätigkeit des Verwalters entgangen sind. Zusammenfassend ist zu sagen, dass die Verwaltungsbeiräte nur für diejenige Sorgfalt einstehen müssen, die nor- 589

---

1 Vgl. hierzu die „Checkliste zur periodischen Überprüfung des Gemeinschaftseigentums und der Instandhaltungsaufgaben" in dem Buch von *Peters* Verwaltungsbeiräte, S. 69.
2 OLG Schleswig NZM 2005, 588.
3 BayObLG NJW-RR 2000, 13; *Heine* WuH 1983, 176; zur Frage des entgeltlich arbeitenden Profibeirats vgl. *Brych* WE 1990, 43.
4 Hierzu *Gottschalg* ZWE 2001, 185.
5 BayObLG NJW 1972, 1377 = Rpfleger 1972, 262; *Heine* WuH 1983, 172.

malerweise von einem Verwaltungsbeirat verlangt werden kann. Dennoch kann es auch für die Beiratsmitglieder erhebliche Haftungsrisiken geben[1].

590 Ein Mitglied des Verwaltungsbeirats kann jederzeit **zurücktreten**, jedoch nicht zur Unzeit (§ 671 BGB)[2].

591 Nach Beendigung seines Amts hat ein Mitglied des Verwaltungsbeirats die in seinem Besitz befindlichen **Unterlagen herauszugeben**, soweit sie der Wohnungseigentümergemeinschaft gehören[3].

592 Manchmal wird versucht, **Zuständigkeiten auf den Verwaltungsbeirat zu verlagern**, manchmal aus dem Bereich des Verwalters, meist aber aus dem Zuständigkeitsbereich der Wohnungseigentümerversammlung[4]. Derartiges kann durch Änderung der Gemeinschaftsordnung oder durch Beschluss der Wohnungseigentümerversammlung geschehen. Hierbei ist zu beachten, dass in den Bereich der ausschließlichen Zuständigkeit des Verwalters (§ 27 Abs. 4 WEG) nicht eingegriffen werden kann. Praktisch bedeutsam ist die Bevollmächtigung eines Mitglieds des Verwaltungsbeirats zum Abschluss des Verwaltervertrages mit dem Verwalter. Hierbei sollten unbedingt die „Eckdaten" des Vertrages in den Beschluss aufgenommen werden, also die Person des Verwalters, die Dauer seiner Verwaltung und sein Honorar. Andernfalls droht nach einer in der Rechtsprechung vertretenen Ansicht Nichtigkeit der Vollmacht und damit des Verwaltervertrages[5]. Nichtig, nicht nur anfechtbar sind Beschlüsse, welche die Vollmacht des Verwaltungsbeirats enthalten, in den Verwaltervertrag Bestimmungen aufzunehmen, die eine Außerkraftsetzung der Gemeinschaftsordnung oder der für die Gemeinschaft geltenden Bestimmungen bedeuten würden. Nach der Rechtsprechung des BGH kann ein solches Ergebnis nur durch eine Vereinbarung (§ 10 Abs. 2 Satz 2 WEG) erreicht werden[6].

---

1 In einem vom OLG Düsseldorf entschiedenen Fall (WE 1998, 265) wurde der Vorsitzende des Verwaltungsbeirats zum Schadensersatz in Höhe von 100 000 DM verurteilt. Dem Beirat war durch Beschluss der Wohnungseigentümerversammlung aufgegeben worden, den Verwaltervertrag so abzuschließen, dass der Verwalter über Festgeldkonten nur mit Zustimmung des Beirats verfügen konnte. Eine solche Klausel unterblieb aber im Verwaltervertrag. Später kam es zu Unterschlagungen durch den Verwalter, die nur deshalb möglich waren, da er allein über die Festgeldkonten verfügen konnte. Deswegen und weil er es unterlassen hatte, die Kontostände zu überprüfen, wurde der Vorsitzende des Verwaltungsbeirats auf Schadensersatz in Anspruch genommen. Vgl. zu diesem Fall auch die Ausführungen von *Merle* in WE 1998, 241.
2 *Brych* WE 1990, 15, 17.
3 OLG Hamm WE 1997, 385 = NJW-RR 1997, 1232.
4 Hierzu *Münstermann-Schlichtmann* DWE 1998, 110; *Gottschalg* ZWE 2000, 50.
5 OLG Düsseldorf WE 1998, 265; ebenso *Gottschalg* ZWE 2000, 50, 54; a.A. *Schmidt* ZWE 2001, 137, 140; *Münstermann-Schlichtmann* DWE 1998, 110, 111, 112, die jedoch die Aufnahme der Eckdaten in den Vollmachtsbeschluss empfiehlt.
6 BGH ZWE 2000, 518 = NJW 2000, 3500 = MDR 2000, 1367.

3.6. Vermögensverwaltung[1]

3.6.1. Bankkonten und Bargeld

Nach dem WEG (§ 27 Abs. 5 Satz 1 WEG) ist der Verwalter verpflichtet, Gelder der Wohnungseigentümer von seinem Vermögen getrennt zu verwalten. Er darf also Zahlungen, die er als Verwalter erhält, nicht auf sein eigenes Konto überweisen lassen, sondern muss ein Konto errichten, bei dem deutlich erkennbar ist, dass es sich um Fremdgelder handelt und bei dem Zugriffe von Gläubigern des Verwalters abgewehrt werden können[2]. 593

So weit der Verwalter **Bargeld** für die Wohnungseigentümergemeinschaft entgegennimmt, hat er auch dieses erkennbar getrennt von seinem Vermögen aufzubewahren und zu verwalten. Viele Verwalter kommen ohne Barkasse aus. Sie erledigen alle Zahlungen bargeldlos. Dies trägt zur Klarheit bei. 594

Der Verwalter sollte die ihm anvertrauten Gelder nicht nur von seinem eigenen Vermögen, sondern auch von den Geldern anderer Wohnungseigentümergemeinschaften getrennt halten. Ein **gemeinsames Konto für mehrere Eigentumswohnanlagen** ist nicht zulässig. Zwar enthält das WEG insoweit kein ausdrückliches Verbot. Die Trennung ergibt sich aber aus der Notwendigkeit einer ordnungsgemäßen Verwaltung. Verwaltet jemand Gelder eines anderen, so muss er jederzeit in der Lage sein anzugeben, welche Beträge dem Treugeber zustehen. Es muss auch seitens des Treugebers eine Kontrolle möglich sein. Beides trifft nur bei Führung separater Konten zu. Wird für jede Gemeinschaft ein besonderes Konto geführt, so kann man durch eine einfache Kontrolladdition aller Konten und Vergleich mit dem Saldo des Bankkontos feststellen, ob die Buchungen in Ordnung gehen. Die Kontrolladdition deckt jeden Fehler auf. Das geht aber nicht, wenn für mehrere Gemeinschaften ein gemeinschaftliches Bankkonto geführt wird. Auch kann man nur bei separaten Bankkonten für jeden Tag feststellen, ob noch genügend Geld vorhanden ist oder nicht. Die Führung eines gemeinsamen Kontos erleichtert nicht die Buchführung, sondern erschwert sie. Die Zahl der Buchungen wird dadurch nicht geringer, aber die Fehlersuche wird sehr erschwert. Es fallen bei einem gemeinsamen Bankkonto nicht weniger Bankspesen an. Im Gegenteil, wenn die Bank für jedes Konto einige Freibuchungen gewährt, sind die Kosten sogar höher. Es tritt auch keine Zinsersparnis ein. Es werden nur die Gemeinschaften, die wegen der Hausgeldzahlungen kleinlich sind, von den anderen, die für reichliche Zahlungen sorgen, subventioniert. Die letztgenannten Gemeinschaften sind dann „die Dummen". Das entscheidende Argument für separate Konten ist aber, dass der Verwaltungsbeirat bei einem gemeinsamen Konto seiner Nachprüfungspflicht nach § 29 Abs. 3 WEG nicht nachkommen kann. Das wäre nur möglich, wenn er auch die Belege und Buchungen der anderen Ge- 595

---

1 Allgemein hierzu *Bub* WE 1994, 191.
2 Siehe Rz. 4.

meinschaften einsehen würde, was ihm aber nicht zugemutet werden kann.

3.6.2. Buchführung[1]

596 Ohne Buchführung kann der Verwalter seine Aufgaben nicht erfüllen, insbesondere nicht die Jahresabrechnung aufstellen (§ 28 Abs. 3 WEG). Auch die Kontrolle des Verwalters wäre ohne Buchführung unmöglich. Wie die Buchführung gestaltet sein muss, schreibt das WEG nicht vor. Die Antwort auf diese Frage kann nur aus dem Gesetzeszweck heraus gefunden werden.

Auf jeden Fall muss die Buchführung klar, übersichtlich und für jedermann verständlich sein. Die Mitglieder des Verwaltungsbeirats, die nach § 29 Abs. 3 WEG die Jahresabrechnung und damit auch die Buchführung überprüfen müssen, sind in der Regel keine Betriebswirtschaftler oder Buchführungssachverständigen.

Auch der **Inhalt** der Buchführung ergibt sich aus dem Gesetzeszweck insbesondere im Hinblick auf die Jahresabrechnung. Ziel der Regelungen in § 28 WEG ist es, dem Verwalter immer genügend Mittel zur Verfügung zu stellen (Liquiditätserfordernis), seine Kontrolle zu ermöglichen und die Lasten und Kosten des abgelaufenen Wirtschaftsjahrs dem Gesetz und der Gemeinschaftsordnung entsprechend auf die Wohnungseigentümer zu verteilen. Eine kaufmännische Buchführung mit Bilanzierung, wie in §§ 238 ff. des Handelsgesetzbuchs vorgeschrieben, wäre im Bereich des Wohnungseigentums nicht sinnvoll. Beim Kaufmann geht es um die Gewinnermittlung, um die Feststellung des Vermögensbestands, aber auch um die Erfüllung steuerlicher Pflichten. Alles das kommt für die Wohnungseigentümergemeinschaft nicht in Betracht. Hier geht es um das Liquiditätserfordernis und dafür genügt eine schlichte Einnahmen-Ausgaben-Rechnung[2]. Sie muss alle Geldbewegungen auf den Konten der Wohnungseigentümergemeinschaft umfassen. Hierbei kommt es nicht darauf an, ob sie sich tatsächlich für die Jahresabrechnung auswirken[3]. Eine Buchung von Forderungen und Verbindlichkeiten der Eigentümergemein-

---

1 Hierzu allgemein: BayObLG Rpfleger 1975, 436 = BayObLGZ 1975, 369; BayObLG BayObLGZ 1986, 263 = WE 1987, 59; BayObLG BayObLGZ 1989, 310 = WE 1990, 179; BayObLG WE 1993, 114; OLG Frankfurt OLGZ 1984, 335; OLG Düsseldorf WE 1991, 251; KG OLGZ 1992, 429 = WE 1992, 284; *Bub* WE 1993, 3; *Bader* DWE 1991, 86; *Röll* WE 1993, 96; *Seuß* WE 1993, 32; *Bertram* WE 1991, 246; *Schröder/Münstermann-Schlichtmann* WE 1991, 174; *Giese* DWE 1992, 134 = WE 1993, 64.
2 BayObLG WE 1993, 114; OLG Frankfurt OLGZ 1984, 335; OLG Düsseldorf WE 1991, 251; KG OLGZ 1992, 429 = WE 1992, 284; *Weitnauer/Hauger* § 28 Rz. 20, 21; *Sauren* § 28 Rz. 2 ff.; *Bub* WE 1993, 3; *Bader* DWE 1991, 86; *Röll* WE 1993, 96; *Niedenführ/Schulze* § 28 Rz. 45; *Seuß* WE 1993, 32; a.A. *Bertram* WE 1991, 246; *Schröder/Münstermann-Schlichtmann* WE 1991, 174; *Giese* DWE 1992, 134 = WE 1993, 64.
3 BayObLG NJW-RR 1992, 1431 = BayObLGZ 1992, 210.

schaft unterbleibt, desgleichen **Rechnungsabgrenzungsposten**[1]. Zwar muss der Verwalter auch über den Vermögensbestand Rechnung legen. Aber dafür genügt ein einfacher Status.

Die Buchführung sollte die einzelnen Einnahme- und Ausgabearten getrennt erfassen; dies gilt insbesondere dort, wo verschiedene Verteilungsschlüssel zur Anwendung kommen. Um die Zahlungen der einzelnen Eigentümer kontrollieren zu können, muss vom Verwalter für jeden Eigentümer ein besonderes Kontoblatt geführt werden. 597

Zu Buchführungsarbeiten, welche Zeiträume vor seiner Amtszeit betreffen, ist der Verwalter nicht verpflichtet[2].

Die Buchführung wird heute häufig mit Computerhilfe durchgeführt. Hierfür wird in den Inseraten der Wohnungseigentümerzeitschriften Software angeboten. Verwalter kleiner Gemeinschaften verwenden auch ein vielspaltiges Kontobuch („amerikanisches Journal")[3].

3.6.3. Belege

Keine Buchung soll ohne Beleg vorgenommen werden. Zu einer ordnungsgemäßen Buchführung gehört auch die systematische Ablage der Belege. Am einfachsten und übersichtlichsten ist es, wenn alle Belege chronologisch nummeriert und abgeheftet werden. Bei der Buchung wird dann jeweils die Belegnummer vermerkt. Jeder Beleg kann sofort gefunden werden, aber auch für jeden Beleg sofort die dazugehörige Buchung. Selbstverständlich müssen auch die Kontenauszüge der Banken gesammelt und aufbewahrt werden. 598

3.6.4. Wirtschaftsplan[4] und Sonderumlagen

Der Wirtschaftsplan hat für die Wohnungseigentümergemeinschaft eine ähnliche Bedeutung wie der Haushaltsplan für den Staat. Er enthält die geschätzten Ausgaben des nächsten Wirtschaftsjahres und die von Eigentümern zu erbringenden Zahlungen. 599

---

1 BayObLG WE 1993, 114; BayObLG WE 1999, 76; OLG Zweibrücken DWE 1999, 78; ebenso wohl die bei Fn. 2 auf der Vorseite zitierten OLG-Entscheidungen, keine macht eine Ausnahme wegen der Rechnungsabgrenzung; *Bader* DWE 1991, 86; *Bub* WE 1993, 3; *Seuß* WE 1993, 32; *Röll* WE 1993, 96; a.A. *Bertram* WE 1991, 246; *Schröder/Münstermann-Schlichtmann* WE 1991, 174; *Giese* DWE 1992, 134 = WE 1993, 64; siehe auch Rz. 356.
2 OLG Köln ZWE 2000, 489.
3 Ein Buchführungsbeispiel ist im Anhang zu diesem Buch enthalten, siehe Teil E Rz. 22.
4 Hierzu allgemein *Bub* WE 1993, 3; *Müller* WE 1993, 11; *Hauger* WE 1995, 177.

600 Der Wirtschaftsplan ist vom Verwalter aufzustellen (§ 28 Abs. 1 WEG), sodann vom Verwaltungsbeirat zu prüfen und mit seiner Stellungnahme zu versehen (§ 29 Abs. 3 WEG) und dann von der Wohnungseigentümerversammlung zu beschließen (§§ 21 Abs. 5 Nr. 5, 28 Abs. 5 WEG). Hierbei ist die Versammlung nicht an den vom Verwalter aufgestellten Entwurf gebunden. Der Beschluss der Wohnungseigentümerversammlung kann von einem Wohnungseigentümer oder vom Verwalter mit der Begründung angefochten werden, der Wirtschaftsplan entspreche nicht den Grundsätzen einer ordentlichen Verwaltung (§§ 23 Abs. 4, 43 Abs. 1 Nr. 4, 46 WEG). Solange aber der Beschluss nicht endgültig für unwirksam erklärt wurde, ist der Wirtschaftsplan für den Verwalter und alle Eigentümer verbindlich[1].

601 Der Wirtschaftsplan sollte in den **ersten Monaten des Jahres**, nicht unbedingt während des Vorjahres aufgestellt und beschlossen werden[2]. Nach dem Ablauf des Wirtschaftsjahres kann ein Wirtschaftsplan für dieses Jahr nicht mehr aufgestellt werden, dann ist nur noch eine Jahresabrechnung möglich[3].

Kommt ein Wirtschaftsplan nicht zustande, so kann das Gericht bis zum Ablauf der Wirtschaftsperiode einen Wirtschaftsplan aufstellen[4]. Bei der Festsetzung des Wirtschaftsplans haben die Wohnungseigentümer einen weiten Ermessensspielraum[5]. Hierbei entspricht es den Grundsätzen einer ordnungsgemäßen Verwaltung, die Vorschusszahlen großzügig zu bemessen, damit der Verwalter immer liquide bleibt[6].

602 Der Wirtschaftsplan muss enthalten (§ 28 Abs. 1 WEG):

(1) die voraussichtlichen Einnahmen und Ausgaben bei der Verwaltung des gemeinschaftlichen Eigentums;

(2) die anteilsmäßige Verpflichtung der Wohnungseigentümer zur Lasten- und Kostentragung;

(3) die Beitragsleistung der Wohnungseigentümer zu der in § 21 Abs. 5 Nr. 4 WEG vorgesehenen Instandhaltungskostenrückstellung.

(4) Forderungen oder Verbindlichkeiten der Gemeinschaft gegen Dritte oder von Dritte gegen die Gemeinschaft sind aufzunehmen, wenn ernsthaft mit berechtigter Inanspruchnahme der Gemeinschaft bzw. Erfüllung des Dritten zu rechnen ist[7].

---

1 BayObLG WE 1989, 147; siehe auch Rz. 256.
2 OLG Hamburg OLGZ 1988, 299 = WE 1988, 173; BayObLG NJW-RR 1990, 659 = DWE 1990, 67 = WE 1991, 223.
3 KG NJW-RR 1986, 644; nach OLG Schleswig ZMR 2001, 855, nichtig.
4 KG NJW-RR 1991, 463 = WE 1991, 104 = OLGZ 1991, 180; § 21 Abs. 8 WEG.
5 KG OLGZ 1991, 299 = WE 1991, 193.
6 OLG Hamm OLGZ 1971, 96, 104.
7 BGH NJW 2005, 2061.

Die Beiträge der einzelnen Wohnungseigentümer, also das monatlich zu leistende Hausgeld und die Beträge zur Instandhaltungsrückstellung sollten grundsätzlich zahlenmäßig angegeben werden; das ist nur dann entbehrlich, wenn sie auf Grund eines einfachen Rechnungsvorgangs aus den Gesamtzahlen festgestellt werden können[1]. Für die Bezeichnung der einzelnen Wohnungen genügt die Angabe ihrer Nummern, die Namen der Wohnungseigentümer müssen nicht angegeben werden[2].

603

Die Bestimmungen des Wirtschaftsplanes gelten nur für das Wirtschaftsjahr, für das er beschlossen wurde, nicht ohne weiteres für das **Folgejahr**, für das noch kein Wirtschaftsplan bestimmt wurde[3]. Anders ist es nur, wenn laut ausdrücklicher Bestimmung im Wirtschaftsplan dieser bis zur Verabschiedung des neuen Wirtschaftsplans auch für das Folgejahr Gültigkeit haben soll[4]. Eine solche Bestimmung bedarf keiner Ermächtigung durch die Gemeinschaftsordnung[5].

604

Der Verwalter kann nur auf Grund des Wirtschaftsplanes die Zahlungen für das laufende Wirtschaftsjahr anfordern[6].

Der Verwalter ist an den Wirtschaftsplan **gebunden**. Ergibt sich, dass die Ansätze im Wirtschaftsplan überschritten werden müssen, so hat der Verwalter hierüber einen Beschluss der Wohnungseigentümerversammlung herbeizuführen. Allerdings wird man ihm das Recht einräumen müssen, die im Wirtschaftsplan enthaltenen Kostenansätze geringfügig oder auch im Falle dringender Notwendigkeit (z.B. Reparaturen) in stärkerem Ausmaß zu überschreiten. Aus diesem Grund sollte ihm entweder eine ausreichende allgemeine Rücklage zur Verfügung stehen oder es sollte ihm das Recht eingeräumt werden, sich durch Kontoüberziehung in einem gewissen Rahmen Kredit zu verschaffen. Dagegen ist der Verwalter nicht befugt, bei einzelnen Kostengruppen eingesparte Gelder ohne Beschluss der Wohnungseigentümerversammlung für andere Kosten zu verwenden. Die Wohnungseigentümer sind verpflichtet, nach Abruf durch den Verwalter dem beschlossenen Wirtschaftsplan entsprechende Vorschüsse (Hausgeld) zu leisten (§ 28 Abs. 2 WEG), und zwar in der Regel monatlich[7].

605

Bei Liquiditätsbedarf aus besonderen Gründen muss die Wohnungseigentümerversammlung eine **Sonderumlage** beschließen[8]. Diese muss auch die anteilsmäßige Belastung der einzelnen Eigentümer enthalten[9]. Der Be-

606

---

1 BayObLG NJW-RR 1990, 720; BayObLG WE 1998, 396.
2 LG Hamburg DWE 1990, 33.
3 KG OLGZ 1989, 58 = WE 1988, 167 = DWE 1989, 18.
4 OLG Hamm NJW-RR 1989, 1161 = WE 1990, 25; BayObLG NJW 2004, 3722.
5 KG NJW-RR 1990, 1298 = OLGZ 1990, 425 = WE 1990, 210 = DWE 1990, 110.
6 BayObLG WE 1989, 212.
7 Wegen eines Textmusters eines Wirtschaftsplanes siehe Teil E Rz. 20.
8 KG NJW-RR 1995, 397 = WE 1995, 59.
9 BGH NJW 1990, 3018 = WE 1989, 197.

schluss über die Sonderumlage hat deren Finanzierung anzugeben[1]. Die Sonderumlage hat den für die Verteilung maßgeblichen Verteilungsschlüssel anzugeben[2], deren Fehlen zum Ergänzungsanspruch des einzelnen Wohnungseigentümers führt und der bei einem Fehlen nicht durch die Anwendung des allgemeinen Verteilungsschlüssels ersetzt wird[3]. Der konkrete Verteilungsschlüssel kann nicht durch einen allgemeinen ersetzt werden. Der Beschluss ist aber dadurch nicht nichtig[4].

3.6.5. Jahresabrechnung und Rechnungslegung

607 Die Jahresabrechnung[5] dient der Kontrolle des Verwalters und der endgültigen Festlegung der Zahlungen der einzelnen Wohnungseigentümer an die Gemeinschaft für das abgelaufene Wirtschaftsjahr. Eine vom Kalenderjahr abweichende Abrechnungsperiode bedarf einer Regelung in der Gemeinschaftsordnung[6].

Die Jahresabrechnung besteht aus zwei Teilen: Die Gesamtabrechnung, die alle Geldbewegungen des Wirtschaftsjahres betrifft und die den Saldo aller Nachzahlungen bzw. Gutschriften ausweist, sowie die Einzelabrechnung, die die Nachzahlungen bzw. Rückzahlungen für jeden Wohnungseigentümer enthält.

Die Jahresabrechnung wird vom Verwalter aufgestellt (§ 28 Abs. 2 WEG), vom Verwaltungsbeirat geprüft und mit seiner Stellungnahme versehen (§ 29 Abs. 3 WEG) und sodann von der Wohnungseigentümerversammlung mit Mehrheit beschlossen (§ 28 Abs. 5 WEG). Die Wohnungseigentümerversammlung ist an den Entwurf des Verwalters nicht gebunden. Nach dem BayObLG können die Wohnungseigentümer die Jahresabrechnung vorbehaltlich der Prüfung durch den Verwaltungsbeirat genehmigen[7]. Eine Ersetzung der Jahresabrechnung durch Gerichtsentscheidung kommt nur in Betracht, soweit eine Beschlussfassung durch die Wohnungseigentümerversammlung nicht mehr erwartet werden kann[8].

608 Die Jahresabrechnung ist keine Bilanz und keine Gewinn- und Verlustrechnung, sondern eine geordnete **Einnahmen- und Ausgabenrechnung**[9]. Sie

---

1 OLG Köln WE 1998, 313.
2 BayObLG NJW 2003, 2023.
3 LG Lüneburg WuM 1995, 129; a.A. BayObLG WuM 1997, 61.
4 BayObLG NZM 2004, 659.
5 Allgemein dazu *Röll* WE 1987, 146; *Deckert* NJW 1989, 1064; *Bub* WE 1994, 191; *Hauger* WE 1995, 177; BayObLG NJW-RR 1989, 1163 = BayObLGZ 1989, 310; BayObLG WE 1989, 178.
6 OLG Düsseldorf ZWE 2001, 114.
7 BayObLG WE 1997, 153.
8 KG ZWE 2000, 40.
9 BayObLG WE 1993, 114; BayObLG BayObLGZ 1993, 185; KG NJW-RR 1993, 1104; OLG Frankfurt OLGZ 1984, 333; OLG Düsseldorf WE 1991, 251; KG OLGZ 1992, 429 = WE 1992, 284; *Weitnauer/Hauger* § 28 Rz. 20 ff.; *Sauren* § 28 Rz. 16 ff.; *Bub*

muss schon der Kontrolle wegen alle Einnahmen und Ausgaben der Wohnungseigentümergemeinschaft während des abgelaufenen Wirtschaftsjahres enthalten. Hierbei spielt es keine Rolle, ob sich die Zahlungen bei der Schlussrechnung auswirken[1]; so muss z.B. die Zahlung für einen Heizölkauf am Jahresende in der Abrechnung enthalten sein, obwohl sich dieser Vorgang für die Abrechnung der Heizölkosten nach der HeizkostenV nicht mehr auswirkt. Nur wenn alle Zahlungen offen gelegt werden, ist eine Kontrolle des Verwalters möglich. Sowohl die Einnahmen als auch die Ausgaben sind gruppenweise aufaddiert zusammenzufassen, so z.B. „Hausgeldzahlungen", „Zinseinnahmen", „Hausmeister", „Aufzugskosten" usw. Natürlich wäre es unmöglich, jeden Buchungsposten in der Jahresabrechnung aufzuführen. Eine Einzelaufführung ist aber bei besonders wichtigen Posten zweckmäßig, etwa bei einer kostspieligen Reparatur. Zweckmäßigerweise wird die Jahresabrechnung so gegliedert, dass die Kostengruppen, welche auf Mieter überwälzt werden können, von anderen getrennt werden, um so dem Vermieter die Abrechnung mit seinem Mieter zu erleichtern[2]. Umsatzsteuer muss der Verwalter nur dann in der Einzelabrechnung gesondert ausweisen, wenn dies für Eigentümer steuerlich von Bedeutung ist[3]. Auf keinen Fall dürfen aber Kosten unter einem Sammelbetrag erscheinen, die verschiedenen Kostenverteilungsschlüsseln unterliegen.

Bei der Jahresabrechnung sind **Forderungen und Verbindlichkeiten der Wohnungseigentümergemeinschaft** nicht zu berücksichtigen. Dem Verwalter nützt es nichts, wenn die Eigentümergemeinschaft eine unbestreitbare, auf lange Sicht auch durchsetzbare Forderung besitzt, aber die Zahlung kurzfristig nicht erreicht werden kann. Der Verwalter muss liquide bleiben und sich den Betrag von den Wohnungseigentümern holen. Grundsätzlich ist es nicht Aufgabe der Jahresabrechnung, aperiodische Zahlungen dem Jahr zuzuordnen, dem sie wirtschaftlich zuzurechnen wären[4]. Dies gilt z.B. für die Schlussabrechnungen von Elektrizitätswerken oder

609

WE 1993, 3; *Bader* DWE 1991, 86; *Röll* WE 1993, 96; *Niedenführ/Schulze* § 28 Rz. 48; *Seuß* WE 1993, 32; a.A. *Bertram* WE 1991, 246; *Schröder/Münstermann-Schlichtmann* WE 1991, 174; *Giese* DWE 1992, 134 = WE 1993, 64; *Jennißen* Die Verwalterabrechnung nach dem WEG, 5. Aufl. 2004, S. 7 ff., S. 38 ff.; zu Unrecht will das KG WE 1993, 195 eine Ausnahme von diesem Grundsatz dann zulassen, wenn Klarheit und Übersichtlichkeit nicht leiden und der Kreis der betroffenen Eigentümer der gleiche ist, dagegen richtig *Seuß* WE 1993, 196.
1 BayObLG NJW-RR 1992, 1431 = BayObLGZ 1992, 210.
2 Nach OLG Stuttgart OLGZ 1990, 175 = WE 1990, 106 = DWE 1990, 112 kann dies nicht verlangt werden.
3 BayObLG NJW-RR 1997, 79 = WE 1997, 79.
4 BayObLG WE 1993, 114; BayObLG WE 1999, 76; ebenso wohl die bei Fn. 5 auf der Vorseite zitierten OLG-Entscheidungen, keine macht eine Ausnahme wegen der Rechnungsabgrenzung; *Bader* DWE 1991, 86; *Bub* WE 1993, 3; *Seuß* WE 1993, 32; *Röll* WE 1993, 96; a.A. *Bertram* WE 1991, 246; *Schröder/Münstermann-Schlichtmann* WE 1991, 174; *Giese* DWE 1992, 134 = WE 1993, 64; *Jennißen* Die Verwalterabrechnung nach dem WEG, 5. Aufl. 2004, S. 106; *Sauren* § 28 Rz. 17.

der Gemeinden (Wasser, Kanal), die erst nach Ablauf des Wirtschaftsjahres im Folgejahr stattfinden. Sie werden dem Jahr zugerechnet, in dem gezahlt wurde. Bei einem Kaufmann müssten solche Zahlungen „periodengerecht" dem Jahr zugerechnet werden, zu dem sie wirtschaftlich gehören. Anders beim Wohnungseigentum. Dort gilt das Liquiditätsprinzip. Den meisten solcher aperiodischen Zahlungen ist es gemeinsam, dass es bei ihnen nur um geringe Summen geht, die sich oft auch gegenseitig aufheben. Soweit größere Beträge in Frage stehen, gibt es andere Lösungsmöglichkeiten[1]. Wird z.B. der für einen Gebäudeschaden aufgewendete Betrag von einer Versicherung erst im Folgejahr ersetzt, so ergeben sich daraus keine Schwierigkeiten. Problemlos ist es, wenn der Schaden aus der Instandhaltungsrückstellung gezahlt wurde; dann ist die Versicherungszahlung wieder der Rücklage gutzubringen. Wurde der Schaden durch eine Sonderumlage finanziert, so besteht kein Liquiditätsbedarf, die Versicherungszahlung ist an die Eigentümer zurückzugewähren. Wurde vom laufenden Konto bezahlt, so besteht ein Liquiditätsbedarf für das Jahr der Zahlung. Im Folgejahr besteht aber auf Grund Zahlung durch die Versicherung ein außerordentlicher Überschuss, der an die Eigentümer zurückzugewähren wäre. Beide Ansprüche können gegeneinander aufgerechnet werden, da ein Liquiditätsbedarf nicht mehr besteht. Von dieser Behandlung der aperiodischen Zahlungen besteht eine Ausnahme: Nachzahlungen von Eigentümern oder Rückzahlungen an sie, die auf die Jahresabrechnung anzurechnen sind, müssen dem abgerechneten Jahr zugerechnet werden, sonst würde die Abrechnung nicht mehr stimmen[2].

610 Anzugeben ist auch in Form eines einfachen „Status" der **Vermögensbestand** der Wohnungseigentümergemeinschaft. Bei Konten[3] ist anzugeben der Anfangs- und Endbestand. Nach der Rechtsprechung des Kammergerichts sind die Kontostände zu Anfang des Wirtschaftsjahres in den Einzelabrechnungen nicht angegeben[4]. Wenn man dem Anfangsbestand eines Kontos alle Einzahlungen hinzuzählt und alle Ausgaben abzieht, muss sich der Endbestand ergeben. Aufzuführen ist auch der Heizölbestand am Jahresende. Ferner sind die Außenstände anzugeben, soweit sie realisierbar sind[5].

---

1 *Röll* WE 1993, 96, 98.
2 *Seuß* WE 1993, 115.
3 BayObLG NJW-RR 1989, 1163; BayObLG WE 1991, 93.
4 KG WE 1993, 194; a.A. BayObLG WE 1999, 153.
5 Nach BayObLG ZWE 2000, 135 sind Forderungen und Verbindlichkeiten der Eigentümergemeinschaft nicht anzugeben, dagegen ist die Entwicklung aller Kosten darzustellen, auch wegen der Instandhaltungsrückstellung; hierzu vgl. *Drasdo* WE 1998, 436.

Abzurechnen ist nicht nur das laufende Konto, sondern auch diejenigen Konten, auf denen Instandhaltungsrückstellungen angesammelt wurden[1].

Die Jahresabrechnung muss auch enthalten, wie viel von den im Rechnungsjahr entstandenen Kosten auf die einzelnen Eigentümer entfällt[2], und was er bereits geleistet hat[3], ob es also zu einer **Nachzahlung** oder einer **Rückvergütung** kommt (= **Einzelabrechnung**)[4]. Eine Aufführung von genauen Kostenbeträgen für die einzelnen Eigentümer kann entfallen, wenn diese für den einzelnen Eigentümer auf Grund des in der Abrechnung enthaltenen Zahlenmaterials mittels einer einfachen Berechnung festgestellt werden können[5]. Ausreichend ist eine tabellenartige Aufstellung, die die Nachzahlungs- bzw. Rückzahlungsansprüche eines jeden Eigentümers erfasst[6]. Sie muss nicht die Namen der Wohnungseigentümer enthalten. Es genügt die Angabe der Wohnungsnummer[7]. Aber auch getrennte Abrechnung mit jedem Eigentümer ist zulässig[8]. Ohne Beschluss über die Jahresabrechnung können keine Zahlungen bei den Eigentümern angefordert werden[9].

611

Wie schon ausgeführt[10], treffen nach der Rechtsprechung des Bundesgerichtshofs die Kosten und Lasten der Eigentümergemeinschaft denjenigen, der **zurzeit der Fälligkeit Eigentümer** gewesen ist[11]. In der Regel geht das Eigentum über mit der Eigentumsumschreibung im Grundbuch auf den Erwerber (§ 925 Abs. 1 BGB), in der Zwangsversteigerung schon mit dem Zuschlagsbeschluss (§ 90 Abs. 1 ZVG). Die Fälligkeit tritt nach der Rechtsprechung des Bundesgerichtshofs nicht schon ein mit der Entstehung der Forderung eines Dritten gegenüber der Eigentümergemeinschaft oder mit der Bezahlung durch den Verwalter, sondern erst dann, wenn die Eigentümergemeinschaft hierüber Beschluss gefasst hat[12], eventuell auch erst später, wenn z.B. die Hausgeldzahlungen erst später fällig werden.

612

---

1 BayObLG NJW-RR 1989, 1163; BayObLG NJW-RR 1991, 15 = WE 1991, 360; BayObLG ZWE 2000, 135.
2 BayObLG NJW-RR 1989, 1163 = BayObLGZ 1989, 310.
3 BayObLG BayObLGZ 1987, 86, 96 = WE 1987, 125.
4 Hierzu ausführlich *Bader* WE 1997, 322.
5 BayObLG NJW-RR 1990, 720; OLG Zweibrücken NJW-RR 1990, 912.
6 OLG Köln FGPrax 1995, 141 = WE 1995, 222; LG Hamburg DWE 1990, 33.
7 OLG Köln WE 1995, 222; LG Hamburg DWE 1990, 33.
8 OLG Stuttgart FGPrax 1998, 96 = WE 1998, 383; OLG Köln WE 1997, 232 mit der Maßgabe, dass vorher allen Eigentümern Einsichtnahme in die Abrechnungen sämtlicher Eigentümer ermöglicht wurde; *Deckert* WE 1995, 228; *Drasdo* WE 1996, 12.
9 BayObLG WE 1987, 125 = BayObLGZ 1987, 86.
10 Siehe Rz. 114 und 119.
11 BGH WE 1988, 162 = BGHZ 104, 197 = NJW 1988, 1910 = DNotZ 1989, 148; BGH NJW 1989, 2697 = WE 1989, 196 = DNotZ 1990, 371 = BGHZ 107, 285.
12 BGH WE 1989, 93 = BGHZ 106, 34; *Bader* DWE 1991, 51, 55.

Teil B   Verwaltung der Wohnungseigentumsanlage

Beispiel:
Eine Eigentumswohnung wird im März verkauft, das Eigentum wird am 30. Juni auf den Käufer umgeschrieben. Nach dem im April beschlossenen Wirtschaftsplan sind für die Wohnung 50 Euro monatlich an Hausgeld zu bezahlen, fällig jeweils am Monatsersten. Der Verkäufer hat das Hausgeld bis einschließlich April bezahlt, für Mai und Juni ist er es schuldig geblieben. Der Käufer hat ab Juli das Hausgeld entrichtet. Im Folgejahr beschließt die Wohnungseigentümerversammlung die Jahresabrechnung für das laufende Wirtschaftsjahr. Demnach entfallen auf die Wohnung nicht 600 Euro wie im Wirtschaftsplan vorgesehen, sondern 750 Euro. Es fehlen also dem Verwalter die 100 Euro Hausgeldzahlungen für Mai und Juni, sowie der im Wirtschaftsplan nicht vorgesehene Erhöhungsbetrag von 150 Euro.

613   Ganz sicher ist es, dass die bereits gezahlten Hausgeldraten nicht mehr zurückgefordert werden können. Der Verkäufer kann nicht einwenden, die Rechtsgrundlage wegen seiner Hausgeldzahlungen für Januar bis April sei weggefallen, da die Jahresabrechnung den Wirtschaftsplan überholt habe. Damals wurde das Hausgeld nicht ohne Rechtsgrund bezahlt und dabei bleibt es. Den Erhöhungsbetrag von 150 Euro muss allein der Käufer bezahlen; denn diese Summe wurde erst mit Beschlussfassung über die Jahresabrechnung zur Zahlung fällig (sog. „Abrechnungsspitze")[1]. Wegen der nicht geleisteten Hausgeldzahlungen für die Monate Mai und Juni, die fällig wurden, als der Verkäufer noch Eigentümer war, bleibt der Verkäufer Schuldner i.H.v. 100 Euro. Es handelt sich um eine einheitliche Forderung der Gemeinschaft[2], für welche die Hausgeldraten eine Voraussetzung darstellen. Dieser letzteren Ansicht ist der Vorzug zu geben, aus logischen und praktischen Gründen[3].

614   Wie ist es aber, wenn die Jahresabrechnung für die verkaufte Wohnung nicht eine Nachzahlung, sondern eine **Gutschrift** bzw. Rückzahlung ausweist? Auch hier wird wegen Überholung des Wirtschaftsplans durch die Jahresabrechnung der Rückzahlungsanspruch dem Käufer allein zugewiesen[4].

615   Häufig entspricht die gesetzliche Verteilung von Kosten und Lasten nicht den Vereinbarungen der Parteien im Kaufvertrag. Dort wird meist ein fester Termin festgesetzt, der mit dem Tag des Eigentumsübergangs nicht übereinstimmt. Unter den Vertragsparteien ist diese vertragliche Regelung allein maßgeblich. Sie müssen gegebenenfalls für einen Ausgleich sorgen.

---

1 BGH WE 1989, 93 = BGHZ 106, 34; BGH NJW 1989, 2697 = WE 1989, 196 = DNotZ 1990, 371 = BGHZ 107, 285; NJW 1999, 3713.
2 BGH NJW 1996, 725 = WE 1996, 144; zu dieser Frage eingehend *Schnauder* WE 1991, 31, 34; *Demharter* FGPrax 1996, 50.
3 BGH NJW 1996, 725 = WE 1996, 144; BayObLG WE 1990, 220; OLG Zweibrücken FGPrax 1999, 50; *Schnauder* WE 1991, 31, 37; *Hauger* DWE 1989, 48; *Weitnauer* DWE 1989, 175; *Röll* DWE 1993, 42.
4 KG ZWE 2000, 224 = FGPrax 2000, 94; *Schnauder* WE 1991, 31, 37; *Weitnauer/Hauger* § 28 Rz. 8.

Für den Verwalter gilt aber allein die gesetzliche Regelung, da er nicht Vertragspartei des Kaufvertrages ist.

Manche Gemeinschaftsordnungen enthalten eine „**Abrechnungsfiktion**", die den Beschluss der Wohnungseigentümerversammlung über die Jahresabrechnung überflüssig machen soll. In der Gemeinschaftsordnung wird daher bestimmt, dass der Verwalter die Jahresabrechnung an die Eigentümer versendet und dass die Abrechnung ohne Beschluss der Wohnungseigentümerversammlung wirksam wird, wenn ein Widerspruch hiergegen nicht innerhalb einer bestimmten Frist stattfindet. Es gibt zwei Varianten einer solchen Abrechnungsfiktion, nach der einen tritt die Fiktion nicht ein, wenn auch nur ein Eigentümer widerspricht, nach der anderen ist ein Widerspruch nur gültig, wenn innerhalb der Frist die Mehrzahl der Wohnungseigentümer widersprochen hat, was zumindest bei größeren Anlagen wohl nie erreichbar ist. Die zweite Variante wird in Schrifttum und Rechtsprechung immer abgelehnt[1], bei der ersten sind die Meinungen geteilt[2]. 616

Nach der hier vertretenen Auffassung sind solche Abrechnungsfiktionen immer unwirksam, weil sie gegen zwingendes Recht verstoßen. Das Recht der Wohnungseigentümer auf Mitwirkung bei der Jahresabrechnung ist ein wichtiges und unentziehbares Recht. Das Gesetz schreibt hierfür einen Beschluss der Wohnungseigentümer vor (§ 28 Abs. 5 WEG), in der Form der §§ 23 ff. WEG, also einen Versammlungsbeschluss. Das Gesetz kennt hiervon nur eine Ausnahme: den schriftlichen Beschluss nach § 23 Abs. 3 WEG. Dieser kann aber nur einstimmig unter Mitwirkung aller Wohnungseigentümer stattfinden (vgl. Rz. 252). Nur unter dieser Voraussetzung ist der Gesetzgeber bereit, eine Ausnahme zuzulassen. Der Grund hierfür ist es, dass eine Diskussion möglich sein muss. Viele Eigentümer können mit dem Zahlenwerk der Jahresabrechnung nichts anfangen und Fehler nicht entdecken. Nur eine Diskussion ermöglicht für sie eine Meinungsbildung. Schweigen kann hier keinesfalls als Zustimmung gedeutet werden, eher als Ausdruck der Hilflosigkeit. Es kann schon gar nicht die Schriftform ersetzen. Das Recht der Eigentümer auf Mitwirkung bei der Jahresabrechnung würde ausgehöhlt und sie würden entrechtet, könnte auf eine solche Art eine Wohnungseigentümerversammlung verhindert werden. Außerdem gibt es erhebliche Schwierigkeiten beim Nachweis des Zugangs. 617

---

1 Abrechnungsfiktionen werden generell, in beiden Varianten, abgelehnt von: KG WE 1990, 209 = DWE 1991, 140 = OLGZ 1990, 437; LG Berlin DWE 1995, 44; *Weitnauer* DNotZ 1989, 430; *Müller* DWE 1991, 46, 48; *Böttcher* Rpfleger 1990, 161.
2 Abrechnungsfiktionen werden zwar grundsätzlich abgelehnt, aber zugelassen, wenn nur ein Widerspruch genügt, von: BayObLG DNotZ 1989, 428 = WE 1989, 176 = BayObLGZ 1988, 287, NZM 2001, 754; OLG Hamm OLGZ 1982, 20, 26; OLG Frankfurt OLGZ 1986, 45; *Seuß* WE 1991, 90; der BGH hat die Frage offen gelassen, BGH NJW 1991, 979 = WE 1991, 132 = BGHZ 113, 197.

Folgt man der Meinung, dass eine Abrechnungsfiktion in bestimmten Fällen anerkannt werden muss, so erhebt sich die Frage, was dann zu geschehen hat, wenn die Fiktion eingetreten ist, eine Versammlung trotzdem einberufen wurde und in dieser über die Jahresabrechnung Beschluss gefasst worden ist. Dann kommt auf jeden Fall dem Beschluss Gültigkeit zu[1]. Auch eine Anfechtung von Einzelpositionen einer Jahresabrechnung ist möglich[2].

618 In der Regel wird mit dem Beschluss über die Jahresabrechnung die **Entlastung des Verwalters** verbunden sein. Der Mehrheitsbeschluss der Wohnungseigentümerversammlung über die Entlastung des Verwalters befreit diesen allen Wohnungseigentümern gegenüber von der Pflicht, Erklärungen über Vorgänge abzugeben, die bei der Beschlussfassung bekannt oder bei zumutbarer Sorgfalt erkennbar waren[3], das gilt aber nicht, soweit es sich um eine strafbare Handlung des Verwalters, z.B. Betrug handelt[4]. Die Entlastung bedeutet in der Regel ein negatives Schuldanerkenntnis zugunsten des Verwalters, d.h. die Wohnungseigentümer erkennen an, keine Ansprüche mehr gegen den Verwalter zu haben[5]. Sie bezieht sich im Zweifel auf die ganze Tätigkeit des Verwalters[6]. Die Zustimmung der Wohnungseigentümerversammlung zur Jahresabrechnung enthält im Zweifel nicht die Entlastung des Verwalters[7]. Die Versammlung kann aber auch beschließen, dass eine solche Rechtsfolge eintritt. Auf jeden Fall empfiehlt sich eine Trennung von Abrechnung und Entlastung. Ein Anspruch auf Entlastung besteht nicht[8]. Der Eigentümerbeschluss über die Entlastung ist für ungültig zu erklären, wenn derjenige über die Jahresabrechnung teilweise für ungültig erklärt wird[9].

619 Nach richtiger, aber nicht unbestrittener Ansicht[10] muss die Jahresabrechnung für das abgelaufene Wirtschaftsjahr von dem für dieses Wirtschaftsjahr bestellten Verwalter aufgestellt werden, auch wenn dieser mit Ablauf des Wirtschaftsjahres als **Verwalter ausscheidet**. Es wäre dem neuen Ver-

---

1 BGH NJW 1991, 979 = WE 1991, 132 = BGHZ 113, 197.
2 BayObLG NJW-RR 1993, 1039 = WE 1994, 177.
3 KG NJW-RR 1993, 404 = WE 1993, 83; BayObLG ZWE 2000, 71; BGH NJW 2003, 3554 u. NJW 2003, 3124.
4 OLG Celle NJW-RR 1991, 979 = WE 1991, 193 = OLGZ 1991, 309.
5 OLG Celle OLGZ 1983, 177.
6 BayObLG ZWE 2000, 352.
7 *Sauren* § 28 Rz. 68.
8 OLG Düsseldorf WE 1996, 465 = NJW-RR 1997, 525; BayObLG FGPrax 2000, 61 = ZWE 2000, 183; *Deckert* WE 1993, 120, 123; *Bärmann/Pick/Merle* § 28 Rz. 116; *Sauren* § 28 Rz. 68.
9 BayObLG WE 1999, 153.
10 *Röll* WE 1986, 22; KG WE 1988, 17 (für den Fall der Rechnungslegung); a.A. OLG Köln NJW 1986, 328 = OLGZ 1986, 163; OLG Hamburg OLGZ 1987, 188 = WE 1987, 83; OLG Hamm NJW-RR 1993, 845.

walter nicht zuzumuten, diese Arbeit durchzuführen, da er die Sachverhalte nicht kennt und sich erst einarbeiten müsste.

Wirtschaftsplan und Jahresabrechnung sollte der Verwalter jeweils in den ersten Monaten des Abrechnungsjahres aufstellen[1].

Die **Rechnungslegung** nach § 28 Abs. 3 WEG stellt eine außerordentliche Maßnahme dar, die zu einem beliebigen Stichtag innerhalb des Jahres stattfinden kann. Sie ist ein geordnetes Rechenwerk wie die Gesamtabrechnung innerhalb der Jahresabrechnung, enthält aber keine Einzelabrechnungen für die Wohnungseigentümer[2]. Die Rechnungslegung dient der Kontrolle des Verwalters[3], manchmal auch der Erleichterung der Arbeit des Nachfolgers bei Ausscheiden des Verwalters[4]. Sie hat zum Gegenstand alle Einnahmen und Ausgaben während des von ihr betroffenen Zeitraums und enthält einen einfachen Status wegen des Gemeinschaftsvermögens wie die Jahresabrechnung[5]. Die Rechnungslegung erfolgt gegenüber der Gesamtheit der Wohnungseigentümer[6]. Nach Ablauf des Wirtschaftsjahres wird die Verpflichtung zu Rechnungslegung von der Jahresabrechnung abgelöst[7]. Gemäß § 28 Abs. 4 WEG kann die Rechnungslegung nur aufgrund eines Mehrheitsbeschlusses der Wohnungseigentümer verlangt werden. Von der Rechnungslegung zu unterscheiden ist das Auskunftsverlangen eines einzelnen Wohnungseigentümers, das sich nicht auf ein Rechenwerk, sondern auf bestimmte Angaben bezieht[8]. 620

3.6.6. Rücklagenbildung

Wegen der Rücklagenbildung wird auf die Ausführungen unter Rz. 139 ff. verwiesen. 621

3.6.7. Darlehensaufnahme

Der Verwalter ist ohne Ermächtigung durch die Wohnungseigentümerversammlung nicht befugt, für die Eigentümergemeinschaft Darlehen aufzunehmen. Daran hat auch die Rechtsfähigkeit der Gemeinschaft nichts geändert[9]. Hier ist zu unterscheiden, ob es sich um ein kurzfristiges oder um ein langfristiges Darlehen handelt. Die Ermächtigung des Verwalters durch Mehrheitsbeschluss zur **kurzfristigen Aufnahme** eines Darlehens, 622

---

1 BayObLG NJW-RR 1990, 659 = DWE 1990, 67 = WE 1991, 223; zum Muster einer Abrechnung siehe Teil E Rz. 21.
2 BayObLG BayObLGZ 1979, 30, 32; KG WE 1988, 17.
3 *Niedenführ/Schulze* § 28 Rz. 73.
4 KG WE 1988, 17.
5 Siehe Rz. 610.
6 BayObLG WE 1989, 145.
7 KG WE 1988, 17.
8 Siehe Rz. 233 und 574.
9 *Sauren* ZWE 2006, 285.

insbesondere zur Kontenüberziehung, kann durchaus im Rahmen einer ordnungsgemäßen Verwaltung liegen[1]. Der Verwalter benötigt oft kurzfristig Mittel, die momentan nicht vorhanden, aber in wenigen Tagen oder Wochen durch Hausgeldzahlungen wieder gedeckt sind. Hier bietet sich die kurzfristige Verschuldung an. Die einzige Alternative wäre die ständige Bereithaltung einer größeren Geldreserve. Sie käme durch den Zinsverlust bei den einzelnen Eigentümern teurer als eine kurzfristige Darlehensaufnahme.

623 Anders verhält es sich bei der Aufnahme eines **langfristigen Kredits** durch die Wohnungseigentümer, etwa zur Durchführung einer kostspieligen Reparatur. Dies kommt auf jeden Fall für diejenigen Eigentümer teurer, die für ihren Kostenanteil entsprechende Mittel verfügbar haben. Es sollte jedem Wohnungseigentümer überlassen bleiben, ob er zur Finanzierung seines Kostenanteils ein Darlehen aufnehmen will oder nicht. Ein Mehrheitsbeschluss der Wohnungseigentümerversammlung über eine langfristige Darlehensaufnahme widerspricht daher dem Grundsatz einer ordnungsgemäßen Verwaltung[2].

4. Einzelprobleme

4.1. Raumtemperatur und Heizperiode

4.1.1. Heizperiode

624 Die in Deutschland **übliche Heizperiode** dauert vom 1.10. bis zum 30.4. jeden Jahres[3]. In dieser Zeit ist die Heizung betriebsbereit zu halten. Diese Zeitspanne resultiert daraus, dass nach den bisherigen Erfahrungen damit zu rechnen ist, dass die Außentemperaturen eine zusätzliche Beheizung notwendig machen. Außerhalb dieses Zeitraums ist eine Heizpflicht dann gegeben, wenn die Witterungsbedingungen dies notwendig machen.

625 Wann dies genau der Fall ist, ist bei Wohnungseigentum, welches **gewerblich genutzt** wird, indirekt durch die Verordnung über Arbeitsstätten (ArbStV) vorgegeben. Diese schreibt vor, dass die Arbeitsstätten eine nach der Art der Arbeit gesundheitlich zuträgliche Raumtemperatur aufweisen müssen (Anhang ArbStV Anforderungen an Arbeitsstätten Punkt 3.5). Danach ist eine Mindesttemperatur von 17–20 Grad Celsius durch die Rechtsprechung vorgegeben worden[4]. Zwar gilt die Verordnung direkt nur im Verhältnis Arbeitgeber – Arbeitnehmer. Da aber nach dem Mietvertrag das

---

1 OLG Hamm DWE 1992, 35; BayObLG NJW-RR 2004, 1602.
2 BayObLG NJW-RR 2006, 20.
3 LG Hamburg ZMR 2006, 695.
4 VG Frankfurt/Main NvWZ-RR 1989, 267; OVG Bremen NZA 1995, 946; OLG München NZM 2001, 382.

Mietobjekt – soweit die Parteien keine spezielle Regelung getroffen haben – die Eigenschaften aufweisen muss, die der Mieter bei vergleichbaren Objekten erwarten darf, kann die Verordnung zur Auslegung herangezogen werden. Der Mieter eines gewerblich genutzten Objekts erwartet Mieträume, welche es ihm ermöglichen sein Gewerbe auszuüben. Hierzu gehört auch der Einsatz von Arbeitnehmern. Ebenso erwartet der Mieter, dass er auch Kunden in den Räumlichkeiten bedienen kann. Kunden erwarten ebenfalls ausreichend geheizte Räume, so dass auch hier die Verordnung herangezogen werden kann.

Bei Räumen, die für Wohnzwecke genutzt werden, ist von der Rechtsprechung eine Mindesttemperatur von 20° Celsius angenommen worden (in Anlehnung an die DIN 470)[1].

Fallen die Temperaturen über einen längeren Zeitraum nicht nur unwesentlich unter die **Mindesttemperaturen**, muss auch außerhalb der Heizperiode die Heizung eingeschaltet werden[2]. Dies ist auf jeden Fall gegeben, wenn die Temperatur auf 16 Grad Celsius sinkt und binnen 1–2 Tagen der Sollwert von 20 Grad Celsius voraussichtlich nicht wieder erreicht werden wird[3]. 626

Durch eine Heizanlage mit **automatischer Steuerung**, die sich nach der Außentemperatur richtet und so von selbst an kalten Tagen für Heizung sorgt, kann die Verpflichtung auch außerhalb der Heizperiode für ausreichende Heizung zu sorgen eingehalten werden. Solche Anlagen schalten aber auch ab oder drosseln die Heizleistung, wenn die Außentemperatur steigt, und dienen so der Heizungskostenersparnis. 627

4.1.2. Raumtemperatur

4.1.2.1. Mindestwerte

Während der Heizperiode und je nach Witterungslage ist für gewerblich genutzte Räume eine **Mindesttemperatur** von 17–20 Grad Celsius, für Wohnungen von 20 Grad Celsius zu gewährleisten. Grundsätzlich gelten diese Temperaturen rund um die Uhr. In der Nacht, d.h. von 24–6 Uhr kann die Temperatur herabgesetzt werden, was etwa durch automatisch gesteuerte Heizanlagen geschehen kann[4]. Diese verfügen meist über eine „Nachtabsenkung", d.h., die Heizleistung wird während der Nachtstunden gedrosselt, was dann zu einer niedrigeren Raumtemperatur führt. Auch hier gibt 628

---

1 LG Landshut NJW-RR 1986, 640; LG Göttingen WuM 1989, 366; LG Berlin ZMR 1988, 634; AG Fürstenwalde GE 2005, 1131.
2 LG Hamburg ZMR 2006, 695.
3 AG Schöneberg NJW-RR 1988, 1308.
4 AG Hannover WuM 1984, 196.

es keine gesetzlichen Mindestwerte. Allerdings ist auch in der Nacht ein Mindestwert von 16–18 Grad Celsius einzuhalten[1].

629 Problematisch ist das **unterschiedliche Nutzungsverhalten** der Eigentümer: Während manche Bewohner bereits um 22 Uhr zu Bett gehen, wollen andere dies erst um 1 Uhr tun oder stehen vielleicht erst um 22 Uhr auf. Hier ist auf die Mehrheit der Eigentümer abzustellen; wenn die Mehrheit tagsüber auf ist und nachts schläft kann die Minderheit nicht verlangen, dass auch nachts die Heizung mit voller Kraft läuft. Vielmehr können die Eigentümer durch Mehrheitsbeschluss die Nachtdrosselung der Heizung beschließen[2].

4.1.2.2. Maximalwerte

630 Umgekehrt stellt sich aber auch das Problem **zu hoher Temperaturen**: Je nach Witterung können sich in den Innenräumen Temperaturen **von 29 Grad Celsius und mehr** einstellen. Ein Teil der Oberlandesgerichte nahm in Anlehnung an die damals noch geltende Arbeitsstättenverordnung an, dass zu hohe Innentemperaturen bei gewerblichen Mietverhältnissen einen Mangel darstellten[3]. Demgegenüber hat nunmehr das OLG Frankfurt/Main eine Anwendung der Arbeitsstättenverordnung und des Vorliegens eines Mangels abgelehnt[4].

631 Der Auffassung des OLG Frankfurt ist in Bezug auf die Ablehnung eines Mangels zu folgen. Allerdings gilt grundsätzlich auch hier, dass indirekt die Verordnung den geschuldeten Mietgegenstand mitbestimmt. Der Mieter von **Gewerberaum** erwartet ein Objekt, in welchem er auch Arbeitskräfte einsetzen kann, so dass er ein Objekt erwartet, welches die Voraussetzungen der Verordnung einhält. Allerdings sieht die Verordnung nur vor, dass eine Abschirmung gegen übermäßige Sonneneinstrahlung ermöglicht wird. Damit muss nur die grundsätzliche Möglichkeit gegeben sein, d.h. Markisen, Jalousien oder Ähnliches. Dass diese die Überschreitung einer bestimmten Temperatur tatsächlich verhindern, wird gerade nicht verlangt.

4.1.3. Handhabung der Heizungstemperaturen

632 Fragen und Maßnahmen, welche die Benutzung der Heizung (also wann, wie lange und mit welcher Temperatur diese läuft) stellen Gebrauchs-

---

[1] *Schmidt/Futterer-Eisenschmid* § 535 Rz. 348 (16 Grad); LG Berlin GE 1998, 905 (18 Grad).
[2] BayObLG DWE 1985, 86, str.
[3] OLG Hamm NJW-RR 1995, 143; OLG Köln NJW-RR 1993, 466; OLG Düsseldorf NZM 1998, 916; OLG Rostock NJW-RR 2001, 802; AG Hamburg WuM 2006, 609 m. Anm. *Börstinghaus* 2007, 253.
[4] OLG Frankfurt/Main Entscheidung v. 19.1.2007 – 2 U 106/06.

regelungen dar (s. § 15 WEG)[1]. Soweit keine Vereinbarungen vorhanden sind (etwa in der Teilungserklärung) können die Eigentümer auf einer **Wohnungseigentümerversammlung durch Mehrheitsbeschluss** entscheiden (§ 15 Abs. 2 WEG). Die Eigentümer können daher im Rahmen der ordnungsgemäßen Verwaltung beschließen (§ 21 Abs. 3 WEG), wie die Heizperiode verläuft und die Heizung eingestellt wird.

Dabei müssen die Eigentümer aber einerseits die Grenzen der Gebrauchsrechte der Eigentümer und andererseits der ordnungsgemäßen Verwaltung beachten. Die Eigentümergemeinschaft kann keinen vollständigen Ausschluss vom Mitgebrauch beschließen, da hierfür die Kompetenz fehlt (s. § 13 Abs. 2 Satz 1 WEG)[2]. Deswegen ist die Gemeinschaft **nicht** befugt, die Heizung **vollständig abzuschalten**. Für die Wintermonate ergibt sich dies schon daraus, dass hier der Bedarf an Heizwärme offenkundig ist, schon um Schäden vom Gemeinschaftseigentum und auch dem Sondereigentum abzuwenden. Für die Sommermonate besteht ebenfalls ein Mitgebrauchsrecht[3]. 633

Die Eigentümer können die Absenkung der Heizungstemperaturen zur Nachtzeit beschließen. Allerdings muss dabei genau bestimmt sein, in welchem Zeitraum und in welchem Umfang die Temperaturen abgesenkt werden[4]. Außerdem dürfen durch die Absenkung die Mindesttemperaturen nicht unterschritten werden.

Diese **Entscheidungen obliegen der Gemeinschaft**. Der Verwalter darf eigenmächtig nur in Notfällen, z.B. wenn wegen eines Kälteeinbruchs außerhalb der Heizperiode geheizt werden muss, tätig werden. In einem solchen Fall käme eine Wohnungseigentümerversammlung immer zu spät. Kann die Entscheidung der Eigentümer rechtzeitig eingeholt werden, darf der Verwalter nicht tätig werden. Er darf z.B. keinesfalls eigenmächtig die Nachtabsenkung oder gar die völlige Stilllegung der Heizung in den Sommermonaten anordnen[5]. 634

Werden diese Grundsätze missachtet, d.h. beschließen die Eigentümer z.B. die **Stilllegung der Heizung,** ist zu unterscheiden: 635

Treffen die Eigentümer eine **Maßnahme, welche gegen eine Vereinbarung verstößt**, und die Abweichung nicht nur einmalig, sondern **dauerhaft** sein soll, ist der Beschluss nichtig[6]. Soll nur einmalig von der Vereinbarung abgewichen werden, ist der Beschluss nur anfechtbar.

---

1 OLG Hamm NZM 2006, 185; BGH NJW 2000, 3500.
2 BGH NJW 2000, 3500.
3 BayObLG WuM 1991, 293; DWE 1984, 122.
4 BayObLG DWE 1984, 122.
5 BayObLG WuM 1991, 293.
6 BGH NJW 2000, 3500.

Teil B Verwaltung der Wohnungseigentumsanlage

Beispiel:
1) In der Teilungserklärung ist festgelegt, dass die Heizung in der Zeit von 23.00 Uhr bis 6.00 Uhr auf 17 Grad Celsius heruntergefahren werden soll. Die Eigentümer beschließen, ab sofort die Heizung ganztägig voll laufen zu lassen. Dieser Beschluss ist nichtig.
2) Wie Beispiel 1), nur soll die Maßnahme nur einmalig in der Zeit vom 1.5.–30.6. andauern.
Diese Maßnahme ist nur anfechtbar

636   Wird eine nur **anfechtbare Maßnahme** nicht innerhalb der **Monatsfrist** (§ 23 Abs. 4 Satz 2 WEG) angefochten, wird der Beschluss bestandskräftig.

637   Treffen die Eigentümer eine Maßnahme, welche die **Mitgebrauchsrechte** eines Eigentümers ganz oder im Wesentlichen ausschließt, ist der Beschluss nichtig[1], es fehlt an der Beschlusskompetenz.

638   Treffen die Eigentümer eine Maßnahme, die den Mitgebrauch weder ganz noch im Wesentlichen **ausschließt**, aber nicht mehr ordnungsgemäßer Verwaltung entspricht, ist der Beschluss nur anfechtbar.

Beispiel:
Die Eigentümer beschließen, dass jede Wohnung mindestens mit 75 % des Durchschnittsverbrauchs der anderen Wohnungen beheizt werden muss.

639   Beschließen die Eigentümer bei der **Nachtabsenkung** unter die Mindesttemperatur von 16 Grad Celsius zu gehen, wird nicht nur eine Maßnahme vorliegen, die ordnungsgemäßer Verwaltung widerspricht, sondern eine Maßnahme, welche den Mitgebrauch wesentlich ausschließt. Die wesentliche Nutzung einer Heizung liegt darin, die Wohnung mit der notwendigen Wärme zu versorgen. Beschließen die Eigentümer eine Temperatur, die unter den Mindestwerten liegt, wird dem betroffenen Eigentümer die wesentliche Nutzung entzogen.

4.2. Versicherungen[2]

4.2.1. Obligatorische Versicherungen

640   Das WEG erwähnt Versicherungen nur an einer Stelle (siehe in § 21 Abs. 5 Nr. 3). Demnach gehören zu einer ordnungsgemäßen, dem Interesse der Wohnungseigentümer entsprechenden Verwaltung die Feuerversicherung des gemeinschaftlichen Eigentums zum Neuwert, sowie die angemessene Versicherung der Wohnungseigentümer gegen Schäden aus der Haus- und Grundbesitzerhaftpflicht. Das WEG betrachtet diese Versicherungen als zwingend vorgesehenen **Mindestschutz**. Jeder Wohnungseigentümer kann den Abschluss einer solchen Versicherung verlangen (siehe § 21 Abs. 4 WEG). Beiden Versicherungsarten ist gemeinsam, dass die Prämien für sie nicht hoch sind und für den einzelnen Wohnungseigentümer kaum ins Ge-

---

1 BGH NJW 2000, 3500.
2 Wegen Schäden am Sondereigentum siehe *Köhler* WE 1998, 419.

wicht fallen. Oftmals besteht die Möglichkeit sog. Verbundene-Gebäude-Versicherung (VGV) abzuschließen, und damit mehrere Risiken abzusichern[1].

Feuerversicherung: Das WEG spricht nur von einer Versicherung des gemeinschaftlichen Eigentums gegen Feuergefahr. Die Gebäudeversicherung von Eigentumswohnanlagen umfasst aber immer sowohl das gemeinschaftliche Eigentum, als auch die im Sondereigentum stehenden Gebäudebestandteile[2]. Etwas anderes wäre auch kaum durchführbar. Die Versicherung muss in angemessener Höhe abgeschlossen werden, also derart, dass die Versicherungssumme stets den entsprechenden Wiederaufbau ermöglicht (siehe § 21 Abs. 5 Nr. 3 WEG). Die Versicherungssumme muss daher jeweils den steigenden Baukosten entsprechend erhöht werden. Es empfiehlt sich, eine Versicherung zum „gleitenden Neuwert" abzuschließen, bei der die Versicherungssumme automatisch der Preisentwicklung folgt. 641

Auch wenn die Landesgesetze eine **Gebäudebrandversicherung** nicht zwingend vorschreiben, muss sie abgeschlossen werden. Banken und Sparkassen verlangen für die Beleihung von Eigentumswohnungen ohnehin den Abschluss einer Gebäudebrandversicherung. Es besteht daher eine Pflicht der Gemeinschaft den Eigentümern diese Möglichkeit zu eröffnen. 642

Haftpflichtversicherung: Weiter haben die Wohnungseigentümer zwingend eine Haus- und Grundbesitzerhaftpflichtversicherung abzuschließen (siehe § 21 Abs. 5 Nr. 3 WEG). Hier geht es um Versicherung gegen Gefahren, die vom gemeinschaftlichen Eigentum ausgehen, also vor allem Schäden, die daraus erwachsen, dass im Winter die Verkehrssicherungspflichten (Maßnahmen gegen Schnee und Glatteis) nicht erfüllt wurden und dadurch ein Schaden entsteht. Versichert sind hier die Wohnungseigentümer, der Verwalter, aber auch die durch Arbeitsverträge mit der Reinigung, Verwaltung, Beleuchtung und sonstiger Betreuung des gemeinschaftlichen Eigentums beauftragten Personen, also z.B. der Hausmeister. 643

Die **private Haftpflichtversicherung** des einzelnen Wohnungseigentümers deckt lediglich Schäden, die vom Sondereigentum ausgehen, und auch nur dann, wenn der Wohnungseigentümer seine Wohnung selbst bewohnt. Sie kann daher die Haftpflichtversicherung für die Gemeinschaft nicht ersetzen. 644

Soweit auf dem Grundstück **Heizöl** gelagert wird, ist eine **Gewässerschutzversicherung (Ölschadenversicherung)** abzuschließen. Auch dies wird von der Versicherungspflicht umfasst. Es handelt sich um eine besondere Form der Haftpflichtversicherung. Es drohen Schäden in außerordentlicher Höhe, zumal die Haftung nach dem Wasserhaushaltsgesetz ohne Verschulden 645

---
1 Für z.B. NRW deckt diese die Feuerversicherung, Leitungswasser- und Sturmschadenversicherung ab.
2 Siehe hierzu *Köhler* WE 1998, 419.

eintritt (siehe § 21 Wasserhaushaltsgesetz). Wird daher Heizöl auf dem Grundstück gelagert, ist das Ermessen der Gemeinschaft im Rahmen der ordnungsgemäßen Verwaltung dahingehend eingeschränkt, dass nur der Abschluss einer solchen Versicherung ordnungsgemäßer Verwaltung entspricht[1].

4.2.2. Fakultative Versicherungen

646 Die Entscheidung darüber, welche weiteren, in § 21 Abs. 5 Nr. 3 WEG nicht aufgezählten Versicherungen die Wohnungseigentümer abschließen wollen, trifft die **Wohnungseigentümerversammlung durch Mehrheitsbeschluss (§ 21 Abs. 3 WEG).**

647 **Beispiele:**

Elementarversicherung: Wenn keine zuverlässige Prognose über den Standort des Objektes möglich ist, zulässig[2].
Leitungswasserversicherung: Diese Versicherung bezieht sich wie die Feuerversicherung stets auf das Sonder- und das Gemeinschaftseigentum.
Sturmschadenversicherung[3]: Sie kommt vor allem dann in Betracht, wenn Teile des Gebäudes sturmgefährdet sind[4].
Glasversicherung: Sie bietet Schutz gegen Bruch von Glasscheiben. Sie ist allerdings häufig in den sog. Gebundenen Gebäudeversicherungen enthalten.
Haftpflichtversicherung für Beirat: Es entspricht regelmäßig ordnungsgemäßer Verwaltung eine Vermögensschadenshaftpflichtversicherung für den Beirat abzuschließen[5]. Da auch für die Beiräte Schadensersatzforderungen in beträchtlicher Höhe in Betracht kommen, ist der Abschluss anzuraten. Demgegenüber ist es Sache des Verwalters auf seine Kosten eine Haftpflichtversicherung für seine Tätigkeit abzuschließen.

4.2.3. Abschluss und Kündigung des Versicherungsvertrages

648 Der Verwalter ist nicht befugt, ohne weiteres einen Versicherungsvertrag namens der Wohnungseigentümer **abzuschließen**, auch wenn eine gesetzliche Verpflichtung hierzu besteht[6]. Zum Vertragsabschluss kann er entweder bereits im Verwaltervertrag oder durch Mehrheitsbeschluss der Wohnungseigentümerversammlung ermächtigt werden. In letzterem Falle kann er dann für die Wohnungseigentümer auch namens der überstimmten Mehrheit den Vertrag abschließen (§ 27 Abs. 1 Nr. 1, § 10 Abs. 4 WEG).

649 Das Gleiche gilt für die **Kündigung**. In einigen Fällen wurde von Versicherungsgesellschaften die Ansicht vertreten, zur Kündigung müsse der Ver-

---

1 OLG Braunschweig OLGZ 1966, 571.
2 OLG Köln WuM 2007, 286.
3 Hierzu *Jansen/Köhler* DWE 1997, 141.
4 Sowohl die Sturmschaden-, als auch die Leitungswasserversicherung sind in NRW von der VGV abgedeckt.
5 KG Berlin NZM 2004, 743.
6 LG Essen VersR 1978, 80; VersR 1986, 698; LG München VersR 1990, 1378.

walter von allen Wohnungseigentümern ermächtigt sein. Eine solche Ermächtigung wäre aber bei großen Wohnanlagen kaum zu erhalten. Auch hier genügt ein Mehrheitsbeschluss der Wohnungseigentümerversammlung, der ihn hierzu ermächtigt (§ 27 Abs. 2 Nr. 5 WEG).

4.2.4. Sonderprobleme bei Versicherungen

4.2.4.1. Abwicklung von Versicherungsschäden

Gebäudeversicherungen machen keinen Unterschied zwischen Sonder- und Gemeinschaftseigentum. Vielmehr ist „Gebäude" im versicherungsrechtlichen Sinne der Baukörper einschließlich aller Bestandteile des Gebäudes. Die Versicherungsbedingungen beschränken dementsprechend die Versicherung nicht auf die wesentlichen Gebäudebestandteile, sondern **erfassen alle Bauteile**, die dazu bestimmt sind, dauerhaft gemeinsam mit dem Gebäude genutzt werden.

650

Tritt der Schaden **im Gemeinschaftseigentum** auf, treten in dieser Hinsicht keine Probleme auf. Der Verwalter ist dann verpflichtet, den Schaden zu untersuchen und für eine Beseitigung zu sorgen. Stellt der Verwalter jedoch bei der Schadensbegutachtung fest, dass der Schaden alleine im Sondereigentum aufgetreten ist, können Probleme auftreten. Nach der Rechtsprechung ist der Verwalter in diesem Fall nicht zur weiteren Abwicklung verpflichtet[1]:

651

Nach der Rechtsprechung ist der **Verwalter** selbst dann **nicht für das Sondereigentum zuständig**, wenn aus Gründen der Praktikabilität die vorgeschriebene Versicherung des gemeinschaftlichen Eigentums auch auf das Sondereigentum erstreckt wird. Wird der Verwalter in einem solchen Fall nicht tätig, hat der einzelne Eigentümer grundsätzlich keine Schadensersatzansprüche.

652

Andererseits hat die Rechtsprechung aber auch festgehalten, dass grundsätzlich der **einzelne Eigentümer** nur Mitversicherter sei und als solcher **nicht selbständig gegenüber dem Versicherer tätig werden könne**[2]. Hiervon hat die Rechtsprechung nur insoweit eine Ausnahme zugelassen, als das der Versicherer sich nicht auf die fehlende Aktivlegitimation berufen darf, wenn der Versicherungsnehmer (d.h. die Gemeinschaft) die Regulierung ohne billigenswerten Grund ablehnt[3].

653

Für den Eigentümer ergibt sich damit folgende **Zwickmühle**:

654

Einerseits ist der Verwalter nach der Rechtsprechung nicht verpflichtet, bei Schäden, die sich alleine auf sein Sondereigentum beziehen tätig zu

---

1 BayObLG WE 1997, 39; NJW-RR 1996, 1298; KG NJW-RR 1992, 159; OLG Köln RuS 2004, 290; NJW-RR 2003, 1612.
2 OLG Hamm NJW-RR 1995, 1419; OLG Köln NJW-RR 2003, 1612.
3 OLG Hamm NJW-RR 1995, 1419; OLG Köln NJW-RR 2003, 1612.

Teil B Verwaltung der Wohnungseigentumsanlage

werden und zu regulieren. Andererseits kann er aber auch nicht selber gegenüber der Versicherung tätig werden. Nur wenn die Gemeinschaft ohne billigenswerten Grund die Regulierung nicht betreibt, kann er tätig werden.

655 Um aus dieser Zwickmühle wieder herauszukommen, gibt es nur die Möglichkeit, dass der **Eigentümer ermächtigt wird, gegenüber der Versicherung** auftreten zu dürfen. Der einfache Weg besteht darin, sich durch den Verwalter eine entsprechende Ermächtigung erteilen zu lassen. Allerdings steht dem Verwalter diese Befugnis nicht schon nach dem Gesetz zu[1]. Oftmals ist eine solche Vollmacht aber im Verwaltervertrag enthalten. Steht dem Verwalter auch danach die Befugnis nicht zu, den Eigentümer zu ermächtigen muss dies durch die Gemeinschaft selber geschehen[2].

Praxistipp: Zeichnet sich ab, dass der Verwalter nicht im Rahmen der Regulierung tätig werden will, sollte der Eigentümer den Verwalter auffordern, ihn zu ermächtigen, gegenüber der Versicherung für sein Eigentum tätig zu werden. Weigert sich der Verwalter, weil er nicht bevollmächtigt sei, dies zu tun, sollte der Eigentümer beantragen, dass er von der Eigentümergemeinschaft ermächtigt wird, seinen Anspruch selbständig verfolgen zu dürfen. Hierzu sollte der Eigentümer genauestens dokumentieren, wann welche Schritte unternommen worden sind und wann aus welchen Gründen die Gemeinschaft es abgelehnt hat, tätig zu werden.

4.2.4.2. Selbstbeteiligungen

656 Versicherungen kalkulieren ihrer **Prämien** dergestalt, dass der bisherige Schadensverlauf mit der vereinbarten Schadenssumme verglichen wird. Kommt die Versicherung bei Vertragsschluss zu dem Ergebnis, dass die Prämie in Anbetracht des Schadensverkaufs zu niedrig ist, bestehen für sie zwei Möglichkeiten:

Zum einen kann sie eine erhöhte Prämie verlangen. Zum anderen kann sie aber auch einen Selbstbehalt vorschlagen. Dieser **Selbstbehalt** funktioniert dergestalt, dass von der bedingungsgemäß zu entrichtenden Versicherungssumme der vereinbarte Betrag in Abzug gebracht wird.

Beispiel:
Im Versicherungsvertrag ist ein Selbstbehalt von 500 Euro pro Schadensfall vorgesehen. Im konkreten Schadensfall wären 3000 Euro zu regulieren. Aufgrund des Selbstbehalts wird die Versicherung nur 2500 Euro zahlen.

657 Insbesondere nach einem **Schadensfall** mag die Versicherung anbieten, statt der eigentlich geltend gemachten **Kündigung** einen Vertrag mit Selbstbehalt abzuschließen. Für den Verwalter stellt sich hierbei die Frage, ob er dies ohne Einwilligung der Eigentümergemeinschaft vereinbaren darf und

---
1 OLG Köln Recht + Schaden 2004, 290; NJW-RR 2003, 1612.
2 OLG Hamm NJW-RR 1995, 1419.

ob ggf. der anfallende Selbstbehalt nur den jeweils betroffenen Eigentümern auferlegt werden kann.

Der **Verwalter** ist **nicht ermächtigt**, ohne Ermächtigung durch die Gemeinschaft einen Versicherungsvertrag mit Selbstbeteiligung abzuschließen[1]. Dies ergibt sich daraus, dass schon für den Abschluss des Versicherungsvertrages an sich eine zusätzliche Ermächtigung notwendig ist. Der Gesetzgeber hat anders als etwa bei der Vollmacht mit Rechtsanwälten Vereinbarungen über den Streitwert abzuschließen, keine entsprechende Regelung niedergelegt (vgl. § 27 WEG). Der Verwalter bedarf daher erst Recht einer Ermächtigung, wenn bei der Ausgestaltung des Vertrages von dem üblichen Inhalt abgewichen werden soll.

658

Hat der Verwalter von der Gemeinschaft nur die **Ermächtigung** erhalten, einen Vertrag ohne Selbstbehalt abzuschließen, so stellt die Frage, was passiert, wenn kein Versicherer bereit ist, ohne Selbstbehalt abzuschließen. In diesem Fall wird vertreten, dass unter der Voraussetzung, dass nach Durchführung einer sorgfältigen Prognose es keine Alternative zum Abschluss mit Selbstbehalt gibt, der Verwalter befugt sein soll, diesen Vertrag abzuschließen[2].

659

Auch wenn die entsprechende Ermächtigung für den Verwalter besteht, sollte sicherheitshalber gleichwohl die **Entscheidung der Gemeinschaft herbeigeführt** werden. Kann nachträglich von einem Eigentümer doch ein Versicherer beigebracht werden, der erklärt, er hätte auch ohne Selbstbehalt einen Vertrag geschlossen, ist Streit vorprogrammiert und ob dem Verwalter in dieser Situation der Beweis gelingt, dass seine Prognoseentscheidung richtig war, ist fraglich. Gelingt ihm dann der Beweis nicht, hätte er sich schadensersatzpflichtig gemacht.

660

Hat die Gemeinschaft dem Verwalter grünes Licht für den Abschluss eines Vertrages mit Selbstbeteiligung gegeben, stellt sich die weitere Frage, ob bei einem **Schaden, der alleine im Sondereigentum** liegt, dieser Selbstbehalt auf die betroffenen Eigentümer übergewälzt werden kann. Ohne entsprechende Regelung der Gemeinschaft ist dies nicht möglich. Vom Versicherer nicht erstattete Instandsetzungskosten sind wie auch die Versicherungskosten selbst gemeinschaftliche Kosten und deshalb von der Gemeinschaft insgesamt zu tragen. Allerdings hat die Rechtsprechung der Gemeinschaft die Kompetenz zugebilligt, durch Mehrheitsbeschluss die Selbstbeteiligung jeweils demjenigen Eigentümer aufzuerlegen, in dessen Sondereigentum sich der Schaden zugetragen hat[3].

661

---

1 OLG Düsseldorf NJW-RR 2005, 1606.
2 *Köhler*, Fachverwalter 1, S. 39.
3 OLG Köln NJW-RR 2003, S. 1233.

662 Bei **Schäden**, die alleine im **Gemeinschaftseigentum** liegen, sind die Kosten der Selbstbeteiligung von allen Eigentümern nach dem vorgesehenen Verteilungsschlüssel zu tragen.

663 Fraglich ist, wer die **Selbstbeteiligung bei Schäden** zu tragen hat, die **teilweise im Gemeinschaftseigentum und teilweise im Sondereigentum** liegen. Hier ist eine Aufteilung der Selbstbeteiligung entsprechend der Verursachungsquote vorzunehmen. Die Eigentümergemeinschaft ist berechtigt, bei einer 100 %igen Schadensverursachung durch das Sondereigentum die Selbstbeteiligung vollständig auf den betreffenden Sondereigentümer umzulegen. Kann die Gemeinschaft zu 100 % den Schaden umlegen, ist es erst recht möglich, bei einer geringeren Verursachungsquote die Selbstbeteiligung entsprechend niedriger umzulegen. Daher ist festzustellen, zu welchen Umfang jeweils das Gemeinschaftseigentum den Schaden verursacht hat und zu welcher Quote das Sondereigentum. Ist dies nicht möglich, sollte die Selbstbeteiligung hälftig zwischen Gemeinschafts- und Sondereigentum aufgeteilt werden.

4.2.4.3. Vergütung des Verwalters

664 Im Rahmen der Feststellung und Abwicklung von Schäden am Gemeinschafts- oder Sondereigentum stellt sich oft die Frage, ob der Verwalter berechtigt ist, eine zusätzliche **Vergütung zu verlangen**. Hier ist zwischen Sonder- und Gemeinschaftseigentum zu unterscheiden:

4.2.4.3.1. Gemeinschaftseigentum

665 Für die **Abwicklung und Feststellung von Schäden am Gemeinschaftseigentum** kann der Verwalter keine **Zusatzvergütung** verlangen. Grundlage der Vergütung des Verwalters ist der mit dem Verband geschlossene Verwaltervertrag. Grundsätzlich kann der Verwalter nur für solche Leistungen eine Vergütung verlangen, die auch im Verwaltervertrag festgelegt ist. Vom Verwaltervertrag umfasst sind aber neben den ausdrücklichen genannten Tätigkeiten auch solche Tätigkeiten, die vom Gesetzgeber zu den Leitaufgaben des Verwalters gezählt werden. Es ist Aufgabe des Verwalters, Schäden am Gemeinschaftseigentum festzustellen und für deren Beseitigung zumindest die Beschlussvorschläge zu treffen. Der Verwalter kann aber keine Vergütung für eine Leistung verlangen, die er nach dem Gesetz zu erbringen hat und die mit der normalen Vergütung abgeholten ist[1].

666 Auch wenn im Verwaltervertrag für die Abwicklung von Schäden am Gemeinschaftseigentum eine **Zusatzvereinbarung** vorgesehen ist, verstößt der zustimmende Beschluss der Eigentümer zu dem Verwaltervertrag insoweit gegen die Grundsätze ordnungsgemäßer Verwaltung.

---

1 OLG Frankfurt/Main OLGR Frankfurt 2006, 46.

4.2.4.3.2. Schäden im Sondereigentum

Bei den **Schäden im Sondereigentum** kann der Verwalter hingegen mit dem betreffenden Sondereigentümer eine Vergütung vereinbaren. Nach der Rechtsprechung gehört die Abwicklung von Schäden im Sondereigentum gerade nicht zu den Aufgaben des Verwalters[1]. 667

Für Aufgaben, die **nicht zu seinen normalen Aufgaben gehören**, kann eine **Zusatzvergütung** vereinbart werden[2]. Diese Vereinbarung ist aber nur dem betreffenden Sondereigentümer möglich. Es dürfte wiederum nicht ordnungsgemäßer Verwaltung entsprechen, die restlichen Eigentümer mit diesen Kosten zu belasten. Eine Pflicht der Wohnungseigentümer, die Kosten für die Abwicklung von Schäden im Sondereigentum zu übernehmen ist nicht ersichtlich, zumal diese Tätigkeit alleine im Interesse des betroffenen Sondereigentümers liegt. Daher hat dieser die Kosten auch alleine zu tragen. 668

4.2.4.3.3. Abwicklung von Schäden, die sowohl im Gemeinschaftseigentum als auch im Sondereigentum liegen

Bei den Schäden, die **teilweise im Gemeinschaftseigentum und teilweise im Sondereigentum** liegen, kann der Verwalter wiederum keine Sondervergütung verlangen und zwar auch nicht für die Schäden, die im Sondereigentum liegen. Der Verwalter ist verpflichtet, die Schäden, die im Gemeinschaftseigentum liegen, abzuwickeln und kann hierfür keine Sondervereinbarung verlangen. Da bei der Abwicklung der Schäden am Gemeinschaftseigentum zwangsläufig auch die Schäden am Sondereigentum mit abgewickelt werden müssen, kommt eine Aufteilung nicht in Betracht; eine Feststellung, welcher Aufwand jetzt nur für das Sondereigentum und welche nur für das Gemeinschaftseigentum da war, dürfte in der Praxis auch kaum möglich sein. 669

4.3. Zustimmung zur Veräußerung (§ 12 WEG)[3]

4.3.1. Grundsätzliches und praktische Bedeutung

Um den sich aus der Unauflöslichkeit der Gemeinschaft (s. § 11 WEG) ergebenden Schwierigkeiten vorzubeugen, besteht die Möglichkeit, die Veräußerung einer Eigentumswohnung von der **Zustimmung anderer Wohnungseigentümer oder eines Dritten (meist des Verwalters) abhängig** zu machen (s. § 12 WEG). Das Zustimmungserfordernis kann eine erhebliche Verzögerung bei der Abwicklung von Kaufverträgen bedeuten, insbesonde- 670

---

[1] BayObLG WE 1997, 39; NJW-RR 1996, 1298; KG NJW-RR 1992, 159; OLG Köln RuS 2004, 290; NJW-RR 2003, 1612.
[2] OLG Celle DWE 1984, S. 126.
[3] Hierzu *Müller* WE 1998, 458; *Schmidt* DWE 1998, 5; *Deckert* WE 1998, 82; *Drasdo* NJW-Spezial 2006, 1.

re dann, wenn der Zustimmungsberechtigte seine Aufgabe ernst nimmt und Nachforschungen anstellt. Oft liegt auch keine Urkunde zum Nachweis der Verwalterstellung vor. Hierzu bedarf es eines Auszugs aus der Niederschrift, die den Beschluss über die Bestellung des Verwalters enthält, sowie der notariellen Beglaubigung der Unterschriften des Vorsitzenden der Versammlung, des Vorsitzenden des Verwaltungsbeirats oder seines Stellvertreters und eines weiteren Wohnungseigentümers (§ 26 Abs. 4 WEG). Enthält die Teilungserklärung die Verwalterbestellung, so genügt der Hinweis auf diese Urkunde. Auch die Nachweispflicht kann Verzögerungen bewirken.

671 Für den Verwalter stellt das Zustimmungserfordernis eine schwierige und verantwortungsvolle Aufgabe dar. Erteilt er die Zustimmung großzügig und rasch, so kann er später Vorwürfe ernten. Verweigert er die Zustimmung, so setzt er sich einem Prozess aus, da die Zustimmung nur aus einem wichtigen Grund versagt werden darf (§ 12 Abs. 2 WEG).

672 Für die Zustimmung kann der Verwalter eine **Zusatzvergütung** vereinbaren[1]. Ist keine solche Vereinbarung gegeben, kann der Verwalter keine Zusatzvergütung verlangen. Die Zustimmung gehört zu seinen Aufgaben, so dass diese mit der normalen Vergütung abgegolten ist, falls nicht etwas anderes vereinbart ist.

673 Das Zustimmungserfordernis kann nur durch Vereinbarung aller Wohnungseigentümer (s. § 10 Abs. 1, 2 WEG) oder bei der Aufteilung durch den Alleineigentümer (s. § 8 WEG) **begründet werden**[2].

674 Durch die WEG-Novelle kann eine bestehende Zustimmungspflicht durch Mehrheitsbeschluss wieder aufgehoben werden (§ 12 Abs. 4 S. 1 WEG). Von der **Aufhebung** ist aber abzuraten: Ohne die Zustimmungsverpflichtung gibt es für Gemeinschaft und Verwalter keine Möglichkeit von einem Eigentümerwechsel Kenntnis zu erlangen. Bei bestehender Verpflichtung zur Zustimmung wird der Verwalter aber ohne weiteres Zutun davon informiert. Gerade wenn der ausscheidende Eigentümer Wohngeldrückstände hat, besteht dadurch die Möglichkeit mit dem Erwerber Kontakt aufzunehmen und u.U. eine freiwillige Zahlung von diesem zu erhalten oder durch Pfändung auf den Kaufpreis Zugriff zu nehmen. Will die Gemeinschaft nach Aufhebung der Zustimmungspflicht diese erneut einführen, muss dies durch Vereinbarung geschehen (siehe § 12 WEG).

675 Hat sich die Gemeinschaft dazu entschieden, die bestehende Genehmigungspflicht wegfallen zu lassen, muss der Verwalter folgendes beachten: Die Möglichkeit, die Genehmigungspflicht durch Mehrheitsbeschluss wegfallen zu lassen, besteht erst **ab Inkrafttreten** des neuen WEG, d.h. ab 1.7.2007. Ein vorher gefasster Beschluss ist unwirksam, da keine Kom-

---

1 KG NJW-RR 1989, 975; DNotZ 1998, 390; OLG Hamm NZM 2001, 49.
2 Wegen der Schwierigkeiten damit siehe Teil B Rz. 670 ff.

petenz hierfür bestand. Hat die Gemeinschaft nach dem 1.7.2007 einen entsprechenden Beschluss gefasst, stellt sich die Frage für den Verwalter, ab wann er darauf verzichten kann, die Genehmigung zu erteilen. Als frühester Zeitpunkt kommt der Tag der Beschlussfassung in Betracht. Erst mit der Beschlussfassung durch die Eigentümer ist der Beschluss in der Welt und erst dann kann der Verwalter diesen beachten[1]. Dem Verwalter ist allerdings zu raten, zumindest noch abzuwarten, ob der Beschluss angefochten wird. Kommt das Gericht zu der Erkenntnis, dass der Beschluss aufzuheben ist, führt dies nicht dazu, dass der Verwalter bis zur Rechtskraft der gerichtlichen Entscheidung die Genehmigung nicht zu erteilen bräuchte und erst ab Rechtskraft die Genehmigungspflicht wieder greift. Vielmehr führt die Aufhebung des Beschlusses **rückwirkend** zur Ungültigkeit des Beschlusses von Anfang an.

Beispiel:
Am 4.7.2007 beschließt die Gemeinschaft eine bestehende Genehmigungspflicht aufzuheben. Am 4.7.2008 wird der Beschluss durch das zuständige Amtsgericht aufgehoben und am 4.7.2009 bestätigt das zuständige Landgericht die Entscheidung. Die Revision wird zugelassen und am 4.7.2010 weist der BGH diese zurück. In diesem Fall ist der Beschluss nicht erst ab 4.7.2010 unwirksam, sondern bereits ab 4.7.2007. Alle bis dahin getätigten Verkäufe unterliegen damit der Genehmigungspflicht.

Der Verwalter sollte daher überprüfen, ob der **Beschluss bestandskräftig** geworden ist. Erfolgt eine Anfechtung, sollte der Verwalter den Beschluss als nicht existent betrachten. Tut er dies nicht und verzichtet auf die Zustimmung (bzw. erteilt sie ohne Prüfung) läuft er bei späterer Ungültigerklärung Gefahr, sich schadensersatzpflichtig zu machen. 676

4.3.2. Anwendungsbereich

Betroffen sind nur Veräußerungen, also die sog. Sondernachfolge, nicht Gesamtrechtsnachfolgen, wie z.B. die Erbfolge. Kraft ausdrücklicher gesetzlicher Vorschrift betrifft das Zustimmungserfordernis auch die Veräußerung im Wege der Zwangsversteigerung oder durch den Insolvenzverwalter (§ 12 Abs. 3 Satz 2 WEG). Dies kann eine Gefahr für die Beleihbarkeit bedeuten, da sich im Zwangsversteigerungsverfahren Schwierigkeiten ergeben, wenn die Zustimmung nicht vorliegt. In der Regel wird daher in der **Gemeinschaftsordnung** der Fall der Veräußerung im Weg der Zwangsversteigerung auf Antrag eines Grundpfandgläubigers für zustimmungsfrei erklärt. 677

Betroffen sind auch die Fälle, bei denen eine Eigentumswohnung an einen Erwerber veräußert wird, der schon eine Eigentumswohnung in der glei- 678

---

[1] BGHZ 148, 335.

chen Anlage besitzt[1]. Auch bei einer **Veräußerung durch den Aufteilenden**[2]; bedarf es der Genehmigung des Zustimmungsberechtigten.

4.3.3. Zustimmungsberechtigte

679 Als **Zustimmungsberechtigt** können in der Teilungserklärung und Gemeinschaftsordnung die anderen Wohnungseigentümer aufgeführt sein. Dies hat jedoch nur bei kleinsten Anlagen eine Berechtigung. Sonst ist es üblich und zweckmäßig, den Verwalter als Zustimmungsberechtigten zu benennen. Ist der Verwalter selbst Käufer oder Verkäufer, so kann er seine Zustimmung gegenüber der anderen Partei erteilen; das Verbot der Selbstkontrahierung (§ 181 BGB) steht nicht entgegen[3]. Die Zustimmung aller Wohnungseigentümer ersetzt die Zustimmung des Verwalters[4]. Die Zustimmung kann schon vor der Veräußerung erteilt werden[5]. Eine Zustimmung unter einer Auflage ist nicht möglich[6]. Die Zustimmung kann auch durch einen Bevollmächtigten des Verwalters erfolgen[7].

4.3.4. Versagung aus wichtigem Grund

680 Die Zustimmung kann **nur aus einem wichtigen Grund** versagt werden (§ 12 Abs. 2 Satz 1 WEG). Als wichtiger Grund kommen nur drei Fallgruppen in Betracht:

– Mangelnde finanzielle Mittel des Erwerbers

– Geplante oder bereits erfolgte unzulässige Nutzung

– Vertragsverletzungen der gemeinschaftlichen Regeln

681 Dabei kommen nur **konkrete Tatsachen** zur Untermauerung des wichtigen Grundes in Betracht, keine **Vermutungen**[8]. Die oftmals anzutreffenden Vorbehalte bei ausländischen Erwerbern sind daher unzulässig; eine Verweigerung alleine wegen der Nationalität aufkommender Befürchtungen ist rechtswidrig und kann zu Schadensersatzansprüchen des Erwerbers und/oder des Verkäufers gegenüber der Verwaltung/der Gemeinschaft führen (siehe auch § 1 AGG).

682 Immer muss es sich um einen **Grund in der Person des Erwerbers** handeln[9]. Dagegen kann die Zustimmung nicht versagt werden, weil der Verkäufer

---

1 BayObLG Rpfleger 1977, 173; KG Rpfleger 1978, 382.
2 BGH NJW 1991, 1613; siehe zur alten Übergangsregelung § 61 WEG.
3 OLG Düsseldorf NJW 1985, 390 = RPfleger 1985, 60; BayObLG NJW-RR 1986, 1077 = WE 1987, 54; LG München I MittBayNot 1984, 258; a.A. LG Traunstein MittBayNot 1980, 184.
4 OLG Zweibrücken NJW-RR 1987, 269 = Rpfleger 1987, 157 = WE 1987, 86.
5 BayObLG DNotZ 1992, 229 = WE 1992, 199.
6 OLG Hamm NJW-RR 1992, 785 = OLGZ 1992, 295 = WE 1992, 288.
7 OLG Köln MittRhNotK 2000, 393; zur Haftungsfrage siehe Teil B Rz. 683.
8 OLG Zweibrücken WE 1995, 24.
9 BayObLG NJW-RR 1990, 657; BayObLG NJW-RR 1993, 280.

seine Verpflichtungen gegenüber der Eigentümergemeinschaft nicht erfüllt und der Erwerber sie nicht übernimmt[1]. Grundsätzlich haftet der Erwerber nicht für Verpflichtungen seines Rechtsvorgängers[2]. Zweck der Zustimmung, ist es, das Eindringen von unerwünschten Personen in die Eigentümergemeinschaft zu verhindern. Es ist nicht zulässig, sonst nicht durchsetzbare Verpflichtungen zu erzwingen.

Durch einen **Rechtsstreit** über die Berechtigung der Zustimmung können auch Kosten entstehen. Die Zustimmung zur Veräußerung darf der Verwalter auch nicht von der Zahlung einer Vergütung abhängig machen[3], ebenso wenig von der Zahlung der Beglaubigungskosten; denn letztlich trägt diese Kosten ohne anderweitige Vereinbarung die Eigentümergemeinschaft[4]. Die Zustimmung zur Veräußerung eines Teileigentums an einem Garagenstellplatz an eine Person außerhalb der Eigentümergemeinschaft darf nicht verweigert werden[5]. Wird die Zustimmung zu Unrecht versagt, haften Wohnungseigentümer und Verwalter dem Verkäufer auf Schadensersatz[6].

683

Eine Versagung ist **möglich**, wenn der Erwerber trotz Nutzung das Hausgeld nicht zahlt[7]. Ein wichtiger Grund kann auch gegeben sein, wenn zu befürchten ist, dass der Erwerber die Wohnung entgegen der Zweckbestimmung in der Teilungserklärung nutzen will[8]. Schließlich ist ein wichtiger Grund auch gegeben, wenn der Erwerber eigenmächtig Umbauten vornimmt[9].

684

4.4. Zwangsverwaltung

4.4.1. Allgemeines

Die Zwangsverwaltung dient der **Befriedigung des Gläubigers aus den Nutzungen**, d.h. den Erträgen des Grundstückes (§§ 152, 155 ZVG). Hierzu bedient sich der Gläubiger eines Zwangsverwalters. Dieser bestreitet an Stelle des unwilligen oder unfähigen Schuldners aus den Einnahmen zunächst die laufenden Ausgaben und soll letztlich, was aber sehr selten vorkommt, die titulierte Gläubigerforderung befriedigen, aufgrund dessen die Zwangsverwaltung angeordnet worden ist.

685

---

1 BayObLG Rpfleger 1977, 173 und MittBayNot 1981, 190; OLG Hamm NJW-RR 1992, 785 = OLGZ 1992, 295 = WE 1992, 288.
2 Siehe hierzu Rz. 116.
3 OLG Hamm NJW-RR 1989, 974 = OLGZ 1989, 302 = Rpfleger 1989, 451 = WE 1989, 173.
4 OLG Hamm NJW-RR 1989, 974 = Rpfleger 1989, 451 = WE 1989, 173.
5 BayObLG WE 1992, 142.
6 OLG Karlsruhe OLGZ 1985, 133; OLG Karlsruhe OLGZ 1985, 140; LG Frankfurt NJW-RR 1989, 15; BayObLG NJW-RR 1993, 280.
7 OLG Düsseldorf WE 1997, 349 = FGPrax 1997, 141.
8 OLG Düsseldorf NJW-RR 1997, 268 = WE 1997, 148.
9 LG Düsseldorf WE 1991, 334.

Teil B   Verwaltung der Wohnungseigentumsanlage

686   Der Zwangsverwalter wird auf **Antrag eines Gläubigers** vom Gericht eingesetzt. Dabei kann als Gläubiger sowohl die Eigentümergemeinschaft auftreten, als auch ein Dritter. Zu unterscheiden ist weiter danach, ob der Eigentümer als Schuldner die Wohnung selber nutzt, oder ob diese vermietet ist.

687   Der Zwangsverwalter wird vom **Vollstreckungsgericht überwacht** (§§ 150, 153 ZVG). Vollstreckungsgericht ist ausschließlich das Amtsgericht, in dessen Bezirk das Wohnungseigentum liegt (§ 1 ZVG; §§ 764, 802 ZPO). Das Gericht ist für die Aufstellung des sog. Teilungsplans zuständig (vgl. §§ 113 Abs. 1, 156 Abs. 2 S. 4 ZVG), in dem die Verteilung der eingehenden Gelder geregelt wird.

688   Das Gericht ordnet weiterhin die (teilungs)planmäßige Zahlung der Beträge durch den Zwangsverwalter an die Berechtigten an (§ 157 ZVG). Kann der Zwangsverwalter zur Deckung der laufenden Ausgaben keine Einnahmen verzeichnen, fordert er Vorschüsse durch Antrag beim Vollstreckungsgericht vom Gläubiger an (vgl. § 161 Abs. 3 ZVG).

4.4.2. Besondere Voraussetzungen der Zwangsverwaltung

689   Neben den allgemeinen Voraussetzungen der Zwangsvollstreckung, nämlich Titel, Klausel und Zustellung, bedarf es eines **Antrages des Gläubigers** auf Erlass der Anordnung- bzw. Beitrittsbeschluss beim Vollstreckungsgericht (§§ 15, 27, 146 Abs. 1 ZVG). Der Anordnungsbeschluss ist der zeitlich erste Beschluss, die nachfolgenden Anträge ergehen im sog. Beitrittsbeschluss. Der Antrag soll das Wohnungseigentum, den Eigentümer, den Anspruch (Hauptforderung, Zinsen, Nebenleistungen sowie die Kosten der Zwangsvollstreckung) und den vollstreckbaren Titel bezeichnen (§§ 16 Abs. 1, 146 Abs. 1 ZVG). Dem Antrag beizufügen sind die vollstreckbare Ausfertigung des Titels, sowie der Nachweis der Zustellung des Titels an den Schuldner.

4.4.3. Pflicht des Verwalters zur Beantragung der Zwangsverwaltung

690   Nach der Rechtsprechung hat der **Verwalter** alles zur Beitreibung der an die Gemeinschaft geschuldeten Gelder zu veranlassen. Sind Wohngeldrückstände tituliert, hat der WEG-Verwalter spätestens mit Zugang einer sog. Unpfändbarkeitsbescheinigung durch den Gerichtsvollzieher die Zwangsverwaltung auf den Weg zu bringen. Dies gilt insbesondere dann, wenn ihm die Vermietung des Wohnungseigentums bekannt ist[1]. Denn damit ist wenigstens die Zahlung des nicht titulierten laufenden Wohngeldes durch den Zwangsverwalter sichergestellt. Unterlässt dies der Verwalter, läuft er Gefahr für entgangene Hausgelder zu haften.

---

1 OLG Hamburg ZMR 1993, 342.

4.4.4. Rechtsfolgen der Zwangsverwaltung

Der Anordnungs- bzw. Beitrittsbeschluss gilt als sog. relatives Verfügungsverbot (§§ 23, 146 Abs. 1 ZVG; §§ 135, 136 BGB). Damit kann der Schuldner über das Wohnungseigentum nicht mehr verfügen. 691

Für WEG-Verwalter ist es wichtig zu wissen, dass das Verfügungsverbot nicht bewirkt, dass ein freihändiger Verkauf nicht mehr stattfinden kann. Das relative Veräußerungsverbot besteht auch nur gegenüber dem Gläubiger.

Der **Umfang der Beschlagnahme** reicht wegen des Zwecks der Zwangsverwaltung weiter als bei der Zwangsversteigerung und umfasst dabei vor allem auch Miet- und Pachtzinsen und sonstige mit dem Wohnungseigentum verbundene Ansprüche auf wiederkehrenden Leistungen (z. Reallasten, Wohnungserbbauzins, Entgelt für ein Dauerwohnrecht nach § 40 WEG). 692

Dem stehen auch eventuell erfolgte Abtretungen nicht entgegen. Miet- und Pachtzinsen können zwar, so lange keine Zwangsverwaltung angeordnet worden ist, jederzeit in der sog. Einzelzwangsvollstreckung gepfändet werden. Ebenso ist es möglich, dass Miet- und Pachtzinsen im Voraus an einem Dritten abgetreten werden, was häufig bei Banken der Fall ist. Unter normalen Umständen käme die Anordnung einer Zwangsverwaltung für den sie betreibenden Gläubiger in diesen Fällen zu spät (sog. Prioritätsgrundsatz, § 804 Abs. 3 ZPO). Diese Verfügungen werden durch die Zwangsverwaltung beschränkt. Durch die Zwangsverwaltung ist eine vorausgehende Mobiliarvollstreckung in die künftige Miete für die Zeit der nach der Beschlagnahme folgenden Monate dem Gläubiger gegenüber unwirksam. Dies gilt bei Beschlagnahme zwischen dem 1. und 15. d. M., bei Beschlagnahme nach dem 15. d. M. tritt die Unwirksamkeit ab dem übernächsten Monat ein. 693

Beispiel:
Wird die Zwangsverwaltung am 1.5. angeordnet, wird eine erfolgte Abtretung ab dem 1.6. an unwirksam. Erfolgt die Anordnung erst am 17.5., tritt die Unwirksamkeit am 1.7. ein.

Dabei wird die Wirkung der Pfändung/Vorausabtretung nur suspendiert und lebt mit Beendigung der Zwangsverwaltung wieder auf. An vor der Beschlagnahme eingezogenen Mieten kommt jedoch der die Zwangsverwaltung betreibende Gläubiger nicht heran (§ 1124 Abs. 1 BGB). 694

4.4.5. Rechtsstellung des Zwangsverwalters

4.4.5.1. Allgemein

Er ist sog. **Partei kraft Amtes**, wie z.B. auch Nachlass- und Insolvenzverwalter oder Testamentvollstrecker. Der Zwangsverwalter ist nicht Rechtsnachfolger des Schuldners und daher auch nicht an von diesem geschlosse- 695 ne Verträge gebunden. Er muss dessen Verträge weder erfüllen, noch ist er verpflichtet in diese einzutreten. Die einzige gesetzliche Ausnahme gilt für die bestehenden Miet- und Pachtverträge (§ 152 Abs. 2 ZVG). Diese Ausnahmeregelung ist auf andere Verträge, insbesondere auf Dienstverträge, wie z.B. Haus-/Sondereigentumsverwalter, nicht anwendbar[1].

696 Der Zwangsverwalter hat allgemein das Recht und die Pflicht, alle Handlungen vorzunehmen, die erforderlich sind, um das Wohnungseigentum in seinem **wirtschaftlichen Bestand zu erhalten** und ordnungsgemäß zu verwalten und zu nutzen. Er hat die Ansprüche, auf welche sich die Beschlagnahme erstreckt, geltend zu machen und für die Verwaltung entbehrlichen Nutzungen zu Geld zu machen (§ 152 Abs. 1 ZVG).

697 Die Zwangsverwaltung soll dem Gläubiger **Befriedigung aus den Einkünften und Nutzungen** verschaffen, die durch die Bewirtschaftung des Wohnungseigentums erzielt werden. Dem Zwangsverwalter muss daher das Wohnungseigentum zur Bewirtschaftung und Nutzung übergeben werden (§ 150 Abs. 2 ZVG).

698 Der Zwangsverwalter ist dem Gericht oder einem mit der Prüfung beauftragten Sachverständigen (§ 16 ZwVwV) gegenüber zur **Rechnungslegung** verpflichtet, nicht jedoch dem Gläubiger oder Eigentümer. Das Gericht schickt die Abrechnung an Gläubiger und Eigentümer und diese haben ein Einsichtsrecht beim Amtsgericht in die Belege. Normalerweise aber schickt der Zwangsverwalter auch den Gläubigern und dem Eigentümer Abrechnungen, wenn diese sie direkt anfordern und wünschen. Der Zwangsverwalter untersteht jedoch der Aufsicht des Gerichts und hat gegenüber Gläubiger und Eigentümer Schuldner gar keine Verpflichtung. Die Abrechnung erfolgt jährlich und nach Beendigung der Zwangsverwaltung ist der Zwangsverwalter zur Rechnungslegung verpflichtet. Die Rechnungslegung erfolgt gegenüber dem Gericht, das sie an den Berechtigten weiterleitet (§ 153 ZVG).

699 Der Zwangsverwalter haftet allen Beteiligten gegenüber für die **ordnungsgemäße Erfüllung seiner Aufgaben** und Pflichten (§ 154 ZVG). Der Zwangsverwalter hat z.B. für eine ordnungsgemäße Versicherung zu sorgen, und zwar möglichst unverzüglich. Darüber hinaus darf er keine Verbindlichkeiten eingehen, die er nicht aus den Einnahmen bezahlen kann. Für nicht erfüllbare Verpflichtungen macht er sich gegenüber den Beteiligten ggf. schadensersatzpflichtig.

4.4.5.2. Pflicht zur Zahlung des Wohngeldes und anderer Kosten

700 Der Zwangsverwalter hat aus den Nutzungen des Wohnungseigentums die **Ausgaben** der Verwaltung des Wohnungseigentums, wie z.B. Wohngeld,

---

1 OLG Hamm ZMR 2004, 456.

Einzelprobleme **Teil B**

vorab zu erfüllen (§155 Abs. 1 ZVG). Erst danach können etwaige weitere Überschüsse verteilt werden.

Decken die Erträgnisse die vorweg zu begleichenden Kosten **nicht**, hat der Zwangsverwalter beim Amtsgericht zu beantragen, dem betreibenden Gläubiger die Zahlung eines Vorschusses aufzugeben. Den Vorschuss entnimmt der WEG-Verwalter aus den Mitteln der Gemeinschaft. Bei Nichtzahlung des Vorschusses hebt das Gericht die Zwangsverwaltung auf (§ 161 Abs. 3 ZVG). Für den Fall einer Zwangsversteigerung fallen Vorschüsse zur Erhaltung oder notwendigen Verbesserungen des Wohnungseigentums in die Rangklasse 1, wenn die Zwangsverwaltung bis zum Zuschlag fortdauert (§ 10 Abs. 1 Nr. 1 ZVG). 701

Bei Zwangsverwaltungsverfahren nach der WEG-Novelle erhalten die Rückstände in der Zwangsversteigerung **eine bevorrechtigte Zuteilung**. Voraussetzung ist, dass es sich um Ansprüche handelt, die entweder aus dem Jahr der Beschlagnahme oder den beiden davor liegenden Jahren stammen (§ 10 Abs. 1 Nr. 2 ZVG) 702

Beispiel:
Das Eigentum wird Juni 2009 beschlagnahmt. Die Gemeinschaft hat Forderungen aus Januar bis März 2009, 2008, 2007 und 2006 tituliert. Es existiert keine dingliche Absicherung. Die Forderungen aus Januar bis März 2009, 2008 und 2007 nehmen an der Rangklasse 2 teil, während die Forderungen aus 2006 im Rang 5 zum tragen kommen.

Weitere Voraussetzung für die Geltendmachung in Rangklasse 2 ist, dass die Forderungen 3 % des Einheitswertes des Wohnungseigentums übersteigen (§ 10 Abs. 3 ZVG). Die Forderungen können dann nicht in voller Höhe angemeldet werden, sondern nur in Höhe von 5 % des festgesetzten Werts des Eigentums. 703

Beispiel:
Der Wert wird auf 5000 Euro festgesetzt. Die Gemeinschaft hat Forderungen von 2000 Euro tituliert. Sie kann nur 250 Euro in der Rangklasse 2 geltend machen.

Es ist deshalb zwischen der vermieteten und unvermieteten Einheit zu unterscheiden: 704

– Bei dem klassischen Fall der **vermieteten Einheit** macht die Zwangsverwaltung regelmäßig Sinn (§§ 146 ff. ZVG). Das Grundstück wird zu Gunsten des betreibenden Gläubigers gepfändet und der zu bestellende Zwangsverwalter verteilt die Erlös-Überschüsse in einem Verteilungsplan (§ 155 ZVG).

– Auch bei **einem Selbstnutzer**, d.h. einem Eigentümer, der die Einheit selbst bewohnt, kann eine Zwangsverwaltung Sinn machen. Zwar kann zunächst aus dem Objekt keine Mieteinnahme erzielt werden. Allerdings besteht die Möglichkeit den Schuldner aus der Einheit räumen zu lassen und danach eine Vermietung vorzunehmen. Von der Rechtsprechung wird teilweise eine die Räumung der Wohnung rechtfertigende

Gefährdung der Zwangsverwaltung angenommen, wenn der Schuldner das Hausgeld nicht zahlt. So hat etwa das LG Dessau einer Räumungsklage gegen einen Eigentümer stattgegeben, der mit dem Verwalter einen Mietvertrag geschlossen hatte. In diesem Fall habe der Schuldner auf den gesetzlichen Schutz verzichtet[1].

705 Außerdem besteht die Möglichkeit bei einer sich eventuell anschließenden Zwangsversteigerung die eingesetzten Mittel über die dargelegte Privilegierung zurückzuerhalten. Dies wird dann lohnenswert sein, wenn größere Reparaturen anstehen, da die dann vielfach erheblichen Sonderumlagen an erster Rangstelle stehen und bei Erlös durch ein Versteigerungsverfahren befriedigt werden.

Sinnlos ist die Zwangsverwaltung hingegen dann, wenn feststeht, dass sich für ein Wohnungseigentum weder ein freihändiger Kaufinteressent, noch ein Bieter in der Zwangsversteigerung finden lassen wird. Dies läuft auf eine ersatzlose Vorfinanzierung der Zwangsverwaltung hinaus, die nur Belastungen bringt.

4.4.5.3. Nutzungen

706 Die Pflicht des Zwangsverwalters besteht darin, sog. **Nutzungen** (§§ 100, 99 BGB) aus dem Wohnungseigentum zu ziehen. Hierunter sind vor allem die Mieten des vermieteten Wohnungseigentums zu verstehen. Die Zwangs-Verwaltung ist deshalb zu empfehlen, weil hier die Aussicht auf Erfüllung wenigstens der untitulierten laufenden Wohngeldraten gegeben ist, im Idealfall auch der titulierten Wohngeldrückstände.

707 Andererseits führen **vorgehende Drittrechte** oder auch einfach nur zu geringe (z.B. geminderte) Mieten bzw. hohe Wohngelder nicht selten dazu, dass auch bei vermietetem Wohnungseigentum keine Überschüsse zur Befriedigung des Gläubigers übrig bleiben. Die Zwangsverwaltung kann die oben dargestellten Vorausverfügungen beeinträchtigen.

708 Ein weiterer **Schutzantrag** ist hier zu erwähnen, der sog. Pfändungsschutzantrag (§ 851b ZPO). Sind die gepfändeten Mieten für die laufende Unterhaltung und die notwendige Instandhaltung des Wohnungseigentums unentbehrlich, so kann dieser Antrag gestellt werden. Dann kann erreicht werden, dass über diesen Pfändungsschutzantrag die Mieten zur Zahlung des Wohngeldes erfolgen. Sie sind naturgemäß auf die Höhe des Wohngeldes beschränkt. Antragsberechtigter ist nicht der Wohnungseigentümer als Schuldner, sondern dies kann auch der WEG-Verwalter vornehmen[2].

---

1 LG Dessau NZM 2007, 308; LG Zwickau Rpfleger 2004, 646; AG Heilbronn Rpfleger 2004, 236; AG Dresden ZMR 2006, 816; AG Schwäbisch-Hall ZMR 2006, 600.
2 *Steinmann* GE 2000, 1596, 1601.

4.4.5.4. Wohngeld

Da der Zwangsverwalter auch die **Verpflichtungen begleichen** muss, hat er auch die Ausgaben der Verwaltung zu begleichen. Hierzu zählen natürlich zunächst die laufenden Wohngelder, also WP-Zahlungen und Sonderumlagen. Bei der Jahresabrechnung ist die Rechtsprechung des Bundesgerichtshofs zur sog. **Abrechnungsspitze** zu beachten. Sie ist zunächst für Insolvenzfällen entwickelt worden und dann auf den rechtsgeschäftlichen Erwerb ausgedehnt worden. Sie gilt aber auch bei den Fällen der Zwangsverwaltung. Der BGH hat in dem Insolvenzfall bereits auf die sinngemäße Anwendung bei Zwangsverwaltungen hingewiesen[1]. Zwischenzeitlich sind die Obergerichte dem für den Fall der Zwangsverwaltung gefolgt[2]. 709

Das bedeutet im einzelnen, dass der **Zwangsverwalter** nur die nach Anordnung der Zwangsverwaltung erstmals fällig werdenden Wohngeldforderungen als Ausgaben der Verwaltung zu erfüllen hat. Dies bedeutet insbesondere die monatlichen Wirtschaftsplanraten. Wird nach Anordnung der Zwangsverwaltung die **Jahresabrechnung** beschlossen, hat der Zwangsverwalter aus einem Schuldsaldo nur die Beträge vorweg zu begleichen, die nicht bereits vorher einmal fällig geworden sind. Dies gilt selbst dann, wenn der Zwangsverwalter die Jahresabrechnung nicht angefochten hat und diese damit bestandskräftig geworden ist. 710

4.4.5.5. Haftung

Es besteht jedoch dann eine Ausnahme, wenn in der Gemeinschaftsordnung eine **Erwerberhaftung** vereinbart worden ist[3] bzw. eine Regelung, wonach vor Anordnung der Zwangsverwaltung fällig gewordene Beiträge vorab vom Zwangsverwalter zu begleichen sind[4]. Dem Ersteher in der Zwangsversteigerung gegenüber selbst ist eine vereinbarte Erwerberhaftung unwirksam, da sie gegen zwingendes Recht (§ 56 ZVG, § 134, BGB) verstößt[5]. Da der Nachzahlungsbetrag von dem Zwangsverwalter zu bezahlen ist, steht auch ein eventuelles Guthaben dem Zwangsverwalter zu. 711

4.4.5.6. Mehrere Wohnungseigentumseinheiten in der Zwangsverwaltung

Stehen **mehrere Einheiten** desselben Schuldners unter Zwangsverwaltung und sind nur einige davon vermietet, ist der Zwangsverwalter nicht berechtigt eingezogene Mieten zur Abdeckung von Wohngeldern für leerste- 712

---

1 BGH NJWE 1994, 1866, 1867.
2 BayObLG ZMR 1999, 577; OLG Hamburg DWE 1999, 169.
3 BGH NJW 1994, 2950.
4 Abweichung von § 155 Abs. 1 ZVG *Müller* ZMR 1999, 669, 671.
5 BGH NJW 1987, 1639.

hende Einheiten zu verwenden. Jedes Wohnungseigentum bildet nach der Rechtsprechung ein selbständiges Haftungs- und Vollstreckungsobjekt[1].

4.4.5.7. Haftung des Zwangsverwalters

713 Der Zwangsverwalter haftet nicht an Stelle des Eigentümers, sondern **neben diesem**, während bei einem Eigentümerwechsel nur der Erwerber für die Abrechnungsspitze haftet[2]. Das heißt, dass der Eigentümer jederzeit nach wie vor belangt werden kann.

4.4.5.8. Wohnrecht des Schuldners

714 Wenn der **Schuldner** oder seine Familie bei Beschlagnahme **in dem Wohnungseigentum wohnt**, so sind die für den Hausstand unentbehrlichen Räume grundsätzlich ihm zu belassen (§ 149 Abs. 1 ZVG). Zu diesen unentbehrlichen Räumen gehören keine Stellplätze oder Sondernutzungsflächen außerhalb der Räume. Bis auf Kfz-Stellplätze werden in der Praxis entbehrliche Räume kaum vermietbar sein, da sie keine eigenständigen Einheiten darstellen.

715 Lediglich bei Gefährdung des Wohnungseigentums oder der Verwaltung kann dem Schuldner die Räumung aufgegeben werden (§ 149 Abs. 2 ZVG), deren Vorliegen von der Rechtsprechung nunmehr eingeengt ausgelegt wird[3].

716 Gehören dem Schuldner **mehrere beschlagnahmte Wohnungseigentumseinheiten**, kann ihm eine andere zugewiesen werden, wenn sich die von ihm bewohnte ertragsreicher vermieten lässt. Nach Beschlagnahme hat der Wohnungseigentümer kein Recht zum Einzug. Wenn er also nicht in der Wohnung wohnte, kann er auch nach Beschlagnahme nur gegen Mietzahlung in die Wohnung einziehen. Handelt es sich bei den Räumen nicht um Wohnräume, darf der Zwangsverwalter diese dem Schuldner stets nur gegen Entgelt überlassen[4]. Als Beispiel sind hier wiederum die Kfz-Stellplätze, an denen Sondernutzungsrechte bestehen, zu nennen.

4.4.5.9. Rechte des Zwangsverwalters/Rechte des Schuldners

717 Durch die Beschlagnahme soll der Zwangsverwalter in die **Rechtsstellung des Schuldners** eintreten. Dies bedeutet, so die herrschende Meinung in Rechtsprechung und Literatur, dass der Zwangsverwalter in die sog. Mitgliedschaftsrechte eintritt.

---

1 OLG Stuttgart OLGZ 1977, 125.
2 KG WE 2001, 9; OLG Köln DWE 1989, 30.
3 Siehe hierzu Rz 704.
4 BGH NJW 1992, 2487 für eine Lagerhalle.

Diese **Mitgliedschaftsrechte** sind letztendlich alle Rechte des Wohnungseigentümers, wie z.B. Teilnahme, Stimmabgabe und Beschlussanfechtung einer Wohnungseigentümerversammlung[1]. Es bestehen erhebliche Bedenken gegen diese herrschende Auffassung.

Der Zweck der Zwangsverwaltung ist nur die **Einziehung und Verteilung der eingehenden Mieten** nach der Rangfolge (§§ 10, 155 ZVG). Jede Tätigkeit der Gemeinschaft ist deshalb dahingehend zu überprüfen. Der Schuldner bleibt außerdem Eigentümer und Mitglied der Gemeinschaft. Die Mitgliedschaft ist aber ein höchst persönliches Recht und nicht ein der Beschlagnahme unterfallendes Recht.

Schließlich ist der Schuldner nur für die Dauer der Zwangsverwaltung von der **Verwaltung und Nutzung seines Wohnungseigentums** ausgeschlossen. Weil er nach Beendigung des Verfahrens seine uneingeschränkte Rechtsstellung zurückerlangt, hat er ein ununterbrochenes Eigeninteresse an der Entscheidung der Gemeinschaft. Hierin liegt auch der wesentliche Unterschied zur Zwangsversteigerung oder zur Insolvenz.

Deshalb ist nach einer starken Mindermeinung zu prüfen, ob die **Handlung** durch den Zweck der Vollstreckung **gedeckt** ist[2]. Diese Meinungen bekommen aufgrund eines neueren BGH-Beschlusses zur Zwangsverwaltung[3] neuen Auftrieb. In der Entscheidung hat der Bundesgerichtshof in der Stellung des Zwangsverwalters gewisse Parallelen zum Nießbraucher festgestellt. Die Gemeinsamkeit besteht in der beschränkten Nutzungsbefugnis (durch § 1037 ff. BGB). Die bedeutet im Einzelnen:

4.4.5.9.1. Teilnahme- und Rederecht in Versammlungen

Die **Teilnahme an Versammlungen** ist das wesentliche Recht eines jeden Eigentümers. Gleichzeitig muss aber auch dem Zwangsverwalter eine Teilnahme eingeräumt werden. Dies bedeutet, dass sowohl der Eigentümer als auch der Zwangsverwalter an der Versammlung teilnehmen dürfen, unabhängig vom Tagesordnungspunkt. Damit hat der WEG-Verwalter bei einer Zwangsverwaltung beide zu laden. Dieses Teilnahmerecht kann (auch bei Stimmrechtsausschluss) weder durch Vereinbarung noch durch Beschluss ausgeschlossen werden. Die Teilnahme gehört nämlich zu den Elementarrechten des Eigentümers, wie auch das Rederecht.

---

1 Z.B. *Bärmann/Pick/Merle* § 25 Rz. 22.
2 KG NJW-RR 1987, 77; *Häublein* ZfIR 2005, 337; *Sauren*, WEG, 4. Aufl., § 25 Rz. 11.
3 BGH NZM 2005, 156.

4.4.5.9.2. Stimmrecht

723 Nach der herrschenden Meinung übt der **Zwangsverwalter das Stimmrecht** uneingeschränkt aus[1]. Hauptgrund für die herrschende Meinung ist wohl die Praktikabilität.

724 Hierbei ist jedoch zu berücksichtigen, dass die herrschende Meinung in vielen Fällen zu einem **unangemessenen Ergebnis führt**. Zunächst ist zu berücksichtigen, dass der Eigentümer für alle nach der Anordnung der Zwangsverwaltung beschlossene Beiträge neben dem Zwangsverwalter weiter haftet[2]. Zwar ist die Haftung rechtlich und faktisch subsidiär, jedoch kann den Eigentümer früher oder später diese Belastung treffen.

725 Darüber hinaus führt die herrschende Meinung in manchen Fällen auch zu unangemessenen Ergebnissen. Wenn ein Beschlussgegenstand außerhalb des **Aufgabenbereichs des Zwangsverwalters** und Zweck der Zwangsverwaltung liegt, muss das Stimmrecht beim Eigentümer verbleiben. Deshalb ist die Ansicht abzulehnen, wonach bei allen Beschlussgegenständen eine tatsächliche Vermutung für einen Bezug zur Zwangsverwaltung streite[3]. Danach ist wie folgt zu unterscheiden:

726 Der Zwangsverwalter ist hinsichtlich der **Jahresabrechnung, des Wirtschaftsplans und einer Verwalterwahl und -abwahl stimmberechtigt**[4]. Der Zwangsverwalter ist aber nicht befugt Rechtsmittel zurückzunehmen oder eine bauliche Veränderung zu genehmigen[5] oder eine Versicherung zu kündigen[6]. Durch einen Beschluss über die Unterlassung oder auch Duldung einer zweckbestimmungswidrigen Nutzung durch einen Miteigentümer wird der Nutzungswert der Zwangsverwaltung des Wohnungseigentums nicht berührt. Dasselbe gilt bei baulichen Veränderungen am Wohnungseigentum von Miteigentümern. Hier ist deshalb das alleinige Stimmrecht des Eigentümers gegeben. Bauliche Veränderungen am zwangsverwalteten Wohnungseigentum müssen dem Zwangsverwalter grundsätzlich untersagt sein, da wesentliche Substanzeingriffe in die Verwaltungsmasse über Verwaltung und Benutzung hinausgehen[7]. Hinsichtlich der baulichen Veränderung steht dem Zwangsverwalter kein Stimmrecht zu, es sei denn, es drohen geringere Mieten oder die Belastung der Masse mit Bau- oder Folgekosten. Will dagegen ein Miteigentümer auf eigene Kosten einen Balkon oder eine Markise anbauen oder eine Wand durchbrechen, ist der Schuldner, d.h. der Eigentümer, stimmberechtigt.

---

1 OLG Hamm DWE 1987, 54; OLG Köln WE 1990, 105, wörtlich: „Nimmt Rechte des Wohnungseigentümers wahr."
2 KG WE 2001, 9; OLG Köln DWE 1989, 30.
3 BayObLG NZM 1999, 77 (78); KG WuM 1990, 324.
4 KG WE 1990, 206.
5 KG NJW-RR 1987, 77.
6 OLG Hamm NJW-RR 2001, 394.
7 Im Sinne des § 152 Abs. 1 ZVG: KG NJW-RR 1987, 77.

Es erfolgt auch kein geballtes Stimmrecht, sondern für den einzelnen Beschlussgegenstand muss jedes Mal festgelegt werden, wer stimmberechtigt ist, der Zwangsverwalter oder der Wohnungseigentümer. Damit handelt es sich nicht um das Stimmrecht von mehreren Eigentümern (analog § 25 Abs. 2 S. 2 WEG). Der Zwangsverwalter übt gerade sein Stimmrecht als Organ der Rechtspflege selbständig, im eigenen Namen und aus eigenem Recht aus[1], also gerade nicht in irgendeiner Abhängigkeit vom Eigentümer.

727

Der säumige Schuldner ist häufig auch rechtskräftig zur Veräußerung seines Wohnungseigentums verurteilt (gem. § 19 WEG). Dann steht dem Eigentümer kein Stimmrecht mehr zu, und zwar wegen Stimmrechtsausschluss (gem. § 25 Abs. 5, Fall 3, 18 WEG). Dieser Stimmrechtsausschluss ist natürlich Eigentümerbezogen und nicht Objektbezogen. Das Stimmrecht des Zwangsverwalters bleibt ihm.

4.4.5.10. Anfechtungsrecht

Das Anfechtungsrecht ist das verfahrensrechtliche Seitenstück zum Stimmrecht, vor allem als Schutzrecht bei nicht erfolgter Stimme[2]. Damit steht demjenigen, der das Stimmrecht hat auch das Anfechtungsrecht zu. Hier ist deshalb wie bei Punkt 4.4.5.9.2 entsprechend zu unterscheiden.

728

4.4.5.11. Niederschrifteneinsicht

Jeder Wohnungseigentümer ist berechtigt, die Niederschriften einzusehen (§ 24 Abs. 6 S. 3 WEG). Daraus wird allgemein ein Einsichtsrecht in alle Belege abgeleitet. Durch das Einsichtsrecht will sich der Wohnungseigentümer Kenntnis über bestimmte Vorgänge verschaffen, jedoch nicht durch Erklärung des Verwalters, sondern durch Einsichtnahme in die Urkunde. Dieses Einsichtsrecht hat jeder Wohnungseigentümer[3]. Dieses Belegeinsichtsrecht ist **sowohl dem Wohnungseigentümer als auch dem Zwangsverwalter** zuzubilligen, da es eine Haftung des Eigentümers gibt.

729

4.4.5.12. Eingriffe in Gemeinschaftsordnung, Vereinbarung durch den Zwangsverwalter

Diese Fragen betreffen den Kernbereich des Wohnungseigentums und sind **nur vom Eigentümer** zu bestimmen, da der Zwangsverwalter nur Früchte zu ziehen hat. Dies gilt selbst bei Veränderungen, z.B. des Kostenverteilungsschlüssels, die auch den Zwangsverwalter betreffen. Zu Recht wird ein solch weitreichendes Recht des Zwangsverwalters aber abgelehnt. Mit Vereinbarung regeln die Eigentümer ihre Verhältnisse untereinander, d.h.,

730

---

1 BayObLG NZM 1999, 77, 78.
2 Z.B. BayObLG MDR 1999, 152.
3 OLG Köln ZMR 2001, 851.

diese verlassen den Bereich der laufenden Verwaltung und gehen in den Kernbereich über. Dieser Kernbereich ist nur dem Eigentümer vorbehalten.

4.4.5.13. Prozessführungen des Zwangsverwalters

731 Durch die Zwangsverwaltung geht die **aktive und passive Prozessführungsbefugnis** hinsichtlich aller zur Zwangsverwaltung gehörenden Rechte und Pflichten auf den Zwangsverwalter über (§ 152 Abs. 1 ZVG)[1]. Nach Aufhebung der Zwangsverwaltung ist der Zwangsverwalter befugt anhängige gerichtliche Verfahren jedenfalls dann in weiteren Instanzen fortzuführen, wenn es um Nutzungen aus der Zeit seiner Amtstätigkeit geht[2]. Als Beispiel sind Wohngeldverfahren zu nennen. Der Zwangsverwalter kann hier das Wohngeldverfahren bis zur Entscheidung weiter führen.

732 Andererseits ist der Zwangsverwalter **nicht befugt** einen vom Eigentümer geführten Prozess und eingelegte Rechtsmittel bei fehlendem Zusammenhang mit seinem Aufgabenbereich und/oder mit dem Zweck der Zwangsverwaltung zurückzunehmen[3].

4.4.5.14. Insolvenzeröffnungen

733 Die Insolvenzeröffnung hat auf die Prozessbefugnis des Zwangsverwalters keinen Einfluss. Da die **Zwangsverwaltung wirksam** (§ 80 Abs. 2 S. 2 InsO) bleibt, bestehen die daraus resultierenden Rechte und Pflichten des Zwangsverwalters unverändert fort. Geltend gemachte Ansprüche sind fortan lediglich gegen den Insolvenzverwalter zu richten[4].

4.4.5.15. Rücknahme des Antrags auf Zwangsverwaltung

734 Eine **Antragsrücknahme bezüglich der Zwangsverwaltung** führt nicht zum rückwirkenden Wegfall der gesetzlichen Wirkung, d.h., die Zwangsverwaltungsmasse haftet für die während der Zwangsverwaltung fällig gewordenen Beträge weiter fort.

735 Der Zwangsverwalter hat nach Aufhebung an den Eigentümer alles herauszugeben und abzurechnen[5]. Bei Antragsrücknahme wird die Masse **von der Beschlagnahme frei** und der nach Abwicklung bestehende Überschuss steht dem Eigentümer zu, da er nach wie vor neben dem Zwangsverwalter weiterhin für das Wohngeld haftet. Nach Antragsrücknahme soll der Zwangsverwalter nur noch die nötigsten Sachen abwickeln. Auch wenn noch Masse vorhanden ist, erhalten die WEG regelmäßig kein Wohngeld mehr, selbst wenn der Zwangsverwalter noch eine Miete einnehmen soll-

---

1 BGH NJW 1992, 2487.
2 KG WE 2001, 9; BGH NJW-RR 1990, 1213.
3 KG NJW-RR 1987, 77.
4 BGH NJW 1992, 2487.
5 KG WE 2001, 9, 10.

te, da der Mieter die Benachrichtigung zur Aufhebung nicht rechtzeitig erhalten hat.

4.4.5.16. Abrechnungen

Sollten nach der Vorwegbestreitung der Verwaltungsausgaben und der Verfahrenskosten noch **Überschüsse** verbleiben, hat der Zwangsverwalter wie folgt abzurechnen: Eventuell noch laufende öffentliche Lasten (z.B. Grundsteuern, Wassergeld, Schornsteinfeger, etc.) müssen beglichen werden (§ 156 Abs. 1 ZVG). Sollten dann noch immer Überschüsse verbleiben ist ein **Teilungsplan** zu erstellen (vgl. § 155 Abs. 2 S. 2 ZVG). Dabei ist eine Reihenfolge einzuhalten (vgl. § 10 Abs. 1 Nr. 1 bis 5, § 155 Abs. 2 S. 1 ZVG). In der Praxis hat regelmäßig nur der erstrangige Grundbuchgläubiger eine Chance auf Zuteilung, da die zu bedienenden laufenden dinglichen Grundpfandrechtszinsen (in der Regel heute 15–20 %) bezogen auf das eingetragene Kapital die Masse bereits regelmäßig ausschöpfen. Alle übrigen Gläubiger fallen damit regelmäßig aus. Soweit die Wohngeldforderungen privilegiert behandelt werden, besteht aber auch für diese insoweit eine Chance auf Zuteilung.

736

4.4.6. Ablauf des Zwangsverwaltungsverfahrens

4.4.6.1. Verband als Gläubiger

Hat der Verband gegen einen der Eigentümer einen **Titel auf Zahlung von Hausgeld** oder sonstigen zu zahlenden Leistungen erwirkt, kann der Verband die Zwangsverwaltung beantragen. Ist das Urteil noch nicht rechtskräftig, und ist es nur gegen Sicherheitsleistung für vorläufig vollstreckbar erklärt worden, muss seitens der Eigentümergemeinschaft vor Einleitung der Zwangsvollstreckung erst die benannte Sicherheit gestellt werden. Vor Stellung der Sicherheit können grundsätzlich nur solche Maßnahmen der Zwangsvollstreckung ausgebracht werden, die dem Gläubiger lediglich eine Sicherung seines Anspruchs geben (§ 720a ZPO). Dies folgt daraus, dass immer noch die Möglichkeit besteht, dass der Titel aufgehoben wird und der Schuldner einen nicht wieder gutzumachenden Nachteil erleidet, wenn keine Sicherheit besteht, und der Vollstreckende das empfangene Geld nicht zurückzahlen kann.

737

Ist das Urteil ohne Sicherheitsleistung für vollstreckbar erklärt worden, was nur bei Forderungen unter 1250 Euro in Betracht kommen wird (§ 708 Nr. 11 ZPO) braucht keine Sicherheit gestellt zu werden; allerdings hat der Schuldner in diesem Fall die Möglichkeit die Eigentümergemeinschaft zur Stellung der Sicherheit zu zwingen, in dem er seinerseits eine entsprechende Sicherheit stellt (§ 711 ZPO).

738

Der Titel muss mit der Vollstreckungsklausel versehen sein und dem Gegner zugestellt werden. Liegt dies alles vor, kann die Gemeinschaft den Antrag auf Einleitung der Zwangsverwaltung stellen.

739

740 Nach Eingang des Antrages wird das Gericht die **Beschlagnahme des Grundstückes** durch den Anordnungs- bzw. Beitrittsbeschluss anordnen. In dem Beschluss wird das Gericht weiter den Zwangsverwalter für das Objekt benennen. Für den WEG-Verwalter besteht im Regelfall keine Aussicht darauf, als Zwangsverwalter in Betracht zu kommen. Da der WEG-Verwalter die Interessen des Verbandes und der Eigentümer zu vertreten hat und andererseits der Zwangsverwalter jedenfalls auch die Interessen des Schuldners berücksichtigen muss, besteht eine Interessenkollision, die es im Regelfall verbietet, den WEG-Verwalter auch zum Zwangsverwalter zu machen.

741 Schließlich wird das Gericht in dem Anordnungsbeschluss regelmäßig dazu auffordern, Nachweise über die Versicherungspflicht zu liefern. Für den WEG-Verwalter besteht in dieser Situation die Pflicht, die notwendigen Unterlagen zur Verfügung zu stellen. Werden die Unterlagen nicht vorgelegt, wird der Zwangsverwalter eine eigenständige Versicherung abschließen, was zur Folge hat, dass dann eine Doppelversicherung vorliegt. Dies führt jedenfalls zur doppelten Prämienkosten, die vermeidbar sind, wenn bereits eine Versicherung besteht.

742 Der Zwangsverwalter wird als ersten Schritt die der Zwangsverwaltung unterliegenden Räumlichkeiten in Besitz nehmen und einen Übernahmebericht erstellen. Zusammen mit diesem Übernahmebericht wird der Zwangsverwalter in Regelfall auch mitteilen, welche voraussichtlichen Kosten anfallen, und soweit erforderlich einen Vorschuss von der Gemeinschaft anfordern. Wird der Vorschuss seitens der Gemeinschaft nicht gezahlt, wird im Regelfall das Verfahren eingestellt.

743 Der Zwangsverwalter ist jedenfalls dann zu der Eigentümerversammlung einzuladen, wenn Punkte anstehen, zu denen er möglicherweise stimmberechtigt ist[1].

4.4.6.2. Antragstellung durch Dritten

744 Wird der **Antrag auf Zwangverwaltung durch einen Dritten** gestellt, erfährt der Zwangsverwalter im Regelfall erst durch den Zwangsverwalter hiervon. Auch hier stellt sich die Frage, welche Pflichten die Gemeinschaft und den Verwalter treffen.

745 Da der Zwangsverwalter im Regelfall über keinerlei Unterlagen verfügt, besteht auch hier die Pflicht für die Eigentümer und den Verwalter jedenfalls die Nachweise über bestehende Versicherungen zu übersenden. Erfolgt dies nicht, wird auch hier der Verwalter eine einständige Versicherung abschließen. Zwar ist Antragsteller hier ein anderer, so dass die Kosten hierfür nicht direkt der Gemeinschaft auferlegt werden. Allerdings sind

---

1 Siehe bei Rz. 723.

diese Kosten aus eventuellen Mieteinnahmen zu decken, so dass die insoweit zu erzielenden Erlöse jedenfalls gemindert werden.

Anders als bei der Antragstellung durch die Gemeinschaft wird der Zwangsverwalter auch nicht die Höhe der monatlich zu zahlenden Hausgelder kennen. Der WEG-Verwalter muss mit dem Zwangsverwalter zusammenarbeiten und ihn informieren. Aus den erzielten Einnahmen sind die laufenden Hausgelder vorweg zu begleichen. Der WEG-Verwalter bekommt daher die Möglichkeit, jedenfalls die laufenden Hausgelder abzudecken, weshalb die Pflicht für den Verwalter gegeben ist, den Zwangsverwalter in die Lage zu versetzen, die entsprechenden Gelder abzuführen. 746

Der Zwangsverwalter ist auch in dieser Fallkonstellation zu der Eigentümerversammlung einzuladen, wenn Punkte anstehen, zu denen er möglicherweise stimmberechtigt ist[1]. 747

4.5. Zwangsversteigerung

Neben der Zwangsverwaltung steht den Eigentümern auch die Möglichkeit offen, das Wohnungseigentum des Schuldners **zwangsversteigern** zu lassen (§ 15 ff. ZVG). Anders als die Zwangsverwaltung ist die Zwangsversteigerung nicht darauf ausgerichtet, aus den Nutzungen des Wohnungseigentums die Gläubiger zu befriedigen. Vielmehr wird bei der Zwangsversteigerung die Substanz, d.h. das Wohnungseigentum selbst verwertet. 748

Auch die Zwangsversteigerung muss seitens des Verbandes bei dem Amtsgericht als Vollstreckungsgericht beantragt werden. Auch hier ist ein vollstreckbarer Titel nebst Klausel und Zustellungsnachweis notwendig. Ggf. muss auch hier die Sicherheitsleistung noch erbracht werden. Der Antrag selber unterliegt nicht dem Anwaltszwang und kann formlos schriftlich oder zur Protokoll des Urkundsbeamten des Gerichts angebracht werden. Zuständig ist das Amtsgericht, in dessen Bezirk der Grundbesitz liegt. 749

In dem **Antrag** muss das Grundstück so genau angegeben werden, dass seine Identität außer Zweifel steht. Im Regelfall wird die genaue grundbuchmäßige Bezeichnung nach Grundbuch, Blattnummer, Flur und Flurstücksnummer anzugeben sein. Weiter muss in dem Antrag die Forderung um deretwillen die Zwangsversteigerung betrieben wird genau nach der Hauptsacheforderung, den Zinsen und Kosten angegeben werden. Weiter muss angegeben werden, ob die Vollstreckung lediglich aus einem schuldrechtlichen Titel heraus erfolgt oder ob auch eine grundbuchrechtliche Absicherung, d.h. Hypothek oder Grundschuld vorliegt. Hierbei ist noch auf folgendes hinzuweisen: 750

Die Gemeinschaft kann die Zwangsversteigerung nicht nur betreiben, wenn sie über eine grundbuchrechtliche Absicherung verfügt. Vielmehr 751

---
1 Siehe bei Rz. 723.

kann die Zwangsversteigerung auch aus einem **schuldrechtlichen Titel** heraus betrieben werden. Allerdings ist, worauf später noch näher einzugehen sein wird, bei der Verteilung des Erlöses aus der Zwangsversteigerung zu beachten, dass dieser nicht gleichmäßig unter allen bekannten Gläubigern aufgeteilt wird, sondern vielmehr eine strenge Rangfolge beachtet wird. Hat die Gemeinschaft keine grundbuchrechtliche Absicherung, wird sie aufgrund dieser einzuhaltenden Rangfolge nur dann bedient, wenn der Erlös aus der Zwangsversteigerung ausreicht, um sämtliche im Grundbuch eingetragenen Absicherungen zu bedienen (siehe § 10 ZVG).

Beispiel:
Betreibt die Gemeinschaft die Zwangsversteigerung wegen einer Forderung in Höhe von 5000 Euro und sind im Grundbuch zwei Grundschulden über 10 000 Euro und 15 000 Euro eingetragen, wird die Forderung über 5000 Euro nur dann bedient, wenn der Erlös aus der Versteigerung ausreicht, sowohl die Hypothek über 10 000 Euro, als auch die Hypothek über 15 000 Euro zu bedienen und dann noch Geld über bleibt.

752 Etwas anderes gilt nur dann, wenn wie unter Punkt 4.4.5.2 dargelegt, die Forderungen der Gemeinschaft privilegiert behandelt werden (§ 10 Abs. 1 Nr. 2 ZVG)[1]. Verfügt die Gemeinschaft daher nur über einen schuldrechtlichen Titel, macht die Versteigerung nur dann Sinn, wenn erwartet werden kann, dass der Erlös aus der Vollstreckung ausreicht, um die grundbuchrechtlichen Absicherungen zu bedienen. Daher muss zunächst durch Einblick in das Grundbuch geklärt werden, wie die Belastungen aussehen. Da jedoch im Grundbuch nur die Forderungen eingetragen sind, wie sich im Zeitpunkt der Eintragung bestanden und sich zwischenzeitlich durch Zahlungen der Bestand des gesicherten Darlehens verändert haben kann, muss als nächster Schritt in Erfahrung gebracht werden, wie hoch die tatsächliche Belastung noch ist. Dies wird nur der betreffende Darlehensgeber, im Regelfall die Bank, mitteilen können. Falls der Darlehensgeber sich weigert, die entsprechende Information mitzuteilen, sollte der Auskunftsanspruch des Schuldners gegen seinen Darlehensgeber gepfändet werden.

753 Liegt ein wirksamer Antrag vor, wird das Vollstreckungsgericht wiederum durch den so genannten Anordnungsbeschluss **das Grundstück beschlagnahmen**. Auch im Zwangsversteigerungsverfahren hat dies zur Folge, dass ein relatives Veräußerungs- und Belastungsverbot erfolgt (§ 23, Abs. 1 Satz 1 ZVG). Wichtig ist, dass durch die Beschlagnahme nicht die Miet- und Pachtzinsen umfasst werden. Daher kann neben der Zwangsversteigerung auch die Zwangsverwaltung betrieben werden.

754 Maßgeblich für das weitere Verfahren ist die **Festsetzung des Verkehrswertes**. Der Verkehrswert für das weitere Verfahren ist wichtig, da der am Ende der Versteigerung zu erfolgender Zuschlag unter gewissen Voraussetzungen versagt werden muss:

---

1 Siehe Rz. 700.

Erreicht im Versteigerungstermin ein Gebot nicht **mindestens** 7/10 **des Ver-** 755
kehrswertes kann ein Berechtigter, dessen Anspruch durch das Meistgebot nicht gedeckt ist, aber mit einem Gebot in der genannten Höhe gedeckt sein würde, die Versagung des Zuschlages beantragen (§ 74a Abs. 1 ZVG). Erreicht das Gebot noch nicht einmal 5/10 des Verkehrswertes, ist der Zuschlag im ersten Termin zwingend zu versagen (§ 85a ZVG). Wichtig ist zu beachten, dass beide Grenzen nur für den ersten Termin gelten.

Zur Festsetzung des Verkehrswertes wird sich das Gericht im Regelfall **ei-** 756
nes Sachverständigen bedienen. Falls ein aktuelles Verkehrswertgutachten vorliegt kann auch dieses verwendet werden. Zur Festsetzung des Verkehrswertes wird der Gutachter das Wohnungseigentum besichtigen. Dabei kommt es oftmals vor, dass der Gutachter vor verschlossenen Türen steht. Geht es der Eigentümergemeinschaft darum, den Eigentümer aus der Eigentümergemeinschaft zu drängen, sollte sie in diesem Fall den Sachverständigen das Gutachten ohne Besichtigung des Objekts von innen erstellen lassen. Der Sachverständige wird in diesen Fall einen Sicherheitsabschlag vom Wert des Objektes vornehmen und dadurch den Verkehrswert niedriger ansetzen. Umso niedriger der Verkehrswert ist, desto niedriger liegen auch die 7/10- und 5/10-Grenzen. Das wiederum hat zur Folge, dass weniger geboten werden muss, um den Zuschlag zu erhalten.

Hat die Eigentümergemeinschaft hingegen ein Interesse daran, dass mög- 757
lichst viel geboten wird (etwa weil sie ausnahmsweise Aussichten hat aus dem Erlös bedient zu werden) kann sie von dem Schuldner verlangen, dass dieser **den Zutritt** gestattet[1].

Nach Festsetzung des Verkehrswertes wird das Gericht **den Versteige-** 758
rungstermin bekannt geben. Dieser unterfällt in drei Teile. Zunächst findet der Bekanntmachungsteil statt, welchem das Gericht insbesondere das geringste Gebot und die bestehend bleibenden Rechte mitteilt. Anschließend folgt die eigentliche Bietungsstunde, in welcher die Gebote abgegeben werden können. Damit ein Gebot zulässig ist, muss mindestens das geringste Gebot erreicht werden.

Der Bietungsstunde schließt sich die Verhandlung über den Zuschlag an. 759
Grundsätzlich ist der Zuschlag dem Meistbietenden zu erteilen. Es kann jedoch die Versagung des Zuschlages beantragt werden, wenn die 7/10-Grenze des Verkehrswertes nicht erreicht ist. Ebenso muss das Gericht den Zuschlag versagen, wenn die 5/10-Grenze des Verkehrswertes nicht erreicht ist. Im diesem Fall wird das Gericht einen zweiten Versteigerungstermin bestimmen. Bei diesem gelten dann die vorgenannten Grenzen nicht mehr und es muss nur das geringste Gebot eingehalten werden. Kommt auch im zweiten Termin kein wirksames Gebot zustande, wird das Verfahren eingestellt.

---

1 AG Aachen FamRZ 1999, 848.

760 Wird der **Zuschlag** erteilt, hat dies zur Konsequenz, dass der Erwerber durch öffentlich rechtlichen Hoheitsakt in die Wohnungseigentümergemeinschaft einrückt.

761 Nach Zahlung des Gebotes wird aus dem Versteigerungserlös **die Befriedigung der Gläubiger** betrieben. Dabei wird nach einem strengen Rangsystem vorgegangen. Eine Zuteilung an die Eigentümer kommt nur in Betracht, wenn entweder die Forderung der Eigentümer durch Privilegierung nach vorne rutscht[1] oder aber die Eigentümergemeinschaft es geschafft hat, sich eine grundbuchrechtliche Sicherung in den ersten Rängen zu sichern.

4.6. Gewährleistungsansprüche bei Baumängeln

762 Beim Erwerb, Neu- oder Umbau oder bei Reparaturen am Sonder- oder Gemeinschaftseigentum kann der Eigentümer mit Fragen der **Gewährleistung** konfrontiert sein.

4.6.1. Systematik der Gewährleistungsregeln[2]

763 **Zentraler Begriff** der Gewährleistung ist die Verletzung oder Nichterfüllung einer vertraglichen Pflicht (§ 280 Abs. 1 BGB). Zu den vertraglichen Pflichten gehören die **Hauptpflichten**, wie z.B. beim Kaufvertrag die Verschaffung des lastenfreien Eigentums an der Wohnung oder die mangelfreie Herstellung des Werkes, wie z.B. die Errichtung eines Gebäudes. Durch gesetzliche Definition ausdrücklich in den Kreis der sanktionsfähigen vertraglichen Pflichten eingeschlossen werden nunmehr auch die sog. vorvertraglichen- und **Nebenpflichten**, wie Informations-, Obhuts- und Schutzpflichten[3].

764 Liegt eine **Pflichtverletzung** vor, stehen dem Betroffenen Gewährleistungsrechte zu. Diese sind nach den jeweiligen Vertragstypen, also Kauf- oder Werkvertrag, teilweise speziell ausgeformt und im Übrigen für alle Rechtsverhältnisse einheitlich geregelt.

765 Allen Gewährleistungssituationen gleich ist, dass zunächst **Nacherfüllung** verlangt werden kann, und bis auf Ausnahmesituationen auch verlangt werden muss. Erst nach Scheitern der Nacherfüllung können die weiteren

---

1 Siehe hierzu Rz. 702.
2 Hinsichtlich der Gewährleistungsregeln für Verträge, die vor dem 1.1.2002 geschlossen wurden – sog. Altverträge –, siehe die 7. Auflage dieses Buches, zu den Übergangsregelungen siehe die 8. Auflage Kapitel 4 Punkt 4.5.1.2.
3 Erbringt der Bauunternehmer ein Werk mangelhaft, z.B. weil das Dach des beauftragten Anbaus undicht ist, hat er eine vertragliche Hauptpflicht verletzt. Ist der Anbau mangelfrei, beschädigt er bei der Errichtung aber das Haupthaus, liegt eine Nebenpflichtverletzung vor, weil der Bauunternehmer zum sorgfältigen Umgang mit dem Eigentum des Bestellers verpflichtet ist. Beide Pflichtverletzungen sind nunmehr gleichgestellt und werden im Wesentlichen gleich behandelt.

Gewährleistungsrechte, wie z.B. Rücktritt, Schadens- oder Aufwendungsersatz, geltend gemacht werden.

4.6.2. Gewährleistung beim Kauf einer Eigentumswohnung

4.6.2.1. Der Mangelbegriff

Hauptpflicht des Verkäufers beim Kaufvertrag ist, dem Käufer die Sache frei von Sach- und Rechtsmängeln zu verschaffen (§ 433 Abs. 1 BGB). Ist die Kaufsache nicht frei von Sach- oder Rechtsmängeln, liegt eine Pflichtverletzung vor. 766

Ein **Sachmangel** liegt vor, wenn die Sache nicht die vereinbarte Beschaffenheit hat (§ 434 Abs. 1 BGB)[1]. Ist keine bestimmte Beschaffenheit vereinbart, kommt es auf die Eignung für die zwischen den Parteien vereinbarte Verwendung[2] oder in letzter Linie auf die Eignung der Sache zur gewöhnlichen Verwendung und die übliche Beschaffenheit an (§ 434 Abs. 2 BGB). Damit liegt es bei den Parteien des Kaufvertrages, eine bestimmte Verwendung zu definieren und damit die Gewährleistung zu begrenzen. 767

Ein **Rechtsmangel** besteht dann, wenn ein Dritter in Bezug auf die Sache gegen den Käufer Rechte geltend machen kann, es sei denn der Käufer hat die Belastungen im Vertrag übernommen (§ 435 Satz 1 BGB). Zu den Rechtsmängeln gehört die Belastung mit sog. dinglichen Rechten Dritter wie z.B. das Pfandrecht oder der Nießbrauch und die sog. obligatorischen Rechte Dritter, wie z.B. das Besitzrecht des Mieters, wenn z.B. die Kaufsache vermietet ist, da die Miete auch gegenüber dem Käufer fortbesteht (§ 566 BGB – Kauf bricht nicht Miete). Dem Rechtsmangel steht es gleich, wenn im Grundbuch ein in Wahrheit nicht bestehendes Recht eingetragen ist (§ 435 Satz 2 BGB). 768

Eine Sonderregelung gilt für **Erschließungs- und sonstige Anliegerbeiträge**. Der Verkäufer hat unabhängig davon, wann die Beitragsschuld (z.B. durch Zustellung des Bescheides) tatsächlich entsteht, für alle Erschließungsbeiträge und sonstigen Anliegerbeiträge aufzukommen. Dies gilt aber dann nicht, wenn die Baumaßnahme (z.B. der Straßenbau) erst nach dem Vertragsschluss begonnen worden ist (§ 436 BGB). 769

Beispiel:
Der Kaufvertrag wird am 1.5. geschlossen. Seit 1.2. plant die Gemeinde zur Erschließung den Bau einer Straße. Am 1.7. wird mit dem Bau der Straße begonnen. Der Verkäufer muss nicht für die Erschließungsbeiträge für diese Straße aufkommen.

---

1 Ist ein Haus ausdrücklich auf Abbruch gekauft, liegt in der mangelnden Bewohnbarkeit kein Sachmangel, da der nach dem Vertrag vorausgesetzte Gebrauch die Bewohnbarkeit nicht einschließt.
2 Soll ein Gebäude nach dem Kaufvertrag als Lagerhalle für schwere Papierrollen genutzt werden, weisen die Stockwerksdecken aber keine ausreichende Belastbarkeit für schwere Lasten auf, liegt ein Mangel vor, da sich das Gebäude nicht für die nach dem Vertrag vorausgesetzte Verwendung eignet.

770 Die **Kostentragungspflicht** kann allerdings vertraglich auf den Käufer übertragen werden. Im Gegenzug haftet der Verkäufer nicht für die Freiheit des Grundstücks von öffentlichen Abgaben und öffentlichen Lasten, die nicht im Grundbuch eingetragen sind (z.B. Baulasten).

771 Neben die vorstehenden Mängel tritt die **Garantie** des Vorhandenseins einer bestimmten Beschaffenheit oder Eigenschaft (vgl. §§ 434 Abs. 3, 443 BGB). Auch das Fehlen dieser Qualität löst Gewährleistungsansprüche aus.

772 Maßgeblicher **Zeitpunkt** für das **Vorliegen eines Mangels** ist die Übergabe der Sache an den Käufer (§§ 434 Abs. 1, 446 BGB). In diesem Zeitpunkt muss der Mangel – zumindest latent – vorhanden sein. Es ist nicht erforderlich, dass sich der – möglicherweise versteckte – Mangel in diesem Zeitpunkt bereits auswirkt und dem Käufer erkennbar wird.

4.6.2.2. Die Gewährleistungsrechte

773 Liegt ein Mangel vor, stehen dem Käufer die besonderen Gewährleistungsrechte des Kaufrechts zu: der vorrangige Anspruch auf Nacherfüllung[1] und der sekundäre Anspruch auf Minderung[2], des Rücktritts[3], des Schadensersatzes[4] und des Ersatzes vergeblicher Aufwendungen[5].

774 Vorrangiges Gewährleistungsrecht ist die **Nacherfüllung** (§§ 437 Nr. 1, 439 Abs. 1 BGB). Nacherfüllung bedeutet die Beseitigung des Mangels oder die Lieferung einer mangelfreien Sache als die Herstellung eines vertragsgemäßen Zustands. Das Wahlrecht zwischen beiden Alternativen steht dem Käufer zu[6]. Die Kosten der Nacherfüllung, also z.B. Arbeits- und Materialkosten, fallen dabei dem Verkäufer zur Last (§ 439 Abs. 2 BGB).

Der Käufer muss den Verkäufer zur Nacherfüllung auffordern und ihm dabei eine angemessene Frist setzen. Schlägt die Nacherfüllung – hier also die Nachbesserung, Reparatur etc. – auch beim zweiten Versuch fehl, kann der Käufer zu den sekundären Gewährleistungsrechten übergehen[7]. Glei-

---

1 Nacherfüllung bedeutet die Neulieferung oder Reparatur der mangelhaften Sache.
2 Bei der Minderung wird der Kaufpreis verhältnismäßig herabgesetzt.
3 Beim Rücktritt kann sich der Käufer vom Kaufvertrag lösen.
4 Schadensersatz bedeutet, Herstellung des Zustandes, der ohne das schädigende Ereignis bestanden hätte. Im Ergebnis – da die Wiederherstellung in Natur zumeist nicht möglich ist – einen Ausgleich des Nachteils in Geld.
5 Aufwendungen sind solche materieller oder ideeller Art, die zwar im Zusammenhang mit dem Kaufvertrag getätigt wurden, aber wegen fehlender Unmittelbarkeit nicht unter den Begriff des Schadens fallen.
6 Da sich ein Kaufvertrag i.d.R. auf eine bestimmte Wohnung bezieht, scheidet eine Neulieferung natürlich aus. Insoweit ist das Wahlrecht eingeschränkt, § 439 Abs. 3 BGB.
7 Gem. § 440 Satz 2 BGB wird dann vermutet, dass die Nachbesserung endgültig fehlgeschlagen ist.

ches gilt, wenn der Verkäufer die Nachbesserung berechtigt[1] oder unberechtigt verweigert.

Als speziellem kaufrechtlichem Gewährleistungsrecht kann der Käufer **Minderung** verlangen (§§ 437 Nr. 2, 441 BGB). Der Kaufpreis ist dann in dem Verhältnis herabzusetzen, in welchem bei Vertragsschluss der Wert der mangelfreien Sache zu dem wirklichen Wert gestanden haben würde[2]. Die Minderung erfolgt durch Erklärung gegenüber dem Verkäufer (§ 441 Abs. 1 BGB). Der Käufer kann entweder die Zahlung des restlichen Kaufpreises verweigern oder einen über den Minderbetrag hinaus gezahlten Kaufpreis zurückverlangen (§ 441 Abs. 4 BGB).

Der Käufer kann sich auch vom Kaufvertrag durch **Rücktritt** lösen (§§ 437 Nr. 2, 323 BGB). Wird der Rücktritt gegenüber dem Verkäufer erklärt, sind gemäß (§ 346 Abs. 1 BGB) die empfangenen Leistungen – also z.B. der Kaufpreis – zurückzugewähren und der Verkäufer wird von seiner Pflicht zur Erfüllung des Vertrages frei.

Der Rücktritt ist ausgeschlossen, wenn der Mangel nur unerheblich ist (§ 323 Abs. 5 Satz 2 BGB). Hier kann nur Minderung verlangt werden.

Zusätzlich zum Rücktritt kann der Käufer auch **Schadensersatz** verlangen (§§ 437 Nr. 2, 325 BGB). Weitere Voraussetzung ist hier, dass der Verkäufer seine mangelhafte Leistung zu vertreten[3] hat (§ 280 BGB)[4].

Wahlweise statt des Schadensersatzes kann der Käufer **Ersatz seiner vergeblichen Aufwendungen** verlangen (§§ 437 Nr. 3, 284 BGB). Vergebliche Aufwendungen sind solche, die der Käufer im Vertrauen auf den Erhalt der Leistung gemacht hat und billigerweise machen durfte, die aber wegen der

---

1 Ist die Nacherfüllung insgesamt mit unverhältnismäßig hohen Kosten verbunden, kann die Nacherfüllung insgesamt verweigert werden, § 439 Abs. 3 BGB. Die Unverhältnismäßigkeit bemisst sich nach dem Wert der Sache in mangelfreiem Zustand und der Bedeutung des Mangels, § 439 Abs. 3 Satz 2 BGB.
2 Durch die Formulierung des § 441 Abs. 3 BGB wird die Minderung nach dem ursprünglichen Austauschverhältnis zwischen Sache und Kaufpreis herabgesetzt. Das bedeutet, dass es z.B. bei einem überteuerten Kaufpreis bleibt, er aber in dem Verhältnis (%) gemindert wird, wie sich der angemessene Kaufpreis zu dem Kaufpreis einer mangelbehafteten Sache verhalten hätte. Ein schlechtes Geschäft bleibt also ein schlechtes Geschäft und kann nicht im Wege der Minderung revidiert werden. Gleiches gilt natürlich, wenn der Kaufpreis unter dem Marktwert liegt.
3 Die Frage, wann ein Vertretenmüssen vorliegt, richtet sich nach dem zugrunde liegenden Vertragsverhältnis (§ 276 Abs. 1 BGB). Hat der Verkäufer eine Garantie für das Vorhandensein einer Eigenschaft übernommen, haftet er bei dessen Fehlen immer. Ist kein Haftungsmaßstab vereinbart, wird i.d.R. für Vorsatz und Fahrlässigkeit gehaftet.
4 Dabei obliegt es dem Verkäufer zu beweisen, dass ihn kein Verschulden trifft (§ 280 Abs. 1 Satz 2 BGB).

unterbliebenen Leistung nutzlos geworden sind (§ 284 BGB)[1]. Erfasst sind hier alle Aufwendungen, gleich ob ideeller oder wirtschaftlicher Art.

Vergebliche Aufwendungen sind kein Schaden im Sinn des Schadensersatzes, da sie nicht direkte Folge der Mangelhaftigkeit sind. Aufwendungen sind etwa die Finanzierungszinsen für den Kauf der Eigentumswohnung.

4.6.2.3. Ausschluss der Gewährleistung

778 Die Gewährleistungsrechte sind – bis auf die Minderung, s.o. – ausgeschlossen, wenn der **Mangel nur unerheblich** ist (§ 441 Abs. 1 BGB)[2]. Der Käufer soll sich nicht wegen einer Marginalie vom Vertrag lösen oder Schadens- bzw. Aufwendungsersatz verlangen können.

779 **Kennt der Käufer** bei Abschluss des Kaufvertrages den **Mangel**, kann er ebenfalls keine Gewährleistungsrechte geltend machen (§ 442 Abs. 1 BGB). Die grobfahrlässige[3] Unkenntnis des Käufers vom Mangel führt nur dann nicht zum Verlust der Gewährleistungsrechte, wenn der Verkäufer arglistig getäuscht oder eine Garantie für die Beschaffenheit der Sache übernommen hat. Im Grundbuch eingetragene nachteilige Rechte sind unabhängig von der Kenntnis des Käufers zu beseitigen (§ 442 Abs. 2 BGB).

780 In der Praxis werden die Gewährleistungsrechte häufig vertraglich beschränkt oder ausgeschlossen. Ein solcher Gewährleistungsausschluss ist allerdings von vornherein unwirksam, wenn der Verkäufer den Mangel arglistig verschwiegen oder eine Garantie für die Beschaffenheit der Sache übernommen hat (§ 444 BGB).

4.6.2.4. Verjährung der Gewährleistungsrechte

781 Die **Verjährung** ist neben den allgemeinen Regeln für die Gewährleistungsrechte des Kaufrechts speziell geregelt (§ 438 BGB). Die Ansprüche auf **Nacherfüllung, Schadensersatz und Ersatz vergeblicher Aufwendungen** verjähren gestaffelt (§ 438 Abs. 1 BGB).

782 Bei **Rechtsmängeln**, also Rechten eines Dritten, wegen deren er Herausgabe der Sache verlangen kann (z.B. Eigentum, nicht der Eigentumsvorbehalt des Verkäufers), beträgt die **Verjährung 30 Jahre**. In derselben Frist verjähren die Gewährleistungsansprüche bei dem Kauf einer Eigentums-

---

[1] Aufwendungen, deren Zweck auch ohne die Pflichtverletzung des Schuldners nicht erreicht worden wäre, sind nicht zu ersetzen, § 284 Satz 2 BGB. Hier ist die Pflichtverletzung des Schuldners nicht die Ursache für die Vergeblichkeit, so dass es nicht billig wäre, ihm den wirtschaftlichen Nachteil aufzuerlegen.
[2] Ein nur unerheblicher Mangel liegt in Bagatellfällen und jedenfalls dann vor, wenn der Käufer den Mangel selbst ohne großen Aufwand selbst beseitigen kann oder er von selbst verschwindet.
[3] Von grober Fahrlässigkeit spricht man, wenn der Mangel von jedem Durchschnittsbürger ohne weiteres erkannt worden wäre, der Käufer also das absolut nahe und offen zutage Liegende nicht erkannt hat.

wohnung, eines Hauses oder Grundstücks, wenn der Rechtsmangel darin besteht, dass ein Recht eines Dritten im Grundbuch eingetragen ist.

Durch die lange Verjährungsfrist soll ein Gleichlauf mit den allgemeinen Verjährungsvorschriften erreicht werden. So kann der Eigentümer einer beweglichen Sache nur innerhalb von 30 Jahren die Herausgabe der Sache verlangen (§ 197 Abs. 1 Nr. 1 BGB). Geschieht dies, kann der Käufer, dem u.U. erst jetzt bekannt wird, dass das Eigentum an der Kaufsache einem Dritten zusteht, gegen den Verkäufer seine Gewährleistungsrechte geltend machen.

Bei **Bauwerken**, zu denen auch Eigentumswohnungen zählen, beträgt die Verjährungsfrist **5 Jahre** (§ 438 Abs. 1 Nr. 2a BGB)[1]. Bei allen **anderen** Kaufgegenständen beträgt die Verjährungsfrist **2 Jahre** (§ 438 Abs. 1 Nr. 2b BGB). 783

Die **Verjährung beginnt** mit **Ablieferung** der Sache, bei Grundstücken und Bauwerken mit der **Übergabe** (§ 438 Abs. 2 BGB). Die Übergabe des Grundstückes ist erfolgt, wenn der unmittelbare Besitz einverständlich vom Verkäufer auf den Käufer übertragen wurde[2]. Dies geschieht in der Praxis häufig bereits vor der Eintragung des Käufers als Eigentümer im Grundbuch, da das Eintragungsverfahren mehrere Monate in Anspruch nehmen kann und – je nach vertraglicher Regelung – erst dann eingeleitet wird, wenn der Kaufpreis zumindest teilweise gezahlt ist. 784

Hat der Verkäufer den Mangel **arglistig verschwiegen**[3], verjähren die Gewährleistungsrechte in der allgemeinen Verjährungsfrist, also in **3 Jahren** (§ 195 BGB). Die Verjährung beginnt erst ab dem Zeitpunkt, in dem der Käufer die arglistige Täuschung kennt oder kennen musste (§ 199 Abs. 1 Nr. 2 BGB). Um eine effektive Verkürzung der Verjährung zu vermeiden[4], verbleibt es in jedem Fall bei der Mindestverjährungsfrist von 5 Jahren 785

---

1 Die bisherige Rspr. hat die Gewährleistungsregeln des Werkvertragsrechts auch beim Kauf von Bauwerken angewendet. Nunmehr stellt der BGH darauf ab, ob der Veräußerer des Altbaus vertragliche Bauleistungen übernommen hatte, die ihrem Umfang nach Neubauarbeiten gleichkommen. Ist dies der Fall gilt Werksvertragsrecht, ansonsten Kaufrecht (BGH NJW 2005, 1115 u. 2006, 214).
2 BGH NJW 1996, 586.
3 Dem arglistigen Verschweigen steht eine arglistige Täuschung i.S.d. § 123 BGB gleich. Arglist setzt voraus, dass der Täuschende den Mangel tatsächlich kennt. Erfasst werden aber u.U. auch Behauptungen „ins Blaue hinein", bei denen der Mangel dem Verkäufer zwar nicht bekannt ist, aber darüber getäuscht wird, dass die Sache nicht zuvor auf ihre Mängel untersucht wurde, obwohl der Verkäufer dazu verpflichtet gewesen wäre und der Käufer eine Untersuchung berechtigt erwarten durfte.
4 Der Grundstücksverkäufer könnte die Verjährungsfrist sonst von 5 auf 3 Jahre abkürzen, wenn er den Mangel arglistig verschweigt.

beim Grundstückskauf (§ 438 Abs. 3 Satz 2 BGB). Eine Sonderregelung gilt für das Recht auf **Rücktritt und Minderung**[1]. Sie können auch nach Ablauf der Verjährungsfrist noch geltend gemacht werden.

786 Ist der Anspruch auf Nacherfüllung aber verjährt, kann der Verkäufer dem **Rücktritt** widersprechen und ihn damit unwirksam machen (§§ 438 Abs. 4, 218 Abs. 1 BGB). Der Käufer kann dann seinerseits die **Zahlung des Kaufpreises** trotz Unwirksamkeit seines Rücktritts – ohne zeitliche Beschränkung – **verweigern** (§ 438 Abs. 4 Satz 2 BGB). Wird die Zahlung des Kaufpreises verweigert, kann der Verkäufer sich seinerseits vom Vertrag durch Rücktritt lösen (§ 434 Abs. 4 Satz 3 BGB). Ist der Kaufpreis bereits vor Ausübung des Rücktritts gezahlt worden, darf der Verkäufer ihn behalten (§§ 218 Abs. 2, 214 Abs. 2 BGB)[2].

787 Der gleiche Mechanismus gilt für die **Minderung** nach Ablauf der Verjährungsfrist (§ 438 Abs. 5 BGB). Der noch nicht gezahlte Kaufpreis kann also in der Höhe zurückbehalten werden, als er zu mindern wäre. Allerdings besteht hier kein Recht des Verkäufers, bei Verweigerung der Kaufpreiszahlung vom Vertrag zurückzutreten[3]. Im Ergebnis wird er am Vertrag festhalten und kann den geminderten Kaufpreis verlangen.

788 Die **Verjährung** ist u.a. **gehemmt** durch die Zustellung des Antrags auf Durchführung eines selbstständigen Beweisverfahrens[4] und die Verhandlung der Vertragsparteien über den Anspruch oder die den Anspruch begründenden Umstände (§§ 203, 204 Abs. 1 Nr. 7 BGB)[5]. Im **selbständigen**[6] **Beweisverfahren** kann die Feststellung des Zustands einer Person, des Wertes einer Sache, der Ursache eines Personen- oder Sachschadens und insbesondere **die Ursache eines Sachmangels** durch gerichtliches Sachverständigengutachten beantragt werden (§ 485 Abs. 2 ZPO). Damit kann geklärt werden, ob eine Sache bei Übergabe bereits mangelhaft war, so dass die

---

1 Rücktritt und Minderung sind im Rahmen der Neuregelung als sog. Gestaltungsrechte ausgeformt, die keiner Verjährung unterliegen.
2 Damit kommt es hier zu einer der Mängelanzeige nach § 478 BGB (a.F.) vergleichbaren Situation. Im Ergebnis bleibt dem Käufer also auch nach Ablauf der Verjährung die Möglichkeit, zumindest den – noch nicht gezahlten Kaufpreis – einzubehalten, wogegen sich der Käufer nur durch Rückabwicklung des Kaufvertrages wehren kann. Die Nacherfüllung, Schadens- oder Aufwendungsersatz bleiben dem Käufer allerdings nach Eintritt der Verjährung verwehrt. Damit muss vor Ausübung des Rücktritts und Verweigerung des Kaufpreises sorgfältig überlegt werden, ob diese Rechtsfolgen gewollt sind. Vgl. auch *Wendel* ZWE 2002, 61.
3 *Henssler/Graf v. Westphalen* Praxis der Schuldrechtsreform § 438 Rz. 32.
4 Hemmung bedeutet, dass die Verjährungsfrist bei Vorliegen eines Hemmungsgrundes bis zu dessen Wegfall nicht weiterläuft und die Dauer der Hemmung in die Verjährungsfrist nicht eingerechnet wird, § 209 BGB.
5 Zu weiteren Hemmungsgründen siehe §§ 203 ff. BGB.
6 Selbständig, weil es außerhalb des normalen Klageverfahrens beantragt werden kann, um z.B. Beweismittel zu sichern, die ansonsten verloren gingen. Die gewonnenen Beweise können dann im Klageverfahren genutzt werden.

kaufrechtlichen Gewährleistungsrechte eingreifen. Die Hemmung endet sechs Monate nach der Beendigung des Verfahrens (§ 204 Abs. 2 BGB).

Die **Verhandlung** über den **Anspruch oder die den Anspruch begründenden Umstände** hemmt die Verjährung grds. nur für den Zeitraum der Verhandlungen selbst (§ 203 Satz 1 BGB). Die Verjährung tritt aber frühestens 3 Monate nach dem Ende der Hemmung ein (§ 203 Satz 2 BGB). Eine Verhandlung liegt bereits dann vor, wenn der Berechtigte nach den Erklärungen des Verpflichteten davon ausgehen darf, er lasse sich jedenfalls auf Erörterungen über die Berechtigung des Anspruches ein. Das Schweigen des Verpflichteten darf allerdings nicht als Verhandlung gewertet werden[1]. Die Hemmung endet, wenn ein Teil die Fortsetzung der Verhandlung verweigert oder wenn sie ergebnislos „*einschlafen*" (§ 203 Satz 1 BGB).

4.6.3. Werkvertragsrecht

Das Werkvertragsrecht findet Anwendung auf Verträge, die auf die Herstellung eines Werkes gerichtet sind (§§ 631 ff. BGB). Darunter fallen sowohl die komplette Neuerrichtung eines Gebäudes, als auch bloße Reparaturen[2]. Mit Herstellung ist nur gemeint, dass ein bestimmter Erfolg – egal ob Neuerstellung oder Reparatur – zu erbringen ist.

4.6.3.1. Gewährleistung beim Werkvertrag

4.6.3.1.1. Der Mangelbegriff

Der Unternehmer hat sein Werk **frei von Sach- oder Rechtsmängeln** zu erbringen (§ 633 Abs. 1 BGB). Der Begriff des Mangels beim Werkvertrag ist weitgehend an den des Kaufvertrages angeglichen (§§ 633 ff. BGB).

Demnach ist ein Werk frei von Mängeln, wenn es die vertraglich vereinbarte Beschaffenheit hat oder wenn eine solche nicht vereinbart wurde, sich für die nach dem Vertrag vorausgesetzte oder die gewöhnliche Verwendung eignet (§ 633 Abs. 2 BGB). Dem Besteller steht auch hier zunächst nur die Nacherfüllung unter Fristsetzung zu[3] und bei Fehlschlagen oder Verweigerung Minderung, Rücktritt, Schadensersatz oder Ersatz der vergeblichen Aufwendungen[4].

---

1 *Henssler/Graf v. Westphalen* § 203 Rz. 110.
2 Siehe wegen der bisherigen Differenzierung der Rspr. zur Anwendung der Verjährungsvorschriften von Kauf- oder Werkvertragsrecht bei neu errichteten oder umfassend sanierten Gebäuden die Ausführungen oben zur Verjährung bei Kaufrecht.
3 Das Wahlrecht zwischen Nachbesserung und Neuerstellung des Werkes steht hier allerdings alleine dem Werkunternehmer zu, da er anders als im Kaufrecht, in einer engeren Beziehung zum Werk steht, § 635 Abs. 1 BGB.
4 Siehe dazu insgesamt oben Rz. 772.

792 Auch **nach Ablauf der gesetzten Frist** kann der Besteller **weiter Nacherfüllung verlangen** und ggf. gerichtlich durchsetzen. Im Gegensatz zur bisherigen Rechtslage (§ 634 Abs. 1 Satz 3 BGB a.F.) ist der Ausschluss des Anspruchs auf Mängelbeseitigung nicht mehr vorgesehen[1]. Die **Fristsetzung ist entbehrlich**, wenn die Nacherfüllung dem Besteller unzumutbar ist, z.B. weil der Unternehmer erkennbar unzuverlässig ist (§ 636 BGB).

793 Eine Besonderheit des Werkvertrags ist die **Ersatzvornahme**. Ist die dem Werkunternehmer gesetzte Frist zur Nacherfüllung erfolglos verstrichen, kann der Besteller den Mangel selbst beseitigen oder beseitigen lassen und Ersatz der dafür erforderlichen Aufwendungen verlangen (§ 637 Abs. 1 BGB). Der Besteller kann einen Vorschuss in Höhe der erforderlichen Aufwendungen verlangen (§ 637 Abs. 3 BGB).

794 Die Ersatzvornahme ist allerdings ausgeschlossen, wenn der Unternehmer die Nacherfüllung wegen unverhältnismäßiger Kosten verweigert hat (§§ 637 Abs. 1, 635 Abs. 3 BGB). Der Besteller soll den Unternehmer nicht auf dem Wege der Ersatzvornahme mit den Kosten belasten, die dem Unternehmer ein Recht zur Ablehnung der Nacherfüllung geben.

795 **Zeitpunkt** für die Beurteilung der Mangelfreiheit ist die **Abnahme des Werkes** (§ 640 BGB). Hier gilt wie im Kaufrecht, dass der Mangel zu diesem Zeitpunkt zumindest latent vorhanden sein muss, auch wenn sich der Mangel in diesem Zeitpunkt noch nicht auswirkt und auch dem sorgfältigen Auftraggeber noch nicht erkennbar ist.

4.6.3.1.2. Ausschluss der Gewährleistung

796 Auch beim Werkvertrag sind die Gewährleistungsrechte – bis auf die Minderung – bei einem nur **unerheblichen Mangel** ausgeschlossen.

797 Eine besondere Bedeutung behält die **Abnahme**[2]. Nimmt der Besteller das Werk ab, obwohl er den Mangel kennt, kann er Gewährleistungsrechte nicht geltend machen, es sei denn, er hat sich diese Rechte bei der Abnahme vorbehalten.

---

1 *Wendel* ZWE 2002, 58. Umstritten und bisher von der Rspr. noch nicht entschieden ist die Frage, ob *auch der Unternehmer* nach Ablauf der ihm gesetzten Frist die Nacherfüllung noch vornehmen darf. Es kann damit passieren, dass der Besteller nach Ablauf der Frist einen anderen Unternehmer mit der Mängelbeseitigung beauftragt und dafür weitere Kosten aufwendet, plötzlich aber der ursprünglich beauftragte Unternehmer die Nacherfüllung dennoch vornimmt. Die Meinungen, die dies aufgrund der neuen Gesetzeslage als möglich ansehen, meinen, dass der Besteller dann den Vertrag mit dem neuen Unternehmer unverzüglich kündigen müsse und dessen Kosten als Schadensersatz gelten machen könne.

2 Abnahme ist die körperliche Hinnahme des Werkes als im Wesentlichen vertragsgemäß, z.B. dadurch, dass Bauunternehmer und Bauherr das errichtete Gebäude gemeinsam inspizieren.

Auch bei Werkverträgen ist eine Beschränkung der Gewährleistung in der Praxis üblich. Auch hier ist der Haftungsausschluss bei arglistigem Verschweigen oder der Garantie für eine bestimmte Beschaffenheit des Werkes ausgeschlossen (§ 639 BGB). Kein Ausschluss, aber eine deutliche **Modifizierung der Gewährleistungsrechte** enthält die VOB/B (Verdingungsordnung für Bauleistungen), die in der Praxis wegen des sachnäheren Inhalts häufig zum Vertragsinhalt gemacht wird[1]. 798

4.6.3.1.3. Verjährung der Gewährleistungsrechte

Die Verjährung der Gewährleistungsrechte ist für Werkverträge gesondert geregelt (§ 634a BGB). Bei **Bauwerken** beträgt die Gewährleistungsfrist **5 Jahre** (§ 634a Abs. 1 Nr. 2 BGB). Der Begriff der Arbeiten an einem Bauwerk umfasst nicht nur den Neubau, sondern auch Erneuerungs- und Umbauarbeiten an einem bereits errichteten Bauwerk, wenn sie für die Konstruktion, Bestand, Erhaltung oder Benutzbarkeit von wesentlicher Bedeutung sind und die eingebauten Teile mit dem Gebäude fest verbunden sind (z.B. Reparatur des Dachstuhls, Isolierung der Kelleraußenwände, Verlegung von Drainagerohren). 799

Für Werke, welche die **Herstellung, Wartung** oder **Veränderung einer Sache** zum Gegenstand haben (z.B. Reparaturen, Montagearbeiten sowie die Herstellung unkörperlicher Werke, wie etwa die Planung von Architekten oder Statikern[2], soweit diese nicht für ein Bauwerk bestimmt sind), beträgt die Gewährleistungsfrist **2 Jahre** (§ 634a Abs. 1 Nr. 1 BGB). Bei den **übrigen Werken** beträgt die Gewährleistungsfrist **2 Jahre** (§§ 634a Abs. 1 Nr. 3, 195 BGB)[3]. 800

Die **Verjährung** der Mängelansprüche **beginnt mit** der **Abnahme** (§§ 634a Abs. 2, 640 BGB). Abnahme bedeutet die – soweit möglich – körperliche Hinnahme des Werkes mit dessen Anerkennung als im Wesentlichen vertragsgemäß erbrachte Leistung. Die Abnahme kann auch stillschweigend erfolgen, soweit daraus der Wille des Auftraggebers erkennbar wird, das fertig gestellte Werk als im Wesentlichen vertragsgemäß anzunehmen (z.B. Bezug der Eigentumswohnung oder des Hauses)[4]. 801

Trotz Verjährung der Mängelansprüche kann die Zahlung des **noch nicht geleisteten Werklohnes** verweigert werden, da der Besteller ein ihm zuste- 802

---

1 Zur VOB/B siehe unten Rz. 803.
2 RegE, BR-Drucks. 338/01, S. 625 f.
3 Hier handelt es sich um einen sog. Auffangtatbestand für alle noch nicht erfassten Fälle. Von daher ist die Relevanz gering und betrifft z.B. Beraterverträge, soweit diese nicht als Dienstvertrag zu qualifizieren sind, oder das Löschen einer Schiffsladung.
4 Zur Hemmung der Verjährung siehe oben Rz. 788 die entsprechenden Ausführungen beim Kaufrecht.

hendes Rücktritts- bzw. Minderungsrecht gegenüber dem Zahlungsverlangen als **Einrede** geltend machen kann. Der Unternehmer kann dann seinerseits vom Vertrag zurücktreten (§ 634a Abs. 4 Satz 2 BGB).

4.6.3.1.4. Besonderheiten bei Vereinbarung der VOB/B

803   In der Praxis wird bei Werkverträgen über Bauleistungen häufig die VOB/B (Verdingungsordnung für Bauleistungen) vereinbart.

804   Die VOB/B ist ein **Regelwerk für Bauleistungen**, das im Hinblick auf die Besonderheiten des Bauvertrages die Pflichten des Auftragnehmers und (Gewährleistungs-)Rechte des Auftraggebers insgesamt modifiziert. Allerdings ist die **Vereinbarung** der VOB/B als Regelwerk **nur wirksam**, wenn sie als Ganzes, d.h. ohne ins Gewicht fallende Einschränkungen, in den Vertrag einbezogen wird. Damit soll verhindert werden, dass sich der Auftragnehmer ausschließlich nur auf die für ihn günstigen Regeln aus der VOB/B stützt und im Übrigen das BGB Werkvertragsrecht gelten lässt.

805   In **Abweichung zum BGB-Werkvertragsrecht** sieht die VOB/B u.a. Folgendes vor: Die **Abnahme** der Bauleistung ist nach Fertigstellung auf Verlangen des Auftragnehmers binnen 12 Werktagen durchzuführen (§ 12 Ziff. 1 VOB/B). Ebenfalls kann eine **förmliche Abnahme** – ggf. unter Beteiligung von Sachverständigen – verlangt werden. Wird **keine Abnahme** verlangt, gilt die Leistung mit Ablauf von **12 Werktagen** nach der schriftlichen Fertigstellungsanzeige oder nach Ablauf von **6 Werktagen** nach Beginn der Benutzung als abgenommen. Vorbehalte wegen bekannter Mängel muss der Auftraggeber innerhalb dieser Fristen geltend machen, da ansonsten seine Rechte erlöschen. Andere Fristen können vereinbart werden (§ 12 Ziff. 4 VOB/B).

806   Für **Bauwerke** gilt nur eine kurze **Verjährungsfrist** von **4 Jahren** (§ 13 Ziff. 4 Abs. 1 VOB/B).

Die **Verjährung der Mängelbeseitigungsansprüche** wird schon durch das an den Auftragnehmer gerichtete **schriftliche Verlangen** des Auftraggebers zur Mängelbeseitigung unterbrochen (§ 13 Ziff. 5 Abs. 1 VOB/B).

4.6.3.2. Sonstige Neuerungen des Werkvertragsrechts

807   Die früher häufig umstrittene Frage der **Vergütung** eines **Kostenvoranschlags** wurde vom Gesetzgeber nunmehr dahin gehend klargestellt, dass ein Kostenvoranschlag im Zweifel **nicht** zu vergüten ist (§ 632 Abs. 3 BGB)[1].

---

[1] Damit dürfte es auch nicht möglich sein, in den Allgemeinen Geschäftsbedingungen eine generelle Vergütungspflicht für Kostenvoranschläge einzuführen. Vgl. *Henssler/Graf v. Westphalen* Praxis der Schuldrechtsreform § 632 Rz. 6.

Kein Problem des Werkvertragsrechts, wenn auch mit dieser Materie eng 808
verknüpft, ist die mit Wirkung zum 1.1.2002 eingeführte **Bauabzugssteuer**
(§§ 48 ff. EStG). Danach hat der Besteller von Bauleistungen auf das ihm in
Rechnung gestellte Entgelt einen Abzug von 15 % vorzunehmen und an
das Finanzamt abzuführen, sofern der Bauunternehmer nicht eine Freistellungsbescheinigung des Finanzamtes vorlegt. Für die ordnungsgemäße Abführung des Betrages trifft die Haftung den Besteller. Eine unterlassene Abführung kann mit einem deutlichen Ordnungsgeld belegt werden[1].

4.6.4. Besonderheiten bei Eigentümergemeinschaften

Wird von den zukünftigen Wohnungseigentümern ein Gründstück mit ei- 809
nem zu errichtenden Gebäude erworben, so richten sich die Rechte wegen
des Grundstücks nach Kauf-, wegen der Eigentumswohnung nach Werkvertragsrecht[2]. Hinsichtlich der Fragen zu **Gewährleistungsansprüchen des
einzelnen Wohnungseigentümers aus dem Erwerb einer mangelhaften Eigentumswohnung gibt es Besonderheiten**. Diese sind deshalb gegeben, weil
jeder Käufer in einzelnen getrennten Verträgen sowohl SE als auch GE des
Gesamtwerkes (Wohnungsanlage) erwirbt, er aber hinsichtlich des GEs den
Beschränkungen der Miteigentümer unterworfen ist. Außerdem können
bei den Gewährleistungsrechten insoweit Besonderheiten bestehen, als
u.U. **mehrere Personen gewährleistungsberechtigt** sind und es daher bei
der Geltendmachung zu Kollisionen kommen kann[3].

4.6.4.1. Mängel am Sondereigentum

Bestehen ausschließlich Mängel am Sondereigentum, z.B. weil Installatio- 810
nen innerhalb der Eigentumswohnung mangelhaft ausgeführt sind, die
Fußbodenbeläge schadhaft oder die Innentüren defekt sind, stehen die Gewährleistungsrechte dem **jeweiligen Eigentümer** alleine zu. Er kann sie ohne Berücksichtigung der anderen Wohnungseigentümer ausüben.

4.6.4.2. Mängel am Gemeinschaftseigentum

Schwieriger gestaltet sich die Lage, wenn nach dem Kauf der Eigentums- 811
wohnung von einem Bauträger Mängel auch am Gemeinschaftseigentum
(z.B. am Dach, Aufzug, Treppenhaus oder Heizkessel) vorhanden sind. Die
Gewährleistungsrechte können sowohl aus Kauf- oder Werkvertrag resultieren[4]. Sie stehen grds. jedem Eigentümer als Individualrecht allein zu[5],

---

1 Im Einzelnen siehe dazu §§ 48 ff. EStG.
2 BGH NJW 1973, 1235.
3 Siehe dazu umfassend *Brock* WuM 2002, 195 ff.
4 Siehe dazu Rz. 389 ff. zur Abgrenzung zum Mangelbegriff des Kaufvertragsrechts.
5 *Brock* WuM 2002, 196 m.w.N.

wobei es zu Einschränkungen aus der gemeinschaftlichen Ausübung kommen kann.

812 Wichtig ist, wann bei einer neu hergestellten Eigentumsanlage die **Abnahme** erfolgt ist[1]. Der WEer ist zur Abnahme verpflichtet (§ 640 BGB), durch sie erfolgt die Annerkennung der Wohnanlage incl. Wohnung als vertragsgemäß. Die Verjährung beginnt, die Beweislast für Mängel geht vom Hersteller auf den Erwerber über. Weder der erste, noch der letzte Käufer ist zur Abnahme für alle Käufer legitimiert. Die Verjährungsfrist läuft vielmehr für jeden Käufer gesondert[2]. Die Abnahme der Wohnung bedeutet regelmäßig auch die Abnahme des Gemeinschaftseigentums[3]. Der einzelne Wohnungseigentümer braucht die Abnahme durch die Mehrheit der Wohnungseigentümer nicht gegen sich gelten lassen[4]. Möglich ist es aber gemeinsam die Abnahme auf einen einzelnen Wohnungseigentümer oder Dritten zu übertragen[5].

813 Jeder Erwerber **hat** einen individuellen Anspruch auf mängelfreie Leistung[6]. Dieser ist nur eingeschränkt, soweit schützenswerte Interessen der Gemeinschaft oder des Herstellers betroffen sind[7]. Deshalb ist hier zu unterscheiden: Auch bei Eigentümergemeinschaften bleibt es für den einzelnen Wohnungseigentümer bei dem Grundsatz, dass **zunächst Nacherfüllung**[8] (§ 635 BGB) zu verlangen ist und erst nach Scheitern oder Verweigerung die sekundären Gewährleistungsrechte (Ersatz der Selbstvornahme und Vorschuss § 637 BGB; Schadensersatz[9]) allein geltend gemacht werden können[10].

814 Ist der Weg zu den sekundären Gewährleistungsrechten eröffnet, kann zunächst jeder **einzelne Wohnungseigentümer** auch ohne ermächtigenden Beschluss die **Gewährleistungsrechte alleine geltend machen**[11], auch wenn der Mangel außerhalb des Sondereigentums liegt[12]. Gleiches gilt für die Einleitung eines **Beweissicherungsverfahrens**[13]. Dies ist allein deshalb geboten, weil der Eigentümer nur auf diesem Wege Rechtsnachteile (Verjährung) abwenden kann, wenn sich die Mehrheit nicht (rechtzeitig) zur Gel-

---

1 *Riesenberger* NZM 2004, 537.
2 BGH NJW 1985, 1551.
3 OLG Hamm NJW-RR 1996, 1301.
4 BGH Der Wohnungseigentümer 1985, 92.
5 *Bärmann/Pick/Merle* § 1 Rz. 154.
6 BGH NJW 1991, 680.
7 BGH NJW 2006, 254.
8 Siehe dazu oben Rz. 772.
9 BGH NJW-RR 2005, 1472, d.h. Rücktritt.
10 BGH NJW 1997, 2173.
11 BGH Rpfleger 1980, 14; *Wendel* ZWE 2002, 60.
12 BGH NJW 1988, 1718.
13 BGH Rpfleger 1980, 14.

tendmachung bereit findet. Ein Wohnungseigentümer ist zur Geltendmachung bereits **vor seiner Eintragung im Grundbuch** berechtigt[1]. Wenn Kosten als Vorleistung zur Mangelbeseitigung geltend gemacht werden, ist Leistung an die Gemeinschaft zu verlangen.

Die **anderen Mängelansprüche**, nämlich Minderung und nicht auf Rücktritt gerichteter Schadensersatz, sind gemeinschaftsbezogen. Damit stehen die hiermit in Zusammenhang stehenden Rechte, z.b. Fristsetzung oder Wahlrecht, der Gemeinschaft zu[2]. Ist ein Beschluss hinsichtlich der Frage erfolgt, welches Gewährleistungsrecht geltend gemacht werden soll[3], können die Rechte des Wohnungseigentümers eingeschränkt sein. Bei der **Wahl** zwischen den einzelnen **Gewährleistungsrechten** differenziert die Rechtsprechung nach der **Art des Gewährleistungsrechts**, um Überschneidungen zu vermeiden[4]. So steht die Wahl zwischen **Minderung oder Schadensersatz** den Eigentümern gemeinschaftlich zu, wenn die Eigentümer ihre Wohnung behalten[5]. Auch kann die Eigentümergemeinschaft durch Mehrheitsbeschluss im Wege des **Vergleichs** auf bestimmte Gewährleistungsansprüche gegen Zahlung eines Ausgleichsbetrages seitens des Veräußeres verzichten[6]. Ist ein solcher Beschluss erfolgt, ist dem einzelnen Wohnungseigentümer die Befugnis genommen, andere Gewährleistungsrechte geltend zu machen.

815

Die Eigentümergemeinschaft kann durch Beschluss die Ansprüche an sich ziehen und den **Verwalter** oder einen Eigentümer zur Geltendmachung der Gewährleistungsrechte ermächtigen[7]. Dies gilt auch bei Ineinandergreifen von Mängeln am Gemeinschafts- und Sondereigentum[8]. Die Gemeinschaft ist aber nicht befugt, die Verfolgung der Mängelansprüche in der Weise an sich zu ziehen, dass der einzelne Wohnungseigentümer daran gebunden ist[9]. Die Eigentümergemeinschaft kann aber durch Beschluss im Wege des **Vergleichs** auf bestimmte Gewährleistungsansprüche gegen Zahlung eines Ausgleichsbetrages seitens des Veräußeres verzichten[10]. Ist ein solcher Beschluss erfolgt, ist dem einzelnen Wohnungseigentümer die Befugnis ge-

816

---

1 OLG Frankfurt NJW-RR 1993, 339.
2 BGH NJW 2006, 2254.
3 Beschlussvorschläge bei *Brock* WuM 2002, 199.
4 Würde z.B. ein Eigentümer Minderung verlangen, der andere aber Schadensersatz, käme es zu Überschneidungen zuungunsten des Werkunternehmers. Vgl. auch *Wendel* ZWE 2002, 60.
5 BGH NJW 1979, 2207; *Brock* WuM 2002, 199 ff.
6 LG München NJW-RR 1996, 333.
7 BGHZ 81, 35; BGH NJW-RR 2000, 304; BGH VII ZR 236/05, NJW 2007, 1952.
8 BGH BauR 1986, 447; BGH NJW 1983, 453; BGH NJW 2007, 1952.
9 Erhebliche Bedenken von BGH NJW 2006, 3275, siehe aber BGH NJW 2007, 1952.
10 BGH NJW 2006, 3275.

nommen, andere Gewährleistungsrechte geltend zu machen[1], es sei denn sie sind schon vorher entstanden[2].

817 Die Eigentümergemeinschaft kann auch einen Beschluss dahin gehend fassen, dass sie es dem **einzelnen Wohnungseigentümer überlässt**, ob und in welchem Umfang er im Wege des Schadensersatzes Minderungen entsprechend seinem Anteil am Gemeinschaftseigentum selbst durchsetzen will[3]. Der klagende Wohnungseigentümer hat dann Anspruch auf **Ersatz des ganzen Schadens**, nicht nur auf eine seinem Miteigentum entsprechende Quote[4], falls die geschuldete Leistung das gesamte Bauobjekt betraf, ohne Beschränkung auf Gemeinschafts- oder Sondereigentum.

818 **Wirkt sich** der **Mangel am Gemeinschaftseigentum nur auf** das **Sondereigentum** eines einzelnen Wohnungseigentümers **aus** und ist der Mangel nicht behebbar, so kann der Einzelne den Anspruch auf Minderung oder Schadensersatz selbstständig geltend machen[5]. Wirkt sich der **Mangel am Gemeinschaftseigentum auch auf** das **Sondereigentum** aus (z.B. defekte Isolierschicht zwischen zwei Wohnungen oder mangelhafter Trittschallschutz), kann der betroffene Wohnungseigentümer Zahlung der für die Mängelbeseitigung erforderlichen Kosten als Schadensersatz an die Gemeinschaft verlangen, auch wenn die Ansprüche der übrigen Wohnungseigentümer verjährt sind (sog. Nachzüglerproblematik). Eine Zahlung an sich alleine kann er nur aufgrund einer Ermächtigung verlangen[6].

819 Das **Rücktrittsrecht** des Wohnungseigentümers, das der Geltendmachung weiteren Schadens nicht mehr entgegensteht (vgl. § 325 BGB), bleibt davon unbenommen und kann vom Eigentümer ohne Berücksichtigung der Gemeinschaft ausgeübt werden[7]. Dadurch wird zwar das Gemeinschaftsverhältnis berührt, weil ein Mitgliederwechsel stattfindet, eine Kollision mit den anderen Gewährleistungsrechten besteht aber i.d.R. nicht. An die Stelle des Erwerbers tritt wieder der Veräußerer[8]. Auch bei Bestehen einer Veräußerungsbeschränkung (§ 12 WEG) ist der Rücktritt zulässig, bzw. besteht eine Pflicht zur Zustimmung durch die Eigentümerversammlung oder den Verwalter[9]. Gleiches gilt für die neben dem Rücktritt bestehenden Rechte auf Schadens- oder Aufwendungsersatz[10].

---

1 OLG Düsseldorf NJW-RR 1993, 89.
2 BGH NJW 2006, 3275.
3 BGH NJW 1983, 453.
4 BGH NJW 1999, 1705.
5 BGHZ 110, 258 = BGH NJW 1990, 1663.
6 BGHZ 114, 383 = BGH NJW 1991, 2480.
7 *Bärmann/Pick/Merle* § 1 Rz. 153; *Wendel* ZWE 2002, 60; BGH NJW 2006, 2254.
8 BGH NJW 1979, 2207.
9 *Bärmann/Pick/Merle* § 1 Rz. 153.
10 *Wendel* ZWE 2002, 60.

4.6.4.3. Durchsetzung der Ansprüche

Die Durchsetzung der Gewährleistungsansprüche gegen Dritte, z.B. den Bauträger, auf Nacherfüllung, Kosten der Ersatzvornahme oder Vorschuss dafür kann entweder nach entsprechendem Beschluss auf den Verwalter[1] oder den einzelnen Wohnungseigentümer (d.h. Ersterwerber[2], Zweiterwerber aber nur bei Abtretung oder vermuteter Ermächtigung[3]) übertragen werden[4].

820

Der Verwalter muss auch Gewährleistunsansprüche wegen des Hausbaus geltend machen[5]. Ist der **Bauträger** auch Verwalter, wird er häufig selbst die Durchsetzung der Gewährleistungsansprüche gegen Dritte betreiben. Hier handelt er aber nicht aufgrund seiner Aufgabe als Verwalter, sondern in Erfüllung seiner Verpflichtungen als Bauträger[6].

821

Die Wohnungseigentümer haften neben dem Verband aus dem mit dem **Verkäufer** geschlossenen Bauvertrag nur anteilig im Verhältnis ihrer Miteigentumsanteile, wobei unerheblich ist, ob sich die Arbeiten auf das GE oder das SE beziehen (sog. Aufbauschulden, s. § 10 Abs. 8 S. 1 WEG für Verwaltungsschulden)[7]. Zur Sicherung dieser Forderung besteht Anspruch auf eine sog. Bauhandwerkersicherung (§ 648a BGB) oder eine sog. Bauhandwerkersicherungshypothek (§ 648 BGB).

822

4.7. Das Problem des „stecken gebliebenen Baus"

4.7.1. Grundsätzliches

Wenn der Bau einer Eigentumswohnanlage durch einen **Bauträger wegen dessen Insolvenz** nicht weitergeführt werden kann, der Bauträger aber schon Wohnungen verkauft hat, erhebt sich die Frage, ob das Gebäude weitergebaut werden kann oder sogar muss und wie die Finanzierung aussieht.

823

Die werdenden Eigentümer können sich durch Mehrheitsbeschluss dafür entscheiden, dass Gebäude weiterzubauen[8], jedenfalls dann, wenn der Bau bereits weit mehr als zur Hälfte fortgeschritten ist[9]. Wird der Beschluss angefochten, kommt es für die Rechtmäßigkeit darauf an, ob der Weiterbau ordnungsgemäßer Verwaltung entspricht. Dies hängt davon ab, wieweit

824

---

1 BGHZ 1981, 35.
2 BGH NZM 2000, 95.
3 BGH NJW 1997, 2173.
4 Ausführlich *Pause* NJW 1993, 553.
5 Siehe Rz. 436.
6 Zur gerichtlichen Durchsetzung siehe Rz. 957 ff.
7 BGHZ 75, 26.
8 OLG Celle Zeitschrift für das gesamte Insolvenzrecht 2005, 818.
9 BayObLG NJW 2003, 2323.

das Gebäude schon fertig gestellt ist und welche Leistungen noch zu erbringen sind. Ist das Gebäude bereits zu weit mehr als der Hälfte des endgültigen Wertes hergestellt, entspricht der Beschluss ordnungsgemäßer Verwaltung[1].

825 Umstritten ist die Frage, ob die werdenden Eigentümer zur Fertigstellung gezwungen werden können. Das OLG Hamm hält die Eigentümer durch den Eintritt in die Wohnungseigentümer-Gemeinschaft für verpflichtet, die Ersthertellung zu vollenden[2]. Die OLG Karlsruhe[3], Köln[4], Frankfurt/Main[5], Hamburg[6], das Bayrische Oberste Landesgericht[7] sowie das LG Bonn[8] stellen auf eine analoge Anwendung der Vorschriften über den Wiederaufbau bei Zerstörung ab. Eine Pflicht zur Fertigstellung bestehe jedenfalls dann, wenn es zu mehr als der Hälfte des Wertes fertig gestellt sei. Sei dies nicht der Fall, könne die Gemeinschaft aufgelöst werden (analoge Anwendung der §§ 11 Abs. 1 Satz 3, 22 Abs. 2 WEG).

826 Die Auffassung des OLG Hamm ist zuzustimmen. Mit dem Eintritt in die Gemeinschaft haben sich die werdenden Eigentümer verpflichtet, das Gebäude fertig zu stellen. Da der Kaufpreis nur nach Maßgabe des Baufortschritts zu zahlen ist, haben die Eigentümer in diesem Fall auch noch nicht den kompletten Kaufpreis gezahlt. Es kann ihnen daher zugemutet werden, die Leistungen für die Fertigstellung des Objekts zu erbringen. Gegen die Auffassung der wohl h.M. spricht, dass der stecken gebliebene Bau eben nicht der Situation entspricht, die bei der Zerstörung des Gebäudes gegeben ist. Im letzteren Fall haben die Eigentümer bereits einmal den kompletten Kaufpreis erbracht und sollen davor geschützt werden, noch einmal zahlen zu müssen. Demgegenüber haben die Eigentümer beim stecken gebliebenen Bau eben noch nicht den gesamten Kaufpreis gezahlt.

4.7.2. Fertigstellung durch die Wohnungseigentümer

827 Kommt in analoger Anwendung der Bestimmung über den Wiederaufbau die Fertigstellung der Wohnanlage durch die Eigentümergemeinschaft in Frage, so hat hierüber ein **Mehrheitsbeschluss der Wohnungseigentümerversammlung** stattzufinden[9]. Es geht hier nicht nur um die Frage, ob weitergebaut werden soll, sondern auch darum, welche Handwerker beauftragt werden sollen usw. Zwar sind die Käufer zu diesem Zeitpunkt in der Regel

---

1 BayObLG ebd.
2 Vgl. OLG Hamm RPfleger 1978, 182, ebenso *Ott* NZM 2003, 135.
3 OLG Karlsruhe NJW 1981, 466.
4 OLG Köln WE 1990, 26.
5 OLG Frankfurt/Main WuM 1994, 35.
6 OLG Hamburg WE 1990, 204.
7 BayObLG ZWE 2000, 214.
8 LG Bonn ZMR 1985, 63.
9 OLG Frankfurt DWE 1991, 160 = OLGZ 1991, 293; BayObLG ZWE 2000, 214.

noch nicht Wohnungseigentümer, sondern nur Vormerkungsberechtigte, da der Bauträger die Auflassung und damit die Eigentumsumschreibung erst vornimmt, wenn der ganze Kaufpreis bezahlt ist.

Nach den Grundsätzen über die **"faktische Gemeinschaft"** besteht aber im Normalfall ein Stimmrecht der künftigen Wohnungseigentümer bereits mit der Bezugsfertigkeit der Wohnungen[1]. Das hat seinen Grund aber darin, dass vorher keine Verwaltungsprobleme vorhanden sind. Die Rechtsprechung[2] will eine faktische Gemeinschaft hier zulassen, wenn die Wohnungsgrundbücher angelegt, Vormerkungen eingetragen und der Besitz, Nutzungen und Lasten auf die Käufer übergegangen sind. Weigert sich der Verwalter, die Wohnungseigentümerversammlung einzuberufen oder ist ein Verwalter noch nicht vorhanden, so ist vom Gericht ein Wohnungseigentümer zur Einberufung zu ermächtigen[3]. Bei Bemessung einer Umlage für die Fertigstellung ist großzügig zu verfahren[4]. 828

Kommt es **nicht zur Einberufung** einer Wohnungseigentümerversammlung oder verweigert diese einen Beschluss über die Fertigstellung, so kann jeder Wohnungseigentümer im Rahmen ordnungsgemäßer Verwaltung die Fertigstellung verlangen[5]. Die Kosten der Fertigstellung haben die Wohnungseigentümer – soweit nicht in der Gemeinschaftsordnung für diesen Fall eine Sonderregelung getroffen ist – nach dem Verhältnis ihrer Miteigentumsanteile (Tausendstelanteile) zu tragen (§ 16 Abs. 2 WEG). Nach einer in der Rechtsprechung vertretenen Ansicht[6] sollen diejenigen Wohnungseigentümer sich an den Fertigstellungskosten in einem geringeren Umfange beteiligen müssen, die an den Bauträger mehr gezahlt haben als andere. Dieser Meinung ist nicht zu folgen. Es ist Angelegenheit eines jeden Käufers, welchen Kaufpreis er bezahlt und zu welchen Kaufpreisraten er sich verpflichtet. Er kann sich wegen seiner Fehlentscheidungen nicht bei den anderen Wohnungseigentümern schadlos halten[7]. Das ist nicht der Sinn der Wohnungseigentümergemeinschaft. Wurde über das Vermögen des Bauträgers das Insolvenzverfahren eröffnet und fanden nach der Eröffnung dieses Verfahrens Fertigstellungsarbeiten statt, so handelt es sich bei dem anteiligen, auf die in der Insolvenzmasse befindlichen Eigentumswohnungen entfallenden Kostenerstattungsanspruch um eine Masseverbindlichkeit (§ 55 Abs. 1 InsO), die aus der Insolvenzmasse zu befriedigen ist[8]. Oft 829

---

1 Siehe hierzu ergänzend Rz. 114.
2 BayObLG NJW 1990, 3216 = WE 1991, 203; BayObLG WE 1992, 27; hierzu vgl. bei Rz. 345.
3 Siehe ergänzend Rz. 302.
4 BayObLG NJW 1998, 1096 = WE 1999, 147.
5 BayObLG DWE 2000, 37 = ZWE 2000, 422.
6 OLG Karlsruhe OLGZ 1979, 288; ähnlich OLG Hamburg OLGZ 1990, 308; OLG Hamburg WE 1990, 204 = OLGZ 1990, 308.
7 *Röll* NJW 1981, 467; BayObLG MittBayNot 1983, 68.
8 *Röll* NJW 1978, 1509.

kommt es aber deswegen nicht zur Eröffnung des Insolvenzverfahrens, weil die dinglich gesicherten Forderungen die Aktivmasse übersteigen (Abweisung des Insolvenzantrags mangels Masse nach § 26 InsO).

4.7.3. Unterbleiben der Fertigstellung

830 Kommt es nicht zur **Fertigstellung des Gebäudes**, weil die Voraussetzungen nicht vorliegen[1], so kann jeder Käufer die Übereignung seines Miteigentumsanteils fordern und nach Eigentumsumschreibung die Aufhebung der Gemeinschaft verlangen (analoge Anwendung der §§ 11 Abs. 1 Satz 2, 22 Abs. 2 WEG)[2]. Notfalls müsste die Zwangsversteigerung zum Zwecke der Aufhebung der Gemeinschaft durchgeführt werden. In der Regel wird es aber nicht soweit kommen, sondern das Grundstück wird verkauft. Dies ist aber nur möglich, wenn die Käufer ihre Vormerkungen löschen lassen. Dies werden sie nur gegen eine Entschädigungszahlung tun.

4.7.4. Mehrhausanlagen

831 Besteht eine Eigentumswohnanlage aus **mehreren Gebäuden**, so genügt es, wenn ein Haus zu mehr als der Hälfte seines Wertes fertig gestellt ist. Wegen dieses Hauses besteht dann unter den dortigen Eigentümern eine Fertigstellungspflicht, nicht aber wegen der weiteren Häuser, mit deren Errichtung noch nicht begonnen wurde oder die zu weniger als der Hälfte ihres Wertes errichtet worden sind[3].

4.7.5. Rücktrittsrecht des einzelnen Käufers

832 Wird die Anlage vom Bauträger **nicht fertig gestellt**, so ist jeder Käufer berechtigt, vom Vertrag zurückzutreten, (§ 326 BGB) allerdings mit der Folge, dass er alle Rechte aus dem Vertrag bezüglich des Grundstücks und des Gebäudes verliert und seine Vormerkung löschen lassen muss[4]. Er scheidet dann aus der Eigentümergemeinschaft aus. Ein solcher Rücktritt wird daher nur in Frage kommen, wenn der Käufer noch nichts an den Bauträger gezahlt hat.

4.8. Beendigung der Gemeinschaft

833 Kein Wohnungseigentümer kann die Aufhebung der Gemeinschaft verlangen (§ 11 Abs. 1 Satz 1 WEG). Anders als beim Bruchteilseigentum nach BGB gilt dies auch für ein Aufhebungsverlangen aus wichtigem Grund (§ 11 Abs. 1 Satz 2 WEG). Auch das Recht des Pfändungsgläubigers (§ 751

---

1 Siehe Rz. 823.
2 *Röll* NJW 1978, 1509.
3 *Röll* NJW 1978, 1509.
4 *Röll* NJW 1978, 1509.

BGB) und des Insolvenzverwalters (§ 84 Abs. 2 InsO) auf Aufhebung der Gemeinschaft sind beim Wohnungseigentum ausgeschlossen (§ 11 Abs. 2 WEG).

Eine von diesen Grundsätzen abweichende Vereinbarung ist nur für den Fall zulässig, dass das Gebäude ganz oder teilweise **zerstört** wird und eine Verpflichtung zum Aufbau nicht besteht (§ 11 Abs. 1 Satz 3 WEG). In anderen Fällen ist eine Aufhebung des Wohnungseigentums nur möglich, wenn alle Wohnungseigentümer zustimmen. 834

Ein Wohnungseigentümer, mit dem die Fortsetzung der Gemeinschaft für die anderen Eigentümer unzumutbar ist, kann durch Entziehung des Wohnungseigentums aus der Gemeinschaft ausgeschlossen werden (§§ 18, 19 WEG)[1]. 835

Die **Aufhebung** von Wohnungseigentum bedarf eines Vertrags aller Eigentümer, welcher der für die Auflassung vorgeschriebenen Form bedarf (also notarielle Beurkundung bei gleichzeitiger Anwesenheit aller Beteiligten, § 925 BGB) und der Schließung der Wohnungsgrundbücher (§§ 4, 9 Abs. 1 Nr. 1 WEG). Auf Antrag sämtlicher Wohnungseigentümer werden die Wohnungsgrundbücher geschlossen, wenn die Sondereigentumsrechte durch vollständige Zerstörung des Gebäudes gegenstandslos geworden sind, der Nachweis hierfür durch eine Bescheinigung der Baubehörde erbracht ist (§ 9 Abs. 1 Nr. 2 WEG). 836

Vereinigen sich sämtliche Wohnungseigentumsrechte in einer Hand, so kann der Alleineigentümer beim Grundbuchamt die Schließung der Wohnungsgrundbücher beantragen (§ 9 Abs. 1 Nr. 3 WEG). Der Antrag bedarf der notariellen Beurkundung oder der öffentlichen Beglaubigung (§ 29 GBO). 837

Sind bei einzelnen Eigentumswohnungen Belastungen eingetragen, so bedarf die Aufhebung des Wohnungseigentums der Zustimmung der **eingetragenen Gläubiger** (so ausdrücklich § 9 Abs. 2 WEG), da nicht feststeht, ob der dann verbleibende Miteigentumsanteil der Eigentumswohnung gleichwertig ist. Ist dagegen eine Belastung bei sämtlichen Eigentumswohnungen eingetragen, so wird der Gläubiger durch die Aufhebung nicht benachteiligt und seine Zustimmung ist daher nicht notwendig. Bei einer Eigentumswohnung eingetragene Dienstbarkeiten können an einem Miteigentumsanteil nicht bestehen. Sie müssen daher, wenn sie nicht gelöscht werden sollen, auf das ganze Grundstück erstreckt werden[2]. 838

---

[1] Siehe ergänzend Rz. 841; wegen des Sonderfalls des steckengebliebenen Baus siehe Rz. 723.

[2] A.A. *Weitnauer* § 9 Rz. 6, nach seiner Meinung erstreckt sich die Dienstbarkeit nach Aufhebung des Wohnungseigentums kraft Gesetzes auf das ganze Grundstück; hierzu auch *Röll* DNotZ 2000, 749.

839 Durch die Aufhebung des Wohnungseigentums entsteht einfaches **Bruchteilseigentum** (§§ 1008 ff. BGB). Zu beachten ist jedoch, dass sich im Fall der Aufhebung der Gemeinschaft der Anteil der Miteigentümer nach dem Verhältnis des Wertes ihrer Wohnungseigentumsrechte zurzeit der Aufhebung der Gemeinschaft richtet (§ 17 WEG). Die grundbuchmäßigen Anteile sind also hier nicht Wertmesser. Hat sich der Wert eines Miteigentumsanteils durch Maßnahmen verändert, deren Kosten der Eigentümer nicht getragen hat, so bleibt eine solche Veränderung bei der Berechnung des Werts dieses Anteils außer Betracht. Wenn § 17 WEG von „Anteilen" spricht, sind damit nicht die Miteigentumsanteile gemeint, wie sie im Grundbuch eingetragen sind, sondern die Anteile am Erlös des Grundstücks beim Verkauf oder einer Versteigerung nach §§ 752 ff. BGB.

840 **Eine Aufgabe des Eigentums** (Dereliktion nach § 928 BGB) ist bei einer Eigentumswohnung nicht möglich[1].

4.9. Entziehung des Wohnungseigentums

4.9.1. Grundsätzliches

841 Zum Schutz gegen Störenfriede und Wohnungseigentümer, die ihren Verpflichtungen nicht nachkommen, sowie als Ausgleich für die grundsätzliche Unauflöslichkeit der Gemeinschaft, kann das Wohnungseigentum zwangsweise **entzogen werden** (§ 18 WEG). Die Entziehung erfolgt durch Veräußerung des Wohnungseigentums. Die praktische Bedeutung dieses Verfahrens war bisher nicht groß. Nur wenige Gerichtsentscheidungen sind veröffentlicht worden, die sich auf die Entziehung des Wohnungseigentums beziehen[2]. Bei der sog. freiwilligen Versteigerung in diesem Verfahren musste der Erwerber alle Belastungen übernehmen. Die Möglichkeit, wie beim Zwangsversteigerungsverfahren nach dem ZVG wegen Erlöschens von Belastungen eine Eigentumswohnung im Versteigerungswege billiger zu erwerben, bestand nicht[3].

842 Durch die WEG-Novelle haben sich auch hier **gravierende Änderungen** ergeben. Für alle Zwangsversteigerungsverfahren, bei denen der Antrag auf Durchführung der Zwangsversteigerung nach dem 1.7.2007 bei Gericht eingegangen ist, gelten die Regelungen des Zwangsversteigerungsgesetzes mit der Folge, dass bestehende Belastungen durch die Zwangsversteigerung wegfallen (§ 62 Abs. 1 WEG). Für alle Verfahren, bei denen der Antrag auf

---

1 BGH NJW 1991, 2488 = BGHZ 115, 1; BayObLG BayObLGZ 1991, 90 = NJW 1991, 1962; OLG Düsseldorf ZWE 2001, 36 = FGPrax 2001, 8; BGH Entscheidung v. 14.6.2007 – VZB 18/07.
2 KG Rpfleger 1979, 198; KG NJW 1967, 2268; LG Nürnberg-Fürth NJW 1963, 720: AG München MDR 1961, 604; LG Passau Rpfleger 1984, 412; die Verfassungsmäßigkeit von §§ 18, 19 WEG wird bejaht von BVerfG NJW 1994, 241 = DWE 1993, 151.
3 Einzelheiten hierzu siehe Rz. 748.

Durchführung vor dem 1.7.2007 bei dem zuständigen Notar eingegangen ist, gelten die alten Regelungen weiter. Das bedeutet, dass für diese Verfahren auch weiterhin die Notare zuständig bleiben und die Versteigerung nach der Regeln der Freiwilligen Gerichtsbarkeit erfolgt.

4.9.2. Voraussetzungen

Die Entziehung des Wohnungseigentums kommt in Frage, wenn ein Wohnungseigentümer sich einer so schweren Verletzung der ihm gegenüber den anderen Wohnungseigentümern obliegenden Verpflichtungen schuldig gemacht hat, dass diesen die Fortsetzung der Gemeinschaft mit ihm nicht mehr **zugemutet** werden kann (§ 18 WEG). Diese Voraussetzungen liegen insbesondere vor, wenn der Wohnungseigentümer trotz Abmahnung wiederholt gegen die ihm nach § 14 WEG obliegenden Pflichten verstoßen hat oder der Wohnungseigentümer sich mit der Erfüllung seiner Verpflichtungen zur Lasten- und Kostentragung (§ 16 Abs. 2 WEG) in Höhe eines Betrags, der 3 v.H. des Einheitswerts einer Eigentumswohnung übersteigt, länger als drei Monate in Verzug befindet (§ 18 Abs. 1, 2 WEG).

Als Beispiele für **Entziehungsgründe** wegen der gröblichen Verletzung von Pflichten (§ 18 Abs. 2 Nr. 1 WEG) kommen z.B. in Frage: eine dem Wesen der Eigentumswohnanlage widersprechende Benutzung, insbesondere für gewerbliche Zwecke, Belästigungen anderer Wohnungseigentümer, z.B. durch ständiges Lärmen, wiederholte Beleidigungen oder Tätlichkeiten gegenüber anderen Wohnungseigentümern, Hausbewohnern oder dem Verwalter. Eine Entziehung kann auch dann Platz greifen, wenn die Störung vom Mieter ausgeht und der Vermieter nichts gegen das Verhalten des Mieters unternimmt. Es muss sich um einen wiederholten gröblichen Verstoß gegen Verpflichtungen gehandelt haben. Der Verstoß muss trotz Abmahnung wiederholt werden. Ein einmaliger Verstoß kann ein Entziehungsverlangen nicht begründen. Wer die Abmahnung vornehmen muss, ist im WEG nicht ausdrücklich bestimmt. Hierfür kommt in erster Linie der Verwalter in Frage. Es genügt jedoch auch eine Mahnung durch einen oder mehrere Wohnungseigentümer. Nach der Mahnung müssen mindestens zwei gröbliche Verstöße stattgefunden haben. Ein einmaliger Verstoß kann aber nach der Generalklausel (§ 18 Abs. 1 WEG) eine Entziehung rechtfertigen; hierfür sind jedoch strenge Voraussetzungen zu fordern.

Die Eigentümer können durch Vereinbarung (etwa in der Teilungsversteigerung) den Anspruch auf Entziehung des Eigentums nicht erschweren oder ganz ausschließen. Sie können aber Erleichterungen vereinbaren. Sie können durch Vereinbarung auch bestimmen, was über die gesetzlichen Bestimmungen hinaus als wichtiger Grund gelten soll, z.B. kann die Insolvenz eines Eigentümers als wichtiger Grund bestimmt werden.

Beispiel:
Die Vereinbarung, dass der Anspruch auf Entziehung erst bei einem Wohngeldrückstand von 10 v. Hundert des Einheitswertes zulässig ist, wäre unzulässig. Die Ver-

einbarung, dass bereits bei einem Rückstand von 6 Monatsraten die Entziehung zulässig ist, dürfte im Regelfall zulässig sein. Der Rückstand von 6 Monaten wird eher erreicht werden, als die 3 v. Hundert des Einheitswertes, so dass eine Erleichterung eintritt.

4.9.3. Verfahren

846 Die Entziehung des Wohnungseigentums hat zunächst zur Voraussetzung, dass die Wohnungseigentümerversammlung mit **Stimmenmehrheit** die Entziehung beschlossen hat (§ 18 Abs. 3 WEG). Es müssen mehr als die Hälfte der stimmberechtigten Wohnungseigentümer für die Entziehung stimmen. Die Stimmenmehrheit ist nach Kopfzahlen zu berechnen (§ 25 Abs. 2 Satz 1 WEG)[1]. Hierbei kommt es nicht darauf an, ob ein Wohnungseigentümer eine oder mehrere Eigentumswohnungen besitzt und wie groß sein Miteigentumsanteil ist. Die Mehrheit wird aus der Zahl der insgesamt stimmberechtigten Wohnungseigentümer berechnet, nicht aus der Zahl der anwesenden und vertretenen Wohnungseigentümer. Die Vorschriften über die Beschlussfähigkeit (§ 25 Abs. 3, 4 WEG) sind hier nicht anzuwenden (§ 18 Abs. 3 Satz 3 WEG). Der von dem Entziehungsverlangen betroffene Wohnungseigentümer hat kein Stimmrecht (§ 25 Abs. 2 Satz 1 WEG). Grundsätzlich besteht kein Individualanspruch des einzelnen Eigentümers, wenn ein Mehrheitsbeschluss nicht zustande gekommen ist[2], ein solcher Anspruch besteht nur, soweit der weit gesteckte Ermessensspielraum hierfür überschritten ist.

847 Nachdem der Beschluss ergangen ist, trifft den Wohnungseigentümer, gegen den sich das Entziehungsverlangen richtet, die Verpflichtung, seine Eigentumswohnung zu veräußern (§ 18 Abs. 3 WEG). Kommt er dieser Verpflichtung nicht nach, so kann er zur Veräußerung der Eigentumswohnung **verurteilt** werden. Hierzu muss ein gerichtliches Verfahren durchgeführt werden.

848 Bei Anträgen, die vor dem 1.7.2007 bei Gericht eingehen, bleibt es bei den alten Verfahrensvorschriften. Hierbei handelte es sich nicht um ein FGG-Verfahren (s. § 43 Abs. 1 Nr. 1 WEG a.F.). Zuständig für die Fragen der Entziehung des Wohnungseigentums ist das Amtsgericht, in dessen Bezirk das Grundstück liegt, ohne Rücksicht auf den Wert des Streitgegenstands (§ 51 WEG).

849 Bei Klagen, die am oder nach dem 1.7.2007 bei Gericht eingehen, ist das Amtsgericht zuständig, in dessen Bezirk das Grundstück der Gemeinschaft liegt (§ 43 Nr. 1 WEG n.F. i.V.m. § 23 Nr. 2c GVG n.F.).

---

1 *Weitnauer* § 18 Rz. 9; nach BayObLG BayObLGZ 1999, 176 = NJW-RR 2000, 17 gilt das Kopfstimmrecht grundsätzlich auch dann, wenn die Gemeinschaftsordnung allgemein ein Objektstimmrecht anordnet; ob § 18 Abs. 3 WEG abbedungen werden kann, hat das BayObLG offengelassen.
2 KG FGPrax 1996, 94.

4.9.4. Versteigerung ab dem 1.7.2007[1]

Kommt der Wohnungseigentümer auch nach rechtskräftiger Verurteilung seiner Verpflichtung zur Veräußerung seiner Eigentumswohnung nicht nach, so kann auf Antrag jeden Wohnungseigentümers die Zwangsversteigerung durchgeführt werden (§ 19 Abs. 1 WEG). Die Ausübung dieses Rechtes steht der Gemeinschaft der Wohnungseigentümer zu, es sei den sie besteht nur aus zwei Eigentümern.   850

Zuständig für die Versteigerung ist das Amtsgericht als Vollstreckungsgericht, in dessen Bezirk das Grundstück liegt (§ 1 ZVG). Zur Einleitung des Verfahrens muss ein Antrag gestellt werden (§ 15 ZVG).

Aufgrund des Antrags **eröffnet dann das Gericht das Zwangsversteigerungsverfahren** und ordnet eine Eintragung darüber im Grundbuch an (§ 19 ZVG). Die Eröffnung des Verfahrens hat die Wirkung einer Beschlagnahme (§ 20 ZVG). Diese hat die Wirkung eines Veräußerungsverbotes, so dass der Eigentümer nicht mehr über das Grundstück verfügen kann (§§ 21–23 ZVG)[2] Der Eigentümer kann die Wohnung nicht mehr verschenken und auch keine Belastungen mehr aufnehmen. Bei Verfahrenseinleitung bereits bestehende Belastungen werden grundsätzlich entweder aus dem Versteigerungserlös bedient oder gehen unter (§ 91 Abs. 1 ZVG). Im Regelfall erwirbt der Ersteigerer das Wohnungseigentum ohne Grundschulden und Hypotheken.   851

Weiter ordnet das Gericht einen Versteigerungstermin an (§ 36 ZVG)[3] und setzt den Verkehrswert fest. In dem Versteigerungstermin selber nimmt das Gericht die Gebote entgegen. Kommen ein oder mehrere zulässige Gebote zustande, wird dem Meistbietenden der Zuschlag erteilt (§ 81 ZVG). Durch den Zuschlag im Versteigerungsverfahren kommt ein Kaufvertrag zwischen dem im Entziehungsverfahren verurteilten Wohnungseigentümer und dem Meistbietenden zustande. Die Erklärung des verurteilten Wohnungseigentümers hierzu werden durch das rechtskräftige Urteil ersetzt (§ 19 WEG).   852

Erfolgt die Versteigerung deswegen, weil der Wohnungseigentümer Zahlungspflichten nicht nachgekommen ist, so kann dieser bis zur Erteilung des Zuschlags das Verfahren durch Zahlung des geschuldeten Betrags nebst aller Verfahrenskosten abwenden (§ 19 Abs. 2 WEG).   853

Für den Eigentümer besteht auch nicht die Möglichkeit, das Verfahren durch Einlegung von Rechtsmitteln in die Länge zu ziehen. Zwar besteht die Möglichkeit, **die vorläufige Einstellung** zu beantragen (s. § 28 ff. ZVG).   854

---

[1] Zum Verfahren der freiwilligen Versteigerung siehe Punkt 4.8.4. der 8. Auflage dieses Werkes.
[2] BGH Entscheidung v. 25.11.1993 – IX ZR 6/93 zit n. juris; OLG Saarbrücken Rpfleger 1983, 80.
[3] Siehe zum Ablauf auch Rz. 748 ff.

Hierbei wird aber seitens des Gerichts ein sehr formalistisches Verfahren angewandt; Einwendungen die der Eigentümer erhebt müssen grundsätzlich aus dem Grundbuch hervorgehen oder rechtskräftig festgestellt sein, um berücksichtigt zu werden. Der Eigentümer muss daher im Regelfall zunächst die Einwendungen rechtskräftig feststellen lassen, und Verzögerungen in diesen Verfahren gehen zu seinen Lasten. Hinzukommt, dass die Einwendungen binnen einer Notfrist von 2 Wochen ab Einleitung des Verfahrens erhoben werden müssen (§ 30b ZVG).

855 Damit ist das Verfahren zur Entziehung des Wohnungseigentums zu einer echten **Waffe** geworden. Durch die Veräußerungssperre kann der Eigentümer das Grundstück nicht mehr belasten und nicht mehr unverkäuflich machen. Durch den Untergang der bestehenden Belastungen vergrößert sich der Interessentenkreis enorm. Durch den weitgehenden Ausschluss von Einwendungen kann das Verfahren auch relativ schnell durchgezogen werden.

4.10. Versorgungs- und Entsorgungssperre

856 Der Gesetzgeber hat mit dem Zahlungsrückstand in Höhe von mehr 3 % des Einheitswertes des Wohnungseigentums als Regelbeispiel für eine schwere Verletzung der gegenüber der Eigentümergemeinschaft bestehenden Pflichten den Zahlungsverzug als wesentlichen Grund für die Einhaltung eines Wohngeldverfahrens benannt (§ 18 Abs. 2 Nr. 1 WEG). Da allerdings nicht jeder länger anhaltende Zahlungsverzug ausreicht, die Voraussetzungen für die Entziehung des Eigentums zu erfüllen und außerdem die Versteigerung ein langwieriges Verfahren ist, besteht ein Bedürfnis nach anderweitigen Reaktionsmöglichkeiten der Gemeinschaft. Eine solche anderweitige Reaktionsmöglichkeit ist die **Versorgungssperre.**

4.10.1. Möglichkeiten

857 Die Versorgungs- und Entsorgungssperre zeichnet sich dadurch aus, dass die betreffende Einheit des säumigen Eigentümers von Wasser, Strom, Gas u. Ä. **Versorgungsleistungen abgetrennt** wird. Die Eigentümergemeinschaft hat den unmittelbaren Vorteil, dass keine verbrauchsabhängigen Kosten mehr anfallen. Weiterhin entsteht durch die Unterbrechung der Versorgungsleistungen ein mittelbarer Druck auf den Eigentümer seine Rückstände zu begleichen.

4.10.2. Technische Voraussetzungen

858 Voraussetzung für die Einrichtung einer Versorgungssperre ist zunächst, dass die **technischen Gegebenheiten** in dem betreffenden Gebäude gegeben sind. So sollte abgeklärt werden, ob es von der Konstruktionsweise her möglich ist, nur die Wohnung des säumigen Eigentümers abzuklemmen.

Weiterhin muss geklärt werden, wo sich der entsprechende Schalter für die **Abklemmung der Leitungen** befindet. Befindet sich der Schalter in der Wohnung des betreffenden Eigentümers ist die technische Umsetzung mit Schwierigkeiten verbunden. Zwar hat die Eigentümergemeinschaft einen Anspruch gegen den Eigentümer auf Zutritt zu der Wohnung[1]. Aufgrund der Lage des Schalters wird es jedoch für den Eigentümer ein leichtes sein, die Sperre wieder rückgängig zu machen. Die Kosten, die dann durch die erneute Einschaltung des Unternehmens zur wiederholten Absperrung notwendig werden, können zwar dann dem einzelnen Eigentümer auferlegt werden. Da dieser jedoch möglicherweise zahlungsunfähig ist, läuft die Gemeinschaft Gefahr auf den Kosten sitzen zu bleiben. Außerdem müsste dann eventuell täglich das Unternehmen erneut die Unterbrechung durchführen. In einem solchen Fall müsste daher überlegt werden, ob technisch die Möglichkeit besteht, es dem Eigentümer unmöglich zu machen, die Sperrung rückgängig zu machen. 859

Eine weitere Schwierigkeit ergibt sich, wenn die **Wohnung vermietet** ist. Hier wird von der Rechtsprechung vertreten, dass kein Anspruch darauf besteht, die Sperrung in der Wohnung vorzunehmen[2]. 860

4.10.3. Rechtliche Voraussetzungen

Ist von technischer Seite aus geklärt, ob eine Versorgungssperre möglich ist, sind die rechtlichen Voraussetzungen zu klären. Die Versorgungssperre stellt einen erheblichen Eingriff in das Wohnungseigentum dar und kann nur bei einem **erheblichen Zahlungsrückstand** vorgenommen werden. Dieser ist regelmäßig bei einem Rückstand von mehr als 6 Raten des monatlich zu zahlenden Hausgeldes anzunehmen[3]. 861

Die Gemeinschaft kann bereits in der Gemeinschaftsordnung vorsehen, dass bei einem derartigen Rückstand ein Ausschluss von den Versorgungsleistungen geschieht[4]. Liegt eine solche Regelung nicht vor, kann im Wege des **Mehrheitsbeschlusses** ein solcher Ausschluss von der Gemeinschaft vorgenommen werden[5]. Ein entsprechender Beschluss könnte wie folgt lauten: 862

„Aufgrund der derzeitigen Säumnis des Eigentümers X mit fälligen Wohngeldzahlungen in Höhe von derzeit y Euro einschließlich Nebenforderungen und Kosten – rechtskräftig tituliert und trotz mehrfacher Vollstreckungsversuche derzeit nicht erfolgreich beitreibbar – beauftragt die Gemeinschaft den Verwalter die Wohnung des Schuldner ab sofort von der Heiz- und Wasserversorgung abzutrennen"[6].

---

1 LG Berlin MM 2005, S. 370; BGH NZM 2005, 626.
2 KG ZMR 2006, 379.
3 BGH NJW 2005, 2622.
4 *Bärmann/Pick/Merle* § 16 Rz. 113.
5 BGH NJW 2005, 2622.
6 Vgl. auch *Deckert* WE 1991, 211.

863 Die Versorgungssperre ist daraus berechtigt, dass bei Zahlungsrückstand der Gemeinschaft ein Zurückbehaltungsrecht für die von ihr geschuldeten Leistungen zusteht (§ 273 BGB). Daher muss die Gemeinschaft **auch tatsächlich die betreffende Leistung erbringen**, da nur dann auch das notwendige Austauschverhältnis gegeben ist. Hat der Wohnungseigentümer beispielsweise direkt mit dem örtlichen Stromunternehmen einen Versorgungsvertrag geschlossen und wird der Strom nur durchgeleitet, kann die Gemeinschaft keine Unterbrechung der Stromlieferung herbeiführen[1].

864 Bei der Beschlussfassung über die Versorgungssperre muss die Gemeinschaft eine **Abwägung** zwischen den Interessen des Wohnungseigentümers und der Gemeinschaft vornehmen. Lebt z.B. in der Wohnung des Eigentümers eine hochbetagte ältere Dame, könnte dies ausnahmsweise die Versorgungssperre unwirksam machen.

865 Ist die Versorgungssperre erfolgreich ausgesprochen worden, kann die **Abtrennung** von den Versorgungsleistungen **durchgeführt werden**. Dies gilt nicht nur, wenn die Wohnung durch den Eigentümer selbst genutzt wird, sondern auch, wenn er sie vermietet[2]. Lediglich dann, wenn die für die Unterbrechung notwendigen Anlagen sich in der Mietwohnung befinden, stellt die Vermietung ein Hindernis dar, da nicht alle Gerichte den Mieter für verpflichtet halten, den Zutritt zu der Wohnung zu dulden.

4.10.4. Dauer der Versorgungssperre

866 Ist die Versorgungssperre erfolgreich ausgebracht, kann sie solange aufrechterhalten werden, wie der Wohnungseigentümer seine Rückstände nicht begleicht. Begleicht der Eigentümer die Rückstände in voller Höhe einschließlich sämtlicher Kosten und Nebenkosten, ist die Versorgungssperre aufzuheben. Fraglich ist, ob diese Verpflichtung auch dann besteht, wenn der Eigentümer zwar einen **erheblichen Teil** der Rückstände begleicht, aber nicht alles, z.B. nur die von der Sperrung betroffenen Kosten, wie z.B. Wasser. Es findet sich die Auffassung, dass bei einer Zahlung von 70 % der titulierten Wohngeldforderungen die Versorgungssperre zurückzunehmen sei[3].

867 Diese 70 % dürften zwar einerseits die Untergrenze darstellen, d.h. bei weniger als 70 % wird eine Aufhebung nicht in Betracht kommen. Die 70 % können aber nicht als absoluter Grenzwert genommen werden.

Steht der Eigentümer mit 1000 Euro in Verzug als die Versorgungssperre ausgebracht wird und zahlt er daraufhin 700 Euro, steht er nur noch mit 300 Euro im Rückstand. In einem solchen Fall mag die nunmehr durchzuführende erneute Interessenabwägung zu dem Ergebnis führen, dass es

---

1 OLGR Köln 2000, 457; NJW-RR 2001, 301.
2 KG Berlin WuM 2002, 161.
3 AG Peine NZM 2001, 534.

unverhältnismäßig ist, wegen der 300 Euro die Versorgungssperre weiter aufrecht zu erhalten. Ist hingegen der Eigentümer bei Ausbringung der Versorgungssperre mit 10 000 Euro in Rückstand und zahlt er daraufhin 7000 Euro, stehen weiterhin 3000 Euro offen. Bei einem Rückstand einer derartigen Größenordnung wird es regelmäßig **verhältnismäßig sein, die Versorgungssperre weiterhin aufrecht zu halten.**

4.11. Das Haftungssystem der Gemeinschaft nach der WEG-Novelle

4.11.1. Haftung nach der Teilrechtsfähigkeit

Verträge der Wohnungseigentümergemeinschaft schließt der Verwalter entweder aufgrund seiner gesetzlichen Vollmacht (§ 27 WEG) oder als Bevollmächtigter des **Verbandes** aufgrund einer ihm erteilten Vollmacht ab. So kommen z.B. Kaufverträge wegen Heizöl, Reparaturaufträge usw. in Betracht. Bezüglich der Haftung galt bis zur Entscheidung des BGH vom 2.6.05, dass Vertragspartner dieser Verträge die einzelnen Wohnungseigentümer werden. Diese hafteten dann auch im Zweifel als Gesamtschuldner (§ 427 BGB)[1]. Der Gläubiger konnte also neben der Gemeinschaft jeden von ihnen auf den vollen Betrag in Anspruch nehmen. 868

Mit der Entscheidung des BGH vom zweiten Juni 2005 hat sich dies geändert; der BGH hat festgehalten, dass die Gemeinschaft der Wohnungseigentümer rechtsfähig ist, soweit sie bei der Verwaltung des gemeinschaftlichen Eigentums am Rechtsverkehr teilnehme[2]. Verträge mit Dritten fallen immer hierunter, da die Gemeinschaft durch den Abschluss von Verträgen am Rechtsverkehr teilnimmt und die Verträge sich auf das gemeinschaftliche Eigentum Denknotwendigerweise beziehen. Träger der Rechte und Pflichten aus diesen Verträgen waren damit nicht mehr die einzelnen Wohnungseigentümer, sondern der vom BGH geschaffene Verband der Wohnungseigentümergemeinschaft. Der BGH ging davon aus, dass dies nicht nur für die Zukunft gelte, sondern auch für die Vergangenheit. In dem entschiedenen Fall ging es um einen Vertrag von 1976; der BGH nahm hier an, dass **Vertragspartner der Verband** sei. Eine persönliche Haftung der Eigentümer neben dem Verband kam nach dem BGH nur in Betracht, wenn die Eigentümer entweder kraft Gesetzes haften oder sich klar und eindeutig persönlich verpflichtet hätten. Für die öffentlichen Abgaben wurde aber weiterhin die aufgrund von Landesgesetzen begründete gesamtschuldnerische Haftung der Eigentümer angenommen[3].

Der Gesetzgeber hat die Auffassung des BGH zur Teilrechtsfähigkeit übernommen und festgehalten, dass die Gemeinschaft der Wohnungseigentü- 869

---
1 BGH NZM 2004, 831.
2 BGH NJW 2005, 2061 ff.
3 BGH ZMR 2006, 785; KG ZMR 2006, 636; BVerwG NJW 2006, 791; VGH Baden-Württemberg ZMR 2006, 818; ausführlich *Sauren*. ZMR 2006, 750. Ohne Landesgesetz aber nur der Verband, BGH ZMR 2007, 942, auch bei Energieversorger.

mer im Rahmen der gesamten Verwaltung des gemeinschaftlichen Eigentums gegenüber Dritten und Wohnungseigentümern selbst Rechte und Pflichten erwerben könne (§ 10 Abs. 6 Satz 1 WEG). Bezüglich der **Haftung der einzelnen Wohnungseigentümer hat** der Gesetzgeber jedoch festgehalten, dass jeder Wohnungseigentümer einem Gläubiger nach dem **Verhältnis seines Miteigentumsanteils** hafte (§ 10 Abs. 8 Satz 1 WEG), sog. Teilschuld. Es wird des Weiteren klargestellt, dass sowohl die Verbindlichkeiten erfasst werden, die während der Zugehörigkeit des Eigentümers entstanden sind, als auch die in dieser Zeit fällig geworden sind. Für den ausgeschiednen Eigentümer besteht eine Nachhaftungszeit von fünf Jahren. Für die Haftung des Eigentümers gegenüber der Gemeinschaft wegen nicht ordnungsgemäßer Verwaltung bestimmt sich der Anteil ebenfalls nach Miteigentumsanteilen. Damit ist die Entscheidung des BGH ab dem 1.7.2007 überholt. Für den Gläubiger hat dies folgende Konsequenzen:

Für die Verbindlichkeit aus dem Vertrag haftet der **Verband** mit dem Verbandsvermögen in voller Höhe als Vertragspartner. Daneben haften die einzelnen **Wohnungseigentümer mit ihrem Miteigentumsanteil.**

Beispiel:
Der Verband der Eigentümergemeinschaft Mustersteinstr. besteht aus 6 Eigentümern. E1 hält 5000/10 000 MEA, E2 hält 3000/10 000 MEA, E3 hält 1000/10 000 MEA, E4 hält 500/10 000 MEA, E5 hält 300/10 000 MEA und E6 hält 200/10 000 MEA. Der Verband schließt mit dem Handwerker H einen Vertrag über die Reparatur der Wasserleitungen zu 10 000 Euro ab. Der Verband haftet über die vollen 10 000 Euro. E1 haftet daneben persönlich mit 5000 Euro, E 2 mit 3000 Euro, E3 mit 1000 Euro, E4 mit 500 Euro, E5 mit 300 Euro und E6 mit 200 Euro.

Aufgrund der gesetzlichen Regelung haftet jeder Eigentümer nur in Höhe **seines Bruchteils.** Hat im obigen Beispiel E6 seine 200 Euro an H gezahlt und fallen E1 bis E5 mit den restlichen 9800 Euro aus und kann auch im Verbandsvermögen kein Rückgriff genommen werden, kann H von E6 nicht die Zahlung der restlichen 9800 Euro verlangen.

870 Diese Regelungen werden von *Bub*[1] abgelehnt. Eine Teilschuldnerschaft kenne das deutsche Recht bis auf die sog. Patenreederei (§ 507 HGB) nicht. Sie stehe des Weiteren im Widerspruch zu dem im Gesellschaftsrecht anerkannten Grundsatz der akzessorischen persönlichen Haftung der Gesellschafter. Demgegenüber wird nunmehr von anderen Autoren von einem **Kompromiss** gesprochen[2], weil dadurch die Haftung für Aufbauschulden einer Bauherrengemeinschaft identisch wären, oder von **Bemühen um Ausgewogenheit**[3]; bis hin zur Rechtfertigung der Lösung, weil die Miteigentümer von den Bewirtschaftungsmaßnahmen unmittelbar profitieren würden[4]. Richtig ist aber auch, dass ein endgültiges Urteil erst dann gefällt

---

1 NZM 2006, 844.
2 *Gottschalg* NZM 2007, 197.
3 *Derleder/Fauser* ZWE 2007, 4.
4 *Briesemeister* NZM 2007, 226.

werden kann, wenn das Zusammenspiel der Innen- und Außenhaftung geklärt ist[1]. Dies soll im Folgenden versucht werden:

Der **Eigentümer** ist nach dem Gesetz nunmehr **zwei Ansprüchen** ausgesetzt: einmal der Außenhaftung gegenüber dem Gläubiger und der Innenhaftung gegenüber der Gemeinschaft aus den Beschlüssen. Hat im obigen Beispiel E1 seine Umlage bezahlt, kann der Gläubiger von ihm dennoch erneut Zahlung in Höhe seiner Anteile verlangen, auch wenn die Sonderumlage gerade für diesen Zweck beschlossen worden ist. Der Eigentümer kann nämlich nach dem Gesetz (§ 10 Abs. 8 S. 2) keine Einreden oder Einwendungen aus seinem Verhältnis zum Verband gegen den Gläubiger geltend machen. Desweiteren hat der Gesetzgeber keine vorrangige Verpflichtung des Verbandes angeordnet, eine Einrede der Vorausklage (§ 771 BGB) wie beim Bürgen gibt es deshalb für den Eigentümer nicht. Lediglich wenn der Verband aufrechnen oder anfechten könnte, hat der Gesetzgeber dem Eigentümer diese Einrede gewährt (§ 10 Abs. 8 S. 3).

871

Der Eigentümer wird sich fragen, wie er **diesen beiden Ansprüchen (aus Sonderumlage/Wirtschaftsplan gem. § 28 Abs. 2 und 5 und Außenhaftung gem. § 10 Abs. 8 Satz 1)** zu begegnen hat. In der Praxis wird sich diese Konstellation regelmäßig nicht stellen, da der Verwalter nach der Rechtsprechung verpflichtet ist mit der Beschlussfassung über die Maßnahme die Finanzierung ebenfalls sicherzustellen, so dass entweder der Wirtschaftsplan ausreichend dimensioniert ist oder eine Sonderumlage beschlossen wird. Dies kann jedoch aus verschiedensten Gründen nicht immer gelingen, sei es, dass andere Maßnahmen die Mittel aufgebraucht haben, sei es, dass ein oder mehrere Eigentümer zahlungsunfähig werden.

872

Aufgrund des zeitlichen Ablaufs wird deshalb der Eigentümer die Verbindlichkeit **gegenüber der Gemeinschaft begleichen**. Dies wird ihn aber nicht von seiner Haftung gegenüber dem Gläubiger befreien, da keine Gesamtgläubigerschaft zwischen den beiden Ansprüchen bestehen[2]. Der Eigentümer muss deshalb damit rechnen **noch einmal in Anspruch** genommen zu werden in Höhe seines Eigentumsanteils[3].

872a

Hat der Eigentümer deshalb die seltene Möglichkeit zu wählen, stellt sich die Frage, ob er die **Zahlung an den Gläubiger** vornimmt und dem Verband gegenüber **die Aufrechnung oder ein Zurückbehaltungsrecht** geltend macht. Der bisherige weitgehende Ausschluss dieser Rechte gegenüber dem Verband hatte seinen Grund darin, dass aus der Treuepflicht dem Eigentümer diese nicht gewährt wurden, weil die Wohngelder zur Bewirtschaftung unverzüglich gebraucht wurden. Ausnahmen werden nur für anerkannte, rechtskräftig festgestellte oder Ansprüche aus Notgeschäfts-

---

1 *Derleder/Fauser* ZWE 2007, 4.
2 *Derleder/Fauser* ZWE 2007, 8.
3 Dies hat der Gesetzgeber gesehen und gewollt (BT-Drucks. 16/3843, 47).

führung gewährt[1]. Es besteht jedoch eine mit der Notgeschäftsführung vergleichbare Interessenlage, da dem Eigentümer die Klage droht[2]. Der Grund, den die Rechtssprechung für den Aufrechnungsausschluss nimmt, schlägt hier durch. Der Eigentümer ist nämlich genauso wie die Gemeinschaft auf die Lieferung der Versorgungsträger angewiesen, damit die Bewirtschaftung der Anlage gesichert ist. Sichert er dies durch Zahlung anstatt des Verbandes, so eröffnet sich quasi im Gegenzug ebenso aus dem Treueverhältnis die Aufrechnungslage, denn der Verband hat gegen seine Treueverpflichtung der Erfüllung der eingegangenen Verbindlichkeiten verstoßen. Damit ist die Aufrechnung in dieser Fallkonstellation auf alle Ansprüche zu gewähren, nicht nur die von Versorgungsträgern.

873 Der Gesetzgeber hat im Außenverhältnis **immer den Eigentumsanteil** angenommen. Dieser ist aber disponibel und in vielen Gemeinschaftsordnungen oder durch Vereinbarung abgeändert. Hat der Eigentümer aufgrund der obigen Rechtslage zuerst an den Gläubiger gezahlt und ist sein Anteil kleiner, dann wird er nichts veranlassen. Aber wenn sein Anteil größer ist, ist die **Frage welche Ansprüche er im Innenverhältnis** hat. Gegenüber dem Verband hat er einen Anspruch aus ungerechtfertigter Bereicherung, da er mehr bezahlt hat, als beschlossen (§ 812 BGB, Rechtsgrund ist der Beschluss). Der Verband wird aber über kein Geld verfügen, deshalb ist die Frage, ob er gegen die anderen Eigentümer einen Anspruch hat. Dieser Anspruch ergibt sich sowohl aus dem übergegangenen Außenanspruch (§ 10 Abs. 8 S. 1 WEG), d.h. hier nach Eigentumsanteil der anderen, als auch aus ungerechtfertigter Bereicherung: Da der zahlende Eigentümer mehr bezahlt hat, als er im Verhältnis zu den anderen Eigentümern müsste, sind die anderen Eigentümer insoweit von einer Forderung befreit und damit ungerechtfertigt bereichert[3].

874 Der Eigentümer hat auch die Möglichkeit einen sog. **Freistellungsanspruch (§ 257 BGB)** gegenüber dem Verband geltend zu machen, wenn dieser über Vermögen verfügt. Er braucht dann nicht erst zu zahlen, sondern kann von vorneherein diesen geltend machen, wenn er seine Verbindlichkeiten erfüllt und die Anspruchnahme ihm konkret droht. *Derleder/Fauser*[4] wollen diesen Anspruch noch von weiteren Bedingungen abhängig machen: Es dürfen für den Gläubigeranspruch keine weiteren von den übrigen Eigentümern notwendigen Beiträge noch erbracht werden müssen (Wie soll das der Eigentümer wissen? Was hat er damit zu tun?); das Vermögen dürfte nicht zweckgebunden für andere Ausgaben sein (die Rücklage ist immer zweckgebunden, dürfte deshalb das Versorgungsunternehmen nicht bezahlt wer-

---

1 BayObLG ZWE 2001, 418; KG NJW-RR 2002, 1379.
2 KG NZM 2003, 686 und ZWE 2003, 295 für vergleichbare Fallgestaltungen vor der Reform, bejahend auch *Derleder/Fauser* ZWE 2007, 8 f. zur Reform.
3 A.A. *Briesemeister* NZM 2007, 227: aus praktischen Gründen nur gegen die Gemeinschaft.
4 ZWE 2007, 7.

den? Wer soll das überprüfen? Wie soll der Eigentümer dies in Erfahrung bringen?); das dafür bereitgestellte Vermögen dürfe nicht anderweit verbraucht sein (was hat der Eigentümer damit zu tun, wenn der Verwalter die Zweckbindung aufhebt? wie soll er dies erfahren?). Diese liegen allesamt nicht in der Hand des geltendmachenden Eigentümers und sind von ihm nicht beeinflussbar. Soll deshalb der Anspruch überhaupt Bestand haben, können nur solche Voraussetzungen gewährt werden, die von ihm beeinflussbar sind, ansonsten ist der Anspruch nicht werthaltig.

Dabei ist der Gläubiger nicht gezwungen, vor der Klage gegen die einzelnen Eigentümer zuerst gegen den Verband vorzugehen. Der Gesetzgeber hat keine Vorausklagepflicht vorgesehen und nur bezüglich der Einreden der Aufrechen- und Anfechtbarkeit auf das Bürgschaftsrecht verwiesen (§ 10 Abs. 8 WEG). Der **Gläubiger kann daher wählen**, gegen wen er vorgehen möchte. Der **Gläubiger hat damit ein Wahlrecht** hinsichtlich der Inanspruchnahme. Er kann den Verband, aber auch die Eigentümer ohne Rücksicht auf das Innenverhältnis belangen. Die Eigentümerhaftung ist auch nicht subsidiär und es besteht damit keine Verpflichtung zur vorrangigen Klage gegen den Verband. Der Gläubiger wird, wenn er Zweifel an der Liquidität des Verbandes hat, ihn zusammen mit den Eigentümer verklagen. Zwar sind diese nicht Gesamtschuldner, werden aber wie ein Gesamtschuldner mit dem Verband, der in voller Höhe, die Eigentümer in Höhe des jeweiligen Anteils verurteilt, so dass es nicht zu einer doppelten Inanspruchnahme kommen kann[1].

875

Für die Gläubiger bedeutet dies, wenn sie **jeden einzelnen Wohnungseigentümer verklagen** müssen, sich bereits das Problem stellt, dass ihnen die genaue Zusammensetzung des Verbandes, die Adressen und die Mieteigentumsanteile regelmäßig nicht bekannt sein werden. Dasselbe kann aber auch einen Miteigentümer treffen, der Rückgriff bei den anderen sucht oder seinen Anspruch gegen diese wegen nicht ordnungsgemäßer Verwaltung geltend macht (§ 10 Abs. 8 S. 4). Auch der einzelnen Wohnungseigentümer wird nicht anders zu behandeln sein wie ein außenstehender Gläubiger. Der Gesetzgeber hat bei der **Haftungsbeschränkung** auf den Miteigentumsanteil ohne weitere Präzisierung davon gesprochen, dass jeder Wohnungseigentümer einem Gläubiger nach dem Verhältnis seines Miteigentumsanteils hafte. Alle Gläubiger wollen wissen, um wen es sich genau handelt, welche Adressen und welche Miteigentumsanteile diese Eigentümer aufweisen. Hier bestehen mehrere Handlungsmöglichkeiten: Zum einen könnte Einblick in das Grundbuch genommen werden. Allerdings wird für jeden Miteigentumsanteil ein einzelnes Grundbuchblatt angelegt mit der Folge, dass ggf. mehrere 100 Grundbuchblätter eingesehen werden müssen, was mit entsprechenden Kosten verbunden ist. Darüber hinaus wird für die Einsichtnahme in das Grundbuch die genaue grundbuchmäßige Bezeichnung insbesondere mit der Blattnummer benötigt.

876

---

1 *Derleder/Fauser* ZWE 2007, 5.

877 Gegenüber dieser umständlichen und nicht Erfolg versprechenden Methode gibt es auch noch die Möglichkeit, bei dem **Verwalter Auskunft** zu verlangen. Nach der Rechtsprechung besteht ein Anspruch auf Herausgabe einer Namensliste aller Wohnungseigentümer für jeden Miteigentümer[1]. Der Wohnungseigentümer sollte, wenn er diese **Liste anfordert**, darauf achten, sich auch die ausgeschiedenen Wohnungseigentümer mitteilen zu lassen und die Miteigentumsanteile. Ohne die Miteigentumsanteile kann er den Haftungsbetrag nicht berechnen. Fraglich ist allerdings, ob dem einzelnen Wohnungseigentümer auch insoweit ein Auskunftsanspruch zusteht. Dieses dürfte mit der bisherigen Rechtsprechung zur Herausgabe von Eigentümerlisten und aus dem Treueverhältnis der Eigentümer untereinander zu bejahen sein. Bisher ist die Herausgabe der Eigentümerliste darauf gestützt worden, dass die einzelnen Eigentümer zur gerichtlichen Geltendmachung ihrer Ansprüche hierauf angewiesen sind. Da zur Berechnung der korrekten Haftungsquote der Miteigentumsanteil bekannt sein muss und sich für den einzelnen Eigentümer keine andere Möglichkeit ergibt den Miteigentumsanteil seiner Miteigentümer in Erfahrung zu bringen, dürfte der Auskunftsanspruch sich auch auf die Mitteilung der Miteigentumsanteile erstrecken. Insbesondere aus dem Treueverhältnis der einzelnen Miteigentümer untereinander dürfte diese Verpflichtung zu unterstreichen sein.

878 Ob auch ein außenstehender Gläubiger einen **Auskunftsanspruch auf Nennung der Namen** und Miteigentumsanteile hat ist fraglich. Der Gesetzgeber hat jedenfalls ausdrücklich keine Grundlage normiert. Da während des Gesetzgebungsverfahrens auf die Problematik hingewiesen worden ist, könnte gefolgert werden, dass der Gesetzgeber konkludent einen solchen Anspruch verweigert hat. Allerdings kann – da sich der Gesetzgeber nicht ausdrücklich geäußert hat – auch vertreten werden, der Gesetzgeber habe es bei den bestehenden Möglichkeiten belassen wollen. Bereits nach alter Rechtslage ist in der Rechtsprechung teilweise ein Auskunftsanspruch eines Dritten bejaht worden[2]. Teilweise wird angenommen, dass Voraussetzung des Auskunftsanspruche sei, dass der auskunftsverpflichtete Verwalter bereits bei Vertragsschluss Verwalter war[3]. Teilweise ist schließlich aus der Stellung als Vertreter geschlussfolgert worden, dass ein Anspruch auf Nennung der vertretenen Personen bestehe[4]. Der Rechtsprechung, dass ein **Anspruch auf Nennung der vertretenen Personen** bestehe, ist **zuzustimmen**. Nach den Regeln des Vertretungsrechts besteht die Verpflichtung auf Verlangen eine Vollmacht vorzulegen (§ 179 BGB). Verfügt der Vertreter keine ordnungsgemäße Vollmacht, kann sich u.U. eine Haftung seinerseits ergeben. Dies wird auch für den Fall angenommen, dass der Vertreter zwar

---

1 BayObLGZ 1984, 133; OLG Frankfurt OLGZ 84, 258; AG Hamburg WE 1986, 62; AG Trier WuM 1999, 482; AG Köln ZMR 1999, 67.
2 OLG München Entscheidung v. 18.5.1983 – 15 U 4617/82.
3 LG Köln WuM 1996, 643.
4 OLG Düsseldorf MDR 1974, 843; LG Regensburg WuM 1983, 742.

eine Vollmacht besitzt, aber sich weigert den Vertretenen zu benennen[1]. Muss der Verwalter damit seinen Vollmachtgeber nennen, gehört nach Treu und Glauben auch die Anschrift dazu. Entgegen der Ansicht des LG Köln kann dabei aber nicht darauf abgestellt werden, ob der Verwalter bereits bei Vertragsschluss tätig war. Sobald der Verwalter für die WEG nach außen tätig wird, ergeben sich auch die aus der Vertretung folgenden Pflichten. Für dieses Ergebnis spricht auch eine Auslegung nach Treu und Glauben. Für den Dritten gibt es praktisch keine andere Möglichkeit an die Namen zu kommen. Die Grundbucheinsicht wird nicht weiter führen, da hierzu die genaue grundbuchmäßige Bezeichnung notwendig ist. Diese kann auch nicht über das Katasteramt erfragt werden, da dort nur das gesamte Grundstück verzeichnet ist, und nicht die einzelnen Eigentümer. Über das Einwohnermeldeamt können die Namen auch nicht erfragt werden, da dieses nur Auskunft gibt, ob Herr X oder Frau Y unter einer bestimmten Anschrift gemeldet sind. Eine Abfrage, wer unter einer bestimmten Anschrift gemeldet ist, ist unzulässig. Außerdem können die Wohnungen auch vermietet sein, so dass dann sowieso nur die Namen der Mieter verzeichnet wären. Der möglicherweise ganz woanders wohnende Eigentümer wäre dann unter der Anschrift der WEG nicht verzeichnet. Eine Suche in Telefonbüchern u.ä. wird aus diesem Grund auch nicht zum Erfolg führen, da zum einen die Eigentümer entweder kein Telefon haben müssen und auch der Eintrag im Telefonbuch freiwillig ist. Auch der Einsatz eines Detektiv würde im besten Fall nur die Namen der im Objekt wohnenden Personen zu Tage fördern und auch hier wäre nicht gesagt, ob diese auch die Eigentümer sind. Für die Eigentümerversammlung hat der Dritte regelmäßig kein Zugangsrecht. Würde man ihm kein Auskunftsrecht zubilligen, würde der Haftungsanspruch gegen die einzelnen Eigentümer leer laufen. Da für die Eigentümergemeinschaft auch keine Vorschriften wie der GmbH zur Ausschüttung von Gewinnen und dem Transfer von Geldern bestehen und auch keine Vorschriften zur Mindestausstattung der Gemeinschaft, würde der Gläubigerschutz völlig leer laufen. Auch dies spricht dafür, ein Auskunftsrecht anzunehmen.

Für den Gläubiger, insbesondere den Handwerker, stellt sich die Frage, ob eine Sicherstellung, nämlich die **Bauhandwerkersicherungshypothek (§ 648 BGB)** ihm zusteht. Diese Problematik ist durch die Rechtsfähigkeit der Gemeinschaft aufgetreten, denn der Besteller ist der Verband und der Grundbucheigentümer ist der Eigentümer auf dessen Grundstück die Belastung eingetragen werden soll. Damit war und ist auch nun die Identität nicht gewahrt. Eine wirtschaftliche Identität reicht nicht aus. Der Gesetzesbegründung ist zu entnehmen, dass dies dennoch eine Sicherung als gegeben ansieht, weil der BGH in einer Entscheidung aus Treu und Glauben diesen gewährt hat[2]. Hierbei übersieht der Gesetzgeber aber das der we-

879

---
1 OLG Düsseldorf MDR 1974, 843; LG Köln NJW-RR 1990, 152.
2 BGH NJW 1988, 220.

sentliche Umstand im entschiedenen Fall anders gelagert war. Dort war der Besteller wirtschaftlich und rechtlich beherrscht vom Grundstückseigentümer. Dies ist hier nicht der Fall, weil es nicht einen, sondern eine Vielzahl gibt. Sie ist deshalb **abzulehnen**[1]. Dies auch deshalb, weil durch die teilweise Haftung kein Grund mehr für eine Analogie ersichtlich ist. Es fehlt auch an einer Gesetzeslücke. Der Wortlaut ist allein maßgeblich. Derleder/Fauser[2] fragen zudem ob sich der Weg lohnen wird angesichts der Reihe von unterschiedlichen unabhängigen Hypotheken. Sollten die Wohnungen dann auch noch hoch belastet sein ist der Weg vergebens.

880 Hat der Gläubiger einen Titel gegen den Verband erlangt, so muss er wissen, dass dieser gegen den Eigentümer nicht genügt, er muss auch gegen ihn einen Titel erlangen[3]. Hinsichtlich des Verbandstitels stellen sich weiter Fragen:

Der Zwangsvollstreckung in das Vermögen, z.B. Rücklage, wird regelmäßig von Verwaltern die sog **Zweckbindung** entgegengehalten. Daran hat sich zwar der Verwalter zu halten, aber der die Zwangsvollstreckung betreibende Gläubiger nicht, er hat damit uneingeschränkten Zugriff auf das Vermögen[4]. Im Übrigen schafft die Erhebung einer Sonderumlage noch keine Zweckbindung[5] für diese Gelder. Vielmehr sind die gemeinschaftlichen Gelder ein Gesamtvermögen, egal ob intern etwas gesondert gebucht wird oder auf ein gesondertes Konto untergebracht ist[6].

881 Erlangt der Gläubiger auch in der Zwangsvollstreckung nicht seinen ganzen Anspruch oder gar nicht, so kann er versuchen auf die **Ansprüche des Verbandes im Innenverhältnis zuzugreifen. Dem Gläubiger** stehen die Ansprüche des Verbandes gegen die Eigentümer zur Pfändung zur Verfügung. Einmal die noch nicht geleistete Wohngeldbeiträge an den Verband, was aber unzweckmäßig ist, weil wenn diese noch nicht geleistet haben, sie regelmäßig auch nicht leisten können, zum Zweiten an die Eigentümer die geleistet haben, aber noch immer im Außenverhältnis haften, dies ist aber auch unzweckmäßig, weil er die Aufrechnung erwarten kann. Aus diesem Dilemma wird sich die Frage stellen, ob nicht die sog. sekundären Ansprüche zu pfänden sind. Hierbei handelt es sich um den vom Gesetzgeber irrtümlich genannten[7] Anspruch auf ordnungsgemäße Verwaltung (§§ 10 Abs. 8 S. 4, 21 Abs. 4), der im Prozess vom Richter ausgefüllt werden kann (§ 21 Abs. 8). Umstritten ist hier, ob dieser Anspruch Verschuldensunabhängig zu gewähren ist und wenn nicht worin dieses Verschulden zu liegen

---

1 *Derleder/Fauser* ZWE 2007, 6: Argumentation sei gewagt und ginge weit über die bisherige Judikatur hinaus.
2 *Derleder/Fauser* ZWE 2007, 6.
3 *Gottschalg* NZM 2007, 198.
4 *Briesemeister* NZM 2007, 227; *Derleder/Fauser* ZWE 2007, 5.
5 KG NZM 2005, 344.
6 KG NJW-RR 1987, 1160; NZM 2002, 745; 2003, 686.
7 Siehe *Briesemeister* NZM 2007, 228.

hat[1]. Hat der Eigentümer einem Sonderumlagebeschluss zugestimmt, der aber von den anderen abgelehnt worden ist, dann ist er nicht verpflichtet, den Beschluss anzufechten, wenn man eine verschuldensunabhängige Haftung annimmt[2]. Hierfür spricht auch folgendes: In der Entscheidung von 2005 hat der Bundesgerichtshof die Möglichkeit angesprochen, dass die einzelnen Wohnungseigentümer **persönlich neben dem Verband** haften könnten, wenn sie es unterlassen den Verband mit den notwendigen Geldmitteln zur Begleichung seiner Verbindlichkeiten auszustatten und die entsprechenden Beschlüsse nicht fassen. Für eine derartige „Durchgriffshaftung" ist nach wie vor Raum. Der Gesetzgeber hat in Kenntnis des Urteils des Bundesgerichtshofes eine Regelung getroffen und die Haftung ausdrücklich auf den Miteigentumsanteil beschränkt. Er hat aber auch gleichzeitig die Ansprüche auf ordnungsgemäße Verwaltung erwähnt (S. 4), was aber missverständlich ist. Im Ergebnis bleibt festzuhalten, das nur eine begrenzte **Teilhaftung des** einzelnen Eigentümers vorliegt, die aber **im Extrem unbegrenzt** sein kann, unabhängig von einem etwaigen Fehlverhalten.

Sind nämlich keine ausreichenden Geldmittel vorhanden, wird **eine Sonderumlage** zum Ausgleich notwendig sein. Hierbei sind nach der Rechtsprechung diese zunächst auf alle Eigentümer umzulegen[3]. Im nächsten Schritt ist dann zu beurteilen, welche Kapitalausstattung notwendig ist und welche Eigentümer liquide sind. Die Umlage ist deshalb sogleich um die illiquiden Eigentümer prozentual zu erhöhen[4]. 881a

Weitere Pfändungen der Mitwirkungsrechte des einzelnen Eigentümers machen keinen Sinn, weil dieser oder diese allein keine Beschlüsse fassen können ohne den Verwalter, der einladen muss, es sei denn es handelt sich um einen Umlaufbeschluss. Der Gläubiger muss des Weiteren die Gemeinschaftsordnung kennen und die Beschlüsse entsprechend deren Regeln aufstellen, ansonsten jeder Eigentümer anfechten kann. Der Weg ist damit äußerst steinig[5].

Hingegen äußerst effektiv ist der Weg der **Pfändung der Verbandskonten** und damit der Lahmlegung des Zahlungsverkehres der Gemeinschaft[6]. Diese „**Geldversorgungssperre**" wird die Eigentümer dazu bewegen, Beiträge zu beschließen und zu bezahlen. 882

Verband und Eigentümer haften nicht als Gesamtschuldner, aber wie solche, so dass es nicht zu einer Doppelzahlung kommen kann. Wenn und in- 883

---

1 *Lüke* ZfIR 2005, 516, 519; *Derleder/Fauser* ZWE 2007, 10; *Armbrüster* ZWE 2005, 369.
2 So auch und mit weiteren Beispielen *Briesemeister* NZM 2007, 228.
3 BGH NJW 1989, 3018; aber wieder streitig in der Literatur.
4 KG NZM 2003, 484.
5 *Derleder/Fauser* ZWE 2007, 12.
6 *Bub* NZM 2006, 845; *Briesemeister* NZM 2007, 229; *Derleder/Fauser* ZWE 2007, 4.

soweit der **Verband tilgt** erlischt die Verbindlichkeit der oder des Eigentümers. Tilgt ein Eigentümer, so befreit er den Verband (§ 422 BGB analog), unabhängig vom Bestand des Verwaltungsvermögens. Bei teilweisem Ausfall kann der Gläubiger dann die Außenhaftung vornehmen oder die Pfändung der Innenhaftung, je nachdem was Erfolg verspricht.

Fraglich ist noch wie sich ein **Vergleich des Gläubigers** mit dem Verband oder dem Eigentümer auf das jeweilige andere Verhältnis auswirkt. Wenn der Gläubiger mit dem Verband diesen vereinbart, gilt dieser gegen alle (§ 10 Abs. 8 S. 2). Vereinbart er ihn mit einem oder mehreren Eigentümern, so reduziert sich der Rückgriffsanspruch gegen den Verband und dieser profitiert mittelbar davon, weil er sich auf die Tilgung und damit das Erlöschen berufen kann[1].

884 Es wird vorgeschlagen, angesichts der unbegrenzten Nachschusspflicht in **der Gemeinschaftsordnung** eine Begrenzung der Nachschusspflicht aufzunehmen[2]. Hiervon kann nur abgeraten werden, denn nach der Rechtsprechung haben Vereinbarungen der Eigentümer keine Außenwirkungen. Nicht an der Gemeinschaft Beteiligte erlangen nämlich keinen Anspruch durch diese[3] und ihnen kann der Inhalt nicht entgegengehalten werden ohne das er Vertragsbestandteil geworden wäre, weil es sich sonst um einen Vertrag zulasten Dritter handeln würde.

885 Darüber hinaus hat der Gläubiger zu beachten, dass die persönliche Haftung der Wohnungseigentümer nur für solche Forderungen gilt, die **während der Zugehörigkeit zur Gemeinschaft entstanden oder während dieses Zeitraums fällig geworden sind**.

Beispiel:
Die Forderung des Handwerkers H im obigen Beispiel wird am 1.7.2008 fällig. E6 ist erst am 20.8.2008 im Grundbuch als Wohnungseigentümer eingetragen worden. Der Vertragsschluss war am 1.5.2008. Da die Forderung während der Zugehörigkeit des E6 zur Gemeinschaft weder entstanden noch fällig geworden ist, kann E6 hier nicht persönlich in Anspruch genommen werden. Vielmehr muss der Voreigentümer ermittelt und in Anspruch genommen werden.

Bezüglich der ausgeschiedenen Wohnungseigentümer ist zu beachten, dass der Gesetzgeber auf die Regelungen des Handelsgesetzbuches zur Haftung von ausgeschiedenen Gesellschaftern verweist (§ 10 Abs. 8 WEG, § 160 HGB). Danach kann der Gläubiger die ausgeschiedenen Wohnungseigentümern diese nur in Anspruch nehmen, wenn:
– Die Forderung innerhalb **von 5 Jahren seit dem Ausscheiden fällig** geworden ist;
– und innerhalb dieser Frist eine **gerichtliche Geltendmachung** erfolgt ist.

---

1 A.A *Derleder/Fauser* ZWE 2007, 13; wie hier *K. Schmidt* NJW 1997, 2201, 2205 für den vergleichbaren Fall bei der BGB-Gesellschaft.
2 *Derleder/Fauser* ZWE 2007, 13.
3 OLG Frankfurt MDR 1983, 580.

Dabei ist fraglich, wann diese Frist beginnt; der Gesetzgeber ordnet die entsprechende Geltung der handelsrechtlichen Vorschrift an. Das Handelsgesetzbuch stellt als Beginn der maßgeblichen Frist auf das Ende des Tages ab, an dem das Ausscheiden in das Handelsregister eingetragen wird. Für die Wohnungseigentümer existieren jedoch keine Handelsregister; das Ausscheiden wird lediglich durch Eintragung im Grundbuch vermerkt. Offensichtlich ist die Vorschrift so zu lesen, dass der Tag der Eintragung im Grundbuch maßgeblich sein soll.

Die Vorschrift steht auch nicht in Widerspruch zu den **Verjährungsvorschriften** (§§ 194 ff. BGB) Die Regelverjährung von drei Jahren beginnt erst ab Kenntnis und Fälligkeit der Forderung. Ohne Fälligkeit beginnt diese Frist nicht. 886

Beispiel:
Werkunternehmer V beginnt am 1.1.2007 mit umfangreichen Bauarbeiten. Diese dauern bis zum 1.3.2013. Aufgrund von Mängeln kommt es erst an diesem Tag zur Abnahme. Eigentümer E2 ist bereits am 31.12.2007 in dem Grundbuch als Eigentümer gelöscht und durch Eigentümer EN ersetzt worden. Aufgrund der Abnahme beginnt die Verjährung erst am 2.3.2013 zu laufen. Ohne die Begrenzung auf 5 Jahre könnte E2 immer noch in Anspruch genommen werden.

4.11.2. Besondere Haftungsprobleme der Gemeinschaft für Dritte

Der Verband der Wohnungseigentümer haftet für ein **Verschulden des Verwalters** als seines Erfüllungsgehilfen wie für eigenes Verschulden (§ 278 BGB). Auch hier tritt neben die Haftung des Verbandes die persönliche Haftung der Wohnungseigentümer im Verhältnis ihres Miteigentumsanteils. Dieser Haftung kann z.B. dann von Bedeutung sein, wenn der Verwalter eine Zahlung unterlässt und dadurch ein Verzugsschaden entsteht (§ 286 BGB). 887

Hat sich der Verband zu Erfüllung seiner Verpflichtungen eines Dritten z.B. des Hausmeisters bedient, so haftet er für das Tun oder Unterlassen dann nicht, wenn er bei der Auswahl und Überwachung, die im Verkehr erforderliche Sorgfalt beachtet hat (§ 831 Abs. 1 Satz 2 BGB). Die Beweislast hierfür trifft den Verband. 888

Der Verband haftet auch für Schäden am Sondereigentum durch das Gemeinschaftseigentum aber nur für Verschulden[1]. Wenn sie z.B. eine Dachsanierung schuldhaft unterlassen haben, ebenso für eine durch eine Sanierung entstandenen Schaden[2].

Eine Haftung aus **unerlaubter Handlung** kommt vor allem wegen Unterlassung von Verkehrssicherungspflichten in Frage (§ 823 BGB), z.B. wenn bei 889

---
[1] BayObLG NJW 1986, 3145 = WE 1987, 56; OLG Düsseldorf NJW-RR 1995, 587.
[2] BayObLG NJW-RR 192, 1102 = DWE 1992, 116 = BayObLGZ 92, 151; vgl. hierzu auch *Becker* ZWE 2000, 56.

Glatteis die Streupflicht[1] nicht wahrgenommen wurde und ein Fußgänger zu Schaden kommt oder durch Ablösen von Gebäudeteilen ein Schaden eintritt[2]. Auch eine Haftung der Eigentümer untereinander kann in Betracht kommen[3], z.B. bei Wasserschäden durch Einfrieren von Leitungen[4].

890 Auch für diese Forderungen gilt, dass zunächst der Verband Forderungsverpflichteter ist. Auch für Schadensersatzforderungen aus § 823 BGB haften die einzelnen Wohnungseigentümer persönlich nur mit ihren Miteigentumsanteil haften. Dies gilt nicht nur bei Schadensersatzforderungen von Dritten gegen die Gemeinschaft, sondern auch bei der Schadendersatzforderung eines einzelnen Wohnungseigentümers gegen die übrigen Wohnungseigentümer und bei der Forderung der Gemeinschaft gegenüber einzelnen Eigentümern. Bezüglich der letzten Fallgestaltung hat der Gesetzgeber ausdrücklich angeordnet, dass auch bei der Haftung wegen nicht ordnungsgemäßer Verwaltung der einzelne Wohnungseigentümer nur mit seinen Miteigentumsanteil haftet (§ 10 Abs. 8 Satz 4 WEG n.F.).

891 Für Schulden der Wohnungseigentümergemeinschaft im Innenverhältnis haften die Eigentümer anteilig im **Verhältnis ihrer Miteigentumsanteile** (§ 16 Abs. 2 WEG) oder, falls die Gemeinschaftsordnung einen anderen Verteilungsschlüssel vorsieht, nach diesem[5]. Ist jedoch von einem Wohnungseigentümer nichts zu erhalten, so müssen die anderen Wohnungseigentümer im Verhältnis ihrer Miteigentumsanteile bzw. nach dem vereinbarten Lastenverteilungsschlüssel für den Fehlbetrag aufkommen.

892 Die Wohnungseigentümer haften nicht ohne Verschulden für Schäden am Sondereigentum, deren Ursache im gemeinschaftlichen Eigentum liegt[6]. Bei der Durchführung von Instandsetzungsarbeiten haften die Wohnungseigentümer für das Verschulden der Handwerker als ihrer Erfüllungsgehilfen (§ 278 BGB)[7]. Der betroffene Eigentümer haftet anteilig mit[8]. Für Schäden am Gemeinschaftseigentum, die vom Sondereigentum ausgehen, haftet der betreffende Wohnungseigentümer nur bei Verschulden[9].

893 Eigentumswohnanlagen sind häufig mit zentralen Schließanlagen ausgestattet, bei denen ein Schlüssel die Wohnungstür, die Haustür und den Zugang zu anderen Räumen öffnet. Solche Schlüssel sind gemeinschaftli-

---

1 Hierzu vgl. BGH NJW 1984, 484; OLG Hamm NJW 1988, 496.
2 OLG Düsseldorf NJW-RR 1992, 1244 = OLGZ 1993, 107.
3 OLG Frankfurt OLGZ 1993, 188 = DWE 1993, 76.
4 BayObLG WE 1989, 184.
5 BayObLG NJW-RR 1992, 1102 = DWE 1992, 116 = BayObLGZ 1992, 151.
6 OLG Frankfurt OLGZ 1985, 144; BayObLG NJW 1986, 3145; OLG Düsseldorf NJW-RR 1995, 587; wegen der Haftung aufgrund mangelhafter Instandsetzung siehe *Becker* ZWE 2000, 56.
7 BGH NJW 1999, 2108 = ZWE 2000, 23.
8 BayObLG ZWE 2001, 159.
9 BayObLG NJW-RR 1994, 718 = WE 1995, 92.

ches Eigentum und zwar Zubehör (§ 97 BGB) zu den Türen und Türschlössern, die ebenfalls im Gemeinschaftseigentum stehen.

Ein **Schlüsselverlust** wirft rechtliche Probleme auf[1]. Wird ein solcher Schlüssel verloren oder gestohlen, so hat ihn der Wohnungseigentümer auf seine Kosten zu ersetzen; denn der Verlust fällt in seine Zuständigkeit. 894

Die Frage ist aber, ob dann nicht die ganze zentrale Schließanlage ausgetauscht werden muss, ein großer Aufwand für den unglücklichen Verlierer. Gefahr für die anderen Eigentümer droht nur in den seltensten Ausnahmefällen. Der verlorene Schlüssel kann ja nicht die Wohnungen der anderen Eigentümer öffnen, sondern nur den Eingangsbereich des Hauses. In den allermeisten Fällen kann der unehrliche Finder mit dem Schlüssel nichts anfangen, er weiß ja nicht einmal, wem er gehört. Etwas anderes gilt nur, wenn der Schlüssel in einer Tasche zusammen mit persönlichen Papieren verloren geht und so ein Hinweis auf die Wohnanlage besteht. Aber selbst dann ist die Gefahr gering und sie vermindert sich, je weiter der Fundort von der Wohnanlage entfernt ist. Man hört daher kaum etwas von einem solchen Schlüsselmissbrauch[2].

Ein Verlangen der Eigentümergemeinschaft auf Auswechselung der zentralen Schließanlage auf Kosten des Verlierers setzt zunächst dessen Verschulden voraus[3]. Dieses wird bei einem Verlieren in der Regel gegeben sein, bei Diebstahl oder Raub nur, wenn das Opfer fahrlässig gehandelt hat. Weitere Voraussetzung ist ferner, dass tatsächlich eine nicht unbedeutende **Gefahr droht**. Ein Anspruch der Eigentümergemeinschaft scheidet jedenfalls dann aus, wenn ein nicht überängstlicher Eigentümer sich in seinem Sicherheitsbedürfnis nicht beeinträchtigt fühlen kann[4]. Nach allgemeinen prozessualen Grundsätzen hat die Darlegungs- und Beweislast derjenige, der aus der Situation Rechte ableitet, also die Eigentümergemeinschaft, die den Austausch der Schließanlage verlangt[5] 895

4.12. Haushaltsnahe Dienstleistungen für Wohnungseigentümer

4.12.1. Steuerliche Anerkennung

Die Finanzverwaltung hat durch Schreiben vom 3.11.2006 die steuerliche Vergünstigung (§ 35a EStG) der haushaltsnahen Leistungen auch für Wohnungseigentümer anerkannt. Die bisher beschränkte Anwendung auf Einfamilienhausbesitzer und Miteigentümer von Mehrfamilienhäusern ist da- 895a

---

1 Hierzu sehr ausführlich *Schmid* DWE 1987, 37; ferner *Korff* DWE 1981, 23.
2 *Schmid* schreibt in DWE 1987, 39 Fn. 22 ihm sei in seiner Tätigkeit als Staatsanwalt und Strafrichter kein solcher Fall bekannt geworden, auch einige befragte Kollegen konnten sich an einen solchen Fall nicht erinnern.
3 *Schmid* DWE 1987, 37.
4 *Schmid* DWE 1987, 37, 39.
5 *Schmid* DWE 1987, 37.

durch beseitigt. Jeder selbstnutzende Wohnungseigentümer kann diese nunmehr ebenfalls geltend machen. Der Anwendungsbereich ist damit enorm erweitert. Da der Verwalter die Voraussetzungen der steuerlichen Anerkennung unter anderem in der Jahres-Abrechnung schaffen muss, wird diese revolutioniert.

4.12.2. Steuerliche Abzugsmöglichkeiten

4.12.2.1. Abzugsmöglichkeiten für normale Eigentümer

895b Seit dem 1.1.2003 werden durch das Einkommensteuergesetz (§ 35a Abs. 1 und 2. S. 1 EStG) bestimmte Dienstleistungen in privaten Haushalten steuerlich gefördert. Die gesetzliche Regelung sieht 4 Förderungsmöglichkeiten vor:

Die erste Möglichkeit, nämlich Beschäftigungsverhältnisse, für die Sozialversicherungsbeiträge gezahlt werden (§ 35a Abs. 1 Nr. 2 EStG) kommt nicht in Betracht, da ein Gemeinschaftsverhältnis (z.B. Miethausreinigung) nicht anerkannt wird[1]. Für die Inanspruchnahme von haushaltsnahen Dienstleistungen, die keine Handerwerkerleistungen für Renovierungs-, Erhaltungs- und Modernisierungsmaßnahmen darstellen, können aber 20 % dieser Aufwendungen, höchstens aber 600 Euro von der Einkommensteuer abgezogen werden (§ 35a Abs. 2 S. 1 erste Alternative EStG). Werden zudem Pflege- und Betreuungsleistungen für besondere pflegebedürftige Personen in Anspruch genommen, erhöht sich der Höchstbetrag auf 1200 Euro (§ 35a Abs. 2 S. 1 zweite Alternative EStG). Außerdem können Steuerpflichtige ab dem 1.1.2006 eine weitere Förderung in Höhe von 20 % der Aufwendungen, höchstens aber wiederum 600 Euro in Anspruch nehmen, wenn sie Handwerkerleistungen für Renovierungs-, Erhaltungs- und Modernisierungsmaßnahmen in ihrem inländischen Haushalt in Auftrag geben. Handwerkerleistungen, die nach dem 31.12.2005 bezahlt und erbracht werden sind deshalb bei den Aufwendungen zu berücksichtigen (vgl. § 52 Abs. 4b S. 2 EStG).

4.12.2.2. Abzug auch für Wohnungseigentümer

895c Das BMF hat im Schreiben vom 3.11.2006[2] seine alte Auffassung revidiert und auch für die WEG kommt nunmehr grundsätzlich eine Steuerermäßigung in Betracht[3]. Das BMF unterscheidet dabei zwei Sachverhalte bei Wohnungseigentümergemeinschaften: Gemeinschaften mit und ohne Verwalter.

---

1 *Schmidt/Glanegger*, EStG, 26. Aufl., § 35a Rz. 7 m.w.N.
2 DStR 2006, 2125.
3 Siehe Rz. 15 des BMF-Schreibens v. 3.11.2006.

Ohne Verwalter kommt eine Steuerermäßigung in Betracht, wenn   895d
- in der Jahresabrechnung die im Kalenderjahr unbar gezahlten Beträge nach den begünstigten haushaltsnahen Beschäftigungsverhältnissen und Dienstleistungen (§ 35a Abs. 1 Nr. 1 u. 2, Abs. 2 S. 1 u. 2 EStG) gesondert aufgeführt sind,
- der Anteil der steuerbegünstigten Kosten (Arbeits- und Fartkosten) ausgewiesen ist und
- der Anteil des jeweiligen Wohnungseigentümers anhand seines Beteiligungsverhältnisses individuell errechnet worden ist.

Ist ein Verwalter vorhanden, ist der Nachweis durch eine Bescheinigung zu   895e
erbringen. In dieser ist der Nachweis über den Anteil des jeweiligen Wohnungseigentümers zu führen. Diese vorgenommene Unterscheidung ist m.E. nicht zwingend. Es steht dem Verwalter frei, durch entsprechende Darstellung in der Jahresabrechnung die Voraussetzungen zu schaffen, damit er nicht eine Bescheinigung ggf. für jeden Eigentümer ausstellen muss. Dies entspricht der Anwendung beim Mieter[1] wo der Vermieter auch ein Wahlrecht hat.

4.12.3. Aufgaben des WEG-Verwalters

4.12.3.1. Beratungs- und Informationspflichten

Der Verwalter hat die ihm gem. dem Bürgerlichen Gesetzbuch und WEG   895f
obliegenden Aufgaben zu erfüllen. Er hat die Sachlage zu erkunden und die Wohnungseigentümergemeinschaft zu beraten. Darüber hinaus muss er durch seine Arbeiten die Voraussetzungen für eine eventuell bestehende steuerliche Abzugsfähigkeit schaffen.

Dies bedeutet für den hier konkret bestehenden Fall, dass er die Wohnungseigentümer über die Möglichkeiten der haushaltsnahen Dienstleistungen informieren und beraten (§ 35a Abs. 2 EStG), die Voraussetzungen in der Jahresabrechnung schaffen und gleichzeitig den Wohnungseigentümern durch Vorlage einer Rechnung und des Belegs des Kreditinstituts über die Zahlung in die Lage versetzen muss, steuerlich die Aufwendungen geltend machen zu können.

Der WEG-Verwalter ist damit nunmehr erstmalig in einer vergleichbaren   895g
Lage wie ein Steuerberater. Hier stellen die Gerichte, insbesondere der Bundesgerichtshof, hohe Anforderungen an die Beratungsqualität[2]. Überträgt man diese Anforderungen auf den Verwalter, woran aufgrund der bisherigen Rechtsprechung keine Zweifel bestehen, müsste er, nachdem selbst der BMF seine Auffassung geändert hat, die Voraussetzungen schaffen, um einen Abzug vornehmen zu können.

---
1 Siehe Ziffer 16 des BMF-Schreibens v. 3.11.2006.
2 Z.B. BGH DStR 2004, 1400.

Teil B Verwaltung der Wohnungseigentumsanlage

895h Der Verwalter muss daher die Voraussetzungen für einen Abzug durch entsprechende Gestaltung der Jahresabrechnung und die Vorlage der Rechnungen schaffen. Der Verwalter sollte zumindest einen Tagesordnungspunkt auf die jährliche Versammlung setzen, unter welchem die Wohnungseigentümer über die oben beschriebene Rechtslage und deren Auswirkung zu informieren. Ansonsten macht er sich schadensersatzpflichtig. Die besondere Problematik liegt darin, dass jeder Wohnungseigentümer in fast jeder Wohnungseigentumsanlage von dieser Problematik betroffen ist, soweit er sie selbst nutzt.

4.12.3.2. Schaffung der steuerlichen Abzugsmöglichkeit

895i Der Verwalter muss daher die Voraussetzungen schaffen, damit der Wohnungseigentümer die Beträge steuerlich geltend machen kann. Dies bedeutet, dass er zunächst die Voraussetzungen dafür schaffen muss, welche das Gesetz aufstellt und die richtige Jahresabrechnung aufstellen muss.

4.12.3.2.1. Erfassung der Kosten

Der Verwalter muss zunächst alle anfallenden Kosten der Wohnungseigentümergemeinschaft dahingehend unterscheiden, ob sie als haushaltsnahe Leistungen in Betracht kommen. Die Abgrenzung zwischen den 2 Grundförderungen, nämlich Dienstleistung und Handwerkerleistung ist deshalb wichtig, weil für ein und dieselbe Leistung nicht mehr als eine Förderung in Anspruch genommen werden kann. Deshalb müssen alle Aufwendungen seitens des Verwalters untersucht werden, weil die höchstmögliche Förderung, bei 20 % von 3000 Euro = 600 Euro, liegt. Ist also eine Handwerkerleistung in Anspruch genommen worden, so ist für die nächste Leistung die Frage, wofür die Förderung in Anspruch genommen werden kann. Zu der Abgrenzungsfrage zwischen Dienstleistung und Handwerksleistung, die damit nach wie vor entscheidend ist, liegt zwischenzeitlich, neben einem BMF-Schreiben, auch umfangreiche Rechtsprechung verschiedener Finanzgerichte vor[1]. Auch der BFH musste sich in mehreren Entscheidungen mit dieser Problematik befassen[2].

895j (1) **Definition *haushaltsnaher* Dienstleistungen**: Die Finanzverwaltung definiert den Begriff der haushaltsnahen Dienstleistungen nicht[3]. Vielmehr versucht sie durch beispielhafte Umschreibungen den Begriff zu klären. Er soll alle Tätigkeiten umfassen, die auch Gegenstand eines haushaltsnahen Beschäftigungsverhältnisses sein können. Im neuen Schreiben vom 3.11.2006 verlangt die Finanzverwaltung eine Tätigkeit, die einen Bezug zum Haushalt hat[4] bzw. die auch Gegenstand eines haushaltsnahen Be-

---

1 BMF-Schreiben v. 14.8.2003, BStBl. I 2004, 408.
2 Vgl. u.a. BFH NJW 2007, 1551 und BFH/NV 2007, 900.
3 Vgl. BStBl. I 2003, 403.
4 BStBl. 2003, 408, Rz. 1.

schäftigungsverhältnisses sein können[1]. Hierzu zählen u.a. die Zubereitung von Mahlzeiten im Haushalt, die Reinigung der Wohnung des Steuerpflichtigen, die Gartenpflege, die Pflege, Versorgung und Betreuung von Kindern und die Pflege von kranken, alten oder pflegebedürftigen Personen. Eine Abgrenzung zu den handwerklichen Tätigkeiten ist lt. BMF nur begünstigt, wenn es sich um Schönheitsreparaturen oder kleine Ausbesserungsarbeiten handelt[2]. Der Herstellungsaufwand ist nicht nach Alternative 1 begünstigt.

Mit anderen Worten, die Finanzverwaltung zieht die Grenze bei Schönheitsreparaturen und kleineren Reparaturarbeiten, hierzu kann die Kleinreparaturklausel als Hilfestellung herangezogen werden. Dies ist keine zwingende Abgrenzung[3].

Die Finanzrechtsprechung ist dieser Abgrenzung bisher jedoch gefolgt. Sie hat deshalb handwerkliche Tätigkeiten, die im Regelfall nur von Fachkräften durchgeführt werden, nicht begünstigt.

895k

Dazu zählen z.B. Reparaturen und Wartungen aller Heizungsanlagen, Elektro-, Gas- und Wasserinstallationen, Arbeiten im Sanitärbereich, sowie Schornsteinfeger und Dacharbeiten, Reparatur von Haushaltsgeräten, wie z.B. Waschmaschinen, Fernsehern und PC's einschl. Zubehör. Begünstigt sind danach nur die Schönheitsreparaturen im Sinne des § 28 Abs. 4 S. 3 der 2. BV.

Deshalb wurde die Steuerermäßigung in folgenden Fällen abgelehnt:

895l

– Lieferung von Innentürelementen mit Zubehör und kompletter Montage sowie Sanitär-, Heizung-, Elektro- und Fliesenarbeiten zu Kosten von insgesamt rund 30 000 Euro[4];
– Anstrich der Außenfassade zu einem Bruttopreis von 3000 Euro[5];
– Austausch der Heizung[6];
– Badrenovierung[7];
– Renovierung einer Hausfassade[8].

Die letzten beiden Entscheidungen sind vom BFH bestätigt worden[9]. Es ist noch festzuhalten, dass das FG Niedersachsen[10] eine haushaltsnahe Dienstleistung auch dann angenommen hat, wenn der Wohnungsinhaber,

---
1 BStBl. I 2003, 408, Rz. 4.
2 BStBl. I 2003, 408, Rz. 5.
3 Vgl. *Schmitt* DB 2003, 2623; *Lehr* DStR 2006, 72; *Morsbach* EFG 2004, 1771.
4 FG Rheinland-Pfalz EFG 2004, 1769.
5 FG München DStRE 2006, 80.
6 FG Hamburg EFG 2005 1777.
7 FG Niedersachsen EFG 2006, 123.
8 FG Thüringen EFG 2006, 121.
9 BFH/NV 2007, 1024 und 2007, 900.
10 Vgl. EFG 2006, 417.

der aus gesundheitlichen Gründen in einem Pflegeheim lebt, in den leerstehenden Räumen Malerarbeiten durchführen lässt[1].

895m Unter Alternative 1 (Dienstleistungen) fallen deshalb auf jeden Fall
- Hausmeisterkosten
- Hausreinigungskosten
- Winterdienst
- Grünanlagepflege (Rasenmähen, Hecke schneiden)
- Haus- und WEG-Verwalter
- Müllgebühren.

895n Gegen die Berücksichtigung von Verwalterkosten und Müllgebühren wird eingewandt, dass diese nicht im Wirkungskreis des Haushaltes erfolgen würden. Der Erlass will jedoch in Randziffer 9 nur den Ausschluss von Dienstleistungen, die *ausschließlich* Tätigkeiten zum Gegenstand haben, die außerhalb des Haushaltes des Steuerpflichtigen ausgeübt werden. Dies ist beim Haus- und WEG-Verwalter aber nicht zu bejahen, da er zwar überwiegend nicht in der Anlage tätig ist, sondern von seinem Büro aus regelmäßige Kontrollgänge etc. in der Anlage vornimmt. Darüber hinaus ist die Frage, ob hier eine reine Dienstleistung vorliegt oder dadurch, dass auch teilweise Werkleistungen, wie die Jahresabrechnung oder die Instandhaltungsberechnungen, vorgenommen werden, ein Ausschluss vorliegt. Dies kann aber keinen Ausschluss begründen, weil die Begünstigung gewollt ist. Vielmehr ist eine Aufteilung vorzunehmen, die man 80 % zu 20 % schätzen kann. Aus Sicherheitsgründen ist jedoch auch dem Verwalter zu raten zwei Rechnungen an die Gemeinschaft zu verfassen, damit diese sie bei Alternative 1 bzw. 2 erfassen kann.

895o Hinsichtlich der Schornsteinfegerkosten ist zu berücksichtigen, dass bei Zentralheizungen diese Kosten schon unter die des Betriebs der zentralen Heizungsanlage einschl. der Abgasanlage fallen. Damit hat der Verwalter, wenn eine Heizkostenabrechnung durch ein entsprechendes Unternehmen vorgenommen wird, diese Werte mitzuteilen. Er hat auch darüber zu informieren, dass sie unter die haushaltsnahe Leistungen fallen. Lediglich wenn in der Anlage Einzelfeuerstätten, wie z.B. Etagenheizungen und Lüftungsanlagen, gegeben sind, sind die Schornsteinfegerkosten gesondert auszuweisen.

895p **(2) Haushaltsnahe Handwerkerleistungen**: Unter Alternative 2 fallen dann auf jeden Fall – Handwerkerrechnungen, wie z.B.
- Arbeiten an Innen- und Außenwänden;
- Arbeiten am Dach, an der Fassade, an Garagen, o.Ä.;
- Reparatur oder Austausch von Fenstern und Türen;

---

1 Auch hier ist Revision eingelegt worden, vgl. – VI ZR 75/05.

– Streichen/Lackieren von Türen, Fenstern (innen und außen), Wandschränken, Heizkörpern und -rohren;
– Reparatur oder Austausch von Bodenbelägen (z.B. Teppichboden, Parkett, Fliesen);
– Reparatur, Wartung oder Austausch von Heizungsanlagen, Elektro-, Gas- und Wasserinstallationen;
– Modernisierung oder Austausch der Einbauküche;
– Modernisierung des Badezimmers;
– Reparatur und Wartung von Gegenständen im Haushalt des Steuerpflichtigen (z.B. Waschmaschine, Geschirrspüler, Herd, Fernsehen, Personalcomputer);
– Maßnahmen der Gartengestaltung;
– Pflasterarbeiten auf dem Wohngrundstück.

Dies gilt auch dann, wenn die Maßnahmen aus der Rücklage bezahlt werden. Dies birgt ein Problem, weil bei vielen Abrechnungen Maßnahmen häufig nicht in der Jahresabrechnung auftauchen, wenn sie über die Rücklage bezahlt werden.

(3) **Gesonderter Ausweis:** Der Verwalter muss weiter darauf achten, dass nach dem Gesetz ein gesonderter Ausweis der Arbeits- und der Materialkosten inkl. Fahrtkosten zu erfolgen hat. Dementsprechend muss die Rechnung gestellt werden.

895q

Der Verwalter hat in der Rechnung die Maßnahmen möglichst genau beschreiben zu lassen. Da das Höchstmaß an Maßnahmen wiederum die Möglichkeit von Einzelaufwendungen bietet, muss der Verwalter nunmehr in Zukunft bei den Rechnungen darauf hindrängen, dass der Handwerker möglichst viele Maßnahmen beschreibt und diese einzelnen bewertet. Die bisher regelmäßig vorgenommenen Pauschalverträge, in denen nichts unterschieden wird, wie z.B. bei Hausmeister oder Hausreinigungsarbeiten können aus steuerlichen Gründen nicht mehr vorgenommen werden.

(4) **Aufteilungsverbot bei Handwerkerleistungen und Dienstleistungen:** Die Rechtsprechung verbietet die Aufteilung einer einheitlichen Baumaßnahme und lässt darin enthaltende haushaltsnahe Tätigkeiten gänzlich unberücksichtigt[1]. Die Argumentation ist dabei unterschiedlich. Zum einen wird argumentiert, dass maßgeblich sei, ob eine Werk- oder Dienstleistung im Rahmen einer umfassenden Maßnahme angefallen ist oder getrennt auch als solche im konkreten Einzelfall durchgeführt worden wäre[2]. Demgemäss sei stets für die gesamte Einzelreparatur oder Instandhaltungsmaß-

895r

---
1 Vgl. FG Rheinland-Pfalz EFG 2004, 1769; FG Niedersachsen EFG 2006, 123; FG Thüringen EFG 2006, 121; BFH/NV 2007, 900.
2 Vgl. FG Niedersachsen EFG 2006, 123.

nahme insgesamt deren Steuerbegünstigung zu beurteilen. Zum anderen wird argumentiert, dass sich bei einer einheitlichen Maßnahme, wie z.B. einer Hausfassadenrenovierung, eine Aufspaltung verbiete. Die durchzuführende Sanierung umfasse notwendigerweise auch Vor- und Nachbereitungshandlungen sowie Hilfstätigkeiten, die der Erfüllung der Hauptleistung dienten. Es würde aber dem Gesetzestext zuwider laufen, könnte man diese Hilfsmaßnahmen von einer einheitlichen Leistung abspalten und dann eine Steuerbegünstigung in Ansatz bringen. Dieses Ergebnis ist nicht einleuchtend. Das Gesetz will denjenigen, der Schwarzarbeit verhindert, begünstigen. Wird aber die ganze Maßnahme zumindest teilweise steuerlich begünstigt, würde damit ein Anreiz geschaffen, keine Schwarzarbeit vorzunehmen.

895s Dasselbe Problem stellt sich, wenn einzelne Leistungen schon von ihrer Erbringung her Dienst- und Werkleistungen kombinieren. Hier seien die Hausverwalterleistungen oder die Müllabfuhr genannt. Das Aufteilungsverbot gilt hier nicht, weil es lediglich um die Frage zur Zuordnung zu einer der Alternativen geht, die Begünstigung jedoch nicht zweifelhaft ist. Vielmehr müsste ggf. im Schätzwege ein Herausrechnung der steuerbegünstigten Leistungen erfolgen. Dies zeigt die extreme Gefährlichkeit für den Verwalter, wenn er nicht vorher mit dem Handwerker die Aufteilung bespricht und in Rechnung stellen lässt.

895t (5) **Zahlungsweg**: Letztlich hat der Verwalter auch den Zahlungsweg, den das Gesetz vorschreibt zu beachten. Er darf nach dem Gesetz ausschließlich eine Zahlung der Vergütung auf das Bankkonto des Leistenden vornehmen (§ 35a Abs. 2 S. 6 EStG). Barzahlungen sind deshalb hierfür aus steuerlicher Sicht zu unterlassen.

4.12.3.2.2. Darstellung in Jahresabrechnung

895u (1) **Kostenposition**: Aufgrund seiner Haftung hat der Verwalter die in Frage kommenden Kostenpositionen in Unterpositionen zu unterteilen: Die steuerlich relevanten Arbeitskosten einerseits und die Materialkosten andererseits. Wichtig ist für den Verwalter, dass neben den Arbeitskosten auch die Fahrtkosten begünstigt sind. Nach dem Erlass sind auch die in Rechnung gestellten Maschinenkosten begünstigt (Rz. 24 des BMF-Schreibens). Hierzu gehören z.B. die Kosten für Trockner, wenn diese aufgestellt werden um Räume nach Feuchtigkeitsschäden zu trocknen. Als Abgrenzung zu den Maschinenkosten sind Materialkosten oder im sonstigen Zusammenhang mit der Dienstleistung gelieferten Ware zu sehen, die steuerlich außer Ansatz bleiben. Hierbei sei auf die üblichen Materialien, wie Tapete, Farbe, Fliesen, Pflastersteine, etc. verwiesen. Sollten sich in einzelnen Positionen sowohl Handwerksarbeiten, wie auch haushaltsnahe Dienstleistungen verbergen, hat der Verwalter sogar diese in verschiedene Positionen einzustellen.

Wurde z.B. im Garten von dem Gärtner neben den Pflegearbeiten auch Instandhaltungsarbeiten, wie z.b. die Renovierung des Gartentors oder die Neuanpflanzung eines Baumes, vorgenommen, so hat der Verwalter unter den Kostenpositionen verschiedene Positionen auszuwerfen. Hierbei ist dann zu fragen, ob es besser ist, die Gesamtkosten auszuwerfen und dann davon Untertitel zu bilden oder jede Position gesondert auszuwerden. Hierzu bedurfte es dann ggf. der getrennten Bezahlung, damit auch getrennt gebucht werden kann. Dies hätte aber den Nachteil, dass ggf. der Handwerker den Geldeingang nicht nachvollziehen kann. Organisiert der Verwalter aber vorher bereits zwei Rechnungen, wäre dies kein Problem. Hat er nur eine Rechnung bekommen, sollte er getrennt buchen, aber keine Unterposition „davon" bilden.

Damit die Abrechnung mit 4 Untertiteln vor fast jeder Kostenposition nicht ausufert ist zu empfehlen, nur 3 Positionen vorzunehmen, d.h. die nicht begünstigten Materialkosten für jede Position, wie z.B. Garten, zusammenfassen und nur die begünstigten Arbeitskosten, Fahrtkosten, etc. vorzunehmen. Am besten tituliert der Verwalter den Vorgang dann bereits in der Kostenposition, wie z.B. 895v

– Gartenkosten 1 (Material),
– Gartenkosten 2 (Dienstleistung, Arbeitskosten und Fahrtkosten),
– Gartenkosten 3 (Handwerk, Arbeitskosten und Fahrtkosten).

(2) Höhe der Beträge 895w

Der Verwalter hat alle Zahlungen auf die Beachtbarkeit zu untersuchen. Auch der kleinste Wohnungseigentümer muss alle Beträge aufgelistet haben, es sei denn er hat vorher schon 3000 Euro pro Alternative an Kosten erhalten. Da aber eine Nebenkostenabrechnung regelmäßig keine Beträge in Höhe von 6000 Euro auswirft, ist in Zukunft für fast jede Gemeinschaft eine detaillierte Abrechnung notwendig. Das heißt, der Verwalter muss die haushaltnahen Aufwendungen bei allen Anlagen laufend beobachten.

4.12.3.2.3. Zurückliegende Jahre ab 2003

Soweit der Verwalter in den vorherigen Jahren ab 2003 diese Voraussetzungen nicht geschaffen hat, ist ihm zu raten schnellstmöglich alle Wohnungseigentümer zu informieren. Nach dem neuen BMF-Schreiben gilt dieses für alle noch offenen Fälle und sogar noch für das Jahr 2006[1]. Er hat die Wohnungseigentümer zu befragen, ob sie eine Bescheinigung brauchen, soweit die Jahresabrechnung nicht mehr geändert werden soll oder kann. Regelmäßig wird dies für die Jahre 2003 bis 2005 gegeben sein. Die Information kann durch einen Tagesordnungspunkt in der Eigentümerversammlung geschehen oder durch Rundschreiben. Unterlässt er dies, ist er 895x

---

[1] Siehe Rz. 32 des BMF-Schreibens v. 3.11.2006.

schadensersatzpflichtig, soweit einem Wohnungseigentümer Schaden entsteht. Das BMF hat in seinem neuen Schreiben dem Verwalter für Altjahre, einschl. 2006, die Möglichkeit eröffnet, bezüglich der Aufteilung zwischen Material und Arbeitsaufwand eine Schätzung vorzunehmen. Fehlen für einen Aufteilungsmaßstab Anhaltspunkte, könnte die alte grobe Richtschnur für die Aufteilung von 50 zu 50 in Ansatz gebracht werden. Der Verwalter kann damit bis 2005 eine Bescheinigung ausstellen, wenn ein Wohnungseigentümer dies verlangt, mit geschätzter Aufteilung gegen Kostenerstattung. Für 2006 kann er mit geschätzter Aufteilung die Kosten in der Jahresabrechnung getrennt einstellen. Der Verwalter muss damit rechnen, dass, soweit Steuerbescheide noch nicht rechtskräftig sind, diese bis weit in das Jahr 2009 oder 2010 für 2003 noch verlangt werden können. Erst ab dem Jahr 2007 greift dann die Verpflichtung für den Verwalter, die Grundlagen für die Aufteilung durch entsprechende Rechnungen zu schaffen.

4.12.4. Nachweis der Wohnungseigentümer

895y Das BMF hat erhebliche Erleichterungen für die Wohnungseigentümer vorgenommen[1]. Sie können nämlich durch die Vorlage der Jahresabrechnung den notwendigen steuerlichen Nachweis erbringen, soweit es sich um Aufträge der Gemeinschaft handelt. Damit brauchen sie keine Rechnung und keinen Zahlungsbeleg vorzuweisen, wie z.B. ein Einfamilienhausbesitzer. Dies stellt eine sehr erfreuliche Erleichterung dar. Andere selbst vergebene Aufträge müssen natürlich per Rechnung und Überweisung nachweisbar sein.

4.12.5. Sondervergütung

895z Dem Verwalter ist zu empfehlen dieses Thema für die nächsten Eigentümerversammlung mit auf die Tagesordnung zu nehmen. Hier könnte ein Tagesordnungspunkt angekündigt werden über die neue Absetzbarkeit von haushaltsnahen Dienstleistungen und Handwerksleistungen. Darüber hinaus könnte eine Ergänzung des Verwaltervertrages um die Leistung bezüglich dieser haushaltsnahen Dienst- und Handwerksleistungen erfolgen. Hier könnte dann eine Sondervergütung für zurückliegenden Jahre und kommende Jahre gewählt werden. Da der Aufwand hinsichtlich der Schätzung für vergangene Jahre höher ist als der für die zukünftigen Jahre, könnten hier z.B. Größenordnungen von 15 Euro bis 20 Euro pro Jahr und Einheit zusätzlich in Rechnung gestellt werden. Für die zukünftigen Jahren könnten dann 10 Euro bis 15 Euro genommen werden. Ein Beschlussvorschlag könnte deshalb lauten:

---

[1] Siehe Fn 27 des BMF-Schreibens v. 3.11.2006.

„Die Wohnungseigentümer beauftragen den Verwalter, in den Jahresabrechnungen die Voraussetzungen für die haushaltsnahen Dienst- und Handwerksleistungen einzustellen. Hierfür erhält der Verwalter für zurückliegende Jahre einschl. 2006 20 Euro zzgl. MwSt. pro Jahr und Einheit, für zukünftig Jahre 10 Euro zzgl. MwSt. pro Jahr und Einheit."

Nach den Erfahrungen sind die Wohnungseigentümer bereit diese Gelder zu zahlen, wenn man ihnen die Vorteile, die mehrere Hundert Euro Steuerersparnis regelmäßig sind, vor Augen hält. Klauseln über Haftungsfreizeichnungen sind demgegenüber bedenklich, da es gerade Aufgabe des Verwalters ist, die Voraussetzungen insoweit zu schaffen, als nur der Verwalter diese vornehmen kann. Lässt er sich pauschal dann haftungsfreizeichnen, so ist diese Haftungsfreizeichnung zumindest jedenfalls dann unwirksam, wenn Vorsatz des Verwalters vorliegt.

5. Gerichtliches Verfahren in Wohnungseigentumssachen

5.1. Verfahren vor dem 1.7.2007

Bis zum Inkrafttreten der WEG Novelle zum 1.7.2007 sah das Wohnungseigentumsgesetz in den § 43 ff. WEG vor, dass die in § 43 genannten wohnungseigentumsrechtlichen Angelegenheiten nicht der Zivilprozessordnung (ZPO), sondern dem Gesetz über die **freiwillige Gerichtsbarkeit** (FGG) unterliegen. Zum 1.7.2007 hat sich dies geändert und diese Verfahren sind in das streitige Verfahren der ZPO übergeführt worden. Allerdings hat der Gesetzgeber vorgesehen, dass für alle Verfahren die am 1.7.2007 bereits bei Gericht anhängig sind, es bei den bisherigen Vorschriften verbleiben soll.

Beispiel:
Am 1.3.2007 ist ein Wohngeldverfahren gegen einen Wohnungseigentümer eingeleitet worden. Auch wenn das Verfahren am 1.1.2007 noch nicht beendet ist, ist weiterhin das WEG in der alten Fassung und damit auch das Verfahrensrecht des FGG anzuwenden.

Da für eine Vielzahl **von nicht angeschlossenen Altfällen** auch weiterhin die alten Verfahrensvorschriften gelten, sollen diese nachfolgend dargestellt werden.

5.1.1. Grundzüge

Streitigkeiten in Wohnungseigentumssachen, die vor dem 1.7.2007 eingeleitet worden sind, unterliegen nicht der Zivilprozessordnung (= ZPO), sondern dem Gesetz über die freiwillige Gerichtsbarkeit (= FGG). Zweck dieser Regelungen war es, für Wohnungseigentumssachen ein Verfahren zur Verfügung zu stellen, das einfacher, freier, elastischer, rascher und damit für Streitigkeiten mit einer häufig großen Zahl von Beteiligten besser geeignet ist, als der Zivilprozess[1]. Dieser gut gemeinte Ansatz ließ sich aber – insbesondere bei Hausgeldanträgen – nicht in die Praxis umsetzen. Das Gericht sah seine Aufgabe vor allem darin, eine gütliche Einigung zwischen den Parteien herbeizuführen, beziehungsweise Entscheidungen nach **billigem Ermessen** zu treffen – insbesondere wenn Beschlüsse wegen Verstoßes gegen die ordnungsmäßige Verwaltung angefochten wurden.

898 Die Bezeichnung „Freiwillige Gerichtsbarkeit" ist allerdings für den Nichtjuristen irreführend. Es handelt sich im Grunde um ein **echtes Streitverfahren**, das zwar nur auf Antrag eines Beteiligten eingeleitet wird, bei dem es aber den Beteiligten nicht überlassen bleibt, ob sie sich „freiwillig" beteiligen oder nicht. Anders als im Zivilprozess ist der Richter nicht an das Vorbringen und die Beweisanträge der Beteiligten gebunden. Vielmehr kann das Gericht das Verfahren frei gestalten und auch Beweise von Amts wegen erheben.

899 Ebenso ist das Gericht in FGG-Verfahren grundsätzlich nicht an bestimmte Anträge der beteiligten Parteien gebunden. **Bei Beschlussanfechtungen** gilt dies aber nicht, wegen der dort gesetzten Antragsfrist (§ 23 WEG) von einem Monat ist das Gericht in seiner Entscheidungsbefugnis auf die innerhalb dieses Monats gestellten Sachanträge der beteiligten Parteien beschränkt. Bei der Erforschung des Willens des Antragstellers darf es sich nicht über den im Antrag erklärten Willen hinwegsetzen, denn die Entscheidung, ob und inwieweit ein Beschluss der Wohnungseigentümer angefochten wird, ist Sache der Beteiligten, nicht des Gerichts.

900 Das Gericht hat eine **stärkere und aktivere Stellung** als im Zivilprozess. Der Richter entscheidet, soweit sich die Regelung nicht aus dem Gesetz, einer Vereinbarung oder einem Beschluss der Wohnungseigentümer ergibt, nach billigem Ermessen (§ 43 Abs. 2 WEG a.F.). Er konnte also auch rechtsgestaltend tätig werden, und z.B. auch einen Wirtschaftsplan oder eine Hausordnung erlassen.

5.1.2. Zuständigkeit

901 Örtlich zuständig ist das Amtsgericht, in dessen Bezirk das Grundstück liegt (§ 43 Abs. 1 WEG a.F.).

Wegen der sachlichen Zuständigkeit gilt: Auf Antrag eines Wohnungseigentümers entscheidet das Gericht über die sich aus der Gemeinschaft der Wohnungseigentümer und aus der Verwaltung des gemeinschaftlichen Eigentums ergebenden **Rechte und Pflichten der Wohnungseigentümer untereinander** (§ 43 Abs. 1 Nr. 1 WEG). Hierunter fallen z.B. Streitigkeiten

---

1 BGH Rpfleger 1978, 302.

von Wohnungseigentümern über die Abgrenzung ihres Sondereigentums gegenüber dem gemeinschaftlichen Eigentum[1].

Des Weiteren kommen in Frage: Streitigkeiten über den Gegenstand und Umfang des gemeinschaftlichen Eigentums, die Benutzungsfrage (§ 13 WEG a.F.), soweit die Abgrenzung zwischen Sondereigentum und gemeinschaftlichem Eigentum berührt wird, Instandhaltungspflichten (§ 14 Abs. 1 WEG), der **Umfang des Gebrauchs** sowohl des gemeinschaftlichen, wie auch des Sondereigentums, soweit hierdurch gemeinschaftliche Interessen berührt werden[2], Geschlossenhalten der Haustür, Benutzung von Gemeinschaftsräumen wie Hobbyräume und Fahrradkeller, Verstoß gegen die Hausordnung. 902

Hierunter fallen auch Streitigkeiten über die **Umwandlung des Gemeinschaftseigentums zu Sondereigentum** oder Änderung der Miteigentumsanteile bei einem Anspruch aus Treu und Glauben in Verbindung mit dem Gemeinschaftsverhältnis[3]. Auch Verfahren über das Bestehen und den gegenständlichen/inhaltlichen Umfang von Sondernutzungsrechten fallen hierunter[4]. Nicht unter das FGG, sondern die Regeln der ZPO fallen aber Streitigkeiten über das **Bestehen und die Rechtsinhaberschaft von Gemeinschafts-/Sondereigentum, wenn es um ein Feststellungs-/Herausgabe/Grundbuchberichtigungsverlangen** geht[5]. Diese Abgrenzung bleibt auch nach dem 1.7.2007 wichtig. Zwar entfällt der Unterschied zwischen FGG und ZPO; allerdings entscheidet sich durch die Abgrenzung, ob die allgemeinen Zuständigkeitsregeln der ZPO eingreifen (und damit auch die allgemeinen Vorschriften über den Streitwert) oder die Spezialregelungen des WEG (und damit auch der dafür geltende Streitwert). 903

Nicht unter § 43 WEG a.F. fallen **Streitigkeiten mit Dritten**, z.B. wegen Gewährleistungsansprüchen gegenüber dem Bauträger oder Bauhandwerkern sowie Streitigkeiten mit Mietern. 904

Den zweiten Gegenstand der Generalklausel bilden **Verwaltungsfragen**. Grundlage ist hier u.a. der Anspruch auf ordnungsgemäße Verwaltung, wonach jeder Wohnungseigentümer eine Verwaltung verlangen kann, die den Vereinbarungen und Beschlüssen und, soweit solche nicht bestehen, dem Interesse der Gemeinschaft der Wohnungseigentümer nach billigem Ermessen entspricht (§ 21 Abs. 4 WEG). Hierunter fallen insbesondere die Aufstellung eines Wirtschaftsplanes und damit die Umlage der Kosten auf 905

---

1 OLG Frankfurt OLGZ 1984, 148.
2 Z.B. die Frage der Benutzung für gewerbliche oder andere berufliche Zwecke, Anbringen von Reklameanlagen, Tierhaltung, Musizieren (OLG Frankfurt OLGZ 1984, 120).
3 BayObLG NZM 1999, 272; a.A. aber KG NZM 1998, 581.
4 BGH NJW 1990, 1165.
5 BGH NJW 1995, 2851.

die Eigentümer (§ 28 Abs. 2 WEG) und die Ansammlung einer Instandhaltungsrückstellung (§ 21 Abs. 5 Nr. 4 WEG)[1].

906 Einer gerichtlichen Geltendmachung steht nicht entgegen, dass die Wohnungseigentümerversammlung einen **Beschluss im entgegengesetzten Sinne gefasst hat**. Beschließt z.B. die Wohnungseigentümerversammlung mit Stimmenmehrheit, dass eine Instandhaltungsrückstellung nicht zu bilden sei, so kann trotzdem die Ansammlung einer solchen Rücklage verlangt werden, wenn sie dem Interesse der Gesamtheit der Wohnungseigentümer nach billigem Ermessen entspricht.

907 Auch Streitigkeiten über ein gemeinschaftlich zu errichtendes Gebäude, sowie die Beseitigung von baulichen Anlagen, die ohne die erforderliche Zustimmung anderer Wohnungseigentümer erstellt wurden, fallen unter diese Zuständigkeitsnorm.

908 Im FGG-Verfahren sind auf Antrag eines Wohnungseigentümers oder des Verwalters über die **Rechte und Pflichten des Verwalters** bei der Verwaltung des gemeinschaftlichen Eigentums zu entscheiden, insbesondere auch im Fall seiner Abberufung zu entscheiden (§ 43 Abs. 1 Nr. 2 WEG a.F.). Auch diese Bestimmung umfasst einen weiten Anwendungsbereich. Es kommen in Betracht:

909 Das Verlangen auf Vornahme von Reparaturen, Einberufung der Wohnungseigentümerversammlung (§ 24 Abs. 1, 2 WEG), Aufstellung des Wirtschaftsplans (§ 28 Abs. 1 WEG), Erstellung der Jahresabrechnung (§ 28 Abs. 3 WEG), Rechnungslegung (§ 28 Abs. 4 WEG), und Streitigkeiten wegen Verweigerung der Veräußerungszustimmung (§ 12 WEG.). Auch **Schadenersatzansprüche gegenüber dem Verwalter**, selbst aus unerlaubter Handlung, müssen im FGG-Verfahren geltend gemacht werden, wenn sie mit den Pflichten des Verwalters bei der Verwaltung des gemeinschaftlichen Eigentums im Zusammenhang stehen[2]. Aus dem gleichen Grund sind Ansprüche aus dem Verwaltervertrag, insbesondere wegen der **Vergütung** des Verwalters ebenfalls im FGG-Verfahren zu entscheiden.

910 Auf Antrag eines Wohnungseigentümers oder eines Dritten wird über die **Bestellung eines Notverwalters** im Fall entschieden (§ 43 Abs. 1 Nr. 3 WEG a.F.) Hiernach ist vom Gericht ein Verwalter auf Antrag zu bestellen, wenn ein dringender Fall vorliegt, der vom Gericht bestellte Verwalter ist ein Notverwalter, der nur für die Zeit bis zur Behebung des Mangels ernannt wird (§ 26 Abs. 3 WEG a.F.).

911 Über die **Gültigkeit von Beschlüssen der Wohnungseigentümer** ist auf Antrag eines Wohnungseigentümers oder des Verwalters im FGG-Verfahren zu entscheiden (§ 43 Abs. 1 Nr. 4 WEG a.F.). Der Antrag auf eine solche Entscheidung kann nur binnen eines Monats seit der Beschlussfassung ge-

---

1 Siehe wegen weiterer Beispiele für ordnungsgemäße Verwaltung § 21 Abs. 5 WEG.
2 BGH NJW 1992, 1318.

stellt werden (§ 23 Abs. 4 Satz 2 WEG). Die Frist läuft ab der Beschlussfassung; auf die Kenntnis der Wohnungseigentümer hierauf kommt es nicht an[1]. Die Ungültigkeit eines Beschlusses kann auch nach Ablauf der einmonatigen Anfechtungsfrist geltend gemacht werden, wenn der Beschluss gegen eine Rechtsvorschrift verstößt, auf deren Einhaltung rechtswirksam nicht verzichtet werden kann (s. nach § 23 Abs. 4 Satz 2 Halbs. 2 WEG), d.h. wenn der Beschluss nichtig ist. Dies wird jedoch sehr eng ausgelegt[2].

War der Antragsteller ohne sein Verschulden verhindert, die Anfechtungsfrist einzuhalten, so kann ihm vom Gericht **Wiedereinsetzung in den vorigen Stand** gewährt werden (entsprechende Anwendung von § 22 Abs. 2 WEG)[3], wenn er den Antrag innerhalb von zwei Wochen nach Beseitigung des Hindernisses stellt und die Tatsachen glaubhaft macht, welche die Wiedereinsetzung begründen. Nach Ablauf eines Jahres nach dem Auslaufen der versäumten Frist kann die Wiedereinsetzung aber nicht mehr beantragt werden (§ 22 Abs. 2 Satz 4 WEG). Das der Antragsteller die Ausschlussfrist nicht gekannt hat, ist für eine Wiedereinsetzung nicht ausreichend. Vielmehr muss ein Beschluss zu einem Tagungsordnungspunkt gefasst worden sein, der in der Einladung nicht angekündigt worden ist[4], oder die Wohnungseigentümer sind nicht geladen wurden[5]. 912

Nach ausdrücklicher gesetzlicher Vorschrift (§ 43 Abs. 1 Nr. 1 WEG a.F.) unterliegen dem Zivilprozess und **nicht dem FGG-Verfahren** Ansprüche im Falle der Aufhebung der Gemeinschaft (§ 17 WEG a.F.) und auf Entziehung des Wohnungseigentums (§§ 18, 19 WEG a.F.). Ebenfalls im Zivilprozess sind zu entscheiden Streitigkeiten mit Dritten, z.B. mit Bauhandwerkern, dem Bauträger oder mit Mietern. 913

Hat ein Wohnungseigentümer sein Eigentum vor Rechtshängigkeit des Verfahrens **veräußert** und ist er daher nicht mehr Eigentümer, so sind Streitigkeiten mit ihm gleichwohl im FGG-Verfahren auszutragen[6]. Ebenso bleiben Eigentümer, die nach der Rechtshängigkeit des Verfahrens ausscheiden, weiter beteiligt[7]. Dagegen berührt ein Verwalterwechsel den Verlauf des Verfahrens nicht[8]. 914

Nicht unter das Verfahren nach dem WEG fallen Streitigkeiten von Sondereigentümern untereinander, die nicht das Gemeinschaftsverhältnis, sondern die **Abgrenzung der Sondereigentumsrechte** betreffen. 915

---

1 *Weitnauer* § 23 Rz. 28.
2 Siehe im Einzelnen zur Frage der Beschlussanfechtung Rz. 390 ff.
3 BGH NJW 1970, 1316; BayObLGZ 1981, 21.
4 BayObLG WE 1989, 224.
5 OLG Hamm WE 1993, 24.
6 BGH NJW 2002, 3709; KG NZM 2002, 528.
7 OLG Hamburg FGPrax 1995, 31; WE 1994, 377; BayObLGZ 1994, 237 = WE 1995, 279.
8 KG NJW-RR 1989, 657.

Teil B Verwaltung der Wohnungseigentumsanlage

5.1.3. Antragsberechtigung und Antragstellung

916 Ein Verfahren wird immer nur auf Antrag eingeleitet. Niemals kann das Gericht ohne Antrag von Amts wegen einschreiten. Wenn auch das Gesetz von dem Antrag „eines" Wohnungseigentümers spricht (s. § 43 Abs. 1 Nr. 1 und 2 WEG a.F.) ist doch in vielen Fällen nicht ein Wohnungseigentümer allein antragsberechtigt. Der Antrag setzt vielmehr häufig einen **Mehrheitsbeschluss** der Wohnungseigentümerversammlung voraus[1]. Ein solcher Beschluss ist grundsätzlich möglich[2].

917 Bei Anträgen, welche die **Rechte und Pflichten der Wohnungseigentümer zum Gegenstand** haben (§ 43 Abs. 1 Nr. 1 WEG a.F.) ist grundsätzlich jeder Wohnungseigentümer antragsberechtigt. Hat z.B. ein Wohnungseigentümer eine unzulässige Baumaßnahme durchgeführt, so ist jeder andere Eigentümer allein zum Antrag auf Rückgängigmachung der Maßnahme berechtigt[3]. Würde man einen anderen Standpunkt vertreten, so wäre die Baumaßnahme letztlich doch von einem Mehrheitsbeschluss abhängig, während das Gesetz grundsätzlich die Zustimmung aller Eigentümer verlangt.

918 Anders kann es bei **Ansprüchen aus der Verwaltung** des gemeinschaftlichen Eigentums sein. So kann z.B. ein einzelner Eigentümer nicht die Zahlung des Hausgelds oder eine Nachzahlung aus der Jahresabrechnung durch einen anderen Eigentümer beantragen[4], auch wenn die Zahlung an alle Eigentümer verlangt wird; denn hier besteht ein Ermessensspielraum, ob das Verfahren in Hinsicht auf die Erfolgsaussichten zweckmäßig erscheint. Liegt eine Ermächtigung eines Eigentümers vor, so kann er nur Leistung an alle verlangen[5].

Andererseits besteht ein Antragsrecht des einzelnen Eigentümers dann, wenn kein Beurteilungsspielraum vorhanden ist, z.B. beim Antrag auf Erstellung eines Wirtschaftsplans oder einer Jahresabrechnung, weil hierauf immer ein Anspruch besteht[6].

919 Ähnlich ist die Rechtslage bei Anträgen über die **Rechte und Pflichten des Verwalters** (§ 43 Abs. 1 WEG a.F.). Jeder Eigentümer kann durch Antrag bei Gericht eine ordnungsgemäße Verwaltung verlangen. (§ 21 Abs. 4 WEG). Dagegen können Schadensersatzansprüche gegen den Verwalter grundsätzlich nur auf Grund eines Mehrheitsbeschlusses geltend gemacht werden[7]. Eine Ausnahme gilt aber dann, wenn es sich um einen Schadensersatz-

---

1 Zu diesen Fragen *Wenzel* DNotZ 1993, 297; *Weitnauer* JZ 1992, 1054.
2 BGH NJW 1990, 2386 = WE 1990, 202 = BGHZ 111, 148; BGH NJW 1991, 2480 = WE 1992, 102; BayObLG NJW-RR 1987, 1039 = WE 1988, 27.
3 BGH NJW 1992, 878 = DWE 1992, 72; BGH NJW 1992, 978 = WE 1992, 105.
4 BGH NJW 1990, 2386 = WE 1990, 202 = BGHZ 111, 148.
5 BayObLG NJW-RR 1987, 1039 = WE 1988, 27.
6 BayObLG NJW-RR 1990, 659 = WE 1991, 223.
7 BGH NJW 1989, 1091 = WE 1989, 94 = BGHZ 106, 222.

anspruch handelt, der nur einem Eigentümer zusteht[1]. Schadensersatzansprüche **gegen Dritte** kann ein Eigentümer nur auf Grund einer Ermächtigung durch die Wohnungseigentümerversammlung geltend machen, es sei denn es handelt sich um einen Anspruch, der ihm allein zusteht[2].

Dagegen kann **jeder Eigentümer den Antrag** auf Ungültigerklärung eines Beschlusses (Beschlussanfechtung, §§ 43 Abs. 1 Nr. 4, 23 Abs. 4 WEG a.F.) stellen, auch jeder Miteigentümer einer Wohnung[3]. Der Verwalter ist in eigener Person antragsberechtigt, die sich aus seinen Rechten und Pflichten bei der Verwaltung des gemeinschaftlichen Eigentums ergebenden Punkte geltend zu machen (§ 43 Abs. 1 Nr. 2 WEG a.F.), ebenso bei der Beschlussanfechtung (§ 45 Abs. 1 Nr. 4, 23 Abs. 4 WEG a.F.). 920

Den Antrag auf **Bestellung eines Notverwalters** (§ 43 Abs. 1 Nr. 3 WEG) kann sowohl ein Wohnungseigentümer, als auch ein Dritter stellen. Hierfür kommen z.B. in Betracht Grundschuldgläubiger oder Mieter. Dieses Antragsrecht für Dritte wurde deshalb eingeräumt, weil sie selbst dringend an der Bestellung eines Verwalters interessiert sein können. 921

Durch die Änderung des Wohnungseigentumsgesetzes ist seit 1.7.2007 **für Dritte** keine Möglichkeit mehr gegeben, gerichtlich einen Verwalter bestellen zu lassen. Sowohl der Anspruch (§ 26 Abs. 3 WEG a.F.), als auch die gerichtliche Zuständigkeitsnorm sind weggefallen. 922

Die Antragstellung erfolgt durch **schriftliche Erklärung** und Einreichung bei Gericht oder zu Protokoll der Geschäftsstelle (§ 11 FGG). Anwaltszwang besteht nur bei der weiteren Beschwerde in beschränktem Umfang[4]. 923

Da das Gericht den Antrag grundsätzlich allen Wohnungseigentümern zuleiten muss, hat der Antragsteller zur Beschleunigung des Verfahrens dem Gericht eine **Liste mit Namen und Anschriften** aller Wohnungseigentümer und des Verwalters zu übergeben[5], ebenso eine Fotokopie oder Abschrift der Teilungserklärung und – soweit Beschlüsse der Wohnungseigentümer von Bedeutung sind – auch Fotokopien oder Abschriften der Protokolle über diese Beschlüsse. 924

Der Verwalter ist nicht ohne weiteres berechtigt, im Namen des Verbandes **Antrag auf gerichtliche Entscheidung** zu stellen. Zur gerichtlichen Geltendmachung von Ansprüchen ist er grundsätzlich nur dann befugt, wenn er hierzu durch den Verband ermächtigt worden ist. Einen hierzu gefassten Beschluss hat er dem Gericht in Fotokopie oder Abschrift vorzulegen. Dies ist jedoch nicht notwendig, wenn ihm generell Vollmacht erteilt wurde und er dies durch eine Vollmachtsurkunde – oder falls die Vollmacht schon 925

---

1 BGH NJW 1992, 182 = WE 1992, 80 = BGHZ 115, 253.
2 BGH NJW 1993, 727 = WE 1993, 60.
3 KG NJW-RR 1994, 278.
4 Siehe Rz. 939.
5 BayObLG WuM 1981, 29.

in der Teilungserklärung enthalten ist – durch die Teilungserklärung nachweist. Der Verwalter kann auch Rechte der Wohnungseigentümer im eigenen Namen geltend machen, wenn er dazu durch Mehrheitsbeschluss[1] oder durch die Gemeinschaftsordnung[2] ermächtigt ist und ein schutzwürdiges Interesse an der Geltendmachung hat. Hier kommt z.B. in Betracht der Anspruch auf Herausgabe von Buchführungsunterlagen gegen einen früheren Verwalter. Eine solche **Prozessstandschaft** kann bei sehr großen Gemeinschaften zweckmäßig sein. Sie erlischt nicht allein durch Beendigung des Verwalteramtes[3].

926 Das **Recht auf Anfechtung bzw. Feststellung** der Nichtigkeit eines Beschlusses oder der Feststellung, dass ein Beschluss nicht zustande gekommen ist besteht auch dann, wenn der Wohnungseigentümer dem Beschluss ursprünglich sogar zugestimmt hat oder wegen eines Stimmrechtsausschlusses gar kein Stimmrecht hatte. Unzulässig ist ein Antrag hingegen nach gängiger Rechtsprechung, wenn er sich auf einen Verfahrensmangel stützt, den der Antragsteller in der Eigentümerversammlung nicht gerügt hat, obwohl er ihn kannte[4].

5.1.4. Beteiligte

927 Am Verfahren beteiligt sind **neben dem Antragsteller und den in der Antragsschrift** beteiligten Antragsgegnern sämtliche Personen, deren Rechtspositionen durch das Verfahren berührt sein können[5]. Nach der ausdrücklichen gesetzlichen Anordnung sind dies sämtliche Wohnungseigentümer[6] und im Falle der Entscheidung über Rechte und Pflichten des Verwalters, sowie über Gültigkeit von Beschlüssen der Wohnungseigentümer auch der Verwalter (§ 43 Abs. 4 WEG a.F.).

928 Grundsätzlich sind stets **alle Wohnungseigentümer** beteiligt. Dass der Gesetzgeber das Wort „sämtliche" nicht durchgängig verwendet, hat keine sachliche Bedeutung. Die Beteiligung aller Wohnungseigentümer ist deswegen zwingend, weil die materielle Rechtskraft gegen alle Wohnungseigentümer wirkt. Bei der Beschlussanfechtung und in einem Verfahren wegen der Rechte und Pflichten des Verwalters ist dieser auch dann Beteiligter, wenn ein Dritter den Antrag auf Einsetzung eines Notverwalters gestellt hat.

Zwar nicht nach dem Wortlaut, aber nach dem Sinn des Gesetzes sind Wohnungseigentümer dann nicht Beteiligte, wenn sie vom Gegenstand des Verfahrens überhaupt nicht betroffen werden. Dies gilt z.B. bei Mehrhaus-

---

1 BGH Rpfleger 1981, 346; BGH NJW-RR 1986, 755.
2 *Weitnauer* § 27 Rz. 16 ff.
3 BayObLG NJW-RR 1993, 1488.
4 BayObLG NJW-RR 1992, 910.
5 BGH NJW 1992, 182.
6 OLG Zweibrücken NJW-RR 1987, 1367 = WE 1988, 60; BGH NJW 2005, 2061.

anlagen, wenn es um Benutzungsfragen nur innerhalb eines Wohnblocks geht. Beteiligte sind dann nur die Eigentümer dieses Wohnblocks.

Soweit die Gemeinschaft als **teilrechtsfähig** anzusehen ist, ist neben den Eigentümern auch der Verband zu beteiligen. Soweit die Teilrechtsfähigkeit besteht, sind nicht mehr die Eigentümer persönlich Inhaber des betreffenden Rechtes, sondern der Verband. 929

Alle Beteiligten sind grundsätzlich zu hören. Entscheidungen des Gerichts sind ihnen bekannt zu machen. Sie sind berechtigt, **Beschwerde** einzulegen. Die Beteiligung so vieler Personen kann das Verfahren schwerfällig machen. Jedoch sind negative Auswirkungen selten bekannt geworden. 930

Auch wenn meist alle Wohnungseigentümer im Verfahren Beteiligte sind, reicht es für die Ladung zum Verfahren, für die Zustellung von Antragsschriften und auch für die formlose Übersendung von Schriften aus, die **Zustellung an den zuständigen Verwalter** vorzunehmen. Denn der Verwalter ist berechtigt, im Namen aller Wohnungseigentümer und mit Wirkung für sowie gegen sie Willenserklärungen und Zustellungen entgegenzunehmen, die an die Gemeinschaft der Wohnungseigentümer gerichtet sind. 931

Die Übergabe oder die Übersendung nur einer **Ausfertigung/Abschrift des Schriftstücks an den Verwalter** ist ausreichend. Er ist verpflichtet, die Wohnungseigentümer über die Zustellung zu unterrichten – nicht mehr und nicht weniger: Er muss die zugestellten Schriftstücke nicht in vollem Umfang den Wohnungseigentümern zur Verfügung stellen, sondern es genügt die Unterrichtung in Kurzform. Es reicht der Hinweis, dass die vollständigen Unterlagen beim Verwalter zur Einsichtnahme bereitgehalten werden. 932

Die Tatsache, dass in den meisten Fällen alle Wohnungseigentümer am Verfahren beteiligt sind, verpflichtet diese nicht zum Erscheinen vor Gericht. 933

5.1.5. Gang des Verfahrens

Während des Verfahrens gilt der **Grundsatz der Amtsprüfung (§ 12 FGG)**. Das Gericht ist daher grundsätzlich an Anträge oder Beweisangebote nicht gebunden. Die Durchführung der Beweisaufnahme konnte nicht von der Zahlung eines Vorschusses abhängig gemacht werden[1]. Das Gericht hat von Amts wegen die zur Feststellung der Tatsachen erforderlichen Ermittlungen durchzuführen und die geeignet erscheinenden Beweise zu erheben. Anders als im Zivilprozess gibt es kein Säumnisverfahren. 934

Das Gericht soll eine **mündliche Verhandlung** durchführen und darauf hinzuwirken, dass sich die Beteiligten gütlich einigen (§ 44 Abs. 1 WEG a.F.). 935

---

1 OLG Köln OLGZ 1987, 407.

Dieses „soll" ist als „muss" zu lesen, so dass auf die mündliche Verhandlung nur dann verzichtet werden kann, wenn keine weitere Sachaufklärung mehr erforderlich ist, keine Aussicht auf eine gütliche Einigung mehr besteht und das rechtliche Gehör auf andere Weise sichergestellt ist[1].

936 Der Richter kann für die Dauer des Verfahrens **einstweilige Anordnungen** treffen (§ 44 Abs. 3 WEG a.F.). In Betracht kommen z.B. vorläufige Benutzungsregelungen, Anordnungen über Zahlungsvorschüsse und vorläufige Lastentragung. Voraussetzung ist ein dringliches Bedürfnis, das ein Abwarten der endgültigen Entscheidung nicht zulässt. Die Entscheidung über den Erlass der einsteiligen Anordnung ist nicht selbstständig anfechtbar. Vielmehr kann der Beschluss nur zusammen mit der Hauptsacheentscheidung angegriffen werden[2].

937 Auch wegen seiner Entscheidung ist der Richter nicht **im strengen Sinn wie im Zivilprozess** an die Anträge der Beteiligten gebunden. Es handelt sich um einen Verfahrensantrag, nicht um einen Sachantrag. Im Verfahren über die Beschlussanfechtung ist der Richter jedoch wegen der Ausschlussfrist des § 23 Abs. 4 WEG a.F. an den erklärten Inhalt des Sachantrags gebunden[3]. Der Richter soll in der Entscheidung diejenigen Anordnungen treffen, die zu ihrer Durchführung erforderlich sind (§ 44 Abs. 4 Satz 1 WEG). Die Verhandlung muss öffentlich stattfinden[4].

938 Der Richter entscheidet nach billigem Ermessen, soweit sich die Regelungen nicht aus dem Gesetz, einer Vereinbarung oder einem Beschluss der Wohnungseigentümer ergeben. Dies bedeutet, dass Regelungen in der Teilungserklärung und in der Gemeinschaftsordnung für das Gericht grundsätzlich bindend sind, auch wenn es sich um eine unzweckmäßige oder unbillige Gestaltung der Verhältnisse handelt. Insoweit hat das Gericht die **Vertragsfreiheiten** der Wohnungseigentümer zu respektieren.

5.1.6. Rechtsmittel

939 Gegen die Entscheidung des Amtsgerichts ist die **sofortige Beschwerde** zulässig, wenn der Wert des Beschwerdegegenstands für den betroffenen Beteiligten 750 Euro übersteigt. Der Beschwerdewert ist aber nicht in allen Fällen dem Geschäftswert (§ 48 Abs. 3 WEG) gleichzusetzen, vielmehr bemisst sich der Beschwerdewert nach dem Interesse an der Änderung[5]. Betreiben mehrere Streitgenossen die Beschwerde, so werden die für sie maßgeblichen Werte zusammengezählt; übersteigt die Gesamtsumme den

---

1 BGH NJW 1998, 3713.
2 BayObLG WE 1990, 219.
3 BayObLG Rpfleger 1974, 268; BayObLG WE 1987, 59 = BayObLGZ 1986, 263.
4 BayObLG BayObLGZ 1988, 436 = WE 1990, 58.
5 BGH NJW 1992, 3305 = WE 1992, 148.

Betrag von 750 Euro, so ist die Beschwerde zulässig[1]. Die **Beschwerdefrist** beträgt zwei Wochen (§ 22 Abs. 1 FGG).

Wird durch einen der Beteiligten Beschwerde eingelegt, so kann ein anderer Beteiligter „**Anschlussbeschwerde**" erheben, ohne an die Beschwerdefrist oder die Beschwerdesumme gebunden zu sein[2]. Die Anschlussbeschwerde darf auch einlegen, wer durch die Entscheidung nicht beschwert ist[3]. Sie kann auf die Kostenentscheidung beschränkt sein[4]. Die Anschlussbeschwerde verliert ihre Wirkung, wenn die ursprüngliche Beschwerde zurückgenommen oder als unzulässig verworfen wurde, es sei denn, für die Anschlussbeschwerde sind alle Zulässigkeitsvoraussetzungen für eine Beschwerde gegeben, also die Beschwerdefrist ist eingehalten und die Beschwerdesumme erreicht worden. 940

Die Beschwerde kann bei dem Gericht, dessen Verfügung angefochten worden ist, oder bei dem Beschwerdegericht **eingelegt werden**. Die Einlegung erfolgt durch Einreichung einer Beschwerdeschrift oder durch Erklärung zu Protokoll der Geschäftsstelle desjenigen Gerichts, dessen Entscheidung angefochten wird, oder der Geschäftsstelle des Beschwerdegerichts (§ 21 FGG)[5]. Zuständig für die Beschwerde ist das dem Amtsgericht übergeordnete Landgericht. 941

Gegen die Entscheidung des Beschwerdegerichts ist die **sofortige weitere Beschwerde** zulässig (§§ 27, 29 Abs. 2 FGG). Zwar enthält das WEG hierüber nichts. Die Zulässigkeit der sofortigen weiteren Beschwerde ist jedoch durch die Gerichtspraxis ganz allgemein anerkannt. Auch hier ist eine Beschwerdefrist von zwei Wochen gegeben (§§ 29 Abs. 2, 22 Abs. 1, 4 FGG). Die Beschwerdesumme von 750 Euro gilt auch für die weitere sofortige Beschwerde. Wurde allerdings die Beschwerde als unzulässig verworfen, so ist die weitere Beschwerde ohne Rücksicht auf den Beschwerdewert zulässig[6]. 942

Über die **weitere Beschwerde entscheidet** das jeweilige Oberlandesgericht und in Rheinland-Pfalz das Oberlandesgericht Zweibrücken, sowie in Bayern das OLG München. Die sofortige weitere Beschwerde ist beim Gericht erster Instanz, beim Landgericht oder bei dem Gericht einzulegen, das über die weitere Beschwerde entscheidet. Die Einlegung erfolgt entweder durch Einreichung einer Beschwerdeschrift oder zu Protokoll des Urkundsbeamten der Geschäftsstelle. Nur wenn die Beschwerde durch Einreichung einer Beschwerdeschrift erhoben wird, besteht Anwaltszwang (§ 29 Abs. 1 Satz 2 FGG). 943

---

1 KG WE 1993, 139; *Huff* WE 1992, 92, 95; so auch BGH NJW 1981, 578 für den Zivilprozess; zur Beschwerdesumme vgl. *Riecke* DWE 1994, 15.
2 BGH NJW 1985, 2717 = BGHZ 95, 118.
3 BayObLG WE 1990, 31.
4 BayObLG WE 1989, 178.
5 Muster einer Beschwerde siehe bei Teil E Rz. 27.
6 BGH NJW 1992, 3305 = WE 1993, 49.

944 Die weitere Beschwerde kann nur auf **Gesetzesverletzung gestützt werden** (§ 27 Satz 1 FGG). Das Gesetz ist verletzt, wenn die Rechtsnorm nicht oder nicht richtig angewendet worden ist. Der Gesetzesverstoß kann materielles Recht oder Verfahrensrecht betreffen. Eine Ermessensentscheidung kann nur wegen Ermessensüberschreitung, nicht wegen eines Ermessensfehlers nachgeprüft werden. Der Beurteilung des Gerichts unterliegt dasjenige Parteivorbringen, das aus dem Tatbestand der Beschwerdeentscheidung oder dem Sitzungsprotokoll ersichtlich ist (§ 27 Satz 1 FGG, § 561 ZPO).

945 Will das Gericht bei der Entscheidung über die weitere Beschwerde von einer auf weitere Beschwerde ergangenen Entscheidung eines anderen Oberlandesgerichts oder, falls über die Rechtsfrage bereits eine Entscheidung des Bundesgerichtshofs ergangen ist, von dieser abweichen, so hat es die weitere Beschwerde unter Begründung seiner Rechtsauffassung dem Bundesgerichtshof vorzulegen (§ 28 Abs. 2 FGG), der über die weitere Beschwerde entscheidet. Hierdurch wird die Einheitlichkeit der Rechtsprechung gewährleistet.

5.1.7. Rechtskraft

946 Wegen der **formellen Rechtskraft** gilt: Die Entscheidung wird rechtskräftig, wenn entweder die Beschwerdesumme nicht erreicht ist oder die Rechtsmittelfrist für alle Beteiligte abgelaufen ist bzw. sie auf Rechtsmittel verzichtet haben. Die **materielle Rechtskraft** tritt ein, wenn die Entscheidung formell rechtskräftig geworden ist. Sie wirkt gegenüber allen Beteiligten, nicht nur zwischen Antragsteller und Antragsgegner. Ist ein Beschluss der Wohnungseigentümerversammlung für ungültig erklärt worden (§ 43 Abs. 1 Nr. 4 WEG a.F) so ist zu unterscheiden: Wurde der Beschluss aus formalen Gründen aufgehoben, etwa weil das Einberufungsschreiben die Tagesordnung nicht enthalten hat, so ist ein neuer formgerecht zustande gekommener Beschluss gleichen Inhalts nicht anfechtbar. Anders ist es, wenn z.B. der Beschluss deshalb für ungültig erklärt wurde, weil es sich nicht um eine „ordnungsgemäße Verwaltung" i.S.d. § 21 Abs. 3 WEG a.F. gehandelt hat. Ein neuer Beschluss gleichen Inhalts wäre wegen der Rechtskraftwirkung auf Antrag sofort ebenfalls aufzuheben.

947 Haben sich die **tatsächlichen Verhältnisse** wesentlich **geändert**, so kann der Richter auf Antrag eines Beteiligten seine Entscheidung oder einen gerichtlichen Vergleich ändern, soweit dies zur Vermeidung einer unbilligen Härte notwendig ist (**§ 45 Abs. 4 WEG a.F.**).

948 Fraglich ist, inwieweit diese Vorschrift auch nach dem 1.7.2007 weiter gilt. Eindeutig ist, dass für Verfahren, bei denen die Verfahrenseinleitung nach dem 1.7.2007 lag, die Vorschrift nicht mehr gilt, da nach der Übergangsvorschrift (§ 62 Abs. 1 WEG n.F.) die alten Verfahrensvorschriften und damit auch diese Norm nur für Verfahren, die am 1.7.2007 anhängig sind, weitergelten.

Gerichtliches Verfahren in Wohnungseigentumssachen Teil B

Eindeutig ist weiter, dass bei Verfahren, die am 1.7.2007 zwar eingeleitet, aber noch nicht entschieden sind, die Norm weitergilt. Nach der Übergangsvorschrift gelten für diese Verfahren weiterhin die alten Verfahrensvorschriften und damit auch diese Vorschrift. 949

Nicht eindeutig ist aber die Geltung für bereits abgeschlossene Verfahren. Nach dem Gesetzeswortlaut würde die Vorschrift nicht weiter gelten, da ein abgeschlossenes Verfahren nicht mehr anhängig ist. Die Anhängigkeit dauert nur von der Antragseinreichung bis zur endgültigen gerichtlichen Entscheidung an. Dies hätte aber die Konsequenz, dass für ein Verfahren, dass am 1.7.2007 abgeschlossen ist, noch weiter die alten Vorschriften gelten, für ein Verfahren, dass am 30.6.2006 beendet wird die Vorschriften nicht gelten. Dies würde dazu führen, dass ohne sachlichen Grund gleiche Sachverhalte ungleich behandelt würden. Außerdem zeigt die Übergangsvorschrift (§ 62 Abs. 1 WEG n.F.) den Willen des Gesetzgebers die neuen Verfahrensvorschriften erst für Verfahren anzuwenden, die am 2.7.2007 anhängig werden. Damit spricht mehr dafür, dass auch für Verfahren, die vor dem 1.7.2007 beendet worden sind, **die alten Vorschriften weiter gelten**. 950

Eine **Vollstreckung** aus den Entscheidungen in Wohnungseigentumsverfahren ist erst möglich, wenn die Rechtskraft eingetreten ist (§ 45 Abs. 2 und 3 WEG a.F.). Um daher insbesondere in Hausgeldverfahren der beliebten Schuldnertaktik entgegenzuwirken, sämtliche Rechtsmittel auszureizen, sollte seitens der Gemeinschaft beantragt werden, die Entscheidung im Wege der einstweiligen Anordnung für vorläufig vollstreckbar erklären zu lassen. 951

5.1.8. Kosten

In seiner Entscheidung hat der Richter auch eine Bestimmung zu treffen, wer die **Gerichtskosten** zu tragen hat. Dies entscheidet der Richter nach billigem Ermessen (§ 47 Satz 1 WEG a.F.). In der Regel werden der unterlegenen Partei die Kosten aufzuerlegen sein. Dagegen trägt grundsätzlich jede Partei ihre **außergerichtlichen Kosten** – also insbesondere **Anwaltskosten** – selbst, auch wenn sie obsiegt hat. Der Richter kann jedoch – nicht muss – bestimmen, dass außergerichtliche Kosten ganz oder teilweise zu erstatten sind (§ 47 Satz 2 WEG a.F.). Dies gilt insbesondere bei Hausgeldforderungen[1] und bei der Zurückweisung offensichtlich unbegründeter Ansprüche[2]. Nimmt der Antragsteller seinen Antrag zurück, so sind ihm grundsätzlich die gerichtlichen und außergerichtlichen Kosten aufzuerlegen[3]. Dies soll nicht gelten, wenn ein Rechtsmittel nur zur Fristwahrung 952

---

1 BayObLG ZMR 2001, 561.
2 LG Berlin ZMR 2002, 222.
3 OLG Hamm NZM 2000, 715; OLG Köln NZM 1999, 855.

eingelegt worden ist[1] oder der Antrag wegen gerichtlich vermittelter Einsicht zurückgenommen wird[2].

953 Die **Gerichtskosten** bestimmen sich nach der **Kostenordnung**, die u.a. auch die Notar- und Grundbuchkosten, die Handelsregister-, Vormundschafts- und Nachlassgerichtskosten regelt. Die Gebühren nach der Kostenordnung sind in der Regel um ca. ¼ niedriger als die Gebühren nach dem Gerichtskostengesetz, das für Zivilprozesse anwendbar ist.

5.1.9. Mahnverfahren

954 Auch im Rahmen des Wohnungseigentums kann wegen Zahlungsansprüchen das Mahnverfahren (§§ 688 ff. ZPO) eingeleitet werden (§46a WEG a.F.). Der Gläubiger kann bei den **Amtsgerichten** einen Antrag auf **Erlass eines Mahnbescheids** stellen. Das Gericht erlässt den Bescheid ohne weitere Nachprüfung. Gegen den Mahnbescheid kann der Antragsgegner binnen zwei Wochen ab Zustellung Widerspruch einlegen. Wird ein Widerspruch erhoben, so wird die Sache in ein WEG-Verfahren (§§ 43 ff. WEG a.F.) übergeleitet. Erfolgt kein Widerspruch, so erlässt das Gericht auf Antrag einen Vollstreckungsbescheid. Gegen diesen Bescheid kann der Antragsgegner innerhalb zwei Wochen nach Zustellung an ihn Einspruch einlegen. Nach dem Einspruch wird die Sache in das WEG-Verfahren (§§ 43 ff. WEG a.F.) übergeleitet. Wenn kein Einspruch erfolgt, hat der Gläubiger mit dem Vollstreckungsbescheid einen Vollstreckungstitel, aus dem er die Zwangsvollstreckung betreiben kann.

955 Grundsätzlich gelten für das Mahnverfahren die Regelungen des Wohnungseigentumsgesetzes (§ 46a WEG a.F.), ergänzend sind die Vorschriften der Zivilprozessordnung heranzuziehen (§§ 688 ff. ZPO).

956 Das Mahnverfahren wird **nicht immer zu einer schnelleren Erledigung** führen. Das gilt insbesondere dann, wenn der Antragsgegner Widerspruch oder Einspruch eingelegt hat und so das streitige WEG-Verfahren (§§ 43 ff. WEG a.F). nur mit Verzögerung in Gang kommt. Manchmal wird es zweckmäßig sein, gleich den Antrag auf Durchführung des gerichtlichen Verfahrens zu stellen. In diesem Verfahren kann der Richter vorläufige Anordnungen treffen, insbesondere Hausgeldzahlungen anordnen. Welches Verfahren vorzuziehen ist, bestimmt sich nach den Verhältnissen des Einzelfalls. Ist zu erwarten, dass der Zahlungspflichtige nur mit Nichtstun reagiert, so bietet sich das Mahnverfahren an, wenn aber rechtliche Einwendungen oder systematische Verzögerungsaktionen zu erwarten sind, sollte gleich das gerichtliche Verfahren gewählt werden.

---

1 BayObLG NZM 2000, 300.
2 BayObLG WE 1997, 238.

5.2. Verfahren ab dem 2.7.2007

5.2.1. Grundzüge

Verfahren, welche nach dem 2.1.2007[1] eingeleitet worden sind, unterliegen nicht mehr dem FGG, sondern der **ZPO**. Maßgebliche Überlegung des Gesetzgebers für diese Änderung war, dass die Gerichtskosten für Verfahren nach der ZPO nicht nach der Kostenordnung anfallen, sondern nach dem Gerichtskostengesetz. Das Gerichtskostengesetz sieht jedoch wesentlich höhere Gebührensätze vor. Der Gesetzgeber erhofft sich hierdurch Mehreinnahmen in erheblicher Höhe. 957

Durch die Überleitung in das ZPO Verfahren kommt es zu einer Reihe von **Änderungen**, die im Nachfolgenden eingehender behandelt werden. Am Wesentlichsten ist, dass nunmehr wie im übrigen ZPO-Verfahren auch der **Beibringungsgrundsatz** gilt, d.h., dass die Parteien die gewünschten Tatsachen und Beweismittel selber vortragen müssen und das Gericht selber den Sachverhalt nicht mehr zu erforschen braucht. Weitere wesentliche Änderung ist, dass die Kosten des Verfahrens nunmehr im Regelfall durch den Verlierer und zwar auch im Hinblick auf die anwaltlichen Kosten zu tragen sind. Des Weiteren ändert sich der Instanzenzug von Amtsgericht – Landgericht – Oberlandesgericht hin zu Amtsgericht – Landgericht – BGH. Da jedoch die Revision nur auf Zulassung möglich ist, wird in fast allen Fällen beim Landgericht der Prozess beendet sein. 958

5.2.2. Zuständigkeit

Das Gericht, in dessen Bezirk das Grundstück liegt, ist ausschließlich zuständig für 959

1. Streitigkeiten über die sich aus der Gemeinschaft der Wohnungseigentümer und aus der Verwaltung des gemeinschaftlichen Eigentums ergebenden Rechte und Pflichten der Wohnungseigentümer untereinander;
2. Streitigkeiten über die Rechte und Pflichten zwischen der Gemeinschaft der Wohnungseigentümer und Wohnungseigentümern;
3. Streitigkeiten über Rechte und Pflichten des Verwalters bei der Verwaltung des gemeinschaftlichen Eigentums;
4. Streitigkeiten über die Gültigkeit von Beschlüssen der Wohnungseigentümer;
5. Klagen Dritter, die sich gegen die Gemeinschaft der Wohnungseigentümer oder gegen Wohnungseigentümer richten und sich auf das gemein-

---

1 Nicht, wie vielfach angenommen, ab dem 1.7.2007. In der Übergangsvorschrift in § 62 WEG heißt es, dass Verfahren, die am 1.7.2007 anhängig sind, nach altem Recht laufen. Anhängigkeit ist aber ab Eingang bei Gericht gegeben. Ist daher eine Antragsschrift am 1.7.2007 im Gerichtsbriefkasten eingegangen, lag ab 1.7.2007 Anhängigkeit vor, so dass für dieses Verfahren noch altes Recht gilt. Neues Recht gilt damit erst für Klagen, die am 2.7.2007 bei Gericht eingegangen sind.

schaftliche Eigentum, seine Verwaltung oder das Sondereigentum beziehen; sowie

6. Mahnverfahren, wenn die Gemeinschaft der Wohnungseigentümer Antragstellerin ist (s. § 43 WEG).

Welches **Gericht sachlich zuständig** ist, d.h. Amts- oder Landgericht, ist unterschiedlich zu beantworten:

960 Für die unter den **Nummern 1–4**, genannten Verfahren, sowie für Verfahren nach der Nr. 6 ist ausschließlich **das Amtsgericht** zuständig (s. § 23 Nr. 2c GVG n. F.). In diesen Verfahren ist daher das Amtsgericht zuständig, in dessen Bezirk das Grundstück der Eigentumsgemeinschaft liegt.

961 Bei Verfahren nach der **Nr. 5** ist sachlich je nach **Streitwert** entweder das Amtsgerichts- oder das Landgericht zuständig: Bei einer Forderung von mehr als 5000 Euro, ist das Landgericht zuständig, bei Forderungen bis zu 5000 Euro bleibt das Amtsgericht zuständig (s. § 71 Abs. 1 i.V.m. § 23 Nr. 1 GVG).

962 Bei den Streitigkeiten über die sich aus der Gemeinschaft der Wohnungseigentümer und aus der Verwaltung des gemeinschaftlichen Eigentums ergebenden Rechte und Pflichten hat sich inhaltlich **keine Änderung** ergeben. Es kann auf die Aufführungen unter Punkt 5.1.2. verwiesen werden. Auch bei den Streitigkeiten über Rechte und Pflichten des Verwalters bei der Verwaltung des gemeinschaftlichen Eigentums und bei den Streitigkeiten über die Gültigkeit von Beschlüssen der Wohnungseigentümer kann auf die Ausführungen unter Punkt 5.1.2 verwiesen werden. Es hat insoweit inhaltlich ebenfalls keine Änderung ergeben.

963 **Neu hinzugekommen sind die Streitigkeiten über die Rechte und Pflichten zwischen der Gemeinschaft** der Wohnungseigentümer und Wohnungseigentümern. Dies ergibt sich dadurch, dass nunmehr die Gemeinschaft teilrechtsfähig ist und insoweit den so genannten Verband bildet. Ausdruck der Teilrechtsfähigkeit ist auch die Fähigkeit in einem Gerichtsverfahren ihre Rechte und Pflichten in eigenem Namen geltend zu machen (Parteifähigkeit § 50 Abs. 1 ZPO). Als Anwendungsfälle für diese Zuständigkeitskompetenz sind insbesondere die Wohngeldverfahren zu nennen. In Betracht kommen aber auch Verfahren, bei denen es beispielsweise darum geht, ob der Eigentümer gegenüber dem Verband zu einem bestimmten Tun oder Unterlassen verpflichtet ist.

964 Weggefallen ist demgegenüber die Zuständigkeit des Amtsgerichts für die Bestellung eines Verwalters. Dies ergibt sich aus dem Wegfall der Möglichkeit für Dritte, gerichtlich einen Verwalter bestimmen zu lassen.

5.2.3. Klageberechtigung und Klageeinreichung

965 Weiterhin werden Verfahren nur eingeleitet, wenn dies durch einen entsprechenden **Antrag** verlangt wird. Eine Überprüfung von Beschlüssen wird es auch weiterhin nicht von Amts wegen geben.

Wichtig: Durch die Überleitung in die ZPO ist vor Antragseinreichung in den Bundesländern Baden-Württemberg, Bayern, Nordrhein-Westfalen, Saarland, Sachsen-Anhalt und Schleswig-Holstein bei vermögensrechtlichen Ansprüchen ein außergerichtliches Güteverfahren durchzuführen (§ 15a ZPO i.V.m. mit dem jeweiligen Ausführungsgesetz). Zu denken sind insbesondere an Hausgeldzahlungen, und alle sonstigen Ansprüche bei denen es um Geldzahlungen geht. Das Güteverfahren ist dann nicht durchzuführen, wenn entweder der Streitwert über 750 Euro (Bayern, Baden-Württemberg, Sachsen-Anhalt, Schleswig-Holstein), bzw. 600 Euro (NRW, Saarland) liegt oder aber ein Mahnverfahren vorgeschaltet war. Es ist auch nicht notwendig, wenn die Parteien nicht im selben Bundesland wohnen oder ihren Sitz haben.

Ist das außergerichtliche Schlichtungsverfahren durchzuführen, muss bei der zuständigen Schlichtungsstelle ein Antrag auf Durchführung der Schlichtung gestellt werden[1]. Kosten die hierfür entstehen, sind erstattungsfähig[2].

Wurde versäumt, das Verfahren durchzuführen, kann durch eine Klageerweiterung über die maßgebliche Grenze von 600 Euro bzw. 750 Euro die unzulässige Klage zulässig gemacht werden, es sei denn, die Erweiterung ist offensichtlich unbegründet[3].

Der **einzelne Wohnungseigentümer** kann eine Klage immer dann einreichen, wenn es entweder um Ansprüche geht, die ihm alleine zustehen oder aber – soweit es um Ansprüche geht, die dem Verband zustehen – er durch diesen bevollmächtigt worden ist. 966

Bei Klagen, welche die **Rechte und Pflichten der Wohnungseigentümer** zum Gegenstand haben (s. § 43 Abs. 1 Nr. 1 WEG n.F.) bleibt weiterhin grundsätzlich jeder Wohnungseigentümer klageberechtigt. 967

Bei Streitigkeiten über die Rechte **und Pflichten zwischen der Gemeinschaft der Wohnungseigentümer und Wohnungseigentümern** (s. § 43 Nr. 2 WEG n.F.) ist jeder einzelne Wohnungseigentümer klageberechtigt, soweit er in seinen Rechten und Pflichten betroffen ist. Hier geht es gerade um Streitigkeiten, welche das Verhältnis des einzelnen Eigentümers zum Verband betreffen, so dass einzelne Eigentümer selbständig vorgehen können. 968

Bei Streitigkeiten um **Ansprüche aus der Verwaltung** des gemeinschaftlichen Eigentums (s. § 43 Nr. 2 WEG n.F.) ist die Klagebefugnis auch weiterhin nur dann gegeben, wenn kein Beurteilungsspielraum der Gemeinschaft vorhanden ist. Auf die entsprechenden Ausführungen unter Punkt 5.1.3 kann verwiesen werden. 969

---

1 Muster für den Antrag auf Durchführung der außergerichtlichen Streitschlichtung siehe Teil E Rz. 28.
2 BayObLG NJW-RR 2005, 724; LG Mönchengladbach Rpfleger 2003, 269.
3 LG Baden-Baden NJW-RR 2002, 935; LG Kassel NJW 2002, 2256; LG München I MDR 2003, 1313.

970 Bei Streitigkeiten über die **Rechte und Pflichten des Verwalters** (s. § 43 Nr. 4 WEG) wird der einzelne Eigentümer nur im Rahmen des Anspruch auf ordnungsgemäße Verwaltung klagebefugt sein. Bei sonstigen Ansprüchen wie etwa Schadensersatzansprüchen wird auch wie bisher eine Ermächtigung durch die Gemeinschaft notwendig sein. Wie bisher gilt aber eine Ausnahme für den Fall, dass der Schadensersatzanspruch nur dem betreffenden Eigentümer selber zusteht.

971 Anträge **auf Ungültigerklärung eines Beschlusses** (s. § 43 Nr. 4 WEG) können auch weiterhin von jedem Eigentümer alleine durchgeführt werden. Der Verwalter bleibt auch weiterhin in eigener Person klageberechtigt, soweit es um seine Rechten und Pflichten bei der Verwaltung des gemeinschaftlichen Eigentums geht, ebenso wie bei der Beschlussanfechtung (s. § 43 Nr. 3 und § 46 Abs. 1 WEG n.F.).

972 Die Klageerhebung erfolgt durch **Zustellung der Klageschrift** an die gegnerische Partei (s. § 253 Abs. 1 ZPO). Für die Verfahren über die sich aus der Gemeinschaft der Wohnungseigentümer und aus der Verwaltung des gemeinschaftlichen Eigentums ergebenden Rechte und Pflichten der Wohnungseigentümer untereinander; Streitigkeiten über die Rechte und Pflichten zwischen der Gemeinschaft der Wohnungseigentümer und Wohnungseigentümern; Streitigkeiten über Rechte und Pflichten des Verwalters bei der Verwaltung des gemeinschaftlichen Eigentums; Streitigkeiten über die Gültigkeit von Beschlüssen der Wohnungseigentümer; sowie für das Mahnverfahren ist in erster Instanz wie bisher kein Anwaltszwang notwendig. Allerdings muss die Berufung und/oder die Revision nunmehr durch einen Anwalt eingelegt werden.

973 Bei Verfahren Dritter, die sich gegen die Gemeinschaft der Wohnungseigentümer oder gegen einzelne Wohnungseigentümer richten und sich auf das gemeinschaftliche Eigentum, seine Verwaltung oder das Sondereigentum beziehen muss die Klage bereits erstinstanzlich durch einen Anwalt eingereicht werden, soweit Ansprüche betroffen sind, die mehr als 5000 Euro umfassen (s. § 78 Abs. 1 Satz 1 ZPO).

974 In **der Klageschrift** müssen grundsätzlich eine genaue Bezeichnung der Parteien, sowie ein genauer Antrag enthalten sein. Wird die Klage durch oder gegen alle Wohnungseigentümer mit Ausnahme des Gegners erhoben, erleichtert der Gesetzgeber die Bezeichnung in der Klageschrift dadurch, dass eine bestimmte Angabe des gemeinschaftlichen Grundstücks ausreichend ist.

Beispiel:
Klagt der Verband der WEG Mustersteinstr. in Musterstadt gegen den Eigentümer E auf Zahlung von Hausgeld, reicht es zunächst aus, wenn die Gemeinschaft in der Klageschrift die Bezeichnung Mustersteinstr. 16 in Musterstadt angibt.

975 Diese Erleichterung ist jedoch ein zweischneidiges Schwert, da spätestens **bis zum Schluss der mündlichen Verhandlung die namentliche Bezeichnung zu erfolgen hat** (s. § 44 Abs. 1 Satz 2 WEG n.F.). Terminiert das Gericht sehr schnell, können sich Schwierigkeiten ergeben bis dahin Namen

und Anschriften der Eigentümer zu erlangen. Sollte der Verwalter die Eigentümerliste nicht rechzeitig oder nicht schnell genug übergeben, sollte der Verwalter durch eine einstweilige Verfügung (§ 940 ff. ZPO) verpflichtet werden, diese herauszugeben.

Wie bisher ist der **Verwalter** auch weiterhin nicht ohne weiteres berechtigt, im Namen der Wohnungseigentümer die Klage zu erheben. Eine solche Befugnis ergibt sich nur dann, wenn er hierzu durch Vereinbarung oder Beschluss mit **Stimmenmehrheit ermächtigt** worden ist (vgl. § 27 Abs. 2 Nr. 3 WEG n.F.). 976

5.2.4. Prozessbeteiligte

An dem Prozess beteiligt sind zunächst der oder die **Kläger**, und der oder die **Beklagten**. Wer Kläger und Beklagter ist, richtet sich alleine nach der Bezeichnung durch den Kläger. Anders als im FGG-Verfahren kommt es nicht darauf an, wer materiell durch das Verfahren betroffen ist. 977

Soweit der Kläger nicht alle Wohnungseigentümer verklagt, hat er in der Klageschrift die **nicht verklagten** Eigentümer **gesondert zu bezeichnen** (s. § 44 Abs. 2 Satz 1 WEG n.F.). 978

Ist ein Wohnungseigentümer oder der Verwalter nicht als Beklagter bezeichnet worden, kommt eine Beteiligung am Verfahren unter gewissen Umständen doch in Betracht: Ist die Klage durch einen Wohnungseigentümer erhoben worden und macht dieser den Anspruch nur gegen einen oder einzelne Wohnungseigentümer oder nur gegen den Verwalter geltend, so sind auch die übrigen Wohnungseigentümer **beizuladen**. Dies gilt nur dann nicht, wenn erkennbar die rechtlichen Interessen der übrigen Wohnungseigentümer nicht betroffen sind (§ 48 Abs. 1 WEG n.F.). 979

Durch die Beiladung wirkt das Urteil auch gegenüber **sämtlichen beigeladenen Parteien** (s. § 48 Abs. 3 WEG). Weiterhin wird dem Beigeladenen das Recht eingeräumt, einer der Parteien zu deren Unterstützung beizutreten. Daraus folgt, dass im Gegensatz zum WEG Verfahren alter Fassung eine Anhörung und Beteiligung der Beigeladenen nur dann erfolgt, wenn sie dem Verfahren offiziell beitreten. 980

Durch die Beiladung erhält ein Eigentümer aber nicht die Stellung, die er im alten WEG-Verfahren hatte. Im alten WEG-Verfahren konnte er vollumfänglich vortragen und auch selbständig Rechtsmittel einlegen. Nunmehr erhält er nur die Stellung eines Nebenintervenienten. Dies bedeutet, dass er sich mit seinem Vortrag nicht in Widerspruch zur Hauptpartei setzen kann (§ 67 ZPO). Ebenso kann er gegen deren Willen kein Rechtsmittel einlegen[1]. Unterlässt es beispielsweise die Hauptpartei die Nichtigkeit ei- 980a

---

[1] *Abramenko* AnwBl. 2007, 404; *Baumbach/Lautermann/Hartmann* § 67 Rz. 8; *Zöller* ZPO § 67 Rz. 9.

nes streitentscheidenden Beschlusses vorzutragen, kann der Beigeladene dies nicht nachholen. Unterliegt die Hauptpartei und unterlässt es Rechtsmittel einzulegen, kann auch dies nicht durch den Beigeladenen nachgeholt werden.

981 Da das Urteil auch gegen den **Beigeladenen** wirkt, muss eindeutig feststehen, ob die Beiladung unterbleiben darf. Aus Gründen der Rechtssicherheit wird dies nur dann anzunehmen sein, wenn eindeutig und offensichtlich nach keiner Betrachtungsweise die rechtlichen Interessen betroffen sein können. Wird eine Beiladung fehlerhaft unterlassen, können die übrigen Beteiligten hieraus keinen Verfahrensfehler herleiten[1].

981a Allerdings kann die Beiladung gegenüber dem Gericht angeregt werden. Diese Anregung muss das Gericht bescheiden. Unterlässt das Gericht die Beiladung, kann hiergegen mit der sofortigen Beschwerde (§ 567 Abs. 1 Nr. 2 ZPO) vorgegangen werden[2]. Unterlässt auch das Beschwerdegericht die Beiladung kann daran gedacht werden, dem Beizuladenden den Streit zu verkünden. Hierdurch kann zumindest erreicht werden, dass die Wirkungen der Nebenintervention für und gegen den Beigeladenen wirken und sich dieser nicht mehr damit verteidigen kann, der Rechtsstreit wäre schlecht geführt worden.

982 Bei Streitigkeiten über die Rechte und Pflichten des Verwalters sowie bei Streitigkeiten über die Gültigkeit von Beschlüssen der Wohnungseigentümer ist der Verwalter ebenfalls beizuladen.

983 Auch wenn sämtliche Wohnungseigentümer verklagt werden, reicht es für die Zustellung aus, wenn die **Klage dem Verwalter** zugestellt werden. Dieser ist Zustellungsvertreter für die Gemeinschaft (s. § 45 Abs. 1 WEG n.F.) Dies gilt aber dann nicht, wenn er als Gegner der Gemeinschaft an dem Verfahren beteiligt ist oder aber die Gefahr besteht, dass der Verwalter die Wohnungseigentümer nicht sachgerecht unterrichtet. Häufigster Anwendungsfall werden die Fälle sein, bei denen es um die Abberufung des Verwalters geht. Hier ist maßgeblich die Gefahr gegeben, dass der Verwalter die Eigentümer nicht informiert. Auch wenn der Verwalter sachlich oder personell mit dem Bauträger verknüpft ist, gegen den Gewährleistungsansprüche geltend gemacht werden sollen, wird eine konkrete Gefahr der Missinformation anzunehmen sein. Für diesen Fall haben die Eigentümer einen so genannten Ersatzzustellungsvertreter, sowie dessen Vertreter zu bestellen. Diese Pflicht gilt selbst dann, wenn noch gar kein Rechtsstreit anhängig ist.

983a Der Verwalter soll auch dann prozessführungsbefugt (und verpflichtet) sein, wenn ein Außengläubiger gegen einen einzelnen Sondereigentümer vorgeht und sachlich ein Zusammenhang zum Sondereigentum besteht.

---

1 *Abramenko* AnwBl. 2007, 404.
2 *Abramenko* AnwBl. 2007, 404.

Beispiel:
Eigentümer 1 (E1) kauft sich eine Einbauküche oder bezieht von dem örtlichen Versorger Strom[1].

Klagt der Verkäufer gegen E1 soll sich die Berechtigung des Verwalters zur Prozessführung (§ 27 Abs. 2 Nr. 2 ZPO) auch hierauf beziehen. Dies hätte zur Konsequenz, dass der Eigentümer nicht direkt zu verklagen wäre, sondern vertreten durch den Verwalter und die Klage dem Verwalter zuzustellen wäre. Solange in der Rechtsprechung noch nicht geklärt ist, ob die Prozessführungsbefugnis auch diesen Fall abdeckt oder ob wahlweise der Verwalter als Vertreter oder der Eigentümer direkt verklagt werden können, sollte der Verwalter im Zweifel davon ausgehen, dass seine Prozessführungsbefugnis (-und pflicht) auch diesen Fall abdeckt und das Notwendige einleiten, insbesondere den Eigentümer informieren.

Die Wohnungseigentümer müssen auch ohne Vorliegen eines Rechtsstreites zwingend einen Ersatzzustellungsvertreter und dessen Vertreter bestimmen. Unterlassen die Eigentümer dies, kann das Gericht bei einem Rechtsstreit seinerseits einen Ersatzzustellungsvertreter bestellen. Als Ersatzzustellungsvertreter und dessen Vertreter kommt jede natürliche Person in Betracht, die damit einverstanden ist. Gegen deren Willen kann niemand dazu bestimmt werden. Dies folgt aus dem Grundsatz, dass Verträge, Beschlüsse oder Vereinbarungen zu Lasten Dritter nicht zulässig sind. 984

Haben die Eigentümer keinen Zustellungsvertreter bestimmt, kann das Gericht für den jeweiligen Prozess einen solchen bestimmen (§ 45 Abs. 3 WEG). Nach dem Gesetzeswortlaut könnte das Gericht anders als die Gemeinschaft einen Eigentümer auch gegen seinen Willen dazu bestimmen. Dies ist aber abzulehnen. Auch das Gericht kann gegen den Willen niemanden verpflichten. Für einen derartigen Eingriff des Staates fehlt es an einer Berechtigung.

Betrifft das Verfahren Streitigkeiten über die **Gültigkeit von Beschlüssen der Wohnungseigentümer**, sind **Besonderheiten** zu beachten: 985

Erfolgt die Erhebung der Klage durch einen oder mehrere Wohnungseigentümer müssen zwingend sämtliche sonstigen Wohnungseigentümer benannt werden. Klagt der Verwalter, muss er die Klage zwingend gegen sämtliche Wohnungseigentümer richten. Anders als bisher muss die Anfechtungsklage nun zwingend innerhalb von 2 Monaten nach der Beschlussfassung begründet werden. Eine Verlängerung der Begründungsfrist ist nicht möglich. Anders als bei Berufungsbegründungsfristen oder sonstigen Fristen in der ZPO sind keine Verlängerungsvorschriften vorgesehen. Allerdings kann Wiedereinsetzung in den vorherigen Stand begehrt werden, wenn entweder die Einlegungsfrist oder aber die Begründungsfrist versäumt worden ist. Voraussetzung für die erfolgreiche Wiedereinsetzung ist jedoch, dass die Einhaltung der Frist ohne Schuld versäumt worden ist.

---

1 *Briesemeister* NZM 2007, 345.

986 Auch hier besteht die Problematik, dass eine Begründung oftmals erst erfolgen kann, wenn das **Protokoll** der **Eigentümerversammlung** vorliegt. War der Eigentümer auf der Versammlung nicht anwesend und auch nicht vertreten, kann er erst dann wissen, ob und welcher Beschluss zu einem Tagesordnungspunkt gefasst worden ist. War der Eigentümer auf der Versammlung anwesend, weiß er zwar, welche Beschlüsse gefasst worden sind. Allerdings ist auch dann eine den Erfordernissen der ZPO genüge tuende Begründung erst möglich, wenn das Protokoll vorliegt. Erst aus diesem ergibt sich, ob alle Vorschriften eingehalten worden sind. Daher ist es auch hier notwendig, so schnell wie möglich das Protokoll zu erlangen. Gegebenenfalls ist auch hier der Verwalter im Wege einer einstweiligen Verfügung (§§ 940 ff. ZPO) zur Herausgabe des Protokolls zu verpflichten[1].

987 Unter der Geltung des FGG war die Zustellung der Anfechtungsschrift nicht von der Zahlung eines Vorschusses abhängig. Nunmehr ist dies der Fall; wie bei allen anderen Verfahren der ZPO soll die **Zustellung erst nach Zahlung des Gerichtskostenvorschusses erfolgen** (§ 12 Abs. 1 GKG). Um damit die Zustellung der Anfechtungsschrift zu erreichen, muss damit die Zahlung erfolgen. Dies ist deshalb von äußerster Wichtigkeit, da erst mit der Zustellung an die übrigen Eigentümer die Anfechtungsfrist gewahrt ist (§ 253 ZPO).

988 Zwar wird die Wirkung der Zustellung auf den Eingang bei Gericht zurückgerechnet, aber nur dann wenn die Zustellung „demnächst" erfolgt (§ 167 ZPO). Eine Zustellung „demnächst" setzt voraus, dass der anfechtende Eigentümer alles ihm zumutbare getan hat, um eine alsbaldige Zustellung zu erreichen, der Rückwirkung keine schutzwürdigen Interessen des Gegners entgegenstehen und die Zustellung in nicht allzu erheblichen Abstand zu dem eigentlichen Fristablauf erfolgt[2]. Selbstverständlich muss der Eingang bei Gericht aber innerhalb der Anfechtungsfrist liegen.

989 Damit der anfechtende Eigentümer alles ihm zumutbare getan hat, um eine alsbaldige Zustellung zu erreichen, ist die rechtzeitige Zahlung des Vorschusses notwendig, da ansonsten die Zustellung nicht erfolgt. Der Eigentümer muss aber nicht von sich aus den Vorschuss zahlen, sondern kann die Anforderung durch das Gericht abwarten[3]. Er darf aber bei Ausbleiben der Anforderung nicht ewig untätig bleiben, sondern muss nach ca. 2 Wochen bei Gericht nachfragen[4]. Liegt die Anforderung vor, muss er unverzüglich, spätestens aber innerhalb von 2 Wochen zahlen[5]. Beruht die Nichtzahlung auf dem Untätigsein der vorhandenen Rechtsschutzver-

---

1 Wegen des Anspruchs auf Herausgabe siehe Teil B Rz. 178.
2 BGH NJW 1999, 3125.
3 BGH NJW 1993, 2811.
4 BGH VersR 1992, 433.
5 BGH NJW 1986, 1347.

sicherung ist dies kein Entschuldigungsgrund. Vielmehr muss der Eigentümer im Zweifel den Betrag vorstrecken[1].

Beispiel:
1. Die Anfechtungsfrist endet am 30.4. und am 27.4. geht die Anfechtung bei Gericht ein. Am 29.4. erhält der der Eigentümer die Vorschussanforderung und zahlt am 2.5. Der Vorschuss geht am 4.5. bei Gericht ein und am 7.5. erfolgt die Zustellung an den Verwalter. In diesem Fall tritt die Wirkung der Anfechtung bereits am 27.4. ein, so dass die Anfechtungsfrist gewahrt ist.
2. Die Anfechtungsfrist endet am 30.4. und am 27.4. geht die Anfechtung bei Gericht ein. Am 28.5. fragt der Eigentümer nach dem Verbleib seiner Anfechtung und erhält die Mitteilung über den Vorschuss. Noch am gleichen Tag wird dieser gezahlt und geht am 1.6. bei Gericht ein. Am 3.6. erfolgt die Zustellung. Hier tritt keine Rückrechnung ein, da der Eigentümer nicht alles ihm zumutbare für die alsbaldige Zustellung getan hat. Die Nachfrage war verspätet, diese hätte spätestens am 15.5. erfolgen müssen.
3. Die Anfechtungsfrist endet am 30.4. und am 1.5. geht die Anfechtung bei Gericht ein. Am 3.5. erhält der der Eigentümer die Vorschussanforderung und zahlt am 4.5. Der Vorschuss geht am 6.5. bei Gericht ein und am 10.5. erfolgt die Zustellung an den Verwalter. In diesem Fall tritt die Wirkung der Anfechtung zwar am 1.5. ein; die Anfechtungsfrist *ist damit aber nicht gewahrt*, da diese am 30.4. endete.

5.2.5. Gang des Verfahrens

Ist die **Klage** eingereicht, muss sie dem Beklagten und soweit eine Beiladung notwendig ist, auch diesen **zugestellt werden**. Das Gericht muss entweder einen frühen ersten Termin (s. § 275 ZPO) oder aber das schriftliche Vorverfahren anordnen (s. § 276 ZPO). Den Beklagten ist eine Frist zur Klageerwiderung zu setzen. Soweit nicht ein früher erster Termin zur mündlichen Verhandlung bestimmt wird, ist jedenfalls nach Eingang der Klageerwiderung Termin zur mündlichen Verhandlung zu bestimmen. Dieser hat zunächst eine Güteverhandlung vorauszugehen (s. § 278 Abs. 2 ZPO).

990

Anders als im alten WEG-Verfahren kann das Gericht nicht mehr von Amts wegen Einstweilige Anordnungen treffen. Durch die Überleitung in das ZPO-Verfahren können Maßnahmen des **einstweiligen Rechtsschutzes** nur im Wege des Arrest bzw. der einstweiligen Verfügung (s. §§ 916 ff. ZPO) erwirkt werden. Hierzu ist **zwingend** der Antrag einer Partei notwendig.

991

Das Gericht ist bei seiner Entscheidung grundsätzlich an die Anträge gebunden. Es ist nicht befugt, etwas zuzusprechen, was nicht beantragt ist (s. § 308 Abs. 1 ZPO). Anders als im FGG-Verfahren kann das Gericht daher den Antrag nicht auslegen. Nur wenn die Eigentümer eine nach dem Gesetz erforderliche Maßnahme nicht treffen, kann das Gericht eine Entscheidung nach billigem Ermessen treffen (§ 21 Abs. 8 WEG n.F.).

992

---

[1] BGH VersR 1982, 1068.

993 Ein wesentlicher Unterschied zum FGG-Verfahren stellt die Tatsache dar, dass nunmehr auch **Anerkenntnis- und Versäumnisurteile** möglich sind. Im FGG-Verfahren führte die Abwesenheit einer Partei im Termin nicht dazu, dass sie mit weiterem Vortrag ausgeschlossen blieb. Vielmehr konnte sie weiterhin schriftsätzlich vortragen. Bleibt nunmehr eine Partei säumig, kann die erschienene Partei ein Versäumnisurteil (§ 330 ff. ZPO) beantragen. Zwar kann die verurteilte Partei hiergegen Einspruch (§ 338 ZPO) einlegen. Allerdings ist das Versäumnisurteil unabhängig von der Forderungshöhe ohne Sicherheitsleistung und ohne Abwendungsbefugnis vorläufig vollstreckbar (§§ 708 Nr. 2, 711 ZPO). Das bedeutet, dass beispielsweise bei einer Hausgeldklage – selbst wenn diese über 4000 Euro geht, der Verband vollstrecken kann, ohne vorher die 4000 Euro als Sicherheit zu hinterlegen. Der Beklagte ist dann auch nicht berechtigt, die 4000 Euro durch Sicherheitsleistung zu erbringen.

Praxistipp: Ist ein Versäumnisurteil ergangen, gegen welches vorgegangen werden soll, muss zur Einstellung der Vollstreckung ein Antrag auf Einstweilige Einstellung gestellt werden (§§ 719, 707 ZPO).

994 Durch den Beibringungsgrundsatz muss das Gericht auch nicht mehr von sich aus den Tatbestand ermitteln. Vielmehr müssen die Parteien grundsätzlich selber die maßgeblichen Tatsachen vortragen. Nur noch in Ausnahmefällen ist das Gericht gehalten, Hinweise zu erteilen (s. § 139 ZPO). Aufgrund des Beibringungsgrundsatzes besteht eher die Gefahr eines Befangenheitsantrages, als unter dem Amtsermittlungsgrundsatzes. Eine der bisherigen Funktionen des Gerichtes diente dazu nach Möglichkeit befriedend unter den Parteien zu wirken. Die Gefahr des Befangenheitsantrages wird dazu führen, dass dies in Zukunft weniger geschehen wird, als früher.

5.2.6. Rechtsmittel

995 Gegen die Entscheidung der Ersten Instanz ist die **Berufung** (§ 511 ff. ZPO) möglich. Hierzu muss jedoch ein Beschwerdewert von 600 Euro überschritten werden oder aber die Berufung durch das Gericht zugelassen sein (§ 511 Abs. 2 Nr. 1 und 2 ZPO). Auch hier gilt, dass der Beschwerdewert nicht immer identisch sein muss, mit dem Geschäftswert. Vielmehr bemisst sich der Beschwerdewert auch weiterhin an dem Interesse an der Änderung. Die Berufung muss innerhalb eines Monats ab Zustellung des vollständigen Urteils, spätestens aber innerhalb von 5 Monaten nach der Verkündung eingelegt werden (§ 517 ZPO). Innerhalb eines weiteren Monats ist die Berufung zu begründen (s. § 520 ZPO).

996 Die Berufung kann nur noch **bei dem Berufungsgericht eingelegt werden** (§ 519 Abs. 1 ZPO). Zuständiges Berufungsgericht sollte zunächst das Landgericht am Sitz des Oberlandesgerichts für den Bezirk des Oberlandesgerichts sein (§ 72 Abs. 2 GVG in der Fassung der Veröffentlichung vom

Gerichtliches Verfahren in Wohnungseigentumssachen Teil B

30.3.2007). Diese Vorschrift sorgte dafür, dass für einige Gerichtsbezirke ein berufungsfreier Raum bestand. Beispielsweise existiert für Hamm zwar ein Oberlandesgericht, aber kein Landgericht. Nach der gesetzlichen Zuständigkeitsbestimmung ist aber das nicht existente Landgericht Hamm zuständiges Berufungsgericht. Gleiches gilt für die OLGs Celle und Schleswig. Umgekehrt existieren für München nicht nur ein Landgericht, sondern die Landgerichte München I und II. Auch hier war unklar, welches nun das zuständige sein soll.

Um diesen Fehler zu korrigieren, hat der Gesetzgeber eine Korrektur vorgenommen, so dass die maßgebliche Norm (§ 72 Abs. 2 GVG n.F.) nunmehr lautet: 997

„In Streitigkeiten nach § 43 Abs. 1 Nr. 1–4 und 6 des Wohnungseigentumsgesetzes ist das für den Sitz des Oberlandesgerichtes zuständige Landgericht gemeinsames Berufungs- und Beschwerdegericht für den Bezirk des Oberlandesgerichtes, in dem das Amtsgericht seinen Sitz hat".

Berufungsgericht ist damit das Landgericht, welches für den Ort zuständig ist, an welchem das Oberlandesgericht belegen ist. Die Länder können aber durch Verordnung ein anderes Landgericht zum gemeinsamen Berufungsgericht ernennen. Hiervon haben bislang Gebrauch gemacht (Stand 8/2007): Brandenburg (LG Frankfurt/Oder) für Bereich OLG Brandenburg und Mecklenburg-Vorpommern (LG Dessau-Roßlau). 998

Beispiel:
Für Hamm ist das Landgericht Dortmund zuständig, so dass dieses für den Bezirk des OLG Hamm gemeinsames Berufungsgericht ist. Für Celle ist das Landgericht Lüneburg zuständig, so dass dieses für den Bezirk des OLG Celle zuständiges Berufungsgericht ist. Für Schleswig ist das Landgericht Flensburg zuständig, so dass dieses gemeinsames Berufungs- und Beschwerdegericht ist.

Die Berufung kann nur darauf gestützt werden, dass die Entscheidung auf einer Rechtsverletzung beruht oder die zugrundezulegenden Tatsachen eine andere Entscheidung rechtfertigen (s. § 513 Abs. 1 ZPO). Wesentlich ist, dass nunmehr auch im WEG-Verfahren das Berufungsgericht grundsätzlich an die in der Ersten Instanz vorgebrachten Tatsachen gebunden ist und neue Angriffs- und Verteidigungsmittel nur in sehr eingeschränktem Rahmen möglich sind (s. § 531 ZPO). 999

Wird durch einen der Prozessbeteiligten die Berufung eingelegt, kann die andere Seite die so genannte **Anschlussberufung** einlegen (§ 524 ZPO). Diese ist auch dann statthaft, wenn auf die Berufung verzichtet worden oder die Berufungsfrist verstrichen ist. Die Anschlussberufung muss bis zum Ablauf der Frist zur Erwiderung auf die Berufung eingelegt werden. Sofern die Berufung zurückgenommen, verworfen oder durch Beschluss zurückgewiesen wird, verliert die Anschlussberufung ihre Wirkung. 1000

Gegen die Entscheidung des Berufungsgerichts ist die **Revision** zum BGH gegeben (s. § 133 GVG). Die Revision setzt aber voraus, dass diese durch 1001 das Berufungsgericht entweder zugelassen oder vom BGH auf die Nichtzulassungsbeschwerde hin zugelassen wird (s. § 543 Abs. 1 Nr. 1 und 2 ZPO). Die Nichtzulassungsbeschwerde ist aber gegen Berufungsentscheidungen bei Verfahren, die Binnenstreitigkeiten betreffen (§ 43 Nr. 1–4, 6 WEG n.F.) ausgeschlossen, die vor dem 1.7.2012 verkündet worden sind (s. § 62 Abs. 2 WEG n.F.). Da es somit quasi im Belieben des Berufungsgericht steht, ob die es die Revision zulässt oder nicht, wird davon auszugehen sein, dass bis zum 1.7.2012 regelmäßig gegen Berufungen keine Rechtsmittel mehr gegeben sind. Bei Außenstreitigkeiten (§ 43 Nr. 5 WEG) muss bis zum 31.12.2011 eine Beschwerdesumme von 20 000 Euro überschritten sein, damit die Nichtzulassungsbeschwerde eröffnet wird.

Ist die Revision zugelassen, kann sie nur noch auf Rechtsverletzungen gestützt werden (§ 545 ZPO). Neue Tatsachen können nicht mehr in den Prozess eingeführt werden.

5.2.7. Rechtskraft

1002 Bezüglich der formellen und materiellen Rechtskraft kann auf die Ausführungen unter 5.1.7 verwiesen werden[1].

1003 Anders als bisher **wirkt das Urteil aber nur zwischen Kläger und Beklagten**. Nur wenn eine Beiladung stattgefunden hat, wirkt das Urteil auch für und gegen alle Beigeladenen. Problematisch ist, welche Konsequenzen es hat, wenn ein eigentlich Beizuladender nicht beigeladen wird. Eine ähnliche Problematik findet sich in Kindschaftssachen z.B. bei der Anfechtung der Vaterschaft (§ 640e ZPO). Auch hier ist eine zwingende Beiladung vor dem 1. Termin vorgesehen. Für den Fall, dass diese unterbleibt, muss das Gericht einen neuen Termin ansetzen. Unterbleibt die Beiladung während der gesamten ersten Instanz, muss dem Beizuladenden das Urteil zugestellt werden und er kann selbst dann Berufung einlegen, wenn die eigentliche Partei die Berufungsfrist hat verstreichen lassen[2]. Gelangt das Verfahren auf andere Weise in die zweite Instanz kann die Beiladung auch dort noch nachgeholt werden. Wird sie auch dort versäumt, liegt ein absoluter Revisionsgrund vor (§ 547 ZPO)[3]. Wird das Urteil rechtskräftig, kann der Beizuladende entweder Wiedereinsetzung verlangen oder – falls die Jahresfrist (§ 234 Abs. 3 ZPO) abgelaufen ist – Nichtigkeitsklage erheben (§ 579 ZPO)[4].

1004 Bei den Kindschaftssachen wirkt aber das Urteil auch gegen den nicht Beigeladenen. Da er aber die Möglichkeit haben muss, sich zu verteidigen, muss dies gewährleistet werden. Der Gesetzgeber hat für die Eigentümergemeinschaft aber vorgesehen, dass sich die Urteilswirkung nur für und ge-

---

1 Siehe Rz. 946.
2 BGH FamRZ NJW 1984, 353.
3 BGH NJW 2002, 2109.
4 Zöller/Philippi ZPO, § 640e Rz. 4; OLG Hamm FamRZ 2000, 1028.

gen die beigeladenen Parteien erstreckt (§ 48 Abs. 3 ZPO). Wird jemand versehentlich nicht beigeladen, wirkt das Urteil nicht gegen ihn. Daher braucht er auch nicht die oben beschriebenen Schutzmechanismen. Für den Kläger kann sich aber die missliche Situation einstellen, dass der Titel nicht alle notwendigen Personen wirkt und er dann im besten Fall einen weiteren Prozess führen muss. Im schlimmsten Fall kann bis dahin der Anspruch bereits verjährt sein. Der Kläger muss daher darauf achten, dass alle beizuladenden Personen auch tatsächlich beigeladen werden.

Es ist nicht mehr möglich, bei **Änderung der tatsächlichen Verhältnisse** einen Antrag auf Abänderung der Entscheidung zu stellen. Die rechtskräftige Entscheidung kann nur noch aufgehoben werden, falls ein so genannter Wiederaufnahmegrund vorliegt (s. § 578 ff. ZPO). Dieser ist nur gegeben, wenn etwa eine gefälschte Urkunde oder eine falsche eidliche oder auch uneidliche Aussage für das Urteil maßgeblich war (s. § 580 ZPO). 1005

5.2.8. Kostenerstattung

5.2.8.1. Kostenverteilung

Das Gericht hat in der Entscheidung wie bisher eine Bestimmung darüber zu treffen, wer **die Kosten zu tragen** hat. Diese Entscheidung folgt aber nicht mehr dem billigen Ermessen, sondern vielmehr hat grundsätzlich die unterliegende Partei die Kosten des Rechtsstreits zu tragen. Unterliegt eine Seite in vollem Umfang, muss sie die Kosten zu 100 % tragen (§ 91 Abs. 1 Satz 1 ZPO). 1006

Unterliegt eine Seite nur teilweise, muss sie grundsätzlich die Kosten auch nur in diesem Verhältnis tragen. 1007

Beispiel:
Der Verband klagt 10 000 Euro gegen den Eigentümer A ein. Das Gericht spricht 8000 Euro zu. A ist im Verhältnis 8000/10 000 Euro unterliegen, also zu 80 %. Er muss daher 80 % der Kosten tragen.

Hat der Beklagte durch sein Verhalten keine Veranlassung zur Klageerhebung gegeben und erkennt er den Anspruch sofort an, trägt ausnahmsweise der Kläger die Kosten des Verfahrens (s. § 93 ZPO). Für ein sofortiges Anerkenntnis muss der Beklagte den geltend gemachten Anspruch noch vor Stellung seines angekündigten oder nicht angekündigten sonstigen Sachantrages anerkennen[1]. Dies muss spätestens in der ersten streitigen mündlichen Verhandlung geschehen, die vor dem endgültig zuständigen Gericht stattfindet. 1008

Unterliegt eine Seite teilweise, kann sie gleichwohl verpflichtet werden, die Kosten in voller Höhe zu tragen. Dies geht aber nur, wenn entweder die Zuvielforderung verhältnismäßig gering war und keine oder nur gering- 1009

---

1 OLG Düsseldorf OLGR 1999, 410; OLG Köln MDR 2006, 226.

fügig höhere Kosten verursacht hat (§ 92 Abs. 2 Nr. 1 ZPO) oder der Betrag der Forderung von der Festsetzung durch richterliches Ermessen, von der Ermittlung durch Sachverständige oder von einer gegenseitigen Berechnung abhängig war (§ 92 Abs. 2 Nr. 2 ZPO).

1010 Eine verhältnismäßig geringe Zuvielforderung ist gegeben, wenn das Unterliegen bis zu 10 % der Klageforderung beträgt[1]. Keine Mehrkosten werden ausgelöst, wenn durch die Zuvielforderung in der Gebührentabelle des Gerichtskostengesetzes keinen Gebührensprung ausgelöst hat. Geringfügig höhere Kosten liegen vor, wenn zwar ein Gebührensprung vorliegt, aber die Mehrkosten der neuen Stufe nicht mehr als 10 % betragen.

Beispiel:
1. Der Verband klagt auf 10 000 Euro und unterliegt mit 5000 Euro. Dies macht 50 % aus, so dass kein geringfügiges Unterliegen mehr vorliegt.
2. Der Verband erhält im Beispiel 1) 9500 Euro zugesprochen. Das Unterliegen beträgt 5 % und ist geringfügig. Mehrkosten liegen keine vor, da sowohl die 10 000 Euro, als auch die 9500 Euro in der Gebührenstufe bis 10 000 Euro liegen.
3. Der Verband klagt 10 500 Euro ein und erhält 9800 Euro. Auch hier ist das Unterliegen mit 6,7 % geringfügig. Allerdings liegt die Klage in der Gebührenstufe bis 13 000 Euro, während der zugesprochene Teil in der Stufe bis 10 000 Euro liegt. Der Gebührensprung beträgt aber nur 40 Euro, was nicht einmal 10 % des ursprünglichen Gebührenwertes ausmacht. Daher sind die Mehrkosten geringfügig.

1011 Liegt die Unterliegensquote bei etwa 50 % kann das Gericht die **Kosten auch gegeneinander aufheben**. Der Unterschied zu einer hälftigem Kostenteilung liegt in Folgendem: Bei einer Quote 50 %–50 % trägt jede Seite die Koste der anderen zur Hälfte. Bei einer Aufhebung der Kosten gegeneinander trägt jede Seite ihre Kosten selbst. Nur die Gerichtskosten werden geteilt.

Beispiel:
Eigentümer A ficht 2 Tagesordnungspunkte an und verliert bei einem. Er ist nicht anwaltlich vertreten und hat daher keine Anwaltskosten. Die Gemeinschaft ist anwaltlich vertreten und hat Kosten von 1000 Euro. Bei einer Quote 50–50 % hat A Anspruch auf 50 % von 0 Euro, also 0, muss aber 50 % von 1000 Euro = 500 Euro übernehmen. Bei einer Aufhebung der Kosten gegeneinander muss A nichts zahlen, während die Gemeinschaft die 1000 Euro tragen muss.

1012 Die Festsetzung durch richterliches Ermessen oder Ermittlung durch Sachverständige kommt etwa in Betracht, wenn ein Dritter auf Schmerzensgeld gegen den Verband klagt oder ein Eigentümer auf Unterlassung klagt und ein Ordnungsgeld beantragt. In beiden Fällen kann ein unbezifferter Antrag gestellt und die genaue Höhe in das Ermessen des Gerichts stellen.

1013 **Erledigt sich der Rechtsstreit** ganz oder teilweise kann eine Entscheidung nach billigem Ermessen getroffen werden (s. § 91a ZPO). Das Gericht stellt dabei auf den voraussichtlichen Prozessausgang nach dem bisherigen Sach-

---

1 BayVGH Entscheidung v. 20.11.2000 – Vf.14-VI-00; *Zöller/Herget* ZPO, § 92 Rz. 10; AG Freiburg Anwaltsblatt 1984, 99.

und Streitstand ab. Bereits erhobene Beweise dürfen verwertet werden, aber keine neuen Beweismittel mehr in den Prozess eingeführt werden[1]. Bei einer noch nicht durchgeführten Beweisaufnahme ist in der Regel von einer Aufhebung der Kosten gegeneinander auszugehen[2].

Zu den Kosten des Rechtsstreits gehören die Gerichtsgebühren und die Kosten der beteiligten Anwälte (s. § 91 ZPO). Auch die Auslagen für Zeugen oder Sachverständige gehören zu den Kosten des Rechtsstreites. 1014

Die **Gerichtskosten** bestimmen sich nicht mehr nach der Kostenordnung, sondern nach dem **Gerichtskostengesetz**. Da die Gebühren des Gerichtskostengesetzes wesentlich höher liegen (ca. 4-mal so hoch), als die Gebühren der Kostenordnung führt dies zu einer erheblichen Verteuerung der Verfahren. So liegt bei einem Streitwert von 3000 Euro eine Gerichtsgebühr nach dem Gerichtskostengesetz bei 89 Euro, während die Gebühr nach der Kostenordnung bei 26 Euro liegt. Außerdem sind die Abstände zwischen den einzelnen Gebührenstufen bei dem Gerichtskostengesetz geringer: während bei der Kostenordnung im Bereich bis 4000 Euro die Gebührensprünge bei 1000 Euro, 2000 Euro, 3000 Euro und 4000 Euro liegen, sieht das Gerichtskostengesetz Sprünge bei 300 Euro, 600 Euro, 900 Euro, 1200 Euro, 1500 Euro, 2000 Euro, 2500 Euro, 3000 Euro, 3500 Euro und 4000 Euro vor. 1015

Eine wesentliche Änderung bei der Kostenerstattung ergibt sich damit bei den **Anwaltsgebühren**. Während nach dem früheren WEG-Verfahren grundsätzlich jede Partei ihre Anwaltskosten selbst zu tragen hatte, hat nunmehr die unterliegende Partei grundsätzlich auch die Kosten der Anwälte zu tragen. Insbesondere bei Anfechtungsklagen führt dies zu erheblichen Änderungen, während bei Wohngeldklagen schon nach der alten Rechtslage dem Unterlegenen die Kosten auferlegt wurden. 1016

Allerdings hat der Gesetzgeber vorgeschrieben, dass die Eigentümergemeinschaft **nur die Kosten eines Rechtsanwaltes erstattet** verlangen kann, es sei denn aus Gründen die mit dem Gegenstand des Rechtsstreites zusammenhängen, sei eine Vertretung durch mehrere Anwälte geboten (§ 50 WEG n. F.) 1017

Beispiel:
Die Gemeinschaft besteht aus 10 Eigentümern. Eigentümer E1 erhebt Anfechtungsklage. Die Eigentümer E2–E10 beauftragen jeder einen eigenen Anwalt. E1 unterliegt. Normalerweise müsste E1 die Kosten der Anwälte von E2–E10 übernehmen. Da es sich aber um eine Eigentümergemeinschaft handelt, muss sie sich so behandeln lassen, als hätten alle Eigentümer einen Anwalt beauftragt.

---
1 BGHZ 21, 300.
2 OLG Frankfurt/Main BB 1978, 331.

1018 Nicht geregelt ist die Frage, **welcher Anwalt** von E1 bezahlt werden muss. Deckert schlägt vor, die zu erstattenden Gebühren quotal unter den Anwälten aufzuteilen[1]. Dies ist aber abzulehnen; die Lösung ist insbesondere dann ungerecht, wenn ein Anwalt die ganz überwiegende Zahl der Eigentümer vertritt, z.B. Anwalt A1 von 100 Eigentümern 70 vertritt, Anwalt A2 aber nur 2. Bei einer quotalen Verteilung, würde A1 genauso viel bekommen, wie A2 der (nur) zwei der Eigentümer vertritt. Eine Lösung könnte die Rechtsprechung zur Erstattung der Prozesskosten bei Streitgenossen bieten, die in unterschiedlicher Höhe verklagt werden.

Beispiel:
Anwalt A hat die Mandanten M1, M2, M3 und M4 vertreten. Vereinbart war, dass jeder ¼ der Anwaltsgebühren zahlen sollte. Anwalt A stellt 5075,87 Euro in Rechnung und verlangt von jedem 1268,97 Euro. M1 und M2 zahlen jeweils 626,40 Euro, M3 zahlt 522 Euro und M4 zahlt 1061,23 Euro. A verklagt M1-M4 auf den jeweiligen Restbetrag. M1-M4 werden durch einen Anwalt vertreten. Das Gericht spricht A gegen M1 und M2 jeweils 224,90 Euro zu, und M3 muss 329,30 Euro zahlen. Gegen M4 wird die Klage abgewiesen.

1019 In dieser Situation kann der obsiegende Streitgenosse von dem unterlegenen Gegner nur in Höhe des seiner Beteiligung am Rechtsstreit entsprechenden Bruchteils Erstattung seiner **außergerichtlichen Kosten** verlangen[2]. Die Situation der Gemeinschaft ist vergleichbar mit der vorstehend beschriebenen. Durch die Fiktion des Gesetzgebers werden die Eigentümer behandelt, als hätten sie einen Anwalt gewählt. Tatsächlich sind aber mehrere Anwälte mit einem verschieden großen Anteil am Prozess (entsprechend den vertretenen Eigentümern) vorhanden. E1 müsste daher jedem Anwalt den Anteil ausgleichen, der seinem Anteil am Prozess entspricht.

1020 Die vom Gesetzgeber vorgesehene **Ausnahme von dem Grundsatz der Erstattung eines Anwaltes** könnte etwa eintreten, wenn der angefochtene Tagesordnungspunkt einen Eigentümer speziell betrifft und dieser u.U. Ansprüche gegen die Gemeinschaft haben kann, wenn der Beschluss aufgehoben wird.

Beispiel:
E1 hat an die Gemeinschaft 5000 Euro gezahlt und dafür ein Sondernutzungsrecht erhalten. Jahre später greift ein neuer Eigentümer das Sondernutzungsrecht an und behauptet es sei nicht wirksam entstanden. Falls dies zutrifft, könnte E1 eventuell die 5000 Euro zurückverlangen. In dieser Situation sind Interessenkonflikte nicht ausgeschlossen, wenn ein Anwalt sowohl E1, als auch die anderen Eigentümer vertritt. Daher dürfte in diesem Fall eine Ausnahme von der Regel gegeben sein, dass nur ein Anwalt erstattungsfähig ist.

---

1 *Deckert* Eigentumswohnung, Stand April 2007, Stichwort Rechtsanwaltsbeauftragung S. 252.
2 BGH NJW-RR 2003, 1217; NJW 2003, 1507 und NJW-RR 2006, 1508.

5.2.8.2. Streitwertbegrenzung

Um der Verteuerung der Verfahren entgegenzuwirken ist eine **Begrenzung des Streitwertes** bei Wohnungseigentumssachen in doppelter Hinsicht festgelegt worden:

Einerseits darf der Streitwert **50 % des Interesses der Parteien und aller Beigeladenen** an der Entscheidung nicht übersteigen. Andererseits darf er aber auch das Interesse des Klägers und der auf seiner Seite beigetretenen nicht um das fünffache dieses Wertes überschreiten (§ 49a GKG).

Beispiel:
Der Wohnungseigentümer E wendet sich gegen die Jahresabrechnung, wonach er 1000 Euro nachzuzahlen hat. Die Kosten aller Wohnungseigentümer belaufen sich auf 100 000 Euro. Als Maximalobergrenze ergeben sich damit 50 000 Euro (50 % von 100 000 Euro). Das Interesse des Klägers in diesem Fall beträft jedoch nur 1000 Euro, da nur insoweit von ihm Zahlung verlangt wird. Das Fünffache dieses Wertes wären 5000 Euro, so dass der Streitwert in diesem Fall auf 5000 Euro festzulegen wäre.

Der Gesetzgeber hat andererseits aber auch erkannt, dass durch diese Beschränkung des Streitwertes die Gefahr besteht, dass sich kein Anwalt bereit findet, die **Vertretung der Wohnungseigentümer** zu übernehmen. Daher hat er der Verwaltung das Recht eingeräumt, mit dem Anwalt einen **abweichenden Gegenstandswert** zu bestimmen. Dieser darf aber nur 50 % des auf alle Wohnungseigentümer entfallenen Interesses betragen (§ 27 Abs. 2 Nr. 4 WEG n.F.). Im obigen Beispiel wären dies 50 000 Euro.

Hierdurch kommt es bei Abschluss der Vereinbarung zu **unterschiedlichen Streitwerten** auf den beiden Seiten. Sind mehr als zwei Beteiligte vorhanden, können sich auch drei oder mehr unterschiedliche Streitwerte ergeben. Im Rahmen der Kostenerstattung werden die Kosten nach dem gesetzlichen Streitwert ausgeglichen.

Beispiel:
Liegt der gesetzliche Streitwert bei 10 000 Euro und vereinbart der Verwalter einen Streitwert von 20 000 Euro kann im Obsiegensfall im Rahmen der Kostenerstattung diese nur nach 10 000 Euro erfolgen.

Allerdings können und müssen die **Mehrkosten** in die Jahresabrechnung eingestellt werden (§ 16 Abs. 8 WEG n.F.), so dass der unterlegene Eigentümer im Rahmen des Verteilungsschlüssels diese mit übernehmen muss.

5.2.9. Mahnverfahren

Durch die Überleitung in das ZPO-Verfahren gelten die Regelungen über das **Mahnverfahren** nunmehr direkt (s. § 688 ff. ZPO). Sofern der Anspruch auf die Zahlung einer bestimmten Geldsumme geht, kann ein Mahnbescheid beantragt werden. Dabei erlässt das Gericht wie bisher ohne weitere Nachprüfung denselben. Gegen den Mahnbescheid kann der Antragsgegner binnen zwei Wochen ab Zustellung Widerspruch einlegen. Wird der

Teil B Verwaltung der Wohnungseigentumsanlage

Widerspruch erhoben, wird die Sache in ein normales WEG-Verfahren übergeleitet.

1026 Erfolgt kein Widerspruch, erlässt das Gericht auf Antrag einen Vollstreckungsbescheid. Gegen diesen Vollstreckungsbescheid kann der Antragsgegner innerhalb von 2 Wochen nach Zustellung Einspruch einlegen. Erfolgt der Einspruch wird auch hier die Sache in das WEG-Verfahren übergeleitet. Sofern kein Einspruch erfolgt, erlangt der Gläubiger wie bisher einen Vollstreckungstitel.

1027 Das Mahnverfahren wird auch weiterhin nicht zu einer schnelleren Erledigung führen. Auf die Ausführungen unter 5.1.9 kann verwiesen werden.

1028 Andererseits ist zu beachten, dass für Verfahren ab dem 1.7.2007, soweit das jeweilige Bundesland dies vorsieht, ein **außergerichtliches Güteverfahren durchgeführt werden muss.** (Das Ausführungsgesetz des jeweiligen Bundeslandes). Dies gilt nur dann nicht, wenn entweder der für das jeweilige Bundesland geltende Streitwert überschritten ist, bis zu dem das Güteverfahren durchzuführen ist, überschritten ist. Nach der bundesgesetzlichen Rahmenvorschrift liegt diese Grenze bei 750 Euro, je nach Ausführungsgesetz kann die Grenze unterschiedlich sein. Für Nordrhein-Westfalen gelten beispielsweise 600 Euro. Das Güteverfahren muss außerdem nicht durchgeführt werden, falls vorher ein Mahnbescheid beantragt worden ist. Falls der Streitwert nicht über die Grenze gebracht werden kann, wäre dies ein Argument, welches für die Durchführung des Mahnverfahrens spräche.

Teil C
Vermietung von Eigentumswohnungen

1. Einführung

Das **Wohnungsmietrecht**[1] ist von einem weitgehenden **sozialen Mieterschutz** geprägt. Aufgrund der deutlichen Unterschiede zuungunsten der rechtlichen Stellung des Vermieters, z.B. hinsichtlich der längeren Kündigungsfristen für Vermieter, werden verfassungsrechtliche Bedenken gegen die Neuregelung erhoben[2]. Der soziale Mieterschutz findet seinen Niederschlag unter anderem in den Regelungen über die Beschränkung des Kündigungsrechts, Höhe des Mietzinses und der Begrenzung von Mieterhöhung, einer Kündigungssperre bei Umwandlung in eine Eigentumswohnung sowie einem weit gehenden Vollstreckungsschutz gegen Räumungsurteile.

Ab dem 1.9.2001 richten sich alle neu abgeschlossenen Mietverträge nach neuem Mietrecht. Für Verträge, die **vor dem 1.9.2001** abgeschlossen worden sind, sog. Altvertrag, gilt vorbehaltlich von Übergangsregelungen weiter das alte Mietrecht. Dabei kommt es nicht auf das Inkrafttreten, also den Beginn der Mietzeit, sondern auf den Zeitpunkt des Vertragsschlusses, also regelmäßig die letzte Unterschrift unter dem Vertrag, an. Auf die jeweiligen Übergangsregelungen wird bei den entsprechenden Punkten jeweils gesondert eingegangen.

1

2

2. Arten von Mietverträgen

Im Mietrecht wird zwischen folgenden Mietvertragsarten unterschieden:
- Mietverhältnisse **über Wohnraum** und Mietverhältnisse über andere Sachen; zu den anderen Sachen gehören insbesondere die **Geschäftsräume**.
- **Befristete** und **unbefristete** Mietverhältnisse.
- **Preisfreier** und preisgebundener Wohnraum.

3

2.1. Wohnungsmietverträge

Zu den Wohnungsmietverträgen gehören alle Mietverträge **über Räume**, die zum Wohnen benutzt werden. D.h. die Räumlichkeiten werden dem Mieter überlassen, damit dieser darin lebt, schläft, isst, Freunde trifft usw.

4

---

1 Zur alten Rechtslage siehe die 7. Aufl. dieses Werkes.
2 Siehe auch Haus & Grund 2001, S. 12 ff.

2.2. Mietverträge über sonstige Sachen (insb. Gewerbe)

5 Werden die Mieträume nicht zum Wohnen überlassen liegt ein Mietverhältnis über eine sonstige Sache vor. In Betracht kommen etwa Mietverträge über Autos, Videos und – im Rahmen des Wohnungseigentums – gewerbliche Mietverträge. Ein gewerbliches Mietverhältnis liegt vor, wenn die Räume dem Mieter überlassen werden, damit dieser darin **ein Gewerbe oder eine freiberufliche Tätigkeit** ausübt.

6 Ob ein **sonstiges Mietverhältnis** vorliegt, hängt dabei nicht von der Bezeichnung in dem Mietvertrag ab, sondern von dem **wirklichen Willen der Parteien**[1]. Wird der Mietvertrag als Gewerbemietvertrag bezeichnet, die Räume aber nach dem wahren Willen der Parteien dazu benutzt, damit der Mieter dort leben kann, liegt gleichwohl ein Wohnungsmietvertrag vor.

7 Mitunter werden dem Mieter Räumlichkeiten vermietet, die **teilweise zum Wohnen** und teilweise zur Ausübung der gewerblichen Tätigkeit dienen sollen.

Beispiel:
Vermietung einer Gaststätte im Erdgeschoss und Wohnräumen im 1. Geschoss.

8 Geschieht dies in einem **einheitlichen Mietvertrag**, kommt es für die Frage der Anwendbarkeit des Wohnungsmietrechts darauf an, ob der Schwerpunkt des Vertrages auf der Wohnnutzung liegt. Dabei ist auf den Willen der Parteien abzustellen, der wiederum in den tatsächlich gelebten Verhältnissen zum Ausdruck kommt. Anhaltspunkte für den wirklichen Willen können die Größe der jeweiligen Flächen sein, aber auch die Erträge die mit dem Gewerbe erzielt werden.

2.3. Preisgebundener Wohnraum

9 Dieser liegt vor, wenn die Mieträume den Vorschriften über den **öffentlichen Wohnungsbau** unterliegen. Für den preisgebundenen Wohnraum gelten grundsätzlich die Vorschriften des Bürgerlichen Gesetzbuches, wobei allerdings in einzelnen Punkten (etwa Mieterhöhung oder Mietsicherheiten) Sondervorschriften gelten, wie etwa das II. Wohnungsbaugesetz, das Wohnungsbindungsgesetz und die Neubaumietenverordnung.

2.4. Preisfreier Wohnraum

10 Liegt kein preisgebundener Wohnraum vor, ist **automatisch** preisfreier Wohnraum gegeben. Im folgendem wird soweit nicht ausdrücklich erwähnt die Rechtslage für preisfreien Wohnraum dargestellt. Soweit für den preisgebundenen Wohnraum etwas anderes gilt, wird dies bei den entsprechenden Stellen angemerkt.

---

1 BGH NJW-RR 1986, 877.

2.5. Befristete Mietverhältnisse

Befristete Mietverhältnisse liegen vor, wenn die Dauer des Mietvertrages entweder zeitlich oder durch den Zweck begrenzt ist. 11

Beispiel:
Miete für den Zeitraum 1.7.–14.7; Miete solange Stationierung am Bundeswehrstützpunkt X erfolgt.

2.6. Unbefristete Mietverhältnisse

Ist die Dauer des Mietverhältnisses weder nach der Zeit noch den Umständen her beschränkt, liegt ein unbefristetes Mietverhältnis vor. 12

3. Form und Inhalt des Mietvertrags

3.1. Schriftform

Ein Mietvertrag über ein Grundstück, der für längere Zeit als ein Jahr geschlossen wird, bedarf der schriftlichen Form (§ 550 BGB). Wird er nur mündlich geschlossen, ist der Vertrag zwar wirksam, gilt aber als für unbestimmte Zeit geschlossen und eine Kündigung ist erst am Schluss des ersten Jahres zulässig. Diese Vorschrift gilt auch für Eigentumswohnungen. Allein schon aus **Beweiszwecken** ist ein schriftlicher Mietvertrag dringend geboten[1]. 13

Das **gesetzliche Leitbild** für Wohnraummietverhältnisse ist für den **Vermieter i.d.R. nachteilig**. Von diesen gesetzlichen Regeln kann allerdings nur in **beschränktem Umfang** abgewichen werden, z.B. durch Übertragung der Durchführung von Schönheitsreparaturen, Kleinreparaturen an der Wohnung, der Straßenreinigung und des Winterräumdienstes dem Mieter auferlegt wird.

3.2. Formularmietverträge, AGB

Zur detaillierten Regelung dieser und weiterer Punkte ist die Verwendung von Formularmietverträgen üblich geworden, die allerdings der **Inhaltskontrolle** nach den **Regeln über die Allgemeinen Geschäftsbedingungen** (§§ 305 ff. BGB, früher AGBG) unterliegen. Danach sind Klauseln unwirksam, wenn sie mit einem **wesentlichen Grundgedanken** der gesetzlichen Regelung, von der abgewichen wird, nicht vereinbar sind oder **wesentliche Rechte und Pflichten**, die sich aus der Natur des Vertrages ergeben, so eingeschränkt werden, dass die Erreichung des Vertragszwecks gefährdet ist (§ 307 14

---

1 Wegen eines Textmusters für einen Wohnungsmietvertrag siehe Rz. Teil E Rz. 24.

BGB). Daneben sind in einem umfangreichen Katalog weitere **spezielle Klauselverbote** enthalten (§§ 308 und 309 BGB). Ist eine Klausel unwirksam, tritt die gesetzlich vorgesehene Regelung ein. Regeln über Allgemeine Geschäftsbedingungen sind dann **nicht anwendbar**, wenn die Parteien die einzelnen Bestimmungen des Vertrages **ausgehandelt** haben (§ 305b BGB). Das ist der Fall, wenn der Vermieter als Verwender des Formularvertrages die einzelnen Klauseln ernsthaft zur Disposition stellt und dem Mieter Gestaltungsfreiheit zur Wahrung eigener Interessen einräumt. Der Mieter muss die reale Möglichkeit haben, den Vertragsinhalt zu beeinflussen[1]. Die Beweislast für das Aushandeln trägt der Verwender, also i.d.R. der Vermieter[2].

3.3. Laufzeit

3.3.1. Wohnraumverträge

15 Wohnungsmietverträge können sowohl **befristet** als auch **unbefristet** geschlossen werden. Unbefristete Mietverträge können außerordentlich oder ordentlich gekündigt werden. Die außerordentliche Kündigung ist ohne Einhaltung einer Kündigungsfrist möglich, setzt aber einen wichtigen Grund voraus. Dieser ist nur dann gegeben, wenn es dem Kündigenden unter Einbeziehung aller Umstände nicht zumutbar ist, die Kündigungsfrist abzuwarten (s. § 543 I BGB). Dies ist insbesondere der Fall, wenn der Mieter mit mehr als zwei Monatsmieten im Verzug ist (s. § 543 II Nr. 3b BGB).

16 Die ordentliche Kündigung ist unter Einhaltung einer Kündigungsfrist möglich, wenn ein **berechtigtes Interesse** vorliegt (s. §§ 543, 573 ff. BGB). Dieses liegt nur bei einer schuldhaften Pflichtverletzung durch den Mieter, Eigenbedarf für den Vermieter oder eines Angehörigen oder der Hinderung des Vermieters an einer angemessenen Nutzung der Miträume gehindert ist und schwere Nachteile entstehen (s. § 573 II BGB).

17 Ein befristeter Mietvertrag, sog. **Zeitmietvertrag**, ist bei Wohnräumen seit 1.9.2001 nur noch zulässig, wenn ein Grund für die Befristung vorliegt (§ 575 BGB). Liegt ein wirksamer Zeitmietvertrag vor, kann dieser nur außerordentlich gekündigt werden.

18 Ein solcher **Befristungsgrund** liegt vor, wenn der Vermieter nach Ablauf der Mietzeit

– die Räume als Wohnung für sich, Familienangehörige oder Angehörige seines Hausstandes nutzen will

– die Räume in zulässiger Weise beseitigen, verändern oder instandsetzen will und dies durch die Fortsetzung des Mietverhältnisses wesentlich erschwert würde oder

– die Räume an einen zur Dienstleistung Verpflichteten vermieten will.

---

1 BGH NJW 2000, 1110; BGHZ 104, 236.
2 Wegen weiterer Einzelheiten siehe das **Mietvertragsmuster** Teil E Rz. 24.

Liegt einer dieser Gründe vor, kann ein sog. qualifizierter Zeitmietvertrag geschlossen werden. Der Grund der Befristung muss dem Mieter **bei Vertragsschluss**, nicht notwendigerweise im Mietvertrag, schriftlich mitgeteilt werden. Es muss dabei ein **konkreter Lebenssachverhalt** genannt werden. Die bloße Wiederholung des Gesetzeswortlauts genügt nicht. Liegt der **Grund** tatsächlich nicht vor oder wurde er **nicht schriftlich** mitgeteilt, gilt das Mietverhältnis als auf **unbestimmte Zeit** geschlossen (§ 575 Abs. 1 Satz 2 BGB).

19

Einen sog. einfachen Zeitmietvertrag, d.h. ohne Befristungsgrund, zu schließen ist seit dem 1.9.2001 nicht mehr möglich. Demgegenüber bleiben **einfache Zeitmietverträge** (§ 564c Abs. 1 BGB a.F.), die vor dem 1.9.2001 geschlossen worden sind, bestehen. Für diese gilt weiterhin die alte Rechtslage (Art. 229 § 3 Abs. 3 EGBGB), die nicht verlangte, dass ein Grund für die Befristung vorliegen muss[1].

20

Frühestens 4 Monate vor Ablauf der Befristung kann der Mieter vom Vermieter die Mitteilung verlangen, ob der **Befristungsgrund fortbesteht** (§ 575 Abs. 2 BGB). Tritt der mitgeteilte Grund erst später ein, kann der Mieter bis zu diesem Zeitpunkt die Fortsetzung des Mietverhältnisses verlangen. Entfällt der Grund ganz, kann die Fortsetzung auf unbestimmte Zeit verlangt werden. Daneben kann der Mieter das Mietverhältnisses zum Ablauf der Befristung natürlich auch auslaufen lassen (§ 542 Abs. 2 BGB).

21

Diese Einschränkungen gelten nicht für Mietverhältnisse über Wohnraum, der nur zum **vorübergehenden Gebrauch** vermietet ist (§ 549 Abs. 1 Nr. 1 BGB). Eine Vermietung zum vorübergehenden Gebrauch liegt vor, wenn das Mietverhältnis nach dem Willen beider Parteien nur für einen relativ kurzen Zeitraum andauern soll[2]. Dies wird etwa bei der Ferienwohnung der Fall sein, oder der Wohnung eines Studenten während eines einmonatigen Praktikums.

22

Auch bei Wohnraum, der dem sog. **Möblierten Wohnen** dient, d.h. Teil der vom Vermieter selbst bewohnten Wohnung ist und den der Vermieter überwiegend mit Einrichtungsgegenständen auszustatten hat, kann ohne Vorliegen eines Grundes ein befristeter Mietvertrag geschlossen werden. Der Wohnraum darf dem Mieter aber nicht zum dauernden Gebrauch mit seiner Familie oder mit Personen überlassen sein, mit denen er einen auf Dauer angelegten Hausstand führt (§ 549 Abs. 2 Nr. 2 BGB). Ein dauernder Gebrauch liegt immer dann vor, wenn das Mietverhältnis länger als nur einen relativ kurzen Zeitraum dauern soll, d.h. wenn sich aus den Umständen ablesen lässt, dass der Mieter nicht nur für einen beschränkten Zeitraum an dem Ort bleiben will.

23

---

1 BGH ZMR 2007, 20.
2 BGH WuM 1964, 137.

24 Schließlich kann auch bei Wohnraum, der von **juristischen Personen des öffentlichen Rechts** oder anerkannten privaten Trägern der Wohlfahrtspflege an Personen mit dringendem Wohnbedarf vermietet wird, ein befristeter Mietvertrag geschlossen werden, sofern bei Vertragsschluss ausdrücklich darauf hingewiesen wird.

3.3.2. Gewerberaum

25 Mietverträge über **Gewerberaum** können sowohl auf unbestimmte, als auch auf bestimmte Zeit vermietet werden. Bei unbefristeten Mietverträgen ist sowohl die außerordentliche Kündigung, als auch die Kündigung zum spätestens dritten Werktag eines Monats zum Ablauf eines Kalendervierteljahres möglich (s. § 580a BGB). Bei befristeten Mietverhältnissen ist nur die außerordentliche Kündigung möglich.

3.4. Vermieter

26 Vermieter kann jeder sein, welcher die Rechtsmacht besitzt, die Mietsache auf Grund dinglicher oder vertraglicher Rechte einem anderen überlassen zu dürfen. Dies sind zum einen Eigentümer, aber auch Erbbauberechtigte, Nießbraucher, dinglich Wohnberechtigte, Betreuer, Hausverwalter, Insolvenzverwalter, Nachlass- und Abwesenheitspfleger, Nachlassverwalter und Testamentsvollstrecker kommen als Vermieter in Betracht.

27 Seit 2001 kommt **auch die BGB-Gesellschaft** als eigenständiger Vermieter in Betracht. Die sog. „Außen-GbR" kann als Träger von Rechten und Pflichten im Rechtsverkehr auftreten[1]. Voraussetzung dafür ist, dass die GbR nach außen in Erscheinung tritt und als Rechtsträgerin Rechte und Pflichten begründen will. Sollen hingegen im Außenverhältnis alle Gesellschafter nur in eigenem Namen auftreten oder von vornherein nur einer der Gesellschafter auftreten, handelt es sich entweder um eine „Innen-GbR" bzw. um eine stille Gesellschaft, so dass keine Rechtsfähigkeit vorliegt.

28 Auch wenn eine **Außen-GbR** vorliegt, haften die einzelnen Gesellschafter weiterhin persönlich in voller Höhe für die Erfüllung der mietvertraglichen Verpflichtungen[2]. Auch durch Gründung einer sog. „GbR mbH" kann die Haftung nicht auf das Gesellschaftsvermögen beschränkt werden[3]. Hierzu muss vielmehr die Beschränkung in einen individuell ausgehandelten Vertrag mit aufgenommen werden.

---

1 BGH NJW 2001, 1056.
2 BGH MDR 2003, 639.
3 BGH NZM 2005, 218 und WuM 1999, 703.

3.5. Mieter

Als Mieter kommt in Betracht, **wer Träger von Rechten und Pflichten** sein kann. Dies kann jede natürliche oder juristische Person sein, z.B. Eheleute, eingetragene Lebenspartnerschaften, nicht-eheliche Lebensgemeinschaften, Wohngemeinschaften, Inhaberfirmen, BGB-Gesellschaften, juristische Personen, Betreuer und Insolvenzverwalter sein.

29

Sowohl **bei Eheleuten, als auch bei nichtehelichen Lebensgemeinschaften**, als auch bei **eingetragenen Partnerschaften** kann der Mietvertrag entweder mit beiden Beteiligten geschlossen werden oder nur mit einem von beiden.

30

3.6. Mietzins

Der Mietzins besteht einerseits aus der sog. Kaltmiete, d.h. dem Entgelt für die Überlassung des Mietobjekts. Demgegenüber umfasst die Warmmiete die Kaltmiete zuzüglich aller sonst anfallenden Nebenkosten.

31

3.6.1. Kaltmiete

Beim Abschluss des Mietvertrages ist der Vermieter hinsichtlich der **Höhe** der Kaltmiete weitgehend frei. Die Miete ist zu Beginn, spätestens bis zum dritten Werktag des einzelnen Bemessungsabschnitts (zumeist der jeweilige Monat) zu entrichten (§ 556b Abs. 1 BGB). Fällt das Ende dieser Frist auf einen Samstag, verlängert sich die Frist auf den nächsten Werktag[1]. Kommt der Mieter in Verzug, kommt das Vermieterpfandrecht (s. § 562 ff. BGB) zum Tragen, welches auch im Falle der Insolvenz des Mieters ein anfechtungsfreies Absonderungsrecht ergibt, wenn die Gegenstände des Mieters vor Beginn des Insolvenzverfahrens eingebracht worden sind[2].

32

3.6.2. Sonderformen

Sonderformen der Miete sind die **Staffel-** (§ 557a BGB) und **Indexmiete** (§ 557b BGB). Der Vorteil besteht hier darin, dass künftige Mietanpassungen an festgelegten Kriterien messbar sind, was zur Streitvermeidung beitragen mag.

33

Bei der **Staffelmiete** muss die Miete zwischen den einzelnen Staffeln jeweils für 1 Jahr unverändert bleiben (§ 557a Abs. 2 BGB). Die jeweilige erhöhte Miete oder die jeweilige Erhöhung ist als Geldbetrag (nicht als %-Wert) auszuweisen (§ 557a Abs. 1 Satz 2 BGB). Haben die Parteien einen Verzicht auf das Recht zur ordentlichen Kündigung vereinbart, kann dieses Recht des Mieters höchstens für den Ablauf von 4 Jahren ausgeschlossen werden (§ 557a Abs. 3 BGB).

34

---

1 BGH WuM 2007, 120.
2 BGH NZM 2007, 212.

35 Ist eine **Indexmiete** vereinbart, ist eine Mietanpassung grds. nur einmal jährlich möglich (§ 557b Abs. 2 BGB). Abweichend davon kann eine Mieterhöhung wegen Modernisierung (§ 559 BGB) verlangt werden, wenn der Vermieter bauliche Maßnahmen aufgrund von Umständen durchgeführt hat, die er nicht zu vertreten hat (§ 557b Abs. 2 BGB). Zur Geltendmachung der Mieterhöhung siehe unten Punkt 6.4.

36 Während der Laufzeit der **Staffelmiete** und bei der **Indexmiete** ist eine Mieterhöhung bis zur **ortsüblichen Vergleichsmiete** (§ 558 BGB) zwingend ausgeschlossen. Nach Ablauf der Staffelung gilt die letzte Miete als vereinbart und kann nach allgemeinen Regeln erhöht werden.

37 Die Vereinbarung einer **Index- oder Staffelmiete** muss schriftlich erfolgen (§§ 557a Abs. 1, 557b Abs. 1 BGB). Gleiches gilt für die erst nachträglich erfolge Vereinbarung (§ 557 Abs. 2 BGB)[1].

3.6.2.1. Grenzen

38 Die **Mietanpassung** kann über die **ortsübliche Vergleichsmiete** hinausgehen. Die einzelnen Staffelmieten dürfen aber die gesetzlichen Verbote nicht verletzen. In Betracht kommt insbesondere ein Verstoß gegen die Grenzen der Mietpreisüberhöhung (vgl. § 5 WiStG) und des Mietwuchers (vgl. § 291 StGB).

39 Die **Grenze** der bei Abschluss eines Mietvertrages (§ 535 Abs. 2 BGB) oder nachträglich zwischen Vermieter und Mieter vereinbarten (§ 557 Abs. 1 BGB) Miethöhe bildet die **Mietpreisüberhöhung**. Eine solche liegt vor, wenn die vereinbarte Netto-(Kalt-)Miete unangemessen hoch ist, also die **ortsübliche Vergleichsmiete** um **mehr als 20 %** übersteigt (§ 5 Abs. 2 WiStG) und dies unter Ausnutzung eines geringen Angebotes an Wohnraum durch den Vermieter erfolgt[2]. Der Mieter muss darlegen, welche Anstrengungen er unternommen hat, eine Wohnung zu finden und woran diese gescheitert sind.

40 Nicht unangemessen sind Mieten, wenn sie zur Deckung der laufenden Aufwendungen des Vermieters erforderlich sind und unter Zugrundelegung der **ortsüblichen Vergleichsmiete** nicht in einem **auffälligen Missverhältnis** zur Leistung des Vermieters stehen.

41 Die Mietpreisüberhöhung ist eine **Ordnungswidrigkeit**, die mit einem Bußgeld bis zu 50 000 Euro geahndet werden kann (§ 5 Abs. 3 WiStG). Wird die ortsübliche Vergleichsmiete um **mehr als 50 %** überschritten, kann sogar die Straftat des **Mietwuchers** vorliegen, der mit Geldstrafe oder Freiheitsstrafe bis zu 3 Jahren bedroht ist (§ 291 StGB). Der Mieter kann bei Vorlie-

---

1 Wegen eines Textmusters für eine Staffelmietklausel siehe Teil E Rz. 25.
2 BGH NJW 2004, 1740.

gen einer **Mietpreisüberhöhung** die **Miete**, welche die ortsübliche Vergleichsmiete um 20 % übersteigt vom Vermieter **zurückfordern**[1].

3.6.3. Betriebskosten

3.6.3.1. Vereinbarung von Betriebskosten

3.6.3.1.1. Allgemeines

Betriebskosten sind die Kosten, welche dem Eigentümer oder Erbbauberechtigten durch das Eigentum oder das Erbbaurecht am Grundstück durch den bestimmungsgemäßen Gebrauch des Gebäudes, Nebengebäudes, der Anlagen, Einrichtungen des Grundstücks laufend entstehen (vgl. § 556 Abs. 1 BGB). Bezüglich der Aufstellung der Nebenkosten ist auf die Betriebskostenverordnung abzustellen. 42

Grundsätzlich sind die Betriebskosten vom Vermieter zu tragen. Um die **Betriebskosten** auf den Mieter zu übertragen bedarf es einer **ausdrücklichen Vereinbarung im Mietvertrag** (§ 556 Abs. 1 BGB). Dabei ist es nicht zwingend notwendig, die einzelnen Betriebskosten aufzuführen. Es reicht aus, wenn die Betriebskosten nach § 2 der Betriebskostenverordnung vereinbart werden. 43

Die Mietparteien können vereinbaren, dass die Betriebskosten erst nach der Abrechnung in einer Summe bezahlt werden. Für den Vermieter ergibt sich dann aber das Risiko, dass er mit den Zahlungen für Öl, Heizung, Wasser usw. in Vorleistung treten muss und das Risiko trägt, dass der Mieter zwischenzeitlich zahlungsunfähig wird. Der Mieter läuft umgekehrt Gefahr mit den nicht unbedeutenden Kosten auf einen Schlag konfrontiert zu werden, und diese auf Einmal zahlen zu müssen. Für beide Seite bietet es sich daher an, entweder eine monatliche **Pauschale** oder eine **Vorauszahlung** zu vereinbaren (§ 556 Abs. 2 BGB). 44

Haben Vermieter und Mieter nichts anderes vereinbart, sind die Betriebskosten nach der Wohnfläche umzulegen (§ 556a Abs. 1 Satz 1 BGB). Kosten, die von einem **erfassten Verbrauch** oder einer **erfassten Verursachung** durch den Mieter abhängen (z.B. Wasser, Müll) sind ausschließlich nach diesem abzurechnen (§ 556a Abs. 1 Satz 2 BGB). 45

Ist bei einer **verbrauchsabhängigen Kostenposition** nicht der vorgeschriebene verbrauchsabhängige Verteilungsschlüssel angesetzt, kann der Vermieter spätestens zu Beginn eines neuen Abrechnungszeitraumes die verbrauchsabhängige Abrechnung durch Erklärung in Textform ganz oder teilweise einführen (§ 556a Abs. 2 BGB). Waren die betreffenden Kosten bisher in der Miete enthalten, muss die Miete entsprechend herabgesetzt werden (§ 556a Abs. 2 BGB). 46

---

1 BGH WuM 1984, 68.

47 Heizkosten müssen zwingend nach der **Heizkostenverordnung**, d.h. insbesondere nach Verbrauch abgerechnet und umgelegt werden (s. § 2 HeizkV). Die Vereinbarung einer Pauschale für die Heizkosten und Warmwasser ist unzulässig. Nur bei Gebäuden mit höchstens 2 Wohnungen, von denen eine der Vermieter bewohnen muss, kann ein anderer Verteilungsmaßstab, insbesondere eine Pauschale vereinbart werden.

48 Gilt die **Heizkostenverordnung** und haben die Parteien etwas anderes vereinbart, führt dies aber nicht dazu, dass der vereinbarte Umlageschlüssel unwirksam wäre[1]. Für die Vergangenheit kann sich weder der Mieter, noch der Vermieter darauf berufen, dass die Heizkostenverordnung gilt und nach dieser abzurechnen gewesen wäre. Vielmehr kann nur eine Abänderung für die Zukunft verlangt werden.

Beispiel:
Der Mieter hat 2006 eine Pauschale von 1000 Euro gezahlt. Nach der Heizkostenverordnung ergeben sich Kosten von 1200 Euro. Der Vermieter kann die Differenz von 200 Euro nicht mehr fordern[2]. Er kann nur für 2007 eine Anpassung fordern[3].

49 Bei bestehenden Bruttomietverträgen ist eine **Abwälzung** der **Betriebskosten** künftig nur möglich, wenn im Mietvertrag ein Erhöhungsvorbehalt vorgesehen ist. Diese Verträge werden dann so behandelt, als sei eine Betriebskostenpauschale vereinbart worden (Art. 229 § 3 Abs. 3 EGBGB).

3.6.3.1.2. Pauschale

50 Wird von den Mietvertragsparteien vereinbart, dass unabhängig vom Verbrauch und den tatsächlichen Kosten monatlich ein bestimmter Betrag, zu zahlen ist, handelt es sich um eine **Pauschale**. Die Pauschale besteht aus den überschlägig berechneten Betriebskosten und einem Sicherheitszuschlag.

51 Bei der **Bemessung** muss der Vermieter die Grenze des **Wirtschaftsstrafgesetzes** (WiStG) beachten. Durch die Rechtsprechung wird die Pauschale in den Sicherheitszuschlag und den Betriebskostenanteil aufgeteilt. Der Sicherheitszuschlag wird nicht als Zahlung auf die Betriebskosten angesehen, sondern als verdeckter Nettomietanteil behandelt. Für die Frage, ob im Sinne von § 5 WiStG ein unangemessen hohes Entgelt vorliegt, werden Nettomiete und sonstige Nebenleistungen, also auch der Sicherheitszuschlag zusammengerechnet[4]. Die Grenze hierfür liegt bei 120–150 % der ortsüblichen Vergleichsmiete[5]. Verletzt der Vermieter diese Grenze nicht, kann der Mieter keine Anpassung verlangen.

---

1 *Schmidt-Futterer/Lammel* § 2 HeizkV Rz. 3.
2 *Schmidt-Futterer/Lammel* § 2 HeizkV Rz. 4.
3 Wegen der weiteren Folgen siehe auch Teil B Rz. 160.
4 OLG Stuttgart NJW 1982, 1160.
5 OLG Hamburg RE v. 5.8.1992, 527; OLG Stuttgart WuM 1988, 395; BGHZ 135, 269.

Stellt sich im Laufe des Mietverhältnisses heraus, dass die Pauschale zu 52
hoch ist, kann eine **Anpassung nach oben nur erfolgen**, wenn im Mietvertrag eine entsprechende Ermächtigung ausdrücklich enthalten ist (vgl.
§ 560 Abs. 1 BGB). Eine Steigerung ist nicht schon dann anzunehmen,
wenn eine Kostenposition gestiegen ist, sondern erst dann, wenn die Summe der Kosten der Abrechnungseinheit gestiegen sind[1].

Beispiel:
Steigen die Heizkosten um 100 Euro und sinken die Müllgebühren ebenfalls um
100 Euro kann der Vermieter die Steigerung der Heizkosten nicht weitergeben.

Liegt eine **Steigerung** vor, kann der Vermieter die Differenz zwischen der 53
in der Pauschale enthaltenen Kosten und den derzeitigen Kosten umlegen.
Um die Umlage vorzunehmen, muss der Vermieter eine Erklärung gegenüber dem Mieter abgeben. Dabei muss er die Erklärung in Textform abgeben, d.h., es muss eine Urkunde oder eine anderweitig zur dauernden
Wiedergabe von Schriftzeichen geeignete Erklärungsform gewählt werden.
Weiter muss die Person des Erklärenden genannt und die Erklärung
namentlich unterschrieben sein (s. § 126b BGB). Die Erklärung muss die
Umlage erklären. Nicht ausreichend ist es, nur den Erhöhungsbetrag anzugeben[2]. Vielmehr muss eine Gegenüberstellung von alter und neuer Betriebskostenbelastung erfolgen[3].

Liegt eine ordnungsgemäße Erklärung vor, ist die Erhöhung im Regelfall 54
nur für die Zukunft zu zahlen. Die **neue Pauschale** gilt mit Beginn des auf
die Erklärung folgenden übernächsten Monats.

Beispiel:
Geht die Erklärung am 1.3. zu, ist die neue Pauschale ab dem 1.5. zu zahlen.

Haben sich die Betriebskosten **rückwirkend erhöht**, etwa weil die Gemein- 55
de die Grundsteuern rückwirkend erhöht hat, kann der Vermieter auch für
die Vergangenheit eine Erhöhung vornehmen (§ 560 Abs. 2 Satz 2 BGB). Allerdings reicht die Erhöhung nur auf den Beginn des der Erklärung vorausgehenden Kalenderjahres zurück und auch nur dann, wenn er innerhalb
von drei Monaten ab Kenntnis die Erklärung abgibt. Kenntnis ist dabei positive Kenntnis. Legt der Vermieter Rechtsmittel ein, weil er die Erhöhung
für unwirksam hält, tritt Kenntnis erst mit Rechtskraft des Bescheids ein.

Beispiel:
Die Grundsteuern werden rückwirkend zum 1.1.2006 erhöht. Der Vermieter legt
Widerspruch ein und erreicht Aussetzung der Vollziehung. Nach ablehnendem Widerspruchsbescheid und Klageabweisung wird am 1.11.2007 die Berufung nicht zugelassen und der Bescheid damit rechtskräftig. Der Vermieter erlangt erst zum
1.11.2007 Kenntnis. Um noch für 2006 die Erhöhung geltend machen zu können,
muss noch in 2007 die wirksame Erklärung zugehen. Geht die Erklärung wirksam

---

1 *Schmidt-Futterer/Langenberg* § 560 Rz. 19.
2 *Schmidt-Futterer/Langenberg* § 560 Rz. 26.
3 BayObLG WuM 1982, 105.

erst 2008 zu, wirkt die Erklärung nur auf den 1.1.2007 zurück. Damit die Rückwirkung greift, muss die Erklärung wirksam bis spätestens 31.1.2008 zugehen.

56 Ist das **Mietverhältnis beendet**, kann keine Erhöhung mehr verlangt werden[1] und zwar auch nicht für den Zeitraum, der noch auf das Mietverhältnis entfällt. Die Erhöhung setzt ein bestehendes Mietverhältnis voraus.

Beispiel:
Das Mietverhältnis endet am 31.3. Der Vermieter erhält am 1.4. die Kenntnis davon, dass sich die Grundsteuer zum 1.1. rückwirkend erhöht hat. Eine nachträgliche Erhöhung für den Zeitraum 1.1–31.3. ist nicht möglich.

57 Eine **Herabsetzung der Pauschale** kann der Mieter nur verlangen, wenn der Teil der Pauschale betroffen ist, der auf die Betriebskosten entfällt. Dabei ist wie bei der Erhöhung der Pauschale ist auf die Betriebskosten insgesamt abzustellen[2].

Beispiel:
Der Vermieter hat pauschal Betriebskosten von 125 Euro monatlich kalkuliert und einen Sicherheitszuschlag von 25 Euro monatlich angesetzt, so dass 150 Euro insgesamt anfallen. Nur wenn die 125 Euro betroffen sind, kann der Mieter eine Herabsetzung verlangen. Sind die 125 Euro betroffen und haben sich die Heizkosten um 10 Euro gesenkt, aber umgekehrt die Müllgebühren um 10 Euro erhöht, kann keine Ermäßigung verlangt werden.

58 Liegt eine **Ermäßigung der Kosten** vor, ist der Vermieter verpflichtet, unverzüglich dem Mieter eine entsprechende Mitteilung zu übersenden. Erst ab Zugang dieser Erklärung ist der Mieter berechtigt, die verminderte Pauschale zu zahlen. Solange der Vermieter keine entsprechende Erklärung übersendet, muss der Mieter die alte Pauschale zahlen. Allerdings kommen bei einer verspäteten Mitteilung Schadensersatzansprüche in Betracht.

59 Gibt der Vermieter die Erklärung nicht ab, kann der Mieter ihn darauf verklagen. Außerdem steht dem Mieter ein **Auskunftsrecht** zu, welches ebenfalls klageweise geltend gemacht werden kann. Stellt der Mieter nach entsprechender Auskunft fest, dass die Herabsetzung der Pauschale noch höher ausfallen müsste, kann er eine Korrektur der Erklärung verlangen.

3.6.3.1.3. Vorauszahlung

60 Eine **Vorauszahlung** liegt vor, wenn ein Abschlag auf die noch abzurechnenden Betriebskosten geleistet wird. Über die Vorauszahlung ist eine jährliche Abrechnung zu fertigen, die dem Mieter spätestens bis zum **Ablauf des 12. Monats** nach dem Ende des Abrechnungszeitraumes mitzuteilen ist. Nach Ablauf dieser Frist kann der Vermieter keine Betriebskostennachforderung mehr geltend machen, es sei denn, er hat die verspätete Geltendmachung nicht zu vertreten (§ 556 Abs. 3 BGB).

---

1 LG Frankfurt/Main NZM 2002, 336.
2 *Schmidt-Futterer/Langenberg* § 560 Rz. 40.

Die **Vorauszahlung** darf nur in angemessener Höhe vereinbart werden (§ 556 Abs. 2 BGB). Angemessen ist die Höhe dann, wenn sei nicht unangemessen überhöht ist[1]. Dies ist dann der Fall, wenn die Vorauszahlung nicht dazu führt, dass dem Vermieter mehr gezahlt wird, als voraussichtlich an Kosten anfällt. Der Vermieter soll durch die Vorauszahlung kein zinsloses Darlehen erhalten. Aufgrund der nicht vorhersehbaren Kostenentwicklung kann der Vermieter noch einen gewissen Sicherheitszuschlag einberechnen. Dabei ist ein Zuschlag von 10 % unproblematisch[2] möglich, 15 % sollen ebenfalls noch angemessen sein[3] und das Landgericht Hamburg hat 20 % als Grenze angesehen[4].

61

Beispiel:
Sind bei dem Vormieter im letzten Abrechnungszeitraum Gesamtkosten von 1200 Euro angefallen, wären Vorauszahlungen von 250 Euro monatlich unangemessen hoch. Der Vermieter erhielte im Jahr 3000 Euro und damit 1800 Euro zuviel. Der Vermieter muss die Vorauszahlungen aber nicht auf 100 Euro beschränken, sondern kann auch 115 Euro verlangen.

Kommt es im Laufe des Mietverhältnisses zu **Änderungen bei den Betriebskosten**, so dass die Vorauszahlung entweder zu hoch oder zu niedrig wird, kann die Vorauszahlung problemlos angepasst werden. Sowohl Mieter, als auch Vermieter können eine Anpassung auf eine (neue) angemessene Höhe verlangen. Dies kann aber nur nach einer Abrechnung der Betriebskosten erfolgen. Auch bei der Neuanpassung kann der Vermieter einen Sicherheitszuschlag verlangen. Die Anpassungen können nur für die Zukunft, nicht aber für die Vergangenheit erfolgen.

62

Beispiel:
Der Mieter hat eine Vorauszahlung von 150 Euro zu leisten. Die Abrechnung ergibt Kosten von 1200 Euro. Bei einer Umlage auf 12 Monate würde sich eine neue Vorauszahlung von 100 Euro ergeben. Ist aber – beispielsweise aufgrund steigender Ölpreise – damit zu rechnen, dass die Kosten im nächsten Jahr höher liegen als 1200 Euro kann der Vermieter die Vorauszahlung auf z.B. 120 Euro festlegen.

3.6.3.1.4. Zu niedrige Angabe der Vorauszahlung bei Mietbeginn

Neben der Kaltmiete ist die **Höhe der Betriebskosten** für viele Mieter ein ausschlaggebendes Preismerkmal. Der Anstieg der sog. **2. Miete** in den letzten Jahren hat viele Mieter in arge Bedrängnis gebracht. Daher wird ein Augenmerk darauf gelegt, welche Nebenkosten zu zahlen sind. Mancher Vermieter mag in Versuchung kommen und versuchen, die Wettbewerbsfähigkeit seiner Wohnung dadurch zu verbessern, dass er die Höhe der Vorauszahlungen niedriger angibt, als es angemessen wäre.

63

---
1 BGH NJW 2004, 11002.
2 LG Berlin MM 2003, 340; *Schmidt-Futterer/Langenberg* § 556 Rz. 390.
3 LG Berlin MM 2003, 340.
4 LG Hamburg WuM 2002, 117.

Beispiel:
Nach der letzten Abrechnung des Vormieters wären Vorauszahlungen von 120 Euro monatlich zu zahlen. Der Vermieter weiß, dass der potenzielle Mieter eine vergleichbare Wohnung mit einer Vorauszahlung von 100 Euro im Auge hat und gibt die Vorauszahlung für seine Wohnung mit 80 Euro an.

64 Für solche Fallkonstellationen hat der BGH festgehalten, dass auch bei einer deutlichen Überschreitung **keine Schadensersatzpflicht** bestehe. Nur bei Hinzutreten besonderer Umstände sei es gerechtfertigt, eine Pflichtverletzung anzunehmen. Besondere Umstände nimmt der BGH an, wenn der Vermieter dem Mieter bei Vertragsschluss die Angemessenheit der Nebenkosten ausdrücklich zugesichert oder diese bewusst zu niedrig bemessen hat, um den Mieter über den Umfang der tatsächlichen Mietbelastung zu täuschen und ihn auf diese Weise zur Begründung eines Mietverhältnisses zu veranlassen[1].

65 Dieser Rechtsprechung des BGH ist zuzustimmen. Die Preissteigerungen z.B. beim Heizöl haben gezeigt, dass die Kostenentwicklung deutlich anders ausfallen kann, als gedacht. Der Mieter kann daher nicht darauf vertrauen, dass die Vorauszahlungen in etwa kostendeckend sein werden. Nur dann, wenn besondere Umstände hinzutreten, wird die Kostensteigerung dem Vermieter anzulasten sein. Der BGH hat aber klargestellt, dass in Fällen wie dem obigen Beispielsfall ein solcher Ausnahmefall gegeben sei, da bei diesem eine bewusste Täuschung über den Mietumfang vorliegt.

Praxistipp: Der BGH hat klargestellt, dass der Vermieter auf Fragen nach den Betriebskosten wahrheitsgemäß antworten muss. Der Mieter sollte daher nach der Abrechnung des letzten Jahres fragen. Gibt der Vermieter dann eine falsche Antwort, liegt die vom BGH geforderte bewusste Täuschung über den Mietumfang vor.

66 Umstritten ist, **welche Rechtsfolge die Pflichtverletzung** auslöst. Nach einer Auffassung soll der Mieter nur das Recht auf Auflösung des Vertrages, sowie auf Ersatz **nutzloser Aufwendungen** haben[2]. Nach anderer Auffassung soll ein genereller Ausschluss der Nachforderung gegeben sein[3]. Schließlich wird vertreten, bei der ersten Abrechnung solle der Vermieter nur die Vorauszahlungen zzgl. eines Zuschlags von 10 % verlangen können, bei der zweiten Abrechnung sollte eine Differenzberechnung mit den Kosten der ersten Abrechnung als Sockel stattfinden[4].

67 Zuzustimmen ist der ersten Auffassung. Begeht der Vermieter die Pflichtverletzung und nennt eine zu niedrige Vorauszahlung, ist der Mieter so zu stellen, als hätte der Vermieter die Pflichtverletzung nicht begangen. In diesem Fall ist zu fingieren, dass der Vermieter die korrekte Vorauszahlung

---

1 BGH NJW 2004, 1102; NJW 2004, 2674.
2 *Geldmacher* DWW 1997, 9; LG Frankfurt WuM 1979, 24.
3 AG Hannover WuM 2003, 327.
4 *Schmidt-Futterer/Langenberg* § 556 Rz. 391.

genannt hätte, im obigen Beispielsfall also statt der 80 Euro die 120 Euro. Dann hätte der Mieter die Wahl gehabt, den Mietvertrag entweder auch zu den 120 Euro abzuschließen oder dieses ablehnen können. Einen Anspruch darauf, dass der Vermieter den Vertrag mit einer Pauschale von 80 Euro abschließt, hätte er nicht gehabt. Hätte der Mieter auch die 120 Euro akzeptiert, ist kein Grund ersichtlich, die Nachzahlung zu verweigern. Dann dürfte es aber auch an den vom BGH geforderten besonderen Umständen fehlen. Hätte der Mieter die 120 Euro nicht akzeptiert, hätte er die Wohnung nicht genommen. Dann kann er aber nur Auflösung des Vertrages und den Ersatz der Kosten verlangen, die ihm dann nicht entstanden wären. Da der Mieter in einer anderen Wohnung Betriebskosten verursacht hätte, muss er sich diese anrechnen lassen, so dass auch keine Freistellung von der Nebenkostenabrechnung notwendig ist.

3.6.3.2. Die Abrechnung der Betriebskosten[1]
3.6.3.2.1. Vorlage einer formell ordnungsgemäßen Abrechnung

Haben die Mietvertragsparteien vereinbart, dass der Mieter auf die Betriebskosten eine monatliche Vorauszahlung zu leisten hat, muss der Vermieter **über die Vorauszahlungen abrechnen** (s. § 556 Satz 3 BGB). Sowohl bei preisfreiem, als auch bei preisgebundenem Wohnraum muss der Vermieter spätestens 12 Monate nach Ablauf der Abrechnungsperiode die Abrechnung dem Mieter übergeben. Tut er dies nicht, und kann er die Verspätung nicht entschuldigen, kann er keine Nachzahlung über die gezahlten Vorauszahlungen hinaus verlangen (vgl. § 556 Abs. 3 Satz 3 BGB).   68

Die Abrechnungsfrist wird nur durch eine **formell ordnungsgemäße Abrechnung** gewahrt. Liegt eine formelle ordnungsgemäße Abrechnung vor, ist diese selbst dann wirksam, wenn sich sonstige Fehler in der Abrechnung befinden (etwa wenn ein falscher Umlageschlüssel verwandt worden ist).   69

Damit die **Abrechnung formell ordnungsgemäß** ist, muss sie insbesondere 4 Punkte einhalten: 70
– Zusammenstellung der Gesamtkosten
– Angabe und Erläuterung der zugrundegelegten Umlageschlüssel
– Berechnung des Anteils des Mieters
– Abzug der Vorauszahlungen des Mieters[2]

Die Zusammenstellung der **Gesamtkosten** erfordert, dass der Vermieter für jede einzelne Kostenart separate Angaben in der Abrechnung macht. Werden z.B. Heizkosten, Hausmeister und Haftpflichtversicherung umgelegt,   71

---
[1] Zu der Problematik der unterschiedlichen Betriebskostenabrechnungen in Miet- und Wohnungseigentumsrecht siehe Teil E Rz. 290.
[2] BGH NJW 1982, 573.

wäre es unzulässig, die auf die einzelnen Positionen entfallenden Kosten zusammen zu addieren und dem Mieter nur die Gesamtkosten mitzuteilen. Vielmehr muss der Vermieter in der Abrechnung ausweisen, was bei jeder dieser Kostenpositionen angefallen ist. Diese Aufteilung ist auch deswegen notwendig, da nicht alle Kosten, welche der Vermieter für die Abrechnungseinheit aufwenden musste, auf den Mieter umgelegt werden können. Beispielsweise können die Kosten der Verwaltung nicht auf den Mieter umgelegt werden. Daher ist eine Aufteilung auch deswegen notwendig, damit der Mieter überprüfen kann, ob nichtumlagefähige Kosten auf ihn umgelegt worden sind. Zur ordnungsgemäßen Darlegung der Gesamtkosten muss der Vermieter die nichtumlagefähigen Kosten aber gleichwohl mit aufnehmen, soweit bei den einzelnen Positionen ein Vorwegabzug stattgefunden hat[1].

Beispiel:
Sind in den Grundsteuern nichtumlagefähige Kostenteile enthalten, muss der Vermieter auch die nichtumlagefähigen Kostenteile in die Abrechnung aufnehmen und erläutern, wie er diese herausgerechnet hat.

72 Welche **Kosten umlagefähig** sind und welche nicht, wird durch die Verordnung über die Aufstellung von Betriebskosten (BetrKV) bestimmt (§§ 1 und 2 BetrKV).

73 **Nichtumlagefähig** sind:
 – die Verwaltungskosten (§ 1 II Nr. 1 BetrKV)
 – Instandhaltungs- und Instandsetzungskosten (§ 1 II Nr. 2 BetrKV)

Zu den Verwaltungskosten gehören alle Kosten, die der Vermieter aufwenden muss, um die mit der Abrechnungseinheit zusammenhängenden Arbeiten zu erledigen[2], etwa die Kosten für einen Mietverwalter. Instandsetzungs- und Instandhaltungskosten sind alle Kosten, die der Vermieter zur Absicherung gegenüber drohenden Schäden[3] oder zur Beseitigung bereits eingetretener Schäden[4] aufwenden muss. Zu denken sind etwa an Kosten für die Wartung eines Aufzuges oder die Kosten für die Reparatur des Daches.

74 **Umlagefähig sind:**
 – die laufenden öffentlichen Lasten des Grundstücks, hierzu gehört insbesondere die Grundsteuer
 – die Kosten der Wasserversorgung
 – die Kosten der Entwässerung
 – die Kosten der zentralen Heizungsanlage einschließlich der Abgasanlage oder alternativ die Kosten des Betriebs der zentralen Brennstoffversor-

---

1 BGH NZM 2007, 244.
2 *Schmidt-Futterer/Langenberg* § 556 Rz. 92.
3 LG Hamburg WuM 1995, 267.
4 *Schmidt-Futterer/Langenberg* § 556 Rz. 96.

gungsanlage oder die Kosten der eigenständigen gewerblichen Lieferung von Wärme oder die Kosten der Reinigung und Wartung von Etagenheizungen
- die Kosten des Betriebs der zentralen Warmwasserversorgungsanlage oder die Kosten der eigenständigen gewerblichen Lieferung von Warmwasser oder die Kosten der Reinigung und Wartung von Warmwassergeräten
- die Kosten verbundener Heizungs- und Warmwasserversorgungsanlagen
- die Kosten des Betriebs des Personen- und Lastenaufzuges
- die Kosten der Straßenreinigung und der Müllbeseitigung
- die Kosten der Gebäudereinigung und Ungezieferbeseitigung
- die Kosten der Gartenpflege
- die Kosten der Beleuchtung
- die Kosten der Schornsteinreinigung
- die Kosten der Sach- und Haftpflichtversicherung; wird diese erst nach Abschluss des Mietvertrages eingeführt, kann der Vermieter diese umlegen, wenn a) diese Kosten nach dem Mietvertrag umlagefähig sind und b) der Vermieter nachträglich neue Nebenkosten einführen kann[1]
- die Kosten für den Hauswart
- die Kosten des Betriebs der Gemeinschaftsantenne oder eines Kabelanschlusses
- die Kosten des Betriebs der Geräte für die Wäschepflege
- sonstige Betriebskosten, hierzu gehören u.a. Kosten für die Gemeinschaftseinrichtungen wie etwa Schwimmbad oder Sauna[2]. Bei den sonstigen Kosten ist zu prüfen, ob diese im Einzelfall umlagefähig sind.

Bei einzelnen Positionen, etwa bei den Kosten des Aufzugs, sind Kosten der Wartung und Instandsetzung in bestimmten Umfang umlagefähig. Ist dies nicht ausdrücklich bei der jeweiligen Position angegeben und sind in den Kosten Wartungskosten enthalten, müssen diese herausgerechnet werden. 75

Bei Wohnungen in den ostdeutschen Ländern besteht die Möglichkeit, Nebenkosten erstmalig durch einseitige Erklärung umzulegen (§ 14 MHRG). Allerdings muss zur Wirksamkeit in der Erklärung zweifelsfrei dem Mieter mitgeteilt werden, welche Nebenkosten umgelegt werden sollen[3]. 76

Welche **weiteren Anforderungen** an die Zusammenstellung der Gesamtkosten zu stellen sind, hängt von der Eigenart des Mietobjekts ab. Hat der Vermieter zulässigerweise mehrere Mietobjekte zu einer Wirtschafts- 77

---
1 BGH ZMR 2007, 25.
2 LG Osnabrück WuM 1995, 434.
3 BGH ZMR 2007, 38.

einheit zusammengeschlossen, reicht es nicht aus, wenn er die für die Wirtschaftseinheit entstehenden Gesamtkosten angibt. Vielmehr hat er zunächst die für die Wirtschaftseinheit entstandenen Gesamtkosten anzugeben, sodann hat er die auf die einzelnen in der Wirtschaftseinheit befindlichen Mietobjekte entfallenden Kosten darzustellen und zu erläutern, wie sich diese ergeben. Gleiches gilt, wenn in einer Kostenposition teilweise Kosten enthalten sind, die nichtumlagefähig sind. Dies gilt insbesondere bei Hausmeisterkosten, wenn der Hausmeister auch nichtumlagefähige Verwaltungskosten übernimmt. Hier hat der Vermieter zunächst die entstandenen Gesamtkosten darzulegen, in einem zweiten Schritt die abzuziehenden Anteile zu benennen und darzulegen, wie sich diese ergeben. Rechnet der Vermieter verbrauchsabhängig ab (etwa bei den Wasserkosten), reicht es nicht aus, wenn er in der Abrechnung nur angibt „laut Zähler". Vielmehr hat er auch die einzelnen Verbrauchsdaten einschließlich der Zählerstände aufzuführen[1].

78 Sind in dem Mietobjekt sowohl **Wohnräume**, als auch **gewerbliche Räume** vorhanden, war es bisher sowohl bei preisfreien, als auch bei preisgebundenem Wohnraum ganz überwiegende Auffassung, dass der Vermieter den so genannten **Vorwegabzug** durchzuführen hatte. Das bedeutet, dass der Vermieter zunächst die Kosten herauszurechnen hatte, die aufgrund der gewerblichen Nutzung entstanden waren.

79 Bei preisgebundenem Wohnraum sind Betriebskosten, die nicht durch Wohnraum entstanden sind, bei der Umlage der Betriebskosten vorweg abzuziehen (**§ 20 Abs. 2 Satz 2 MMV**). Diese Pflicht wurde analog auch auf preisfreien Wohnraum übertragen.

80 Der Bundesgerichtshof hat dieser **analogen Anwendung** einen Riegel vorgeschoben: Der Vorwegabzug sei den Besonderheiten des sozialen Wohnungsmietrecht geschuldet und es fehle an der für eine analoge Anwendung erforderlichen gleichen Interessenlage. Vielmehr sei, sofern die Parteien nichts anders vereinbart haben, ein Vorwegabzug nur dann notwendig, wenn diese Kosten zu einer ins Gewicht fallenden Mehrbelastung der Wohnraummieter führen[2]. Durch Entscheidung vom 25.10.06 hat der BGH dies bestätigt und weiter konkretisiert, dass der Mieter die **Darlegungs- und die Beweislast** dafür trage, dass eine **erhebliche Mehrbelastung** vorliege[3].

81 Der Vermieter muss **darlegen** und **erläutern**, welchen **Umlageschlüssel** er für die Gesamtkosten gewählt hat und wie sich dieser ergibt. Als Umlageschlüssel ist – soweit die Parteien nichts anderes vereinbart haben – bei nichtverbrauchsabhängigen Kosten die Wohnfläche anzusetzen. Bei ver-

---

1 LG Giesen NJW-RR 1996, 1163.
2 BGH NJW 2006, 1419.
3 BGH NJW 2007, 211.

brauchsabhängigen Kosten ist zwingend ein Umlageschlüssel zu wählen, welcher dem Verbrauch Rechnung trägt.

Für eine ordnungsgemäßen Angabe und Erläuterung des Umlageschlüssels reicht die reine Angabe eines Prozentsatzes durch den Vermieter nicht aus. Vielmehr muss er darlegen, wie er der Prozentsatz ermittelt hat[1]. Bei einer Umlage nach dem Flächenmaßstab ist daher nicht nur die Fläche des Mietobjekts, sondern auch die Gesamtfläche anzugeben. 82

Muss der Vermieter die Kosten **nach Köpfen** aufteilen, hat er die **Gesamtzahl der Personen**, ggf. auch nach zeitlichen Abschnitten gegliedert, des Gesamtobjektes und die Zahl der für das einzelne Mietobjekt zugrunde gelegten Personen anzugeben. Welche weiteren Anforderungen an die Erläuterung zu stellen sind, richtet sich wiederum nach den Eigenarten des Objektes. 83

Eine besondere **Erläuterungspflicht** besteht in jedem Fall dann, wenn eine **überdurchschnittliche Kostensteigerung** bei einer Kostenposition vorliegt. Eine überdurchschnittliche Kostensteigerung wird angenommen, wenn die Kosten um mehr als 10 % über denen des Vorjahres liegen[2]. In diesem Fall muss der Vermieter darlegen, was er getan hat, um den Kostensteigerungen zu entgehen. Hierzu gehört insbesondere, welche Bemühungen er unternommen hat, Konkurrenzanbieter zu finden. Gelingt es dem Vermieter nicht, die Kostensteigerung hinreichend zu erläutern, kann er nur die Kosten verlangen, die im Vorjahr angefallen sind. 84

Beispiel:
Lagen die Kosten für die Müllabfuhr im Jahre 2005 bei 100 Euro und im Jahre 2006 bei 320 Euro und kann der Vermieter diese Steigerung nicht hinreichend erläutern, kann er nur die 100 Euro abrechnen.

Aus den Gesamtkosten der Abrechnungseinheit muss der Vermieter nach dem jeweiligen Umlageschlüssel für jede Position den **Anteil** mitteilen, der auf den **Mieter entfällt**. 85

Auch bei der Berechnung des Anteils des Mieters muss der Vermieter so viele Angaben machen wie notwendig, damit der Mieter erkennen kann, wie sein Anteil ermittelt worden ist. 86

Schließlich muss der Vermieter angeben, welche **Vorauszahlungen** der Mieter geleistet hat und diese von den auf den Mieter entfallenden Kosten abziehen. Beim Abzug der Vorauszahlungen muss der Vermieter sämtliche im Abrechnungszeitraum geleisteten Vorauszahlungen ansetzen. 87

Hält der Vermieter eine der 4 vorgenannten Kriterien nicht ein, führt dies zur formellen Unwirksamkeit der Abrechnung. Diese hat zur **Konsequenz**, dass der Vermieter die Abrechnungsfrist von 1 Jahr ab Ende des Abrech- 88

---

1 BGH NJW 1982, 573; KG GE 2002, 327.
2 KG NZM 2006, 294.

Teil C Vermietung von Eigentumswohnungen

nungszeitraumes nicht unterbricht. Läuft die Abrechnungsfrist noch, hat der Vermieter die Möglichkeit, eine **korrigierte Abrechnung** hinterher zu schieben. Diese muss jedoch zwingend vor Ablauf der Abrechnungsfrist beim Mieter eingehen. Ist die Abrechnungsfrist bereits abgelaufen, kann der Vermieter keine Korrektur mehr nachschieben. Da somit endgültig keine formell ordnungsgemäße Abrechnung vorliegt, kann der Vermieter auch keine Betriebskostennachzahlung vom Vermieter verlangen.

Beispiel:
Der Mieter hat 1200 Euro Vorauszahlungen erbracht. Die Abrechnung für 2006 ergibt Gesamtkosten von 2000 Euro. Die Abrechnungsfrist endet am 31.12.2007, erst am 5.1.2008 legt der Vermieter eine formell ordnungsgemäße Abrechnung vor. Die 800 Euro Nachzahlung kann er nicht mehr geltend machen.

89 Hat der Vermieter hingegen eine Abrechnung vorgelegt, welche den vier genannten Kriterien standhält, liegt eine **formell ordnungsgemäße Abrechnung** vor. Sonstige Fehler, wie die Verwendung eines falschen Umlageschlüssels führen nur zur sog. **materiellen Unwirksamkeit**. Die materielle Unwirksamkeit führt dazu, dass der Vermieter zwar ebenfalls (zunächst) keine Nachforderung geltend machen kann. Er kann aber auch nach Ablauf der Abrechnungsfrist die Abrechnung noch korrigieren und damit die Nachforderung durchsetzen. Allerdings kann er bei einer Korrektur nach Ablauf der Abrechnungsfrist niemals mehr fordern als in der ersten Abrechnung zugrunde gelegt worden ist.

Beispiel:
Hat der Vermieter in der ersten Abrechnung einen Nachzahlungsbetrag von 500 Euro abgerechnet, ist er bei einer nachträglichen Korrektur auf diesen Betrag beschränkt. Ergibt die Korrektur einen Nachzahlungsbetrag von 600 Euro, kann der Vermieter nur die 500 Euro verlangen.

90 **Praxistipp:** Die **Beschränkung** bezieht sich nur auf den **Gesamtbetrag der Abrechnung**. Der Vermieter ist nicht gehindert, bei einzelnen Positionen mehr als in der ersten Abrechnung zu verlangen.

Beispiel:
Hat der Vermieter den Nachzahlungsbetrag von insgesamt 500 Euro geltend gemacht und sind in der Abrechnung u.a. Kosten für die Müllabfuhr in Höhe von 200 Euro und für Strom in Höhe von 100 Euro enthalten, kann der Vermieter bei den Positionen Strom und Müllabfuhr noch Veränderungen vornehmen. Machen die Stromkosten tatsächlich 120 Euro aus, kann er diese noch ansetzen. Auf diese Weise kann der Vermieter, wenn er bei anderen Positionen Mindereinnahmen hat (etwa weil die Müllabfuhrkosten nach dem richtigen Umlageschlüssel weniger als die abgerechneten 200 Euro ergeben) diese auffangen.

3.6.3.2.2. Berücksichtigung sog. haushaltsnaher Dienstleistungen in der Nebenkostenabrechnung

91 Bisher gab es für Mieter keine Möglichkeit, sog. **haushaltsnahe Leistungen** in seiner Steuererklärung geltend zu machen, obwohl sie diese über die Nebenkosten (mit)bezahlen. Durch Schreiben vom 3.11.2006 hat das Bundes-

ministerium der Finanzen seine ablehnende Haltung aufgegeben und den Rahmen vorgegeben, innerhalb dessen eine Berücksichtigung möglich ist[1].

Die gesetzliche Regelung sieht **3 Förderungsmöglichkeiten** vor. Für die Inanspruchnahme von haushaltsnahen Dienstleistungen, die keine Handwerkerleistungen für Renovierungs-, Erhaltungs- und Modernisierungsmaßnahmen darstellen, ermäßigt sich die Einkommensteuer um 20 % der Aufwendungen, höchsten aber um 600 Euro (§ 35a Abs. 2 S. 1 erste Alternative EStG). Werden zudem Pflege- und Betreuungsleistungen für besondere pflegebedürftige Personen in Anspruch genommen, erhöht sich der Höchstbetrag auf 1200 Euro (§ 35a Abs. 2 S. 1 zweite Alternative EStG). 92

Außerdem können die Steuerpflichtigen ab dem 1.1.2006 eine **weitere Förderung von 20 %** der Aufwendungen, höchstens aber wiederum 600 Euro in Anspruch nehmen, wenn sie Handwerkerleistungen für Renovierungs-, Erhaltungs- und Modernisierungsmaßnahmen in ihrem inländischen Haushalt beziehen. Handwerkerleistungen sind deshalb bei den Aufwendungen zu berücksichtigen, die nach dem 31.12.2005 bezahlt und erbracht werden (vgl. § 52 Abs. 4b S. 2 EStG). 93

Soweit Mietern diese Kosten im Rahmen der Betriebskosten weitergegeben werden, kommt durch das Schreiben vom 3.11.2006 eine **steuerliche Geltendmachung** in Betracht[2]: 94

„Auch der Mieter einer Wohnung kann die Steuerermäßigung nach § 35a EStG beanspruchen, wenn die von ihm zu zahlenden Nebenkosten Beträge umfassen, die für ein haushaltsnahes Beschäftigungsverhältnis, für haushaltsnahe Dienstleistungen oder für handwerkliche Tätigkeiten geschuldet werden und sein Anteil an den vom Vermieter unbar gezahlten Aufwendungen entweder aus der Jahresabrechnung hervorgeht oder durch eine Bescheinigung des Vermieters oder seines Verwalters nachgewiesen wird."

Zur **Geltendmachung** der Kosten der haushaltsnahen Dienstleistungen muss entweder eine entsprechende Erläuterung in der Nebenkostenabrechnung erfolgen oder eine Bescheinigung des Vermieters vorgelegt werden. Der Vermieter ist grundsätzlich verpflichtet, diesen Nachweis zu erbringen: Der Vermieter hat im Einzelfall die Pflicht, über wesentliche Vorkommnisse den Mieter zu benachrichtigen oder aufzuklären, und somit auch die Verpflichtung, dem Mieter die Möglichkeit zur steuerlichen Geltendmachung seiner gem. dem Mietvertrag zu zahlenden Kosten zu geben[3]. 95

Wie der Vermieter seine **Verpflichtung erfüllt**, d.h. ob durch Darstellung in der Betriebskostenabrechnung oder durch Bescheinigung, bleibt ihm über- 96

---

1 Siehe auch *Herrlein* WuM 2007, 54 und ZAP F.4, 1077 (Heft 5 v. 28.2.2007); *Schlüter* ZWE 2007, 26; *Sauren* NZM 2007, 231.
2 DStR 2006, 2125, Fn. 16.
3 BGH NJW-RR 1990, 1422.

lassen. Der Vermieter hat keine Verpflichtung, die Darstellung in der Betriebskostenabrechnung vorzunehmen. Da alternativ auch eine Bescheinigung des Vermieters ausreicht, kann der Vermieter es in der Betriebskostenabrechnung unterlassen, die notwendigen Darstellungen zu erbringen. Der Mieter ist dann darauf angewiesen den Vermieter anzuschreiben, der Vermieter hat dann die Bescheinigung zu erbringen. Diese Bescheinigung braucht er nicht kostenlos zu erbringen. Denn es geht im vorliegenden Fall nicht um die Erfüllung der Pflicht zur Betriebskostenabrechnung, weil diese auch ohne diese Auflistung rechtlich erfüllt wäre, sondern um Zusatzleistungen des Vermieters, die er nur deshalb erbringt, weil der Mieter sie benötigt, um seine Zahlungen steuerlich geltend machen zu können. Der Vermieter kann einen Aufwendungsersatzanspruch für die Erstellung der Bescheinigung geltend machen und die Übersendung der Bescheinigung davon abhängig machen. Sie wird sich in dem Rahmen der Kosten, die dem Vermieter entstehen, halten müssen.

97 Es gehört damit nicht zur **ordnungsgemäßen Darstellung der Nebenkostenabrechnung**, dass die haushaltsnahen Dienstleistungen aufgeführt und erläutert werden. Dann muss aber der Vermieter die notwendigen Bescheinigungen bereithalten. Da es schwierig ist, im Nachhinein durch Handwerker oder Unternehmer eine entsprechende Bescheinigung zu erhalten, sollte der Vermieter bereits im Vorfeld der Arbeiten für die Erstellung der Bescheinigung sorgen.

98 Der Vermieter muss zunächst **alle anfallenden Kosten dahingehend unterscheiden**, ob sie als haushaltsnahe Dienstleistungen in Betracht kommen. Die Abgrenzung zwischen den 2 Grundförderungen, nämlich Dienstleistung und Handwerkerleistung ist deshalb wichtig, weil für ein und dieselbe Handwerkerleistung nicht mehr als eine Förderung in Anspruch genommen werden kann. Andererseits müssen alle Aufwendungen seitens des Vermieters untersucht werden, weil die höchstmögliche Förderung, bei 20 % von 3000 Euro = 600 Euro, liegt. Ist also eine Handwerkerleistung in Anspruch genommen worden, so ist für die nächste Leistung die Frage, wofür die Förderung in Anspruch genommen werden kann.

99 Die Finanzverwaltung **definiert den Begriff der haushaltsnahen Dienstleistungen** nicht[1]. Haushaltsnahe Dienstleistungen sollen Tätigkeiten sein, die gewöhnlich durch Mitglieder des privaten Haushalts oder entsprechend Beschäftigte erledigt werden. Keine haushaltnahen Dienstleistungen sollen solche sein, die zwar im Haushalt des Steuerpflichtigen ausgeübt werden, aber keinen Bezug zur Hauswirtschaft haben[2]. Die Rechtsprechung versucht, durch beispielhafte Umschreibungen den Begriff zu klären:

Zu den haushaltsnahen Dienstleistungen zählen u.a. die Zubereitung von Mahlzeiten im Haushalt, die Reinigung der Wohnung des Steuerpflichtigen,

---
1 BStBl. I 2003, 403.
2 BFH Entscheidung v. 1.2.2007 – VI R 74/05 zit. n. Juris.

die Gartenpflege und die Pflege, Versorgung und Betreuung von Kindern und von kranken, alten oder pflegebedürftigen Personen. Eine Abgrenzung zu den **handwerklichen Tätigkeiten** ist lt. BMF-Schreiben nur begünstigt, wenn es sich um Schönheitsreparaturen oder kleine Ausbesserungsarbeiten handelt (Rz. 5 des BMF-Schreibens). Herstellungsaufwand ist nicht begünstigt.

Mit anderen Worten, die Finanzverwaltung zieht die Grenze bei **Schönheitsreparaturen und kleineren Reparaturarbeiten**, hierzu kann die Kleinreparaturklausel als Hilfestellung herangezogen werden. Dies ist keine zwingende Abgrenzung[1]. Die Finanzrechtsprechung ist dem bisher jedoch gefolgt. Sie hat deshalb handwerkliche Tätigkeiten, die im Regelfall nur von Fachkräften durchgeführt werden, nicht begünstigt. Dazu zählen z.B. Reparaturen und Wartungen aller Heizungsanlagen, Elektro- Gas- und Wasserinstallationen, Arbeiten im Sanitärbereich sowie Schornsteinfeger und Dacharbeiten, Reparatur von Haushaltsgeräten, wie z.B. Waschmaschinen, Fernseher und PC einschl. Zubehör. Ausgeschlossen sind danach die Schönheitsreparaturen im Sinne des § 28 Abs. 4 S. 3 der 2. BV. 100

Deshalb wurde die **Steuerermäßigung** in folgenden Fällen **abgelehnt**: 101

– Lieferung von Innentürelementen mit Zubehör und kompletter Montage sowie Sanitär-, Heizung-, Elektro- und Fliesenarbeiten zu Kosten von insgesamt rund 30 000 Euro[2].
– Anstrich der Außenfassade zu einem Bruttopreis von 3000 Euro[3].
– Austausch der Heizung[4].
– Badrenovierung[5].
– Renovierung einer Hausfassade[6].

Unter die **Alternative 1** der Förderungsmöglichkeiten fallen demgegenüber auf jeden Fall 102

– Hausmeisterkosten
– Hausreinigungskosten
– Winterdienst
– Grünanlagepflege (Rasen mähen, Hecke schneiden)

Unter die **Alternative 2** fallen dann die Handwerkerrechnungen. Dies kommt bei Mietern regelmäßig nicht in Betracht, mit Ausnahme der Kleinreparaturen, da diese Handwerkerrechnungen über den Vermieter nicht bezahlt werden müssen.

---

1 *Schmitt* DB 2003, 2.623; *Lehr* DStR 2006, 72; *Morsbach* EFG 2004, 1771.
2 FG Rheinland-Pfalz EFG 2004, 1769.
3 FG München DStRE 2006, 80.
4 FG Hamburg EFG 2005, 1777.
5 FG Niedersachsen EFG 2006, 123; bestätigt durch BFH BFH/NV 2007, 1024.
6 FG Thüringen EFG 2006, 121; bestätigt durch BFH/NV 2007, 900.

103 Nach der Betriebskostenverordnung (§ 2) kommen bei Wohnraum folgende Betriebskosten für die haushaltsnahen Dienstleistungen in Betracht:
1. Laufende öffentliche Lasten des Grundstücks (z.B. Grundsteuer), hier ist nichts zu veranlassen.
2. Kosten der Wasserversorgung, hier ist nichts zu veranlassen.
3. Kosten der Entwässerung, hier ist nichts zu veranlassen.
4. Kosten für den Betrieb der Heizungsanlage, hier sind die Wartungskosten begünstigt. Hierzu zählen bei Zentralheizungsanlagen auch die Schornsteinfegerkosten. Dann muss der Vermieter dem Heizkostenabrechnungsunternehmen mitteilen, dass es sich insoweit um haushaltsnahe Dienstleistungen handelt, die gesondert bescheinigt werden müssen.
5. Warmwasserkosten, hier sind die Wartungskosten begünstigt.
6. Heizung- und Warmwasserversorgungsanlagen, hier sind die Wartungskosten begünstigt.
7. Kosten für den Betrieb eines Personen- und Lastenaufzugs, die Wartungskosten sind hier begünstigt.
8. Kosten der Straßenreinigung sind begünstigt, da es sich um Dienstleistungen handelt. Bei der Müllbeseitigung handelt es sich um eine kombinierte Leistung. Hier könnte meines Erachtens die Dienstleistung, d.h. der Anteil daraus nebst Fahrtkosten und Material für die Zurverfügungstellung herausgerechnet werden. Diese liegt wahrscheinlich in Höhe von 20 %.
9. Kosten der Gebäudereinigung und Ungezieferbekämpfung, da es sich um Dienstleistungen handelt, sind diese Kosten betroffen. Bei der Ungezieferbekämpfung ist der Anteil der Kosten des Materials, wie z.B. Köder, so gering, dass dieser vernachlässigt werden kann.
10. Kosten für die Gartenfläche, hierbei handelt es sich um typische haushaltsnahe Dienstleistungen.
11. Kosten der Beleuchtung sind nicht begünstigt.
12. Kosten der Schornsteinreinigung sind begünstigt, sind aber nur auszuführen, wenn es Einzelrauchstätten gibt. Ansonsten sind sie schon in den Heizungskosten enthalten.
13. Kosten für Sach- und Haftpflichtversicherung, hier ist nichts zu veranlassen.
14. Kosten für den Hauswart, diese sind begünstigt.
15. Kosten für den Betrieb der Antennenanlage, Breitbandkabelnetz, soweit hier Wartungen vorgenommen werden, sind diese begünstigt, sonst nicht.
16. Kosten des Betriebs der Einrichtung für Wäschepflege, können begünstigt sein, Wasser und Strom nicht, Wartungen können begünstigt sein.

17. Sonstige Betriebskosten, hier sind Kosten zu fassen, wie z.B. Alarmanlage, Feuerlöscher, Blitzschutzanlagen, Dachrinnenreinigung, Bewachungskosten und Pförtner und Conciergedienst. Bei all diesen Kosten sind die haushaltsnahen Dienstleistungen zu beachten.

Der Vermieter muss darauf achten, dass nach dem Gesetz ein **gesonderter Ausweis der Arbeits- und der Materialkosten inkl. Fahrtkosten** zu erfolgen hat. Dementsprechend muss die Rechnung gestellt werden. Der Vermieter hat in der Rechnung die Maßnahmen möglichst genau beschreiben zu lassen. Da das Höchstmaß an Maßnahmen wiederum die Möglichkeit von Einzelaufwendungen bietet, muss der Vermieter nunmehr in Zukunft bei den Rechnungen darauf hindrängen, dass der Handwerker möglichst viele Maßnahmen beschreibt und diese einzeln bewertet. Die bisher regelmäßig vorgenommenen Pauschalverträge, in denen nichts unterschieden wird, wie z.B. bei Hausmeister oder Hausreinigungsarbeiten können aus steuerlichen Gründen nicht mehr vorgenommen werden

104

Letztlich hat der Vermieter auch den **Zahlungsweg**, den das Gesetz vorschreibt zu beachten. Er darf nach dem Gesetz ausschließlich eine Zahlung der Vergütung auf das Bankkonto des Leistenden vornehmen (§ 35a Abs. 2 S. 6 EStG). Barzahlungen sind deshalb hierfür aus steuerlicher Sicht zu unterlassen.

105

Die bisherige Rechtsprechung verbietet dem einzelnen Eigentümer die **Aufteilung einer einheitlichen Baumaßnahme** und lässt darin enthaltene haushaltsnahe Tätigkeiten gänzlich unberücksichtigt[1]. Argumentiert wird, dass maßgeblich sei, ob eine Werk- oder Dienstleistung im Rahmen einer umfassenden Maßnahme angefallen ist oder getrennt auch als solche im konkreten Einzelfall durchgeführt worden wäre[2]. Demgemäß sei stets für die gesamte Einzelreparatur oder Instandhaltungsmaßnahme insgesamt deren Steuerbegünstigung zu beurteilen.

106

Weiter wird argumentiert, dass sich bei **einer einheitlichen Maßnahme**, wie z.B. einer Hausfassadenrenovierung, eine Aufspaltung verbiete. Die durchzuführende Sanierung umfasse notwendigerweise auch Vor- und Nachbereitungshandlungen sowie Hilfstätigkeiten, die der Erfüllung der Hauptleistung dienten. Es laufe aber dem Gesetzestext zuwider, könnte man diese Hilfsmaßnahmen von einer einheitlichen Leistung abspalten und somit eine Steuerbegünstigung in Ansatz bringen. Das Ergebnis will nicht einleuchten. Das Gesetz will denjenigen, der Schwarzarbeit verhindert, begünstigen. Wird aber die ganze Maßnahme zumindest teilweise steuerlich begünstigt, würde damit ein Anreiz geschaffen, keine Schwarzarbeit vorzunehmen. Da die Mieter natürlich nicht verpflichtet sind, Instandhaltungskosten, bis auf die Kleinreparaturen, zu bezahlen, stellt sich

107

---
1 FG Rheinland-Pfalz EFG 2004, 1769; FG Niedersachsen EFG 2006, 123; FG Thüringen EFG 2006, 121.
2 FG Niedersachsen EFG 2006, 123.

dasselbe Problem für den Vermieter, wenn einzelne Leistungen schon von ihrer Art her Dienst- und Werkleistungen kombinieren. Hier sei die Müllabfuhr genannt. Das Aufteilungsverbot gilt hier aus den obigen Gründen nicht und weil es lediglich um die Frage der Zuordnung zu einer der Alternativen geht, die Begünstigung jedoch nicht zweifelhaft ist. Vielmehr müsste ggf. im **Schätzwege** eine Herausrechnung der steuerbegünstigten Leistungen erfolgen. Dies ist dem Vermieter gestattet. Dies zeigt die extreme Gefährlichkeit für den Vermieter, wenn er nicht vorher mit dem Dienstleister die Aufteilung bespricht und in Rechnung stellen lässt.

108 Die **Bescheinigung** des Vermieters bzw. Mietverwalters kann natürlich nur die Kosten umfassen, die der Vermieter verauslagt hat und vom Vermieter ersetzt verlangt werden. Hat der Mieter eigene Kosten aufgewendet, wie z.B. Schönheitsreparaturen, Einbaukosten für Küche, etc. hat der Mieter in eigener Verantwortung die Voraussetzungen zu beachten. Er kann diese nunmehr zusätzlich bis zur Höchstgrenze in der Steuererklärung geltend machen.

109 Entscheidet sich der Vermieter für die Darstellung in der **Nebenkostenabrechnung**, hat der Vermieter aufgrund seiner Haftung die in Frage kommenden **Kostenpositionen** in Unterpositionen zu unterteilen: Die steuerlich relevanten Arbeitskosten einerseits und die Materialkosten andererseits. Wichtig ist für den Vermieter, dass neben den Arbeitskosten auch die Fahrtkosten begünstigt sind. Nach dem Erlass sind auch die in Rechnung gestellten Maschinenkosten begünstigt (Rz. 24 des BMF-Schreibens). Hierzu gehören z.B. die Kosten für Trockner, wenn diese aufgestellt werden, um Räume nach Feuchtigkeitsschäden zu trocknen.

110 Als Abgrenzung zu den **Maschinenkosten sind Materialkosten** oder im sonstigen Zusammenhang mit der Dienstleistung gelieferte Waren zu sehen, die steuerlich außer Ansatz bleiben. Hierbei sei auf die üblichen Materialien, wie Tapete, Farbe, Fliesen, Pflastersteine, etc. verwiesen. Sollten sich in einzelnen Positionen sowohl Handwerksarbeiten wie auch haushaltsnahe Dienstleistungen verbergen, hat der Vermieter diese nicht anzusetzen, da der Mieter nicht verpflichtet ist, diese zu bezahlen, bis auf Kleinreparaturen.

111 Bei den **umzulegenden Kosten** ist dann zu fragen, ob es besser ist, die Gesamtkosten auszuwerfen und dann davon Untertitel zu bilden oder jede Position gesondert auszuwerfen. Hierzu bedürfte es dann ggf. der getrennten Bezahlung, damit auch getrennt gebucht werden kann. Dies hätte aber den Nachteil, dass ggf. der Handwerker den Geldeingang nicht nachvollziehen kann. Organisiert der Vermieter aber vorher bereits zwei Rechnungen, wäre dies kein Problem. Hat er nur eine Rechnung bekommen, sollte er getrennt buchen, aber keine Unterposition „davon" bilden, da diese nicht gebucht werden kann.

Damit die Abrechnung nicht ausufert, ist zu empfehlen, nur 3 Positionen auszuweisen, d.h. die nicht begünstigten Materialkosten für jede Position, wie z.B. Garten, zusammenfassen und nur die begünstigten Arbeitskosten, Fahrtkosten, etc. vorzunehmen. Am besten tituliert der Vermieter den Vorgang dann bereits in der Kostenposition. Hat der Hausmeister z.B. Kleinreparaturen für den Mieter vorgenommen, könnte die Aufteilung wie folgt aussehen: 112

– Hausmeisterkosten 1 (Material),
– Hausmeisterkosten 2 (Dienstleistung, Arbeitskosten und Fahrtkosten),
– Hausmeisterkosten 3 (Kleinreparaturen = Handwerk, Arbeitskosten und Fahrtkosten)

Der Vermieter hat alle Zahlungen auf die **Beachtbarkeit** zu untersuchen. Der kleinste Mieter muss alle Beträge aufgelistet haben, es sei denn, er hat vorher schon 3000 Euro pro Alternative an Kosten erhalten. Da aber eine Nebenkostenabrechnung regelmäßig keine Beträge in Höhe von 6000 Euro auswirft, ist in Zukunft für fast jeden Mieter eine detaillierte Abrechnung notwendig. Das heißt, der Vermieter muss die haushaltnahen Aufwendungen bei allen Wohnungen/Häusern laufend beobachten. 113

Soweit der Vermieter in **den vorherigen Jahren ab 2003** diese Voraussetzungen nicht geschaffen hat, ist ihm zu raten, schnellstmöglich alle Mieter zu informieren. Nach dem BMF-Schreiben gilt dieses für alle noch offenen Fälle und sogar noch für das Jahr 2006[1]. Er hat die Mieter zu befragen, ob sie eine Bescheinigung brauchen, soweit die Nebenkostenabrechnung nicht mehr geändert werden soll oder kann. Regelmäßig wird dies für die Jahre 2003 bis 2005 gegeben sein. Die Information kann durch Rundschreiben erfolgen. 114

Unterlässt er dies, ist er schadensersatzpflichtig, soweit einem Mieter Schaden entsteht. Das BMF hat in seinem Schreiben dem Vermieter für Altjahre, einschl. 2006, die Möglichkeit eröffnet, bezüglich der Aufteilung zwischen Material und Arbeitsaufwand eine Schätzung vorzunehmen.[23] 115

Fehlen für einen Aufteilungsmaßstab Anhaltspunkte, könnte meines Erachtens die alte grobe Richtschnur für die Aufteilung von 50 zu 50 in Ansatz gebracht werden. Der Vermieter kann damit bis 2005 eine Bescheinigung ausstellen, wenn ein Mieter dies verlangt, mit geschätzter Aufteilung gegen Kostenerstattung. Für 2006 kann er mit geschätzter Aufteilung die Kosten in der Jahresabrechnung getrennt einstellen. 116

Der Vermieter muss damit rechnen, dass, soweit Steuerbescheide noch nicht rechtskräftig sind, diese bis weit in das Jahr 2009 oder 2010 für 2003 noch verlangt werden können. Erst ab dem Jahr 2007 greift dann die Ver- 117

---

1 Siehe Rz. 32 des BMF-Schreibens.

pflichtung für den Vermieter, die **Grundlagen für die Aufteilung** durch entsprechende Rechnungen zu schaffen.

118 Besondere Probleme bestehen bei **Kleinreparaturen**. Hat der Mieter die Kleinreparaturen bezahlt, stellen sich keine Probleme, da damit dem Mieter alle Unterlagen vorliegen. Dann ist es Aufgabe des Mieters, selbst darauf zu achten, dass die Rechnung auch einen gesonderten Ausweis des begünstigten Teils ausweist.

Problematischer ist der Fall, wenn der Vermieter, so wie das Mietrecht es vorsieht, Kleinreparaturen bezahlt hat. Dann kann der Mieter vom Vermieter einen Nachweis verlangen.

119 Da es eine **Kombination von Nebenkosten und Bescheinigung** nicht gibt, muss dann der Vermieter bzw. Mietverwalter eine Bescheinigung ausstellen, welche die Beträge aus der Nebenkostenabrechnung mit umfasst und vermerken, dass damit auch die Beträge aus der Nebenkostenabrechnung erfasst sind.

3.6.3.2.3. Folgen unterlassener Betriebskostenabrechnung

120 Hat der Vermieter innerhalb der Frist des § 556 Abs. 3 Satz 1 BGB entweder überhaupt **keine Abrechnung** vorgelegt oder zwar eine Abrechnung vorgelegt, die aber formell unwirksam ist, stellte sich für den Mieter lange Zeit die Frage, wie er weiter vorgehen soll. Unstreitig war nur, dass der Vermieter auch nach Ablauf der Abrechnungsfrist dazu verpflichtet bleibt, die Nebenkostabrechnung zu erstellen. Der Mieter kann daher den Vermieter hierzu auffordern und bei Nichtvornahme den Vermieter auch auf Erstellung verklagen. Die Erstellung der Nebenkostenabrechnung stellt eine **nicht vertretbare Leistung** dar, so dass der Vermieter in diesem Fall sogar Gefahr läuft, in **Ordnungshaft** genommen zu werden[1].

121 Umstritten war aber lange Zeit, ob der Mieter sofort auf **Rückzahlung aller Vorauszahlungen** aus der Abrechnungszeit klagen könne, ohne den Vermieter vorher auf Abrechnung zu verklagen. Der BGH hat diese die Streitfrage dahingehend entschieden, dass bei einem beendeten Mietverhältnis der Mieter den Vermieter auf Rückzahlung der Vorauszahlungen verklagen könne. Während des laufenden Mietverhältnisses ist dies vom BGH aber abgelehnt worden:

122 Bei einem **beendeten Mietverhältnis** hat der BGH der Auffassung zugestimmt, die es dem Mieter nicht zumuten wollte, Klage auf Erteilung der Abrechnung zu erheben[2]. Es sei allein Sache des Vermieters fristgerecht abzurechnen. Dem Mieter sei es nicht zumutbar, den zeitraubenden und nicht immer Erfolg versprechenden Umweg über die Stufenklage zu gehen. Der Vermieter sei durch die Klage auf Rückzahlung auch nicht benachtei-

---

1 BGH ZMR 2006, 608.
2 BGH WuM 2005, 337.

ligt, da er zum einen während des Prozesses immer noch die Abrechnung vorlegen könne. In diesem Fall könne der Mieter nur dann eine Rückzahlung verlangen, wenn sich aus der Abrechnung ein Guthaben für ihn ergebe. Weiterhin sei der Vermieter durch die Rechtskraft eines Urteils, mit welchem er zur Rückzahlung der Vorauszahlungen verurteilt worden sei, nicht daran gehindert, später doch noch eine Abrechnung vorzulegen.

Demgegenüber könne der Mieter jedoch bei einem **fortlaufenden Mietverhältnis** keine Rückzahlung der Vorauszahlungen verlangen. In diesem Fall sei er hinreichend durch das Zurückbehaltungsrecht nach § 273 BGB geschützt[1]. 123

Praxistipp: Hat der Vermieter die Abrechnungsfrist versäumt, sollte er gleichwohl schnellstmöglich eine Nebenkostenabrechnung vorlegen. Während des laufenden Mietverhältnisses wird hierdurch das Zurückbehaltungsrecht des Mieters auf die Nebenkostenvorauszahlungen ausgeschlossen.

Bei einem beendeten Mietverhältnis wird hierdurch die Befugnis des Mieters ausgehebelt, die Rückzahlung der Vorauszahlungen zu verlangen. Hat der Mieter bereits Klage auf Rückzahlung erhoben, sollte der Vermieter während des Prozesses die Nebenkostenabrechnung erstellen und vorlegen. Auf diese Weise kann die Klage ganz oder zum Teil abgewehrt werden. Ist der Vermieter bereits zur Rückzahlung der Vorauszahlungen verurteilt worden, sollte er nunmehr schnellstmöglich die Abrechnung vorlegen. Selbst wenn die Abrechnungsfrist schuldhaft verstrichen sein sollte, besteht immer noch ein Anspruch auf die Kosten in Höhe der Vorauszahlungen.

Für den Mieter gilt umgekehrt, dass er für den Fall, dass der Vermieter seiner Abrechnungspflicht nicht nachkommt, von seinem Zurückbehaltungsrecht Gebrauch machen sollte. Ist das Mietverhältnis beendet, sollte Klage auf Rückzahlung erhoben werden. Selbst wenn der Vermieter dann im Prozess eine Abrechnung vorlegt, besteht dann zumindest Klarheit darüber, welche Nebenkosten tatsächlich angefallen sind. Da der Vermieter durch die verspätete Abrechnung den Prozess verursacht hat, hat er auch dann die Kosten zu tragen, wenn er die Nebenkostenabrechnung im Prozess vorlegt. Für den Mieter besteht daher lediglich das Risiko, dass der Vermieter die Nebenkostenabrechnung vorlegt und der Mieter die geleistete Vorauszahlung nicht in voller Höhe zurückbekommt.

3.6.3.3. Einsicht in Belegexemplare

3.6.3.3.1. Preisgebundene Wohnraumverträge

Für den Mieter preisgebundenen Wohnraums besteht ein umfassendes Auskunfts- und Einsichtsrecht (§ 8 Abs. 4 Wohnungsbindungsgesetz i.V.m. § 29 Abs. 1 NMV). Der Mieter kann dieses Recht während der Mietzeit jederzeit ausüben[2]. Ebenso kann der Mieter Kopien anfordern (§ 29 NMV). 124

---
1 BGH WuM 2006, 383.
2 BGH WuM 1984, 70.

3.6.3.3.2. Preisfreie Wohnraumverträge

125 Auch im preisfreien Wohnraum steht dem Mieter ein **Einsichtsrecht** zu[1]. Die Einsicht ist grundsätzlich durch zur Verfügungsstellung der Originale sämtlicher Rechnungen und der sonstigen Belege zu gewähren. Haben die Parteien im Mietvertrag keine Vereinbarung getroffen, ist nach herrschender Meinung das Einsichtsrecht am Sitz des Vermieters wahrzunehmen, wenn dieses mit dem Ort, an dem sich das Mietobjekt befindet, identisch ist[2].

126 Ist der **Ort**, an dem sich das Mietobjekt befindet, identisch mit dem Verwaltungssitz, kann der Mieter keine Übersendung von Kopien verlangen, sondern nur Einsicht nehmen[3]. Auf die Vorschriften des preisgebundenen Wohnraums kann nicht abgestellt werden; diese sind auf die Besonderheiten des Sozialen Wohnungsbaus abgestimmt und können nicht auf den preisfreien Wohnraum übertragen werden. Auch eine Abwägung der Interessen von Mieter und Vermieter führt nicht dazu, dass der Mieter Belegkopien beanspruchen könne. Etwas anders soll nur dann gelten, wenn der Ort, an welchem sich Mietobjekt befindet und der Ort, wo der Verwalter bzw. Vermieter seinen Sitz hat, nicht identisch sind[4].

Beispiel:

Ist das Mietshaus in Aachen belegen, und hat der Vermieter in München seinen Wohnsitz und ist der Verwalter in Köln ansässig, steht dem Mieter ein Anspruch auf Übersendung von Belegkopien auch nach Auffassung des BGH zu. Liegt jedoch das Wohnhaus in Aachen, und hat der Vermieter in Aachen ebenfalls seinen Sitz, steht dem Mieter nur das Einsichtsrecht zu.

Praxistipp: Auch wenn der BGH einen Anspruch auf Belegkopien verneint hat, sollte der Vermieter bzw. die Verwaltung überlegen, ob es sich lohnt, dem Begehren des Mieters auf Überlassung von Kopien entgegenzutreten. Nach der Rechtsprechung des BGH geht dies sowieso nur dann, wenn der Mieter am selben Ort wohnt.

Nimmt der Mieter das Einsichtsrecht wahr, wird es notwendig sein, ihm die Belege in geordneter Form zur Verfügung zu stellen. Stehen im Büro des Vermieters Kopiergeräte zur Verfügung wird er dem Mieter nicht verbieten können, gegen Entgelt diese zur Fertigung von Kopien zu benutzen. Den Mieter darauf zu verweisen, er könne sich handschriftliche Notizen von den Belegen fertigen, dürfte eine unzulässige Schikane darstellen. Da durch die Anwesenheit des Mieters die Bürotätigkeit in nicht unerheblichem Umfang gestört werden wird, dürfte es im Regelfall auch weiterhin vorzuziehen sein, dem Mieter Belege zur Verfügung zu stellen.

---

1 *Schmidt-Futterer/Langenberg* § 556, Rz. 479.
2 Z.B. AG Langenfeld/Rheinland WuM 1996, 426 und AG Wiesbaden WuM 2001, 361.
3 BGH WuM 2006, 200.
4 BGH WuM 2006, 200.

Lässt sich der Vermieter auf eine **Herausgabe der Belege** ein, kann er die Versendung von der vorherigen Begleichung der entstehenden Auslagen abhängig zu machen. Zu den Auslagen zählen zunächst die Kosten der Kopien selbst, die derzeit mit 0,10 Euro pro Stück angesetzt werden können. Weiterhin sind allerdings auch die Kosten für die Versendung sowie der Zeitaufwand, der für die Zusammenstellung entsteht, erstattungsfähig. Nach der Rechtsprechung werden überwiegend Beträge zwischen 0,25 Euro[1] bis 0,26 Euro[2] für Anfertigung und Versand von Kopien zuerkannt. Teilweise ist auch ein Betrag von 0,50 Euro anerkannt worden[3].

127

Praxistipp: Möchte der Mieter vom Vermieter Belegkopien anfordern, sollte er dem Vermieter bereits mit dem ersten Anschreiben die Übernahme der Kosten anbieten.

Wird die **Belegeinsicht** verweigert, ist streitig, welche Konsequenzen daraus folgern. Nach einer Auffassung hat dies überhaupt keine Konsequenzen[4]. Nach anderer Auffassung darf der Mieter in diesem Fall die Zahlung der Nebenkosten verweigern, bis ihm die Einsicht gewährt wird. Erst dann soll die Nachforderung fällig werden[5].

128

Der Vorzug ist der letztgenannten Meinung zu geben. Die **Nebenkostenvorauszahlungen** werden vom Mieter als Vorauszahlung auf die entstehenden Nebenkosten gezahlt. Der Mieter will selbstverständlich nur die Kosten zahlen, die auch tatsächlich entstanden sind. Ohne die Belege hat der Mieter keine Möglichkeit zur Prüfung, ob die angesetzten Zahlen richtig sind. Der Vermieter obliegt es daher als Nebenpflicht aus dem Mietvertrag die entsprechenden Belege zur Verfügung zu stellen. Dementsprechend besteht ein Zurückbehaltungsrecht, solange diese Pflicht nicht erfüllt wird.

129

Praxistipp: Um zu vermeiden, dass im Streitfall das Gericht die Klage auf Zahlung von Nebenkosten alleine wegen der fehlenden Belegeinsicht abweist, sollte der Vermieter nicht auf die zitierte Gegenmeinung vertrauen, sondern die Belegeinsicht gewähren.

Hat der Vermieter eine ordnungsgemäße Abrechnung vorgelegt und auch die Belegeinsicht gewährt erbracht und ergibt diese eine Nachzahlung, muss diese soweit nichts anderes vereinbart ist, **innerhalb von 30 Tagen nach Zugang bezahlt werden** (s. § 286 Abs. 3 BGB). Ergibt die Abrechnung ein Guthaben, kann der Mieter auch dann aufrechnen, wenn der Vermieter in Insolvenz fallen sollte (s. § 95 InsO)[6].

130

---

1 AG Pinneberg ZMR 2004, 595 und AG Berlin-Mitte MM 2003, 383.
2 AG Köln WuM 2005, 49 und AG Aachen, WuM 2004, 611.
3 AG Neubrandenburg WuM 1994, 531; LG Berlin GE 1991, 151.
4 LG Berlin GE 1984, 133.
5 LG Düsseldorf DWW 1999, 182; LG Frankfurt/Main WuM 1997, 52; AG Langenfeld, Rheinland WuM 1996, 426; AG Köln, WuM 1996, 426; AG Bonn WuM 1996, 629.
6 BGH NZM 2007, 162.

3.6.3.4. Wärmecontracting

3.6.3.4.1. Zulässigkeit

131 Während es früher die Regel war, dass der Grundstückseigentümer nicht nur Eigentümer des Mietobjekts war, sondern auch der Heizungsanlage, hat sich in den letzten Jahren auch in Deutschland das sogenannte Wärmecontracting weiter durchgesetzt. **Wärmecontracting bedeutet**, dass der Vermieter eine Drittfirma mit der Wärmelieferung beauftragt. Diese stellt die Heizungsanlage und liefert die benötigte Wärmeenergie. Dabei stellt sie eine Heizungsanlage auf, die in ihrem Eigentum verbleibt und in der Regel nach 10–15 Jahren durch eine neue Heizungsanlage ersetzt wird. Auch die Wartung der Heizung obliegt der Drittfirma. Der Vorteil für den Vermieter liegt darin, dass er sich nicht um die Heizung zu kümmern braucht, sondern dies der Drittfirma überlassen kann. Dafür bezahlt der Vermieter mit seinem Entgelt nicht nur die reinen Energielieferungskosten sondern auch die Kosten, die für Wartung und Ersetzung der Heizungsanlage anfallen.

132 Fraglich war, ob und unter welchen Voraussetzungen der Vermieter die Kosten für dieses Wärmecontracting auf den Mieter umlegen kann. Dies ist auf jeden Fall dann möglich, wenn der Vermieter entweder bereits im Mietvertrag eine Ermächtigung zur Umstellung auf Wärmecontracting vereinbart oder sich nachträglich mit dem Mieter hierauf einigt. **Fehlt es an der Zustimmung des Mieters** im Mietvertrag oder an seiner nachträglichen Zustimmung, können die Kosten **nicht auf ihn umgelegt** werden[1]. Dieser Meinung des BGH ist beizupflichten. Enthält der Mietvertrag keine Ermächtigung des Vermieters auf Wärmecontracting umzusteigen, ist Vertragsgrundlage zwischen Vermieter und Mieter geworden, dass der Vermieter die Heizenergie stellt und der Mieter dafür die entsprechenden Betriebskosten zahlt. Dabei ist wesentlich, dass der Vermieter den Mieter nicht mit den Investitionskosten für die Heizung belasten kann und auch die Kosten für Reparaturen und einer Neuanschaffung nicht auf den Mieter umgelegt werden können. Selbst wenn ausnahmsweise im Rahmen einer Modernisierung die Kosten einer neuen Heizungsanlage umgelegt werden können, sieht das Gesetz eine Kappung auf 11 % der Kosten jährlich vor. Demgegenüber hat der Vermieter mit seinen Zahlungen an die Contractingfirma nicht nur die reinen Energiekosten zu begleichen, sondern auch die Kosten, welche die Fa. für Reparaturen, Wartung, und Neuanschaffung kalkuliert. Werden diese Kosten auf den Mieter umgelegt, wird dieser mit Kosten belastet, die er nach dem Mietvertrag nicht zu tragen hat. Dies stellt eine Änderung der Vertragsgrundlagen dar, welche nicht einseitig ohne Zustimmung des Mieters geschehen kann.

Praxistipp: Der BGH hat in den Entscheidungen klargestellt, dass es der Zustimmung des Mieters nicht bedarf, soweit der Mieter nur mit den Kos-

---

[1] BGH NJW 2006, 2185; BGH WuM 2005, 387.

ten belastet wird, die er auch ohne Wärmecontracting zahlen müsste. Hat der Vermieter daher eine Umstellung auf Wärmecontracting vorgenommen, ohne dass im Mietvertrag eine Zustimmung enthalten war, und hat der Mieter auch nicht nachträglich seine Zustimmung erklärt, sollte der Vermieter sich von der Contractingfirma eine Abrechnung erstellen lassen, welche die Kosten ausweist, die entstehen würden, wenn der Vermieter in Eigenregie die Heizwärme erbringen würde. Auf diese Weise können dann zumindest diese Kosten auf den Mieter umgelegt werden.

3.6.3.4.2. Konsequenzen

Fraglich ist weiterhin, welche Konsequenzen es hat, wenn der Vermieter die Mehrkosten des Wärmecontractings in der Nebenkostenabrechnung einbezieht, wenn dies unzulässig ist. In der Entscheidung von 2005 hat der BGH ausgeführt, dass die Heizungskosten nicht ordnungsgemäß abgerechnet und deshalb die Beträge nicht fällig geworden seien. Dies spricht dafür, dass der BGH von **einer formellen Unzulässigkeit** der Abrechnungen ausging. Ausdrücklich festgestellt hat er dies aber nicht. Für die formelle Unzulässigkeit spricht aber, dass der Vermieter zur Erstellung einer formell ordnungsgemäßen Nebenkostenabrechnung die Gesamtkosten ordnungsgemäß erfassen muss. Legt der Vermieter die vollen Contractingkosten um, ohne dass er dazu berechtigt ist, hat er diese Pflicht missachtet. Dies führt dann dazu, dass ein formeller Fehler vorliegt und daher die Abrechnung bereits formell falsch ist[1].

133

Praxistipp: Um zu vermeiden, dass die gesamte Nebenkostenabrechnung für unwirksam erklärt wird, sollte der Vermieter die Abrechnung in zwei Teile aufspalten: Einmal die sonstigen Betriebskosten ohne Heizkosten und zum anderen die Heizungskosten selber. Auf diese Weise wäre – sofern das Gericht von einer formellen Unzulässigkeit ausgeht – nur die Abrechnung über die Heizungskosten von der Unwirksamkeit umfasst.

Hat der Mieter die Kosten für das Wärmecontracting beglichen, ohne dass die Voraussetzungen für die Umlagefähigkeit gegeben waren, so besteht für den Mieter ein **Anspruch aus ungerechtfertigter Bereicherung**. Der Vermieter hat dann die durch das Wärmecontracting entstehenden Mehrkosten ohne Rechtsgrund erlangt und ist zur Rückzahlung verpflichtet[2].

134

Praxistipp: Hat der Mieter die Zahlungen ohne Rechtsgrund geleistet, sollte ein Vergleich zu den Kosten durchgeführt werden, die entstanden wären, wenn der Vermieter die Wärmelieferung selbst erbracht hätte. Der Differenzbetrag kann dann als ungerechtfertigte Bereicherung zurückgefordert werden.

---

1 BGH WuM 2006, 211.
2 BGH NJW 2006, 2185.

3.7. Kaution

135 Durch die Übergabe der Wohnung an den Mieter trägt der Vermieter die **Insolvenzgefahr des Mieters**. Ist dieser nicht in der Lage, die aus dem Mietverhältnis entstehenden Forderungen zu begleichen, hat der Vermieter seine Leistung erbracht, ohne die Gegenleistung zu erhalten. Um dem Vermieter eine Sicherheit zu geben, können die Parteien vereinbaren, dass eine Barkaution oder eine sonstige Sicherheit gestellt wird.

136 Der Vermieter von Wohnraum kann die Leistung einer **Kaution** maximal in Höhe der **3-fachen monatlichen Kaltmiete** verlangen (§ 551 Abs. 1 BGB). Die Kaution muss **ausdrücklich** vereinbart sein. Der Mieter ist zu **Teilzahlungen** berechtigt und kann die Kaution in drei gleich hohen Raten erbringen (§ 551 Abs. 2 BGB). Die Anlage der Kaution muss bei einem Kreditinstitut, vom **Vermögen** des Vermieters **getrennt** und zu dem für Sparguthaben mit 3-monatiger Kündigungsfrist üblichen Zinssatz erfolgen (§ 551 Abs. 3 Satz 3 BGB). Die Parteien können vertraglich auch eine andere, **ertragreichere Anlageform** vereinbaren (§ 551 Abs. 3 Satz 2 BGB). Der Vermieter kann sich mit der Stellung eines weniger effektiven Sicherungsmittels, z.B. einer Bürgschaft, zufrieden geben. War die **Verzinsung der Kaution** bereits vor dem 1.1.1983 ausgeschlossen, bleibt es auch künftig dabei (Art. 229 § 3 Abs. 8 EGBGB)[1].

137 Nach **Beendigung des Mietverhältnisses** ist die Kaution in **angemessener Frist** abzurechnen. Dabei gibt es keine feste Zeitspanne, vielmehr kommt es auf den konkreten Einzelfall an, ob die Frist abgelaufen ist[2]. Von den Instanzgerichten wird im Regelfall eine Frist von 6 Monaten gerechnet vom Ende des Mietverhältnisses an als angemessen angesetzt[3].

138 Im preisfreien Mietrecht kann die Kaution **zur Sicherung sämtlicher Forderungen** des Vermieters herangezogen werden. Im preisgebundenen Mietrecht kann der Vermieter nur in engem Rahmen eine Absicherung erreichen: Nur Forderungen, die aus Schäden an der Wohnung oder einer unterlassenen Schönheitsreparatur resultieren, sind als Sicherungszweck zulässig (s. § 9 Abs. 5 S. 1 Wohnungsbindungsgesetz). Wird ein nicht erlaubter Sicherungszweck vereinbart, ist im Zweifel die gesamte Klausel unwirksam. Nur dann, wenn sprachlich und sachlich eine Trennung der Klausel in einen wirksamen und einen unwirksamen Teil möglich ist, ist eine Erhaltung des an sich wirksamen Teils möglich.

---

1 Zu Einzelfragen der Übergangsvorschriften siehe: *Maciejewski* Mietrechtliche Mitteilungen 2001, 9.
2 BGH NJW 2006, 1422; BGH WuM 1987, 310.
3 AG Hamburg WuM 1997, 213; LG München WuM 1996, 541; OLG Celle NJW 1985, 1715.

3.8. Vertragsgemäßer Gebrauch

Neben der Mietdauer und dem Mietzins sollten von den Parteien auch **Regelungen über den vertragsgemäßen Gebrauch** getroffen werden. Ansonsten ist auf den jeweils zum Vertragsschluss üblichen Maßstab abzustellen, was zu Überraschungen führen kann.

139

Beispiel:
Der Mieter hatte eine Wohnung in einem Altbau gemietet. Die Wohnung verfügte über die zum Errichtungszeitpunkt übliche Elektrotechnik. Dies führte dazu, dass jedes Mal wenn der Mieter zwei Elektrogeräte gleichzeitig benutzte, die Sicherungen herausflogen. Der Mieter machte geltend, dass heutiger Standard die gleichzeitige Nutzung von wenigstens zwei Elektrogeräten sei und verlangte eine Modernisierung der Sicherungen. Der Vermieter lehnte dies mit dem Hinweis ab, dass es einen Anspruch auf Modernisierung nicht gebe. Während die 1. und 2. Instanz dem Vermieter Recht gaben, erkannte der Bundesgerichtshof darauf, dass zwar tatsächlich keine Modernisierung geschuldet werde. Da allerdings der vertragsmäße Gebrauch nicht definiert sei, sei auf den zum Vertragschluss üblichen Maßstab abzustellen. Dieser sehe vor, dass neben einem Großgerät wie einer Waschmaschine noch weitere elektrische Geräte gleichzeitig betrieben werden könnten. Da dies nicht möglich sei, liege ein Mangel vor, weswegen der Vermieter zur Gewährleistung verpflichtet sei und in diesem Rahmen die gewünschte Abhilfe zu treffen habe[1].

Vor diesem Hintergrund sollte von den Parteien bestimmt werden, was unter einen **vertragsgemäßen Gebrauch** zu verstehen ist. Diese Bestimmung der Parteien ist dann maßgeblich dafür, ob ein Mangel (§ 536 BGB) vorliegt. Dabei sind die Anforderungen an die Gebrauchstauglichkeit umso höher, je detaillierter die beabsichtigte Nutzung beschrieben ist[2].

140

Umgekehrt dient die Festlegung des vertragsgemäßen Gebrauchs auch dazu, die **Grenzen der Nutzung** für den Mieter festzulegen. Gerade bei Gewerbemietverträgen führt die erlaubte Nutzung immer wieder zu Problemen: Wird nicht weiter festgelegt, welches Gewerbe erlaubt ist, sind alle gewerblichen Nutzungen möglich. Hierunter soll dann auch die Nutzung der Wohnung als Bordell fallen und nicht mehr verboten werden können. Durch das Prostitutionsgesetz sei die Ausübung der Prostitution nicht mehr als sittenwidrig anzusehen, was dazu führe, dass die Prostitution ein Gewerbe wie jedes andere auch sei. Sei im Mietvertrag die gewerbliche Nutzung ohne weitere Einschränkung erlaubt, sei auch die Prostitution erlaubt[3].

141

Haben die Parteien keine Vereinbarung über den vertragsgemäßen Gebrauch getroffen, darf der Mieter Gegenstände wie **Kinderwagen** im Eingangsbereich abstellen, soweit dadurch keine Gefährdung eintritt[4].

142

---

1 BGH NJW 2004, 3174.
2 Reichsgericht RGZ 147, 304.
3 AG Aachen ZMR 2007, 41, mit Anm. *Sauren*.
4 BGH NZM 2007, 37.

3.9. Besonderheiten bei Eigentumswohnungen

143 Der Wohnungs- oder Teileigentümer befindet sich in einem **Spannungsfeld** zwischen seiner Rolle als Vermieter und als Mitglied einer WEG (§ 14 Nr. 2 WEG). Bei der Vermietung von Wohnungseigentum ist unbedingt darauf zu achten, dass der Inhalt des Mietvertrags hinsichtlich zulässiger Nutzung und Nutzungsbeschränkungen mit der **Teilungserklärung/Gemeinschaftsordnung** in Einklang gebracht wird. Auch kann der Wohnungseigentümer durch Mehrheitsbeschlüsse der Gemeinschaft mit seinen **mietvertraglichen Pflichten** in Konflikt geraten (z.B. Änderung des Abrechnungsschlüssels für Nebenkosten, Verbot der Tierhaltung, zeitliche Begrenzung des Musizierens).

144 Solche Beschlüsse **wirken gegen den Mieter nicht**, da zwischen ihm und der Gemeinschaft keine vertraglichen Pflichten bestehen. Im Wege der **Individualabsprache** sollte deshalb der **Inhalt von Beschlüssen der Eigentümergemeinschaft** in das **Mietverhältnis** eingeführt werden. Eine **Formulierung** könnte lauten:

> „Dem Mieter ist bekannt, dass es sich bei der gemieteten Wohnung/Geschäftslokal um eine Eigentumswohnung/Teileigentum handelt. Der Mieter erklärt sich bereit, Beschlüsse der Wohnungseigentümergemeinschaft, die sich auf den hier abgeschlossenen Mietvertrag auswirken, mit dem Zeitpunkt des Inkrafttretens als wirksamen Bestandteil des mit ihm bestehenden Mietvertrages anzuerkennen. Der Vermieter verpflichtet sich, den Mieter umgehend von Beschlüssen, die das Mietverhältnis berühren, zu unterrichten und ihm die ordnungsgemäße Beschlussfassung durch die Wohnungseigentümergemeinschaft nachzuweisen."[1]

4. Fragen während der Mietzeit

4.1. Mieterhöhung

145 Aufgrund der typischerweise langen Laufzeit von Mietverträgen ist der Vermieter berechtigt, eine Erhöhung der ursprünglich vereinbarten Miete zu verlangen. Rechtstechnisch handelt es sich bei der nachträglichen Mieterhöhung um eine Änderung des Mietvertrages. Unproblematisch ist der Fall, dass sich Vermieter und Mieter über die **Erhöhung der Miete einigen** (§ 557 Abs. 1 BGB). Aus Beweiszwecken sollte die Schriftform gewählt werden. Darüber hinaus darf es auch hier nicht zu einer Mietpreisüberhöhung kommen. Ist im Mietvertrag eine **Staffelmiete**[2] vereinbart, ergibt sich die Steigerung der Miete automatisch aus der vereinbarten Staffelung,

---

1 Im Einzelnen siehe das Textmuster mit Anmerkungen in Teil E Muster 6 Rz. 24.
2 Siehe Rz. 220.

sie ist aber auch darauf begrenzt. In den anderen Fällen sieht das Gesetz für Mieterhöhungen ein **Verfahren mit Form- und Begründungserfordernissen** vor: Alle Mieterhöhungsverlangen müssen gegenüber dem Mieter **schriftlich** geltend gemacht und **begründet** werden, wobei die Textform ausreicht (§ 126b BGB).

4.1.1. Mieterhöhungen ohne Anlass

4.1.1.1. Mieterhöhungen bis zur ortsüblichen Vergleichsmiete

Eine **Mieterhöhung bis zur ortsüblichen Vergleichsmiete** kann verlangt werden, wenn die Miete in dem Zeitpunkt, zu dem die Erhöhung eintreten soll, seit 15 Monaten unverändert ist und das Mieterhöhungsverlangen frühestens ein Jahr nach dem Wirksamwerden der letzten Mieterhöhung geltend gemacht wird (§ 558 Abs. 1 BGB). Ein Mieterhöhungsverlangen, das dem Mieter zu einem früheren Zeitpunkt zugeht, ist unwirksam und muss wiederholt werden. Die Mieterhöhung ist beschränkt auf die sog. **Kappungsgrenze** (§ 558 Abs. 3 BGB), nach der sich die Miete innerhalb von drei Jahren nicht mehr als 20 % erhöhen darf. Bei der Erhöhungsfrist und der Kappungsgrenze bleiben Mieterhöhungen wegen Modernisierung oder Erhöhung der Betriebskosten allerdings unberücksichtigt (§ 558 Abs. 1 und 3 BGB). 146

Ausnahmsweise kann eine **Mieterhöhung bis zur ortsüblichen Vergleichsmiete ausgeschlossen** sein, wenn dies im Mietvertrag vereinbart wurde oder sich aus den Umständen des Einzelfalls ergibt (§ 557 Abs. 3 BGB). Alleine der Abschluss eines befristeten Mietvertrages rechtfertigt nicht die Annahme, dass die Miete während der Vertragszeit nicht erhöht werden soll[1]. 147

Bei der **Begründung der Mieterhöhung** kann Bezug genommen werden auf einen sog. einfachen oder sog. qualifizierten Mietspiegel, die Auskunft einer Mietdatenbank, ein Gutachten eines öffentlich bestellten und vereidigten Sachverständigen oder die Benennung von 3 Vergleichswohnungen (§ 558a Abs. 2 BGB). 148

Nach dem Gesetz ist der **qualifizierte Mietspiegel** das primäre Begründungselement. Ihm kommt im Mieterhöhungprozess die (widerlegbare) Vermutung zu, dass die angegebenen Entgelte tatsächlich die ortsübliche Vergleichsmiete wiedergeben (§ 558d Abs. 3 BGB). Ein Mietspiegel soll von den Gemeinden für Teile, das gesamte oder sogar mehrere Gemeindegebiete aufgestellt werden und enthält die Übersicht über die ortsüblichen Vergleichsmieten (§ 558c Abs. 1 und 2 BGB). Eine Verpflichtung zur Aufstellung besteht nicht (§ 558c Abs. 4 BGB). Der Mietspiegel ist nur dann qualifiziert, wenn er nach anerkannten wissenschaftlichen Grundsätzen 149

---

1 OLG Stuttgart WuM 1994, 420.

erstellt, von der Gemeinde oder den Interessenvertretern von Vermietern und Mietern anerkannt (§ 558d Abs. 1 BGB) und innerhalb von 2 Jahren der Marktentwicklung angepasst bzw. 4 Jahren neu erstellt wurde (§ 558d Abs. 2 BGB). Werden diese Vorschriften nicht beachtet, sinkt der qualifizierte zum einfachen Mietspiegel herab.

150 Liegt zum Zeitpunkt des Mieterhöhungsverlangens kein aktuell angepasster oder qualifizierter Mietspiegel vor, kann die Begründung auch auf einen veralteten oder den Mietspiegel einer vergleichbaren Gemeinde gestützt werden (§ 558a Abs. 4 BGB). Weist der Mietspiegel eine **Spanne der ortsüblichen Miete** aus (z.B. von 5 Euro bis 6,50 Euro) genügt es, dass die verlangte neue Miete innerhalb dieser Spanne liegt (§ 558a Abs. 4 BGB). Einer besonderen Begründung für die Ansiedlung der neuen Miete im oberen Bereich der Spanne bedarf es nicht.

151 Haben sich die Vergleichsmieten seit dem **Stichtag des einfachen oder qualifizierten Mietspiegels weiterentwickelt**, kann der Vermieter zu den Werten des Mietspiegels einen Zuschlag addieren. Dabei muss der Vermieter die Steigerung der ortsüblichen Vergleichsmiete ermitteln und kann hieraus die Steigerung für sein Mietobjekt ermitteln (sog. Interpolation)[1].

Beispiel:
Der Mietspiegel errechnet die Mieten innerhalb einer bestimmten Gruppe auf 8 Euro pro qm mit Stichtag 1.6.2006. Am 1.7.2008 will der Vermieter die Miete erhöhen. Die Mieten innerhalb der Vergleichsgruppe haben sich auf 8,50 Euro pro qm erhöht. Der Vermieter kann dann diese 8,50 Euro ansetzen und nicht nur die 8 Euro.

152 Da auch ein vorliegender **qualifizierter Mietspiegel unzutreffend** sein kann, darf das Mieterhöhungsverlangen auch auf **andere Begründungsmittel**, z.B. ein Sachverständigengutachten oder Vergleichswohnungen, gestützt werden. Allerdings müssen dann die im qualifizierten Mietspiegel über die Wohnung enthaltenen Angaben im Mieterhöhungsverlangen mitgeteilt werden (§ 558a Abs. 3 BGB). Dem Vermieter obliegt es also zu widerlegen, dass die im qualifizierten Mietspiegel ausgewiesene Vergleichsmiete unzutreffend ist. Stellt sich im Rahmen der Klage auf Zustimmung zur Mieterhöhung die Richtigkeit des qualifizierten Mietspiegels heraus, erhält der Vermieter dann immer noch den dort ausgewiesenen Betrag.

153 Das Mieterhöhungsverlangen kann auch auf das mit Gründen versehene **Gutachten eines öffentlich bestellten und vereidigten Sachverständigen** gestützt werden (§ 558a Abs. 2 Nr. 3 BGB). Der Sachverständige muss, um die Überprüfbarkeit für den Mieter zu gewährleisten, darlegen, welche konkreten Vergleichswohnungen er herangezogen hat und welcher Mietpreis dort erzielt wird[2]. Erteilt der Eigentümer oder Mieter der Vergleichswohnung keine Zustimmung zur Offenlegung seiner Adresse, müssen in dem Gutachten zumindest die Vergleichskriterien der Wohnungen wie Lage,

---
1 OLG Stuttgart WuM 1994, 58.
2 BVerfG NJW 1995, 40.

Ausstattung, etc. detailliert dargelegt werden[1]. Die Kosten des Gutachtens sind vom Vermieter zu tragen. Anderes gilt nur, wenn in einem späteren Rechtsstreit ein Gutachten eingeholt wird, dessen Kosten dann i.d.R. dem Unterliegenden auferlegt werden.

Wird das Mieterhöhungsverlangen auf die Benennung von **mindestens drei vergleichbaren Wohnungen** (§ 558a Abs. 2 Nr. 4 BGB) gestützt, müssen diese für den Mieter identifizierbar und so beschrieben sein, dass er sich von der Vergleichbarkeit mit seiner Wohnung ein Bild machen kann. Die Wohnungen müssen nach Art, Größe, Ausstattung, Beschaffenheit und Lage nur vergleichbar sein, können also von der Wohnfläche her und in Details der Ausstattung abweichen. Alle benannten Vergleichsmieten müssen mindestens so hoch sein wie die neu verlangte Miete[2]. Die Wohnungen können auch aus dem Wohnungsbestand des Vermieters stammen und in dem vom Mieter bewohnten Haus liegen[3]. 154

Das Mieterhöhungsverlangen kann auch auf die **Auskunft aus einer Mietdatenbank** (§ 558e BGB) gestützt werden. Als Mietdatenbank wird eine von den Gemeinden oder den Interessenverbänden gemeinsam geführte oder anerkannte Sammlung von Mieten, aus der Auskünfte gegeben werden, die für einzelne Wohnungen einen Schluss auf die ortsübliche Vergleichsmiete zulassen (§ 558e BGB) verstanden. Die Auskunft muss so beschaffen sein, dass nicht nur der Wert mitgeteilt wird, sondern möglichst konkrete Angaben gemacht werden. Auch hier können die Kosten nicht dem Mieter auferlegt werden. Vor Gericht kann die Auskunft nicht als Beweismittel verwandt werden[4]. 155

Zur **Wirksamkeit der Mieterhöhung ist die Zustimmung des Mieters** notwendig (§ 558b Abs. 1 BGB). Für die Zustimmung steht ihm eine Überlegungsfrist bis zum Ablauf des 2. Kalendermonats nach Zugang des Erhöhungsverlangens zu (§ 558b Abs. 2 BGB). Wird die Zustimmung erteilt, ist die höhere Miete ab dem 3. Kalendermonat nach Zugang des Erhöhungsverlangens zu zahlen (§ 558b Abs. 1 BGB). Wird die erhöhte Miete ohne ausdrückliche Zustimmung ohne irgendwelchen Vorbehalt gezahlt, kann dies als konkludente Zustimmung angesehen werden[5]. Allerdings ist in der Rechtsprechung umstritten, ob und ab wie vielen Zahlungen eine konkludente Zustimmung angenommen werden kann. So nimmt der BGH an, dass auch bei mehreren Zahlungen nicht zwangsläufig eine Zustimmung angenommen werden kann[6]. Lehnt der Mieter die Zustimmung ganz oder teilweise ausdrücklich ab, oder äußert er sich nicht und zahlt auch die höhere Miete nicht, gilt die Zustimmung als verweigert. Der Vermieter muss 156

---

1 BVerfG WuM 1998, 13.
2 OLG Karlsruhe WuM 1984, 21.
3 OLG Frankfurt WuM 1984, 123; OLG Karlsruhe WuM 1984, 188.
4 *Schmidt-Futterer/Börstinghaus*, § 558e Rz. 8; *Palandt/Weidenkaff* § 558e Rz. 5.
5 *Schmidt-Futterer/Börstinghaus* § 558b Rz. 25; LG Trier WuM 1994, 217.
6 BGH NJW 1998, 445.

zur Durchsetzung der Mieterhöhung dann innerhalb einer Frist von weiteren **3 Monaten Klage auf Erteilung der Zustimmung** erheben (§ 558b Abs. 2 BGB). Wird diese **Frist versäumt**, gehen die Rechte aus dem Mieterhöhungsverlangen verloren und es muss ein komplett neues Erhöhungsverlangen durchgeführt werden.

157 Seit 1982 wird die Sperrwirkung für das Erhöhungsverlangen aber nicht mehr an das Erhöhungsverlangen an sich angeknüpft[1]. Vielmehr knüpft die Sperrwirkung alleine daran, ob die Miete seit 15 Monaten unverändert geblieben ist. Erteilt der Mieter keine Zustimmung und klagt der Vermieter nicht, tritt keine Veränderung ein. Der Vermieter kann somit sofort ein weiteres Verlangen an den Mieter richten.

Praxistipp: Hat der Mieter teilweise seine Zustimmung erklärt, und erhebt der Vermieter wegen des Restes keine Klage, wird die Sperrwirkung ausgelöst[2]. Der Vermieter kann dann für den Restbetrag erst nach Ablauf der 15 Monate ein weiteres Verlangen aussprechen. Während bei einer vollständigen Ablehnung der Vermieter damit überlegen kann, ob er Klage erhebt oder besser ein neues Verlangen ausspricht, muss der Vermieter selbst dann, wenn der Mieter nur wegen eines 1 Euro zustimmt, klagen, wenn er nicht 15 Monate warten will.

158 Zeigt sich während des Zustimmungsprozesses ein Fehler, der das **Zustimmungsverlangen fehlerhaft oder unwirksam** macht, kann der Vermieter den Mangel beheben, z.B. die Begründung ergänzen oder ein Gutachten nachreichen, oder das Zustimmungsverlangen insgesamt nachholen (§ 558b Abs. 3 BGB). Allerdings steht dem Mieter dann erneut eine Zustimmungsfrist bis zum Ablauf des 2. Monats nach Zustellung zu. Außerdem wird der Vermieter i.d.R. die Kosten des Rechtsstreits zu tragen haben.

4.1.1.2. Mieterhöhung bei Indexmiete

159 Ist eine **Indexmiete** vereinbart, kann bei gestiegenen Lebenskosten eine Mieterhöhung geltend gemacht werden. Einzig zugelassener Index ist der vom **Statistischen Bundesamt ermittelte Preisindex für die Lebenshaltung aller privaten Haushalte in Deutschland** (§ 557b Abs. 1 BGB). Demgemäß ist für die Begründung der Mieterhöhung die Änderung des Preisindexes sowie die geänderte Miete oder der Betrag, um den sich die Miete erhöht, in einer Geldsumme anzugeben (§ 557b Abs. 3 BGB). Die geänderte Miete ist mit dem Beginn des übernächsten Monats nach dem Zugang der Erhöhungserklärung zu entrichten (§ 557b Abs. 3 BGB). Während der Laufzeit der Indexmiete muss die Miete jeweils ein Jahr unverändert bleiben (§ 557b Abs. 2 BGB). Davon unberührt bleibt eine Mieterhöhung wegen Modernisierung (§ 559 BGB), die aufgrund von Umständen durchgeführt wurde, die

---

1 *Schmidt-Futterer/Börstinghaus* § 558b Rz. 87; LG Berlin GE 1996, 865.
2 LG Berlin NJWE-Mietrecht 1997, 125; LG Mannheim ZMR 1994, 516.

der Vermieter nicht zu vertreten hat, sowie bei einer Erhöhung der Betriebskosten (§ 560 BGB).

4.1.1.3. Staffelmiete

Der Vermieter kann mit dem Mieter auch eine sog. **Staffelmiete** vereinbaren. Dabei vereinbaren die Parteien, dass während des Mietverhältnisses nicht immer dieselbe Miete gelten soll, sondern die Miete sich zu bestimmten Zeitpunkten verändern soll.

160

Beispiel:
Der Mietvertrag wird am 1.1.2007 abgeschlossen. Als Kaltmiete sind 500 Euro vorgesehen. Ab dem 1.1.2008 sollen 520 Euro gezahlt werden, ab dem 1.1.2009 540 Euro und ab dem 1.1.2010 560 Euro.

Die Parteien können auch eine so genannte **umgekehrte Staffelmiete** vereinbaren. Hierunter versteht man, wenn der Vermieter verpflichtet ist, auf den vereinbarten Mietpreis einen im Laufe der Mietzeit geringer werdenden Nachlass zu gewähren.

Beispiel:
Auf eine Miete von 700 Euro hat der Vermieter im ersten Jahr einen Nachlass von 200 Euro, im zweiten Jahr von 100 und im dritten Jahr von 50 Euro zu gewähren.

Wird eine Staffelmiete vereinbart, kann der Vermieter während der Laufzeit die Miete weder bis zur ortsüblichen Vergleichsmiete anheben, noch eine Mieterhöhung wegen Modernisierung durchführen (vgl. § 557a Abs. 2 Satz 2 BGB). Die Staffelmiete kann nicht mit einer Indexmiete kombiniert werden. Die Mieterhöhung wegen der Veränderung des Preislebensindexes setzt voraus, dass die Miete für mindestens ein Jahr unverändert geblieben ist. Durch die Staffelmiete wird jedoch gerade die Miete verändert, so dass eine Anwendung der Indexmiete ausscheidet. Daraus ergeben sich für den Vermieter Vor- und Nachteile:

161

Durch die Staffelmiete kann der Vermieter sicher über einen längeren Zeitraum hinweg Mietsteigerungen vornehmen. Da die Zustimmung des Mieters bereits bei Abschluss des Mietvertrages bzw. bei Vereinbarung der Staffelmiete gegeben wird, braucht der Vermieter auch nicht die Mieterhöhungsverfahren wie bei Modernisierung bzw. Anhebung bis zur ortsüblichen Vergleichsmiete durchzuführen. Des Weiteren bietet sich für den Vermieter der Vorteil, dass auch Mieten erzielt werden können, die über der ortsüblichen Vergleichsmiete liegen. Umgekehrt besteht jedoch für den Vermieter der Nachteil, dass je nach Kostensteigerung die Miete hinter der tatsächlichen Entwicklung zurückbleiben kann. Weiterhin kann der Vermieter selbst dann **Modernisierungskosten nicht auf die Mieter umlegen**, wenn er aufgrund gesetzlicher Vorschrift zur Durchführung verpflichtet ist.

162

Umgekehrt ergeben sich für den Mieter dieselben Vor- und Nachteile:

163

Der Mieter hat für den Zeitraum der **Staffelmiete** eindeutig vor Augen, welche Mietbelastungen auf ihn zukommen. Er braucht nicht mit einer Mieterhöhung bis zur Vergleichsmiete oder wegen Modernisierungen zu rechnen. Umgekehrt muss der Mieter aber den Nachteil in Kauf nehmen, dass der Vermieter durch die Staffelmiete auch Mieten erzielen kann, die über der ortsüblichen Vergleichsmiete liegen und die Mieten auch um Beträge erhöht werden können, die über denen einer Mieterhöhung wegen Modernisierung liegen. Außerdem besteht das Risiko, dass Modernisierungen, die zwar sinnvoll aber gesetzlich nicht vorgeschrieben sind, vom Vermieter unterlassen werden, weil er die Kosten auf den Mieter nicht umlegen kann.

164 Die Vereinbarung einer Staffelmiete muss **schriftlich erfolgen** (§ 557a Abs. 1, erster Halbsatz BGB). Daher muss die Vereinbarung eigenhändig unterschrieben werden. Weiter muss Vereinbarung entweder die jeweilige neue Miete oder die jeweilige Erhöhung in einem Geldbetrag ausweisen.

Beispiel für zulässige Klausel:
1. Die Miete beträgt 300 Euro. Sie erhöht sich jeweils zu folgenden Terminen auf folgende Beträge:
ab 1.1.2008 auf 325 Euro
ab 1.1.2009 auf 350 Euro
ab 1.1.2010 auf 375 Euro
2. Die Miete beträgt 300 Euro. Sie erhöht sich jeweils zu folgenden Terminen um folgende Beträge:
am 1.1.2008 um 25 Euro
am 1.1.2009 um 25 Euro
am 1.1.2010 um 25 Euro

Ebenso ist zulässig, für verschiedene Termine unterschiedliche Erhöhungsbeträge anzusetzen. So könnte beispielsweise die Miete im obigen Beispiel zum 1.1.2008 um 25 Euro und zum 1.1.2009 um 50 Euro und zum 1.1.2010 um 30 Euro erhöht werden. Maßgeblich ist, dass entweder ein klarer Mietbetrag angegeben ist oder ein klarer Erhöhungsbetrag.

165 **Nicht zulässig** wären demnach folgende Erhöhungen:
 – Die Miete beträgt monatlich 10 Euro pro Quadratmeter. Die Miete erhöht sich ab 1.11.2007 auf 11 Euro pro Quadratmeter, ab 1.11.2008 auf 13 Euro pro Quadratmeter und ab 1.11.2009 auf 14 Euro pro Quadratmeter oder
 – Die Miete beträgt 300 Euro. Die Miete erhöht sich ab 1.11.2007 um jeweils 0,10 Euro je Quadratmeter oder
 – Die Miete beträgt 300 Euro. Sie erhöht sich in der Zeit vom 1.1.2007 bis zum 1.1.2010 jeweils am 1.1. eines Jahres um 4 % oder
 – Die Miete beträgt 700 Euro. Sie erhöht sich in der Zeit vom 1.1.2007 bis zum 1.1.2010 jeweils auf die ortsübliche Vergleichsmiete zuzüglich 20 %.

166 Ist **die Angabe des Erhöhungsbetrages** bzw. der Miete unwirksam, ist die gesamte Staffelmietvereinbarung unwirksam. Hat der Mieter aufgrund ei-

ner unzulässigen Staffelmietvereinbarungen Zahlungen geleistet, kann er diese aus ungerechtfertigter Bereicherung zurückverlangen[1]. Der Rückzahlungsanspruch kann jedoch einerseits verwirkt sein, etwa wenn beide Seiten über lange Zeit hinweg von der Wirksamkeit ausgegangen sind[2]. Weiterhin kann die Rückzahlung auch verjährt sein. Die dreijährige Verjährungsfrist beginnt mit Ende des Jahres, in dem der Rückzahlungsanspruch entstanden ist und der Mieter Kenntnis von der Unwirksamkeit der Vereinbarung hatte bzw. aufgrund grober Fahrlässigkeit nicht kannte. Unabhängig von der Kenntnis tritt die Verjährung nach 10 Jahren ein (§ 199 IV BGB).

Beispiel:
Hat der Mieter aufgrund einer unwirksamen Staffelmietvereinbarung im Jahre 2006 Mietzahlungen erbracht und erfährt noch im Jahre 2006 von der Unwirksamkeit, beginnt die Verjährungsfrist von drei Jahren am 1.1.2007 und endet am 31.12.2009. Erfährt der Mieter nichts von der Unwirksamkeit der Vereinbarung, beginnt die Verjährung am 1.1.2007 und endet am 31.12.2016.

Sind der Erhöhungsbetrag bzw. die erhöhte Miete wirksam in der Vereinbarung angegeben, muss noch der **Zeitraum zwischen den Erhöhungen** genau bestimmt sein. Hierzu ist es notwendig, genau anzugeben, ab wann welcher Erhöhungsbetrag zu zahlen ist. Ausreichend ist hierfür, dass der Erhöhungszeitpunkt nach dem Kalender bestimmbar ist. An andere Ereignisse darf nicht angeknüpft werden, unabhängig davon, ob der Eintritt sicher ist, ob der Zeitpunkt des Eintritts ungewiss ist oder ob bereits ungewiss ist, ob er überhaupt eintritt. 167

Beispiel für zulässigen Zeitpunkt:
Die Miete beträgt ab 1.1.2008 400 Euro. Sie erhöht sich nach jeweils 12 Monaten um 30 Euro.

Beispiel für unzulässigen Zeitpunkt:
Die Miete beträgt 500 Euro. Sie erhöht sich nach der nächsten Bundestagswahl auf 510 Euro oder
Die Miete beträgt 200 Euro. Sie erhöht sich ab dem Zeitpunkt, da Deutschland wieder Fußballweltmeister wird um 500 Euro.

Zwischen den einzelnen Erhöhungszeitpunkten muss die Miete **mindestens ein Jahr konstant** bleiben. Liegt auch nur bei einem Erhöhungszeitraum ein kürzer Zeitabstand vor, ist für die gesamte Vereinbarung unwirksam. 168

Beispiel:
Die Miete beträgt 700 Euro. Sie erhöht sich zu folgenden Zeitpunkten auf folgende Beträge:
Ab 1.1.2008 auf 900 Euro
Ab 1.6.2008 auf 1000 Euro
Ab 1.6.2009 auf 1100 Euro

---
1 LG Berlin GE 2002, 804; LG Kiel WuM 2000, 308.
2 *Schmidt-Futterer/Börstinghaus* § 557a Rz. 41.

In diesem Fall liegt der Abstand zwischen 1.1.2008 und 1.1.2006 bei 6 Monaten und ist damit zu kurz. Dies führt dazu, dass die gesamte Vereinbarung unwirksam ist.

169 Ist **der letzte Zeitpunkt** der Staffelmietvereinbarung erreicht, **hört die Staffelmietvereinbarung auf zu existieren**. Sie setzt sich nicht etwa mit der Folge fort, dass auch zum nächsten errechneten Zeitpunkt die Miete sich automatisch weiterentwickelt.

Beispiel:
Haben die Parteien vereinbart, dass jeweils zum 1.1. eines Jahres die Miete sich um 50 Euro erhöht und die Vereinbarung bis zum 1.1.2011 begrenzt, erhöht sich die Miete am 1.1.2012 nicht um weitere 50 Euro. Vielmehr ist der Mietzins zu zahlen, der am 1.1.2011 galt.

170 Ist die Staffelmietvereinbarung beendet, kann der Vermieter die Miete bis zur Vergleichsmiete anheben bzw. wegen Modernisierung die Miete erhöhen. Voraussetzung dafür ist nur, dass die normalen Bedingungen der Mieterhöhungen vorliegen, d.h. insbesondere bei der Mieterhöhung zur Vergleichsmiete die Miete seit 15 Monaten unverändert war. Der Vermieter ist auch nicht daran gehindert, eine Mieterhöhung wegen einer Modernisierung vorzunehmen, die im Zeitraum der Staffelmietvereinbarung vorgenommen wurde[1].

Beispiel:
Hatten die Parteien für den Zeitraum 1.1.2007 bis 1.1.2009 eine Staffelmietvereinbarung vereinbart und ist am 31.7.2008 eine Modernisierung vorgenommen worden, kann der Vermieter nach dem 1.1.2009 die Mieterhöhung wegen Modernisierung vornehmen. Unter Umständen kann allerdings die Mieterhöhung verwirkt sein.

171 Als Besonderheit bei Staffelmietverträgen ist noch zu berücksichtigen, dass ein eventueller **Verzicht des Mieters** auf **sein (ordentliches) Kündigungsrecht** höchstens vier Jahre ab Abschluss der Staffelmietvereinbarung ausgeschlossen werden kann[2].

4.1.2. Mieterhöhung aus bestimmtem Anlass

4.1.2.1. Mieterhöhung bei Modernisierung

172 Voraussetzung für die Mieterhöhung wegen Modernisierung ist, dass der Vermieter bauliche Maßnahmen durchgeführt hat, die den **Gebrauchswert der Mietsache** nachhaltig **erhöhen**, die **allgemeinen Wohnverhältnisse** auf Dauer **verbessern**, eine **nachhaltige Einsparung** von **Energie oder Wasser** bewirken oder andere bauliche Maßnahmen aufgrund von Umständen durchführt, die er nicht zu vertreten hat, z.B. aufgrund behördlicher Anordnung (§ 559 Abs. 1 BGB). Die **Durchführung von baulichen Maßnahmen** ist dem Mieter spätestens drei Monate vor deren Beginn in Textform nach Art,

---

1 *Schmidt-Futterer/Börstinghaus* § 557a Rz. 52 und 53.
2 BGH WuM 2006, 152.

Umfang, Dauer und voraussichtlicher Mieterhöhung **mitzuteilen** (§ 554 Abs. 3 BGB).

Die jährliche Miete, also die aktuell gezahlte, kann um **11 %** der **für die Wohnung** aufgewendeten Kosten erhöht werden. Sind bauliche Maßnahmen für mehrere Wohnungen durchgeführt worden, sind die Kosten angemessen zu verteilen (§ 559 Abs. 2 BGB). Kosten die vom Mieter oder für diesen von einem Dritten übernommen werden oder mit Zuschüssen aus öffentlichen Haushaltmitteln gedeckt werden, gehören nicht zu den Kosten der Maßnahme, die prozentual umgelegt werden können (§ 559a Abs. 1 BGB). Gleiches gilt für die Zinsersparnis durch zinslose oder zinsverbilligte Darlehen aus öffentlichen Haushalten (§ 559a Abs. 2 BGB), Mieterdarlehen, Mietvorauszahlungen oder von Dritten erbrachte Leistungen (§ 559a Abs. 3 BGB). Zuschüsse oder Darlehen, die einzelnen Wohnungen nicht zugeordnet werden können, sind nach dem Verhältnis der für die betroffenen Wohnungen entstandenen Kosten aufzuteilen (§ 559a Abs. 4 BGB).

173

Zur **Begründung der Mieterhöhung** muss die Mieterhöhung anhand der entstandenen Kosten berechnet und erläutert werden. Das gilt insbesondere dafür, wie sich die Kosten auf mehrere Wohnungen verteilen und welche Drittmittel, ggf. auf die einzelnen Wohnungen bezogen, berücksichtigt sind (§ 559b Abs. 1 BGB).

174

Die erhöhte Miete ist mit Beginn des dritten Monats nach dem Zugang der Erhöhungserklärung zu zahlen (§ 559b Abs. 2 BGB). Ist dem Mieter vor Beginn der Maßnahme keine rechtzeitige Mitteilung gemacht worden, oder liegt die Mieterhöhung über 10 % der als voraussichtlich mitgeteilten, verlängert sich diese Frist um 6 Monate (§ 559b Abs. 2 BGB).

4.1.3. Übergangsregelung

Ist dem Mieter die Ankündigung über die Modernisierung vor dem 1.9.2001 wirksam zugegangen, gilt weiter altes Recht (s. Art. 229 § 3 Abs. 1 Nr. 2 EGBGB). Gleiches gilt für **Mieterhöhungsverlangen**, z.B. wegen Modernisierung, Kapitalkostensteigerung oder allgemeiner Mieterhöhung (s. Art. 229, § 3 Abs. 1 Nr. 2 EGBGB).

175

4.1.4. Sonderkündigungsrecht

Bei einer Mieterhöhung bis zur ortsüblichen Vergleichsmiete (§ 558 BGB) oder wegen Modernisierung (§ 559 BGB) steht dem Mieter ein **Sonderkündigungsrecht** zu (§ 561 Abs. 1 BGB). Die Kündigung muss bis zum Ablauf des 2. Monats nach Zugang des Mieterhöhungverlangens erfolgen und tritt zum Ablauf des übernächsten Monats ein.

176

Beispiel:
Geht dem Mieter am 1.1. das Mieterhöhungsverlangen zu, kann er bis zum 31.3. kündigen. Die Kündigung wird dann zum 31.5. wirksam.

Kündigt der Mieter, so wird nicht nur das Mietverhältnis beendet, sondern auch die Mieterhöhung tritt nicht in Kraft. Dies gilt aber nur dann, wenn der Mieter aufgrund der Mieterhöhung kündigt. Hat der Mieter gekündigt, weil er unabhängig von der Mieterhöhung den Mietvertrag beenden will, tritt die Wirkung des Sonderkündigungsrechtes nicht ein. Hat der Mieter vor Zugang der Mieterhöhung bereits wirksam gekündigt, muss er nochmals kündigen, wenn er die Wirkung der Mieterhöhung entkräften möchte[1]. Wird die vorherige Kündigung erst nach dem Zeitpunkt wirksam, zu welcher die Kündigung des Mieters wirksam wird und will der Mieter früher das Mietverhältnis beenden, muss er ebenfalls erneut unter Bezugnahme auf das Sonderkündigungsrecht kündigen[2].

4.1.5. Sozialwohnungen, preisgebundener Wohnraum

177 Die vorstehend erläuterten Vorschriften über das Mieterhöhungsverlangen bis auf die Staffelmiete gelten nur für den nicht preisgebundenen Wohnungsbau. Für **Sozialwohnungen** bestehen Sondervorschriften nach dem Wohnungsbindungsgesetz und der Neubaumietenverordnung. Will der Vermieter hier eine Mieterhöhung erreichen, muss er eine neue Wirtschaftlichkeitsberechnung genehmigen lassen.

Der Ausschluss der Mieterhöhungen nach den Regeln des preisfreien Mietraums gilt aber nur dann, wenn tatsächlich preisgebundener Wohnraum vorliegt; haben die Parteien im Mietvertrag festgelegt, dass preisgebundener Wohnraum vorliegt, obgleich dies nicht der Fall ist, sind einseitig vorgenommene Mieterhöhungen unwirksam. Der Mieter kann dann diese aus ungerechtfertigter Bereicherung zurückverlangen[3].

4.2. Verkauf der Mietsache

178 Wird die Mietsache während des **laufenden Mietverhältnisses verkauft**, gehen die Rechte und Pflichten aus dem Mietvertrag zum Zeitpunkt der Eintragung im Grundbuch grds. auf den Erwerber über. Der ursprüngliche Vermieter bleibt aber in der Haftung, bis er dem Mieter den Eigentumsübergang angezeigt hat (§ 566 Abs. 2 BGB) (siehe im Einzelnen die §§ 566 bis 567b BGB).

4.3. Umwandlung in Wohnungseigentum

179 Wird an den Mieträumen nach Überlassung an den Mieter **Wohnungseigentum begründet** oder sollen umgewandelte Wohnungen an einen **Dritten verkauft** werden, steht dem Mieter ein Vorkaufsrecht zu (s. § 577 BGB).

---

1 AG Frankfurt/Main WuM 1989, 580; LG Wiesbaden WuM 1988, 265.
2 AG Frankfurt/Main NZM 2002, 383; *Schmidt-Futterer/Börstinghaus* § 561 Rz. 48.
3 BGH WuM 2007, 133.

Das gilt allerdings nicht beim Verkauf an **Familienangehörige** oder **Angehörige des Hausstandes** (§ 577 Abs. 1 BGB).

Der beabsichtigte Verkauf, der Inhalt des Kaufvertrages und das Vorkaufsrecht muss dem Mieter mitgeteilt werden (§ 577 Abs. 2 BGB). Der Mieter muss sein Vorkaufsrecht innerhalb von **zwei Monaten** seit der Mitteilung schriftlich ausüben (§ 577 Abs. 3 BGB).

Bei Umwandlung besteht für den Mieter ein **Kündigungsschutz**. Der Erwerber des Wohnungseigentums kann sich zur Kündigung für **3 Jahre** seit seiner Eintragung im Grundbuch nicht auf die berechtigten Interessen des **Eigenbedarfs** oder der **wirtschaftlichen Verwertung** (§ 573 Abs. 2 Nr. 2 und 3 BGB) berufen (§ 577a Abs. 1 BGB). Diese Frist kann durch Verordnung der Landesregierung auf 10 Jahre verlängert werden, wenn eine ausreichende Versorgung mit Mietwohnungen gefährdet ist (§ 577a Abs. 2 BGB).

180

4.4. Tod des Mieters

Der Tod des Mieters kann einerseits zum Eintritt bestimmter Personen in das Mietverhältnis führen (§ 563 BGB) oder aber zur **Fortsetzung des Mietverhältnisses** mit dem überlebenden Mietern (§ 563a BGB). Beide Vorschriften sind nur anwendbar, wenn der Mieter eine natürliche Person ist. Eine Anwendung auf juristische Personen kommt nicht in Betracht[1].

181

4.4.1. Eintrittsrecht (§ 563 BGB)

4.4.1.1. Eintrittsberechtigte

Beim Tod des Mieters kommen in verschiedenen **Rangstufen** mehrere Personenkreise als Eintrittsberechtigte in Betracht. Dabei kommen die nachrangigen Personenkreise nur in Betracht, wenn entweder keine vorrangigen Personen vorhanden sind oder diese ausgeschlagen haben.

182

War der Mieter **verheiratet** und hatte mit seinem Ehegatten einen gemeinsamen Haushalt geführt, tritt der überlebende Ehegatte nunmehr in das Mietverhältnis ein (§ 563 Abs. 1 Satz 1 BGB). Während früher umstritten war, ob auch für einen gleichgeschlechtlichen Partner ein Eintrittsrecht gegeben ist, hat der Gesetzgeber nunmehr ausdrücklich angeordnet, dass auch für den Lebenspartner (im Sinne des § 1 Lebenspartnerschaftsgesetz) ein Eintrittsrecht existiert (s. § 563 Abs. 1 Satz 2 BGB). Für den (einfachen) Partner einer nichtehelichen gleichgeschlechtlichen oder nicht gleichgeschlechtlichen Lebensgemeinschaft besteht in dieser Rangstufe auch weiterhin kein Eintrittsrecht[2].

183

---

1 OLG Naumburg NZM 2002, 166 und OLG Düsseldorf MDR 1989, 641.
2 *Schmidt-Futterer/Gather* § 563 Rz. 13.

184 Lebte der Mieter mit seinen **Kindern in einem gemeinsamen Haushalt** und ist kein Ehegatte vorhanden, treten die Kinder in das Mietverhältnis ein. Lebte hingegen der Mieter mit einem Lebenspartner *und* seinen Kindern in einem gemeinsamen Haushalt, treten der Lebenspartner *und* die Kinder gemeinsam in das Mietverhältnis ein. Während der Ehegatte alle anderen Berechtigten verdrängt, ist dies beim Lebenspartner nicht der Fall. Als Kinder sind die unmittelbaren Abkömmlinge des Vermieters zu verstehen sowie Adoptivkinder.

185 War der Mieter **nicht verheiratet** und auch nicht in einer **Lebenspartnerschaft** mit einem gleichgeschlechtlichen Partner verbunden, lebte er jedoch mit anderen **Familienangehörigen** zusammen, treten diese in den Mietvertrag ein. Waren auch Kinder vorhanden, treten diese gleichberechtigt neben den sonstigen Familienangehörigen in das Mietverhältnis mit ein. Der Begriff „Familienangehörige" wird von der Rechtsprechung weit ausgelegt. Hierzu gehören Personen, die mit dem Vermieter verwandt oder verschwägert sind, also z.B. Verlobte oder Pflegekinder[1].

186 Für **sonstige Personen**, die mit dem Mieter einen auf Dauer angelegten gemeinsamen Haushalt geführt haben, besteht nur dann ein Eintrittsrecht, falls kein Ehegatte oder Lebenspartner vorhanden ist. Als auf Dauer angelegter Haushalt wird eine Lebensgemeinschaft verstanden, die auf Dauer angelegt ist, keine weiteren Bindungen gleicher Art zulässt und sich durch innere Bindungen auszeichnet, die ein gegenseitiges füreinander einstehen begründen und über reine Wohn- und Wirtschaftgemeinschaften hinausgehen[2]. In erster Linie wird hierbei an nichteheliche Lebensgemeinschaften, nicht eingetragene gleichgeschlechtliche Lebenspartnerschaften und Gemeinschaften von auf Dauer zusammenlebender alter Menschen als Alternative zum Alters- oder Pflegeheim verstanden[3].

4.4.1.2. Ablehnungsrecht

187 Anders als der Wortlaut des Gesetzes es nahe legt, braucht der Berechtigte sich nicht auf **das Eintrittsrecht** zu berufen, um in den Mietvertrag einzutreten. Vielmehr handelt es sich um eine gesetzliche Sonderrechtsfolge, durch welche der Berechtigte automatisch ohne Mitwirkung und Wissen des Vermieters in den Mietvertrag eintritt. Ist der Berechtigte mit dem Eintritt nicht einverstanden, muss er innerhalb eines Monats, nachdem er vom Tod des Mieters Kenntnis erlangt hat, dem Vermieter gegenüber die Ablehnung erklären (s. § 563 Abs. 3 Satz 1 BGB). Fristbeginn ist die positive Kenntnis vom Tode des Mieters. Vermutungen oder Gerüchte reichen nicht aus, auch ein Kennenmüssen steht der Kenntnis nicht gleich[4].

---

1 LG Lüneburg ZMR 1993, 13; LG Berlin GE 1992, 153.
2 BT-Drucks. 14/4553, 61.
3 BT-Drucks. 14/4553, 61.
4 *Schmidt-Futterer/Gather* § 563 Rz. 32.

Beispiel:
Erfährt der Mieter am 3.1. vom Tod des Mieters, muss er bis zum 2.2. die Erklärung abgeben.

Die Ablehnung des Eintrittsrechtes ist eine **einseitige empfangsbedürftige Willenserklärung**, so dass maßgeblich für die fristgerechte Einreichung der **Zugang beim Vermieter** ist. Die Ablehnung kann auch mündlich ausgesprochen werden. 188

Hat der Berechtigte wirksam **die Ablehnung** erklärt, wird er so behandelt, als sei er niemals Mieter geworden. In diesem Fall geht das **Eintrittsrecht** auf den Nächsten in der Rangfolge (§ 563 BGB) stehenden Berechtigten über. Hat der neue Berechtigte die Ablehnungsfrist versäumt, kann er seinen Eintritt nicht erhindern. 189

Praxistipp: Da die Frist des Ablehnungsrechts alleine auf die Kenntnis vom Tod des Mieters abstellt und nicht auch auf die Kenntnis vom Bestehen des Eintrittsrechtes, sollte vorsorglich umgehend das Ablehnungsrecht ausgeübt werden, falls der Eintritt nicht gewünscht wird. Ansonsten könnte je nachdem, wann die Kenntnis vom Tode und die Ausübung des Ablehnungsrechtes des vorrangig Berechtigten erfolgte, keine Zeit mehr für die rechtzeitige Ausübung bleiben.

Für den Fall, dass sämtliche Berechtigten ihr Ablehnungsrecht fristgerecht ausüben, tritt der **Erbe** in den Mietvertrag ein. Dem Erben steht kein Ablehnungsrecht zu. War der Erbe auch zugleich Berechtiger und hat er abgelehnt, gilt die Ablehnung nur für das Eintrittsrecht, nicht auch für das Erbe. 190

Beispiel:
Der Mieter war verheiratet und lebte mit seinen Kindern in einem gemeinsamen Haushalt. Sonstige Berechtigte sind nicht vorhanden. Nach dem Tod des Mieters wird er von seinem Ehegatten als Alleinerben beerbt. Der Ehegatte lehnt den Eintritt ab. Nunmehr treten die Kinder als nächste in der Rangfolge in den Mietvertrag ein. Auch diese lehnen den Eintritt ab. Mangels sonstiger Berechtigter tritt nun der Ehegatte als Alleinerbe in den Mietvertrag ein.

4.4.1.3. Sonderkündigungsrecht des Vermieters

Hat entweder der Berechtigte ausdrücklich erklärt, dass er in den Mietvertrag eintreten will oder ist die Monatsfrist von der Ablehnung des Berechtigten abgelaufen, steht nunmehr dem Vermieter ein **Sonderkündigungsrecht** zu. Dieses Sonderkündigungsrecht muss innerhalb eines Monats, nachdem der Vermieter vom endgültigen Eintritt des Berechtigten in das Mietverhältnis Kenntnis erlangt hat, ausgeübt werden. Voraussetzung für das Sonderkündigungsrecht ist, dass ein wichtiger Grund entweder in der Person des Eintretenden selber oder jedenfalls in unmittelbar mit der Person zusammenhängenden Umständen vorliegt. Entscheidend für das Vorliegen des wichtigen Grundes ist, ob dem Vermieter die Fortsetzung des 191

Mietverhältnisses zugemutet werden kann[1]. Als wichtiger Grund sind u.a. anzusehen:

– persönliche Feindschaft zwischen Vermieter und eintretenden Mieter
– Zahlungsunfähigkeit[2]

Treten mehrere Personen in das Mietverhältnis ein, reicht es aus, dass der wichtige Grund in einer Person gegeben ist.

192 Liegt das **Sonderkündigungsrecht** vor, ist die Kündigung mit der gesetzlichen Frist möglich.

Praxistipp: Da der Mieter sich auf die Sozialklausel i.S. des § 574 ff. BGB berufen kann, ist es zweckmäßig, den Hinweis auf das Widerspruchsrecht in das Kündigungsschreiben aufzunehmen.

193 **Vereinbarungen**, welche das Eintrittsrecht zum Nachteil des Mieters einschränken sollen, sind **unzulässig** (s. § 563 Abs. 5 BGB). So kann etwa das Eintrittsrecht nicht auf bestimmte Personen beschränkt werden und auch eine Erweiterung des Sonderkündigungsrechts ist nicht möglich. Vertreten wird hingegen, dass der Vermieter auf sein Kündigungsrecht verzichten könne[3]. Dies ist jedoch nur richtig, wenn es sich um eine individuell ausgehandelte Vereinbarung handelt. Soll der Verzicht hingegen in einem Formularvertrag aufgenommen werden, ist wegen unangemessener Benachteiligung die Vereinbarung unwirksam. Auch für den Vermieter ist die Kündigung aus wichtigem Grund ein wesentlicher Teil des Mietrechts und ein Grundgedanke des Rechts der Dauerschuldverhältnisse.

4.4.2. Fortsetzung des Mietverhältnisses (§ 563a BGB)

194 Besonderheiten bestehen auch dann, wenn auf **Seiten der Mieter mehrere Personen** vorhanden sind und diese Personen zum Personenkreis der Eintrittsberechtigten gehören. Ist dies der Fall, wird das Mietverhältnis mit ihnen alleine fortgesetzt.

195 **Beispiel:**
Hat der Vermieter an die nicht miteinander verwandten Studenten S und Z die Mietwohnung gemeinschaftlich vermietet und stirbt S, so wird das Mietverhältnis nicht alleine mit Z fortgesetzt.
Vielmehr tritt der Erbe des S neben Z in das Mietverhältnis ein. Hat der Vermieter jedoch an die Ehegatten E1 und E2 gemeinsam vermietet, wird das Mietverhältnis bei Tod des E1 alleine mit E2 fortgesetzt.

196 **Praxistipp:** Der Unterschied zwischen dem Eintrittsrecht und der Fortsetzung des Mietverhältnisses besteht darin, dass die Fortsetzung voraussetzt,

---

1 *Schmidt-Futterer/Gather* § 563 Rz. 39.
2 *Schmidt-Futterer/Gather* § 563 Rz. 40.
3 *Schmidt-Futterer/Gather* § 563 Rz. 44.

dass der Eintrittsberechtigte schon zu Lebzeiten des Verstorbenen ebenfalls aus dem Mietvertrag berechtigt und verpflichtet war.

Anders als bei dem Eintritt in das Mitverhältnis steht dem Fortsetzungsberechtigten **kein Ablehnungsrecht** zu. Ebenso hat der Vermieter auch kein Sonderkündigungsrecht. 197

Allerdings ergibt sich für die überlebenden Mietmieter ein außerordentliches Kündigungsrecht mit gesetzlicher Frist (s. § 563a Abs. 2 BGB). Die Kündigung muss innerhalb eines Monats, nachdem vom Tod des Mieters Kenntnis erlangt wurde, ausgesprochen werden. Die Kündigung bestimmt sich nach § 573b Abs. 2 BGB; es handelt sich bei ihr um eine um drei Werktage verkürzte 3-Monatsfrist. 198

Praxistipp: Das Kündigungsrecht kann von den lebenden Mitmietern nur gemeinsam ausgeübt werden. Es kommt daher maßgeblich darauf an, wann der letzte Mitmieter Kenntnis vom Tode erlangt hat. 199

Auch hier ist eine **abweichende Vereinbarung** zum Nachteil des Mieters unwirksam. Für den Vermieter ist es daher nicht möglich, das außerordentliche Kündigungsrecht der Mieter einzuschränken. Selbst eine entsprechende Individualabrede ist unwirksam. 200

4.5. Barrierefreie (behindertengerechte) Wohnung

Der Mieter kann die **Zustimmung** des Vermieters zu **baulichen Veränderungen** oder **sonstigen Einrichtung** verlangen, die zur behindertengerechten Nutzung der Wohnung oder zur Ermöglichung des Zugangs zu ihr (Hauseingang, Treppenhaus) notwendig sind (§ 554a Abs. 1 S. 1 BGB). Unerheblich ist, ob die Behinderung bei Beginn des Mietverhältnisses bestand oder erst später, z.B. durch einen Unfall oder Altersgebrechlichkeit, eingetreten ist oder ob der Mieter selbst oder einer seiner ebenfalls in der Wohnung lebenden Angehörigen betroffen ist. 201

Der Vermieter kann die **Zustimmung verweigern**, wenn das Interesse an der Beibehaltung des bestehenden Zustandes, z.B. wegen baurechtlicher Unzulässigkeit, starker Belästigung anderer Mieter durch eine umfangreiche bauliche Maßnahme, überwiegt (§ 554a Abs. 1 S. 2, 3 BGB). Bei der Abwägung der Interessen von Vermieter und Mieter sind u.a. Art, Dauer und Schwere der Behinderung, Umfang und Erforderlichkeit der Baumaßnahme, Dauer der Bauzeit sowie die Möglichkeit des Rückbaus[1] zu berücksichtigen. Darüber hinaus kann der Vermieter seine Zustimmung von der **vorherigen** Leistung einer **angemessenen Kaution** für die Wiederherstellung des ursprünglichen Zustands abhängig machen (§ 554a Abs. 2 BGB). 202

---

1 LG Duisburg ZMR 2000, 463.

4.6. Erhaltung der Mietsache

4.6.1. Gesetzliche Regelung, Übertragung auf Mieter, Umfang, Art und Weise

4.6.1.1. Gesetzliche Regelung

203 Die **Erhaltung der Mietsache** ist nach dem Willen des Gesetzgebers Sache des Vermieters. Dieser hat die Mietsache nicht nur zu Beginn des Mietvertrages in einem zum vertragsgemäßen Gebrauch geeigneten Zustand zu übergeben, sondern auch während der Mietzeit dafür zu sorgen, dass die Mietsache in diesem Zustand verbleibt (s. § 535 Abs. 1 Satz 2 BGB). Der Vermieter kann die Instandhaltung und Instandsetzung größtenteils weder durch Allgemeine Geschäftsbedingungen[1], noch durch Einzelvereinbarungen komplett auf den Mieter übertragen[2]. So kann der Vermieter bereits bei kleineren Reparaturen den Mieter nicht dazu verpflichten, diese selbst vorzunehmen[3]. Nur Schönheitsreparaturen, welche Teil der Instandhaltung des Mietobjektes sind, können nach der Rechtsprechung und inzwischen ganz einheitlicher Auffassung sowohl durch Individualvereinbarung als auch durch Formularverträge auf den Mieter übertragen werden[4].

4.6.1.2. Definition

204 Für preisgebundenen Wohnraum wird der Begriff der Schönheitsreparatur durch die 2. Berechnungsverordnung vorgegeben: **Schönheitsreparaturen** umfassen das Tapezieren, Anstreichen oder Kalken der Wände und Decken, das Streichen der Fußböden, Heizkörper einschließlich Heizrohre, der Innentüren, sowie der Fenster und Außentüren von innen (vgl. § 28 Abs. 4 Satz 4, 2. BV). Nach einhelliger Auffassung gilt diese Definition auch für den preisfreien Wohnraum.

4.6.1.3. Übertragung der Schönheitsreparatur auf Mieter

205 Eine Übertragung der Pflicht zur Schönheitsreparatur **auf den Mieter** kann sowohl durch Individualvereinbarung als auch durch eine formularmäßige Bestimmung im Mietvertrag geschehen. Für eine Übertragung der Pflicht zur Durchführung der Schönheitsreparaturen ist es jedoch notwendig, dass durch die Klausel deutlich gemacht wird, dass dies geschehen soll.

206 **Beispiel** für wirksame Klauseln:
„Die Schönheitsreparaturen werden vom Mieter getragen."
„Die Schönheitsreparaturen sind Sache des Mieters."

---

1 Siehe Teil C Rz. 15.
2 *Schmidt-Futterer/Eisenschmid* § 535 Rz. 73; BGH WuM 1992, 355.
3 BGH WuM 1992, 355.
4 BGH WuM 1988, 294; BGH WuM 1985, 46.

Beispiel für unwirksame Klauseln: 207
„Die Räumlichkeiten sind ordnungsgemäß und schonend zu behandeln."
„Die Räumlichkeiten sind in dem sich aus einer ordnungsgemäßen Benutzung ergebenden Zustand zurückzugeben."

Die beiden zuletzt genannten Klauseln wiederholen nur die selbstverständliche Verpflichtung des Mieters vom Mietobjekt in vertragsgemäßer Weise Gebrauch zu machen.

Praxistipp: Bei standardmäßiger Verwendung von Klauseln, bei denen ein 208 Ankreuzen oder Ausfüllen notwendig ist, ist bei Vertragsabschluss darauf zu achten, dass eindeutig ist, wer die Schönheitsreparatur zu übernehmen hat. Wird vergessen, eine entsprechende Klarstellung vorzunehmen, liegt keine wirksame Übertragung auf den Mieter vor.

Neben der Übertragung durch individuelle Vereinbarung bzw. Verwendung 209 von Formularklauseln kann die Pflicht zur Durchführung der Schönheitsreparaturen auch durch **konkludentes Handeln** auf den Mieter übergehen. Von der Rechtsprechung werden hier jedoch hohe Voraussetzungen angesetzt. Der Mieter muss mindestens zweimal die Schönheitsreparaturen durchführen, damit eine Übertragung durch konkludentes Handeln in Betracht kommt[1].

4.6.1.4. Umfang der Schönheitsreparaturen

Im Rahmen der Schönheitsreparaturen sind auf jeden Fall **folgende Arbei-** 210
ten erfasst:
- Tapezieren, Anstreichen oder Kalken der Wände und Decken,
- Streichen der Fußböden,
- Heizkörper einschließlich der Heizrohre, der Innentüren sowie der Fenster und Außentüren.

Demgegenüber umfassen die Schönheitsreparaturen in keinem Fall: 211
- Abschleifen und Versiegeln der Holzfußböden,
- Außenanstrich von Fenstern, Terrassen und Balkonen,
- Innenanstrich der Gemeinschaftsräume,
- Instandsetzung der Fenstervergitterung.

Sowohl die unbedingt durchzuführenden Arbeiten als auch die keinesfalls 212 durchzuführen Arbeiten sind sowohl auf die Schönheitsreparaturen bei Wohnräumen als auch bei Gewerberäumen zu beziehen. Demgegenüber ergibt sich ein Unterschied bei der Erneuerung von **Teppichböden**. Im Rahmen der Schönheitsreparaturen bei Wohnräumen gehört dies nicht dazu, während bei Gewerberäumen die Schönheitsreparaturen diese Arbeiten umfassen.

---

1 BGH WuM 1990, 415.

213 Nach der Definition der Schönheitsreparaturen ist das **Streichen der Versorgungsleitungen** nicht ausdrücklich umfasst. Nach dem Sinn und Zweck der Schönheitsreparaturen, welcher ebenfalls zu berücksichtigen ist, sollen aber alle Flächen umfasst sein, die im Inneren des Mietobjekts liegen und bei denen von Zeit zu Zeit eine neue Dekoration notwendig ist. Hierzu gehören auch die Versorgungsleitungen, so dass auch diese im Rahmen der Schönheitsreparaturen zu streichen sind[1].

214 Ob **Holzverkleidungen an Decken und Wänden** von der Schönheitsreparatur umfasst sind, hängt davon ab, ob diese als Teil der Wand zu beurteilen sind[2]. Dabei ist darauf abzustellen, dass es für den Mieter keinen Unterschied machen kann, ob der Vermieter die Wohnung mit Tapeten an Wänden oder Decken geliefert hat, die erneuert werden müssen, oder mit einer Holzverkleidung. In beiden Fällen geht es um die Erneuerung der Wandverkleidung.

215 Allerdings ist auch zu berücksichtigen, dass diese Gleichsetzung nur dann möglich ist, wenn auch bei einer Holzverkleidung die Arbeiten nicht über den Umfang hinausgehen, der bei Tapeten notwendig ist. Das heißt, die Arbeiten dürfen nicht über den Umfang üblicher Malerarbeiten hinausgehen[3]. Ebenfalls zu berücksichtigen ist, dass der übliche Renovierungsturnus bei Holzverkleidungen nicht angesetzt werden kann, da diese bei pfleglicher Behandlung eine wesentlich längere Lebensdauer haben als normale Tapeten.

216 **Einbauschränke** sind von der Pflicht zur Schönheitsreparatur nur dann umfasst, wenn diese die dahinter liegende Wand ersetzen sollen. Dies ergibt sich daraus, dass auch in diesem Fall es für den Mieter gleichgültig ist, ob er eine Wohnung mit einer Wand erhält oder aber eine Wohnung mit einem Einbauschrank, der als Wandersatz dient. In beiden Fällen geht es um Wandflächen, die erneuert werden müssen. Als Wandersatz werden Einbauschränke in Flurnischen angesehen[4].

217 Bei **Doppelfenstern** sind auch die Innenflächen des Außenfensters und der Zwischenraum von der Pflicht zur Schönheitsreparatur umfasst. Abzustellen ist darauf, dass erst durch das Außenfenster die Wohnung abgeschlossen wird. Da die Schönheitsreparaturen alle Innenflächen umfassen und der Zwischenraum sowie die Innenfläche des Außenfensters als Innenraum anzusehen sind, gehören daher beide zur Schönheitsreparatur[5].

---

1 *Schmidt-Futterer/Langenberg* § 538, Rz. 72.
2 LG Marburg ZMR 1980, 180.
3 AG Marburg ZMR 2000, 539 und nachgehend LG Marburg ZMR 2000, 539.
4 *Schmidt-Futterer/Langenberg* § 538 BGB Rz. 74.
5 LG Berlin GE 1996, 1373; *Schmidt-Futterer/Langenberg* § 538 BGB Rz. 75.

4.6.1.5. Art und Weise der Schönheitsreparatur

Der Mieter von Wohnraum ist nur verpflichtet, die Schönheitsreparaturen in **mittlerer Art und Güte** durchzuführen. Der Mieter ist insbesondere berechtigt, die Arbeiten selbst durchzuführen. Unzulässig, da den Mieter unangemessen belastend, sind daher Klauseln, die dem Mieter die Pflicht auferlegen, entweder die Arbeiten durch einen bestimmten Betrieb durchführen zu lassen oder einen Fachbetrieb zu beauftragen[1].

218

Dem Mieter von Gewerberaum kann hingegen die Pflicht auferlegt werden, die Arbeiten durch einen Fachbetrieb durchzuführen zu lassen. Während der Mieter von Wohnraum durch das Bewohnen der Räume diese nur in normalen Umfang belastet, wird der Mieter von Gewerberaum durch seinen gewerblichen Betriebszweck das Mietobjekt wesentlich höheren Belastungen unterwerfen. Außerdem wird der gewerbliche Zweck, der in den Betriebsräumen ausgeübt wird, in der Regel Beeinträchtigungen mit sich bringen, die vom Mieter in Eigenregie nicht mehr beseitigt werden können, sondern einen Fachbetrieb erfordern. Aus diesen Gründen sind hier Klauseln, die den Einsatz einer Fachfirma vorsehen, zulässig[2].

219

4.6.2. Zeitpunkt der Durchführung der Schönheitsreparatur
4.6.2.1. Singuläre Durchführung der Schönheitsreparatur
4.6.2.1.1. Schönheitsreparatur zu Beginn des Mietverhältnisses

Dem Mieter von Wohnraum kann **nicht durch einen Formularvertrag** die Verpflichtung auferlegt werden, die Schönheitsreparatur sofort zur Beginn des Mietverhältnisses durchzuführen[3].

220

Nach der Rechtsprechung des BGH sind die Kosten der Schönheitsreparatur Teil des Mietzinses. Der Vermieter verzichtet nach Auffassung des Bundesgerichtshofs auf eine höhere Miete im Gegenzug dafür, dass der Mieter die Schönheitsreparaturen übernimmt[4]. An diesem Entgeltcharakter fehlt es, wenn der Mieter zu Beginn des Mietverhältnisses sofort eine Schönheitsreparatur durchführen muss.

221

Die Unwirksamkeit der Verpflichtung zur Schönheitsreparatur zu Beginn des Mietverhältnisses kann auch nicht dadurch umgangen werden, dass dem Mieter eine Frist zur Durchführung der Arbeiten eingeräumt wird, die unterhalb der Fristen aus dem Mustermietvertrag des Bundesjustizministeriums von 1976 liegt. Auch in diesem Fall müsste der Mieter dekorative Schäden ersetzen, die nicht von seinem Mietgebrauch herstammen.

222

---

1 OLG Stuttgart NJW-RR 1993, 1422; OLG Köln WuM 1991, 87.
2 *Schmidt-Futterer/Langenberg* § 538 BGB Rz. 88; BGH NJW 183, 446.
3 OLG Hamburg WuM 1991, 523.
4 BGH WuM 1988, 294.

223 Während formularmäßige Klauseln für die Schönheitsreparatur zu Beginn des Mietverhältnisses in jedem Fall unwirksam sind, bietet sich für den Vermieter bei **individualvertraglichen** Klauseln die Möglichkeit, die Unwirksamkeit zu umgehen. Hier ist die Frage noch ungeklärt, ob individualvertraglich eine solche Regelung möglich ist[1]. Notwendig hierzu ist es, dem Mieter einen angemessenen Ausgleich anzubieten. Eine Individualvereinbarung kann nur dann angenommen werden, wenn der Vermieter seine Vorstellungen in reeller Weise zur Disposition stellt. Dies wird dann nachweisbar sein, wenn etwa ein Renovierungskostenzuschuss[2] angeboten wird, und damit belegt ist, dass der Mieter einen echten Anreiz hatte, die ihm nicht obliegende Anfangsrenovierung zu übernehmen. Problematisch hieran ist jedoch, dass der Vermieter bei Verwendung einer solchen Klausel Gefahr läuft, dass die Ausgleichsleistung nicht als angemessen angesehen wird und er dann letztlich die Ausgleichsleistung erbracht hat und gleichwohl die Renovierung zu Beginn des Mietverhältnisses nicht verlangt werden kann.

224 Ob der **Mieter von Gewerberaum** verpflichtet werden kann, die Schönheitsreparatur zu Beginn des Mietverhältnisses durchzuführen, ist umstritten. Nach Auffassung des Kammergerichts Berlin soll dies nur durch eine individualvertragliche Regelung erreicht werden können. Das Kammergericht bezieht sich darauf, dass es bedenklich sei, dass der Mieter selbst erst den Zustand schaffen muss, der den vertragsgemäßen Gebrauch ermöglicht. Bei dieser Entscheidung ist jedoch zu berücksichtigen, dass sich das Kammergericht bei seiner Entscheidung maßgeblich auf eine Entscheidung des Oberlandesgerichts Stuttgart von 1986 stützt. Diese ist aber durch Rechtsentscheid des BGH von 1987 im Wesentlichen überholt. Daher kann die Rechtsprechung des Kammergerichts nicht mehr zugrunde gelegt werden.

Vielmehr zu ist fragen, ob **der Gewerbemieter** unangemessen benachteiligt wird, wenn er zu Beginn des Mietverhältnisses die Schönheitsreparatur durchführen muss. Dies ist insbesondere deshalb abzulehnen, da der Mieter das Gewerbeobjekt nach seinen Vorstellungen einrichten kann und im Laufe des Mietverhältnisses die Investitionen auch abnutzen kann. Daher ist eine unangemessene Benachteiligung jedenfalls dann abzulehnen, wenn im weiteren Verlauf des Mietverhältnisses und bei Beendigung keine weiteren Arbeiten auferlegt werden[3].

---

1 *Harsch* MDR 2004, 601.
2 BGH WuM 1987, 306.
3 KG GE 1995, 1011.

4.6.2.1.2. Laufende Schönheitsreparaturen

Dem Mieter von Wohnraum kann sowohl durch Individualvereinbarung als auch durch Verwendung einer Formularklausel die Pflicht auferlegt werden, **während des Mietverhältnisses** die Schönheitsreparaturen durchzuführen. Dabei ist es unerheblich, ob der Mieter ein unrenoviertes oder ein renoviertes Objekt erhält[1]. Die Übertragung der Durchführung der Schönheitsreparaturen ist aber nur wirksam, wenn:

– ein Fristenplan vereinbart ist,
– der Fristenplan mit Beginn des Mietverhältnisses zu laufen beginnt und
– die Pflicht zur Durchführung der Arbeiten nur dann besteht, wenn der Zustand der Wohnung eine Durchführung der Arbeiten tatsächlich erfordert.

225

Bezüglich der **Fristen** ist derzeit noch auf den Fristenplan des Mustermietvertrages des Bundesjustizministeriums von 1976 abzustellen. Dieser sieht vor, dass allgemeine Schönheitsreparaturen in Küche, Bädern, Duschen alle drei Jahre; in Wohn- und Schlafräumen, Fluren, Dielen, Toiletten alle 5 Jahre und in anderen Nebenräume alle 7 Jahre durchzuführen sind. Nach der derzeitigen Rechtsprechung sind diese Fristen nicht zu unterschreiten[2].

226

Zu beachten ist jedoch, dass seit kurzem die Auffassung vertreten wird, dass Fristen von 1976 zwischenzeitlich nicht mehr angemessen sind und eine Verlängerung vorzunehmen wäre. Die Fristen von 1976 seien seinerzeit aufgrund anderer Wohnverhältnisse und Dekorationsmaterialien angesetzt worden, als sie heute übliche seien. So seien beispielsweise Tapeten und Mustertapeten dicker und widerstandsfähiger als 1976. Auch Farbe und Lacke seien technisch wesentlich besser und ausgereifter als die in den 70-er Jahren verbreiteten Dispersionsfarben und Acryllacke. Vor diesem Hintergrund sollen nunmehr folgende Fristen als Mindestfrist einzuhalten sein:

227

Bad/Küche:	Tapeten/Anstrich von Raufasertapeten 5 Jahre, Lackarbeiten 8 Jahre;
Wohn- Schlafräume, Flur:	Tapeten und Anstrich von Raufasertapeten 8 Jahre, Lackarbeiten 10 Jahre;
Nebenräume:	Tapeten/Anstrich von Raufasertapeten 10 Jahre, Lackarbeiten 15 Jahre[3].

In einigen ersten Entscheidungen ist bereits festgehalten worden, dass die Fristen des **Mustermietvertrages** zu kurz seien, insbesondere hinsichtlich der Lackteile[4]. Anderseits hat der Bundesgerichtshof selbst in seinen

228

---

1 BGH WuM 1987, 306.
2 OLG Bremen WuM 1982, 317.
3 *Langenberg* WuM 2006, 122.
4 LG Berlin 2001, 1267; AG Kerpen ZMR 1997, 362.

jüngsten Entscheidungen auf die Fristen des Mustermietvertrages abgestellt[1]. Es ist jedoch festzuhalten, dass die Grundannahme, dass die technischen Grundvoraussetzungen eher für eine längere Haltbarkeit sprechen als im Fristenplan vorgesehen, nicht von der Hand zu weisen ist. Daher ist davon auszugehen, dass auf lange Sicht gesehen, sich in der Rechtsprechung die vorgeschlagenen längeren Fristen durchsetzen werden. Für Vermieter ist daher bereits jetzt anzuraten, die längeren Fristen zu wählen.

229 Auch dem Mieter von **Gewerberäumen** kann sowohl individualvertraglich, als auch durch Formularverträge die Pflicht auferlegt werden, im laufenden Mietverhältnis Schönheitsreparaturen durchzuführen. Im Gegensatz zu Wohnräumen braucht der Vermieter auch keinen Fristenplan aufzustellen. In einem solchen Fall muss er allerdings darlegen und beweisen, dass ein Zeitraum verstrichen ist, nach welchem üblicherweise in Gewerberäumen der vermieteten Art oder mit der konkreten Nutzung Schönheitsreparaturen ausgeführt werden[2].

Praxistipp: Um Streitigkeiten darüber zu vermeiden, ob die Fristen abgelaufen sind oder nicht, sollte der Vermieter auch bei Gewerberäumen einen Fristenplan ansetzen.

4.6.2.1.3. Schönheitsreparaturen am Ende des Mietverhältnisses

230 Dem Mieter von Wohnraum kann nur dann die Pflicht auferlegt werden, am **Ende des Mietverhältnisses** eine Schönheitsreparatur durchzuführen, wenn ihm zu Beginn des Mietverhältnisses eine renovierte Wohnung überlassen worden ist. Ist hingegen eine unrenovierte Wohnung überlassen worden, muss der Mieter de facto zu Beginn des Mietverhältnisses eine Schönheitsreparatur durchführen, um die Wohnung nutzen zu können. Muss er dann auch noch am Ende des Mietverhältnisses eine Schönheitsreparatur durchführen, wird er übermäßig belastet, zumal er anders als bei der Anfangsrenovierung die Investition auch nicht durch Abwohnen nutzen kann[3].

231 Dem Mieter von **Gewerberaum** kann sowohl bei renovierten als auch bei unrenovierten Räumen die Pflicht auferlegt werden, zum Ende des Mietverhältnisses die Schönheitsreparatur durchzuführen. Allerdings muss der Mieter von anfangs unrenovierten Räumen diese nur in dem Zustand zurückgeben, in dem er sie auch erhalten hat. Nur wenn der Zustand noch schlechter ist, muss er weitergehende Arbeiten durchführen.

---

1 Beispielsweise etwa BGH NJW 2006, 1728.
2 OLG Köln WuM 1994, 274.
3 *Schmidt-Futterer/Langenberg* § 538 Rz. 128.

4.6.2.2. Kombination verschiedener Zeitpunkte

4.6.2.2.1. Kombination Schönheitsreparaturen zu Beginn des Mietverhältnisses/laufende Schönheitsreparatur/Schönheitsreparatur am Ende des Mietverhältnisses

Diese Klauselkombination ist unabhängig davon, ob es sich um Gewerbe- oder um Wohnungsverhältnisse handelt unwirksam[1]. Durch diese Klauselkombination wird der Mieter verpflichtet, zu Beginn, während und am Ende des Mietverhältnisses Schönheitsreparaturen durchzuführen. Durch die Summierung wird der Mieter dergestalt belastet, dass eine unangemessene Belastung eintritt.

232

4.6.2.2.2. Kombination Schönheitsreparatur zu Beginn des Mietverhältnisses/laufende Schönheitsreparatur

Die Klauselkombination ist für Mieter von **Wohnräumen** unzulässig. Bereits die Zuweisung der Anfangsrenovierung alleine ist im Wohnungsmietrrecht unzulässig. Daher ist erst recht die Kombination mit der laufenden Schönheitsreparatur unzulässig.

233

Gegenüber einem Mieter von **Gewerberäumen** ist es nicht unangemessen, wenn ihm neben der Anfangsschönheitsreparatur auch die laufende Schönheitsreparatur übertragen wird. Der Mieter von Gewerberaum kann durch die Schönheitsreparatur zu Beginn des Mietverhältnisses das Mietobjekt nach seinen Vorstellungen gestalten und die Investition durch die Miete nutzen. Die Erledigung der laufenden Schönheitsreparatur entspricht dem eigenen Interesse des Mieters an einem vertragsgemäß nutzbaren Objekt. Teure Arbeiten am Ende des Mietverhältnisses entfallen mangels Verpflichtung, am Ende des Mietverhältnisses die Schönheitsreparatur durchzuführen. Aus diesem Grund liegt keine unangemessene Benachteiligung des Mieters von Gewerberaum vor[2].

4.6.2.2.3. Kombination laufende Schönheitsreparatur/Schönheitsreparatur am Ende des Mietverhältnisses

Bei der Vermietung von Wohnraum kann dem Mieter sowohl die laufende Schönheitsreparatur, als auch die Schönheitsreparatur am Ende des Mietverhältnisses auferlegt werden. Allerdings müssen hierzu folgende Voraussetzungen eingehalten werden:

234

- Die für die Durchführung der Reparaturen im laufenden Mietverhältnis geltenden Fristen dürfen erst mit Beginn des Mietverhältnisses zu laufen beginnen.

---

1 KG GE 1996, 1167.
2 OLG Celle ZMR 1999, 470.

– Für den Fall des Endes des Mietverhältnisses vor Ablauf der Frist muss eine Quotenregelung vorgesehen sein. Auch für diese darf die Frist erst ab Beginn des Mietverhältnisses laufen.

– Die für die Abgeltung maßgeblichen Fristen und Prozentsätze müssen am Verhältnis zu den üblichen Renovierungsfristen ausgerichtet sein und müssen eine Berücksichtigung des tatsächlichen Zustandes erlauben[1].

– Der zugrunde gelegte Kostenvoranschlag darf nicht ausdrücklich für verbindlich erklärt worden sein.

– Dem Mieter darf nicht untersagt sein, den anteiligen Zahlungsverpflichtungen dadurch zuvor zu kommen, dass er vor Ende des Mietverhältnisses Schönheitsreparaturen in Eigenarbeit durchführt[2].

235 Dies bedeutet im Einzelnen:

Wie bei der laufenden Schönheitsreparatur muss **ein Fristenplan vorliegen**, und die maßgeblichen Fristen dürfen erst mit Beginn des Mietverhältnisses anfangen. Es wäre daher unzulässig, die Frist so zu bestimmen, dass auch Zeiten berücksichtigt werden, die vor Beginn des Mietverhältnisses liegen. Nach der Rechtsprechung des BGH ist es weiterhin unzulässig, Mieter von Wohnraum, die Verpflichtung zur Durchführung der Schönheitsreparaturen am Ende des Mietverhältnisses ohne Rücksicht darauf aufzuerlegen, in welchem Zustand sich die Wohnung befindet und wann die letzte Schönheitsreparatur durchgeführt worden ist. Daher muss die Klausel eine Regelung vorsehen, welche hierauf Rücksicht nimmt. Damit keine unangemessene Benachteilung des Mieters eintritt, muss eine Staffelung vorgenommen werden, welche dem Mieter umso weniger Kosten auferlegt je kürzer entweder der Beginn des Mietverhältnisses oder aber die letzte durchgeführte Schönheitsreparatur zurückliegt.

Auch hier ist ebenso wie bei der alleinigen Verpflichtung zur Durchführung der Schönheitsreparatur am Ende des Mietverhältnisses danach zu differenzieren, ob ein renoviertes und ein unrenoviertes Objekts übergeben worden ist. Bei einem unrenovierten Objekt ist eine unangemessene Benachteiligung anzunehmen, da in diesem Fall der Mieter einerseits zunächst einmal eine Anfangsschönheitsreparatur durchführen muss, um überhaupt das Objekt nutzen zu können und andererseits am Ende des Mietverhältnisses noch einmal investieren muss, ohne dass er hiervon noch profitieren würde.

---

1 BGH ZMR 2007, 29.
2 BGH NZM 1998, 710; BGH NJW 1988, 2790.

4.6.3. Besondere Problemfelder

4.6.3.1. Klauseln mit starren Fristen

Für die laufenden Schönheitsreparaturen ist es im Rahmen die Wohnungsmiete zwingend erforderlich, dass ein Fristenplan vorgegeben wird. **Der Fristenplan darf keine zu kurzen Fristen** vorsehen, dabei sind auf jeden Fall Fristen als zu kurz anzusehen, welche kürzer sind, ist als die im Mustermietvertrag des Bundesjustizministeriums von 1976 angesetzten[1]. 236

Darüber hinaus dürfen die Fristen nicht in dem Sinne formuliert sein, dass alleine durch den Zeitablauf die Pflicht zur Durchführung der Schönheitsreparatur ausgelöst wird. Dem Mieter darf durch die Übertragung der Schönheitsreparaturen nicht mehr an Verpflichtung auferlegt werden, als sie der Vermieter ohne die Übertragung hätte. Ist der Vermieter zur Durchführung der Schönheitsreparaturen verpflichtet, kann der Mieter allerdings nur dann die Durchführung der Schönheitsreparatur verlangen, wenn der Zustand der Wohnung dies erfordert. Daher kann durch die Übertragung auf den Mieter die Durchführung der Schönheitsreparatur ebenfalls nur dann verlangt werden, wenn der Zustand der Mietwohnung dies erfordert. Eine Klausel, die dies nicht berücksichtigt und ohne Rücksicht auf den tatsächlichen Zustand der Wohnung, die Verpflichtung zur Schönheitsreparatur vorsieht, stellt daher eine unangemessene Benachteiligung dar[2].

Klauseln, welche nach ihrem Wortlaut zwingend nach Ablauf der vorgesehenen Frist die Durchführung der Schönheitsreparaturen vorsehen, sind daher unzulässig. Ebenso sind aber auch Klauseln unzulässig, welche zwar nicht ausdrücklich alleine den Zeitablauf als Voraussetzung für die Durchführung der Schönheitsreparatur annehmen, jedoch nicht **so flexibel** formuliert, dass der Mieter erkennen kann, dass im Einzelfall eine Anpassung an den tatsächlichen Renovierungsbedarf möglich ist. 237

Beispiele für unwirksame Klauseln: 238

– Der Mieter ist verpflichtet, auf seine Kosten die Schönheitsreparaturen (…) in den Mieträumen, wenn erforderlich, mindestens aber in der nachstehenden Zeitfolge fachgerecht auszuführen …"[3].

– Der Mieter hat während der Mietzeit die Schönheitsreparaturen auf seine Kosten sach- und fachgerecht auszuführen und zwar:
„Küche, Bad, WC alle 3 Jahre
In den übrigen Räumen alle 5 Jahre"[4]

---

1 BGH WuM 1987, 306.
2 BGH NJW 2006, 1728; NJW 2004, 2586.
3 BGH NJW 2004, 2586.
4 BGH NJW 2006, 1728.

4.6.3.2. Starre Fristenpläne mit Quotenregelung

239 Hat der Vermieter dem Mieter sowohl die laufende Schönheitsreparatur auferlegt als auch die Schönheitsreparatur am Ende des Mietverhältnisses, ist ebenfalls darauf zu achten, ob **starre Fristenpläne** verwendet worden sind. Die Fristenregelung und die Quotenregelung für die Durchführung der Schönheitsreparatur am Ende des Mietverhältnisses können nicht getrennt voneinander betrachtet werden, sondern stehen im engen Zusammenhang zueinander. Dies ergibt sich daraus, dass die Quotenregelung notwendig ist, um zu gewährleisten, dass der Mieter Schönheitsreparaturen am Ende des Mietverhältnisses nicht ohne Berücksichtigung des Zeitpunktes der letzten Schönheitsreparatur durchführen muss.

Ist ein starrer Fristenplan verwendet worden, hat dies die Unwirksamkeit des Fristenplanes zur Konsequenz. Diese Unwirksamkeit infiziert auch die Quotenregelung mit der Folge, dass auch diese unwirksam ist[1].

Auch wenn der Vermieter für die laufenden Schönheitsreparaturen eine Klausel mit sog. weichen Fristen verwendet hat, muss er darauf achten, dass auch die Abgeltungsklausel keine starre Fristen verwendet. Auch am Ende des Mietverhältnisses ist der tatsächliche Zustand der Wohnung maßgebend und es dürfen keine Fristen verwendet werden, die alleine auf den Zeitablauf abstellen[2].

4.6.3.3. Klauseln bezüglich Tapeten

240 Im Rahmen der Schönheitsreparaturen kann vom Mieter auch verlangt werden, dass die Tapeten oder Bodenbeläge ersetzt werden. Auch hier kann dem Mieter **nicht mehr auferlegt** werden, als der Vermieter ohne die Übertragung leisten müsste. Daher wird der Mieter auch in Bezug auf Tapeten oder Bodenbeläge unangemessen benachteiligt, wenn eine Klausel verwendet wird, die den tatsächlichen Zustand der Tapeten oder Bodenbeläge nicht berücksichtigt[3].

4.6.4. Konsequenzen und Reaktionsmöglichkeiten des Vermieters

4.6.4.1. Konsequenzen der unwirksamen Klausel

241 Hat der Vermieter eine **unwirksame Schönheitsreparaturklausel verwendet**, verbleibt es bei der gesetzlichen Regelung:

Der Vermieter kann vom Mieter die Durchführung der Schönheitsreparaturen nicht verlangen. Vielmehr kann umgekehrt der Mieter vom Vermieter die Durchführung der Schönheitsreparaturen verlangen. Führt der Vermieter auf ein solches Verlangen die Schönheitsreparaturen durch, ist der Mie-

---

1 BGH NJW 2006, 1728.
2 BGH ZMR 2007, 29.
3 BGH ZMR 2007, 29.

ter nicht ungerechtfertigt bereichert. Rechtsgrund für die Durchführung der Schönheitsreparatur ist die Verpflichtung des Vermieters zur Durchführung der Instandsetzungsarbeiten. Hat umgekehrt der Mieter aufgrund einer unwirksamen Schönheitsreparaturklausel in Unkenntnis die Schönheitsreparaturen durchgeführt, kann er vom Vermieter Ersatz der aufgewendeten Kosten beanspruchen.

4.6.4.2. Reaktionmöglichkeiten des Vermieters

4.6.4.2.1. Anpassungen des Vertrages wegen Wegfalls der Geschäftsgrundlage

Das Bürgerliche Gesetzbuch sieht die Möglichkeit vor, bei schwerwiegenden Äquivalenzstörungen unter Berufung auf einen Wegfall der Geschäftsgrundlage eine Anpassung von Verträgen zu fordern. Voraussetzung für eine solche **Vertragsanpassung** ist jedoch, dass sich die Umstände, die zur Grundlage des Vertrags geworden sind, nach Vertragsschluss schwerwiegend verändert haben. Es wird in der Literatur vertreten, dass die Rechtsprechungsänderung des BGH zur Schönheitsreparatur eine solche Veränderung sein soll[1]. Allerdings ist zu berücksichtigen, dass der BGH keine neuen Tatsachen formuliert, sondern lediglich Selbstverständliches in den Vordergrund gerückt hat:

242

Der Vermieter kann durch die Übertragung der Schönheitsreparaturen dem Mieter nicht mehr auferlegen, als er selbst an Pflichten hatte. Der Vermieter war nicht dazu verpflichtet, unabhängig vom Zustand des Mietobjekts die Schönheitsreparaturen durchzuführen. Außerdem hat der BGH mit seiner Rechtsprechung Klauseln bzgl. Schönheitsreparaturen nicht vollständig für unwirksam erklärt, sondern lediglich solche Klauseln für unwirksam erklärt, welche starre Fristenpläne enthalten. Bereits 1976 war mit dem Mustermietvertrag des Bundesjustizministeriums eine Klausel vorhanden, welche wirksam die Durchführung der Schönheitsreparaturen auf den Mieter übertragen konnte. Es stand jedem Vermieter frei, sich an dieser Klausel zu orientieren, um eine wirksame Klausel zu verwenden.

243

Darüber hinaus ist zu berücksichtigen, dass der Verwender der Klausel das Risiko der Unwirksamkeit trägt (s. § 305c Abs. 2 BGB). Es ist daher das Risiko des Vermieters, wenn er eine unwirksame Klausel verwendet. Würde dem Vermieter gestattet, über den Wegfall der Geschäftsgrundlage eine Anpassung zu verlangen, würde dieses Verbot ausgehöhlt.

244

Es würde nun, nachdem festgestellt worden ist, dass die Klausel wegen unangemessener Benachteiligung des Mieters unwirksam ist, und dem Vermieter über den Wegfall der Vertragsgrundlage eine Vertragsanpassung gestattet würde, dieses Verbot ausgehöhlt. Es spricht daher mehr dafür, eine Anpassung wegen Wegfalls der Geschäftsgrundlage abzulehnen.

---

1 *Kappes* NJW 2006, 3031.

4.6.4.2.2. Einvernehmliche Vereinbarung einer wirksamen Klausel

245 Dem Vermieter steht immer die Möglichkeit offen, eine **einvernehmliche Regelung** mit dem Mieter herbeizuführen und eine wirksame Klausel zu vereinbaren. Nach Auffassung des Landgerichts Düsseldorf darf allerdings der Mieter ein Vertragsangebot, bei dem als Fristbeginn nicht das Datum der Abänderung, sondern vielmehr der Vertragsbeginn angesetzt wird, zurückweisen, ohne negative Folgen befürchten zu müssen[1].

Praxistipp: Um eine erneute Zurückweisung der Klausel zu vermeiden, sollte der Vermieter als Beginn für die Fristen das Datum der Abänderung ansetzen.

4.6.4.2.3. Mieterhöhungen

246 Mieter und Vermieter können einvernehmliche vereinbaren, dass zum Ausgleich der unwirksamen Klausel zur Schönheitsreparatur **ein höherer Mietzins** gezahlt wird.

Ist eine einvernehmliche Regelung jedoch nicht zu erwarten, kann der Vermieter ein Mieterhöhungsverlangen an dem Mieter richten und dieses auch einklagen, wenn der Mieter diesem nicht zustimmt[2]. Das Mieterhöhungsverlangen muss sämtliche für Mieterhöhungsverlangen geltenden Voraussetzungen einhalten[3]. Außerdem muss der Vermieter dem Mieter vor dem Mieterhöhungsverlangen das Angebot gemacht haben, eine wirksame Schönheitsreparaturklausel zu vereinbaren. Dies ist zum einen aus dem Rücksichtnahmegebot abzuleiten[4] (s. § 241 Abs. 2 BGB), zum anderen aber auch aus Treu und Glauben (§ 242 BGB)[5].

Das Landgericht Düsseldorf geht dabei davon aus, dass ein wirksames Angebot an den Mieter nur dann vorliegt, wenn die maßgeblichen Fristen mit dem Datum der Vereinbarung zu laufen beginnen. Dies begründet das Landgericht Düsseldorf damit, dass für die vorherige Zeit der Vermieter eine unwirksame Klausel vereinbart hatte und dem Mieter nicht zugemutet werden könne, für diese Zeit, für die er keine Schönheitsreparatur schuldete, die Frist laufen zu lassen.

Fehlt es an einem solchen Angebot gänzlich, oder bezieht das Angebot auch Zeiten mit ein, die vor dem Datum des der Vereinbarung über die Änderung liegen, ist das Mieterhöhungsverlangen unwirksam.

Praxistipp: Um zu vermeiden, dass die Gerichte ein unwirksames Vertragsangebot annehmen, sollte der Vermieter als Beginn der Fristen das Datum der Vereinbarung ansetzen.

---

1 LG Düsseldorf NJW 2006, 3071.
2 LG Düsseldorf NJW 2006, 3071.
3 Siehe hierzu auch Teil C Rz. 145.
4 *Börstinghaus* NZM 2005, 931.
5 LG Düsseldorf NJW 2006, 3071.

4.6.4.2.4. Nichtstun

Eine weitere Reaktionsmöglichkeit des Vermieters ist es, überhaupt nichts zu tun. Diese Reaktion ist allerdings nur dann zu empfehlen, wenn zu erwarten ist, dass das Mietverhältnis friedlich auseinander geht. Ansonsten besteht für den Vermieter das Risiko, dass der Mieter auf die Unwirksamkeit der Klausel aufmerksam wird und die entsprechenden Konsequenzen zieht. Von daher ist dem Vermieter in solchen Fällen dringend dazu anzuraten, seinerseits **großzügig** bei der Vertragsabwicklung zu reagieren, um dem Mieter kein Anlass zu geben, rechtlichen Rat einzuholen.

247

4.7. Versorgungssperre

Für den Vermieter stellen Mietrückstände des Mieters ein besonderes Problem dar. Auch bei Mietrückständen des Mieters ist der Vermieter gleichwohl gezwungen, die Kosten für die Versorgung des Hauses (etwa Wärmelieferungen, Strom, Grundsteuer etc.) weiterzuzahlen. Dem kann in begrenzten Maße zwar dadurch entgegengewirkt werden, dass es dem Mieter auferlegt wird, die entsprechenden Versorgungsverträge abzuschließen. Dies wird jedoch nur bei Positionen wie Strom und eventuell noch für Wasserversorgung möglich sein und setzt weiter voraus, dass die Versorgungsunternehmen bereit sind, entsprechende Verträge abzuschließen. Kommt diese Option nicht in Betracht, steht der Vermieter bei Rückständen vor dem Problem, dass er in Vorkasse treten muss und seine Erstattung zumindest gefährdet ist. Eine Überlegung war vor diesem Hintergrund schon von jeher, bei Rückständen einfach die **Versorgungsleistungen** des Mieters **zu kappen**, sofern dies technisch für den Vermieter möglich war.

248

Lange Zeit hat die Rechtsprechung im Bereich des Wohnungsmietrechts dem einen Riegel vorgeschoben und die Unterbrechung der Versorgungsleistungen als Besitzstörung (§ 858 BGB) qualifiziert. Durch mehrere Entscheidungen des Kammergerichts Berlin im Jahre 2004 ist jedoch Bewegung in diese Front gekommen. Das Kammergericht hat mit der Entscheidung vom 8.7.2004 festgehalten, dass jedenfalls nach wirksamer Beendigung eines Gewerbemietverhältnisses die Unterbrechung der Wasserversorgung keine Besitzstörung mehr sei. Es hat darauf abgestellt, dass die Versorgungssperre ein Unterlassen und kein aktives Tun sei. Eine Unterlassung könne aber keine Besitzstörung sei. Selbst wenn die Versorgungssperre ein aktives Tun darstellen würde, sei keine verbotene Eigenmacht gegeben, da zwischen dem Besitz und dem Mietgebrauch (§ 535 BGB) zu unterscheiden sei. Mit der Beendigung des Mietverhältnisses sei dieser Mietgebrauch weggefallen und von daher habe der Vermieter ein Zurückbehaltungsrecht[1].

249

---

1 KG NJW-RR 2004, 1685.

Mit Entscheidung vom 10.6.2005 entschied der BGH für Wohnungseigentümergemeinschaften, dass diese berechtigt seien, bei Rückständen eines Wohnungseigentümers auch gegenüber Mietern desselben eine Versorgungssperre zu verhängen[1].

Demgegenüber hat das Oberlandesgericht Saarbrücken durch Entscheidung vom 25.9.2005 weiterhin daran festgehalten, dass auch der Gewerberaumvermieter kein Zurückbehaltungsrecht habe und daher keine Versorgungssperre ausbringen dürfe[2].

250 Der Rechtsauffassung des Kammergerichts ist beizupflichten. Zum einen liegt der Schwerpunkt der Versorgungssperre bei einem Unterlassen und nicht bei einem aktiven Tun; der Vermieter unterlässt es die Räumlichkeiten mit Wärme, Wasser u.a. zu versorgen. Des Weiteren stellt das Kammergericht auch zu Recht darauf ab, dass bei einem beendeten Gewerberaum Mietverhältnis der Mieter nicht mehr dazu befugt ist, die Räumlichkeiten zu nutzen und daher auch kein Anspruch auf Lieferung von Wärme u.ä. mehr besteht.

Praxistipp: Das Kammergericht hat als Voraussetzung für die Versorgungssperre ein beendetes Gewerbemietverhältnis vorausgesetzt. Liegt ein solcher Fall vor, kann der Vermieter unter Ausübung seines Zurückbehaltungsrechtes die Versorgungssperre mit einer Frist von 2 Wochen androhen und dem Mieter auffordern, die rückständigen Mieten auszugleichen.

4.8. Urkundenklage (§§ 592 ff. ZPO)

251 Durch die Urkundenklage soll sich der Gläubiger möglichst **schnell einen Titel** beschaffen können. Dies wird dadurch erreicht, dass der Kläger seine geltend gemachten Ansprüche grundsätzlich durch Urkunden belegen muss und der Beklagte Einwendungen, die er gegen den Anspruch zu haben glaubt, nur durch Urkunden belegen kann.

Für Wohnraummietverhältnisse wurde vertreten, dass die Geltendmachung von Mietzinsansprüchen im Urkundenverfahren unzulässig sei[3]. Der BGH hat zwischenzeitlich sowohl für gewerbliche Mietverhältnisse[4], als auch für Wohnraummietverhältnisse[5] die Geltendmachung der Mietzinsforderung im Urkundsprozess für zulässig erachtet. Dies gilt nur dann nicht, wenn unstreitig Mängel vorhanden sind[6]. Dabei ist es unerheblich, ob die Mängel zu Beginn des Mietverhältnisses vorliegen oder erst nach-

---

1 BGH NJW 2005, 2622.
2 OLG Saarbrücken OLGR Saarbrücken 2005, 889.
3 AG Brandenburg NZM 2002, 382; LG Göttingen NZM 2000, 1053.
4 BGH WuM 1999, 345.
5 BGH WuM 2005, 526.
6 OLG Düsseldorf NZM 2004, 946.

träglich entstehen; der Vermieter kann solange die Mängel streitig sind, Urkundenklage erheben[1].

Zur Begründung hat der BGH u.a. angeführt, dass bis zur rechtskräftigen Feststellung eines Mangels der Mieter nicht berechtigt sei, die Miete zu mindern und der Vermieter bis zu diesem Zeitpunkt die volle Miete fordern könne.

Will der Vermieter seine Mietzinsforderung im Urkundswege geltend machen, hat er eine Reihe von Voraussetzungen zu beachten: 252

Am Wesentlichsten ist, dass grundsätzlich die komplette Mietzinsforderung spätestens in der mündlichen Verhandlung durch Urkundenvorlage belegt werden muss. Als Urkunden (S. § 592 ff. ZPO) kommen dabei nur Schriftstücke in Betracht, wobei es allerdings egal ist, ob sie öffentlich, privat, unterschrieben oder nicht unterschrieben, gedruckt, maschinen- oder handgeschrieben sind. Auch Ablichtungen und Telekopien sowie die Ausdrucke elektronischer Dateien können als Urkunden in Betracht kommen[2].

Vom Erfordernis der umfassenden Urkundenvorlegung hat der BGH in gewissen Umfang Ausnahmen zugelassen. Bestreitet der Beklagte eine Tatsache nicht, und stellt diese Tatsache lediglich eine Lücke im Urkundenbeweis dar, kann diese Lücke durch unstreitige oder zugestandene Tatsachen geschlossen werden[3].

Beispiel:
Wird bei einer Klage aus einem Kaufvertrag der Vertragsschluss und die Lieferung durch Urkunden bewiesen, und ist der Kaufpreis unstreitig, dann ist es unschädlich, wenn der Kaufpreis nicht durch Urkunden bewiesen werden kann.

Bei einer Mietzinsforderung wird jedoch diese Erleichterung oftmals nicht in Betracht kommen; Voraussetzung ist nach wie vor, dass **mindestens eine Urkunde vorhanden** ist. Im Regelfall wird sich der Mietzins alleine aus dem Mietvertrag ergeben, so dass dieser auf jeden Fall vorzulegen ist. Nur für den Fall, dass der aktuelle Mietzins sich aus einer separaten Urkunde ergibt, ergäbe sich eine Lücke, die durch unstreitige Tatsachen geschlossen werden kann. 253

Schließlich muss der Vermieter ausdrücklich im Urkundenwege klagen, was auch die entsprechende Kennzeichnung in der Klage umfasst.

Praxistipp: Soll im Urkundenweg geklagt werden, ist zu prüfen, ob alle anspruchsbegründenden Tatsachen durch Urkunden belegt sind. Dabei ist besonders darauf zu achten, dass die Originalunterschriften gegeben sind. Ist der Vertrag entweder auf Mieter- oder auf Vermieterseite durch einen Ver-

---
1 BGH ZMR 2007, 161.
2 OLG Köln VersR 1991, 1430.
3 BGH NJW 1974, 1199.

treter unterschrieben worden, sollte auch die Originalvollmacht der Klage beigefügt werden.

254 Hat der Vermieter das Urkundenvorbehaltsurteil erlangt, geht das Verfahren automatisch in das **Nachverfahren** über. Bestimmt das Gericht von sich keinen neuen Termin, können beide Seiten dies beantragen. Im Nachverfahren können nunmehr alle Einwendungen mit den üblichen Beweismitteln (d.h. Sachverständigengutachten, Zeugen, Augenschein) belegt werden.

Praxistipp: Auch wenn das Nachverfahren aktiv betrieben wird, kann der Vermieter bis zum Erlass des Urteils im Nachverfahren die Zwangsvollstreckung betreiben und braucht keine Sicherheit zu leisten (§ 708 Nr. 4 ZPO). Will der Mieter die Zwangsvollstreckung abwenden, muss er seinerseits Sicherheit leisten. Auch dann kann aber der Vermieter die Vollstreckung weiterbetreiben, indem er nunmehr ebenfalls eine Sicherheit erbringt. Alternativ kann der Mieter einen Antrag auf einstweilige Einstellung der Zwangsvollstreckung stellen (s. § 707 ZPO). Da im Regelfall jedoch nur gegen Sicherheitsleistung eingestellt werden wird[1] und dies der Fall der Abwendungsbefugnis ist, besteht die Gefahr, dass seitens des Gerichts der Antrag als derzeit unzulässig zurückgewiesen wird. Dem kann dadurch entgegnet werden, dass dem Vermieter die Stellung der Sicherheit angeboten wird. Gibt dieser dann zu erkennen, seinerseits Sicherheit leisten zu wollen, geht der Antrag auf Einstellung der Zwangsvollstreckung über die Abwendungsbefugnis hinaus: Diese zwingt den Vermieter nur seinerseits Sicherheit leisten zu müssen, während die Einstellung die Vollstreckung an sich verhindert.

4.9. Gewährleistungsrechte

4.9.1. Mangel

255 Ebenso wie in anderen Rechtsgebieten, beispielsweise dem Kaufrecht, kann es im Mietrecht vorkommen, dass die **Mietsache nicht den Anforderungen entspricht**, welche der Mieter an das Objekt gestellt hat. So kann es beispielsweise sein, dass der Mieter findet, dass er durch eine Mobilfunkantenne auf dem Dach gestört wird, dass seine Mitmieter zu laut sind oder dass es im Sommer zu heiß wird. Auch im Mietrecht ist der Mangelbegriff der zentrale Dreh- und Angelpunkt der Gewährleistungsrechte.

256 Ein Mangel ist gegeben, wenn die Mietsache durch einen Umstand in ihrer Tauglichkeit zum vertragsgemäßen Gebrauch entweder ganz oder teilweise beeinträchtigt wird (§ 536 BGB). Da es allein die Vertragsparteien sind, welche bestimmen, was zum vertragsgemäßen Gebrauch dazugehört, ist daher die Weite bzw. Enge dieses Mangelbegriffes im Wesentlichen den Parteien

---

1 *Thomas/Putzo* § 707 Rz. 11.

überlassen. So können die Parteien beispielsweise einen konkret gegebenen schlechten Bauzustand als vertragsgemäß vereinbaren und damit Erfüllungs- und Gewährleistungsansprüche ausschließen[1]. Umgekehrt kann aber eine zu weite Fassung des vertragsgemäßen Gebrauchs für den Vermieter einen Ausschluss von Unterlassungsansprüchen darstellen, etwa wenn in einem gewerblichen genutzten Objekt Prostitution betrieben wird und der gewerblich zulässige Zweck nicht mehr bestimmt war[2].

Praxistipp: Liegt der Mangel in der Beeinträchtigung durch den Zustand der Wohnung eines anderen Mieters und ist dieser Zustand durch den anderen Mieter verursacht, kann der Mieter auch direkt gegen diesen vorgehen[3].

Steht fest, dass ein Mangel besteht, hat der Mieter zunächst die **Möglichkeit, die Miete ganz oder teilweise zu mindern**. Für die Frage, in welchem Ausmaß die Minderung vorgenommen werden kann, lässt sich kein allgemeingültiger Regelsatz aufstellen. Es hängt ganz von den Umständen des Einzelfalles ab. So sind von der Rechtsprechung unzählige Einzelfallentscheidungen getroffen worden; bei Lärmbelästigungen reichen beispielsweise die Minderungsquoten von 5 % bis hin zu 75 %.

257

Praxistipp: Der BGH hat festgestellt, dass der Vermieter bis zur rechtskräftigen Feststellung des Mangels die volle Miete verlangen kann. Da die genaue Festsetzung der Minderungsquote Sache des Gerichts ist, kann es passieren, dass nach Auffassung des Gerichts zwar ein Mangel vorliegt, dieser jedoch bei weitem nicht die vom Mieter angesetzte Minderungsquote ergibt. Je nach Länge der Minderungszeit kann es dann passieren, dass die zu Unrecht einbehaltene Miete mehr als 2 Monatsmieten beträgt. Dies könnte der Vermieter dann zu einer fristlosen Kündigung ausnutzen. Um dies zu verhindern, sollte der Mieter entweder die Mietsumme hinterlegen (etwa bei dem Rechtsanwalt des Vermieters) oder aber unter dem Vorbehalt der Rückforderung an den Vermieter zahlen. In jedem Fall sollte mit dem Vermieter eine Vereinbarung abgeschlossen werden, dass die Minderung nicht zur Kündigung führt, wenn das Gericht die angesetzte Minderungsquote nicht für angemessen hält.

Hat der Mieter die Minderungsquote zu hoch angesetzt und ist es dadurch zur Kündigung gekommen, kann der Mieter sich nicht darauf berufen, dass er durch den Mieterschutzbund falsch beraten worden sei. Vielmehr hat er für dessen Verschulden einzustehen[4]. Gegebenfalls kann er von diesem Schadensersatz verlangen.

---

1 LG Mannheim ZMR 1990 220; KG WuM 1984, 42.
2 Siehe hierzu auch Teil C Rz. 139.
3 BGH WuM 2007, 77.
4 BGH NZM 2007, 35.

258 Steht die **Minderungsquote** fest (beispielsweise 25 %), stellt sich die Frage, ob diese Minderung nur von der Kaltmiete oder von der Gesamtmiete zu berechnen ist. Der BGH hat die Frage dahin entschieden, dass die Minderung von der Gesamtmiete aus berechnet wird[1].

Für den Vermieter bedeutet dies, dass die Minderung nicht nur auf die Kaltmiete anzurechen ist, sondern auch auf die Betriebskostenvorauszahlungen.

Beispiel:
Zahlt der Mieter eine Kaltmiete von 800 Euro und Betriebskostenvorauszahlungen von 200 Euro und ist eine Minderungsquote von 20 % angemessen, so sind die 20 % nicht nur auf die 800 Euro zu berechnen, sondern auch auf die Betriebskostenvorauszahlungen. Demzufolge ergibt sich eine Gesamtminderung von 200 Euro, wovon 160 Euro auf die Grundmiete und 40 Euro auf die Vorauszahlungen entfallen.

259 Ist ein Mangel gegeben, **verliert der Mieter sein Minderungsrecht** nicht dadurch, dass er ca. 6 Monate lang vorbehaltlos die volle Miete zahlt[2]. Kommt es zum Rechtsstreit und wird dort ein Sachverständigengutachten eingeholt, kann dem Sachverständigen nicht der Streit verkündet werden. Eine eventuell erfolgte Zustellung der Streitverkündungsschrift ist unzulässig[3].

259a Einzelfälle zu Mängeln:

- **Mobilfunkantennen**

  Trotz weiterhin weit verbreiteter Bedenken wegen möglicher Gesundheitsgefährdungen durch die Auswirkungen von Mobilfunkantennen wird gegenwärtig davon ausgegangen, dass nach den bisherigen wissenschaftlichen Erkenntnissen keine Gefahren von diesen Antennen ausgehen sollen. Daher wird in der Rechtsprechung auch nur vereinzelt ein Mangel angenommen, wenn entweder auf dem Haus selber oder in der Nähe des Hauses eine Mobilfunkantenne befindlich ist[4]. Nach der herrschenden Auffassung ist ein Mangel nur dann gegeben, wenn die in der 26. Bundesimmissionsschutzverordnung enthaltenen Grenzwerte nicht eingehalten sind[5].

260 - **Wohnungsgröße**

  Die Wohnungsgröße ist für den Mieter in vielerlei Hinsicht von erheblicher Bedeutung. Die Wohnungsgröße gibt für den Mieter Ausschluss darüber, welche Fläche ihm zur Aufstellung seiner Möbel zur Verfügung steht. Sie ist daher nicht umsonst einer der wesentlichsten Faktoren bei der Bestimmung der Miete. Oftmals stellt aber der Mieter fest, dass die

---

1 BGH WuM 2005, 374.
2 BGH WuM 2007, 72.
3 BGH NZM 2007, 211.
4 So z.B. AG München WuM 1999, 111.
5 BGH BGH-Report 2004, 833; AG Traunstein ZMR 2000, 389; LG Frankfurt/Main NZM 1998, 371.

vom Vermieter angegebene Wohnungsgröße nicht der Realität entspricht. Lange Zeit war strittig, ob eine Abweichung ebenfalls einen Mangel begründen konnte. Auch hier hat der BGH eine wesentliche Weichenstellung vorgenommen:

Der BGH hat festgestellt, dass eine Abweichung der Wohnungsgröße grundsätzlich einen Mangel darstellen kann. Ab einer Abweichung von **mehr als 10 %** ist der Mangel auf jeden Fall erheblich[1]. Dabei kommt es auch nicht darauf an, ob im Mietvertrag ein exakter Wert oder nur ein Circa-Wert angegeben ist. Der BGH hat festgehalten, dass der Circa-Wert zwar eine gewisse Toleranz enthalte, diese Toleranz aber bei einer Überschreitung von 10 % nicht mehr ausreiche um die Unerheblichkeit des Mangels zu belegen[2]. Weiterhin strittig ist die Frage, was bei Abweichungen von unter 10 % gilt. Nach der Rechtsprechung des BGH kann hier jedenfalls nicht automatisch von einem Mangel ausgegangen werden. Vielmehr müssen weitere Umstände hinzutreten, welche einen Mangel begründen[3].

261

Weiterhin fraglich ist, wie die zugrunde zu legende Wohnfläche berechnet werden soll. Der BGH hat festgehalten, dass der Begriff Wohnfläche im allgemeinen Sprachgebrauch nicht mit einer bestimmen Art der Berechnung verbunden sei[4]. Es könnte daher nicht automatisch die Geltung der Vorschriften der 2. Berechnungsverordnung unterstellt werden. Vielmehr kämen mehrere Berechnungsmethoden in Betracht: So könne einerseits nach den § 42 ff. der 2. Berechnungsverordnung die Berechnung vorgenommen werden, aber auch nach DIN 283 Teil 2. Bei einem Mietvertrag über Gewerberäume könne sogar nach der DIN 277 die Größe berechnet werden[5].

262

Praxistipp: Der BGH hat in den zitierten Entscheidungen festgehalten, die Parteien könnten sowohl eine bestimmte Wohnungsgröße als feststehend vereinbaren, als auch die zugrunde gelegte Berechnungsmethode. Um daher Schwierigkeiten aus dem Weg zu gehen, sollte bei Abschluss des Mietvertrages die vorgesehene Wohnungsgröße ausdrücklich als feststehend vereinbart werden und auch die zugrunde gelegte Berechnungsmethode. Insbesondere können die Mietparteien auch vereinbaren, dass bestimmte Wohnungsteile abweichend von der Anrechnung in den Berechnungsmethoden angesetzt werden. So können beispielsweise die Parteien vereinbaren, dass Balkone zu 100 % in die Wohnungsgröße mit einfließen, etwa dann, wenn der Balkon besondere Bedeutung für die Wohnung hat.

Um zu bestimmen, nach welcher Berechnungsmethode vorgegangen werden muss, ist daher zu fragen, ob die Parteien eine Vereinbarung diesbezüglich getroffen haben. Falls nicht, ist zu prüfen, ob im Allgemeinen oder

263

---

1 BGH WuM 2005, 712; WuM 2004, 268 und WuM 2004, 336.
2 BGH WuM 2004, 268.
3 BGH WuM 2005, 712.
4 BGH WuM 1991, 519.
5 BGH NZM 2001, 234.

speziell vor Ort sich bei Grundstücksgeschäften bezüglich der Wohnungsgrößen eine Verkehrssitte zur Berechnung herausgebildet hat. Ergibt auch dies kein Ergebnis, so bleibt nichts weiter übrig, als eine Vergleichsrechnung vorzunehmen.

264 Haben die Parteien keine solche Vereinbarung getroffen und kommen Mieter oder Vermieter zu dem Ergebnis, dass möglicherweise die Flächen nicht zutreffend sein können, sollte zwingend ein Sachverständiger hinzugezogen werden. Sowohl die Berechnungsmethode nach DIN als auch nach der 2. Berechnungsverordnung enthalten zahlreiche Sonderregelungen für die Anrechnung, die vom technischen Laien kaum oder gar nicht durchschaut werden könnten. Um zu verhindern, dass der Prozess nur deswegen größtenteils verloren geht, sollte ein Sachkundiger hinzugezogen werden.

5 Beendigung des Mietverhältnisses

5.1. Abmahnung

265 Der Vermieter muss den Mieter bei **vertragswidrigem Gebrauch** der Wohnung oder anderen **schweren Pflichtverletzungen** grundsätzlich zunächst abmahnen, bevor er kündigen oder Klage auf Unterlassung erheben kann. Bei der Abmahnung wegen vertragswidrigem Gebrauch muss eine angemessene **Frist zur Beseitigung** des Zustands gesetzt werden, bevor nach Fristablauf die Kündigung ausgesprochen werden kann. Zum vertragswidrigen Gebrauch gehören z.B. die unbefugte Überlassung der Wohnung an Dritte, Aufnahme Dritter, wenn dies zu einer Überbelegung führt, ruhestörender Lärm, unerlaubte Tierhaltung, ungenehmigte bauliche Maßnahmen oder Lagerung gefährlicher Stoffe.

266 Bei anderen Pflichtverletzungen muss die Abmahnung in **engem zeitlichen Zusammenhang** erfolgen, da das Recht sonst verwirkt sein kann. Schwere Pflichtverletzungen sind z.B. ständige unpünktliche Mietzahlung, Belästigung der übrigen Hausbewohner, Beleidigungen oder Tätlichkeiten gegen den Vermieter.

Die **Abmahnung** kann **mündlich** erteilt werden, sollte aber aus **Beweiszwecken schriftlich** erfolgen. Das beanstandete Verhalten soll konkret bezeichnet (wann, wo, wie) und klargestellt werden, dass ansonsten mit weiteren Maßnahmen (Unterlassungsklage, fristloser Kündigung) zu rechnen ist. Erfolgt die Abmahnung durch einen Beauftragten (Verwalter oder Rechtsanwalt), muss dieser seine Vollmacht **im Original** vorlegen, da sie sonst zurückgewiesen werden kann und damit wirkungslos wäre.

Eine Abmahnung ist **ausnahmsweise entbehrlich**, wenn die Fortsetzung des Mietverhältnisses von vorneherein unter keinen Umständen mehr zumutbar ist. So etwa bei Straftaten wie Körperverletzung, schwerer Beleidigung oder Bedrohung des Vermieters oder seiner Angehörigen[1].

5.2. Ordentliche Kündigung

5.2.1. Kündigungsgründe

Ist die Mietzeit nicht durch einen Zeitmietvertrag begrenzt, kann jede Partei das Mietverhältnis nach den **gesetzlichen Vorschriften kündigen** (§ 542 Abs. 1 BGB). Die Kündigung muss **schriftlich** erfolgen (§ 568 Abs. 1 BGB). Zu Beweiszwecken ist ein Kündigungsschreiben mit **Zugangsnachweis** zu empfehlen. Eine Kündigung zum Zweck der **Mieterhöhung** ist ausgeschlossen (§ 573 Abs. 1 BGB). Der Vermieter muss für die Kündigung i.d.R. ein **berechtigtes Interesse** an der Kündigung geltend machen (§ 573 Abs. 2 BGB), während der Mieter ohne Begründung kündigen kann.

267

Ein **berechtigtes Interesse** liegt vor bei:

268

- einer nicht **unerheblichen und schuldhaften Verletzung von Pflichten** des Mieters (§ 573 Abs. 2 Nr. 1 BGB), z.B. Zahlungsrückstände oder ständige unpünktliche Mietzahlung, vertragswidriger Gebrauch oder unbefugte Gebrauchsüberlassung, Vernachlässigung der Mietsache, Beleidigung und Belästigung des Vermieters oder der Mitbewohner,
- **Eigenbedarf** des Vermieters für sich, seine Familie oder die Angehörigen seines Hausstandes (§ 573 -Abs. 2 Nr. 2 BGB), z.B. bei bevorstehender Trennung von Eheleuten, Wohnungswechsel aus beruflichen Gründen, Umzug aus Miträumen in neu erworbenes Eigentum, Heirat oder Gründung einer nichtehelichen, aber dauerhaften Lebensgemeinschaft, Familienzuwachs, und der Hinderung einer **angemessenen wirtschaftlichen Verwertung** (§ 573 Abs. 2 Nr. 3 BGB).

Das berechtigte Interesse an der Kündigung muss **im Kündigungsschreiben angegeben** werden (§ 573 Abs. 3 BGB). Andere Gründe werden nur berücksichtigt, wenn sie nachträglich entstanden sind. Auf die **Möglichkeit**, sowie die **Form** und **Frist** des **Widerspruchs** gegen die Kündigung (§§ 574 bis 574b BGB, sog. **Sozialklausel**) soll rechtzeitig hingewiesen werden (§ 568 Abs. 2 BGB).

269

Die vorstehenden Regelungen finden keine Anwendung auf Wohnraum, der vom Vermieter selbst bewohnt wird (§ 549 II Nr. 2 BGB), bzw. der von juristischen Personen öffentlichen Rechts an Personen mit dringendem Wohnbedarf vermietet wird (§ 549 II Nr. 3 BGB).

270

---

1 OLG Koblenz WuM 1997, 482.

5.2.2. Sozialklausel

271 Der Mieter kann der ordentlichen **Kündigung widersprechen** und die **Fortsetzung des Mietverhältnisses** mit der Begründung verlangen, dass die Beendigung des Mietverhältnisses für ihn oder andere Angehörige seines Haushalts eine **Härte** bedeuten würde, die auch unter Berücksichtigung der berechtigten Interessen des Vermieters nicht gerechtfertigt ist (§ 574 Abs. 1 BGB). Ein **Widerspruchsrecht besteht nicht** u.a. bei einer außerordentlichen fristlosen Kündigung und bei der Kündigung durch den Mieter selbst.

Ob eine Härte vorliegt, bestimmt sich immer nach dem Einzelfall. Zum Beispiel kommt in Betracht:

– **Fehlen** einer **Ersatzwohnung**[1],
– **notwendiger Schulwechsel** der Kinder kurz vor Schulabschluss[2],
– hohes **Alter**, **Krankheit**, schwere **Behinderung**[3],
– **Verwurzelung alter Menschen** in der Wohngegend, Altenheim als letzte Alternative[4],
– kinderreiche Familien[5].

272 Der Widerspruch muss **schriftlich** und eigenhändig unterzeichnet erfolgen (§ 574b Abs. 1 BGB) und innerhalb einer **Frist von zwei Monaten** vor Beendigung des Mietverhältnisses erklärt werden. Sonst kann der Vermieter die Fortsetzung des Mietverhältnisses ablehnen (§ 574b Abs. 2 BGB). Hat der Vermieter nicht rechtzeitig auf Möglichkeit, Form und Frist des Widerspruchs hingewiesen, kann der Mieter den Widerspruch noch im ersten Termin zur mündlichen Verhandlung während des Räumungsrechtsstreit gegenüber dem Gericht erklären (§ 574b Abs. 2 BGB).

273 Eine **Begründung** des Widerspruchs muss erst auf Verlangen des Vermieters gegeben werden (§ 574b Abs. 1 BGB). Klagt der Vermieter auf Räumung, kommt es zu einem Gerichtsverfahren. Stellt sich dann heraus, dass der **Widerspruch gerechtfertigt** war, kann das Mietverhältnis je nach Lage des Falles durch **Urteil** auf **bestimmte oder unbestimmte Zeit** fortgesetzt werden (§ 574c Abs. 1 BGB). Beide Parteien können das Mietverhältnis im Hinblick auf die Gründe des Widerspruchs auch **einvernehmlich fortsetzen.**

5.2.3. Erleichterte Kündigung

274 Wohnt der Vermieter selbst in einem **Gebäude mit nicht mehr als zwei Wohnungen**, kann er auch ohne ein berechtigtes Interesse (s. § 573 Abs. 2

---

1 OLG Stuttgart NJW 1969, 240.
2 LG Wuppertal MDR 1970, 332.
3 BVerfG NJW-RR 1993, 463.
4 LG Hamburg DWW 1991, 189.
5 LG Heidelberg DWW 1991, 244.

BGB) kündigen. Allerdings **verlängert sich die ordentliche Kündigungsfrist** (s.o.) dann um weitere drei Monate (§ 573a Abs. 1 BGB). In dem **Kündigungsscheiben** ist darzulegen, dass es sich um eine erleichterte Kündigung handelt (§ 573a Abs. 3 BGB). Es ist zulässig, dass der Vermieter alternativ eine ordentliche Kündigung ausspricht, um die verlängerte Kündigungsfrist zu vermeiden.

Ein berechtigtes Interesse ist ebenfalls nicht erforderlich bei einer **Teilkündigung** von nicht zum Wohnen bestimmter Nebenräumen oder von Teilen eines Grundstücks zur Erweiterung oder Schaffung neuen Wohnraums (§ 573b BGB).

5.2.4. Fristen

5.2.4.1. Gesetzliche Regelung

Die **ordentliche Kündigung** ist spätestens am dritten Werktag zum Ablauf des übernächsten Monats zulässig (**dreimonatige Kündigungsfrist**). Die Kündigungsfrist für den **Vermieter verlängert** sich jeweils nach 5 und 8 Jahren seit der Überlassung des Wohnraums um jeweils drei Monate. Ist der **Wohnraum vom Vermieter selbst bewohnt** und nicht zum dauernden Gebrauch überlassen (§ 549 Abs. 2 Nr. 2 BGB) ist die Kündigung spätestens am 15. eines Monats zum Ablauf dieses Monats zulässig (§ 573c Abs. 3 BGB).

275

5.2.4.2. Abweichende Regelungen

5.2.4.2.1. Kündigungsverzicht

Von der gesetzlichen Kündigungsfrist kann nicht zum Nachteil des Mieters abgewichen werden (s. § 573c Abs. 4 BGB). Es ist daher nicht zulässig, **für den Mieter eine längere Frist als 3 Monate zu vereinbaren**. Umstritten war, ob die Mietparteien einen Verzicht auf das Recht zur ordentlichen Kündigung für einen gewissen Zeitraum vereinbaren konnten.

276

Der Bundesgerichtshof hat zunächst für Individualvereinbarungen entschieden, dass ein einseitiger Kündigungsverzicht zu Lasten des Mieters zulässig ist[1]. Durch weiteres Urteils vom 30.6.04 hat er auch für Formularverträge die Zulässigkeit bejaht, wobei hier aber ein beidseitiger Verzicht notwendig ist[2]. Dieser Rechtsprechung des BGH ist zuzustimmen; § 573 Abs. 4 BGB verbietet lediglich, die Kündigungsfrist zu Lasten des Mieters zu verlängern. Vereinbaren die Mietparteien einen Kündigungsausschluss, wird diese Regelung jedoch nicht tangiert: Die Parteien vereinbaren lediglich, dass für die bestimmte Zeit überhaupt kein Kündigungsrecht beste-

---

1 BGH WuM 2004, 157.
2 WuM 2004, 542.

hen soll. Die Kündigungsfrist wird jedoch erst relevant, wenn überhaupt ein Kündigungsrecht besteht.

277 Weiterhin umstritten ist die Frage, für welchen Zeitraum ein Kündigungsverzicht vereinbart werden kann. Ist im Mietvertrag neben dem Kündigungsausschluss auch eine Staffelmiete vereinbart, ist als Obergrenze eine Frist von 4 Jahren anzusetzen (s. § 557a Abs. 3 BGB)[1]. Liegt keine Staffelmietvereinbarung vor, soll nach Auffassung des LG Berlin und auch des AG Charlottenburg eine Frist von 2 Jahren sogar bei einem formularmäßigen einseitigen Kündigungsverzicht des Mieters zulässig sein[2]. Demgegenüber hat das LG Duisburg festgehalten, dass ein einseitiger Kündigungsverzicht in Formularverträgen zu einer unzulässigen Benachteiligung des Mieters führe und dabei darauf abgestellt, dass eine nicht mehr zu tolerierende Diskrepanz zwischen der Kündigungsmöglichkeit für den Vermieter und derjenigen des Mieters gegeben sei[3].

Praxistipp: Im Hinblick darauf, dass ein einseitiger Kündigungsverzicht nach wie vor höchst umstritten ist, sollte ein beidseitiger Kündigungsverzicht gewählt werden. Dieser sollte nicht länger als zwei Jahre gewählt werden.

278 Die Frist für den **Kündigungsverzicht** beginnt nicht erst zum Ende des Monats, sondern bereits mit Datum der Vereinbarung.

Beispiel:
Vermieter und Mieter schließen den Mietvertrag am 12.5., das Mietverhältnis soll zum 1.6. beginnen. In dem Mietvertrag ist auch bereits der Kündigungsverzicht enthalten und zwar mit einer Frist von einem Jahr. In diesem Fall beginnt die einjährige Frist nicht erst zum 1.6., sondern bereits am 16.6.
Der Kündigungsverzicht kann von dem Parteien auch verlängert werden.

Musterformulierung:

„Der Vertrag beginnt am _____ und läuft auf unbestimmte Zeit. Bis zum _____ verzichten die Parteien wechselseitig auf ihr Recht zur ordentlichen Kündigung. Wird der Vertrag zum _____ nicht mit der gesetzlichen Frist gekündigt, verzichten die Parteien für ein weiteres Jahr auf das Recht zur ordentlichen Kündigung.

---

1 BGH ZMR 2006, 262.
2 LG Berlin Miet RB 2005, 312 und AG Charlottenburg Miet RB 2005, 61.
3 LG Duisburg NZM 2003, 354.

5.2.5. Übergangsregelungen

5.2.5.1. Zeit zwischen 1.9.2001 und 31.5.2005

Ist die Kündigungserklärung am 1.9.2001 oder später zugegangen, gelten die neuen Kündigungsfristen, falls im Mietvertrag bezüglich der Kündigungsfrist keine Sonderregelung enthalten war oder nur pauschal auf die jeweiligen gesetzlichen Kündigungsfristen verwiesen worden ist (vgl. Art. 229 § 3 Abs. 1 Nr. 1 EGBGB). Nur wenn im Mietvertrag die damalige gesetzliche Regelung (s. § 565 Abs. 2 BGB a.F), wörtlich oder sinngemäß wiedergeben worden ist, gilt die alte Kündigungsfrist weiter[1]. 279

5.2.5.2. Zeiten ab 1.6.2005

Ist nach dem 1.9.2001 auch weiterhin die Kündigungsfrist nach altem Recht zu bestimmen, ist für alle Kündigungen, die nach dem 1.6.2005 zugegangen sind, zu differenzieren: 280

- Sind die alten Kündigungsfristen in allgemeinen Geschäftsbedingungen vereinbart worden, sind die Kündigungsfristen am neuen Recht zu messen (Art. 229 § 3 Abs. 10 S. 2 EGBGB). Da dieses eine Abweichung zum Nachteil des Mieters verbietet, führt dies zur Unwirksamkeit der Klausel und damit zur Geltung der neuen Kündigungsfrist. Da aber nur eine Abweichung zu Lasten des Mieters verboten wird, gilt für Kündigungen des Vermieters weiterhin die vereinbarte Frist[2].
- Sind die alten Kündigungsfristen hingegen individualvertraglich vereinbart worden, greift das Abweichungsverbot auch weiterhin nicht ein.

Praxistipp: Liegt ein zeitlich befristeter Altmietvertrag vor, der mit einer Verlängerungsklausel versehen ist, gilt Art. 229 § 3 Abs. 10 S. 2 EGBGB nicht.

5.3. Außerordentliche fristlose Kündigung

Die **schriftlich** auszusprechende **außerordentliche fristlose Kündigung** ist aus **wichtigem Grund** möglich, wenn dem Kündigenden unter Berücksichtigung aller Umstände des Einzelfalls, insbesondere eines Verschuldens der Vertragspartei und unter Abwägung der beiderseitigen Interessen die Fortsetzung des Mietverhältnisses bis zum Ablauf der Kündigungsfrist oder der sonstigen Beendigung nicht zugemutet werden kann (§ 543 Abs. 1 BGB). Ein **wichtiger Grund** liegt u.a. vor, wenn: 281

- dem Mieter der **vertragsgemäße Gebrauch** der Mietsache ganz oder teilweise nicht rechtzeitig gewährt oder wieder entzogen wird (§ 543 Abs. 2 Nr. 1 BGB),

---

1 BGHZ 155, 178; LG Berlin GE 2006, 451; AG Hamburg NZM 2002, 248.
2 BGH NJW 2006, 1867; WuM 2005, 583; *Palandt/Weidenkaff* EGBGB 229 § 3 Rz. 7.

- der Wohnraum so beschaffen ist, dass seine Benutzung mit einer **erheblichen Gefährdung der Gesundheit** verbunden ist (§ 569 Abs. 1 BGB),
- der Mieter die Mietsache durch **Vernachlässigung** der ihm obliegenden Sorgfalt erheblich gefährdet oder sie **unbefugt einem Dritten überlässt** (§ 543 Abs. 2 Nr. 2 BGB) oder der **Hausfrieden** schuldhaft, nachhaltig und erheblich gestört wird (§ 569 Abs. 2 BGB), wobei hier i.d.R. zunächst eine Abmahnung ggf. mit Fristsetzung erforderlich ist (§ 543 Abs. 3 BGB).

282 Der **Verzug mit Mietzahlungen** rechtfertigt eine außerordentliche fristlose Kündigung, wenn der Mieter an zwei aufeinander folgenden Terminen mit der **Entrichtung der Miete** oder eines nicht unerheblichen Teils der Miete **in Verzug** ist (§§ 543 Abs. 2 Nr. 3a und 569 Abs. 3 Nr. 1 BGB) oder er unabhängig von einem bestimmten Zeitraum mit der Entrichtung der Miete in Höhe von zwei Monatsmieten in **Verzug** ist (§ 543 Abs. 2 Nr. 3b BGB).

283 Die **Kündigung wird unwirksam**, wenn der Mieter **aufrechnen** konnte und unverzüglich nach der Kündigung die Aufrechnung erklärt (§ 543 Abs. 2 S. 3 BGB) oder der Vermieter spätestens bis zum Ablauf von zwei Monaten nach Erhebung der Räumungsklage befriedigt wird oder sich eine öffentliche Stelle zur Befriedigung verpflichtet (§ 569 Abs. 3 Nr. 2 BGB). Hatte der Vermieter bereits eine fristlose Kündigung wegen Zahlungsverzugs ausgesprochen, die auf diese Weise ihre Wirkung verloren hat, und liegt diese nicht länger als 2 Jahre zurück, kann die erneute fristlose Kündigung nicht durch Zahlung zu Fall gebracht werden (§ 569 Abs. 3 Nr. 2 BGB).

Ist der Mieter zur Zahlung einer **Mieterhöhung verurteilt** worden, kann wegen Zahlungsverzug nicht vor Ablauf von zwei Monaten nach der Verurteilung gekündigt werden (§ 569 Abs. 3 Nr. 3 BGB).

284 Ein wichtiger Grund liegt auch vor, wenn der Vermieter die Zustimmung zur Untervermietung verweigert (s. § 540 Abs. 1 BGB). Dies gilt aber nicht, wenn ein Gewerbemietverhältnis vorliegt und der Mieter Informationen zur Bonität und Identität des Mieters nicht preisgibt[1]. Der Vermieter von Gewerberaum hat ein Interesse an der Zahlungsfähigkeit des Untermieters und kann seine Zustimmung daher von dessen Bonität abhängig machen.

285 Der zur Kündigung führende **wichtige Grund** ist im **Kündigungsschreiben anzugeben** (§ 569 Abs. 4 BGB). Die Kündigung muss gegenüber allen Personen ausgesprochen werden, denen ein Mitbesitz an der Wohnung zusteht.

Praxistipp: Auch wenn der Mietvertrag nur mit einem der Ehegatten bzw. einem der beiden Partner der nichtehelichen Lebensgemeinschaft bzw. der eingetragenen Lebenspartnerschaft abgeschlossen ist, muss im Falle einer Kündigung sowohl die Kündigung, als auch die Räumungsklage gegenüber

---

1 BGH ZMR 2007, 127.

beiden Partnern erfolgen. Auch wenn nur einer der beiden Mieter ist, hat der andere ein Besitzrecht, welches ihm wieder entzogen werden muss[1].

5.4. Stillschweigende Verlängerung

Setzt der **Mieter** nach Ablauf der Mietzeit den **Gebrauch der Mietsache** fort, verlängert sich das Mietverhältnis auf unbestimmte Zeit, wenn nicht eine der Parteien ihren entgegenstehenden Willen innerhalb von 2 Wochen dem anderen Teil gegenüber erklärt (§ 545 BGB). Diese Regelung gilt auch bei (**ordentlichen oder außerordentlichen fristlosen**) Kündigungen, so dass bei Fortsetzung des Mietgebrauchs der **Nichtverlängerungswille** der anderen Partei **beweisbar** mitgeteilt werden sollte. Der Widerspruch gegen die Fortsetzung der Nutzung kann bereits vor Ablauf der 2-Wochen-Frist erklärt werden[2].

286

6. Verjährung

Die Ansprüche des Vermieters auf Zahlung der **Miete und Betriebskosten** sowie der Anspruch des Mieters auf Rückzahlung zu viel gezahlter Miete oder Betriebskosten verjähren in **3 Jahren** (§ 195 BGB). Gehemmt und damit verlängert (vgl. § 209 BGB) werden kann diese Frist z.B. durch Zustellung eines Mahnbescheids oder Klageerhebung (§ 204 Abs. 1 Nr. 1 und 3 BGB). Bei **Beendigung** des Mietverhältnisses gilt allerdings eine nur **6-monatige** Verjährungsfrist für Ersatzansprüche des Vermieters wegen Veränderung oder Verschlechterung der Mietsache, einschließlich der Schadensersatzansprüche wegen vertragswidrigem oder übermäßigem Gebrauch und wegen unterlassener Klein- oder nicht durchgeführter Schönheitsreparaturen ab dem **Zeitpunkt der Übergabe** der Mietsache, z.B. durch Übergabe der Schlüssel (§ 548 Abs. 1 BGB).

287

Praxistipp: Wird die Mietwohnung bereits vor Ende des Mietverhältnisses zurückgegeben, läuft die Frist auch in diesem Fall ab Rückgabe der Mietsache[3].

Beispiel:
Mieter und Vermieter einigen sich einvernehmlich auf eine Beendigung zum 31.3. Gibt der Mieter am 31.3. die Wohnung zurück, ist Verjährungsbeginn der 1.4. und Ende am 30.9.2006. Gibt der Mieter die Wohnung aber bereits zum 15.2. zurück, beginnt die Verjährung am 16.2. und endet am 15.8.2006.

Für den Mieter gilt wegen Ansprüchen aus Aufwendungsersatz oder einem Wegnahmerecht ab **Beendigung des Mietverhältnisses** eine 6-Monats-Frist

288

---

1 BGH WuM 2004, 555 für Ehegatten und OLG Hamburg WuM 1992, 548 für Partner einer nichtehelichen Lebensgemeinschaft.
2 OLG Düsseldorf NZM 2002, 739; BayObLG NJW 1981, 2759.
3 BGH NZM 2006, 503; BGH DWW 2005, 65.

(§ 548 Abs. 2 BGB). Die Verjährung kann durch Zustellung eines Antrags auf Durchführung des selbständigen Beweisverfahrens (§§ 485 ff. ZPO) gehemmt werden (§ 204 Abs. 1 Nr. 7 BGB).

289 Neu ist die Möglichkeit, die Verjährung durch die Aufnahme von beiderseitigen Verhandlungen über den Anspruch oder die den Anspruch begründenden Umstände zu hemmen (§ 203 BGB). Die Verjährung tritt dann frühestens 3 Monate nach Verweigerung der Fortführung von Verhandlungen ein.

7. Geschäftsraummiete

290 Werden die Räume nach dem Mietvertragszweck zu **geschäftlichen**, insbesondere **gewerblichen oder freiberuflichen** Zwecken angemietet (Büro, Laden, Praxis, u.Ä.), handelt es sich um eine Geschäftsraummiete. Auf diese Mietverhältnisse finden die Vorschriften über Wohnraum (§§ 549 bis 577a BGB) mit ihrem sozialen Mieterschutz keine Anwendung. Anwendbar sind hingegen die allgemeinen Vorschriften (§§ 535 bis 548 und 578 bis 580a BGB). Damit gelten die meisten der hier dargestellten und aus dem sozialen Mieterschutz für Wohnraum folgenden Einschränkungen hinsichtlich Miethöhe und -erhöhung, Kündigungsschutz etc. nicht. Es besteht eine **weit gehende Vertragsfreiheit**. Allerdings findet in einigen Bereichen, insbesondere im Bereich der Schönheitsreparaturen, eine Annäherung an das Wohnungsmietrecht statt.

8. Allgemeine Geschäftsbedingungen

291 Allgemeine Geschäftsbedingungen sind alle für eine Vielzahl von Verträgen vorformulierten Vertragsbedingungen, die eine Vertragspartei (Verwender) der anderen Vertragspartei bei Abschluss eines Vertrages stellt (§ 305 BGB). Diese werden durch das BGB inhaltsmäßig überprüft (§§ 305 ff. BGB). Nach der Allgemeinklausel sind sie unwirksam, wenn sie den Vertragspartner des Verwenders entgegen den Geboten von Treu und Glauben unangemessen benachteiligen (§ 307 BGB). Spezielle Klauselverbote enthalten die anderen Vorschriften des BGB (insbesondere § 308 und § 309 BGB).

9. Probleme zwischen Miet- und WEG-Recht

9.1. Kollision Miet-WEG-Recht

292 Bei der Vermietung von Eigentumswohnungen kommen einige **spezielle rechtliche Probleme** zum Tragen. Sie ergeben sich daraus, dass das Mietrecht dem Mieter zum Teil weiter gehende Rechte einräumt als das Woh-

nungseigentumsgesetz dem Eigentümer einer Wohnung. Vereinfacht gesagt kann es also passieren, dass der Mieter berechtigte Ansprüche an den Vermieter stellt, die dieser nicht erfüllen kann, weil er laut Wohnungseigentumsgesetz nicht über die entsprechenden Rechte in der Wohnanlage verfügt.

Dieses rechtliche Spannungsverhältnis zwischen Wohnungseigentum und Mietverhältnis müssen **Kapitalanleger** beachten.

Wohnungseigentum ist rechtlich gesehen echtes Eigentum. Man kann beliebig damit verfahren, also die Wohnung auch vermieten (§ 13 WEG). Dieses Vermietungsrecht schließt das Recht des Eigentümers ein, seinen Anspruch auf Mitgebrauch des Gemeinschaftseigentums auf den Mieter zu übertragen. Dabei geht es zum Beispiel um die Mitbenutzung des Treppenhauses oder der Flure. Ohne diese Möglichkeit bliebe es nämlich dem Wohnungseigentümer versagt, sein Vermietungsrecht zu verwirklichen.

293

Das Problem für den Vermieter einer Eigentumswohnung besteht darin, dass die Rechtsprechung die Position des Mieters erheblich gestärkt hat. Nach gängiger Auffassung stellt die Wohnung für ihn den zentralen Lebensmittelpunkt dar, seine Rechte als Mieter wurden dementsprechend abgesichert.

Anderseits ist die Stellung des Wohnungseigentümers im Rahmen der Eigentümergemeinschaft nicht entsprechend stark. Im direkten Vergleich zeigt sich, dass die Rechte des Mieters manchmal über die des Wohnungseigentümers hinausgehen. Hierzu einige Beispiele:

294

Tierhaltung: Während dem Mieter das Halten von 24 harmlosen Schlangen nicht verwehrt werden kann[1], darf die Eigentümergemeinschaft einem Miteigentümer durchaus untersagen, in einer Eigentumswohnung vier Katzen zu halten[2].

Nächtliches Baden: Das Oberlandesgericht Düsseldorf hat festgestellt, dass nächtliches Baden oder Duschen in einem Mehrfamilienhaus hingenommen werden muss[3]. Doch was dem Mieter lieb ist, kann den Wohnungseigentümer teuer zu stehen kommen, denn das Bayerische Oberste Landesgericht hat entschieden, dass ein Eigentümerbeschluss, der ein nächtliches Bade- und Duschverbot in der Zeit von 23 bis 5 Uhr ohne Ausnahmeregelung vorsieht, durchaus der ordnungsmäßigen Verwaltung entspricht[4].

Sperrung der Versorgungsleitungen: Die Wohnraummietrechtsprechung sagt eindeutig, dass der Vermieter nicht einfach das Warmwasser abdrehen kann, wenn der Mieter nicht zahlt. Beispielsweise ist der Vermieter bei Nichtzahlung von Mietrückstand und erhöhten Heizkostenzuschlägen

---

1 AG Köln NJW-RR 1991, 10.
2 KG NJW-RR 1991, 1116.
3 OLG Düsseldorf WuM 1991, 288.
4 BayObLG WE 1992, 60.

nicht berechtigt, die Heizung zu drosseln. Das Oberlandesgericht Hamm sieht darin sogar eine strafbare Nötigung[1]. Diese Rechtsprechung gilt im Wohnungseigentum nicht: Einem Wohnungseigentümer, der mit seinem Hausgeld in Rückstand gerät, können durchaus per Beschluss Wasser, Strom und Heizung abgedreht werden[2]. Dieser soll dann wiederum gegenüber dem Mieter nicht gelten[3].

295 Im Mietvertrag bestimmt der Eigentümer den **Umfang der Gebrauchsrechte**, die dem Mieter zustehen. Andererseits bestimmt die Teilungserklärung den Umfang der Gebrauchsrechte des Wohnungseigentümers. Bleiben die mietvertraglichen Ansprüche des Mieters hinter denen des Eigentümers zurück oder sind sie deckungsgleich, entstehen keine Probleme. Doch wenn sich der Wohnungseigentümer verpflichtet, dem Mieter, zum Beispiel aufgrund des Mietvertrags, mehr Gebrauchsrechte zu gewähren, als ihm selbst zustehen, sind Auseinandersetzungen unvermeidbar.

296 In der Praxis kommt es zu solchen Auseinandersetzungen dann, wenn Räume im Widerspruch zur Zweckbestimmung in der Teilungserklärung vermietet werden; zum Beispiel ein Laden als Bistro[4], eine Eisdiele als Pilsbar[5] oder eine Wohnung zur Prostitution[6]. Solche zweckwidrigen Nutzungen sind unzulässig.

Weitere Probleme aus der Praxis sind zum Beispiel die Vermietung von Räumen oder Grundstücksflächen, die nicht zum Sondereigentum des vermietenden Eigentümers gehören, beispielsweise Vorflure. Darüber hinaus kann es auch vorkommen, dass mietvertraglich Mitgebrauchsrechte eingeräumt wurden, die dem Eigentümer selbst nicht zustehen, zum Beispiel die Abstellmöglichkeit auf gemeinschaftlicher Fläche.

Hinzu kommen Regelungen, die von der Gemeinschaftsordnung abweichen. Beispielsweise wenn diese ein Musizierverbot ausspricht, der Mietvertrag eine solche Beschränkung aber nicht vorsieht. Hier ist der Wohnungseigentümer als Vermieter dafür verantwortlich, derartige Rechtskonflikte durch sorgfältige Mietvertragsgestaltung zu vermeiden. Dies ist nach herrschender Rechtsmeinung nur durch eine **Individualvereinbarung** möglich, etwa durch einen zwischen den Parteien eigens ausgehandelten Passus, der besagt, dass die zwischen den Wohnungseigentümern geltenden Regeln in den Mietvertrag einbezogen werden.

297 Besondere Probleme ergeben sich, wenn Rechtskollisionen erst nach Abschluss des Mietvertrags entstehen. Zum Beispiel, wenn die Eigentümer-

---

1 OLG Hamm WuM 1983, 269.
2 OLG Hamm WE 1994, 84; BayObLG NJW-RR 1992, 787; OLG Celle NJW-RR 1991, 1118.
3 OLG Köln ZWE 2000, 543.
4 BayObLG NJW-RR 1991, 658.
5 OLG München ZMR 1992, 306.
6 BayObLG WE 1987, 27.

versammlung beschließt, aus einem Waschkeller einen Hobbyraum zu machen oder in den Fahrradkeller Öltanks einzubauen. Solche Probleme können in der Regel nur durch eine Individualvereinbarung gelöst werden, die besagt, dass der Mieter alle Entscheidungen der Wohnungseigentümer akzeptiert.

Besondere Vorsicht ist bei der Umwandlung von Mietwohnungen in Eigentumswohnungen geboten. Hier muss der Ersteller der Gemeinschaftsordnung dafür sorgen, dass es nicht zu Kollisionen mit den bereits bestehenden Mietverträgen kommt. Zum Beispiel muss er darauf achten, dass mitvermietete Nebenräume nicht zu Gemeinschaftseigentum oder Sondereigentum eines Dritten erklärt werden. Zwar hat der BGH[1] erklärt, dass auch der Erwerber bei Gemeinschaftseigentum alleiniger Vermieter sei. Damit sind jedoch noch nicht alle Fragen beantwortet[2]. 298

Für den Fall, dass der Wohnungseigentümer seinem Mieter im Vertrag mehr Gebrauchsrechte eingeräumt hat, als er eigentlich vergeben durfte, stellt sich die Rechtslage folgendermaßen dar: Der Vermieter kann seinen Mieter nicht zur Unterlassung zwingen. Insbesondere hat er keine Möglichkeit, eine Mietkündigung als Druckmittel einzusetzen, da der Fehler aus seinem eigenen Risikobereich stammt[3]. Nur die anderen Wohnungseigentümer können, auch als Einzelpersonen, die Unterlassung der Störung verlangen[4] – und zwar sowohl vom Mieter als auch vom Vermieter. Gegenüber diesem Anspruch der Gemeinschaft kann sich der Mieter nicht auf seinen Mietvertrag berufen, da er seine dort vereinbarten Rechte nur vom Vermieter ableiten kann. Und der wiederum war gerade nicht berechtigt, ihm solch weit gehende Gebrauchsrechte einzuräumen. 299

Andererseits kann der **Mieter**, nachdem er zur Unterlassung verpflichtet wurde, gegenüber dem Vermieter Rechte geltend machen. Vor allem darf er die Miete mindern oder **Schadenersatz** wegen Nichterfüllung verlangen. Unter bestimmten Voraussetzungen (des § 543 BGB) kann er auch das Mietverhältnis kündigen. Diese Ansprüche entstehen natürlich erst, wenn die Wohnungseigentümer die Unterlassung tatsächlich verlangen und dem Mieter dadurch der vertragsgemäße Gebrauch teilweise oder ganz entzogen wird.

Beispiel:
Die Gemeinschaft nimmt den Mieter auf Unterlassung der Räume als Gaststätte erfolgreich in Anspruch. Der Mieter kann das Mietverhältnis kündigen, wenn der Mietvertrag ihm die Nutzung der Räume als Gaststätte gestattet.

Darüber hinaus ist der vermietende Eigentümer verpflichtet (§ 14 WEG), dafür zu sorgen, dass sein Mieter Sonder- und Gemeinschaftseigentum nur 300

---

1 BGH ZMR 1999, 546.
2 Ist z.B. der Raum nicht Gemeinschaftseigentum aller Eigentümer, sondern Sondereigentum eines Dritten, so ist dessen Zustimmung erforderlich; vgl. LG Hamburg ZMR 1999, 765.
3 BGH NJW 1996, 714.
4 OLG Karlsruhe NJW-RR 1994, 146.

so nutzt, dass keinem anderen Eigentümer ein **Nachteil erwächst**. Dies bedeutet aber nicht, dass der Vermieter für ein gemeinschaftswidriges Verhalten seines Mieters haftet, er muss den Mieter lediglich darauf hinweisen, dass er seine Pflichten einzuhalten hat. Hält der Mieter sich nicht daran, kann der Wohnungseigentümer von den Miteigentümern verpflichtet werden, vom Mieter Unterlassung zu verlangen oder ihm zu kündigen. Der Wohnungseigentümer haftet also für das Verhalten des Mieters nur, wenn er seine eigenen Verpflichtungen schuldhaft verletzt.

9.2. Vermietungsbeschränkungen

301 Die Eigentümergemeinschaft kann per Vereinbarung Vermietungs- oder auch Untervermietungsbeschränkungen vereinbaren (§§ 12, 15 WEG)[1]. Kapitalanleger sollten die **Gemeinschaftsordnung** daher auf diesen Punkt hin genau studieren. Außerdem ist es möglich, durch Vereinbarung eine Vermietungsverpflichtung einzuführen, so dass zum Beispiel Werkswohnungen oder Hotelgebäude ausschließlich an eine Betriebsgesellschaft vermietet werden dürfen[2]. Des Weiteren kann bestimmt werden, dass die Vermietung des Sondereigentums dem Verwalter der Wohnanlage übertragen wird[3].

Hinzu kommt die Möglichkeit, durch Regelungen in der Gemeinschaftsordnung, in der Teilungserklärung oder per Vereinbarung jede Vermietung von der Zustimmung des Verwalters oder aller beziehungsweise mehrerer Wohnungseigentümer abhängig zu machen. In diesem Fall darf die Zustimmung aber nur aus wichtigem Grund versagt werden. Sie kann zum Beispiel von einer Selbstauskunft des Mieters abhängig gemacht werden.

302 Wurde eine Wohnung dennoch ohne die erforderliche Zustimmung vermietet, ist der Mietvertrag deshalb zwar nicht unwirksam, doch können auf den Wohnungseigentümer Schadenersatzansprüche zukommen, wenn der Mieter sich nicht ordnungsgemäß verhält.

9.3. Nebenkostenabrechnung

303 Ein erhebliches Problem stellen die unterschiedlichen Abrechnungsmodalitäten im Wohnungseigentums- und Mietrecht dar, obwohl die formellen Anforderungen, also der Aufbau der Abrechnung, gleich sind. Der Bundesgerichtshof hat den Verwalter nämlich verpflichtet, eine Abrechnung zu erstellen, die es dem vermietenden Eigentümer ermöglicht, seiner Pflicht zur Abrechnung mit dem Mieter nachzukommen[4]. Auch die Mindestangaben stimmen sowohl für das Wohnungseigentum als auch für das Mietrecht überein:

---

1 BayObLG BayObLGZ 1975, 233 und AG Karlsruhe Rpfleger 1969, 131.
2 BayObLG WuM 1994, 156.
3 BayObLG WE 1996, 194.
4 BGH NJW 1982, 573.

- Gesamtkosten und ihre Zusammensetzung,
- Angaben und Erläuterung des Verteilungsschlüssels,
- Berechnung des auf die jeweilige Wohnung entfallenden Anteils,
- Abzug der Vorauszahlung[1].

Die Frage, **welche Lasten und Kosten** des gemeinschaftlichen Eigentums auf den Mieter **umgelegt werden können**, ist ebenfalls unstrittig. Es handelt sich hier um den Betrieb und den Begriff der Betriebskosten, die in der Zweiten Berechnungsverordnung aufgeführt sind und für den öffentlich geförderten Wohnungsbau gelten, also zum Beispiel Energiekosten, Abwasser und Hausmeister. 304

Das Problem liegt also nicht in der formellen, sondern in **der inhaltlichen Darstellung**. Dort unterscheiden sich die Anforderungen an die Abrechnung des Verwalters von der des Vermieters. Gegenstand der WEG-Abrechnung sind nach der herrschenden Meinung die tatsächlichen Einnahmen und Ausgaben während des Abrechnungszeitraums ohne jahreszeitgerechte Abgrenzungen des hierauf entfallenden Aufwands (Abflussprinzip genannt). Zum Beispiel ist die im Januar 2002 bezahlte Allgemeinstromrechnung für 2001 laut WEG im Jahre 2002 zu erfassen, im Mietrecht aber in 2001, da sie in diesem Jahr angefallen ist. Bei der Mieterabrechnung müssen aber solche periodengerechten Abgrenzungen vorgenommen werden: Es ist der Aufwand auf den Mieter umzulegen, der in dem Abrechnungszeitraum tatsächlich verursacht wurde. Und zwar unabhängig davon, wann der Vermieter die diesbezüglichen Ausgaben geleistet hat (Zeitabgrenzungs- oder Verbrauchsprinzip genannt)[2]. 305

Häufig sind **Aufwendungen** jedoch erst im darauf folgenden Abrechnungszeitraum angegeben. Der Vermieter ist dann darauf angewiesen, sowohl die Vorjahresabrechnung als auch die spätere Abrechnung in Händen zu halten. Nur so kann er wissen, welche ein anderes Jahr betreffenden Aufwendungen der WEG-Verwalter in die Abrechnungen eingestellt hat. 306

Dabei ist der Vermieter gehalten, die notwendigen Informationen innerhalb der Jahresfrist zu beschaffen. Dabei ist es jedoch ausreichend, wenn er alles ihm zumutbare unternimmt. Gegebenfalls hat er den Verwalter den auf Erteilung einer entsprechenden Abrechnung zu verklagen[3]. Hat er dies getan, und verzögert sich der Rechtsstreit über die Jahresfrist hinaus, ist die Verspätung entschuldigt. Allerdings muss der Vermieter dann, sobald er die Abrechnung vorliegen hat, seinerseits dem Mieter spätestens innerhalb von drei Monaten die Abrechnung erteilen[4]. 307

---

1 BGH WuM 2005, 61.
2 Offengelassen aber vom BGH NJW 2006, 3350 m.w.N.
3 BGH NJW 1982, 573.
4 BGH NJW 2006, 3350.

308 Der Vermieter ist nicht gehalten, bei einer Anfechtung der WEG-Jahresabrechnung mit seiner Abrechnung bis zur Entscheidung des Verfahrens zuzuwarten. Vielmehr kann er die beschlossene Abrechnung zur Grundlage seiner Abrechnung nehmen. Um sich die Korrekturmöglichkeiten offen zu halten, sollte er dem Mieter gegenüber auf die Anfechtung hinweisen[1].

309 Der Vermieter ist auch nicht gezwungen, eine eigene Abrechnung zu erstellen. Vielmehr kann er die die WEG-Abrechnung an den Mieter weiterleiten, wobei er allerdings die Abrechnung um die Posten zu bereinigen hat, die nicht auf den Mieter umlegbar sind[2]. Insbesondere bei Positionen, bei denen Reparatur- und Instandsetzungskosten enthalten sein können, muss der Vermieter Vorsicht walten lassen.

Praxistipp: Achtet der Verwalter bei der Abrechnung von sich aus auf diese Punkte und weist sie entsprechend aus, kann der Vermieter sich viel Arbeit ersparen. Die Verwaltung sollte daher für diesen Punkt sensibilisiert werden.

310 Ein weiteres Problem ergibt sich daraus, dass der Mieter Anspruch auf Einsicht in die Originalbelege hat, die der Abrechnung zugrunde liegen. Doch über diese Unterlagen verfügt der Wohnungseigentümer gar nicht. Vereinzelt wird der Vermieter als berechtigt angesehen, nur die Unterlagen vorzulegen, die er selber hat[3]. Diese Ansicht ist aber abzulehnen, da sie die Kontrollrechte des Mieters im Extremfall auf Null reduziert, wenn der Vermieter überhaupt keine Unterlagen hat[4]. Außerdem würde der gewissenhafte Vermieter, der sein Einsichtsrecht gegenüber dem Verwalter wahrnimmt, gegenüber dem nachlässigen Vermieter benachteiligt. Der nachlässige Vermieter bräuchte keine Belege zu überlassen, während der gewissenhafte Vermieter alles zu übergeben hätte. Vielmehr hat der Vermieter entweder selbst Einsicht beim Verwalter zu nehmen[5] oder dem Mieter eine entsprechende Ermächtigung zu erteilen[6]. Der Verwalter wehrt sich meist dagegen, wenn eine große Anzahl von Mietern ihren Anspruch geltend machen möchte. Dieser Einwand greift aber nicht durch, der Verwalter ist auch dann zur Gewährung der Einsichtnahme verpflichtet[7].

Praxistipp: Durch moderne Technik kann das Problem für den Verwalter weitgehend gelöst werden. Scannt der Verwalter die Belege ein, können sie entweder als CD-ROM dem Mieter zur Verfügung gestellt oder reproduziert werden.

---

1 *Langenberg* NZM 2004, 361.
2 LG Berlin MM 1994, 102; LG Köln WuM 1985, 399.
3 LG Mannheim WuM 1996, 630.
4 AG Hamburg MJ 1999, 9; LG Frankfurt/Main WuM 1997, 52.
5 BayObLG NZM 2000, 873; OLG Hamm ZMR 1998, 586.
6 BayObLG GE 2004, 1175; LG Frankfurt/Main WuM 1997, 52.
7 BayObLG NZM 2000, 873.

Teil D
Besteuerung von Eigentumswohnungen

1. Einkommensteuer

1.1. Vermietete Eigentumswohnungen

Ist eine Eigentumswohnung vermietet, so sind die Einkünfte hieraus zu versteuern (§ 21 EStG). Sie sind in der Anlage zur Einkommensteuererklärung unter „Einkünfte aus Vermietung und Verpachtung" und dort bei „Einkünfte aus dem bebauten Grundstück" anzugeben. Zu versteuern sind die Einkünfte, d.h. der **Reinertrag**. Alle Aufwendungen, welche mit der Eigentumswohnung im Zusammenhang stehen, sind daher grundsätzlich als **Werbungskosten** (§ 9 EStG) von den Mieteinnahmen abzuziehen und nur der verbleibende Rest ist zu versteuern. Hierbei können sich auch „negative" Beträge ergeben, wenn die Summe der Werbungskosten höher ist, als die Brutto-Mieteinnahmen. Der so entstehende Minusbetrag ist dann gegen andere steuerpflichtige Einnahmen aufzurechnen, z.B. gegen Einkünfte aus selbständiger oder unselbständiger Arbeit.

1

Als Werbungskosten kommen insbesondere in Betracht: Darlehenskosten, Kosten der Instandhaltung und Instandsetzung[1], Verwalter- und Hausmeisterkosten, Grundsteuer, Müllabfuhr, Wasser, Kanal, Straßenreinigung und Schornsteinfeger, Kosten der Zentralheizung, Warmwasserversorgung, Reinigung und Hausbeleuchtung, Beiträge zur Hausversicherung z.B. Brand-, Haftpflicht-, Glas- und Wasserschadensversicherung, sowie die Abschreibungen[2]. Zu den Darlehenskosten gehören die Zinsen und die Geldbeschaffungskosten (ein Damnum oder Disagio wird bei der Auszahlung einbehalten), Notar- und Grundbuchkosten für Hypotheken und Grundschulden; nicht absetzbar sind aber für die Tilgung eines Darlehens geleistete Beträge. Als Werbungskosten können auch Aufwendungen für die Instandhaltung und Instandsetzung sowohl des Sondereigentums als auch des gemeinschaftlichen Eigentums geltend gemacht werden. Dies bedeutet, dass das regelmäßig monatlich zu zahlende **Wohngeld** bis auf den Anteil an der sog. Instandhaltungsrücklage[3] steuerlich geltend gemacht werden kann.

2

Hiervon zu unterscheiden ist der **Anschaffungs- oder Herstellungsaufwand**. Dies ist der Aufwand der für den Bau oder Kauf der Wohnung aufgewendet wurde. Dieser kann nur im Wege der sog. Abschreibung für Abnutzung

3

---
1 Wegen Steuerfragen im Zusammenhang mit der Instandhaltungsrückstellung siehe Teil B Rz. 149.
2 Siehe hierzu Rz. 17.
3 Siehe hierzu Teil B Rz. 149.

(AfA) steuerlich berücksichtigt werden[1]. Nach dem Erwerb oder der Erstellung ist es oft schwer bei Erhaltungsmaßnahmen die Abgrenzung für sofort für den Abzug zugelassene oder nur zur Abschreibung zugelassene Aufwendungen vorzunehmen. Nach dem Gesetz (§ 255 HGB) ist ein Herstellungsaufwand anzunehmen, wenn das Gebäude in seiner Substanz vermehrt oder in seinem Wesen verändert oder über seinen bisherigen Zustand hinaus erheblich verbessert wird. Eine erhebliche Verbesserung ist nicht schon deswegen anzunehmen, weil mit notwendigen Erhaltungsmaßnahmen eine dem technischen Fortschritt entsprechende übliche Modernisierung verbunden ist. Die normalen Reparaturen fallen daher stets unter die Kosten der Instandhaltung und Instandsetzung, sie können also steuerlich sofort geltend gemacht werden.

1.2. Eigennutzung für Wohnzwecke – Eigenheimzulage

4 Seit dem 1.1.2006 gibt es keine **Eigenheimzulage** mehr. Der Erwerb einer eigen genutzten Wohnung wird deshalb grundsätzlich einkommensteuerrechtlich nicht mehr gefördert. Dies bedeutet, dass z.B. Vorkosten, Erhaltungsaufwendungen oder Finanzierungskosten grundsätzlich nicht mehr abzuziehen sind. Auch die Abschreibung für Abnutzung (sog. AfA) wird nicht zugelassen. Hierzu gibt es nur die Ausnahme hinsichtlich Denkmalschutzobjekten oder Objekten die im Sanierungsgebiet liegen[2].

1.2.1. Sonderprobleme

1.2.1.1. Häusliches Arbeitszimmer

5 Falls der Eigentümer in seiner selbst genutzten Eigentumswohnung ein **Arbeitszimmer** für berufliche oder betriebliche Zwecke einrichtet, kommt seit dem 1.1.2007 in der Regel kein steuerlicher Abzug der anteiligen Kosten mehr in Betracht. Die Kosten für das häusliche Arbeitszimmer können nur noch als Werbungskosten oder Betriebsausgaben abgesetzt werden, wenn das häusliche Arbeitszimmer der Mittelpunkt der gesamten beruflichen Tätigkeit bildet. Dieser Ausnahmefall wird wohl nur bei Heimarbeitern, Außendienstmitarbeitern und hauptberuflichen Schriftstellern vorliegen. Bei anderen Berufsgruppen ist es kaum vorstellbar, dass das Arbeitszimmer in der ansonsten nur für eigene Wohnzwecke genutzten Eigentumswohnung den Mittelpunkt der gesamten beruflichen oder betrieblichen Tätigkeit bildet. Allerdings sollten Nebenberufler unbedingt darauf achten, dass der anteilige Wert des Arbeitszimmers höchstens 20 452 Euro und zugleich höchstens 20 Prozent des gesamten Werts der Eigentumswohnung beträgt.

---

1 Siehe hierzu Rz. 10.
2 Siehe zu Rz. 14.

Liegt der Wert des für gewerbliche oder freiberufliche Zwecke genutzten Arbeitszimmers über 20 452 Euro oder über 20 % des Werts der Eigentumswohnung, zählt **das Arbeitszimmer** zum **Betriebsvermögen**. Fatale Folge: Bei einem späteren Verkauf der Eigentumswohnung muss der anteilige Veräußerungsgewinn (anteiliger Veräußerungserlös minus anteiliger Buchwert des Arbeitszimmers) versteuert werden.

Für Selbstnutzer, die keine Kosten für das häusliche Arbeitszimmer (anteilige Raumkosten und Kosten der Ausstattung) mehr absetzen können, bleibt noch ein kleines Trostpflaster. Ausgaben für Arbeitsmittel wie zum Beispiel Computer sind weiterhin voll abzugsfähig, und zwar bei **Anschaffungskosten** bis zu 410 Euro (zuzüglich Umsatzsteuer bei Arbeitnehmern) auf einen Schlag und bei höheren Kosten verteilt auf die Jahre der Nutzung.

1.2.1.2. Zwei- und Drei-Konten-Modell

Unter bestimmten Umständen gibt es die Möglichkeit, den Anteil der Schuldzinsen, der auf das selbst bewohnte Eigenheim entfällt, mittels des so genannten Zwei- bzw. Drei-Konten-Modells in steuerlich abzugsfähige Schuldzinsen für den Betrieb zu verwandeln. Bisher hat der Bundesfinanzhof dies unter strengen Auflagen anerkannt[1].

1.3. Eigennutzung für betriebliche Zwecke

Wird eine Eigentumswohnung oder ein Teileigentum im Rahmen einer selbstständigen Berufstätigkeit vom Eigentümer genutzt, z.B. als Arztpraxis, so sind alle Kosten zu berücksichtigen. Also können Wohngeldzahlungen und Abschreibungen etc. wie bei vermieteten Eigentumswohnungen in vollen Umfang als Betriebsausgaben geltend gemacht werden (§ 4 Abs. 4 EStG).

1.4. Abschreibungen

Gebäude unterliegen der Abnutzung. Irgendwann werden sie baufällig und ihr Wert ist verbraucht. Da dieser Wertverzehr nicht sofort, sondern nach und nach eintritt, können die Anschaffungs- bzw. Herstellungskosten nicht sofort voll abgesetzt werden. Sie sind vielmehr entsprechend den steuerlichen Vorschriften auf die Jahre der Nutzung zu verteilen und können so als Werbungskosten oder Betriebsausgaben geltend gemacht werden. In den Steuergesetzen wird die Abschreibung als „Absetzung für Abnutzung" (abgekürzt „AfA") bezeichnet. Das EStG kennt verschiedene Abschreibungsmöglichkeiten. Sie sind teilweise für den Steuerpflichtigen in den ersten Jahren günstiger als dies der natürlichen Abnützung entspre-

---

1 BFH BStBl. II 1998, 193.

chen würde und stellen daher eine steuerliche Förderung des Wohnungsbaus und anderer Investitionen dar.

11 Abgeschrieben werden kann aber nur das Gebäude, nicht der Grund und Boden. Wurde für das Gebäude und für das Grundstück bzw. den Grundstücksanteil ein einheitlicher Kaufpreis bezahlt, so ist dieser in Grundstücks- und Gebäudeanteil aufzuteilen. Nur der Gebäudeanteil unterliegt der Abschreibung.

12 Zu den Anschaffungskosten gehören nicht nur der Kaufpreis, sondern auch ggf. anteilig auf das Gebäude entfallende Nebenkosten, wie Notar- und Grundbuchgebühren, Grunderwerbsteuer, Maklerprovision. Erstmalige Erschließungskosten werden dem Grundstücksanteil zugerechnet.

13 Unter mehreren für ihn zulässigen Abschreibungsarten kann der Steuerpflichtige wählen. Zwischen der **Normalabschreibung** (§ 7 Abs. 4 EStG i.H.v. 2 %) und der **degressiven Abschreibung** (§ 7 Abs. 5 EStG i.H.v. 5 %). Für letztere gelten in der Anfangszeit höhere (5 %), später aber niedrigere Abschreibungssätze (1,25 %). Grundsätzlich wird die degressive Abschreibung nur für Neubauten gewährt. Die degressive Abschreibung beträgt 3 % bei nicht zu Wohnzwecken dienenden Gebäuden, die sich im Betriebsvermögen befinden (§ 7 Abs. 4 Nr. 1 EStG).

14 Bei dieser degressiven AfA gibt es noch die große Besonderheit bei den Abschreibungsmöglichkeiten für Denkmäler (§ 7i) und Gebäude in Sanierungsgebieten (§ 7h EStG). Es sind für bestimmte Aufwendungen ab 1.1.2004 in den ersten 8 Jahren 9 % und vom 9. bis 12. Jahr je 7 % Abschreibung gestattet. Diese betreffen die Herstellungskosten, wenn die Baumaßnahme nach Art und Umfang zur Erhaltung des Gebäudes als Baudenkmal oder zu einer sinnvollen Nutzung dafür erforderlich sind. Die Besonderheit bei dieser Abschreibungsmöglichkeit ist, dass sie (gem. § 10f EStG) auch für selbstnutzende Wohnungseigentümer als Sonderausgaben als Abzug möglich sind. Dies bedeutet jedoch nur diese Abschreibungen, nicht die übrigen oben beschriebenen normalen und degressiven Abschreibungen. Wichtig ist noch, dass dies für jeden Steuerpflichtigen nur einmal in seinem Leben möglich ist (vgl. § 10f Abs. 3 bis 5 EStG).

1.5. Veräußerung einer Eigentumswohnung

15 Gehört die Eigentumswohnung zu einem **Privatvermögen**, so löst die Veräußerung nur dann eine Einkommensteuerpflicht aus, wenn es sich um ein Veräußerungsgeschäft (§ 23 EStG) handelt. Hierbei kommt es auf eine Spekulationsabsicht nicht an. Voraussetzung ist grundsätzlich nur, dass zwischen der Anschaffung und der Veräußerung ein Zeitraum von nicht mehr als 10 Jahren liegt. Ausgenommen sind nur die Eigentumswohnungen, die im Zeitraum zwischen Anschaffung oder Fertigstellung und Veräußerung ausschließlich zu eigenen Wohnzwecken oder im Jahr der Ver-

von
1.4.3 Sondernutzungsrechte
(Seite 86)

bis
1.5. Benutzungsprobleme
(Seite 93)

1.4.3 Sondernutzungsrechte von
(Seite 85)

bis

1.5. Benutzungsprobleme
(Seite 93)

äußerung und in den beiden voran gegangenen Jahren zur eigenen Wohnzwecken genutzt wurden (§ 23 Abs. 1 Nr. 1 S. 3 EStG).

Gehört dagegen die Eigentumswohnung zu einem **Betriebsvermögen**, z.B. wenn der Wohnungseigentümer darin eine Arztpraxis betreibt, so stellt der Überschuss des Kaufpreises über den Buchwert einen steuerpflichtigen Gewinn dar. Dies gilt vor allem dann, wenn der Buchwert durch Abschreibung gemindert wurde (so genannte Aufdeckung von stillen Reserven). Sondervorschriften gelten dann, wenn es sich um eine Betriebsveräußerung (nach § 16 EStG) handelt. In diesem Fall gelten (unter den Voraussetzungen des § 16 Abs. 4 EStG) Freibeträge; der Veräußerungsgewinn ist (nach § 34 Abs. 2 Nr. 1 EStG) nur mit dem halben durchschnittlichen Steuersatz zu versteuern. Der Veräußerung steht (nach § 16 Abs. 3 EStG) die Betriebsaufgabe gleich.   16

2. Grundsteuer

Jede Eigentumswohnung bildet einen selbständigen Steuergegenstand im Sinn des **Grundsteuergesetzes**. Die Grundsteuer wird von den Gemeinden erhoben, sie ist nach einem Messbetrag zu berechnen, der aus dem Einheitswert abgeleitet ist. Die Gemeinde bestimmt, mit welchem Hebesatz des Steuermessbetrags die Grundsteuer zu erheben ist. Sie ist von jedem Wohnungseigentümer gesondert zu begleichen und hat nichts mit dem Gemeinschaftseigentum zu tun. Sie kann bei vermieteten Einheiten auf den Mieter abgewälzt werden.   17

3. Grunderwerbsteuer

Die Grunderwerbsteuer fällt grundsätzlich bei jeder Veräußerung einer Eigentumswohnung an. Sie beträgt 3,5 % der Gegenleistungen seit dem 1.1.1997, in Berlin 4,5 %.   18

Bei Kaufverträgen wird oft übersehen, dass eine **Aufteilung** zwischen Grund und Boden einerseits und Gebäuden andererseits tunlich ist. Dies folgt daraus, dass nur der Gebäudeanteil abschreibbar ist[1]. An die Aufteilung im Kaufvertrag ist nach der Rechtsprechung des Bundesfinanzhofs die Finanzverwaltung gebunden, wenn sie nicht unangemessen ist.   19

Darüber hinaus ist bei der **Eigentumswohnung** zu beachten, dass der Anteil an der **Instandhaltungsrücklage** nicht zur grunderwerbsteuerlichen Gegenleistung nach dem Bundesfinanzhof zählt[2]. Es bietet sich deshalb aus   20

---
1 Siehe Rz. 10.
2 BFH BStBl. II 1992, 153.

grunderwerbsteuerlicher Sicht an, den Anteil beim Verwalter vorher zu erfragen und diesen gesondert auszuweisen, damit insoweit keine Grunderwerbsteuer erhoben wird.

21 Letztlich ist noch zu überprüfen, ob in der Eigentumswohnung **Möbel oder sonstige Einrichtungsgegenstände** vorhanden sind, die mit übertragen werden. Hinsichtlich dieser ist ebenfalls zu berücksichtigen, dass sie nicht der Grunderwerbsteuer unterliegen, soweit sie nicht fest eingebaut sind.

4. Umsatzsteuer (= Mehrwertsteuer)

22 Hier gilt es folgende Sachverhalte klar zu trennen:

4.1. Umsatzsteueroption des Eigentümers

Hat ein **Wohnungseigentümer** oder Teileigentümer sein Wohnungseigentum oder Teileigentum umsatzsteuerlich vermietet und will deshalb aus seinem Wohngeld die Vorsteuer geltend machen, so muss die Wohnungseigentümergemeinschaft gegenüber dem einzelnen Wohnungseigentümer zur Mehrwertsteuer **optieren**[1]. Dazu bedarf es eines Beschlusses[2]. Ohne Beschluss kann die Vorsteuer grundsätzlich nicht geltend gemacht werden, auch wenn es sich um ein sog. Bauherrenmodel handelt[3]. Ein Anspruch eines einzelnen Wohnungseigentümers gegen die Wohnungseigentümergemeinschaft besteht nur, wenn die anderen Wohnungseigentümer auch von Kostennachteilen freigestellt werden[4]. Es ist Pflicht des Verwalters die Umsatzsteuerbeträge gesondert auszuweisen, denn den Beschluss über die Option hat der Verwalter durchzuführen[5], für den er sich nach entsprechendem Beschluss eines Steuerberaters bedienen kann.

4.2. Umsatzsteueroption der Gemeinschaft

23 Weniger bekannt ist, dass auch die **Wohnungseigentümergemeinschaft** eine sog. **Umsatzsteueroption** ausüben kann. Dies ist dann der Fall, wenn Gemeinschaftseigentum vermietet ist, z.B. Stellplätze, Schwimmbad, Teileigentum. Ist der Mieter dann umsatzsteuerpflichtig, ist es in der Regel für ihn ohne Bedeutung, ob er die Miete zzgl. Umsatzsteuer schuldet oder nicht. Durch die Option kann die Gemeinschaft, die in den Kosten enthaltene Vorsteuer (z.B. bei Gas, Wasser, Strom, Schornsteinfeger etc.) geltend machen. Dann muss eine entsprechende Umsatzsteuererklärung von der

---

1 §§ 4 Nr. 13, 9 UStG; siehe *Sauren* BB 1986, 436; *Schellenberger* BB 1987, 1648.
2 OLG Hamm NJW-RR 1992, 232.
3 BayObLG WuM 1996, 656.
4 *Sauren* BB 1986, 437; BayObLG WuM 1996, 656.
5 Gem. § 27 Abs. 1 Nr. 1; *Merle* PiG 21, 115.

Wohnungseigentümergemeinschaft abgegeben werden, denn die Wohnungseigentümergemeinschaft ist im Sinne des Umsatzsteuergesetzes Unternehmer. Hierzu kann sich der Verwalter nach einem entsprechenden Beschluss eines Steuerberaters bedienen.

4.3. Vermietung von Abstellplätzen

Die **Vermietung von Plätzen für das Abstellen von Fahrzeugen** ist zwingend umsatzsteuerpflichtig[1]. Hierzu zählen neben den Garagen nicht nur Autoabstellplätze, sondern auch Abstellplätze für Fahrräder, Motorräder, Wohnwagen oder Reisemobile. Damit muss der Verwalter grundsätzlich von dem erhaltenen Geld, die derzeit 19 % Umsatzsteuer, ggf. nach Verrechnung der auf den Stellplätzen entfallenen Vorsteuer, an das Finanzamt abführen. Dies wird regelmäßig nicht getan.

Eine Umsatzsteuerpflicht für die Vermietung von Stellplätzen entfällt jedoch dann, wenn die Vermietung des Stellplatzes eine sog. **Nebenleistung** wäre und die Hauptleistung eine steuerfreie Vermietung. Dies käme dann in Betracht, wenn die Gemeinschaft den Stellplatz zumindest mit einer Wohnung vermieten würde, dann müsste die Wohnung jedoch in Gemeinschaftseigentum stehen[2]. Die Umsatzsteuerpflicht entfällt auch dann, wenn die Gemeinschaft nur Kleinunternehmer ist, d.h. kein größerer Umsatz als 17 500 Euro pro Jahr anfällt[3].

5. Zinsabschlagsteuer[4]

Durch das sog. Zinsabschlagsteuergesetz (§§ 43 Abs. 1 ff. EStG) müssen die Banken einen 30 %igen Abschlag von den Zinseinkünften einbehalten. Dies betrifft nur Zinszahlungen von Banken und deren Konten, die höher als 1 % verzinst werden (§ 43 Abs. 1 Nr. 7b EStG). Deshalb sind i.d.R. die Girokonten und Verzugszinsen der Wohnungseigentümer nicht erfasst.

5.1. Freistellungsauftrag

Die Wohnungseigentümergemeinschaft ist nicht berechtigt, einen sog. **Freistellungsauftrag** zu erhalten, wonach der Zinsabschlag nicht erhoben wird, weil die Bankkonten auf die Gemeinschaft bzw. den Verwalter lauten[5].

---

1 *Sauren* WE 1994, 262.
2 Vgl. *Sauren* ZMR 1997, 500.
3 Vgl. *Sauren* FV1, 51.
4 Ausführlich *Sauren* WE 1995, 40.
5 *Seuß* WE 1993, 70.

5.2. Einheitliche und gesonderte Feststellung

28 Da die Miteigentümer gemeinschaftliche Einnahmen erzielen, sind diese grundsätzlich **einheitlich und gesondert festzustellen** (gem. § 180 Abs. 1 Nr. 2 AO). Einheitlich und gesondert bedeutet, dass in einer gesonderten Steuererklärung einheitlich alle Zinseinnahmen erfasst werden und der Anteil jedes Miteigentümers aus den gesamten Einnahmen gesondert festgehalten wird. Sie muss von der Gemeinschaft angefertigt und abgegeben werden. Der Bundesfinanzminister[1] hat jedoch für den „Normalfall" von der Abgabe dieser Steuererklärung abgesehen (gem. § 180 Abs. 2 Satz 1 Nr. 2 AO) und erklärt, dass es ausreiche, wenn der Verwalter die anteiligen Einkünfte aufteilt und dem einzelnen Wohnungseigentümer mitteilt. Dabei ist eine Anrechnung des Zinsabschlages bei dem einzelnen Beteiligten nur möglich, wenn neben der Mitteilung des Verwalters über die Aufteilung der Einnahmen die der Steuerbescheinigung des Kreditinstituts vorgelegt wird. Im Ausnahmefall, wenn dieses Verfahren keine beachtliche Erleichterung bedeutet, ist jedoch eine gesonderte einheitliche Steuererklärung (gem. § 180 Abs. 1 Nr. 2 AO) abzugeben. Diese ist m.E. nicht Aufgabe des Verwalters, und er kann sich nach entsprechendem Beschluss eines Steuerberaters bedienen[2].

5.3. Umlagemaßstab

29 Die Umlage der Zinsabschlagssteuer innerhalb der Eigentümergemeinschaft erfolgt gemäß dem nach der Teilungserklärung[3] oder soweit diese keine Regelung trifft der maßgeblichen Vereinbarung bzw. dem maßgeblichen Beschluss geltenden Verteilungsschlüssel.

5.4. Darstellung in der Abrechnung

30 Für die Darstellung in der Jahresabrechnung bieten sich zwei Verfahren an, entweder die sog. Nettomethode oder die sog. Bruttomethode.

31 Die Nettomethode hat den entscheidenden Nachteil, dass der Wohnungseigentümer sich mühsam alle Zinseinnahmen, nämlich aus Bankkonten, Verzugszinsen und Rücklage erst zusammenstellen muss. Bei der Nettomethode werden nur die tatsächlich zugeflossenen Zinsen ohne Zinsabschlag festgehalten. Darauf könnte man kommen, wenn man nur den tatsächlichen Zufluss berücksichtigt[4]. Den Nachteil für den Verwalter liegt darin, dass er eine gesonderte Anlage für Zinsen aufstellen muss, um die Höhe des Zinsabschlages darzustellen.

---

1 BMF WE 1992, 36.
2 Vgl. *Seuß* PiG 32, 69 ff.
3 Siehe *Sauren* WE 1995, 40.
4 So *Drasdo* DWE 1997, 15; dem zuneigend anscheinend OLG Düsseldorf WuM 1999, 358.

Besser und einfacher ist die sog. Bruttomethode, welche die Zinseinnahmen inkl. Zinsabschlag in die Jahresabrechnung aufnimmt und den Abschlag als Ausgabe[1]. Dies entspricht der Behandlung der Zinsen in der Einkommensteuererklärung, da jeder Wohnungseigentümer die gesamten Zinseinnahmen und auch den Zinsabschlag angeben muss.

32

---

1 So auch *Seuß* WE 1993, 70.

Teil E
Textmuster

1. Verwalter und Hausmeister

1.1. Anstellungsvertrag für einen Verwalter

1 **Verwaltervertrag**

Die Wohnungseigentümergemeinschaft Neustadt, Bahnhofstraße 37
– im Nachfolgenden kurz „Verband" genannt

und die

Wohnungsbau Neustadt GmbH & Co. KG

mit dem Sitze in Neustadt
– im Nachfolgenden kurz „der Verwalter" genannt,

schließen folgenden Verwaltervertrag ab:

§ 1
Gegenstand der Verwaltung

Der Verband beauftragt hiermit den Verwalter mit der Verwaltung des gemeinschaftlichen Eigentums des Anwesens Neustadt, Bahnhofstraße 37.

§ 2
Dauer der Verwaltung

Der Verwaltungsvertrag wird für die Zeit vom 1. Januar 2008 bis 31. Dezember 2012 abgeschlossen.

Er endet, falls der Verwalter von der Wohnungseigentümergemeinschaft vorher aus wichtigem Grund abberufen wird.

Der Verwalter ist berechtigt, den Verwaltervertrag mit der Frist von sechs Monaten zum Ende eines Kalenderjahres zu kündigen, erstmals zum 31. Dezember 2008.

§ 3
Obliegenheiten und Vollmachten
des Verwalters

Die Aufgaben und Befugnisse des Verwalters ergeben sich aus §§ 20 bis 28 WEG, aus der Gemeinschaftsordnung und aus dem Inhalt dieses Verwaltervertrags.

Der Verwalter hat im Rahmen pflichtgemäßen Ermessens alles zu tun, was zu einer ordnungsgemäßen Verwaltung notwendig ist.

Insbesondere ist der Verwalter beauftragt und berechtigt,
1. mit Wirkung für den Verband im Rahmen seiner Verwaltungsaufgaben Verträge abzuschließen und sonstige Rechtsgeschäfte vorzunehmen, im Innenver-

hältnis ist er jedoch – abgesehen von dringlichen Angelegenheiten, solchen mit geringem Aufwand und Geschäften der laufenden Verwaltung – gehalten, die Zustimmung der Wohnungseigentümerversammlung einzuholen;

2. die nach den gesetzlichen Bestimmungen und der Gemeinschaftsordnung von den einzelnen Wohnungseigentümern zu entrichtenden Zahlungen einzuziehen, Säumige zu mahnen und notfalls Zahlungen beizutreiben, d.h. rückständige Zahlungsverpflichtungen gegenüber säumigen Wohnungseigentümern gerichtlich geltend zu machen;

3. die nach Gesetz, der Gemeinschaftsordnung oder nach Beschlüssen der Wohnungseigentümerversammlung vorgesehenen Versicherungen abzuschließen; gegebenenfalls kann er bei Schäden alleine im Sondereigentum den betreffenden Eigentümer ermächtigen die Regulierung gegenüber der Versicherung zu übernehmen;

4. den Hausmeister auszuwählen und mit ihm einen Dienstvertrag abzuschließen; im Innenverhältnis bedarf es dazu der Ermächtigung der Wohnungseigentümerversammlung;

5. Dienstleistungs-, Wartungs- und Pflegeverträge nach Ermächtigung durch die Wohnungseigentümerversammlung abzuschließen;

6. die für die ordnungsgemäße Instandhaltung und Instandsetzung des Geschäftseigentums erforderlichen Maßnahmen vorzubereiten, gegebenenfalls mehrere Kostenvoranschläge einzuholen, die entsprechenden Verträge nach Beschluss der Wohnungseigentümerversammlung abzuschließen und zu überwachen; dringliche Maßnahmen und solche mit einem geringen Aufwand darf er selbständig durchführen;

7. die Einhaltung der Hausordnung und die Erfüllung der den Eigentümern nach den Bestimmungen der Gemeinschaftsordnung obliegenden Pflichten zu überwachen und notfalls durchzusetzen;

8. alle Buchführungsarbeiten für die Eigentümergemeinschaft durchzuführen;

9. die Niederschriften über die Wohnungseigentümerversammlung binnen drei Wochen nach der Versammlung an die Eigentümer zu versenden;

10. in der Eigentümerversammlung gefasste Beschlüsse unverzüglich nach der Versammlung in die Beschluss-Sammlung aufzunehmen,

11. mindestens einmal jährlich eine Begehung der Wohnanlage durchzuführen und hierüber ein Protokoll dem Verwaltungsbeirat zu übersenden,

12. nach Beendigung seiner Verwaltertätigkeit hat der Verwalter, wenn die Beendigung mit dem Ende eines Wirtschaftsjahres zusammenfällt, die Jahresabrechnung zu erstellen; endet seine Verwaltertätigkeit innerhalb eines Wirtschaftsjahres, so hat er eine Rechnungslegung ohne Einzelabrechnungen zu fertigen; nach Beendigung seines Verwalteramts hat er alle Unterlagen der Eigentümergemeinschaft an diese herauszugeben; ein Zurückbehaltungsrecht steht ihm insoweit nicht zu;

13. mit Wirkung für den Verband im Falle von Rechtsstreitigkeiten einen Rechtsanwalt zu beauftragen und mit dem betreffenden Rechtsanwalt Vereinbarungen über den zugrunde zu legenden Streitwert zu treffen.

Der Verwalter handelt für Rechnung der Eigentümer und ist gegenüber Gerichten, Behörden und Privatpersonen im vorstehenden Umfang bevollmächtigt, die Eigentümer zu vertreten. Er darf gerichtliche Verfahren auch im eigenen Namen führen (sog. „Prozessstandschaft").

§ 4
Vergütungsanspruch des Verwalters

Die Vergütung des Verwalters beträgt monatlich

je Eigentumswohnung	... Euro
je Garage bzw. Garagenstellplatz als selbständiges Teileigentum	... Euro
je Teileigentum	... Euro

zusätzlich etwaiger Mehrwertsteuer und ist im Voraus jeweils am ersten Werktag eines jeden Monats zur Zahlung fällig.

Der Verwalter ist befugt, seine Vergütung jeweils dem laufenden Konto der Eigentümergemeinschaft zu entnehmen.

Beide Vertragsteile sind berechtigt, eine Neufestsetzung der Vergütung nach billigem Ermessen zu verlangen, wenn sich die beim Vertragsabschluss maßgeblichen Verhältnisse wesentlich geändert haben. Als eine solche wesentliche Veränderung ist es insbesondere anzusehen, wenn sich der vom Statistischen Bundesamt festgestellte Preisindex für die Lebenshaltung aller privaten Haushalte (Basis...)[1] um mehr als drei vom Hundert geändert hat. Für die erste Änderung ist von dem Index für den Monat ... des Jahres ...[2] auszugehen[3].

Mit der Vergütung des Verwalters sind die im Verlauf einer normalen Verwaltertätigkeit anfallenden Auslagen abgegolten, insbesondere Porto- und Telefonkosten.

Nicht in der Verwaltervergütung enthalten, sondern von den Eigentümern zu tragen sind folgende Aufwendungen:

Entgelte für besondere Leistungen wie technische Gutachten, Architekten- und Ingenieurleistungen (Ausschreibung, Überwachung und Abnahme von Bauleistungen); solche Leistungen sind gesondert zu vergüten, wenn sie vom eigenen sachverständigen Personal des Verwalters ausgeführt werden;

Kosten eines Rechtsverfahrens, Anwaltskosten und Kosten für Rechtsgutachten; vertritt der Verwalter die Gemeinschaft selbst in einem solchen Verfahren, so erhält er eine Vergütung in entsprechender Anwendung des Rechtsanwaltsvergütungsgesetzes; die Kosten für die Vervielfältigung von Schriftsätzen und Entscheidungen in einem Verfahren vor Gerichten und Behörden, hierfür erhält der Verwalter

---

1 Hier ist das Basisjahr der letzten Feststellung des Index einzusetzen.
2 Hier sind Monat und Jahr des Vertragsbeginns einzusetzen.
3 An Stelle der auf den Lebenshaltungskostenindex bezogenen Wertsicherungsklausel kann auch auf einen Gehaltstarif der Wohnungswirtschaft Bezug genommen werden. Eine solche Klausel kann wie folgt lauten: „Als eine solche wesentliche Veränderung ist es insbesondere anzusehen, wenn sich seit Vertragsbeginn das Tarifgehalt eines nach der Gruppe VI (10. Berufsjahr) des Gehaltstarifvertrages für die Angestellten der Wohnungswirtschaft besoldeten Angestellten um mehr als drei vom Hundert geändert hat."

für jede Seite eine Gebühr von 0,50 Euro, zuzüglich etwa anfallender Mehrwertsteuer.

Kosten für Miete des Lokals für die Wohnungseigentümerversammlung; in der Verwaltervergütung ist die Abhaltung einer Wohnungseigentümerversammlung pro Jahr inbegriffen; für jede weitere Versammlung erhält der Verwalter eine Vergütung von … Euro, soweit die Versammlung nicht durch sein Verschulden notwendig wurde;

Mahngebühren bei Zahlungsrückständen von Eigentümern (2,50 Euro, gegebenenfalls zuzüglich etwaiger Mehrwertsteuer, für jedes Schreiben);

Vergütung für die Zustimmung zur Veräußerung nach § 12 WEG, diese beträgt … Euro zuzüglich etwaiger Mehrwertsteuer und ist vom Veräußerer zu entrichten (nur möglich bei vorhandener oder gleichzeitiger Beschlussfassung oder Vereinbarung).

§ 5
Hausgeldkonto und Instandsetzungsrücklagen-Konto

Das Hausgeldkonto und das Instandsetzungsrücklagen-Konto sind außerhalb des Vermögens des Verwalters und auch getrennt vom Vermögen anderer Eigentümergemeinschaften zu führen. Die Wohnungseigentümer erteilen hiermit Vollmacht zur Eröffnung dieser Konten.

§ 6
Einsichtnahme durch Wohnungseigentümer

Fordert ein Wohnungseigentümer außerhalb der jährlichen Abrechnung Einsicht in Unterlagen (z.B. Protokolle oder Beschluss-Sammlung), so können diese Unterlagen nur im Büro des Verwalters zu einem vom Verwalter bestimmten Zeitpunkt eingesehen werden. Es können auch Fotokopien gegen Kostenerstattung von 0,50 Euro pro Seite verlangt werden, zuzüglich etwaiger Mehrwertsteuer.

§ 7
Verpflichtungen der Wohnungseigentümer (nur möglich bei vorhandener oder gleichzeitiger Beschlussfassung oder Vereinbarung).

Jeder Wohnungseigentümer ist verpflichtet, von ihm bemerkte Mängel und Schäden am Grundstück oder Gebäude, deren Beseitigung den Wohnungseigentümern gemeinschaftlich obliegt, dem Verwalter unverzüglich anzuzeigen. Der Verwalter ist berechtigt, in zeitlichen Abständen von zwei Jahren – nach vorheriger Anmeldung – den Zustand der Wohnungen auf etwa notwendig werdende Instandhaltungs- und Instandsetzungsarbeiten zu prüfen. Aus wichtigem Grund ist die Nachprüfung auch sonst zulässig. Die Veräußerung einer Wohnung ist dem Verwalter unverzüglich anzuzeigen.

Jeder Wohnungseigentümer ist verpflichtet, einen Bevollmächtigten mit Wohnsitz im Inland zu bestellen zur Vertretung in allen Angelegenheiten, die die Verwaltung der Wohnanlage betreffen, falls er mehr als drei Monate abwesend ist oder er seinen Wohnsitz in das Ausland verlegt.

§ 8
Schlussbestimmungen

Der Verwalter kann seine Aufgaben weder ganz noch teilweise durch einen Dritten ausführen lassen oder ihm Untervollmacht erteilen.

Zum Nachweis seiner Vertretungsmacht kann der Verwalter jederzeit Aushändigung einer Vollmachtsurkunde durch die Wohnungseigentümer verlangen. Auf Anfordern des Verwalters sind die Unterschriften oder diese Vollmacht notariell zu beglaubigen. Die hierdurch anfallenden Kosten tragen die Wohnungseigentümer.

1.2. Hausmeistervertrag

Hausmeistervertrag

Zwischen der Wohnungseigentümergemeinschaft Schillerstraße 15 in Neustadt
– nachstehend als „Verband" bezeichnet –

und

Herrn Karl Schuster in Neustadt, Schillerstr. 15
– nachfolgend als „Hausmeister" bezeichnet,

wird folgender Hausmeistervertrag abgeschlossen.

§ 1

Der Verband überträgt Herrn Karl Schuster die Hausmeisterstelle für das Anwesen Schillerstraße 15 in Neustadt.

§ 2

Der Lohn für die Hausmeistertätigkeit beträgt monatlich ... Euro – m.W. ... Euro
Er ist monatlich nachträglich am Monatsersten zu bezahlen.

§ 3

Soweit soziale Abgaben zu leisten sind (Kranken-, Renten- und Arbeitslosenversicherung), trägt jeder Vertragsteil den auf ihn gesetzlich entfallenden Teil.

Lohnsteuer und Lohnkirchensteuer trägt der Hausmeister allein.

Die Beiträge zur gesetzlichen Unfallversicherung gehen zu Lasten des Verbandes.

§ 4

Das Vertragsverhältnis beginnt am ... und kann beiderseits mit dreimonatiger Frist zu einem Monatsletzten gekündigt werden. Diese Kündigung ist jedoch frühestens zum ... möglich. Die Kündigung muss schriftlich erfolgen.

Das Dienstverhältnis kann von jedem Vertragsteil aus wichtigem Grund ohne Einhaltung einer Kündigungsfrist gekündigt werden, wenn Tatsachen vorliegen, auf Grund derer dem Kündigenden unter Berücksichtigung aller Umstände des Einzelfalls und unter Abwägung der Interessen beider Vertragsteile die Fortsetzung des Dienstverhältnisses bis zum Ablauf der Kündigungsfrist nicht zugemutet werden kann. Die Kündigung kann nur innerhalb von zwei Wochen unter Angabe des Kündigungsgrundes erfolgen. Die Frist beginnt mit dem Zeitpunkt, in dem der Kündigungsberechtigte von den für die Kündigung maßgebenden Tatsachen Kenntnis erlangt.

§ 5

Der Hausmeister hat folgende Aufgaben:
1. Der Hausmeister hat den Anordnungen des Verwalters Folge zu leisten.
2. Schäden an der Eigentumswohnanlage hat er sofort dem Verwalter zu melden. Er hat für Ordnung und Sauberkeit in der Wohnanlage zu sorgen. Er überwacht die Einhaltung der Hausordnung und meldet Verstöße hiergegen dem Verwalter.
3. Der Hausmeister ist für die Straßenreinigung verantwortlich, soweit nicht die Gemeinde hierfür zuständig ist. Dies bezieht sich insbesondere auch auf Schneeräumen und Maßnahmen gegen Glatteis.
4. Der Hausmeister hat den Hof wöchentlich zu kehren, im Winter die Geh- und Fahrwege vom Schnee zu räumen, sowie Maßnahmen gegen Glatteis zu treffen, ferner Hauseingang und Treppenhaus sowie die Kellertreppe wöchentlich zu putzen. Die Gänge im Keller, den Heizungsraum und die Fenster im Treppenhaus hat er nach Bedarf zu reinigen. Er hat auch den Rasen im Garten und in der Grünanlage zu mähen sowie bei Trockenheit den Rasen und die Pflanzen zu gießen.
5. Der Hausmeister hat die Heizanlage, den Tankraum und den Lift zu überwachen.

§ 6

Arbeitsgeräte, Reinigungsmittel u. dgl. werden vom Hausmeister im Einvernehmen mit dem Verwalter auf Kosten des Verbandes beschafft.

Anmerkung: Falls der Hausmeister in einer Hausmeisterwohnung wohnt, ist im Mietvertrag zu bestimmen, dass der Lohn gegen Miete aufzurechnen ist. Ferner ist in den Mietvertrag aufzunehmen, dass das Mietverhältnis gekündigt werden kann, wenn der Hausmeistervertrag gekündigt oder aus einem sonstigen Grund aufgelöst wird (§§ 576 ff. BGB).

Teil E Textmuster

1.3. Verwaltervollmacht

3

Verwaltervollmacht

Die Unterfertigten als Wohnungseigentümer der Eigentumswohnanlage Neustadt, Bahnhofstraße 37 erteilen hiermit der

Wohnbau Neustadt GmbH & Co KG

mit dem Sitze in Neustadt als Verwalter dieser Wohnanlage

Vollmacht,

die Wohnungseigentümer bei der Verwaltung der Eigentumswohnanlage gerichtlich und außergerichtlich zu vertreten, insbesondere mit Wirkung für sie Verträge abzuschließen und sonstige Rechtsgeschäfte vorzunehmen, die von den Wohnungseigentümern zu errichtenden Beiträge einzuziehen und diese gegenüber säumigen Wohnungseigentümern namens der übrigen Wohnungseigentümer gerichtlich geltend zu machen, die Beschlüsse der Wohnungseigentümer durchzuführen und für die Einhaltung der Hausordnung zu sorgen, die zur ordnungsgemäßen Instandhaltung und Instandsetzung des gemeinschaftlichen Eigentums erforderlichen Maßnahmen zu treffen, Leistungen und Zahlungen zu bewirken und entgegenzunehmen, die mit der laufenden Verwaltung des gemeinschaftlichen Eigentums zusammenhängen, Willenserklärungen und Zustellungen, die sich an die Gemeinschaft richten, entgegenzunehmen; im Fall von Rechtsstreitigkeiten einen Rechtsanwalt mit der Vertretung des Verbandes zu beauftragen und mit diesen Vereinbarungen über den Streitwert zu treffen.

Diese Vollmacht ermächtigt zur Vertretung gegenüber Behörden und Privaten.

Sie ermächtigt nicht zur Veräußerung oder Belastung der Eigentumswohnungen und sonstigem Grundbesitz.

Die Bevollmächtigte ist befugt, die Vollmacht im Einzelfall zu übertragen.

1.4. Abberufung und Neuwahl eines Verwalters

4

Niederschrift

über die 11. Wohnungseigentümerversammlung (außerordentliche Versammlung) der Wohnungseigentümergemeinschaft Neustadt, Bahnhofstraße 37, in einem Nebenzimmer des Gasthofs „Krone" in Neustadt, Bahnhofstraße 2, am 22. Juni 2008, 19.30 Uhr.

In der Versammlung waren 19 der 20 Wohnungseigentümer erschienen bzw. vertreten. Auf die dieser Niederschrift beigefügten Anwesenheitsliste wird Bezug genommen. Ein Vertreter des Verwalters war nicht erschienen. Die Wohnungseigentümerversammlung wählte daher zum Vorsitzenden der Versammlung den Wohnungseigentümer Karl Lang, der auch den Vorsitz übernahm.

Der Vorsitzende stellte fest, dass alle Wohnungseigentümer durch Briefe vom 05. Juni 2008 unter Angabe der Tagesordnung geladen worden sind. Die Ladungen sind vom Vorsitzenden des Verwaltungsbeirats unterschrieben, da der Verwalter seine Mitwirkung an der Ladung verweigert hatte.

Die Tagesordnung umfasst folgende Punkte:

1. Abwahl des bisherigen Verwalters, da dieser sich im Vermögensverfall befindet und das Amtsgericht Neustadt die Eröffnung des Insolvenzverfahrens über sein Vermögen mangels Masse abgelehnt hat.
2. Wahl eines neuen Verwalters
3. Abschluss eines Verwaltervertrages
4. Bevollmächtigung eines Eigentümers zur Unterzeichnung des Verwaltervertrages

Der Vorsitzende stellt fest, dass die Versammlung beschlussfähig ist. Dagegen erhob sich kein Widerspruch.

Der Vorsitzende stellte folgende Anträge zur Abstimmung:

TOP 1

Der bisherige Verwalter, nämlich die Fa. Großmann Grundstücksverwaltungs-GmbH in Neustadt wird mit sofortiger Wirkung abberufen.

Nach einer Diskussion wurde durch Handaufheben über den Antrag abgestimmt. Er wurde mit 18 Ja-Stimmen, keiner Nein-Stimme und einer Enthaltung angenommen.

Der Vorsitzende der Versammlung verkündete das Ergebnis der Abstimmung unter Angabe des Stimmenverhältnisses und stellte fest, dass damit der Antrag mit dem vorgenannten Wortlaut angenommen worden ist.

TOP 2

Zum neuen Verwalter wird mit Wirkung ab 1. Juli 2008 bis zum 31. Dezember 2012 bestellt Herr Paul Schwarz, Prokurist in Neustadt, Schillerstraße 10. Er erhält pro Wohnung ein Verwalterhonorar von ... Euro monatlich, zuzüglich etwa anfallender Mehrwertsteuer.

TOP 3

Abschluss des Verwaltervertrages wie vor.

Nach einer Diskussion wurde durch Handaufheben über die beiden vorgenannten Anträge abgestimmt. Beide Anträge wurden mit 18 Ja-Stimmen, keiner Nein-Stimme und einer Enthaltung angenommen.

Der Vorsitzende der Versammlung verkündete das Ergebnis der Abstimmung unter Angabe des Stimmenverhältnisses und stellte fest, dass damit beide Anträge mit dem vorgenannten Wortlaut angenommen worden sind.

TOP 4

Im Übrigen wird der Vorsitzende des Verwaltungsbeirats beauftragt und bevollmächtigt, mit dem neuen Verwalter den Anstellungsvertrag abzuschließen.

Teil E Textmuster

Alle Wohnungseigentümer sind verpflichtet, dem Verwalter die gleiche Vollmacht zu erteilen, die dem bisherigen Verwalter erteilt worden ist.

Nach einer Diskussion wurde durch Handaufheben über die beiden vorgenannten Anträge abgestimmt. Beide Anträge wurden mit 18 Ja-Stimmen, keiner Nein-Stimme und einer Enthaltung angenommen.

Der Vorsitzende der Versammlung verkündete das Ergebnis der Abstimmung unter Angabe des Stimmenverhältnisses und stellte fest, dass damit beide Anträge mit dem vorgenannten Wortlaut angenommen worden sind.

Der miterschienene neue Verwalter, Herr Paul Schwarz, erklärte, dass er die Wahl annehme.

Weitere Anträge wurden nicht gestellt. Der Vorsitzende schloss daher die Versammlung.

Neustadt, den 5. Juni 2008

Der Vorsitzende der Versammlung:
Karl Lang

Der Vorsitzende des Verwaltungsbeirats:
Gustav Müller

Als Wohnungseigentümer:
Paul Roth

1.5. Nachweis über die Verwalterbestellung

5   **Auszugsweise Niederschrift über eine Wohnungseigentümerversammlung**

10. Wohnungseigentümerversammlung (ordentliche Jahresversammlung 2008) der Wohnungseigentümergemeinschaft Neustadt, Bahnhofstraße 37 in einem Nebenzimmer des Gasthofs „Zur Krone" in Neustadt, Bahnhofstraße 2, am 22. Januar 2008, 19.30 Uhr.

Herr Paul Roth eröffnete als Verwalter die Versammlung um 19.40 Uhr.

Durch Handzeichen wurde festgestellt, dass die Versammlung nicht die Wahl eines Vorsitzenden wünschte, Vorsitzender ist daher nach § 24 Abs. 5 WEG der Verwalter.

Der Verwalter stellte fest, dass alle Wohnungseigentümer durch Briefe vom 4. Januar 2008 unter Angabe der Tagesordnung geladen worden sind. Ferner stellte er fest, dass die Wohnungseigentümerversammlung beschlussfähig ist. Dagegen erhob sich kein Widerspruch.

... Herr Bauer beantragte, die Wohnungseigentümerversammlung möge folgenden Beschluss fassen:

Zum Verwalter der Eigentumswohnanlage Neustadt, Bahnhofstraße 37 wird Herr Georg Roth, Ingenieur in Neustadt, Bahnhofstraße 37 für die Zeit vom 1. Januar 2008 bis zum 31. Dezember 2012 ernannt.

Sein Verwalterhonorar beträgt ... Euro monatlich pro Wohnung, sollte Mehrwertsteuer anfallen, so ist sie in diesem Betrag bereits enthalten. Der Vorsitzende des Verwaltungsbeirats wird beauftragt und bevollmächtigt, den Anstellungsvertrag des Verwalters namens der Wohnungseigentümer mit diesem abzuschließen.

Hierüber wurde durch Handzeichen abgestimmt.

Der Vorsitzende der Versammlung verkündete das Ergebnis der Abstimmung. Demnach ist der vorstehende Antrag mit 14 Ja-Stimmen gegen 2 Nein-Stimmen und 1 Enthaltung angenommen worden.

Neustadt, den 22. Januar 2008

Der Vorsitzende der Versammlung:
Paul Roth

Der Vorsitzende des Verwaltungsbeirats:
Gustav Müller

Als Wohnungseigentümer:
Franz Braun

Anmerkung: Notarielle Beglaubigung der Unterschriften kann aus Nachweiszwecken erforderlich sein, insbesondere wenn der Nachweis wegen einer Zustimmung bei einem Verkauf nach § 12 WEG gegenüber dem Grundbuchamt notwendig ist.

2. Wohnungseigentümerversammlung und Verwaltungsbeirat

2.1. Einladung zu einer Wohnungseigentümerversammlung

Wohnbau Neustadt GmbH
Große Allee 45
Neustadt

Neustadt, den 5. Februar 2008

An die
Wohnungseigentümer der
Eigentumswohnanlage Neustadt
Bahnhofstraße 37

Teil E Textmuster

Betreff: Wohnungseigentümerversammlung der Eigentumswohnanlage Neustadt, Bahnhofstraße 37

Sehr geehrte Damen und Herren!

Als Verwalter der vorgenannten Eigentumswohnanlage berufe ich hiermit die ordentliche Jahresversammlung der Wohnungseigentümergemeinschaft der Eigentumswohnanlage ein auf

> Dienstag, den 23. Februar 2008, 19.30 Uhr,
> in das Nebenzimmer des Gasthofs „Zur Krone" in
> Neustadt, Bahnhofstraße 2.

Ich bitte um ihr Erscheinen. Sollten Sie verhindert sein, können Sie einem anderen Wohnungseigentümer oder einem Dritten Stimmrechtsvollmacht erteilen. Ein Vollmachtsformular füge ich bei.

Ferner lege ich bei die Jahresabrechnung für 2007 und den Entwurf eines Wirtschaftsplanes für das Kalenderjahr 2008.

Die Tagesordnung umfasst folgende Punkte:

1. Genehmigung der Jahresabrechnung 2007 und Entlastung des Verwalters für das Kalenderjahr 2007
2. Genehmigung des Wirtschaftsplans für das Kalenderjahr 2008
3. Fassadensanierung
4. Anschaffung eines Rasenmähers
5. Änderung der Hausordnung (Abstellen von Fahrrädern, Antrag von Herrn Franz Bauer)
6. Aussprache über verschiedene Fragen

Mit freundlichen Grüßen

Der Geschäftsführer der
Wohnbau Neustadt GmbH & Co. KG:

Karl Müller

2.2. Niederschrift über eine Wohnungseigentümerversammlung

7 **Niederschrift**

Über die 5. Wohnungseigentümerversammlung (ordentliche Jahresversammlung 2008) der Wohnungseigentümergemeinschaft Neustadt, Bahnhofstraße 37, in einem Nebenzimmer des Gasthofs „Zur Krone" in Neustadt, Bahnhofstraße 2, am 23. Februar 2008, 19.30 Uhr.

Herr Karl Müller eröffnete als alleinvertretungsberechtigter Geschäftsführer des Verwalters, der Firma „Wohnbau Neustadt GmbH", die Versammlung um 19.40 Uhr.

Durch Handzeichen wurde festgestellt, dass die Versammlung nicht die Wahl eines Vorsitzenden wünschte, Vorsitzender ist daher nach § 24 Abs. 5 WEG der Verwalter.

Der Vorsitzende stellte fest, dass alle Wohnungseigentümer durch Briefe vom 5. Februar 2008 unter Angabe der Tagesordnung geladen worden sind. Die Tagesordnung umfasst folgende Punkte:

1. Jahresabrechnung und Entlastung des Verwalters für das Kalenderjahr 2007
2. Genehmigung des Wirtschaftsplans für das Kalenderjahr 2008
3. Renovierung der Westfassade
4. Anschaffung eines Rasenmähers
5. Änderung der Hausordnung (Abstellen von Fahrrädern, Antrag von Herrn Franz Bauer)
6. Aussprache über verschiedene Punkte.

Der Vorsitzende wies darauf hin, dass nach § 7 der Gemeinschaftsordnung jede Eigentumswohnung eine Stimme in der Wohnungseigentümerversammlung gewährt, es sind daher 20 Stimmen vorhanden. Nach der dieser Niederschrift beigefügten Teilnehmerliste sind 17 Wohnungseigentümer anwesend bzw. vertreten. Auf sie vereinigen sich 850/1000 Miteigentumsanteile nach Grundbuch. Die Versammlung ist daher beschlussfähig (§ 25 Abs. 3 WEG).

Gegen diese Feststellungen erhob sich kein Widerspruch.

Daraufhin wurden die Tagesordnungspunkte behandelt.

Zu Tagesordnungspunkt 1 legte der Verwalter die Jahresabrechnung vor und erläuterte sie.

Die Versammlung fasste mit 15 Ja-Stimmen, keiner Neinstimme und 2 Enthaltungen folgenden Beschluss und der Verwalter verkündete ihn:

„Die Jahresabrechnung wird genehmigt und dem Verwalter für das Kalenderjahr 2007 die Entlastung erteilt."

Zu Tagesordnungspunkt 2 legte der Verwalter den Wirtschaftsplan vor und erläuterte ihn.

Die Versammlung fasste mit 15 Ja-Stimmen, 2 Nein-Stimmen und keiner Enthaltung folgenden Beschluss und der Verwalter verkündete ihn:

„Der Wirtschaftsplan des Verwalters für das Jahr 2008 wird genehmigt."

Zu Tagesordnungspunkt 3 legte der Verwalter die Kostenvoranschläge der Firmen Färber GmbH, Müller & Sohn und Streicher GmbH vor. Nach einer längeren Diskussion fasste die Versammlung mit 14 Ja-Stimmen, 2 Nein-Stimmen und einer Enthaltung folgenden Beschluss und der Verwalter verkündete ihn:

„Der Auftrag zur Fassadenrenovierung wird der Firma Streicher GmbH mit einem Angebotspreis von 24 572,50 Euro erteilt. Die Mittel hierfür sind der Instandhaltungsrückstellung zu entnehmen."

Zu Tagesordnungspunkt 4 fasste die Versammlung mit 17 Ja-Stimmen, keiner Nein-Stimme und keiner Enthaltung folgenden Beschluss und der Verwalter verkündete ihn:

„Der Verwalter wird beauftragt für den Verband einen Rasenmäher zum Preis von höchstens 600 Euro zu kaufen."

Zu Tagesordnungspunkt 5 stellte Herr Franz Bauer folgenden Antrag: „Die Hausordnung ist in ihrem Punkt 15 dahin zu ändern, dass das Abstellen von Fahrrädern auch in dem ehemaligen Hobbyraum im Keller gestattet ist."

Über diesen Antrag beschloss die Versammlung mit 3 Ja-Stimmen, 12 Nein-Stimmen und 2 Enthaltungen.

Der Vorsitzende der Versammlung verkündete das Stimmergebnis und stellte fest, dass der Antrag zu Tagesordnungspunkt 5 abgelehnt wurde und damit ein Beschluss zu dieser Frage nicht zustande gekommen ist.

Zu Tagesordnungspunkt 6 gab es keine Wortmeldungen.

Weitere Tagesordnungspunkte waren nicht vorhanden.

Der Vorsitzende schloss die Versammlung um 22.45 Uhr.

Neustadt, 27. Februar 2008

(Es folgen die Unterschriften des Vorsitzenden der Versammlung und, soweit vorhanden, des Vorsitzenden des Verwaltungsbeirats oder seines Stellvertreters und eines weiteren Wohnungseigentümers.)

2.3. Geschäftsordnung für Wohnungseigentümerversammlungen

8 **Geschäftsordnung für die Wohnungseigentümerversammlung. Beschlossen in der Wohnungseigentümerversammlung vom ...**

§ 1
Teilnahmeberechtigung

Die Wohnungseigentümer und sonstige Stimmberechtigte, ihre Bevollmächtigten und Vertreter, Beistände, ferner der Verwalter sowie die Mitglieder des Verwaltungsbeirats sind berechtigt, an der Wohnungseigentümerversammlung teilzunehmen.

§ 2
Vorsitz

Den Vorsitz in der Wohnungseigentümerversammlung führt der Verwalter. Die Wohnungseigentümerversammlung kann auch einen anderen Vorsitzenden wählen.

§ 3
Teilnehmerverzeichnis

In der Versammlung ist ein Teilnehmerverzeichnis zu errichten. Der Vorsitzende der Versammlung beauftragt einen Wohnungseigentümer oder einen anderen Teilnahmeberechtigten mit der Führung des Teilnehmerverzeichnisses. Das Verzeichnis soll die Namen der Wohnungseigentümer, die Nummer ihrer Wohnung und die

Größe ihres Miteigentumsanteils enthalten. In dem Verzeichnis sind auch die sonstigen an der Versammlung teilnehmenden Personen anzuführen, insbesondere Bevollmächtigte.

§ 4
Ablauf der Versammlung

Der Vorsitzende eröffnet die Versammlung und stellt die Beschlussfähigkeit fest. Er leitet die Diskussion und bestimmt die Reihenfolge der zu fassenden Beschlüsse. Er erteilt und entzieht das Wort.

Die Redezeit für jeden Teilnahmeberechtigten beträgt für jeden Tagesordnungspunkt drei Minuten; der Vorsitzende der Versammlung kann Ausnahmen zulassen.

§ 5
Verfahren bei Abstimmungen

Die zum Beschluss gestellten Anträge sind vorher schriftlich niederzulegen und zu verlesen. Über Anträge zur Geschäftsordnung ist vorweg, im Übrigen über den am weitesten gehenden Antrag immer zuerst abzustimmen. Wie abgestimmt wird (z.B. Handaufheben, Stimmzettel usw.), entscheidet der Vorsitzende, soweit nicht die Wohnungseigentümerversammlung etwas anderes beschließt. Die Stimmen werden vom Vorsitzenden gezählt. Er kann auch einen anderen Teilnehmer an der Versammlung damit beauftragen. Der Vorsitzende verkündet jeweils die Zahl der Ja-Stimmen, der Nein-Stimmen, der Enthaltungen und das Ergebnis der Abstimmung.

§ 6
Maßnahmen gegen Störer und Schluss der Debatte

Teilnehmer an der Versammlung, die deren Ablauf stören, kann der Vorsitzende aus dem Saal verweisen. Ihnen ist vor Verlassen des Saals Gelegenheit zur Erteilung von Vollmacht zu geben. Der Vorsitzende bestimmt jeweils den Schluss der Debatte. Er hat vorher nach Möglichkeit allen Teilnehmern der Versammlung, die an der Diskussion sich beteiligen wollen, hierzu Gelegenheit zu geben. Der Vorsitzende entscheidet auch über die Unterbrechung der Versammlung und deren Schließung.

§ 7
Niederschrift

Über die in der Versammlung gefassten Beschlüsse, das Stimmenverhältnis sowie über die Verkündigung der Beschlüsse durch den Vorsitzenden ist eine Niederschrift zu errichten. Die Niederschrift ist vom Vorsitzenden der Versammlung, dem Vorsitzenden des Verwaltungsbeirats oder dessen Stellvertreter und einem Wohnungseigentümer zu unterschreiben. Die Niederschrift soll eine Woche nach der Versammlung fertig gestellt sein. Jeder Wohnungseigentümer erhält eine Abschrift.

§ 8
Änderungen dieser Geschäftsordnung

Die Eigentümerversammlung kann jederzeit mit einfacher Mehrheit eine Änderung dieser Geschäftsordnung beschließen oder bestimmen, dass im Einzelfall von ihr abgewichen werden soll.

Teil E Textmuster

§ 9
Beschlusssammlung

Die in der Versammlung gefassten Beschlüsse, ebenso wie Beschlüsse, die einen Antrag ablehnen, werden vom Verwalter in die Beschluss-Sammlung eingetragen.

2.4. Stimmrechtsvollmacht für eine Wohnungseigentümerversammlung

9

Stimmrechtsvollmacht

Ich, Karl Schmidt, Neustadt, Bahnhofstraße 37, bin Eigentümer der Wohnung Nr. 8 in der Eigentumswohnanlage in Neustadt, Bahnhofstraße 37, erteile hiermit

Herrn Karl Bauer in Neustadt, Bahnhofstraße 37

Vollmacht, für mich das Stimmrecht in der Wohnungseigentümerversammlung der vorgenannten Eigentumswohnanlage am 24. Februar 2008 auszuüben.

Von der Beschränkung des § 181 BGB ist der Bevollmächtigte befreit.

Diese Vollmacht ist übertragbar.

Neustadt, den 21. Februar 2008 Karl Schmidt

(Notarielle Beglaubigung ist nicht erforderlich.)

2.5. Stimmrechtsvollmacht für mehrere Wohnungseigentümerversammlungen

10

Stimmrechtsvollmacht

Ich, Karl Schmidt, Neustadt, Bahnhofstraße 37, bin Eigentümer der Wohnung Nr. 8 in der Eigentumswohnanlage in Neustadt, Bahnhofstraße 37, erteile hiermit

Herrn Karl Bauer in Neustadt, Bahnhofstraße 37

Vollmacht, für mich in allen Wohnungseigentümerversammlungen der vorgenannten Eigentumswohnanlage das Stimmrecht auszuüben.

Von den Beschränkungen des § 181 BGB ist der Bevollmächtigte befreit. Diese Vollmacht ist übertragbar.

Sie ist stets widerruflich.

Neustadt, den 21. Februar 2008 Karl Schmidt

(Notarielle Beglaubigung ist nicht erforderlich.)

2.6. Schriftlicher Beschluss der Wohnungseigentümer

Wir, die Eigentümer der Eigentumswohnanlage Schillerstraße 15 in Neustadt, beschließen hiermit einstimmig schriftlich:

Für die Eigentumswohnanlage ist eine Versicherung gegen Ölschaden mit einer Deckungssumme von 500 000 Euro abzuschließen.

Der Verwalter wird beauftragt und bevollmächtigt, den Versicherungsvertrag namens des Verbandes abzuschließen.

Bei diesem Beschluss handelt es sich nicht um eine Vereinbarung nach § 10 Abs. 1 WEG, sondern um einen schriftlichen Beschluss der Wohnungseigentümer gemäß § 23 Abs. 3 WEG, der durch Mehrheitsbeschluss der Wohnungseigentümerversammlung abgeändert oder aufgehoben werden kann.

Neustadt, den ... (Unterschriften)

11

Anmerkung: Nur gültig, wenn alle Wohnungseigentümer unterschrieben haben; Einzelheiten siehe Teil B Rz. 252 ff.

2.7. Teilnehmerliste

Teilnehmerliste der Wohnungseigentümerversammlung vom 24. Februar 2008   12

Nr. der Wohnung	Name	Tausendstel	Bevollmächtigter	Unterschrift des Wohnungseigentümers oder Bevollmächtigten
1	Müller	150		
2	Bauer	150		
3	Braun	100		
4	Schmidt	50		
5	Schwarz	100		
6	Weiß	50		
7	Huber	50		
8	Meyer	100		
9	Roth	50		
10	Schneider	200		

Teil E Textmuster

2.8. Protokoll über eine Sitzung des Verwaltungsbeirats

13 **Niederschrift**

Zur heutigen Sitzung des Verwaltungsbeirats der Eigentumswohnanlage Bahnhofstraße 37 in Neustadt waren erschienen:

1. Herr Franz Schmidt als Vorsitzender des Verwaltungsbeirats,
2. Herr Kurt Weiß als stellvertretender Vorsitzender des Verwaltungsbeirats
3. Herr Robert Maier als Verwaltungsbeiratsmitglied
4. Herr Müller, alleinvertretungsberechtigter Geschäftsführer des Verwalters, der Firma „Wohnbau Neustadt GmbH".

Der Verwalter legte die Jahresabrechnung für das Jahr 2007 und den Wirtschaftsplan für das Jahr 2008 vor.

Die Jahresabrechnung für 2007 wurde anhand der Buchführung und der Belege überprüft. Es wurde festgestellt, dass die Buchführung formal in Ordnung geht. Stichproben anhand von Belegen und Kontoauszügen gaben keinen Grund zur Beanstandung. Die Mitglieder des Verwaltungsbeirats sind einstimmig der Auffassung, dass die Verwaltung im abgelaufenen Wirtschaftsjahr ordnungsgemäß und sparsam geführt wurde.

Auch dem Wirtschaftsplan für das Jahr 2008 stimmte der Verwaltungsbeirat einstimmig zu. Vorher ergab sich wegen der Frage der Heizkosten eine längere Diskussion.

Vom Verwalter wurde vorgeschlagen, den Verputz der Außenfassade zu erneuern. Drei Angebote waren hierzu eingeholt worden, nämlich von den Firmen Streicher KG, Franz Meistermann und Theodor Färber. Der Verwaltungsbeirat und der Verwalter waren sich darüber einig, dass dem letztgenannten Angebot vom 19. Dezember 2007 der Vorrang zu geben sei. Die endgültige Entscheidung hierüber steht der Wohnungseigentümerversammlung zu.

Alle Mitglieder des Verwaltungsbeirats und der Verwalter waren sich darüber einig, dass die nächste Wohnungseigentümerversammlung auf den 15. März 2008, 19.30 Uhr im Nebenzimmer des Gasthofs „Zur Krone" in Neustadt, Bahnhofstraße 2 einzuberufen sei mit folgender Tagesordnung:

1. Rechnungslegung und Entlastung des Verwalters für das Kalenderjahr 2007
2. Genehmigung des Wirtschaftsplans für das Kalenderjahr 2008
3. Erneuerung der Fassade
4. Aussprache über verschiedene Fragen

Neustadt, den 20. Januar 2008 (Unterschriften)

3. Gemeinschaftsordnung

3.1. Änderung der Gemeinschaftsordnung

Wir, die Eigentümer der Eigentumswohnanlage Schillerstraße 15 in Neustadt, vereinbaren: 14

„Wir sind übereingekommen, dass künftig dem Sondereigentum Nr 1 das Sondernutzungsrecht am ganzen Garten zustehen soll. Die Neuregelung gilt ab 1.1.2009. Auf den beiliegenden Plan wird verwiesen."

Neustadt, den ... (Unterschriften)

3.2. Änderung der Gemeinschaftsordnung wegen Instandsetzung

Wir, die Eigentümer der Eigentumswohnanlage Schillerstr. 15 in Neustadt vereinbaren: 15

I.

„In Zukunft sollen die Reparaturkosten nach Quadratmeterfläche Wohnfläche erfolgen. Dies gilt ab 1.1.2009."

II.

Neustadt, den ... (Unterschriften)

Anmerkung: Die Kosten für Instandsetzung, Modernisierung oder bauliche Veränderungen können nur für den **jeweils konkreten Einzelfall** abweichend von der Teilungserklärung geregelt werden. Um diese Kostenverteilung herbeizuführen müssen zum einen ¾ der Wohnungseigentümer nach den Kopfprinzip für die geänderte Kostenverteilungsstimmen stimmen und diese müssen mehr als die Hälfte der Miteigentumsanteile auf sich vereinigen. Weiterhin muss die geänderte Kostenverteilung den Gebrauch bzw. der Möglichkeit des Gebrauchs Rechnung tragen Für die dauerhafte Änderung ist eine Vereinbarung notwendig.

3.3. Veräußerung eines Pkw-Stellplatzes

Verkauf eines Sondernutzungsrechts an einem Pkw-Abstellplatz 16

I.

Im Wohnungsgrundbuch des Amtsgerichts Neustadt für Neustadt Band 46 Blatt 4224 ist Herr Karl Roth als Eigentümer der dort vorgetragenen Eigentumswohnung Nr. 5 des Aufteilungsplanes der Eigentumswohnanlage Bahnhofstraße 37 in Neustadt eingetragen. Dem jeweiligen Sondereigentümer dieser Wohnung steht das alleinige und ausschließliche Recht zu, den im Aufteilungsplan mit Buchstabe D bezeichneten Pkw-Abstellplatz zu nutzen.

Im Wohnungsgrundbuch des Amtsgerichts Neustadt für Neustadt Band 46 Blatt 4225 ist Herr Franz Bauer als Eigentümer der dort vorgetragenen Eigentumswohnung Nr. 6 des Aufteilungsplanes der gleichen Eigentumswohnanlage eingetragen.

II.

Herr Karl Roth

verkauft hiermit an

Herrn Franz Bauer

den vorbezeichneten Pkw-Abstellplatz in der Weise, dass das Sondernutzungsrecht an dem Stellplatz künftig dem jeweiligen Eigentümer der Eigentumswohnung Nr. 6 zustehen soll.

Dementsprechend sind sich Herr Karl Roth und Herr Franz Bauer darüber einig, dass das vorgenannte Sondernutzungsrecht von der Eigentumswohnung Nr. 5 abgetrennt und mit der Eigentumswohnung Nr. 6 derart verbunden wird, dass es dem jeweiligen Sondereigentümer der Eigentumswohnung Nr. 6 zusteht.

Der Kaufpreis für das Sondernutzungsrecht beträgt 5000 Euro und ist bereits bezahlt.

Das Recht zur Benutzung des Stellplatzes geht vom 1. Januar 2009 an auf den Erwerber über.

III.

Die Beteiligten bewilligen und beantragen die Eintragung der Rechtsänderung nach Ziffer II dieser Urkunde in die Wohnungsgrundbücher.

IV.

Die Kosten trägt Herr Franz Bauer mit Ausnahme der Lastenfreistellungskosten, die von Herrn Roth getragen werden.

Neustadt, den 20. Dezember 2008   Karl Roth Franz Bauer

Anmerkung: Zur Eintragung in die Wohnungsgrundbücher ist gemäß § 29 GBO die notarielle Unterschriftsbeglaubigung erforderlich[1].

---

1 Einzelheiten siehe Teil B Rz. 34, insbesondere Rz. 48, insbesondere „Hausordnung".

4. Hausordnung und Benutzungsordnungen

4.1. Hausordnung

Hausordnung 17

Für die Eigentumswohnanlage ..., beschlossen in der Wohnungseigentümerversammlung vom ...

§ 1
Allgemeines (§§ 14, 15 WEG)

Jeder Wohnungseigentümer ist verpflichtet

1. die im Sondereigentum stehenden Gebäudeteile so instand zu halten und von diesen, sowie von dem gemeinschaftlichen Eigentum nur in solcher Weise Gebrauch zu machen, dass dadurch keinem anderen Wohnungseigentümer über das bei einem geordneten Zusammenleben unvermeidliche Maß hinaus ein Nachteil erwächst;
2. für die Einhaltung der in Ziffer 1 bezeichneten Pflichten durch Personen zu sorgen, die zu seinem Hausstand oder zu seinem Geschäftsbetrieb gehören und denen er sonst die Benutzung der im Sonder- oder Miteigentum stehenden Grundstücks- oder Gebäudeteile überlässt;
3. Einwirkungen auf die im Sondereigentum stehenden Gebäudeteile und das gemeinschaftliche Eigentum zu dulden, soweit sie auf einem nach Nummer 1, 2 zulässigen Gebrauch beruhen;
4. das Betreten und die Benutzung der im Sondereigentum stehenden Gebäudeteile zu gestatten, soweit dies zur Instandhaltung und Instandsetzung des gemeinschaftlichen Eigentums erforderlich ist; der hierdurch entstehende Schaden ist zu ersetzen.

Jeder Wohnungseigentümer kann einen Gebrauch der im Sondereigentum stehenden Gebäudeteile und des gemeinschaftlichen Eigentums verlangen, der dem Gesetz, den Vereinbarungen und Beschlüssen der Wohnungseigentümer und, soweit sich eine Regelung hieraus nicht ergibt, dem Interesse der Gesamtheit der Wohnungseigentümer nach billigem Ermessen entspricht.

§ 2
Schilder und Tafeln

An Haustür, Wohnungstür und Briefkasten sind Namenschilder in der eingeführten Art zu verwenden. Größere Schilder und Tafeln dürfen nur mit Genehmigung des Verwalters angebracht werden. Nach der Wegnahme ist der frühere Zustand wieder herzustellen.

§ 3
Reinigung, Schneebeseitigung und Streupflicht

Treppenhaus und Hauseingang sind zweimal wöchentlich, mittwochs und samstags, durch den Hausmeister zu reinigen. Die Reinigung des Gehsteigs und der sonstigen Außenanlagen übernimmt der Hausmeister ebenfalls zweimal wöchentlich, im Bedarfsfall auch häufiger. Er hat auch den Rasen zu mähen.

Schneebeseitigung und Streupflicht bei Schnee und Glatteis übernimmt ebenfalls der Hausmeister; hierbei sind die örtlichen von der Gemeinde erlassenen Vorschriften einzuhalten.

§ 4
Benutzung des gemeinschaftlichen Eigentums

Die im gemeinschaftlichen Eigentum stehenden Teile der Wohnanlage (z.B. Treppenhaus, Aufzug, Hof, Garten) darf jeder Hausbewohner insoweit benutzen, als dies der Zweckbestimmung entspricht und hierdurch der Gebrauch der übrigen Hausbewohner nicht ungebührlich beeinträchtigt wird.

Spielen und Lärmen im Treppenhaus sind verboten.

Lasten dürfen mit dem Aufzug nicht befördert werden.

Fahrräder und Mopeds sind im Fahrradkeller aufzubewahren. Im Übrigen ist das Abstellen von Gegenständen im Bereich des gemeinschaftlichen Eigentums verboten. Die Hauseinfahrt und die Zufahrt zu den Garagen dürfen nicht durch abgestellte Fahrzeuge erschwert werden. Waschküche und Trockenboden stehen jedem Wohnungseigentümer gemäß dem Benutzungsplan zur Verfügung. Sofern nicht im Einzelfalle etwas anderes bestimmt ist, sind die Schlüssel für Waschküche und Trockenboden jeweils an den nächsten Benutzer in der vorgesehenen Reihenfolge weiterzugeben. Für das ordnungsgemäße Abschließen der Räume ist derjenige verantwortlich, der den Schlüssel in Besitz hat. Ein Verlust des Schlüssels ist dem Verwalter sofort anzuzeigen.

§ 5
Ordnungsgemäße Benutzung des Sondereigentums

Jeder Wohnungseigentümer hat dafür zu sorgen, dass in seinem Bereich keine Anlagen einfrieren. Dies gilt insbesondere für Wasserleitungsrohre und Toiletten. Diese Anlagen sind bei starkem Frost zu schützen. Keller- und Bodenfenster sind zu schließen, wenn ein Wohnungseigentümer längere Zeit abwesend ist. Jeder Wohnungseigentümer ist für alle Schäden verantwortlich, die durch Missachtung dieser Verpflichtungen an anderen Eigentumswohnungen oder gemeinschaftlichem Eigentum entstehen.

Um Verstopfungen zu vermeiden, ist es verboten, Haus- und Küchenabfälle in die Aborte oder Abflussbecken zu schütten.

Blumenbretter und Blumenkästen müssen, soweit sie überhaupt zulässig sind, sachgemäß und sicher angebracht werden. Beim Gießen der Blumen ist darauf zu achten, dass kein Wasser an der Hauswand herunterläuft oder auf andere Hausbewohner oder Passanten heruntertropft.

§ 6
Verschließen der Haustür, Schlüssel

Die Haustür ist stets zu schließen. Wird ein Schlüssel verloren, so ist dies sofort dem Verwalter anzuzeigen. Ersatzschlüssel dürfen nur mit Genehmigung des Verwalters angefertigt werden.

Bei längerer Abwesenheit ist ein Wohnungsschlüssel für Gefahrenfälle (z.B. Rohrbruch oder Brand) beim Hausmeister oder bei einer anderen Vertrauensperson zu hinterlegen; der Verwalter ist hiervon zu benachrichtigen.

§ 7
Musizieren, Teppichklopfen, Ruhestörung

Musizieren ist nur in der Zeit von 8 bis 12 Uhr und von 15 bis 22 Uhr gestattet. Teppiche dürfen nur auf dem Teppichklopfplatz in der Zeit von 8 bis 12 Uhr und von 15 bis 18 Uhr werktags geklopft werden. Rundfunk- und Fernsehgeräte dürfen nicht mit mehr als Zimmerlautstärke betrieben werden.

Jeder ruhestörende Lärm ist zu vermeiden.

§ 8
Antennen

Fernsehgeräte dürfen nur an die Gemeinschaftsantenne angeschlossen werden.

§ 9
Anzeigepflichten

Schäden und Mängel am Gemeinschaftseigentum und am Sondereigentum, letztere soweit ein Übergreifen auf andere Eigentumswohnungen oder das Gemeinschaftseigentum zu befürchten ist, sind unverzüglich dem Verwalter anzuzeigen. Dies gilt insbesondere für Wasserrohrbruch, Risse in Tragwänden, Feuchtigkeit, Hausschwamm, Mängel an Messeinrichtungen.

Hinweise für Gefahrenfälle:

Der Hauptwasserhahn befindet sich ...

Der Hauptsicherungskasten befindet sich ...

Feuerlöscher sind ...

Wichtige Telefonnummern:

Polizei: ...

Unfall: ...

Feuerwehr: ...

Wasserschutz: ...

Ölalarm: ...

Verwalter: ...

Teil E Textmuster

4.2. Benutzungsordnung für das Schwimmbad

18 Beschlossen in der Wohnungseigentümerversammlung vom 22. 1. 2008:
1. Das Schwimmbad steht nur den Bewohnern der Eigentumswohnanlage zur Verfügung. Kinder unter 6 Jahren dürfen das Schwimmbad nur in Begleitung Erwachsener benutzen, das Gleiche gilt für Kinder unter 14 Jahren nach 18 Uhr.
2. Die Benutzung des Schwimmbads ist Personen nicht gestattet, die durch ansteckende Krankheiten oder sonstige körperliche oder geistige Mängel andere Personen gefährden.
3. Das Mitbringen von Hunden ist verboten.
4. Wer das Schwimmbad benutzt, muss sich vorher reinigen und abduschen. Er darf keine ölhaltigen Einreibemittel verwenden.
5. Die Benutzer des Schwimmbads haben alles zu unterlassen, was den guten Sitten, der Reinlichkeit sowie der Aufrechthaltung von Ruhe, Sicherheit und Ordnung im Schwimmbad zuwiderläuft.
6. Das Abspringen vom Beckenrand ist verboten.
7. Die Einrichtungen des Bades sind pfleglich und schonend zu behandeln. Lärm ist zu vermeiden. Schäden sind dem Hausmeister zu melden.
8. Wer das Schwimmbad als Letzter verlässt, hat das Licht auszuschalten.

4.3. Benutzungsordnung für die Sauna

19 Beschlossen in der Wohnungseigentümerversammlung vom 22. 1. 2008:
1. Die Sauna steht grundsätzlich nur Bewohnern der Eigentumswohnanlage zur Verfügung. Gäste können nur in Begleitung von Bewohnern nach vorheriger Zustimmung durch den Verwalter oder den Hausmeister zugelassen werden.
2. Wer die Sauna benutzen will, muss sich vorher anmelden. Wer sich früher für den gleichen Zeitraum angemeldet hat, hat den Vorrang.
3. Die Sauna darf im Einzelfall nicht länger als 3 Stunden benutzt werden.
4. Wer die Sauna benutzen will, hat einen Unkostenbeitrag von … Euro an den Hausmeister gegen Aushändigung der Schlüssel zu bezahlen.
5. Die Sauna ist in ordnungsgemäßem Zustand zu verlassen. Dabei ist unbedingt darauf zu achten, dass der elektrische Ofen und die Beleuchtung ausgeschaltet sind. Der Schlüssel ist sofort nach Verlassen der Sauna dem Hausmeister zurückzugeben.

5. Wirtschaftsplan und Abrechnung, Buchführung

5.1. Wirtschaftsplan

Wirtschaftsplan[1] der Eigentumswohnanlage Neustadt, Bahnhofstraße 16, für das Kalenderjahr 2008

A. Ausgaben

1. Verwalter	5 000 Euro
2. Hausmeister	6 000 Euro
3. Reinigungskosten	1 600 Euro
4. Versicherungen	2 500 Euro
5. Wasser und Kanal	4 000 Euro
6. Müllabfuhr	1 400 Euro
7. Heizung und Warmwasser	16 000 Euro
8. Strom für Gemeinschaftsanlagen	1 200 Euro
9. Reparaturen	2 400 Euro
10. Sonstiges	1 500 Euro
	41 600 Euro

B. Instandhaltungsrückstellung

Pro Tausendstel-Miteigentumsanteil 12 Euro jährlich insgesamt also	12 000 Euro

C. Einnahmen (hier ausschließlich Wohngeld)

Name	Tausendstel	Hausgeld Euro	Rücklage Euro	Insgesamt (jährlich) Euro	Insgesamt (monatlich) Euro
1. Müller	150	6 300	1 800	8 100	675
2. Bauer	150	6 300	1 800	8 100	675
3. Braun	100	4 200	1 200	5 400	450
4. Schmidt	50	2 100	600	2 700	225
5. Schwarz	100	4 200	1 200	5 400	450
6. Weiß	50	2 100	600	2 700	225
7. Huber	50	2 100	600	2 700	225
8. Meyer	100	4 200	1 200	5 400	450
9. Roth	50	2 100	600	2 700	225
10. Schneider	200	8 400	2 400	10 800	900
Insgesamt:	1000	42 000	12 000	54 000	4 500

Neustadt, den 10. Dezember 2007

Der Verwalter:

Karl Schreiber

---

1 Die in diesem Wirtschaftsplan enthaltenen Zahlen sind willkürlich angenommen. Sie sollen nicht als Beispiel für eine musterhafte Verwaltung gelten.

Teil E Textmuster

5.2. Jahresabrechnung des Verwalters

21 **Abrechnung für das Kalenderjahr 2007 für die Eigentumswohnanlage Neustadt, Bahnhofstraße 16**

A. Einnahmen und Ausgaben

	Euro	(Ansätze nach Wirtschaftsplan) (Euro)
Einnahmen[1] (Hausgeld)	42 000,00	(42 000,-)
a) Ausgaben (nach Tausendstel-Anteilen abzurechnen): Euro		
1. Verwalter 5 000,00		(5 000,-)
2. Hausmeister 5 930,70		(6 000,-)
3. Reinigungskosten 1 441,40		(1 600,-)
4. Versicherungen 2 430,00		(2 500,-)
5. Wasser und Kanal 4 210,30		(4 000,-)
6. Müllabfuhr 1 740,10		(1 400,-)
7. Reparaturen 1 700,70		(2 400,-)
8. Strom für Gemeinschaftsanlagen 1 071,80		(1 200,-)
9. Sonstiges 1 473,10		(1 500,-)
27 998,40		
b) Ausgaben (teilweise nach Verbrauch abzurechnen):		
10. Heizungs- und Warmwasserkosten 12 722,70	40 720,80	(16 400,-)

Anmerkung: Die Ausgaben „Sonstiges" bestehen aus 1279,20 Euro für einen Rasenmäher, 99,30 Euro Benzin für Rasenmäher und 62,20 Euro Überschuss der Bankspesen über die Bankzinsen.

Es wurden Zahlungen für Heizungs- und Warmwasserkosten in Höhe von 7915,38 Euro geleistet, die mit dem Betrag zu b) nicht übereinstimmen; Letzterer wurde nach der HeizkostenV von der Firma „Varmego Heizsysteme GmbH" in München ermittelt.

---

[1] Soweit sonstige Einnahmen, insbesondere Zinsen beim laufenden Konto, vorhanden sind, sind sie bei den Einnahmen aufzuführen.

Wirtschaftsplan und Abrechnung, Buchführung **Teil E**

B. Konten der Eigentümer (Hausgeld)

Name	Tausendstel	Anteil an Kosten a) (nach Tausendstel) Euro	Anteil an Kosten b) (nach Verbrauch) Euro	Vorauszahlungen Euro	Überschuss (+) Nachzahlung (–) Euro
1. Müller	150	4 199,76	1 878,48	6 300,00	221,76+
2. Bauer	150	4 199,76	1 918,41	6 300,00	181,83+
3. Braun	100	2 799,84	1 242,07	4 200,00	158,09+
4. Schmidt	50	1 399,92	726,33	2 100,00	26,25+
5. Schwarz	100	2 799,84	1 284,37	4 200,00	115,79+
6. Weiß	50	1 399,02	733,78	2 100,00	33,70–
7. Huber	50	1 399,02	626,76	2 100,00	73,32+
8. Meyer	100	2 799,84	1 222,11	4 200,00	178,05+
9. Roth	50	1 399,92	659,47	2 100,00	40,61+
10. Schneider	200	5 599,68	2 430,62	8 400,00	369,70+
Summen:	1100	27 998,40	12 722,40	42 000,00	1 279,20+

Sobald die Abrechnung von der Wohnungseigentümerversammlung genehmigt ist, werden die Überschüsse zurückgezahlt und die Nachzahlung angefordert.

C. Instandhaltungsrückstellung

	Euro
Konto Nr. 167 123 bei der Volksbank Neustadt (Festgeldkonto)	
Kontostand zum 31.12.2006	54 397,45
Einzahlungen der Eigentümer	12 000,00
Zinsen	1 631,91
	68 029,36
Entnahmen:	
Fassadenrenovierung (Firma Streicher GmbH) 48 572,50	
Kapitalertragssteuer 489,41	
Solidaritätszuschlag hierzu 26,02	49 088,33
Kontostand zum 31.12.2007	18 941,03

Alle Zahlungen der Eigentümer wurden geleistet wie im Wirtschaftsplan vorgeschrieben, Rückstände bestehen nicht. Die Zuführung der Zinsen zur Rücklage wurde beschlossen.

D. Vermögensaufstellung

1. Laufendes Konto bei der Kreis- und Stadtsparkasse Neustadt Nr. 567 812
   Kontostand zum 31.12.2006   674,13 Euro
   Kontostand zum 31.12.2007   1569,45 Euro
2. Abrechnung des Festgeldkontos bei der Volksbank Neustadt *siehe bei C!*
3. Heizölbestand am 31.12.2006: ... Liter; Heizölbestand am 31.12.2007: ... Liter.
   Verbrauchtes Heizöl im Jahr 2007: ... Liter.
4. Eine Barkasse wurde nicht geführt.

Teil E Textmuster

5. An sonstigem Vermögen sind nur vorhanden ein Rasenmäher, Reinigungsgeräte und Putzmittel, alles von geringem Wert.

Neustadt, den 12. Januar 2008

Der Verwalter:

Karl Schreiber

5.3. Buchführungsbeispiele

5.3.1. Journalseite

Beleg Nr.	Tag	Gegenstand	Sparkasse laufendes Konto		Volksbank Festgeldkonto	Einnahmen	
						Eigentümer	Sonstiges
	1.2.	Übertrag	6 359,16	3 200,23	10 164,29-	1 876,00	14 647,45
41	2.2.	Baumann, Lohn		200,00			
42	2.2.	Müller, Hausgeld	180,00			180,00	
43	2.2.	Bauer, Hausgeld	100,00			100,00	
44	2.2.	Schmidt, Hausgeld	60,00			60,00	
45	2.2.	Meyer, Hausgeld	88,00			88,00	
46	3.2.	Schreiber, Verwalterhonorar		300,00			
47	3.2.	Fa. Brenner, Heizöl		2 589,09			
48	3.2.	Schwarz, Hausgeld	62,00			62,00	
49	3.2.	Elektro-Müller, Reparatur		96,30			
50	3.2.	Fa. Weiß, Reinigungsmittel		70,17			
	3.2.		6 849,16	6 455,79	10 164,29-	2 366,00	14 647,45

Wirtschaftsplan und Abrechnung, Buchführung **Teil E**

Ausgaben							
Haus-meister	Ver-walter	Wasser, Kanal	Heizung	Versi-cherung	Strom	Repara-turen	Sonsti-ges
200,00	300	641,66	232,10	643,10	153,43	992,84	37,10
	300,00						
			2 589,09				
						96,30	
							70,17
400,00	600,00	641,66	2 821,19	643,10	153,43	1 089,14	107,27

Kontrolladditionen

Einnahmen		Ausgaben		Bankkonten	
Kontostand am Jahres-anfang					
Euro	Euro	Euro	Euro	Euro	Euro
6 849,16	2 366,00	6 455,79	400,00	6 849,16	10 164,29
10 164,29	14 647,45	–	600,00	–6 455,79	–
17 013,45	17 013,45	6 455,79	641,66	393,37	10 164,29
			2 821,19	= Saldo	= Saldo
			643,10	Konten-	Konten-
			155,43	auszug	auszug
			1 089,14	Sparkasse	Volksbank
			107,27	am Jahres-	am Jahres-
			6 455,79	ende	ende

Anmerkung: Jeder Betrag ist bei einem Bestandskonto (hier: Sparkasse oder Volksbank) und bei einem Erfolgskonto (Einnahmen oder Ausgaben) zu buchen, und zwar Einnahmen bei den Bestandskonten in der linken Spalte, Ausgaben in der rechten Spalte. Stornierungen wegen Fehlbuchungen werden mit roter Tinte eingetragen.
Bei der Kontrolladdition muss die Gesamtsumme der linken Spalten der Bestandskonten gleich sein der Gesamtsumme der Einnahmekonten, ebenso müssen die Summen der rechten Spalte der Bestandskonten mit der Summe der Ausgaben übereinstimmen. Der Gesamtbetrag der linken Spalte des Kontos „Sparkasse" vermindert um die Gesamtsumme der rechten Spalte des gleichen Kontos muss den Saldo des Kontoauszugs vom gleichen Tag ergeben. Bei dem Konto „Volksbank" ist es genauso. Voraussetzung für die Richtigkeit der Kontrolladdition ist es aber, dass zum Jahresbeginn die Guthaben auf der linken Seite der Bestandskonten (hier: „Sparkas-

Teil E Textmuster

se" und „Volksbank") und in dem Erfolgskonto „sonstige Einnahmen" vorgetragen wurden. Deshalb ist auch in dem vorstehenden Buchungsbeispiel der hohe Betrag von 14 647,45 Euro bei „sonstige Einnahmen" gebucht. Er enthält die Guthaben bei Sparkasse und Volksbank zu Jahresbeginn. Wird cin Betrag von dem laufenden Konto bei der Sparkasse auf das Festgeldkonto umgebucht, so muss er zunächst als Ausgabe in der rechten Seite des Kontos „Sparkasse" sowie bei „sonstige Ausgaben" gebucht werden und anschließend als Eingang auf der linken Seite des Kontos „Volksbank" und beim Konto „sonstige Einnahmen".

Sind im Journal zu wenig Spalten vorhanden, so können mehrere wenig benötigte Konten in einer Spalte vereinigt werden. In dem vorstehenden Beispiel bieten sich für eine Vereinigung an die Konten „Hausmeister" und „Verwalter" sowie die Konten „Strom" und „Versicherungen". Die in einer Spalte vereinigten Konten werden dann am Jahresende aufgeteilt.

Alle in vorstehendem Buchungsbeispiel enthaltenen Zahlen sind willkürlich angenommen und sollen kein Hinweis auf eine musterhafte Verwaltung sein. Die Zahlen sind nur teilweise mit denen aus dem Wirtschaftsplan und aus der Jahresabrechnung identisch.

5.3.2. Kontoblatt eines Wohnungseigentümers[1]

23 Konto Wohnungseigentümer Jahr: 2007

Schmidt, Eugen, Neustadt, Bahnhofstraße 16

Wohnung Nr. 4

Miteigentumsanteil: 50/1000

Zahlungsverpflichtungen: ab 1.1.2007 100 Euro monatlich

Beleg Nr.	Tag	Zahlung (in Euro)
3	2.1.	225
32	2.2.	225
67	1.3.	225
92	1.4.	225
123	3.5.	225
156	3.6.	225
189	2.7.	225
214	5.8.	225
241	2.9.	225
257	4.10.	225
309	2.11.	225
343	2.12.	225
Summen:		2700

---

[1] Soweit Überschüsse nicht ausgezahlt, sondern gutgeschrieben werden (zulässig nach KG WuM 1995, 333), müssten sie in dem Konto des Eigentümers aufgeführt werden. Die Buchung müsste also mit der Gutschrift aus dem Vorjahr beginnen.

Tatsächlicher Kostenanteil laut Jahresabrechnung	2726,25
Nachzahlung	26,25

6. Vermietung von Eigentumswohnungen

6.1. Wohnraummietvertrag

Wohnraummietvertrag 24

Zwischen

Herrn/Frau ... (Name)

... (Anschrift) ... (Ort)

  – nachfolgend Vermieter –

und

Herrn/Frau ... (Name)

... (Anschrift) ... (Ort)

.... (Personalausweisnummer) ... (Geburtsdatum)

sowie

Herrn/Frau ... (Name)

... (Anschrift) ... (Ort)

... (Personalausweisnummer) ... (Geburtsdatum)

  – nachfolgend Mieter –

wird folgender

**Mietvertrag
über Wohnraum**[1]

geschlossen:

---

[1] Der hier vorgestellte Mustermietvertrag ersetzt keine qualifizierte juristische Beratung im Einzelfall. In vielen Fällen müssen die Regelungen an die jeweiligen Besonderheiten angepasst werden, um eine optimale Mietvertragsgestaltung für den Wohnungseigentümer zu erzielen. Auch sind die Klauseln anhand des jeweiligen Standes der sich ständig fortentwickelnden Rspr. kritisch zu prüfen.

Teil E Textmuster

§ 1
Mieträume

1. Vermietet werden zur Benutzung als Wohnung folgende Räume im (...) Geschoss (rechts/Mitte/links) im Haus (...) (Straße, Hausnummer, Postleitzahl, Ort)
2. Mitvermietet sind folgende Nebenräume und Flächen außerhalb der Wohnung (...)
3. Bei der Mitbenutzung evtl. vorhandener Gemeinschaftseinrichtungen (z.B. Waschmaschinen/Trockenraum, Fahrradkeller u.a.) ist von dem/den Mieter(n) die bestehende Hausordnung zu beachten.
4. Dem/den Mieter(n) werden vom Vermieter für die Mietzeit die benötigten Schlüssel ausgehändigt, die im Einzelnen in der bei der Übergabe der Wohnung zu unterschreibenden Übernahmeerklärung aufgeführt sind.
5. Bei Verlust ausgehändigter oder selbstbeschaffter Schlüssel zu einem Haus- oder Wohnungseingang durch den Mieter ist der Vermieter berechtigt, auf Kosten des Mieters neue Schlösser mit der erforderlichen Zahl von Schlüsseln anfertigen zu lassen, wenn durch den Verlust ein Risiko für das Mietobjekt oder andere Mieter entsteht und der Mieter den Verlust der Schlüssel zumindest fahrlässig zu vertreten hat.
6. Schilder für die Klingelplatte, Wohnungstür und Briefkasten sind auf Wunsch des Vermieters in einheitlicher Form anzufertigen.
7. Die Parteien des Mietvertrages verpflichten sich, bei Übergabe der Mietsache ein Übergabeprotokoll anzufertigen.
8. Die Mieträume werden dem Mieter zu Beginn des Mietverhältnisses in vollständig renoviertem Zustand übergeben[1].

§ 2
Mietzeit/Miete[2]

1. Das Mietverhältnis beginnt am (...) läuft auf unbestimmte Zeit. Eine Kündigung muss schriftlich bis zum 3. Werktag des ersten Monats der Kündigungsfrist erfolgen. Für die Rechtzeitigkeit der Kündigung kommt es nicht auf die Absendung, sondern auf den Zugang des Kündigungsschreibens an.
2. Der Vermieter haftet für nicht termingemäße Bereitstellung der Mieträume nur dann, wenn er diese vorsätzlich oder grob fahrlässig verursacht hat.
3. Die Miete[3] beträgt bei Beginn des Mietverhältnisses monatlich:

Kaltmiete Wohnung .... Euro

Heizkosten, Warmwasserkosten und

sonstige Neben- und Betriebskostenvorauszahlungen .... Euro

Insgesamt .... Euro

---

1 Wegen Vereinbarung eines besonderen Zustands der Mietsache siehe die Ergänzungen zum Textmuster unten Teil E Rz. 25.
2 Wegen eines qualifizierten Zeitmietvertrages siehe die Ergänzungen zum Textmuster unten Teil B Rz. 25.
3 Wegen der alternativen Vereinbarung eines Mieterhöhungsausschlusses, einer Index- oder Staffelmiete siehe die Ergänzungen zum Textmuster unten Rz. 25.

Neben der Pflicht zur Zahlung des Mietzinses existieren weiterhin die Verpflichtungen zur Ausführung von Schönheitsreparaturen sowie der Kostentragung bei Kleinreparaturen und Wartungen (§§ 11, 12 dieses Vertrages).

5. Die Miete ist im Voraus, spätestens bis zum 3. Werktag eines jeden Monats zu zahlen. Für die Rechtzeitigkeit kommt es nicht auf die Absendung, sondern auf den Zahlungseingang beim Vermieter an[1].
6. Das Recht des Mieters und Vermieters zur ordentlichen Kündigung ist für die Dauer von einem Jahr seit Abschluss des Mietvertrages ausgeschlossen. Wird der Vertrag nicht bis zu diesem Zeitpunkt mit der gesetzlichen Frist gekündigt, verlängert sich der Kündigungsverzicht um 6 Monate.
7. Bei verspäteter Zahlung ist der Vermieter unbeschadet der Verzugszinsen berechtigt, pauschale Mahnkosten i.H.v. 5 Euro je Mahnung ausschl. der ersten verzugsbegründenden Mahnung zu erheben. Dem Mieter ist jedoch der Nachweis gestattet, dass dem Vermieter ein Schaden überhaupt nicht entstanden oder der Schaden wesentlich geringer als die Pauschale ist[2]. Die Geltendmachung eines weiteren Schadens durch den Vermieter ist nicht ausgeschlossen.

§ 3
Neben- und Betriebskosten[3]

1. Neben der Miete trägt der Mieter alle Betriebskosten gemäß der Betriebskostenverordnung. Zu den dort genannten Sonstigen Kosten zählen die Kosten für die Reinigung der Dachrinnen, Müllgefäße, Fassaden, Lichtschächte, Wärmeversorgungsräume, Öltanks und alle anderen Reinigungskosten, die in der Betriebskostenverordnung nicht explizit genannt sind.
2. Soweit möglich verpflichtet sich der Mieter, die Betriebskosten direkt mit den jeweiligen Versorgungsunternehmen bzw. Leistungserbringern abzurechnen.
3. Die Kosten der Versorgung mit Wärme und Warmwasser werden zu (…)% (Mind. 50 % – Max. 70 %) nach dem durch Erfassungsgeräte ausgewiesenen Wärmeverbrauch und zu (…)% (Mind. 30 % – Max. 50 %) nach der Wohnfläche umgelegt.
4. Zu den Kosten des Betriebs der zentralen Heizungsanlage gehören die Kosten der verbrauchten Brennstoffe und ihre Lieferung, die Kosten des Betriebsstroms, der Bedienung, Überwachung und Pflege der Anlage, der regelmäßigen Prüfung ihrer Betriebsbereitschaft und -sicherheit einschließlich der Einstellung durch einen Fachmann, der Reinigung der Anlage und des Betriebsraumes, der Messungen nach dem Bundesimmissionsschutzgesetz und Schornsteinfegerkosten, sowie die Kosten der Verwendung einer Ausstattung zur Verbrauchserfassung einschließlich der Kosten der Berechnung und Aufteilung, einschließlich der Öltankreinigung sowie der Reinigung des Hauses nach Anlieferung von Brennstoffen etc.

---

1 Für das Lastschrifteinzugsverfahren siehe die Ergänzungen zum Textmuster unten Teil E Rz. 25.
2 Vgl. § 309 Nr. 5b BGB.
3 Wegen Vereinbarung einer Neben- oder Heizkostenpauschale siehe die Ergänzungen zum Textmuster unten Rz. 25.

5. Die Betriebskosten – mit Ausnahme der Heizungs- und Warmwasserkosten – werden wie folgt umgelegt:

   a) Die Betriebskosten werden, soweit Messeinrichtungen vorhanden sind, nach Verbrauch abgerechnet.

   b) Die Kosten für Allgemeinstrom und Müllabfuhr werden nach der Zahl der Mieter im Haus umgelegt.

   c) Sofern für den Fernseh- und Rundfunkempfang ein Breitbandkabelanschluss oder einer gemeinschaftliche Empfangsanlage vorhanden ist, werden die dafür erhobenen Gebühren und die Kosten der Instandhaltung/Wartung nach der Anzahl der angeschlossenen Wohnungen im Haus umgelegt.

   d) Die Kosten für Hausreinigung und Hausmeistertätigkeit werden mit pauschal (...) je Mietwohnung im Haus und Monat umgelegt.

   e) Alle übrigen Betriebskosten werden mit einem Prozentsatz von (...) % der auf das gesamte Haus entfallenden Kosten auf den Mieter umgelegt.

6. Der Vermieter kann die Umlagemaßstäbe aus Ziff. 5 bei Vorliegen eines sachlichen Grundes nach billigem Ermessen ändern.

7. Erweist sich die vereinbarte Betriebskostenvorauszahlung aufgrund von Kostenerhöhungen oder -reduzierungen im Vergleich zu den tatsächlich entstandenen Kosten als wesentlich zu hoch oder niedrig, können sowohl Vermieter als auch Mieter eine Anpassung auf eine angemessene Höhe vornehmen. Die Erhöhung oder Verminderung der Betriebskostenvorauszahlung ist der anderen Partei durch schriftliche Erklärung oder in Textform anzuzeigen. Der Betrag der Anpassung ist dabei anzugeben.

8. Weitere Betriebskosten können nach dem Verteilungsschlüssel aus den Ziff. 5 und 6 auf den Mieter umgelegt werden, wenn nach Abschluss dieses Vertrages unabhängig vom Willen des Vermieters neue Kosten an- oder wegfallen:

   a) Durch die Neuordnung der Gebühren für Müllabfuhr, Straßenreinigung, Be- und Entwässerung, Kaminkehrer, Versicherung, oder sonstige mit dem Haus zusammenhängende Abgaben.

   b) Durch steuerliche Änderungen oder durch neue Steuern, desgleichen bei Steuererhöhung durch Verordnungen und Gesetze.

   c) Es gilt als vereinbart, dass im Falle der vorgenannten Steigerungen die Umlage von dem Tag an erfolgt, an dem erhöhte Kosten vom Hauseigentümer zu zahlen sind, also ggf. auch rückwirkend.

9. Auch wenn die Parteien des Mietvertrages einen anderen Umlagemaßstab vereinbart haben, kann der Vermieter durch schriftliche Erklärung oder in Textform bestimmen, dass die Betriebskosten zukünftig abweichend von der getroffenen Vereinbarung ganz oder teilweise nach einem Maßstab umgelegt werden dürfen, der dem erfassten unterschiedlichen Verbrauch oder der erfassten unterschiedlichen Verursachung Rechnung trägt. Die schriftliche Erklärung ist nur vor Beginn eines Abrechnungszeitraumes zulässig. Sind bei einer derartigen Änderung Kosten bislang in der Miete enthalten, so ist diese entsprechend herabzusetzen.

10. Soweit Vorauszahlungen zu leisten sind, ist über diese bis zum Ablauf des zwölften Monats nach Ende des Abrechnungszeitraums abzurechnen. Nach Ablauf dieser Frist ist die Geltendmachung von Nachforderungen durch den

Vermieter ausgeschlossen, es sei denn, der Vermieter hat die verspätete Geltendmachung nicht zu vertreten. Eine Nachforderung in diesem Sinn besteht in der Differenz zwischen dem Abrechnungsergebnis und den zu leistenden Sollvorauszahlungen auf die Betriebskosten.

11. Der Mieter ist berechtigt, nach Zugang der Abrechnung die Abrechnungsunterlagen nach rechtzeitiger vorheriger Anmeldung beim Vermieter oder der von diesem bestimmten Stelle einzusehen.
12. Nach Ablauf dieser Frist ohne Einsicht gilt die Abrechnung als anerkannt. Einwendungen können nur schriftlich innerhalb von zwei Wochen ab Einsicht geltend gemacht werden, ansonsten gilt die Abrechnung als anerkannt.
13. Guthaben aus der Abrechnung werden vom Vermieter gutgeschrieben. Evtl. Nachzahlungsbeträge aus der Abrechnung sind vom Mieter spätestens innerhalb einer Frist von vier Wochen nach Zugang der Betriebskostenabrechnung an den Vermieter zu zahlen.
14. Endet das Mietverhältnis während einer laufenden Abrechnungsperiode, ist eine Zwischenablesung der Verbrauchserfassungsgeräte vorzunehmen. Die hierfür anfallenden Zusatzkosten fallen dem Mieter zur Last. Die übrigen Betriebskosten werden im Verhältnis der Mietzeit zur Abrechnungsperiode abgerechnet.

§ 4
Kaution[1]

1. Der Mieter zahlt für die im Mietvertrag bezeichnete Wohnung eine Barkaution in Höhe von (...) Euro
Die Kaution ist fällig bei Schlüsselübergabe.
2. Die Kaution ist ausschließlich auf das vom Vermieter benannte Kautionskonto einzuzahlen.
3. Die Kaution wird vom Vermögen des Vermieters getrennt angelegt, mit dem für Spareinlagen mit dreimonatiger Kündigungsfrist geltenden Zinssatz verzinst und bleibt bis zum Ablauf des Mietvertrages bestehen. Sie dient dem Eigentümer als Sicherheit gegen vom Mieter verursachte Beschädigungen jeder Art, desgleichen für abhanden gekommene oder beschädigte Inventargegenstände sowie als Sicherheit für alle jeweiligen Forderungen des Vermieters gegen den Mieter aus dem Mietvertrag.
4. Der Vermieter ist berechtigt, die Kaution solange zurückzubehalten, bis feststeht, dass keinerlei Forderungen gegen den Mieter mehr vorhanden sind oder noch entstehen können. Der Vermieter hat einen Anspruch darauf, bis zur Erstellung der Betriebskostenabrechnung einen angemessenen Einbehalt von der Kaution vorzunehmen.
5. Kommt der Mieter mit den Mietzahlungen oder Betriebskostenvorauszahlungen in Rückstand, so ist der Vermieter ohne Aufhebung des ihm zustehenden Kündigungsrechts befugt, mit der vom Mieter geleisteten Kautionszahlung aufzurechnen.

---

1 Für die Vereinbarung einer Bürgschaft oder einer anderen Anlageform der Mietsicherheit siehe die Ergänzungen zum Textmuster Teil E Rz. 25.

6. Während der Mietzeit ist eine Aufrechnung des Mieters mit dem noch nicht fälligen Kautionsrückzahlungsanspruch unzulässig.
7. Bei einer Mietermehrheit ermächtigen sich Mieter wechselseitig für den Empfang der Kautionsrückzahlung. Die Bevollmächtigung kann jederzeit gegenüber dem Vermieter widerrufen werden.

§ 5
Haftung des Vermieters/Aufrechnung/Zurückbehaltung/Abtretung[1]

1. Der Vermieter haftet nicht für durch Feuer, Rauch, Sott, Schnee, Wasser, Schwamm und allmähliche Einwirkungen von Feuchtigkeit entstandene Schäden an den Sachen des Mieters, es sei denn, dass die Schäden durch Vernachlässigung des Grundstücks entstanden sind und der Vermieter trotz rechtzeitiger Anzeige und Aufforderung durch den Mieter es unterlassen hat, die Mängel zu beseitigen[2].
2. Im Übrigen ist die Haftung des Vermieters bei lediglich fahrlässiger Verletzung sonstiger vertraglicher Pflichten auf den vertragstypischen vorhersehbaren Schaden begrenzt, sofern es sich nicht um einen Schaden wegen Verletzung des Lebens, des Körpers oder der Gesundheit handelt[3].
3. Die Recht des Mieters aus §§ 536 ff. BGB zur Mietminderung bei Sach- und Rechtsmängeln und aus § 536a BGB zur Geltendmachung von Aufwendungsersatzansprüchen wegen eines Mangels werden von den Ziff. 1. und 2. nicht berührt.
4. Zur Aufrechnung mit einer Gegenforderung gegenüber der Mietforderung oder zur Ausübung eines Zurückbehaltungsrechts ist der Mieter außer im Fall unbestrittener, rechtskräftig festgestellter oder entscheidungsreifer Forderungen nur dann berechtigt, wenn er diese Absicht mindestens einen Monat vor Fälligkeit der Miete dem Vermieter schriftlich oder in Textform angezeigt hat.
5. Der Mieter darf Ansprüche aus dem Mietvertrag gegen den Vermieter nur mit vorheriger Genehmigung des Vermieters an einen Dritten abtreten.

§ 6
Benutzung der Mieträume, Untervermietung

1. Der Mieter darf die Mieträume zu anderen als den in § 1 bestimmten Zwecken nur mit Erlaubnis des Vermieters benutzen.

---

1 Die so oder so ähnlich anstelle von 12.1. gebräuchliche Klausel zur Haftungsbeschränkung *„Für einen dem Mieter entstandenen Schaden haftet der Vermieter nur bei Vorsatz und grober Fahrlässigkeit. Das gilt insbesondere für Schäden, die dem Mieter an den ihm gehörenden Einrichtungsgegenständen durch Feuchtigkeitseinwirkung entstehen"* hat der BGH wegen Verstoßes gegen § 9 Abs. 2 Nr. 2 AGBG für unwirksam erachtet (BGH NZM 2002, 116 ff.; Anm. zum Vorlagebeschluss des OLG Hamburg und zur Problematik allg. Schubel ZMR 2001, 959 f.).
2 Diese Klausel ist vom OLG Hamburg so für wirksam erachtet worden, OLG Hamburg WuM 1991, 328 ff.
3 Vgl. § 309 Nr. 7a BGB.

2. Nutzt der Mieter die ihm überlassenen Räume mit Genehmigung des Vermieters gewerblich, so hat er auf den Wohnungsmietpreis einen Zuschlag von 20 % zusätzlich zu entrichten.
3. Der Mieter ist ohne ausdrückliche Erlaubnis des Vermieters unbeschadet der Vorschrift des § 553 Abs. 1 BGB weder zu einer Untervermietung der Mieträume oder einzelner Räume noch zu einer sonstigen unentgeltlichen oder entgeltlichen Gebrauchsüberlassung an Dritte berechtigt. Eine Erlaubnis gilt nur für den Einzelfall und kann aus einem wichtigen Grund widerrufen werden.
4. Im dem Fall, dass der Mieter ein berechtigtes Interesse an der Überlassung eines Teils des Wohnraums an einen Dritten hat, kann der Vermieter seine Erlaubniserteilung zur Gebrauchsüberlassung von der Einverständniserklärung des Mieters zu einer angemessenen Erhöhung der Miete abhängig machen, wenn die Überlassung dem Vermieter ohne Mieterhöhung nicht zumutbar ist.
5. Der Vermieter ist zur fristlosen Kündigung berechtigt, wenn der Mieter ungeachtet einer schriftlichen Abmahnung des Vermieters einem Dritten den ihm unbefugt überlassenen Gebrauch belässt.
6. Der Mieter tritt dem Vermieter schon jetzt für den Fall der Untervermietung die ihm gegen den Untermieter zustehenden Forderungen nebst Pfandrecht in Höhe der Mietforderungen des Vermieters zur Sicherheit ab.
7. Im Falle einer Untervermietung oder Gebrauchsüberlassung haftet der Mieter für alle Handlungen oder Unterlassungen des Untermieters oder desjenigen, dem er den Gebrauch der Mieträume überlassen hat. Jeder Ein- oder Auszug von Personen denen der Mieter Mieträume untervermietet oder zum Gebrauch überlassen hat, ist dem Vermieter sofort unter Vorlage der Meldebescheinigung anzuzeigen.

§ 7
Gebrauch der Mietsache/Obhutspflicht/Mängelanzeige/Schadensersatz

1. Der Mieter verpflichtet sich zur sachgemäßen und pfleglichen Behandlung der Mietsache und der Räume und Flächen, die ihm zur Mitbenutzung zur Verfügung stehen. Der Mieter hat in den Mieträumen insbesondere für gehörige Reinigung, Lüftung und Heizung zu sorgen.
2. In die Spülsteine, Ausgussbecken und Aborte dürfen Abfall, Asche, schädliche Flüssigkeit und ähnliches nicht eingebracht werden. Mieter, die eine Verstopfung der Abflussleitung schuldhaft verursachen, haben diese zu beseitigen und evtl. Nachfolgeschäden zu tragen. Die Abflussbecken sind nicht zum Abstellen von Eimern oder Waschfässern usw. aus Materialien, die die Emaille beschädigen könnten, zu verwenden.
3. Der Bodenbelag ist mit vermietet. Bei Auszug hat der Mieter auf Verlangen des Vermieters den Bodenbelag zu reinigen und von ihm zu vertretende Beschädigungen, die bei Übernahme noch nicht vorhanden waren, auszubessern. Sollten die in der Mietzeit entstandenen Beschädigungen es erfordern, muss der Mieter eine Neuverlegung durchführen.
4. Der Mieter hat die Außenwände, Balkone und Balkonverkleidungen, soweit Verschmutzungen durch ihn herbeigeführt werden (heruntergelaufenes Seifenwasser beim Fensterreinigen usw.), zu säubern.

5. Der Mieter ist verpflichtet, die Fenster- und Türbeschläge regelmäßig zu ölen. Schäden, die aufgrund dessen, dass die Beschläge nicht geölt worden sind, eintreten, gehen zu Lasten des Mieters.

6. Jeden in den Mieträumen entstehenden nicht nur unwesentlichen Mangel hat der Mieter, soweit er nicht selbst zu dessen Beseitigung verpflichtet ist, unverzüglich dem Vermieter anzuzeigen. Das Gleiche gilt, wenn der Mietsache oder dem Grundstück eine Gefahr droht.

7. Der Mieter haftet für alle Schäden, die durch schuldhafte Verletzung der ihm aus den Ziff. 1 bis 6 oder aus Gesetz obliegenden Obhut- und Anzeigepflichten entstehen.

8. Der Mieter haftet auch für das Verschulden von Familienangehörigen, Hausangestellten, Untermietern und sonstigen Personen, die sich mit seinem Willen in der Wohnung aufhalten.

9. Ist an der Mietsache ein Schaden eingetreten, der nicht allein durch die normale vertragsgemäße Abnutzung entstehen kann, hat der Mieter zu beweisen, dass ein Verschulden seinerseits nicht vorgelegen hat. Das gilt nicht für Schäden an Räumen, Einrichtungen und Anlagen, die auch von Mietern anderer Räume und/oder dem Vermieter genutzt werden.

10. Der Mieter hat das Mietobjekt auf eigene Kosten von Ungezieferbefall freizuhalten, sofern das Ungeziefer nicht ohne sein Verschulden von außen in die Wohnung eindringt.

§ 8
Reinigung/Verkehrssicherungspflichten

1. Auftretende Verunreinigungen der gemeinschaftlich genutzten Räume oder des Hausflures bzw. der Kellergänge sind vom Verursacher umgehend zu beseitigen.

2. Die regelmäßige Reinigung der Treppenhäuser einschließlich der Treppenhausfenster obliegt den Mietern. Sind mehrere Wohnungen auf einer Etage vorhanden, muss die Reinigung im wöchentlichen Wechsel durchgeführt werden. Das nähere regelt die Hausordnung.

3. Auch die Reinigung der Flure sowie der allgemein zugänglichen Teile des Speichers und des Kellers ist von den Mietern im Wechsel auszuführen.

4. Die Mieter sind verpflichtet, die Straßengehwege zu reinigen. Die hierzu ergangenen öffentlich-rechtlichen, insbesondere gemeindlichen Vorschriften sind zu beachten.

5. Bei Schnee und Glatteis sind die Mieter zur Winterreinigung, also zur Räumung von Schnee und Eis soweit möglich, ansonsten zur Ausbringung von Streugut verpflichtet. Die hierzu ergangenen öffentlich-rechtlichen, insbesondere gemeindlichen Vorschriften sind zu beachten.

6. Im Bedarfsfall wird vom Vermieter zu den Ziff. 3 bis 6 ein verbindlicher Reinigungs- und Winterdienstplan aufgestellt.

7. Allgemein zugängliche Fenster (z.B. Treppenhaus, Kellerflur, Speicher, u.Ä.) sind bei Unwetter sofort zu schließen und bei Frostgefahr geschlossen zu halten.

8. Bei Verletzungen der sich aus den Ziff. 3 bis 6 und 8 ergebenden Pflichten haften die jeweils nach dem Reinigungs- und Winterdienstplan verpflichteten Mieter dem Vermieter auf Ersatz des entstehenden Schadens.
9. Die öffentlich-rechtlichen und gemeindlichen Vorschriften gemäß Ziff. 5 und 6 können auf Anforderung beim Vermieter eingesehen werden.
10. Soweit die Reinigungs-, Schnee- und Glatteisräumungs- und sonstige Verkehrssicherungspflichten durch einen vom Vermieter beauftragen Dritten wahrgenommen werden, entfallen die Pflichten des Mieters aus § 8 Ziff. 2 bis 5.

§ 9
Veränderungen an und in den Mieträumen durch den Mieter

1. Veränderungen an und in den Mieträumen, insbesondere Um- und Einbauten, An- und Aufbohren von Wandplatten jeglicher Art (z.B. keramische Kunststoff- und Natursteinplatten, Kacheln, Fliesen), Anbringen und Entfernen von Installationen und dergleichen, dürfen nur mit Erlaubnis des Vermieters vorgenommen werden.

Die Erlaubnis zur Veränderung an und in den Mieträumen kann davon abhängig gemacht werden, dass der Mieter sich zur völligen oder teilweisen Wiederherstellung im Falle seines Auszuges verpflichtet.

2. Genehmigte oder nicht genehmigte Einbauten oder Veränderungen – auch solche, die vom Vormieter oder gegen Entgelt übernommen worden sind – werden vom Vermieter bei Beendigung des Mietverhältnisses weder berücksichtigt noch käuflich übernommen. Auf Aufforderung des Vermieters ist der Mieter verpflichtet, derartige Gegenstände bei Beendigung des Mietverhältnisses zu entfernen bzw. zu demontieren und den Ursprungszustand wieder herzustellen. Wenn der Vermieter die Einrichtungen übernehmen will, hat er dem Mieter die Herstellungskosten abzüglich eines angemessenen Betrages für die Abnutzung zu erstatten.

3. Der Mieter hat Schäden, für die er einstehen muss, sofort zu beseitigen. Kommt er dieser Verpflichtung auch nach schriftlicher Mahnung innerhalb angemessener Frist nicht nach, so kann der Vermieter die erforderlichen Arbeiten auf Kosten des Mieters vornehmen lassen.

§ 10
Empfangsanlagen für Rundfunk und Fernsehen

1. Ist kein Breitbandkabelanschluss oder eine Satellitenanlage für Rundfunk und Fernsehen vorhanden, ist dem Mieter die Anbringung einer Einzelempfangsanlage außerhalb der Mieträume gestattet, wenn eine Zimmerantenne keinen ausreichenden Empfang bietet. Die Anbringung bedarf der vorherigen Zustimmung durch den Vermieter.

2. Darüber hinaus ist dem Mieter die Anbringung Einzelempfangsanlage außerhalb der Mieträume nach vorherigen Zustimmung durch den Vermieter gestattet, wenn dafür ein wichtiges Bedürfnis besteht, z.B. weil nur auf diese Weise Rundfunkprogramme des Heimatlandes des Mieters empfangen werden können.

3. Die Ausführung der Anbringung hat im Einvernehmen mit dem Vermieter und unter Beachtung der VDE- oder sonstiger technischer Regeln und der behördli-

chen Vorschriften durch eine Fachfirma zu erfolgen. Der Vermieter ist berechtigt, eine möglichst unauffällige Anbringung zu verlangen, insbesondere den Ort der Anbringung auszuwählen, sofern dem Mieter dadurch keine unzumutbaren Nachteile oder Kosten entstehen und ein einwandfreier Empfang gewährleistet ist.

4. Der Vermieter kann die Anbringung einer Einzelempfangsanlage untersagen, wenn innerhalb eines Zeitraumes von zwei Monaten die Einrichtung einer Gemeinschaftsanlage erfolgen soll.

5. Die mit der Anbringung einer Einzelempfangsanlage verbundenen Kosten und laufenden Gebühren trägt der Mieter.

6. Wird nachträglich eine Gemeinschaftsanlage eingerichtet, hat der Mieter seine Anlage auf seine Kosten zu entfernen und den alten Zustand wiederherzustellen. Das gilt nicht, wenn der Mieter ein wichtiges Bedürfnis i.S.d. Ziff. 2 hat oder er die Einrichtung der Gemeinschaftsanlage als Modernisierungsmaßnahme nicht zu dulden braucht.

7. Der Mieter verpflichtet sich, den Vermieter von allen Ansprüchen Dritter aus der Installation und dem Betrieb der Empfangsanlage freizustellen.

8. Der Vermieter ist berechtigt, vom Mieter die Zahlung eine Kaution in Höhe der voraussichtlichen Kosten der Beseitigung der von Mieter angebrachten Einzelempfangsanlage zu verlangen.

9. Nach Beendigung der Mietzeit ist der Mieter verpflichtet, die ihm angebrachten Einzelempfangsanlage zu entfernen.

§ 11
Schönheitsreparaturen[1]

1. Der Mieter ist verpflichtet, auf seine Kosten die Schönheitsreparaturen in den Mieträumen fachgerecht auszuführen.

2. Zu den Schönheitsreparaturen gehören: Das Tapezieren (ggf. einschließlich dem Entfernen der alten Tapeten), Anstreichen oder Kalken der Wände und Decken, das Streichen der Fußböden, der Heizkörper einschließlich der Heizrohre, der Innentüren sowie der Fenster und Außentüren von innen.

3. Die Schönheitsreparaturen sind regelmäßig, gerechnet vom Beginn des Mietverhältnisses an bzw. von der letzten nach Beginn des Mietverhältnisses fachgerechten Durchführung, in folgenden Zeitabständen fällig:

    In Küchen, Bädern, Duschen: alle drei Jahre.

    In Wohn- und Schlafräumen, Flur, Dielen und Toiletten: alle fünf Jahre.

    sonstige Nebenräumen innerhalb der Wohnung: alle sieben Jahre.

    und der Zustand der Räume die Durchführung der Arbeiten erfordert.

4. Der Mieter hat die Arbeiten soweit erforderlich jeweils unverzüglich und fachgerecht auszuführen. Kommt der Mieter seinen Verpflichtungen nicht nach, so kann der Vermieter nach ergebnisloser Fristsetzung gegenüber dem Mieter zur Durchführung der Arbeiten Ersatz der Kosten verlangen, die zur Ausführung der

---

1 Wegen der geänderten Rechtsprechung zur Zulässigkeit der Schönheitsreparaturen siehe auch Teil C Rz. 203 ff.

Arbeiten erforderlich sind. Der Mieter hat die Ausführung der Arbeiten während des Mietverhältnisses dann durch den Vermieter oder dessen Beauftragten zu dulden.

5. Bei der Beendigung des Mietverhältnisses gilt für die noch nicht (wieder) fälligen Schönheitsreparaturen folgende Regelung:

   a) Liegen die letzten Schönheitsreparaturen während der Mietzeit für Küche, Bäder und Duschen länger als ein Jahr zurück, zahlt der Mieter 33 % der Kosten gemäß einem vom Vermieter vorzulegenden Kostenvoranschlag einer Fachfirma, liegen sie länger als 2 Jahre zurück 66 %.

   b) Liegen die letzten Schönheitsreparaturen während der Mietzeit für Wohn- und Schlafräume, Flure, Dielen und Toiletten länger als ein Jahr zurück, trägt der Mieter 20 % der Kosten laut Kostenvoranschlag, liegen sie länger als zwei Jahre zurück 40 %, länger als drei Jahre 60 % und länger als vier Jahre 80 %.

   c) Liegen die letzten Schönheitsreparaturen während der Mietzeit für Nebenräume länger als ein Jahr zurück, trägt der Mieter 14 % der Kosten gemäß Kostenvoranschlag, länger als zwei Jahre zurück, 28 %, länger als drei Jahre zurück, 42 %, länger als vier Jahre zurück 56 %, länger als fünf Jahre zurück 70 % und länger als sechs Jahre zurück 84 %.

   d) Ist der Mieter mit dem Kostenvoranschlag nicht einverstanden, ist er berechtigt, innerhalb einer angemessenen Frist nach Zugang des Vermietervorschlags seinerseits einen – für die erstellende Fachfirma verbindlichen – Kostenvoranschlag vorzulegen, der einen geringeren Kostenaufwand ausweist. Dieser ist dann der Berechnung der anteilig vom Mieter zu übernehmenden Kosten zugrunde zu legen.

   Das Recht des Mieters statt der Kostenbeteiligung die noch nicht fälligen Schönheitsreparaturen selbst vollständig und fachgerecht durchzuführen oder durchführen zu lassen, bleibt unberührt. Das gilt nicht, sofern der Vermieter Umbaumaßnahmen beabsichtigt, die durchgeführte Schönheitsreparaturen zerstören würden. In diesem Fall schuldet der Mieter den Betrag, den er für die Durchführung der Schönheitsreparaturen aufzuwenden gehabt hätte.

6. Im Fall der Beendigung des Mietverhältnisses müssen alle fälligen oder nach Ziff. 5 vom Mieter freiwillig auszuführende Schönheitsreparaturen bis zum Ende des Mietverhältnisses ausgeführt sein.

§ 12
Kleinreparaturen/Wartung

1. Die Kosten für Kleinreparaturen die während der Mietzeit erforderlich werden, sind vom Mieter mit einem Höchstbetrag von 75 Euro (brutto) pro Einzelfall zu tragen. Der Jahreshöchstbetrag ist begrenzt auf 7,5 % der Jahresnettomiete pro Mietjahr. Wird dieser Betrag erreicht oder überschritten, so hat der Mieter dies dem Vermieter unverzüglich anzuzeigen.

2. Die Kleinreparaturen umfassen für den Mieter nur das Beheben kleiner Schäden an Steckdosen, Schalter, Klingel, Raumstrahler, Wasserhähne, Mischbatterien, Brausen, die Warmwasserbereitung, Wasch-, Spül- und Toilettenbecken, Badewannen, Öfen, Heizkessel für Kohle, Gas, Elektrizität, Heizkörper, Kochplatten, elektrische Grillgeräte, Fenstergriffe, Verschlussriegel, Umstellvorrichtungen

zum Kippen oder Öffnen, Türgriffe, Rollladengurte, Sicherungen gegen Einbruch, elektrische Rollladenöffner und -schließer.

3 Dem Mieter steht es frei, zur Vermeidung der Kostenübernahme die Kleinreparaturen selbst fachgerecht durchzuführen oder fachgerecht durchführen zu lassen.

4. Die Wartung der vom Vermieter gestellten Geräte (Durchlauferhitzer, Herd, Gastherme, etc.) wird jährlich wenigstens einmal auf Kosten des Mieters durchgeführt. Die Kosten für die Wartung trägt der Mieter bis zu einem Höchstbetrag von 50 Euro (brutto) pro Einzelfall. Der Jahreshöchstbetrag beläuft sich auf 150 Euro (brutto).

6. Der Mieter ist verpflichtet, die nach den Ziff. 1, 2 und 3 notwendig werdenden Kleinreparaturen und Wartungen dem Vermieter anzuzeigen. Die Durchführung der Instandhaltung und Wartung ist dem Vermieter auf Verlangen in geeigneter Form nachzuweisen.

§ 13
Bauliche Veränderungen, Ausbesserungen und Modernisierungen durch den Vermieter

1. Der Vermieter darf Ausbesserungen und bauliche Veränderungen, die zur Erhaltung des Gebäudes oder der Mieträume oder zur Abwendung drohender Gefahren oder zur Beseitigung von Schäden notwendig werden, auch ohne Zustimmung des Mieters vornehmen. Der Mieter hat dieses Maßnahmen zu dulden.

2. Der Vermieter darf Arbeiten und bauliche Maßnahmen, die zwar nicht notwendig, aber zweckmäßig sind und insbesondere der Modernisierung des Gebäudes im Hinblick auf die Einsparung von Energie oder Wasser oder der Schaffung neuen Wohnraums dienen, durchführen.

3. Der Mieter hat die nach Ziff. 4 rechtzeitig angekündigten Maßnahmen nach Ziff. 2 grds. zu dulden. Eine Duldungspflicht besteht nicht, wenn die Maßnahme für ihn, seine Familie oder andere Angehörige seines Haushalts eine Härte bedeuten würde, die unter Würdigung der berechtigten Interessen des Vermieters und anderer Mieter in dem Gebäude nicht zu rechtfertigen ist. Eine aufgrund der Maßnahme zu erwartende Mieterhöhung ist nicht als Härte anzusehen, wenn die Mietsache lediglich in einen Zustand versetzt wird, wie er allgemein üblich ist.

4. Maßnahmen nach Ziff. 2 hat der Vermieter dem Mieter spätestens drei Monate vor deren Beginn schriftlich mitzuteilen. Anzugeben sind dabei der Beginn der Maßnahme, deren Art, der voraussichtliche Umfang und Dauer, sowie die zu erwartende Mieterhöhung.

5. Der Mieter hat die in Betracht kommenden Räume zugänglich zu halten und darf die Ausführung der Arbeiten nicht hindern oder verzögern; andernfalls hat er den dadurch entstehenden Schaden zu tragen. Das gilt nicht, soweit der Mieter die Maßnahme nicht dulden muss.

6. Aufwendungen, die der Mieter infolge einer Maßnahme nach Ziff. 1 und 2 machen musste, hat der Vermieter in angemessenem Umfang zu ersetzen. Auf Verlangen hat er einen Vorschuss zu leisten.

7. Der Vermieter ist bei Verbesserungs- und Modernisierungsmaßnahmen nach Ziff. 2 berechtigt, die Miete nach Maßgabe der § 559 bis 559b BGB zu erhöhen. Eine Mieterhöhung bei Ausbesserungs- und Erhaltungsmaßnahmen nach Ziff. 1 findet nicht statt. Das Recht zur Mieterhöhung nach § 558ff. BGB bleibt unberührt.

§ 14
Betreten der Mieträume

1. Der Vermieter und/oder seinem Beauftragten können in angemessenen Abständen zur Prüfung des Zustandes, eine Besichtigung der Mieträume an Werktagen in der Zeit zwischen 9.00 Uhr und 19.00 Uhr in Abstimmung mit dem Mieter nach vorheriger Anmeldung vornehmen. Gleiches gilt bei einem besonderen Anlass, insbesondere zum Ablesen von Messgeräten, zur Durchführung von Wartungen oder aus sonstigen berechtigten Gründen. In Fällen dringender Gefahr ist ihm das Betreten der Mieträume zu jeder Tages- und Nachtzeit gestattet.
2. Nach Kündigung des Mietverhältnisses oder bei beabsichtigtem Verkauf des Grundstücks und/oder der Mietwohnung hat der Mieter die Besichtigung der Mieträume durch den Vermieter, seine Beauftragten und den Miet-/Kaufinteressenten zu den in Ziff. 1 genannten Zeit nach rechtzeitiger Vorankündigung zu gestatten.
3. Der Mieter muss dafür Sorge tragen, dass die Mieträume auch in seiner Abwesenheit betreten werden können.

§ 15
Vermieterpfandrecht, Haustierhaltung

1. Der Vermieter hat für alle Forderungen aus dem Mietverhältnis ein Pfandrecht an den eingebrachten Sachen des Mieters. Das Pfandrecht erstreckt sich nicht auf diejenigen Sachen, die der Pfändung nicht unterliegen. Im Übrigen gilt die gesetzliche Regelung des § 562 BGB.
2. Der Mieter erklärt, dass die bei seinem Einzug in die Mieträume eingebrachten Sachen sein freies Eigentum und nicht gepfändet oder verpfändet sind. Dies gilt ebenfalls für neu eingebrachte Sachen.
3. Sollten neu eingebrachte Sachen nicht Eigentum des Mieters sein, wird er dies dem Vermieter vor Einbringung mitteilen. Tut er dies nicht, so kann er oder Dritte sich dem Vermieter gegenüber auf das fehlende Eigentum nicht berufen.
4. Ohne Zustimmung des Vermieters dürfen kleine Tiere (wie z.B. Wellensittiche, Zierfische, Hamster, Kanarienvögel) in den Wohnräumen gehalten werden, soweit sich die Anzahl der Tiere in den üblichen Grenzen hält und soweit nach der Art der Tiere und ihrer Unterbringung eine Belästigung der Hausbewohner und Nachbarn sowie eine Beeinträchtigung der Mietsache und/oder des Grundstücks nicht zu erwarten ist. Jede darüber hinausgehende Tierhaltung (z.B. Hund, Katze, etc.) innerhalb der Mietwohnung bedarf der vorherigen Zustimmung des Vermieters.
5. Mit der Abschaffung oder dem Tod des Tieres erlischt die einmal erteilte Zustimmung und ist bei Neuanschaffung eines Tieres erneut einzuholen.

Teil E Textmuster

6. Der Vermieter darf eine erteilte Zustimmung widerrufen und eine ohne Zustimmung zulässige Tierhaltung untersagen, wenn ein wichtiger Grund vorliegt, insbesondere Auflagen nicht eingehalten, Hausbewohner oder Nachbarn z.B. durch Lärm oder Geruch belästigt oder wenn die Mietsache oder das Grundstück beeinträchtigt werden.
7. Der Mieter haftet ohne Rücksicht auf eigenes Verschulden für alle durch die Tierhaltung entstandenen Schäden.

§ 16
Kündigung

1. Die Kündigung hat schriftlich zu erfolgen. Für die Rechtzeitigkeit kommt es nicht auf die Absendung sondern auf den Zugang des Kündigungsschreibens beim Vermieter bzw. Mieter an.
2. Im Fall der Beendigung des Mietvertrages ist die stillschweigende Verlängerung des Mietverhältnisses durch Fortsetzung des Gebrauchs durch den Mieter über den Beendigungszeitpunkt des Mietverhältnisses hinaus ausgeschlossen.

§ 17
Außerordentliches Kündigungsrecht des Vermieters

1. Der Vermieter ist bei Vorliegen der gesetzlichen Voraussetzungen berechtigt, die außerordentliche fristlose Kündigung (§§ 543, 569 BGB) oder die ordentlichen Kündigung wegen Pflichtverletzungen des Mieters (§ 573 Abs. 2 Ziff. 1 BGB) des Mietvertrages auszusprechen.
2. Bei einer fristlosen Kündigung wegen Zahlungsverzug (§§ 543 i.V.m. 569 BGB) umfasst der Begriff des Mietzinses auch die vertraglich zulässigen Nebenkosten.
3. In den Fällen der Ziff. 1 und 2 ist der Mieter zum Ersatz des durch die Kündigung entstehenden Schadens verpflichtet.

§ 18
Vorzeitige Wohnungsaufgabe

1. Wenn der Mieter aus vom Vermieter nicht zu vertretenen Gründen die Mietsache vor Vertragsablauf aufgibt, kann der Vermieter einen sofort fälligen Schadensersatz beanspruchen.
2. Dieser beträgt pauschal die Hälfte der monatlichen Mieten, die bis zum Ende der vereinbarten Vertragsdauer zu zahlen gewesen wären, höchstens aber 3 Jahresmieten. Dem Mieter ist jedoch der Nachweis gestattet, dass dem Vermieter ein Schaden überhaupt nicht entstanden oder der Schaden wesentlich geringer als die Pauschale ist.
3. Darüber hinaus ist der Mieter weiterhin zur Entrichtung des vereinbarten Mietzinses verpflichtet.

§ 19
Rückgabe der Mietsache

1. Bei Ende des Mietvertrages hat der Mieter die Mietsache ungeachtet seiner Verpflichtung zur Durchführung der Schönheitsreparaturen nach § 11 dieses Vertrages vollständig geräumt und sauber an den Vermieter zurückzugeben. Der Mieter haftet für alle Schäden, die dem Vermieter oder einem Nachmieter aus der schuldhaften Verletzung dieser Pflicht entstehen.
2. Einrichtungen, mit denen der Mieter die Mietsache versehen hat, darf er wegnehmen. Der Vermieter kann die Ausübung des Wegnahmerechts durch Zahlung einer angemessenen Entschädigung abwenden, es sei denn, der Mieter hat ein berechtigtes Interesse an der Wegnahme.
3. Hat der Mieter bauliche Veränderungen an der Mietsache vorgenommen oder sie mit Einrichtungen versehen, so ist er auf Verlangen des Vermieters verpflichtet, bei Ende des Mietvertrages den ursprünglichen Zustand wiederherzustellen, sofern nicht etwas anderes schriftlich vereinbart wurde.
4. Alle dem Mieter vom Vermieter überlassenen Schlüssel sind bei Ende des Mietvertrages zurückzugeben. Hat der Mieter selbst Schlüssel angefertigt, sind diese Schlüssel wahlweise ebenfalls herauszugeben oder unbrauchbar zu machen. Der Mieter hat dem Vermieter die Unbrauchbarmachung in geeigneter Form nachzuweisen.
5. Für die Beseitigung von sperrigem Gut, woran der Mieter entweder den Besitz offensichtlich aufgegeben oder gar dem Vermieter übertragen hat und das nach Auszug des Mieters in den Wohn-, Neben- oder Kellerräumen verblieben ist bzw. im Bereich der Mülltonnen nicht mitabgefahren wird, ist der Vermieter berechtigt, auf Kosten des Mieters einen Dritten mit der Beseitigung zu beauftragen, sofern der Mieter die nicht fristgerechte Räumung zu vertreten hat.
6. Höchstens 6 Monate vor Beendigung des Mietverhältnisses kann der Vermieter das Mietobjekt durch Anbringung eines geeigneten Schildes, Aushangs oder sonstigen Hinweises in angemessener Größe an einem straßenseitig gelegenen Fenster oder an einer anderen Stelle der Hausfront zur Anmietung anbieten.
7. Die Parteien des Mietvertrages verpflichten sich, bei Rückgabe der Mietsache ein Abnahmeprotokoll anzufertigen.

§ 20
Personenmehrheit als Mieter

1. Die Wohnung wird ausschließlich von den o.g. Mietern genutzt. Die Mieter verpflichten sich, dem Vermieter jede Änderung der Personenzahl unverzüglich anzuzeigen.
2. Haben Ehegatten oder mehrere Personen die Räume gemeinsam gemietet, haften sie für alle Verpflichtungen aus dem Mietvertrag als Gesamtschuldner.
3. Willenserklärungen des Vermieters müssen gegenüber allen Mietern abgegeben werden.

    a) Mehrere Mieter bevollmächtigen sich hiermit gegenseitig zur Entgegennahme von Erklärungen des Vermieters sowie zur Abgabe eigener Erklärungen.

Teil E Textmuster

b) Diese Bevollmächtigung gilt auch für die Entgegennahme von Kündigungen und Mieterhöhungsverlangen, nicht aber für die Abgabe von Kündigungserklärungen oder den Abschluss eines Mietaufhebungsvertrages.

c) Mehrere Vermieter bevollmächtigen sich entsprechend.

d) Die Bevollmächtigung kann jederzeit gegenüber der anderen Vertragspartei widerrufen werden.

4. Jeder Mieter muss Tatsachen, die für einen der anderen Mieter eine Verlängerung oder Verkürzung des Mietverhältnisses herbeiführen, oder gegen ihn einen Schadensersatz oder sonstigen Anspruch begründen, für und gegen sich gelten lassen.

5. Jeder Mieter muss Tatsachen, in der Person oder dem Verhalten, eines die Mieträume mitbenutzenden Familienangehörigen oder anderen berechtigten Benutzers, die das Mietverhältnis berühren oder einen Schadensersatzanspruch begründen, für und gegen sich gelten lassen.

§ 21
Sonstige Vereinbarungen

1. Die beigefügte Hausordnung ist Bestandteil dieses Mietvertrages.

2. Der Vermieter ist berechtigt, Überwachungseinrichtungen (z.B. Videokameras) am Gebäude und den gemeinschaftlich genutzten Räumen und Anlagen anzubringen.

3. Die Parteien des Mietvertrages treffen die folgenden sonstigen Vereinbarungen:
...

§ 22
Salvatorische Klausel

Sollte eine Bestimmung dieses Vertrages ganz oder teilweise rechtsunwirksam sein oder werden, so wird die Gültigkeit der übrigen Bestimmungen dadurch nicht berührt.

§ 23
Schriftform

1. Mündliche Nebenabreden bestehen nicht.

2. Nachträgliche Änderungen oder Ergänzungen dieses Vertrages bedürfen der Schriftform.

(Ort), den (Datum)	(Unterschrift Vermieter)
(Ort), den (Datum)	(Unterschrift Mieter 1)
(Ort), den (Datum)	(Unterschrift Mieter 2)

6.2. Spezielle Mietvertragsklauseln

Anstelle § 2 beim Zeitmietvertrag:

1.2 Das Mietverhältnis ist bis zum ... (Datum) befristet. Es endet mit Ablauf der Befristung, ohne dass es einer Kündigung bedarf.
Grund für die Befristung:
...

Anmerkung: Es muss ein konkreter Lebenssachverhalt mit einem zulässigen Befristungsgrund nach § 575 Abs. 1 BGB geschildert werden. Die bloße Wiedergabe des Gesetzestextes genügt nicht.

Anstelle § 3 bei Vereinbarung einer Pauschale:

4.2. Auf die Heizungs- und Warmwasserkosten zahlt der Mieter eine Pauschale i.H.v. monatlich ... Euro.

4.3 Sind Betriebskostenpauschalen vereinbart, bleiben Erhöhungen oder Ermäßigungen gem. § 560 BGB vorbehalten.

4.4 Weicht die vereinbarte Betriebskostenpauschale aufgrund von Kostenerhöhungen oder Reduzierungen oder wegen des Wegfalls oder des Hinzukommens weiter Betriebskosten von den tatsächlich entstehenden Kosten ab, können sowohl Vermieter als auch Mieter eine entsprechende Anpassung verlangen.

4.5 Auf alle übrigen Betriebskosten zahlt der Mieter eine monatliche Pauschale i.H.v. ... Euro.

Anstelle § 2 beim Bankeinzugsverfahren:

5.2 Der Mieter ermächtigt den Vermieter hiermit, die jeweilige Gesamtmiete zum Fälligkeitsdatum vom nachstehenden genannten Konto einzuziehen:
... Bank/Sparkasse, Konto Nr. ..., BLZ ....
Eine Änderung seiner Bankverbindung hat der Mieter dem Vermieter unverzüglich mitzuteilen.
Der Mieter ist berechtigt, die Genehmigung zum Lastschrifteinzug bei Vorliegen eines wichtigen Grundes zu widerrufen.

Teil E Textmuster

Anstelle § 4 bei Vereinbarung einer Bürgschaft als Mietsicherheit:

6.1 Der Mieter stellt dem Vermieter als Mietsicherheit die selbstschuldnerische unbefristete Bürgschaft eines Kreditinstitutes.

oder:

6.1. Der Mieter stellt dem Vermieter als Mietsicherheit die selbstschuldnerische unbefristete Bürgschaft von Herrn/Frau/Firma:

... (Name)

... (Anschrift).

Anstelle § 4 bei Vereinbarung einer anderen Anlageform:

6.3. Die Parteien sind sich darüber einig, dass die Mietsicherheit wie folgt angelegt werden soll:

...

Anstelle § 3 bei Vereinbarung eines Mieterhöhungsausschlusses, einer Index- oder Staffelmiete:

7.1 Eine Mieterhöhung während der Mietzeit richtet sich nach den gesetzlichen Vorschriften.

oder:

7.2 Eine Erhöhung der Miete gem. Ziffer 3 ist bis zum ... (Datum) ausgeschlossen.

oder:

7.1 Es wird nachstehende Staffelmietvereinbarung getroffen:

Die Miete nach Ziffer 3 erhöht sich wie folgt:

ab dem ... (Datum) um ... Euro auf ... Euro,

ab dem ... (Datum) um ... Euro auf ... Euro,

ab dem ... (Datum) um ... Euro auf ... Euro,

etc.

oder:

7.2 Die Mieterhöhung richtet sich nach folgender Mietanpassungsvereinbarung (Indexmiete):

Die Miete nach Ziffer 3 wird an die Entwicklung des vom statistischem Bundesamt ermittelten Preisindex für die Lebenshaltung aller privaten Haushalte in Deutschland gekoppelt.

Verändert sich der Preisindex (Basisjahr 2000 = 100) gegenüber dem Stand zum Zeitpunkt des Vertragsabschlusses, kann jede der Vertragsparteien eine entsprechende Anpassung verlangen. Der Mietzins muss jedoch mindestens jeweils ein Jahr unverändert bleiben.

Das Änderungsverlangen muss schriftlich geltend gemacht werden. Dabei sind die eingetretene Änderung des Preisindexes sowie die jeweilige Miete oder die Erhöhung in einem Geldbetrag anzugeben.

Der geänderte Mietzins ist vom Beginn des übernächsten auf die Erklärung folgenden Monats an zu zahlen.

Anstelle § 1 bei besonderen Vereinbarungen über den Zustand der Mietsache:

9.1 Die Miete räume werden vom Mieter in unrenoviertem Zustand übernommen.

oder:

9.2 Der Vermieter verpflichtet sich, vor Beginn des Mietverhältnisses auf seine Kosten folgende Arbeiten durchführen zu lassen:

...

9.3 Im Übrigen werden die Mieträume in den dem Mieter bekannten Zustand als vertragsgerecht übernommen.

7. Zusatzvereinbarung zum Wohnraummietvertrag bei vermieteter Eigentumswohnung

26

**Zusatzvereinbarung zum Wohnraummietvertrag[1]
bei vermieteter Eigentumswohnung[2]**

zwischen

Herrn/Frau ... (Vermieter)

und

Herrn/Frau ... (Mieter)

sowie

Herrn/Frau ... (Mieter)

wird folgende

Zusatzvereinbarung zum Mietvertrag vom ... (Datum)

geschlossen:

1 Der Mieter wird darauf hingewiesen, dass es sich bei der vermieteten Wohnung um eine Eigentumswohnung handelt.

2. Teilweise abweichend von Ziff. 4 des Mietvertrages vereinbaren die Parteien, dass der Mieter sämtliche nach § 27 der 2. Berechnungsverordnung umlagefähigen Betriebskosten trägt. Diese werden auf die Mietwohnung gemäß der Abrechnung der WEG-Verwaltung der Eigentumsanlage umgelegt nach dem jeweils gültigen Umlageschlüssel der Eigentümergemeinschaft. Der Vermieter wird dem Mieter die letzte Jahresabrechnung und den aktuellen Wirtschaftsplan der Eigentümergemeinschaft zur Information über die gültigen Umlageschlüssel übergeben.

---

1 Nach überwiegender Ansicht ist eine Formularmietklausel, wonach Mehrheitsbeschlüsse der Wohnungseigentümergemeinschaft nach Abschluss des Mietvertrages für den Mieter verbindlich sein sollen, unzulässig, da es sich um sog. überraschende Klauseln i.S.d. § 305c BGB handelt (*Sternel* I 326, 425). Durch „Aushandeln" kann aber eine Individualvereinbarung entsprechenden Inhalts getroffen werden, da insoweit keine Allgemeinen Geschäftsbedingungen vorliegen (§ 305 Abs. 1 Satz 2 BGB). Der Vermieter muss die vorliegende Zusatzvereinbarung zum Mietvertrag gegenüber dem Mieter also ernsthaft zur Disposition stellen und ihm die reale Möglichkeit einräumen, deren Inhalt zu beeinflussen. Zu Beweiszwecken sollte dies auch gesondert dokumentiert werden.

2 Bei vermieteten Eigentumswohnungen entstehen Probleme vor allem dann, wenn sich Beschlüsse der Eigentümergemeinschaft auf das Mietverhältnis auswirken. So etwa, wenn die Kostenverteilung aufgrund einer Öffnungsklausel geändert oder im Rahmen der Änderung der Gemeinschafts- oder Hausordnung Nutzungsbeschränkungen oder -verbote eingeführt werden (siehe dazu ausführlich Rz. 494a ff.). Durch die Individualvereinbarung zum Wohnraummietvertrag werden solche Änderungen in den Mietvertrag weitgehend einbezogen.

3. Die Gemeinschafts- und Hausordnung der Wohnungseigentümer ist Bestandteil dieses Vertrages. Änderungen der Hausordnung oder Gemeinschaftsordnung durch die Eigentümergemeinschaft werden nach Bekanntgabe an den Mieter auch für diesen verbindlich, es sei denn, ihm würden durch die Gemeinschaftsbeschlüsse vertraglich ausdrücklich eingeräumte Nutzungsrechte entzogen. Der Mieter wird vom Vermieter ein Exemplar der jeweils gültigen Gemeinschafts- und Hausordnung erhalten.
4. Der Vermieter wird sich bei der Wahrnehmung seiner Rechte als Eigentümer in der Eigentümergemeinschaft dafür einsetzen, dass dem Mieter keine unzumutbaren oder sachwidrigen Kosten oder Belastungen entstehen.
5. Beschlussfassungen der Eigentümergemeinschaft, die das Mietverhältnis berühren, wird der Vermieter dem Mieter unverzüglich mitteilen.
6. Im Übrigen bleiben die Bestimmungen des Mietvertrages unberührt[1].
7. Sollte eine Bestimmung dieser Vereinbarung ganz oder teilweise rechtsunwirksam sein oder werden, so wird die Gültigkeit der übrigen Bestimmungen dadurch nicht berührt. In diesem Fall gelten anstelle der unwirksamen Bestimmung die im Mietvertrag getroffenen Regelungen.

… (Ort), den … (Datum)

… … (Vermieter/in) (Mieter/in)

8. Sofortige Beschwerde gegen einen Beschluss des Amtsgerichts (Anhängigkeit vor 1.7.2007)[2]

Amtsgericht Neustadt Schlossstr. 1

Neustadt

Neustadt, den 16. 11. 2000

Schwarz ./. WEG Bahnhofstr.

20 II 4/00 WEG

Antrag
in der Wohnungseigentumssache
betreffend die Anlage
Bahnhofstr. 16, Neustadt

an der beteiligt sind

Herr Paul Schwarz, Bahnhofstr. 16, Neustadt

---

1 Die hier getroffene Vereinbarung hat Vorrang vor den Regelungen des Mietvertrages, § 305b BGB.
2 Ist der Antrag, über den das Amtsgericht entschieden hat, vor dem 1.7.2007 eingereicht worden, ist sofortige Beschwerde gegen den Beschluss des AG einzulegen.

– Antragsteller –

Verfahrensbevollmächtigte: RAe Dr. Meyer, Parkstr. 5, Neustadt

gegen

die übrigen Wohnungseigentümer der Wohnanlage Bahnhofstr. 16, Neustadt, gem. einer vom Verwalter vorzulegenden Liste,

– Antragsgegner –

Verwalter: Herr Georg Müller, Goethestr. 9, Neustadt

legen wir namens und im Auftrage des Antragstellers gegen den Beschluss des Amtsgerichts Neustdt, Az. 20 II 4/00 WEG vom 18. Oktober 2000,

sofortige Beschwerde

ein und beantragen, unter Aufhebung des Beschlusses des Amtsgerichts Neustadt wie zuletzt beantragt zu entscheiden.

Begründung:

I.

Zunächst beziehen wir uns auf das erstinstanzliche Vorbringen.

II.

Ergänzend zum Schriftsatz vom … nehmen wir wie folgt Stellung:

…

Im Übrigen bleibt die weitere Begründung einem gesonderten Schriftsatz vorbehalten.

Rechtsanwalt

Anmerkung: Für Verfahren, die am 1.7.2007 bei Gericht anhängig sind, d.h. am 1.7.2007 oder früher eingereicht worden sind, bleibt es bei der Geltung der Verfahrensvorschriften des WEG in der alten Fassung. Als Rechtsmittel ist daher die sofortige Beschwerde und nicht die Berufung einzulegen[1]. Zuständiges Beschwerdegericht ist das jeweils dem erstinstanzlichen AG übergeordnete Landgericht. Gegen die Entscheidung des Landgerichtes kann die sofortige weitere Beschwerde zum jeweils übergeordneten OLG erhoben werden.

---

1 Siehe hierzu Teil B Rz. 939f.

9. Muster für außergerichtliche Streitschlichtung (§ 15a EGZPO)

Aachener Anwaltverein e.V. 28
Adalbertsteinweg 90
52070 Aachen

Antrag
der Wohnungseigentümergemeinschaft
Bahnhofstr. 16, Aachen

die Wohnungseigentümer der Wohnungseigentümergemeinschaft Bahnhofstr. 16 in Neustadt, gem. der anliegenden Eigentümerliste

Antragstellerin

Verfahrensbevollmächtigte: RAe Dr. Mayer, Parkstr. 5, Aachen

gegen

1. Herrn Pierre Duchamps, Bahnhofstr. 17, Aachen
   Antragsgegner zu 1.
2. Frau Veroniqe Duchamps, Bahnhofstr. 17, Aachen
   Antragsgegner zu 2.

wegen nachbarschaftsrechtlicher Angelegenheit

vorläufiger Gegenstandswert 3000 Euro

Namens und im Auftrag der Antragstellerin bestellen wir uns zu deren Verfahrensbevollmächtigten und **beantragen**,

das Schlichtungsverfahren durchzuführen.

Begründung:

Die Antragstellerin ist der teilrechtsfähige Verband der Wohnungseigentümergemeinschaft Bahnhofstr. 16 in Aachen. Die Beklagten sind die Eigentümer des Hausgrundstückes Bahnhofstr. 17 in Aachen, welches unmittelbar an das Grundstück der Antragstellerin angrenzt. Die Antragsgegner sind zum 1.12.2008 in das auf dem Grundstück befindliche Haus eingezogen. Unmittelbar danach haben sie auf der Grundstücksgrenze einen Zaun errichtet, der aus 3 Elementen besteht und samt der dazugehörigen Balkenkonstruktion ca. 2 m hoch, in dem darauf folgenden 2 Teil ca. 2,30 m und dann 2,60 m hoch ist.

Beweis: Lichtbilder, Anlage 1

Zeugnis des Herrn Martin Mustermann,

Bahnhofstr. 16, Aachen

Der Zaun ragt mit der oberen Strebe ca. 30 bis 40 cm über die Grundstücksgrenze der Antragsgegner hinaus entlang der Grundstücksgrenze der Antragstellerin.

Beweis: wie vor

Zwischenzeitlich ist es bereits sogar zu Verletzungen von Besuchern der Antragstellerin gekommen.

Teil E Textmuster

Beweis: wie vor

Mit Schreiben vom 1.2.2008 sind die Antragsgegner aufgefordert worden den Zaun zu beseitigen. Hierauf haben sie nicht reagiert.

Wegen der Verletzung der Abstandsflächen nach § 6 BauO NRW besteht ein Beseitigungsanspruch, ebenso wegen der Gefahrenquellen. Da die Antragsgegner nicht reagiert haben, ist Klage geboten. Vor Erhebung der Klage muss jedoch das Schlichtungsverfahren durchgeführt werden, welches die Antragsteller hiermit beantragen.

Rechtsanwalt

2 Abschriften anbei

Anmerkung: Bei dem obigen Beispiel ist davon ausgegangen worden, dass die Eigentumsanlage in Aachen liegt. Damit ist für das gewählte nachbarschaftsrechtliche Verfahren die außergerichtliche Streitschlichtung vor Klageerhebung zu betreiben (§ 10 Gütestellen- und Schlichtungsgesetz NRW). Außer NRW haben Bayern, Baden-Württemberg, Hessen, Brandenburg, Saarland, Sachsen-Anhalt und Schleswig-Holstein Ausführungsgesetze für die außergerichtliche Streitschlichtung erlassen. Der Antrag muss bei einer der zugelassenen Schlichtungsstellen eingereicht werden. Da die Eigentümergemeinschaft im gewählten Beispiel wegen der Verwaltung des Gemeinschaftseigentums im Rechtsverkehr nach außen tritt, ist Antragsteller hier der Verband. Da die Klage durch einen Rechtsanwalt eingereicht wird, braucht auch keine Ersatzzustellungsbevollmächtigter benannt zu werden, da bei dem Rechtsanwalt die Gefahr von Interessenkollisionen insoweit nicht besteht.

Neben dem hier gewählten Beispiel nachbarschaftsrechtlicher Streitigkeiten wird die außergerichtliche Streitschlichtung vor allem bei Hausgeldverfahren durchzuführen sein. Dies gilt aber nicht für Brandenburg und Hessen, welche die außergerichtliche Streitschlichtung nicht für vermögensrechtliche Streitigkeiten (wie das Hausgeldverfahren) angesetzt haben. Hierbei sollte aber überlegt werden, ob nicht entweder ein Mahnverfahren eingeleitet werden soll oder aber die Möglichkeit besteht den Streitwert über 600 (NRW, Saarland) bzw. 750 Euro (Bayern, Baden-Württemberg, Sachsen-Anhalt, Schleswig-Holstein) zu erhöhen (beispielsweise dadurch, dass zukünftige Raten des Hausgeldes mit aufgenommen werden). Weiterhin ist zu prüfen, ob der betreffende Eigentümer im selben Gerichtsbezirk wohnt wie die Gemeinschaft. Falls nicht, entfällt ebenfalls die Notwendigkeit der Durchführung.

10. Wohngeldsachen

10.1. Klage auf Zahlung von Wohngeld (ab 2.7.2007)

29 **Klage**

In der Wohnungseigentumssache

betreffend die Wohnungseigentumsanlage WEG Bahnhofstr. 16, Neustadt,

an der beteiligt sind:

1. die Eigentümergemeinschaft WEG Bahnhofstr. 16, Neustadt, vertreten durch den Verwalter, Herrn Georg Müller, Goethestr. 9, Neustadt

– **Klägerin** –

Verfahrensbevollmächtigte: Kanzlei Dr. Müller, Neue Straße 4, Neustadt

gegen

2. Herrn Paul Schwarz, Bahnhofstr. 16, Neustadt

– **Beklagten** –

Namens und in Vollmacht der Antragstellerin **beantragen** wir,

1. den Beklagten zu verpflichten, an die Klägerin 975 Euro nebst Zinsen in Höhe von 5 % Punkten über dem Basiszinssatz aus jeweils 195 Euro seit dem 2.4., 2.5., 2.6., 2.7. und 2.8.2008 zu zahlen;
2. den Beklagten zu verurteilen, ab dem 1.9.2008 bis zum Ersten eines Monats jeweils 195 Euro monatlich an die Klägerin zu zahlen, solange er Eigentümer des Sondereigentums-Nr. 15 in der Eigentumsanlage Bahnhofstr. 16 in Neustadt ist und kein anderer Wirtschaftsplan als der vom 8.3.2008 beschlossen wurde, längstens jedoch bis zum 1.4.2009.
3. gegen den Beklagten Versäumnisurteil im schriftlichen Vorverfahren zu erlassen, sofern der Beklagte seine Verteidigungsabsicht nicht anzeigt bzw. Anerkenntnisurteil zu erlassen, soweit er die Klageforderung anerkennt.

Begründung:

1. Die Parteien sind Wohnungseigentümer in der Eigentumsanlage Bahnhofstr. 16 in Neustadt. Der Beklagte ist Eigentümer der Wohnung Nr. 15. Die Klägerin ist der teilrechtsfähige Verband der Eigentümergemeinschaft.
2. Die Eigentümergemeinschaft hat auf der Eigentümerversammlung vom 4.4.2008 den Wirtschaftsplan für das Jahr 2008 beschlossen.
Beweis: Protokoll der Eigentümerversammlung vom 4.4.2008, TOP 6, Anlage 1
3. Nach dem Wirtschaftsplan hat der Beklagte auch für 2008 monatlich ein Hausgeld in Höhe von 195 Euro zu zahlen.
Beweis: Wirtschaftsplan vom 8.3.2006, Anlage 2
Der Wirtschaftsplan soll seine Gültigkeit bis zur Beschlussfassung über einen neuen Wirtschaftsplan behalten.
Beweis: Protokoll der Eigentümerversammlung vom 4.4.2008, TOP 6, b.v.
4. Der Beklagte hat für 2008 auf die Hausgelder keine Zahlungen erbracht. Da die Hausgelder bis März 2008 einschließlich bereits tituliert worden sind, wird mit dem hier vorliegenden Antrag zu 1) nur das rückständige Hausgeld April bis August 2008 einschließlich geltend gemacht.
5. Dementsprechend werden mit dem Antrag zu 1) folgende Beträge geltend gemacht: Rückständiges Wohngeld April bis August 2008 975 Euro.

Aufgrund seiner Nichtzahlung ist zu befürchten, dass auch in Zukunft keine Zahlungen erfolgen werden und der Beklagte erst unter dem Druck der Zwangsvollstreckung zahlt. Deshalb ist gem. § 259 ZPO der Antrag auf zukünftige Zahlung zulässig, der mit dem Antrag zu 2) geltend gemacht wird. Des Weiteren handelt es sich bei dem Hausgeld um eine wiederkehrende Leistung, so

Teil E Textmuster

dass der Antrag zu 2) auch nach § 258 ZPO zulässig ist (vgl. OLG Dresden NZM 1999, 173).

Rechtsanwalt

2 Abschriften anbei

Anmerkung: In den Ländern Baden-Württemberg, Bayern, Nordrhein-Westfalen, Saarland, Sachsen-Anhalt und Schleswig-Holstein ist vor der gerichtlichen Geltendmachung des Hausgeldes ein außergerichtliches Güteverfahren durchzuführen, wenn der Streitwert unter 600 Euro (NRW, Saarland) bzw. 750 Euro (Bayern, Baden-Württemberg, Sachsen-Anhalt, Schleswig-Holstein) liegt. Dies gilt dann nicht, wenn entweder der Eigentümer nicht im selben Bezirk wohnt, in dem das Grundstück der Gemeinschaft liegt, oder ein Mahnverfahren vorausging[1].

Um nicht jeden Monat die Klage um die fällig gewordenen Hausgelder erhöhen zu müssen, sollten die zukünftigen Hausgelder mit eingeklagt werden[2].

10.2. Antrag auf Anordnung des dinglichen Arrests

30 Amtsgericht

Zivilkammer

Antrag auf dinglichen Arrest

der Eigentümergemeinschaft

1. WEG Bahnhofstr. 16, ..., vertreten durch den Verwalter Herrn Georg Müller, Goethestr. 9, Neustadt

– Antragstellerin –

Verfahrensbevollmächtigte: Kanzlei Dr. Müller, Neustr. 4, Neustadt

gegen

2. Herrn Paul Schwarz, Bahnhofstr. 16, Neustadt

– Antragsgegner –

Namens und in Vollmacht der Antragstellerin **beantragen** wir,

gegen den Antragsgegner wegen der Dringlichkeit des Falles ohne vorherige mündliche Verhandlung den Erlass folgenden

Arrestbefehls.

1.

Wegen einer Forderung der Antragstellerin in Höhe von 3750,22 Euro nebst Zinsen in Höhe von 5 Prozentpunkten über dem Basiszinssatz seit 1.3.2008 sowie einer

---

1 Siehe hierzu Teil B Rz. 995 f.
2 Siehe hierzu Teil B Rz. 221 ff.

Kostenpauschale von 100 Euro wird der dingliche Arrest in das Vermögen des Antragsgegners angeordnet.

2.

Der Antragsgegner hat die Kosten des Arrestverfahrens zu tragen.

3.

Die Vollziehung des Arrests kann seitens des Antragsgegners durch Hinterlegung eines Geldbetrages in Höhe von ... Euro gehemmt werden.

Begründung:

Der Antragsgegner ist Wohnungseigentümer in der Bahnhofstr. 16 in ... Die Antragstellerin ist der teilrechtsfähige Verband der Wohnungseigentümergemeinschaft. Auf der Eigentümerversammlung vom 1.5.2008 hat die Eigentümergemeinschaft unter TOP 2 die Jahresabrechnung für das Jahr 2007 beschlossen.

Glaubhaftmachung: 1. Protokoll der Eigentümerversammlung, Anlage 1

2. Jahresabrechnung 2007, Anlage 2

Aus dieser ergibt sich, dass der Antragsgegner 3750,22 Euro für 2007 zu zahlen hat. Trotz Zahlungsaufforderung hat der Antragsgegner keine Zahlung auf die Jahresabrechnung geleistet.

Glaubhaftmachung: Schreiben vom 1.6.2007, Anlage 3

Vielmehr ist der Antragstellerin bekannt geworden, dass der Antragsgegner plant sich nach Dubai abzusetzen. So erfuhr der Verwalter der Antragstellerin in einem persönlichen Gespräch mit der Sekretärin des Antragsgegners, dass dieser sich zwei Flugtickets für Dubai besorgt hat.

Glaubhaftmachung: eidesstattliche Versicherung des

Herrn Georg Müller, Anlage 4

Des Weiteren teilte sie mit, dass der Antragsgegner dabei sei sein Handelsgeschäft aufzulösen.

Glaubhaftmachung: wie vor

Das Wohnungseigentum des Antragsgegners ist mit 100 000 Euro belastet.

Glaubhaftmachung: Grundbuchauszug, Anlage 5

Es hat jedoch nur einen Wert von 100 000 Euro, so dass eine weitere Vollstreckung in das Grundstück erfolglos bleiben wird.

Glaubhaftmachung: Wertgutachten, Anlage 6

Sonstiges Vermögen des Antragsgegners im Inland ist nicht bekannt und der Antragstellerin muss unter den genannten Umständen befürchten, dass im ordentlichen Verfahren ein Vollstreckungstitel nicht mehr rechtzeitig erlangt werden kann. Daher ist der vorstehende Arrestantrag begründet. Es besteht die Besorgnis, dass der Antragsgegner im Zusammenhang mit dem Auswanderungsvorhaben seine sämtlichen Vermögenswerte bei Seite schafft. Ferner besteht die Gefahr, dass der Antragsgegner in das außereuropäische Ausland verzieht und dort eine Vollstreckung wegen fehlender Verbürgung der Gegenseitigkeit nicht möglich ist (§ 917 Abs. 2 S. 1 ZPO).

Rechtsanwalt

2 Abschriften anbei

Anmerkung: Durch die Überleitung des WEG in das ZPO-Verfahren gelten nunmehr für den einstweiligen Rechtsschutz die Vorschriften des Arrest und der einstweiligen Verfügung direkt (§ 916ff. ZPO). Der Arrest dienst dazu, zur Sicherung von Geldforderungen das bewegliche oder unbewegliche Vermögen des Schuldners sicher zu stellen (§ 916 Abs. 1 ZPO). Voraussetzung für den Erlass eines Arrestes ist jedoch, dass zu besorgen ist, dass ohne dessen Verhängung die Vollstreckung des Urteils vereitelt oder wesentlich erschwert werden würde. Muss das Urteil im Ausland vollstreckt werden und ist bei dem betreffenden Land die Gegenseitigkeit nicht verbürgt, liegt ein unwiderlegbarer Arrestgrund vor (§ 917 ZPO). Die Gegenseitigkeit ist dann nicht verbürgt, wenn in dem mutmaßlichen Zielstaat die Vollstreckung nicht in dem Maße gewährleistet ist, wie die Vollstreckung eines Titels dieses Landes in Deutschland[1]. Es kann sowohl der dingliche Arrest beantragt werden, d.h. die Sicherung des Vermögens des Schuldners, als auch der persönliche Arrest, d.h. die in Inhaftnahme des Schuldners selber. Dabei ist jedoch der persönliche Arrest erst dann möglich, wenn der Arrest in das dingliche Vermögen des Schuldners nicht ausreichend ist.

Das Arrestgesuch ist entweder an das Gericht der Hauptsache zu richten oder an das Amtsgericht, in dessen Bezirk der mit Arrest zu belegene Gegenstand oder die in Haft zu nehmende Person sich befindet (§ 919 ZPO). Das Arrestgesuch muss ergeben, welche Art der Anspruch ist und wie hoch der Geldbetrag ist, um dessetwillen der Arrest beansprucht wird. Sowohl der Anspruch als auch der Arrestgrund sind glaubhaft zu machen. Dies kann insbesondre durch die eidesstattliche Versicherung geschehen.

11. Berufung gegen Urteil des Amtsgerichts (bei Verfahrenseinleitung ab 2.7.2007 und später)[2]

31 Landgericht Musterstadt Schlossstr. 1

Musterstadt

Neustadt, den 16. 11. 2000

Schwarz ./. WEG Bahnhofstr.

20 II 4/00 WEG

Berufung

In der Wohnungseigentumssache betreffend die Anlage Bahnhofstr. 16, Neustadt

---

1 Wegen einer Übersicht zur Verbürgung der Gegenseitigkeit siehe *Zöller* ZPO, Anhang IV.
2 Ist der Antrag, über den das Amtsgericht entschieden hat, ab dem 2.7.2007 eingereicht worden, ist Berufung einzulegen.

des

Herr Paul Schwarz, Bahnhofstr. 16, Neustadt

– **Klägers und Berufungsklägers** –

Verfahrensbevollmächtigte: RAe Dr. Meyer, Parkstr. 5, Neustadt

gegen

die übrigen Wohnungseigentümer der Wohnanlage Bahnhofstr. 16, Neustadt, gem. anliegender Eigentümerliste,

– **Beklagte und Berufungsbeklagte** –

legen wir namens und im Auftrage des Klägers gegen das Urteil des Amtsgerichts Neustdt, Az. 20 II 4/00 WEG vom 18.10. 2007,

Berufung

ein und beantragen

unter Aufhebung des Urteils des Amtsgericht Neustadt vom 18.10.2007 den unter TOP 10 (Kaufmännische/organisatorische Beschlüsse) auf der Eigentümerversammlung vom 24. 6. 2000 gefassten Beschluss über die Errichtung einer Mobilfunkstation nebst Abschluss eines befristeten Mietvertrages für ungültig zu erklären;

Begründung:

I.

Zunächst beziehen wir uns auf das erstinstanzliche Vorbringen.

II.

Ergänzend zum Schriftsatz vom ... nehmen wir wie folgt Stellung:

...

Im Übrigen bleibt die weitere Begründung einem gesonderten Schriftsatz vorbehalten.

Rechtsanwalt

2 Abschriften anbei

Anmerkung: Bei Verfahren, die ab dem 2.7.2007 bei Gericht anhängig werden, gelten die Verfahrensvorschriften des WEG n.F. Damit ist gegen die Entscheidung des Amtsgerichts Berufung einzulegen. Zuständiges Berufungsgericht ist grds. das für den Sitz des Oberlandesgerichtes zuständige Landgericht für den Bezirk des Oberlandesgerichtes, in dem das Amtsgericht seinen Sitz hat. Die Bundesländer können abweichend hiervon die Berufungszuständigkeit einem anderen Landgericht zuweisen. Hiervon Gebrauch gemacht haben (Stand: 6.8.2007: Brandenburg (LG Frankfurt/Oder für Bezirk OLG Brandenburg); Mecklenburg-Vorpommern (LG Dessau-Roßlau). Gegen die Entscheidung des Landgerichts ist bis zum 1.7.2012 die Revision zum BGH nur möglich, wenn das Landgericht diese zugelassen hat[1].

---

1 Siehe hierzu Teil B Rz. 995.

Teil E Textmuster

12. Klage auf Ungültigkeitserklärung eines Wohnungseigentümerbeschlusses

32 Amtsgericht Neustadt
Schlossstr. 1

Neustadt

Neustadt, den 11. 7. 2008

Schwarz ./. WEG Bahnhofstr.

Klage

In der Wohnungseigentumssache betreffend die Anlage Bahnhofstr. 16, Neustadt

des

Herrn Paul Schwarz, Bahnhofstr. 16, Neustadt

– Klägers –

Verfahrensbevollmächtigte: RAe Dr. Meyer, Parkstr. 5, Neustadt

gegen

die übrigen Wohnungseigentümer der Wohnanlage Bahnhofstr. 16, Neustadt, gem. anliegender Eigentümerliste,

– Beklagte –

Verwalter: Herr Georg Müller, Goethestr. 9, Neustadt

Ersatzzustellungsvertreter: Frau Marianne Musterfrau, Bahnhofstr. 16, Neustadt

Deren Vertreter: Herr Martin Mustermann, Bahnhofstr. 16, Neustadt

wegen Beschlussanfechtung

vorläufiger Streitwert: 12 000 Euro

Namens und im Auftrag des Klägers beantragen wir,

den unter TOP 10 (Kaufmännische/organisatorische Beschlüsse) auf der Eigentümerversammlung vom 24. 6. 2007 gefassten Beschluss über die Errichtung einer Mobilfunkstation nebst Abschluss eines befristeten Mietvertrages für ungültig zu erklären.

Begründung:

Die Parteien sind die Eigentümer der Wohnanlage. Verwalter ist Georg Herr Müller, Goethestr. 9, Neustadt. Gemäß § 48 I S. 3 WEG ist er zwingend beizuladen. Der Verwalter hat zu einer Versammlung am 24. 6. 2007 um 10.30 Uhr eingeladen.

Gegenstand der Versammlung war unter anderem unter TOP 10 die Beschlussfassung über die Aufstellung einer Mobilfunkantenne und eines Mietvertrages für die Dauer von 20 Jahren.

Hinsichtlich des Umfangs verweisen wir auf die **beiliegende** Zeichnung, die darstellt, dass hier eine komplette Basisstation und nicht eine irgendwie geartete Mobilfunkantenne geplant ist. Solche baulichen Vorkommnisse sind erhebliche baulichen Veränderungen gem. § 22 WEG und bedürfen der Zustimmung aller Wohnungseigentümer.

Im vorliegenden Fall war eine Beschlussfähigkeit nicht gegeben. Im Grundbuch sind insgesamt 10 000 MEA eingetragen. Zu Beginn der Versammlung waren 7250/10 000 MEA anwesend oder vertreten.

Beweis: Anwesenheitsliste, Anlage 1

Als der Tagesordnungspunkt 10 aufgerufen worden ist, waren aufgrund der fortgeschritten Uhrzeit nur noch 3200/10 000 MEA anwesend oder vertreten.

Beweis: Protokoll der Versammlung, Anlage 2

In dem Protokoll ist jeweils vermerkt, wenn ein Eigentümer die Sitzung verlässt und wie viele MEAs noch anwesend sind.

Nach § 25 III WEG müssen aber mindestens die Hälfte der MEA anwesend oder vertreten sein, wenn Beschlussfähigkeit vorliegen soll. Es hätten daher mindestens 5000/10 000 MEA anwesend sein müssen. Da nur noch 3200/10 000 MEA anwesend oder vertreten waren, war dieses Quorum nicht erfüllt. Die fehlenden MEA haben sich auch auf die Wahl ausgewirkt. Die abwesenden Miteigentümer hätten gegen den Beschluss gestimmt.

Darüber hinaus sollten alle Wohnungseigentümer der Anlage darüber abstimmen. Dies ist ebenfalls fehlerhaft, da nur die zu beteiligen sind, die in dem Haus wohnen. Es ist ein Unding, dass Wohnungseigentümer aus weit entfernten Häusern darüber bestimmen sollen, ob das Haus, in dem die Antragstellerin eine Wohnung hat, eine komplette Dachstation erhält. Der Kläger ist derzeit nicht in der Lage, das genaue Beschlussergebnis mitzuteilen, da die Verwaltung laufend die Protokolle nicht rechtzeitig übersendet, sondern mindestens 4 oder 5 Wochen wartet, bevor die Eigentümer das Protokoll bekommen. Die Eigentümer fühlen sich dadurch erheblich beeinträchtigt, weil sie nicht mehr ausreichend Zeit dafür haben, die Beschlüsse zu überdenken bzw. überhaupt zu wissen, ob Beschlüsse gefasst worden sind.

Nach dem verkündeten Ergebnis des Verwalters sind ausreichende Stimmen für eine Ja-Stimme abgegeben worden und deshalb hat er den Beschluss als gefasst verkündet in der Versammlung.

Rechtsanwalt

2 Abschriften anbei

Anmerkung: Die Anfechtungsklage muss wie bisher innerhalb eines Monats nach Beschlussfassung der Eigentümerversammlung erhoben werden. Wichtig ist zu beachten, dass für die Einhaltung der Frist die Zustellung der Klage maßgeblich ist. Es ist also nicht ausreichend die Klage rechtzeitig bei Gericht einzureichen, sie muss auch rechtzeitig zugestellt werden[1], was die Zahlung der Gerichtskosten voraus-

---

1 Siehe hierzu auch Teil B Rz. 985.

setzt. Wie bisher braucht mit der Klage noch nicht die Begründung vorgelegt zu werden. Anders als früher muss aber nunmehr zwingend binnen 2 Monaten nach Beschlussfassung die Begründung vorgelegt werden. Eine Verlängerung der Frist ist nicht möglich.

13. Klage auf Bestellung eines Verwalters

33

Klage

des Herrn Paul Schwarz, Bahnhofstr. 16, Neustadt

– Kläger –

Verfahrensbevollmächtigte: RAe Dr. Meyer, Parkstr. 5, Neustadt

gegen

die übrigen Miteigentümer der Wohnungseigentümergemeinschaft Bahnhofstr. 16 in Neustadt, gem. der anliegenden Eigentümerliste

– Beklagte –

Ersatzzustellungsbevollmächtigte; Frau Marianne Musterfrau, Bahnhofstr. 16, Neustadt

Deren Vertreter: Herr Martin Mustermann, Bahnhofstr. 16, Neustadt

wegen Verwalterbestellung

vorläufiger Streitwert 4000 Euro

Namens und im Auftrag des Klägers bestellen wir uns zu dessen Prozessbevollmächtigten und werden **beantragen**,

Herrn Georg Müller, Goethestr. 9, Neustadt für die Dauer von 3 Jahren zum Verwalter der Eigentümergemeinschaft Bahnhofstr. 16 in Neustadt mit folgenden Konditionen – monatliche Verwaltervergütung je Wohnungseigentumseinheit 20 Euro zzgl. 19 % MwSt., jeweils zahlbar am Ende des Monats zu bestellen.

Begründung:

Bei dem Kläger und den Beklagten handelt es sich um die Gesamtheit der Wohnungseigentümer in der Eigentümergemeinschaft Bahnhofstr. 16 in Neustadt.

Beweis im

Bestreitensfall: Vorlage der Grundbuchauszüge

Ein Verwalter ist seit der Begründung der Eigentümergemeinschaft nicht bestellt worden.

Am 10.5.2008 ist durch den Vorsitzenden des Verwaltungsbeirates Herrn Martin Mustermann zu einer Versammlung vom 2.6.2008 eingeladen worden. Tagesordnungspunkt 1 dieser Einladung war der Vorschlag des Klägers, Herrn Georg Müller zum Verwalter zu bestellen. Auf der Eigentümerversammlung stellte Herr Müller seine Verwalterfirma und sein Angebot vor. Die anderen Eigentümer weigerten sich jedoch einen Verwalter zu stellen und äußerten die Auffassung, dies sei nicht notwendig.

Gegen die Vertrageskonditionen haben sie keine Einwände erhoben, ganz im Gegenteil waren sie dafür.

Soweit sie der Auffassung sind, dass kein Verwalter benötigt werde, kann dem nicht gefolgt werden. Die Einheit besteht aus über 50 Einheiten mit mehr als 50 Eigentümern. Ein Verwalter ist zur Durchführung der ordnungsgemäßen Verwaltung notwendig.

Da es sich um eine Erstverwalterbestellung handelt, darf eine Verwalterbestellung nur für 3 Jahre erfolgen.

Frau Marianne Musterfrau und Herrn Martin Mustermann sind von der Eigentümergemeinschaft als Ersatzzustellungsvertreter bzw. dessen Vertreter bestimmt worden.

Die Kostenentscheidung sollte nach den §§ 49 Abs. 1, 21 Abs. 8 WEG erfolgen.

Rechtsanwalt

2 Abschriften anbei

Anmerkung: Durch die WEG-Reform ist nur die Möglichkeit für *Dritte* weggefallen, einen Verwalter bestellen zu lassen. Für die Eigentümer besteht weiterhin die Möglichkeit im Rahmen ordnungsgemäßer Verwaltung einen Verwalter bestellen zu lassen. Bei dem oben genannten Beispiel ist davon ausgegangen worden, dass es sich um die erstmalige Bestellung des Verwalters nach Begründung des Wohnungseigentums handelt. Sollte bereits einmal ein Verwalter bestellt gewesen sein, kann auch eine Bestellung auf 5 Jahre erfolgen. Bei der Antragstellung muss beachtet werden, dass auf jeden Fall die wesentlichen Vertragsbestandteile (sog. essentialia negotii) durch das Gericht festgelegt werden müssen. Dies sind neben der Laufzeit auch die Verwaltergebühren. Bei dem Beispiel wurde weiter davon ausgegangen, dass die Gemeinschaft einen Ersatzzustellungsvertreter und dessen Vertreter bestellt hat. Sollte dies nicht der Fall sein, müsste die Begründung noch um folgende Passage ergänzt werden:
„Einen Ersatzzustellungsvertreter haben die Beklagten noch nicht bestellt. Es wird daher angeregt, dass seitens des Gerichts ein Ersatzzustellungsvertreter bestellt wird".
Da es sich hier um eine Maßnahme handelt, die von der Gemeinschaft im Rahmen der ordnungsgemäßen Verwaltung zu treffen wäre und das Gericht nach billigem Ermessen vorgehen soll, ist abweichend von der allgemeinen Kostenverteilungsregel eine Entscheidung nach billigem Ermessen auch bei den Kosten zu treffen. Dies sollte gegenüber dem Gericht ausdrücklich angeregt werden. Wichtig ist noch zu beachten, dass die auf der Beklagtenseite stehenden Miteigentümer entweder bis zum Schluss der mündlichen Verhandlung namentlich benannt sein müssen oder aber eine Miteigentümerliste vorgelegt sein muss.

14. Verfahren bezüglich Beschlusssammlung

14.1. Klagemuster für Einsichtnahme Beschlusssammlung

34

Klage

des Herrn Martin Mustermann, Bahnhofstr. 16, Neustadt

– Kläger –

Verfahrensbevollmächtigte: RAe Dr. Meyer, Parkstr. 5, Neustadt

gegen

Herrn Georg Müller, Goethestr. 9, Neustadt

– Beklagter –

Beigeladene: die übrigen Wohnungseigentümer der Wohnungseigentümergemeinschaft Bahnhofstr. 16 in Neustadt, bestehend aus den in beigefügten Eigentümerliste aufgeführten Personen,

Ersatzzustellungsvertreter für die übrigen

Wohnungseigentümer: Frau Marianne Musterfrau, Bahnhofstr. 16, Neustadt

wegen Einsichtnahme in Beschlusssammlung

vorläufiger Streitwert   4000 Euro

Namens und im Auftrag des Klägers bestellen wir uns zu dessen Prozessbevollmächtigten und werden

beantragen,

den Beklagten zu verurteilen, dem Kläger oder einem von diesem zu benennenden Vertreter zu den üblichen Bürozeiten des Beklagten in den Räumen des Beklagten die Einsicht die für die Bahnhofstr. 16 geführte Beschlusssammlung zu gewähren.

Begründung:

Der Kläger ist Eigentümer in der Eigentümergemeinschaft Bahnhofstr. 16 in Neustadt. Der Beklagte ist der derzeitige Verwalter der Eigentümergemeinschaft. Bei der Ersatzzustellungsvertreterin handelt es sich um die Vorsitzende des Verwaltungsbeirates; durch Beschluss vom 1.9.2007 ist sie durch die Eigentümergemeinschaft zum Ersatzzustellungsvertreter bestellt worden.

Am 5.10.2007 hat der Kläger bei dem Beklagten die Beschlusssammlung einsehen wollen. Dies hat der Beklagte mit der Begründung verweigert, es bestehe Gelegenheit auf der nächsten Eigentümerversammlung, die für Januar 2008 geplant sei, Einsicht zu nehmen. Eine vorherige Einsichtnahme komme nicht in Betracht.

Beweis im Bestreitensfall: Zeugnis des Herrn Dr. Paul Meyer, Parkstr. 5, Neustadt

Der Zeuge hatte den Kläger auf dessen Wunsch begleitet und war während des Gesprächs mit dem Beklagten anwesend.

Unter dem 7.11.2007 hat der Kläger durch seinen Prozessbevollmächtigten den Beklagten nochmals unter Vorlage einer Originalvollmacht aufgefordert, die Einsichtnahme zu gewähren und Terminsvorschläge zu äußern.

Beweis: Schreiben vom 7.11.2007, Anlage 1

Hierauf antwortete der Beklagte mit Schreiben vom 10.11.2007 wiederum, dass auf der nächsten Eigentümerversammlung, die er nunmehr für den 8.1.2008 ankündigte, eine Einsichtnahme erfolgen könne.

Die Rechtsauffassung des Beklagten, es sei die Einsichtnahme nur auf der Versammlung zu gewähren, ist offensichtlich unzutreffend. Vielmehr ist dem Wohnungseigentümer oder einem Dritten, den der Wohnungseigentümer dazu ermächtigt hat, jederzeit auf sein Verlangen Einsicht zu gewähren (§ 24 Abs. 7 WEG). Eine Einschränkung dahingehend, dass die Einsichtnahme nur auf der Wohnungseigentümerversammlung erfolgen könne, wird durch das Gesetz nicht gemacht.

Die übrigen Miteigentümer sind beizuladen (§ 48 WEG); es kann jedenfalls nicht ausgeschlossen werden, dass auch ihre Interesse unmittelbar berührt werden. Sollte der Verwalter die Beschlusssammlung nicht ordnungsgemäß geführt haben, stellt dies einen Regelgrund für die Abberufung dar. Selbst wenn die Beschlusssammlung aber ordnungsgemäß geführt ist, ist es auch für die anderen Eigentümer maßgeblich, wann sie ihre Einsichtnahme nehmen können, wenn sie dies wünschen.

Rechtsanwalt

2 Abschriften anbei

Anmerkung: Durch die WEG-Novelle ist der Verwalter verpflichtet, eine sog. Beschlusssammlung zu führen. Fehlt ein Verwalter, so ist der Vorsitzende der Wohnungseigentümerversammlung verpflichtet die Beschlusssammlung zu führen. Die Wohnungseigentümer können aber in diesem Fall durch Stimmenmehrheit einen anderen für diese Aufgabe bestimmen. Hier dürfte aber gelten, dass der Eigentümer, der dazu bestimmt wird, damit einverstanden sein muss. In diesem Fall wäre die Klage gegen die Person zu richten, welche tatsächlich die Beschlusssammlung führt. Hier ist ein Ersatzzustellungsvertreter anzugeben; gerade bei dieser Klage besteht die Besorgnis, dass der Verwalter keine ausreichenden Informationen weitergibt. Sollte kein Ersatzzustellungsbevollmächtigter bestellt sein, müsste wie im Muster 9.12 eine entsprechende Passage in die Begründung aufgenommen werden. Sollte der Verwalter nach rechtskräftiger Verurteilung die Einsichtnahme immer noch nicht gewähren, müsste ein Antrag auf Festsetzung von Zwangsmitteln gestellt werden (§ 888 Abs. 1 ZPO). Es handelt es sich hierbei um eine sog. nicht vertretbare Leistung, d.h., die Leistung kann nur durch den Verwalter bzw. denjenigen, der die Beschlusssammlung führt gewährt werden und nicht auch durch einen Dritten. Als Zwangsmittel kommen Zwangsgeld oder, falls dieses nicht beigetrieben werden kann, Zwangshaft in Betracht. Eine vorherige Androhung der Zwangsmittel braucht nicht zu erfolgen (§ 888 Abs. 2 ZPO). Die Beiladung der übrigen Eigentümer sollte durchgeführt werden, da die Weigerung des Verwalters die Einsicht in die Beschlusssammlung zu nehmen, die Vermutung aufkommen lässt, dass hier etwas verborgen werden soll. Da die Nichtführung oder die Schlechtführung der Beschlusssammlung einen Regelabberufungsgrund für den Verwalter ist, sollte die gesamte Gemeinschaft an den Prozesse beteiligt sein. Selbst wenn sich herausstellt, dass der Verwalter nur „eine unrichtige Rechtsauffassung" vertreten hat, sollte die Beiladung erfolgen um

Teil E Textmuster

zu verhindern, dass gegenüber anderen Eigentümern die selbe Rechtsauffassung nochmals vertreten wird und Folgeprozesse durchgeführt werden müssen.

14.2. Klagemuster für einstweilige Verfügung Herausgabe Beschlusssammlung

35 Amtsgericht ...

Antrag
auf Erlasse einer
Einstweiligen Verfügung

1. der WEG Bahnhofstr. 16 ...., vertreten durch die Verwaltung, Herrn Georg Müller, Goethestr. 9 in Neustadt

– Antragstellerin –

Verfahrensbevollmächtigte: Kanzlei Dr. Müller, Neustr. 4, Neustadt

gegen

2. Herrn Paul Schwarz, Bahnhofstr. 16, Neustadt

Namens und in Vollmacht der Antragstellerin **beantragen** wir,

wegen der Dringlichkeit des Falles ohne vorherige mündliche Verhandlung, gegen den Antragsgegner folgende

einstweilige Verfügung

zu erlassen:

1.

Der Antragsgegner hat sämtliche Unterlagen betreffend die Wohnungseigentumsanlage Bahnhofstr. 16 in ... umgehend an die Antragstellerin herauszugeben, insbesondere

a) ...

b) ...

c) ...

z) die Beschlusssammlung und

2.

dem Antragsgegner die Kosten des Verfahrens aufzuerlegen.

3.

Der Antragsgegner hat für die Dauer von 8 Wochen die oben unter Zif. 1. a) bis z) aufgeführten Unterlagen an die Antragstellerin zu Händen der jetzigen Verwaltung, Herrn Georg Müller, Goethestr. 9, Neustadt, zwecks Einsichtnahme zu übergeben.

Begründung:

1.

Die Antragstellerin ist der teilrechtsfähige Verband der Wohnungseigentümer der Bahnhofstr. 16 in …

Beweis im

Bestreitensfall: Beiziehung der Grundbücher

2.

Im Rahmen der letzten Eigentümerversammlung vom März 2007 hat sich der Antragsgegner dazu verpflichtet bis spätestens Juli 2007 eine Eigentümerversammlung durchzuführen und dort die Abrechnung 2006 vorzulegen.

Beweis: Vereinbarung vom 5.3.2007, Anlage 1

Dies ist bis heute nicht erfolgt.

3.

Nach diversen Kontakten mit dem Beirat wurde dann seitens des Antragsgegners zugesichert, eine Eigentümerversammlung bis zum 23.9.2007 durchzuführen und in dieser die Verwaltungsabgabe und Überleitung auf ein neues Verwaltungsunternehmen zu beschließen.

4.

Trotz mehrfacher Zusage erfolgte aber trotzdem keine Einladung durch den Antragsgegner, so dass die Verwaltungsbeirätin Frau Marion Musterfrau als Vorsitzende zu einer außerordentlichen Versammlung einlud.

Beweis: Einladung vom 10.10.2007, Anlage 2

In der Eigentümerversammlung vom 2.11.2007 ist der Antragsgegner unter TOP 1 mit sofortiger Wirkung als Verwalter abberufen worden.

Beweis: Protokoll der Eigentümerversammlung

vom 10.10.2007, Anlage 3

Gleichzeitig wurde Herr Georg Müller, Goethestr. 9, Neustadt, zum neuen Verwalter bestellt.

Beweis: wie vor

Herrn Müller ist ferner eine Verwaltervollmacht erteilt worden.

Beweis: Verwaltervollmacht, Anlage 4

Teil E Textmuster

5.

Mit Schreiben vom 3.11.2007 ist der Antragsgegner durch Herrn Müller aufgefordert worden zwecks Übergabe der Verwalterunterlagen Kontakt aufzunehmen.

Beweis: Schreiben vom 3.11.2007, Anlage 5

Trotz mehrfacher Erinnerung erfolgte keine Übergabe.

6.

Die Antragstellerin hat jedoch ein Anspruch auf Herausgabe der Unterlagen aus dem früher bestehenden Verwalterverhältnis. Der Antragsgegner hat alles herauszugeben was er zur Ausübung seines Amtes erlangt hat (vgl. BayObIG ZMR 1985, 212). Hierzu gehört u.a. die Beschlusssammlung. Da der Antragsgegner nichts herausgegeben hat, ist der Antrag geboten.

Beweis: eidesstattliche Versicherung der

Frau Marion Musterfrau, Anlage 6

Rechtsanwalt

2 Abschriften anbei

Anmerkung: Durch die Überleitung des WEG in das ZPO-Verfahren kann das Amtsgericht eine einstweilige Verfügung nicht mehr von Amts wegen erlassen. Vielmehr gelten nunmehr die Vorschriften über den Arrest und die einstweilige Verfügung direkt. Die einstweilige Verfügung ist immer dann zu beantragen, wenn es um einen Anspruch geht, der nicht auf eine Geldzahlung hinausläuft bzw. kein Anspruch gegeben ist, der in einen Geldanspruch übergehen kann. Für die Wohnungseigentümergemeinschaft wird sich die Einstweilige Verfügung insbesondere anbieten, wenn es darum geht, die Verwalterunterlagen nach einem Verwalterwechsel zu erlangen. Nicht selten weigert sich der alte Verwalter die Unterlagen herauszugeben. Ohne die Verwaltungsunterlagen kann der neue Verwalter jedoch die ordnungsgemäße Verwaltung nicht durchführen. Ohne die Informationen über Bankkonten, Kontostände etc. kann er weder die finanzielle Seite der Gemeinschaft überblicken, noch weiß er welche Maßnahme als nächstes in Angriff zu nehmen ist. Im Rahmen der einstweiligen Verfügung ist zu beachten, dass zum einen so genau wie möglich bezeichnet werden muss, welche Gegenstände herausverlangt werden. Dies ist notwendig, da im Zweifel der Gerichtsvollzieher im Wege der Zwangsvollstreckung die Gegenstände bei dem Antragsgegner abholen muss und dann natürlich genau wissen muss, welche Gegenstände gesucht werden. Neben der Beschlusssammlung sollten insbesondere sämtliche Einzel- und Gesamtjahresabrechnungen, die Verwaltungsprotokolle, die komplette Korrespondenz, die Versicherungsverträge und auch alle sonstigen Verträge, die Schlüssel inkl. Schließ- und Sicherungsplänen, die Bauunterlagen und alle sonstigen in Betracht kommenden Unterlagen herausverlangt werden. Da durch die Beschlusssammlung, sofern sie ordnungsgemäß geführt ist, ein kompletter Überblick über die geltende Beschlusslage der Gemeinschaft gegeben ist, sollte auch diese herausverlangt werden. Dies nicht zuletzt deshalb, da der neue Verwalter die Beschlusssammlung weiter führen muss und das natürlich nur dann kann, wenn er weiß wie die alte aussieht. Da auch im Rahmen der einstweiligen Verfügung das Verbot der Vorwegnahme der Hauptsache gilt, sollte der unter 3. gestellte Antrag dazu genommen werden. Durch die Übergabe zur Einsichtnahme würde die Hauptsache (Herausgabe der Unterlagen) nicht vorweg genommen.

15. Muster Beschlusssammlung für die WEG Bahnhofstr. 16 in Neustadt

15.1. Einfacher Beschluss

Anmerkung: Nachfolgend wird ein Muster für einen einfachen Beschluss der WEG Bahnhofstr. 16 in Neustadt wiedergegeben. Es wird davon ausgegangen, dass die Eigentümer keinen Beschluss gefasst haben, dass auch die vor dem 1.7.2007 gefassten Beschlüsse in die Beschlusssammlung aufzunehmen sind und dass die Versammlung am 1.9.2007 die erste nach der WEG-Reform war. Weiterhin wird angenommen, dass auf der Versammlung zu jedem Tagesordnungspunkt ein Beschluss gefasst worden ist, so dass dieser Beschluss an Nr. 16 einzutragen ist.

Das Muster geht von einer in Papierform geführten Beschlusssammlung aus. Bei einer digital geführten Beschlusssammlung muss der Verwalter die Voraussetzungen für die elektronische Form einhalten, wenn er wirksam unterschreiben will. Dies bedeutet, dass er eine qualifizierte elektronische Signatur nach dem Signaturgesetz verwenden muss (§ 126a BGB). Es ist nicht ausreichend, die Unterschrift einzuscannen und dann als Bilddatei in die Protokolldatei zu kopieren. Dies entspricht nicht dem Signaturgesetz.

Um eine qualifizierte elektronische Signatur zu erhalten, muss eine Signaturkarte und ein entsprechendes Lesegerät von einem der zugelassenen Anbieter verwendet werden.

Wird die Beschlusssammlung weiterhin in Papierform geführt, muss darauf geachtet werden, dass eine Loseblattsammlung nicht ausreicht. Die Beschlusssammlung muss daher hinreichend fest verbunden werden. Hierzu kann auf die Rechtsprechung zur Urkundeneinheit zum Mietvertrag verwiesen werden. Diese lässt fortlaufende Paginierung, fortlaufende Nummerierung der einzelnen Bestimmungen, einheitliche grafische Gestaltung und den inhaltlichen Zusammenhang des Textes genügen[1]. Auf jeden Fall auf der sicheren Seite ist der Verwalter, der die einzelnen Seiten mechanisch (z.B. durch Tuckern) so fest verbindet, dass die Trennung durch Zerstörung der Seiten sichtbar wird.

---

1 BGH NJW 1998, 58.

Teil E Textmuster

lfd. Nr.	Beschlusswortlaut	Versammlung[1] bzw. Umlaufbeschluss[2]	Gerichtsentscheidung[3]	Vermerke[4]	Eintragungsvermerk[5]
16	Der Überschuss in Höhe von rund 46 000 Euro aus der Treppenhausumlage wird außerordentlich der Rücklage zugeführt. Die Umlage wird in Höhe von 0,75 Euro vom 1.10.2007 bis zum 30.6.2008 fortgeführt. Folgende Kostenansätze werden erhöht: 1. Hausmeister 35 000 Euro 2. Aufstockung der Heizkosten um 3000 Euro 3. Türsprechanlage auf 6500 Euro 4. Aufzugskosten um 40 000 Euro 5. Fenster-/Fassadenanstrich 40 000 Euro Dieser Wirtschaftsplan wird einstimmig verabschiedet und tritt zum 1.1.2008 in Kraft.	Ordentliche Eigentümerversammlung vom 1.9.2007 zum TOP 16		mehrheitlich angenommen	Verwalter (Name) 2.9.2007 (Unterschrift)

1 Art/Ort/Datum/TOP
2 Datum der Verkündung
3 Tenor/Gericht/Datum/Az./Parteien
4 angenommen/abgelehnt/bestandskräftig/aufgehoben/gelöst/bedeutungslos/rechtskräftig
5 Name des Verwalters bzw. Versammlungsleiters/Datum/Unterschrift

Muster Beschlusssammlung für die WEG Bahnhofstr. 16 in Neustadt **Teil E**

15.2. Schriftlicher Beschluss

Anmerkung: Es wird davon ausgegangen, dass die Eigentümergemeinschaft aus 4 Eigentümern besteht und nach dem 1.7.2007 bereits eine Eigentümerversammlung stattgefunden hat, auf welcher 15 Beschlüsse gefasst worden sind. Der Umlagebeschluss wäre daher als Nr. 16 einzutragen. Unterstellt, dass der Beschluss nicht zustande kommt, müsste unter „Vermerk" eingetragen werden: nicht angenommen. Nach der Gesetzesbegründung sollen auch Nicht-Beschlüsse eingetragen werden.

lfd. Nr.	Beschlusswortlaut	Versammlung[1] bzw. Umlaufbeschluss[2]	Gerichtsentscheidung[3]	Vermerke[4]	Eintragungsvermerk[5]
16	Gem. § 23 Abs. 3 WEG fassen die unterzeichnenden Wohnungseigentümer folgenden Beschluss: Die Mitglieder der Eigentümergemeinschaft werden im Rahmen eines Rechtsstreites vor dem AG Aachen mit dem Az. 85 C 107/07 durch Herrn Dieter Grünstrauch aus Neustadt wegen Vergütung von Garten- und Winterdienstarbeiten in Anspruch genommen. Herr Martin Mustermann und Frau Marion Mustermann haben seinerzeit mit Schreiben vom 25.10.2006 gegenüber Herrn Grünstrauch erklärt, man sehe keine Möglichkeit weiterhin mit ihm vertrauensvoll zusammen zu arbeiten, die Tätigkeit für die WEG ende voraussichtlich mit den letzten vertraglich vereinbarten Pflegemonat, d.h. im November 06. Die Mitglieder der Eigentümergemeinschaft genehmigen hiermit gem. § 177 Abs. 1 BGB die in dem Schreiben liegende Kündigung des Gartenpflegevertragsverhältnisses gegenüber Herrn Grünstrauch unbeschadet etwaiger Schadensersatzansprüche der Mitglieder der Eigentümergemeinschaft gegen die Unterzeichner des Schreibens vom 25.10.2006. Weitergehende Legitimationswirkung kommt diesem Beschluss nicht zu.	Umlaufbeschluss im schriftlichen Verfahren gem. § 23 Abs. 3 WEG; verkündet durch Rundschreiben an die einzelnen Wohnungseigentümer vom 2.9.2007.		allstimmig angenommen	Verwalter (Name) 2.9.2007 (Unterschrift)

1 Art/Ort/Datum/ TOP
2 Datum der Verkündung
3 Tenor/Gericht/Datum/Az./Parteien
4 angenommen/abgelehnt/bestandskräftig/aufgehoben/gelöst/bedeutungslos/rechtskräftig
5 Name des Verwalters bzw. Versammlungsleiters/Datum/Unterschrift

Teil E Textmuster

15.3. Beschlussanfechtung

lfd. Nr.	Beschlusswortlaut	Versammlung[1] bzw. Umlaufbeschluss[2]	Gerichtsentscheidung[3]	Vermerke[4]	Eintragungsvermerk[5]
17	Der vorliegende Wirtschaftsplan für das Jahr 2008 wird einstimmig zum 1.1.2008 genehmigt. Der Wirtschaftsplan gilt bis zur Beschlussfassung eines neuen Wirtschaftsplanes.	Ordentliche Eigentümerversammlung vom 5.9.2007 zum TOP 17		mehrheitlich angenommen angefochten mit Klage vom 24.9.2007 (AG ..., Az. 17 C 1237/07, zugestellt am 3.10.2007)	Verwalter (Name) 2.9.2007 (Unterschrift) Verwalter (Name) 4.10.2007

1 Art/Ort/Datum/TOP
2 Datum der Verkündung
3 Tenor/Gericht/Datum/Az./Parteien
4 angenommen/abgelehnt/bestandskräftig/aufgehoben/gelöst/bedeutungslos/rechtskräftig
5 Name des Verwalters bzw. Versammlungsleiters/Datum/Unterschrift

15.4. Gerichtliche Entscheidung

lfd. Nr.	Beschlusswortlaut	Versammlung[1] bzw. Umlaufbeschluss[2]	Gerichtsentscheidung[3]	Vermerke[4]	Eintragungsvermerk[5]
17	Der vorliegende Wirtschaftsplan für das Jahr 2008 wird einstimmig zum 1.1.2008 genehmigt. Der Wirtschaftsplan gilt bis zur Beschlussfassung eines neuen Wirtschaftsplanes.	Ordentliche Eigentümerversammlung in der WEG Bahnhofstr. 16 in Neustadt vom 5.9.2007 zum TOP 17		mehrheitlich angenommen angefochten mit Klage vom 24.8.2007 (AG ..., Az. 17 C 1237/07, zugestellt am 3.10.2007)	Verwalter (Name) 2.9.2007 (Unterschrift) Verwalter (Name) 4.10.2007
18 bis 23	...	...	...	...	...

Teil E Textmuster

lfd. Nr.	Beschlusswortlaut	Versammlung[1] bzw. Umlaufbeschluss[2]	Gerichtsentscheidung[3]	Vermerke[4]	Eintragungsvermerk[5]
24	zu lfd. Nr. 17		AG ...., Urteil vom 5.11.2007, 17 C 1237/07, in Sachen Streithansel ./.WEG Bahnhofstr. 16 zugestellt am 5.11.2007: 1. Die Klage wird abgewiesen. 2. Die Kosten des Verfahrens werden dem Kläger auferlegt. 3. Das Urteil ist vorläufig vollstreckbar.		Verwalter (Name) 6.11.2007 (Unterschrift)

1 Art/Ort/Datum/ TOP
2 Datum der Verkündung
3 Tenor/Gericht/Datum/Az./Parteien
4 angenommen/abgelehnt/bestandskräftig/aufgehoben/gelöst/bedeutungslos/rechtskräftig
5 Name des Verwalters bzw. Versammlungsleiters/Datum/Unterschrift

15.5. Gerichtliche Entscheidung – Rechtskraft

lfd. Nr.	Beschlusswortlaut	Versammlung[1] bzw. Umlaufbeschluss[2]	Gerichtsentscheidung[3]	Vermerke[4]	Eintragungsvermerk[5]
17			1. Die Klage wird abgewiesen. 2. Die Kosten des Verfahrens werden der Klägerin auferlegt. 3. Das Urteil ist vorläufig vollstreckbar.	zugestellt am 5.11.2007 rechtskräftig	Verwalter (Name) 6.11.2007 (Unterschrift) Verwalter (Name) 14.12.2007 (Unterschrift)

1 Art/Ort/Datum/ TOP
2 Datum der Verkündung
3 Tenor/Gericht/Datum/Az./Parteien
4 angenommen/abgelehnt/bestandskräftig/aufgehoben/gelöst/bedeutungslos/rechtskräftig
5 Name des Verwalters bzw. Versammlungsleiters/Datum/Unterschrift

Teil E Textmuster

15.6. Gerichtliche Entscheidung – Berufungseinlegung

lfd. Nr.	Beschlusswortlaut	Versammlung[1] bzw. Umlaufbeschluss[2]	Gerichtsentscheidung[3]	Vermerke[4]	Eintragungsvermerk[5]
17			1. Klage wird abgewiesen. 2. Die Kosten des Verfahrens werden der Klägerin auferlegt. 3. Das Urteil ist vorläufig vollstreckbar.	zugestellt am 5.11.2007 rechtshängig II. Instanz	Verwalter (Name) 6.11.2007 (Unterschrift) Verwalter (Name) 14.12.2007 (Unterschrift

1 Art/Ort/Datum/ TOP
2 Datum der Verkündung
3 Tenor/Gericht/Datum/Az./Parteien
4 angenommen/abgelehnt/bestandskräftig/aufgehoben/gelöst/bedeutungslos/rechtskräftig
5 Name des Verwalters bzw. Versammlungsleiters/Datum/Unterschrift

15.7. Löschung eines Beschlusses bei Führung der Beschlusssammlung in Papierform

Anmerkung: Führt der Verwalter die Beschlusssammlung in Papierform, sollte die Löschung eines aufgehobenen Beschlusses ebenso wie im Grundbuch durch eine rote Unterstreichung kenntlich gemacht werden. Der Unterstrich hat im Gegensatz zum Durchstreichen den Vorteil, dass der Eintrag auch weiterhin leserlich bleibt.

Außerdem spricht das Gesetz ebenso wie in der Verordnung zur Ausführung der Grundbuchordnung (Grundbuchverfügung) von „Löschung" (§ 24 Abs. 7 WEG). Die Grundbuchverfügung sieht im Falle der vollständigen Löschung einer Eintragung in der zweiten oder dritten Abteilung vor, dass die Eintragung in diesem Fall rot zu unterstreichen ist (§ 17 Abs. 2 GBVerfG). Ebenso wird vorgeschrieben, dass bei einer Veränderung des Grundbuches die gegenstandslos gewordene Eintragung rot zu unterstreichen ist (siehe z.B. § 14 und 16 GBVerf). Die rote Unterstreichung kann dadurch ersetzt werden, dass über der ersten und unter der letzten Zeile der Eintragung oder des Vermerks ein waagerechter roter Strich gezogen wird und beide Striche durch einen von oben links nach unten rechts verlaufenden roten Schrägstrich verbunden werden; erstreckt sich eine Eintragung oder ein Vermerk auf mehr als eine Seite, so ist auf jeder Seite entsprechend zu verfahren.

Da vom Gesetzgeber dieselbe Wortwahl getroffen worden ist, spricht dies dafür, die Regelung der Grundbuchverfügung insoweit zu übernehmen. Die Löschung sollte daher durch rotes Unterstreichen vorgenommen werden. Bei längeren Eintragungen kann alternativ die in der Grundbuchverfügung vorgesehene Alternative verwendet werden.

42

lfd. Nr.	Beschlusswortlaut	Versammlung[1] bzw. Umlaufbeschluss[2]	Gerichtsentscheidung[3]	Vermerke[4]	Eintragungsvermerk[5]
17	Der vorliegende Wirtschaftsplan für das Jahr 2008 wird einstimmig zum 1.1.2008 genehmigt. Der Wirtschaftsplan gilt bis zur Beschlussfassung über einen neuen Wirtschaftsplan	Ordentliche Eigentümerversammlung in der WEG Bahnhofstr. 16 in Neustadt vom 1.9.2007 zum TOP 17		mehrheitlich angenommen angefochten mit Klage vom 24.8.2007 (AG ..., Az. 17 C 1237/07, zugestellt am 3.10.2007) gelöscht aufgrund rechtskräftiger gerichtlicher Ungültigkeitserklärung (vgl. lfd. Nr. 24)	Verwalter (Name) 2.9.2007 (Unterschrift) Verwalter (Name) 5.10.2007 (Unterschrift) Verwalter (Name) 11.1.2008 (Unterschrift)
18 bis 23	...	...	...	...	...

Muster Beschlusssammlung für die WEG Bahnhofstr. 16 in Neustadt **Teil E**

lfd. Nr.	Beschlusswortlaut	Versammlung[1] bzw. Umlaufbeschluss[2]	Gerichtsentscheidung[3]	Vermerke[4]	Eintragungsvermerk[5]
24	zu lfd. Nr. 17		AG ...., Urteil vom 5.11.2007, 17 C 1237/07, in Sachen Streithansel ./. WEG Bahnhofstr. 16 zugestellt am 5.11.2007: 1. Der Beschluss der Eigentümerversammlung zu TOP 17 der Versammlung vom 1.9.2007 wird für ungültig erklärt. 2. Die Kosten des Verfahrens werden den Beklagten auferlegt. 3. Das Urteil ist vorläufig vollstreckbar.		Verwalter (Name) 6.11.2007 (Unterschrift)

1 Art/Ort/Datum/TOP
2 Datum der Verkündung
3 Tenor/Gericht/Datum/Az./Parteien
4 angenommen/abgelehnt/bestandskräftig/aufgehoben/gelöst/bedeutungslos/rechtskräftig
5 Name des Verwalters bzw. Versammlungsleiters/Datum/Unterschrift

15.8. Löschung eines Beschlusses bei Führung der Beschlusssammlung in elektronischer Version

43 **Anmerkung**: Bei einer digital geführten Beschlussammlung hat der Verwalter die Wahl, ob er den Text ebenfalls rot unterstreicht, oder den betreffenden Punkt komplett löscht. Die modernen Textverarbeitungssysteme bieten die Möglichkeit eine farbige Unterstreichung vorzunehmen. Mit Farbdruckern, kann auch bei einem Ausdruck die farbliche Unterstreichung gewahrt werden. Aber auch bei einem Schwarz-Weiss-Druck kann durch eine entsprechende Erläuterung der Sinn klargestellt werden.

Wird der Beschlusstext komplett gelöscht, muss darauf geachtet werden, dass die Nummer weiterhin erhalten bleibt. Nach den gesetzlichen Vorschriften führt die Aufhebung des Beschlusses nicht dazu, dass die Nummer erneut zu vergeben wäre. Vielmehr bleibt die einmal vergebene Nummer auch nach Wegfall des betreffenden Eintrags erhalten.

Der Verfasser empfiehlt, die Variante des Unterstreichens für die Löschung zu wählen. Stellt sich heraus, dass die Löschung zu Unrecht erfolgte, kann der Eintrag schnell und problemlos durch Entfernen der Unterstreichung erneut hergestellt werden. Bei einer kompletten Löschung muss der Verwalter den Beschlusstext erneut zusammenstellen, was mit weit mehr Mühe und Zeit verbunden ist. Mitunter mag es auch unmöglich sein, den Beschlusstext herzustellen.

Muster Beschlusssammlung für die WEG Bahnhofstr. 16 in Neustadt **Teil E**

lfd. Nr.	Beschlusswortlaut	Versammlung[1] bzw. Umlaufbeschluss[2]	Gerichtsentscheidung[3]	Vermerke[4]	Eintragungsvermerk[5]
17				gelöscht aufgrund rechtskräftiger gerichtlicher Ungültigkeitserklärung (vgl. lfd. Nr. 24).	Verwalter (Name) 11.1.2008 (Unterschrift)
18 bis 23	...	...	...	...	...
24	zu lfd. Nr. 17		AG Neustadt, Urteil vom 5.11.2007, 17 C 1237/07, in Sachen Streithansel ./. WEG Bahnhofstr. 16 zugestellt am 5.11.2007: 1. Der Beschluss der Eigentümerversammlung zu TOP 17 der Eigentümerversammlung vom 1.9.2007 wird für ungültig erklärt.	rechtskräftig	Verwalter (Name) 6.11.2007 (Unterschrift) Verwalter (Name) 11.1.2008 (Unterschrift)

605

Teil E Textmuster

lfd. Nr.	Beschlusswortlaut	Versammlung[1] bzw. Umlaufbeschluss[2]	Gerichtsentscheidung[3]	Vermerke[4]	Eintragungsvermerk[5]
			2. Die Kosten des Verfahrens werden den Beklagten auferlegt. 3. Das Urteil ist vorläufig vollstreckbar.		

1 Art/Ort/Datum/ TOP
2 Datum der Verkündung
3 Tenor/Gericht/Datum/Az./Parteien
4 angenommen/abgelehnt/bestandskräftig/aufgehoben/gelöst/bedeutungslos/rechtskräftig
5 Name des Verwalters bzw. Versammlungsleiters/Datum/Unterschrift

Anhang

Gesetz über das Wohnungseigentum und das Dauerwohnrecht (Wohnungseigentumsgesetz[1])

I. Teil
Wohnungseigentum

§ 1 Begriffsbestimmungen

(1) Nach Maßgabe dieses Gesetzes kann an Wohnungen das Wohnungseigentum, an nicht zu Wohnzwecken dienenden Räumen eines Gebäudes das Teileigentum begründet werden.

(2) Wohnungseigentum ist das Sondereigentum an einer Wohnung in Verbindung mit dem Miteigentumsanteil an dem gemeinschaftlichen Eigentum, zu dem es gehört.

(3) Teileigentum ist das Sondereigentum an nicht zu Wohnzwecken dienenden Räumen eines Gebäudes in Verbindung mit dem Miteigentumsanteil an dem gemeinschaftlichen Eigentum, zu dem es gehört.

(4) Wohnungseigentum und Teileigentum können nicht in der Weise begründet werden, dass das Sondereigentum mit Miteigentum an mehreren Grundstücken verbunden wird.

(5) Gemeinschaftliches Eigentum im Sinne dieses Gesetzes sind das Grundstück sowie die Teile, Anlagen und Einrichtungen des Gebäudes, die nicht im Sondereigentum oder im Eigentum eines Dritten stehen.

(6) Für das Teileigentum gelten die Vorschriften über das Wohnungseigentum entsprechend.

1. Abschnitt
Begründung des Wohnungseigentums

§ 2 Arten der Begründung

Wohnungseigentum wird durch die vertragliche Einräumung von Sondereigentum (§ 3) oder durch Teilung (§ 8) begründet.

§ 3 Vertragliche Einräumung von Sondereigentum

---

1 Vom 15. März 1951 (BGBl. I S. 175, ber. S. 209), geändert durch Gesetze vom 7. August 1952 (BGBl. I S. 401), vom 26. Juli 1957 (BGBl. I S. 861), vom 30. Mai 1973 (BGBl. I S. 501), vom 30. Juli 1973 (BGBl. I S. 910), vom 8. Dezember 1982 (BGBl. I S. 1615), vom 14. Dezember 1984 (BGBl. I S. 1493), vom 17. Dezember 1990 (BGBl. I S. 2847), vom 22. März 1991 (BGBl. I S. 766), vom 11. Januar 1993 (BGBl. I S. 50), vom 3. Januar 1994 (BGBl. I S. 66), vom 24. Juni 1994 (BGBl. I S. 1325), vom 5. Oktober 1994 (BGBl. I S. 2911), vom 27. Juni 2000 (BGBl. I S. 897), vom 19. April 2001 (BGBl. I S. 623), vom 19. Juni 2001 (BGBl. I S. 1149), vom 13. Juli 2001 (BGBl. I S. 1542), vom 27. Juli 2001 (BGBl. I S. 1887), durch Verordnung vom 29. Oktober 2001 (BGBl. I S. 2785), durch Gesetze vom 23. Juli 2002 (BGBl. I S. 2850), vom 5. Mai 2004 (BGBl. I S. 718) [Kostenrechtsmodernisierungsgesetz] [Art. 4 Abs. 36], vom 26. März 2007 (BGBl. I S. 370) [Gesetz zur Änderung des Wohnungseigentumsgesetzes und anderer Gesetze] [Art. 1].

(1) Das Miteigentum (§ 1008 des Bürgerlichen Gesetzbuches) an einem Grundstück kann durch Vertrag der Miteigentümer in der Weise beschränkt werden, dass jedem der Miteigentümer abweichend von § 93 des Bürgerlichen Gesetzbuches das Sondereigentum an einer bestimmten Wohnung oder an nicht zu Wohnzwecken dienenden bestimmten Räumen in einem auf dem Grundstück errichteten oder zu errichtenden Gebäude eingeräumt wird.

(2) Sondereigentum soll nur eingeräumt werden, wenn die Wohnungen oder sonstigen Räume in sich abgeschlossen sind. Garagenstellplätze gelten als abgeschlossene Räume, wenn ihre Flächen durch dauerhafte Markierungen ersichtlich sind.

(3) *weggefallen*

§ 4 Formvorschriften

(1) Zur Einräumung und zur Aufhebung des Sondereigentums ist die Einigung der Beteiligten über den Eintritt der Rechtsänderung und die Eintragung in das Grundbuch erforderlich.

(2) Die Einigung bedarf der für die Auflassung vorgeschriebenen Form. Sondereigentum kann nicht unter einer Bedingung oder Zeitbestimmung eingeräumt oder aufgehoben werden.

(3) Für einen Vertrag, durch den sich ein Teil verpflichtet, Sondereigentum einzuräumen, zu erwerben oder aufzuheben, gilt § 311b Abs. 1 des Bürgerlichen Gesetzbuchs entsprechend.

§ 5 Gegenstand und Inhalt des Sondereigentums

(1) Gegenstand des Sondereigentums sind die gemäß § 3 Abs. 1 bestimmten Räume sowie die zu diesen Räumen gehörenden Bestandteile des Gebäudes, die verändert, beseitigt oder eingefügt werden können, ohne dass dadurch das gemeinschaftliche Eigentum oder ein auf Sondereigentum beruhendes Recht eines anderen Wohnungseigentümers über das nach § 14 zulässige Maß hinaus beeinträchtigt oder die äußere Gestaltung des Gebäudes verändert wird.

(2) Teile des Gebäudes, die für dessen Bestand oder Sicherheit erforderlich sind, sowie Anlagen und Einrichtungen, die dem gemeinschaftlichen Gebrauch der Wohnungseigentümer dienen, sind nicht Gegenstand des Sondereigentums, selbst wenn sie sich im Bereich der im Sondereigentum stehenden Räume befinden.

(3) Die Wohnungseigentümer können vereinbaren, dass Bestandteile des Gebäudes, die Gegenstand des Sondereigentums sein können, zum gemeinschaftlichen Eigentum gehören.

(4) Vereinbarungen über das Verhältnis der Wohnungseigentümer untereinander können nach den Vorschriften des 2. und 3. Abschnittes zum Inhalt des Sondereigentums gemacht werden. Ist das Wohnungseigentum mit der Hypothek, Grund- oder Rentenschuld oder der Reallast eines Dritten belastet, so ist dessen nach anderen Rechtsvorschriften notwendige Zustimmung zu der Vereinbarung nur erforderlich, wenn ein Sondernutzungsrecht begründet oder ein mit dem Wohnungseigentum verbundenes Sondernutzungsrecht aufgehoben, geändert oder übertragen wird. Bei der Begründung eines Sondernutzungsrechts ist die Zustimmung des Dritten nicht erforderlich, wenn durch die Vereinbarung gleichzeitig das zu seinen Gunsten belastete Wohnungseigentum mit einem Sondernutzungsrecht verbunden wird.

§ 6 Unselbständigkeit des Sondereigentums

(1) Das Sondereigentum kann ohne den Miteigentumsanteil, zu dem es gehört, nicht veräußert oder belastet werden.

(2) Rechte an dem Miteigentumsanteil erstrecken sich auf das zu ihm gehörende Sondereigentum.

§ 7 Grundbuchvorschriften

(1) Im Falle des § 3 Abs. 1 wird für jeden Miteigentumsanteil von Amts wegen ein besonderes Grundbuchblatt (Wohnungsgrundbuch, Teileigentumsgrundbuch) angelegt. Auf diesem ist das zu dem Miteigentumsanteil gehörende Sondereigentum und als Beschränkung des Miteigentums die Einräumung der zu den anderen Miteigentumsanteilen gehörenden Sondereigentumsrechte einzutragen. Das Grundbuchblatt des Grundstücks wird von Amts wegen geschlossen.

(2) Von der Anlegung besonderer Grundbuchblätter kann abgesehen werden, wenn hiervon Verwirrung nicht zu besorgen ist. In diesem Falle ist das Grundbuchblatt als gemeinschaftliches Wohnungsgrundbuch (Teileigentumsgrundbuch) zu bezeichnen.

(3) Zur näheren Bezeichnung des Gegenstandes und des Inhalts des Sondereigentums kann auf die Eintragungsbewilligung Bezug genommen werden.

(4) Der Eintragungsbewilligung sind als Anlagen beizufügen:
1. eine von der Baubehörde mit Unterschrift und Siegel oder Stempel versehene Bauzeichnung, aus der die Aufteilung des Gebäudes sowie die Lage und Größe der im Sondereigentum und der im gemeinschaftlichen Eigentum stehenden Gebäudeteile ersichtlich ist (Aufteilungsplan); alle zu demselben Wohnungseigentum gehörenden Einzelräume sind mit der jeweils gleichen Nummer zu kennzeichnen;
2. eine Bescheinigung der Baubehörde, dass die Voraussetzungen des § 3 Abs. 2 vorliegen.

Wenn in der Eintragungsbewilligung für die einzelnen Sondereigentumsrechte Nummern angegeben werden, sollen sie mit denen des Aufteilungsplanes übereinstimmen. Die Landesregierungen können durch Rechtsverordnung bestimmen, dass und in welchen Fällen der Aufteilungsplan (Satz 1 Nr. 1) und die Abgeschlossenheit (Satz 1 Nr. 2) von einem öffentlich bestellten oder anerkannten Sachverständigen für das Bauwesen statt von der Baubehörde ausgefertigt und bescheinigt werden. Werden diese Aufgaben von dem Sachverständigen wahrgenommen, so gelten die Bestimmungen der Allgemeinen Verwaltungsvorschrift für die Ausstellung von Bescheinigungen gemäß § 7 Abs. 4 Nr. 2 und § 32 Abs. 2 Nr. 2 des Wohnungseigentumsgesetzes vom 19. März 1974 (BAnz. Nr. 58 vom 23. März 1974) entsprechend. In diesem Fall bedürfen die Anlagen nicht der Form des § 29 der Grundbuchordnung. Die Landesregierungen können die Ermächtigung durch Rechtsverordnung auf die Landesbauverwaltungen übertragen.

(5) Für Teileigentumsgrundbücher gelten die Vorschriften über Wohnungsgrundbücher entsprechend.

§ 8 Teilung durch den Eigentümer

(1) Der Eigentümer eines Grundstücks kann durch Erklärung gegenüber dem Grundbuchamt das Eigentum an dem Grundstück in Miteigentumsanteile in der Weise teilen, dass mit jedem Anteil das Sondereigentum an einer bestimmten Wohnung oder an nicht zu Wohnzwecken dienenden bestimmten Räumen in einem auf dem Grundstück errichteten oder zu errichtenden Gebäude verbunden ist.

(2) Im Falle des Absatzes 1 gelten die Vorschriften des § 3 Abs. 2 und der §§ 5, 6, § 7 Abs. 1, 3 bis 5 entsprechend. Die Teilung wird mit der Anlegung der Wohnungsgrundbücher wirksam.

§ 9 Schließung der Wohnungsgrundbücher

(1) Die Wohnungsgrundbücher werden geschlossen:
1. von Amts wegen, wenn die Sondereigentumsrechte gemäß § 4 aufgehoben werden;
2. auf Antrag sämtlicher Wohnungseigentümer, wenn alle Sondereigentumsrechte durch völlige Zerstörung des Gebäudes gegenstandslos geworden sind und der Nachweis hierfür durch eine Bescheinigung der Baubehörde erbracht ist;
3. auf Antrag des Eigentümers, wenn sich sämtliche Wohnungseigentumsrechte in einer Person vereinigen.

(2) Ist ein Wohnungseigentum selbständig mit dem Rechte eines Dritten belastet, so werden die allgemeinen Vorschriften, nach denen zur Aufhebung des Sondereigentums die Zustimmung des Dritten erforderlich ist, durch Absatz 1 nicht berührt.

(3) Werden die Wohnungsgrundbücher geschlossen, so wird für das Grundstück ein Grundbuchblatt nach den allgemeinen Vorschriften angelegt; die Sondereigentumsrechte erlöschen, soweit sie nicht bereits aufgehoben sind, mit der Anlegung des Grundbuchblatts.

2. Abschnitt
Gemeinschaft der Wohnungseigentümer

§ 10 Allgemeine Grundsätze

(1) Inhaber der Rechte und Pflichten nach den Vorschriften dieses Gesetzes, insbesondere des Sondereigentums und des gemeinschaftlichen Eigentums, sind die Wohnungseigentümer, soweit nicht etwas anderes ausdrücklich bestimmt ist.

(2) Das Verhältnis der Wohnungseigentümer untereinander bestimmt sich nach den Vorschriften dieses Gesetzes und, soweit dieses Gesetz keine besonderen Bestimmungen enthält, nach den Vorschriften des Bürgerlichen Gesetzbuches über die Gemeinschaft. Die Wohnungseigentümer können von den Vorschriften dieses Gesetzes abweichende Vereinbarungen treffen, soweit nicht etwas anderes ausdrücklich bestimmt ist. Jeder Wohnungseigentümer kann eine vom Gesetz abweichende Vereinbarung oder die Anpassung einer Vereinbarung verlangen, soweit ein Festhalten an der geltenden Regelung aus schwerwiegenden Gründen unter Berücksichtigung aller Umstände des Einzelfalles, insbesondere der Rechte und Interessen der anderen Wohnungseigentümer, unbillig erscheint.

(3) Vereinbarungen, durch die die Wohnungseigentümer ihr Verhältnis untereinander in Ergänzung oder Abweichung von Vorschriften dieses Gesetzes regeln, sowie die Abänderung oder Aufhebung solcher Vereinbarungen wirken gegen den Sondernachfolger eines Wohnungseigentümers nur, wenn sie als Inhalt des Sondereigentums im Grundbuch eingetragen sind.

(4) Beschlüsse der Wohnungseigentümer gemäß § 23 und gerichtliche Entscheidungen in einem Rechtsstreit gemäß § 43 bedürfen zu ihrer Wirksamkeit gegen den Sondernachfolger eines Wohnungseigentümers nicht der Eintragung in das Grundbuch. Dies gilt auch für die gemäß § 23 Abs. 1 aufgrund einer Vereinbarung gefaßten Beschlüsse, die vom Gesetz abweichen oder eine Vereinbarung ändern.

(5) Rechtshandlungen in Angelegenheiten, über die nach diesem Gesetz oder nach einer Vereinbarung der Wohnungseigentümer durch Stimmenmehrheit beschlossen werden kann, wirken, wenn sie aufgrund eines mit solcher Mehrheit gefaßten Beschlusses vorgenommen werden, auch für und gegen die Wohnungseigentümer, die gegen den Beschluss gestimmt oder an der Beschlussfassung nicht mitgewirkt haben.

(6) Die Gemeinschaft der Wohnungseigentümer kann im Rahmen der gesamten Verwaltung des gemeinschaftlichen Eigentums gegenüber Dritten und Wohnungseigen-

tümern selbst Rechte erwerben und Pflichten eingehen. Sie ist Inhaberin der als Gemeinschaft gesetzlich begründeten und rechtsgeschäftlich erworbenen Rechte und Pflichten. Sie übt die gemeinschaftsbezogenen Rechte der Wohnungseigentümer aus und nimmt die gemeinschaftsbezogenen Pflichten der Wohnungseigentümer wahr, ebenso sonstige Rechte und Pflichten der Wohnungseigentümer, soweit diese gemeinschaftlich geltend gemacht werden können oder zu erfüllen sind. Die Gemeinschaft muss die Bezeichnung „Wohnungseigentümergemeinschaft" gefolgt von der bestimmten Angabe des gemeinschaftlichen Grundstücks führen. Sie kann vor Gericht klagen und verklagt werden.

(7) Das Verwaltungsvermögen gehört der Gemeinschaft der Wohnungseigentümer. Es besteht aus den im Rahmen der gesamten Verwaltung des gemeinschaftlichen Eigentums gesetzlich begründeten und rechtsgeschäftlich erworbenen Sachen und Rechten sowie den entstandenen Verbindlichkeiten. Zu dem Verwaltungsvermögen gehören insbesondere die Ansprüche und Befugnisse aus Rechtsverhältnissen mit Dritten und mit Wohnungseigentümern sowie die eingenommenen Gelder. Vereinigen sich sämtliche Wohnungseigentumsrechte in einer Person, geht das Verwaltungsvermögen auf den Eigentümer des Grundstücks über.

(8) Jeder Wohnungseigentümer haftet einem Gläubiger nach dem Verhältnis seines Miteigentumsanteils (§ 16 Abs. 1 Satz 2) für Verbindlichkeiten der Gemeinschaft der Wohnungseigentümer, die während seiner Zugehörigkeit zur Gemeinschaft entstanden oder während dieses Zeitraums fällig geworden sind; für die Haftung nach Veräußerung des Wohnungseigentums ist § 160 des Handelsgesetzbuches entsprechend anzuwenden. Er kann gegenüber einem Gläubiger neben den in seiner Person begründeten auch die der Gemeinschaft zustehenden Einwendungen und Einreden geltend machen, nicht aber seine Einwendungen und Einreden gegenüber der Gemeinschaft. Für die Einrede der Anfechtbarkeit und Aufrechenbarkeit ist § 770 des Bürgerlichen Gesetzbuches entsprechend anzuwenden. Die Haftung eines Wohnungseigentümers gegenüber der Gemeinschaft wegen nicht ordnungsmäßiger Verwaltung bestimmt sich nach Satz 1.

§ 11 Unauflöslichkeit der Gemeinschaft

(1) Kein Wohnungseigentümer kann die Aufhebung der Gemeinschaft verlangen. Dies gilt auch für eine Aufhebung aus wichtigem Grund. Eine abweichende Vereinbarung ist nur für den Fall zulässig, dass das Gebäude ganz oder teilweise zerstört wird und eine Verpflichtung zum Wiederaufbau nicht besteht.

(2) Das Recht eines Pfändungsgläubigers (§ 751 des Bürgerlichen Gesetzbuchs) sowie das im Insolvenzverfahren bestehende Recht (§ 84 Abs. 2 der Insolvenzordnung), die Aufhebung der Gemeinschaft zu verlangen, ist ausgeschlossen.

(3) Ein Insolvenzverfahren über das Verwaltungsvermögen der Gemeinschaft findet nicht statt.

§ 12 Veräußerungsbeschränkung

(1) Als Inhalt des Sondereigentums kann vereinbart werden, dass ein Wohnungseigentümer zur Veräußerung seines Wohnungseigentums der Zustimmung anderer Wohnungseigentümer oder eines Dritten bedarf.

(2) Die Zustimmung darf nur aus einem wichtigen Grunde versagt werden. Durch Vereinbarung gemäß Absatz 1 kann dem Wohnungseigentümer darüber hinaus für bestimmte Fälle ein Anspruch auf Erteilung der Zustimmung eingeräumt werden.

(3) Ist eine Vereinbarung gemäß Absatz 1 getroffen, so ist eine Veräußerung des Wohnungseigentums und ein Vertrag, durch den sich der Wohnungseigentümer zu einer solchen Veräußerung verpflichtet, unwirksam, solange nicht die erforderliche Zustimmung erteilt ist. Einer rechtsgeschäftlichen Veräußerung steht eine Veräußerung im Wege der Zwangsvollstreckung oder durch den Insolvenzverwalter gleich.

(4) Die Wohnungseigentümer können durch Stimmenmehrheit beschließen, dass eine Veräußerungsbeschränkung gemäß Absatz 1 aufgehoben wird. Diese Befugnis kann durch Vereinbarung der Wohnungseigentümer nicht eingeschränkt oder ausgeschlossen werden. Ist ein Beschluss gemäß Satz 1 gefasst, kann die Veräußerungsbeschränkung im Grundbuch gelöscht werden. Der Bewilligung gemäß § 19 der Grundbuchordnung bedarf es nicht, wenn der Beschluss gemäß Satz 1 nachgewiesen wird. Für diesen Nachweis ist § 26 Abs. 3 entsprechend anzuwenden.

§ 13 Rechte des Wohnungseigentümers

(1) Jeder Wohnungseigentümer kann, soweit nicht das Gesetz oder Rechte Dritter entgegenstehen, mit den im Sondereigentum stehenden Gebäudeteilen nach Belieben verfahren, insbesondere diese bewohnen, vermieten, verpachten oder in sonstiger Weise nutzen, und andere von Einwirkungen ausschließen.

(2) Jeder Wohnungseigentümer ist zum Mitgebrauch des gemeinschaftlichen Eigentums nach Maßgabe der §§ 14, 15 berechtigt. An den sonstigen Nutzungen des gemeinschaftlichen Eigentums gebührt jedem Wohnungseigentümer ein Anteil nach Maßgabe des § 16.

§ 14 Pflichten des Wohnungseigentümers

Jeder Wohnungseigentümer ist verpflichtet:
1. die im Sondereigentum stehenden Gebäudeteile so instand zu halten und von diesen sowie von dem gemeinschaftlichen Eigentum nur in solcher Weise Gebrauch zu machen, dass dadurch keinem der anderen Wohnungseigentümer über das bei einem geordneten Zusammenleben unvermeidliche Maß hinaus ein Nachteil erwächst;
2. für die Einhaltung der in Nr. 1 bezeichneten Pflichten durch Personen zu sorgen, die seinem Hausstand oder Geschäftsbetrieb angehören oder denen er sonst die Benutzung der im Sonder- oder Miteigentum stehenden Grundstücks- oder Gebäudeteile überlässt;
3. Einwirkungen auf die im Sondereigentum stehenden Gebäudeteile und das gemeinschaftliche Eigentum zu dulden, soweit sie auf einem nach Nrn. 1, 2 zulässigen Gebrauch beruhen;
4. das Betreten und die Benutzung der im Sondereigentum stehenden Gebäudeteile zu gestatten, soweit dies zur Instandhaltung und Instandsetzung des gemeinschaftlichen Eigentums erforderlich ist; der hierdurch entstehende Schaden ist zu ersetzen.

§ 15 Gebrauchsregelung

(1) Die Wohnungseigentümer können den Gebrauch des Sondereigentums und des gemeinschaftlichen Eigentums durch Vereinbarung regeln.

(2) Soweit nicht eine Vereinbarung nach Absatz 1 entgegensteht, können die Wohnungseigentümer durch Stimmenmehrheit einen der Beschaffenheit der im Sondereigentum stehenden Gebäudeteile und des gemeinschaftlichen Eigentums entsprechenden ordnungsmäßigen Gebrauch beschließen.

(3) Jeder Wohnungseigentümer kann einen Gebrauch der im Sondereigentum stehenden Gebäudeteile und des gemeinschaftlichen Eigentums verlangen, der dem Gesetz, den Vereinbarungen und Beschlüssen und, soweit sich die Regelung hieraus nicht ergibt, dem Interesse der Gesamtheit der Wohnungseigentümer nach billigem Ermessen entspricht.

§ 16 Nutzungen, Lasten und Kosten

(1) Jedem Wohnungseigentümer gebührt ein seinem Anteil entsprechender Bruchteil der Nutzungen des gemeinschaftlichen Eigentums. Der Anteil bestimmt sich nach dem gemäß § 47 der Grundbuchordnung im Grundbuch eingetragenen Verhältnis der Miteigentumsanteile.

(2) Jeder Wohnungseigentümer ist den anderen Wohnungseigentümern gegenüber verpflichtet, die Lasten des gemeinschaftlichen Eigentums sowie die Kosten der Instandhaltung, Instandsetzung, sonstigen Verwaltung und eines gemeinschaftlichen Gebrauchs des gemeinschaftlichen Eigentums nach dem Verhältnis seines Anteils (Absatz 1 Satz 2) zu tragen.

(3) Die Wohnungseigentümer können abweichend von Absatz 2 durch Stimmenmehrheit beschließen, dass die Betriebskosten des gemeinschaftlichen Eigentums oder des Sondereigentums im Sinne des § 556 Abs. 1 des Bürgerlichen Gesetzbuches, die nicht unmittelbar gegenüber Dritten abgerechnet werden, und die Kosten der Verwaltung nach Verbrauch oder Verursachung erfasst und nach diesem oder nach einem anderen Maßstab verteilt werden, soweit dies ordnungsmäßiger Verwaltung entspricht.

(4) Die Wohnungseigentümer können im Einzelfall zur Instandhaltung oder Instandsetzung im Sinne des § 21 Abs. 5 Nr. 2 oder zu baulichen Veränderungen oder Aufwendungen im Sinne des § 22 Abs. 1 und 2 durch Beschluss die Kostenverteilung abweichend von Absatz 2 regeln, wenn der abweichende Maßstab dem Gebrauch oder der Möglichkeit des Gebrauchs durch die Wohnungseigentümer Rechnung trägt. Der Beschluss zur Regelung der Kostenverteilung nach Satz 1 bedarf einer Mehrheit von drei Viertel aller stimmberechtigten Wohnungseigentümer im Sinne des § 25 Abs. 2 und mehr als der Hälfte aller Miteigentumsanteile.

(5) Die Befugnisse im Sinne der Absätze 3 und 4 können durch Vereinbarung der Wohnungseigentümer nicht eingeschränkt oder ausgeschlossen werden.

(6) Ein Wohnungseigentümer, der einer Maßnahme nach § 22 Abs. 1 nicht zugestimmt hat, ist nicht berechtigt, einen Anteil an Nutzungen, die auf einer solchen Maßnahme beruhen, zu beanspruchen; er ist nicht verpflichtet, Kosten, die durch eine solche Maßnahme verursacht sind, zu tragen. Satz 1 ist bei einer Kostenverteilung gemäß Absatz 4 nicht anzuwenden.

(7) Zu den Kosten der Verwaltung im Sinne des Absatzes 2 gehören insbesondere Kosten eines Rechtsstreits gemäß § 18 und der Ersatz des Schadens im Falle des § 14 Nr. 4.

(8) Kosten eines Rechtsstreits gemäß § 43 gehören nur dann zu den Kosten der Verwaltung im Sinne des Absatzes 2, wenn es sich um Mehrkosten gegenüber der gesetzlichen Vergütung eines Rechtsanwalts aufgrund einer Vereinbarung über die Vergütung (§ 27 Abs. 2 Nr. 4, Abs. 3 Nr. 6) handelt.

§ 17 Anteil bei Aufhebung der Gemeinschaft

Im Falle der Aufhebung der Gemeinschaft bestimmt sich der Anteil der Miteigentümer nach dem Verhältnis des Wertes ihrer Wohnungseigentumsrechte zur Zeit der Aufhebung der Gemeinschaft. Hat sich der Wert eines Miteigentumsanteils durch Maßnahmen verändert, deren Kosten der Wohnungseigentümer nicht getragen hat, so bleibt eine solche Veränderung bei der Berechnung des Wertes dieses Anteils außer Betracht.

§ 18 Entziehung des Wohnungseigentums

(1) Hat ein Wohnungseigentümer sich einer so schweren Verletzung der ihm gegenüber anderen Wohnungseigentümern obliegenden Verpflichtungen schuldig gemacht, dass diesen die Fortsetzung der Gemeinschaft mit ihm nicht mehr zugemutet werden kann, so können die anderen Wohnungseigentümer von ihm die

Anhang Wohnungseigentumsgesetz

Veräußerung seines Wohnungseigentums verlangen. Die Ausübung des Entziehungsrechts steht der Gemeinschaft der Wohnungseigentümer zu, soweit es sich nicht um eine Gemeinschaft handelt, die nur aus zwei Wohnungseigentümern besteht.

(2) Die Voraussetzungen des Absatzes 1 liegen insbesondere vor, wenn
1. der Wohnungseigentümer trotz Abmahnung wiederholt gröblich gegen die ihm nach § 14 obliegenden Pflichten verstößt;
2. der Wohnungseigentümer sich mit der Erfüllung seiner Verpflichtungen zur Lasten- und Kostentragung (§ 16 Abs. 2) in Höhe eines Betrages, der drei vom Hundert des Einheitswertes seines Wohnungseigentums übersteigt, länger als drei Monate in Verzug befindet.

(3) Über das Verlangen nach Absatz 1 beschließen die Wohnungseigentümer durch Stimmenmehrheit. Der Beschluss bedarf einer Mehrheit von mehr als der Hälfte der stimmberechtigten Wohnungseigentümer. Die Vorschriften des § 25 Abs. 3, 4 sind in diesem Falle nicht anzuwenden.

(4) Der in Absatz 1 bestimmte Anspruch kann durch Vereinbarung der Wohnungseigentümer nicht eingeschränkt oder ausgeschlossen werden.

§ 19 Wirkung des Urteils

(1) Das Urteil, durch das ein Wohnungseigentümer zur Veräußerung seines Wohnungseigentums verurteilt wird, berechtigt jeden Miteigentümer zur Zwangsvollstreckung entsprechend den Vorschriften des Ersten Abschnitts des Gesetzes über die Zwangsversteigerung und die Zwangsverwaltung. Die Ausübung dieses Rechts steht der Gemeinschaft der Wohnungseigentümer zu, soweit es sich nicht um eine Gemeinschaft handelt, die nur aus zwei Wohnungseigentümern besteht.

(2) Der Wohnungseigentümer kann im Falle des § 18 Abs. 2 Nr. 2 bis zur Erteilung des Zuschlags die in Absatz 1 bezeichnete Wirkung des Urteils dadurch abwenden, dass er die Verpflichtungen, wegen deren Nichterfüllung er verurteilt ist, einschließlich der Verpflichtung zum Ersatz der durch den Rechtsstreit und das Versteigerungsverfahren entstandenen Kosten sowie die fälligen weiteren Verpflichtungen zur Lasten- und Kostentragung erfüllt.

(3) Ein gerichtlicher oder vor einer Gütestelle geschlossener Vergleich, durch den sich der Wohnungseigentümer zur Veräußerung seines Wohnungseigentums verpflichtet, steht dem in Absatz 1 bezeichneten Urteil gleich.

3. Abschnitt
Verwaltung

§ 20 Gliederung der Verwaltung

(1) Die Verwaltung des gemeinschaftlichen Eigentums obliegt den Wohnungseigentümern nach Maßgabe der §§ 21 bis 25 und dem Verwalter nach Maßgabe der §§ 26 bis 28, im Falle der Bestellung eines Verwaltungsbeirats auch diesem nach Maßgabe des § 29.

(2) Die Bestellung eines Verwalters kann nicht ausgeschlossen werden.

§ 21 Verwaltung durch die Wohnungseigentümer

(1) Soweit nicht in diesem Gesetz oder durch Vereinbarung der Wohnungseigentümer etwas anderes bestimmt ist, steht die Verwaltung des gemeinschaftlichen Eigentums den Wohnungseigentümern gemeinschaftlich zu.

(2) Jeder Wohnungseigentümer ist berechtigt, ohne Zustimmung der anderen Wohnungseigentümer die Maßnahmen zu treffen, die zur Abwendung eines dem gemeinschaftlichen Eigentum unmittelbar drohenden Schadens notwendig sind.

(3) Soweit die Verwaltung des gemeinschaftlichen Eigentums nicht durch Vereinbarung der Wohnungseigentümer geregelt ist, können die Wohnungseigentümer eine der Beschaffenheit des gemeinschaftlichen Eigentums entsprechende ordnungsmäßige Verwaltung durch Stimmenmehrheit beschließen.

(4) Jeder Wohnungseigentümer kann eine Verwaltung verlangen, die den Vereinbarungen und Beschlüssen und, soweit solche nicht bestehen, dem Interesse der Gesamtheit der Wohnungseigentümer nach billigem Ermessen entspricht.

(5) Zu einer ordnungsmäßigen, dem Interesse der Gesamtheit der Wohnungseigentümer entsprechenden Verwaltung gehört insbesondere:
1. die Aufstellung einer Hausordnung;
2. die ordnungsmäßige Instandhaltung und Instandsetzung des gemeinschaftlichen Eigentums;
3. die Feuerversicherung des gemeinschaftlichen Eigentums zum Neuwert sowie die angemessene Versicherung der Wohnungseigentümer gegen Haus- und Grundbesitzerhaftpflicht;
4. die Ansammlung einer angemessenen Instandhaltungsrückstellung;
5. die Aufstellung eines Wirtschaftsplans (§ 28);
6. die Duldung aller Maßnahmen, die zur Herstellung einer Fernsprechteilnehmereinrichtung, einer Rundfunkempfangsanlage oder eines Energieversorgungsanschlusses zugunsten eines Wohnungseigentümers erforderlich sind.

(6) Der Wohnungseigentümer, zu dessen Gunsten eine Maßnahme der in Absatz 5 Nr. 6 bezeichneten Art getroffen wird, ist zum Ersatz des hierdurch entstehenden Schadens verpflichtet.

(7) Die Wohnungseigentümer können die Regelung der Art und Weise von Zahlungen, der Fälligkeit und der Folgen des Verzugs sowie der Kosten für eine besondere Nutzung des gemeinschaftlichen Eigentums oder für einen besonderen Verwaltungsaufwand mit Stimmenmehrheit beschließen.

(8) Treffen die Wohnungseigentümer eine nach dem Gesetz erforderliche Maßnahme nicht, so kann an ihrer Stelle das Gericht in einem Rechtsstreit gemäß § 43 nach billigem Ermessen entscheiden, soweit sich die Maßnahme nicht aus dem Gesetz, einer Vereinbarung oder einem Beschluss der Wohnungseigentümer ergibt.

§ 22 Besondere Aufwendungen, Wiederaufbau

(1) Bauliche Veränderungen und Aufwendungen, die über die ordnungsmäßige Instandhaltung oder Instandsetzung des gemeinschaftlichen Eigentums hinausgehen, können beschlossen oder verlangt werden, wenn jeder Wohnungseigentümer zustimmt, dessen Rechte durch die Maßnahmen über das in § 14 Nr. 1 bestimmte Maß hinaus beeinträchtigt werden. Die Zustimmung ist nicht erforderlich, soweit die Rechte eines Wohnungseigentümers nicht in der in Satz 1 bezeichneten Weise beeinträchtigt werden.

(2) Maßnahmen gemäß Absatz 1 Satz 1, die der Modernisierung entsprechend § 559 Abs. 1 des Bürgerlichen Gesetzbuches oder der Anpassung des gemeinschaftlichen Eigentums an den Stand der Technik dienen, die Eigenart der Wohnanlage nicht ändern und keinen Wohnungseigentümer gegenüber anderen unbillig beeinträchtigen, können abweichend von Absatz 1 durch eine Mehrheit von drei Viertel aller stimmberechtigten Wohnungseigentümer im Sinne des § 25 Abs. 2 und mehr als der Hälfte aller Miteigentumsanteile beschlossen werden. Die Befugnis im Sinne des Satzes 1 kann durch Vereinbarung der Wohnungseigentümer nicht eingeschränkt oder ausgeschlossen werden.

(3) Für Maßnahmen der modernisierenden Instandsetzung im Sinne des § 21 Abs. 5 Nr. 2 verbleibt es bei den Vorschriften des § 21 Abs. 3 und 4.

Anhang Wohnungseigentumsgesetz

(4) Ist das Gebäude zu mehr als der Hälfte seines Wertes zerstört und ist der Schaden nicht durch eine Versicherung oder in anderer Weise gedeckt, so kann der Wiederaufbau nicht gemäß § 21 Abs. 3 beschlossen oder gemäß § 21 Abs. 4 verlangt werden.

§ 23 Wohnungseigentümerversammlung

(1) Angelegenheiten, über die nach diesem Gesetz oder nach einer Vereinbarung der Wohnungseigentümer die Wohnungseigentümer durch Beschluss entscheiden können, werden durch Beschlussfassung in einer Versammlung der Wohnungseigentümer geordnet.
(2) Zur Gültigkeit eines Beschlusses ist erforderlich, dass der Gegenstand bei der Einberufung bezeichnet ist.
(3) Auch ohne Versammlung ist ein Beschluss gültig, wenn alle Wohnungseigentümer ihre Zustimmung zu diesem Beschluss schriftlich erklären.
(4) Ein Beschluss, der gegen eine Rechtsvorschrift verstößt, auf deren Einhaltung rechtswirksam nicht verzichtet werden kann, ist nichtig. Im Übrigen ist ein Beschluss gültig, solange er nicht durch rechtskräftiges Urteil für ungültig erklärt ist.

§ 24 Einberufung, Vorsitz, Niederschrift

(1) Die Versammlung der Wohnungseigentümer wird von dem Verwalter mindestens einmal im Jahre einberufen.
(2) Die Versammlung der Wohnungseigentümer muss von dem Verwalter in den durch Vereinbarung der Wohnungseigentümer bestimmten Fällen, im Übrigen dann einberufen werden, wenn dies schriftlich unter Angabe des Zweckes und der Gründe von mehr als einem Viertel der Wohnungseigentümer verlangt wird.
(3) Fehlt ein Verwalter oder weigert er sich pflichtwidrig, die Versammlung der Wohnungseigentümer einzuberufen, so kann die Versammlung auch, falls ein Verwaltungsbeirat bestellt ist, von dessen Vorsitzenden oder seinem Vertreter einberufen werden.
(4) Die Einberufung erfolgt in Textform. Die Frist der Einberufung soll, sofern nicht ein Fall besonderer Dringlichkeit vorliegt, mindestens zwei Wochen betragen.
(5) Den Vorsitz in der Wohnungseigentümerversammlung führt, sofern diese nichts anderes beschließt, der Verwalter.
(6) Über die in der Versammlung gefassten Beschlüsse ist eine Niederschrift aufzunehmen. Die Niederschrift ist von dem Vorsitzenden und einem Wohnungseigentümer und, falls ein Verwaltungsbeirat bestellt ist, auch von dessen Vorsitzenden oder seinem Vertreter zu unterschreiben. Jeder Wohnungseigentümer ist berechtigt, die Niederschriften einzusehen.
(7) Es ist eine Beschluss-Sammlung zu führen. Die Beschluss-Sammlung enthält nur den Wortlaut
1. der in der Versammlung der Wohnungseigentümer verkündeten Beschlüsse mit Angabe von Ort und Datum der Versammlung,
2. der schriftlichen Beschlüsse mit Angabe von Ort und Datum der Verkündung und
3. der Urteilsformeln der gerichtlichen Entscheidungen in einem Rechtsstreit gemäß § 43 mit Angabe ihres Datums, des Gerichts und der Parteien, soweit diese Beschlüsse und gerichtlichen Entscheidungen nach dem 1. Juli 2007 ergangen sind. Die Beschlüsse und gerichtlichen Entscheidungen sind fortlaufend einzutragen und zu nummerieren. Sind sie angefochten oder aufgehoben worden, so ist dies anzumerken. Im Falle einer Aufhebung kann von einer Anmerkung abgesehen und die Eintragung gelöscht werden. Eine Eintragung kann auch gelöscht werden, wenn sie aus einem anderen Grund für die Wohnungseigentümer keine

Bedeutung mehr hat. Die Eintragungen, Vermerke und Löschungen gemäß den Sätzen 3 bis 6 sind unverzüglich zu erledigen und mit Datum zu versehen. Einem Wohnungseigentümer oder einem Dritten, den ein Wohnungseigentümer ermächtigt hat, ist auf sein Verlangen Einsicht in die Beschluss- Sammlung zu geben.

(8) Die Beschluss-Sammlung ist von dem Verwalter zu führen. Fehlt ein Verwalter, so ist der Vorsitzende der Wohnungseigentümerversammlung verpflichtet, die Beschluss-Sammlung zu führen, sofern die Wohnungseigentümer durch Stimmenmehrheit keinen anderen für diese Aufgabe bestellt haben.

§ 25 Mehrheitsbeschluss

(1) Für die Beschlussfassung in Angelegenheiten, über die die Wohnungseigentümer durch Stimmenmehrheit beschließen, gelten die Vorschriften der Absätze 2 bis 5.

(2) Jeder Wohnungseigentümer hat eine Stimme. Steht ein Wohnungseigentum mehreren gemeinschaftlich zu, so können sie das Stimmrecht nur einheitlich ausüben.

(3) Die Versammlung ist nur beschlussfähig, wenn die erschienenen stimmberechtigten Wohnungseigentümer mehr als die Hälfte der Miteigentumsanteile, berechnet nach der im Grundbuch eingetragenen Größe dieser Anteile, vertreten.

(4) Ist eine Versammlung nicht gemäß Absatz 3 beschlussfähig, so beruft der Verwalter eine neue Versammlung mit dem gleichen Gegenstand ein. Diese Versammlung ist ohne Rücksicht auf die Höhe der vertretenen Anteile beschlussfähig; hierauf ist bei der Einberufung hinzuweisen. (5) Ein Wohnungseigentümer ist nicht stimmberechtigt, wenn die Beschlussfassung die Vornahme eines auf die Verwaltung des gemeinschaftlichen Eigentums bezüglichen Rechtsgeschäfts mit ihm oder die Einleitung oder Erledigung eines Rechtsstreits der anderen Wohnungseigentümer gegen ihn betrifft oder wenn er nach § 18 rechtskräftig verurteilt ist.

§ 26 Bestellung und Abberufung des Verwalters

(1) Über die Bestellung und Abberufung des Verwalters beschließen die Wohnungseigentümer mit Stimmenmehrheit. Die Bestellung darf auf höchstens fünf Jahre vorgenommen werden, im Falle der ersten Bestellung nach der Begründung von Wohnungseigentum aber auf höchstens drei Jahre. Die Abberufung des Verwalters kann auf das Vorliegen eines wichtigen Grundes beschränkt werden. Ein wichtiger Grund liegt regelmäßig vor, wenn der Verwalter die Beschluss-Sammlung nicht ordnungsmäßig führt. Andere Beschränkungen der Bestellung oder Abberufung des Verwalters sind nicht zulässig.

(2) Die wiederholte Bestellung ist zulässig; sie bedarf eines erneuten Beschlusses der Wohnungseigentümer, der frühestens ein Jahr vor Ablauf der Bestellungszeit gefasst werden kann.

(3) Soweit die Verwaltereigenschaft durch eine öffentlich beglaubigte Urkunde nachgewiesen werden muss, genügt die Vorlage einer Niederschrift über den Bestellungsbeschluss, bei der die Unterschriften der in § 24 Abs. 6 bezeichneten Personen öffentlich beglaubigt sind.

§ 27 Aufgaben und Befugnisse des Verwalters

(1) Der Verwalter ist gegenüber den Wohnungseigentümern und gegenüber der Gemeinschaft der Wohnungseigentümer berechtigt und verpflichtet,
1. Beschlüsse der Wohnungseigentümer durchzuführen und für die Durchführung der Hausordnung zu sorgen;
2. die für die ordnungsmäßige Instandhaltung und Instandsetzung des gemeinschaftlichen Eigentums erforderlichen Maßnahmen zu treffen;

Anhang Wohnungseigentumsgesetz

3. in dringenden Fällen sonstige zur Erhaltung des gemeinschaftlichen Eigentums erforderliche Maßnahmen zu treffen;
4. Lasten- und Kostenbeiträge, Tilgungsbeträge und Hypothekenzinsen anzufordern, in Empfang zu nehmen und abzuführen, soweit es sich um gemeinschaftliche Angelegenheiten der Wohnungseigentümer handelt;
5. alle Zahlungen und Leistungen zu bewirken und entgegenzunehmen, die mit der laufenden Verwaltung des gemeinschaftlichen Eigentums zusammenhängen;
6. eingenommene Gelder zu verwalten;
7. die Wohnungseigentümer unverzüglich darüber zu unterrichten, dass ein Rechtsstreit gemäß § 43 anhängig ist;
8. die Erklärungen abzugeben, die zur Vornahme der in § 21 Abs. 5 Nr. 6 bezeichneten Maßnahmen erforderlich sind.

(2) Der Verwalter ist berechtigt, im Namen aller Wohnungseigentümer und mit Wirkung für und gegen sie

1. Willenserklärungen und Zustellungen entgegenzunehmen, soweit sie an alle Wohnungseigentümer in dieser Eigenschaft gerichtet sind;
2. Maßnahmen zu treffen, die zur Wahrung einer Frist oder zur Abwendung eines sonstigen Rechtsnachteils erforderlich sind, insbesondere einen gegen die Wohnungseigentümer gerichteten Rechtsstreit gemäß § 43 Nr. 1, Nr. 4 oder Nr. 5 im Erkenntnis- und Vollstreckungsverfahren zu führen;
3. Ansprüche gerichtlich und außergerichtlich geltend zu machen, sofern er hierzu durch Vereinbarung oder Beschluss mit Stimmenmehrheit der Wohnungseigentümer ermächtigt ist;
4. mit einem Rechtsanwalt wegen eines Rechtsstreits gemäß § 43 Nr. 1, Nr. 4 oder Nr. 5 zu vereinbaren, dass sich die Gebühren nach einem höheren als dem gesetzlichen Streitwert, höchstens nach einem gemäß § 49a Abs. 1 Satz 1 des Gerichtskostengesetzes bestimmten Streitwert bemessen.

(3) Der Verwalter ist berechtigt, im Namen der Gemeinschaft der Wohnungseigentümer und mit Wirkung für und gegen sie

1. Willenserklärungen und Zustellungen entgegenzunehmen;
2. Maßnahmen zu treffen, die zur Wahrung einer Frist oder zur Abwendung eines sonstigen Rechtsnachteils erforderlich sind, insbesondere einen gegen die Gemeinschaft gerichteten Rechtsstreit gemäß § 43 Nr. 2 oder Nr. 5 im Erkenntnis- und Vollstreckungsverfahren zu führen;
3. die laufenden Maßnahmen der erforderlichen ordnungsmäßigen Instandhaltung und Instandsetzung gemäß Absatz 1 Nr. 2 zu treffen;
4. die Maßnahmen gemäß Absatz 1 Nr. 3 bis 5 und 8 zu treffen;
5. im Rahmen der Verwaltung der eingenommenen Gelder gemäß Absatz 1 Nr. 6 Konten zu führen;
6. mit einem Rechtsanwalt wegen eines Rechtsstreits gemäß § 43 Nr. 2 oder Nr. 5 eine Vergütung gemäß Absatz 2 Nr. 4 zu vereinbaren;
7. sonstige Rechtsgeschäfte und Rechtshandlungen vorzunehmen, soweit er hierzu durch Vereinbarung oder Beschluss der Wohnungseigentümer mit Stimmenmehrheit ermächtigt ist.

Fehlt ein Verwalter oder ist er zur Vertretung nicht berechtigt, so vertreten alle Wohnungseigentümer die Gemeinschaft. Die Wohnungseigentümer können durch Beschluss mit Stimmenmehrheit einen oder mehrere Wohnungseigentümer zur Vertretung ermächtigen.

(4) Die dem Verwalter nach den Absätzen 1 bis 3 zustehenden Aufgaben und Befugnisse können durch Vereinbarung der Wohnungseigentümer nicht eingeschränkt oder ausgeschlossen werden.

(5) Der Verwalter ist verpflichtet, eingenommene Gelder von seinem Vermögen gesondert zu halten. Die Verfügung über solche Gelder kann durch Vereinbarung oder Beschluss der Wohnungseigentümer mit Stimmenmehrheit von der Zustimmung eines Wohnungseigentümers oder eines Dritten abhängig gemacht werden.

(6) Der Verwalter kann von den Wohnungseigentümern die Ausstellung einer Vollmachts- und Ermächtigungsurkunde verlangen, aus der der Umfang seiner Vertretungsmacht ersichtlich ist.

§ 28 Wirtschaftsplan, Rechnungslegung

(1) Der Verwalter hat jeweils für ein Kalenderjahr einen Wirtschaftsplan aufzustellen. Der Wirtschaftsplan enthält:
1. die voraussichtlichen Einnahmen und Ausgaben bei der Verwaltung des gemeinschaftlichen Eigentums;
2. die anteilmäßige Verpflichtung der Wohnungseigentümer zur Lasten- und Kostentragung;
3. die Beitragsleistung der Wohnungseigentümer zu der in § 21 Abs. 5 Nr. 4 vorgesehenen Instandhaltungsrückstellung.

(2) Die Wohnungseigentümer sind verpflichtet, nach Abruf durch den Verwalter dem beschlossenen Wirtschaftsplan entsprechende Vorschüsse zu leisten.

(3) Der Verwalter hat nach Ablauf des Kalenderjahres eine Abrechnung aufzustellen.

(4) Die Wohnungseigentümer können durch Mehrheitsbeschluss jederzeit von dem Verwalter Rechnungslegung verlangen.

(5) Über den Wirtschaftsplan, die Abrechnung und die Rechnungslegung des Verwalters beschließen die Wohnungseigentümer durch Stimmenmehrheit.

§ 29 Verwaltungsbeirat

(1) Die Wohnungseigentümer können durch Stimmenmehrheit die Bestellung eines Verwaltungsbeirats beschließen. Der Verwaltungsbeirat besteht aus einem Wohnungseigentümer als Vorsitzenden und zwei weiteren Wohnungseigentümern als Beisitzern.

(2) Der Verwaltungsbeirat unterstützt den Verwalter bei der Durchführung seiner Aufgaben.

(3) Der Wirtschaftsplan, die Abrechnung über den Wirtschaftsplan, Rechnungslegungen und Kostenanschläge sollen, bevor über sie die Wohnungseigentümerversammlung beschließt, vom Verwaltungsbeirat geprüft und mit dessen Stellungnahme versehen werden.

(4) Der Verwaltungsbeirat wird von dem Vorsitzenden nach Bedarf einberufen.

4. Abschnitt
Wohnungserbbaurecht

§ 30

(1) Steht ein Erbbaurecht mehreren gemeinschaftlich nach Bruchteilen zu, so können die Anteile in der Weise beschränkt werden, dass jedem der Mitberechtigten das Sondereigentum an einer bestimmten Wohnung oder an nicht zu Wohnzwecken dienenden bestimmten Räumen in einem aufgrund des Erbbaurechts errichteten oder zu errichtenden Gebäude eingeräumt wird (Wohnungserbbaurecht, Teilerbbaurecht).

(2) Ein Erbbauberechtigter kann das Erbbaurecht in entsprechender Anwendung des § 8 teilen.

(3) Für jeden Anteil wird von Amts wegen ein besonderes Erbbaugrundbuchblatt angelegt (Wohnungserbbaugrundbuch, Teilerbbaugrundbuch). Im Übrigen gelten für

Anhang Wohnungseigentumsgesetz

das Wohnungserbbaurecht (Teilerbbaurecht) die Vorschriften über das Wohnungseigentum (Teileigentum) entsprechend.

II. Teil
Dauerwohnrecht

§ 31 Begriffsbestimmungen

(1) Ein Grundstück kann in der Weise belastet werden, dass derjenige, zu dessen Gunsten die Belastung erfolgt, berechtigt ist, unter Ausschluss des Eigentümers eine bestimmte Wohnung in einem auf dem Grundstück errichteten oder zu errichtenden Gebäude zu bewohnen oder in anderer Weise zu nutzen (Dauerwohnrecht).

Das Dauerwohnrecht kann auf einen außerhalb des Gebäudes liegenden Teil des Grundstücks erstreckt werden, sofern die Wohnung wirtschaftlich die Hauptsache bleibt.

(2) Ein Grundstück kann in der Weise belastet werden, dass derjenige, zu dessen Gunsten die Belastung erfolgt, berechtigt ist, unter Ausschluss des Eigentümers nicht zu Wohnzwecken dienende bestimmte Räume in einem auf dem Grundstück errichteten oder zu errichtenden Gebäude zu nutzen (Dauernutzungsrecht).

(3) Für das Dauernutzungsrecht gelten die Vorschriften über das Dauerwohnrecht entsprechend.

§ 32 Voraussetzungen der Eintragung

(1) Das Dauerwohnrecht soll nur bestellt werden, wenn die Wohnung in sich abgeschlossen ist.

(2) Zur näheren Bezeichnung des Gegenstandes und des Inhalts des Dauerwohnrechts kann auf die Eintragungsbewilligung Bezug genommen werden. Der Eintragungsbewilligung sind als Anlagen beizufügen:
1. eine von der Baubehörde mit Unterschrift und Siegel oder Stempel versehene Bauzeichnung, aus der die Aufteilung des Gebäudes sowie die Lage und Größe der dem Dauerwohnrecht unterliegenden Gebäude- und Grundstücksteile ersichtlich ist (Aufteilungsplan); alle zu demselben Dauerwohnrecht gehörenden Einzelräume sind mit der jeweils gleichen Nummer zu kennzeichnen;
2. eine Bescheinigung der Baubehörde, dass die Voraussetzungen des Absatzes 1 vorliegen.

Wenn in der Eintragungsbewilligung für die einzelnen Dauerwohnrechte Nummern angegeben werden, sollen sie mit denen des Aufteilungsplanes übereinstimmen. Die Landesregierungen können durch Rechtsverordnung bestimmen, dass und in welchen Fällen der Aufteilungsplan (Satz 2 Nr. 1) und die Abgeschlossenheit (Satz 2 Nr. 2) von einem öffentlich bestellten oder anerkannten Sachverständigen für das Bauwesen statt von der Baubehörde ausgefertigt und bescheinigt werden. Werden diese Aufgaben von dem Sachverständigen wahrgenommen, so gelten die Bestimmungen der Allgemeinen Verwaltungsvorschrift für die Ausstellung von Bescheinigungen gemäß § 7 Abs. 4 Nr. 2 und § 32 Abs. 2 Nr. 2 des Wohnungseigentumsgesetzes vom 19. März 1974 (BAnz. Nr. 58 vom 23. März 1974) entsprechend. In diesem Fall bedürfen die Anlagen nicht der Form des § 29 der Grundbuchordnung. Die Landesregierungen können die Ermächtigung durch Rechtsverordnung auf die Landesbauverwaltungen übertragen.

(3) Das Grundbuchamt soll die Eintragung des Dauerwohnrechts ablehnen, wenn über die in § 33 Abs. 4 Nrn. 1 bis 4 bezeichneten Angelegenheiten, über die Voraussetzungen des Heimfallanspruchs (§ 36 Abs. 1) und über die Entschädigung beim Heimfall (§ 36 Abs. 4) keine Vereinbarungen getroffen sind.

§ 33 Inhalt des Dauerwohnrechts

(1) Das Dauerwohnrecht ist veräußerlich und vererblich. Es kann nicht unter einer Bedingung bestellt werden.

(2) Auf das Dauerwohnrecht sind, soweit nicht etwas anderes vereinbart ist, die Vorschriften des § 14 entsprechend anzuwenden.

(3) Der Berechtigte kann die zum gemeinschaftlichen Gebrauch bestimmten Teile, Anlagen und Einrichtungen des Gebäudes und Grundstücks mitbenutzen, soweit nichts anderes vereinbart ist.

(4) Als Inhalt des Dauerwohnrechts können Vereinbarungen getroffen werden über:
1. Art und Umfang der Nutzungen;
2. Instandhaltung und Instandsetzung der dem Dauerwohnrecht unterliegenden Gebäudeteile;
3. die Pflicht des Berechtigten zur Tragung öffentlicher oder privatrechtlicher Lasten des Grundstücks;
4. die Versicherung des Gebäudes und seinen Wiederaufbau im Falle der Zerstörung;
5. das Recht des Eigentümers, bei Vorliegen bestimmter Voraussetzungen Sicherheitsleistung zu verlangen.

§ 34 Ansprüche des Eigentümers und der Dauerwohnberechtigten

(1) Auf die Ersatzansprüche des Eigentümers wegen Veränderungen oder Verschlechterungen sowie auf die Ansprüche der Dauerwohnberechtigten auf Ersatz von Verwendungen oder auf Gestattung der Wegnahme einer Einrichtung sind die §§ 1049, 1057 des Bürgerlichen Gesetzbuches entsprechend anzuwenden.

(2) Wird das Dauerwohnrecht beeinträchtigt, so sind auf die Ansprüche des Berechtigten die für die Ansprüche aus dem Eigentum geltenden Vorschriften entsprechend anzuwenden.

§ 35 Veräußerungsbeschränkung

Als Inhalt des Dauerwohnrechts kann vereinbart werden, dass der Berechtigte zur Veräußerung des Dauerwohnrechts der Zustimmung des Eigentümers oder eines Dritten bedarf. Die Vorschriften des § 12 gelten in diesem Falle entsprechend.

§ 36 Heimfallanspruch

(1) Als Inhalt des Dauerwohnrechts kann vereinbart werden, dass der Berechtigte verpflichtet ist, das Dauerwohnrecht beim Eintritt bestimmter Voraussetzungen auf den Grundstückseigentümer oder einen von diesem zu bezeichnenden Dritten zu übertragen (Heimfallanspruch). Der Heimfallanspruch kann nicht von dem Eigentum an dem Grundstück getrennt werden.

(2) Bezieht sich das Dauerwohnrecht auf Räume, die dem Mieterschutz unterliegen, so kann der Eigentümer von dem Heimfallanspruch nur Gebrauch machen, wenn ein Grund vorliegt, aus dem ein Vermieter die Aufhebung des Mietverhältnisses verlangen oder kündigen kann.

(3) Der Heimfallanspruch verjährt in sechs Monaten von dem Zeitpunkt an, in dem der Eigentümer von dem Eintritt der Voraussetzungen Kenntnis erlangt, ohne Rücksicht auf diese Kenntnis in zwei Jahren von dem Eintritt der Voraussetzungen an.

(4) Als Inhalt des Dauerwohnrechts kann vereinbart werden, dass der Eigentümer dem Berechtigten eine Entschädigung zu gewähren hat, wenn er von dem Heimfallanspruch Gebrauch macht. Als Inhalt des Dauerwohnrechts können Vereinbarungen über die Berechnung oder Höhe der Entschädigung oder die Art ihrer Zahlung getroffen werden.

§ 37 Vermietung

(1) Hat der Dauerwohnberechtigte die dem Dauerwohnrecht unterliegenden Gebäude- oder Grundstücksteile vermietet oder verpachtet, so erlischt das Miet- oder Pachtverhältnis, wenn das Dauerwohnrecht erlischt.

(2) Macht der Eigentümer von seinem Heimfallanspruch Gebrauch, so tritt er oder derjenige, auf den das Dauerwohnrecht zu übertragen ist, in das Miet- oder Pachtverhältnis ein; die Vorschriften der §§ 566 bis 566e des Bürgerlichen Gesetzbuches gelten entsprechend.

(3) Absatz 2 gilt entsprechend, wenn das Dauerwohnrecht veräußert wird. Wird das Dauerwohnrecht im Wege der Zwangsvollstreckung veräußert, so steht dem Erwerber ein Kündigungsrecht in entsprechender Anwendung des § 57a des Gesetzes über die Zwangsversteigerung und Zwangsverwaltung zu.

§ 38 Eintritt in das Rechtsverhältnis

(1) Wird das Dauerwohnrecht veräußert, so tritt der Erwerber an Stelle des Veräußerers in die sich während der Dauer seiner Berechtigung aus dem Rechtsverhältnis zu dem Eigentümer ergebenden Verpflichtungen ein.

(2) Wird das Grundstück veräußert, so tritt der Erwerber an Stelle des Veräußerers in die sich während der Dauer seines Eigentums aus dem Rechtsverhältnis zu dem Dauerwohnberechtigten ergebenden Rechte ein. Das Gleiche gilt für den Erwerb aufgrund Zuschlages in der Zwangsversteigerung, wenn das Dauerwohnrecht durch den Zuschlag nicht erlischt.

§ 39 Zwangsversteigerung

(1) Als Inhalt des Dauerwohnrechts kann vereinbart werden, dass das Dauerwohnrecht im Falle der Zwangsversteigerung des Grundstücks abweichend von § 44 des Gesetzes über die Zwangsversteigerung und Zwangsverwaltung auch dann bestehen bleiben soll, wenn der Gläubiger einer dem Dauerwohnrecht im Range vorgehenden oder gleichstehenden Hypothek, Grundschuld, Rentenschuld oder Reallast die Zwangsversteigerung in das Grundstück betreibt.

(2) Eine Vereinbarung gemäß Absatz 1 bedarf zu ihrer Wirksamkeit der Zustimmung derjenigen, denen eine dem Dauerwohnrecht im Range vorgehende oder gleichstehende Hypothek, Grundschuld, Rentenschuld oder Reallast zusteht.

(3) Eine Vereinbarung gemäß Absatz 1 ist nur wirksam für den Fall, dass der Dauerwohnberechtigte im Zeitpunkt der Feststellung der Versteigerungsbedingungen seine fälligen Zahlungsverpflichtungen gegenüber dem Eigentümer erfüllt hat; in Ergänzung einer Vereinbarung nach Absatz 1 kann vereinbart werden, dass das Fortbestehen des Dauerwohnrechts vom Vorliegen weiterer Voraussetzungen abhängig ist.

§ 40 Haftung des Entgelts

(1) Hypotheken, Grundschulden, Rentenschulden und Reallasten, die dem Dauerwohnrecht im Range vorgehen oder gleichstehen, sowie öffentliche Lasten, die in wiederkehrenden Leistungen bestehen, erstrecken sich auf den Anspruch auf das Entgelt für das Dauerwohnrecht in gleicher Weise wie auf eine Mietforderung, soweit nicht in Absatz 2 etwas Abweichendes bestimmt ist. Im Übrigen sind die für Mietforderungen geltenden Vorschriften nicht entsprechend anzuwenden.

(2) Als Inhalt des Dauerwohnrechts kann vereinbart werden, dass Verfügungen über den Anspruch auf das Entgelt, wenn es in wiederkehrenden Leistungen ausbedungen ist, gegenüber dem Gläubiger einer dem Dauerwohnrecht im Range vorgehenden oder gleichstehenden Hypothek, Grundschuld, Rentenschuld oder Reallast wirksam sind. Für eine solche Vereinbarung gilt § 39 Abs. 2 entsprechend.

§ 41 Besondere Vorschriften für langfristige Dauerwohnrechte

(1) Für Dauerwohnrechte, die zeitlich unbegrenzt oder für einen Zeitraum von mehr als zehn Jahren eingeräumt sind, gelten die besonderen Vorschriften der Absätze 2 und 3.

(2) Der Eigentümer ist, sofern nicht etwas anderes vereinbart ist, dem Dauerwohnberechtigten gegenüber verpflichtet, eine dem Dauerwohnrecht im Range vorgehende oder gleichstehende Hypothek löschen zu lassen für den Fall, dass sie sich mit dem Eigentum in einer Person vereinigt, und die Eintragung einer entsprechenden Löschungsvormerkung in das Grundbuch zu bewilligen.

(3) Der Eigentümer ist verpflichtet, dem Dauerwohnberechtigten eine angemessene Entschädigung zu gewähren, wenn er von dem Heimfallanspruch Gebrauch macht.

§ 42 Belastung eines Erbbaurechts

(1) Die Vorschriften der §§ 31 bis 41 gelten für die Belastung eines Erbbaurechts mit einem Dauerwohnrecht entsprechend.

(2) Beim Heimfall des Erbbaurechts bleibt das Dauerwohnrecht bestehen.

III. Teil
Verfahrensvorschriften

§ 43 Zuständigkeit

Das Gericht, in dessen Bezirk das Grundstück liegt, ist ausschließlich zuständig für
1. Streitigkeiten über die sich aus der Gemeinschaft der Wohnungseigentümer und aus der Verwaltung des gemeinschaftlichen Eigentums ergebenden Rechte und Pflichten der Wohnungseigentümer untereinander;
2. Streitigkeiten über die Rechte und Pflichten zwischen der Gemeinschaft der Wohnungseigentümer und Wohnungseigentümern;
3. Streitigkeiten über die Rechte und Pflichten des Verwalters bei der Verwaltung des gemeinschaftlichen Eigentums;
4. Streitigkeiten über die Gültigkeit von Beschlüssen der Wohnungseigentümer;
5. Klagen Dritter, die sich gegen die Gemeinschaft der Wohnungseigentümer oder gegen Wohnungseigentümer richten und sich auf das gemeinschaftliche Eigentum, seine Verwaltung oder das Sondereigentum beziehen;
6. Mahnverfahren, wenn die Gemeinschaft der Wohnungseigentümer Antragstellerin ist. Insoweit ist § 689 Abs. 2 der Zivilprozessordnung nicht anzuwenden.

§ 44 Bezeichnung der Wohnungseigentümer in der Klageschrift

(1) Wird die Klage durch oder gegen alle Wohnungseigentümer mit Ausnahme des Gegners erhoben, so genügt für ihre nähere Bezeichnung in der Klageschrift die bestimmte Angabe des gemeinschaftlichen Grundstücks; wenn die Wohnungseigentümer Beklagte sind, sind in der Klageschrift außerdem der Verwalter und der gemäß § 45 Abs. 2 Satz 1 bestellte Ersatzzustellungsvertreter zu bezeichnen. Die namentliche Bezeichnung der Wohnungseigentümer hat spätestens bis zum Schluss der mündlichen Verhandlung zu erfolgen.

(2) Sind an dem Rechtsstreit nicht alle Wohnungseigentümer als Partei beteiligt, so sind die übrigen Wohnungseigentümer entsprechend Absatz 1 von dem Kläger zu bezeichnen. Der namentlichen Bezeichnung der übrigen Wohnungseigentümer bedarf es nicht, wenn das Gericht von ihrer Beiladung gemäß § 48 Abs. 1 Satz 1 absieht.

§ 45 Zustellung

(1) Der Verwalter ist Zustellungsvertreter der Wohnungseigentümer, wenn diese Beklagte oder gemäß § 48 Abs. 1 Satz 1 beizuladen sind, es sei denn, dass er als Gegner der Wohnungseigentümer an dem Verfahren beteiligt ist oder aufgrund des Streitgegenstandes die Gefahr besteht, der Verwalter werde die Wohnungseigentümer nicht sachgerecht unterrichten.

(2) Die Wohnungseigentümer haben für den Fall, dass der Verwalter als Zustellungsvertreter ausgeschlossen ist, durch Beschluss mit Stimmenmehrheit einen Ersatzzustellungsvertreter sowie dessen Vertreter zu bestellen, auch wenn ein Rechtsstreit noch nicht anhängig ist. Der Ersatzzustellungsvertreter tritt in die dem Verwalter als Zustellungsvertreter der Wohnungseigentümer zustehenden Aufgaben und Befugnisse ein, sofern das Gericht die Zustellung an ihn anordnet; Absatz 1 gilt entsprechend.

(3) Haben die Wohnungseigentümer entgegen Absatz 2 Satz 1 keinen Ersatzzustellungsvertreter bestellt oder ist die Zustellung nach den Absätzen 1 und 2 aus sonstigen Gründen nicht ausführbar, kann das Gericht einen Ersatzzustellungsvertreter bestellen.

§ 46 Anfechtungsklage

(1) Die Klage eines oder mehrerer Wohnungseigentümer auf Erklärung der Ungültigkeit eines Beschlusses der Wohnungseigentümer ist gegen die übrigen Wohnungseigentümer und die Klage des Verwalters ist gegen die Wohnungseigentümer zu richten. Sie muss innerhalb eines Monats nach der Beschlussfassung erhoben und innerhalb zweier Monate nach der Beschlussfassung begründet werden. Die §§ 233 bis 238 der Zivilprozessordnung gelten entsprechend.

(2) Hat der Kläger erkennbar eine Tatsache übersehen, aus der sich ergibt, dass der Beschluss nichtig ist, so hat das Gericht darauf hinzuweisen.

§ 47 Prozessverbindung

Mehrere Prozesse, in denen Klagen auf Erklärung oder Feststellung der Ungültigkeit desselben Beschlusses der Wohnungseigentümer erhoben werden, sind zur gleichzeitigen Verhandlung und Entscheidung zu verbinden. Die Verbindung bewirkt, dass die Kläger der vorher selbständigen Prozesse als Streitgenossen anzusehen sind.

§ 48 Beiladung, Wirkung des Urteils

(1) Richtet sich die Klage eines Wohnungseigentümers, der in einem Rechtsstreit gemäß § 43 Nr. 1 oder Nr. 3 einen ihm allein zustehenden Anspruch geltend macht, nur gegen einen oder einzelne Wohnungseigentümer oder nur gegen den Verwalter, so sind die übrigen Wohnungseigentümer beizuladen, es sei denn, dass ihre rechtlichen Interessen erkennbar nicht betroffen sind. Soweit in einem Rechtsstreit gemäß § 43 Nr. 3 oder Nr. 4 der Verwalter nicht Partei ist, ist er ebenfalls beizuladen.

(2) Die Beiladung erfolgt durch Zustellung der Klageschrift, der die Verfügungen des Vorsitzenden beizufügen sind. Die Beigeladenen können der einen oder anderen Partei zu deren Unterstützung beitreten. Veräußert ein beigeladener Wohnungseigentümer während des Prozesses sein Wohnungseigentum, ist § 265 Abs. 2 der Zivilprozessordnung entsprechend anzuwenden.

(3) Über die in § 325 der Zivilprozessordnung angeordneten Wirkungen hinaus wirkt das rechtskräftige Urteil auch für und gegen alle beigeladenen Wohnungseigentümer und ihre Rechtsnachfolger sowie den beigeladenen Verwalter.

(4) Wird durch das Urteil eine Anfechtungsklage als unbegründet abgewiesen, so kann auch nicht mehr geltend gemacht werden, der Beschluss sei nichtig.

§ 49 Kostenentscheidung

(1) Wird gemäß § 21 Abs. 8 nach billigem Ermessen entschieden, so können auch die Prozesskosten nach billigem Ermessen verteilt werden.

(2) Dem Verwalter können Prozesskosten auferlegt werden, soweit die Tätigkeit des Gerichts durch ihn veranlasst wurde und ihn ein grobes Verschulden trifft, auch wenn er nicht Partei des Rechtsstreits ist.

§ 50 Kostenerstattung

Den Wohnungseigentümern sind als zur zweckentsprechenden Rechtsverfolgung oder Rechtsverteidigung notwendige Kosten nur die Kosten eines bevollmächtigten Rechtsanwalts zu erstatten, wenn nicht aus Gründen, die mit dem Gegenstand des Rechtsstreits zusammenhängen, eine Vertretung durch mehrere bevollmächtigte Rechtsanwälte geboten war.

IV. Teil
Ergänzende Bestimmungen

§ 60 Ehewohnung

Die Vorschriften der Verordnung über die Behandlung der Ehewohnung und des Hausrats (Sechste Durchführungsverordnung zum Ehegesetz) vom 21. Oktober 1944 (Reichsgesetzbl. I S. 256) gelten entsprechend, wenn die Ehewohnung im Wohnungseigentum eines oder beider Ehegatten steht oder wenn einem oder beiden Ehegatten das Dauerwohnrecht an der Ehewohnung zusteht.

§ 61

Fehlt eine nach § 12 erforderliche Zustimmung, so sind die Veräußerung und das zugrundeliegende Verpflichtungsgeschäft unbeschadet der sonstigen Voraussetzungen wirksam, wenn die Eintragung der Veräußerung oder einer Auflassungsvormerkung in das Grundbuch vor dem 15. Januar 1994 erfolgt ist und es sich um die erstmalige Veräußerung dieses Wohnungseigentums nach seiner Begründung handelt, es sei denn, dass eine rechtskräftige gerichtliche Entscheidung entgegensteht. Das Fehlen der Zustimmung steht in diesen Fällen dem Eintritt der Rechtsfolgen des § 878 des Bürgerlichen Gesetzbuchs nicht entgegen. Die Sätze 1 und 2 gelten entsprechend in den Fällen der §§ 30 und 35 des Wohnungseigentumsgesetzes.

§ 62 Übergangsvorschrift

(1) Für die am 1. Juli 2007 bei Gericht anhängigen Verfahren in Wohnungseigentums- oder in Zwangsversteigerungssachen oder für die bei einem Notar beantragten freiwilligen Versteigerungen sind die durch die Artikel 1 und 2 des Gesetzes vom 26. März 2007 (BGBl. I S. 370) geänderten Vorschriften des III. Teils dieses Gesetzes sowie die des Gesetzes über die Zwangsversteigerung und die Zwangsverwaltung in ihrer bis dahin geltenden Fassung weiter anzuwenden.

(2) In Wohnungseigentumssachen nach § 43 Nr. 1 bis 4 finden die Bestimmungen über die Nichtzulassungsbeschwerde (§ 543 Abs. 1 Nr. 2, § 544 der Zivilprozessordnung) keine Anwendung, soweit die anzufechtende Entscheidung vor dem 1. Juli 2012 verkündet worden ist.

§ 63 Überleitung bestehender Rechtsverhältnisse

(1) Werden Rechtsverhältnisse, mit denen ein Rechtserfolg bezweckt wird, der den durch dieses Gesetz geschaffenen Rechtsformen entspricht, in solche Rechtsformen umgewandelt, so ist als Geschäftswert für die Berechnung der hierdurch veranlassten Gebühren der Gerichte und Notare im Falle des Wohnungseigentums ein Fünf-

Anhang Wohnungseigentumsgesetz

undzwanzigstel des Einheitswertes des Grundstückes, im Falle des Dauerwohnrechtes ein Fünfundzwanzigstel des Wertes des Rechtes anzunehmen.

(2) *gegenstandslos*

(3) Durch Landesgesetz können Vorschriften zur Überleitung bestehender, auf Landesrecht beruhender Rechtsverhältnisse in die durch dieses Gesetz geschaffenen Rechtsformen getroffen werden.

§ 64 Inkrafttreten

Dieses Gesetz tritt am Tage nach seiner Verkündung in Kraft.

Stichwortverzeichnis

Die Buchstaben bezeichnen die Teile, die Zahlen die Randziffern innerhalb der Teile.

Abänderung
- Hausordnung B 253
Abänderungsanspruch
- bei Vereinbarungen A 5
Abänderungsbeschluss
- Betriebs- und Verwaltungskosten A 21
- Quorum B 108 ff.
Abberufung
- Verwalter B 484 ff.
Abgeschlossenheitsbescheinigung A 4
Ablufttrockner
- Verbot B 259
Abmahnung
- Vermietung C 265 ff.
Abrechnung
- Dritte B 96
- haushaltsnahe Dienstleistungen B 895 ff.
Abrechnungsdarstellung
- Steuer D 30 ff.
Abrechnungsfiktion
- Gemeinschaftsordnung B 616
- Wirksamkeit B 616 ff.
Abrechnungsperiode
- Jahresabrechnung B 607 ff.
- Nutzerwechsel B 170
Abrechnungsspitze
- Eigentumswechsel B 120 ff.
- Wohngeld B 709
Abschreibungen D 10 ff.
Absperrpfähle
- Sondernutzungsrechte B 53
- Beseitigung B 54a
Absperrventile
- Sondereigentum B 21
Abstellbügel
- Parkplatz B 284
Abstellplätze
- Besteuerung bei Vermietung D 24
- Sondereigentum B 21, 48 ff.
Abstimmung
- Form in der Eigentümerversammlung B 371 ff.
- Methode B 410
Abtretung
- Sondernutzungsrechte B 50
Abwasserhebeanlage B 54a
- Sondereigentum B 21

Abwasserleitung
- Erneuerung B 284
AGB
- Mietvertrag C 14 ff., 291 ff.
Alarmanlage
- Gebrauchswerterhöhung B 284
Alternativvollmacht B 387
Altforderungen
- Eigentümerwechsel B 6
Altschulden
- Darlehen B 7
- Sonderrechtsnachfolger B 122
Amateurfunk
- Störungen B 284
Amtsgericht
- Zuständigkeit B 960
Amtsniederlegung
- Verwalter B 490 ff.
Amtszeit
- Verwaltungsbeirat B 584
Anbau
- Balkon B 284
- Garage B 33
Änderung
- Gemeinschaftsordnung B 34 ff.
- Sondernutzungsrecht B 42
- Teilungserklärung B 28
- Verteilungsschlüssel B 91 ff.
Änderungsanspruch
- Gemeinschaftsordnung B 35
Änderungsvereinbarung
- Gemeinschaftsordnung B 34
Änderungsvoraussetzung
- Kostenverteilungsschlüssel B 94 ff.
Anerkenntnisurteil B 993
Anfängliche Mängel
- Instandhaltungspflicht B 154
Anfechtbarkeit
- Beschluss B 390 ff.
Anfechtungsgründe
- Beschluss B 391 ff.
Anfechtungsrecht
- Zwangsverwalter B 728
Anmeldung
- Ansprüche A 60
Anpassungsklauseln
- Genehmigungspflicht B 516
Anschaffung
- Rasenmäher B 298

627

Anschlussberufung B 1000
Ansprüche
- Anmeldung und Glaubhaftmachung A 60
- Gemeinschaftsbezogene B 12d
Antenne
- Sondereigentum B 21, 284
Antrag
- einstweiliger Rechtsschutz B 991
Antragsberechtigung B 916 ff.
Antragstellung B 916 ff.
Anwaltsgebühren
- Erstattung B 1016 ff.
Arbeitnehmer
- Auswahl und Einstellung B 554
Arbeitsstättenverordnung
- Heizperiode B 625
Arbeitsumfang
- Verwalter A 70
Arbeitsverpflichtung
- Fehlende Beschlusskompetenz B 133
Architekturpraxis B 61
Arztpraxis B 61
Asbest
- Gemeinschaftseigentum B 267
Asylbewerber
- Vermietung B 279
Aufbau
- Beschlusssammlung B 454 ff.
Aufbewahrung
- Protokoll B 426
Aufhebung
- Sondernutzungsrechte B 42, 51
Aufrechnungsausschluss
- bei Wohngeldansprüchen B 136
Aufteilung
- Große Eigentumswohnung B 29
Aufteilungsplan
- Abgeschlossenheitsbescheinigung A 4 ff.
- Abweichung als bauliche Veränderung B 262 ff.
Aufwendungen
- gemeinschaftliches Eigentum B 298
Aufwendungsersatz
- Gewährleistungsrechte B 777
Aufzug
- Bauliche Veränderung B 284
Aufzugskosten
- Beteiligung B 54a
- Nebenkosten B 184
Auskunftsanspruch
- Bauliche Veränderung B 287
- Abgrenzung zur Einsichtnahme B 235
- Schikane B 233

- Wohnungseigentümer B 233 ff.
Auskunftsverweigerung
- Verwalter B 485
Ausschluss
- der Gewährleistung B 778 ff.
- Verwalterbestellung B 229
Ausschüsse
- Bildung durch den Verwaltungsbeirat B 586
Außenfassade
- Mehrheitsbeschluss B 284
Außenhaftung
- nach Veräußerung A 14
Außergerichtliche Streitschlichtung
- Textmuster E 27
Außerordentliche fristlose Kündigung C 281 ff.
Ausübungskompetenz
- Gemeinschaft B 12c

Bad- und Toilettenbenutzung
- Geräuschbelästigung B 79
- vermietete Eigentumswohnung C 294
Balkon
- Anbau B 284
- Grillen B 250
- Bepflanzung B 249
- Sondereigentum B 21
- Wäschetrocknung B 259
Bankkonten
- Vermögensverwaltung B 593
Bargeld
- Entgegennahme B 593 ff.
Barrierefreiheit
- Vermietung C 201 f.
Bauhandwerkersicherungshypothek
- Anteilige Inanspruchnahme A 12; B 879
Bauliche Maßnahme B 260 ff.
- Abgrenzung zur Instandhaltung B 105
- Abweichung vom Aufteilungsplan B 262
- behindertengerechte Nutzung B 284
- Stufenbeschluss B 110
- Unbillige Beeinträchtigung B 280
Bauliche Veränderung
- Anpassung an Rechtsänderungen B 268
- Auskunftsanspruch B 287
- Beispiele B 262 ff.
- Beschlusskompetenz A 25
- Beseitigungsanspruch B 288
- Dachgeschossausbau B 284
- Definition B 261
- Durchbruch B 284

Stichwortverzeichnis

- Ersatzbeschaffung B 269
- Gartenhaus B 284
- Gemeinschaftsordnung B 284
- Markise B 284
- Modernisierung A 25
- Nachteil B 261
- Ordnungsgemäße Verwaltung B 107
- Parabolantenne B 284
- Rauchmelder B 284
- Rechtsfolgen B 297
- Rollladen B 284
- Spielplatzerrichtung B 284
- Stromzählereinbau B 284
- Wendeltreppe B 262
- Wohnflächenerweiterung B 284
- Zustimmungsverweigerung B 286 ff.
- Außentreppenhaus B 284
- Beschlusskompetenz B 93
- Einzelfallbezug B 104
- Energieeinsparung B 268
- Kostenverteilungsschlüssel B 103 ff.
- Solarzellen B 284
- Wasserzählereinbau B 284

Baumängel
- Gewährleistungsansprüche B 762 ff.

Baumfällung
- Sondernutzungsrechte B 53

Bauträger
- „steckengebliebener Bau" B 823 ff.
- als Mitglied der Wohnungseigentümergemeinschaft B 129 ff.
- Gewährleistungsansprüche B 821
- Kostenverteilung B 129 ff.
- Lastentragung bei Wohnungsleerstand B 129 ff.
- Öffnungsklausel B 38

Beendigung der Gemeinschaft
- Aufgabe des Eigentums B 840
- Aufhebung B 836 ff.
- Gläubiger B 838 ff.

Beendigung des Verwalteramts
- durch Wohnungseigentümerversammlung B 485
- durch Verwalter B 490
- durch Gericht B 491

Befristung
- Mietvertrag C 17 ff.

Befristungsgrund
- Mietvertrag C 21

Befugnisse
- Verwalter A 36 ff.

Begründung
- Sondernutzungsrecht B 49

Behindertengerechter Umbau B 284

Beibringungsgrundsatz
- ZPO-Verfahren B 958
- ZPO-Verfahren B 958

Beiladung
- Verwalter B 979
- Wirkung B 980 ff.
- Wohnungseigentümer B 979

Beirat
- Haftpflichtversicherung B 647

Beitragsausfälle
- Insolvenz B 128

Beitragseinzug
- vorsätzliche Unterlassung B 216

Beitragsforderungen
- Verwalterhaftung B 211

Belege
- Buchführung B 598

Belegeinsicht
- preisfreier Wohnraum C 125 ff.

Belegherausgabe C 127

Benutzung
- Gemeinschaftseigentum B 245 ff.
- Sondereigentum B 55 ff.
- Verjährung von Unterlassungsansprüchen B 59

Benutzungsordnung B 84 ff.
- Sauna B 85
- Sauna Textmuster E 18
- Schwimmbad B 85
- Schwimmbad Textmuster E 17

Benutzungsprobleme B 55 ff.

Benutzungsregelungen
- Hausordnung B 85, 238

Benutzungsverbote
- gegenüber Kindern B 247

Bepflanzung
- Balkone B 249

Berater
- Anwesenheit in der Eigentümerversammlung B 381 ff.

Berichtigungsanspruch
- Protokoll B 425

Berufliche Nutzung B 60 ff.

Berufung B 995 ff.
- Anschlussberufung B 1000
- Beschwerdewert B 995
- Revision zum BGH B 1001
- Textmuster E 30
- Präklusion B 999
- Zuständigkeit B 996 ff.

Berufungsgericht B 996, A 61

Beschaffenheit
- gemeinschaftliches Eigentum B 236

Beschlagnahme
- Wohnrecht des Schuldners B 714
- Wohnungseigentum B 716
- Zwangsverwaltung B 692

Beschluss
- Anfechtbarkeit B 390 ff.
- Anfechtungsgründe B 391 ff.

629

Stichwortverzeichnis

- Anfechtung im Klageverfahren **B** 985 ff.
- Angaben in der Beschlusssammlung **A** 28 ff.
- Ankündigungsrecht **B** 306
- Aufhebung einer Veräußerungsbeschränkung **A** 16
- Aufhebung und Änderung **B** 388 ff.
- Aufhebungsverfahren **B** 971
- Aufnahme in die Beschlusssammlung **B** 462
- Beseitigung **B** 296
- Bestätigung durch gültigen Beschluss **B** 401
- Erwerb **B** 5d
- Grundbucheintragung **A** 6 ff.
- Inhaltsgleicher Zeitbeschluss **B** 389
- mit Vereinbarungsinhalt **B** 393
- Nichtigkeit **B** 390 ff.
- Notarielle Beglaubigung **B** 413 ff.
- ohne Versammlung **B** 384
- Schriftliches Verfahren **B** 384
- Schriftliches Verfahren **B** 422
- Ungültigerklärung **B** 971
- Ungültigkeit **A** 26
- Vereinbarungsänderung **B** 41
- Verwalterabberufung **B** 485 ff.
- Wohnungseigentümer **B** 295
- Wohnungseigentümerversammlung **B** 15

Beschlussbuch **A** 65
Beschlussfähigkeit
- Eigentümerversammlung **B** 342

Beschlussfassung
- Beseitigungsanspruch **B** 296
- schriftliche **B** 384 ff.
- Tagesordnung **B** 304

Beschlusskompetenz
- Bauliche Veränderung **A** 25
- Bauliche Veränderungen **B** 93
- Geldangelegenheiten **A** 23
- Instandsetzung **B** 93 ff.
- Kostenverteilung **B** 91 ff.
- Kostenverteilungsschlüssel **A** 17 ff.
- Lastschriftverfahren **B** 137
- Modernisierende Instandhaltung **A** 25
- Sanktionen **B** 195
- Vorfälligkeitsbeschluss **B** 224
- Zahlungsverwaltung **A** 23

Beschlusssammlung **A** 28 ff.
- Aufbau **B** 454 ff., 467
- Einsichtnahme **B** 451 ff.
- Form **A** 30; **B** 453
- Fotokopien **B** 452
- Herausgabeverfügung Textmuster **E** 34

- Inhalt **A** 28 ff., 32; **B** 460
- Löschen von Einträgen **B** 428
- Textmuster **E** 35 ff.
- Textmuster für Einsichtsklage **E** 33
- Verwalter **B** 447 ff.
- Verwalteramtsbeendigung **B** 485
- Verwalterabberufung bei Mängeln **B** 470
- Verwaltervergütung **A** 33
- Zweck **A** 28 ff.

Beseitigung
- anfängliche Mängel **B** 266

Beseitigungsanspruch
- Bauliche Veränderung **B** 288
- Beschlussfassung **B** 296
- Parabolantenne **B** 284
- Rechtsmissbrauch **B** 293

Beseitigungskosten
- Verhältnismäßigkeit **B** 293

Bestellung
- Verwaltungsbeirat **B** 581 ff.

Besteuerung
- 2- und 3-Konten-Modell **D** 8
- Abschreibungen **D** 10
- Eigennutzung **D** 4
- Grunderwerbsteuer **D** 18 ff.
- Grundsteuer **D** 17
- häusliches Arbeitszimmer **D** 5
- Umsatzsteuer **D** 22 ff.
- Veräußerung der Eigentumswohnung **D** 15
- vermietete Eigentumswohnung **D** 1 ff.
- Vermietung von Abstellplätzen **D** 24
- Zinsabschlagsteuer **D** 26 ff.

Besucher
- Ausschluss von der Eigentümerversammlung **B** 314

Betriebs- und Verwaltungskosten
- Abänderungsbeschluss **A** 21

Betriebskosten **B** 95; **C** 42 ff.
- Abwälzung **C** 49
- Heizungsverordnung **C** 47 f.
- korrekte Angabe **C** 63 ff.
- nach Verbrauch **C** 44 ff.
- Pauschale **C** 50 ff.
- preisgebundener Wohnraum **C** 79
- Schadensersatz bei falschen Angaben **C** 64
- Umlagefähigkeit **C** 73 ff.
- verbrauchsabhängige Kosten **C** 46
- Vereinbarung **C** 42 ff.
- Vorauszahlung **C** 44 ff., 60 ff.

Betriebskostenabrechnung
- Angabe des Umlageschlüssels **C** 68 ff.
- Anteilsberechnung **C** 68 ff.

Stichwortverzeichnis

– Folgen der Unterlassung C 120 ff.
– formelle Ordnungsgemäßheit
  C 69 ff.
– gemischte Anlage C 78
– Gesamtkosten C 71
– haushaltsnahe Dienstleistungen
  C 91 ff.
– Umlagefähigkeit C 72 ff.
– Unterlassung C 120 ff.
– vermietete Eigentumswohnung
  C 303 ff.
– Vorauszahlungsabzug C 68 ff.
– Zusammenstellung der Kosten
  C 68 ff.
Betriebskostenüberhöhung C 51
Betriebskostenverordnung
– Kostenverteilungsschlüssel B 95
Bevollmächtigung
– Gemeinschaft B 501 ff
Bewegliches Vermögen
– Zwangsvollstreckung B 197
Bewohneranzahl B 178
Bezugsfertigkeit
– Startgeld B 138
BGB-Gesellschaft
– als Vermieter C 27
Bierbar B 64
Bleirohre
– Auswechseln B 284
Blumenkübel
– Treppenhaus B 245
Bonität
– Verwalterhaftung B 474
Bordell
– Prostitution B 61
Breitbandkabel B 284
Buchführung
– Belege B 598
– Inhalt B 596
– Vermögensverwaltung B 596 ff.
– Beispiele E 21 ff.
– Textmuster E 21 ff.
Bundesdatenschutzgesetz B 568 ff.

Carport
– Stellplätze B 53

Dachfenster B 284
Dachgarten
– Dachterrasse B 63
Dachgeschoss
– Bauliche Veränderung B 284
Dachräume
– Ausbau B 54a
Dachterrasse
– Sondereigentum B 21

Darlehen
– Altschulden B 7
Darlehensaufnahme B 622 ff.
– Ermächtigung B 622 ff.
Darlehensrückzahlung
– Eigentümergemeinschaft B 8
Datenschutz
– Verwalter B 568 ff.
Dauerschulden
– Gemeinschaft B 9
Decken
– Sondereigentum B 21
Dienstbarkeiten
– Zustimmungserfordernisse B 46
Dienstleistung
– persönliche B 133
Dinglich Berechtigte
– Änderung der Gemeinschaftsordnung B 43
– Zustimmungserfordernisse B 42
Dinglicher Arrest
– Textmuster E 29
DIN-Normen
– Geräuschbelästigung B 79
– Modernisierung B 277
Diskothek B 61
Doppelhäuser B 285 ff.
– Reihenhäuser B 71 ff.
– Sondernutzungsrechte B 52
Doppelstockgarage
– Sondereigentum B 23
– Sondernutzungsrechte B 23
Dritte
– Abrechnung B 96
– Benutzung des Gemeinschaftseigentums B 251
– Zwangsverwaltung B 744
Druckerei B 61
Durchbruch
– Trennmauer B 284

Eichgesetz
– Wärmezähler B 169
Eigenheimzulage
– Abschaffung D 4
Eigentümer
– gemeinschaftsbezogene Rechte und Pflichten B 12c
– Haftung bei Grundbucheintragung B 117
– Individualrecht B 12c
Eigentümerhaftung
– für Dritte B 887 ff.
Eigentümerinsolvenz B 207
Eigentümerversammlung B 299 ff.
– Ankündigungsrecht für Beschlussgegenstände B 306

- Anwesenheit von Beratern B 381 ff.
- Ausschluss von Besuchern B 314
- Ausschluss von Vertretern B 314
- Beschluss B 16
- Beschlussfähigkeit B 342
- Einberufung B 302 ff., 340 ff.
- Einberufungsfrist B 311
- Eröffnung B 364
- Eventualeinberufung B 343
- Form der Abstimmung B 371 ff.
- Form der Einberufung B 309
- Geschäftsordnung B 265
- Geschäftsordnungsanträge B 367
- Hausrecht B 314
- Markow-Prinzip B 344
- Mitarbeiter des Verwalters B 326
- Nichtladung B 308
- Nichtöffentlichkeit B 313 ff.
- Niederschrift B 403 ff.
- Ortsangabe B 312
- Protokoll B 403 ff.
- Stimmenauszählung B 373
- Stimmengleichheit B 351
- Stimmenthaltung B 350
- Stimmrecht des Insolvenzverwalters B 353
- Stimmrecht und Mehrheitsberechnung B 344 ff.
- Stimmrechtsausschluss B 356 ff.
- Stimmrechtsbindung B 363
- Stimmrechtsvollmacht B 376 ff.
- Subtraktionsverfahren B 372 ff.
- Tagesordnung B 304
- Teilnehmerverzeichnis B 382
- Tonband-Aufnahme B 370
- Vertretung Minderjähriger B 376 ff.
- Vollversammlung B 383
- Vorbereitungsmaßnahmen B 341
- Vorsitz B 363
- Wohnungsrecht B 352
- Zeitangabe B 312
- Zulassung von Rechtsanwälten B 329
- Zwangsverwalter B 722 ff.

Eigentümerwechsel
- Abrechnungsspitze B 120 ff.
- Altforderung B 6
- Gutschrift bei der Jahresabrechnung B 614
- Jahresabrechnung B 612
- Verwaltervergütung B 536

Eigentumsgarantie
- Verfassungswidrigkeit B 1

Eigentumsumschreibung B 115

Eigentumsverhältnisse
- Grundsätzliches B 17

Eigentumswohnung
- Aufteilung B 29
- Besonderheiten C 143 f
- Lastenübergang B 113 ff.
- Vereinigung B 31
- Vermietung D 1 ff.
- Vermietung Textmuster E 25

Einberufung
- Eigentümerversammlung B 302 ff., 340 ff.
- Form B 309
- Verwalterabberufung B 485
- Wohnungseigentümer-Versammlung A 27

Einbruchsicherung
- Bauliche Veränderung B 284

Einfachverglasung
- Modernisierende Instandsetzung B 284

Eingangstür
- Einbruchschutz B 284

Einkommensteuer
- Instandhaltungsrückstellung als Werbungskosten B 149
- Verzinsung der Instandhaltungsrückstellung B 150
- Siehe auch bei Besteuerung

Einnahmen
- aus dem gemeinschaftlichen Eigentum B 89

Einsichtnahme
- Abgrenzung zum Auskunftsrecht B 235
- in die Beschlusssammlung B 451 ff.
- Betriebskostenunterlagen C 125
- Fotokopien B 235

Einstellung
- Gärtner B 298

Einstweiliger Rechtsschutz
- Antrag B 991

Eintragungszeitpunkt B 467

Eintrittsberechtigte
- bei Tod des Mieters C 182 ff.

Einzelabrechnung B 12c

Einzelfallbezug
- Bauliche Veränderungen B 104

Elektrische Leitungen
- Sondereigentum B 21

Elektrizität
- Nebenkosten B 181

Elektrogrill
- Duldungspflicht B 250

Elektroinstallation
- Verbesserung B 284

Elektronische Heizkostenverteiler B 168

Stichwortverzeichnis

Elementarversicherung
– Anpassung B 268
– Versicherungen B 647
Energieeinsparung
– Modernisierung B 275
Energiesparverordnung
– bauliche Veränderung B 284
– Heizkostenverteilung B 160
Entlastung des Verwalters
– Jahresabrechnung B 618
Entlüftungsrohre
– Sondereigentum B 21
Entscheidung durch Richter A 42
Entziehung des Wohnungseigentums
– gravierende Änderungen B 842
– Gründe B 844
– Kosten B 191
– Verfahren B 201, 841 ff., 846 ff.
– Versteigerung B 850 ff.
– Voraussetzungen B 843
Erbengemeinschaft
– Stimmrecht B 347
Erbfähigkeit
– Gemeinschaft B 11
Erfüllungsgehilfe
– Hausmeister B 888
– Verwalter B 887 ff.
Erledigung
– Kostenfolge B 1013
Ermächtigung
– Darlehensaufnahme B 622
Ermessensspielraum
– Höhe der Instandhaltungsrückstellung B 143
Ernennung
– Verwalter B 473 ff.
Ersatzbeschaffung
– Bauliche Veränderung B 269
Ersatzvornahme
– Werkvertrag B 793
Erschließungsbeiträge
– bauliche Veränderung B 284
– Kostenverteilung B 189
Erstattung
– Anwaltsgebühren B 1016 ff.
– Prozesskosten A 49
Erstbestellung
– Verwalter B 479 ff.
Erstellungsfrist
– Protokoll B 423 ff.
Erträge löschen B 468
Erwerb als Beschluss B 5d
Erwerberhaftung
– Einschränkung B 114
Erwerberhaftung
– Gemeinschaftsordnung B 711
Erwerbsfähigkeit B 11

Etagenheizung
– Umstellung B 284

Fachfirmen
– Heizungswartung B 247
Fahrradständer
– Beeinträchtigung B 284
– Gemeinschaftseigentum B 267
Fahrtkosten
– haushaltsnahe Dienstleistungen C 104 ff.
Fälligkeitsregelungen
– Gemeinschaftsordnung B 220 ff.
Fenster
– Auswechselung B 284
– Sondereigentum B 21
Fertigstellung
– „steckengebliebener Bau" B 823 ff.
– durch die Wohnungseigentümer B 827 ff.
– Unterbleiben B 830 ff.
Festgeldkonto
– Instandhaltungsrückstellung B 146 ff.
Festsetzung des Streitwertes A 63
Feststellung
– Steuer D 28
Feuerversicherung B 641
– Gemeinschaftskosten B 185
– Mehrheitsentscheid B 243
Feuerwehrzufahrt
– Modernisierung B 284
Finanzielle Überforderung
– Modernisierende Instandsetzung A 25
Finanzierungsvereinbarungen
– Gemeinschaftsordnung B 40
Forderungssicherung
– Gläubiger A 9 ff.
Form
– Beschlusssammlung B 453
Formular
– Mietvertrag C 14 ff.
Formelle Voraussetzungen
– Modernisierung B 282
Fotokopien
– Beschlusssammlung B 452
– Kostenerstattung B 235
– Verwaltervergütung B 533
Freiberufler
– Nutzung B 61
Freistellungsanspruch B 874
Freistellungsauftrag D 27
Fremdenverkehrsorte B 74
Fremdverwaltung
– Ordnungsgemäße Verwaltung B 236

633

Frist
- Einberufung zur Eigentümerverammlung B 311
Fußböden
- Sondereigentum B 21; B 284

Garage
- Neuerrichtung B 33
- Veräußerung B 32
- Sondereigentum B 22 ff.
- Computersteuerung B 23
Garten
- Nutzung des gemeinschaftlichen Eigentums B 81
- Erstmalige Herstellung B 284
Gartenhaus
- Bauliche Veränderung B 284
- Miteigentum B 24a
- Sondernutzungsrechte B 53
Gartennutzung
- Aufteilung nach Fläche B 82
Gartenzwerge
- Gemeinschaftsgarten B 81
Gärtner
- Einstellung B 298
Gasleitungen
- Sondereigentum B 21
Gebäudeinstandhaltung
- Kosten B 153 ff.
Gebrauch
- Abgrenzung zur Nutzung B 106
- vertragsgemäßer C 139 ff.
Gebrauchsmaßstab B 106
Gebrauchswerterhöhung
- Alarmanlage B 284
- Modernisierung B 273 ff.
Gebühren
- Gerichtskostengesetz B 1015 ff.
Gegensprechanlage
- Wohnwerterhöhung B 284
Gehaltpfändung B 197
Geld- und Verwaltungsvermögen B 24 ff.
Geldangelegenheiten
- Erweiterte Beschlusskompetenz A 23
- Sanktionsangelegenheiten A 68
Geldansprüche
- Verjährung B 202
- Verjährungsfrist B 203
Geldversorgungssperre
- Haftungssystem B 882
Gemeinschaft
- Außenforderungen B 6 ff.
- Ausübungskompetenz B 12c
- Bevollmächtigung B 901 ff.
- Darlehen B 7

- Dauerschulden B 9
- Erbfähigkeit B 11
- Gemeinschaftsordnung B 13a
- Grundbuch B 5 ff.
- Grundstückserwerb B 5b
- Haftungssystem B 868 ff.
- Innere Rechtsverhältnisse B 2 ff.
- Insolvenzfähigkeit A 15
- Kaufverträge B 12b
- Klagebefugnis B 963
- Konten, Kontoinhaber B 4
- Lieferverträge B 12b
- Mieteinzug B 208
- Namensfähigkeit B 3
- Parteibezeichnung B 3
- Passivprozess B 12 f
- Rechtsfähigkeit A 7 ff.
- Rechtsfähigkeit B 2 ff.
- Rechtsverhältnis B 2 ff.
- Schadensersatzansprüche B 12c
- Verbote beschließen B 259
- Versorgungsverträge B 12b
- Verwaltungsvermögen A 8
- Verwaltungsvermögen B 24 ff.
- Wartungsverträge B 12b
- Wohngeldforderungen B 12c
- Zwangshypothek B 5a
Gemeinschaftliche Entscheidungen B 16
Gemeinschaftliche Haftung
- Mahnbescheid B 196
- Vollstreckungstitel B 196
- Wohngeldausfälle B 192
- Zwangsvollstreckung B 197
Gemeinschaftliche Kosten und Lasten B 90 ff.
Gemeinschaftliches Eigentum B 18
- Aufwendungen B 298
- Benutzung B 80 ff.
- Beschaffenheit B 236
- Einnahmen B 89
- Gartennutzung B 81
- Instandhaltung B 153 ff.
Gemeinschaftliches Haftungssystem
- Ansprüche der Eigentümer B 871 ff.
- Auskunftsanspruch B 878
- Bauhandwerkersicherungshypothek B 879
- Freistellungsanspruch B 874
- Geldversorgungssperre B 882 f.
- Gemeinschaftsordnung B 884
- Haftungsbeschränkung B 876
- Haftungsprobleme für Dritte B 887 ff.
- Teilrechtsfähigkeit B 868
- Verjährungsvorschrift B 886
- Wahlrecht Gläubiger B 875

Gemeinschaftliches Vermögen
- Verwaltungsvermögen A 8
Gemeinschaftsansprüche
- Abgrenzung zu Individualrechten B 12e
Gemeinschaftsantenne B 284
- Modernisierung B 284
- Wohnwertverbesserung B 284
Gemeinschaftsbezug
- Ansprüche B 12d
Gemeinschaftseigentum
- Abstellen von Gegenständen B 245
- Anbringung einer Parabolantenne B 284
- Asbest B 267
- Bepflanzung der Balkone B 249
- Beschädigung B 12c
- Gebrauch B 247
- Gebrauchserlaubnis an Dritte B 251
- Gesundheitsgefährdung B 267
- Grillen B 250
- Instandhaltung B 240
- Kostenverteilung A 19
- Mängel B 811 ff.
- Nutzung B 245 ff.
- Pflanzentröge B 284
- Regelung B 248
- Sanierungsmaßnahmen B 546
- Verhältnis zum Eigentümer B 2a
- Vermietung B 258
Gemeinschaftsgarten
- Gartenzwerge B 81
Gemeinschaftskonto
- Unterdeckung B 215
Gemeinschaftskosten
- Aufzug B 184
- Feuerversicherung B 185
- Glasversicherung B 186
- Haftpflichtversicherung B 185
- Müllabfuhr B 182
- Reinigungskosten B 183
- Strom B 181
- Umzugskostenpauschale B 187
- Versicherungen B 185
Gemeinschaftslast
- Erschließungskosten B 189
Gemeinschaftsordnung B 13a
- Abrechnungsfiktion B 616
- Änderung B 34 ff.
- Änderungsvereinbarung B 34
- Änderungsvorbehalte B 396
- Bauliche Veränderung B 284
- Dinglich Berechtigte B 43
- Erleichterte Änderung A 3 ff.
- Erwerberhaftung B 711
- Fälligkeitsregelungen B 220 ff.
- Finanzierungsvereinbarungen B 40

- Grundbucheintragung B 13a
- Haftung für Rückstände B 118
- Inhalt B 14
- Instandhaltungsrücklage B 40
- Kosten und Lasten B 90 ff.
- Lastschriftverfahren B 137
- Mögliche Regelungen B 40
- Nutzungsänderung B 58
- Nutzungsbeschränkung B 62
- Nutzungsbeschränkungen B 40
- Öffnungsklausel B 37
- Ruhen des Stimmrechts B 362
- Schiedsvereinbarungen B 40
- Schriftform B 13a
- Sondereigentum B 56 ff.
- Sondernutzungsrechte B 40
- Sonderrechtsnachfolger B 36
- Teilerklärung B 13
- Textmuster für Änderung E 13
- Textmuster Instandsetzung E 13
- Textmuster Veräußerung Abstellplätze E 15
- Tierhaltung B 40
- Unabdingbare Vorschriften B 39
- Vermietungsbeschränkungen B 40
- Versicherungen B 40
- Verteilungsschlüssel B 40
- Verwalterbestellung B 483
- Verwalterernennung B 40
- Wegfall der Geschäftsgrundlage B 35
- Widerspruch zum Aufteilungsplan B 57
- Zwangsversteigerungsverfahren B 44
- Zwangsverwalter B 730
Gemischte Nutzung
- Betriebskostenabrechnung C 78
Geräuschbelästigung B 79
- Bad- und Toilettenbenutzung B 79
Gericht
- Bindung an den Antrag B 992
- Kostenentscheidung B 1006 ff.
- Verwalterabberufung B 490
- Verwalterbestellung B 478
- Verwaltungsmaßnahmen A 24
- Zuständigkeit B 959
Gerichtliche Entscheidungen
- Verbindlichkeit B 16
Gerichtliche Geltendmachung B 209
Gerichtskosten B 191
- als Kosten der Verwaltung B 191
- ZPO-Verfahren B 953
Gerichtskostengesetz
- Gebühren B 1015 ff.
Gesamtkosten
- Betriebskostenabrechnung C 70

Geschäftsordnung
- Eigentümerversammlung B 365; E 7
Geschäftsraummiete C 290
Gesundheitsgefährdung
- durch Gemeinschaftseigentum B 267
Getränkeausschank B 64
Gewährleistung
- Ausschluss B 778 ff.
- Baumängel B 762 ff.
- Bauträger B 821
- Besonderheiten Eigentümergemeinschaft B 809
- Durchsetzung B 820 ff.
- Ersatzvornahme B 793
- Haftpflicht B 763
- Mängel Gemeinschaftseigentum B 811 ff.
- Mängel Sondereigentum B 810
- Mangelbegriff B 766
- Mangelkenntnis B 779
- Minderung B 775, 791
- Nacherfüllung B 774, 765
- Nebenpflicht B 763
- Pflichtverletzung B 764
- Recht B 773 ff.
- Rücktritt B 776
- Schadensersatz B 777
- unerheblicher Mangel B 796
- Verjährung B 781 ff.
- Verjährung des Rechts B 799 ff.
- Vermietung C 255 ff.
- Verwalter B 436
- VOB B 803 ff.
- Werkvertrag B 790 ff., 807
Gewässerversicherung B 645
Gewerberaum
- Mietvertrag C 5 ff.
Gewerbliche Nutzung B 56; 60 ff.
- Verschließen der Haustür B 83
Glasversicherung B 647
- Gemeinschaftskosten B 186
Glaubhaftmachung der Ansprüche A 60
Gläubiger
- Forderungssicherung A 9 ff.
- Zustimmung B 41
GmbH
- als Verwalter B 561
Grillen
- Balkon B 250
- Elektrogrill B 250
- Verbot B 250 ff.
Grillplatz B 54a
Grundbuch
- Änderung der Gemeinschaftsordnung B 36

- Eintragung von Beschlüssen A 6 ff.
- Gemeinschaft B 5 ff.
- Gemeinschaftsordnung B 13a
- Öffnungsklausel B 37
- Sondernutzungsrechte B 48
Grundbuchordnung B 469
Grunderwerbsteuer D 18 ff.
Grundpfandrechte
- Zustimmungserfordernisse B 41 ff., 45
Grundsteuer B 190; D 17
Güteverfahren
- obligatorisches B 1028 ff.
- Schlichtungsstelle B 965
- Streitwert B 1028

Haftpflichtversicherung B 643
- für Beirat B 647
- Gemeinschaftskosten B 185
Haftung
- Eigentümer B 117
- Gemeinschaftsordnung B 118
- Verwaltung B 471 ff.
- Verwaltungsbeirat B 589
- Wohnungseigentümer A 9 ff.
- Zwangsverwalter B 699
Handlauf
- Treppenhaus B 284
Handwerker
- Schadensersatzansprüche B 12c
Hausflur
- Abstellen von Kinderwagen B 245
Hausgeld B 134 ff.
- Hausgeldverfahren B 196
- Rechtsnachfolgerhaftungsbeschluss B 228
- Startgeld B 138
- Zahlung durch Zwangsverwalter A 61
Haushaltsnahe Dienstleistungen
- Abzug für Eigentümer B 895b
- Abzug für Wohnungseigentümer B 895c ff.
- Arbeits- und Materialkosten C 104 ff.
- Aufteilungsverbot B 895r
- Beratungs- und Informationspflicht B 895f
- Betriebskostenabrechnung C 91 ff.
- Darstellung in der Jahresabrechnung B 895u
- Definition B 895j ff.
- Förderungsmöglichkeiten C 92 f.
- Gesonderte Ausweisung B 895q
- Haushaltsnahe Handwerkerleistung B 895p
- Kleinreparaturen C 118

Stichwortverzeichnis

- Kostenerfassung B 895i ff.
- Sondervergütung B 895z
- Steuerliche Anerkennung B 896a
- Steuerliche Geltendmachung C 94 f.
- Zahlungsweg B 895t, C 105

Häusliches Arbeitszimmer
- Besteuerung D 5

Hausmeister
- Auswahlverschulden B 888
- Kosten B 158
- Kostenumlageschlüssel B 159
- Vertrag, Textmuster E 2

Hausnummernbeleuchtung
- Modernisierung B 284

Hausordnung B 84 ff.
- Abänderung B 253
- Aufstellung B 84 ff.
- Benutzungsregelungen B 85
- Definition B 252
- Erstellung B 253
- Mehrheitsentscheid B 243
- Sanktionen bei Verstoß B 195
- Textmuster E 16
- Tierhaltung B 76
- Überwachung von Verstößen B 257 ff.

Hausrecht
- Eigentümerversammlung B 314

Haussprechanlagen
- Sondereigentum B 21

Haustür
- Verschließen B 83

Heizkörper
- Neuanschluss B 284

Heizkosten B 160 ff.
- Abrechnungs- und Ablesezeitraum B 163
- Elektronische Messung B 168
- Energieeinsparungsgesetz B 160
- Heizkostenverordnung C 47 ff.
- Kostenaufteilung bei Nutzerwechsel B 170
- Mietvertrag B 172
- Verbrauchsmessung B 167 ff.
- Verteilungsänderung B 160 ff.
- Verteilungsschlüssel B 162 ff.

Heizkostenverordnung B 160 ff.

Heizöltank
- Erstbefüllung B 138

Heizperiode B 624 ff.
- Arbeitsstättenverordnung B 625
- bei gewerblicher Nutzung B 625
- Dauer B 624
- Mindesttemperatur B 625

Heizung
- außerhalb der Heizperiode B 626
- automatische Steuerung B 627

- Einbau B 284
- Kosten des Betriebes B 163
- Modernisierung B 284
- Nachtabsenkung B 628, B 639
- Nachttemperatur B 628
- Sondereigentum B 21
- Stilllegung B 633 ff.
- Umstellung B 284
- Wartung B 163
- Wartung durch Fachfirmen B 247

Heizungsregelungen
- durch Mehrheitsbeschluss B 632

Herausgabeklage
- Beschlusssammlung E 34

Hilfskräfte
- Einsatz durch den Verwalter B 509a

Hobbyraum B 63
- Teilungserklärung B 70

Hotelanlage B 87

Hypothek
- Zustimmungserfordernis A 3

Indexmiete C 33 ff.
- Mieterhöhung C 159 ff.
- Textmuster E 24g

Individualrechte
- Abgrenzung zu Gemeinschaftsansprüchen B 12e

Informationspflichten A 41
- Verletzung durch den Verwalter B 438 ff.

Ingenieurbüro B 61

Insolvenz
- Vorfälligkeitsbeschluss B 225

Insolvenzeröffnung
- Zwangsverwalter B 733

Insolvenzschaden
- Sonderumlagen B 128

Insolvenzverfahren B 123 ff.
- Eröffnung B 124
- Stimmrecht des Verwalters B 353
- Verwaltungsvermögen A 15
- Wohngeld B 123 ff.

Instandhaltung
- Abgrenzung zur Baulichen Veränderung B 105
- als Ordnungsgemäße Verwaltung B 239
- Änderung der Kostenverteilung B 103 ff.
- Anfängliche Mängel B 154
- Beschlusskompetenz B 93 ff.
- Beschlusskompetenz B 260 ff.
- Gemeinschaftseigentum B 240
- Kostenverteilung A 19
- Sachverständigengutachten B 241 ff.

637

- Sondernutzung B 54
- Umfang B 241 ff.
- Verkehrssicherungspflicht B 155
- Wirtschaftlichkeit B 242

Instandhaltungskosten B 153 ff.

Instandhaltungsmaßnahme
- Konkurrenzangebote B 154, 263

Instandhaltungsrücklage B 215

Instandhaltungsrückstellungen
  B 139 ff.
- Abgrenzung zur Sonderumlage
  B 145
- Einkommensteuer B 149 ff.
- Einkommensteuerpflichtige Zinsen
  B 150
- Ermessensspielraum B 143
- Geldanlage B 146 ff.
- Gemeinschaftsordnung B 40
- Mehrhausanlagen B 139
- Mehrheitsentscheid B 243
- Missbrauch durch den Verwalter
  B 219
- Überhöhung B 143
- Verwendung B 145
- Wirtschaftsplan B 144

Instandhaltungsvorgaben
- Verwaltervertrag B 507 ff.

Instandsetzung B 156
- Beschlusskompetenz B 93 ff.
- Kostenverteilung A 19
- modernisierende B 260 ff.
- Stufenbeschluss B 110
- Verwalterpflichten B 435

Jahresabrechnung
- Eigentümerwechsel B 612
- Einnahmen- und Ausgabenrechnung
  B 608
- Entlastung des Verwalters B 618
- Erstellungszeitpunkt B 619
- Gutschrift bei Eigentümerwechsel
  B 614
- Kontostände B 610
- Rechnungslegung B 607 ff.
- Rückforderung von Hausgeldraten
  B 613
- Rückvergütung B 611
- Textmuster E 20
- Vermögensbestand B 610

Jalousien
- Sondereigentum B 21

Kabelfernsehen B 284
- Alternative zur Parabolantenne
  B 284

Kaltmiete C 32

Kaltwasserkosten B 174 ff.
- Umlage nach Verbrauch B 175 ff.

Kaltwasserzähler B 54a
  B 175 ff.

Kampfhund B 77

Kanalisation
- Sondereigentum B 21

Kann-Vorschrift
- Klausel B 226

Kapitalanlagen
- Konflikt A 71
- Verwalterhaftung B 472

Kaufverträge
- Gemeinschaft B 12b

Kaution
- Vermietung C 135 ff.

Kilometergeld
- Verwaltervergütung B 558

Kinder
- Benutzungsverbote B 248

Kinderarzt B 61

Kinderspielplatz
- Mehrheitsbeschluss B 86

Kinderwagen
- Abstellen im Flur B 245
- Vermietung C 142

Klage
- Kosten A 47
- Parteibezeichnung B 3
- Zustellung an den Verwalter
  B 983

Klage auf Verwalterbestellung
- Textmuster E 32

Klageantrag
- Zahlung zukünftigen Hausgeldes
  B 227

Klagebefugnis B 965 ff.
- Anspruch B 969
- der Gemeinschaft B 963
- einzelner Wohnungseigentümer
  B 966
- Güteverfahren B 965
- Rechte und Pflichten B 970
- Ungültigkeitserklärung B 971

Klageerhebung
- Zustellung der Klageschrift B 972

Klagen Dritter
- Streitwert B 961

Klageschrift
- Inhalt B 974
- Parteibezeichnung B 974
- Zustellung B 972

Klageverfahren
- Partei B 3
- Prozessbeteiligte B 977 ff.

Klauselmuster
- Vorfälligkeitsbeschluss B 226

Kleingemeinschaften
– Verwalterbestellung   B 231
Kollision
– Miet- und WEG Recht   C 292 ff.
Konflikt
– Selbstnutzer/Kapitalanleger   A 71
Konkurrenz
– Ausschaltung   B 88
– Verbote   B 88
Konten
– Gemeinschaft   B 4
Kontoführung
– Verwalter   B 444 ff.
Kontoinhaber
– Gemeinschaft   B 4
Kontostände
– Jahresabrechnung   B 610
Kontoüberziehung
– ungenehmigte durch den Verwalter   B 218
Kontrollrechte
– Wohnungseigentümer   B 233
Kosten   B 90 ff.
– Änderung des Verteilungsschlüssels   B 91 ff.
– Anerkenntnis   B 1008
– Außergerichtliche Anwaltskosten   B 952
– Einforderung   B 134 ff.
– Entziehungsverfahren   B 191
– Erledigung   B 1013
– Erschließungskosten   B 189
– Erstattung   A 49
– Gebäudeinstandhaltung   B 153
– Gemeinschaftsordnung   B 90 ff.
– Gerichtskosten   B 191
– Grundsteuer   B 190
– Hausmeister   B 158
– Monatliche Zahlungen   B 134 ff.
– Prozess   A 47
– Sondereigentum   B 153
– teilweises Unterliegen   B 1009
– Unterliegensquote   B 1009 ff.
– Verbrauchserfassung   B 97
– Verteilungsschlüssel   B 90 ff.
– Verursachung   B 97
– Verwalter   A 49
Kostenentscheidung   A 46, 48
Kostenerstattung   A 49; B 157, 1006 ff.
– Fotokopien   B 235
– Prozess   B 1006 ff.
Kostenschuldner
– Eingetragener Eigentümer   B 117
– Stichtag   B 119
– Veräußerung   B 114

Kostenverteilung   B 1006 ff.
– Anwaltsgebühren   B 1016 ff.
– Bauträger   B 129 ff.
– Beschlusskompetenz   B 91 ff.
– Erschließungsbeiträge   B 189
– Gerichtskosten   B 1015
– Instandsetzung   A 19
– Lastenübergang   B 113 ff.
– Mehrhausanlagen   B 112
– Rechtsstreit   B 1013 f.
– Teilfertigstellung der Wohnanlage   B 131 ff.
Kostenverteilungsschlüssel   A 66
– Änderung als Maßnahme der ordnungsgemäßen Verwaltung   B 98 ff.
– Änderung durch Beschluss   B 93 ff.
– Änderungsvoraussetzungen   B 94
– Bauliche Veränderungen   B 103 ff.
– Betriebskostenverordnung   B 95
– Erweiterte Beschlusskompetenz   A 17 ff.
– Heizkosten   B 162 ff.
– Instandhaltung   B 103 ff.
– Kaltwasserkosten   B 174 ff.
– Mögliche Kostenarten   B 95
– Teilfertigstellung   B 132
– Unbilligkeit   B 100
– Unverhältnismäßigkeit   B 102
Kostenvoranschlag
– Vergütung   B 807
Kundenfrequenz   B 61
Kündigung
– des Versicherungsvertrages   B 648 ff.
– Verwaltervertrag   B 486 ff.
Kündigungsfristen
– Vermietung   C 275
Kündigungsgründe
– Vermietung   C 267 ff.
Kündigungsverzicht
– Vermietung   C 276

Lastentragungspflicht
– Bauträger   B 129
Lastenübergang
– Eigentumswohnung   B 113 ff.
Lastschriftverfahren
– Beschlusskompetenz   B 137
– Regelung in Gemeinschaftsordnung   B 137
– Wohngeld   B 137
Laufzeit
– Mietvertrag   C 15 ff.
Leitungen
– Sondereigentum   B 21
Leitungswasserversicherung   B 647
Lieferverträge
– Gemeinschaft   B 12b

Lift **B** 284
LKW
– Parkverbot **B** 259
Lohnabrechnung
– Verwaltervergütung **B** 553
Losverfahren
– Verteilung von Pkw-Stellplätzen **B** 82

Mahnbescheid
– Vollstreckungstitel **B** 196
– Wohngeldausfall **B** 192
Mahnverfahren **B** 954 ff., 1025 ff.
– als Maßnahme der ordnungsgemäßen Verwaltung **B** 192 ff.
– außergerichtliches Güteverfahren **B** 1028
– örtliche Zuständigkeit **B** 1026
– Widerspruch **B** 956
Mängel, siehe auch bei Gewährleistung
– Gemeinschaftseigentum **B** 811 ff.
Mängelansprüche
– Rechtsfähigkeit **B** 12c
Mangelbegriff
– Gewährleistung **B** 766
– Werkvertrag **B** 791 ff.
Markise
– Bauliche Veränderung **B** 284
Maschendrahtzaun **B** 284
Mauern
– Sondereigentum **B** 21
Mehrhausanlage
– Änderung der Gemeinschaftsordnung **B** 35
Mehrhausanlagen
– Doppelhaus **B** 285 ff.
– Eigentümerversammlung **B** 354 ff.
– Getrennte Rücklagen **B** 139
– Kostenverteilung **B** 112
– Teilungserklärung **B** 285 ff.
Mehrheitsbeschluss, siehe auch bei Beschluss
– Außenfassade **B** 284
– Heizung **B** 632
– Kinderspielplatz **B** 86
– Verwalterabberufung **B** 484 ff.
– Verwaltungsmaßnahmen **B** 236 ff., 243
Mehrleistungen
– durch den Verwalter **B** 518
Messgeräte
– Sondereigentum **B** 21
Mietanpassung
– Grenzen **C** 38 ff.
Mieteinzug **B** 209
– Gemeinschaft **B** 209

– Gerichtliche Geltendmachung **B** 209
– Komplette Eintreibung **B** 209
Mietezahlungen
– Pfändungsschutzantrag **B** 708
Mieter
– juristische Person **C** 29
– Tod **C** 181
Mieterhöhung **C** 145 ff.
– anlasslose **C** 146 ff.
– Grenzen **C** 38 ff.
– Indexmiete **C** 159 ff.
– Modernisierung **C** 172 ff.
– Sonderkündigungsrecht **C** 176
– Sozialwohnungen **C** 177
– Staffelmiete **C** 160 ff.
– Übergangsregelung **C** 175
– Vergleichsmiete **C** 38 ff.
– Vergleichsmiete **C** 146 ff.
Mietpreisüberhöhung
– Ordnungswidrigkeit **C** 41
Mietprozess
– Urkundenklage **C** 251 ff.
Mietrückstände
– Versorgungssperre **C** 248 ff.
Mietsache
– Erhaltung **C** 203 ff.
– Umwandlung in Wohnungseigentum **C** 179
– Verkauf **C** 178
Mietsachenerhaltung **C** 203
– Definition **C** 204
– Schönheitsreparaturen **C** 205
Mietschutz **C** 1 ff.
Mietverhältnisbeendigung
– Abmahnung **C** 265 ff.
– außergerichtliche fristlose Kündigung **C** 281 ff.
– erleichtere Kündigung **C** 274 ff.
– Fristen **C** 275
– Kündigungsgründe **C** 267 ff.
– Kündigungsverzicht **C** 276 ff.
– Sozialklausel **C** 271 ff.
– stillschweigende Verlängerung **C** 286
– Übergangsregelung **C** 279 f
Mietvertrag
– AGB **C** 14 ff.
– Arten **C** 3 ff.
– Befristung **C** 11
– Befristung **C** 17 ff.
– Befristungsgrund **C** 21
– Betriebskosten **C** 42
– BGB-Gesellschaft als Vermieter **C** 27
– Form und Inhalt **C** 13 ff.

- Gewerberaum C 5 ff., 25
- Kaltmiete C 32
- Laufzeit C 15 ff.
- Mieter C 29 f.
- Mietzins C 31 ff.
- möbliertes Wohnen C 23
- preisfreier Wohnraum C 10
- preisgebundener Wohnraum C 9
- Raumtemperatur, Nachtabsenkung, Heizperiode B 172
- Schriftform C 13
- stillschweigende Verlängerung C 286
- Textmuster E 23
- unbefristet C 12
- Vermieter C 26 ff.
- Verteilungsschlüssel B 180
- Wohnraum C 3 ff.
- Wohnungsmietverträge C 15 ff.

Mietzins
- Indexmiete C 33
- Staffelmiete C 33

Minderjährige
- Vertretung in der Eigentümerversammlung B 376 ff.

Minderung
- Gewährleistungsrechte B 775

Mindesttemperatur
- bei Wohnungen B 625

Miteigentum
- Gartenhaus B 24a

Miteigentumsanteil
- Gemeinschaftliches Eigentum B 17

Mitgliedschaftsrechte
- Zwangsverwalter B 717

Möblierte Wohnung C 23

Modernisierende Instandsetzung B 260 ff.
- Abgrenzung zur baulichen Veränderung B 105
- Beschlusskompetenz A 25
- Einfachverglasung B 284
- Kosten-/Nutzungsverhältnis B 270
- Zustimmungserfordernis B 271

Modernisierung B 272 ff.
- auf den Stand der Technik B 260 ff.
- Bauliche Veränderung A 25
- BGB-Definition B 272
- Dauerhafte Wohnwertverbesserung B 274 ff.
- DIN-Normen B 277
- Eigenart der Wohnanlage B 278
- Energieeinsparung B 275
- Fehlende Zustimmung B 286 ff.
- Gebrauchswerterhöhung B 273 ff.
- Gemeinschaftliches Eigentum A 19
- Gemeinschaftsantenne B 284
- Heizungsumstellung B 289
- Mieterhöhung C 172 ff.
- Stand der Technik B 277
- Unbillige Beeinträchtigung B 280
- Wärmedämmung B 284
- Wassereinsparung B 276
- Wirtschaftlichkeit B 277

Modernisierungsbeschluss
- Quote B 282

Müllabfuhr
- Nebenkosten B 182

Müllgebühren B 54a

Musizieren
- Nutzung B 78

Nachbarrecht B 268

Nacherfüllung
- Gewährleistungsrechte B 774

Nachteil
- Bauliche Veränderung B 216

Nachträgliche Begründung
- Sondernutzungsrechte B 50

Nachttemperatur
- Heizanlage B 628

Nachweis B 415

Namensfähigkeit
- Gemeinschaft B 3

Nebenkosten, Siehe auch bei Betriebskosten
- Aufzugskosten B 184
- Müllabfuhr B 182
- Reinigungskosten B 183
- Strom B 181
- turnusmäßige Reinigung B 188
- Umzugskostenpauschale B 187
- Versicherungen B 185 f.

Nebenräume
- als Wohnraum B 63
- Umwandlung B 63

Negativbeschluss B 399 ff.
- Beschlusssammlung A 32

Neubau
- Garage B 33

Neuerrichtung
- Garage B 33

Neuerwerber
- Kostenverteilung B 113 ff.

Nichtbeschluss B 399 ff.

Nichtigkeit
- Beschluss B 390 ff., 402

Nichtladung
- Eigentümerversammlung B 308

Nichtöffentlichkeit
- Eigentümerversammlung B 313 ff.

Nichtzulassungsbeschwerde
- Revision B 1001

641

Niederschrift
- Eigentümerversammlung   B 403 ff.
- Unterschrift des Vorsitzenden
  B 416 ff.
Nießbrauchsrechte
- Zustimmungserfordernisse   B 47
Normen
- maßgebliche   B 1
Notarielle Beglaubigung
- Beschluss   B 413 ff.
Notrechte
- Wohnungseigentümer   B 233
Notverwalter   A 35
Nutzerwechsel
- Heizkostenaufteilung   B 170
Nutzung
- Abgrenzung vom Gebrauch   B 106
- Auslegung der Teilungserklärung
  B 65 ff.
- berufliche   B 60 ff.
- Diskothek   B 61
- Druckerei   B 61
- Freiberufler   B 61
- Garten   B 81
- Gemeinschaftliches Eigentum
  B 80 ff.
- Geräuschbelästigung   B 79
- gewerbliche   B 56
- gewerbliche   B 60 ff.
- Hof   B 82
- Kundenfrequenz   B 61
- Musizieren   B 78
- Teilungserklärung   B 65
- Tierhaltung   B 75
- Treppenhaus   B 80
- Vermietung   B 73
Nutzungen
- Zwangsverwalter   B 706 ff.
Nutzungsänderung
- Verwalterzustimmung   B 58
Nutzungsarten
- Sondernutzungsrechte   B 52
Nutzungsbeschränkung
- Gemeinschaftsordnung   B 40, 62
- Öffentliches Recht   B 268

Öffnungsklausel
- Bauträger   B 38
- Gemeinschaftsordnung   B 37, 396 ff.
- Grundbucheintragung   B 37
Ordnungsgemäße Verwaltung
- Allgemeine Gründe   B 102
- Änderung des Kostenverteilungs-
  schlüssels   B 98 ff.
- Anlage der Instandhaltungsrückstel-
  lung   B 146 ff.
- Bauliche Veränderung   B 107

- Beispiele   B 236
- Benutzungsregelungen   B 238
- Definition   B 236
- Ermessensspielraum   B 236 ff.
- Mahnverfahren   B 192 ff.
- Materiell   B 99
- Mehrheitsentscheidung   B 236 ff.
- Verteilungsschlüssel für Heizkosten
  B 165
- Wohngeldlücke   B 236
Ortsangabe
- Eigentümerversammlung   B 312

Parabolantenne   B 54a
- am Gemeinschaftseigentum   B 284
- bauliche Veränderung   B 284
- bei vorhandenem Kabelfernsehen
  B 284
- Beseitigungsanspruch   B 284
- Decoderempfang   B 284
- Gemeinschaftsparabolantenne   B 284
- mobile Antenne   B 284
- Modernisierung   B 284
Parkplatz
- Abstellbügel   B 284
Parteibezeichnung
- Klage   B 3, 974
Parteien
- des Verwaltervertrages   B 494 ff.
Parteistellung
- Zwangsverwalter   B 695 ff.
Passivprozess
- Gemeinschaft   B 12 f.
- Verwalter   B 444 ff.
Pauschale
- Betriebskosten   C 44 ff.
- Umzugskosten   B 187
Peter'sche Formel
- Instandhaltungsrückstellung   B 140
Pfändung
- Gehalt   B 197
- Verbandskonten   B 882
Pfändungsschutzantrag
- Mieten   B 708
Pflanzentröge
- Aufstellen   B 284
Pflegebedürftigkeit
- Raumbedarf   B 54a
Pkw-Stellplatz
- Textmuster für Veräußerung   E 15
- Neuverteilung im Losverfahren
  B 82
- Sondernutzungsrechte   B 48 ff.
Preisanpassungsklausel
- Staffelvereinbarung   B 515
Preisbindung
- Wohnraum   C 9

Preisgebundener Wohnraum
- Einsichtsrecht in Abrechnungsunterlagen   C 124
Privatinsolvenz
- Wohngeld   B 212
Privilegierung
- von WEG Forderungen   A 59
Prostitution
- Bordell   B 61
Protokoll
- Aufbewahrung   B 426
- Berichtigungsanspruch   B 425
- Eigentümerversammlung   B 403 ff.
- Einsichtsrecht   B 425
- Erstellungsfrist   B 423 ff.
- Unterschriften   B 416 ff.
Prozess
- Kosten   A 47
- Kostenerstattung   B 1006 ff.
Prozessbeteiligte
- Klageverfahren   B 977 ff.
Prozessführung
- Verwaltervergütung   B 540
Prozessführungsbefugnis
- Zwangsverwalter   B 731
Pseudovereinbarung   B 393 ff.
Putz
- Sondereigentum   B 21

Qualifizierte Mehrheit
- Modernisierung auf den Stand der Technik   A 25
Quorum
- Abänderungsbeschluss   B 108 ff.

Rasenmäher
- Anschaffung   B 298
Rauchmelder
- Bauliche Veränderung   B 284
- Ersteinbau   B 284
Raumtemperatur
- Grenzwerte   B 630 ff.
- Heizung   B 628
- Mietverträge   B 172
Reallasten
- Zustimmungserfordernisse   B 45
Rechnungslegung
- Jahresabrechnung   B 607 ff.
- Stichtag   B 620
- Verwalter   B 233 ff.
Rechtsanwälte
- im Einzelnen   B 12
- in der Eigentümerversammlung   B 329 ff.
Rechtsfähigkeit
- Gemeinschaft   A 7 ff.
- Gemeinschaft   B 2 ff.

- Mängelansprüche   B 12c
Rechtsfolgen
- bauliche Veränderungen   B 279
Rechtskraft   B 279
- Änderung der tatsächlichen Verhältnisse   B 1005
- Formelle   B 946
- Materielle   B 946
- tatsächliches Verhältnis   B 947 ff.
- Urteil   B 1003 f.
- Vollstreckung   B 951
- Vorschriften   B 950
Rechtsmangel   B 768
Rechtsmissbrauch
- Beseitigungsansprüche   B 293
Rechtsmittel
- Anschlussbeschwerde   B 940
- Berufung   B 995 ff.
- Gesetzesverletzung   B 944
- Revision   B 1001
- Sofortige Beschwerde   B 939
- Verfahren   A 44
- Weitere Beschwerde   B 942 ff.
Rechtsstreit
- Informationspflicht   A 41
- Kosten   B 1006 ff.
- Verhältnis zum WEG   A 45
Rechtsverhältnis innerhalb der Gemeinschaft   B 2
Rechtsverstoß
- durch Beschluss   B 402
Reihenhäuser   B 285 ff.
- Doppelhäuser   B 71 ff.
Reinertrag   D 1
Reinigungskosten
- Nebenkosten   B 183
Reparaturbedarf
- Instandhaltungsrückstellung   B 139
Reparaturen
- Rücklagen   B 139 ff.
Revision   B 1001
- Nichtzulassungsbeschwerde   B 1001
- Zulassung   B 1001
Richter
- Entscheidungen   A 42
- Treffen von Verwaltungsmaßnahmen   A 24
Rollladen
- Bauliche Veränderung   B 284
- Sondereigentum   B 21
Rückforderung
- Hausgeldraten   B 613
Rücklagen
- Andere   B 151
- Instandhaltungsrückstellung   B 139 ff.
Rücklagenbildung   B 621

Rücktritt
- Gewährleistungsrechte B 776
Rückvergütung
- Jahresabrechnung B 611

Sachmangel, siehe auch bei
  Gewährleistung B 767
Sachverständige
- Verkehrswertbestimmung B 756
Sachverständigengutachten
- Instandhaltung B 241 ff.
Sammelgaragen
- Stellplätze B 22 ff.
Sanierungsmaßnahmen
- Verwaltervergütung B 546
Sanktionen
- durch Beschluss B 195
- Hausordnung B 195
Sanktionsangelegenheiten A 68
Sanktionsmöglichkeiten A 72
Sauna
- Benutzungsregelung B 85
Schadensabwicklung
- Verwaltervergütung B 664 ff.
Schadensersatz
- Beschädigung des Gemeinschafts-
  eigentums B 12c
- Gewährleistungsrechte B 777
- Handwerker B 12c
- Verwalter B 12c
Schadensumfang
- Verwalterhaftung B 213
Schallschutz
- Modernisierung B 284
Scheckfähigkeit B 11
Schiedsvereinbarungen
- Gemeinschaftsordnung B 40
Schikane
- Auskunftsrecht B 233
Schilder
- Anbringung B 557
Schirmständer
- Abstellen im Treppenhaus B 245
Schlichtungsstelle
- Güteverfahren B 965
Schlichtungsverfahren
- Textmuster E 27
Schließanlage
- Austausch B 894 ff.
- Schlüsselverlust B 893 ff.
Erschließungskosten
- Keine Modernisierungskosten
  B 284
Schlösser
- Schlüssel B 21
Schlüssel
- Verlust B 893 ff.

Schneeräumarbeiten
- Befreiung B 54a
Schönheitsreparaturen
- Ausführung C 218 ff.
- Laufende C 225 ff.
- Mietverhältnisende C 230
- Nichtstun B 247
- Starre Fristen C 236 ff.
- Tapeten C 240 f.
- Übertragung auf den Mieter
  C 205 ff.
- Umfang C 210 ff.
- unwirksame Klauseln B 241
- verschiedene Zeitpunkte C 232 ff.
- wirksame Klauseln B 245
- Vertragsanpassung C 242 ff.
- Zeitpunkt C 220 ff.
Schornstein
- Edelstahlrohre B 284
Schriftform
- Gemeinschaftsordnung B 13a
Schriftliche Beschlussfassung B 384 ff.
Schuhe
- Abstellen im Treppenhaus B 245
Schwimmbad
- Benutzungsregelung B 85
Selbstbeteiligung
- Versicherungen B 656 ff.
Selbstnutzer
- Konflikt A 71
Sofortige Beschwerde
- Textmuster E 26
Solaranlagen
- Anbringung B 284
Sondereigentum B 19 ff.
- abgeschlossene Räume B 20
- Absperrventile B 21
- Abstellplätze B 21
- Abwasserhebeanlage B 21
- Antenne B 21
- Balkone B 21
- Benutzung B 55 ff.
- Dachterrasse B 21
- Dachterrassen B 21
- Decken B 21
- Doppelstockgarage B 23
- Einzelfälle B 21
- Entlüftungsrohre B 21
- Fenster B 21
- Fußböden B 21
- Gasleitungen B 21
- Gemeinschaftsordnung B 56 ff.
- Haussprechanlagen B 21
- Jalousien B 21
- Kanalisation B 21
- Kosten B 153
- Leitungen B 21

644

Stichwortverzeichnis

- Mängel B 810
- Mauern B 21
- Messgeräte B 21
- Neue Garagen B 33
- Putz B 21
- Rollläden B 21
- Schlösser und Schlüssel B 21
- Sprechanlagen B 21
- Stellplätze B 22, 48
- Türen B 21
- Veräußerung B 32
- Verhältnis zum Eigentümer B 2a
- Versicherungsschäden B 544
- Wände B 21
- Zusammenlegung B 31
- Zwischendecke B 21

Sonderkündigungsrecht
- Mieterhöhung C 176
- Tod des Mieters C 191

Sonderleistungen
- ohne vertragliche Grundlage B 559

Sondernutzungsrechte
- Absperrpfähle B 53
- Abtretung B 50
- Änderung B 42
- Aufhebung B 42, 51
- Baumfällung B 53
- Begründung B 49
- Definition B 48
- Doppelhäuser B 52
- Doppelstockgaragen B 23
- Gartenhauserrichtung B 53
- Gemeinschaftsordnung B 40
- Grundbucheintragung B 48
- Instandhaltung/Instandsetzung B 54
- Nachträgliche Begründung B 50
- Nutzungsarten B 52
- Pkw-Stellplätze B 48 ff.
- am Sondereigentum B 49
- Stellplätze im Freien B 23
- Übertragung B 42

Sonderprobleme
- Carports B 23
- Eigentumswohnungsveräußerung B 113
- Garagen B 22 f.
- Lastenübergang B 113
- Mehrhausanlagen B 112
- Stellplätze B 22 f.

Sonderrechtsnachfolger
- Altverbindlichkeiten B 122
- Beschlusssammlung A 29
- Gemeinschaftsordnung B 36
- Haftung für Zahlungsrückstände B 117 ff.
- Heizkostenaufteilung B 170

- Kostenverteilung B 113 ff.
- unangefochtener Nachhaftungsbeschluss B 228
- Verjährung von Unterlassungsansprüchen B 59

Sonderumlagen
- statt Instandhaltungsrückstellung B 145
- bei Insolvenzschaden B 128
- Wirtschaftsplan B 599 ff.

Sondervergütung
- Fälligkeitsregelung B 560
- Verwaltervergütung B 530 ff.

Sozialklausel
- Vermietung C 271 ff.

Spekulative Anlage
- Instandhaltungsrückstellung B 148

Spielplatz
- Ersterrichtung B 284

Sprechanlagen B 21
Staffelmiete C 33, 160 ff.
- Mieterhöhung C 160 ff.
- Textmuster E 24 f

Staffelvereinbarung
- Preisanpassungsklausel B 515

Stand der Technik
- Modernisierung B 260 ff., 277
- Modernisierungsbeschluss A 25

Steckengebliebener Bau
- Bauträgerinsolvenz B 823 ff.
- faktische Gemeinschaft B 828
- Festlegung des Gebäudes B 830
- Festlegung durch Wohnungseigentümer B 827
- Mehrhausanlagen B 831
- Rücktritt B 832

Startgeld
- Bezugsfertigkeit B 138

Stellplätze B 22, 48
- Absperrpfähle B 53
- Carport B 53
- Sammelgaragen B 22 ff.

Steuerbüro B 61
Steuerliche Abzugsmöglichkeiten
- haushaltsnahe Dienstleistungen B 895a ff.

Stichtag
- Kostenschuldner B 119
- Rechnungslegung B 620

Stilllegung
- Heizung B 633 ff.

Stimmenauszählung
- Eigentümerversammlung B 373

Stimmengleichheit
- Eigentümerversammlung B 351

Stimmenthaltung
- Eigentümerversammlung B 350

645

Stimmrecht
- Eigentümerversammlung B 344
- Einschränkung B 356 ff.
- gemeinschaftliches B 347
- Interessenkollision B 356 ff.
- Ruhen B 362
- Vollmacht B 346, 376 ff.
- nach Wohnungsveräußerung B 345
- Zwangsverwalter B 723 ff.
Stimmrechtsbindung
- Eigentümerversammlung B 363
Stimmrechtsvollmacht
- Textmuster E 8
Strafrechtliche Verfolgung
- Wohngeld B 216
Streitwert
- Begrenzung B 1021 ff.
- Festsetzung A 63
Streitwertvereinbarung
- Verwalter A 39
- Verwalterhaftung A 39; B 441 ff.
Stromverbrauch
- als Nebenkosten B 181
Stromzähler
- Einbau B 284
Stundenlöhne B 552
Stufenbeschluss
- Baumaßnahme B 110
- Instandsetzung B 110
Sturmschadenversicherung B 647

Tagesordnung
- Eigentümerversammlung B 304
- Gegenstand der Beschlussfassung B 304
Tanzcafé B 64
Teileigentum B 27
- Abgrenzung zum Wohnungseigentum B 27
Teilfertigstellung
- Atypisches Wohnungseigentum B 131 ff.
- Wohnanlage B 131 ff.
Teilnehmerverzeichnis
- Eigentümerversammlung B 382
- Textmuster E 11
Teilrechtsfähigkeit, siehe auch Rechtsfähigkeit
- Auskunftsanspruch B 878
- Haftungssystem B 868 ff.
- Siehe Rechtsfähigkeit A 7 ff.
- Vertragspartner B 868 ff.
Teilungserklärung B 13 ff.
- Abweichungs-ABC B 54a
- Änderung B 28
- Änderung durch notariellen Vertrag B 28

- Auslegung B 66
- Dingliche Aufteilung B 13 ff.
- Gemeinschaftsordnung B 13
- Hobbyraum B 70
- im engeren Sinne B 13
- Mehrhausanlagen B 285 ff.
Terrassen
- Sondereigentum B 21
Textform
- Einberufung zur Eigentümerversammlung B 309
Textmuster
- Änderung der Gemeinschaftsordnung E 13
- außergerichtliche Streitschlichtung E 27
- Benutzungsordnungen E 17 ff.
- Berufung E 30
- Buchführungsbeispiele E 21 ff.
- dinglicher Arrest E 29
- Einladung zur Eigentümerversammlung E 5a
- Geschäftsordnung für Versammlung E 7
- Hausmeistervertrag E 2
- Hausordnung E 16
- Herausgabeklagebeschlusssammlung E 34
- Indexmiete E 24g
- Jahresabrechnung E 20
- Kautionsgestaltungen E 24c ff.
- Klage auf Einsichtnahme in Beschlusssammlung E 33
- Klage auf Verwalterbestellung E 32
- Klage gegen Beschluss E 31
- Mieterhöhungsausschluss E 24e
- Mietvertrag E 23
- Muster für Beschlusssammlung E 35
- Nachweis über die Verwalterbestellung E 5
- Niederschrift über Wohnungseigentümerversammlung E 6
- Protokoll Sitzung des Verwaltungsbeirats E 12
- sofortige Beschwerde E 26
- Stimmrechtsvollmacht E 8
- Teilnehmerliste der Wohnungseigentümerversammlung E 11
- Veräußerung eines Pkw-Stellplatzes E 15
- Verwalterabberufung E 4
- Verwaltervertrag E 1
- Verwaltervollmacht E 3
- Wirtschaftsplan E 19
- Wohngeldklage E 28
- Wohngeldsachen E 28 ff.
- Zeitmietvertrag E 24

- Zusatzvereinbarung bei vermieteter Eigentumswohnung E 25
Tiefgarage
- Überheizung B 54a
Tierhaltung
- Gemeinschaftsordnung B 40
- Nutzung B 75
- vermietete Eigentumswohnung C 294
Tod des Mieters C 181
- Ablehnungsrecht C 187 ff.
- Eintrittsberechtigter C 182 ff.
- Sonderkündigungsrecht C 191
Tod des Verwalters B 492
Tonband-Aufnahme
- Eigentümerversammlung B 370
Trennmauer
- Durchbruch B 284
Trennungstheorie
- Verwalterernennung B 476 ff.
Trennwand
- Treppenhaus B 284
Treppenhaus
- Abstellen von Schuhen B 245, 284
- Aufstellen von Schirmständern B 245
- Blumenkübel B 245
- Errichtung B 284
- Handlauf B 284
- Trennwand B 284
Türen
- Sondereigentum B 21
Turnusmäßige Reinigung
- Nebenkosten B 188

Überblick
- WEG-Novelle A 1 ff.
Übergangsvorschrift A 58
Überhöhung
- Betriebskosten C 51
Übertragung des Sondernutzungsrechts B 42
Umlage, siehe auch bei Kostenverteilung
- auf Mieter B 152
- Betriebskosten C 42 ff., 73 ff.
- Kaltwasserkosten B 174 ff.
Umlagemaßstab, siehe auch bei Kostenverteilung D 29
- Kaltwasser B 175 ff.
Umlageschlüssel, siehe auch bei Kostenverteilung
- Beweislast C 81
- Hausmeisterkosten B 159
Umsatzsteuer D 22 ff.

- Option des Eigentümers D 22
- Option der Gemeinschaft D 23
- Vermietung Abstellplätze D 24 f.
- Verwaltervergütung B 560
Umwandlung
- von Nebenräumen B 63
Umzugskostenpauschale
- Nebenkosten B 187
Unabdingbarkeit B 111
Unbewegliches Vermögen
- Zwangsvollstreckung B 198
Unbilligkeit
- Anspruch auf Vereinbarungsänderung A 5 ff.
- Bauliche Maßnahme B 280
- Kostenverteilungsschlüssel B 100
- Modernisierung B 280
Ungültigerklärung
- Beschluss B 971
Ungültigkeit von Beschlüssen A 26
Ungültigkeitsklage
- Textmuster E 31
Unterdeckung
- Gemeinschaftskonto B 215
Unterlassung
- Betriebskostenabrechnung C 120 ff.
Unterlassungsansprüche
- Verjährung B 59
Unterliegensquote
- Kosten B 1009 ff.
Unterschrift
- Verwaltungsbeirat B 419 ff.
- Vorsitzende B 416 ff.
- weitere Eigentümer B 421
Untreue
- vorsätzliche Unterlassung der Beitragseinziehung B 216
Unverhältnismäßigkeit
- Heizkosten B 170
- Kostenverteilungsschlüssel B 102
Urkundenklage
- Bei Vermietung C 251 ff.
Urteil
- Wirkungen B 1003 ff.
Urteilsformeln
- Aufnahme in die Beschlusssammlung B 464
Urteilswirkung
- beigeladene B 980

Veräußerung
- Anwendungsbereich B 677 ff.
- Aufhebung B 674
- Außenhaftung A 14
- Besteuerung D 15
- des Wohnungseigentums A 22; B 670 ff.

– Garage B 32
– Haftung für Altverbindlichkeiten
  B 122
– Inkrafttreten B 675
– Kostenschuldner B 114
– Sondereigentum B 32
– Versagung der Zustimmung B 680 ff.
– Zusatzvergütung B 672
– Zustimmung B 670 ff.
– Zustimmungsberechtigte B 679 ff.
Veräußerungsbeschränkungen
– Aufhebung durch Beschluss A 16
Veräußerungsbeschränkungen
– Gemeinschaftsordnung B 40
Verbände B 11
Verbandskonten
– Pfändung B 882
Verbandsvermögen
– Umfang B 24 ff.
– Vermögensposten B 26
Verbindlichkeiten
– Erfüllung durch den Verwalter
  B 433 ff.
Verbrauchserfassung
– Kosten B 97
– Heizkosten B 167 ff.
– Heizkostenmessung B 167
Vereinbarung
– Änderungsschwelle A 5 ff.
– Betriebskosten C 42 ff.
– Heizkostenverteilung B 162 ff.
Vereinbarungsänderung
– durch Beschluss B 41
Vereinbarungsänderung
– Zustimmung der Grundpfandsrecht-
  gläubiger B 41 ff.
Vereinigung
– Eigentumswohnungen B 31
Verfahren
– allgemeine Grundsätze A 43
– Rechtsmittel A 44
– Überblick A 43
– Kosten A 47
– neues ZPO-Verfahren B 957 ff.
– vor dem 1.7.2007 B 896 ff.
Verfahrensbeteiligte
– Antragsgegner B 927
– Antragsteller B 927
– Wohnungseigentümer B 928
Verfahrensgang B 934 ff.
– Anerkenntnis und Versäumnisurteil
  B 993 f.
– Einstweilige Anordnung B 936
– Einstweiliger Rechtsschutz B 991 f.
– Klage B 990
– Verhandlung B 935
– Vertragsfreiheit B 938

– Zivilprozess B 937
Verfassungswidrigkeit
– Eigentumsgarantie B 1
Vergleiche
– Aufnahme in die Beschlusssamm-
  lung B 466
Vergleichsmiete
– Mieterhöhung C 146 ff.
Vergütung
– Hausmeister B 158
– Verwalter B 157, 665
Vergütungspauschale
– Verwaltungsbeirat B 588
Verhältnis
– zu Rechtsstreitigkeit A 45
Verhältnismäßigkeit
– Beseitigungskosten B 293
Verjährung
– Geldansprüche B 202
– Gewährleistungsansprüche B 781 ff.
– mietrechtliche Ansprüche C 287 ff.
Verjährungsfrist
– Geldanspruch B 203
Verkehrssicherungspflichten B 889 ff.
– Instandhaltung B 155
– Verwalterhaftung B 472
Verkehrswert
– Sachverständige B 756
– Zwangsversteigerung B 754
Vermieter
– Partei im Mietvertrag C 26 ff.
Vermietung C 1 ff.
– Abmahnung C 265 ff.
– Asylbewerber B 279
– außerordentliche fristlose Kündi-
  gung C 281 ff.
– Baden C 294
– Barrierefreiheit C 201
– Eigentumswohnungen C 2 ff.
– Gewährleistungsrechte C 252 ff.
– Indexmiete C 149 ff.
– Kaution C 135 ff.
– Kinderwagen C 142
– Kündigung des Mietverhältnisses
  C 265 ff.
– Kündigungsfristen C 275
– Kündigungsverzicht C 276
– laufende Schönheitsreparaturen
  C 225 ff.
– Mieterhöhung C 145 ff.
– Modernisierung C 172 ff.
– Nutzung B 73
– Nutzungsgrenzen C 141 ff.
– ordentliche Kündigung C 267 ff.
– Sonderkündigungsrecht bei Mieterhö-
  hung C 176
– Sozialklausel C 271 ff.

- Staffelmiete C 160 ff.
- Steuerung von Eigentumswohnungen D 1 ff.
- Tierhaltung C 294
- Tod des Mieters C 181
- Umwandlung in Wohnungseigentum C 179
- Urkundenprozess C 251 ff.
- vertragsgemäßer Gebrauch C 139 ff.
- Wärmekontrakting C 131 ff.
- Wohnraum Textmuster E 23
- Zeitpunkt für Schönheitsreparaturen C 220 ff.

Vermietungsbeschränkungen
- Eigentümergemeinschaft C 301 ff.
- Gemeinschaftsordnung B 40

Vermietungsmonopol B 87

Vermögensbestand
- Jahresabrechnung B 610

Vermögenskosten
- Verbandsvermögen B 26

Vermögensverwaltung B 593 ff.
- Abrechnungsfiktion B 616
- Belege B 598
- Buchführung B 596 ff.
- Jahresabrechnung B 607 ff.
- Rechnungslegung B 607 ff.
- Wirtschaftsplan und Sonderumlagen B 599 ff.

Verpachtungsmonopol B 87

Versammlung
- Einberufung B 340 ff.

Versäumnisurteil
- ZPO-Verfahren B 993

Verschließen
- Haustür B 83

Versicherungen B 640 ff.
- Abschluss B 648 ff.
- Elementarversicherung B 647
- fakultative B 646 ff.
- Feuerversicherung B 641
- Gebäudebrandversicherung B 642
- Gebäudeversicherung B 650
- Gemeinschaftseigentum B 665
- Gemeinschaftskosten B 185
- Gemeinschaftsordnung B 40
- Gewässerschutzversicherung B 645
- Glasversicherung B 647
- Haftpflichtversicherung B 643
- Kündigung B 649 ff.
- Leitungswasserversicherung B 647
- Obligatorische B 640 ff.
- Schaden bei Gemeinschaftseigentum B 669
- Schaden bei Sondereigentum B 544, 667 ff.
- Schadensabwicklung B 650 ff.

- Selbstbeteiligung B 656 ff.
- Sturmschadenversicherung B 647
- Wasserleitungsschaden B 186
- Verwaltervergütung B 544

Versorgungssperre C 248 ff.
- Dauer B 866 ff.
- Mietrückstände C 248 ff.
- Möglichkeiten B 857
- Voraussetzungen (technische) B 858 ff.
- Voraussetzungen (rechtliche) B 861 ff.
- Zahlungsrückstände B 856

Versorgungsverträge
- Gemeinschaft B 12b

Verteilungsschlüssel, siehe auch Kostenverteilung
- Änderung B 91 ff., 166
- Gemeinschaftsordnung B 40
- Heizkosten B 162 ff.
- Kosten und Lasten B 90 ff.

Vertragsanpassung
- Schönheitsreparaturen C 242 ff.

Vertragspartner
- Teilrechtsfähigkeit B 868 ff.

Vertragstheorie
- Verwaltererneuerung B 475 ff.

Vertraulichkeitsgebot
- Verwalter B 485

Vertreter
- Ausschluss von der Eigentümerversammlung B 314

Vertretungsmacht, siehe auch Vollmacht
- Verwalter A 36 ff.; B 431 ff.

Verursachung
- Kostenarten B 97

Verwalter B 427 ff.
- Abberufung B 484 ff.
- Abberufung bei Beschlusssammlungsmängeln B 470
- Abberufung durch das Gericht B 490
- Abberufung, Textmuster E 4
- Aktivprozess B 441 ff.
- als Erfüllungsgehilfe B 887 ff.
- als Zustellungsvertreter B 983
- Amtsniederlegung B 490 ff.
- Änderungen A 64
- Annahme der Ernennung B 475 ff.
- Anspruch auf Vollmacht B 566
- Anwaltliche Vergütungsvereinbarung A 39
- Aufgaben und Befugnisse A 36 ff.; B 431
- Auskunftspflicht und Datenschutz B 568 ff.
- Auskunftsverweigerung B 485

649

- Befugnisse B 445
- Beiladung B 979
- Beschlusssammlung A 28 ff.; B 447 ff.
- Bestellung durch das Gericht B 478
- Bestellung durch Dritte B 964
- Bestellungszeit B 479 ff.
- Bindung an den Wirtschaftsplan B 605
- Checkliste für Amtsantritt B 567
- Datenschutz B 568 ff.
- Drei- bzw. Fünfjahresfrist B 479 ff.
- Eigenvermögen B 446
- Einsichtnahmerecht B 451 ff.
- Eintreibung von Wohngeld B 205
- Erfüllung von Verbindlichkeiten B 433 ff.
- Ernennungsakt B 473 ff.
- Erstbestellung B 479 ff.
- Gewährleistung B 436 ff.
- GmbH B 561
- Haftung B 471 ff.
- haushaltsnahe Dienstleistungen B 895 f.
- Informationspflichten B 573 ff.
- Informationspflichten nach der Novelle B 438
- Informationspflichten über Steueroptionen B 895 ff.
- Instandsetzungsmaßnahmen B 435
- Juristische Person B 561
- Kontoführung B 444 ff.
- Kosten B 157
- Legitimation B 565 ff.
- Mitarbeiter in der Eigentümerversammlung B 326
- Notverwalter A 35
- Passivprozesse B 444 ff.
- Person B 561
- Rechnungslegung B 233 ff.
- Rechte und Pflichten B 429 ff.
- Rechtsanwaltsvergütung A 39
- Rechtsfähigkeit B 432a
- Schadensersatzansprüche B 12c
- Sinn und Zweck B 449 ff.
- Stellung B 427 ff.
- strafrechtliche Verfolgung B 216
- Streitwertvereinbarung A 39; B 441 ff., 444 ff.
- Tod B 492
- Unterlagen bei Amtsantritt B 567
- Verletzung von Informationspflichten B 438 ff.
- Verpflichtung zur Zahlungsbeitreibung B 192
- Vertraulichkeitsgebot B 485
- Vertreter der Wohnungseigentümer A 38
- Vertretungsmacht A 36 ff.
- Vertretungsmacht B 431 ff.
- Wirtschaftsplan B 434
- Zusatzaufgaben durch die Novelle B 437 ff.
- Zustimmung zur Nutzungsänderung B 58

Verwalterbestellung
- Annahme durch Verwalter B 475
- Ausschluss B 229
- Beendigung des Amts B 484
- Beginn der Amtsperiode B 482
- Beginn der Frist B 479
- durch Gericht B 478
- Ernennungsakt B 473
- Gemeinschaftsordnung B 483
- Gemeinschaftsordnung B 40
- Kleingemeinschaften B 231
- Textmuster für Nachweis E 5
- Trennungstheorie B 476 ff.
- Vertragstheorie B 475 ff.
- wichtige Gründe B 485 ff.

Verwalterhaftung B 471 ff., 206
- Antrag auf Zwangsverwaltung B 690
- Antrag auf Zwangsverwaltung B 690
- Bonität B 474
- für Architekten B 472
- Gebäudeteile B 472
- Instandhaltungsmaßnahmen B 472
- Kapitalanlage B 472
- Missbrauch der Instandhaltungsrücklage B 219
- Notwendige Maßnahmen B 472
- rechtzeitige Zwangsvollstreckungsmaßnahmen B 210
- Schadensumfang B 213
- Streitwertvereinbarung A 39
- ungenehmigte Kontoüberziehung B 218
- Verkehrssicherungspflichten B 472
- Wartung B 472
- Zahlungen an Werkunternehmer B 472
- Zinsen B 472
- Zwangsvollstreckungsmaßnahmen B 472

Verwalterstellung
- Nachweis B 565 ff.

Verwaltervergütung B 157
- bei Schadensabwicklung B 664 ff.
- Beschlusssammlung A 33
- Eigentümerwechsel B 536
- „Eilzuschlag" B 545
- Fotokopien B 533
- Kilometergeld B 558

- Lohnabrechnung B 553
- Mahngebühr B 530
- Mehrleistungen B 518
- Preisanpassungsklausel B 515a
- Prozessführung B 540
- Rahmenbeträge B 526 ff.
- Sanierungsmaßnahmen B 546
- Sondervergütung B 530 ff.
- Staffelvereinbarung B 515a ff.
- Umsatzsteuer B 560
- Versicherungsschäden B 544
- Weitere Sondervergütungen B 553
- Wohngeldeinzug B 551
- Zustimmung zur Veräußerung B 672 ff.

Verwaltervertrag B 494 ff.
- Abwicklung B 493
- AGB B 512 ff.
- Anfechtbarkeit B 509c
- Anlage von Rücklagen B 509
- Beendigung B 486 ff.
- Einsatz von Hilfskräften B 509a
- Gebühr für Mehrleistungen B 518 ff.
- Gestaltungsschranken B 512 ff.
- Grundgebühr B 523 f.
- Instandhaltungsvorgaben B 507 ff.
- Kündigung B 486 ff.
- Kündigung bei Wohngeldproblemen B 214
- Normverstöße B 510
- organisatorische Einbettung B 497 ff.
- Parteien B 494
- Preisanpassungsklausel B 515
- Rechtsfähigkeit der Wohnungseigentümergemeinschaft B 494
- Regelungsgegenstand B 498
- Sondervergütung B 530
- Sparbuchanlage B 509b
- Staffelvereinbarung B 515
- Textmuster E 1
- Unklare Bestimmungen B 511
- Vergütungshöhe B 525 ff.
- Vollmacht der Gemeinschaft B 501 ff.
- Vollmachtsüberschreitung B 504
- WEG Verfahren B 540
- Zusatzvergütung B 520 ff.

Verwaltervollmacht
- Textmuster E 3

Verwaltung
- Rechtsfähigkeit B 12a
- verwalterlose B 228 ff.

Verwaltungsbeirat, siehe auch bei Beirat B 581 ff.
- Amtszeit B 584
- Aufgaben B 585

- Begehung der Wohnanlage B 587
- Bestellung B 581 ff.
- Bildung von Ausschüssen B 586
- Eigentümerversammlung B 343
- Haftung B 589
- Pauschalbeträge B 588
- Rücktritt B 590
- Textmuster Sitzungsprotokoll E 12
- Unterlagen B 551
- Vergütungspauschale B 588
- Zusammensetzung B 582
- Zuständigkeiten B 592

Verwaltungsfrage B 238
Verwaltungskosten
- Verteilungsschlüssel B 95

Verwaltungsmaßnahmen
- Entscheidung durch den Richter A 24
- Mehrheitsentscheid B 243
- nicht ordnungsgemäße Verwaltung B 237

Verwaltungsvermögen A 8
- Insolvenzverfahren A 15
- Sondereigentum B 24 ff.
- Träger B 24 ff.
- Umfang B 25 ff.
- Verbandsvermögen B 24 ff.
- Vollstreckung B 24
- Wachhund B 24a
- Zuordnung zum gemeinschaftlichen Vermögen A 8

Verzinsung
- Instandhaltungsrückstellung B 146 ff.

Verzugszinsen
- Wohngeld B 194

VOB
- Vereinbarung B 803 ff.

Vollmacht
- Anspruch des Verwalters B 566

Vollmachtsüberschreitung
- Verwaltervertrag B 504

Vollstreckung
- Unbewegliches Vermögen B 198
- Verwaltungsvermögen B 24

Vollstreckungsgericht
- Überwachung des Zwangsverwalters B 687

Vollstreckungstitel
- Mahnbescheid B 196

Vollversammlung
- Eigentümerversammlung B 383

Vorauszahlung
- Betriebskosten C 44 ff., 60 ff.

Vorauszahlungen
- Angabe in der Betriebskostenabrechnung C 87 ff.

651

Vorfälligkeitsbeschluss
- positive Klausel   B 222
- negative Klausel   B 223
- Wohngeld   B 221 ff.
Vorschuss
- Klagezustellung   B 989
Vorwegabzug
- Betriebskosten im preisgebundenen Wohnraum   C 79
- Beweislast   C 80

Wachhund
- kein Verwaltungsvermögen   B 24a
Wände
- Sondereigentum   B 21
Wärmedämmung
- Modernisierung   B 284
Wärmecontracting   C 131 ff.
- Konsequenzen   C 133
- Zulässigkeit   C 131
Wärmezähler
- Eichgesetz   B 169
- Heizkosten   B 169
Warmwasser   B 284
Warmwasserkosten   B 173
Wartung
- Heizungsanlage   B 163
Wartungsverträge
- Gemeinschaft   B 12b
Wäscheleinen
- Verbot   B 259
Wassereinsparung
- Modernisierung   B 276
Wassergebühren
- Anstieg   B 54a
Wasserkosten
- Kaltwasserkosten   B 174 ff.
- Warmwasserkosten   B 173
Wasserleitung
- Sondereigentum   B 21
- Versicherungsschäden   B 186
Wasseruhren
- Sondereigentum   B 21
Wasserzähler
- Einbau   B 284
Wechselfähigkeit   B 11
WEG-Forderungen
- Privilegierungen   A 59
WEG-Novelle
- Abwicklung   B 555
- Überblick   A 1 ff.
WEG-Prozess
- zuständiges Gericht   B 959
Weihnachtshochwasser   B 545
Wendeltreppe
- Bauliche Veränderung   B 262
Werbungskosten   D 1

Werkvertrag
- VOB   B 803 ff.
Widerspruch
- Gemeinschaftsordnung und Aufteilungsplan   B 57
- Mahnverfahren   B 956
Wirtschaftlichkeit
- Instandhaltungsmaßnahme   B 242
- Modernisierung   B 277
Wirtschaftsplan
- Einhaltung durch den Verwalter   B 434
- Erstellungszeitpunkt   B 619
- Inhalte   B 602
- Instandhaltungsrücklage   B 144
- Mehrheitsentscheid   B 243
- Sonderumlagen   B 599 ff.
- Textmuster   E 19
Wohnanlage
- Anlagencharakter   B 278
- Teilfertigstellung   B 131 ff.
Wohnfläche
- Erweiterung   B 284
- Wasserkosten   B 177
Wohngeld
- Abrechnungsspitze   B 709
- Fälligkeitsregelungen   B 220 ff.
- Insolvenzverfahren   B 123 ff.
- Klage, Textmuster   E 28 ff.
- Lastschriftverfahren   B 137
- Mahnung   B 192 ff.
- Privatinsolvenz   B 212
- Sanktion   B 195
- Startgeld   B 134
- Strafrechtliche Verfolgung   B 216
- Versorgungssperre   B 856
- Verzugszinsen   B 194
- Vorfälligkeitsbeschluss   B 221 ff.
- Zahlungsfristen   B 193
- Zurückbehaltungs- und Aufrechnungsrechte   B 136
- Zwangsverwalter   B 700 ff.
- Begrenzung   B 192 ff.
Wohngeldeintreibung   B 205
- Verwalter   B 215
Wohngeldeinzug
- Verwaltervergütung   B 551
Wohngeldlücke
- Ordnungsgemäße Verwaltung   B 236
Wohngeldschuldner
- Wohnrecht   B 714
Wohnraum
- in Nebenräumen   B 63
- Mietvertrag   C 3 ff.
- Preisbindung   C 9
Wohnumfeld   B 284

Wohnungseigentum
- Abgrenzung zum Teileigentum B 27
- Definition B 17
- Entziehung B 201, 841 ff.
- Entziehungsgründe B 844
- in eigener Anlage B 5c
- Urteil auf Veräußerung A 22
- Auskunftsrechte B 233 ff.

Wohnungseigentümer
- Beeinträchtigung B 280 ff.
- Beiladung B 979
- Haftung A 9 ff.
- Insolvenzverfahren B 123 ff.
- Keine Arbeitsverpflichtung B 133
- Kontrollrechte B 233
- Notrechte B 232

Wohnungseigentümerversammlung, siehe auch bei Eigentümerversammlung
- Ablauf B 363 ff.
- Alternativvollmacht B 387
- Ankündigungsrecht für Beschlüsse B 306
- Anwesenheit von beratern B 381
- Auskunftsrecht B 234
- Berechtigte B 303
- Beschlussfähigkeit B 342
- Durchführung B 312 ff.
- Eröffnung B 364 ff.
- Erzwingung B 230
- Einberufung A 27, B 302, 309, 340 ff.
- Einschränkung Stimmrecht B 356
- Form der Abstimmung B 371 ff.
- Geschäftsordnungsfragen B 365
- Minderheitsverlangen B 340 ff.
- Nichtladung B 308
- Nichtöffentlichkeitsgebot B 313
- Ort, Zeit B 312
- Praktische Hinweise B 387
- Schriftlicher Beschluss B 2, 22 ff., 384 ff.
- Stimmrecht B 344 ff.
- Stimmrechtsvollmacht B 376 ff.
- Tagesordnung B 304
- Teilnehmerverzeichnis B 382
- Textmuster für Geschäftsordnung E 7
- Vollversammlung B 383
- Vorbereitungsmaßnahmen B 341
- Vorsitz B 363 ff.
- Zuständigkeit B 236 ff.
- Zweck B 299 ff.

Wohnungseigentumsgesetz
- Unabdingbare Vorschriften B 39

Wohnungsleerstand
- Lastentragung durch Bauträger B 129 ff.

Wohnungsmietvertrag C 4
Wohnungsveräußerung
- Stimmrecht B 345

Zahlungsansprüche
- Mahnverfahren B 954 ff.

Zahlungsfristen
- Wohngeld B 193

Zahlungsmodalitäten
- Erweiterte Beschlusskompetenz A 23

Zahlungsrückstände
- Stichtag B 119

Zäune B 284
Zeitangabe
- Eigentümerversammlung B 312

Zeitmietvertrag C 17 ff.
- Textmuster E 24

Zinsabschlagsteuer D 26 ff.
ZPO-Verfahren A 67
- ab dem 2.7.2007 B 957 ff.
- Anerkenntnisurteil B 993
- Beibringungsgrundsatz B 958
- Berufung B 995 ff.
- Gebühren B 957
- Gerichtskosten B 953
- Grundzüge B 957
- Rechtskraft B 1002 ff.
- Urteilswirkung B 1003 ff.
- Verfahrensgang B 990 ff.
- Versäumnisurteil B 993
- Zuständigkeit B 959 ff.

Zurückbehaltungsrecht
- Ausschluss bei Wohngeldansprüchen B 136

Zusammenlegung
- Sondereigentum B 31

Zusatzvergütungen
- Weitere Versammlungen B 520

Zuständigkeit
- Amtsgericht B 959 ff., 901
- Wohnungseigentümerversammlung B 236 ff.
- ZPO-Verfahren B 959
- Verwaltungsbeirat B 592

Zustellung
- Anfechtungsschrift B 987
- Ersatzzustellungsvertreter B 984
- Vertreter B 984
- Vorschuss B 989

Zustellungsvertreter B 984
Zustimmung
- Auskunftsanspruch B 287
- Verwalter B 58
- zur Veräußerung des Wohnungseigentums B 670 ff.

653

Zustimmungsberechtigte
- Veräußerung B 679 ff.
Zustimmungserfordernisse
- Bauliche Veränderung B 286 ff.
- Dienstbarkeit B 46
- Dinglich Berechtigte B 42
- Grundpfandrechte B 45
- Hypothek A 3
- Modernisierung B 271
- Nießbrauchsrechte B 47
- Reallasten B 45
- Vorkaufsrecht B 47
Zustimmungsverweigerung
- Bauliche Veränderung B 286 ff.
Zwangshypothek B 200
- Eintragung B 200
- Eintragung der Gemeinschaft B 5 ff.
Zwangsmaßnahme
- Wohnungseigentümerversammlung B 230
Zwangsversteigerung A 69; B 199, 748 ff.
- Bietungsstunde B 759
- Entziehungsverfahren B 850 ff.
- Gemeinschaftsordnung B 44
- Gläubigerbefriedigung B 761
- Termin B 758
- Verkehrswert B 754
- Zuschlag B 760
- Zutritt B 757
Zwangsverwalter
- Hausgelderzahlung A 61
Zwangsverwaltung B 210 ff., 685 ff.
- Abrechnungen B 736
- Abrechnungsspitze B 709
- Anfechtungsrechte B 728
- Antragsrücknahme B 734
- Antragsstellung durch Dritte B 744

- Aufhebung B 735
- Beschlagnahme B 692, 735
- besondere Voraussetzungen B 689 ff.
- Eigentümerversammlung B 722 ff.
- Gemeinschaftsordnung B 730
- Gläubigerantrag B 686, 689
- Haftung B 699, 711
- Haftung Zwangsverwalter B 713
- Insolvenzeröffnung B 733
- Mehrere Wohneinheiten B 712
- Mitgliedschaftsrechte B 717
- Niederschrifteneinsicht B 729
- Nutzungen B 706 ff.
- Prozessführung B 731
- Rechte Schuldner B 717 ff.
- Rechte Zwangsverwalter B 717 ff.
- Rechtsfolgen B 691
- Rechtsstellung des Verwalters B 695 ff.
- Stimmrechte B 723 ff.
- Überwachung vom Vollstreckungsgericht B 687
- Verfahrensablauf B 737 ff.
- Verwalterhaftung B 690
Zwangsverwaltung
- Wohngeld B 700, 709
- Wohnrecht B 714
Zwangsvollstreckung
- Bewegliches Vermögen B 197
- Unbewegliches Vermögen B 198
- Zwangshypothek B 200
Zwangsvollstreckungsmaßnahme B 210
Zwei- und Drei-Konten-Modell D 8
Zweitbeschluss
- inhaltsgleicher B 389
Zwischendecke
- Sondereigentum B 21